# 2021年勘察设计注册土木工程师(道路工程)执业资格考试标准规范摘录汇编

## 公路工程

交通运输部职业资格中心

人民交通出版社股份有限公司
北 京

**图书在版编目(CIP)数据**

2021年勘察设计注册土木工程师(道路工程)执业资格考试标准规范摘录汇编. 公路工程 / 交通运输部职业资格中心编. — 北京 : 人民交通出版社股份有限公司, 2021.6

ISBN 978-7-114-17344-8

Ⅰ.①2… Ⅱ.①交… Ⅲ.①道路工程—资格考试—自学参考资料 Ⅳ.①U41

中国版本图书馆CIP数据核字(2021)第092025号

2021 Nian Kancha Sheji Zhuce Tumu Gongchengshi (Daolu Gongcheng) Zhiye Zige Kaoshi Biaozhun Guifan Zhailu Huibian Gonglu Gongcheng

**书　　名**: **2021年勘察设计注册土木工程师(道路工程)执业资格考试标准规范摘录汇编　公路工程**
**著 作 者**: 交通运输部职业资格中心
**责任编辑**: 刘永超　侯蓓蓓
**责任校对**: 孙国靖　龙　雪　卢　弦
**责任印制**: 张　凯
**出版发行**: 人民交通出版社股份有限公司
**地　　址**: (100011)北京市朝阳区安定门外外馆斜街3号
**网　　址**: http://www.ccpcl.com.cn
**销售电话**: (010)59757973
**总 经 销**: 人民交通出版社股份有限公司发行部
**经　　销**: 各地新华书店
**印　　刷**: 北京市密东印刷有限公司
**开　　本**: 880×1230　1/16
**印　　张**: 49
**字　　数**: 1250千
**版　　次**: 2021年6月　第1版
**印　　次**: 2021年6月　第1次印刷
**书　　号**: ISBN 978-7-114-17344-8
**定　　价**: 240.00元
(有印刷、装订质量问题的图书由本公司负责调换)

# 目　　录

# 一、公路工程技术标准
(JTG B01—2014)

## 1 总则

**1.0.1** 为规范公路工程建设,制定本标准。

**1.0.2** 本标准适用于新建和改扩建公路。

**1.0.3** 公路建设应按地区特点、交通特性、路网结构综合分析确定公路的功能,根据功能结合交通量、地形条件等选用技术等级和主要技术指标。

**1.0.4** 公路建设项目应做好总体设计,使主体工程与交通工程及沿线设施相互协调配套,充分发挥各自功能和项目的整体功能。

**1.0.5** 公路建设应贯彻保护耕地、节约用地的原则,在确定公路用地范围时应符合下列规定:

1 公路用地范围为公路路堤两侧排水沟外边缘(无排水沟时为路堤或护坡道坡脚)以外,或路堑坡顶截水沟外边缘(无截水沟为坡顶)以外不小于1m范围内的土地;在有条件的地段,高速公路、一级公路不小于3m,二级公路不小于2m范围内的土地为公路用地范围。

2 在风沙、雪害、滑坡、泥石流等不良地质地带设置防护、整治设施时,以及在膨胀土、盐渍土等特殊土地带采取处治措施时,应根据实际需要确定用地范围。

3 桥梁、隧道、互通式立体交叉、分离式立体交叉、平面交叉、安全设施、服务设施、管理设施、绿化以及其他线外工程等用地,应根据实际需要确定用地范围。

**1.0.6** 公路建设必须执行国家环境保护和资源节约的法律法规,并应符合下列规定:

1 公路环境保护应贯彻“保护优先、以防为主、以治为辅、综合治理”的原则。

2 公路建设应根据自然条件进行绿化、美化路容、保护环境。

3 高速公路,一、二级公路和有特殊要求的公路建设项目应作环境影响评价和水土保持方案评价。

4 生态环境脆弱地区,或因公路建设可能造成环境近期难以恢复的地带,应作环境保护设计。

5 公路改扩建项目应充分利用公路废旧材料,节约工程建设资源。

**1.0.7** 公路分期修建必须遵照统筹规划、分期实施的原则进行总体设计,并应符合下列规定:

1 前期工程应在后期仍能充分利用。

2 高速公路整体式断面路段不得横向分幅分期修建。

3 高速公路分离式断面路段可采用分幅分期修建,先期建成的一幅按双向交通通车时,应按二级公路通车条件进行管理。

**1.0.8**　公路改扩建时,应对改扩建方案和新建方案进行论证比选。采用改扩建方案时,应符合下列规定:

1　公路改扩建时机应根据实际服务水平论证确定,高速公路、一级公路服务水平宜在降低到三级服务水平下限之前,二、三级公路服务水平宜在降低到四级服务水平下限之前,四级公路可根据具体情况确定。

2　利用现有公路局部路段因地形地物限制,提高设计速度将诱发工程地质病害、大幅增加工程造价或对保护环境、文物有较大影响时,该局部路段的设计可维持原设计速度,但其长度高速公路不宜大于 15km,一、二级公路不宜大于 10km。

3　高速公路改扩建应在进行交通组织设计、交通安全评价等基础上做出具体实施方案设计。在工程实施中,应减少对既有公路的干扰,并应有保证通行安全措施。维持通车路段的服务水平可降低一级,设计速度不宜低于 60km/h。

4　一、二、三级公路改扩建时,应作保通设计方案。

5　沙漠、戈壁、草原等小交通量地区的高速公路分离式断面路段利用现有二级公路改建为一幅时,其设计洪水频率可维持原标准不变,设计速度不宜大于 80km/h。

**1.0.9**　非机动车、行人密集路段宜考虑非机动车和行人等的交通需求,可根据交通组成情况设置非机动车道和人行道。

**1.0.10**　二级及二级以上的干线公路应在设计时进行交通安全评价,其他公路在有条件时也可进行交通安全评价。

**1.0.11**　有救灾通道功能需求的二级及二级以下公路,可相应提高抗震及设计洪水频率标准。

**1.0.12**　公路建设项目,应根据设计使用年限综合考虑建设、养护、管理等成本效益和安全、环保、运营等社会效益,选用综合效益最佳方案。

# 2　术语

**2.0.1**　公路改扩建　highway reconstruction & extension

在现有公路的基础上,为提高技术等级、通行能力或改善技术指标而进行的公路建设工程,包括公路的改建、扩建等。

**2.0.2**　公路功能　highway function

公路在路网中为车辆出行提供畅通直达、汇集疏散和出入通达的交通服务能力。主要干线公路和次要干线公路具有畅通直达的功能,主要集散公路和次要集散公路具有汇集疏散的功能,支线公路具有出入通达的功能。

**2.0.3**　设计速度　design speed

确定公路设计指标并使其相互协调的设计基准速度。

**2.0.4** 运行速度 operating speed

路面平整、潮湿,自由流状态下,行驶速度累计分布曲线上对应于85%分位值的速度。

**2.0.5** 限制速度 posted speed limit

对公路上行驶车辆规定的允许行驶速度的限值。

**2.0.6** 设计车辆 design vehicle

公路几何设计所采用的代表车型,其外廓尺寸、载质量和动力性能是确定公路几何参数的主要依据。

**2.0.7** 设计通行能力 design traffic capacity

相应设计服务水平下,公路设施通过车辆的最大小时流率。

**2.0.8** 服务水平 level of service

驾驶员感受公路交通流运行状况的质量指标,通常用平均行驶速度、行驶时间、驾驶自由度和交通延误等指标表征。

**2.0.9** 避险车道 evacuation/escape lane

在行车道外侧增设的、供制动失效车辆驶离、减速停车、自救的专用车道。

**2.0.10** 硬路肩 hard shoulder

与行车道相连,具有一定路面强度的带状部分。主要用于:为行车提供侧向余宽,为路面结构提供横向保护,为故障车辆紧急停车提供全部或者部分宽度等。

**2.0.11** 设计使用年限 design working/service life

在正常设计、正常施工、正常使用和正常养护条件下,路面、桥涵、隧道结构或结构构件不需进行大修或更换,即可按其预定目的使用的年限。

**2.0.12** 电子不停车收费 electronic toll collection

利用车辆自动识别技术实现不停车收费的全电子收费方式,简称ETC。

# 3 基本规定

## 3.1 公路分级

**3.1.1** 公路分为高速公路、一级公路、二级公路、三级公路及四级公路等五个技术等级。

1 高速公路为专供汽车分方向、分车道行驶,全部控制出入的多车道公路。高速公路的年平均日设计交通量宜在15 000辆小客车以上。

2 一级公路为供汽车分方向、分车道行驶,可根据需要控制出入的多车道公路。一级公路的年平均日设计交通量宜在15 000辆小客车以上。

3 二级公路为供汽车行驶的双车道公路。二级公路的年平均日设计交通量宜为5 000~15 000辆小客车。

4 三级公路为供汽车、非汽车交通混合行驶的双车道公路。三级公路的年平均日设计交通量宜为 2 000 ~6 000 辆小客车。

5　四级公路为供汽车、非汽车交通混合行驶的双车道或单车道公路。双车道四级公路年平均日设计交通量宜在 2 000 辆小客车以下;单车道四级公路年平均日设计交通量宜在 400 辆小客车以下。

**3.1.2**　公路技术等级选用应遵循下列原则:

1　公路技术等级选用应根据路网规划、公路功能,并结合交通量论证确定。

2　主要干线公路应选用高速公路。

3　次要干线公路应选用二级及二级以上公路。

4　主要集散公路宜选用一、二级公路。

5　次要集散公路宜选用二、三级公路。

6　支线公路宜选用三、四级公路。

## 3.2　设计车辆

**3.2.1**　公路设计所采用的设计车辆外廓尺寸规定如表 3.2.1。

**表 3.2.1　设计车辆外廓尺寸**

| 车 辆 类 型 | 总长(m) | 总宽(m) | 总高(m) | 前悬(m) | 轴距(m) | 后悬(m) |
|---|---|---|---|---|---|---|
| 小客车 | 6 | 1.8 | 2 | 0.8 | 3.8 | 1.4 |
| 大型客车 | 13.7 | 2.55 | 4 | 2.6 | 6.5 +1.5 | 3.1 |
| 铰接客车 | 18 | 2.5 | 4 | 1.7 | 5.8 +6.7 | 3.8 |
| 载重汽车 | 12 | 2.5 | 4 | 1.5 | 6.5 | 4 |
| 铰接列车 | 18.1 | 2.55 | 4 | 1.5 | 3.3 +11 | 2.3 |

注:铰接列车的轴距(3.3 +11)m,其中 3.3m 为第一轴至铰接点的距离,11m 为铰接点至最后轴的距离。

## 3.3　交通量

**3.3.1**　新建和改扩建公路项目的设计交通量预测应符合下列规定:

1　高速公路和一级公路设计交通量预测年限为 20 年;二、三级公路设计交通量预测年限为 15 年;四级公路可根据实际情况确定。

2　设计交通量预测年限的起算年为该项目可行性研究报告中的计划通车年。

**3.3.2**　交通量换算采用小客车为标准车型。各汽车代表车型及车辆折算系数规定如表 3.3.2。拖拉机和非机动车等交通量换算应符合下列规定:

**表 3.3.2　各汽车代表车型及车辆折算系数**

| 汽车代表车型 | 车辆折算系数 | 说　明 |
|---|---|---|
| 小客车 | 1.0 | 座位≤19 座的客车和载质量≤2t 的货车 |
| 中型车 | 1.5 | 座位 >19 座的客车和 2t < 载质量≤7t 的货车 |
| 大型车 | 2.5 | 7t < 载质量≤20t 的货车 |
| 汽车列车 | 4.0 | 载质量 >20t 的货车 |

1　畜力车、人力车、自行车等非机动车按路侧干扰因素计。

2　公路上行驶的拖拉机每辆折算为4辆小客车。

3　公路通行能力分析所要求的车辆折算系数应针对路段、交叉口等形式,按不同的地形条件和交通需求,采用相应的折算系数。

**3.3.3**　公路设计小时交通量宜采用年第30位小时交通量,也可根据项目特点与需求,在当地年第20~40位小时交通量之间取值。

## 3.4　服务水平

**3.4.1**　公路服务水平分为六级,见附录A。

**3.4.2**　各级公路设计服务水平应不低于表3.4.2规定,并应符合下列规定:

**表3.4.2　各级公路设计服务水平**

| 公路等级 | 高速公路 | 一级公路 | 二级公路 | 三级公路 | 四级公路 |
|---|---|---|---|---|---|
| 服务水平 | 三级 | 三级 | 四级 | 四级 | — |

1　一级公路用作集散公路时,设计服务水平可降低一级。

2　长隧道及特长隧道路段、非机动车及行人密集路段、互通式立体交叉的分合流区段以及交织区段,设计服务水平可降低一级。

## 3.5　速度

**3.5.1**　各级公路设计速度应符合表3.5.1的规定。设计速度的选用应根据公路的功能与技术等级,结合地形、工程经济、预期的运行速度和沿线土地利用性质等因素综合论证确定,并应符合下列规定:

**表3.5.1　设 计 速 度**

| 公路等级 | 高速公路 | | | 一级公路 | | | 二级公路 | | 三级公路 | | 四级公路 | |
|---|---|---|---|---|---|---|---|---|---|---|---|---|
| 设计速度(km/h) | 120 | 100 | 80 | 100 | 80 | 60 | 80 | 60 | 40 | 30 | 30 | 20 |

1　高速公路设计速度不宜低于100km/h,受地形、地质等条件限制时,可以选用80km/h。

2　作为干线的一级公路,设计速度宜采用100km/h;受地形、地质等条件限制,可采用80km/h。作为集散的一级公路,设计速度宜采用80km/h;受地形、地质等条件限制,可采用60km/h。

3　高速公路和作为干线的一级公路的特殊困难局部路段,且因新建工程可能诱发工程地质病害时,经论证,该局部路段的设计速度可采用60km/h,但长度不宜大于15km,或仅限于相邻两互通式立体交叉之间的路段。

4　作为干线的二级公路,设计速度宜采用80km/h;受地形、地质等条件限制,可采用

60km/h。作为集散的二级公路,设计速度宜采用 60km/h;受地形、地质等条件限制,可采用 40km/h。

5　三级公路设计速度宜采用 40km/h;受地形、地质等条件限制,可采用 30km/h。

6　四级公路设计速度宜采用 30km/h;受地形、地质等条件限制,可采用 20km/h。

**3.5.2**　公路设计应采用运行速度进行检验。相邻路段运行速度之差应小于 20km/h,同一路段运行速度与设计速度之差宜小于 20km/h。

**3.5.3**　公路限制速度应根据设计速度、运行速度及路侧干扰与环境等因素综合论证确定。

## 3.6　建筑限界

**3.6.1**　各级公路的建筑限界应符合图 3.6.1 的规定,并应符合下列规定:

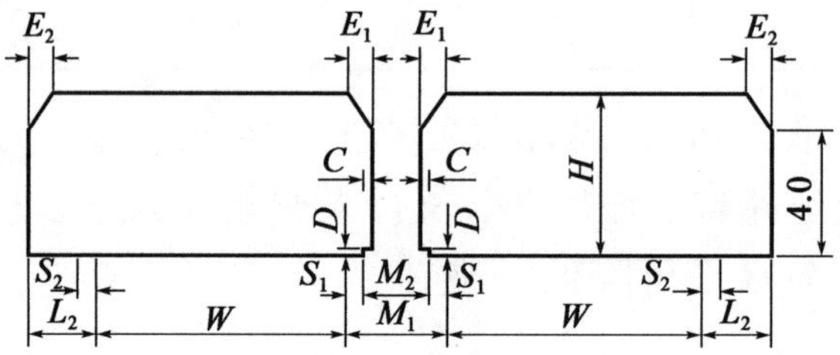


a)高速公路、一级公路(整体式)

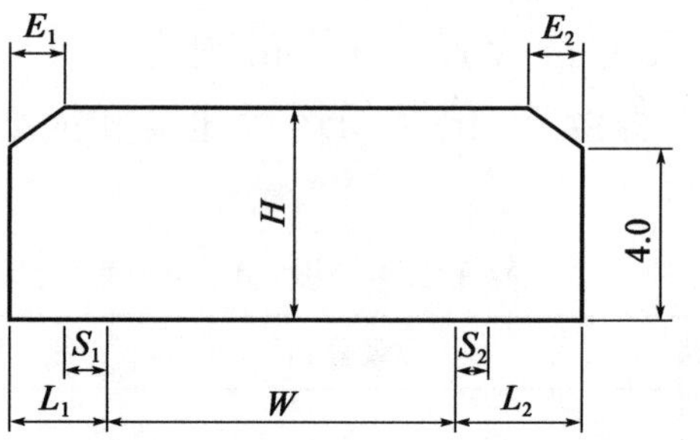


b)高速公路、一级公路(分离式)

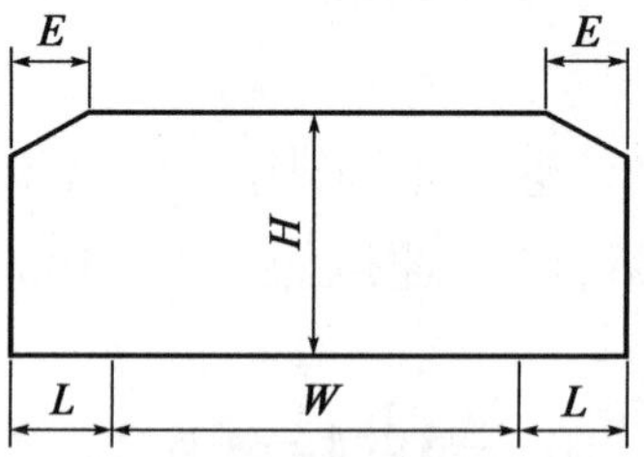


c)二、三、四级公路

图　3.6.1

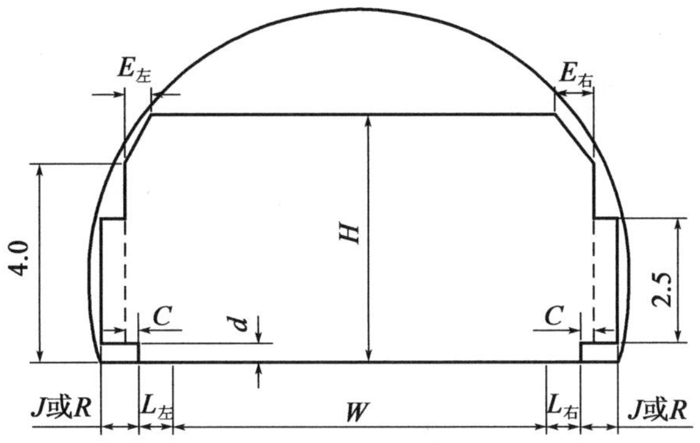


d)公路隧道

图3.6.1　各级公路的建筑限界(尺寸单位:m)

图中：$W$——行车道宽度；

$L_1$——左侧硬路肩宽度；

$L_2$——右侧硬路肩宽度；

$S_1$——左侧路缘带宽度；

$S_2$——右侧路缘带宽度；

$L$——侧向宽度。二级公路的侧向宽度为硬路肩宽度。三、四级公路的侧向宽度为路肩宽度减去0.25m。设置护栏时,应根据护栏需要的宽度加宽路基；

$L_{左}$——隧道内左侧侧向宽度；

$L_{右}$——隧道内右侧侧向宽度；

$C$——当设计速度大于100km/h时为0.5m,小于或等于100km/h时为0.25m；

$D$——路缘石高度,小于或等于0.25m。一般情况下,高速公路可不设路缘石；

$M_1$——中间带宽度；

$M_2$——中央分隔带宽度；

$J$——检修道宽度；

$R$——人行道宽度；

$d$——检修道或人行道高度；

$E$——建筑限界顶角宽度,当$L \leqslant 1$m时,$E = L$;当$L > 1$m时,$E = 1$m；

$E_1$——建筑限界顶角宽度,当$L_1 < 1$m,$E_1 = L_1$,或$S_1 + C < 1$m,$E_1 = S_1 + C$;当$L_1 \geqslant 1$m或$S_1 + C \geqslant 1$m时,$E_1 = 1$m；

$E_2$——建筑限界顶角宽度,$E_2 = 1$m；

$E_{左}$——建筑限界左顶角宽度,当$L_{左} \leqslant 1$m时,$E_{左} = L_{左}$;当$L_{左} > 1$m时,$E_{左} = 1$m；

$E_{右}$——建筑限界右顶角宽度,当$L_{右} \leqslant 1$m时,$E_{右} = L_{右}$;当$L_{右} > 1$m时,

$E_{右}=1\text{m}$；

$H$——净空高度。

1　设置加(减)速车道、紧急停车带、爬坡车道、错车道、慢车道、车道隔离设施等路段,行车道应包括该部分的宽度。

2　八车道及以上的高速公路(整体式),设置左侧硬路肩时,建筑限界应包括左侧硬路肩宽度。

3　一条公路应采用同一净高。高速公路、一级公路、二级公路的净高应为 5.00m;三级公路、四级公路的净高应为 4.50m。

4　人行道、自行车道、检修道与行车道分开设置时,其净高应为 2.50m。

5　路基、桥梁、隧道相互衔接处,其建筑限界应按过渡段处理。

### 3.7　抗震

**3.7.1**　抗震设计应符合下列规定:

1　地震动峰值加速度系数小于或等于 0.05 地区的公路工程,除有特殊要求外,可采用简易设防。

2　地震动峰值加速度系数大于 0.05、小于 0.40 地区的公路工程,应进行抗震设计。

3　地震动峰值加速度系数大于或等于 0.40 地区的公路工程,应进行专门的抗震研究和设计。

4　做过地震小区划地区的公路工程,应按主管部门审批的地震动峰值加速度系数进行抗震设计。

## 4　路线

**4.0.1**　一般规定

1　确定路线走廊带应考虑走廊带内各种运输体系及不同层次路网间的分工与配合,据以统筹规划、近远期结合、合理布局,充分发挥和提高公路总体综合效益。

2　公路选线必须由面到带、由带到线,在对地形地貌、地质水文、气候气象、自然保护区等调查与勘察的基础上论证、确定路线方案。

3　路线线位应考虑同农田与水利建设、城市规划的配合,尽可能避让不可移动文物、水源与自然保护区,保护环境且同当地景观相协调。

4　各级公路应做好总体设计,正确处理公路与相关路网、交通节点的关系,合理设置各类出入口、交叉和构造物。各类构造物的选型与布置应合理、实用、经济。

5　路线设计应根据公路功能、技术等级和地形等条件,恰当选取设计速度,合理确定公路断面布置形式,正确运用各类技术指标,注意平纵线形组合、保持线形连续均衡,在确保行驶安全性的前提下,满足舒适、环保与经济等要求。

**4.0.2** 车道宽度应符合表4.0.2的规定,并应符合下列规定:

**表4.0.2 车道宽度**

| 设计速度(km/h) | 120 | 100 | 80 | 60 | 40 | 30 | 20 |
|---|---|---|---|---|---|---|---|
| 车道宽度(m) | 3.75 | 3.75 | 3.75 | 3.50 | 3.50 | 3.25 | 3.00 |

1 八车道及以上公路在内侧车道(内侧第1、2车道)仅限小客车通行时,其车道宽度可采用3.5m。

2 以通行中、小型客运车辆为主且设计速度为80km/h及以上的公路,经论证车道宽度可采用3.5m。

3 四级公路采用单车道时,车道宽度应采用3.5m。

4 设置慢车道的二级公路,慢车道宽度应采用3.5m。

5 需要设置非机动车道和人行道的公路,非机动车道和人行道等的宽度,宜视实际情况确定。

**4.0.3** 各级公路车道数应符合表4.0.3的规定。高速公路和一级公路各路段车道数应根据设计交通量、设计通行能力确定,当车道数为双车道以上时应按双数增加。

**表4.0.3 各级公路车道数**

| 公路等级 | 高速、一级公路 | 二级公路 | 三级公路 | 四级公路 |
|---|---|---|---|---|
| 车道数 | ≥4 | 2 | 2 | 2(1) |

注:四级公路应采用双车道,交通量小或困难路段可采用单车道。

**4.0.4** 高速公路和一级公路整体式断面必须设置中间带。中间带由中央分隔带和两条左侧路缘带组成。

1 高速公路和作为干线的一级公路,中央分隔带宽度应根据公路项目中央分隔带功能确定。

2 作为集散的一级公路,中央分隔带宽度应根据中间隔离设施的宽度确定。

3 左侧路缘带宽度不应小于表4.0.4的规定。设计速度为120km/h、100km/h,受地形、地物限制的路段或多车道公路内侧车道仅限小型车辆通行的路段,左侧路缘带可论证采用0.50m。

**表4.0.4 左侧路缘带宽度**

| 设计速度(km/h) | 120 | 100 | 80 | 60 |
|---|---|---|---|---|
| 左侧路缘带宽度(m) | 0.75 | 0.75 | 0.50 | 0.50 |

**4.0.5** 路肩宽度应符合表4.0.5-1的规定,并应符合下列规定:

**表4.0.5-1　路肩宽度**

<table>
<tr><td colspan="2">公路等级(功能)</td><td colspan="3">高速公路</td><td colspan="2">一级公路(干线功能)</td></tr>
<tr><td colspan="2">设计速度(km/h)</td><td>120</td><td>100</td><td>80</td><td>100</td><td>80</td></tr>
<tr><td rowspan="2">右侧硬路肩宽度(m)</td><td>一般值</td><td>3.00<br>(2.50)</td><td>3.00<br>(2.50)</td><td>3.00<br>(2.50)</td><td>3.00<br>(2.50)</td><td>3.00<br>(2.50)</td></tr>
<tr><td>最小值</td><td>1.50</td><td>1.50</td><td>1.50</td><td>1.50</td><td>1.50</td></tr>
<tr><td rowspan="2">土路肩宽度(m)</td><td>一般值</td><td>0.75</td><td>0.75</td><td>0.75</td><td>0.75</td><td>0.75</td></tr>
<tr><td>最小值</td><td>0.75</td><td>0.75</td><td>0.75</td><td>0.75</td><td>0.75</td></tr>
<tr><td colspan="2">公路等级(功能)</td><td colspan="2">一级公路(集散功能)和二级公路</td><td colspan="3">三级公路、四级公路</td></tr>
<tr><td colspan="2">设计速度(km/h)</td><td>80</td><td>60</td><td>40</td><td>30</td><td>20</td></tr>
<tr><td rowspan="2">右侧硬路肩宽度(m)</td><td>一般值</td><td>1.50</td><td>0.75</td><td rowspan="2">—</td><td rowspan="2">—</td><td rowspan="2">—</td></tr>
<tr><td>最小值</td><td>0.75</td><td>0.25</td></tr>
<tr><td rowspan="2">土路肩宽度(m)</td><td>一般值</td><td>0.75</td><td>0.75</td><td rowspan="2">0.75</td><td rowspan="2">0.50</td><td rowspan="2">0.25(双车道)<br>0.50(单车道)</td></tr>
<tr><td>最小值</td><td>0.50</td><td>0.50</td></tr>
</table>

注:1. 正常情况下,应采用"一般值";在设爬坡车道、变速车道及超车道路段,受地形、地物等条件限制路段及多车道公路特大桥,可论证采用"最小值"。

2. 高速公路和作为干线的一级公路以通行小客车为主时,右侧硬路肩宽度可采用括号内数值。

1　高速公路和一级公路应在右侧硬路肩宽度内设右侧路缘带,其宽度为0.50m。

2　高速公路和一级公路采用分离式断面时,应设置左侧硬路肩,其宽度不应小于表4.0.5-2的规定值。左侧硬路肩宽度包含左侧路缘带宽度。

**表4.0.5-2　分离式断面高速公路和一级公路左侧路肩宽度**

| 设计速度(km/h) | 120 | 100 | 80 | 60 |
|---|---|---|---|---|
| 左侧硬路肩宽度(m) | 1.25 | 1.00 | 0.75 | 0.75 |
| 左侧土路肩宽度(m) | 0.75 | 0.75 | 0.75 | 0.50 |

3　八车道及以上高速公路宜设置左侧硬路肩,其宽度应不小于2.5m。左侧硬路肩宽度包含左侧路缘带宽度。

**4.0.6**　高速公路和作为干线的一级公路右侧硬路肩宽度小于2.50m时,应设置紧急停车带。紧急停车带宽度应为3.50m,有效长度不应小于40m,间距不宜大于500m。

**4.0.7**　互通式立体交叉、服务区、停车区、客运汽车停靠站、管理设施等的出入口处,高速公路、一级公路应设置加(减)速车道,二级公路应设置过渡段。

**4.0.8**　高速公路、一级公路以及二级公路的连续上坡路段,当通行能力、运行安全受到影响时,应设置爬坡车道。爬坡车道宽度不应小于3.50m。六车道以上的高速公路,可不设置爬坡车道。

**4.0.9** 连续长、陡下坡路段,应结合交通安全评价论证设置避险车道。

**4.0.10** 二级公路货车比例较高时,可根据需要局部增设超车道。超车道宽度应按相应路段的车道宽度确定。

**4.0.11** 二级公路慢行车辆较多时,可根据需要采用加宽硬路肩的方式设置慢车道,并应增加必要的交通安全设施,加强交通组织管理。

**4.0.12** 四级公路采用单车道时,应设置错车道。设置错车道路段的路基宽度不应小于双车道的路基宽度。

**4.0.13** 非机动车、行人密集公路和城市出入口的公路,可根据需要设置侧分隔带、非机动车道和人行道。

**4.0.14** 公路路基宽度为车道宽度与路肩宽度之和,当设有中间带、加(减)速车道、爬坡车道、紧急停车带、超车道、错车道、慢车道、侧分隔带、非机动车道、人行道等时,应计入这些部分的宽度。

**4.0.15** 视距应符合下列规定:

1 高速公路、一级公路的停车视距应不小于表4.0.15-1的规定。

**表4.0.15-1 高速公路、一级公路停车视距**

| 设计速度(km/h) | 120 | 100 | 80 | 60 |
|---|---|---|---|---|
| 停车视距(m) | 210 | 160 | 110 | 75 |

2 二、三、四级公路的停车视距、会车视距与超车视距应不小于表4.0.15-2的规定。

**表4.0.15-2 二、三、四级公路停车、会车与超车视距**

| 设计速度(km/h) | 80 | 60 | 40 | 30 | 20 |
|---|---|---|---|---|---|
| 停车视距(m) | 110 | 75 | 40 | 30 | 20 |
| 会车视距(m) | 220 | 150 | 80 | 60 | 40 |
| 超车视距(m) | 550 | 350 | 200 | 150 | 100 |

3 互通式立交、服务区、停车区、客运汽车停靠站等各类出、入口应满足识别视距要求。

4 双车道公路应间隔设置满足超车视距的路段。

5 高速公路、一级公路以及大型车比例较高的二、三级公路,应采用货车停车视距对相关路段进行检验。货车的停车视距、识别视距应符合附录B的规定。

6 积雪冰冻地区的停车视距宜适当增长。

**4.0.16** 直线的最大与最小长度应有所限制。

**4.0.17** 圆曲线最小半径应符合表4.0.17的规定。

表4.0.17　圆曲线最小半径

| 设计速度(km/h) | | 120 | 100 | 80 | 60 | 40 | 30 | 20 |
|---|---|---|---|---|---|---|---|---|
| 最大超高 | 10% | 570 | 360 | 220 | 115 | — | — | — |
| | 8% | 650 | 400 | 250 | 125 | 60 | 30 | 15 |
| | 6% | 710 | 440 | 270 | 135 | 60 | 35 | 15 |
| | 4% | 810 | 500 | 300 | 150 | 65 | 40 | 20 |
| 不设超高最小半径(m) | 路拱≤2.0% | 5 500 | 4 000 | 2 500 | 1 500 | 600 | 350 | 150 |
| | 路拱>2.0% | 7 500 | 5 250 | 3 350 | 1 900 | 800 | 450 | 200 |

注:"—"为不考虑采用最大超高的情况。

**4.0.18**　公路圆曲线半径小于表4.0.17"不设超高最小半径"时,应设置圆曲线超高。最大超高应符合下列规定:

1　一般地区,圆曲线最大超高应采用8%。

2　积雪冰冻地区,最大超高值应采取6%。

3　以通行中、小型客车为主的高速公路和一级公路,最大超高可采用10%。

4　城镇区域公路,最大超高值可采取4%。

**4.0.19**　直线与小于表4.0.17不设超高最小半径的圆曲线相衔接处,应设置缓和曲线。缓和曲线采用回旋线,应符合下列规定:

1　缓和曲线参数及其长度应根据线形设计以及对安全、视觉、景观等的要求,选用较大的数值。

2　四级公路直线与小于不设超高最小半径的圆曲线相衔接处,可不设置缓和曲线,用超高、加宽缓和段径相连接。

**4.0.20**　最大纵坡应符合表4.0.20的规定,并应符合下列规定:

表4.0.20　最大纵坡

| 设计速度(km/h) | 120 | 100 | 80 | 60 | 40 | 30 | 20 |
|---|---|---|---|---|---|---|---|
| 最大纵坡(%) | 3 | 4 | 5 | 6 | 7 | 8 | 9 |

1　设计速度为120km/h、100km/h、80km/h的高速公路受地形条件或其他特殊情况限制时,经技术经济论证,最大纵坡值可增加1%。

2　公路改扩建中,设计速度为40km/h、30km/h、20km/h的利用原有公路的路段,经技术经济论证,最大纵坡值可增加1%。

3　二级及二级以下公路的越岭路线连续上坡(或下坡)路段,相对高差为200~500m时,平均纵坡不应大于5.5%;相对高差大于500m时,平均纵坡不应大于5%。任意连续3km路段的平均纵坡不应大于5.5%。

4　高速公路、一级公路应论证采用合理的平均纵坡。对存在连续长、陡纵坡的路段应进行安全性评价。

**4.0.21**　不同纵坡的最大坡长应符合表4.0.21的规定。

**表 4.0.21　不同纵坡的最大坡长(m)**

| 纵坡坡度(%) | 设计速度(km/h) | | | | | | |
|---|---|---|---|---|---|---|---|
| | 120 | 100 | 80 | 60 | 40 | 30 | 20 |
| 3 | 900 | 1 000 | 1 100 | 1 200 | — | — | — |
| 4 | 700 | 800 | 900 | 1 000 | 1 100 | 1 100 | 1 200 |
| 5 | — | 600 | 700 | 800 | 900 | 900 | 1 000 |
| 6 | — | — | 500 | 600 | 700 | 700 | 800 |
| 7 | — | — | — | — | 500 | 500 | 600 |
| 8 | — | — | — | — | 300 | 300 | 400 |
| 9 | — | — | — | — | — | 200 | 300 |
| 10 | — | — | — | — | — | — | 200 |

**4.0.22**　公路纵坡变更处应设置竖曲线。竖曲线最小半径和最小长度不应小于表4.0.22的规定值。

**表 4.0.22　竖曲线最小半径和最小长度**

| 设计速度(km/h) | 120 | 100 | 80 | 60 | 40 | 30 | 20 |
|---|---|---|---|---|---|---|---|
| 凸形竖曲线最小半径(m) | 11 000 | 6 500 | 3 000 | 1 400 | 450 | 250 | 100 |
| 凹形竖曲线最小半径(m) | 4 000 | 3 000 | 2 000 | 1 000 | 450 | 250 | 100 |
| 竖曲线最小长度(m) | 100 | 85 | 70 | 50 | 35 | 25 | 20 |

# 5　路基路面

**5.0.1**　一般规定

1　路基路面应根据公路功能、技术等级、交通量,结合沿线地形、地质及路用材料、气候等自然条件进行设计,保证其具有足够的强度、稳定性和耐久性。路面面层应满足平整和抗滑的要求。

2　路基应设置排水设施与防护设施,取土、弃土应进行专门设计,防止水土流失、堵塞河道和诱发路基病害;应进行路基表土综合利用方案设计,充分利用资源。

3　应因地制宜、统筹考虑安全、环境、土地、经济等因素,选择合理的路基断面形式。

4　通过特殊地质和水文条件的路段,必须查明其规模及其对公路的危害程度,采取综合治理措施,增强公路防灾、抗灾能力。

5　路基路面结构应遵循整体化设计原则。路基设计应根据可用填料、施工条件和当地成功经验,提出路基结构的设计要求与设计指标;路面结构设计应结合路基结构设计要求与设计指标进行综合设计,以满足路面结构耐久性要求。

6　公路改扩建项目的新建路面和原路面利用均应按现行标准进行设计,并应加强路基、路面的拼接设计;应对路面材料再生循环利用进行论证,充分利用废旧材料。

**5.0.2**　路基设计洪水频率应符合下列规定:

1　路基设计洪水频率应符合表 5.0.2 的规定。

**表 5.0.2　路基设计洪水频率**

| 公路等级 | 高速公路 | 一级公路 | 二级公路 | 三级公路 | 四级公路 |
|---|---|---|---|---|---|
| 设计洪水频率 | 1/100 | 1/100 | 1/50 | 1/25 | 按具体情况确定 |

2　城市周边地区的公路路基设计洪水频率应结合城市防洪标准,考虑救灾通道、排洪和泄洪需求综合确定。

**5.0.3**　路基高度应符合下列规定:

1　路基高度设计应使路肩边缘高出路基两侧地面积水高度,同时考虑地下水、毛细水和冰冻的作用,不使其影响路基的强度和稳定性。

2　沿河及受水浸淹的路基边缘高程,应高出表 5.0.2 规定设计洪水频率的计算水位加壅水高、波浪侵袭高和 0.5m 的安全高度。

**5.0.4**　路基技术要求和原地面处理要求应符合下列规定:

1　路堤基底应清理和压实。基底强度、稳定性不足时,应进行处理,以保证路基稳定,减少工后沉降。

2　路基压实度应根据公路技术等级、填挖深度、交通荷载等级和填料特点等因素确定,并应符合表 5.0.4 的规定。

**表 5.0.4　路 基 压 实 度**

| 路基部位 | | 路床顶面以下深度(m) | 压实度(%) | | |
|---|---|---|---|---|---|
| | | | 高速公路、一级公路 | 二级公路 | 三级公路、四级公路 |
| 上路床 | | 0~0.3 | ≥96 | ≥95 | ≥94 |
| 下路床 | 轻、中及重交通荷载等级 | 0.3~0.8 | ≥96 | ≥95 | ≥94 |
| | 特重、极重交通荷载等级 | 0.3~1.2 | ≥96 | ≥95 | — |
| 上路堤 | 轻、中及重交通荷载等级 | 0.8~1.5 | ≥94 | ≥94 | ≥93 |
| | 特重、极重交通荷载等级 | 1.2~1.9 | ≥94 | ≥94 | — |
| 下路堤 | 轻、中及重交通荷载等级 | >1.5 | ≥93 | ≥92 | ≥90 |
| | 特重、极重交通荷载等级 | >1.9 | | | |

注:1. 表列压实度数值以重型击实试验法为准。

2. 特殊干旱或特殊潮湿地区的路基压实度,表列数值可适当降低。

3. 三、四级公路修筑沥青混凝土或水泥混凝土路面时,其路基压实度应采用二级公路标准。

3　在满足路基各层压实度的前提下,应根据路基实际采用的填料类型和路面结构设计要求,确定路床顶面回弹模量标准。对于重载交通路基、软弱和特殊土路基,可适当提高路床顶面回弹模量标准。

**5.0.5** 路基防护应根据公路功能,结合当地气候、水文、地质等情况,采取相应防护措施,保证路基稳定,并应符合下列规定:

1 路基防护应采取工程防护与植物防护相结合的综合防护措施,并与景观相协调。

2 深挖、高填路基边坡路段,必须查明工程地质情况,针对其工程特性进行路基防护设计。对存在稳定性隐患的边坡,应进行稳定性分析,采用加固、防护措施,保证边坡的稳定。

3 沿河路段必须查明河流特性及其演变规律,采取防止冲刷路基的防护措施。凡侵占、改移河道的地段,必须做出专门防护设计。

**5.0.6** 路面结构设计标准轴载为双轮组单轴100kN,轮胎压力0.7MPa。重载交通路段可根据实际调查的轴载谱采用分向、分道方式进行路面结构设计。

**5.0.7** 路面类型应根据公路功能、技术等级、交通量、环境保护、工程造价等因素进行综合论证后选用;路面结构形式应根据当地气候条件、交通荷载、当地材料,并结合路面结构耐久性、资源循环利用等因素进行全寿命周期经济分析后合理确定。

**5.0.8** 公路路面结构设计使用年限应不小于表5.0.8的规定。

**表5.0.8 公路路面结构设计使用年限**

| 公路等级 | | 高速公路 | 一级公路 | 二级公路 | 三级公路 | 四级公路 |
|---|---|---|---|---|---|---|
| 设计使用年限(年) | 沥青混凝土路面 | 15 | 15 | 12 | 10 | 8 |
| | 水泥混凝土路面 | 30 | | 20 | 15 | 10 |

**5.0.9** 路面结构层材料应满足强度、稳定性和耐久性的要求。路面垫层宜采用水稳性好的粗粒料类材料或稳定类材料。路基填料采用尾矿、矿渣等材料时,应作环保评价,明确利用方案及处置措施。

**5.0.10** 路基路面排水与防水应符合下列规定:

1 路基、路面排水应综合设计、合理布局,并与沿线排灌系统相协调,保护生态环境,防止水土流失和污染水源。

2 根据公路等级,结合沿线气象、地形、地质、水文等自然条件,设置必要的地表排水、路面内部排水、地下排水等设施,并与沿线排水系统相配合,形成完整的排水体系。

3 特殊地质地段的路基、路面排水设计,必须与该特殊工程整治措施相结合,进行综合设计。

4 路基、路面结构设计应进行防水设计,以减少路面结构水损坏。

**5.0.11** 高速公路路面不应分期修建,位于软土、高填方等工后沉降较大的局部路段,面层可一次设计、分期实施。

**5.0.12** 沙漠、戈壁、草原等地区小交通量高速公路,其右侧硬路肩部分的面层可分期修建,但在分期修建实施前,应采取技术措施对右侧硬路肩面层进行处理,保证交通安全。

# 6 桥涵

**6.0.1** 一般规定

1 桥涵应根据公路功能、技术等级、通行能力及防灾减灾等要求，结合水文、地质、通航和环境等条件进行综合设计。

2 桥涵应按照安全、耐久、适用、环保、经济和美观的原则，考虑因地制宜、就地取材、便于施工和养护等因素，进行全寿命设计。

3 桥涵应与自然环境和景观相协调。特殊大桥宜进行景观设计。

4 桥涵的设置应结合农田基本建设考虑排灌的需要。

5 特大桥、大桥桥位应选择河道顺直稳定、河床地质良好、河槽能通过大部分设计流量的河段，并应避开断层、岩溶、滑坡、泥石流等不良地质地带。在受条件限制而选取不利桥位时，必须采取防控措施并进行严格论证。

6 桥面铺装应有完善的桥面防水、排水系统。

7 桥涵跨径小于或等于50m时，宜采用标准化跨径、装配式结构、机械化和工厂化施工。

8 对于分期修建的桥梁，应选择先期与后期易衔接的结构形式。

9 桥涵应设置维修养护通道，特大桥和大桥应设置必要的养护设施。

**6.0.2** 桥涵分类规定如表6.0.2。

**表6.0.2 桥 涵 分 类**

| 桥 涵 分 类 | 多孔跨径总长 $L$(m) | 单孔跨径 $L_k$(m) |
|---|---|---|
| 特大桥 | $L>1\,000$ | $L_k>150$ |
| 大桥 | $100\leqslant L\leqslant 1\,000$ | $40\leqslant L_k\leqslant 150$ |
| 中桥 | $30<L<100$ | $20\leqslant L_k<40$ |
| 小桥 | $8\leqslant L\leqslant 30$ | $5\leqslant L_k<20$ |
| 涵洞 | — | $L_k<5$ |

注:1. 单孔跨径系指标准跨径。

2. 梁式桥、板式桥的多孔跨径总长为多孔标准跨径的总长；拱式桥为两端桥台内起拱线间的距离；其他形式桥梁为桥面系车道长度。

3. 管涵及箱涵不论管径或跨径大小、孔数多少，均称为涵洞。

4. 标准跨径：梁式桥、板式桥以两桥墩中线间距离或桥墩中线与台背前缘间距为准；拱式桥和涵洞以净跨径为准。

**6.0.3** 有桥台的桥梁，桥梁全长应为两岸桥台侧墙或八字墙尾端间的距离；无桥台的桥梁，桥梁全长应为桥面系的长度。

**6.0.4** 桥涵标准化跨径规定如下：0.75m、1.0m、1.25m、1.5m、2.0m、2.5m、3.0m、4.0m、5.0m、6.0m、8.0m、10m、13m、16m、20m、25m、30m、35m、40m、45m、50m。

**6.0.5** 桥涵设计洪水频率应符合表6.0.5的规定，并应符合下列规定：

表 6.0.5 桥涵设计洪水频率

| 公路等级 | 设计洪水频率 | | | | |
|---|---|---|---|---|---|
| | 特大桥 | 大桥 | 中桥 | 小桥 | 涵洞及小型排水构造物 |
| 高速公路 | 1/300 | 1/100 | 1/100 | 1/100 | 1/100 |
| 一级公路 | 1/300 | 1/100 | 1/100 | 1/100 | 1/100 |
| 二级公路 | 1/100 | 1/100 | 1/100 | 1/50 | 1/50 |
| 三级公路 | 1/100 | 1/50 | 1/50 | 1/25 | 1/25 |
| 四级公路 | 1/100 | 1/50 | 1/50 | 1/25 | 不作规定 |

1 二级公路的特大桥以及三、四级公路的大桥,在河床比降大、易于冲刷的情况下,宜提高一级设计洪水频率验算基础冲刷深度。

2 沿河纵向高架桥和桥头引道的设计洪水频率应符合本标准第 5.0.2 条路基设计洪水频率的规定。

3 多孔中小跨径的特大桥可采用大桥的设计洪水频率。

**6.0.6** 桥面净空应符合本标准第 3.6.1 条公路建筑限界的规定,并应符合下列规定:

1 多车道公路上的特大桥为整体式上部结构时,中央分隔带宽度应根据所采用的护栏形式确定。

2 特大桥的路肩宽度经论证后可采用表 4.0.5-1 的最小值。

3 路、桥不同宽度间应顺适过渡。

4 桥上设置的各种管线、安全设施及标志等不得侵入公路建筑限界。

**6.0.7** 桥下净空应符合下列规定:

1 通航或流放木筏的河流,桥下净空应符合通航标准或流放木筏的要求。

2 跨线桥桥下净空,应符合被交叉公路、铁路、其他道路等建筑限界的规定。

3 桥下净空应考虑排洪、流水、漂流物、冰塞以及河床冲淤等情况。

**6.0.8** 桥梁及其引道的平、纵、横技术指标应与路线总体布设相协调,并应符合下列规定:

1 桥上纵坡不宜大于 4%,桥头引道纵坡不宜大于 5%。

2 对于易结冰、积雪的桥梁,桥上纵坡宜适当减小。

3 位于城镇混合交通繁忙处的桥梁,桥上纵坡和桥头引道纵坡均不得大于 3%。

4 桥头两端引道的线形应与桥梁的线形相匹配。

**6.0.9** 渡口码头设计应符合下列规定:

1 渡口位置应选择在河床稳定、水力水文状态适宜、无淤积或少淤积的河段。

2 直线码头的引道纵坡宜采用 9% ~10%,锯齿式码头宜采用 4% ~6%。

3 车辆上、下渡船的引道路面,应采取必要的防滑措施。

4 二、三级公路的码头引道宽度不应小于 12m,四级公路不应小于 10m。

**6.0.10** 桥涵改扩建应符合下列规定:

1 新建桥涵(含拼接新建部分)应满足现行设计标准的要求。

2　对直接利用的原有桥涵,应进行检测评估并满足原设计荷载标准要求,二、三、四级公路提高等级时其极限承载能力应满足或采取加固措施后满足现行标准的要求。

3　拼接加宽利用的原有桥涵,应进行检测评估并满足原设计荷载标准要求,且其极限承载能力应满足或采取加固措施后满足现行标准的要求。

4　整体拼接桥梁的桥下净空,不应小于原设计标准。

5　对直接利用或拼接加宽的桥涵,应提出有针对性的运营管理和维护措施。

**6.0.11**　桥涵主体结构和可更换部件的设计使用年限规定如表 6.0.11。

**表 6.0.11　桥涵设计使用年限(年)**

| 公路等级 | 主体结构 | | | 可更换部件 | |
|---|---|---|---|---|---|
| | 特大桥<br>大桥 | 中桥 | 小桥<br>涵洞 | 斜拉索<br>吊索<br>系杆等 | 栏杆<br>伸缩装置<br>支座等 |
| 高速公路<br>一级公路 | 100 | 100 | 50 | 20 | 15 |
| 二级公路<br>三级公路 | 100 | 50 | 30 | | |
| 四级公路 | 100 | 50 | 30 | | |

# 7　汽车及人群荷载

**7.0.1**　汽车荷载分为公路—Ⅰ级和公路—Ⅱ级两个等级,由车道荷载和车辆荷载组成,并规定如下:

1　车道荷载由均布荷载和集中荷载组成,用于桥梁结构整体分析计算。

2　车辆荷载用于桥梁结构局部分析计算和涵洞、桥台、挡土墙土压力等的分析计算。

3　车道荷载与车辆荷载的作用不得相互叠加。

**7.0.2**　各级公路桥涵设计的汽车荷载等级应符合表 7.0.2 的规定。

**表 7.0.2　汽车荷载等级**

| 公路技术等级 | 高速公路 | 一级公路 | 二级公路 | 三级公路 | 四级公路 |
|---|---|---|---|---|---|
| 汽车荷载等级 | 公路—Ⅰ级 | 公路—Ⅰ级 | 公路—Ⅰ级 | 公路—Ⅱ级 | 公路—Ⅱ级 |

注:1. 二级公路作为集散公路且交通量小、重型车辆少时,其桥涵设计可采用公路—Ⅱ级荷载。

2. 对交通组成中重载交通比重较大的公路,宜采用与该公路交通组成相适应的汽车荷载模式进行结构整体和局部验算。

**7.0.3**　车道荷载的计算图式如图 7.0.3,并应符合下列规定:

1　公路—Ⅰ级车道荷载的均布荷载标准值为 $q_K = 10.5\text{kN/m}$。集中荷载标准值 $P_K$ 按下列规定选取:

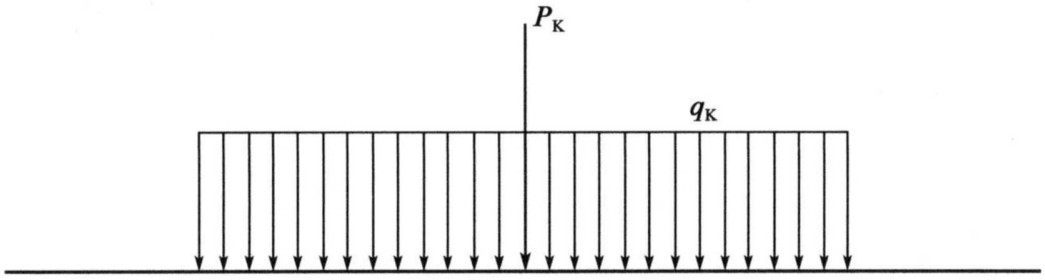


图 7.0.3　车道荷载

注:计算跨径,设支座的为相邻两支座中心间的水平距离;
不设支座的为上、下部结构相交面中心间的水平距离。

桥涵计算跨径小于或等于 5m 时,$P_K = 270kN$;

桥涵计算跨径大于或等于 50m 时,$P_K = 360kN$;

桥涵计算跨径大于 5m、小于 50m 时,$P_K$ 值采用直线内插求得。

计算剪力效应时,集中荷载标准值应乘以 1.2 的系数。

公路—Ⅱ级车道荷载的均布荷载标准值 $q_K$ 和集中荷载标准值 $P_K$,为公路—Ⅰ级车道荷载的 0.75 倍。

2　车道荷载的均布荷载标准值应满布于使结构产生最不利效应的同号影响线上;集中荷载标准值只作用于相应影响线中的一个影响线峰值处。

**7.0.4**　车辆荷载布置图如图 7.0.4,其主要技术指标规定如表 7.0.4。公路—Ⅰ级和公路—Ⅱ级汽车荷载采用相同的车辆荷载标准值。

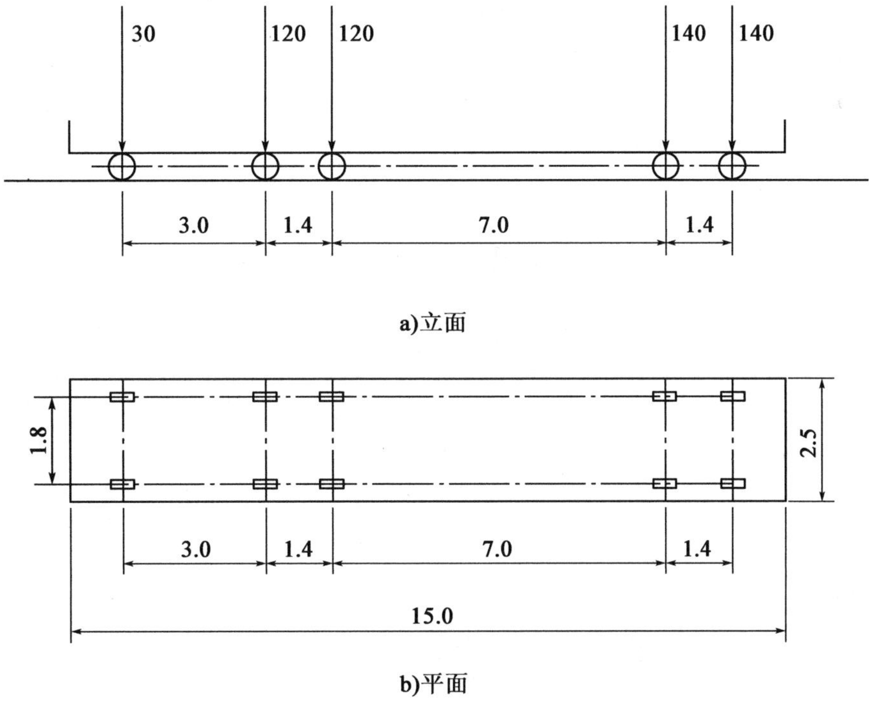


图 7.0.4　车辆荷载布置图(轴重力单位:kN;尺寸单位:m)

**表 7.0.4　车辆荷载主要技术指标**

| 项　　目 | 单　位 | 技 术 指 标 |
|---|---|---|
| 车辆重力标准值 | kN | 550 |
| 前轴重力标准值 | kN | 30 |
| 中轴重力标准值 | kN | 2 × 120 |
| 后轴重力标准值 | kN | 2 × 140 |
| 轴距 | m | 3 + 1.4 + 7 + 1.4 |
| 轮距 | m | 1.8 |
| 前轮着地宽度及长度 | m | 0.3 × 0.2 |
| 中、后轮着地宽度及长度 | m | 0.6 × 0.2 |
| 车辆外形尺寸(长 × 宽) | m | 15 × 2.5 |

**7.0.5**　车道荷载横向分布系数,应按设计车道数如图 7.0.5 布置车道荷载进行计算。

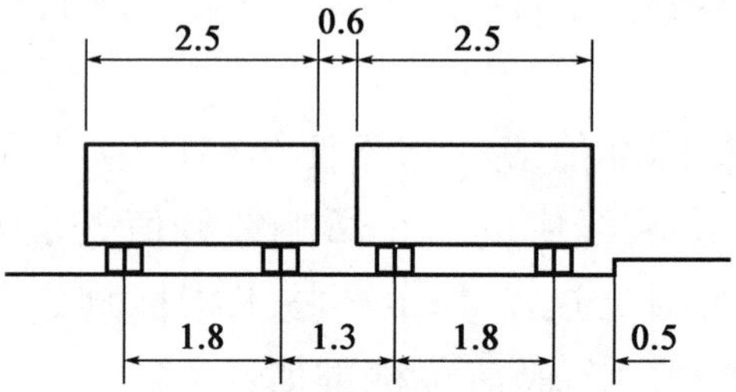


图 7.0.5　车辆荷载横向布置(尺寸单位:m)

**7.0.6**　桥涵设计车道数应符合表 7.0.6-1 的规定。横向车道布载系数应符合表 7.0.6-2的规定。横桥向布置多车道汽车荷载时,应考虑汽车荷载的折减;布置一条车道汽车荷载时,应考虑汽车荷载的提高。多车道布载的荷载效应不得小于两条车道布载的荷载效应,也不得小于一条车道布载的荷载效应。

**表 7.0.6-1　桥涵设计车道数**

| 桥面宽度 $W_0$(m) | | 桥涵设计车道数(条) |
|---|---|---|
| 单向行驶桥梁 | 双向行驶桥梁 | |
| $W_0 < 7.0$ | | 1 |
| $7.0 \leq W_0 < 10.5$ | $6.0 \leq W_0 < 14.0$ | 2 |
| $10.5 \leq W_0 < 14.0$ | | 3 |
| $14.0 \leq W_0 < 17.5$ | $14.0 \leq W_0 < 21.0$ | 4 |
| $17.5 \leq W_0 < 21.0$ | | 5 |
| $21.0 \leq W_0 < 24.5$ | $21.0 \leq W_0 < 28.0$ | 6 |
| $24.5 \leq W_0 < 28.0$ | | 7 |
| $28.0 \leq W_0 < 31.5$ | $28.0 \leq W_0 < 35.0$ | 8 |

**表 7.0.6-2 横向车道布载系数**

| 横向布载车道数(条) | 1 | 2 | 3 | 4 | 5 | 6 | 7 | 8 |
|---|---|---|---|---|---|---|---|---|
| 横向车道布载系数 | 1.20 | 1.00 | 0.78 | 0.67 | 0.60 | 0.55 | 0.52 | 0.50 |

**7.0.7** 大跨径桥梁应考虑车道荷载纵向折减,并应符合下列规定:

1 桥梁计算跨径大于 150m 时,应按表 7.0.7 规定的纵向折减系数进行折减。

2 桥梁为多跨连续结构时,整个结构应按其最大计算跨径的纵向折减系数进行折减。

**表 7.0.7 纵 向 折 减 系 数**

| 计算跨径 $L_0$(m) | 纵向折减系数 |
|---|---|
| $150 < L_0 < 400$ | 0.97 |
| $400 \leq L_0 < 600$ | 0.96 |
| $600 \leq L_0 < 800$ | 0.95 |
| $800 \leq L_0 < 1\,000$ | 0.94 |
| $L_0 \geq 1\,000$ | 0.93 |

**7.0.8** 公路桥涵设置人行道时,应同时计入人群载荷,并应符合下列规定:

1 桥梁计算跨径小于或等于 50m 时,人群荷载标准值为 3.0kN/m$^2$;

桥梁计算跨径大于或等于 150m 时,人群荷载标准值为 2.5kN/m$^2$;

桥梁计算跨径大于 50m、小于 150m 时,可由线性内插得到人群荷载标准值。

跨径不等的连续结构,采用最大计算跨径的人群荷载标准值。

2 非机动车、行人密集的公路桥梁,人群荷载标准值为上述标准值的 1.15 倍。

3 专用人行桥梁,人群荷载标准值为 3.5kN/m$^2$。

# 8 隧道

**8.0.1** 一般规定

1 隧道应根据路网规划、公路功能需要,遵循安全、耐久、经济、节能、利于保护生态环境的原则,结合隧道所处地区的地形、地质、施工、运营、管理等条件进行设计。

2 隧道选址必须对该区域的自然地理、场地与生态环境、工程地质、水文地质、气象、地震等进行勘察,取得完整勘察基础资料,经技术经济论证后确定。

3 隧道高程和平面位置应根据公路等级、路线总体设计方案确定,选在地层稳定,利于设置洞口、洞口两端接线、防灾救援系统、管理养护等设施的地段。

4 拟定路线总体设计方案应论证采用隧道或深路堑等不同方案给生态环境带来的影响。对生态环境脆弱的地带或可能因施工造成生态环境难以恢复的地段,应优先选择对环境影响小的方案,并辅以治理措施。

5　隧道路面应具有足够的抗滑性能。洞内、外衔接路段路面设计抗滑性能应一致。

**8.0.2**　隧道分类规定如表 8.0.2。

**表 8.0.2　隧 道 分 类**

| 隧道分类 | 特长隧道 | 长隧道 | 中隧道 | 短隧道 |
|---|---|---|---|---|
| 隧道长度 $L$(m) | $L>3\,000$ | $3\,000 \geqslant L > 1\,000$ | $1\,000 \geqslant L > 500$ | $L \leqslant 500$ |

**8.0.3**　隧道净空应符合本标准第 3.6.1 条公路建筑限界的规定,且横断面各组成部分宽度应满足下列要求:

1　隧道内的最小侧向宽度应符合表 8.0.3 的规定。

**表 8.0.3　隧道最小侧向宽度**

| 设计速度(km/h) | 高速公路、一级公路 | | | | 二级公路、三级公路、四级公路 | | | | |
|---|---|---|---|---|---|---|---|---|---|
| | 120 | 100 | 80 | 60 | 80 | 60 | 40 | 30 | 20 |
| 左侧侧向宽度 $L_{左}$(m) | 0.75 | 0.75 | 0.5 | 0.5 | 0.75 | 0.5 | 0.25 | 0.25 | 0.50 |
| 右侧侧向宽度 $L_{右}$(m) | 1.25 | 1.00 | 0.75 | 0.75 | 0.75 | 0.5 | 0.25 | 0.25 | 0.50 |

2　高速公路、一级公路的隧道应在两侧设置检修道,其宽度应大于或等于 0.75m。

二级、三级公路的隧道宜在两侧设置人行道(兼检修道),二、三级公路隧道的人行道宽度应大于或等于 0.75m。

四级公路隧道、连拱隧道左侧可不设置检修道或人行道,但应保留 $C$ 值宽度。

3　单车道四级公路的隧道应按双车道四级公路标准修建。

4　山岭特长、长隧道内不设硬路肩或硬路肩宽度小于 2.5m 时,单洞两车道隧道应设置紧急停车带,单洞三车道隧道宜设置紧急停车带。

紧急停车带宽度应为 3.0m,且与右侧侧向宽度之和应大于或等于 3.5m,有效长度应大于或等于 40m,单向行车时,间距不宜大于 750m,双向行车时,同侧间距不宜大于 1 000m。

5　四车道高速公路上的短隧道与城市出入口的中、短隧道,宜与路基同宽。

**8.0.4**　隧道及其洞口两端路线的平、纵、横技术指标应符合下列规定:

1　隧道路段平、纵线形应均衡、协调。水下隧道平面线形宜采用直线,当设为曲线时宜采用不设超高的平曲线。

2　洞口内外侧各 3s 设计速度行程长度范围的平、纵线形应一致。特殊困难地段,经技术经济比较论证后,洞口内外平曲线可采用缓和曲线,但应加强线形诱导设施。

3　洞口外相接路段应设置距洞口不小于 3s 设计速度行程长度,且不小于 50m 的过渡段,保持横断面过渡的顺适。

4　隧道内纵坡应小于 3%,大于 0.3%,但短于 100m 的隧道可不受此限。

5　高速公路、一级公路的中、短隧道,当条件受限制时,经技术经济论证、交通安全评价后,隧道最大纵坡可适当加大,但不宜大于 4%。

**8.0.5**　洞口之间小于 6s 设计速度行程长度的相邻隧道,应系统考虑通风、照明、安全、管理等设施及防灾、救援等需要进行整体设计。

**8.0.6** 隧道交通工程及附属设施的配置应符合下列规定：

1 隧道交通工程及附属设施的技术标准与建设规模应根据公路功能、技术等级、交通量、隧道长度等确定，并应符合公路项目交通工程及沿线设施总体设计的要求。

2 隧道内应设置标志、标线、轮廓标等安全设施。高速公路、一级公路隧道洞口两端连接过渡段的标志、标线、轮廓标及护栏等应进行专门设计。

3 特长隧道和高速公路、一级公路长隧道应设置监控设施。二级公路长隧道可根据需要设置监控设施。

4 通风设施应根据隧道长度、交通组成和交通量增长情况等，按统筹规划、一次设计、分期实施的原则设置。

5 长度 $L>200m$ 的高速公路隧道、一级公路隧道应设置照明，长度 $100m<L\leq200m$ 高速公路光学长隧道、一级公路光学长隧道应设置照明。

二、三、四级公路的隧道可根据具体情况设置照明设施。

设置照明的隧道洞口内外亮度应顺适过渡，不设置照明的隧道应加强设置视线诱导设施。

6 特长隧道和高速公路、一级公路的长隧道，必须配置紧急呼叫设施、火灾报警设施、消防设施与通道等。

二、三级公路的长隧道，应根据需要设置紧急呼叫设施、火灾报警设施、消防设施与通道等。

7 特长隧道和高速公路、一级公路的长隧道，必须保证重要电力负荷供电可靠。

**8.0.7** 隧道应制定发生交通或火灾事故的应急处理预案。

**8.0.8** 隧道改扩建应符合下列规定：

1 应根据公路功能、技术等级结合地形、地质、路线总体、运营状况、应急救援、原有隧道现状等，对增建隧道、原址扩建、原有隧道改造及其组合方式等进行多方案比选。

2 原址扩建和新建的隧道应按现行标准执行。利用原有隧道加固改造时，隧道主体结构可维持原标准，交通工程及附属设施应采用现行标准，同时应进行交通安全评价。

3 应根据原有隧道运营状况，做好改扩建交通组织方案设计。

**8.0.9** 隧道设计使用年限应符合表8.0.9的规定。

**表8.0.9 隧道设计使用年限(年)**

| 名称 | 衬砌、洞门等主体结构 | | | | 可更换、修复构件 |
|---|---|---|---|---|---|
| 类别 | 特长隧道 | 长隧道 | 中隧道 | 短隧道 | 特长、长、中、短隧道 |
| 高速公路、一级公路、二级公路 | 100 | 100 | 100 | 100 | 30 |
| 三级公路 | 100 | 100 | 100 | 50 | |
| 四级公路 | 100 | 50 | 50 | 50 | |

注：可更换、修复构件为隧道内边水沟、电缆沟槽、盖板等。

# 9　路线交叉

## 9.1　公路与公路平面交叉

**9.1.1**　平面交叉形式应根据公路网规划、地形和地质条件、相交公路的公路功能、技术等级、交通量、交通管理方式和用地条件等确定。

**9.1.2**　平面交叉的交通管理方式分为主路优先、无优先交叉和信号交叉三种，应根据相交公路的公路功能、技术等级、交通量等确定所采用的方式。

**9.1.3**　平面交叉角宜为直角，必须斜交时，交叉角应大于45°。同一位置平面交叉岔数不宜多于5条。

**9.1.4**　两相交公路的技术等级或交通量相近时，平面交叉范围内的设计速度可适当降低，但不宜低于路段设计速度的70%。

平面交叉右转弯车道的设计速度不宜大于40km/h；左转弯车道的设计速度不宜大于20km/h。

**9.1.5**　平面交叉的间距应根据其对行车安全、通行能力和交通延误等的影响确定。有条件时应尽量通过支路合并等措施，减少平交口数量，增大平交口间距。一、二级公路平面交叉的最小间距应不小于表9.1.5的规定。

**表9.1.5　平面交叉最小间距**

<table>
<tr><td>公路等级</td><td colspan="3">一级公路</td><td colspan="2">二级公路</td></tr>
<tr><td rowspan="2">公路功能</td><td colspan="2">干线公路</td><td rowspan="2">集散公路</td><td rowspan="2">干线公路</td><td rowspan="2">集散公路</td></tr>
<tr><td>一般值</td><td>最小值</td></tr>
<tr><td>间距(m)</td><td>2 000</td><td>1 000</td><td>500</td><td>500</td><td>300</td></tr>
</table>

**9.1.6**　三级及三级以上公路的平面交叉均应进行渠化设计。

**9.1.7**　各级公路平交范围内应进行通视三角区停车视距检验。

## 9.2　公路与公路立体交叉

**9.2.1**　符合下列条件时设置立体交叉：

1　高速公路与各级公路交叉必须采用立体交叉。

2　一级公路与交通量大的公路交叉应采用立体交叉。

3　二、三、四级公路间的交叉，直行交通量大时，宜采用立体交叉。

**9.2.2**　立体交叉分为互通式立体交叉和分离式立体交叉，符合下列条件时应设置互通式立体交叉：

1　高速公路与承担干线和集散功能的公路相交时。

2　高速公路与连接其他重要交通源的连接线公路相交时。

3　作为干线功能的一级公路与其他干线公路和集散公路相交时。

4　一级公路采用平面交叉冲突交通量较大,通过渠化或信号控制仍不能满足通行能力要求时。

**9.2.3**　符合本标准第9.2.1条规定条件,但不符合本标准第9.2.2条规定条件时宜设置分离式立体交叉。

**9.2.4**　互通式立体交叉分为枢纽互通式立交和一般互通式立交,设置应符合下列规定:

1　相邻互通式立体交叉的间距不宜小于4km。

受地形条件或其他特殊情况限制,经论证相邻互通式立体交叉的间距需适当减小时,其上一互通式立体交叉加速车道终点至下一互通式立体交叉减速车道起点之间的距离不得小于1 000m,且应进行专项交通工程设计,设置完善、醒目的标志、标线和警示、诱导设施。

相邻互通式立体交叉的间距小于上述规定的1 000m最小值,且经论证必须设置时,应将两互通式立体交叉合并设置为复合式互通式立体交叉。

2　相邻互通式立体交叉的最大间距不宜大于30km。在人烟稀少地区,其间距可适当加大,但应在适当位置设置"U形转弯"设施。

3　互通式立体交叉与服务区、停车区、客运汽车停靠站、隧道等其他重要设施之间的距离应能满足设置出口预告标志的需要。

4　互通式立体交叉匝道设计速度应符合表9.2.4的规定。

**表9.2.4　互通式立体交叉匝道设计速度**

| 匝道形式 | | 直连式 | 半直连式 | 环形匝道 |
|---|---|---|---|---|
| 匝道设计速度(km/h) | 枢纽互通式立体交叉 | 50~80 | 40~80 | 40 |
| | 一般互通式立体交叉 | 40~60 | 40~60 | 30~40 |

5　互通式立体交叉匝道车道数应根据匝道交通量和匝道长度确定。主线与匝道或匝道与匝道的分、合流连接部,应保持车道数的平衡。

**9.2.5**　公路与公路立体交叉跨线桥桥下净空应符合本标准第3.6.1条的规定,并应满足桥下公路的视距要求,其结构形式应与周围环境相协调。

## 9.3　公路与铁路相交叉

**9.3.1**　高速公路、一级公路与铁路相交叉时,必须设置立体交叉。

**9.3.2**　高速铁路、准高速铁路和路段旅客列车设计行车速度为140km/h的铁路与公路相交叉时,必须设置立体交叉。

**9.3.3** 公路、铁路相交叉,符合下列情况之一者应设置立体交叉:

1 铁路与二级公路相交叉时。

2 路段旅客列车设计行车速度为120km/h的铁路与公路相交叉时。

3 由于铁路调车作业对公路上行驶车辆会造成严重延误时。

4 受地形等条件限制,采用平面交叉会危及行车安全时。

**9.3.4** 铁路跨越公路上方时,其跨线桥下净空及布孔应符合本标准第3.6.1条公路建筑限界、第4.0.15条视距的规定,以及对前方信息识别的要求。

铁路穿越公路下方时,公路跨线桥下净空应符合现行铁路净空限界标准的规定。

**9.3.5** 公路、铁路平面相交时,宜为正交;必须斜交时,交叉角度应大于45°,且道口应符合侧向瞭望视距的规定。

**9.3.6** 铁路与公路平行相邻时,铁路用地界与高速公路用地界间距不宜小于30m,与一、二级公路用地界间距不应小于15m,与三、四级公路用地界间距不应小于5m。

## 9.4 公路与乡村道路相交叉

**9.4.1** 公路与乡村道路相交叉的位置、形式、间距等的确定,应考虑县、乡(镇)土地利用总体规划中农业耕作机械需求。必要时应结合规划,对农业机耕道作适当调整或归并。

**9.4.2** 高速公路与乡村道路相交叉必须设置通道或天桥。

一级公路与乡村道路相交叉宜设置通道或天桥。

二、三级公路与乡村道路相交叉应设置平面交叉,四级公路与乡村道路相交宜设置平面交叉,地形条件有利或公路交通量大时宜设置通道或天桥。

二、三、四级公路与乡村道路相交时,应对其交叉范围一定长度的路段进行改造,使其达到四级公路的标准。

二级及二级以上公路位于城镇或人口稠密的村落或学校附近时,宜设置专供行人横向通行的人行地道或人行天桥。

**9.4.3** 车行通道的净空应符合下列规定:

1 通行拖拉机、畜力车时,通道净高应不小于2.70m;通行农用汽车时,通道净高应不小于3.20m。

2 通道净宽应根据交通量和通行农业机械类型选用,一般应不小于4.00m;通道过长或敷设排水渠时,宜视情况加宽。

**9.4.4** 人行通道净高应不小于2.20m;净宽应不小于4.00m。

**9.4.5** 车行天桥桥面净宽按交通量和通行农业机械类型可选用4.50m或7.00m;其汽车荷载应符合本标准第7.0.2条有关四级公路汽车荷载等级的规定。

**9.4.6** 人行天桥桥面净宽应大于或等于3.00m;其人群荷载应符合本标准第7.0.8条的规定。

### 9.5 公路与管线等相交叉

**9.5.1** 电信线、电力线、电缆、管道等均不得侵入公路建筑限界,不得妨害公路交通安全和人员安全,并不得损害公路的构造和设施。

**9.5.2** 架空送电线路与公路相交叉时,宜为正交;必须斜交时,交叉角度应大于45°。架空送电线路跨越公路时,送电线路导线与公路交叉处距路面的最小垂直距离必须符合相应送电线路标称电压规定的要求。

**9.5.3** 原油管道、天然气输送管道与公路相交叉时,宜为正交;必须斜交时,交叉角度应大于30°。

**9.5.4** 管道与各级公路相交叉且采用下穿方式时,应设置地下通道(涵)或套管。通道或套管应按相应公路等级的汽车荷载等级进行验算。

**9.5.5** 严禁易燃、易爆、高压等管线设施利用或通过公路桥梁和隧道。

### 9.6 动物通道

**9.6.1** 公路应结合沿线放牧及野生动物迁徙需要,选择合理位置设置必要的动物通道。

**9.6.2** 穿越草原区域的封闭公路,应根据放牧等需要修建沿公路通行的便道(牧道)。

## 10 交通工程及沿线设施

### 10.1 一般规定

**10.1.1** 交通工程及沿线设施的建设规模与标准应根据公路网规划、公路的功能、等级、交通量、运营条件等综合论证确定。

**10.1.2** 交通工程及沿线设施总体设计应符合公路总体设计的要求,相互匹配,协调统一,充分发挥公路的整体效益。

**10.1.3** 交通工程及沿线设施应按照“保障安全、提供服务、利于管理”的原则进行设计。

**10.1.4** 交通工程及沿线设施包括交通安全设施、服务设施和管理设施三种,各项设施应按统筹协调、总体设计的原则设置,并应结合交通量的增长与技术发展状况等逐步补充、完善。

**10.1.5** 对于改扩建工程,交通工程及沿线设施应配合公路主体工程的改扩建方案,提供配套的交通工程及沿线设施的设计和施工组织方案。

## 10.2　交通安全设施

**10.2.1**　交通安全设施包括交通标志、标线、护栏、视线诱导设施、隔离栅、防落网、防眩设施、防风栅、防雪(沙)栅、积雪标杆等。

**10.2.2**　交通安全设施应根据公路功能、交通组成、公路环境、运营条件等设置,以满足交通安全管理与服务的需求。

**10.2.3**　公路应设置完善的交通标志和标线,并应符合下列规定:

1　交通标志、标线应总体布局、合理设置,重要信息应重复设置或连续设置。

2　交通标志的位置应保证其视认性,与其他标志或设施不应相互遮挡。

3　交通标志与标线应根据实际需求配合使用,应互为补充、含义一致,并与其他设施相协调。

**10.2.4**　公路路侧护栏设置应符合下列规定:

1　公路路侧净区的宽度不足时,应按护栏设置原则确定是否设置护栏。

2　桥梁与高路堤路段必须设置路侧护栏。

3　路侧有悬崖、深谷、深沟、江河湖泊等路段应设置路侧护栏。

4　高速公路和作为干线的一级公路,整体式断面中间带宽度小于或等于12m时,必须连续设置中央分隔带护栏。

5　应根据车辆驶出路外可能造成的伤害程度,结合公路设计速度、几何指标、交通量、交通组成等因素合理确定护栏防护等级。

6　不同形式的护栏相接时应进行过渡设计。

**10.2.5**　轮廓标的设置应符合下列规定:

1　高速公路、一级公路的主线及其互通式立体交叉,服务区、停车区等处的进出匝道、连接道、中央分隔带开口以及避险车道等应连续设置轮廓标。

2　二级及二级以下公路的视距不良路段、车道数或车道宽度有变化的路段及连续急弯陡坡路段宜设置轮廓标,其他路段视需要可设置轮廓标。

3　隧道内应设置轮廓标。

**10.2.6**　公路隔离栅设置应符合下列规定:

1　高速公路、一级公路需要控制出入的路段两侧宜连续设置,也可利用天然屏障间隔设置。

2　其他公路可根据需要设置。

**10.2.7**　公路防落网设置应符合下列规定:

1　公路跨越铁路、通航河流、交通量较大的其他公路时。

2　公路路堑边坡可能有落石并影响交通安全的路段。

**10.2.8**　高速公路和一级公路应根据需要设置防眩设施。

**10.2.9**　连续长、陡下坡路段设置避险车道时,应设置配套的标志、标线及隔离、防护、缓冲等安全设施。

**10.2.10** 为集散公路的一级公路,整体式断面中间带应设置隔离设施。

**10.2.11** 风、雪、沙等危及公路行车安全的路段,应设置防风栅、防雪(沙)栅、积雪标杆等安全设施。

## 10.3 服务设施

**10.3.1** 服务设施包括服务区、停车区和客运汽车停靠站。

**10.3.2** 服务区、停车区的位置应根据区域路网、建设条件、景观和环保要求等规划和布设。客运汽车停靠站的位置宜根据地区公路交通规划、公路沿线城镇分布、出行需求布设。

**10.3.3** 服务区设置应符合下列规定:

1 高速公路应设置服务区,作为干线的一、二级公路宜设置服务区。服务区平均间距宜为50km;当沿线城镇分布稀疏,水、电等供给困难时,可增大服务区间距。

2 高速公路服务区应设置停车场、加油站、车辆维修站、公共厕所、室内外休息区、餐饮、商品零售点等设施。根据公路环境和需求可设置人员住宿、车辆加水等设施。

3 作为干线的一、二级公路服务区宜设置停车场、加油站、公共厕所、室外休息点等设施,有条件时可设置餐饮、商品零售点、车辆加水等设施。

**10.3.4** 停车区设置应符合下列规定:

1 高速公路应设置停车区,作为干线的一、二级公路宜设置停车区。停车区可在服务区之间布设一处或多处,停车区与服务区或停车区之间的间距宜为15~25km。

2 停车区应设置停车场、公共厕所、室外休息区等设施。

**10.3.5** 客运汽车停靠站应设置车辆停靠和乘客候车设施,可与服务区结合设置。

**10.3.6** 作为集散的一、二级公路和三、四级公路可根据需要设置加油站、公共厕所及客运汽车停靠站等设施。

## 10.4 管理设施

**10.4.1** 管理设施包括监控、收费、通信、供配电、照明和管理养护等设施,应符合下列规定:

1 高速公路应设置监控、收费、通信、供配电、照明和管理养护设施。其他等级的公路可根据需求设置。

2 监控、收费、通信、供配电、照明和管理养护等设施应根据交通量进行总体设计、分期实施,并据此实施基础工程、地下管线及预留预埋工程等。

**10.4.2** 监控设施应符合下列规定:

1 监控设施分为A、B、C、D四个等级。

A级:应全线设置视频监视、动态信息发布及交通诱导设施,结合收费站、特大桥、隧道前、互通式立交、服务区等重点或有特殊需求路段,设置交通事件检测、交通量检测、环境信息检测、匝道控制设施。实现全线的全程监控、动态信息发布和交通诱导。

B 级:应在收费站、特大桥、互通式立交、服务区等重点或有特殊需求路段,设置视频监视、交通事件检测、交通量检测、环境信息检测、匝道控制、动态信息发布及交通诱导设施。实现全线的重点监控、动态信息发布和交通诱导。

C 级:宜在特大桥、服务区、客运汽车停靠站、公路平面交叉口等重点或有特殊需求路段,设置视频监视、交通事件检测、交通量检测、动态信息发布及交通诱导设施。

D 级:可在特大桥、加油站、客运汽车停靠站、主要公路平面交叉口等重点或有特殊需求路段,设置交通量检测、现场交通信息提示及交通诱导设施。

2　各等级监控设施的适用范围可依据表 10.4.2 确定。

**表 10.4.2　各等级监控设施的适用范围**

| 监控设施等级 | 适 用 范 围 |
|---|---|
| A | 高速公路(全程监控) |
| B | 高速公路(分段监控) |
| C | 干线一级、二级公路 |
| D | 集散公路、支线公路 |

3　当桥梁、隧道设置结构监测、养护监测等设施时,应与路段的监控设施统一规划设计,协调管理。

**10.4.3**　收费设施应符合下列规定:

1　收费设施应与公路设计采用的服务水平相协调。收费广场出口和入口的收费车道数均不应小于 2 条。新建收费设施应同步建设 ETC 车道。

2　省界主线收费站宜采用合建方式。

3　收费系统机电设备可按开通后的第 15 年交通量配置;收费岛、收费广场、地下通道、收费大棚等设施宜按开通后第 15 年的交通量配置;收费广场用地、站房用地、建筑和土方工程用地应按开通后第 20 年的交通量实施。

4　客车应采用分车型收费方式,货车宜采用计重收费方式。

**10.4.4**　通信设施应符合下列规定:

1　通信设施应满足监控、收费和管理等业务需求,结合路网统一规划、统一标准、统一体制,提供语音、数据、图像信息服务平台。

2　高速公路的通信管道应按远期规划设计。通信管道敷设容量应综合考虑交通专网需求、社会租赁需求和扩容要求确定。省际之间应保证一条用于干线联网的通信管道。

**10.4.5**　供配电、照明设施应符合下列规定:

1　应根据公路特点、系统规模、负荷性质、用电量、电源条件、电网发展规划,在满足近期要求的同时,兼顾远期发展需要,合理确定外部电源、自备应急电源的供配电系统方案。

2　高压输电线路工程应结合工程特点、规模和远期发展状况,施工临时用电和运营永久性用电相结合实施。

3　收费广场、服务区广场、避险车道、检测点(站)等应设置照明设施,位于城市出入口路段的互通式立体交叉、特大桥、机场高速公路、环城高速公路可设置照明设施。

**10.4.6** 管理中心、管理分中心、管理站(所)宜结合公路管理需求设置。

**10.4.7** 养护设施应根据公路养护业务需求设置养护工区和道班房。高速公路宜设置养护工区,其他等级公路宜设置道班房。

**10.4.8** 公路管理养护管理设施宜结合地形和业务范围选址合建。

**10.4.9** 公路管理房屋建筑应布局合理、经济适用、环保节能,与周围环境相协调。房屋建筑规模宜根据设计交通量确定。

# 附录 A 公路服务水平分级

**A.0.1** 本次修订依据专题研究成果,采用 $v/C$ 值来衡量拥挤程度,作为评价服务水平的主要指标,同时采用小客车实际行驶速度与自由流速度之差作为次要评价指标,将服务水平分为六级,分别代表一定运行条件下驾驶员的感受。具体的服务水平划分如表 A.0.1-1 ~ 表 A.0.1-3 所示。

**表 A.0.1-1 高速公路路段服务水平分级**

| 服务水平等级 | $v/C$ 值 | 设计速度(km/h) | | |
|---|---|---|---|---|
| | | 120 | 100 | 80 |
| | | 最大服务交通量 [pcu/(h·ln)] | 最大服务交通量 [pcu/(h·ln)] | 最大服务交通量 [pcu/(h·ln)] |
| 一 | $v/C \leq 0.35$ | 750 | 730 | 700 |
| 二 | $0.35 < v/C \leq 0.55$ | 1 200 | 1 150 | 1 100 |
| 三 | $0.55 < v/C \leq 0.75$ | 1 650 | 1 600 | 1 500 |
| 四 | $0.75 < v/C \leq 0.90$ | 1 980 | 1 850 | 1 800 |
| 五 | $0.90 < v/C \leq 1.00$ | 2 200 | 2 100 | 2 000 |
| 六 | $v/C > 1.00$ | 0 ~ 2 200 | 0 ~ 2 100 | 0 ~ 2 000 |

注:$v/C$ 是在基准条件下,最大服务交通量与基准通行能力之比。基准通行能力是五级服务水平条件下对应的最大小时交通量。

**表 A.0.1-2 一级公路路段服务水平分级**

| 服务水平等级 | $v/C$ 值 | 设计速度(km/h) | | |
|---|---|---|---|---|
| | | 100 | 80 | 60 |
| | | 最大服务交通量 [pcu/(h·ln)] | 最大服务交通量 [pcu/(h·ln)] | 最大服务交通量 [pcu/(h·ln)] |
| 一 | $v/C \leq 0.3$ | 600 | 550 | 480 |
| 二 | $0.3 < v/C \leq 0.5$ | 1 000 | 900 | 800 |
| 三 | $0.5 < v/C \leq 0.7$ | 1 400 | 1 250 | 1 100 |

续上表

| 服务水平等级 | v/C 值 | 设计速度(km/h) | | |
|---|---|---|---|---|
| | | 100 | 80 | 60 |
| | | 最大服务交通量 [pcu/(h·ln)] | 最大服务交通量 [pcu/(h·ln)] | 最大服务交通量 [pcu/(h·ln)] |
| 四 | $0.7 < v/C \leq 0.9$ | 1 800 | 1 600 | 1 450 |
| 五 | $0.9 < v/C \leq 1.0$ | 2 000 | 1 800 | 1 600 |
| 六 | $v/C > 1.0$ | 0 ~ 2 000 | 0 ~ 1 800 | 0 ~ 1 600 |

注:$v/C$ 是在基准条件下,最大服务交通量与基准通行能力之比。基准通行能力是五级服务水平条件下对应的最大小时交通量。

**表 A.0.1-3　二、三、四级公路路段服务水平分级**

| 服务水平 | 延误率(%) | 设计速度(km/h) | | | | | | | | | | |
|---|---|---|---|---|---|---|---|---|---|---|---|---|
| | | 80 | | | | 60 | | | | ≤40 | | |
| | | 速度(km/h) | v/C | | | 速度(km/h) | v/C | | | v/C | | |
| | | | 禁止超车区(%) | | | | 禁止超车区(%) | | | 禁止超车区(%) | | |
| | | | <30 | 30 ~ 70 | ≥70 | | <30 | 30 ~ 70 | ≥70 | <30 | 30 ~ 70 | ≥70 |
| 一 | ≤35 | ≥76 | 0.15 | 0.13 | 0.12 | ≥58 | 0.15 | 0.13 | 0.11 | 0.14 | 0.12 | 0.10 |
| 二 | ≤50 | ≥72 | 0.27 | 0.24 | 0.22 | ≥56 | 0.26 | 0.22 | 0.20 | 0.25 | 0.19 | 0.15 |
| 三 | ≤65 | ≥67 | 0.40 | 0.34 | 0.31 | ≥54 | 0.38 | 0.32 | 0.28 | 0.37 | 0.25 | 0.20 |
| 四 | ≤80 | ≥58 | 0.64 | 0.60 | 0.57 | ≥48 | 0.58 | 0.48 | 0.43 | 0.54 | 0.42 | 0.35 |
| 五 | ≤90 | ≥48 | 1.00 | 1.00 | 1.00 | ≥40 | 1.00 | 1.00 | 1.00 | 1.00 | 1.00 | 1.00 |
| 六 | >90 | <48 | — | — | — | <40 | — | — | — | — | — | — |

注:1. 设计速度为 80km/h、60km/h 和 40km/h 时,路面宽度为 9m 的双车道公路,其基准通行能力分别为:2 800pcu/h、2 500pcu/h 和 2 400pcu/h。

2. $v/C$ 是在基准条件下,最大服务交通量与基准通行能力之比。基准通行能力是五级服务水平条件下对应的最大小时交通量。

3. 延误率为车头时距小于或等于 5s 的车辆数占总交通量的百分比。

根据交通流状态,各级服务水平分定性描述如下:

1　一级服务水平,交通流处于完全自由流状态。交通量小,速度高,行车密度小,驾驶员能自由地按照自己的意愿选择所需速度,行驶车辆不受或基本不受交通流中其他车辆的影响。在交通流内驾驶的自由度很大,为驾驶员、乘客或行人提供的舒适度和方便性非常优越。较小的交通事故或行车障碍的影响容易消除,在事故路段不会产生停滞排队现象,很快就能恢复到一级服务水平。

2　二级服务水平,交通流状态处于相对自由流的状态,驾驶员基本上可按照自己的意愿选择行驶速度,但是开始要注意到交通流内有其他使用者,驾驶人员身心舒适水平很高,较小交通事故或行车障碍的影响容易消除,在事故路段的运行服务情况比一级差些。

3　三级服务水平,交通流状态处于稳定流的上半段,车辆间的相互影响变大,选择速度受到其他车辆的影响,变换车道时驾驶员要格外小心,较小交通事故仍能消除,但事故发生路段的服务质量大大降低,严重的阻塞后面形成排队车流,驾驶员心情紧张。

4　四级服务水平,交通流处于稳定流范围下限,但是车辆运行明显地受到交通流内其他车辆的相互影响,速度和驾驶的自由度受到明显限制。交通量稍有增加就会导致服务水平的显著降低,驾驶人员身心舒适水平降低,即使较小的交通事故也难以消除,会形成很长的排队车流。

5 五级服务水平,为交通流拥堵流的上半段,其下是达到最大通行能力时的运行状态。对于交通流的任何干扰,例如车流从匝道驶入或车辆变换车道,都会在交通流中产生一个干扰波,交通流不能消除它,任何交通事故都会形成长长的排队车流,车流行驶灵活性极端受限,驾驶人员身心舒适水平很差。

6 六级服务水平,是拥堵流的下半段,是通常意义上的强制流或阻塞流。这一服务水平下,交通设施的交通需求超过其允许的通过量,车流排队行驶,队列中的车辆出现停停走走现象,运行状态极不稳定,可能在不同交通流状态间发生突变。

# 附录 B 货车停车视距、识别视距

**B.0.1** 货车停车视距

停车视距和货车停车视距对照如表 B.0.1-1、表 B.0.1-2 所示。

**表 B.0.1-1 高速公路、一级公路停车视距和货车停车视距**

| 设计速度(km/h) | 120 | 100 | 80 | 60 |
|---|---|---|---|---|
| 停车视距(m) | 210 | 160 | 110 | 75 |
| 货车停车视距(m) | 245 | 180 | 125 | 85 |

**表 B.0.1-2 二、三、四级公路停车视距和货车停车视距**

| 设计速度(km/h) | 80 | 60 | 40 | 30 | 20 |
|---|---|---|---|---|---|
| 停车视距(m) | 110 | 75 | 40 | 30 | 20 |
| 货车停车视距(m) | 125 | 85 | 50 | 35 | 20 |

货车停车视距在下坡路段,应随坡度大小进行修正,其值如表 B.0.1-3 所示。

**表 B.0.1-3 货 车 停 车 视 距**

| 纵坡坡度(%) | | 设计速度(km/h) | | | | | | | | | | |
|---|---|---|---|---|---|---|---|---|---|---|---|---|
| | | 120 | 110 | 100 | 90 | 80 | 70 | 60 | 50 | 40 | 30 | 20 |
| 下坡方向 | 0 | 245 | 210 | 180 | 150 | 125 | 100 | 85 | 65 | 50 | 35 | 20 |
| | 3 | 265 | 225 | 190 | 160 | 130 | 105 | 89 | 66 | 50 | 35 | 20 |
| | 4 | 273 | 230 | 195 | 161 | 132 | 106 | 91 | 67 | 50 | 35 | 20 |
| | 5 | — | 236 | 200 | 165 | 136 | 108 | 93 | 68 | 50 | 35 | 20 |
| | 6 | — | — | — | 169 | 139 | 110 | 95 | 69 | 50 | 35 | 20 |
| | 7 | — | — | — | — | — | — | — | 70 | 50 | 35 | 20 |
| | 8 | — | — | — | — | — | — | — | — | — | 35 | 20 |
| | 9 | — | — | — | — | — | — | — | — | — | — | 20 |

**B.0.2** 识别视距

识别视距(identifying sight distance)是指车辆以一定速度行驶中,驾驶员自看清前方分流、合流、交叉、渠化、交织等各种行车条件变化时的导流设施、标志、标线,做出制动减速、变换车道等操作,至变化点前使车辆达到必要的行驶状态所需要的最短行驶距离。不同设计速度对应的识别视距如表 B. 0. 2 所示。

**表 B. 0. 2　不同设计速度对应的识别视距**

| 设计速度(km/h) | 120 | 100 | 80 | 60 |
|---|---|---|---|---|
| 识别视距(m) | 350(460) | 290(380) | 230(300) | 170(240) |

注:括号中为行车环境复杂、路侧出入口提示信息较多时应采取的视距值。

## 本标准用词说明

本标准执行严格程度的用词,采用下列写法:

1)表示很严格,非这样做不可的用词,正面词采用“必须”,反面词采用“严禁”;

2)表示严格,在正常情况下均应这样做的用词,正面词采用“应”,反面词采用“不应”或“不得”;

3)表示允许稍有选择,在条件许可时首先应这样做的用词,正面词采用“宜”,反面词采用“不宜”;

4)表示有选择,在一定条件下可以这样做的用词,采用“可”。

附件

# 《公路工程技术标准》

(JTG B01—2014)

**条 文 说 明**

## 1　总则

**1. 0. 1**　制定本标准的目的是为统一公路工程技术标准、合理控制工程建设规模、规范公路工程建设行为、维护公路权益提供依据。

**1. 0. 3**　本条是公路建设要遵循的基本原则。每一条公路在路网中应有其自身的功能。

公路建设时首先要根据项目的地区特点、交通特性、路网结构分析拟建项目在路网中的地位和作用,明确公路功能,再按照公路功能结合交通量、地形条件等选用技术等级、设计速度等主要技术指标,本次修订明确将功能作为确定公路技术等级和主要技术指标的依据。一般情况下,公路采用的技术指标应该满足所需要的功能要求,但是由于功能需求的多样化,满足所有功能需求有困难时,应比较各功能的重要性,判断应该重视的功能,确定应该采用的技术标准和指标。

一直以来,公路技术等级主要以交通量为依据选用,对道路所处区域特点及交通网络结构考虑较少。当前,我国公路发展已处于完善路网阶段,以交通量为主导确定公路等级的结果是不同交通功能的公路,由于交通量类似,而按同样的标准修建,不利于构建合理的路网结构,更好地利用有限的资源,也不利于充分发挥公路建设的投资效益。

在国外,美国和日本的道路规划和设计都已经从以交通量为中心向重视公路多功能为基础确定技术标准和指标方向转变。美国早期的公路设计中,几何设计标准和通行能力水平也都是根据交通量范围分类的。但是随着公路网的完善,提出了公路按功能分类的理论和方法。目前美国的《公路与城市道路几何设计》明确提出了公路功能分类及方法,公路标准与服务水平应根据公路的功能确定,交通量则用来使各类标准制定得更精细。设计过程的第一步就是定义公路设施的服务功能。日本以前在公路的规划和设计时也是主要考虑交通量,日本《道路构造令说明与运用》(2003 版)明确规定把交通功能作为道路级别划分的主要依据。

公路功能应根据公路的区域特点、交通特性、路网结构综合分析确定。公路的区域特点考虑要素:土地利用、气象条件、地形地貌、历史文化、灾害、公共交通、通信、城市建设的现状和规划等;交通特性考虑要素:汽车、行人、自行车等各自的交通量以及车辆类型、出行距离、交通量变化特征、速度分布等;路网结构考虑要素:该公路在全国或者区域交通网中的地位和作用。

按公路功能确定公路技术等级和主要技术指标,有利于路网结构的完善、资源的有效利用、公路技术指标的合理选用,有利于公路建设更好地与城市规划建设、抗灾救灾、交通安全等相协调,发挥其功能和作用。

本次标准修订的明显特点就是突出功能的地位,明确在确定公路技术标准,选取公路各部分的技术指标时,以公路及其设施的基本功能为基点,使公路建成后能够满足主要功能的需要。

**1.0.4** 公路建设项目由主体工程(土建工程)与交通工程及沿线设施构成一个整体,要使这两个部分协调配套,共同发挥作用,总体设计就非常必要。另外,这两个部分又自成体系,各自都有一个协调配套的要求,因此各自都应该进行总体设计,包括两个方面:一是主体工程、交通工程及沿线设施(包括安全设施、服务设施和管理设施)各自都应进行总体设计,以充分发挥各自的功能和作用;二是公路项目应在组合这两部分工程设施的基础上进行项目的总体设计,以充分发挥项目的整体功能和作用。

**1.0.5** 根据《土地管理法》,国家实行土地用途管理制度。国家编制土地利用总体规划,将土地分为农用地、建设用地和未利用地。公路建设项目必须依法申请使用国有土地。

本次对公路的用地范围根据《公路工程项目建设用地指标》(建标〔2011〕124号)作了进一步细化,明确了不良地质、特殊土地带设置防护设施及采取工程处治措施,以及桥梁、隧道、互通式立体交叉、平面交叉、各种交通工程设施等,根据实际需要确定用地范围。

**1.0.6** 为实现公路建设事业的可持续发展,公路建设必须执行国家《环境保护法》和《循环经济促进法》等有关环境保护和资源节约的法律法规,并贯穿于整个工程建设的全过程。根据近年公路建设的经验,应贯彻保护优先的原则,应采取必要的措施优先保护公路沿线的生态环境和生活环境。要求高速公路和一、二级公路建设应进行环境影响评价和水土保持方案评价;另外,对于有特殊要求地区的三、四级公路也应根据需要进行环境影响评价和水土保持方案评价。这里特殊要求地区是指:环境脆弱地区、生态敏感地区和容易造成严重水土流失的地区。

公路新建和改扩建等都需要采取的大量砂石料,将给自然环境带来巨大的压力。因此,公路新建和改扩建都应充分利用公路的废旧材料,以节约资源,保护环境。本标准修订时,自始至终贯彻这一指导思想。

**1.0.7** 关于四车道整体式高速公路的横向分期修建,多个项目已经证明,四车道整体式高速公路的横向分期修建,并按一幅高速公路双向开放交通时,其教训极为深刻,因此,明确规定高速公路整体式断面路段不得采用横向分幅分期修建。

本次修订根据交通运输部《关于西部沙漠戈壁与草原地区高速公路建设执行技术标准的若干意见》(交公路发〔2011〕400号),以及近年的工程实践,对于地广人稀、小交通量的戈壁、沙漠、草原以及处于交通末端的地区,明确高速公路分离式断面路段可以实施横向分幅分期修建。但是,为安全计,先期建成的一幅按双向通车时,应按二级公路通车条件管理,行车速度不应超过80km/h。对于高速公路而言,小交通量是指设计交通量小于15 000辆/日(以下同)。

**1.0.8** 本条是对公路改扩建的原则规定。

公路改扩建是指在现有公路的基础上,为提高公路技术等级、增加公路容量或改善公路技术指标而进行的公路建设工程,包括公路的“改善”、“改建”、“扩建”等多种含义。《标准》03版中的公路改建也是此意,只是限于当时对高速公路的改扩建研究较少,“改建”工程主要是指二、三、四级公路等级提升或改变功能的公路建设工程,对高速公路改扩建工程的改扩建时机、交通量预测年限、临时安全设施设计采用的设计速度等技术指标没有相应的规定。

近年来,我国已经完成了沈阳至大连、上海至南京等一批高速公路改扩建工程,取得了丰富的工程经验和大量的研究成果。交通运输部也启动了相关公路改扩建项目的研究工作,同时下发了《关于高速公路改扩建工程中有关技术问题处理的若干意见》(交公路发〔2013〕635号)。本次修订在以上工作基础上,对高速公路改扩建的有关内容进行了补充完善。

本条明确,公路改扩建时首先应对改扩建方案和新建方案进行比选论证。通过对工程规模、建设条件、交通组织、交通安全等技术经济指标进行全面分析比较之后,确定最优

方案。当采用改扩建方案时,应符合下列规定:

1 公路的改扩建时机应根据服务水平、经济发展水平、现有公路运营条件、路网结构调整等多种因素确定。本标准仅对服务水平与改扩建时机的相关性做出了规定。经研究,高速公路一般以原高速公路的服务水平降低到二级水平下限(指《标准》03 版的服务水平等级,相当于本标准的三级服务水平)之前实施为宜,其他公路目前尚未作研究,建议参考高速公路的研究成果,即一级公路服务水平降低到二级水平下限(本标准三级)之前,二、三级公路服务水平降低到三级服务水平下限(本标准四级)之前可考虑实施改扩建,四级公路可根据实际情况确定。

2 当为提高公路等级改建公路时,局部路段由于提高设计速度将诱发严重的工程地质病害或者对保护环境、文物影响较大时,该局部路段可维持原设计速度,但其长度应有所限制,一般情况下,高速公路不宜大于 15km,一、二级公路不宜大于 10km,不同设计速度路段间速度差不宜大于 20km/h。

3 高速公路改扩建对施工期间的交通通行与交通安全会产生较大影响,且不同的交通组织会影响具体实施方案的确定,因此,规定高速公路改扩建应在进行交通组织设计和交通安全设计的基础上完成高速公路的改扩建设计。且在工程实施过程中,应减少对既有公路的干扰,采取保证通行安全的措施,维持通车路段的服务水平可在原设计服务水平上降低一级,设计速度不宜低于 60km/h,但施工期间的维持通车速度应根据该路段设计速度、交通组成、交通管理水平等确定。

4 对于一、二、三级公路改扩建,为了维持通车并加强安全措施,规定应作保通设计方案。

5 本次修订根据交通运输部《关于西部沙漠戈壁与草原地区高速公路建设执行技术标准的若干意见》(交公路发〔2011〕400 号),对于地广人稀、小交通量的戈壁、沙漠、草原以及处于交通末端的地区,明确了高速公路分离式断面路段利用现有二级公路改建为一幅时,其设计洪水频率可维持原标准不变。

**1.0.9** 近年来,随着我国城镇化步伐加快,以及区域经济的蓬勃发展,城市周边地区、中心城市与卫星城之间以及城市群之间的公路大量涌现。这些公路的功能与一般公路的功能明显不同,除机动车交通量以外,行人和自行车等非机动车交通量也很大。目前各地在公路建设中,都采取预留或设置非机动车道和人行道的方式解决这一需求。根据我国经济发展现状和工程实践,本条明确,在非机动车、行人密集路段,可根据具体情况设置非机动车道和人行道。

**1.0.11** 近年来,我国发生了多次重大的地震、洪水等自然灾害,公路在抢险救灾中起着关键的作用。特别对山区及边远地区,公路往往成为联系外界的唯一通道,在运送抢险救灾物资和人员中发挥着不可替代的作用,成为抢险救灾的生命线。因此,本次修订提出对于联系城镇或区域间有抗震、救灾等特殊需求的二级及二级以下公路,可提高抗震及设计洪水频率标准,以提高公路抵御自然灾害、应对其他突发事件的能力。

**1.0.12** 本条是按照"全寿命设计理念"提出的,在公路建设的前期、设计、施工、运营、养护、管理的各个阶段,应进行公路项目成本效益分析。在工程项目的全寿命周期内,根据公路的功能、交通量、服务水平,以及安全、环保、可持续发展等的社会效益进行全过程、全方位的综合论证,使得公路的综合效益最佳。

# 3　基本规定

## 3.1　公路分级

**3.1.1**　本条对技术等级划分的依据和高速公路设计交通量进行了修订。

(1)技术分级

本次修订从汽车运行质量、控制出入、车道数与车道内是否专供汽车行驶等几个方面考虑。

高速公路单向最少设置两个车道,对允许进入的车辆进行限制,设置中央分隔带分隔对向交通,采用立交接入等措施全部控制出入,排除纵横向干扰,为通行效率最高的公路。

一级公路单向至少设置两个车道,根据功能需要采取不同程度的控制出入。具备干线功能的一级公路,为保证其快速、大容量、安全的服务能力,通常采用部分控制出入措施,只对所选定的相交公路或其他道路提供平面出入连接,而在同其他公路、城市道路、铁路、管线、渠道等相交处设置立体交叉,并设置隔离设施以防止行人、低速车辆、非机动车以及牲畜等进入;而当一级公路用作集散公路时,纵横向干扰都较大,通常采取接入管理措施,合理控制公路和周围土地接口的位置、数量、形式,提高安全保障和服务水平。

二级公路是在行车道内供汽车行驶的双车道公路。当慢行车辆交通量较大,街道化程度严重时,可采取加宽硬路肩的方式增设慢行车道,减少纵、横向干扰,保证行车安全。

三、四级公路为供汽车、非汽车交通混合行驶的双车道公路(四级公路在交通量较小时采用单车道),允许拖拉机等慢行车辆和非机动车使用行车道,其混合交通特征明显,抑制干扰能力最弱。

(2)设计交通量

本次修订对高速公路、一级公路适应交通量进行了调整。由于《标准》03 版规定了各级公路的适应交通量,但多车道公路适应交通量受车道数、设计小时交通量系数、方向分布系数及道路条件等多个因素影响,加之本次修订又增加了服务水平分级,公路服务水平由四级调整为六级,即将原二级服务水平细分为二级和三级,原四级服务水平变为五级与六级,以体现依据公路功能和地区差异选取设计服务水平的灵活设计思想。使得原适应交通量范围进一步扩大,重叠范围更多,准确性更差,而且适应交通量在使用中存在歧义。故本次修订将原标准适应交通量更名为设计交通量,并按照公路功能决定技术等级的原则,采用双车道二级公路上限交通量 15 000 辆/日,作为高速公路和一级公路的设计交通量下限值,不再给出上限值。具体的高速公路、一级公路远景年不同服务水平下的年平均

日交通量,按式(3-1)计算:

$$AADT = \frac{C_D N}{KD} \tag{3-1}$$

式中:$AADT$——年平均日交通量(pcu/d);

$C_D$——设计服务水平下单车道服务交通量;

$K$——设计小时交通量系数,由当地交通量观测数据确定;

$D$——方向不均匀系数;

$N$——单方向车道数。

二、三、四级公路设计小时交通量应按整个断面交通量,因此其年平均日设计交通量应按式(3-2)计算:

$$AADT = C_D \times R_D / K \tag{3-2}$$

式中:$AADT$——年平均日设计交通量;

$C_D$——二、三、四级公路的设计通行能力;

$R_D$——二、三、四级公路的方向分布修正系数;

$K$——设计小时交通量系数,根据当地交通量观测数据确定。

二、三、四级公路由于运行质量受双方向流量比、超车视距、管理水平、路侧干扰等多项因素的影响,其设计通行能力与设计交通量的范围较大,并有一定的重叠交叉。设计推荐采用的双车道二、三、四级公路年平均日设计交通量如表3-1。

**表3-1　二、三、四级公路的年平均日设计交通量**

| 公路等级 | 设计速度(km/h) | 设计通行能力(pcu/h) | 方向分布修正系数 | 设计小时交通量系数 | 年平均日设计交通量(pcu/d) |
|---|---|---|---|---|---|
| 二级公路 | 40 ~ 80 | 550 ~ 1 600 | 0.88 ~ 1.0 | 0.09 ~ 0.19 | 5 000 ~ 15 000 |
| 三级公路 | 30 ~ 40 | 400 ~ 700 | 0.88 ~ 1.0 | 0.1 ~ 0.17 | 2 000 ~ 6 000 |
| 四级公路 | 20 | <400 | 0.88 ~ 1.0 | 0.13 ~ 0.18 | <2 000 |

单车道的四级公路考虑到当前公路建设的政策、各等级公路年平均日设计交通量范围的连续性等,其年平均日设计交通量为400pcu/d以下。

**3.1.2**　本条突出以公路功能选取技术等级的理念,同时考虑到不同地区经济发展水平与地形、地貌差异影响,各地公路交通发展不均衡,为了体现差异性,同一功能类别的公路不宜只对应一个技术等级的公路。选用技术等级时,应首先根据公路网规划、地区特点、公路的交通特性等因素确定公路功能,然后根据功能结合交通量论证选用公路等级。

公路按照交通功能分为干线公路、集散公路和支路三类。干线公路细分为主要干线公路和次要干线公路,集散公路细分为主要集散公路与次要集散公路。

(1)主要干线公路:

①连接20万人口以上的大中城市、交通枢纽、重要对外口岸和军事战略要地。

②提供省际间及大中城市间长距离、大容量、高速度的交通服务。

(2)次要干线公路:

①连接 10 万人口以上的城市和区域性经济中心。

②提供区域内或省域内中长距离、较高容量和较高速度的交通服务。

(3)主要集散公路:

①连接 5 万人口以上的县(市)、主要工农业生产基地、重要经济开发区、旅游名胜区和商品集散地。

②提供中等距离、中等容量及中等速度的交通服务。

③与干线公路衔接,使所有的县(市)都在干线公路的合适距离之内。

(4)次要集散公路:

①连接 1 万人口以上的县(市)、大的乡镇和其他交通发生地。

②提供较短距离、较小容量、较低速度的交通服务。

③衔接干线公路、主要集散公路与支线公路,疏散干线公路交通、汇集支线公路交通。

(5)支线公路:

①以服务功能为主,直接与用路者的出行源点相衔接。

②衔接集散公路,为地区出行提供接入与通达服务。

公路功能类别可按下列步骤确定:

(1)依照行政属性、用地性质、交通需求等实施区域划分,并将区域抽象为节点。

(2)确定节点重要度。节点重要度是定量描述区域内各节点间相对重要程度的指标,主要以总人口、工业总产值、人均收入等指标作为定量分析各节点重要度的指标。节点的层次结构见表 3-2。当一条公路的主要控制点为 A 层节点时,该公路为主要干线公路;当主要控制点为 B 层节点时,该公路应为次要干线公路;当主要控制点为 C 层节点时,该公路应为主要集散公路;当主要控制节点为 D 层节点时,该公路为次要集散公路;当主要控制点为 E 层节点时,该公路为支线公路。

**表 3-2　节点的层次结构**

| 节点层次 | 中心节点 | 主要节点 |
|---|---|---|
| A | 北京 | 各省会、自治区首府、直辖市、特区 |
| B | 省会或自治区首府 | 各地市政府所在地 |
| C | 地市政府所在地 | 各县(市)政府所在地 |
| D | 县市政府所在地 | 各乡、镇政府所在地 |
| E | 乡镇政府所在地 | 各行政村 |

(3)当同一区域内存在主要控制点相近的两条或两条以上公路时,应通过路网服务指数确定其功能类别。路网服务指数为公路车公里比率与公路里程比率之比。路网服务指数越大,则公路功能类别越高。其计算方法为:规划区域内有 $n$ 条公路,则第 $i$ ($i=1,\cdots,n$)条公路的车公里比率 $R_{\mathrm{VMT}_i}$、里程比率 $R_{k_i}$ 及路网服务指数 $R_i$ 按下列公式计算。

车公里比率：
$$R_{VMT_i} = \frac{VKT_i}{\sum_i VKT_i} \times 100\% \quad (3\text{-}3)$$

里程比率：
$$R_{k_i} = \frac{K_i}{\sum_i K_i} \times 100\% \quad (3\text{-}4)$$

路网服务指数：
$$R_i = \frac{R_{VMT_i}}{R_{k_i}} \quad (3\text{-}5)$$

式中：$VKT_i$——路网中第 $i$ 条公路的车公里(pcu·km)，即该公路上通过的车辆数与平均行驶距离的乘积；

$\sum_i VKT_i$——规划区域内路网中所有公路的车公里之和(pcu·km)；

$K_i$——第 $i$ 条公路的里程(km)；

$\sum_i K_i$——规划区域内路网中所有公路的总里程(km)。

(4)公路功能分类指标包括区域层次、路网连续性、交通流特性和公路自身特性等定性和定量指标。不同地区经济发展水平与地形、地貌差异直接影响到分类指标的选取。各地区可根据规划区的实际情况自行确定。推荐的公路功能分类量化指标规定列入表3-3。

**表3-3 公路功能分类指标**

| 分类指标 | 功能分类 | | | | |
|---|---|---|---|---|---|
| | 主要干线公路 | 次要干线公路 | 主要集散公路 | 次要集散公路 | 支线公路 |
| 适应地域与路网连续性 | 人口20万以上的大中城市 | 人口10万以上重要的市县 | 人口5万以上的县城或连接干线公路 | 连接干线公路与支线公路 | 直接对应于交通发生源 |
| 路网服务指数 | ≥15 | 10~15 | 5~10 | 1~5 | <1 |
| 期望速度 | 80km以上 | 60km以上 | 40km以上 | 30km以上 | 不要求 |
| 出入控制 | 全部控制出入 | 部分控制出入或接入管理 | 接入管理 | 视需要控制横向干扰 | 不控制 |

## 3.2 设计车辆

**3.2.1** 公路采用的设计车辆其外廓尺寸、载质量和动力性能是确定公路几何参数的主要依据。根据调研显示，当前运营车辆的外廓尺寸有较多车辆长度超过16m，出现了18m、20m甚至到26m的超长车辆。从公路投资与车辆行驶安全考虑，本次修订根据我国《道路车辆外廓尺寸、轴荷及质量限值》(GB 1589—2004)的规定，考虑满足标准运营车辆100%的需求条件，增加了大型客车和铰接客车两种车型，并将原来的鞍式列车调整为18.1m长、2.55m宽的铰接列车。但在实际使用中要根据公路功能、设施类型及交通组成情况综合确定设计车型。设计车辆的外廓尺寸见图3-1。

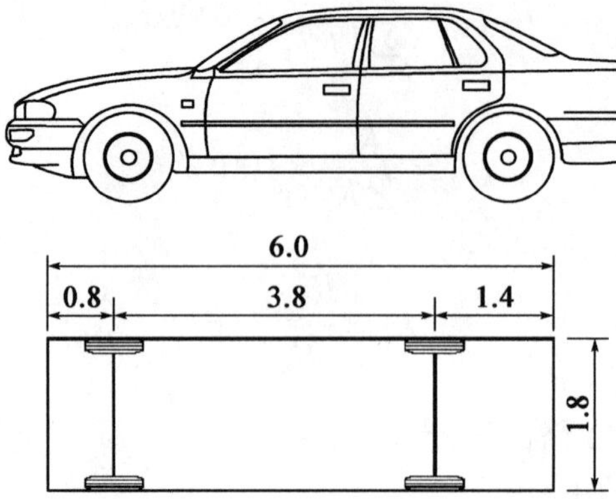


a)小客车

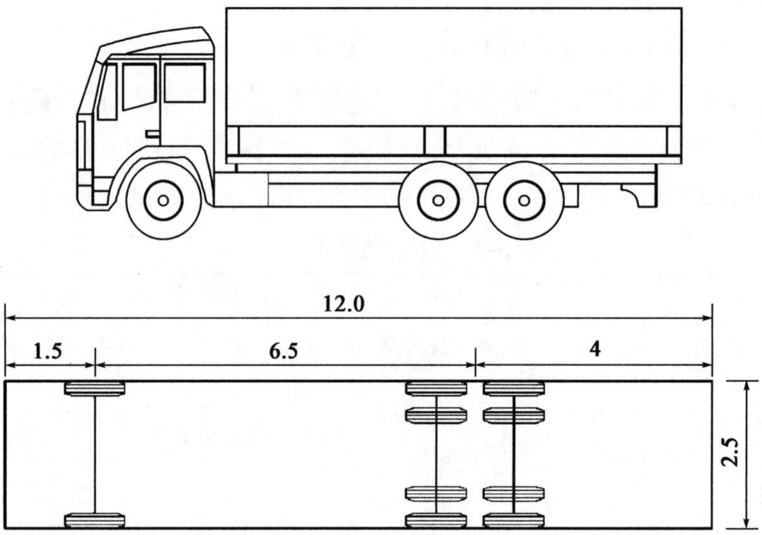


b)载重汽车

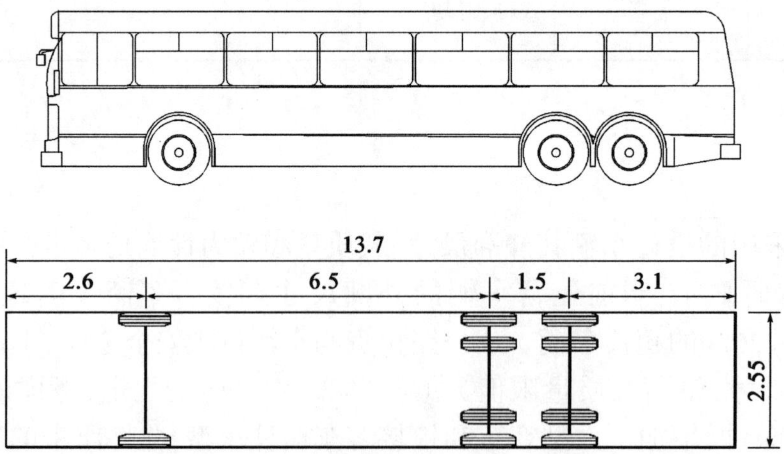


c)大型客车

图　3-1

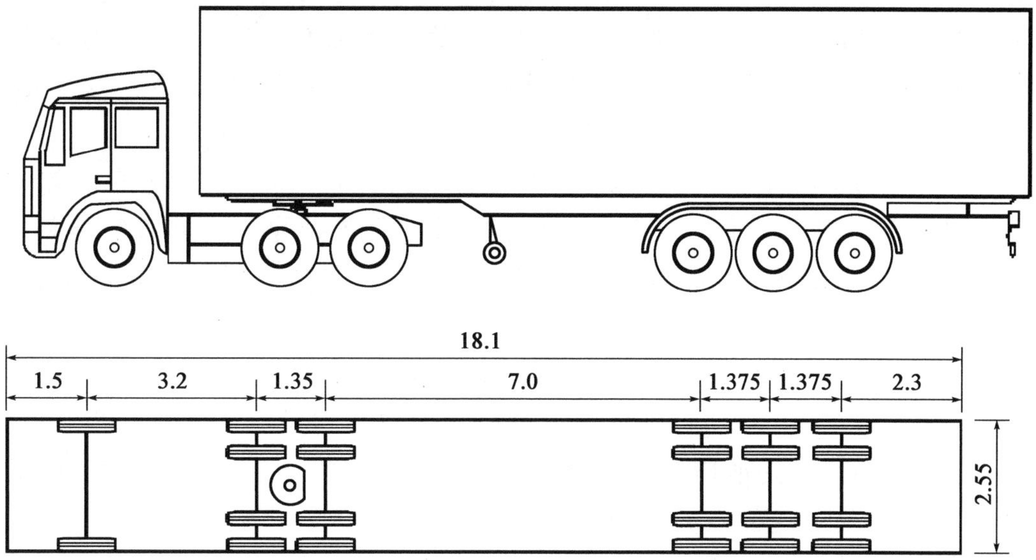


d)铰接列车

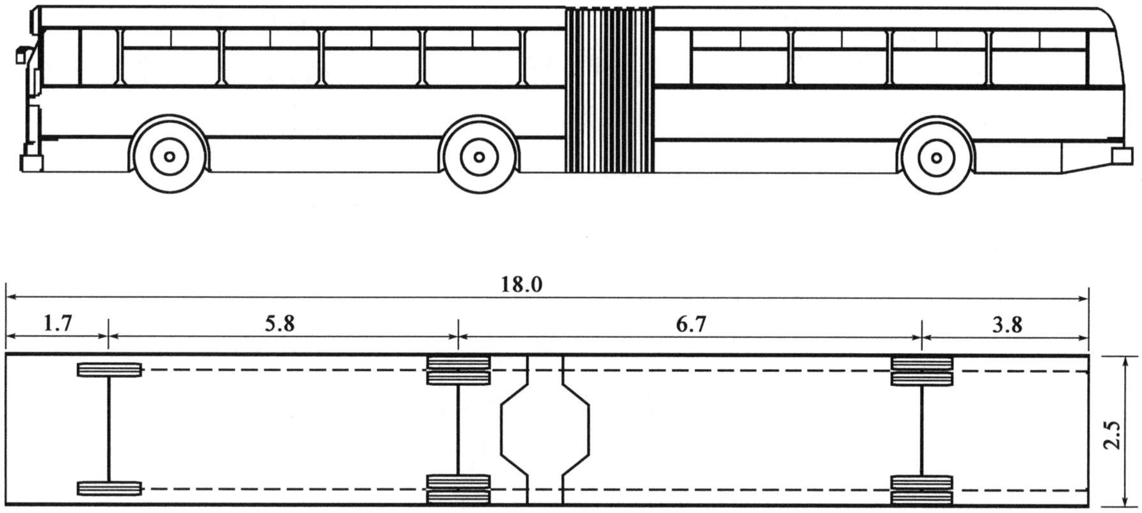


e)铰接客车

图 3-1 设计车辆的外廓尺寸(尺寸单位:m)

## 3.3 交通量

**3.3.1** 公路远景预测设计年限既要考虑适应一定时期内的交通需求,又要兼顾公路投资和结构物使用年限,而应有所差异。但过长会因诸多因素的不确定性导致预测交通量误差偏大,设施闲置。故依据国内外经验,本次修订将高速公路、一级公路设计交通量预测年限均规定为 20 年;二、三级公路按 15 年预测;四级公路交通量较小,设计年限可根据实际情况确定,不排除合理的延长或减少。

**3.3.2**　用于交通量换算的车辆折算系数是在特定的公路、交通组成条件下，所有非标准车相当于标准车对交通流影响的当量值。考虑到标准的连续性，本条款仍提供了在公路建设前期阶段用于确定公路建设规模与公路等级的车辆折算系数与相关规定。

考虑到当前货运车辆类型多、载质量大，使得货车运行速度与小客车的差异更为明显，原标准的折算系数已不适应当前交通流的现状，故在 4 种车型类型分类并以小客车作为交通量换算标准车型的基础上，本次修订按照货运车辆构成比例进行了调整。

调研发现：载质量 20t 的载重车比例较大，且与原载质量 14t 的载重车动力性能基本一致，故将原来大型车 14t 载质量的划分标准调整为 20t，同时折算系数上调 0.5。而对于拖挂车，公路上实际行驶的拖挂车与小客车差异拉大，故将原折算系数调整到 4.0，同时将该代表车型名称改为汽车列车，与国标内的车型名称一致。调整后的折算系数，将会导致预测交通量的整体水平提高 10% 左右。

**3.3.3**　设计小时交通量是确定公路等级、评价公路运行状态和服务水平的重要参数，设计小时交通量越小，所选用的车道数越少，公路的建设规模就越小，建设费用也就越低，但是不恰当地降低设计小时交通量会使公路的交通条件恶化、交通阻塞和交通事故增多，公路的综合经济效益降低。因此，将全年小时交通量从大到小按序排列，设计小时交通量的位置一般采用第 30 位小时，或根据项目特点与需求，结合当地调查结果和经济承受能力，控制在第 20 ~ 40 位小时交通量之间取值。

## 3.4　服务水平

**3.4.1**　调研发现：原标准四级服务水平等级划分偏粗、级差偏大，特别是设计采用的二级服务水平，交通流运行质量变化范围大，不能很好地确定改扩建时机。同时，密度作为服务水平的衡量指标，使用上没有饱和度($v/C$)方便。本次依据专题研究成果，将服务水平分为六级，同时采用 $v/C$ 作为评价服务水平的主要指标。

**3.4.2**　公路规划设计时，既要保证必要的车辆运行质量，同时又要兼顾公路建设的投资成本。在服务水平由四级改为六级基础上，高速公路与一级公路以不低于三级服务水平进行设计，既可以保持设计等级与《标准》03 版一致，又突出了依据功能选用服务水平的理念，扩大了设计服务水平选用范围，以保证高峰期交通的运行质量及达到预测交通量使用年限。同样，当一、二、三级公路的功能类别高时，应该选用较高的服务水平，功能类别低时，也可降低一级，节约工程投资。

此外，各地由于经济发展水平与地形条件的差异，公路设施设计时也有选用不同设计服务水平的需要。因此，长隧道路段及非机动车与行人密集等路段，土地资源紧缺、工程造价高昂或对环境破坏严重的路段，也可选用低一级服务水平设计。

## 3.5 速度

**3.5.1** 设计速度

设计速度是确定公路几何设计指标并使其相互协调的基本要素。一经选定,公路的所有相关要素如平曲线半径、视距、超高、纵坡、竖曲线半径等指标均与其配合以获得均衡设计。目前,基于设计速度的路线设计方法已被所有设计人员所掌握,因此保持《标准》03 版的规定。

1 高速公路的设计速度不宜低于 100km/h,目的是保证高速公路的安全与舒适。国内外高速公路的运营实践表明:设计速度低与驾驶员的期望差异较大,运行过程中极易诱发交通事故,而且复杂地形条件下的高速公路大多选在一个区域走廊带内,待经济发展需改造时,提升线形指标很困难,故将 80km/h 作为高速公路设计速度的最低要求。

3 高速公路和作为干线一级公路的特殊困难局部路段,经论证可以采用 60km/h 设计速度,其含义是包括技术、经济、安全、环保和社会等方面的综合比选论证;而非传统意义的技术经济论证。论证通过后,才能作为特殊困难的路段考虑,并且要求小于一个设计路段的长度即小于 15km;同时考虑到个别越岭路段地形条件受限时,往往可能大于15km,针对这一特定条件将其放宽到相邻两互通式立体交叉之间的路段,但应注意线形衔接和交通工程设施的配合。

本次修订贯穿了功能类别高的公路优先考虑较高的设计速度,公路类别较低的公路宜选用较低设计速度的理念,即一级公路和二、三级公路应按公路在路网中的交通功能选择设计速度,只有当受地形、地质等条件限制时,才可以降低一档即 20km/h。

**3.5.2** 本条对公路设计时采用运行速度检验进行说明。自《标准》03 版正式引入运行速度概念和开展安全性评价工作以来,采用运行速度的方法进行检验的理论与方法已基本成熟,而且有了上万公里的工程实践。因此,本次标准修订明确规定公路设计应采用运行速度对线形设计进行检验,保证相邻路段运行速度的协调性和一致性,提高公路运行安全和使用质量。

**3.5.3** 本条对公路限速进行说明。目前我国公路限速值多采用设计速度,由于限速值确定不合理,影响了公路的运行效率,在社会上也造成了一定负面影响。因此,本次标准修订把限制速度设计作为公路设计的一个重要环节提出,以便在设计阶段科学合理地确定限速值以及限速方式和方法,在保障车辆安全运行的情况下,充分发挥道路的运输效率。

## 3.6 建筑限界

**3.6.1** 公路建筑限界仍沿用《标准》03 版的规定。但为解决设施侵入限界的问题,细化了一级公路及增设慢车道的二级公路设置分隔设施时计算车道宽度的规定;新增加了隧道入口段设置护栏过渡的建筑限界规定。在我国部分地区,由于受地形、地质或环境因素限制,同一条公路,局部路段降低了技术等级,也就是常说的“不二不三或不三不四”,因此规定同一条公路,应采用同一净高,以保证其通过性。

### 3.7　抗震

**3.7.1**　根据《中国地震动参数区划图》(GB 18306—2001),不再采用地震基本烈度的概念,取之为地震动峰值加速度系数。地震基本烈度与地震动峰值加速度系数之间的关系如表 3-4 所示。

**表 3-4　地震基本烈度与地震动峰值加速度系数的对应关系**

| 地震动峰值加速度系数 | <0.05 | 0.05 | 0.10 | 0.15 | 0.20 | 0.30 | ≥0.40 |
|---|---|---|---|---|---|---|---|
| 地震基本烈度值 | <Ⅵ | Ⅵ | Ⅶ | Ⅶ | Ⅷ | Ⅷ | ≥Ⅸ |

本标准中规定地震动峰值加速度系数在 0.05~0.4 范围内地区的公路工程,应进行抗震设计;对地震动峰值加速度系数大于或等于 0.40 地区的公路工程,应进行专门的抗震研究和设计。这是总结了我国云南、四川、山东、广东、江苏、辽宁等地的部分震害调查资料,并结合国家的抗震防灾的基本要求提出的,与《标准》97 版一致。从多年来的应用情况看,一般条件下,公路工程能够经受住地震动峰值加速度系数为 0.05 的地震的影响。简支梁桥等桥梁结构可通过一些简单的抗震措施(如防止落梁措施等)提高抗震设防能力。

对于地震动峰值加速度系数小于或等于 0.05 的地区,除有特别规定以外,可不进行专门的抗震设计,而采用简易设防。

## 4　路线

**4.0.1**　一般规定

本次修订除对公路路线设计思想、技术方针等做出指导、原则性规定外,主要对影响公路工程技术标准和建设规模的控制性指标进行了规定,其他详细技术指标均移至相关设计规范。其中控制性指标主要是指满足公路基本功能需要和保证公路交通安全的低限指标。

1　当前,我国各层次公路网和综合交通运输体系已具相当规模,本次修订强调在公路项目尤其是高速公路项目建设前期,应加强对项目区域各级路网和综合运输体系的研究,科学分析拟建项目在综合运输体系和规划路网中的功能、作用,并合理处理与其他交通方式的衔接与分工。

2　在公路建设中,经常会遇到滑坡、泥石流、崩坍、溶洞、采空区或软基等不良地质问题,因之必须在勘察设计阶段做好地质灾害评价,加大对不良地质地段的调查与勘察工作的力度,并在此基础上论证路线通过的合理方案以及应采取的工程措施,避免造成地质病害。

3 根据《农业法》及《基本农田保护条例》,国家实行基本农田保护制度。各县级和乡镇土地利用总体规划应当确定基本农田保护区。当国家能源、交通、水利、军事设施等重点建设项目确实无法避开基本农田保护区时,必须依法办理相关征用手续。

根据《城市规划法》,国家规定大、中、小城市是分别以"市区和近郊非农业人口"50万以上、20万~50万和不满20万划定的。规定新建的过境公路应当避开市区;在城市规划区内的建设工程必须符合城市规划。

土地利用是一个非常重要也是个非常敏感的问题,是可持续发展战略的重要方面;早期修建的公路其沿线的街道化情况十分严重,这些路段已变成了交通堵塞的"瓶颈"地段。随着经济的发展和公路运输事业需求的增加,在新建公路工程项目时必须做好这方面的协调工作。因此,本标准中明确规定:在确定公路路线线位时应考虑同农田与水利建设、城市规划的配合。

我国历史悠久,历史文物是我国的宝贵财富,应该认真地进行保护。根据《文物保护法》,古文化遗址、古墓葬、古建筑、石窟寺、石刻、壁画、近代现代重要史迹和代表性建筑等为"不可移动文物",国家根据它们的历史、艺术、科学价值等分别定为全国重点、省级和县级文物保护单位。建设工程应当尽可能避开不可移动文物,因特殊情况不能避开的,对文物保护单位应当尽可能实施原址保护。因而,本标准明确地规定应"尽可能避让不可移动文物"。

4 本次修订强调各级公路均应做好总体设计。总体设计应重点从发挥公路网和本项目功能的角度出发,正确处理好公路与相关路网、交通节点的关系,合理设置各类出入口、交叉和构造物,做到各类构造物选型与布置合理、实用、经济。

5 本次修订提出公路建设技术标准选用的总体原则,即:依据路网规划和公路功能确定公路技术标准和等级;根据公路的功能和地形条件确定设计速度;根据公路功能、交通量和地形条件确定车道数和横断面形式。

**4.0.2** 车道宽度

车道是指专为纵向排列、安全顺适地通行车辆为目的而设置的公路带状部分。所谓车道宽度是为了保障车辆安全、顺适通行而研究确定的车道几何宽度(值)。

车道宽度是根据设计车辆的最大宽度,加上错车、超车所必需的余宽确定的。车道宽度应该满足设计车辆正常安全行驶的需要。对于双车道公路,车道宽度应满足错车、超车行驶所必需的余宽。对于四车道及以上公路,车道宽度应满足车辆并列行驶所需的宽度。

车道宽度与公路设计速度相关,速度越高则需要的宽度越大(主要是需要的侧向余宽越大)。据调查,世界各国相同设计速度的车道宽度基本是一致的。对于高速公路,日本等少数国家的车道宽度略窄于我国高速公路的宽度(3.75m)。考虑到我国高速公路货运车辆占比高、车型复杂等实际情况,本标准规定我国高速公路车道宽度仍采用3.75m。

1 根据国内目前已建成的八车道高速公路实际通行管理实践,在采用分车道、分车型通行管理方式时,内侧车道(内侧第1和2车道)仅限小型车辆通行,此时内侧车道宽度可采用 3. 5m。

2　以中、小型客运车辆为主的公路,如机场专用公路等,其车道宽度可论证采用 3. 5m。

4　二级公路因非汽车交通需求较大而设置慢车道时,慢车道宽度应采用 3. 5m。

**4. 0. 3**　车道数确定

(1)高速公路和一级公路的车道数应依据其交通量和设计通行能力确定。高速公路和一级公路的车道数不应少于四条,增加车道数时,应两侧对称增加。

(2)二、三级公路应采用双向双车道;四级公路应主要采用双向双车道,交通量小或困难路段可采用单车道。

**4. 0. 4**　中间带

多车道公路的中间带和中央分隔带,在构造上起到分隔对向交通的作用,对提高高速行车安全性和发挥公路项目的功能具有关键性作用。本标准规定,高速公路、一级公路整体式断面必须设置中间带。中间带由中央分隔带和两条左侧路缘带组成,中央分隔带的两侧设置左侧路缘带。中央分隔带由防护设施和两侧对应的余宽 $C$ 组成。

左侧路缘带和余宽 $C$ 提供了安全行车所必需的侧向余宽,并能引导驾驶员的视线。侧向余宽是公路通行车辆在高速行车时,行车道两侧需要预留的一定的富余宽度,即车道边线到障碍物之间距离。具体如图 4-1 所示。

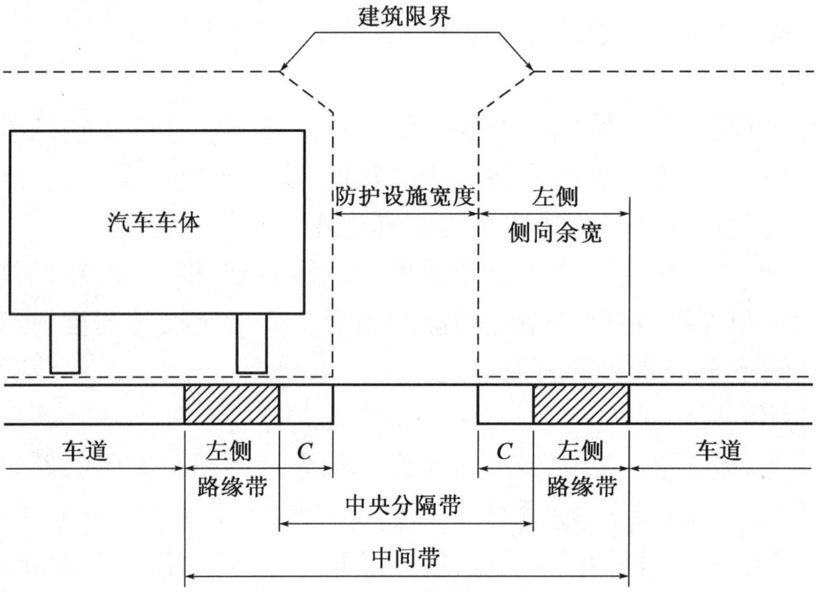


图 4-1　中间带示意图

《标准》03 版对高速公路和一级公路的中央分隔带的宽度做出了具体的规定,包括一般条件下应采用的“一般值”和条件受限路段可采用的“最小值”。本次标准修订全国调研发现,对中央分隔带宽度指标取用存在较大争议,既有反映原“一般值”过宽的,也有反映“最小值”不足的。其根源在于对中央分隔带功能定位的不同和项目区域建设条件的差异。如早期高速公路多在中央分隔带内考虑预埋通信管线、绿化等需要,后期有项目则主要考虑设置护栏和防眩设施等功能需要。另外,随着新型护栏等设施的不断发展,能够满足中央分隔带基本分隔和安全防护功能的最小宽度指标也逐渐缩减。

本次修订不再指定出中央分隔带宽度推荐值，但强调：中央分隔带宽度应从对向隔离、安全防护的主要功能出发，综合考虑中央分隔带护栏的防护形式和防护能力确定。

1 在高速公路、作为干线的一级公路整体式断面的中央分隔带护栏形式选择和宽度确定时，应着重考虑护栏的防护功能需要，选择可有效防止车辆失控冲过中央分隔带的护栏形式及对应的中央分隔带宽度。

2 对于承担集散功能的一级公路，中央分隔带宽度应根据中间物理隔离措施的宽度确定。这里的中间物理隔离措施是指可不具备安全防护功能、仅具有物理隔离功能的护栏等措施。

3 本次修订，规定多车道公路如通过管理措施，内侧车道仅限于小型车辆通行时，左侧路缘带经论证可采用0.50m。

高速公路、一级公路的一般路基路段和中、小型桥梁构造物路段，通常应尽量避免因采用不同的中央分隔带宽度引起公路线形和车辆行驶轨迹的频繁变化。对于路基与整体式结构的桥梁路段，在采用不同的中央分隔带(宽度)前后，均应设置必要的过渡段，以保持行车轨迹的连续性。

**4.0.5** 公路路肩具有保护和支撑路面结构、提供行车道侧向余宽和侧向通视条件、为故障车辆提供临时停靠空间等功能。公路路肩分为硬路肩和土路肩两部分，其中土路肩还具有为各类护栏、标志牌提供设置空间的作用。

根据调查，我国公路货运车型向大型的5轴和6轴车型集中，而此类车型的基本宽度均为(甚至超过)2.50m。为满足大型货运车型临时故障停靠硬路肩的需要，并减少因其停车对相邻车道通行与安全的影响，本次修订高速公路和作为干线一级公路的右侧硬路肩的“一般值”为3.00m，“最小值”为1.50m，主要通行小客车时右侧硬路肩也可采用2.5m。并规定了承担集散功能的一级公路右侧硬路肩和二级公路右侧硬路肩宽度的“一般值”和“最小值”。总体上，公路路肩宽度主要依据项目功能、设计速度确定，条文中表4.0.5-1中的“最小值”是对应技术等级(项目功能)和设计速度条件下，满足行车安全需要和发挥路肩基本功能的最小宽度值。

对于高速公路和一级公路分离式断面，应设置左侧硬路肩，左侧硬路肩内包含左侧路缘带。表4.0.5-2的规定值为满足行车安全需要和发挥路肩基本功能的最小宽度值。

在双向八车道及以上多车道高速公路中，左侧硬路肩可满足内侧车道上的事故车辆临时停车需要，对于保证公路通行能力和行车安全具有实际作用。考虑到我国八车道以上多车道高速公路实践较少，且已建成的八车道高速公路均未设置左侧硬路肩等情况，本次修订规定：八车道及以上的多车道高速公路，有条件时应设置左侧硬路肩。由于多车道高速公路内侧车道上行驶的车辆以小型车为主，要求左侧硬路肩的宽度不应小于2.50m。

**4.0.6** 为满足故障车辆临时停靠的需要，本标准要求在高速公路和作为干线的一级公路右侧硬路肩宽度小于2.50m时，应设置紧急停车带。紧急停车带应与车道平行、在车道外侧设置，为方便车辆驶入，且其两端需要设置一定长度的过渡段。紧急停车带宽度内一般包含硬路肩的宽度。

**4.0.7**　由于加减速车道分别在不同的地点使用,有不同的特点和要求,本标准对加减速车道仅作一般性规定。

二级公路在条文中述及的各类设施出入口处应设置必要的过渡段,以满足车辆提前驶离车道、安全减速进入的需求。

**4.0.8**　实际应用中,应对路段内大型车的爬坡性能和混入率对通行能力及大、小车型速度差等的影响进行分析,以确定是否设置爬坡车道。爬坡车道宽度内不包含右侧硬路肩的宽度。

六车道及以上的公路一般采用分车道行驶,外侧车道行驶的载重汽车对公路整体的通行能力、服务水平影响较小,可不设置爬坡车道。

**4.0.9**　避险车道是供制动失效车辆尽快驶离行车道、减速停车、自救的专用车道。

本标准要求在连续长、陡下坡路段,为便于制动失效车辆撤离行车道,应结合交通安全评价,论证是否需要设置避险车道以及避险车道的设置位置。

避险车道的设置位置应与主线保持恰当的驶离角度,并应修建在失控车辆不能安全转弯的主线弯道之前以及修建在坡底人口稠密区之前。

**4.0.10**　二级公路采用中间不分隔的对向行车方式,车辆需要占用对向车道进行超车。在交通量较大且货车比例较高时,由于货车运行速度较低,其后的车辆会出现大量的超车需求,使得利用对向车道进行超车难度增大、对行车安全不利。本条文规定对于货车比例较高的二级公路,可根据需要设置超车道。鉴于我国二级公路中设置超车道的实践较少,从安全角度,设置超车道的路段,需要对应增设必要的交通安全设施,加强交通组织管理。

**4.0.11**　二级公路在慢行车辆交通量较大或街道化程度严重时,可论证采取加宽硬路肩的方式增设慢车道,通过划线分快、慢车道进行通行管理,以减少慢行车辆对车道内行驶车辆的纵、横向干扰,但这类公路仍属双车道范畴。考虑到增加慢车道后公路路基宽度增加,可能出现车辆通行速度提升等现象,从行车安全角度,应对应增加必要的交通安全设施,实施速度控制,加强交通组织管理。

**4.0.12**　四级公路采用单车道路基时,应设置错车道。错车道的间距应根据错车时间、视距、交通量等情况决定。国外有的规定最大错车时间为 30s 左右,其最大间距应不大于 300m。本标准对设置间距未作硬性规定,可结合地形等情况,在适当距离内设置错车道。错车位置至少可以看到相邻两个错车道的情况。

**4.0.13**　在城市出入口和城乡结合区域,公路两侧出现大量的非汽车交通,出现公路承担类似城市道路功能的实际需求。本条文规定对于城市出入口和城乡结合区域承担集散功能的一级公路和二级公路,可根据非汽车交通需求,参考城市道路设计规范论证设置侧分隔带、非机动车道和人行道。

**4.0.14**　《标准》03 版在规定路基断面各部分宽度的同时,对路基总宽度也做出规定。根据本次修订全国调研,这种“双控”规定容易引起理解和执行上的偏差,故本次修订改路基宽度“双控”为“单控”方式,即取消对路基总宽度的指标规定,只规定公路路基横断面中各部分宽度,包括发挥各部分基本功能和与行车安全性密切关联的“最小值”指标,以鼓励根据公路项目综合建设条件,因地制宜选用横断面布置形式和宽度。

同时强调,公路路基横断面中各组成部分宽度应以满足行车安全要求为前提,根据项目交通功能、各组成部分所具备功能、设计交通量以及沿线地形等建设和通行条件综合确定。在具体项目横断面形式选择时,尤其是在各类构造物与路基宽度变化路段,应首先保持与驾驶员安全行车密切相关的行车道、路缘带,包括侧向余宽的连续性。

由于一般公路项目设计和服务的交通量均为双向、等值的,因此,除局部单一方向设置的辅助车道、加(减)速车道、紧急停车带、避险车道、爬坡车道等外,一般公路路基横断面中各部分宽度上、下行方向应对称设置。

公路横断面布置形式一般分为整体式断面形式和分离式断面形式。图4-2为高速公路和一级公路整体式断面形式的示意图。图中,左侧为六车道断面形式,右侧为四车道断面形式。

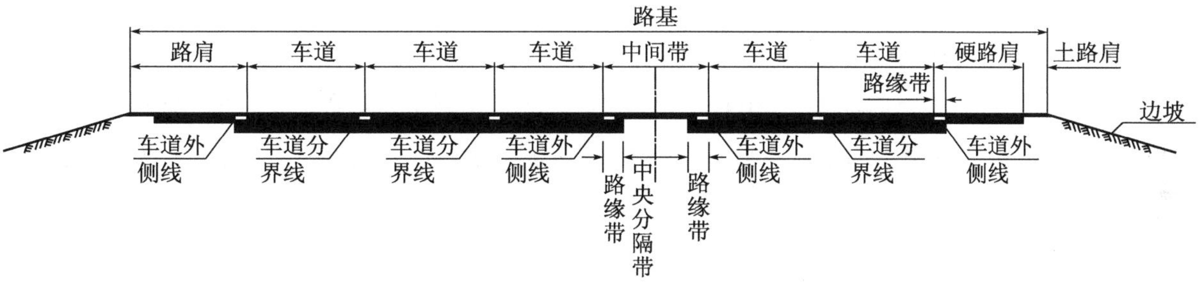


图4-2　高速公路、一级公路整体式断面形式示意图

高速公路和一级公路应根据地形、地貌等实际条件,因地制宜选用(或分段选用)整体式和分离式断面形式。在山岭、丘陵地段或地形受制约地段,采用整体式断面工程量过大时,宜采用分离式断面形式。在沙漠、戈壁和草原等地区,有条件时宜采用分离式断面形式或宽中央分隔带的整体式断面形式。图4-3为高速公路和一级公路分离式断面形式的示意图。

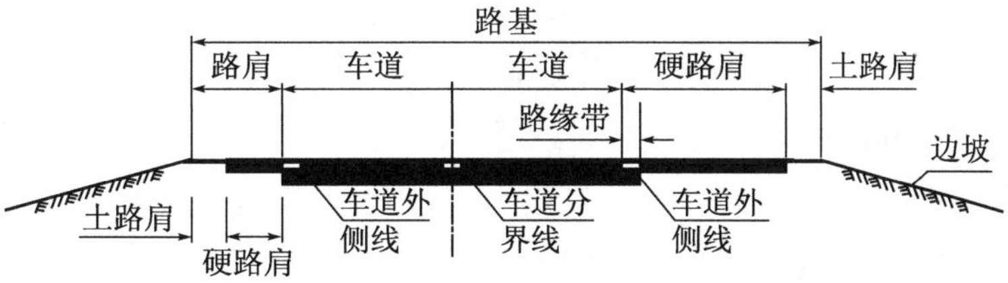


图4-3　高速公路、一级公路分离式断面形式示意图(右幅断面)

根据相关专题研究,多车道公路当双向车道数达到十条及以上时,不宜采用整体式断面,推荐采用内、外幅分离的复合式断面布置形式。图4-4和图4-5为高速公路复合式断面典型形式。

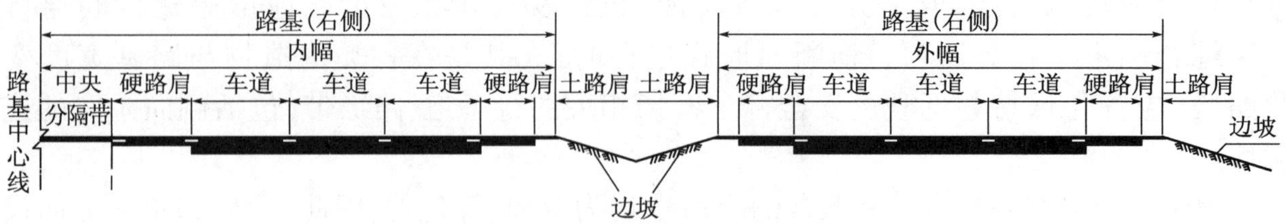


图 4-4　高速公路复合式断面形式示意图(内、外幅路基分离)

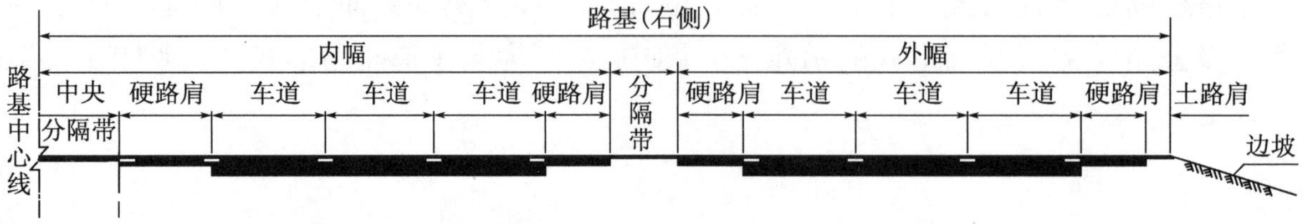


图 4-5　高速公路复合式断面形式示意图(内、外幅整体式)

二、三、四级公路为典型的双车道公路(四级公路可能出现单车道的情况),采用无分隔的双向混合交通组织方式,一般应采用整体式断面形式。图 4-6 为典型的双车道公路横断面形式。

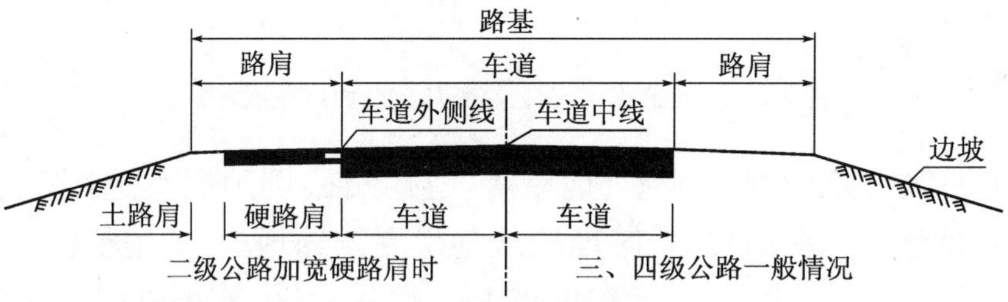


图 4-6　二、三、四级典型断面形式示意图

二级公路作为城乡接合部、混合交通量大的集散公路,可根据实际需要加宽右侧硬路肩设置慢车道。设置有慢车道的二级公路,应严格限制车辆运行速度,禁止车辆随意穿越,以避免车辆占用对向车道超车和车辆随意掉头等影响安全的现象。

**4. 0. 15**　视距(sight distance)是指在车辆正常行驶中,驾驶员从正常驾驶位置能连续看到公路前方行车道范围内路面上一定高度障碍物,或者看到公路前方交通设施、路面标线的最远距离。这里的距离是指沿车道中心线量得的长度(图 4-7)。

公路视距主要包括:停车视距、超车视距、会车视距及识别视距等。

停车视距(stopping sight distance)是指车辆以一定速度行驶中,驾驶员自看到前方障碍物时起,至到达障碍物前安全停车止所需要的最短行驶距离。在停车视距检验时,小客车停车视距采用的驾驶员视点高度为 1. 2m,载重货车停车视距采用的驾驶员视点高度为 2. 0m,视点前方路面上障碍物顶点高度为 0. 10m。

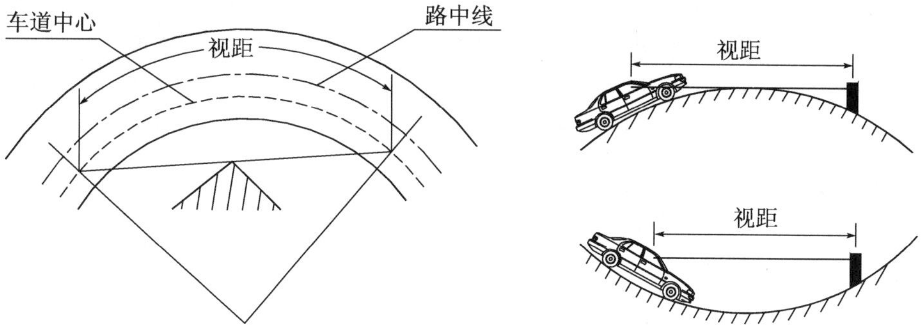


图 4-7 公路平面视距和纵面视距示意图

由于一些情况下还满足不了货车停车视距的要求,根据“公路货车停车视距专题”研究结果,本标准规定:“高速公路、一级公路以及大型车比例较高的二、三级公路,应采用货车停车视距对相关路段进行检验”。

积雪冰冻路段的停车视距,考虑到在这些路段行驶的车速会有较大幅度的降低,也可不再调增。但对重要干线公路,可根据各地要求的必须保证安全的最低车速适当调增停车视距。

会车视距(intermediate sight distance)是指在同一车道上对向行驶车辆,为避免发生迎面相撞,自车辆在行驶过程中发现对向来车起,至驾驶员采取合理的减速操作后两车安全停止、不发生相撞所需的最短行驶距离。参考国内、外的普遍做法,会车视距一般取停车视距的两倍。

超车视距(passing sight distance)是指在需要临时占用对向车道完成超车的公路上,后车超越前车过程中,自开始驶离原车道起,至可见对向来车并能超车后安全驶回原车道所需的最短行驶距离。在超车视距检验时,小客车采用的驾驶员视点高度为1.2m,载重货车采用的驾驶员视点高度为2.0m,视点前方路面上障碍物顶点高度为0.60m,即对向车辆(小客车)的前灯高度。

由于高速公路和一级公路采用分向分道行驶,不存在会车和对向超车等需求,因此,高速公路和一级公路应满足停车视距要求。对于二、三、四级公路,由于一般采用双向行驶的交通组织方式,其行车特征是超车时经常要占用对向车道,为保证行车安全,本标准中规定:“双车道公路应间隔设置具有超车视距的路段”。

公路是三维的空间实体,公路视距除受到平、纵、横等几何指标、参数和平纵组合等影响外,还可能受到路侧填挖方边坡、护栏等的遮挡影响。通过对我国部分山区高速公路进行视距检验评价发现:在平、纵等主要几何指标满足对应标准、规范指标要求的情况下,仍可能存在视距不良(不足)的情况。本标准规定对于公路平面和纵断面指标较低、平纵线形组合复杂路段,应进行对应的视距检验。对于视距不良路段或区域,应采取相应的技术措施予以改善。

在公路各类出入口区域,由于驾驶员需要及时辨识出(入)口位置、适时选择转换车道、进行加(减)速驶入(驶出)等操作,存在交通流交织和冲突等现象。因此,公路互通式立交、避险车道、爬坡车道、停车区、服务区等各类出入口区域应满足识别视距要求。

**4.0.16**　直线是公路几何线形的主要组成部分。在公路平面线形中,圆曲线间直线过短,会造成线形组合生硬、视觉上不连续等问题。而直线过长,则会出现公路线形单调,容易诱发驾驶疲劳问题,对行车安全不利。本标准规定:直线的最大与最小长度应有所限制。

根据"西部地区公路运行速度设计方法和安全性评价与检验技术"等相关研究成果,评价公路平曲线中直线段长度的安全性,应主要依据检验直线段与相邻路段的运行速度的协调性。对于不得已采用长直线的路段,应注意采取限速、警示等管理措施。有条件时,视条件增加路侧视线诱导设施。

**4.0.17～4.0.18**　本条文主要根据"公路横向力系数"专题项目研究成果编制。

(1)确定圆曲线最小半径的原则

本标准中规定的圆曲线最小半径是以汽车在曲线部分能安全而又顺适地行驶所需要的条件而确定的。圆曲线最小半径的实质是汽车行驶在公路曲线部分时,所产生的离心力等横向力不超过轮胎与路面的摩阻力所允许的界限。根据车辆在弯道上行驶时的受力状况及各种力的几何关系,可推导出如下计算公式:

$$R = \frac{v^2}{127(\mu + i)} \tag{4-1}$$

式中:$R$——曲线半径(m);

$v$——车辆速度(km/h);

$\mu$——横向力系数,极限值为路面与轮胎之间的横向摩阻系数;

$i$——路面的横向坡度。

本次修订,标准给出了直接影响行车安全性的圆曲线最小半径的两种值:即"最小值"和"不设超高最小半径"。公路线形设计时,应根据沿线地形等情况,合理选用不小于"最小值"圆曲线半径。在不得已情况下,方可使用"最小值"。

选用曲线半径时,既要适应沿线地形地物条件变化,同时应注意前后线形协调,不应突然采用小半径曲线。长直线或大半径圆曲线路段,不能采用最小圆曲线半径。从地形条件好的区段进入地形条件较差区段时,线形技术指标应逐渐过渡,防止突变。

(2)圆曲线最小半径"极限值"的确定

按式(4-1)计算最小圆曲线半径时,式中的 $v$ 采用各级公路相应的设计速度,因此,确定圆曲线最小半径的关键参数是横向力系数和超高横坡。

横向力系数的大小直接影响乘车人的舒适感。根据测试获得的小客车、大客车、大中型货车在 43 个观测路段上运行时乘车人的舒适度感受数据,运用心理学方法和统计方法分析,整理得出各种车型在不同行驶速度下对应的横向力系数阈值(图 4-8)。

车辆在曲线上稳定行驶的必要条件是横向力系数不能超过路面与轮胎之间的横向摩阻系数。所以,为了确定横向力系数的设计值,既要通过实测路面与轮胎之间的摩擦系数范围,还要考虑驾乘人员在行驶中所能忍受的横向力的大小和舒适感,综合平衡二者后才能确定。

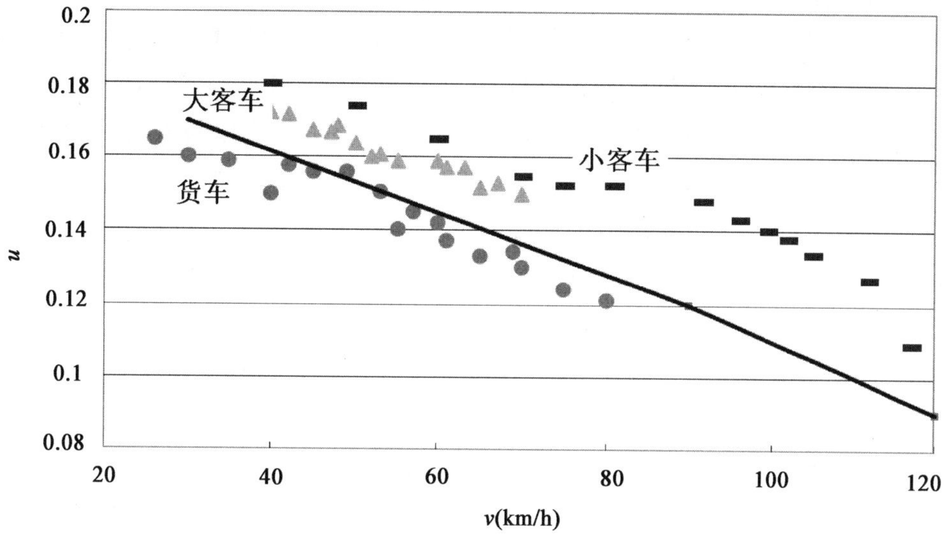


图 4-8　横向力系数取值示意图

经过对 43 个观测点极限摩阻系数的测试,样本路段的极限横向摩阻系数均在 0.3 以上,设计用的横向力系数(0.10 ~ 0.17),占极限横向摩阻系数的比例较小,安全度较高,基本上可以避免横向滑移的危险。根据以上分析,本标准在计算最小圆曲线半径时采用了表 4-1 所列横向力系数及超高值。

**表 4-1　圆曲线最小半径的横向系数及超高值**

| 设计速度(km/h) | 120 | 100 | 80 | 60 | 40 | 30 | 20 |
|---|---|---|---|---|---|---|---|
| 横向力系数 | 0.10 | 0.12 | 0.13 | 0.15 | 0.15 | 0.16 | 0.17 |
| 超高值(%) | 6 | 6 | 6 | 6 | 6 | 6 | 6 |
| | 8 | 8 | 8 | 8 | 8 | 8 | 8 |
| | 10 | 10 | 10 | 10 | 10 | 10 | 10 |

本标准规定的超高值变化范围在 10% ~6% 之间。计算圆曲线最小半径时,分别用 6%、8% 和 10% 的超高值代入计算,将计算结果取整,即得出本标准规定的圆曲线最小半径"极限值",如表 4-2。

**表 4-2　圆曲线最小半径极限值(m)**

| 设计速度(km/h) | 120 | 100 | 80 | 60 | 40 | 30 | 20 |
|---|---|---|---|---|---|---|---|
| $i=10\%$ | 570 | 360 | 220 | 115 | 50 | 30 | 15 |
| $i=8\%$ | 650 | 400 | 250 | 125 | 55 | 30 | 15 |
| $i=6\%$ | 710 | 440 | 270 | 135 | 60 | 35 | 15 |

(3)不设超高的圆曲线最小半径的确定

圆曲线半径大于一定数值时,可以不设置超高,而允许设置等于直线路段路拱的反超高。从行驶的舒适性考虑,必须把横向力系数控制到最小值。《标准》97 版规定不设超高的圆曲线最小半径,是取用了 $\mu=0.035$,$i=-0.015$,按各级公路设计速度代入公式进行计算并整理得出的结果。本次修订,如横向力系数在计算不设超高的圆曲线最小半径时仍采用0.035,则在目前路拱坡度最小采用2%的情况下,会得出较大的一组不设超高的最小半径值。考虑到这一实际情况,拟将横向力系数的采用以一个幅度的值来表示。在本次修订中,将横向力系数按0.035~0.040取用,并规定当路拱横坡为1.5%时,横向力系数采用0.035;当路拱横坡为2%时,横向力系数采用0.040。这样代入公式后进行计算并整理得出的结果,仍为《标准》97版中的一组不设超高最小半径值。同时还应考虑到现实的路拱横坡在高速公路,一、二、三级公路上还有大于2.0%的情况,如仅采用原来的一组不设超高最小半径值,会得出按公式推算的横向力系数过大。本次修订将原先所列$\mu=0.035$,$i=-0.015$代入公式进行计算整理得出的一组不设超高最小半径值作为路拱大于2.0%的情况下使用。这样,当路拱横坡为2.5%时,横向力系数采用0.040;当路拱横坡为3.0%时,横向力系数采用0.045;当路拱横坡为3.5%时,横向力系数采用0.050;横向力系数在路拱横坡大于2.0%的情况下采用0.040~0.050的幅度来计算不设超高最小半径值。不设超高圆曲线最小半径如表4-3。

**表4-3　不设超高的圆曲线最小半径(m)**

| 设计速度(km/h) | 120 | 100 | 80 | 60 | 40 | 30 | 20 |
|---|---|---|---|---|---|---|---|
| $i$路拱≤2.0%<br>$\mu=0.035\sim0.040$ | 5 500 | 4 000 | 2 500 | 1 500 | 600 | 350 | 150 |
| $i$路拱>2.0%<br>$\mu=0.040\sim0.050$ | 7 550 | 5 250 | 3 350 | 1 900 | 850 | 450 | 200 |

(4)公路圆曲线最大超高

公路项目采用的最大超高值不同,同一设计速度下,圆曲线最小半径应是不相同的。公路项目拟采用的最大超高(值)主要根据交通量、交通组成和公路行车环境等条件确定。大型货运车辆占比较高的公路,宜采用较小的最大超高(值)。对于存在积雪冰冻情况的地区,公路项目最大超高不应大于6%。城市区域考虑到非机动车等通行特点,公路项目最大超高不宜大于4%。

**4.0.19**　为使公路平曲线中直线与圆曲线之间实现顺适的衔接过渡,本标准规定高速公路,一、二、三级公路的直线与不设置超高的圆曲线(半径)相衔接处,应设置缓和曲线进行连接。由于回旋线的特性接近公路行驶车辆在弯道上的行驶轨迹,本标准规定公路缓和曲线采用回旋线。回旋线的基本公式为:

$$r \times l = A^2 \tag{4-2}$$

式中:$r$——回旋线上某点的曲线半径(m);

$l$——回旋线上某点到原点的曲线长(m);

$A^2$——回旋线参数(m)。

缓和段一般包括下列内容:①曲率变化缓和段(从直线向曲线或从大半径曲线向小半径曲线变化);②横向坡度变化的缓和段(直线段的路拱横坡度渐变至弯道超高横坡度的过渡或曲线部分不同的横坡度的过渡);③加宽缓和段(直线段的标准宽度向曲线部分加宽宽度之间的渐变)。

条文规定:“回旋线参数及其长度应根据线形设计以及对安全、视觉、景观等的要求,选用较大的数值”。回旋线最小长度系曲率变化需要的最小长度。沿双车道中线轴旋转的超高缓和长度基本上可以概括并适用一般情况。但是,有时以行车道边缘线为旋转轴,或者车道数较多或较宽的,则可能超高所需缓和段长度大于曲率变化的缓和段长度,因此应视这两个缓和段长度的计算结果采用其中较大的一个。缓和段长度一经确定,就应在其中同时进行各种需要的渐变。

本条文中的规定是以超高缓和段的需要考虑的,技术等级较高的公路同时需要设置超高缓和段和回旋曲线时,应以较大值包含较小值。所以,条文规定:“直线与小于表4.0.17不设超高最小半径的圆曲线相衔接处,应设置缓和曲线。”

**4.0.20** 本条文主要依据标准修订支撑专题和相关课题的研究成果结论修订。

(1)各级公路纵坡的适应性

高速公路设计速度为120km/h的最大纵坡规定为3%,因为小客车在3%的坡道上行驶,同在水平路段上行驶相比较,只是在保持自由速度方面有轻微的影响。在较陡的坡道上,其速度则随着上坡坡度的增大而逐步降低。在下坡道上,小客车的速度略高于水平路段的速度,但也要受各种条件的限制。

3%、4%的最大纵坡适合于高速公路和一级公路以较高行车速度行驶,当高速公路受地形条件或其他特殊情况限制时,经技术经济论证,最大纵坡可增加1%;8%、9%的最大纵坡适合于设计速度为30km/h的三级公路以及设计速度为20km/h的四级公路上低速行驶;5%、6%、7%的最大纵坡适合于80km/h、60km/h、40km/h的设计速度。

(2)纵坡控制指标

近年来,我国山区高速公路长大纵坡路段交通事故较为集中,受到各方面的高度关注。“国家道路安全行动计划”等项目对大量事故的深入剖析表明:长大下坡事故致因主要在于“人”和“车”的因素(如:违章驾驶、超速、超载、超限等),直接由于道路因素导致的交通事故占比极低(由公路几何线形、路面和维养状况等道路因素直接引发事故的比例低于1%)。并且相关研究均不能揭示事故与公路纵坡坡度、长度之间的直接关系。显然,在车辆正常配载、行车制动系统工作完好、驾驶员操作正确的情况下,按照现行标准纵坡控制指标设计建设的高速公路是能够保证行车安全的。同时,通过国外高速公路相关调研和国内外公路技术标准的纵坡设计指标对比发现:我国纵坡控制指标(不同设计速度对应的最大纵坡坡度指标)与各国基本一致,甚至总体控制指标小于部分欧洲国家的纵坡控制指标,偏于安全。综合考虑,本期标准修订未对各级公路(不同设计速度对应的)最大纵坡指标进行修订。

本条文第3款是指导二级、三级和四级公路越岭线纵坡设计的平均纵坡控制指标。对于一条公路项目,“相对高差指标”的要求和“任意连续3km路段”的要求应同时满足。

尽管在全国调研中,高速公路长大纵坡控制指标是大家关注的焦点性问题,且目前部分在建的山区高速公路项目纵坡设计有明显的采用平缓纵坡方案的趋向,但经分析论证,单纯通过修订降低公路纵坡控制指标,采用更趋于平缓的平均纵坡设计方案,不仅会直接导致公路建设里程、用地、建设规模、造价和运营成本等的显著增加,而且目前相关研究尚不能得出“采用平缓纵坡的方案就能有效提高对应长大纵坡路段的行车安全性”的明确结论,因此本次修订仅提出:高速公路、一级公路应采用合理的平均纵坡,以提高纵坡路段的通行能力和运行安全。这是对今后设计的原则性要求。具体项目中,对于可能存在连续纵坡的路段,均应进行安全性评价,基于运行速度等方法对各类指标、速度变化、安全设施等进行检验分析,进而通过优化线形设计、完善安全设施、实施速度管理等综合措施,提升公路的本质安全性。

**4.0.21**　这里的最大坡长是针对采用同一坡度值的单一坡段而言的。当单一纵坡的长度超过表中规定值,或者路段平均纵坡较大时,应通过通行能力验算,论证设置供大型车辆上坡的爬坡车道。

相关研究表明,在长陡纵坡中间设置缓坡,不利于下坡方向车辆减速,可能会给驾驶员造成进入平坡或反坡的错觉,本次修订取消关于长陡纵坡中间设置缓和坡段的规定。

**4.0.22**　竖曲线

竖曲线最小半径分为“一般值”和“极限值”。按照本次技术标准修订原则,在本项条文修订保留了对竖曲线最小半径和最小长度“极限值”的规定,把部分影响行车舒适性的指标包括竖曲线半径和最小长度的“一般值”移至相关专业规范中。

竖曲线最小半径的“极限值”是汽车在纵坡变更处行驶时,为了缓和冲击和保证视距所需的最小半径的计算值,该值在受地形等特殊情况约束时方可采用。竖曲线半径“一般值”是竖曲线最小半径“极限值”的 1.5 ~2.0 倍。竖曲线最小半径 “极限值”的计算及整理如表 4-4 和表 4-5 所示。

**表 4-4　凸形竖曲线最小半径“极限值”的计算**

| 设计速度(km/h) | 停车视距 $D$(m) | 缓冲冲击所要求的曲线长度(m) $L_{v1}=\frac{v^2\Delta}{360}$ | 视距所要求的曲线长度(m) $L_{v2}=\frac{D^2\Delta}{400}$ | 采用值 $L_t$ (m) | 极限最小半径(m) $R=\frac{100L_t}{\Delta}$ |
|---|---|---|---|---|---|
| 120 | 210 | 40.0$\Delta$ | 111.0$\Delta$ | 110$\Delta$ | 11 000 |
| 100 | 160 | 27.8$\Delta$ | 64.5$\Delta$ | 65$\Delta$ | 6 500 |
| 80 | 110 | 17.8$\Delta$ | 30.2$\Delta$ | 30$\Delta$ | 3 000 |
| 60 | 75 | 10.0$\Delta$ | 14.1$\Delta$ | 14$\Delta$ | 1 400 |
| 40 | 40 | 4.4$\Delta$ | 4.1$\Delta$ | 4.5$\Delta$ | 450 |
| 30 | 30 | 2.5$\Delta$ | 2.3$\Delta$ | 2.5$\Delta$ | 250 |
| 20 | 20 | 1.1$\Delta$ | 1.0$\Delta$ | 1.0$\Delta$ | 100 |

注:$v$ ——行车速度(计算时采用计算行车速度)(km/h);

$D$——视距(计算时采用停车视距)(m);

$L_t$——采用的竖曲线长度(m);

$\Delta$——坡度差(%);

$R$——极限最小半径(m)。

**表 4-5　凹形竖曲线最小半径“极限值”的计算**

| 设计速度(km/h) | 停车视距 $D$(m) | 缓冲冲击所要求的曲线长度(m) $L_{v1}=\frac{v^2\Delta}{360}$ | 前灯光束距离所要求的曲线长度(m) $L_{v2}=\frac{D^2\Delta}{150+5.24D}$ | 跨线桥下视距所要求的曲线长度(m) $L_{v3}=\frac{D^2\Delta}{2\,692}$ | 采用值 $L_t$(m) | 极限最小半径(m) $R=\frac{100L_t}{\Delta}$ |
|---|---|---|---|---|---|---|
| 120 | 210 | 40.0 Δ | 35.3Δ | 16.4Δ | 40Δ | 4 000 |
| 100 | 160 | 27.8Δ | 25.9Δ | 9.5Δ | 30Δ | 3 000 |
| 80 | 110 | 17.8Δ | 16.7Δ | 4.4Δ | 20Δ | 2 000 |
| 60 | 75 | 10.0Δ | 10.4Δ | 2.1Δ | 10Δ | 1 000 |
| 40 | 40 | 4.4Δ | 4.4Δ | 0.6Δ | 4.5Δ | 450 |
| 30 | 30 | 2.5Δ | 2.9Δ | 0.3Δ | 2.5Δ | 250 |
| 20 | 20 | 1.1Δ | 1.6Δ | 0.2Δ | 1.0Δ | 100 |

竖曲线长度过短，给驾驶员在纵面上一个很急促折曲的感觉，影响行车的舒适性。条文中规定的最小竖曲线长度按 3s 设计速度行程长度而确定。

# 5　路基路面

**5.0.1**　一般规定

1　路基路面的损坏不仅与其结构形式、路基路面材料、交通量与交通荷载大小有关，而且与路线线位、路基路面排水系统、路基稳定性等因素直接相关。本次修订仍维持《标准》03 版的要求，强调路基路面应结合沿线地形、地质及材料等自然条件进行设计，应重视排水设施与边坡防护设施的设计，从而保证路基路面应具有足够的强度、稳定性和耐久性，以及路面面层满足抗滑和平整的要求。但近年来，极端气候现象的频繁出现，对路面的使用性能和耐久性造成了非常严重的不利影响，因此在路面设计和施工中，应加强对气候条件的适应性。本次修订强调了对气候因素的要求。

2　《标准》03 版对路基排水、取土和弃土、水土保持、河道保护以及能诱发路基病害的内容提出了要求，这些原则性要求满足了我国公路建设的需求。但在在实际工程建设过程中，在原地面处理时对路基表土的利用重视不够，路基表土有的被弃掉，浪费资源；有的不作处理就又作为路基填料回填，对路基的稳定造成不良后果。因此，本次修订提出了对路基地表土进行综合利用的要求，以充分利用资源。

5　本次修订，在总结我国公路路基路面设计经验与教训的基础上，充分借鉴发达国家经验，针对路基设计与路面设计脱节的突出问题，提出了应重视路基路面一体化综合设计的原则,通过路基路面的综合设计,提高路基路面的耐久性。

6　为了适应我国公路改扩建项目快速发展的需求,本次修订对路基路面改扩建标准选用的原则、路基路面拼接设计要求以及路面材料循环利用等提出了相关要求。根据高速公路改扩建技术政策研究成果以及高速公路改扩建设计细则的相关研究成果,本次修订增加了关于改扩建公路新建工程的路面结构和原路利用工程的路面结构均应按现行标准进行设计的要求,统一了改扩建公路工程路面设计标准。

**5.0.2**　路基设计洪水频率

路基设计洪水频率标准是参照《防洪标准》(GB 50201)确定的。为了适应我国城镇化发展的需求,确保城市安全,要求对城市周边区域的公路路基设计洪水频率,应与城市防洪标准相协调并考虑救灾通道、排洪和泄洪需求综合确定。

**5.0.3**　路基高度设计应考虑路基所处地段的地面积水情况、地下水位高度、基底和路基填料的毛细水作用、冰冻作用等。沿河路基应按设计洪水频率合理确定路基高程。

**5.0.4**　路基原地面处理和技术要求

1　《标准》03 版针对公路设计和施工中,对于非软基路段的原地面的压实和处理缺乏足够重视,从而导致出现较大工后沉降的问题,在修订时强调了应对路基原地面进行清理和压实,并对基底强度、稳定性不足的路段做好处理的要求,应用效果很好,故本次未对原条文进行修订,继续保留。

2　《标准》03 版修订时,为保证路基强度和路基稳定性,及时总结当时许多省区提高路基压实度标准并付诸实施的工程实践经验,将高速公路、一级公路 1.5m 以下的路堤压实度标准从 90% 提高到了 93%,1.5m 以上各层压实度分别提高了一个百分点;二级公路 1.5m 以下路堤压实度从 90% 提高到 92%,0.8 ~ 1.5m 的路堤压实度从 90% 提高到了 94%,0 ~ 0.8m 的路床压实度从 93% 提高到了 95%。在过去的十年中,该标准的修订对提高路基的稳定性和耐久性起到了非常重要的作用。近十年来,随着重载交通的不断发展,重载交通对路基的作用和影响明显加强。为了适应这种变化,需要提高路基更深层位的压实度标准,以确保路基的稳定性和耐久性。在总结国内已有研究成果和工程实践经验的基础上,本次修订针对特重与极重交通荷载等级条件,提高了路基下路床和路堤部分层位的压实度标准。

3　《标准》03 版中,对土方路基的技术要求仅有压实度一个指标。压实度指标实际上是一个施工控制指标,对于路基设计指标来说,技术标准没有做出规定。本次修订增加了控制路床强度的技术要求,即采用路床顶面回弹模量指标确保路基稳定。从国际上发达国家公路工程应用经验看,控制路床强度是确保路基稳定的关键技术措施之一。我国多年来对路床强度的检验评定非常重视,但对路床强度标准的要求却较低,一般要求不低于 30MPa 即可,与公路等级及路面结构设计的关联性不足。本次修订对路床顶面回弹模量标准提出了明确要求[回弹模量标准见《公路路基设计规范》(JTG D30)和《公路沥青路面设计规范》(JTG D50)]。本次修订还对软弱路基不良路段、重载交通路段的路基强度做出了灵活运用的规定。

**5.0.5** 路基防护

路基防护工程是防治路基病害、保证路基稳定的重要措施。本条强调应根据公路功能,结合当地气候、水文、地质等情况,采取相应的防护措施,保证路基稳定;深挖、高填路基边坡路段往往存在着稳定性隐患,强调必须查明工程地质情况,根据地质勘察成果进行稳定性分析,针对其工程特性进行路基防护设计,保证边坡稳定;考虑到环境保护和美化景观,强调路基防护与公路景观相协调。

**5.0.6** 路面设计轴载标准

路面设计轴载标准关系到公路建设投资、路网运营养护和路面使用寿命等重大问题,同时也关系到汽车工业发展方面的问题,因此该标准的任何调整和变化都十分敏感。《标准》03 版修订时,路面设计轴载标准维持了《标准》97 版的规定,仍采用 100kN 作为标准轴载,相当于国际中等水平。在 2004 年实施的国标《道路车辆外廓尺寸、轴荷及质量限值》(GB 1589—2004)中,对单轴汽车及挂车单轴的最大允许轴荷做出了规定,明确客车、半挂牵引车及三轴以上(含三轴)货车,每侧双轮胎的最大允许轴荷为:驱动轮 115kN,非驱动轮 100kN,装备空气悬架时为 115kN,实际上小幅度提高了货运汽车制造的轴载标准。从我国目前公路网实际运行情况看,超载车辆虽得到有效控制,但货运汽车仍有一定程度的超载现象无法根除,对公路网的运营和养护造成不利影响,导致公路养护费用提高。

本次修订在综合考虑原有标准的延续性、我国现行汽车轴荷标准、公路路网运营养护以及公路工程建设实际情况的基础上,补充增加了在重载交通条件下可灵活选择路面设计轴载标准的方法,既可有效解决公路工程建设和运营过程中遇到的重载交通的实际问题,又可对合理延长路面使用寿命起到引导作用。修订提出的可采用轴载谱方法进行路面设计的要求对原标准起到了进一步细化和灵活运用的作用。

**5.0.7** 路面类型与路面结构形式的选择

《标准》03 版中,将路面分为四个等级,即高级、次高级、中级及低级,并将常用路面材料——沥青混凝土、水泥混凝土、沥青贯入、沥青碎石、沥青表处、砂石路面等与公路等级相对应,明确了这些路面材料的适用范围。鉴于这些对应关系已不符合目前我国公路建设的实际,在概念上也不清楚,故本次修订删除了分级的规定。

目前,在我国公路建设过程中,对于路面类型的选择和确定出现了行政化趋势,对路面类型和路面结构形式的选择和确定脱离了本源,绝大多数省区的高速公路路面采用沥青混凝土,水泥混凝土路面比例越来越小。本次修订增加了对路面类型和路面结构形式进行选择和确定的基本原则,即综合考虑交通量、交通荷载、路面结构耐久性、工程造价、环境保护、资源循环利用等多方面因素选择路面类型和路面结构形式的原则性要求,以便更科学合理地选择路面类型和路面结构形式。

**5.0.8** 路面结构设计使用年限

本次修订增加了路面结构设计使用年限的条文,主要是基于下列三个方面的理由:

(1)随着我国公路网的不断完善,为了确保发挥路网的运营效率,减少路面结构性的频繁维修对路网运输效率和交通安全带来的不利影响,对路面结构设计使用年限做出规定是必要的。

(2)与国际发达国家相比,我国公路路面结构设计使用年限仍然偏低。例如:欧盟中多数国家的路面结构设计使用年限在 15 ~ 30 年间,普遍比我国的规定要高。英国路面结构设计使用年限为 40 年。法国国家公路网,高速公路和快速路设计使用年限为 30 年,城镇道路和其他等级公路路面结构设计使用年限为 20 年,地方上的低交通量道路路面结构初始设计使用年限为 12 年。德国高速公路、州级公路和低等级公路一般为 30 年。澳大利亚路面结构设计年为:新建柔性路面为 20 ~ 40 年,罩面为 10 ~ 20 年;刚性路面为 30 ~ 40 年。日本路面结构设计使用年限为:对于主要的干线公路、高速公路为 40 年,国道 20 年;隧道内的路面为 20 ~ 40 年,对于大交通量的交叉口(立交)和城市的干线公路为大于 20 年。

(3)从我国公路建设与工程实践经验看,京津塘高速公路、广深高速公路、济青高速公路路面结构的设计使用年限都已超过 15 年,并超过或接近了 20 年,其他等级的公路路面结构的实际使用年限也有很多路段远远超过了初期的设计使用年限。2000 年以后,随着针对路面早期损坏开展的相关研究成果的不断应用和公路建设管理技术的不断进步,路面结构的使用年限不断提高,逐步朝耐久性方向发展。通过对过去二十多年路面设计与施工技术进步成功经验的总结看,无论是在原材料控制、混合料设计、施工关键技术方面,还是在路面施工质量控制以及交通运营管理方面,都为路面结构设计使用年限的提高打下了基础。因此,对路面结构设计使用年限做出规定是可行的。

本次修订增加了对路面结构设计使用年限的规定。本标准所规定的路面结构设计使用年限是指路面结构在正常设计、正常施工和正常使用条件下应达到的年限。在路面结构设计使用年限内,可根据实际需要对路面表面功能进行恢复性维修。

**5.0.9**　路面材料

路面结构一般由面层、基层、底基层与垫层组成。本条修订增加了对尾矿和矿渣等材料在公路工程建设中应用的要求。作为一种资源循环利用的措施,很多尾矿和矿渣近年来大量应用于工程建设,但有些尾矿和矿渣会带来潜在的环保风险,因此本次修订,增加了对尾矿和矿渣进行环保评价并明确利用方案和环保处置措施的要求。

**5.0.10**　路基路面防排水

做好路基路面排水是减少路面水损害、避免或减轻路基水毁、保护沿线环境的重要技术措施。近年来的公路工程建设与实践表明,路基路面的排水非常重要,但路基路面的防水也同样重要,特别是对于广泛应用的半刚性基层沥青路面,水损坏发生的直接原因就是防水设计不完善,因此路基路面设计和施工需遵循以防为主,防排结合的原则。本次修订增加了关于路基路面设计应进行防水设计的要求,以期减少水损坏发生,提高路基路面结构的耐久性。

**5.0.11**　路面分期修建

关于路面分期修建问题,《标准》03 版规定,“高速公路、一级公路的路面不宜分期修建,但位于软土地区、高填方路段等可能产生较大工后沉降的路段,可按‘一次设计、分期实施’的原则进行建设”。明确高速公路和一级公路路面不宜分期修建,主要是因为:

(1)高速公路、一级公路的交通量大,且对路面的使用品质有较高的要求,一旦投入运营再中断交通维修养护或边施工边通车,不仅影响行车安全,给交通管理带来困难,而且会降低公路网运营效率及造成不良社会影响。

(2)高速公路、一级公路的桥梁、互通式立体交叉、通道等结构物较多,并均为一次施工完成,若路面分期修建,则会造成纵断面高程的频繁变化,不仅给施工带来麻烦,而且降低了行车的舒适性和安全性。

本次修订过程中,对于高速公路、一级公路路面分期修建问题,认为《标准》03 版当时提出的理由对于今天来说更为适用,因为,任何路段的分期修建都会对路网的通行效率造成极为严重的影响,而且较《标准》03 版修订时期更为突出,因此,本次修订将“不宜”改为“不应”。

**5.0.12** 针对本标准修订期间各省提出的由于初期建设资金紧张、运营成本高于收益、初期交通量较小以及边远地区出于路网功能需要而必须修建高速公路和一级公路等等诸多方面的问题,修订组在充分尊重各地意见的基础上,新增加了沙漠、戈壁、草原等地区小交通量高速公路右侧硬路肩面层可分期修建的规定,以满足上述地区在公路工程建设过程中的实际需求。但为了保证行车安全,在分期修建实施前,应采取技术措施对右侧硬路肩面层部分进行处理,使右侧硬路肩高程与行车道高程相顺平衔接,不可留有陡坎或台阶。

# 6 桥涵

**6.0.1** 一般规定

1 桥涵设计属于系统工程设计范畴。桥涵的设计首先要满足公路功能、技术等级、通行能力及减灾防灾等的要求,还需综合考虑地形地貌、河流水文、河床地质、通航要求、河堤防洪、泄洪排涝和环境影响等因素进行系统设计。

2 在保证安全和耐久的前提下,桥涵设计要优先考虑满足功能需求,即要满足“适用”的要求,再根据具体情况考虑环保、经济和美观的要求。环保问题关系到公路的可持续发展,必须给予高度重视。考虑因地制宜、就地取材、便于施工和养护等因素,进行全寿命设计,符合土木工程设计的发展方向。

3 重视桥涵与自然环境和景观的相协调设计,是落实生态文明建设的具体举措。随着经济社会的发展,人们对桥梁建造艺术的追求,以及作为标志性建筑和旅游景点的需求越来越高。对于位于城市及其周边、旅游景区等的一些大跨径桥梁,或造型特殊的桥梁,宜结合自然环境、结构特点进行适当的景观设计。

4 公路桥涵的建设与农田水利和人民生活有着密切的关系,公路桥涵的设置应兼顾农田灌溉的需要,考虑综合利用。

5 特大桥、大桥的桥位通常选择在顺直的河道段,避免设在河湾处,以防止冲刷河岸。桥位处河槽要稳定,主槽不易变迁,大部分流量能在主河槽内通过;河床地质条件要良好,承载能力高,不易冲刷或冲刷深度小。若受条件所限,只能选择水文或地质不利的河道段布设桥位,必须经严格论证,采取必要的工程防护措施,确保岸坡和桥梁基础的稳定。桥位选择应尽力避开断层、岩溶、滑坡和泥石流等不良地质地带。若桥位无法绕避断层地带,要分析断层的性质,如为非活动断层,宜将墩台设置在同一岩盘上。若桥位避不开岩溶、滑坡和泥石流等不良地质地带,必须经严格论证,采取必要的工程防控措施,确保桥梁结构安全可靠。

6　桥面积水不仅会影响安全行车,而且会导致桥面铺装出现水损坏;桥面泄漏和渗水不仅会影响到桥梁的使用功能,而且会对桥梁主体结构的耐久性造成不利影响。因此,必须高度重视桥面铺装的防水、排水设计。通常,在桥面上设置纵坡和横坡,并设泄水管,以利桥梁的纵向和横向排水;在桥面铺装与桥梁主体结构之间设置防水层,以防止桥面泄漏和渗水。

7　为了加强我国桥梁建设的标准化工作,推动我国桥梁制造业的发展,提高桥梁施工的机械化水平,对于跨径小于或等于50m的桥涵,推荐采用标准化跨径、装配式结构、机械化和工厂化施工。

8　鉴于我国公路建设存在“分期修建”的需求,对于桥梁亦可采用“分期修建”的方式建设。但在进行先期建设的桥梁设计时,需要统筹考虑后期拼接加宽的受力与变形协调问题,优先选择便于后期拼接加宽的上、下部结构。

9　我国公路建设已进入“建养并重”的时代,加强桥梁养护管理工作是落实“全寿命设计”理念、保证桥梁在设计使用年限内可靠服役的重要举措。设置桥涵维修养护通道,为特大桥和大桥提供必要的养护设施,便于桥涵检查与养护工作落到实处。

**6.0.2**　桥涵分类标准与设计洪水频率、抗震设防等级、维修养护标准和设计重要性等级等关键设计参数密切相关,是桥涵设计的重要索引指标。

桥涵分类采用了两个指标:一个是单孔跨径 $L_k$,用以反映桥涵的技术复杂程度,其在一定程度上可以反映我国的桥梁建设综合水平;另一个是多孔跨径总长 $L$,即不考虑两岸桥台侧墙长度在内的桥梁标准跨径总长,用以反映桥涵的建设规模。一般情况下,桥梁总长大致相当于河流的宽度,以此作为划分指标,概念较明确,有利于勘测工作中对桥梁总长的估算。

从10年来的应用情况和近年来我国公路桥梁的建设水平来看,《标准》03版的桥涵分类标准总体上是合适的;特大桥的起点跨径定为150m,基本涵盖了所有常规桥梁结构,包括连续梁桥、连续刚构桥、钢筋混凝土拱桥和钢管混凝土拱桥等;将特大桥的多孔跨径总长起点定为大于1 000m,也能够涵盖高速公路和一级公路上的旱地跨线桥或跨越城镇的高架桥。故本次修订对桥涵分类指标及其标准不作调整,仅根据调研中反映出的具体应用问题补充下列解释:

(1)桥涵分类标准可采用多孔跨径总长或单跨跨径任意一种确定,存在差异时,可采取“就高不就低”的原则。

(2)在计算桥梁长度时,曲线桥宜按弧长计,斜桥宜按斜长计。

**6.0.3** 鉴于桥台是桥梁的重要部件,侧墙或八字墙又是桥台的组成构件,所以,在计算桥梁全长时应该计入两岸桥台侧墙或八字墙的长度;对于无桥台的桥梁,桥梁全长则为桥面系的长度。

**6.0.4** 为了便于标准设计,增强桥梁构件的互换性,对跨径小于或等于 50m 的桥涵,本标准采用了标准化跨径的概念,并对具体标准化跨径的数值作了相应的规定。

**6.0.5** 实践证明,《标准》03 版关于桥涵设计洪水频率的规定能够适应我国公路建设的实际情况,与水工、铁路、城市等的防洪标准也是相协调的。

1 桥梁水毁的原因之一是基础薄弱。对于二级公路上的特大桥和三、四级公路上工程艰巨、修复困难的大桥,在水势猛急、河床易于冲刷的情况下,可选用高一公路等级的设计洪水频率,即分别为 1/300 和 1/100,验算基础冲刷深度。

2 沿河纵向高架桥一般不会对河流的过水面积造成明显的影响,其跨径和桥长通常不是由设计洪水频率控制确定的,按照路基设计洪水频率进行设计是适宜的。

3 调研中,多数省份提出“长桥的洪水频率宜按桥梁重要性、复杂性予以确定”。考虑到我国用单孔跨径、多孔跨径总长两个指标来确定桥梁分类标准,虽然能够反映桥梁的重要性,但并不充分、全面,特别是用多孔跨径总长作为界定标准,并不能充分反映桥梁的技术复杂性和重要性。故本次修订在借鉴新西兰、澳大利亚等国规范的基础上,从考虑结构重要性及洪水危害程度出发,增加了按多孔跨径总长确定的多孔中小跨径(单孔跨径小于或等于 40m)特大桥,其设计洪水频率可按相同公路等级大桥标准采用的规定。

**6.0.6** 桥面净空应符合本标准第 3.6.1 条公路建筑限界的规定,是考虑到一般情况下路桥同宽对工程造价影响相对较小,同时能够避免在路桥结合处出现颈缩现象,以更好地改善公路线形、保障行车安全、提高服务水平。

按“符合本标准第 3.6.1 条公路建筑限界的规定”,要求桥面与桥头引道的行车道(包括:加减速车道、爬坡车道、慢车道、错车道等)、硬路肩或紧急停车带、中央分隔带、路缘带等对应的宽度应保持一致,也就是俗称的“内齐外不齐”。

1 考虑到桥梁上用于中央分隔的护栏大多是结合桥梁结构的特点进行专门设计的,所以多车道公路上的特大桥为整体式上部结构时,中央分隔带宽度应根据所采用的护栏形式确定。这样做,有利于减小整体式上部结构特大桥的宽度,以节省工程费用。

2 在特大桥的建设条件受到限制时,或出于对提高结构利用效率等方面的考虑,特大桥的右侧路肩宽度经论证可采用本标准表 4.0.5-1 规定的“最小值”;右侧路肩宽度采用“最小值”后,特大桥与桥头引道的线形应顺适衔接,并具有足够的过渡段长度。

4 在桥上设置的输水管、电信、电缆等不应影响行车,且应将其设置于桥梁的隐蔽处。

**6.0.7** 设计水位根据本标准第 6.0.5 条规定的桥涵设计洪水频率求得,并须根据河流的具体情况,分别计入壅水高、浪高、河床淤高及水上漂流物等的影响。

通航河流的桥下净空,如图 6-1 所示,根据航道等级和相应的通航代表船型的吨位及其技术要求确定,应满足相关通航标准的规定。桥下净高应从最高通航水位算起,桥下净宽应根据最低通航水位时墩台间的净距确定。

对于潮汐影响明显的感潮河段,设计最高通航水位一般多采用年最高潮位累积频率5%的潮位,按极值Ⅰ型分布律计算进行确定;设计最低通航水位一般多采用低潮位累积频率为90%的潮位。

对于非通航和无流放木筏的河流,其桥下净空高度主要根据设计水位、壅水高、浪高、最高流冰水位等因素确定,并且尽量给予一定的安全储备量。

对于跨越非通航河流的桥梁,其跨径的确定除了应考虑水流平面形态特征、河床演变趋势、河段地形地质条件等因素,还应考虑流冰、流木等从桥孔通过的情况。

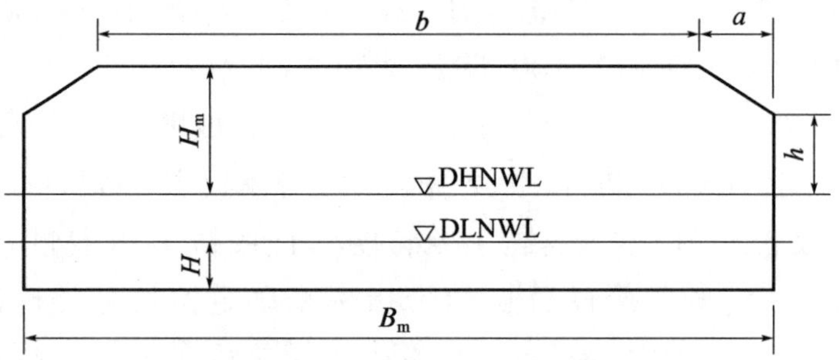


图 6-1　通航河流桥下通航净空示意图

DHNWL-设计最高通航水位;DLNWL-设计最低通航水位;$B_m$-水上过河建筑物通航净宽;$H_m$-水上过河建筑物通航净高;$H$-航道水深;$b$-上底宽;$a$-斜边水平距离;$h$-侧高

**6.0.8**　高速公路和一级公路上的车辆行驶速度快,桥与路的衔接必须顺适,才能满足行车要求。因此,高速公路 、一级公路上的各类桥梁,除宽度有所减小的特大桥外,其布设应满足路线总体布设的要求。当二、三、四级公路上的特大桥、大桥桥位选择余地较小、成为路线控制点时,路线线位应兼顾桥位。

1　有关桥上及其引道纵坡的规定,从多年来的应用情况看,总体上是适宜的。

2　考虑到在冰雪条件下,与公路相比,桥梁更易结冰,冰雪更难消融,从保障行车安全、桥梁结构安全使用等的角度,补充了易结冰、积雪的桥梁桥上纵坡的限制要求,但对桥上纵坡的大小并未作硬性的规定。具体设计时,宜考虑用地、通航、气候、交通量、桥面排水、结构受力合理性等因素,综合论证确定。

3　对于位于城镇混合交通繁忙处的桥梁,为方便非机动车的行驶,规定了桥上纵坡和桥头引道纵坡均不得大于3% 。

4　为满足车辆行驶连续、顺适的要求,桥头两端引道的线形应与桥梁的线形相匹配。

**6.0.9**　目前,我国还有相当数量公路的渡口。因此,本标准中保留了公路渡口码头的规定。

1　在河床稳定、水文水力状态适宜、无淤积或少淤积的河段修建渡口,有利于渡口的运营。考虑到今后路网结构的发展要求,条件可能的情况下,在选择渡口位置时,还应对将来改渡为桥的方案进行比选。

2　公路渡口码头有直线式和锯齿式两种形式。

直线式码头由前墙与设有系船环或将军柱的码头引道组成,一般河流均能适用,目前在山区河流修建的较多,其特点为既是码头又是引道,没有截然划分的界限。前墙的作用是挡土和靠船,可用圬工或混凝土、钢筋混凝土等修建。前墙长度与码头引道宽度相同,高度由渡船船型决定,顶面高程通常要高出最低通航水位0.8~1.2m。直线式码头的引道纵坡一般为9%~10%,主要是为了适应水位的变化,以方便渡船停靠和车辆安全行驶。若纵坡大于10%,则车辆上坡困难、下坡危险;若纵坡小于9%,则争取到的高差太小,吃水深度不够,渡船难以停靠。

锯齿式码头能够适应水位变化大的河流,一般采用高、中、低三种水位的码头,以方便渡船停靠,但其工程费用大。锯齿式码头通常由几个齿相连,每个齿又由前墙、侧墙和靠船设备组成,在前墙和侧墙中间填料夯实并铺设路面。齿数及相应的高程是根据水位并结合码头纵坡决定的,每级高差为0.6~1.2m,两齿间的水位重叠至少0.2m,最低的一级要高出渡口通航水位0.8~1.2m,以利车辆上下渡船。锯齿式码头引道纵坡一般为4%~6%。

3 鉴于车辆上、下渡船的引道纵坡较大,为保障车辆行驶安全,引道路面应采取必要的防滑措施。

4 考虑到客货车辆分类摆渡、货运车辆大型化发展、渡口交通组织管理等的需求,结合目前渡口码头引道的实际使用状况,根据调研情况,本次修订提高了渡口码头引道(二、三、四级公路)的宽度指标。

**6.0.10** 为满足我国公路改扩建的需要,本次修订增加了桥涵改扩建的规定。

1 公路改扩建的根本目的,在于提高公路通行能力和服务水平。因此,经过改扩建后的公路应符合现行的技术标准。这就要求改扩建工程中的新建桥涵(含拼接新建部分)应按照现行技术标准修建。

2 考虑到节约资源、保护环境和节省投资的需要,对原有桥涵必须加以充分利用。对经检测评估能满足原设计荷载标准的原有桥涵,高速公路、一级公路可直接利用,二、三、四级公路提高等级时,只要其极限承载能力满足或经加固补强后能够满足现行标准的要求就可以考虑直接利用。

3 对于拼接加宽利用的原有桥涵,检测评估后应满足原设计荷载标准,同时,只要其极限承载能力满足或经加固补强后能够满足现行标准的要求就可以考虑拼接加宽利用。

4 为保证改扩建后的桥梁不发生降低或丧失原有的使用功能,对整体拼接的桥梁,其桥下净空如通航(行)净空、过水面积等仍应满足原设计标准的要求。

5 考虑到直接利用或拼接加宽利用的原有桥涵,在改扩建时对其承载能力极限状态做出了严格的要求,即其极限承载能力满足或经加固补强后要满足现行标准的要求,但没有要求其正常使用极限状态满足现行标准的规定。为保证直接利用或拼接加宽利用的桥涵安全可靠服役,改扩建工程设计时应提出有针对性的运营管理和维护措施。

**6.0.11** 美国、加拿大、英国、新西兰、澳大利亚和日本等国的桥梁设计规范对桥梁工作寿命(即设计使用年限)均有明确的规定,从75~120年不等。我国《工程结构可靠性设计统一标准》(GB 50153—2008)对桥梁的设计使用年限也提出了明确的要求。所以,本次修订增加桥梁设计使用年限的规定是合适的和必要的。

桥涵设计使用年限指在正常设计、正常施工、正常使用和正常养护条件下,桥涵保持正常承受各种设计荷载作用的能力而不用进行结构性大修的时间期限。

本条主要参照《工程结构可靠性设计统一标准》(GB 50153—2008)的规定,结合考虑公路功能、技术等级和桥涵的重要性等因素,规定了桥涵主体结构和可更换构件设计使用年限的最低值。

表 6.0.11 中所列的特大桥、大桥、中桥、小桥,系按桥梁的单孔跨径进行分类的。

# 7　汽车及人群荷载

**7.0.1**　《标准》03 版对汽车荷载分级、组成做出了规定,采用了国外普遍采用的由车道荷载和车辆荷载组成的模式,从十年来的应用情况看,基本上能适应我国公路建设发展的需要。本条修订基本内容维持不变,仅做表述方式的修改。

**7.0.2**　本条修订涉及两方面的内容:①提高二级和四级公路荷载标准;②增加"对交通组成中重载交通比重较大的公路,宜采用与该公路交通组成相适应的汽车荷载模式进行结构整体和局部验算"。

(1)提高二级和四级公路荷载标准。

全国调研统计数据表明:68% 的单位认为应适当提高汽车荷载标准,63% 的单位在低等级公路建设中已提高了汽车荷载标准。

二级公路:由于我国已经逐步取消了二级公路的收费,部分重载车辆为降低运输成本转向二级公路,应适当提高二级公路的汽车荷载等级,调研成果和标准修订的相关支撑课题研究结论也支持这种观点。本条修订将二级公路桥涵的汽车荷载等级由"公路—Ⅱ级"提高为"公路—Ⅰ级",但二级公路作为集散公路且交通量小、重型车辆少时,其桥涵设计可采用公路—Ⅱ级荷载。

四级公路:取消了"四级公路重型车辆少时,其桥涵设计可采用公路—Ⅱ级车道荷载效应的 0.8 倍,车辆荷载效应可采用 0.7 倍"的规定。主要原因:①由于公路—Ⅱ级汽车荷载标准较低,有些四级公路和乡村道路虽然重型车辆较少,但其往往为进村的唯一通道,由于农村建设和经济发展的需要,也有较重的车辆通行。②四级公路桥涵工程规模小,桥涵比例一般很低,汽车荷载对公路总造价的影响相对较小,在公路—Ⅱ级荷载基础上再降低汽车荷载标准对工程总造价的影响极其有限。③实际应用中四级公路和乡村道路桥涵设计时往往直接套用公路—Ⅱ级的标准图或通用图,很少在公路—Ⅱ级汽车荷载标准的基础上再进行折减。

(2)增加"对交通组成中重载交通比重较大的公路,宜采用与该公路交通组成相适应的汽车荷载模式进行结构整体和局部验算"。

全国调研统计数据表明:考虑到大件运输车辆、交通量日益增大、堵车现状等因素,有 69% 的单位认为目前的汽车荷载种类偏于单一,有 94% 的单位提出应增列特殊荷载或验算荷载。

通过对发达国家汽车荷载模式的调研,发现在桥梁结构整体计算时,发达国家至少都采用两种以上的荷载模式进行计算,而我国结构整体验算仅有车道荷载1种模式,偏于单一。

我国幅员辽阔,交通组成复杂,东西南北各地经济发展不平衡,各条道路的功能和作用差异较大,重载交通量大的公路(如集装箱运输公路、煤炭等能源运输公路等)当载重车辆密集布置在桥梁上各个车道(如堵车状况)时,其产生的效应可能大于公路—Ⅰ级的效应。本次修订过程中采用有关部门的限载规定“2轴车20t、3轴车30t、4轴车40t、6轴车55t”等车辆对不同跨径的桥梁进行了对比计算,结果表明当桥梁上布置上述3轴或3轴以上的车辆时,其效应在部分跨径的桥梁上大于公路—Ⅰ级的荷载效应。基于这些原因,本条增加“对交通组成中重载交通比重较大的公路,宜采用与该公路交通组成相适应的汽车荷载模式进行结构整体和局部验算”的条文。

考虑到各条公路的功能不同,交通组成较为复杂,各地区差异较大,具体与公路交通组成相适应的汽车荷载的取值和模式可以根据公路的功能和交通组成的特点由项目或地方自行确定。

**7.0.3** 汽车荷载标准高低与国家的经济发展水平直接相关。我国从20世纪50年代至改革开放以前汽车荷载标准较低;改革开放以后,经济发展迅速,汽车荷载标准也由汽车—20级提高至汽车—超20级、挂车—120;至2004年调整为公路—Ⅰ级。2004年至今采用公路—Ⅰ级荷载,调研统计数据表明68%的单位认为应适当提高汽车荷载标准。

标准修订的支撑课题“公路桥梁荷载标准研究”、“桥梁设计荷载与安全鉴定荷载的研究”共获取了全国23个省、市、自治区的汽车荷载数据,涉及全国65个路段、2007~2011年共计72个时段的车辆4 277.6万组。为了解实际汽车荷载效应与规范规定的汽车荷载效应的适应程度,利用上述数据分别选取了简支梁、连续梁、拱三种结构类型,共计47种跨径组合的结构,进行了一般运行状态和密集运行状态车队荷载效应的计算。为了便于与《标准》03版汽车荷载效应进行对比,取无量纲参数 $K=S/S_K$ 作为汽车荷载效应的基本统计对象,其中 $S$ 为根据实测车队计算的效应值,$S_K$ 为根据《标准》03版公路—Ⅰ级汽车荷载标准值计算的效应值,效应比的大小即可反映实际汽车荷载效应与规范的适应程度,如图7-1所示。

图7-1显示,桥梁跨径小于10m时,53个测点中有51个测点超过了《标准》03版的效应;桥梁跨径大于50m时,仅4个测点超过了《标准》03版的效应,且这些测点均为超载问题比较严重的地区。这充分说明了当前小跨径桥梁实际运营的汽车荷载超越《标准》03版的汽车荷载标准的问题相对突出,而大跨径桥梁的实际运营汽车荷载与《标准》03版的汽车标准的适应性较好。

图7-2为2011年治超效果良好的7个测点 $K$ 值的95%分位值和跨径的关系,显示即使在治超严格的情况下,小跨径桥梁实际运营的汽车荷载效应依然超过《标准》03版的汽车荷载标准的效应,而大跨径桥梁的适应性较好。

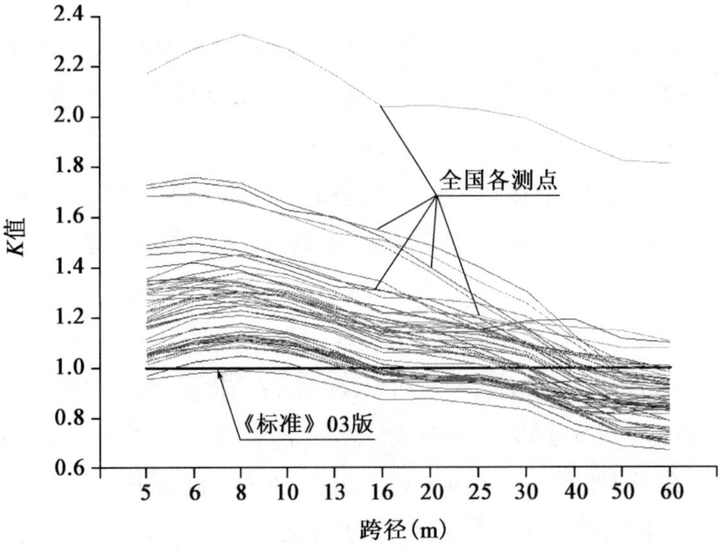


图 7-1　2011 年全国 53 个测点 $K$ 值的 95% 分位值与跨径的关系

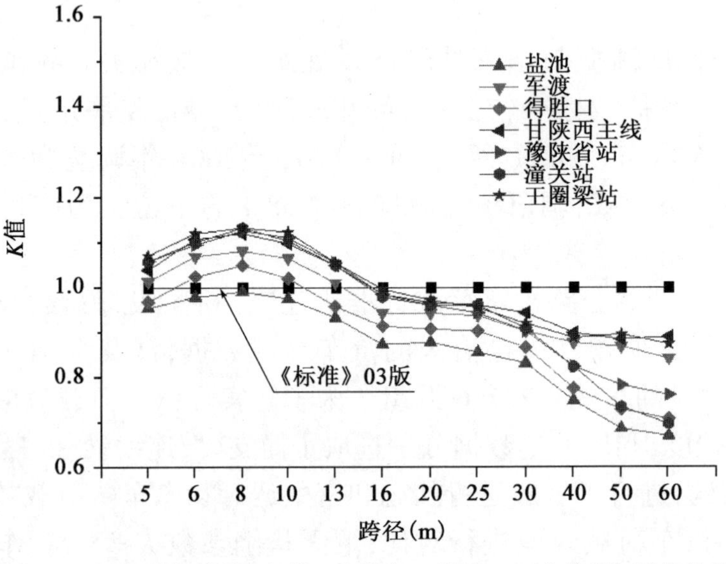


图 7-2　2011 年治超效果良好的 7 个测点 $K$ 值的 95% 分位值与跨径的关系

故本次修订对车道荷载中的集中荷载 $P_K$ 值进行调整,由《标准》03 版的 180 ~ 360kN 调整至 270 ~ 360kN。调整后的情况如图 7-3 所示。

**7.0.4**　车辆荷载用于桥梁结构局部分析计算和涵洞、桥台、挡土墙土压力等的分析计算,公路—I 级和公路—Ⅱ级汽车荷载采用相同的车辆荷载标准值。考虑到《标准》03 版颁布使用以来,车辆荷载能适应我国公路建设的需要,业内对此较为认可,故本次修订沿用《标准》03 版的规定,仍采用总重为 550kN 的车辆荷载。

**7.0.5**　汽车荷载的横向布置涉及荷载的横向分布系数的计算,由于历史的原因及其计算状况的复杂性,本次修订维持《标准》03 版的布置及其计算方法。

**7.0.6**　车辆实际行驶时,可能在行车道上,也可能在桥面的其他部位上,因此,要考虑桥面净宽内如何布载,使结构物获得最大荷载效应。

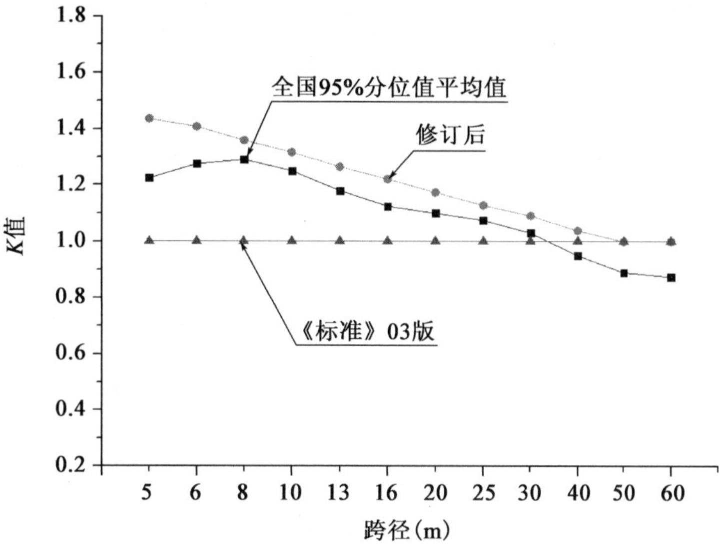

图 7-3　全国 K 值的 95% 分位值平均值与跨径的关系

布载宽度是为使桥梁获得最大荷载效应所作的规定,车辆实际行驶仍需要足够的行车道宽度。在确定横向布置车队时,两者均应考虑。在以往的桥梁设计中,常遇到这样的情况:单纯按标准横向布载的规定在桥面上布置车队数,而不考虑能使车辆正常行驶并使之保持一定行车速度所必需的行车道宽度。例如 9.75m 的桥面净宽,按布载宽度 3.10m(车厢宽 2.50m 加相邻车厢净距 0.6m)横向布载可布置 3 个车队,但按行车道宽度 3.50 ~3.75m的规定,要设置 3 个布载车道至少需要有 10.5m 桥面净宽才能保证车辆正常行驶。显然尽管按布载宽度 3.10m 在 9.75m 桥面净宽上可布置 3 行车队,但按行车条件的要求是不合理的。

桥梁横向布置车队数 $N$ 的规定,是以最小车道宽度 3.5m 控制的。当为单向行车道时,把 $3.5N$ 的桥面净宽作为其下限,$3.5(N+1)$ 作为上限,如采用 3 个布置车队数,则桥面净宽必须大于 $3.5\times3=10.5$m 而小于 $3.5\times4=14.0$m;当为双向行车道时,由于横向布置车队数必然为偶数,所以其下限仍然为 $3.5N$,而上限则为 $3.5(N+2)$,如采用两个布置车队,其桥面净宽的下限为 $3.5\times2=7.0$m,而上限为 $3.5\times4=14.0$m。对于四级公路,存在桥面净宽小于 7m 的双车道公路桥涵,故将双向行驶的两个设计车道数的桥面净宽的下限调整至 6m。

随着桥梁横向布置车队列数的增加,各车道内同时出现最大荷载的概率减少。因此,可从概率理论推导出汽车荷载横向布载时横向车道布载系数的计算公式,并结合我国实际情况提出相应的规定值。本标准中两车道及两车道以上的横向车道布载系数仍维持了《标准》03 版的规定,同时增列了单车道的横向车道布载系数。

从汽车荷载各车道横向分布的概率分析,单车道的横向车道布载系数应该比两车道大。如表 7.0.6-2 中两车道的横向车道布载系数为 1.0,3 车道为 0.78,4 车道为 0.67,那么单车道时的横向车道布载系数应该大于 1。

调研发现:英国、法国、美国、日本等国家均采用不同的方法对单车道汽车荷载进行了适当提高,表 7-1 为美国规范(AASHTO LRFD 2007)车道布载系数,表 7-2 为法国规范(CPC61-Ⅱ)车道布载系数。

**表7-1　美国规范(AASHTO LRFD 2007)车道布载系数**

| 加载车道数 | 1 | 2 | 3 | >3 |
| --- | --- | --- | --- | --- |
| 车道布载系数 | 1.20 | 1.00 | 0.85 | 0.65 |

**表7-2　法国规范(CPC61-Ⅱ)车道布载系数**

| 加载车道数 | 1 | 2 | 3 | 4 | 5 |
| --- | --- | --- | --- | --- | --- |
| 车道布载系数 | 1.20 | 1.10 | 0.95 | 0.8 | 0.7 |

日本规范(道路桥示方书—2012)中没有提出明确的多车道布载系数,但由于主荷重是从荷重的2倍,实际上也提高了单车道的荷载效应。

英国规范(BS 5400—2:2006)中没有提出明确的多车道布载系数,但其一个车道可以加载较重的HB荷载的模式实际上也提高了单车道的荷载效应。

经过研究和分析,本次修订单车道的车道布载系数采用1.2。

**7.0.7**　利用在4条国道干线公路上连续测得的汽车荷载参数,考虑特大跨径桥梁的受荷特点及我国现行标准车辆荷载的状况,将整理得到的车队荷载作为样本,通过计算机程序计算其在各种跨径(侧重于大跨径)的各类桥梁上的效应,并对这些效应进行了统计分析。

根据可靠度理论,可将通过桥梁的汽车荷载作为随机过程来处理,设计基准期取100年,以随机过程的截口分布为基础,求得设计基准期内的最大值分布。取最大值概率分布的95%分位值,得到随跨径变化的效应曲线,经线形回归得到汽车荷载纵向折减系数的计算公式:

$$\alpha = 0.97913 - 4.7185 \times 10^{-5} L_0 \tag{7-1}$$

式中:$\alpha$——汽车荷载纵向折减系数;

$L_0$——桥梁计算跨径。

该曲线随$L_0$的增大递减率较平缓,为方便使用,提出简化规定值。

纵向折减系数从桥梁计算跨径$L_0>150$m起算,也就是特大桥(单孔跨径)才考虑折减。

**7.0.8**　通过大量的实际调查和对人群荷载随机过程概率模型的数理统计分析,得到了人群荷载随机过程的任意时点的分布和设计基准期内的最大值分布以及人群荷载的代表值。当取设计基准期内最大值分布的95%分位值时,人群荷载的标准值为3.0kN/m²。

各国规范关于人群荷载的表达,有的以结构跨径作为指标,也有的以加载长度作为指标,实际上两种表达方式各有利弊。本标准以结构跨径作为指标,人群荷载的标准值随结构跨径增大而予以折减,其低限值为2.5kN/m²。当桥梁单孔跨径小于50m,人群荷载标准值不折减时,取3.0kN/m²;桥梁单孔跨径大于或等于150m的特大桥,人群荷载取其低限值2.5kN/m²;桥梁跨径居于50～150m之间的大桥,人群荷载随结构跨径的增加而线性递减。

考虑到与《标准》03版的衔接,人群密集地区的公路桥梁一般情况下取人群荷载标准值的1.15倍;专用人行桥,人群荷载的标准值取3.5kN/m²,这相当于设计基准期内最大值分布的98%分位值。

# 8 隧道

**8.0.1** 一般规定

近十年来,全国各地在隧道建设与运营过程中积累了大量的经验,并取得了显著的技术进步。本次修订借鉴、吸收国内外相关科研成果以及建设与运营经验,增加了隧道耐久、节能、隧道路面抗滑性能以及联络通道设置等规定,保障隧道建设与运营安全。

1 从长期运营来看,若对隧道进行频繁的维修、拆除与重建都会带来巨大的经济损失和社会影响,为此隧道设计需按全寿命周期考虑,满足安全、耐久、经济、节能、环保等要求,既要保证隧道结构与运营安全,使隧道结构与所处地质环境相适应,也要考虑施工方法的选择,方便运营管理与养护需要,满足隧道长期运营需要,同时还需避免因隧道建设导致隧址区生态环境恶化,如当隧道排水可能对附近生态环境产生较大影响时,隧道防排水设计需按照“以堵为主,限量排放”的原则,保护生态环境。

对于临近城市地区的隧道及水下隧道设计还要满足城市总体规划、路网规划、航道规划、岸线规划、交通功能的要求,并妥善处理与市政公用设施和城市轨道交通等的关系。

2 隧道位置的选择,直接影响着隧道的建设规模、结构设计、施工和工程投资,以及竣工后的运营安全和养护管理、运营成本,因此,隧道所在区域的地质勘察工作必须深入和细致,力求全面、准确。对于水下隧道还需掌握水域区段的水文条件、防洪标准、航道航运要求、水下地形、水下障碍物、河势演变分析等资料。

3 隧道高程及轴线的确定对控制建设规模至关重要。山岭隧道,对于越岭段需对不同的高程、纵坡、展线方式进行综合比选,沿沟(溪)线需对长隧道方案和隧道群方案进行比选。水下隧道,当采用盾构法修建时,其顶部覆土厚度、平行或交叉隧道的间距,需根据地质条件、埋置深度、结构安全、盾构性能、施工工艺等综合研究确定;当采用沉管法修建时,一般浅埋在规划航道及水域预测最深冲刷线以下。

4 是否采用隧道方案需结合社会、经济、地质、环保、工程造价等因素进行比选。一般当路基中心线处挖深达到30m时,需进行深挖与隧道方案的比较,比选不仅要考虑建设成本和建设难度,还要考虑建成以后车辆的行驶安全、行驶费用,环境保护以及运营管理和养护维修的费用。

“生态环境脆弱的地带或可能因施工造成生态环境难以恢复的地段”是指自然植被一旦被破坏,恢复困难或几乎不可能恢复的地段。对这些地区,需强调方案选择时环保因素优先的原则。

5 公路隧道交通事故发生频率较高,且集中于洞口段,其中,隧道内路面抗滑性能差、洞内外路面抗滑性能差异是一个重要诱因,为此提出了路面需具备足够抗滑性能的要求。当采用沥青混凝土复合式路面时,高速公路、一级公路交工验收时其表面层抗滑性能技术指标要求如表8-1;当采用水泥混凝土路面时,其表面构造深度要求如表8-2。洞内、外衔接路段是指紧邻洞口的洞外以及洞内相接、具有一定长度的路段。由于洞内外行驶环境的差异以及明暗适应的影响,驾驶员往往会在洞口段采取减速、加速等操作,若洞内、外路面抗滑性能差异大,车辆容易打滑,诱发交通事故,故提出了洞内、外衔接路段路面抗滑性能基本相同的规定。

**表8-1　沥青路面面层抗滑技术指标**

| 年平均降雨量(mm) | 交工检测指标值 | |
|---|---|---|
| | 横向力系数 *SFC*60 | 构造深度 *TD*(mm) |
| >1 000 | ≥54 | ≥0.55 |
| 500~1 000 | ≥50 | ≥0.50 |
| 250~500 | ≥45 | ≥0.45 |

注:1. 横向力系数 *SFC*60——横向力系数测试车在60km/h±1km/h车速下测得的横向力系数。
2. 路面宏观构造深度 *TD*(mm)——用铺砂法测定。

**表8-2　水泥混凝土路面面层表面构造深度要求**

| 公路等级 | 高速、一级公路 | 二、三、四级公路 |
|---|---|---|
| 构造深度(mm) | 0.8~1.2 | 0.6~1.1 |

注:特重交通、重交通及急弯、连续长、陡纵坡段应采用较大值。

**8.0.2**　《标准》03版隧道分类标准经过多年使用,已被广大设计、建设和管理人员所接受,仍对隧道建设与运营管理有指导意义,综合考虑公路隧道在勘测、设计、施工、养护和管理中的技术要求,本次修订对隧道分类未作调整。

**8.0.3**　1　公路隧道横断面由车道、左侧侧向宽度 $L_{左}$、右侧侧向宽度 $L_{右}$、检修道(或人行道或余宽)组成。左(右)侧侧向宽度为行车道左(右)侧标线内缘至左(右)侧最近行车障碍物间的距离,最近行车障碍物是指检修道或人行道或余宽的突起部位。

根据“公路隧道建筑限界指标研究”专题研究,隧道余宽的功能主要如下:一是发挥“护轮带”作用,防止车身凸出物刮擦隧道壁或交通工程设施;二是发挥“安全带”作用,提供富余量,保证行车安全;三是发挥“路缘石”作用,对偏驶车辆进行拦护,防止或减轻偏驶车辆对隧道墙壁及交通工程设施的冲撞和破坏,降低冲撞隧道壁对车辆自身的破坏;四是加宽了建筑限界与限高一致的顶部宽度,可减少车辆对侧壁的擦挂现象。结合余宽功能,当设置检修道或人行道时,余宽包含于检修道或人行道中;当不设置检修道或人行道时,单独设置,并凸出于路面。

本次修订将100km/h设计车速时隧道左侧侧向宽度调整为0.75m,主要是基于车速快车辆偏移量大,有利于洞内外路基衔接,且增加造价有限。

2　高速公路、一级公路隧道由于设计速度高,交通量大,且养护要求高,因此要求在隧道两侧设置检修道。检修道宽度需根据公路等级、隧道长度、洞内管线数量和布置需求等确定。连拱隧道由于结构的特殊性,其左侧可不设检修道或人行道,但需设置余宽。二、三级公路隧道为混合交通,因此建议设置人行道,其宽度视隧道所在地区的行人密度、隧道长度、交通量、洞内管线布设等因素而定，同时兼顾洞内设施的检查需求。四级公路隧道可根据隧道所处位置和功能要求，考虑是否设置人行道，当不设人行道时需设置余宽。

3　考虑单车道隧道的改建和通行能力、交通安全等问题，四级公路一般不修建单车道隧道。

4　紧急停车带主要是用来停放故障车辆、检修车辆、紧急情况下救援车辆和救援人员用以进行紧急救援活动等，故山岭特长、长隧道内不设硬路肩或硬路肩宽度小于2.5m时设置紧急停车带是必要的。但考虑到紧急停车带对不同车道数隧道的重要性以及建设难度有所不同，提出单洞两车道隧道应设置紧急停车带，单洞三车道隧道宜设置紧急停车带的规定，但当地质条件差、加宽后施工风险很大、造价增加很高时，经论证后单洞三车道隧道可不设置紧急停车带，但应完善交通工程与救援设施。紧急停车带的设置应以侧向宽度外侧为起始，向外加宽，避免对正常行驶车辆造成干扰。近年来我国长车数量越来越多，为适应长车停车需要，将停车带有效长度由30m提高为40m。

5　四车道高速公路、一级公路上的短隧道以及城市出入口的中、短隧道建筑限界与路基同宽有利于提高车辆通过隧道的通行能力，保障行车安全，利于紧急救援，故本次修订提出了隧道与路基同宽的规定。

**8.0.4**　1　影响隧道行车安全的重要因素是视距，采用曲线隧道方案时，需对停车视距进行验算，尽量避免采用需加宽的圆曲线半径和长大下坡接小半径平曲线隧道的平面组合方案，保证隧道前后路线线形协调与均衡。水下隧道受施工工法限制，盾构隧道一般采用不设超高的大半径平曲线，沉管隧道一般采用直线。

2　由于光线的剧烈变化以及横断面宽度、路面状况和行车环境的改变，隧道进出口是事故多发地段，因此，洞内一定距离与洞外一定距离保持线形一致是必要的。“3s行程线形一致”的规定自实施以来，其必要性和作用受到肯定。线形一致的理想线形是直线和圆曲线，但实践证明，在地形条件特别复杂的地段，若过分追求理想线形，往往造成工程规模和造价大幅增加，或为满足3s行程将线形指标降低，采用小半径的圆曲线，反而使行车安全性降低。因此，本次修订提出特殊困难地段(采用直线或圆曲线造成工程规模急剧增加或行车安全性降低)经技术经济论证后可在洞口段布设缓和曲线，但需避免急剧的方向改变，注重线形的均衡协调性，同时采取相应的交通工程措施，保障行车安全。

3　通常情况下，隧道与路基建筑限界宽度不同，断面的变化易诱发交通事故，形成通行瓶颈，影响通行能力和服务水平，因此需采取交通工程或土建工程过渡措施，来解决路基和洞内路面宽度的顺适过渡问题，如设置标志、标线、安全护栏、警示牌、信号等，使驾驶员能预知并逐渐适应驾驶环境的变化，避免车辆冲撞洞门墙、电缆槽。

4~5　参照国外相关标准以及国内科研成果与运营经验，隧道最大纵坡一般不大于3%，当受地形、地质条件等限制，高速公路、一级公路的中、短隧道最大纵坡可适当加大，但通常不大于4%。隧道拟采用大于3%的纵坡时，需根据公路等级、隧道长度，考虑隧道所在地区的气候、海拔、主要车辆类型和交通流组成、隧道运营管理水平、隧道内安全设施配备标准等因素，对纵坡值进行论证与交通安全评价后，再慎重使用。

**8.0.5**　在山区公路建设中,遇到一些相邻洞口纵向间距很近的隧道,对于这种情况,可视为隧道群。对于隧道群,一般认为包含两类隧道:一类是洞口距离很近,相互有明显影响的隧道;另一类则是洞口距离较远,但呈连续分布的隧道。本次修订主要针对前一类隧道群。

通常认为,确定隧道群的主要因素取决于驾驶员的视觉适应特性。隧道路段驾驶员视觉特性试验结果表明,洞口段驾驶员瞳孔直径快速变化,以适应洞内外环境亮度差异(典型明暗适应过程如图8-1所示)。一般暗适应起点位于洞外,即从进洞前一定距离开始驾驶员已进入暗适应阶段(瞳孔直径开始增大),时间为进洞前2~4s;明适应在洞外有一定延续(瞳孔直径持续减小),出洞后1~3s。为此,可将明暗适应时间作为隧道群界定指标,即上游隧道明适应洞外段(1~3s)+下游隧道暗适应洞外段(2~4s),综合取6s。在此长度范围内,驾驶员视觉变化大,容易造成视觉信息不连续,对行车安全产生不利影响。

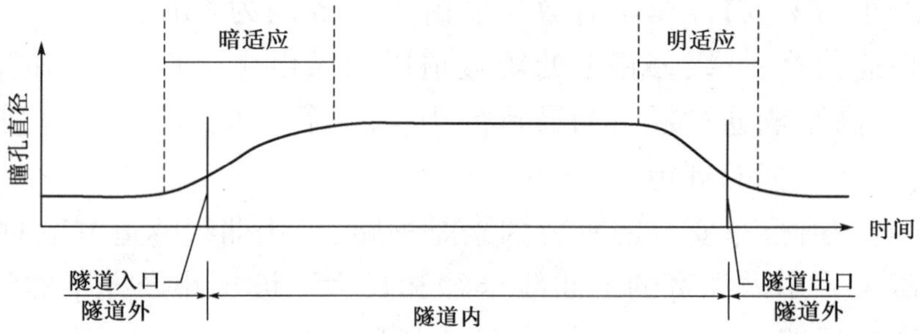


图8-1　公路隧道明暗适应过程示意图

在隧道群区段行车,较短的时间内频繁进出隧道,视线明暗变化以及行车环境的改变,对驾驶员的心理和生理均造成一定的影响;前一隧道行车出口排出的污染空气可能对后续隧道产生二次污染,并且山区自然环境条件较差,如雨雾多、冬季路面结冰等,造成洞内外环境差异大,存在一定的交通安全隐患;隧道群路段,往往桥隧相接,应急救援难度大。因此隧道群路段各隧道平纵线形、通风、照明、交通安全、运营管理以及防灾救灾等都不再是一个单独的体系,会对彼此产生不同程度的影响。

综上所述,本次修订提出洞口之间间距小于6s设计速度行程长度的相邻隧道,应系统考虑通风、照明、安全、管理等设施及防灾、救援等进行整体设计。考虑到驾驶员视觉明暗适应过程,根据需要可设置遮阳棚等光过渡措施,以降低明暗快速转换带来的不适感,避免发生交通事故。

**8.0.6**　1　交通工程及附属设施包括通风、照明、消防、通信与报警、交通监控、供配电、交通安全设施等,是实现隧道安全运营、达到服务水平的直接保障。配置的交通工程及附属设施不仅要满足隧道运营的需要,达到安全可靠、经济实用、节能环保的总体要求,还要与交通量与技术发展相适应,一次规划、设计,根据交通量发展情况分期实施。前期交通量较小时可前期配置、后期完善,以免设施规模偏大,造成设施闲置,同时也要考虑到有利于在发生事故或灾害时通过各类设施的协同联动使受损情况控制在最小范围内。

2　隧道洞口段由于断面突变易引发车辆冲撞洞门墙或电缆槽事故,为提高行车安全性,降低事故损失,提出需做好高速公路、一级公路隧道洞口两端连接过渡段的标志、标线、轮廓标及护栏的衔接过渡,必要时可在隧道入口设置防撞砂桶等防撞设施。

3 取消二级公路收费后,二级公路上的交通量尤其是大型车辆数量呈上升趋势。为保证交通安全,本次修订提出了根据需要在二级公路长隧道可设置监控设施的要求,以提高其运营管理水平。

5 公路隧道设置电光照明的目的是不间断地为驾驶员获得足够的视觉信息提供照明条件,防止因视觉信息不足而出现交通事故。结合目前隧道照明运营情况,本次修订调整了高速公路、一级公路隧道设置照明的起始长度。光学长隧道是指距洞口一个停车视距处,在道路中心线、离地面1.5m高位置不能完全看到出口的曲线隧道。

洞口段事故高发的主要诱因之一就是洞内外亮度显著差异而引起的视觉信息不足,因此,洞口段照明亮度的顺适过渡显得尤为重要。洞内外光线过渡,可采取设置人工强光过渡、设置光过渡建筑、洞外种植长青树木等措施。

6 通道包括人行横通道、车行横通道、平行通道、直接通向地面的横通道、洞外联络通道等,根据隧道土建设计以及救援需要进行配置。

7 隧道电力负荷通常根据供电可靠性和中断供电在社会、经济上所造成的损失或影响程度确定负荷等级。重要电力负荷包括:应急照明、电光标志、交通监控设施、通风及照明控制设施、紧急呼叫设施、火灾检测及报警控制设施、中央控制设施、消防水泵、基本照明、排烟风机等,其供电需可靠,故通常采用一级负荷,由两个独立电源供电。当一级负荷容量不大时,一般优先采用从邻近的电力系统取得第二低压电源,也可采用应急发电机组作为备用电源。对于隧道一级负荷中的关键负荷,如应急照明、电光标志、火灾检测与报警设施、监控系统电源等,除上述双重电源外,还要设置不间断电源装置(UPS)或应急电源装置(EPS)作为应急电源,并严禁将其他负荷接入应急供电系统。

**8.0.7** 隧道是封闭空间,救援难度大,为此要求遵循"预防为主、防消结合"的原则,制定隧道内发生交通或火灾事故的应急处理预案,包括交通组织、应急疏散、通风排烟、消防救援、监控系统的联动控制等内容,并定期进行应急演练,提高快速、有效处置以及逃生避险、自救互救能力,保证人员、车辆安全。

**8.0.8** 为满足日益增长的交通需求,保证公路的通行能力与服务水平,公路隧道改扩建问题愈来愈突出,本次修订对隧道改扩建做出了原则性规定。

1 改扩建方案直接影响着隧道施工和工程投资以及运营安全,因此,需结合工程具体条件,进行多方案技术经济比较,合理确定改扩建方案。在满足技术标准的前提下,充分利用既有工程及设施,减少改扩建工程量。

2 改扩建隧道标准通常按现行规范标准执行,但对利用既有隧道加固改造时,其建筑限界宽度一般会低于现行标准,若采用现行标准,必须对既有隧道进行扩挖、改建,工程量大、投资大、施工风险大。为降低施工风险、节省投资,提出隧道主体结构经过全面论证后可维持原技术标准。但隧道交通工程及附属设施需采用现行标准,加强交通安全保障与交通控制设施,并采取限速等措施,保障安全行车条件。

**8.0.9** 本次修订结合公路功能与重要性,以重视结构的长期耐久为导向,参照《混凝土结构耐久性设计规范》(GB/T 50476)的规定,同时考虑低等级公路隧道建设成本,对公路隧道设计使用年限做出了规定,以满足隧道结构长期稳定与正常运营需要。

# 9　路线交叉

## 9.1　公路与公路平面交叉

**9.1.1**　平面交叉是公路路网中的节点,其位置和形式的选定直接影响路网整体效益的发挥以及交通安全,因此平面交叉的选址和选型必须综合考虑各种相关因素,同时应体现安全第一的原则,保证相交公路的线形指标等平面交叉各组成要素都能满足其安全要求。

**9.1.2**　从调查研究中了解到,目前国内公路平面交叉的交通管理尚未得到充分重视,除信号交叉以外,许多用路者对其他交通管理方式及其规则尚不熟悉,导致平面交叉的交通状况较为混乱。因此,应对平面交叉的交通管理引起重视并在设计中明确其管理方式。一般来讲,当被交公路等级较低,交通量较小或相交公路中有一条为干线公路时,应考虑采用主路优先交叉;当各相交公路的功能和等级相同,交通量或行人数量很大时,可采用信号交叉;同时,信号交叉设置还应考虑交叉位置区域的电信设施条件;无优先交叉一般仅用于相交公路的等级很低、交通量不大的情况。

**9.1.3**　平面交叉处相交公路的交叉角度一般应采用正交或接近直角,当受条件限制不得已采用斜交方式时,交叉角度应大于 45°。为保证平面交叉范围内的交通秩序和通行效率,同一地点的平面交叉岔数不应超过 5 条,一般应以三路和四路交叉为主。

**9.1.4**　从安全角度考虑,相交公路在平面交叉范围内应该有良好的线形和视距,因此其设计速度一般不得任意降低。当相交公路的等级和交通量相近时,其交通管理方式可能采用信号交叉或无优先交叉,此时主线的设计速度可适当降低。当为主路优先交叉时,次路的设计速度也可适当降低。

平面交叉内右转弯车道的设计速度过大,将难以保证相应的超高及其过渡段,同时也会明显增加用地面积;左转弯车道的设计速度过大,将会扩大交叉冲突面积,增加出现事故的概率。因此对右转弯和左转弯车道的设计速度应予控制。

**9.1.5**　根据各国研究,平交口是各类公路交通事故相对集中的区域。平交口数量越多、间距越小,对主线运行速度和安全的影响越大。本标准要求有条件时,应采取上游支路合并、加设辅道、合并部分平交口和增设立交等方式,减少二级及二级以上公路平交口的数量,加大平交口间距。

一级公路具有两种功能,但都允许设置平面交叉。为了优先保证承担干线功能的一级公路通畅,提高其运行速度和安全,应严格限制其平面交叉数量,严格控制出入,可采取合并、设置辅道等措施尽量加大平面交叉的间距;一级公路作为集散公路时,其平面交叉必须配以齐全、完善的交通安全设施。对于二级公路,可参考以上要求和原则进行设计。

**9.1.6~9.1.7** 由于我国人口密集地区乡村道路直接接入公路的现象较多,而此类交叉通常不具备平面交叉的安全条件,对公路交通安全产生了很大影响,因此,本次修订明确界定本标准中所述及的“平面交叉”一般系指等级公路间的平面交叉。而等级公路间的平面交叉(口)应进行平面交叉设计,并符合相关安全设计和指标要求。

平面交叉的渠化是提高安全性和通行能力的有效手段之一,对渠化的设置要求主要根据相交公路的功能和交通量而定。随着交通量的增长,非渠化交叉已难以适应,本标准要求三级及三级以上公路平面交叉均应做渠化设计,并实施渠化工程。与原标准要求相比较,扩大了要求实施渠化的对应技术等级范围。而对于三级公路而言,渠化工程主要是通过标线等方式实现,因此一般不会由此对工程建设和维养造成较大的费用影响。

平交口范围内的通视三角区停车视距是保证平交口设计安全性的关键要素。鉴于目前我国公路忽视平交口设计和安全检验的现状,本次修订要求各级公路的平交范围内应进行视线三角区停车视距检验。各类平交口范围内,无论是交通工程、路侧安全设施,还是行道树、乔灌木等绿化工程,均应消除对三角区视线遮挡的现象。

## 9.2 公路与公路立体交叉

**9.2.1** 互通式立体交叉和分离式立体交叉同属公路与公路立体交叉的两种不同形式,为便于理解和分类,本次修订把原互通式立体交叉和分离式立体交叉两节合并一节进行说明,并对设置互通式立交以及分离式立交的条件进行了梳理归并,把部分与设计关联紧密的条文移至相关专业规范中。本条重点说明几种设置立体交叉的条件。

1 高速公路是完全控制出入的公路,因其交通组织方式和安全性要求,不允许设置平面交叉,因而高速公路与各级公路交叉,均必须采用立体交叉。

2 尽管一级公路允许设置平面交叉,但当其与交通量大的公路交叉时,为提高一级公路主线和交叉处的通行能力,应采用立体交叉。

3 当二、三、四级公路之间相互交叉时,如交叉处各线的交通量以直行交通量为主,转向交通量很小时,宜视条件选用立体交叉。

**9.2.2** 本条是在第9.2.1条设置立体交叉条件的基础上,进一步说明设置互通式立体交叉的条件。本条文主要根据“公路与公路交叉技术标准”专题研究成果修订。

选定互通式立体交叉的位置要考虑的主要因素首先是路网分布与路网系统的主要节点,即主线与沿线主要公路的相交点和与主要交通发生源连接线的相交点。其次是主线和被交叉公路条件,要求交叉范围内的主线技术指标,如出入口端部的视距和主线横坡等,能提供安全的分合流条件并能与匝道顺适连接;被交叉公路则应具有与互通式立体交叉出入交通量相适应的通行能力,并能为交通发生源提供近便的连接。此外,还应考虑地质和地形条件,以及用地、文物、规划、景观和环保等社会和环境因素。

高速公路设置互通式立体交叉的条件主要是交通条件和社会需求。一是在其影响区域内有适量的交通发生源;二是其附近有重要的政治、经济中心或交通集散地。专题研究结果表明,交通发生源的大小可以间接用影响区域内人口数、GDP 和客货运量等来衡量,其中人口数是一个最主要的指标。根据国内统计资料,一座互通式立体交叉直接影响区域内的人口在 4.5 万 ~10 万人之间。而当社会因素成为设置互通式立体交叉的主要条件时,交通量的大小可能不是控制因素,但也应有一定的数量,以保证其具有基本的综合效益。本条文提出的互通式立体交叉设置条件,是指在这些情况下首先要考虑的设置地点,最终的设置还要综合考虑沿线交通流的组织和互通式立体交叉的合理间距等。

一级公路设置互通式立体交叉的条件除交通条件和社会需求外,当综合效益与修建平面交叉相当或更好时,亦应考虑设置互通式立体交叉。在设置条件的掌握上,当一级公路作为干线公路时,只要满足规定的条件就应设置互通式立体交叉,以减少横向干扰;当一级公路作为集散公路时,如果交通条件允许且平面交叉的间距满足规定要求,互通式立体交叉的设置亦可适当从严掌握。

**9.2.3**　本条在第 9.2.1 和 9.2.2 条的前提下,说明设置分离式立体交叉的条件。

高速公路除互通式立体交叉外,其余交叉必须设置分离式立体交叉。

一级公路设置分离式立体交叉的条件主要是交通条件,即主要取决于平面交叉是否能处理来自于各向的交通量。当一级公路作为干线公路时,应优先保证主线直行交通的通行。由于分离式立体交叉不能提供交通转换的条件,因此该交叉的交通转换需求应该是可以忽略的,否则应通过其他措施将转弯交通引至其他平面交叉或互通式立体交叉。

**9.2.4**　本条对互通式立体交叉形式间距、匝道设计速度和匝道车道数确定等做出规定。

互通式立体交叉按照功能分为枢纽互通式立体交叉和一般互通式立体交叉。枢纽互通式立体交叉主要指高速公路相互交叉的互通式立体交叉。枢纽互通式立体交叉,要求匝道能尽量为自由流提供条件,交叉范围内的各向交通流无交叉冲突。一般互通式立体交叉则主要指高速公路或一级公路与双车道公路相交叉的互通式立体交叉。当高速公路与一级公路、一级公路与一级公路相交叉时,一般亦为枢纽互通式立体交叉。如果因为设置收费站等而采用的是一般互通式立体交叉形式,也应归为一般互通式立体交叉。

在拟定互通式立体交叉的形式时,交叉公路的功能、总出入交通量、收费制式以及是否合并设置收费设施等决定了互通式立体交叉的基本类型。地形、地质、用地规划和施工期间维持临时通车等现场条件、直行和转弯交通量的分布以及是否需分期修建等决定了匝道的具体布局。同时,还要考虑其安全、环境和经济等因素。

1　互通式立交的最小间距

专题研究成果表明,高速公路的安全和运营性能在很大程度上取决于互通式立体交叉的间距。一方面,在高速公路交通事故中,有很大一部分发生在互通式立体交叉范围内,特别是进出口匝道和变速车道范围内。如果互通式立体交叉的间距过小,事故率的增大是显而易见的;另一方面,如果过分强调加大互通式立体交叉的间距,又会使高速公路与当地路网难以有机联结,从而影响高速公路的骨架作用和路网整体效益的发挥。因此,在互通式立体交叉的规划和设计中,间距的控制十分重要。

互通式立体交叉的最小间距是保证交通安全的一项控制性指标。研究结果表明,当相邻互通式立体交叉间的距离超过设置3个出口预告标志所要求的距离时,间距的大小对安全几乎没有明显的影响,因此最小间距的确定主要取决于标志设置的需要,即最小间距等于两互通式立体交叉相邻侧的构造长度加上标志设置所需要的距离。在确定枢纽互通式立体交叉和一般互通式立体交叉的平均构造长度时,统计分析了国内153座互通式立体交叉的资料,同时对比分析了大量的立交模型,再经综合分析后取值。最后计算得出的互通式立体交叉一般最小间距为3.9km,标准中取值4.0km,即规定相邻互通式立体交叉的间距不宜小于4km。此值与德国、日本等国的规定值相近或相同。且要求对于路网密集地区,有条件时应尽量加大互通式立交间距。

当间距达不到一般最小间距的要求时,即使在相邻互通式立体交叉之间增设辅助车道,也会因频繁的交通合流与分流等导致运营问题和事故率的增加,因此小于一般最小间距的方案不得轻易采用。

若因交通需要和受条件限制必须设置近距离的互通式立体交叉时,应经技术经济论证并有切实可行的安全保证措施时,本标准规定互通式立体交叉的最小间距应以相邻互通式立体交叉之间的净距离(即上一互通式立体交叉加速车道终点至下一互通式立体交叉减速车道起点之间的距离)进行控制。该净距离的确定主要取决于维持相邻互通式立体交叉间交通流稳定的需要。专题研究结果表明,车辆从减速车道起点开始对上游主线直行交通的影响长度约为600m。从加速车道终点开始对下游主线直行交通的影响长度约为500m。再结合最少设置两个出口预告标志所需要的距离等因素考虑,规定两相邻互通式立体交叉之间的净距离最少为1 000m。对于按照此要求进行间距实际控制的互通式立交区域,本次修订增加要求:应进行交通工程设施专项设计,应设置完善、醒目的标志、标线和警示、诱导设施,最大限度消除互通式立交区域分、合流交通流交织而可能产生的行车安全问题。

在特殊情况下,如果净距离小于1 000m 的规定值,则应设置成复合式的互通式立体交叉,以辅助车道或集散道路将两互通式立体交叉直接连接,或将两座互通式立体交叉合并为一座进行设计。无论哪种方案,辅助车道、集散道路或交织段均应确保交通交织所需要的最小长度,并应尽可能合并出入口。

2 互通式立交的最大间距

互通式立体交叉的最大间距是为满足管理、维修和错过出口车辆折返的需要。在人烟稀少地区,当在规定的最大距离范围内确无必要设置互通式立体交叉时,应在适当的位置设置专供汽车掉头用的U形转弯车道。在设置转弯设施时,应尽量利用主线桥孔和服务设施等。

在规划高速公路互通式立体交叉时,尚应注意互通式立体交叉的合理密度。合理的互通式立体交叉密度,既可以充分发挥高速公路的效益,同时又能保证高速公路的车流保持相对稳定的状态。互通式立体交叉的密度与高速公路影响区域内的交通需求有关,其衡量指标主要是平均间距。专题研究在统计了国内155条段高速公路互通式立体交叉平均间距的基础上,提出了在规划阶段可供参考的范围,即高速公路互通式立体交叉的平均间距在一般地区为15~25km,在大城市周围和主要工业区为5~10km。

3　互通式立交与相关设施间的距离

互通式立体交叉与服务区、停车区、客运汽车停靠站和隧道等其他重要设施相邻时，控制其最小间距时所考虑的因素仍为满足标志设置的需要和维持其间交通流稳定的需要等。

4　互通式立交的匝道设计速度

匝道设计速度是指匝道基本路段的设计速度，应结合主线设计速度、互通式立交功能、类型和匝道的形式论证确定。匝道设计速度确定，概括起来讲一般有两种方法：一种是根据互通式立体交叉的类型和匝道形式取值；另一种是根据主线的设计车速取值。前者是国外最常用的方法。本次修订依据专题研究成果并综合了国内外经验，根据互通式立体交叉类别和匝道形式提供了匝道设计车速的取值范围，在实际使用中尚应结合主线设计速度予以确定。

5　互通式立交匝道的车道数确定

匝道车道数除主要依据交通量来确定外，还应考虑匝道的长度。对于较长的单车道匝道，应考虑为快速车辆提供超车的条件，必要时可增加至两条车道。

**9.2.5**　在进行分离式立体交叉跨线桥布孔时，往往仅注意到了跨路的需要，当被跨公路位于曲线段时，仅满足桥下公路宽度的要求就有可能造成视距的不足。因此，从安全出发，本标准将视距等要求提到了与建筑限界的要求同等重要的地位。

## 9.3　公路与铁路相交叉

**9.3.1～9.3.2**　设置公路与铁路立体交叉是消除平交道口安全隐患的主要途径，因而铁路与公路交叉应优先考虑设置立体交叉。

高速公路为控制出入公路，一级公路为根据需要控制出入的公路，与铁路交叉时必须设置立体交叉。

路段旅客列车设计速度140km/h的地段，列车速度高、密度大，若设平面交叉安全性很差，因此同公路交叉亦必须设置立体交叉。本条修订增加了“高速铁路”的内容。

**9.3.5**　公路、铁路平面相交时，应以正交或接近正交为宜。当必须斜交时，交叉角应大于45°，以缩短道口的长度与宽度，避免小型机动车和非机动车的车轮陷入铁轨轮缘槽内。

汽车驾驶者侧向最小瞭望视距是指汽车驾驶者在距道口相当于该级公路停车视距并不小于50m处，应能看到两侧铁路上火车的范围。火车司机相对应的最小瞭望视距如表9-1。

**表9-1　最小瞭望视距**

| 路段旅客列车设计行车速度(km/h) | 火车司机最小瞭望视距(m) | 汽车驾驶员侧向最小瞭望视距(m) |
|---|---|---|
| 140 | 1 200 | 470 |
| 120 | 900 | 400 |
| 100 | 850 | 340 |
| 80 | 850 | 270 |

## 9.4 公路与乡村道路相交叉

**9.4.1** 公路与乡村道路交叉,一方面影响公路沿线群众生产和生活的便利性,另一方面也直接关系到公路行车安全和沿线群众的生命财产安全。由于我国部分人口密集地区乡村道路直接随意接入公路的现象较为普遍、对公路交通安全影响大,因此,应限制乡村道路随意接入公路的现象,有条件时应尽量结合规划,对乡村道路和农业机耕道进行适当调整和归并。

**9.4.2** 各级公路、乡村道路交叉时,选择交叉方式的原则为:高速公路与乡村道路交叉,必须采用分离式立体交叉。一级公路与乡村道路交叉时,若一级公路作为集散公路,一般采用平面交叉,也可利用辅道合并交叉数量,必要时设置分离式立体交叉,其目的是控制平面交叉的数量和间距,尽量减少横向干扰,增强行车安全和提高道路通行能力;若一级公路作为干线公路,应根据需要严格控制出入,设置分离式立体交叉。二、三、四级公路与乡村道路交叉时,一般采用平面交叉。乡村道路与等级公路平面交叉时,应对其前后一定范围进行改造,使其不低于四级公路标准。

**9.4.3** 本标准规定的各类通道的净高、净宽要求均为适用一般情况下的低限值。具体项目中宜根据通道功能和实际通行交通特征,在调查分析的基础上确定合理的净高和净宽值。

## 9.5 公路与管线等相交叉

**9.5.1~9.5.5** 本节条文修订依据2011年7月1日起执行的《公路安全保护条例》(中华人民共和国国务院令,第593号)的规定。同时,修订参考了最新的相关行业标准、规范,如:《1 000kV架空输电线路设计规范》(GB 50665—2011)、《110kV~750kV架空输电线路设计规范》(GB 50545—2010)、《±800kV直流架空输电线路设计规范》(GB 50790—2013)、《油气输送管道穿越工程设计规范》(GB 50423—2007)、《输气管道工程设计规范》(GB 50251—2003)、《输油管道工程设计规范》(GB 50253—2003)等,对原条文规定值进行了核对和补充。

## 9.6 动物通道

**9.6.1~9.6.2** 本条从公路沿线生态环境保护的角度,对公路动物通道和放牧便道等做出了要求。公路在可能阻碍野生动物正常迁徙通道时,应考虑设置合理的动物迁徙通道。同时,应考虑沿线群众生产、放牧等需要,设置必要的便道和牧道。

# 10　交通工程及沿线设施

## 10.1　一般规定

**10.1.1**　交通工程及沿线设施是公路的重要组成部分。其建设规模与技术标准对于发挥公路功能、保障行车安全、提高服务水平和通行能力都有非常重要的作用,要求根据公路网规划、公路的功能、等级、交通量、运营条件等综合论证确定。这里的综合论证是指要在考虑技术、经济、环境等条件的同时还要结合我国公路的建设经验进行综合论证,能够准确反映我国公路建设的实践经验,可操作性强,同时适应我国东西部地区不同经济水平的发展需求。

**10.1.2**　交通工程总体设计是公路工程总体设计的重要组成部分。强调交通工程及沿线设施与公路主体工程总体设计的协调一致,要求各种设施之间应相互匹配、协调统一、互为补充,使其布局和方案合理,并与主体工程有机衔接,发挥公路整体效益。

**10.1.3**　由于交通工程及沿线设施是保障行车安全、提升服务水平、提高通行能力、强化管理的必要设施,是公路现代化、智能化的重要标志,应在总结我国公路特别是高速公路,在交通安全、服务、管理等设施建设运营维护等方面的经验与教训的基础上,充分吸收国外先进技术,并保持相对的延续性、先进性、前瞻性,按照"保障安全、提供服务、利于管理"的原则进行设计。

**10.1.4**　公路交通工程及沿线设施由交通安全设施、服务设施和管理设施组成,这些设施应按统筹规划、总体设计的原则配置,其最重要的是做好前期的总体规划设计,确定系统的设置规模,一次性征用土地和实施基础工程、地下管线及预留预埋工程等,依据技术发展和交通量增长情况等分期配置设备,逐步补充完善,最终形成系统规模。

## 10.2　交通安全设施

**10.2.3**　理想的公路条件、交通条件、环境条件是保证交通安全出行的三大因素,公路交通标志的设置反映了上述条件的真实信息。公路交通标志是以不熟悉周边路网体系但对行驶路线有一定规划的公路使用者为对象,综合考虑周边路网与公路技术等级、交通量、交通组成、设计速度、气象和环境条件等因素,根据公路的功能、驾驶员的行为特征和交通标志的类型,合理设置。

交通标志的信息内容根据行动点的距离需要逐级转递,通过重复设置或连续设置的方式加强公路使用者对信息的认知。如互通式立交出入口指引系列标志信息通过逐级指引,具备一定的连续性。同一位置的标志信息内容,信息量太大,会影响辨认效果和行车安全,所以内容需要甄选,为正常速度行驶的公路使用者提供容易识别和理解的信息。

调研中,关于平面交叉口的安全问题,各地反映比较强烈,主要是认为平面交叉口的物理渠化和安全设施设置不够完善,无信号设置,路权优先指示(停车让行标志、减速让行标志)不明确或者缺乏等。因此,平面交叉口的标志要结合平面交叉口的交通渠化,考虑相交公路的路权分配和地点名称信息,设置完整的警告、禁令、指示、指路标志和必要信号灯、警示灯等设施。

标志视认性主要是指标志文字及符号的可见性和易读性,就版面内容而言,包括了字体、高宽比、笔画粗细、字频、间隔、行距、符号的轮廓大小等。因此交通标志一般设置在车辆行驶方向驾驶员最容易看到的位置,如设置在行车方向右侧、左侧和行车道上方。不同标志设置时要协调前后标志之间的位置,避免相互遮挡。标志设置路段有监控设施、照明设施时,也要协调相互位置,避免被遮挡。多车道公路标志设置时,还要考虑内侧车道被外侧车道大型车辆遮挡的情况,在行车道内侧或上方采用门架式的支撑结构增设必要的标志。

**10.2.4** 1~3 公路路侧净区的宽度与公路的交通量、运行速度、平曲线半径和路基边坡坡度有关。公路路侧净区的宽度不满足安全要求,净区范围内有无法移除的障碍物时,应按护栏设置原则确定是否设置护栏。《公路护栏安全性能评价标准》(JTG B05-01—2013)将护栏的防护等级分为八级。各等级公路进行公路护栏的设计时需根据路侧危险程度选择相应的防护等级。当路线采用最小值或低限的技术指标时,完善安全及防护设施。在急弯、陡坡、连续下坡、视距不良、路侧险要、桥梁、高路堤、悬崖、深谷、深沟、江河湖泊等路段,结合路侧安全净区情况设置相应防护等级护栏。

4 为防止车辆穿越中央分隔带闯入对向车道,减少二次事故,需要设置中央分隔带护栏。调研中部分省份对于小于12m的中央带,采取低于主线的路基形式,并采用铺设沙砾、植草树等缓冲设施,使车辆驶入后能陷入、阻挡并停驶。如果这种方式经论证、实验后能够满足阻止车辆越过中央分隔带驶向对向车道时,也可以采用。

6 经调研,中央分隔带开口处的活动护栏、不同等级和形式的护栏过渡段以及护栏的端头部位的事故率较高,主要是因为这些路段的防护等级不能满足一定的防撞要求。

**10.2.5** 视线诱导设施可分为轮廓标、分合流诱导标、线形诱导标三种。轮廓标以指示公路线形轮廓为主要目标,诱导驾驶员视线,使行车更安全、舒适。轮廓标设置于一般路边。隧道内一般设置在隧道壁和检修道顶部。

**10.2.6** 高速公路和需要控制出入的一级公路,专供汽车行驶且车速较高,为防止行人、牲畜误入公路,保证行车安全,需要设置隔离栅禁行封闭,禁止行人、牲畜进入这些公路。天然屏障指公路路侧遇到水渠、池塘、湖泊等天然阻隔或桥梁、隧道等。针对不同方式做出专门的端头围封。

**10.2.7** 防落网包括防落物网和防落石网。防落石网设置时应根据路堑边坡的地质条件和土体、岩石的稳定性,经计算在公路建筑限界内有可能落石并影响安全的路段设置。

**10.2.8** 防眩设施主要包括防眩板、防眩网和植树防眩三种形式。设有中央分隔带的公路,夜间交通量较大,行车产生眩光影响对向车道行车时,设置防眩设施可对眩光产生遮挡,提高行车安全和舒适性。

一级公路平面交叉口位置设置防眩设施时,容易对转向车辆产生遮挡,导致交叉口的视距不良,因此该处的中央分隔带开口两侧防眩设施的高度可在两侧一定范围内逐步降低,对于设计速度大于或等于 80km/h 时采用 100m 长度,设计速度 60km/h 时采用 60m 长度,防眩设施由正常高度降至开口处的 0 高度。

**10.2.11** 防风栅一般设在公路上路侧横风与公路轴线交角大于 30°,且设计速度大于或等于 80km/h 的公路上常年存在风力大于七级路段,或者设计速度小于 80km/h 的公路上常年存在风力大于八级的路段。

防雪栅一般设在风雪量较大且持续时间长、风向变化不大的路段。积雪标杆一般设在降雪量较大且持续时间长,而且积雪覆盖行车道的公路路段。

## 10.3 服务设施

**10.3.1 ~ 10.3.2** 服务设施是公路交通运输体系的基本组成部分,是体现公路交通文化的窗口。服务设施应依据路网规划、公路服务水平和交通量的增长情况,全省或区域内总体规划,区分功能和规模大小,有重点、分层次地分期建设。

本次修订延续《标准》03 版的原则,服务设施包括服务区、停车区和客运汽车停靠站。可结合服务区、停车区的地理位置和人文环境在服务区、停车区内设置观景台。

设置客运汽车停靠站时,还要结合公路项目所在地区的公路运输规划和对公共交通客运路线及停靠站点规划。调研公路运输管理部门的实际需求,避免不适应的情况。

**10.3.3 ~ 10.3.4** 在关于服务区间距的调研中,不同地域和经济发展水平的省份意见不同。从调研问卷的统计分析来看,有的认为 15 ~ 30km 的服务设施设置间距过密,有 59.3% 的人认为服务区的合理间距为 50km,有 56.99% 的人认为服务设施之间的合理间距在 15 ~ 30km。大多数意见基本上与《标准》03 版是一致的。

戈壁、荒漠地区人烟稀少,水、电、气资源缺乏;山区高速公路由于地形复杂,服务设施选址困难,满足 50km 的设置间距非常困难。交通运输部交公路发〔2011〕400 号《关于西部沙漠戈壁与草原地区高速公路建设执行技术标准的若干意见》中,也明确规定了"对于交通量较小,供水、供电困难路段,其服务区间距可适当加大。"

《日本高速公路设计要领》(1991 年版)规定服务设施之间的标准间距为 15km,最大间距为 25km;服务区之间标准间距为 50km,最大间距为 100km;美国的服务设施间距一般为 65 ~ 80km;德国的高速公路服务站平均 52km 一处,加油站平均 30km 一处。

综上所述,规定服务区的基本间距仍为 50km,停车区基本间距 15 ~ 25km,对沿线水、电、气供应困难地区可适当加大。

调研中还有很多省份反映服务区内应提供气象信息、路况信息、互联网接入服务、银行服务等服务。编写组认为宜根据服务区所在的位置节点和沿线服务实际需求由公路建设项目论证确定是否设置这些功能,也鼓励有条件和有需求的公路建设项目设置,以提升公路的服务能力和水平。

**10.3.5 ~ 10.3.6** 从调研结果看,各地对一、二级公路服务设施的需求明显,特别是运距较长的公路或旅游公路,对服务设施需求更加突出。一些省份根据实际需求已在这些公路上设置了服务设施,如陕西省公路局针对二级公路上没有服务区,陕北、陕南等很多干线公路如厕难的问题,在国道312、210、316、108等干线公路上,规划、建设了50多个卫生服务区。服务区造型新颖、干净卫生、标志鲜明,大大方便了驾乘人员,丰富了公路内涵。

关于客运汽车停靠站,调研结果表明,浙江、江苏、湖北等经济发达地区,建议结合城乡公交一体化的发展,在等级公路断面中考虑客运汽车停靠站的设置,明确加减速车道及站台长度,并与公路建设同步实施完成。浙江省近几年实施的公路项目均考虑了港湾式客运汽车停靠站,间距不等,位置多靠近村镇附近。调研中普遍认为高速公路主线设置客运汽车停靠站不利于安全、难以管理。目前我国高速公路几乎没有在主线上设置的情况,个别项目虽然有设置,但后期运营中也未使用。因此本次修订不建议在高速公路主线设置客运汽车停靠站。如需设置时,可结合服务区论证设置,也可结合互通式立交和收费站,设置在公路收费站前的连接线上或被交公路上。

## 10.4 管理设施

**10.4.1~10.4.2** 确定监控设施规模和内容的主要因素有:运营管理、交通量、服务水平、通行能力、交通组成、公路条件、建设投资等多个方面,很难定量描述。本次修订,主要基于我国公路通行能力和服务水平的现有理论基础,根据交通运营管理和交通安全的需要,从功能要求、适应范围等各方面,针对所有公路,将监控设施规模分为A、B、C、D四级。A级主要适用于采用全程监控的高速公路;B级主要适用于采用分段监控的高速公路;C级主要适用于作为干线的一、二级公路,采用特殊路段监控或重点区域监控;D级主要适用于集散公路和支线公路,采用点式监控。这种分类方法,不再以交通流密度指标作为分类依据,而是以公路功能为基础,重点体现交通安全、运营管理以及应急救援三大需求,并与公路等级对应,以便设计过程中执行。

**10.4.3** 1 随着交通智能化的发展,ETC收费是智慧交通发展的需求,也是解决我国收费广场拥堵的最有效手段。ETC收费系统只有规模化才能发挥其效益。目前,京、津、冀、鲁、晋和沪、苏、浙、皖、赣、闽已实现华北、华东两大地区的ETC系统联网,全国除西藏自治区外,所有省份均设置了ETC收费系统。交通运输部要求,到2015年底实现全国ETC系统联网。未来随着技术的发展进步,还会实现多车道自由流的不停车收费系统。因此,本次修订规定新建的收费设施应同步建设ETC车道。

2 收费公路跨省建设时,需要设置主线收费站。综合考虑占地、投资和服务等因素,合建主线收费站的方式优于两省各自单独建设全幅主线收费站。合建方式主要有两种模式:一种为两省合建全幅收费广场模式;另一种为省界双方选择合适地点(可能在某一方境内)各建半幅收费广场模式。

3 本次修订,根据我国公路发展现状和趋势,结合我国目前收费广场建设现状和多数省份的实施经验,将收费机电设施的计算交通量调整为与收费土建计算交通量一致。对应收费机电、收费土建和征地收费车道数计算交通量取值年份规定的用词上分别采用了"可"、"宜"、"应",选用时各地区可根据自身的建设现状确定合适的计算年份。一级公路收费车道数的计算中,收费机电设施取值年份宜选用5年。

4　从我国对超限超载车辆的治理效果来看,计重收费是限制超载车辆的有效方式。目前,我国除西藏、海南外,其他省份地区均已实现货车计重收费。

**10.4.4**　2　关于管道租赁情况,根据调研结果,各省情况不完全相同。有些地区容量需求多达18~24孔,有些地区的管道仅使用了用于基本业务的2~3孔,有50%以上的空置。因此本次修订不再规定通信管道的数量,宜根据实际的使用需求确定,并保证省际之间联通。

**10.4.5**　2　以往在公路建设中,施工用电的变配电设施、高压输电线路工程在项目建设完成后大部分进行了拆除甚至废弃,但随后又要重新建设道路营运时需要的变电所或高压输电线路,两个时期的建设需求没有兼顾,重复建设、资源浪费。对公路交通工程及沿线设施在建设和运营时期的用电负荷进行统筹分析,做到"永临结合"是近年多个省份公路建设中推行的措施,能够较好地减少基础设施的重复建设,避免浪费,体现了节约和可持续科学发展理念。本次修订规定,供配电系统、高压输电线路工程应施工临时用电和运营永久性用电相结合实施。

3　调研问卷结果显示,69%的意见认为:公路收费广场、互通式立交、大桥、隧道、避险车道有必要设置照明设施。有65%的意见认为现有收费广场等道路照明开启和关闭时间合理,但控制方式灵活性较差。

从实际工程建设看,多数公路工程基本按照《标准》03版的规定,在公路收费广场、服务区设置照明设施,位于城市出入口路段的互通立体交叉、特大桥设置照明设施。在非城镇化互通立交和特殊大型桥梁中设置照明的项目日益减少。即使设置照明,规模也在不断减小,因为互通立交区和桥梁照明对夜间行车安全的增强作用不大,但却需要投入大量建设资金和运营管理费用。

随着人们对道路运营安全意识的日益提高,公路沿线出现了检测点(站)、避险车道等重要的管理、安全防护和救护类设施,更多的道路使用者希望在这些路段设置照明设施,满足安全方面的需要。另外,机场高速公路、环城高速公路由于靠近城区,夜间交通量较大,在建成的项目中基本上都设置了照明设施。因此本次修订增加了在检测点(站)、紧急避险车道等重要段落设置照明设施的要求,互通立交区、桥梁、机场高速公路、环城高速公路可按经济条件和路网特征慎重选取指标,合理设置照明设施规模。

# 二、公路路线设计规范

(JTG D20—2017)

## 1 总则

**1.0.1** 为指导公路设计,合理确定公路功能、技术等级、建设规模、主要技术指标,制定本规范。

**1.0.2** 本规范适用于新建和改扩建公路设计。

**1.0.3** 公路设计应按地区特点、交通特性、路网结构综合分析确定公路功能;应根据公路功能,结合交通量、地形条件等选用技术等级和主要技术指标。

**1.0.4** 各级公路均应进行总体设计。总体设计应贯穿于公路建设项目从可行性研究到施工图设计全过程的各个阶段,并覆盖公路建设项目的各相关专业。

**1.0.5** 公路设计应根据公路功能、使用任务及其在公路网中的作用,综合考虑铁路、水路、航空、管道等多种运输方式,以及公路同城镇、农田规划的关系,贯彻综合交通发展要求,合理论证并确定路线走向、走廊带。

**1.0.6** 路线方案应在所选定走廊带与主要控制点的基础上,进行布局和总体设计,合理运用技术指标。应对可行的路线方案进行比选,确定设计方案。当采用不同的设计速度、技术指标或设计方案对运营安全、工程造价、自然环境、社会经济效益等有明显影响时,应进行同等深度的技术经济论证。

**1.0.7** 路线线位应根据地形、地物条件,对工程地质、水文地质、气象条件、自然灾害、筑路材料、生态环境、自然景观等进行充分调查,结合沿线区域气候特征研究选定,并选择主要平、纵技术指标。

**1.0.8** 路线设计必须贯彻执行加强环境保护和合理利用土地资源的基本国策,在确定路基、路面、桥梁、隧道、交叉、交通工程及沿线设施等人工构造物的结构形式、布设位置以及取弃土场、征用土地等设计中,应减少因修建公路给沿线生态环境带来的影响,并结合绿化或采取相应工程措施,协调、改善人工构造物同沿线自然景观的配合,提高公路环境质量。

**1.0.9** 公路应按设计速度进行路线设计,采用运行速度进行检验,保持线形连续性;应综合协调公路平面、纵断面和横断面三者间的关系,做到平面顺适、纵面均衡、横面合理。

**1.0.10** 高速公路、一级公路和二级干线公路应在设计时进行交通安全性评价,其他公路有条件时也可进行交通安全性评价。

**1.0.11** 公路采用分期修建方案时,必须遵循统筹规划、分期实施的原则进行总体设计,应使前期工程在后期仍能充分利用,并为后期工程的修建留有余地和创造有利条件。

**1.0.12**　公路改扩建时,应对改扩建方案和局部新建方案进行论证比选。采用改扩建方案时,应遵循利用与改造相结合的原则,合理、充分利用原有工程。

**1.0.13**　公路设计除应符合本规范的规定外,尚应符合国家和行业现行有关标准的规定。

# 3　公路通行能力

## 3.1　一般规定

**3.1.1**　公路设计应进行通行能力和服务水平的分析与评价,使服务水平保持协调均衡,并应符合下列规定:

1　高速公路、一级公路的路段和互通式立体交叉的匝道、分合流区段、交织区及收费站等设施必须进行通行能力和服务水平的分析与评价。

2　二级公路、三级公路的路段和一级公路、二级干线公路的平面交叉,应进行通行能力和服务水平的分析与评价。

3　二级集散公路、三级公路的平面交叉,宜进行通行能力和服务水平的分析与评价。

**3.1.2**　高速公路、一级公路的通行能力和服务水平分析评价应分方向进行,二级公路、三级公路应按双向整体交通流进行。三级及三级以上公路的连续上坡路段,应单独进行通行能力和服务水平的分析与评价。

**3.1.3**　公路汽车代表车型分类应符合表 3.1.3 的规定。

**表 3.1.3　汽车代表车型分类**

| 汽车代表车型 | 说　明 |
|---|---|
| 小客车 | 座位≤19 座的客车和载质量≤2t 的货车 |
| 中型车 | 座位 >19 座的客车和 2t < 载质量≤7t 的货车 |
| 大型车 | 7t < 载质量≤20t 的货车 |
| 汽车列车 | 载质量 >20t 的货车 |

**3.1.4**　交通量换算的标准车型应采用小客车。非汽车交通的交通量换算应符合下列规定:

1　公路上行驶的拖拉机每辆折算为 4 辆小客车。

2　被交支路车辆、路侧停车、畜力车、人力车、自行车等非机动车,街道化程度等影响因素按路侧干扰因素计,路侧干扰等级应符合表 3.1.4 的规定。

**表 3.1.4 路侧干扰等级**

| 路侧干扰等级 | | 典型状况描述 |
|---|---|---|
| 1 | 轻微干扰 | 公路条件符合标准、交通状况基本正常、各类路侧干扰因素很少 |
| 2 | 较轻干扰 | 公路设施两侧为农田、有少量自行车、行人出行或横穿公路 |
| 3 | 中等干扰 | 公路穿过村镇或路侧偶有停车,被交支路有少量车辆出入 |
| 4 | 严重干扰 | 公路交通流中有较多的非机动车混合行驶 |
| 5 | 非常严重干扰 | 路侧设有集市、摊位,交通管理或交通秩序很差 |

## 3.2 服务水平

**3.2.1** 公路设计服务水平应根据公路功能、技术等级、地形条件等合理选用,并不低于表 3.2.1 的规定。承担集散功能的一级公路或路段,设计服务水平可降低一级。公路长隧道及特长隧道路段、非机动车及行人密集路段、条件受限的互通式立体交叉匝道、分合流及交织区段,设计服务水平也可降低一级。

**表 3.2.1 各级公路设计服务水平**

| 公路技术等级 | 高速公路 | 一级公路 | 二级公路 | 三级公路 | 四级公路 |
|---|---|---|---|---|---|
| 服务水平 | 三级 | 三级 | 四级 | 四级 | — |

**3.2.2** 各级公路的服务水平分级与服务交通量应符合表 3.2.2-1 ~ 表 3.2.2-3 的规定。

**表 3.2.2-1 高速公路路段服务水平分级**

| 服务水平 | $v/C$ 值 | 设计速度(km/h) | | |
|---|---|---|---|---|
| | | 120 | 100 | 80 |
| | | 最大服务交通量 [pcu/(h·ln)] | 最大服务交通量 [pcu/(h·ln)] | 最大服务交通量 [pcu/(h·ln)] |
| 一 | $v/C \leq 0.35$ | 750 | 730 | 700 |
| 二 | $0.35 < v/C \leq 0.55$ | 1 200 | 1 150 | 1 100 |
| 三 | $0.55 < v/C \leq 0.75$ | 1 650 | 1 600 | 1 500 |
| 四 | $0.75 < v/C \leq 0.90$ | 1 980 | 1 850 | 1 800 |
| 五 | $0.90 < v/C \leq 1.00$ | 2 200 | 2 100 | 2 000 |
| 六 | $v/C > 1.00$ | 0 ~ 2 200 | 0 ~ 2 100 | 0 ~ 2 000 |

注:$v/C$ 是在基准条件下,最大服务交通量与基准通行能力之比。基准通行能力是五级服务水平条件下对应的最大服务交通量。

**表 3.2.2-2　一级公路路段服务水平分级**

| 服务水平 | $v/C$ 值 | 设计速度(km/h) | | |
|---|---|---|---|---|
| | | 100 | 80 | 60 |
| | | 最大服务交通量 [pcu/(h·ln)] | 最大服务交通量 [pcu/(h·ln)] | 最大服务交通量 [pcu/(h·ln)] |
| 一 | $v/C \le 0.3$ | 600 | 550 | 480 |
| 二 | $0.3 < v/C \le 0.5$ | 1 000 | 900 | 800 |
| 三 | $0.5 < v/C \le 0.7$ | 1 400 | 1 250 | 1 100 |
| 四 | $0.7 < v/C \le 0.9$ | 1 800 | 1 600 | 1 450 |
| 五 | $0.9 < v/C \le 1.0$ | 2 000 | 1 800 | 1 600 |
| 六 | $v/C > 1.0$ | 0 ~ 2 000 | 0 ~ 1 800 | 0 ~ 1 600 |

**表 3.2.2-3　二级、三级公路路段服务水平分级**

| 服务水平 | 延误率(%) | 设计速度(km/h) | | | | | | | | | | |
|---|---|---|---|---|---|---|---|---|---|---|---|---|
| | | 80 | | | | 60 | | | | ≤40 | | |
| | | 速度(km/h) | $v/C$ | | | 速度(km/h) | $v/C$ | | | $v/C$ | | |
| | | | 禁止超车区(%) | | | | 禁止超车区(%) | | | 禁止超车区(%) | | |
| | | | <30 | 30 ~ 70 | ≥70 | | <30 | 30 ~ 70 | ≥70 | <30 | 30 ~ 70 | ≥70 |
| 一 | ≤35 | ≥76 | 0.15 | 0.13 | 0.12 | ≥58 | 0.15 | 0.13 | 0.11 | 0.14 | 0.12 | 0.10 |
| 二 | ≤50 | ≥72 | 0.27 | 0.24 | 0.22 | ≥56 | 0.26 | 0.22 | 0.20 | 0.25 | 0.19 | 0.15 |
| 三 | ≤65 | ≥67 | 0.40 | 0.34 | 0.31 | ≥54 | 0.38 | 0.32 | 0.28 | 0.37 | 0.25 | 0.20 |
| 四 | ≤80 | ≥58 | 0.64 | 0.60 | 0.57 | ≥48 | 0.58 | 0.48 | 0.43 | 0.54 | 0.42 | 0.35 |
| 五 | ≤90 | ≥48 | 1.00 | 1.00 | 1.00 | ≥40 | 1.00 | 1.00 | 1.00 | 1.00 | 1.00 | 1.00 |
| 六 | >90 | <48 | — | — | — | <40 | — | — | — | — | — | — |

注:延误率为车头时距小于或等于 5s 的车辆数占总交通量的百分比。

## 3.3　设计小时交通量

**3.3.1**　公路设计小时交通量宜采用年第 30 位小时交通量,也可根据当地公路小时交通量的变化特征,采用年第 20 ~ 40 位小时之间最为经济合理时位的交通量。

**3.3.2**　高速公路、一级公路的设计小时交通量($DDHV$)应按式(3.3.2)计算:

$$DDHV = AADT \times D \times K \tag{3.3.2}$$

式中:$DDHV$——单向设计小时交通量(veh/h);

$AADT$——预测年度的年平均日交通量(veh/d);

$D$——方向不均匀系数(%),宜取 50% ~ 60%,也可根据当地交通量观测资料确定;

$K$——设计小时交通量系数(%),为选定时位的小时交通量与年平均日交通量的比值。

**3.3.3** 二级公路、三级公路设计小时交通量($DHV$)应按式(3.3.3)计算:

$$DHV = AADT \times K \tag{3.3.3}$$

式中:$DHV$——设计小时交通量(veh/h);

$AADT$——预测年度的年平均日交通量(veh/d);

$K$——设计小时交通量系数(%),为选定时位的小时交通量与年平均日交通量的比值。

**3.3.4** 新建公路的设计小时交通量系数可参照公路功能、交通量、地区气候、地形等条件相似的公路观测数据确定,缺乏观测数据地区可参照表3.3.4取值。改扩建公路的设计小时交通量系数宜结合既有公路的观测数据综合确定。

**表3.3.4 各地区的设计小时交通量系数**

| 地区 | | 华北 | 东北 | 华东 | 中南 | 西南 | 西北 |
|---|---|---|---|---|---|---|---|
| | | 京、津、冀、晋、蒙 | 辽、吉、黑 | 沪、苏、浙、皖、闽、赣、鲁 | 豫、湘、鄂、粤、桂、琼 | 川、滇、黔、藏、渝 | 陕、甘、青、宁、新 |
| 近郊 | 高速公路(%) | 8.0 | 9.5 | 8.5 | 8.5 | 9.0 | 9.5 |
| | 一级公路(%) | 9.5 | 11.0 | 10.0 | 10.0 | 10.5 | 11.0 |
| | 二级公路、三级公路(%) | 11.5 | 13.5 | 12.0 | 12.5 | 13.0 | 13.5 |
| 城间 | 高速公路(%) | 12.0 | 13.5 | 12.5 | 12.5 | 13.0 | 13.5 |
| | 一级公路(%) | 13.5 | 15.0 | 14.0 | 14.0 | 14.5 | 15.0 |
| | 二级公路、三级公路(%) | 15.5 | 17.5 | 16.0 | 16.5 | 17.0 | 17.5 |

## 3.4 高速公路、一级公路路段的设计通行能力

**3.4.1** 高速公路、一级公路一条车道设计服务水平下的最大服务交通量应符合表3.4.1-1和表3.4.1-2的规定。

**表3.4.1-1 高速公路一条车道设计服务水平下的最大服务交通量**

| 设计速度(km/h) | 120 | 100 | 80 |
|---|---|---|---|
| 二级服务水平的最大服务交通量[pcu/(h·ln)] | 1 200 | 1 150 | 1 100 |
| 三级服务水平的最大服务交通量[pcu/(h·ln)] | 1 650 | 1 600 | 1 500 |

**表3.4.1-2 一级公路一条车道设计服务水平下的最大服务交通量**

| 设计速度(km/h) | 100 | 80 | 60 |
|---|---|---|---|
| 三级服务水平的最大服务交通量[pcu/(h·ln)] | 1 400 | 1 250 | 1 100 |
| 四级服务水平的最大服务交通量[pcu/(h·ln)] | 1 800 | 1 600 | 1 450 |

**3.4.2** 高速公路、一级公路路段的设计通行能力应按式(3.4.2-1)计算:

$$C_d = MSF_i \times f_{HV} \times f_p \times f_f \tag{3.4.2-1}$$

式中：$C_d$——设计通行能力[veh/(h·ln)]；

$MSF_i$——设计服务水平下的最大服务交通量[pcu/(h·ln)]；

$f_{HV}$——交通组成修正系数，按式(3.4.2-2)计算：

$$f_{HV} = \frac{1}{1 + \sum P_i(E_i - 1)} \tag{3.4.2-2}$$

$P_i$——车型 $i$ 的交通量占总交通量的百分比；

$f_f$——路侧干扰修正系数，高速公路取 1.0，一级公路路侧干扰等级可按表 3.1.4 确定，路侧干扰修正系数可按表 3.4.2-1 选用；

$E_i$——车型 $i$ 的车辆折算系数，按表 3.4.2-2 选取；

$f_p$——驾驶人总体特征修正系数，通过调查确定，通常在 0.95～1.00 之间。

**表 3.4.2-1　路侧干扰修正系数**

| 路侧干扰等级 | 1 | 2 | 3 | 4 | 5 |
|---|---|---|---|---|---|
| 修正系数 | 0.98 | 0.95 | 0.90 | 0.85 | 0.80 |

**表 3.4.2-2　高速公路、一级公路路段车辆折算系数**

| 汽车代表车型 | 交通量 [pcu/(h·ln)] | 设计速度(km/h) | | |
|---|---|---|---|---|
| | | 120 | 100 | ≤80 |
| 中型车 | ≤800 | 1.5 | 1.5 | 2.0 |
| | 800～1 200 | 2.0 | 2.5 | 3.0 |
| | 1 200～1 600 | 2.5 | 3.0 | 4.0 |
| | >1 600 | 1.5 | 2.0 | 2.5 |
| 大型车 | ≤800 | 2.0 | 2.5 | 3.0 |
| | 800～1 200 | 3.5 | 4.0 | 5.0 |
| | 1 200～1 600 | 4.5 | 5.0 | 6.0 |
| | >1 600 | 2.5 | 3.0 | 4.0 |
| 汽车列车 | ≤800 | 3.0 | 4.0 | 5.0 |
| | 800～1 200 | 4.5 | 5.0 | 7.0 |
| | 1 200～1 600 | 6.0 | 7.0 | 9.0 |
| | >1 600 | 3.5 | 4.5 | 6.0 |

## 3.5 互通式立体交叉的通行能力

**3.5.1** 互通式立体交叉匝道、分合流区和交织区的通行能力应分别计算确定。

**3.5.2** 互通式立体交叉设置收费站时,其匝道通行能力应根据该收费站的通行能力确定;不设收费站时,应根据匝道与被交公路连接处的平面交叉的通行能力确定。

**3.5.3** 互通式立体交叉分合流区的通行能力应根据设计速度、主线外侧两车道流量、匝道流量、变速车道长度等因素确定。

**3.5.4** 互通式立体交叉交织区的通行能力应根据设计速度、车道数、交织区构型、交织流量比和交织段长度等因素确定。

## 3.6 二级公路、三级公路通行能力

**3.6.1** 二级公路、三级公路设计服务水平下的最大服务交通量应按表3.6.1选用。

**表3.6.1 二级公路、三级公路设计服务水平下的最大服务交通量**

| 公路技术等级 | 设计速度(km/h) | 基准通行能力(pcu/h) | 不准超车区比例(%) | $v/C$ | 设计服务水平下的最大服务交通量(pcu/h) |
|---|---|---|---|---|---|
| 二级公路 | 80 | 2 800 | <30 | 0.64 | 1 800 |
| | 60 | 1 400 | 30~70 | 0.48 | 650 |
| | 40 | 1 300 | >70 | 0.35 | 450 |
| 三级公路 | 40 | 1 300 | <30 | 0.54 | 700 |
| | 30 | 1 200 | >70 | 0.35 | 400 |

注:表内未列出的二级、三级公路其他不准超车区比例的情况,设计服务水平下的最大服务交通量应按表3.2.2-3选取 $v/C$ 计算确定。

**3.6.2** 二级公路、三级公路的设计通行能力应按式(3.6.2)计算:

$$C_{\mathrm{d}} = MSF_i \times f_{HV} \times f_d \times f_w \times f_f \tag{3.6.2}$$

式中:$C_{\mathrm{d}}$——设计通行能力(veh/h);

$MSF_i$——设计服务水平下的最大服务交通量(pcu/h);

$f_{HV}$——交通组成修正系数,按式(3.4.2-2)计算,式中车辆折算系数 $E_i$ 按表3.6.2-1取值;

**表 3.6.2-1　双车道公路路段内的车辆折算系数**

| 汽车代表车型 | 交通量(veh/h) | 设计速度(km/h) | | |
|---|---|---|---|---|
| | | 80 | 60 | 40 |
| 中型车 | ≤400 | 2.0 | 2.0 | 2.5 |
| | 400～900 | 2.0 | 2.5 | 3.0 |
| | 900～1 400 | 2.0 | 2.5 | 3.0 |
| | ≥1 400 | 2.0 | 2.0 | 2.5 |
| 大型车 | ≤400 | 2.5 | 2.5 | 3.0 |
| | 400～900 | 2.5 | 3.0 | 4.0 |
| | 900～1 400 | 3.5 | 5 | 7.0 |
| | ≥1 400 | 2.5 | 3.5 | 3.5 |
| 汽车列车 | ≤400 | 2.5 | 2.5 | 3.0 |
| | 400～900 | 3.0 | 3.5 | 5.0 |
| | 900～1 400 | 4.0 | 5.0 | 6.0 |
| | ≥1 400 | 3.5 | 4.5 | 5.5 |

$f_d$——方向分布修正系数,按表 3.6.2-2 取值;

**表 3.6.2-2　方向分布修正系数**

| 方向分布(%) | 50/50 | 55/45 | 60/40 | 65/35 | 70/30 |
|---|---|---|---|---|---|
| 修正系数 | 1.00 | 0.97 | 0.94 | 0.91 | 0.88 |

$f_w$——车道宽度、路肩宽度修正系数,按表 3.6.2-3 取值;

**表 3.6.2-3　车道宽度、路肩宽度修正系数**

| 车道宽度(m) | 3.0 | 3.25 | 3.5 | 3.75 | | | |
|---|---|---|---|---|---|---|---|
| 路肩宽度(m) | 0 | 0.5 | 1.0 | 1.5 | 2.5 | 3.5 | ≥4.5 |
| 修正系数 | 0.52 | 0.56 | 0.84 | 1.00 | 1.16 | 1.32 | 1.48 |

$f_f$——路侧干扰修正系数,按表 3.6.2-4 取值,路侧干扰等级可按表 3.1.4 确定。

**表 3.6.2-4　路侧干扰修正系数**

| 路侧干扰等级 | 1 | 2 | 3 | 4 | 5 |
|---|---|---|---|---|---|
| 修正系数 | 0.95 | 0.85 | 0.75 | 0.65 | 0.55 |

# 4 总体设计

## 4.1 一般规定

**4.1.1** 总体设计应论证确定公路功能、技术标准、建设规模及建设方案。

**4.1.2** 总体设计应统一协调路线、路基、桥涵、隧道、路线交叉、交通工程与沿线设施等各专业内、外部的关系,明确相关设计界面和接口,使之成为完整的系统工程,符合安全、环保、可持续发展的总体目标。

**4.1.3** 总体设计的主要内容应根据公路建设项目特点、条件和技术等级有所差异,应根据项目设计阶段不同而有所侧重。

## 4.2 公路功能与技术标准

**4.2.1** 应根据国家和地区路网结构与规划、地区特点、交通特性和建设目标等综合分析公路在公路网中的地位和作用,论证确定公路功能。

**4.2.2** 应根据公路功能,结合交通量及建设条件综合论证确定公路的技术等级。同一公路项目可根据功能和交通量变化,论证分段采用不同的技术等级。

**4.2.3** 应根据公路功能、交通组成、车型比例,确定设计车辆。

**4.2.4** 高速公路和一级公路应根据公路功能、设计交通量,确定公路基本路段的车道数,车道数增加时应按双数增加。

**4.2.5** 各级公路可根据项目沿线地形、地质与自然条件变化,分段选用设计速度,并应符合下列规定:

1 同一设计速度的路段长度不宜过短,同一公路中不同设计速度的变化不应频繁。

2 不同技术等级、不同设计速度路段相互衔接的位置或地点,应选择在大型构造物、互通式立体交叉、平面交叉、沿线主要村镇节点的前后,或路侧环境条件明显变化处。

**4.2.6** 应根据路段设计速度、沿线地形、地质、环境和交通需求等因素,合理确定路线平纵面、视距、超高、加宽等主要控制指标。

**4.2.7** 应根据公路技术等级、设计交通量、沿线环境和横断面各组成部分的功能,综合确定公路路基横断面组成及宽度。

**4.2.8** 改扩建公路应采用改扩建后的公路技术标准和指标,对于利用原有公路的路段,因提高设计速度可能诱发工程地质病害、增加工程造价或对环境保护、文物有不利影响时,经论证该局部路段可维持原设计速度和指标,其长度高速公路不宜大于15km,一级、二级公路不宜大于10km,但不应降低技术等级。

## 4.3 建设规模与建设方案

**4.3.1** 应根据公路网规划和公路功能,综合考虑路线走廊带范围的铁路、水路、航空、管道等综合交通运输体系的布局与规划,城市、工矿企业的现状与发展规划,自然资源开发利用状况等,研究确定路线起终点、主要控制点、路线长度、交叉数量、管理与服务设施配置等,确定建设规模。

**4.3.2** 应根据项目的总体建设规模、控制性工程施工条件、交通量发展需求和项目资金筹措情况等相关因素,论证确定项目的建设方式。采用分期修建方式时,应符合下列要求:

1 必须在综合分析论证的基础上作出总体设计和分期实施计划,分期修建的项目应使前期工程在后期仍能充分利用,并为后期工程的修建留有余地和创造有利条件。

2 在论证采用分期建设方式时,除考虑交通量发展需求和项目资金条件外,还应充分考虑整个施工期内,项目建设对周边环境、沿线群众交通出行、交通组织、安全等的影响。

3 高速公路根据路网规划、交通量等因素,可采用纵向分段或按工程项目分期修建的方式。高速公路整体式路基路段,不得采用分期分幅的建设方式;高速公路和一级公路分离式路基路段经论证可采用分期分幅的建设方式,先期建成的一幅按双向交通通行时,应按二级公路通车条件进行管理,且限制速度不应超过80km/h。

**4.3.3** 公路路基横断面形式应符合下列规定:

1 高速公路和一级公路应根据沿线地形、地质等条件,选用整体式路基断面形式或分离式路基断面形式。必要时,应对采用整体式与分离式路基、高低路堤、半桥半隧等路线方案进行比选论证。

2 在戈壁、沙漠和草原等地区,高速公路和一级公路宜选择宽中央分隔带、低路基、缓边坡、宽浅边沟等形式。

3 二级公路、三级公路和四级公路应选择整体式路基断面形式。

4 一级公路、二级公路应根据功能、混合交通量及其交通组成论证设置慢车道的条件,并确定其设置方式、横断面形式与宽度。

5 公路不同断面形式及宽度变化应设置必要的过渡段,其位置宜选择在城镇、交叉等节点。

6 公路路基横断面布置应满足交通工程和安全设施等设置的需求。

**4.3.4** 公路与邻近铁路、管线的相互布置关系,应在调查掌握铁路及各类管线设施的走向、位置的基础上合理确定,并应符合下列要求:

1 应合理减少公路与铁路、管线等的交叉次数。必须交叉时,应论证确定交叉位置和方式,采用较大的交叉角度,同时确保铁路、管线及其附属设施不得侵入公路建筑限界、不得影响公路视距。

2 当公路与铁路和管线设施平行相邻时,应保持必要的距离,且保证铁路、管线及其附属设施不得进入公路两侧建筑控制区范围。

**4.3.5** 公路项目与沿线相关公路的交叉方式,应根据公路功能、等级及交通组织方式综合确定,并应符合下列要求:

1 承担干线功能的公路,应充分结合既有路网条件,通过合并、分流、设置辅道等措施,减少各类交叉数量、加大交叉间距,提高公路通行的效率和安全性。

2 高速公路与其他等级公路交叉时,必须采用立体交叉方式。应视交通流转换需求论证采用互通式立体交叉或分离式立体交叉。

3 一级公路与其他一级及一级以下公路交叉时,应根据其所承担的主要功能确定交叉方式。承担干线功能时,与交通量大的公路相交宜采用立体交叉方式;承担集散功能时,应控制平面交叉间距,减少平面交叉的数量。

4 二级、三级、四级公路与其他二级及二级以下公路交叉时,可采用平面交叉方式。

5 一级及一级以下公路穿越或靠近城镇路段,应根据沿线实际情况考虑设置必要的隔离设施。

**4.3.6** 交通工程及沿线设施应与主体工程同步设计,并应根据公路功能及等级、交通组织方式及安全与运营管理等需要,合理确定公路收费站场、服务区、停车区等管理和服务设施的位置、形式、间距和配置规模。必要时,可根据交通量等发展需求,论证采用一次规划、分期建设的方案。

**4.3.7** 路线方案应由面到带、由带到线考虑各类影响因素,通过综合论证确定,并应符合下列要求:

1 应查明沿线地质、水文情况,重大自然灾害、地质病害的分布、范围、状态及其对工程的影响程度。对路线方案选择有重大影响的地质灾害,应进行综合评估,并对绕避、穿越及处治方案进行比选论证。

2 应研究特大桥、特长隧道等布置方案对路线走廊带及线位布局的影响,并进行方案比选论证。一般桥梁和隧道,其布设宜服从路线总体走向和几何线形设计等要求。

3 对于公路路基高填深挖的路段,应进行高填路基与桥梁、深挖路堑与隧道方案的综合比选论证。

**4.3.8** 改扩建公路应遵循利用与改造相结合的原则,应在原有公路交通安全性评价,以及原有路基、桥梁、隧道检测与评价的基础上,综合论证对既有路线和构造物等的利用原则和利用方案,合理、充分地利用原有工程,并应符合下列要求:

1 对于改扩建期间维持交通的项目,应基于相关路网条件,分析提出项目建设期间交通流组织与疏导方案,最大限度减少项目施工对既有交通出行的影响,保证交通安全。高速公路改扩建项目维持通车路段,服务水平可降低一级,设计速度不宜低于60km/h。

2 沙漠、戈壁、草原等小交通量地区的高速公路分离式断面路段利用现有二级公路改建为一幅时,其设计洪水频率可维持原标准不变,并应根据需要设置区域交通出行的辅道。

3 公路改扩建项目应充分利用公路废旧材料,节约工程建设资源。

## 4.4　环境保护与资源节约

**4.4.1**　应坚持保护优先、以防为主、以治为辅、综合治理的原则,严格执行工程建设项目环境影响评价、水土保持方案编制和环境保护“三同时”制度,在总体设计中落实环境保护相关措施和意见,结合项目实际协调好公路建设与环境的关系,减少对环境的不利影响。

**4.4.2**　应加强路线走廊带、路线方案的综合比选,将土地压占、矿产压覆等资源占用和高边坡开挖、压占河道等环境影响作为方案选择的重要指标,优先选择资源占用少、环境影响小的方案。

**4.4.3**　应合理设置取土场,路侧取土不宜距离路基过近,取土场避免直接开挖路侧山坡坡体。当路基、隧道弃方或弃渣量大时,应结合项目施工组织设计最大限度利用弃方和弃渣;难以利用时,应合理设置弃土、弃渣场地,做好专项设计,保证其稳定,防止水土流失。

**4.4.4**　应加强对路域施工范围及取弃土场地的表土收集与利用,做好对取弃土场、施工便道等临时用地的植被保护与恢复。

**4.4.5**　应加强服务区、停车区等公路附属设施生产、生活污水处理能力,采用先进工艺,保证污水达标回用或集中收集存放,达到水资源循环利用;在公路运营、管理与服务设施设计中,应合理利用风能、太阳能、地热能等可再生能源。

**4.4.6**　应加强对钢材、复合材料等的循环利用;推进粉煤灰、建筑废料等在公路路基填筑及混凝土浇筑中的综合利用;倡导对沥青、水泥混凝土路面及结构物拆除构件等的再生利用。

## 4.5　设计检验与安全评价

**4.5.1**　公路设计应运用运行速度方法,对路线设计、几何指标和线形组合设计进行分析检验,检验运行速度的协调性和一致性。

**4.5.2**　高速公路、一级公路和二级干线公路应在设计时进行交通安全性评价,其他公路在有条件时也可进行交通安全性评价。应根据交通安全性评价结论,对线形设计、几何指标取用等进行调整优化,对交通安全设施及管理措施进行检查完善,并应符合下列要求:

1　对连续长陡纵坡路段的上坡方向,应重点依据交通量、车型组成和运行速度变化,分析评价其上坡路段的通行能力和服务水平,提出交通组织与管理措施方案,必要时论证增设爬坡车道。

2　对连续长陡纵坡路段的下坡方向,应重点依据交通量、车型组成和主要货车车型的综合性能条件,分析评价车辆连续下坡的交通安全性,对应完善和加强路段交通工程和路侧安全设施,提出路段交通组织管理、速度控制措施方案,必要时论证增设避险车道。

3 对路侧临水、临崖、高填方等路段,应结合项目功能、设计速度和交通量等因素,根据安全设施设置方案分析路侧安全风险,完善路侧安全防护设计,必要时应提出交通安全管理措施或提高路侧安全防护等级。

# 5 选线

**5.0.1** 选线应包括确定路线基本走向、路线走廊带、路线方案至选定线位的全过程。

**5.0.2** 路线走向及主要控制点的选定应符合下列规定:

1 路线起、终点,必须连接的城镇、重要园区、工矿企业、综合交通枢纽,以及特定的特大桥、特长隧道等的位置,应为路线基本走向的控制点。

2 特大桥、大桥、特长隧道、长隧道、互通式立体交叉、铁路交叉等的位置,应为路线走向控制点,原则上应服从路线基本走向。

3 中、小桥涵,中、短隧道,以及一般构造物的位置应服从路线走向。

**5.0.3** 不同的设计阶段,选线工作内容应各有侧重,后一阶段应复查并优化前一阶段的路线方案,使路线线位更臻完善。

**5.0.4** 公路选线应遵循下列原则:

1 确定路线走廊带应考虑走廊带内各种运输体系及不同层次路网间的分工与配合,按照其功能统筹规划,近远期结合,合理布局。

2 必须由面到带、由带到线,在对地形地貌、地质水文、气候气象、环境敏感区等调查与勘察的基础上论证、确定路线方案。同一起、终点的路段内有多个可行路线方案时,应对各设计方案进行综合比选。

3 应考虑同农田与水利建设、矿产资源开发和城市发展等规划的配合。

4 应充分利用建设用地,严格保护农用耕地;应保护生态环境,并同当地景观相协调。

5 应尽可能避让不可移动文物、水源地和自然保护区。

6 应保持与易燃、易爆等危险源及污染源间的安全距离。

7 公路改扩建工程应注重节约资源,坚持利用与改扩建相结合的原则,合理、充分利用原有工程。

**5.0.5** 公路选线应符合下列要求:

1 对路线所经区域、走廊带及其沿线的工程地质和水文地质应进行深入调查、勘察,查清其对公路工程的影响程度。遇有不良工程地质的地段应视其对路线的影响程度,分别对绕、避、穿等方案进行比选论证。

2 调查沿线各类敏感点及矿产资源,并研究其对路线方案的影响,合理选择线位。

3 高速公路和一级公路与沿线主要交通源衔接,应利用区域路网或新建连接道路。

4　二级公路、三级公路在遵循项目总体功能和走向的基础上,应尽量避免穿越城镇。

5　应协调桥梁、隧道、互通式立体交叉、服务区等构造物的位置和高程等关系。

6　应综合考虑与相关公路、铁路、输电线路、油气管道等的平行或交叉关系,合理利用走廊带资源,节约占地。

7　平原区选线宜采用较高的技术指标,尽量避免采用长直线或小偏角平曲线。

8　山岭区选线应充分利用地形条件,合理确定垭口位置,应尽量避免高填深挖等现象。

9　沿河(溪)线选线时,应根据设计洪水位,结合地形、地质合理确定线位高程,必要时应对桥梁与路基方案进行比选论证。

**5.0.6**　公路选线可采用纸上定线或现场定线的方法,应符合下列规定:

1　高速公路、一级公路采用纸上定线时,必须现场核定。

2　二级公路、三级公路、四级公路可采用现场定线;有条件或地形条件受限制时,可采用纸上定线或纸上移线并现场核定的方法。

**5.0.7**　公路选线应在广泛搜集与路线方案有关的规划、计划、统计资料,相关部门的各种地形图、地质、气象等资料的基础上,深入调查、勘察,并运用遥感、航测、卫星定位、数字技术等技术,确保其勘察工作的广度、深度和质量,不应遗漏有价值的路线方案。

# 6　公路横断面

## 6.1　一般规定

**6.1.1**　公路路基标准横断面组成应符合下列规定:

1　高速公路、一级公路的路基标准横断面分为整体式和分离式两类。整体式路基的标准横断面应由车道、中间带(中央分隔带、左侧路缘带)、路肩(右侧硬路肩、土路肩)等部分组成。分离式路基的标准横断面应由车道、路肩(右侧硬路肩、左侧硬路肩、土路肩)等部分组成。

2　二级公路路基的标准横断面应由车道、路肩(硬路肩、土路肩)等部分组成。

3　三级公路、四级公路路基的标准横断面应由车道、路肩等部分组成。

**6.1.2**　公路路基横断面形式应根据公路功能、技术等级、交通量和地形等条件确定。各级公路一般路基横断面形式示例如图 6.1.2-1 ~ 图 6.1.2-4 所示,并应符合下列规定:

1　高速公路、一级公路应根据需要采用整体式或分离式路基断面形式。

2　双向十车道及以上车道数的高速公路可采用复合式断面形式。

3　二级公路、三级公路、四级公路应采用整体式路基断面形式。

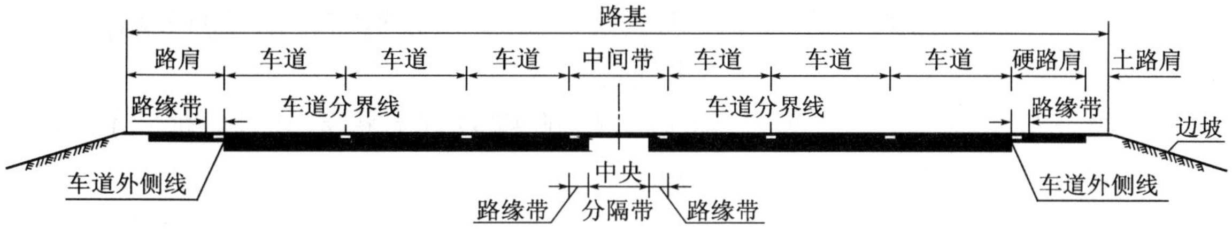


图 6.1.2-1　高速公路、一级公路一般整体式断面形式

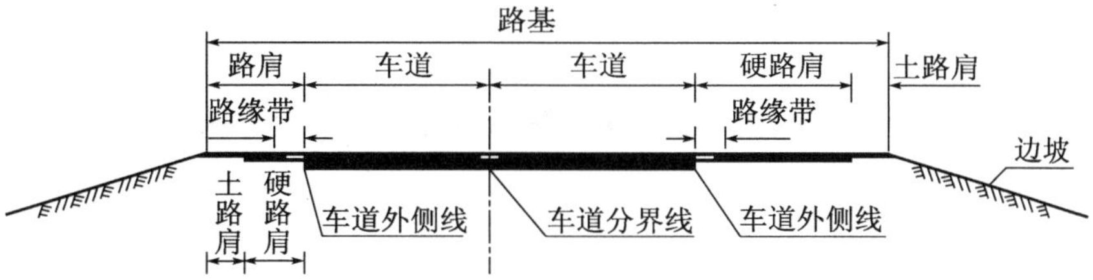


图 6.1.2-2　高速公路、一级公路一般分离式断面形式(右幅断面)

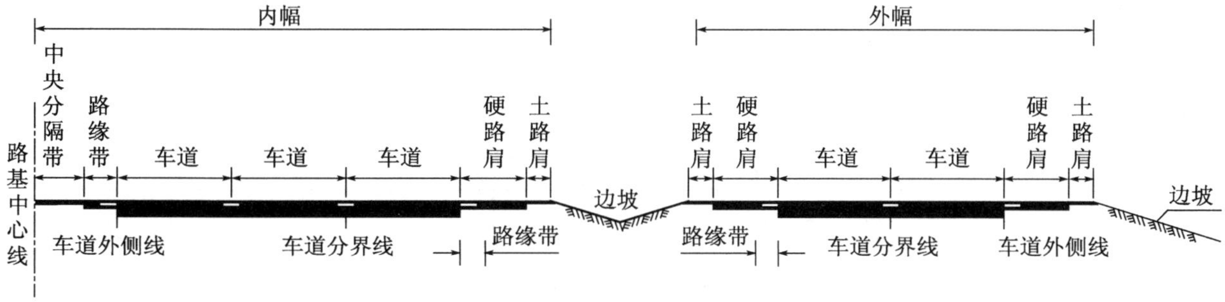


图 6.1.2-3-1　高速公路分离复合式断面形式(右幅断面)

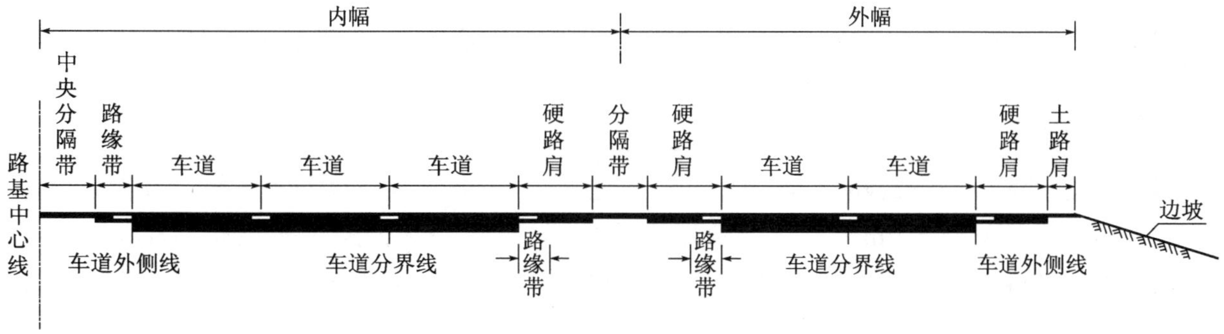


图 6.1.2-3-2　高速公路整体复合式断面形式(右幅断面)

**6.1.3**　公路路基横断面中各组成部分宽度应根据公路技术等级、交通量与交通组成、横断面各组成部分的功能综合确定,并应符合下列规定:

1　公路路基宽度为车道宽度与路肩宽度之和。当设有中间带、加(减)速车道、爬坡车道、紧急停车带、错车道、超车道、侧分隔带、非机动车道(或慢车道)和人行道等时,应

包括上述部分的宽度。

2　非机动车、行人密集公路和城市出入口的公路,可根据需要设置侧分隔带、非机动车道和人行道。

3　一级公路在慢行车辆较多时,可利用右侧硬路肩(宽度不足时应加宽)设置慢车道,并应在车道与慢车道之间设置隔离设施。

4　二级公路在慢行车辆较多时,可根据需要采用加宽硬路肩的方式设置慢车道,并应增加必要的交通安全设施,加强交通组织管理。

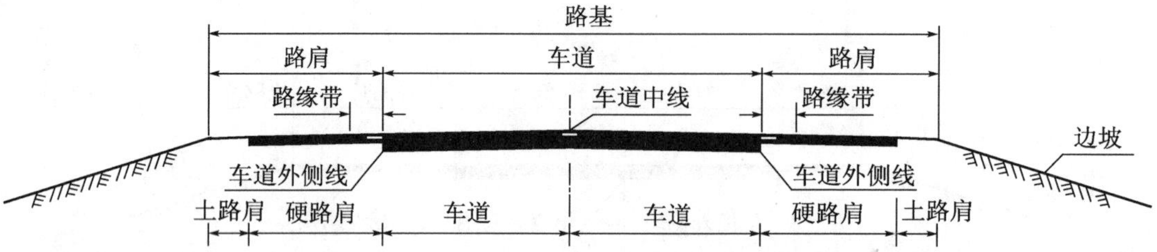


图 6.1.2-4　二级公路、三级公路、四级公路一般路基断面形式

## 6.2　车道

**6.2.2**　各级公路的基本车道数应符合表 6.2.2 的规定,并应符合下列规定:

**表 6.2.2　各级公路的基本车道数**

| 公路技术等级 | 高速公路、一级公路 | 二级公路 | 三级公路 | 四级公路 |
|---|---|---|---|---|
| 车道数(条) | ≥4 | 2 | 2 | 2(1) |

1　高速公路和一级公路各路段车道数应根据设计交通量、设计通行能力确定,且应不小于四车道。当车道数增加时,应按双数、两侧对称增加。

2　二级公路、三级公路应为双车道。

3　四级公路一般路段应采用双车道,交通量小或工程特别艰巨的路段可采用单车道。

**6.2.3**　爬坡车道的设置应符合下列规定:

1　高速公路、一级公路以及二级公路在连续上坡路段设置爬坡车道时,其宽度不应小于 3.5m,且不大于 4.0m。六车道及以上的高速公路、一级公路可不设爬坡车道。

2　高速公路、一级公路的爬坡车道应紧靠车道的外侧设置。条件受限时,爬坡车道路段右侧硬路肩宽度应不小于 0.75m。

3　二级公路的爬坡车道应紧靠车道的外侧设置,可利用硬路肩宽度。当需保留原来供非汽车交通行驶的硬路肩时,该部分应移至爬坡车道的外侧。

**6.2.4**　加速车道、减速车道的设置应符合下列规定:

1　高速公路、一级公路的互通式立体交叉、服务区、停车区、客运汽车停靠站、管理与养护设施、观景台等与主线相衔接处,应设置加速车道和减速车道。加、减速车道宽度应为3.5m。

2 二级公路在服务区、停车区、客运汽车停靠站、管理与养护设施、加油站、观景台等的各类出入口处,应设置过渡段。

**6.2.5** 四级公路路基宽度采用单车道时,应在不大于300m的距离内选择有利地点设置错车道,并使驾驶者能看到相邻两错车道之间的车辆。设置错车道路段的路基宽度应不小于6.5m,有效长度应不小于20m。

**6.2.6** 连续长、陡下坡路段,应结合交通安全性评价论证设置避险车道。避险车道应设置在长、陡下坡路段的右侧视距良好的适当位置,其宽度不应小于4.50m。有条件时,宜在避险车道右侧平行设置救援车道。

## 6.3 中间带

**6.3.1** 高速公路、一级公路整体式路基断面必须设置中间带,中间带由两条左侧路缘带和中央分隔带组成,并应符合下列规定:

1 高速公路和作为干线的一级公路,中央分隔带宽度应根据公路项目中央分隔带功能确定。

2 作为集散的一级公路,中央分隔带宽度应根据中间隔离设施的宽度确定。

3 左侧路缘带宽度不应小于表6.3.1的规定。

**表6.3.1 左侧路缘带宽度**

| 设计速度(km/h) | | 120 | 100 | 80 | 60 |
|---|---|---|---|---|---|
| 左侧路缘带宽度(m) | 一般值 | 0.75 | 0.75 | 0.50 | 0.50 |
| | 最小值 | 0.50 | 0.50 | 0.50 | 0.50 |

注:1."一般值"为正常情况下的采用值。

2.设计速度为120km/h、100km/h时,受地形、地物限制的路段或多车道公路内侧仅限小型车辆通行的路段,可论证采用"最小值"。

**6.3.2** 分离式路基间的间距应满足设置必要的排水和安全防护设施等的需要,且与地形和周围景观相配合。

**6.3.3** 互通式立体交叉、隧道、特大桥、服务区等构造物前后,以及整体式路基、分离式路基的分离(汇合)处,应设置中央分隔带开口,其设置应符合下列规定:

1 中央分隔带开口间距应视需要而定,最小间距应不小于2km。

2 中央分隔带开口长度不宜大于40m;八车道及以上车道数的高速公路开口长度可适当增长,但不应大于50m。中央分隔带开口处应设置活动护栏。

3 中央分隔带开口应设置在通视良好的路段,开口设于曲线路段时,该圆曲线的超高值不宜大于3%。

4 当中央分隔带宽度小于3.0m时,其开口端部的形式可采用半圆形;当中央分隔带宽度大于或等于3.0m时,宜采用弹头形。

**6.3.4**　分离式路基应在适当位置设横向连接道,以供养护、维修或应急抢险时使用。

## 6.5　路拱坡度

**6.5.1**　高速公路、一级公路整体式路基的路拱宜采用双向路拱坡度,由路中央向两侧倾斜。位于中等强度降雨地区时,路拱坡度宜为 2%;位于降雨强度较大地区时,路拱坡度可适当增大。

**6.5.2**　高速公路、一级公路分离式路基的路拱,宜采用单向横坡,并向路基外侧倾斜,也可采用双向路拱坡度。积雪冰冻地区,宜采用双向路拱坡度。

**6.5.3**　双向六车道及以上车道数的公路,当超高过渡段的路拱坡度过于平缓时,可采用双向路拱坡度。路拱坡度过于平缓路段应进行路面排水分析。

**6.5.4**　二级公路、三级公路、四级公路的路拱应采用双向路拱坡度,由路中央向两侧倾斜。路拱坡度应根据路面类型和当地自然条件确定,但不应小于 1.5%。

**6.5.5**　硬路肩、土路肩横坡的设计应符合下列规定:

1　直线路段的硬路肩应设置向外倾斜的横坡,其坡度值应与车道横坡值相同。路线纵坡平缓,且设置拦水带时,其横坡值宜采用 3% ~4%。

2　曲线路段内、外侧硬路肩横坡的横坡值及其方向:当曲线超高小于或等于 5% 时,其横坡值和方向应与相邻车道相同;当曲线超高大于 5% 时,其横坡值应不大于 5%,且方向相同。

3　硬路肩的横坡应随邻近车道的横坡一同过渡,其过渡段的纵向渐变率应控制在 1/330 ~ 1/150 之间。

4　土路肩的横坡:位于直线路段或曲线路段内侧,且车道或硬路肩的横坡值大于或等于 3% 时,土路肩的横坡应与车道或硬路肩横坡值相同;小于 3% 时,土路肩的横坡应比车道或硬路肩的横坡值大 1% 或 2%。位于曲线路段外侧的土路肩横坡,应采用 3% 或 4% 的反向横坡值。

5　中型以上桥梁及隧道区段的硬路肩横坡值,应与车道相同。

## 6.6　公路建筑限界

**6.6.3**　公路建筑限界的边界应按图 6.6.3 划定,并应符合下列规定:

1　在不设超高的路段,建筑限界的上缘边界线应为水平线,其两侧边界线应与水平线垂直。

2　在设置超高的路段,建筑限界的上缘边界线应与超高横坡平行,其两侧边界线应与路面超高横坡垂直。

**6.6.4**　公路净空高度应符合下列规定:

1　根据公路在路网中的地位与位置,同一公路应采用相同的净空高度。

2　三级公路、四级公路的路面采用沥青贯入、沥青碎石、沥青表面处治或砂石路面

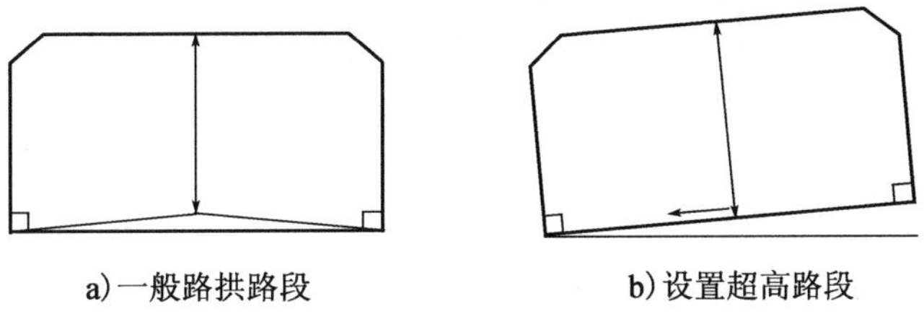


图 6.6.3 建筑限界的边界线划定

时,净空高度宜预留 20cm。

3 中央分隔带或路肩上设置桥梁墩台、标志立柱时,其前缘除不得侵入公路建筑限界外,且不得紧贴建筑物设置,应留有护栏缓冲变形的余宽。

4 凹形竖曲线上方设有跨线构造物时,其净高应满足铰接列车有效净高的要求,如图 6.6.4 所示。

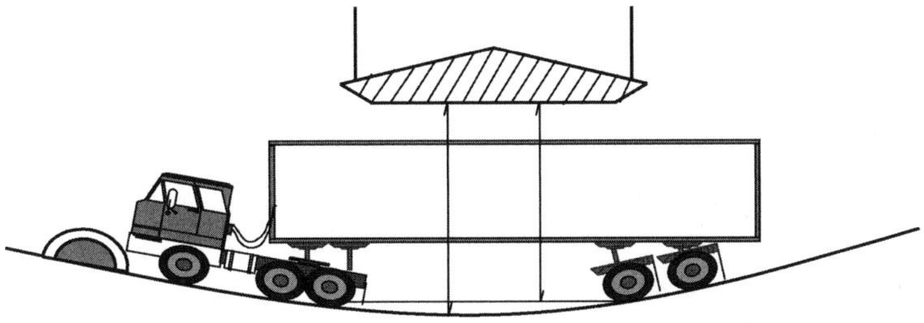

图 6.6.4 凹形竖曲线上方有效净空高度

5 公路下穿宽度较宽或斜交角度较大的跨线构造物时,其路面距跨线构造物下缘任一点的净高均应符合相应净空高度的规定。

## 6.7 公路用地范围

**6.7.1** 公路用地应遵循保护、开发土地资源,合理利用土地,切实保护耕地,促进社会经济可持续发展的原则,合理拟定公路建设规模、技术指标、设计施工方案,确定公路用地范围。

**6.7.2** 公路用地范围的确定应符合下列规定:

1 公路用地范围为公路路堤两侧排水沟外边缘(无排水沟时为路堤或护坡道坡脚)以外,或路堑坡顶截水沟外边缘(无截水沟为坡顶)以外不小于 1m 范围内的土地;在有条件的地段,高速公路和一级公路不小于 3m、二级公路不小于 2m 范围内的土地为公路用地范围。

2 在风沙、雪害、滑坡、泥石流等不良地质地带设置防护、整治设施时,以及在膨胀土、盐渍土等特殊土地带采取处治措施时,应根据实际需要确定用地范围。

3 桥梁、隧道、互通式立体交叉、分离式立体交叉、平面交叉、安全设施、服务设施、管理设施、绿化以及其他线外工程等用地,应根据实际需要确定用地范围。

4 有条件或环境保护要求种植多行林带的路段,应根据实际情况确定用地范围。

5 改扩建公路可参照新建公路用地范围的规定执行。

# 7　公路平面

## 7.1　一般规定

**7.1.1**　公路平面线形由直线、圆曲线、缓和曲线等三种线形要素组成。公路平面缓和曲线应采用回旋线。

**7.1.2**　平面线形必须与地形、景观、环境等相协调,同时注意线形的连续与均衡性,并同纵断面、横断面相互配合。

## 7.2　直线

**7.2.1**　直线的长度不宜过长。受地形条件或其他特殊情况限制而采用长直线时,应结合沿线具体情况采取相应的技术措施。

**7.2.2**　两圆曲线间以直线径相连接时,直线的长度不宜过短,并应符合下列规定:

1　设计速度大于或等于 60km/h 时,同向圆曲线间最小直线长度(以 m 计)以不小于设计速度(以 km/h 计)的 6 倍为宜;反向圆曲线间的最小直线长度(以 m 计)以不小于设计速度(以 km/h 计)的 2 倍为宜。

2　设计速度小于或等于 40km/h 时,可参照上述规定执行。

## 7.3　圆曲线

**7.3.1**　各级公路平面不论转角大小,均应设置圆曲线。在选用圆曲线半径时,应与设计速度相适应。

**7.3.2**　圆曲线最小半径应根据设计速度,按表 7.3.2 确定。

**表 7.3.2　圆曲线最小半径**

| 设计速度(km/h) | | 120 | 100 | 80 | 60 | 40 | 30 | 20 |
|---|---|---|---|---|---|---|---|---|
| 圆曲线最小半径(一般值)(m) | | 1 000 | 700 | 400 | 200 | 100 | 65 | 30 |
| 圆曲线最小半径(极限值)(m) | $I_{max}=4\%$ | 810 | 500 | 300 | 150 | 65 | 40 | 20 |
| | $I_{max}=6\%$ | 710 | 440 | 270 | 135 | 60 | 35 | 15 |
| | $I_{max}=8\%$ | 650 | 400 | 250 | 125 | 60 | 30 | 15 |
| | $I_{max}=10\%$ | 570 | 360 | 220 | 115 | — | — | — |

注:"一般值"为正常情况下的采用值;"极限值"为条件受限制时可采用的值;"$I_{max}$"为采用的最大超高值;"—"为不考虑采用对应最大超高值的情况。

**7.3.3** 圆曲线最大半径值不宜超过10 000m。

## 7.4 回旋线

**7.4.1** 高速公路、一级公路、二级公路、三级公路的直线同小于表7.4.1不设超高的圆曲线最小半径径相连接处,应设置回旋线。四级公路的直线同小于表7.4.1不设超高的圆曲线最小半径径相连接处,可不设置回旋线,但应设置超高、加宽过渡段。

**表7.4.1 不设超高的圆曲线最小半径**

| 设计速度(km/h) | | 120 | 100 | 80 | 60 | 40 | 30 | 20 |
|---|---|---|---|---|---|---|---|---|
| 不设超高圆曲线最小半径(m) | 路拱≤2% | 5 500 | 4 000 | 2 500 | 1 500 | 600 | 350 | 150 |
| | 路拱>2% | 7 500 | 5 250 | 3 350 | 1 900 | 800 | 450 | 200 |

**7.4.2** 半径不同的同向圆曲线径相连接处,应设置回旋线。但符合下列条件可不设回旋线:

1 小圆半径大于表7.4.1规定时。

2 小圆半径大于表7.4.2规定,且符合下列条件之一者:

1)小圆按最小回旋线长度设回旋线时,大圆与小圆的内移值之差小于0.10m时;

2)设计速度大于或等于80km/h,大圆半径($R_1$)与小圆半径($R_2$)之比小于1.5时;

3)设计速度小于80km/h,大圆半径($R_1$)与小圆半径($R_2$)之比小于2.0时。

**表7.4.2 复曲线中小圆临界圆曲线半径**

| 设计速度(km/h) | 120 | 100 | 80 | 60 | 40 | 30 |
|---|---|---|---|---|---|---|
| 临界圆曲线半径(m) | 2 100 | 1 500 | 900 | 500 | 250 | 130 |

**7.4.3** 回旋线长度应符合下列规定:

1 回旋线长度应随圆曲线半径的增大而增长。

2 圆曲线按规定需设置超高时,回旋线长度应不小于超高过渡段长度。

3 回旋线最小长度应符合表7.4.3的规定。

**表7.4.3 回旋线最小长度**

| 设计速度(km/h) | 120 | 100 | 80 | 60 | 40 | 30 | 20 |
|---|---|---|---|---|---|---|---|
| 回旋线最小长度(m) | 100 | 85 | 70 | 50 | 35 | 25 | 20 |

注:四级公路为超高、加宽过渡段长度。

## 7.5 圆曲线超高

**7.5.1** 圆曲线半径小于表7.4.1规定的不设超高圆曲线最小半径时,应在曲线上设置超高,并符合下列规定:

1 各级公路圆曲线部分的最大超高值应符合表7.5.1规定。

2　各级公路圆曲线部分的最小超高值应与该公路直线部分的正常路拱横坡度值一致。

**表 7.5.1　各级公路圆曲线最大超高值**

| 公路技术等级 | 高速公路、一级公路 | 二级公路、三级公路、四级公路 |
|---|---|---|
| 一般地区(%) | 8 或 10 | 8 |
| 积雪冰冻地区(%) | 6 | |
| 城镇区域(%) | 4 | |

注:一般地区公路,圆曲线最大超高应采用 8%;以通行中、小型客车为主的高速公路和一级公路,最大超高可采用 10%。

**7.5.2**　二级公路、三级公路、四级公路接近城镇且混合交通量较大的路段,车速受到限制时,其最大超高值可按表 7.5.2 采用。

**表 7.5.2　车速受限制时最大超高值**

| 设计速度(km/h) | 80 | 60 | 40 | 30 | 20 |
|---|---|---|---|---|---|
| 超高值(%) | 6 | 4 | 2 | | |

**7.5.3**　各圆曲线半径所设置的超高值应根据设计速度、圆曲线半径、公路条件、自然条件等经计算确定,必要时应按运行速度验算。

**7.5.4**　当路拱横坡度发生变化时,必须设置超高过渡段。其超高渐变率应根据旋转轴的位置按表 7.5.4 确定。

**表 7.5.4　超 高 渐 变 率**

| 设计速度(km/h) | 超高旋转轴位置 | |
|---|---|---|
| | 中线 | 边线 |
| 120 | 1/250 | 1/200 |
| 100 | 1/225 | 1/175 |
| 80 | 1/200 | 1/150 |
| 60 | 1/175 | 1/125 |
| 40 | 1/150 | 1/100 |
| 30 | 1/125 | 1/75 |
| 20 | 1/100 | 1/50 |

**7.5.5**　超高过渡方式应符合下列规定:

1　对于无中间带的公路,当超高横坡度等于路拱坡度时,将外侧车道绕路中线旋转,直至超高横坡度;当超高横坡度大于路拱坡度时,应采用绕内侧车道边缘旋转、绕路中线旋转或绕外侧车道边缘旋转的方式。设计中应视情况确定:

1)新建工程宜采用绕内侧车道边缘旋转的方式;

2)改建工程可采用绕路中线旋转的方式;

3)路基外缘高程受限制或路容美观有特殊要求时,可采用绕外侧车道边缘旋转的方式。

2 对于有中间带的公路,应采用绕中间带的中心线旋转、绕中央分隔带边缘旋转或分别绕行车道中线旋转的方式,设计中应视情况确定:

1)有中间带的公路均可采用绕中央分隔带边缘旋转的方式;

2)中间带宽度较小的公路还可采用绕中间带中心线旋转的方式;

3)车道数大于4条的公路可采用分别绕行车道中线旋转的方式。

3 采用分离式路基断面的公路,其超高过渡方式宜按无中间带公路分别予以过渡。

**7.5.6** 超高过渡宜在回旋线全长范围内进行。当回旋线较长时,其超高过渡段应设在回旋线的某一区段范围内,超高过渡段的纵向渐变率不得小于1/330,全超高断面宜设在缓圆点或圆缓点处。

**7.5.7** 超高过渡宜采用线性过渡方式。

**7.5.8** 双向六车道及以上车道数的公路宜增设路拱线。

**7.5.9** 高速公路、一级公路整体式路基的纵坡较大处,其上、下行车道可采用不同的超高值。

**7.5.10** 硬路肩超高方式应符合下列规定:

1 硬路肩超高值与相邻车道超高值相同时,其超高过渡段应与车道相同,且采用与车道相同的超高渐变率。

2 硬路肩超高值比相邻车道超高值小时,应先将硬路肩横坡过渡到与车道路拱坡度相同,再与车道一起过渡,直至硬路肩达到其最大超高横坡度。

## 7.6 圆曲线加宽

**7.6.1** 二级公路、三级公路、四级公路的圆曲线半径小于或等于250m时,应设置加宽。双车道公路路面加宽值应符合表7.6.1的规定,圆曲线加宽值应根据公路功能、技术等级和实际交通组成确定,并应符合下列规定:

1 作为干线的二级公路,应采用第3类加宽值。

2 作为集散的二级公路和三级公路,在考虑铰接列车通行时,应采用第3类加宽值;不考虑通行铰接列车时,可采用第2类加宽值。

3 作为支线的三级公路、四级公路可采用第1类加宽值。

4 有特殊车辆通行的专用公路应根据特殊车辆验算确定其加宽值。

**表7.6.1 双车道路面加宽值(m)**

| 加宽类别 | 设计车辆 | 圆曲线半径(m) | | | | | | | | |
|---|---|---|---|---|---|---|---|---|---|---|
| | | 200~250 | 150~200 | 100~150 | 70~100 | 50~70 | 30~50 | 25~30 | 20~25 | 15~20 |
| 第1类 | 小客车 | 0.4 | 0.5 | 0.6 | 0.7 | 0.9 | 1.3 | 1.5 | 1.8 | 2.2 |
| 第2类 | 载重汽车 | 0.6 | 0.7 | 0.9 | 1.2 | 1.5 | 2.0 | — | — | — |
| 第3类 | 铰接列车 | 0.8 | 1.0 | 1.5 | 2.0 | 2.7 | — | — | — | — |

注:单车道公路路面加宽值应为表列规定值的一半。

**7.6.2**　圆曲线上的路面加宽应设置在圆曲线的内侧。各级公路的路面加宽后,路基也应相应加宽。

**7.6.3**　双车道公路在采取强制性措施实行分向行驶的路段,其圆曲线半径较小时,内侧车道的加宽值应大于外侧车道的加宽值,设计时应通过计算分别确定。

**7.6.4**　加宽过渡段设置应符合下列规定:

1　设置回旋线或超高过渡段时,加宽过渡段长度应采用与回旋线或超高过渡段长度相同的数值。

2　不设回旋线或超高过渡段时,加宽过渡段长度应按渐变率为 1:15 且长度不小于 10m 的要求设置。

**7.6.5**　二级公路、三级公路、四级公路的加宽过渡应在加宽过渡段全长范围内,按其长度成比例增加的方式设置。

## 7.7　四级公路的超高、加宽过渡段

**7.7.1**　四级公路可不设回旋线而用超高、加宽过渡段代替。当直线同半径小于表 7.4.1不设超高的最小半径和规定应设置加宽的圆曲线衔接时,应设置超高、加宽过渡段。

**7.7.2**　四级公路的超高、加宽过渡段长度应分别按超高和加宽的有关规定计算,取其较长者,但最短应符合渐变率为 1:15 且不小于 10m 的要求。

**7.7.3**　四级公路的超高、加宽过渡段应设在紧接圆曲线起点或终点的直线上。受地形条件或其他特殊情况限制时,可将超高、加宽过渡段的一部分插入曲线,但插入曲线内的长度不得超过超高、加宽过渡段长度的一半。不同半径的同向圆曲线径相连接构成的复曲线,其超高、加宽过渡段应对称地设在衔接处的两侧。

**7.7.4**　四级公路设人工构造物处,当因设置超高、加宽过渡段而在圆曲线起、终点内侧边缘产生明显转折时,可采用路面加宽边缘线与圆曲线上路面加宽后的边缘圆弧相切的方法予以消除。

## 7.8　平曲线长度

**7.8.1**　平曲线最小长度应符合表 7.8.1 的规定。

**表 7.8.1　平曲线最小长度**

| 设计速度(km/h) | | 120 | 100 | 80 | 60 | 40 | 30 | 20 |
|---|---|---|---|---|---|---|---|---|
| 平曲线最小长度(m) | 一般值 | 600 | 500 | 400 | 300 | 200 | 150 | 100 |
| | 最小值 | 200 | 170 | 140 | 100 | 70 | 50 | 40 |

注:“一般值”为正常情况下的采用值;“最小值”为条件受限时可采用的值。

**7.8.2** 当路线转角小于或等于7°时,应设置较长的平曲线,其长度应大于表7.8.2中规定的“一般值”。当地形条件及其他特殊情况限制时,可采用表中的“最小值”。

**表7.8.2 公路转角小于或等于7°时的平曲线长度**

| 设计速度(km/h) | 120 | 100 | 80 | 60 | 40 | 30 | 20 |
|---|---|---|---|---|---|---|---|
| 一般值 | 1 400/Δ | 1 200/Δ | 1 000/Δ | 700/Δ | 500/Δ | 350/Δ | 280/Δ |
| 最小值 | 200 | 170 | 140 | 100 | 70 | 50 | 40 |

注:表中Δ为路线转角值(°),当Δ<2°时,按Δ=2°计算。

## 7.9 视距

**7.9.1** 高速公路、一级公路的视距应采用停车视距。高速公路、一级公路的一般路段,每条车道的停车视距应不小于表7.9.1的规定。

**表7.9.1 高速公路、一级公路停车视距**

| 设计速度(km/h) | 120 | 100 | 80 | 60 |
|---|---|---|---|---|
| 停车视距(m) | 210 | 160 | 110 | 75 |

**7.9.2** 二级公路、三级公路、四级公路的视距应采用会车视距。受地形条件或其他特殊情况限制而采取分道行驶措施的路段,可采用停车视距。会车视距与停车视距应不小于表7.9.2的规定。

**表7.9.2 二级、三级、四级公路会车视距与停车视距**

| 设计速度(km/h) | 80 | 60 | 40 | 30 | 20 |
|---|---|---|---|---|---|
| 会车视距(m) | 220 | 150 | 80 | 60 | 40 |
| 停车视距(m) | 110 | 75 | 40 | 30 | 20 |

**7.9.3** 二级公路、三级公路、四级公路双车道公路,应间隔设置满足超车视距的路段。具有干线功能的二级公路宜在3min的行驶时间内,提供一次满足超车视距要求的超车路段。超车视距最小值应符合表7.9.3的规定。

**表7.9.3 超车视距最小值**

| 设计速度(km/h) | | 80 | 60 | 40 | 30 | 20 |
|---|---|---|---|---|---|---|
| 超车视距最小值(m) | 一般值 | 550 | 350 | 200 | 150 | 100 |
| | 极限值 | 350 | 250 | 150 | 100 | 70 |

注:“一般值”为正常情况下的采用值;“极限值”为条件受限时可采用的值。

**7.9.4** 高速公路、一级公路以及大型车比例高的二级公路、三级公路的下坡路段,应采用下坡段货车停车视距对相关路段进行检验。各级公路下坡段货车停车视距应不小于表7.9.4的规定。

**表7.9.4　下坡段货车停车视距(m)**

| 设计速度(km/h) | | 120 | 100 | 80 | 60 | 40 | 30 | 20 |
|---|---|---|---|---|---|---|---|---|
| 纵坡坡度(%) | 0 | 245 | 180 | 125 | 85 | 50 | 35 | 20 |
| | 3 | 265 | 190 | 130 | 89 | 50 | 35 | 20 |
| | 4 | 273 | 195 | 132 | 91 | 50 | 35 | 20 |
| | 5 | — | 200 | 136 | 93 | 50 | 35 | 20 |
| | 6 | — | — | 139 | 95 | 50 | 35 | 20 |
| | 7 | — | — | — | 97 | 50 | 35 | 20 |
| 纵坡坡度(%) | 8 | — | — | — | — | — | 35 | 20 |
| | 9 | — | — | — | — | — | — | 20 |

**7.9.5**　各级公路的互通式立体交叉、服务区、停车区、客运汽车停靠站等各类出口路段应满足识别视距要求,并应符合下列规定:

1　不同设计速度对应的识别视距宜符合表7.9.5的规定。

**表7.9.5　识 别 视 距**

| 设计速度(km/h) | 120 | 100 | 80 | 60 |
|---|---|---|---|---|
| 识别视距(m) | 350(460) | 290(380) | 230(300) | 170(240) |

注:括号中为行车环境复杂、路侧出口提示信息较多时应采取的视距值。

2　受地形、地质等条件限制路段,识别视距可采用1.25倍的停车视距,但应进行必要的限速控制和管理措施。

**7.9.6**　路线设计应对采用较低几何指标、线形组合复杂、中间带设置护栏或防眩设施、路侧设有高边坡或构造物、公路两侧各类出入口、平面交叉、隧道等各种可能存在视距不良的路段和区域,进行视距检验。不符合对应的视距要求时,应采取相应的技术和工程措施予以改善。

## 7.10　回头曲线

**7.10.1**　越岭路线应尽量利用有利地形自然展线,避免设置回头曲线。三级公路、四级公路在自然展线无法争取需要的距离以克服高差,或因地形、地质条件所限不能采取自然展线时,可采用回头曲线。

**7.10.2**　两相邻回头曲线之间,应有较长的距离。由一个回头曲线的终点至下一个回头曲线起点的距离,设计速度为40km/h、30km/h、20km/h时,应分别不小于200m、150m、100m。

**7.10.3**　回头曲线各部分的技术指标应符合表7.10.3的规定。设计速度为40km/h的公路根据地形条件可选用35km/h或30km/h的回头曲线设计速度。

**表 7.10.3 回头曲线技术指标**

| 主线设计速度 | 40 | | 30 | 20 |
|---|---|---|---|---|
| 回头曲线设计速度(km/h) | 35 | 30 | 25 | 20 |
| 圆曲线最小半径(m) | 40 | 30 | 20 | 15 |
| 回旋线最小长度(m) | 35 | 30 | 25 | 20 |
| 超高横坡度(%) | 6 | 6 | 6 | 6 |
| 双车道路面加宽值(m) | 2.5 | 2.5 | 2.5 | 3.0 |
| 最大纵坡(%) | 3.5 | 3.5 | 4.0 | 4.5 |

**7.10.4** 回头曲线前后的线形应连续、均匀、通视良好,两端宜布设过渡性曲线,且应设置限速标志、交通安全设施等。

# 8 公路纵断面

## 8.1 一般规定

**8.1.1** 纵断面上的设计高程,即路基设计高程应符合下列规定:

1 新建公路的路基设计高程:高速公路和一级公路宜采用中央分隔带的外侧边缘高程;二级公路、三级公路、四级公路宜采用路基边缘高程,在设置超高、加宽路段为设超高、加宽前该处边缘高程。

2 改建公路的路基设计高程:宜按新建公路的规定执行,也可视具体情况而采用中央分隔带中线或行车道中线高程。

**8.1.2** 路基设计洪水频率应符合表 8.1.2 的规定,并应符合下列规定:

**表 8.1.2 路基设计洪水频率**

| 公路等级 | 高速公路 | 一级公路 | 二级公路 | 三级公路 | 四级公路 |
|---|---|---|---|---|---|
| 设计洪水频率 | 1/100 | 1/100 | 1/50 | 1/25 | 按具体情况确定 |

1 沿河及可能受水浸淹的路段,按设计高程推算的最低侧路基边缘高程,应高出表 8.1.2规定洪水频率计算水位加壅水高、波浪侵袭高和 0.50m 的安全高度。

2 沿水库上游岸边的路段,按设计高程推算的路基最低侧边缘高程应考虑水库水位升高后地下水位壅升,以及水库淤积后壅水曲线抬高及浪高的影响;在寒冷地区还应考虑冰塞壅水对水位增高的影响。

3 大、中桥桥头引道(在洪水泛滥范围内)的按设计高程推算的路基最低侧边缘高程,应高于该桥设计洪水位(并包括壅水和浪高)至少 0.50m;小桥涵附近的路基最低侧边缘高程应高于桥(涵)前壅水水位至少 0.50m(不计浪高)。

4 城市周边地区的公路路基设计洪水频率应结合城市防洪标准,考虑救灾通道、排洪和泄洪需求综合确定。

## 8.2　纵坡

**8.2.1**　公路的最大纵坡应不大于表8.2.1的规定，并应符合下列规定：

**表8.2.1　最 大 纵 坡**

| 设计速度(km/h) | 120 | 100 | 80 | 60 | 40 | 30 | 20 |
|---|---|---|---|---|---|---|---|
| 最大纵坡(%) | 3 | 4 | 5 | 6 | 7 | 8 | 9 |

1　设计速度为120km/h、100km/h、80km/h的高速公路，受地形条件或其他特殊情况限制时，经技术经济论证，最大纵坡可增加1%。

2　改扩建公路设计速度为40km/h、30km/h、20km/h的利用原有公路的路段，经技术经济论证，最大纵坡可增加1%。

3　四级公路位于海拔2 000m以上或积雪冰冻地区的路段，最大纵坡不应大于8%。

**8.2.2**　设计速度小于或等于80km/h位于海拔3 000m以上高原地区的公路，最大纵坡应按表8.2.2的规定予以折减。最大纵坡折减后小于4%时应采用4%。

**表8.2.2　高原纵坡折减值**

| 海拔高度(m) | 3 000 ~ 4 000 | 4 000 ~ 5 000 | 5 000以上 |
|---|---|---|---|
| 纵坡折减(%) | 1 | 2 | 3 |

**8.2.3**　公路纵坡不宜小于0.3%。横向排水不畅的路段或长路堑路段，采用平坡(0%)或小于0.3%的纵坡时，其边沟应进行纵向排水设计。

**8.2.4**　桥上及桥头路线的纵坡应符合下列规定：

1　小桥处的纵坡应随路线纵坡设计。

2　桥梁及其引道的平、纵、横技术指标应与路线总体布设相协调，各项技术指标应符合路线布设的规定。大、中桥上的纵坡不宜大于4%，桥头引道纵坡不宜大于5%，引道紧接桥头部分的线形应与桥上线形相配合。

3　易结冰、积雪的桥梁，桥上纵坡宜适当减小。

4　位于城镇混合交通繁忙处的桥梁，桥上及桥头引道纵坡均不得大于3%。

**8.2.5**　隧道及其洞口两端路线的纵坡应符合下列规定：

1　隧道内的纵坡应大于0.3%并小于3%，但短于100m的隧道不受此限。

2　高速公路、一级公路的中、短隧道，当条件受限制时，经技术经济论证后，最大纵坡可适当加大，但不宜大于4%。

3　隧道内的纵坡宜设置成单向坡；地下水发育的隧道及特长、长隧道宜采用人字坡。

**8.2.6**　位于城镇附近且非汽车交通量较大的路段，其纵坡可根据具体情况适当放缓。

## 8.3 坡长

**8.3.1** 公路纵坡的最小坡长应符合表8.3.1的规定。

**表8.3.1 最小坡长**

| 设计速度(km/h) | 120 | 100 | 80 | 60 | 40 | 30 | 20 |
|---|---|---|---|---|---|---|---|
| 最小坡长(m) | 300 | 250 | 200 | 150 | 120 | 100 | 60 |

**8.3.2** 各级公路的最大坡长应符合表8.3.2的规定。

**表8.3.2 不同纵坡的最大坡长(m)**

| 设计速度(km/h) | | 120 | 100 | 80 | 60 | 40 | 30 | 20 |
|---|---|---|---|---|---|---|---|---|
| 纵坡坡度(%) | 3 | 900 | 1 000 | 1 100 | 1 200 | — | — | — |
| | 4 | 700 | 800 | 900 | 1 000 | 1 100 | 1 100 | 1 200 |
| | 5 | — | 600 | 700 | 800 | 900 | 900 | 1 000 |
| | 6 | — | — | 500 | 600 | 700 | 700 | 800 |
| | 7 | — | — | — | — | 500 | 500 | 600 |
| | 8 | — | — | — | — | 300 | 300 | 400 |
| | 9 | — | — | — | — | — | 200 | 300 |
| | 10 | — | — | — | — | — | — | 200 |

**8.3.3** 各级公路的连续上坡路段,应根据载重汽车上坡时的速度折减变化,在不大于表8.3.2规定的纵坡长度之间设置缓和坡段。其设置应符合下列规定:

1 设计速度小于或等于80km/h时,缓和坡段的纵坡应不大于3%;设计速度大于80km/h时,缓和坡段的纵坡应不大于2.5%。

2 缓和坡段的长度应大于表8.3.1的规定。

**8.3.4** 二级公路、三级公路、四级公路的越岭路线连续上坡或下坡路段,相对高差为200~500m时,平均纵坡应不大于5.5%;相对高差大于500m时,平均纵坡应不大于5%。任意连续3km路段的平均纵坡宜不大于5.5%。

**8.3.5** 高速公路、一级公路连续长、陡下坡路段的平均坡度与连续坡长不宜超过表8.3.5的规定;超过时,应进行交通安全性评价,提出路段速度控制和通行管理方案,完善交通工程和安全设施,并论证增设货车强制停车区。

**表8.3.5 连续长、陡下坡的平均坡度与连续坡长**

| 平均坡度(%) | <2.5 | 2.5 | 3.0 | 3.5 | 4.0 | 4.5 | 5.0 | 5.5 | 6.0 |
|---|---|---|---|---|---|---|---|---|---|
| 连续坡长(km) | 不限 | 20.0 | 14.8 | 9.3 | 6.8 | 5.4 | 4.4 | 3.8 | 3.3 |
| 相对高差(m) | 不限 | 500 | 450 | 330 | 270 | 240 | 220 | 210 | 200 |

## 8.4　爬坡车道

**8.4.1**　四车道高速公路、四车道一级公路以及二级公路连续上坡路段,符合下列情况之一时,宜在上坡方向行车道右侧设置爬坡车道:

1　沿连续上坡方向载重汽车的运行速度降低到表 8.4.1 的容许最低速度以下。

**表 8.4.1　上坡方向容许最低速度**

| 设计速度(km/h) | 120 | 100 | 80 | 60 | 40 |
|---|---|---|---|---|---|
| 容许最低速度(km/h) | 60 | 55 | 50 | 40 | 25 |

2　单一纵坡坡长超过表 8.3.2 的规定或上坡路段的设计通行能力小于设计小时交通量。

3　经设置爬坡车道与改善主线纵坡不设爬坡车道技术经济比较论证,设置爬坡车道的效益费用比、行车安全性较优。

**8.4.2**　爬坡车道的超高坡度应符合表 8.4.2 的规定。超高横坡的旋转轴应为爬坡车道内侧边缘线。

**表 8.4.2　爬坡车道的超高值**

| 主线的超高坡度(%) | 10 | 9 | 8 | 7 | 6 | 5 | 4 | 3 | 2 |
|---|---|---|---|---|---|---|---|---|---|
| 爬坡车道的超高坡度(%) | 5 | | 4 | | | | | 3 | 2 |

**8.4.3**　爬坡车道的曲线加宽值应采用一个车道曲线加宽的规定。

**8.4.4**　高速公路、一级公路爬坡车道长度大于 500m 时,应按照规定在其右侧设置紧急停车带。

**8.4.5**　爬坡车道起、终点与长度的确定应符合下列规定:

1　爬坡车道的起点,应设于陡坡路段上载重汽车运行速度降低至表 8.4.1 中"容许最低速度"处。

2　爬坡车道的终点,应设于载重汽车爬经陡坡路段后恢复至"容许最低速度"处,或陡坡路段后延伸的附加长度的端部。该陡坡路段后延伸的附加长度应符合表 8.4.5-1的规定。

3　相邻两爬坡车道相距较近时,宜将两爬坡车道直接相连。

**表 8.4.5-1　陡坡路段后延伸的附加长度**

| 附加段纵坡(%) | 下坡 | 平坡 | 上坡 | | | |
|---|---|---|---|---|---|---|
| | | | 0.5 | 1.0 | 1.5 | 2.0 |
| 附加长度(m) | 100 | 150 | 200 | 250 | 300 | 350 |

4　爬坡车道起、终点处应按设置分流、汇流渐变段,其长度应符合表 8.4.5-2 的规定。

表 8.4.5-2 爬坡车道分流、汇流渐变段长度

| 公路技术等级 | 分流渐变段长度(m) | 汇流渐变段长度(m) |
|---|---|---|
| 高速公路、一级公路 | 100 | 150~200 |
| 二级公路 | 50 | 90 |

## 8.5 合成坡度

**8.5.1** 公路最大合成坡度值不得大于表 8.5.1 的规定。

表 8.5.1 公路最大合成坡度

| 公路技术等级 | 高速公路、一级公路 | | | | 二级公路、三级公路、四级公路 | | | | |
|---|---|---|---|---|---|---|---|---|---|
| 设计速度(km/h) | 120 | 100 | 80 | 60 | 80 | 60 | 40 | 30 | 20 |
| 合成坡度值(%) | 10.0 | 10.0 | 10.5 | 10.5 | 9.0 | 9.5 | 10.0 | 10.0 | 10.0 |

**8.5.2** 当陡坡与小半径平曲线相重叠时,宜采用较小的合成坡度。下列情况其合成坡度必须小于 8%:

1 冬季路面有结冰、积雪的地区;

2 自然横坡较陡峻的傍山路段;

3 非汽车交通量较大的路段。

**8.5.3** 各级公路最小合成坡度不宜小于 0.5%。在超高过渡的变化处,合成坡度不应设计为 0%。当合成坡度小于 0.5% 时,应采取综合排水措施,保证路面排水畅通。

## 8.6 竖曲线

**8.6.1** 公路纵坡变更处应设置竖曲线,竖曲线可采用圆曲线或抛物线,其竖曲线最小半径与竖曲线长度应符合表 8.6.1 的规定。

表 8.6.1 竖曲线最小半径与竖曲线长度

| 设计速度(km/h) | | 120 | 100 | 80 | 60 | 40 | 30 | 20 |
|---|---|---|---|---|---|---|---|---|
| 凸形竖曲线半径(m) | 一般值 | 17 000 | 10 000 | 4 500 | 2 000 | 700 | 400 | 200 |
| | 极限值 | 11 000 | 6 500 | 3 000 | 1 400 | 450 | 250 | 100 |
| 凹形竖曲线半径(m) | 一般值 | 6 000 | 4 500 | 3 000 | 1 500 | 700 | 400 | 200 |
| | 极限值 | 4 000 | 3 000 | 2 000 | 1 000 | 450 | 250 | 100 |
| 竖曲线长度(m) | 一般值 | 250 | 210 | 170 | 120 | 90 | 60 | 50 |
| | 极限值 | 100 | 85 | 70 | 50 | 35 | 25 | 20 |

注:表中所列"一般值"为正常情况下的采用值;"极限值"为条件受限制时,经技术经济论证后的采用值。

# 9　线形设计

## 9.1　一般规定

**9.1.1**　公路线形设计应做好平面、纵断面、横断面三者间的组合,并同自然环境相协调。

**9.1.2**　线形设计除应符合行驶力学要求外,尚应考虑用路者的视觉、心理与生理方面的要求,提高汽车行驶的安全性、舒适性与经济性。

**9.1.3**　线形设计的要求与内容应随公路功能和设计速度的不同而各有侧重,并应符合下列要求:

1　高速公路和承担干线功能的一级、二级公路,应注重立体线形设计,做到线形连续、指标均衡、视觉良好、景观协调、安全舒适。设计速度愈高,线形设计组合所考虑的因素应愈周全。

2　承担集散功能的一级、二级公路,应根据混合交通情况确定公路横断面布置设计,并注重路线交叉等处的线形设计组合,保障通视良好,行驶通畅、安全。

3　设计速度小于或等于 40km/h 的双车道公路,在保证行驶安全的前提下,应正确地运用线形要素的规定值,合理地组合各线形要素,或采取设置相应交通工程设施等技术措施,充分发挥投资效益。

4　遵循以设计路段确定公路技术等级、设计速度的原则,其设计路段的长度不宜过短,且线形技术指标应保持相对均衡。

5　不同设计路段相衔接处前后的平、纵、横技术指标,应随设计速度由高向低(或反之)而逐渐由大向小(或反之)变化,使行驶速度自然过渡。相衔接处附近不宜采用该路段设计速度的最小或最大平、纵技术指标值。

**9.1.4**　路线交叉前后的线形应选用较高的平、纵技术指标,使之具有较好的通视条件。

**9.1.5**　各级公路均应采用运行速度方法,对平、纵线形组合设计、技术指标的协调性和一致性、视距以及路线视觉连续性等进行检验,依此优化线形设计、调整技术指标、完善交通工程与安全设施。

## 9.2　平面线形设计

**9.2.1**　平面线形设计应符合下列要求:

1　平面线形应直捷、连续、均衡,并与地形相适应,与周围环境相协调。

2　受条件限制采用长直线时,应结合具体情况采用相应的技术措施。

3　连续的圆曲线间应采用适当的曲线半径比。

4 各级公路不论转角大小均应敷设曲线,并宜选用较大的圆曲线半径。转角过小时,不应设置较短的圆曲线。

5 两同向圆曲线间应设有足够长度的直线;两反向圆曲线间不应设置短直线。

6 六车道及以上的高速公路和作为干线的一级公路,同向或反向圆曲线间插入的直线长度,应符合路基外侧边缘超高过渡渐变率的规定。

7 设计速度小于或等于 40km/h 的双车道公路,两相邻反向圆曲线无超高时可径相衔接,无超高有加宽时应设置长度不小于 10m 的加宽过渡段;两相邻反向圆曲线设有超高时,地形条件特殊困难路段的直线长度不得小于 15m。

8 设计速度小于或等于 40km/h 的双车道公路,应避免连续急弯的线形。地形条件特殊困难不得已而设置时,应在曲线间插入规定长度的直线或回旋线。

**9.2.2** 直线的运用应符合下列要求:

1 直线的运用应注意同地形、环境的协调与配合。采用直线线形时,其长度不宜过长。

2 农田、河渠规整的平坦地区、城镇近郊规划等以直线条为主体时,宜采用直线线形。

3 特长、长隧道或结构特殊的桥梁等构造物所处的路段,以及路线交叉点前后的路段宜采用直线线形。

4 双车道公路为超车所提供的路段宜采用直线线形。

**9.2.3** 圆曲线的运用应符合下列要求:

1 设置圆曲线时应与地形相适应,宜采用超高为 2%~4% 对应的圆曲线半径。

2 条件受限制时,可采用大于或接近于圆曲线最小半径的"一般值";地形条件特殊困难而不得已时,方可采用圆曲线最小半径的"极限值",并应采取措施保证视距的要求。

3 设置圆曲线时,应同相衔接路段的平、纵线形要素相协调,使之构成连续、均衡的曲线线形,避免小半径圆曲线与陡坡相重合的线形。

4 当交点转角不得已小于 7°时,应按规定设置足够长的曲线。

**9.2.4** 回旋线的运用应符合下列要求:

1 设计速度大于或等于 60km/h 时,回旋线应作为线形要素之一加以运用。回旋线—圆曲线—回旋线的长度以大致接近为宜。两个回旋线的参数值亦可以根据地形条件设计成非对称的曲线,但 $A_1:A_2$ 不应大于 2.0。

2 回旋线参数宜依据地形条件及线形要求确定,并与圆曲线半径相协调。在确定回旋线参数时,宜在下述范围内选定:$R/3 \leq A \leq R$,但:

1)当 $R$ 小于 100m 时,$A$ 宜大于或等于 $R$。

2)当 $R$ 接近于 100m 时,$A$ 宜等于 $R$。

3)当 $R$ 较大或接近于 3 000m 时,$A$ 宜等于 $R/3$。

4)当 $R$ 大于 3 000m 时,$A$ 宜小于 $R/3$。

3 两反向圆曲线径相衔接或插入的直线长度不足时,可用回旋线将两反向圆曲线连接组合为 S 形曲线。

1)S 形曲线的两回旋线参数 $A_1$ 与 $A_2$ 宜相等。

2)当采用不同的回旋线参数时,$A_1$ 与 $A_2$ 之比应小于 2.0,有条件时以小于 1.5 为宜。当 $A_2 \leqslant 200$ 时,$A_1$ 与 $A_2$ 之比应小于 1.5。

3)两圆曲线半径之比不宜过大,以 $R_1/R_2 \leqslant 2$ 为宜($R_1$ 为大圆曲线半径,$R_2$ 为小圆曲线半径)。

4　两同向圆曲线径相衔接或插入的直线长度不足时,可用回旋线将两同向圆曲线连接组合为卵形曲线。

1)卵形曲线的回旋线参数宜选 $R_2/2 \leqslant A \leqslant R_2$($R_2$ 为小圆曲线半径)。

2)两圆曲线半径之比,以 $R_2/R_1 = 0.2 \sim 0.8$ 为宜。

3)两圆曲线的间距,以 $D/R_2 = 0.003 \sim 0.03$ 为宜($D$ 为两圆曲线间的最小间距)。

5　受地形条件限制时,可将两同向回旋线在曲率相同处径相衔接而组合为凸形曲线。凸形曲线只有在路线严格受地形限制,且对接点的曲率半径相当大时方可采用。

1)凸形曲线的回旋线参数及其对接点的曲率半径,应分别符合容许最小回旋线参数和圆曲线最小半径的规定。

2)对接点附近的 $0.3v$(以 m 计;其中 $v$ 为设计速度,按 km/h 计)长度范围内,应保持以对接点的曲率半径确定的路拱横坡度。

6　受地形条件或其他特殊情况限制时,可将两同向圆曲线的回旋线曲率为零处径相衔接而组合为 C 形曲线。C 形曲线仅限于地形条件特殊困难,路线严格受限制时方可采用。

7　受地形条件限制时,大半径圆曲线与小半径圆曲线相衔接处,可采用两个或两个以上同向回旋线在曲率相同处径相连接而组合为复合曲线。复合曲线的两个回旋线参数之比以小于 1.5 为宜。复合曲线在受地形条件限制,或互通式立体交叉的匝道设计中可采用。

## 9.3　纵面线形设计

**9.3.1**　纵面线形设计应符合下列要求:

1　纵面线形应平顺、圆滑、视觉连续,并与地形相适应,与周围环境相协调。

2　纵坡设计应考虑填挖平衡,并利用挖方就近作为填方,以减轻对自然地面横坡与环境的影响。

3　相邻纵坡之代数差小时,应采用大的竖曲线半径。

4　连续设置长、陡纵坡的路段,上坡方向应满足通行能力的要求,下坡方向应考虑行车安全,并结合前后路段各技术指标设置情况,采用运行速度对连续上坡方向的通行能力及下坡方向的行车安全性进行检验。

5　路线交叉处前后的纵坡应平缓。

6　位于积雪冰冻地区的公路,应避免采用陡坡。

**9.3.2**　纵坡值的运用应符合下列要求:

1　纵断面线形设计时应充分结合沿线地形等条件,宜采用平缓的纵坡,最小纵坡不宜小于0.3%。对于采用平坡或小于0.3%的纵坡路段,应进行专门的排水设计。

2 各级公路不宜采用最大纵坡值和不同纵坡最大坡长值,只有在为争取高度利用有利地形,或避开工程艰巨地段等不得已时,方可采用。

**9.3.3** 纵坡设计应符合下列要求:

1 平原地形的纵坡应均匀、平缓。

2 丘陵地形的纵坡应避免过分迁就地形而起伏过大。

3 越岭线的纵坡应力求均匀,不宜采用最大值或接近最大值的坡度,更不宜连续采用不同纵坡最大坡长值的陡坡夹短距离缓坡的纵坡线形。

4 山脊线和山腰线,除结合地形不得已时采用较大的纵坡外,在可能条件下应采用平缓的纵坡。

**9.3.4** 竖曲线设计应符合下列要求:

1 设计速度大于或等于60km/h的公路,竖曲线设计宜采用长的竖曲线和长直线坡段的组合。有条件时宜采用大于或等于表9.3.4所列视觉所需要的竖曲线半径值。

**表9.3.4 视觉所需要的最小竖曲线半径值**

| 设计速度(km/h) | 竖曲线半径(m) | |
|---|---|---|
| | 凸形 | 凹形 |
| 120 | 20 000 | 12 000 |
| 100 | 16 000 | 10 000 |
| 80 | 12 000 | 8 000 |
| 60 | 9 000 | 6 000 |

2 竖曲线应选用较大的半径。当条件受限制时,宜采用大于或接近于竖曲线最小半径的"一般值";地形条件特殊困难而不得已时,方可采用竖曲线最小半径的"极限值"。

3 同向竖曲线间,特别是同向凹形竖曲线之间,直线坡段接近或达到最小坡长时,宜合并设置为单曲线或复曲线。

4 双车道公路在有超车需求的路段,应考虑超车视距要求,采用较大的凸形竖曲线半径或设置必要的标志、标线等设施。

## 9.4 横断面设计

**9.4.1** 公路横断面设计应最大限度地降低路堤高度,减小对沿线生态的影响,保护环境,使公路融入自然。条件受限制不得已而出现高填、深挖时,应同桥梁、隧道、分离式路基等方案进行论证比选。

**9.4.2** 路基横断面布设应结合沿线地面横坡、自然条件、工程地质条件等进行设计。自然横坡较缓时,以整体式路基横断面为宜。横坡较陡、工程地质复杂时,高速公路宜采用分离式路基横断面。

**9.4.3**　整体式路基的中间带宽度宜保持等值。当中间带的宽度根据需要增宽或减窄时,应采用左右分幅线形设计。条件受限制,且中间带宽度变化小于 3.0m 时,可采用渐变过渡,过渡段的渐变率不应大于 1/100。

**9.4.4**　整体式路基分为分离式路基或分离式路基汇合为整体式路基时,其中间带的宽度增宽或减窄时,应设置过渡段。其过渡段以设置在圆曲线半径较大的路段为宜。

**9.4.5**　公路横断面设计应注重路侧安全,做好中间带、加(减)速车道、路肩以及渠化、左(右)转弯车道、交通岛等各组成部分的细节设计。在有条件的地区或路段,积极采用宽中央分隔带、低路基、缓边坡、宽浅边沟等断面形式。

**9.4.6**　中间带的设计应符合下列要求:

1　中央分隔带形式:中央分隔带宽度大于或等于 3.0m 时宜用凹形;中央分隔带宽度小于 3.0m 时可采用凸形;对于存在风沙和风雪影响的路段,宜采用平齐式。

2　中央分隔带缘石:中央分隔带宽度大于或等于 3.0m、或存在风沙和风雪影响的路段,宜采用平齐式;中央分隔带宽度小于 3.0m 时可采用平齐式或斜式。高速公路、一级公路中央分隔带不得采用栏式缘石。

3　中央分隔带表面处理:中央分隔带宽度大于或等于 3.0m 时宜植草皮;中央分隔带宽度小于 3.0m 时可栽灌木或铺面封闭。

**9.4.7**　公路横断面范围内的排水设计应自成体系、满足功能要求。设置在紧靠车道的边沟,其断面宜采用浅碟形或漫流等方式;当采用矩形或梯形边沟时,应加盖板。

**9.4.8**　冬季积雪路段、工程地质病害严重路段等可适当加宽路基,改善行车条件。

## 9.5　线形组合设计

**9.5.1**　线形组合设计应遵循下列原则:

1　线形组合设计中,各技术指标除应分别符合平面、纵断面规定值外,还应考虑横断面对线形组合与行驶安全的影响。应避免平面、纵断面、横断面的最不利值相互组合的设计。

2　在确定平面、纵断面的各相对独立技术指标时,各自除应相对均衡、连续外,还应考虑与之相邻路段的各技术指标值的均衡、连续。

3　线形组合设计除应保持各要素间内部的相对均衡与变化节奏的协调外,还应注意同公路外部沿线自然景观的适应和地质条件等的配合。

4　路线线形应能自然地诱导驾驶者的视线,并保持视线的连续性。

**9.5.2**　线形组合设计应符合下列要求:

1　平、纵线形宜相互对应,且平曲线宜比竖曲线长。当平、竖曲线半径均较小时,其相互对应程度应较严格;随着平、竖曲线半径的同时增大,其对应程度可适当放宽;当平、竖曲线半径均大时,可不严格相互对应。

2　长直线不宜与坡陡或半径小且长度短的竖曲线组合。

3 长的平曲线内不宜包含多个短的竖曲线;短的平曲线不宜与短的竖曲线组合。

4 半径小的圆曲线起、讫点,不宜接近或设在凸形竖曲线的顶部或凹形竖曲线的底部。

5 长的竖曲线内不宜设置半径小的平曲线。

6 凸形竖曲线的顶部或凹形竖曲线的底部,不宜同反向平曲线的拐点重合。

7 复曲线、S 形曲线中的左转圆曲线不设超高时,应采用运行速度对其安全性予以验算。

8 应避免在长下坡路段、长直线路段或大半径圆曲线路段的末端接小半径圆曲线的组合。

**9.5.3** 设计速度大于或等于 60km/h 的公路,应注重路线平、纵线形组合设计。设计速度小于或等于 40km/h 的公路,可参照上述要求执行。

**9.5.4** 六车道及以上的高速公路,应重视直、曲线(含平、纵面)间的组合与搭配,在曲线间设置足够长的回旋线或直线,使其衔接过渡顺适,路面排水良好。

**9.5.5** 在高填方路段设置平曲线时,宜采用较大半径的圆曲线,并设置具有诱导功能的交通设施。

## 9.6 线形与桥、隧的配合

**9.6.1** 桥头引道与桥梁线形设计应符合下列要求:

1 桥梁及其引道的位置、线形应与路线线形相协调,使之视野开阔,视线诱导良好。各项技术指标应符合路线布设与总体设计的相关规定。

2 高速公路、一级公路和承担干线功能的二级公路上的桥梁线形应与路线线形相协调,且连续、流畅。

3 桥梁、涵洞等人工构筑物同路基的衔接,其平、纵线形应符合路线布设的有关规定。

**9.6.2** 隧道洞口连接线与隧道线形设计应符合下列要求:

1 隧道的位置与隧道洞口连接线应与路线线形相协调,以利行车的安全与舒适。各项技术指标应符合路线布设与总体设计的相关规定。

2 当设置曲线隧道时,宜采用不设超高的平曲线半径;受条件限制需采用设超高的平曲线时,其超高值不宜大于 4%,并需对停车视距进行验算,避免采用需加宽的平曲线半径。

3 隧道洞口外连接线应与隧道洞口内线形相协调,隧道洞口内外侧各 3s 设计速度行程长度范围的平、纵面线形应一致。特殊困难路段,经技术经济比较论证后,洞口内外平曲线可采用回旋曲线,但应加强线形诱导设施。洞口的纵面线形宜采用直线坡段,需设置竖曲线时,宜采用较大的竖曲线半径。

4 高速公路、一级公路上的隧道分为上、下行分离的双洞时,其洞口连接线的布设应与路线整体线形相协调,并就近在适宜位置设置联络车道。

5 隧道洞口同路基的衔接应符合路线布设的有关规定;隧道内外路基宽度不一致

时,应在隧道进口外设置不小于3s设计速度行程长度的过渡段,且过渡段的最小长度不应小于50m。

### 9.7　线形与沿线设施的配合

**9.7.1**　线形设计应考虑收费站、服务区、停车区、客运汽车停靠站等沿线设施布设的要求。

**9.7.2**　主线收费站范围内路线宜为直线或不设超高的曲线,不应将收费站设置在凹形竖曲线的底部或连续下坡的中底部。

**9.7.3**　路线设计时应考虑标志、标线的设置;交通安全设施应与路线同步设计,充分体现路线设计意图。路侧设计受限制的路段,应合理设置相应防护设施。

### 9.8　线形与环境的协调

**9.8.1**　线形设计应充分考虑到速度对视觉的影响,设计速度高的公路,线形设计和周围环境配合的要求应更高。

**9.8.2**　公路线形应充分利用地形、自然风景,尽量少改变周围的地貌、地形、天然森林、建筑物等景观,使公路与自然融为一体,最大限度地保护环境。

**9.8.3**　公路防护工程应采用工程防护与生态防护相结合的方式,减少对自然景观的影响,加大恢复力度,使公路工程与自然环境相和谐。

**9.8.4**　宜适当放缓路堑边坡或将边坡的变坡点修整圆滑,使其接近于自然地面,增进路容美观。

**9.8.5**　公路两侧的绿化应作为诱导视线、点缀风景以及改造环境的一种措施而进行专门设计。

## 10　公路与公路平面交叉

### 10.1　一般规定

**10.1.1**　平面交叉设置应满足下列条件:

1　平面交叉应根据相交公路的功能、技术等级、区域路网的现状和规划,以及交叉区域地形、地貌条件等合理设置。

2　一级公路、二级公路、三级公路、四级公路之间相互交叉时,平面交叉设置应符合表10.1.1的规定。

表 10.1.1 平面交叉的设置要求

| 被交叉公路 | 公路主线 | | | | |
| --- | --- | --- | --- | --- | --- |
| | 一级公路（干线） | 一级公路（集散） | 二级公路（干线） | 二级公路（集散） | 三级、四级公路 |
| 一级公路(干线) | 严格限制 | — | — | — | — |
| 一级公路(集散) | 严格限制 | 限制 | — | — | — |
| 二级公路(干线) | 严格限制 | 限制 | 限制 | — | — |
| 二级公路(集散) | 严格限制 | 限制 | 限制 | 允许 | — |
| 三级、四级公路 | 严格限制 | 限制 | 限制 | 允许 | 允许 |

**10.1.2** 平面交叉设计应遵循下列原则：

1 平面交叉位置的选择应综合考虑公路网现状和规划、地形、地物和地质条件、经济与环境因素等，宜选择在地形平坦、视野开阔处。

2 平面交叉选型应综合考虑相交公路功能、技术等级、交通量、交通管理方式、用地条件和工程造价等因素，选用主要公路或主要交通流畅通、冲突点少、冲突区小的形式。

3 平面交叉几何设计应结合交通管理方式并考虑相关设施的布置。

4 平面交叉范围内相交公路线形的技术指标应能满足视距的要求。

5 相交公路在平面交叉范围内的路段宜采用直线；当采用曲线时，其半径宜大于不设超高的圆曲线半径。纵面应力求平缓，并符合视觉所需的最小竖曲线半径值。

6 平面交叉设计应以预测的交通量为基本依据。设计所采用的交通量应为设计小时交通量。

7 平面交叉处行人穿越岔路口的设施应根据行人流量、公路技术等级和交通管理方式等设置人行横道、人行天桥或人行通道。

8 平面交叉的几何设计应与标志、标线和信号设施一并考虑，统筹布设。视距不良的小型平面交叉，可根据具体情况设置反光镜。

9 平面交叉改建时，除应收集交通量以外，还应调查交通延误以及交通事故的数量、程度、原因等现有交叉的使用状况。

10 平面交叉设计应满足相交公路对应设计车辆的通行要求。有特殊通行需求时，应根据实际通行车型，对平面交叉口的通行条件进行检验。

**10.1.3** 平面交叉根据相交公路的功能、等级、交通量等可分别采用主路优先交叉、无优先交叉或信号交叉三种不同的交通管理方式，并应符合下列规定：

1 公路功能、等级、交通量有明显差别的两条公路相交，或交通量较大的T形交叉，应采用主路优先交叉交通管理方式。

2 两条相交公路或多条交叉岔路的等级均低且交通量较小时，应采用无优先交叉交通管理方式。

3 下述交叉应采用信号交叉交通管理方式：

1)两条交通量均大，且功能、等级相同的公路相交，难以用“主路优先”的规则管理时；

2)两相交公路虽有主次之别,但交通量均较大(主要公路双向交通量大于或等于 750 辆/h,次要公路单向交通量大于或等于 300 辆/h),采用"主路优先"交通管理方式会出现较频繁的交通事故和过分的交通延误时;

3)主要公路交通量相当大(主要公路双向交通量大于或等于 900 辆/h),而次要公路尽管交通量不大,但采用"主路优先"交通管理方式,次要公路上的车辆由于难以遇到可供驶入的主流间隙而引起不可接受的交通延误,或出现冒险驶入长度不足的主流间隙而危及安全时;

4)两相交公路的交通量虽未达到上述程度,但由于有相当数量的行人和非机动车穿越交叉而引起交通延误,甚至造成阻塞或交通事故时;

5)环形交叉的入口因交通量大而出现过多的交通延误时;

6)位于城镇路段的平面交叉。

**10.1.4**　平面交叉设计速度的确定应符合下列规定:

1　平面交叉范围内主要公路的设计速度,宜与路段设计速度相同。

2　两相交公路的功能、等级相同或交通量相近时,平面交叉范围内的直行车道的设计速度可适当降低,但不应低于路段的 70%。

3　次要公路因交角等原因改线,或因条件受限采用较低的线形指标时,可适当降低设计速度。

4　转弯车道的设计速度应根据路段设计速度、交通量、交叉类型、交通管理方式和用地情况等因素综合确定。

**10.1.5**　平面交叉交角与岔数的确定应符合下列规定:

1　平面交叉的交角宜为直角。斜交时,其锐角应不小于 70°;受地形条件或其他特殊情况限制时,应大于 45°。

2　平面交叉岔数不应多于四条;岔数多于四条时应采用环形交叉。

3　环形交叉的岔数不宜多于五条,有条件实行"入口让路"规则管理时,应采用"入口让路"环形交叉。

4　新建公路不应直接与已建的四岔或四岔以上的平面交叉相连接。

**10.1.6**　二级及二级以上公路的平面交叉必须进行渠化设计;三级公路的平面交叉应进行渠化设计;四级公路的平面交叉宜进行渠化设计。渠化设计应根据交叉形式、交通管理方式以及转向交通量、设计速度等因素,采用加铺转角、加宽路口、设置转弯车道和交通岛等方式。

**10.1.7**　平面交叉间距的控制应符合下列规定:

1　平面交叉的间距应根据公路功能、技术等级,及其对行车安全、通行能力和交通延误的影响确定。

2　一级公路、二级公路的平面交叉最小间距应符合表 10.1.7 的规定。

3　一级公路、二级公路作为干线公路时,应优先保证干线公路的畅通,采取排除纵、横向干扰的措施,平面交叉应保持足够大的间距,必要时可设置立体交叉。

4　一级公路、二级公路作为集散公路时,应合理设置平面交叉,通过支路合并等措施,减少平面交叉的数量。

表 10.1.7 平面交叉最小间距

| 公路技术等级 | 一级公路 | | | 二级公路 | |
|---|---|---|---|---|---|
| 公路功能 | 干线公路 | | 集散公路 | 干线公路 | 集散公路 |
| | 一般值 | 最小值 | | | |
| 间距(m) | 2 000 | 1 000 | 500 | 500 | 300 |

**10.1.8** 平面交叉设计服务水平应符合下列规定:

1 承担干线功能的一级公路平面交叉的设计服务水平应不低于三级;承担集散功能的一级公路及二级公路、三级公路平面交叉的设计服务水平应不低于四级。

2 三级及三级以上公路的平面交叉应对通行能力和服务水平进行分析和检验。

## 10.2 平面交叉处公路的线形

**10.2.1** 平面线形设计应符合下列规定:

1 平面交叉范围内两相交公路应正交或接近正交,平面线形宜为直线或大半径圆曲线,不宜采用需设超高的圆曲线。

2 新建公路与等级较低的既有公路交角小于70°时,应对次要公路在交叉前后一定范围实施局部改线。

**10.2.2** 纵面线形设计应符合下列规定:

1 平面交叉范围内,两相交公路的纵面宜平缓。纵面线形应满足停车视距的要求。

2 主要公路在交叉范围内的纵坡应在0.15% ~3%的范围内;次要公路紧接交叉的引道部分应以0.5% ~2%的上坡通往交叉。

3 主要公路在交叉范围内的圆曲线设置超高时,次要公路的纵坡应服从主要公路的横坡。

**10.2.3** 立面设计应符合下列规定:

1 平面交叉的两相交公路共有部分的立面形式及其引道横坡,应根据两相交公路的功能、等级、平纵线形、交通管理方式等因素而定。采用"主路优先"交通管理方式的交叉,应使主要公路的横断面贯穿交叉,而调整次要公路的纵断面以适应主要公路的横断面;当调整纵断面有困难时,应同时调整两公路的横断面。

2 分隔的右转弯车道或右转弯附加路面上,各处的高程和横坡应满足相交公路共有部分及其相邻局部段落的岔路的立面、转弯曲线所需的超高、整个交叉范围内的路面排水和路容的需要。

3 平面交叉范围内的路面排水应流畅,并以此作为立面设计的主要考虑因素之一。包括隐形岛在内的任何部分的路面上不得有积水。

## 10.3　视距

**10.3.1**　引道视距应符合下列规定:

1　每条岔路上都应提供与行驶速度相适应的引道视距,如图 10.3.1 所示。

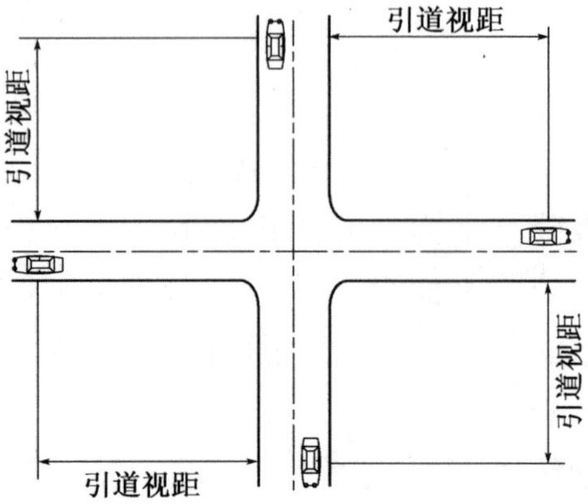


图 10.3.1　引道视距

2　引道视距在数值上等于停车视距,但量取标准为:视点高 1.2m,物高 0m。各种设计速度所对应的引道视距及凸形竖曲线的最小半径应符合表 10.3.1 的规定。

**表 10.3.1　引道视距及相应的凸形竖曲线最小半径**

| 设计速度(km/h) | 100 | 80 | 60 | 40 | 30 | 20 |
|---|---|---|---|---|---|---|
| 引道视距(m) | 160 | 110 | 75 | 40 | 30 | 20 |
| 引道凸形竖曲线最小半径(m) | 10 700 | 5 100 | 2 400 | 700 | 400 | 200 |

**10.3.2**　通视三角区的视距应符合下列规定:

1　两相交公路间,由各自停车视距所组成的三角区内不得存在任何有碍通视的物体,如图 10.3.2-1 所示。

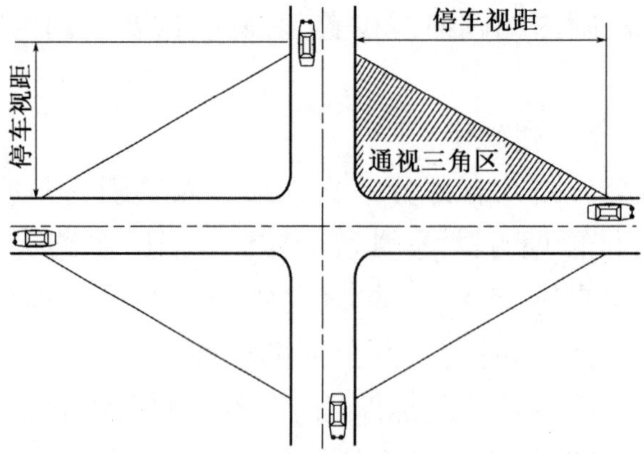


图 10.3.2-1　通视三角区

2　条件受限制不能保证由停车视距所构成的通视三角区时,应保证主要公路的安全交叉停车视距和次要公路至主要公路边车道中心线 5 ~ 7m 所组成的通视三角区,如

图10.3.2-2所示。安全交叉停车视距值应符合表10.3.2的规定。

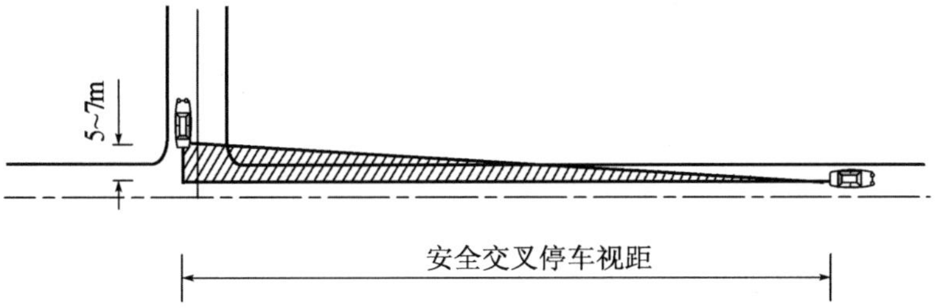


图10.3.2-2 安全交叉停车视距通视三角区

**表10.3.2 安全交叉停车视距**

| 设计速度(km/h) | 100 | 80 | 60 | 40 | 30 | 20 |
|---|---|---|---|---|---|---|
| 停车视距(m) | 160 | 110 | 75 | 40 | 30 | 20 |
| 安全交叉停车视距(m) | 250 | 175 | 115 | 70 | 55 | 35 |

## 10.4 转弯设计

**10.4.1** 平面交叉转弯曲线的线形及路幅宽度应根据设计车辆的转弯行迹确定。

**10.4.2** 转弯曲线所采用的设计车辆及设计速度应符合下列规定:

1 各级公路应根据对应设计车辆的行迹进行转弯设计,必要时应对弯道的路面加宽、转向净空等进行检验。

2 左转弯曲线应采用载重汽车的行迹控制设计,转弯设计速度宜采用5~15km/h。大型车比例很少或条件受限的公路,可采用5km/h速度时载重汽车的行迹控制设计,但左转弯内缘曲线的最小半径不应小于12.5m。

3 设置分隔的右转弯车道时,其转弯设计速度不宜大于40km/h;当主要公路设计速度小于或等于60km/h时,其右转弯设计速度不宜低于其50%。公路技术等级低、交通量不大时,可不设右转弯专用行车道。

**10.4.3** 转弯路面内缘的最小圆曲线半径和线形应符合下列规定:

1 载重汽车在各种转弯速度情况下,路面内缘的最小圆曲线半径应根据转弯速度按表10.4.3确定。

**表10.4.3 路面内缘的最小半径**

| 转弯速度(km/h) | ≤15 | 20 | 25 | 30 | 40 | 50 | 60 | 70 |
|---|---|---|---|---|---|---|---|---|
| 最小半径(m) | 15 | 20(15) | 25(20) | 30 | 45 | 60 | 75 | 90 |
| 最小超高(%) | 2 | 2 | 2 | 2 | 3 | 4 | 5 | 6 |
| 最大超高(%) | 一般值:6,极限值:8 | | | | | | | |

注:条件受限制时可采用括号内的值。

2 转弯路面边缘线形应符合车辆转弯时的行迹,其设计应符合下列规定:

1)渠化平面交叉的右转弯车道,其内侧路面边缘应采用三心圆复曲线;左转弯内侧路面边缘以一单圆曲线来控制分隔岛端的边缘线。

2)当按铰接列车设计时,路面边缘可采用符合转弯行迹的复曲线。

3)非渠化平面交叉的转弯路面边缘可采用半径 15m 的圆曲线。

## 10.5　附加车道及交通岛

**10.5.1**　右转弯附加车道设计应符合下列规定:

1　主要公路设计速度大于或等于 60km/h 时,应在主要公路上增设减速分流车道和加速汇流车道。

2　两条一级公路相交或一级公路与交通量大的二级公路相交时,其右转弯运行应设置经渠化分隔的右转弯车道。

3　一级公路、二级公路的平面交叉中,符合下列情况之一时应设置右转弯车道:

1)斜交角接近于 70°的锐角象限;

2)交通量较大,右转弯交通会引起不合理的交通延误;

3)右转弯车流中大型车比例较大;

4)右转弯行驶速度大于 30km/h;

5)互通式立体交叉连接线中的平面交叉右转弯交通量较大。

**10.5.2**　左转弯车道设计应符合下列规定:

1　四车道公路除左转交通量很小且对直行交通不造成阻碍或延误者外,均应在平面交叉范围内设置左转弯车道。

2　二级公路符合下列情况之一时,应设置左转弯车道:

1)与高速公路或一级公路互通式立体交叉连接线相交的平面交叉;

2)非机动车较多且未设置慢车道的平面交叉;

3)左转弯交通会引起交通拥阻或交通事故。

3　左转弯车道应由渐变段、减速段和等候段组成。左转弯等候段长度应不小于 30m。当左转弯交通量很小时,可不考虑等候长度。

**10.5.3**　变速车道设计应符合下列规定:

1　变速车道的长度应根据相交公路类别、设计速度和变速条件等,按表 10.5.3-1 确定。

2　变速车道渐变段设计应符合下列规定:

1)变速车道为等宽车道时,其长度应另增加表 10.5.3-2 所列的渐变段长度。

2)变速车道为非等宽渐变式时,其长度应不小于按减速时 1.0m/s 或加速时 0.6m/s 的侧移率变换车道的计算值。

3)公路的设计速度大于或等于 80km/h,且直行交通量较大时,右转弯变速车道应采用附渐变段的等宽车道;其他情况宜采用渐变式变速车道。

4)当直行车道的通行能力有富余,或条件受限制而难以设置应有长度的加速车道时,可采用较短的渐变式加速车道。

**表 10.5.3-1 变速车道长度**

| 公路类别 | 设计速度(km/h) | 减速车道长度(m) | | | 加速车道长度(m) | | |
|---|---|---|---|---|---|---|---|
| | | 末速(km/h) | | | 始速(km/h) | | |
| | | 0 | 20 | 40 | 0 | 20 | 40 |
| 主要公路 | 100 | 100 | 95 | 70 | 250 | 230 | 190 |
| | 80 | 60 | 50 | 32 | 140 | 120 | 80 |
| | 60 | 40 | 30 | 20 | 100 | 80 | 40 |
| | 40 | 20 | 10 | — | 40 | 20 | — |
| 次要公路 | 80 | 45 | 40 | 25 | 90 | 80 | 50 |
| | 60 | 30 | 20 | 10 | 65 | 55 | 25 |
| | 40 | 15 | 10 | — | 25 | 15 | — |
| | 30 | 10 | — | — | 10 | — | — |

注:表列变速车道长度不包括渐变段的长度。

**表 10.5.3-2 渐变段长度**

| 设计速度(km/h) | 100 | 80 | 60 | 40 |
|---|---|---|---|---|
| 渐变段长度(m) | 60 | 50 | 40 | 30 |

**10.5.4** 渠化平面交叉交通岛的设置应符合下列规定:

1 需专辟右转弯车道时应设置导流岛。

2 信号交叉中,左转弯为两条车道时,左转车道与同向直行车道间宜设置导流岛。

3 左转车道与对向直行车道间应设置分隔岛。

4 T形交叉中,次要公路引道上的两左转弯行迹间应设置分隔岛。

5 对向行车道间需提供行人穿越的避险场所,或需设置标志、信号立柱时,应设置分隔岛。

**10.5.5** 交通岛的选型应符合下列规定:

1 当被交通岛分隔的车行道有不少于两条的车道,或虽为一条车道但设置绕避故障车辆的加宽时,或岛中需设置标志、信号柱时,应采用由缘石围成的实体岛。

2 岛的面积较小,或不需要,或不宜采用强行分隔时,宜采用在路面上由标线示出的隐形岛。

3 岛的面积较大时,宜采用由设置宽度不小于0.5m的路缘带的行车道围成的浅碟式岛。

# 11　公路与公路立体交叉

## 11.1　一般规定

**11.1.1**　公路与公路立体交叉分为互通式立体交叉和分离式立体交叉,设置立体交叉应符合下列规定:

1　高速公路与各级公路相交必须采用立体交叉。

2　一级公路同交通量大的其他公路交叉应采用立体交叉。

3　二级、三级公路间的交叉,直行交通量大时或有条件的地点宜采用立体交叉。

**11.1.2**　符合下列条件时应设置互通式立体交叉:

1　高速公路间及其同一级公路相交处。

2　高速公路、一级公路同通往县级以上城市、重要的政治或经济中心的主要公路相交处。

3　高速公路、一级公路同通往重要工矿区、港口、机场、车站和游览胜地等的主要公路相交处。

4　高速公路同通往重要交通源的公路相交而使该公路成为其支线。

5　承担干线功能的一级公路间及其与其他干线公路和集散公路相交。

6　一级公路上,当平面交叉的通行能力不能满足需要或出现频繁的交通事故。

7　由于地形或场地条件等原因设置互通式立体交叉的综合效益大于设置平面交叉。

**11.1.3**　符合下列条件时应设置分离式立体交叉:

1　高速公路同其他各级公路交叉,除因交通转换而设置互通式立体交叉外,均必须设置分离式立体交叉。

2　承担干线功能的一级公路同其他各级公路的交叉,除因交通转换需要而设互通式立体交叉外,为减少平面交叉,且相交的公路又不能截断时,应采用分离式立体交叉。

3　二级、三级、四级公路间的交叉,直行交通量很大或地形条件适宜,且不考虑交通转换时,可设置分离式立体交叉。

**11.1.4**　互通式立体交叉分为枢纽互通式立体交叉和一般互通式立体交叉,设置应符合下列规定:

1　高速公路间、或高速公路与承担干线功能的一级公路间、或承担干线功能的一级公路间的互通式立体交叉,应为枢纽互通式立体交叉。

2　高速公路、承担干线功能的一级公路与承担集散功能的一级公路及其他公路相交的互通式立体交叉,应为一般互通式立体交叉。

**11.1.7** 确定互通式立体交叉位置时,应综合考虑公路网的现状和规划情况,并设在两相交公路线形指标良好,地形、地质和环境条件有利的位置。与之相连的公路应符合下列条件:

1 相连接公路在路网中不应低于次要干线或集散公路的功能,不应有较大的横向干扰。

2 通行能力应满足过境和集散交通量的要求。

3 与主要交通源的连接应短捷。

4 分配到路网中附近公路的交通量应适当,不应使某些道路或路段负荷过重。

5 根据路网布局等条件而选定的被连通的公路,在通行能力和其他方面不能满足需要时,应进行改建设计。

**11.1.8** 互通式立体交叉选型,应综合考虑相交公路的功能、技术等级、匝道设计速度、地形、地物、用地条件、交通量、造价以及是否设置收费站等因素确定。

# 12 公路与铁路、乡村道路、管线交叉

## 12.2 公路与铁路立体交叉

**12.2.1** 公路与铁路交叉时,新建的公路或铁路项目应首选立体交叉。

**12.2.2** 高速公路、一级公路与铁路交叉,必须设置立体交叉。

**12.2.3** 高速铁路、城际铁路和路段旅客列车设计行车速度为140km/h及以上的铁路与公路相交叉时,必须设置立体交叉。

**12.2.4** 公路与铁路交叉,符合下列情况之一时应设置立体交叉:

1 Ⅰ级铁路与公路交叉;

2 铁路路段旅客列车设计行车速度大于或等于120km/h的地段与公路交叉;

3 铁路与二级公路交叉;

4 由于铁路调车作业对公路上行驶的车辆会造成较严重延误;

5 受地形等条件限制,采用平面交叉会危及公路行车安全;

6 结合地形或桥涵构造物情况,具备设置立体交叉条件。

**12.2.5** 公路与铁路立体交叉的平、纵面设计应符合下列要求:

1 公路与铁路立体交叉宜选在双方线形均为直线的地段,或平、纵线形技术指标高且通视良好的地段。

2 公路与铁路立体交叉,以正交为宜。受地形条件或其他特殊情况限制必须斜交时,应结合公路、铁路的线形条件,尽量设置较大的交叉角度。

3 高速公路、一级公路与铁路交叉,在考虑铁路对立交桥设置要求的同时,其立交位置应符合该路段公路平、纵线形设计总体布局,使线形连续、均衡、顺适,不得在该局部地

段降低技术指标。

4　公路与铁路立体交叉的改建工程,应根据公路网规划确定公路技术等级、交叉位置等。由于改善交叉角或移位而改线时,其路线的平、纵技术指标不得低于相衔接路段的一般值,更不得采用相应公路技术等级的最小值。

5　公路与铁路立体交叉的公路引道范围内,不得设置公路平面交叉。

6　公路与铁路立体交叉范围内的公路视距要求为:高速公路、一级公路应满足停车视距;二级、三级、四级公路应满足会车视距。

**12.2.6**　公路上跨铁路时,其设计应符合下列要求:

1　公路跨线桥的跨径与净高必须符合 1 435mm 标准轨距铁路建筑限界的规定。

2　公路跨线桥的跨径与布孔应根据地形、地质、桥下净空、铁路排水体系、沿铁路敷设的专用管线位置等综合确定。

3　公路上跨电气化铁路时,其跨线桥结构形式应按不中断电力输送的施工工艺与方法确定,不危及公路施工和铁路行车的安全。

4　公路跨线桥及引道的排水系统应自成体系。跨线桥桥面雨水不得直接排至铁路建筑限界范围内。

5　四车道及其以上的公路上跨铁路时,考虑到公路,铁路弯、坡、斜及超高等因素,应对跨线桥的四个周边的铁路建筑限界予以检核。

6　公路跨越铁路时,其公路跨线桥应设防撞护栏和防落网。

**12.2.7**　铁路上跨公路时,其设计应符合下列要求:

1　铁路跨线桥的跨径与净高必须符合公路建筑限界的规定。

2　铁路跨越二级公路、三级公路、四级公路时,严禁在行车道上设置中墩。铁路跨越四车道高速公路、一级公路时,不得在中间带设置中墩。铁路跨越六车道及以上高速公路、一级公路时,必须在中间带设置中墩时,中墩两侧必须设防撞护栏,并留足设置防撞护栏和护栏缓冲变形的安全距离。

3　铁路跨线桥所跨越的宽度应包括该路段公路标准横断面宽度及其所附属的变速车道、爬坡车道、边沟等的宽度。

4　铁路跨线桥的跨径与布孔应留有足够的侧向余宽,不得将墩、台设置在公路边沟、排水沟以内,并满足公路视距和对前方公路识别的要求。不能满足公路视距与对前方公路识别要求时,应设置边孔。

5　铁路跨越公路时,其铁路跨线桥应设置防落网。

6　铁路跨线桥及其引道的排水系统应自成体系,跨线桥桥面雨水不得直接排至公路建筑限界范围内。

## 12.3　公路与铁路平面交叉

**12.3.1**　公路与铁路平面相交时,宜为正交;必须斜交时,交叉角度应大于 45°。

**12.3.2**　道口应设置在汽车瞭望视距不小于表 12.3.2 规定值的地点,并应符合下列要求:

表 12.3.2 汽车瞭望视距

| 路段旅客列车设计行车速度(km/h) | 120 | 100 | 80 |
| --- | --- | --- | --- |
| 汽车瞭望视距(m) | 400 | 340 | 270 |

1 道口不得设置在铁路站场、道岔、桥头、隧道洞口及有调车作业的地段附近。

2 受地形等条件限制汽车在距铁路最外侧钢轨 5m 处停车后,汽车驾驶者的侧向瞭望视距小于表 12.3.2 规定的道口必须设置看守。

**12.3.3** 道口附近的铁路路线以直线为宜。公路路线宜为直线,道口两侧公路的直线长度,从最外侧钢轨算起,不应小于 50m。

**12.3.4** 道口两侧公路的水平路段长度(不包括竖曲线),从铁路最外侧钢轨外侧算起,不应小于 16m,乡村道路不应小于 10m。紧接水平路段的公路纵坡,不应大于 3%;当受地形条件及其他特殊情况限制时,不得大于 5%。对于重车驶向道口一侧的公路下坡路段,紧邻道口水平路段的纵坡不应大于 3%。

**12.3.5** 道口应设置坚固、平整、稳定且易于翻修的铺砌层,其长度应延伸至钢轨以外 2.0m;道口两侧公路在距铁路钢轨外侧 20m 范围内,宜铺筑沥青或水泥混凝土路面;道口铺砌宽度和公路引道宽度均不应小于相交公路的路基宽度。

## 12.4 公路与乡村道路交叉

**12.4.1** 公路与乡村道路的交叉设计应纳入公路交叉设计部分的总体设计,统筹规划,合理布局。公路与乡村道路交叉的形式、位置、间隔等应根据县级和乡(镇)土地利用总体规划中农业耕作机械需求布设。必要时应结合规划,对农业机耕道作适当调整或归并。

**12.4.2** 公路与乡村道路交叉设置应符合下列规定:

1 高速公路与乡村道路相交叉必须设置通道或天桥。

2 一级公路与乡村道路相交叉宜设置通道或天桥。

3 二级、三级公路与乡村道路相交叉应设置平面交叉,四级公路与乡村道路相交宜设置平面交叉,地形条件有利或公路交通量大时宜设置通道或天桥。

4 二级、三级、四级公路与乡村道路相交时,应对其交叉范围一定长度的路段进行改造,使其达到四级公路的标准。

5 二级及二级以上公路位于城镇或人口稠密的村落或学校附近时,宜设置专供行人横向通行的人行通道或人行天桥。

**12.4.3** 公路与乡村道路相交,符合下列情况时应对乡村道路进行改线,且改线段平、纵技术指标不应低于四级公路的最小值:

1 交叉的锐角小于 60°。

2 按规划或交叉总体设计对交叉予以合并或调整交叉位置。

3 交叉处的地形、地质、视距或原乡村道路平面线形不适宜设置交叉。

4　改造原平面交叉其工程量增加较大。

## 12.5　公路与管线交叉

**12.5.1**　公路与架空输电线路相交,以正交为宜。必须斜交时,其交叉的锐角应大于45°。

**12.5.2**　公路从架空输电线路下穿过时,应从导线最大弧垂点与杆塔间通过,并使输电线路导线与公路交叉处的距路面垂直距离不小于表12.5.2的规定值。

**表 12.5.2　架空输电线路导线距路面的最小垂直距离**

| 架空输电线路标称电压(kV) | 35 ~ 110 | 154 ~ 220 | 330 | 500 | 750 | 1 000 | | ±800 直流 |
|---|---|---|---|---|---|---|---|---|
| | | | | | | 单回路 | 双回路逆相序 | |
| 距路面最小垂直距离(m) | 7.0 | 8.0 | 9.0 | 14.0 | 19.5 | 27.0 | 25.0 | 21.5 |

**12.5.3**　架空输电线路导线与路面的垂直距离,应根据导线运行温度情况或覆冰无风情况求得的最大弧垂,以及根据最大风速情况或覆冰情况求得的最大风偏进行计算确定。

**12.5.4**　架空输电线路与公路交叉或平行时,杆(塔)内缘距离公路边沟的最小水平距离应符合表12.5.4的规定。

**表 12.5.4　架空输电线路杆(塔)内缘距公路边沟外侧的最小水平距离**

| 标称电压(kV) | | 35 ~ 110 | 220 | 330 | 500 | 750 | 1000 | ±800 直流 |
|---|---|---|---|---|---|---|---|---|
| 交叉(m) | | 8 | | | | 10 | 15 | 15 |
| 平行 | 开阔地区(m) | 最高杆(塔)高度 | | | | | | |
| | 受限制地区(m) | 5 | 5 | 6 | 8<br>高速 15 | 10<br>高速 20 | 单回路 15<br>双回路 13 | 12 |

注:标称电压1 000kV、±800kV直流输电线路与公路平行时的数值为边导线至公路边沟外侧的水平距离。

**12.5.5**　公路与油气输送管道相交时,以正交为宜。必须斜交时,其交叉的锐角不宜小于30°。

**12.5.6**　油气输送管道与各级公路相交叉且采用下穿方式时,应设置地下通道(涵)或套管。

**12.5.7**　穿越公路的地下专用通道(涵)的埋置深度,除应符合石油天然气行业标准的荷载相关规定外,尚应符合现行《公路桥涵设计通用规范》(JTG D60)的有关规定,并按所穿越公路的车辆荷载等级进行验算。穿越公路的保护套管其顶面距路面底基层的底面应不小于1.0m。

**12.5.8**　严禁有毒有害、易燃易爆、高压等管线设施利用公路桥梁跨越河流。输送有毒有害、易燃易爆物质的管线穿(跨)越河流时,管线距特大桥、大桥、中桥的距离,应不小于100m;距小桥的距离,应不小于50m。

**12.5.9** 严禁有毒有害、易燃易爆、高温高压等管线设施通过公路隧道。

**12.5.10** 各种管线跨越公路的设施,不得侵入公路建筑限界,不得妨碍公路交通安全、损害公路设施,也不得对公路及其设施形成潜在威胁。

# 13 公路沿线设施

## 13.1 一般规定

**13.1.1** 公路沿线设施以及其出入口,应根据项目总体设计、设施功能,选择主线线形指标较高、通视良好的位置,合理布置。

**13.1.2** 公路沿线设施的建设规模应根据公路及设施功能、交通量等论证确定,与互通式立体交叉、隧道、特大桥等构造物应保持合理的间距。

**13.1.3** 公路收费站、服务区、停车区、客运汽车停靠站及U形转弯等设施应依据本章相关规定做好几何设计。

## 13.2 收费站

**13.2.1** 收费站广场几何指标应符合下列规定:

1 主线收费站广场:平曲线指标应符合互通式立体交叉区主线线形指标的规定,竖曲线指标不应小于主线纵断面表8.6.1中一般值的规定。收费站广场中心线两侧最小各100m范围内,纵坡坡度不应大于2%。

2 匝道收费站广场:平曲线半径不得小于200m,竖曲线半径不得小于800m。收费站广场中心线两侧水泥混凝土路面范围内,纵坡坡度不宜大于2%,条件受限时不应大于3%。

3 收费站广场的横坡宜为1.5%,排水需要时可为2.0%。

**13.2.2** 收费站广场的设计应符合下列规定:

1 公路收费站广场应避免设置在凹型竖曲线的底部。

2 收费站广场几何布置如图13.2.2-1所示,收费岛前后水泥混凝土路面长度$L_0$应符合表13.2.2-1的规定。

3 收费站广场两端渐变段过渡应符合表13.2.2-2的要求。

4 匝道收费站广场中心线至匝道分岔点的距离不宜小于100m,且不应小于75m;至被交道路平交点的距离不宜小于150m,不能满足时,应增加设置等待车道。

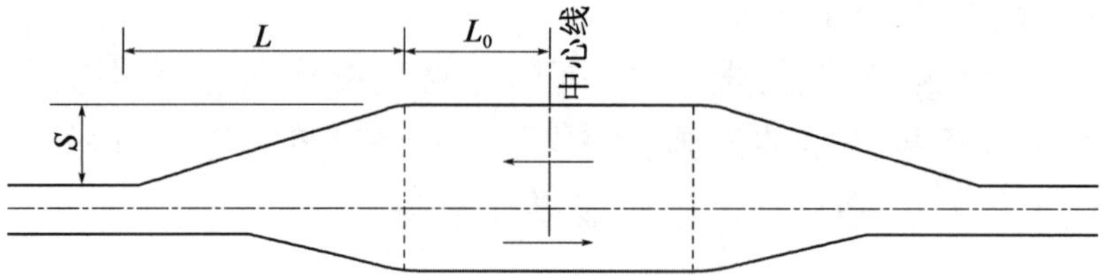


图 13.2.2-1　收费站广场布置与两端过渡示意图

**表 13.2.2-1　收费岛前后水泥混凝土路面的最小长度 $L_0$(m)**

| 收费广场位置 | | 匝道上 | 主线上 |
|---|---|---|---|
| 收费方式 | 单向 | 30 | 50 |
| | 双向 | 25 | 40 |

**表 13.2.2-2　收费广场两端行车道过渡渐变率**

| 收费广场位置 | 匝道上 | 主线上 |
|---|---|---|
| 广场收敛渐变率($L/S$) | 4～6,极限值为 3 | 6～8 |

5　收费站广场的宽度应包括收费车道、收费岛、路肩(或路缘带)的宽度。收费岛间的车道宽度宜为 3.2m,ETC 车道的宽度应为 3.5m,超宽车道的宽度宜为 4.5m。收费岛的宽度宜为 2.20m。硬路肩宽度应不小于 0.5m。收费站广场横断面组成如图 13.2.2-2。

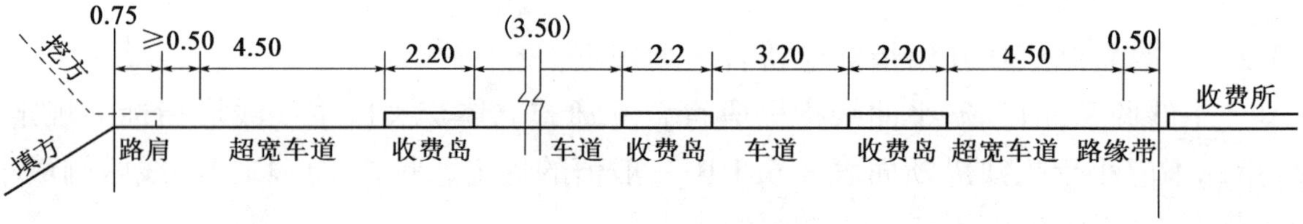


图 13.2.2-2　收费广场中心线的横断面组成示意图(尺寸单位:m)

## 13.3　服务区、停车区

**13.3.1**　服务区、停车区设置间距应符合下列规定:

1　服务区之间的间距宜为 50km,停车区与服务区或两停车区之间的间距宜为 15～25km。

2　服务区、停车区与互通式立体交叉、隧道的净间距宜大于 2km。条件受限时,可参照互通式立体交叉间距的相关要求。

**13.3.2**　服务区范围内的主线线形指标应符合互通式立体交叉范围内的主线线形指标的要求。停车区范围内的主线线形指标应符合表 13.3.2 的规定。

**表 13.3.2 停车区范围内的主线线形指标**

| 设计速度(km/h) | | 120 | 100 | 80 | 60 |
|---|---|---|---|---|---|
| 最小圆曲线半径(m) | 一般值 | 1 500 | 1 000 | 700 | 500 |
| | 极限值 | 1200 | 850 | 600 | 400 |
| 最小凸形竖曲线半径(m) | 一般值 | 45 000 | 25 000 | 12 000 | 6 000 |
| | 极限值 | 23 000 | 15 000 | 6 000 | 3 000 |
| 最小凹形竖曲线半径(m) | 一般值 | 16 000 | 12 000 | 8 000 | 4 000 |
| | 极限值 | 12 000 | 8 000 | 4 000 | 2 000 |
| 最大纵坡(%) | 一般值 | 2 | 3 | 4 | 4.5 |
| | 最大值 | 3 | 4 | 5 | 5.5 |

注:纵坡应选用一般值以上的指标;在地形受限、条件特殊情况下,可采用最大值。

**13.3.3** 服务区、停车区总体布置应符合下列要求:

1 服务区、停车区一般几何布置应包括加(减)速车道、连接匝道、贯穿车道、停车场等,如图 13.3.3 所示。

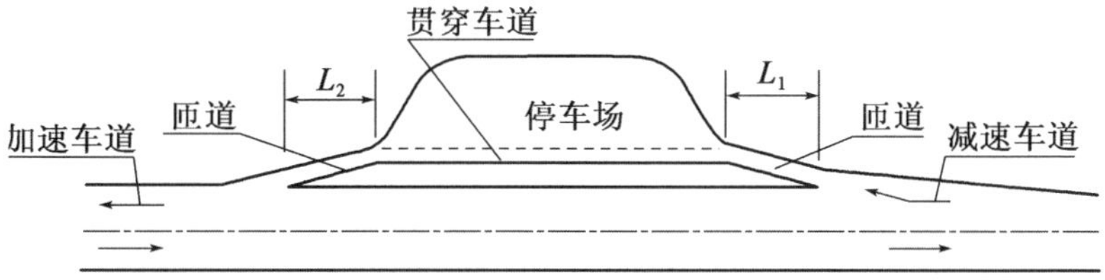


图 13.3.3 服务区、停车区的匝道、贯穿车道布置示意图

2 服务区、停车区匝道的设计速度宜采用 40km/h,条件受限时不应小于 30km/h。

3 匝道的最小长度应符合表 13.3.3 的规定。

**表 13.3.3 匝道的最小长度**

| 主线设计速度(km/h) | | 120 | 100 | ≤80 |
|---|---|---|---|---|
| 减速车道一侧 $L_1$ (m) | 一般值 | 110 | 90 | 80 |
| | 极限值 | 80 | 70 | 60 |
| 加速车道一侧 $L_2$ (m) | 一般值 | 80 | 70 | 60 |
| | 极限值 | 60 | 60 | 60 |

4 匝道及加、减速车道几何设计应符合互通式立体交叉的相关规定。

5 贯穿车道几何设计应符合下列规定:

1)贯穿车道的设计速度宜采用 30km/h。

2)贯穿车道应采用单向单车道,行车道 3.50m,左右侧路缘带各宽 0.50m。

3)贯穿车道纵面设计应综合考虑停车场高程及排水需要。

**13.3.4** 二级公路的服务区、停车区、观景台,根据功能、服务交通量、场地条件等,可采用设置出入匝道和加、减速车道的典型形式,也可采用不设置匝道、与主线布置成整体式的简易形式。简易形式的服务区、停车区、观景台布置应符合下列规定:

1　服务区、停车区、观景台范围内的主线纵坡不应大于2.5%，主线行车道与停车场用侧分隔带或路面标线区分。

2　停车场的两侧应设置长度相同的加、减速区段，布置图参照图13.4.4客运汽车停靠站，其长度根据侧分隔带宽度，按表13.4.4中主线设计速度对应的渐变率要求确定。

3　停车场沿主线的纵向最小长度宜大于30m。

## 13.4　客运汽车停靠站

**13.4.1**　高速公路主线侧不应设置客运汽车停靠站。

**13.4.2**　客运汽车停靠站范围内主线的最大纵坡应不大于2%，地形特别困难时应不大于3%。主线平曲线、竖曲线指标应符合表13.4.2的规定。

**表13.4.2　客运汽车停靠站范围内的主线线形指标**

| 设计速度(km/h) | 100 | 80 | 60 | ≤40 |
|---|---|---|---|---|
| 最小圆曲线半径(m) | 800 | 500 | 250 | 150 |
| 最小凸形竖曲线半径(m) | 10 000 | 4 500 | 2 000 | 1 000 |
| 最小凹形竖曲线半径(m) | 4 500 | 3 000 | 1 500 | 1 000 |

**13.4.3**　一级公路主线侧客运汽车停靠站布置应包括渐变段、加(减)速车道、停留车道等，其布置如图13.4.3所示，并应符合下列规定：

1　停靠区与主线右侧硬路肩之间必须用侧分隔带或护栏隔开。

2　变速车道及其渐变段长度，停留车道长度应不小于表13.4.3的规定。

3　侧分隔带宽应不小于2.0m，变速车道右侧硬路肩1.50m，停留车道宽应不小于5.50m，站台宽3.0m。

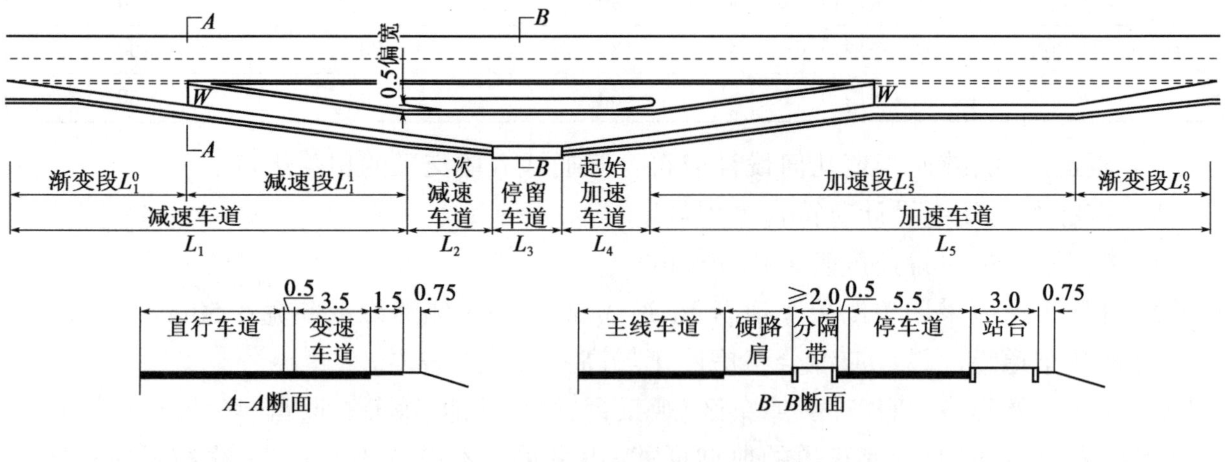


图13.4.3　一级公路客运汽车停靠站示意图(尺寸单位:m)

**表 13.4.3　一级公路客运汽车停靠站变速车道、停留车道长度**

| 主线设计速度(km/h) | | 100 | 80 | 60 |
|---|---|---|---|---|
| 减速车道 $L_1$ | 渐变段 $L_1^0$(1/20)(m) | 70 | 70 | 70 |
| | 减速段 $L_1^1$(m) | 100 | 90 | 70 |
| 二次减速车道 $L_2$(m) | | 50 | 50 | 40 |
| 停留车道 $L_3$(m) | | 30 | 30 | 20 |
| (二次)起始加速车道 $L_4$(m) | | 40 | 40 | 30 |
| 加速车道 $L_5$ | 加速段 $L_5^1$(m) | 130 | 110 | 80 |
| | 渐变段 $L_5^0$(m) | 65 | 60 | 50 |

**13.4.4**　二级及二级以下公路主线侧客运汽车停靠站的布置应包括加(减)速区段、停留车道等,如图 13.4.4 所示,并应符合下列规定:

1　停靠区与道路行车道之间用路面标线区分。

2　站台前停靠区两侧设置长度相等的加、减速区段,其长度应符合表 13.4.4 的规定。

3　停留车道长度为 15m。

4　相邻行车道边缘线的分隔带(标线)、停留车道、站台宽度依次为 0.5m、3.5m、2.25m。

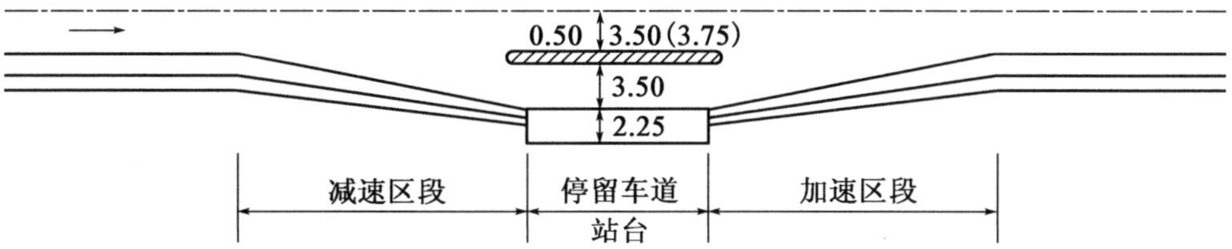


图 13.4.4　二级及二级以下公路客运汽车停靠站示意图(尺寸单位:m)

**表 13.4.4　二级及以下公路客运汽车停靠站变速区段长度**

| 主线设计速度(km/h) | 80 | 60 | 40 | 30 | 20 |
|---|---|---|---|---|---|
| 渐变率 | 1/15 | 1/12.5 | 1/10 | 1/7.5 | 1/5 |
| 加、减速区段长(m) | 60 | 50 | 40 | 30 | 20 |

## 13.5　高速公路上的 U 形转弯设施

**13.5.1**　互通式立体交叉间距大于 30km,或人烟稀少的西部荒漠戈壁、草原等地区大于 40km 时,应在适当位置设置 U 形转弯设施。

**13.5.2**　U 形转弯设施宜按双向设置,其几何布置应包括加(减)速车道、转弯匝道,如图 13.5.2 所示。

**13.5.3**　U 形转弯设施应充分利用主线桥梁等构造物进行布设,也可根据需要设置构造物上跨或下穿主线。

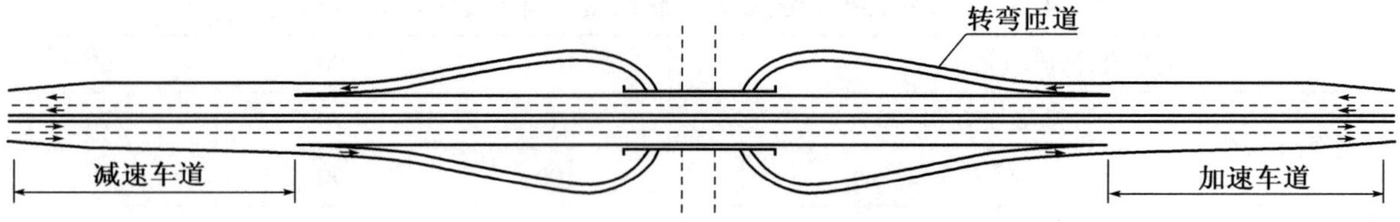


图 13.5.2　U 形转弯设施示意图

**13.5.4**　U 形转弯设施与主线相接的出入口、加减速车道设计,应符合互通式立体交叉的相关规定;匝道的设计速度不宜低于 20km/h。

**13.5.5**　U 形转弯设施匝道宜采用右侧硬路肩 1.50m 的单向单车道横断面标准,匝道路基宽度 7.50m。

# 三、公路工程抗震规范

(JTG B02—2013)

# 1 总则

**1.0.3** 公路工程构筑物应进行抗震设计。不需要进行专门工程场地地震安全性评价的公路工程构筑物,应根据现行《中国地震动参数区划图》(GB 18306)规定的地震动参数进行抗震设防。地震动峰值加速度大于或等于0.40$g$ 地区的公路工程构筑物的抗震设计应专门研究。

**1.0.4** 独立特大型桥梁工程及独立特长隧道工程、地震动峰值加速度大于或等于0.40$g$地区的高速公路和一级公路的抗震危险地段,应按照有关规定,进行工程场地地震安全性评价。

**1.0.5** 地震动峰值加速度大于或等于0.20$g$ 的地区,可将对抗震救灾以及在经济、国防上具有重要意义的公路工程构筑物,或破坏后修复(抢修)困难的公路工程构筑物确定为生命线工程。生命线工程,可按国家批准权限,报请批准后,适当提高抗震设防标准。

# 3 基本规定

## 3.1 桥梁工程抗震设防标准

**3.1.1** 桥梁抗震设防类别应按表3.1.1确定。

**表3.1.1 桥梁抗震设防类别**

| 桥梁抗震设防类别 | 桥梁特征 |
|---|---|
| A类 | 单跨跨径超过150m的特大桥 |
| B类 | 单跨跨径不超过150m的高速公路、一级公路上的桥梁,单跨跨径不超过150m的二级公路上的特大桥、大桥 |
| C类 | 二级公路上的中桥、小桥,单跨跨径不超过150m的三、四级公路上的特大桥、大桥 |
| D类 | 三、四级公路上的中桥、小桥 |

**3.1.2** 桥梁抗震设防目标应按表3.1.2确定。

**表3.1.2　各设防类别桥梁的抗震设防目标**

| 桥梁抗震设防类别 | 设防目标 | |
|---|---|---|
| | E1 地震作用 | E2 地震作用 |
| A类 | 不受损坏或不需修复可继续使用 | 可发生局部轻微损伤,不需修复或经简单修复可继续使用 |
| B类、C类 | 不受损坏或不需修复可继续使用 | 不致倒塌或产生严重结构损伤,经临时加固后可供维持应急交通使用 |
| D类 | 不受损坏或不需修复可继续使用 | — |

**3.1.3** 桥梁抗震重要性修正系数 $C_i$ 应按表3.1.3确定。

**表3.1.3　桥梁抗震重要性修正系数 $C_i$**

| 桥梁抗震设防类别 | E1 地震作用 | E2 地震作用 |
|---|---|---|
| A类 | 1.0 | 1.7 |
| B类 | 0.43(0.5) | 1.3(1.7) |
| C类 | 0.34 | 1.0 |
| D类 | 0.23 | — |

注:高速公路和一级公路上单跨跨径不超过150m的大桥、特大桥,其抗震重要性修正系数取B类括号内的值。

**3.1.4** 桥梁抗震措施设防烈度应按表3.1.4确定。

**表3.1.4　桥梁抗震措施设防烈度**

| 地震基本烈度 | | 6 | 7 | | 8 | | 9 |
|---|---|---|---|---|---|---|---|
| 对应设计基本地震动峰值加速度 | | ≥0.05$g$ | 0.10$g$ | 0.15$g$ | 0.20$g$ | 0.30$g$ | ≥0.40$g$ |
| 桥梁类别 | A类 | 7 | 8 | 8 | 9 | 更高,专门研究 | |
| | B类 | 7 | 8 | 8 | 9 | 9 | ≥9 |
| | C类 | 6 | 7 | 7 | 8 | 8 | 9 |
| | D类 | 6 | 7 | 7 | 8 | 8 | 9 |

**3.1.5** 立体交叉的跨线桥梁的抗震设防标准应不低于下线工程对桥梁结构的抗震设防标准。

## 3.2 其他公路工程构筑物抗震设防标准

**3.2.1** 其他公路工程构筑物抗震设防目标应为:

1　高速公路、一级公路及二级公路的工程构筑物,在E1地震作用时,位于抗震有利地段的,经一般整修即可正常使用;位于抗震不利地段的,经短期抢修即可恢复使用;位于抗震危险地段的挡土墙、隧道等重要构筑物不发生严重破坏。

2　三级公路、四级公路工程构筑物,在 E1 地震作用时,位于抗震有利地段的,经短期抢修即可恢复使用;位于抗震不利地段的挡土墙、隧道等重要构筑物不发生严重破坏。

**3.2.2**　其他公路工程构筑物的抗震重要性修正系数应按表 3.2.2 确定。

**表 3.2.2　其他公路工程构筑物抗震重要性修正系数 $C_i$**

| 公路等级 | 构筑物重要程度 | 抗震重要性修正系数 $C_i$ |
|---|---|---|
| 高速公路、一级公路 | 抗震重点工程 | 1.7 |
| | 一般工程 | 1.3 |
| 二级公路 | 抗震重点工程 | 1.3 |
| | 一般工程 | 1.0 |
| 三级公路 | 抗震重点工程 | 1.0 |
| | 一般工程 | 0.8 |
| 四级公路 | 抗震重点工程 | 0.8 |

注:抗震重点工程指隧道和破坏后抢修困难的路基、挡土墙工程。

**3.2.3**　其他公路工程构筑物的抗震措施,应根据现行《中国地震动参数区划图》(GB 18306)规定的所在地区地震动峰值加速度确定。

**3.2.4**　高速公路和一级公路上的台阶式路基和阶梯式挡土墙,其下部构筑物的抗震措施可较其对应的地震基本烈度提高一档采用,但对于地震基本烈度为 9 度的地区,抗震措施应通过专门研究确定。

**3.2.5**　四级公路上的一般工程,可仅采用简易的抗震措施。

## 3.5　抗震设计

**3.5.1**　设计基本地震动峰值加速度大于或等于 0.10$g$ 地区的 B 类和 C 类桥梁,应按 E1 地震作用进行弹性抗震设计计算,按 E2 地震作用进行延性抗震设计计算,并应采取相关抗震措施。

**3.5.2**　设计基本地震动峰值加速度大于或等于 0.10$g$ 地区的 D 类桥梁,应按 E1 地震作用进行弹性抗震设计计算,并宜采取相关抗震措施。

## 3.6　抗震措施

**3.6.1**　应在工程地质勘察的基础上,对断裂构造的活动性、边坡稳定性和场地的地质条件等进行综合评价,确定抗震有利、不利和危险地段,合理采用相应的综合抗震措施。路线、桥位和隧址的选择,应充分利用抗震有利地段,宜绕避抗震危险与不利地段。

**3.6.2**　路线布设应远离发震断裂带。必须穿过时,宜布设在破碎带较窄的部位;必须平行于发震断裂布设时,宜布设在断裂带的下盘,并宜有对应的修复预案和保通预案。

**3.6.3**　高速公路和一级公路宜避开地震动峰值加速度大于或等于 0.20$g$ 地区的发震断裂带。当难以避开时,抗震设计应包括震后保通预案和修复预案。

**3.6.4**　路线设计应避免造成较多的高陡临空面;不宜采用高挡土墙、深长路堑以及在同一山坡上连续回头弯道等对抗震不利的方案。

**3.6.5**　在软弱黏性土层、液化土层和严重不均匀地层上,不宜修建大跨径超静定桥梁。

**3.6.6**　隧址宜避开活动断裂和浅薄山嘴。不宜在地形陡峭、岩体风化、裂缝发育的山体中修建大跨度傍山隧道。

**3.6.7**　存在岩堆、围岩落石、泥石流等不良地质条件的峡谷地段,宜利用谷底阶地和河滩修建路堤或顺河桥通过,并应加强防护措施,尽量减少对天然山体的开挖。路线难以避开不稳定的悬崖峭壁地段时,宜采用隧道方案。

**3.6.8**　地震时可能因发生滑坡、崩塌形成堰塞湖的地段,应评估其淹没和堵塞体溃决的影响范围,合理确定路线的高程和选定桥位;当可能因发生滑坡、崩塌而改变河流流向、影响岸坡和桥梁墩台以及路基的安全时,应评估其影响,并采取相应措施。

**3.6.9**　高速公路和一级公路路线穿越松散堆积体、岩石破碎地段以及地质构造不利地段时,不宜做深长路堑,并应加强路基防护和排水处理措施。

**3.6.10**　液化土和软土地区,路线宜选择在上覆层较厚处通过,并宜设置低路堤。

**3.6.12**　构筑物的抗震结构体系应符合下列要求:

1　应有明确、可靠的地震能量耗散部位。

2　应有明确、合理的地震作用传递路线。

3　结构构件的截面刚度不应有突变而形成薄弱区域。

4　应有防止发生连锁式破坏的措施。

5　结构各构件之间连接节点的强度不应低于构件强度。

6　允许发生塑性变形的桥梁结构构件,在发生塑性变形后,不应导致整个体系完全丧失抗震能力或承受结构物自身荷载的能力。

**3.6.13**　应通过合理选择尺寸、配置钢筋等措施,增加钢筋混凝土构件的延性,防止剪切先于弯曲破坏和钢筋锚固黏结先于构件破坏。

# 5　桥梁

## 5.6　抗震措施

**5.6.2**　上部结构连续的桥梁,各桥墩高度宜相近。相邻桥墩高度相差较大时,宜采取采用不同的桥墩断面构造、下挖地面等措施调整桥墩的抗推刚度。

**5.6.3** 在刚度较大的桥墩处可设置能协调结构在地震作用下变形的设施,保证结构的抗震性能。

**5.6.4** 应加强结构塑性铰区域、结点区域等薄弱部位的构造措施,保证结构的强度和延性。

**5.6.6** 装配式结构宜采取加强结构横向连接等提高结构整体性的构造措施。在伸缩缝处宜采取加大支撑距离、设置限位装置和连梁装置等防落梁措施。

**5.6.7** 设计基本地震动峰值加速度大于或等于 $0.10g$ 的地区,不应采用独柱式结构。双柱式或多柱式桥墩应加强横向连接,保证桥墩的延性。

**5.6.8** 简支梁桥应合理确定简支梁梁端至墩、台帽或盖梁边缘的距离,并采取必要的措施,防止落梁。

**5.6.9** 设防烈度为 7 度的桥梁,还应采取下列措施:

1 应适当加强桥台背墙,并宜在梁与梁之间和梁与桥台背墙之间加装橡胶垫或其他弹性衬垫。

2 桥面不连续的简支梁(板)桥,宜采取设置挡块、螺栓连接和钢夹板连接等防止纵向落梁的措施。

3 连续梁和桥面连续的简支梁(板)桥,应采取防止横向产生较大位移的措施。

4 软弱黏性土层、液化土层和不稳定的河岸处,大中桥可采取适当增加桥长、合理布置桥孔等措施,使墩台避开地震时可能发生滑动的岸坡或地形突变的不稳定地段;也可采取加大基础埋置深度等措施。

5 小桥宜采取在两桥台基础之间设置支撑梁或采用浆砌片(块)石满铺河床等措施。

**5.6.10** 设防烈度为 8 度的桥梁,还应采取下列措施:

1 应采用合理的限制位移装置,控制结构相邻构件之间的相对位移。

2 连续梁桥宜采取措施,使上部构造所产生的水平地震作用能由各个墩、台共同承担。桥台宜采用整体性强的结构形式。

3 连续曲梁的边墩和上部结构之间应采取措施防止边墩与梁脱离。

4 混凝土墩(台)的墩(台)帽与墩(台)身连接处、墩(台)身与基础连接处、截面突变处应采取提高抗剪能力的措施。

5 混凝土墩、台和拱圈的最低砂浆强度等级或混凝土强度等级,应按要求提高一级采用。

6 桥梁下部为钢筋混凝土结构时,其混凝土强度等级不应低于 C25。

7 基础宜置于基岩或坚硬土层上,底面宜采用平面形式。基岩上的基础,在满足抗震要求的前提下,也可采取阶梯形式。

**5.6.11** 设防烈度为 9 度的桥梁,还应采取下列措施:

1 应加强梁桥各片梁间的横向连接,保证上部结构的整体性。当采用桁架体系时,应采取结构措施,保证其横向稳定性。

2　梁桥活动支座应采取限制其竖向位移的措施。

3　混凝土或钢筋混凝土无铰拱,宜在拱脚的上、下缘配置或增加适当的钢筋,钢筋伸入墩(台)拱座内的长度不应小于钢筋锚固长度。

4　拱桥墩、台上的拱座,混凝土强度等级不应低于 C25,并应配置钢筋。

5　桥梁墩、台采用多排桩基础时,宜设置部分斜桩。

# 7　挡土墙

## 7.1　一般规定

**7.1.1**　设计基本地震动峰值加速度大于或等于 0.20$g$ 的地区不宜采用加筋土挡土墙。

**7.1.2**　挡土墙范围内有发震断裂,且按本规范第 3.6.11 条判定,需考虑发震断裂的错动对挡土墙的影响时,应优先采取避开措施。

**7.1.3**　高速公路和一级公路上的挡土墙距离主断裂边缘不宜小于 100m;无法满足时,应采取降低挡土墙高度、采用整体浇筑的重力式混凝土挡土墙、设置合理有效的伸缩缝和沉降缝等措施,并应设置完善的排水系统。

## 7.2　强度和稳定性验算

**7.2.1**　挡土墙应按表 7.2.1 规定的范围和要求验算其抗震强度和稳定性。

**表 7.2.1　挡土墙抗震强度和稳定性验算范围**

| 地基类型 | | 设计基本地震动峰值加速度 | | | | |
|---|---|---|---|---|---|---|
| | | 高速公路、一级公路、二级公路 | | | 三级公路、四级公路 | |
| | | 0.10$g$(0.15$g$) | 0.20$g$(0.30$g$) | 0.40$g$ | <0.40$g$ | 0.40$g$ |
| 岩石、非液化土及非软土地基 | 非浸水 | 不验算 | $H>4$ 验算 | 验算 | 不验算 | 验算 |
| | 浸水 | 不验算 | 验算 | 验算 | 不验算 | 验算 |
| 液化土及软土地基 | | 验算 | 验算 | 验算 | 不验算 | 验算 |

注:$H$ 为挡土墙墙趾至墙顶的高度(m)。

**7.2.2**　公路挡土墙可采用静力法验算挡土墙体抗震强度和稳定性。设计基本地震动峰值加速度大于或等于 0.10$g$ 地区的高速公路、一级公路上的挡土墙,高度超过 20m,且地基处于抗震危险地段的,应作专门研究。

## 7.3 抗震措施

**7.3.1** 设计基本地震动峰值加速度大于或等于0.20$g$时,干砌片(块)石挡土墙的高度不宜超过5m;大于或等于0.40$g$时,不宜超过3m。高速公路、一级公路不应使用干砌片石挡土墙。

**7.3.2** 设计基本地震动峰值加速度大于或等于0.10$g$时,浆砌片(块)石挡土墙的最低砂浆强度等级应按现行《公路圬工桥涵设计规范》(JTG D61)的要求提高一级采用,挡土墙高度不宜大于表7.3.2的规定。当挡土墙高度大于表7.3.2所列数值时,宜采用混凝土整体浇筑或分级式挡土墙。

**表7.3.2 浆砌片(块)石挡土墙的高度限值**

| 高度(m) | | 设计基本地震动峰值加速度 | |
|---|---|---|---|
| | | 0.20$g$、0.30$g$ | ≥0.40$g$ |
| 公路等级 | 高速公路、一级公路 | 12 | 10 |
| | 二级公路、三级公路 | 14 | 12 |

**7.3.3** 混凝土挡土墙的施工缝和衡重式挡土墙的变截面处,应采用短钢筋加强、设置不少于占截面面积20%的榫头等措施提高抗剪强度。

**7.3.4** 挡土墙应分段修筑,每段长度不宜超过15m;在墙的分段处、地基土及墙高变化处,应设置沉降缝。

**7.3.5** 位于液化土及软土地基上的挡土墙,应按本规范第4章有关规定进行地基处理。当采用桩基时,桩尖应伸入稳定土层。

# 8 路基

## 8.1 一般规定

**8.1.1** 应根据公路等级、场区设计基本地震动峰值加速度、地形地质条件,合理选择填料,确定路基高度和断面形式,并采取必要的防护措施,保证路基安全。

**8.1.2** 路线经过规模较大、性质复杂的滑坡、崩塌、岩溶等不良地质地段时,应采用排、挡及改善软弱层带的工程性质等措施进行综合治理,减轻地震诱发的地质灾害对路基的危害。

## 8.2 抗震稳定性验算

**8.2.1** 路基应按表8.2.1规定的范围和要求验算其抗震稳定性。

**表 8.2.1　路基抗震稳定性验算的范围**

| 项目 | | | 基本地震动峰值加速度 | | | |
|---|---|---|---|---|---|---|
| | | | 高速公路、一级公路、二级公路 | | | 三级公路、四级公路 |
| | | | 0.10$g$(0.15$g$) | 0.20$g$(0.30$g$) | ≥0.40$g$ | ≥0.40$g$ |
| 岩石、非液化土及非软土地基上的路堤 | 非浸水 | 用岩块及细粒土(粉性土、有机质土除外)填筑 | 不验算 | $H>20$ 验算 | $H>15$ 验算 | $H>20$ 验算 |
| | | 用粗粒土(极细砂、细砂除外)填筑 | 不验算 | $H>12$ 验算 | $H>6$ 验算 | $H>12$ 验算 |
| | 浸水 | 用渗水性土填筑 | 不验算 | $H_w>3$ 验算 | $H_w>2$ 验算 | 水库地区 $H_w>3$ 验算 |
| | 地面横坡度大于1:3的路基 | | 不验算 | 验算 | 验算 | 验算 |
| 路堑 | 黏性土、黄土、碎石类土 | | 一般不验算 | $H>20$ 验算 | $H>15$ 验算 | $H>20$ 验算 |

注:1. $H$ 为路基高度(m)。

2. $H_w$ 为路基浸水常水位的深度(m)。

**8.2.2**　公路路基可采用静力法进行抗震稳定性验算。设计基本地震动峰值加速度大于或等于0.20$g$地区的高速公路、一级公路,挖方高度超过20m,填方路堤高度超过15m,且处于滑坡地段的路基,宜对抗震稳定性进行专门研究。

**8.2.3**　当路堤高度大于20m且位于设计基本地震动峰值加速度大于或等于0.20$g$地区时,路基抗震稳定性验算应考虑垂直路线走向的水平地震作用和竖向地震作用,其余情况只考虑垂直路线走向的水平地震作用。

**8.2.4**　地震作用应与结构重力、土重力组合,对于水库地区浸水路基以及滨河地区高速公路和一级公路浸水路基还应计入常水位的水压力和浮力。

**8.2.5**　采用静力法对路基进行抗震稳定性验算时,高速公路和一级、二级公路路基边坡高度大于20m的,路基边坡抗震稳定系数不应小于1.15,路基边坡高度小于或等于20m的,不应小于1.1;三级、四级公路的路基边坡抗震稳定系数不应小于1.05。

## 8.3　抗震措施

**8.3.1**　路堤填料的选择应符合下列规定:

1　路堤填方宜采用抗震稳定性较好的碎石土、黏性土、卵石土和不易风化的石块等材料,当采用砂类土填筑路基时,应对边坡坡面采取适当防护措施。

2　路堤浸水部分的填料,宜选用抗震稳定性较好的渗水性土。

3　位于设计基本地震动峰值加速度大于或等于0.20$g$地区的高速公路和一级公路,采用粉砂、细砂作填料时,应采取防止液化的措施。

**8.3.2**　公路路堤或路堑的高度大于表8.3.2规定时,应采取放缓边坡或加固等措施。

表 8.3.2 路基高度限值(m)

| 填土类别 | 设计基本地震动峰值加速度 | | | | |
|---|---|---|---|---|---|
| | 高速公路、一级公路 | | 二级公路 | 三级公路、四级公路 | |
| | 0.20$g$(0.30$g$) | 0.40$g$ | 0.40$g$ | 0.30$g$ | 0.40$g$ |
| 岩块和细粒土(粉土和有机质土除外)路基 | 15 | 10 | 15 | — | |
| 粗粒土(细砂、极细砂除外)路基 | 6 | 3 | 6 | — | |
| 黏性土路堑 | 15 | 15 | 10 | 15 | 20 |

**8.3.3** 对于设计基本地震动峰值加速度大于或等于0.20$g$地区的高速公路和一级、二级公路,在自然坡度大于1:5的稳定斜坡上填筑路堤时,应在原地面挖台阶,台阶宽度不宜小于2m,坡脚处应采取设置支挡构筑物等防滑措施。

**8.3.4** 当在自然坡度大于1:3的稳定斜坡上填筑路堤时,应验算路堤整体沿基底的滑动稳定性,其抗滑稳定性系数不应小于1.1。

**8.3.5** 路基地基存在液化土层,当满足下列条件之一时,可不采取抗震措施:

1 高速公路和一级公路路堤高度小于3m,二级、三级、四级公路路堤高度小于4m。

2 上覆非液化土层厚度 $d_u$ 或地下水位的深度 $d_w$ 值大于表8.3.5规定的限制。

3 设计基本地震动峰值加速度大于或等于0.10$g$(0.15$g$)、0.20$g$(0.30$g$)、0.40$g$的地区,对应地面以下5m、6m、7m深度内,液化土层的累计厚度小于2m,且高速公路和一级公路路堤高度小于5m,二级公路路堤高度小于6m。

表 8.3.5 $d_u$ 或 $d_w$ 的限值(m)

| 公路等级 | 设计基本地震动峰值加速度 | | |
|---|---|---|---|
| | 0.10$g$(0.15$g$) | 0.20$g$(0.30$g$) | 0.40$g$ |
| 高速公路和一级公路 | 5 | 6 | 7 |
| 二级公路 | 4 | 5 | 6 |
| 三级公路、四级公路 | 3 | 4 | 5 |

**8.3.6** 高速公路和一级公路的路基地基为液化土层,不满足本规范第8.3.5条规定时,应按本规范第4.3.5条的规定采取抗液化措施。

**8.3.7** 筑于软土地基且高度大于6m的路堤,可根据具体情况适当采取下列措施,提高路基的抗震稳定性:

1 降低填土高度,置换软土设置反压护道。

2 取土坑和边沟浅挖、远离路基。

3 保护路基与取土坑之间的地表植被或采取地基加固措施。

**8.3.8** 软土地基上的高速公路和一级公路,地表设置垫层时,垫层材料应采用碎、卵石或粗砂夹碎石(卵石),不得采用细砂。

**8.3.9** 边坡高度超过10m的岩石路堑,边坡坡度宜参考表8.3.9的规定确定。边坡岩体石质破碎或有危石的岩石路堑,上覆层受震易坍塌时,应采取支挡措施;对于高速公路和一级公路,宜采用明洞或隧道方案通过。

**表 8.3.9　边坡高度超过 10m 的岩石路堑参考边坡坡度**

| 岩 石 种 类 | 设计基本地震动峰值加速度 | |
|---|---|---|
| | 0.20*g*(0.30*g*) | 0.40*g* |
| 风化岩石 | 1:0.6 ~ 1:1.5 | 1:0.75 ~ 1:1.5 |
| 一般岩石 | 1:0.1 ~ 1:0.5 | 1:0.2 ~ 1:0.6 |
| 坚石 | 1:0.1 ~ 直立 | 1:0.1 ~ 直立 |

**8.3.10**　路基通过发震断裂,按本规范第 3.6.11 条判定,需要考虑发震断裂错动对路基影响时,高速公路、一级公路和二级公路,距发震断裂带边缘 100m 范围内,路堤高度和路堑边坡高度宜小于 3m,三级公路和四级公路宜小于 4m。

# 四、公路隧道抗震设计规范

(JTG 2232—2019)

## 1 总则

**1.0.1** 为规范公路隧道抗震设计,减轻公路隧道的地震破坏,更好地发挥公路交通网的功能及其在抗震救灾中的作用,制定本规范。

**1.0.2** 本规范适用于各等级和各类型公路隧道的抗震设计。

**1.0.3** 应根据公路隧道的重要性和修复(抢通)难易程度,划分抗震设防类别,并确定相应的抗震设防标准和设防目标。

**1.0.4** 已进行专门的工程场地地震安全性评价的公路隧道,应按经审定的报告所确定的地震动参数和抗震设防烈度进行抗震设防;没有进行工程场地地震安全性评价的公路隧道,应根据现行《中国地震动参数区划图》(GB 18306)规定的地震动参数进行抗震设防。

**1.0.5** 抗震设防烈度大于Ⅸ度地区或有特殊要求的隧道,其抗震设计应作专门研究,并按有关规定执行。

**1.0.6** 公路隧道抗震设计除应符合本规范的规定外,尚应符合国家和行业现行有关标准的规定。

## 3 基本要求

### 3.1 抗震设防分类和设防标准

**3.1.1** 隧道应根据公路等级及隧道重要性按表3.1.1进行抗震设防分类。对经济、国防具有重要意义,或有利于抗震救灾确保生命线畅通的隧道,宜适当提高抗震设防类别。

**表3.1.1 隧道抗震设防分类**

| 抗震设防类别 | 适用范围 |
|---|---|
| A | 穿越江、河、湖、海等水域,技术复杂、修复困难的水下隧道 |
| B | 1. 高速公路、一级公路隧道<br>2. 三车道、四车道隧道<br>3. 连拱隧道、明洞和棚洞<br>4. 地下风机房 |

续上表

| 抗震设防类别 | 适 用 范 围 |
|---|---|
| C | 1. 二级、三级公路隧道<br>2. 通风斜井、竖井及风道、平行导洞 |
| D | 1. 四级公路隧道<br>2. 附属洞室 |

**3.1.2**　隧道结构的抗震性能要求应根据设防目标分成下列三个等级:

1　性能要求 1:地震后衬砌结构应力低于弹性极限,处于弹性状态;结构无破坏,结构物功能保持震前状态。

2　性能要求 2:地震后衬砌结构应力超过弹性极限,但在屈服强度以内,结构处于弹性向弹塑性过渡状态;结构局部轻微损伤,不需要维修或简单加固后可继续使用。

3　性能要求 3:地震后衬砌结构应力超过屈服强度,未达到结构最大承载力,结构处于弹塑性状态、未失稳;结构产生损伤破坏,但不应出现局部或整体坍塌,通过修复和加固可以恢复结构物功能。

**3.1.3**　A 类、B 类和 C 类隧道宜采用两水准抗震设防,D 类隧道宜采用一水准抗震设防。各类隧道的抗震设防目标应符合表 3.1.3 的规定。

**表 3.1.3　各类隧道的抗震设防目标**

| 抗震设防类别 | 设 防 目 标 | |
|---|---|---|
| | E1 地震作用 | E2 地震作用 |
| A、B | 性能要求 1 | 性能要求 2 |
| C | 性能要求 1 | 性能要求 3 |
| D | 性能要求 1 | — |

**3.1.4**　各类隧道的抗震设防措施应按表 3.1.4 确定。

**表 3.1.4　各类隧道的抗震设防措施等级**

<table>
<tr><th rowspan="3">抗震设防类别</th><th colspan="6">地震基本烈度</th></tr>
<tr><th>Ⅵ</th><th colspan="2">Ⅶ</th><th colspan="2">Ⅷ</th><th>Ⅸ</th></tr>
<tr><th>0.05g</th><th>0.10g</th><th>0.15g</th><th>0.20g</th><th>0.30g</th><th>0.40g</th></tr>
<tr><td>A</td><td rowspan="2">二级</td><td rowspan="2">三级</td><td colspan="2">四级</td><td colspan="2">更高,专门研究</td></tr>
<tr><td>B</td><td>三级</td><td colspan="3">四级</td></tr>
<tr><td>C、D</td><td>一级</td><td colspan="2">二级</td><td colspan="2">三级</td><td>四级</td></tr>
</table>

**3.1.5**　各类隧道的抗震重要性系数 $C_i$ 应按表 3.1.5 确定。

**表 3.1.5　各类隧道的抗震重要性系数 $C_i$**

| 抗震设防类别 | E1 地震作用 | E2 地震作用 |
|---|---|---|
| A | 1.0 | 1.7(1.3[a]) |
| B | 0.43 | 1.3 |
| C | 0.34 | 1.0 |
| D | 0.26 | — |

注:[a] 沉管隧道取 1.3。

## 3.2　地震作用

**3.2.1**　隧道抗震设计要考虑的地震作用应采用所在地区基本地震动参数和抗震重要性系数 $C_i$ 来表征。开展了专门的工程场地地震安全性评价的隧道,其各级地震作用的地震动峰值加速度值应不低于根据本规范第 3.1.5 条规定的抗震重要性系数所确定的地震动峰值加速度值。

**3.2.2**　对隧址进行专门的工程场地地震安全性评价时,除应符合现行《工程场地地震安全性评价》(GB 17741)规定的工作内容和深度要求外,确定的地震作用还应满足本规范的相关规定。

**3.2.3**　需要根据基本地震动峰值加速度确定相应的抗震设防烈度时,应将其换算为Ⅱ类场地基本地震动峰值加速度,并按表 3.2.3 确定。

**表 3.2.3　地震动峰值加速度与抗震设防烈度的对应关系**

| 地震动峰值加速度分区值($g$) | 0.05 | 0.10 | 0.15 | 0.20 | 0.30 | 0.40 |
|---|---|---|---|---|---|---|
| Ⅱ类场地基本地震动峰值加速度($g$) | [0.04,0.09) | [0.09,0.14) | [0.14,0.19) | [0.19,0.28) | [0.28,0.38) | [0.38,0.75) |
| 抗震设防烈度 | Ⅵ | Ⅶ | | Ⅷ | | Ⅸ |

## 3.3　抗震设计流程

**3.3.1**　隧道抗震应按下列三类方法进行设计:

1　1 类:应进行 E1 地震作用和 E2 地震作用下的抗震分析和抗震验算,并应满足抗震措施要求。

2　2 类:应进行 E1 地震作用下的抗震分析和抗震验算,并应满足抗震措施要求。

3　3 类:应满足抗震措施要求,可不进行抗震分析和抗震验算。

**3.3.2**　根据隧道抗震设防分类及抗震设防水平,隧道抗震设计方法宜按表 3.3.2 选用。

**表 3.3.2　隧道抗震设计方法**

| 抗震设防类别 | 设防水平 | | | | | |
|---|---|---|---|---|---|---|
| | Ⅵ | Ⅶ | | Ⅷ | | Ⅸ |
| | 0.05$g$ | 0.10$g$ | 0.15$g$ | 0.20$g$ | 0.30$g$ | 0.40$g$ |
| A | 2 类 | 1 类 | 1 类 | 1 类 | 1 类 | 1 类 |
| B | 3 类 | 3 类 | 2 类 | 2 类 | 1 类 | 1 类 |
| C | 3 类 | 3 类 | 3 类 | 2 类 | 2 类 | 1 类 |
| D | 3 类 | 3 类 | 3 类 | 3 类 | 2 类 | 2 类 |

**3.3.3**　抗震设计应遵循下列工作流程：

1　根据本规范第 3.1.1 条确定隧道的抗震设防类别。

2　根据本规范第 3.1.3 条确定隧道的抗震设防目标及其抗震性能要求。

3　根据隧道的抗震设防类别、抗震性能要求和本规范第 3.3.2 条等，确定抗震设计内容和抗震设计方法，包括抗震分析与抗震验算、抗震措施设计等。

4　根据现行《中国地震动参数区划图》(GB 18306)或专门的场地地震安全性评价结果，确定隧道的 E1 地震作用和 E2 地震作用。

5　隧道抗震设计宜按图 3.3.3 所示流程进行。

# 4　隧址、场地和地基

## 4.1　一般规定

**4.1.1**　隧道在选址时应考虑下列宏观震害或地震效应：

1　强烈地震动导致隧道结构物的振动破坏；

2　强烈地震动造成的场地、地基失稳或失效，包括液化、地裂、震陷、滑坡、崩塌等；

3　断层错动，包括基岩断裂及构造性地裂造成的破坏；

4　局部地形、地貌、地层结构的变异引起的地震动异常造成的特殊破坏。

**4.1.2**　隧道地质勘察除应满足相关规范要求外，还应从抗震角度对下列内容进行场地与地基勘察和评价：

1　场地土的类型、场地类别、场地抗震地段类别、地基液化判别；

2　活动性断层和发震断层的位置、连续性和活动性等；

3　隧址区潜在滑坡、塌陷、崩塌和采空区等岩土体的稳定性；

4　断层破碎带、岩溶、软弱围岩等地段隧道的稳定性；

5　土层剖面及土的动剪切模量和阻尼比等参数。

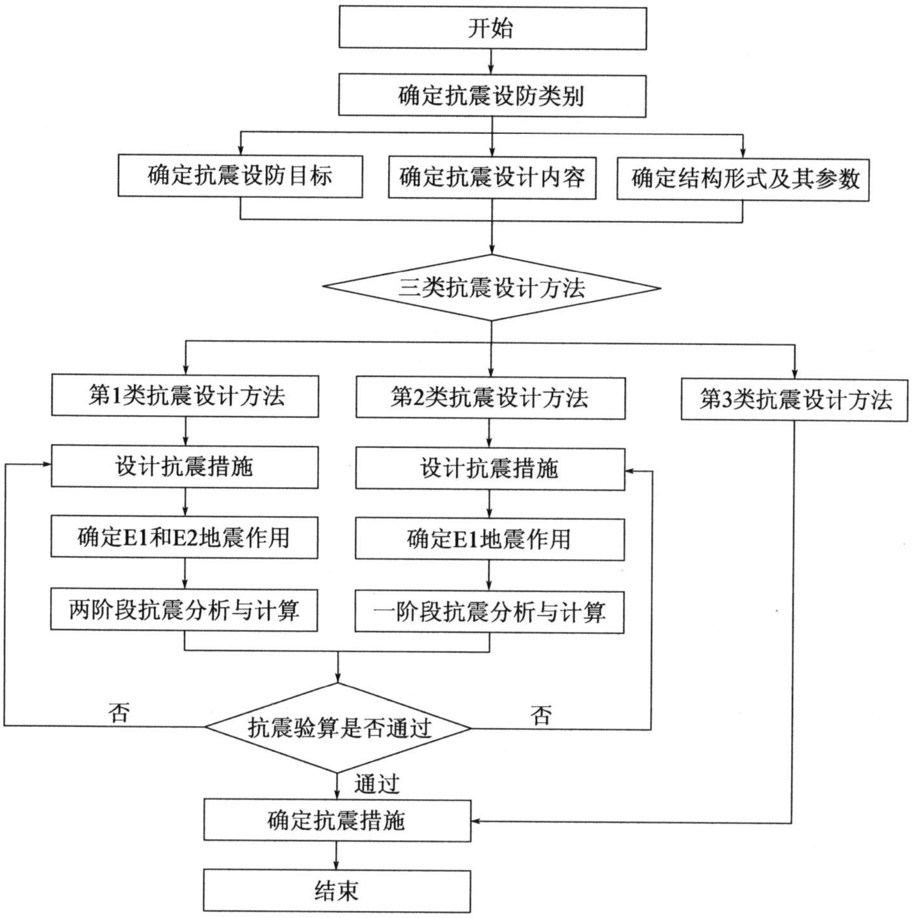


图 3.3.3　隧道抗震设计流程

## 4.2　隧址与场地

**4.2.1**　隧道围岩抗震地段类别受埋深、围岩条件的影响，可按表4.2.1进行判别。

**表4.2.1　隧道围岩抗震地段类别**

| 埋　深 | 围岩级别 | | | | | |
|---|---|---|---|---|---|---|
| | Ⅰ | Ⅱ | Ⅲ | Ⅳ | Ⅴ | Ⅵ |
| 深埋 | 有利 | 有利 | 有利 | 有利 | 一般 | 不利 |
| 浅埋 | 有利 | 有利 | 有利 | 一般 | 不利 | 危险 |
| 洞口 | 有利 | 有利 | 一般 | 不利 | 不利 | 危险 |
| 边仰坡 | 有利 | 有利 | 一般 | 不利 | 危险 | 危险 |

**4.2.2**　在隧道勘察时应从宏观地质与微观地质出发，对隧道边仰坡、洞口及浅埋段等地段的场地，按抗震有利、一般、不利、危险地段进行划分，场地的地段类别应按表4.2.2进行划分。

**表 4.2.2　场地的地段类别划分**

| 地段类别 | 地形、地貌、地质 |
|---|---|
| 有利地段 | 缓坡、稳定基岩,坚硬土,密实、均匀的中硬土等 |
| 一般地段 | 不属于有利、不利和危险的地段 |
| 不利地段 | 陡坡,陡坎,河岸和边坡的边缘,地表存在结构性裂缝,强风化岩层,软弱土,液化土,平面分布上成因、岩性、状态明显不均匀的土层(如故河道、疏松的断层破碎带、暗埋的塘浜沟谷和半填半挖地基),陡峭的倾向于山体外侧的地层,高含水率的可塑黄土等,条形突出的山嘴,高耸孤立的山丘 |
| 危险地段 | 地震时可能发生滑坡、崩塌、地陷、地裂、泥石流等及发震断层带上可能发生地层位错的部位 |

**4.2.3**　隧址宜绕避抗震不利地段和危险地段;难以绕避时,应以最短距离穿越抗震不利地段和危险地段。

**4.2.4**　隧道工程场地岩土剪切波速应按下列规定确定:

1　对于 A 类隧道,应通过现场实测确定工程场地土层剪切波速。

2　对于 B、C、D 类隧道,当无实测剪切波速时,可根据岩土名称和性状,结合当地经验,按表 4.2.4 估计各岩土层的剪切波速。

**表 4.2.4　岩土的类型划分和剪切波速范围**

| 岩土类型 | 岩土名称和性状 | 剪切波速范围(m/s) |
|---|---|---|
| 岩石 | 坚硬、较坚硬且完整的稳定岩石 | $v_{se}>800$ |
| 坚硬土或软质岩石 | 破碎和较破碎的岩石或软和较软的岩石,密实的碎石土 | $800\geq v_{se}>500$ |
| 中硬土 | 中密、稍密的碎石土,密实、中密的砾、粗(中)砂,$f_{ak}>200$kPa 的黏性土和粉土,坚硬黄土 | $500\geq v_{se}>250$ |
| 中软土 | 稍密的砾、粗(中)砂,除松散外的细、粉砂,$f_{ak}\leq200$kPa 的黏性土和粉土,$f_{ak}>140$kPa 的填土,可塑黄土 | $250\geq v_{se}>150$ |
| 软弱土 | 淤泥和淤泥质土,松散的砂,新近沉积的黏性土和粉土,$f_{ak}\leq140$kPa 的填土,流塑黄土 | $v_{se}\leq150$ |

**4.2.5**　钻爆、盾构隧道的洞口及浅埋段,以及明挖隧道、沉管隧道的场地覆盖层厚度应按下列规定确定:

1　一般情况下,应按地面至剪切波速大于 500m/s 且其下卧各层岩土的剪切波速均不小于 500m/s 的土层顶面的距离确定。

2　当地面 5m 以下存在剪切波速大于其上部各土层剪切波速 2.5 倍的土层,且该层及其下卧层各层岩土的剪切波速均不小于 400m/s 时,可按地面至该土层顶面的距离确定。

3　剪切波速大于 500m/s 的孤石、透镜体,应视同周围土层。

4　土层中的火山岩硬夹层,应视为刚体,其厚度应从覆盖土层中扣除。

**4.2.7**　隧道洞口、浅埋段隧道、明挖隧道、盾构隧道及沉管隧道的场地类别,应根据岩石的剪切波速或土层平均剪切波速和场地覆盖层厚度划分为四类,并应符合表 4.2.7 的规定。当有可靠的剪切波速和覆盖层厚度且其值处于表 4.2.7 所列场地类别的分界线附近时,应按插值方法确定地震作用计算所用的特征周期。

**表 4.2.7　隧道隧址场地类别划分**

| 岩石的剪切波速或土的平均剪切波速(m/s) | 场地类别 | | | | |
|---|---|---|---|---|---|
| | Ⅰ | | Ⅱ | Ⅲ | Ⅳ |
| | $Ⅰ_0$ | $Ⅰ_1$ | | | |
| $v_{se}>800$ | 0 | — | — | — | — |
| $800\geqslant v_{se}>500$ | — | 0 | — | — | — |
| $500\geqslant v_{se}>250$ | — | <5 | ≥5 | — | — |
| $250\geqslant v_{se}>150$ | — | <3 | 3~50 | >50 | — |
| $v_{se}\leqslant 150$ | — | <3 | 3~15 | 15~80 | >80 |

注:表中数据为场地覆盖层厚度(m)。

**4.2.8**　隧道工程场地范围内有发震断层时,应对断层错动的工程影响进行评价,并应符合下列要求:

1　当符合下列条件之一时,可不考虑断层错动对隧道的影响:

1)抗震设防地震动分档小于0.20$g$的地区;

2)非全新世断层;

3)对于盾构隧道、沉管隧道和明挖隧道,抗震设防地震动分档为0.20$g$(0.30$g$)和0.40$g$的地区,全新世基岩隐伏断层的土层覆盖厚度分别大于60m和90m。

2　当不能满足上述条件时,宜采取下列措施:

1)隧道轴向不宜近距离平行主断裂;

2)当隧道不得已穿越活动断层带时,可布设在断裂带较窄的部位,且应对断裂带的错动速率及错动量等进行专题论证,并在隧道设计中采取应对措施;

3)隧道平行于活动断裂布置时,宜布设在断裂带的下盘内。

# 5　地震作用

## 5.1　一般规定

**5.1.1**　各类隧道结构的地震作用,应符合下列规定:

1　应考虑沿结构横断面方向的水平地震作用。

2　抗震设防地震动分档为0.20$g$及以上地区的隧道和单洞四车道及以上的大跨度隧道,及竖直向作用引起的地震效应很显著时,应同时考虑沿横断面方向的水平向和竖直向的地震作用。

3　盾构隧道、沉管隧道和明挖隧道应同时考虑沿横断面方向和沿结构纵向的水平地震作用。

**5.1.2**　隧道结构抗震设计地震动参数确定应符合下列规定：

1　A类隧道和位于抗震设防地震动分档0.40$g$地区的特长隧道，应根据专门的工程场地地震安全性评价确定参数。

2　开展了专门的工程场地地震安全性评价的隧道，应根据安全性评价结果确定参数。

3　对其他隧道，地震动参数可在现行《中国地震动参数区划图》(GB 18306)基础上采用本规范相关规定确定。

**5.1.3**　隧址区及外延10km范围内存在发震断层时，宜进行工程场地地震安全性评价；隧址区及外延5km范围内存在可能发生震级不小于6.5级的发震断层时，应进行工程场地地震安全性评价。

# 6　计算方法

## 6.1　一般规定

**6.1.1**　隧道抗震计算方法应根据隧道的工程规模、重要程度、周围环境、地形地质条件、结构形式及输入地震动参数类型等因素综合确定。

**6.1.2**　隧道抗震计算方法包括静力法、反应位移法及时程分析法，计算方法的选取宜符合表6.1.2的规定。

**表6.1.2　隧道抗震计算方法**

| 方　　法 | 结构及地层条件 | 计 算 模 型 | 输入地震动 |
|---|---|---|---|
| 静力法 | 明洞及棚洞、端墙式洞门 | 横向 | 地震动峰值加速度 |
| 修正静力法 | 结构形式简单、均匀岩质地层 | 横向 | 地震动峰值加速度 |
| 反应位移法 | 结构形式简单、均匀土质地层 | 横向、纵向 | 地震动峰值位移 |
| 广义反应位移法 | 结构形式简单、地层条件复杂 | 横向、纵向 | 加速度时程 |
| 时程分析法 | 结构形式复杂、地层条件复杂 | 二维、三维 | 加速度时程 |

注：均匀土质地层的圆形盾构隧道可采用本规范附录B.3的反应位移法简化计算方法。

## 6.2　计算要求

**6.2.1**　隧道进行横向、纵向和三维模型抗震计算时，应遵循下列原则：

1　对隧道横向进行抗震计算，应根据地层条件和结构特征选取有代表性的隧道横断面。

2　对复杂地形地质条件下的隧道，如地形与地质条件变化显著的区段、穿越断层破碎带、软硬岩层交界地带隧道等宜进行纵向抗震计算;对盾构和沉管隧道,应进行纵向抗震计算。

3 大跨、重要、特殊隧道结构,或地形、地质条件变化较大的局部区段,以及结构形式变化较大、空间效应显著的隧道结构等宜采用三维模型计算。

**6.2.2** 进行隧道抗震计算时,计算模型的边界条件和地震作用应与所选择的方法相适应,计算模型应符合下列规定:

1 采用静力法或修正静力法进行抗震计算时,可按本规范附录 A 选取相应的地震作用和边界条件。

2 采用反应位移法进行抗震计算时,设计地震作用基准面应取在隧道结构以下剪切波速大于或等于 500m/s 的地层位置;对覆盖土层厚度小于 70m 的场地,设计地震作用基准面到结构的距离不应小于结构有效高度的 2 倍;对覆盖土层厚度大于 70m 的场地,设计地震作用基准面可取在场地覆盖土层 70m 深度的地层位置,相应的地震作用可按本规范附录 B 的规定选取。

3 采用时程分析法计算时,宜选用能减小地震波边界反射作用的边界条件,如黏性人工边界或黏弹性人工边界等,模型计算范围可按本规范附录 C 的规定设置。

**6.2.3** 计算建模时单元类型的选择、本构模型及材料参数的确定、网格尺寸的划分应符合下列规定:

1 采用荷载-结构模型时,衬砌宜采用梁单元模拟,围岩与结构之间的相互作用可采用弹簧或杆单元模拟;采用地层-结构模型时,衬砌可采用梁单元或壳单元模拟,地层可采用平面应变单元或实体单元模拟。

2 隧道结构应根据抗震性能要求采用适当的本构模型:性能要求 1 时宜采用弹性本构模型;性能要求 2、3 时宜采用弹塑性本构模型。

3 采用静力法计算时,宜采用材料的静态参数;采用时程分析法时,宜采用材料的动参数,材料动参数应按本规范第 7.4 节的规定选取。

4 计算模型的网格大小应考虑计算精度和计算时间综合确定,网格边长不应大于地震波长的 1/10。

# 9 钻爆隧道

## 9.1 一般规定

**9.1.1** 隧道布置应尽量减小浅埋、偏压段的长度,洞口结构宜避免与桥梁直接相接。

**9.1.2** 抗震设防地震动分档值 0.2$g$ 及以上地区宜避免设置连拱隧道。

**9.1.3** 抗震设防地震动分档值 0.4$g$ 及以上地区或穿越活动断层时,宜适当加大隧道内轮廓尺寸。

**9.1.4**　当隧道内设辅助通道时,应采取必要的构造措施增强主洞与辅助通道连接处结构的抗震性能。

## 9.4　衬砌抗震措施

**9.4.1**　隧道洞口浅埋段抗震设防范围应根据埋深因素确定,宜取埋深小于50m的衬砌结构段长度。

**9.4.2**　断层破碎带段、软硬地层变化段、结构形式变化段抗震设防范围应往较好围岩或正常结构段延伸,其设防长度应包括往两端延伸段的长度,延伸段长度可根据地震反应计算确定,但最小值应不小于表9.4.2的规定。

**表9.4.2　隧道抗震设防范围延伸段长度最小值(m)**

| 车道数 | 围岩级别 | 地震动峰值加速度分档 | | |
|---|---|---|---|---|
| | | 0.10*g*、0.15*g* | 0.20*g*、0.30*g* | 0.40*g* |
| 两车道 | Ⅲ~Ⅳ | — | — | 10 |
| | Ⅴ~Ⅵ | — | 5 | 15 |
| 三车道 | Ⅲ~Ⅳ | — | 5 | 15 |
| | Ⅴ~Ⅵ | 5 | 10 | 20 |
| 四车道 | Ⅲ~Ⅳ | 5 | 10 | 20 |
| | Ⅴ~Ⅵ | 10 | 15 | 25 |

**9.4.3**　隧道抗震设防范围内应采用复合式衬砌。二次衬砌采用的建筑材料不应低于本规范表7.2.2-1~表7.2.2-3的要求。

**9.4.4**　隧道线位与活动断层走向平行,抗震设防措施等级为三级时,隧道距离活动断层边缘的距离宜大于300m;抗震设防措施等级为四级时,隧道距离活动断层边缘的距离宜大于500m。

**9.4.5**　洞口有岩堆、滑坡、泥石流、崩塌、落石等不良地质危及隧道安全时,应采取工程措施,防止隧道因地震次生灾害而受损。

**9.4.6**　隧道抗震设防段建筑限界和内轮廓的最小间距应满足下列规定:

1　隧道抗震设防措施等级为三级时,最小间距宜大于15cm;隧道抗震设防措施等级为四级时,最小间距宜大于25cm。

2　隧道穿越发震断层时,最小间距宜大于35cm。

**9.4.7**　隧道抗震设防段、软硬地层变化段、结构形式变化段衬砌应设置防震缝,并应满足下列要求:

1　防震缝宜结合沉降缝、伸缩缝共同设置。

2　防震缝纵向布置间距宜取9~12m。

3　防震缝缝宽宜取2～4cm。

4　防震缝防水设计可参照沉降缝防水设计方法。

**9.4.8**　因地形或地质条件限制,桥隧相接段桥梁上部结构需伸入隧道内时,应符合下列规定:

1　桥梁上部结构伸入隧道内的长度宜小于10m。

2　伸入隧道内的桥梁上部结构端部处衬砌断面应设防震缝。

3　在满足桥梁施工吊装或支模空间的要求下,桥梁上部结构与隧道结构横向预留间距宜大于20cm,中间宜用橡胶垫或其他弹性衬垫隔开。

**9.4.9**　对于小净距隧道,当抗震设防措施等级为三级时,最小净距宜大于1倍开挖断面宽度;当抗震设防措施等级为四级时,最小净距宜大于1.5倍开挖断面宽度。如中夹岩软弱破碎,宜对中夹岩注浆加固,提高抗震能力。

**9.4.10**　连拱隧道宜选择复合式中墙形式,还应根据地震烈度、地质条件等扩大中墙基础断面和增加嵌固深度,增强其抗震稳定性。

**9.4.11**　隧道位于液化土层时,应采取下列措施:

1　对液化土层采取注浆加固和换填等措施,消除或减轻场地液化影响。

2　如不能确保消除或减轻场地液化影响,应对衬砌进行抗浮设计,如设置抗拔桩和(或)配置压重等。

3　隧道基础为夹薄层液化土时,可不做抗液化处理,但其承载力及抗浮稳定性验算应考虑由土层液化引起的土压力增加及摩阻力降低等影响。

**9.4.12**　明洞衬砌应采用钢筋混凝土结构,基础应置于稳定地基上;明洞边墙背后应采用浆砌片石或素混凝土回填,并应在明暗交界面设置环向防震缝;地层存在偏压时应设置抗偏压挡墙。

**9.4.13**　洞口存在落石危险时,应在明洞洞顶敷设抗落石冲击缓冲层,并应适当接长明洞。

# 10　盾构隧道

## 10.1　一般规定

**10.1.1**　盾构隧道抗震设计应根据隧道设防类别、设防标准、设计地震动参数和实际工程地质条件进行,按本规范第3.3.2条确定抗震设计方法。

**10.1.2**　抗震设防地震动分档0.2$g$及以上地区的大直径盾构隧道宜采用多种方法进行对比计算,必要时可采用振动台试验等手段进行验证。

**10.1.3**　盾构隧道宜建在密实、均匀、稳定的地基上,选址时应合理绕避不良地质地段及地层,无法避开时,应采取可靠的处理措施。

**10.1.4**　盾构隧道抗震计算宜选用反应位移法,也可采用时程分析法。

**10.1.5**　盾构隧道抗震验算应包括管片结构、管片接头、横通道连接处、盾构工作井或通风井连接处等特殊部位的强度、变形验算以及地层稳定验算。

### 10.4　抗震措施

**10.4.1**　盾构隧道抗震措施应包括提高盾构隧道结构自身抗震性能的抗震措施和减少地层传递至隧道结构地震能量的减震措施。

**10.4.2**　盾构隧道抗震设防措施等级为二级时,纵向宜采用直螺栓、加长接头螺栓长度等,使盾构隧道管片和接头保持适当刚度,并应加强防水处理。

**10.4.3**　盾构隧道抗震设防措施等级为三级时,除应采取本规范第 10.4.2 条规定的措施外,还应采取在连接处设置适应大变形的止水带或止水垫圈、纵向接头螺栓配置弹性垫圈等措施;局部区域可采用可挠性管片环或钢管片环等方案。

**10.4.4**　根据抗震要求可在盾构隧道与地层之间设置隔震层。施工时可采用剪切刚度较小的壁后注浆材料代替常规使用的壁后注浆材料。

**10.4.5**　应根据场地可能液化的范围,采取下列抗液化措施:

1　在隧道局部或全长设置二次衬砌。

2　增加上覆土层厚度。

3　增大管片衬砌整体纵向抗弯刚度。

4　采用挤密加密法、注浆加密法等进行地层加固,加固后地层应符合本规范第 4.4.7 条的相关规定。

5　采取砂井、减压井、排水桩等措施处理液化地层,减小孔隙水压力。

6　特殊情况应开展专门研究。

## 11　沉管隧道

### 11.1　一般规定

**11.1.1**　沉管隧道抗震设计应依据工程场地地震安全性评价报告,选用合适的抗震计算方法开展横向与纵向、整体与局部的抗震计算,必要时宜开展振动台试验进行验证。

**11.1.2**　沉管隧道应布置在水下基床稳定、有利于抗震的地段。沉管段和两端洞口应避免设置在可能引起震陷、液化、滑坡等地质灾害的地段。

**11.1.3**　沉管隧道抗震设防标准应按表 11.1.3 的要求确定。

**表 11.1.3 沉管隧道抗震设防标准**

| 抗震设防类别 | 抗震设防地震动水准 | 构 件 类 别 | 结构性能要求 | 受 力 状 态 | 基础及回填 |
|---|---|---|---|---|---|
| A | E1 地震作用 | 管体结构 | 性能要求 1 | 弹性 | 不液化 |
| | | 剪力键、减震构件 | 性能要求 1 | 弹性 | |
| | | 止水带等附属构件 | 性能要求 1 | 弹性 | |
| | E2 地震作用 | 管体结构、剪力键 | 性能要求 1 | 弹性 | 轻微液化 |
| | | 减震构件 | 性能要求 2 | 局部弹塑性 | |
| | | 止水带等附属构件 | 性能要求 2 | 局部弹塑性 | |

**11.1.4** 沉管隧道设计应选用抗震性能良好的运营维护设备与设施。对风机等运营维护设施还应进行抗震验算。

## 11.4 抗震措施

**11.4.1** 抗震设防措施等级为一级时,沉管隧道设计应适当提高接头的构造特性和止水带的密水特性。

**11.4.2** 抗震设防措施等级为二级时,沉管隧道设计的抗震措施应符合下列规定:

1 宜提高沉管结构混凝土强度等级,减薄构件厚度,加大截面配筋率,增加钢筋直径,合理布置钢筋,采取钢剪力键,加大剪力键受剪面,增设剪力销等,以提高管节结构的抗挤压、错动和扭转的能力。管节结构配筋、剪力销和剪力键不得采用硬钢。

2 位于软基的沉管隧道应选用柔性接头,位于硬质地基的沉管隧道可选用刚性或半刚性接头。

3 对于纵向地震响应较大的沉管隧道,宜在预制管节接头处配设钢筋并最终浇筑为刚性接头。

4 沉管段与岸上段的连接处宜采用纵、横向限位量较大的抗震接头和限位索装置。

5 沉管段应采用换填、桩基等方式进行地基处理,以避免出现大面积液化震陷现象。暗埋段建筑和洞口建筑宜采用独立基础。

6 管节顶部及两侧回填覆盖层、防护层、防撞结构等不得采用粉细砂和颗粒均匀的中砂等作为回填料,回填料宜具有较好的级配及反滤要求,避免发生地震液化或管节上浮。暗埋段隧道顶部可采用轻质回填材料。

**11.4.3** 抗震设防措施等级为三、四级时,沉管隧道设计应通过专项研究确定管节结构抗震构造和工程措施。

# 12　明挖隧道

## 12.1　一般规定

**12.1.1**　明挖隧道宜建造在密实、均匀、稳定的地基上,选址宜避开不良地质地段。当处于软弱土、液化土或者断层破碎带等不利地段时,应分析其对隧道结构抗震稳定性的影响,并采取相应措施。

**12.1.2**　明挖隧道抗震计算方法应按本规范第 6 章相关规定执行。

**12.1.3**　明挖隧道抗震验算应包括结构强度、变形和稳定性验算。

**12.1.4**　明挖隧道所处地层中含有可液化土层时,应分析液化土层对结构受力和稳定产生的影响,并提出液化处治措施。

**12.1.5**　明挖隧道回填材料、质量等应满足抗震相关要求。

## 12.4　抗震措施

**12.4.1**　明挖隧道抗震设防措施等级为一级或二级时,其构造要求除应满足现行《混凝土结构设计规范》(GB 50010)的相关规定外,还应符合下列规定:

1　明挖隧道结构各构件应有充分的变形性能和韧性,从而使其在周围地层的剪切变形作用下具有良好的抗震响应能力。

2　明挖隧道主体部分宜采用现浇结构。当部分采用装配式构件时,装配式构件应与周围构件有可靠的联结。

3　地下钢筋混凝土框架结构构件的最小尺寸,应不低于同类地面结构构件的尺寸规定。

4　应根据结构形状、施工方法、施工环境等综合确定其防排水措施。

**12.4.2**　明挖隧道抗震设防措施等级为三级时,其中柱、顶板和底板设计应符合下列规定:

1　中柱的纵向钢筋最小总配筋率应增加 0.2%。中柱与梁或顶板、底板的连接处应满足柱箍筋加密区的构造要求,箍筋加密区范围与抗震等级相同的地面结构柱构件相同。

2　顶、底板宜采用梁板结构。采用板柱-墙结构时,宜在柱上板带中设构造暗梁,其构造要求与同类地面结构的相应构件相同。

3　对地下连续墙的叠合墙体,顶板、底板的负弯矩钢筋至少应有 50% 锚入地下连续墙,锚入长度按受力计算确定;正弯矩钢筋应锚入内衬,并均不应小于规定的锚固长度。

4　隔板开孔时,孔洞宽度不应大于该隔板宽度的 30%。洞口的布置宜使结构质量和刚度的分布较均匀、对称,避免局部突变。孔洞周围应设置满足构造要求的边梁或暗梁。

**12.4.3** 明挖隧道抗震设防措施等级为一级时,钢筋的构造要求可按现行《混凝土结构设计规范》(GB 50010)中的抗震规定执行。明挖隧道抗震设防措施等级为二级或三级时,除应符合上述规定外,尚应符合下列规定:

1 纵向钢筋原则宜通长设置,需要搭接时,可采用焊接或机械连接。

2 横向钢筋宜采用闭合箍筋或螺旋式箍筋。横向钢筋的间隔距离应小于纵向钢筋直径的12倍以及断面最小尺寸的1/2。

3 矩形断面设置箍筋时,当其一边的长度大于箍筋直径的48倍时,应在其中间位置加设箍筋。

4 箍筋需要搭接时,其接头位置必须采用能完全传递受力的搭接形式,并做到不影响箍筋的整体强度。另外,接头位置不得集中于某一特定方向,应错位设置。

**12.4.4** 明挖隧道结构穿过地震时岸坡可能滑动的古河道,或可能发生明显不均匀沉陷的地基时,应采取更换软弱土或设置桩基础等措施。

**12.4.5** 明挖隧道应避免穿越可能发生液化的地层。绕避不开时,应分析液化对结构安全及稳定性的不利影响,并采取下列构造措施:

1 对液化土层采取注浆加固和换土等措施,以消除或减小场地液化的可能性。

2 对周围土体和地基中存在的液化土层未采取措施消除或减小其液化的可能性时,应考虑其上浮的可能性,并在必要时对其采取增设抗拔桩和(或)配置压重等抗浮措施。

3 明挖隧道结构与薄层液化土夹层相交,或施工中采用深度大于20m的地下连续墙围护结构的明挖隧道结构遇到液化土层时,其液化处理范围规定可仅对下卧层进行处理,围护结构外侧土体可不做处理,但承载力及抗浮稳定性的验算应考虑由土层液化引起的土压力增加及摩阻力降低等因素的影响。

# 13 隧道洞门

## 13.1 一般规定

**13.1.1** 隧道宜选择明洞式洞门或钢筋混凝土洞门,并宜正交设置。

**13.1.2** 隧道洞门设计宜减少对山体的扰动,应采取措施控制边仰坡高度。

**13.1.3** 洞口地形较陡或边仰坡欠稳定时,宜采取接长明洞、适当增加明洞回填土厚度、设置主动或被动防护网等措施,防止落石撞击明洞。

## 13.3　抗震措施

**13.3.1**　有抗震设防要求的洞门,建筑材料应不低于表 7.2.1 的要求。

**13.3.2**　明洞式洞门抗震措施应符合下列规定:

1　宜控制回填仰坡坡率。隧道抗震设防措施等级为二级时,仰坡坡率不宜大于 1∶1.25;隧道抗震设防措施等级为二级以上时,仰坡坡率不宜大于 1∶1.5。

2　明洞边墙两侧应采用浆砌片石、片石混凝土或素混凝土回填。隧道抗震设防措施等级为三、四级时,两侧回填高度不宜小于 7m。

3　应合理选用明洞洞顶上方回填材料。

**13.3.3**　墙式洞门抗震措施应符合下列规定:

1　洞门墙墙身最小厚度不应小于 0.8m,墙顶应高出墙背回填面不小于 1.0m。

2　洞门墙与衬砌应采用钢筋连接,连接钢筋直径宜与衬砌主筋相同。隧道抗震设防措施等级为二级时,连接钢筋环向布置间距应不大于 25cm;隧道抗震设防措施等级为三级时,连接钢筋环向布置间距应不大于 20cm;隧道抗震设防措施等级为四级时,连接钢筋环向布置间距应不大于 15cm。

3　洞门墙基础应置于稳固地基上,地基承载力应不小于 300kPa。对于岩石地基,洞门墙基础嵌固深度应不小于 0.5m;对于土质地基,嵌固深度应不小于 1.2m。

4　洞门墙较宽或地基条件有明显变化时,应设置防震缝,防震缝宜与沉降缝共同设置,其间距应不大于 10m。

# 五、公路工程混凝土结构耐久性设计规范
（JTG/T 3310—2019）

## 1 总则

**1.0.2** 本规范适用于考虑环境作用影响的公路工程混凝土结构的耐久性设计。涉及的环境作用包括:碳化、冻融循环、氯盐侵蚀、硫酸盐结晶膨胀、化学物质腐蚀和摩擦、切削、冲击等磨蚀。

**条文说明**

环境作用是引起公路工程混凝土结构性能劣化的主要因素。鉴于疲劳、振动等力学作用,以及生物、辐射和电磁作用对混凝土结构性能劣化的影响研究尚不成熟,本规范暂不纳入。

**1.0.4** 公路工程混凝土结构耐久性设计,应根据结构的设计使用年限、结构所处的环境类别及作用等级,确定材料耐久性指标、减轻环境作用效应的结构构造措施、防腐蚀附加措施等。

## 3 基本规定

**3.0.1** 公路工程混凝土结构耐久性设计应包括下列主要内容:

1 确定结构和构件的设计使用年限;

2 划分工程结构和构件的环境类别及作用等级;

3 选定原材料、混凝土和水泥基灌浆材料的性能和耐久性控制指标;

4 采用有利于减轻环境作用效应的结构形式和构造措施,包括混凝土保护层、抗裂设计、防排水和后张预应力体系的多重防护措施等;

5 必要时采取防腐蚀附加措施。

**条文说明**

公路工程混凝土结构耐久性设计步骤如图 3-1 所示。

**3.0.5** 公路工程混凝土结构的设计使用年限,应按表 3.0.5 的规定选用。对有特殊要求的结构,其设计使用年限可在上述规定的基础上,经技术经济论证后予以适当调整。

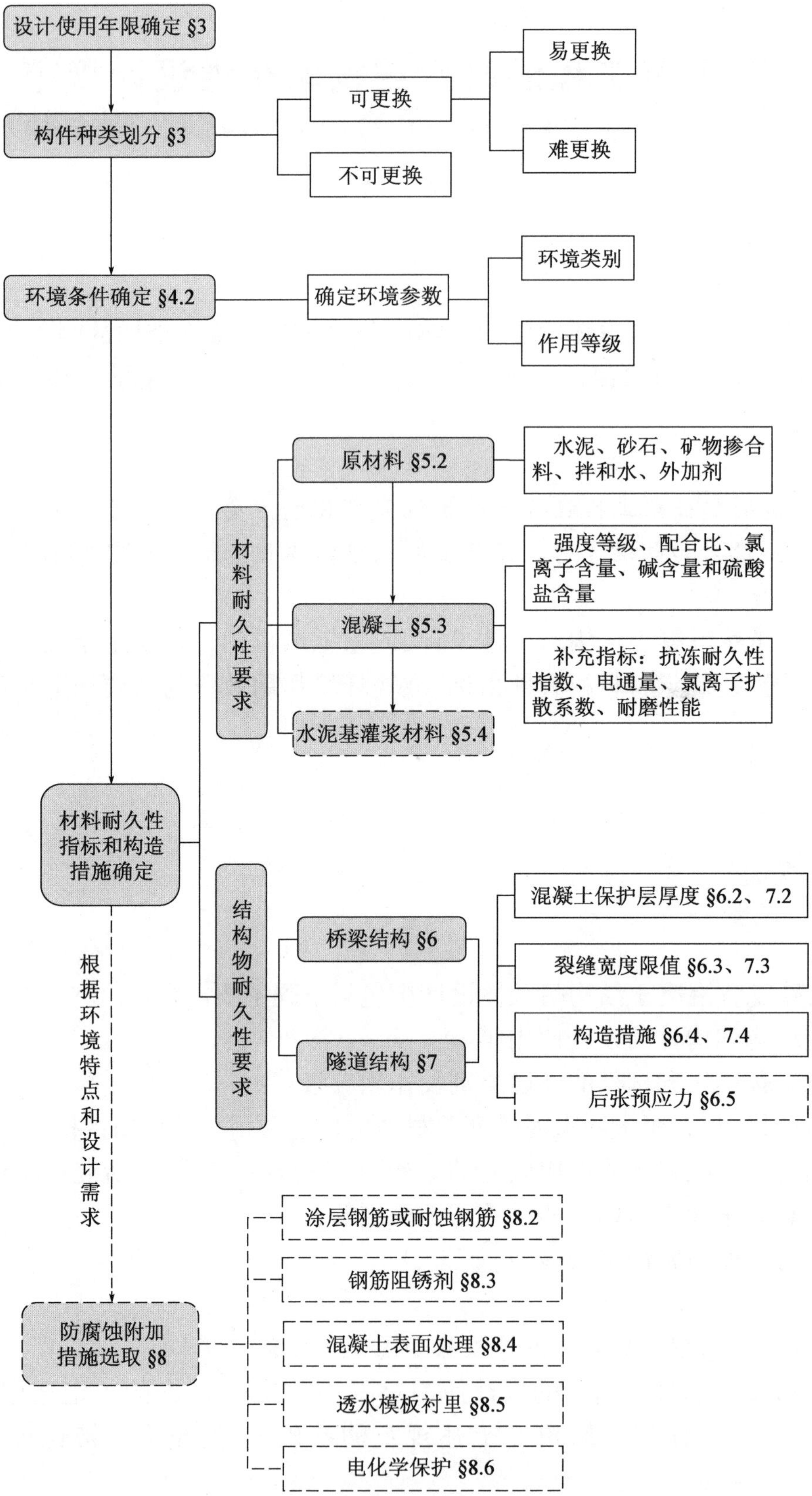


图 3-1　公路工程混凝土结构耐久性设计的一般步骤

注：实线框图步骤为耐久性设计的必选项，虚线框图步骤为可选项。

**表 3.0.5 公路工程混凝土结构设计使用年限(年)**

<table>
<tr><th rowspan="3">公路等级</th><th colspan="5">桥涵主体结构/衬砌、洞门等隧道主体结构</th><th colspan="3">可更换构件</th></tr>
<tr><th colspan="2">桥涵</th><th>隧道</th></tr>
<tr><th>特大桥、<br>大桥、<br>特长隧道</th><th>长隧道、<br>中隧道</th><th>中桥</th><th>短隧道</th><th>小桥、<br>涵洞</th><th>斜拉索、<br>吊索、<br>系杆等</th><th>栏杆、<br>伸缩装置、<br>支座等</th><th>内边水沟、<br>电缆沟槽、<br>盖板等</th></tr>
<tr><td>高速公路、<br>一级公路</td><td>100</td><td>100</td><td>100</td><td>100</td><td>50</td><td>20</td><td>15</td><td>30</td></tr>
<tr><td>二级公路</td><td>100</td><td>100</td><td>50</td><td>100</td><td>30</td><td rowspan="3">20</td><td rowspan="3">15</td><td rowspan="3">30</td></tr>
<tr><td>三级公路</td><td>100</td><td>100</td><td>50</td><td>50</td><td>30</td></tr>
<tr><td>四级公路</td><td>100</td><td>50</td><td>50</td><td>50</td><td>30</td></tr>
</table>

**条文说明**

本条的设计使用年限参照了《公路工程技术标准》(JTG B01—2014)的规定。对于一些特别重要的公路工程混凝土结构,或在业主有特殊要求时,其设计使用年限可以大于100年,如港珠澳大桥的设计使用年限为120年。

# 5 材料

## 5.2 原材料

**5.2.1** 进行耐久性设计时,水泥宜符合下列规定:

1 应根据公路工程混凝土结构物的性能与特点、结构物所处环境及施工条件,选择合适的水泥品种。水泥强度等级应与混凝土设计强度等级相适应。

2 对环境作用等级为D级及以上的混凝土结构,宜增加矿物掺合料用量。

3 硅酸盐水泥或普通硅酸盐水泥的比表面积不宜超过350$m^2$/kg。水泥中铝酸三钙($C_3A$)含量不宜超过8%(海水中不宜超过5%)。大体积混凝土宜采用硅酸二钙($C_2S$)含量相对较高的水泥。

4 应选用质量稳定、低水化热和碱含量偏低的水泥。水泥的碱含量(按$Na_2O$量计)不宜超过0.6%。

**条文说明**

矿物掺合料可替代部分水泥,以减少水泥用量,因而可降低水泥的水化热,降低混凝土升温。矿物细掺料中含有的二氧化硅和氧化铝,与水泥中的石膏及水泥水化生成的氧化钙反应,可提高混凝土的后期强度。混凝土中掺入矿物细掺料后,可提高黏聚性,另外如粉煤灰等需水量小的掺合料还可以降低混凝土的水胶比,提高混凝土的耐久性。同时,试验证明,矿物掺合料掺量较大时,可以有效地抑制碱-集料反应。

为改善混凝土的体积稳定性和抗裂性,应对混凝土细度、水化热和矿物组成含量进行控制。水泥中的铝酸三钙($C_3A$)水化迅速,虽然早期强度较高,但是其水化热大、收缩变形大,易导致混凝土水化热过大,提高开裂的风险,因此需控制水泥中铝酸三钙的含量。水泥中的硅酸三钙($C_3S$)含量一般超过 50%,强度高但水化热较大;而硅酸二钙($C_2S$)的后期强度较好,且其水化热较小,因此对于大体积的混凝土构件,宜适当提高水泥中的 $C_2S$含量。

**5.2.2**　进行耐久性设计时,粗、细集料应符合下列规定:

1　宜选用质地坚硬、级配良好、粒径合格、吸水率低、颗粒洁净、有害杂质含量少、无碱活性的粗、细集料,基本技术指标应按现行《公路桥涵施工技术规范》(JTG/T F50)的相关要求执行。

2　主体结构应使用无碱活性反应的集料,非主体结构宜避免采用有碱活性反应的集料,或采取必要的控制措施。应对粗、细集料进行碱活性检验,具体试验方法应符合现行《公路工程集料试验规程》(JTG E42)的规定。

3　对处于环境作用等级为 D 级及以上的近海或海洋氯化物环境、除冰盐等其他氯化物环境中的公路工程混凝土结构,宜采用抗渗透性较好的岩石作为粗、细集料。

4　粗集料的最大公称粒径不应超过结构最小边尺寸的 1/4 和钢筋最小净距的 3/4;在两层或多层密布钢筋结构中,不应超过钢筋最小净距的 1/2。

**5.2.3**　进行耐久性设计时,矿物掺合料应符合下列规定:

1　宜综合考虑环境、施工等情况,使用优质粉煤灰、磨细矿渣、硅灰等矿物掺合料或复合矿物掺合料。

2　矿物掺合料中的碱含量应以其中的可溶性碱计算,按试样中碱的溶出量试验确定。当无检测条件时,对于粉煤灰,应以其总碱量的 1/6 计算粉煤灰中的可溶性碱;对于磨细矿渣,以总碱量的 1/2 计算。

3　公路工程混凝土结构宜采用 F 类Ⅰ级或Ⅱ级粉煤灰。对普通钢筋混凝土,粉煤灰烧失量不宜大于 8%;需水量比不宜大于 105%;Ⅰ级粉煤灰的 45μm 方孔筛筛余量不宜大于 12%,Ⅱ级粉煤灰的筛余量不宜大于 20%。粉煤灰其他相关技术指标应符合现行《用于水泥和混凝土中的粉煤灰》(GB/T 1596)的规定。

4　磨细矿渣的比表面积宜为 350 ~ 450$m^2$/kg,需水量比不宜大于 100%,烧失量不应大于 3%,此外氯离子含量不应大于 0.02%。其他相关技术指标应按现行《公路桥涵施工技术规范》(JTG/T F50)的相关要求执行。

5　硅灰中的二氧化硅含量不宜小于 85%,比表面积宜大于 18 000$m^2$/kg。其他相关技术指标应按现行《公路桥涵施工技术规范》(JTG/T F50)的相关要求执行。硅灰宜与其他矿物掺合料复合使用,掺量不超过胶凝材料总量的 10%。

**条文说明**

3　拌制混凝土和砂浆用粉煤灰按照类别分为:F 类(由无烟煤或烟煤煅烧收集的粉

煤灰)和C类(由褐煤或次烟煤煅烧收集的粉煤灰,其氧化钙含量一般大于10%)。粉煤灰分为三个等级:Ⅰ级、Ⅱ级、Ⅲ级。Ⅰ级粉煤灰适用于钢筋混凝土和预应力混凝土,Ⅱ级粉煤灰适用于钢筋混凝土和无筋混凝土,Ⅲ级粉煤灰则主要用于强度等级低于C30的无筋混凝土。为避免粉煤灰中的氧化钙(CaO)与硫酸盐和铝酸三钙反应生成钙钒石,体积膨胀而导致混凝土破坏,宜采用低钙粉煤灰(CaO含量≤10%)。

5 硅灰常用于配制高强或高耐磨混凝土。单掺硅灰会增加低水胶比高强混凝土的自收缩,且会加剧混凝土温升,通常在工程中与其他矿物掺合料复合使用。

## 5.3 混凝土

**5.3.1** 混凝土耐久性设计指标应包括:强度等级、配合比(水胶比、胶凝材料和矿物掺合料用量)、氯离子含量、碱含量和硫酸盐含量。不同环境类别下的耐久性设计指标宜按表5.3.1的规定进行补充。

**表5.3.1 不同环境类别下的混凝土耐久性补充设计指标**

| 环境类别 | | 混凝土耐久性补充设计指标 |
|---|---|---|
| 一般环境 | Ⅰ | — |
| 冻融环境 | Ⅱ | 抗冻耐久性指数 |
| 近海或海洋氯化物环境 | Ⅲ | 电通量或氯离子扩散系数 |
| 除冰盐等其他氯化物环境 | Ⅳ | 电通量或氯离子扩散系数 |
| 盐结晶环境 | Ⅴ | 抗硫酸盐结晶干湿循环次数 |
| 化学腐蚀环境 | Ⅵ | — |
| 磨蚀环境 | Ⅶ | 耐磨性能 |

**5.3.2** 设计使用年限为100年的桥涵结构和构件,其混凝土最低强度等级应符合表5.3.2-1的规定。设计使用年限为50年和30年的桥涵结构和构件,其混凝土最低强度等级可在表5.3.2-1的规定上降低一个等级(5MPa),但预应力混凝土应不低于C40,钢筋混凝土应不低于C25。隧道结构混凝土最低强度等级应符合表5.3.2-2的规定。

**表5.3.2-1 桥涵结构混凝土最低强度等级**(100年)

| 环境名称 | 环境作用等级 | 预应力混凝土 | 钢筋混凝土 | | | 素混凝土 |
|---|---|---|---|---|---|---|
| | | | 上部结构 | 下部结构 | | |
| | | | 梁、板、塔 | 桥墩、涵洞 | 承台、基础 | |
| 一般环境 | Ⅰ-A | C40 | C35 | C30 | C25 | C25 |
| | Ⅰ-B | C45 | C40 | C35 | C30 | |
| | Ⅰ-C | C45 | C40 | C35 | C30 | |
| 冻融环境 | Ⅱ-C | C45 | C40 | C35 | C30 | C30 |
| | Ⅱ-D | C45 | C40 | C35 | C30 | |
| | Ⅱ-E | C50 | C45 | C40 | C35 | |

续上表

| 环境名称 | 环境作用等级 | 预应力混凝土 | 钢筋混凝土 | | | 素混凝土 |
|---|---|---|---|---|---|---|
| | | | 上部结构 | 下部结构 | | |
| | | | 梁、板、塔 | 桥墩、涵洞 | 承台、基础 | |
| 近海或海洋氯化物环境 | Ⅲ-C | C45 | C40 | C35 | C30 | C30 |
| | Ⅲ-D | C45 | C40 | C35 | C30 | |
| | Ⅲ-E | C50 | C45 | C40 | C35 | |
| | Ⅲ-F | C50 | C45 | C40 | C35 | |
| 除冰盐等其他氯化物环境 | Ⅳ-C | C45 | C40 | C35 | C30 | C30 |
| | Ⅳ-D | C50 | C40 | C35 | C30 | |
| | Ⅳ-E | C50 | C45 | C40 | C35 | |
| 盐结晶环境 | Ⅴ-D | C45 | C40 | C35 | C30 | C35 |
| | Ⅴ-E | C50 | C45 | C40 | C35 | |
| | Ⅴ-F | C50 | C45 | C40 | C35 | |
| 化学腐蚀环境 | Ⅵ-C | C45 | C40 | C35 | C30 | C35 |
| | Ⅵ-D | C45 | C40 | C35 | C30 | |
| | Ⅵ-E | C50 | C45 | C40 | C35 | |
| | Ⅵ-F | C50 | C45 | C40 | C35 | |
| 磨蚀环境 | Ⅶ-C | C45 | C40 | C35 | C30 | C35 |
| | Ⅶ-D | C50 | C45 | C40 | C35 | |
| | Ⅶ-E | C50 | C45 | C40 | C35 | |

**表 5.3.2-2　隧道结构混凝土最低强度等级**

| 环境作用影响程度 | 设计使用年限 | |
|---|---|---|
| | 100 年 | 50 年 |
| A | C30 | C25 |
| B | C35 | C30 |
| C | C40 | C35 |
| D | C45 | C40 |
| E | C50 | C45 |
| F | C50 | C50 |

**条文说明**

混凝土的强度是混凝土基本力学指标,直接关系到结构的耐久性。本条将混凝土最低强度等级与环境类别、作用等级相关联,以反映环境特点。其取值规定参考了国内外相关规范,并用材料性能劣化模型做了近似的计算校核。

# 6 桥涵

## 6.1 一般规定

**6.1.1** 桥涵混凝土结构设计应满足耐久性的构造要求,并遵循可检查、可维修的基本原则,主要内容包括:

1 减轻环境作用的结构形式、布置和构造细节;

2 钢筋的混凝土保护层最小厚度要求;

3 混凝土裂缝控制要求;

4 防水、排水等构造措施;

5 后张预应力体系的防护要求;

6 后期检修和维护的可到达与操作空间要求。

## 6.3 裂缝控制

**6.3.1** 桥涵钢筋混凝土构件和B类预应力混凝土构件,其计算的最大裂缝宽度不应超过表6.3.1规定的限值。

**表6.3.1 混凝土桥涵构件的最大裂缝宽度限值**

| 环境类别 | 环境作用等级 | 最大裂缝宽度限值(mm) | |
|---|---|---|---|
| | | 钢筋混凝土构件 | B类预应力混凝土构件 |
| 一般环境 | Ⅰ-A | 0.20 | 0.10 |
| | Ⅰ-B | | 0.10 |
| | Ⅰ-C | | 0.10 |
| 冻融环境 | Ⅱ-C | 0.20 | 0.10 |
| | Ⅱ-D | 0.15 | 禁止使用 |
| | Ⅱ-E | 0.10 | 禁止使用 |
| 近海或海洋氯化物环境 | Ⅲ-C | 0.15 | 0.10 |
| | Ⅲ-D | 0.15 | 禁止使用 |
| | Ⅲ-E、Ⅲ-F | 0.10 | 禁止使用 |
| 除冰盐等其他氯化物环境 | Ⅳ-C | 0.15 | 0.10 |
| | Ⅳ-D | 0.15 | 禁止使用 |
| | Ⅳ-E | 0.10 | 禁止使用 |
| 盐结晶环境 | Ⅴ-D、Ⅴ-E、Ⅴ-F | 0.10 | 禁止使用 |

续上表

| 环 境 类 别 | 环境作用等级 | 最大裂缝宽度限值(mm) | |
|---|---|---|---|
| | | 钢筋混凝土构件 | B 类预应力混凝土构件 |
| 化学腐蚀环境 | Ⅵ-C | 0.15 | 0.10 |
| | Ⅵ-D、Ⅵ-E、Ⅵ-F | 0.10 | 禁止使用 |
| 磨蚀环境 | Ⅶ-C | 0.20 | 0.10 |
| | Ⅶ-D、Ⅶ-E | 0.15 | 禁止使用 |

# 7　隧道

## 7.1　一般规定

**7.1.1**　隧道混凝土结构应采用满足耐久性要求的构造设计,并遵循可检查、可维修的基本原则,主要内容包括:

1　有利于减轻环境作用的结构形式、布置和构造;

2　钢筋的混凝土保护层最小厚度要求;

3　混凝土裂缝控制要求;

4　防水、排水等构造措施。

# 8　防腐蚀附加措施

## 8.1　一般规定

**8.1.2**　防腐蚀附加措施可选用下列五种方法:M1——涂层钢筋和耐蚀钢筋;M2——钢筋阻锈剂;M3——混凝土表面处理(包括:M3-1 表面涂层、M3-2 表面憎水、M3-3 防腐面层);M4——透水模板衬里;M5——电化学保护。

# 六、公路路基设计规范

(JTG D30—2015)

## 1 总则

**1.0.3** 路基应具有足够的强度、稳定性和耐久性。

**1.0.4** 路基设计应做好公路沿线工程地质勘察试验工作,查明沿线水文、地质条件,获取设计所需要的岩土物理力学参数。

**1.0.5** 路基设计应根据公路的功能和等级,遵循因地制宜、就地取材、节约土地、保护环境的原则,通过技术经济综合比选,合理确定路基方案,做好综合设计。

## 2 术语和符号

### 2.1 术语

**2.1.1** 路基 subgrade

按照路线位置和一定技术要求修筑的带状构造物,是路面的基础,承受由路面传来的行车荷载。

**2.1.2** 路床 roadbed

路面结构层以下0.8m或1.20m范围内的路基部分,分为上路床及下路床两层。上路床厚度0.3m;下路床厚度在轻、中等及重交通公路为0.5m,特重、极重交通公路为0.9m。

**2.1.3** 路堤 embankment

高于原地面的填方路基。路堤在结构上分为上路堤和下路堤,上路堤是指路床以下0.7m厚度范围的填方部分,下路堤是指上路堤以下的填方部分。

**2.1.4** 路堑 cutting

低于原地面的挖方路基。

**2.1.5** 路基工作区 subgrade workaround

汽车荷载通过路面传递到路基的应力与路基土自重应力之比大于0.1的应力分布深度范围。

**2.1.6** 低路堤 low embankment

填土高度小于路基工作区深度的路堤。

**2.1.7**　高路堤　high embankment

路基填土边坡高度大于 20m 的路堤。

**2.1.8**　陡坡路堤　steep slope embankment

地面斜坡陡于 1∶2.5 的路堤。

**2.1.9**　深路堑　deep cutting

土质挖方边坡高度大于 20m 或岩石挖方边坡高度大于 30m 的路堑。

**2.1.10**　填石路堤　rockfill embankment

用粒径大于 40mm、含量超过 70% 的石料填筑的路堤。

**2.1.11**　压实度　degree of compaction

筑路材料压实后的干密度与标准最大干密度之比,以百分率表示。

**2.1.12**　特殊路基　special subgrade

位于特殊土(岩)地段、不良地质地段及受水、气候等自然因素影响强烈,需要进行特殊设计的路基。

**2.1.13**　软土　soft soil

天然含水率高、孔隙比大、压缩性高、抗剪强度低的细粒土。泛指软黏土、淤泥质土、淤泥、泥炭质土、泥炭等软弱土。

**2.1.14**　湿陷性黄土　collapsibility loess

在自重或一定压力下受水浸湿后,土体结构迅速破坏,并产生显著下沉现象的黄土。

**2.1.15**　红黏土　laterite

碳酸盐类岩石在温湿气候条件下经风化后形成的褐红色粉质土或黏质土。

**2.1.16**　高液限土　high liquid limit soil

液限(100g 锥试验)大于 50% 的细粒土。

**2.1.17**　膨胀土　expansive soil

含亲水性矿物并具有明显的吸水膨胀与失水收缩特性的高塑性黏土。

**2.1.18**　盐渍土　saline soil

易溶盐含量大于规定值的土。

**2.1.19**　多年冻土　permafrost

冻结状态连续两年或两年以上的温度低于 0℃ 且含冰的土(岩)。

**2.1.20**　季节冻土　seasonally frozen soil

随季节冻结和融化的土。

**2.1.21**　滑坡　landslide

斜坡上的岩体或土体在自然或人为因素的影响下沿带或面滑动的地质现象。

**2.1.22**　崩塌　rock fall

高陡斜坡上岩体或土体在重力作用下坍塌、倾倒或坠落的地质现象。

**2.1.23**　泥石流　debris flow

挟带大量泥沙、石块的间歇性洪流。

**2.1.24** 岩溶 karst

可溶性岩层被水长期溶蚀而形成的各种地质现象和形态。

**2.1.25** 采空区 mined-out area

地下固体矿床开采后的空间及其围岩失稳而产生位移、开裂、破碎垮落,直到上覆岩层整体下沉、弯曲所引起的地表变形和破坏的地区或范围,统称为采空区。狭义采空区指开采空间。

**2.1.26** 挡土墙 retaining wall

承受土体侧压力的墙式构造物。

**2.1.27** 抗滑桩 slide-resistant pile

抵抗滑坡下滑力或土压力的横向受力桩。

**2.1.28** 土钉 soil nailing

在土质或破碎软弱岩质边坡中设置钢筋钉,维持边坡稳定的支护结构。

**2.1.29** 预应力锚杆(索) prestressed anchor

由锚头、预应力筋、锚固体组成,通过对预应力筋施加张拉力以加固岩土体的支护结构。

**2.1.30** 柔性支护结构 flexible supporting structure

对路基边坡进行支护,限制路基边坡发生过大变形,允许结构出现一定变形的一种路基支挡形式。

# 3 一般路基

## 3.1 一般规定

**3.1.1** 路基设计应收集公路沿线气候、水文、地形地貌、地质、地震、筑路材料等资料,做好沿线地质、路基填料勘察试验工作,查明地层岩土性质、厚度、空间分布特征及有关物理力学参数。

**3.1.2** 路基设计宜避免高填深挖。不能避免时,当路基中心填方高度超过20m或中心挖方深度超过30m时,宜结合路线方案与桥梁、隧道等构造物或分离式路基进行方案比选。

**3.1.3** 沿河及受水浸淹的路基边缘高程,应高出表3.1.3规定设计洪水频率的计算水位加壅水高度、波浪侵袭高度及0.5m的安全高度之和。

**表3.1.3 路基设计洪水频率**

| 公路等级 | 高速公路 | 一级公路 | 二级公路 | 三级公路 | 四级公路 |
|---|---|---|---|---|---|
| 路基设计洪水频率 | 1/100 | 1/100 | 1/50 | 1/25 | 按具体情况确定 |

注:区域内唯一通道的公路路基设计洪水频率可采用高一个等级公路的标准。

**3.1.4**　路基设计应根据当地自然条件和工程地质条件,选择适当的路基横断面形式和边坡坡度。沿河路基不宜侵占河道,应根据冲刷情况,设置必要的防护支挡工程,并妥善处理路基废方,避免河床堵塞、河流改道或冲毁沿线构造物、农田、房屋等。

**3.1.5**　路基填料应满足路基强度和回弹模量的要求。土石方调配设计应对移挖作填、集中取(弃)土、填料改良处理等方案进行技术经济比较,充分利用挖方材料,节约土地。

**3.1.6**　路基设计应控制路基工后沉降量。对软弱地基、路基与桥涵结构物连接处、路基填挖交界处、高路堤、陡坡路堤等,应采取综合措施,防止路基不均匀变形。

**3.1.7**　路基设计应考虑水和冰冻对路基性能的影响,设置完善的防排水系统或防冻害设施,以及必要的路基防护工程。

**3.1.8**　高速公路和一级公路的高路堤、陡坡路堤和深路堑等均应采用动态设计。动态设计必须以完整的施工设计图为基础,适用于路基施工阶段。

## 3.2　路床

**3.2.1**　路床厚度应根据交通量及其轴载组成确定。对特种轴载的公路,应单独计算路基工作区深度,确定路床厚度。

**3.2.2**　路床填料应均匀,其最小承载比应符合表 3.2.2 的规定。

**表 3.2.2　路床填料最小承载比要求**

| 路基部位 | | 路面底面以下深度(m) | 填料最小承载比(*CBR*)(%) | | |
|---|---|---|---|---|---|
| | | | 高速公路、一级公路 | 二级公路 | 三、四级公路 |
| 上路床 | | 0 ~ 0.3 | 8 | 6 | 5 |
| 下路床 | 轻、中等及重交通 | 0.3 ~ 0.8 | 5 | 4 | 3 |
| | 特重、极重交通 | 0.3 ~ 1.2 | 5 | 4 | — |

注:1. 该表 *CBR* 试验条件应符合现行《公路土工试验规程》(JTG E40)的规定。

2. 年平均降雨量小于 400mm 地区,路基排水良好的非浸水路基,通过试验论证可采用平衡湿度状态的含水率作为 *CBR* 试验条件,并应结合当地气候条件和汽车荷载等级,确定路基填料 *CBR* 控制标准。

**3.2.3**　路床应分层铺筑,碾压密实,并应符合下列要求:

1　填料最大粒径应小于 100mm。

2　压实度应符合表 3.2.3 的规定。

3　路床顶面横坡应与路拱横坡一致。

**表 3.2.3　路床压实度要求**

| 路基部位 | 路面底面以下深度(m) | 路床压实度(%) | | |
|---|---|---|---|---|
| | | 高速公路、一级公路 | 二级公路 | 三、四级公路 |
| 上路床 | 0 ~ 0.3 | ≥96 | ≥95 | ≥94 |

续上表

| 路基部位 | | 路面底面以下深度(m) | 路床压实度(%) | | |
|---|---|---|---|---|---|
| | | | 高速公路、一级公路 | 二级公路 | 三、四级公路 |
| 下路床 | 轻、中等及重交通 | 0.3~0.8 | ≥96 | ≥95 | ≥94 |
| | 特重、极重交通 | 0.3~1.2 | ≥96 | ≥95 | — |

注:1.表列压实度系按现行《公路土工试验规程》(JTG E40)重型击实试验所得最大干密度求得的压实度。
2.当三、四级公路铺筑沥青混凝土和水泥混凝土路面时,其压实度应采用二级公路压实度标准。

**3.2.4** 路基应以路床顶面回弹模量为设计指标,以路床顶面竖向压应变为验算指标,并应符合下列要求:

1 路基在平衡湿度状态下,路床顶面回弹模量不应低于现行《公路沥青路面设计规范》(JTG D50)和《公路水泥混凝土路面设计规范》(JTG D40)的有关规定。

2 沥青路面路床顶面竖向压应变的计算值应满足沥青路面永久变形的控制要求。

3 水泥混凝土路面路床顶面竖向压应变可不作控制。

**3.2.5** 新建公路路基回弹模量设计值 $E_0$ 应按式(3.2.5-1)确定,并应满足式(3.2.5-2)的要求。

$$E_0 = K_s K_\eta M_R \tag{3.2.5-1}$$

$$E_0 \geqslant [E_0] \tag{3.2.5-2}$$

式中:$E_0$——平衡湿度状态下路基回弹模量设计值(MPa);

$[E_0]$——路面结构设计的路基回弹模量要求值(MPa),应符合本规范第3.2.4条的有关规定;

$M_R$——标准状态下路基动态回弹模量值(MPa),按本规范第3.2.6条确定;

$K_s$——路基回弹模量湿度调整系数,为平衡湿度(含水率)状态下的回弹模量与标准状态下的回弹模量之比,按本规范第3.2.7条确定;

$K_\eta$——干湿循环或冻融循环条件下路基土模量折减系数,通过试验确定。初步设计时,非冰冻地区可根据土质类型、失水率确定,季节冻土区可根据冻结温度、含水率确定,折减系数可取0.7~0.95。非冰冻区粉质土、黏质土,失水率大于30%,取小值,反之取较大值;粗粒土取大值。季节冻土地区粉质土、黏质土冻结温度低于-15℃,冻前含水率高,取小值,反之取较大值;粗粒土取大值。

**3.2.6** 标准状态下路基回弹模量值应按下列方法确定:

1 路基填料的回弹模量应按附录A通过试验获得。

2 受试验条件限制时,可按附录B,根据土组类别及粒料类型由表B.1、表B.2查取回弹模量参考值。

3 初步设计阶段,也可按式(3.2.6-1)、式(3.2.6-2)由填料的 *CBR* 值估算标准状态下填料的回弹模量值:

$$M_R = 17.6CBR^{0.64} \quad (2 < CBR \leqslant 12) \tag{3.2.6-1}$$

$$M_R = 22.1 CBR^{0.55} \quad (12 < CBR < 80) \tag{3.2.6-2}$$

**3.2.7**　新建公路路床应处于干燥或中湿状态。路基设计可按下列方法预估湿度状态，确定回弹模量湿度调整系数：

1　可按附录 C 的有关规定,根据路基相对高度、路基土组类别及其毛细水上升高度,确定路基干湿类型,并预估路基结构的平衡湿度。

2　路基回弹模量湿度调整系数可按附录 D 确定。

**3.2.8**　当路基湿度状态、路基填料 *CBR*、路床回弹模量和竖向压应变等不能满足要求时,应根据气候、土质、地下水赋存和料源等条件,经技术经济比选后,对路床采取下列处理措施：

1　可采用粗粒土或低剂量无机结合料稳定土等进行换填,并合理确定换填深度。

2　对细粒土可采用砂、砾石、碎石等进行掺和处治,或采用无机结合料进行稳定处治。细粒土处治设计应通过物理力学试验,确定处治材料及其掺量、处治后的路基性能指标等。

3　水文地质条件不良的土质挖方路基或者潮湿状态填方路基,应采取设置排水垫层、毛细水隔离层、地下排水渗沟等措施。

4　季节冻土地区各级公路的中湿、潮湿路段,应结合路面结构进行路基结构的防冻验算。必要时,应设置防冻垫层或保温层。

## 3.3　填方路基

**3.3.1**　路堤高度应满足下列要求：

1　满足公路等级所对应的路基设计洪水频率及其设计洪水位。

2　路堤高度不宜小于中湿状态路基临界高度。

3　季节冻土地区,路堤高度不宜小于当地路基冻深。

**3.3.2**　路堤高度宜按式(3.3.2)计算确定。

$$H_{op} = \mathrm{MAX}\{(h_{sw} - h_0) + h_w + h_{bw} + \Delta h, h_l + h_p, h_{wd} + h_p, h_f + h_p\} \tag{3.3.2}$$

式中：$H_{op}$——路堤合理高度(m)；

$h_{sw}$——设计洪水位(m)；

$h_0$——地面高程(m)；

$h_w$——波浪侵袭高度(m)；

$h_{bw}$——壅水高度(m)；

$\Delta h$——安全高度(m)；

$h_l$——中湿状态路基临界高度(m)；

$h_p$——路面厚度(m)；

$h_{wd}$——路基工作区深度(m)；

$h_f$——季节冻土地区路基冻深(m)。

**3.3.3** 路堤填料应符合下列要求:

1 路堤宜选用级配较好的砾类土、砂类土等粗粒土作为填料,填料最大粒径应小于150mm。

2 泥炭、淤泥、冻土、强膨胀土、有机土及易溶盐超过允许含量的土等,不得直接用于填筑路堤。季节冻土地区路床及浸水部分的路堤不应直接采用粉质土填筑。

3 路堤填料最小承载比应符合表3.3.3的规定。

**表3.3.3 路堤填料最小承载比要求**

| 路基部位 | | 路面底面以下深度(m) | 填料最小承载比 *CBR*(%) | | |
|---|---|---|---|---|---|
| | | | 高速公路、一级公路 | 二级公路 | 三、四级公路 |
| 上路堤 | 轻、中等及重交通 | 0.8~1.5 | 4 | 3 | 3 |
| | 特重、极重交通 | 1.2~1.9 | 4 | 3 | — |
| 下路堤 | 轻、中等及重交通 | 1.5以下 | 3 | 2 | 2 |
| | 特重、极重交通 | 1.9以下 | | | |

注:1.当路基填料 *CBR* 值达不到表列要求时,可掺石灰或其他稳定材料处理。
2.当三、四级公路铺筑沥青混凝土和水泥混凝土路面时,应采用二级公路的规定。

4 液限大于50%、塑性指数大于26的细粒土,不得直接作为路堤填料。

5 浸水路堤、桥涵台背和挡土墙墙背宜采用渗水性良好的填料。在渗水材料缺乏的地区,采用细粒土填筑时,可采用无机结合料进行稳定处治。

**3.3.4** 路堤应分层铺筑,均匀压实,压实度应符合表3.3.4的规定。

**表3.3.4 路堤压实度**

| 路基部位 | | 路面底面以下深度(m) | 压实度(%) | | |
|---|---|---|---|---|---|
| | | | 高速公路、一级公路 | 二级公路 | 三、四级公路 |
| 上路堤 | 轻、中等及重交通 | 0.8~1.5 | ≥94 | ≥94 | ≥93 |
| | 特重、极重交通 | 1.2~1.9 | ≥94 | ≥94 | — |
| 下路堤 | 轻、中等及重交通 | 1.5以下 | ≥93 | ≥92 | ≥90 |
| | 特重、极重交通 | 1.9以下 | | | |

注:1.表列压实度系按现行《公路土工试验规程》(JTG E40)重型击实试验所得最大干密度求得的压实度。
2.当三、四级公路铺筑沥青混凝土和水泥混凝土路面时,应采用二级公路的规定值。
3.路堤采用粉煤灰、工业废渣等特殊填料,或处于特殊干旱或特殊潮湿地区时,在保证路基强度和回弹模量要求的前提下,通过试验论证,压实度标准可降低1~2个百分点。

**3.3.5** 路堤边坡形式和坡率应根据填料的物理力学性质、边坡高度和工程地质条件确定,并符合下列要求:

1 当地质条件良好,边坡高度不大于20m时,其边坡坡率不宜陡于表3.3.5规定值。

**表3.3.5　路堤边坡坡率**

| 填料类别 | 边坡坡率 | |
|---|---|---|
| | 上部高度($H \leq 8$m) | 下部高度($H \leq 12$m) |
| 细粒土 | 1:1.5 | 1:1.75 |
| 粗粒土 | 1:1.5 | 1:1.75 |
| 巨粒土 | 1:1.3 | 1:1.5 |

2　对边坡高度大于20m的路堤,边坡形式宜采用阶梯型,边坡坡率应按本规范第3.6节的有关规定由稳定性分析计算确定,并应进行工点设计。

3　浸水路堤在设计水位以下的边坡坡率不宜陡于1:1.75。

**3.3.6**　地基表层处理设计应符合下列要求:

1　稳定的斜坡上,地面横坡缓于1:5时,清除地表草皮、腐殖土后,可直接填筑路堤;地面横坡为1:5~1:2.5时,原地面应挖台阶,台阶宽度不应小于2m。当基岩面上的覆盖层较薄时,宜先清除覆盖层再挖台阶;当覆盖层较厚且稳定时,可予保留。

2　地面横坡陡于1:2.5地段的陡坡路堤,必须检算路堤整体沿基底及基底下软弱层滑动的稳定性,抗滑稳定系数不得小于表3.6.11规定值,否则应采取改善基底条件或设置支挡结构物等防滑措施。

3　当地下水影响路堤稳定时,应采取拦截引排地下水或在路堤底部填筑渗水性好的材料等措施。

4　地基表层应碾压密实。一般土质地段,高速公路、一级公路和二级公路基底的压实度(重型)不应小于90%;三、四级公路不应小于85%。低路堤应对地基表层土进行超挖、分层回填压实,其处理深度不应小于路床深度。

5　稻田、湖塘等地段,应视具体情况采取排水、清淤、晾晒、换填、加筋、外掺无机结合料等处理措施。当为软土地基时,其处理措施应符合本规范第7.7节的有关规定。

**3.3.7**　二级及二级以上公路路堤与桥台、横向构造物(涵洞、通道)连接处应设置过渡段。过渡段路基压实度不应小于96%,并应做好填料、地基处理、台背防排水系统等综合设计。过渡段长度宜按式(3.3.7)确定。

$$L = (2 \sim 3)H + (3 \sim 5) \tag{3.3.7}$$

式中:$L$——过渡段长度(m);

$H$——路基填土高度(m)。

**3.3.8**　陡坡上的半填半挖路基,可根据地形、地质条件,采用护肩、砌石或挡土墙;当山坡高陡或稳定性差、不宜多挖时,可采用桥梁、悬出路台等构造物;三、四级公路悬崖陡壁地段,当山体岩石整体性好时,可采用半山洞。

**3.3.9**　护肩路基的护肩高度不宜超过2m,顶面宽度不应侵占硬路肩或行车道及路缘带的路面范围。

**3.3.10**　砌石路基可用于三、四级公路,并应符合下列要求:

1　砌石应选用当地不易风化的片、块石砌筑,内侧填石。

2　岩石风化严重或软质岩石路段不宜采用砌石路基。

3　砌石顶宽不应小于0.8m,基底面应向内倾斜,砌石高度不宜超过15m。砌石内、外坡率不宜陡于表3.3.10规定值。

**表3.3.10　砌石边坡坡率**

| 序　　号 | 砌石高度(m) | 内坡坡率 | 外坡坡率 |
|---|---|---|---|
| 1 | ≤5 | 1:0.3 | 1:0.5 |
| 2 | ≤10 | 1:0.5 | 1:0.67 |
| 3 | ≤15 | 1:0.6 | 1:0.75 |

**3.3.11**　当填方路基受地形地物限制或路基稳定性不足时,可设置护脚或挡土墙。护脚高度不宜超过5m,受水浸淹的路堤护脚,应予防护或加固。

## 3.4　挖方路基

**3.4.1**　土质路堑设计应符合下列要求:

1　土质路堑边坡形式及坡率应根据工程地质与水文地质条件、边坡高度、排水防护措施、施工方法等,并结合自然稳定边坡、人工边坡的调查及力学分析综合确定。边坡高度不大于20m时,边坡坡率不宜陡于表3.4.1规定值。

**表3.4.1　土质路堑边坡坡率**

| 土的类别 | | 边坡坡率 |
|---|---|---|
| 黏土、粉质黏土、塑性指数大于3的粉土 | | 1:1 |
| 中密以上的中砂、粗砂、砾砂 | | 1:1.5 |
| 卵石土、碎石土、圆砾土、角砾土 | 胶结和密实 | 1:0.75 |
| | 中密 | 1:1 |

注:黄土、红黏土、高液限土、膨胀土等特殊土质挖方边坡形式及坡度应按本规范第7章有关规定确定。

2　路堑边坡高度大于20m时,其边坡形式及坡率应按本规范第3.7节确定。

**3.4.2**　岩质路堑设计应符合下列要求:

1　岩质路堑边坡形式及坡率应根据工程地质与水文地质条件、边坡高度、排水防护措施、施工方法等,结合自然稳定边坡和人工边坡的调查综合确定。必要时可采用稳定分析方法予以验算。边坡高度不大于30m时,无外倾软弱结构面的边坡按附录E确定岩体类型,边坡坡率可按表3.4.2确定。

**表3.4.2　岩质路堑边坡坡率**

| 边坡岩体类型 | 风化程度 | 边坡坡率 | |
|---|---|---|---|
| | | $H<15$m | 15m≤$H$≤30m |
| Ⅰ类 | 未风化、微风化 | 1:0.1~1:0.3 | 1:0.1~1:0.3 |
| | 弱风化 | 1:0.1~1:0.3 | 1:0.3~1:0.5 |

续上表

| 边坡岩体类型 | 风 化 程 度 | 边 坡 坡 率 | |
|---|---|---|---|
| | | $H<15$m | 15m≤$H$≤30m |
| Ⅱ类 | 未风化、微风化 | 1:0.1~1:0.3 | 1:0.3~1:0.5 |
| | 弱风化 | 1:0.3~1:0.5 | 1:0.5~1:0.75 |
| Ⅲ类 | 未风化、微风化 | 1:0.3~1:0.5 | — |
| | 弱风化 | 1:0.5~1:0.75 | — |
| Ⅳ类 | 弱风化 | 1:0.5~1:1 | — |
| | 强风化 | 1:0.75~1:1 | — |

注:1.有可靠的资料和经验时,可不受本表限制。
2. Ⅳ类强风化包括各类风化程度的极软岩。

2　对有外倾软弱结构面的岩质边坡、坡顶边缘附近有较大荷载的边坡、边坡高度超过表 3.4.2 范围的边坡等,边坡坡率应按本规范第 3.7 节有关规定通过稳定性分析计算确定。

3　硬质岩石挖方路基宜采用光面爆破、预裂爆破等毫秒微差爆破技术。

4　边坡高度大于 20m 的软弱松散岩质路堑,宜采用分层开挖、分层防护和坡脚预加固技术。

**3.4.3**　当挖方边坡较高时,可根据不同的土质、岩石性质和稳定要求开挖成折线式或台阶式边坡,边沟外侧应设置碎落台,其宽度不宜小于 1.0m;台阶式边坡中部应设置边坡平台,其宽度不宜小于 2m。

**3.4.4**　边坡坡顶、坡面、坡脚和边坡中部平台应设置地表排水系统,各种地表排水设施构造尺寸应按本规范第 4.2 节确定。

**3.4.5**　当边坡土质潮湿或地下水露头时,应根据实际情况设置渗沟或仰斜式排水孔,或在上游沿垂直地下水流向设置排水隧洞等排导设施。

**3.4.6**　应根据边坡稳定情况和周围环境确定边坡坡面防护形式,边坡防护应采取工程防护与植物防护相结合的措施。稳定性差的边坡应设置支挡工程。

## 3.5　路基填挖交界处理

**3.5.1**　半填半挖路基的填方区设计应符合本规范第 3.3 节、第 3.6 节的有关规定。必要时,可进行增强补压。

**3.5.2**　半填半挖路基的挖方区设计应符合本规范第 3.4 节、第 3.7 节的有关规定。

**3.5.3**　挖方区为土质或软质岩石时,应对挖方区路床范围不符合要求的土质或软质岩石进行超挖换填或改良处治;填方区宜采用渗水性好的材料填筑,必要时,可在填挖交界结合部路床范围铺设土工格栅。当挖方区为硬质岩石时,填方区宜采用填石路堤。

**3.5.4**　填方区地表横坡陡于 1:2.5 时,应按本规范第 3.6 节进行设计。当路基稳定性不足时,应采取改善基底条件或设置支挡工程等措施。

**3.5.5** 根据地下水出露情况和岩土性质,应设置完善的地下排水系统,除应在边沟下设置纵向渗沟外,尚应在填挖结合部设置渗沟、排水垫层等。

**3.5.6** 路基纵向填挖交界结合部宜设置过渡段。

## 3.6 高路堤与陡坡路堤

**3.6.1** 高路堤、陡坡路堤及不良地质、特殊岩土路段的路堤,应作为独立工点进行勘察设计。

**3.6.2** 高路堤与陡坡路堤设计应在掌握场地水文地质条件、填料来源及其性质的基础上,进行地基处理、结构形式、排水设施、边坡防护等综合设计。施工过程中应根据实际情况变化,及时调整设计,保证路基稳定。

**3.6.3** 高路堤与陡坡路堤的地基勘察应符合现行《公路工程地质勘察规范》(JTG C20)的要求,查明地基土的土质类别、层位、厚度、分布特征和物理力学性质,以及地下水埋深和分布特征,确定地基承载力,获取设计所需的物理力学参数。

**3.6.4** 高路堤与陡坡路堤填料应满足本规范第3.2.2条、第3.3.3条的规定,压实度应满足本规范第3.2.3条、第3.3.4条的要求。

**3.6.5** 高路堤与陡坡路堤边坡形式和坡率应根据地形与工程地质条件、路基边坡高度、填料性质等,结合经济与环保因素,经稳定分析计算确定。断面形式宜采用台阶式。

**3.6.6** 应根据地下水出露情况和岩土性质,设置完善的地表和地下排水系统,及时做好坡面防护。

**3.6.7** 高路堤与陡坡路堤设计时,应进行路基稳定性计算分析。分析时,应考虑以下三种工况:

1 正常工况:路基投入运营后经常发生或持续时间长的工况。

2 非正常工况Ⅰ:路基处于暴雨或连续降雨状态下的工况。

3 非正常工况Ⅱ:路基遭遇地震等荷载作用的工况。

**3.6.8** 高路堤与陡坡路堤稳定性分析的强度参数应根据填料来源、场地情况及分析工况的需要,选择有代表性的土样进行室内试验,并结合现场情况确定。试验方法应符合下列要求:

1 路基填土的强度参数 $c$、$\varphi$ 值,可采用直剪快剪或三轴不排水剪试验获得。不同工况下试样制备要求见表3.6.8。当路基填料为粗粒土或填石料时,应采用大型三轴试验仪或大型直剪试验仪进行试验。

2 地基土的强度参数 $c$、$\varphi$ 值,宜采用直剪固结快剪或三轴固结不排水剪试验获得。

3 分析高路堤沿斜坡地基或软弱层带滑动的稳定性时,应结合场地条件,选择控制性层面的土层试验获得强度参数 $c$、$\varphi$ 值。可采用直剪快剪或三轴不固结不排水剪试验。当存在地下水影响时,应采用饱水试件进行试验。

**表 3.6.8　路堤填土强度参数试验试样制备要求**

| 分析工况 | 试样要求 | 适用范围 |
| --- | --- | --- |
| 正常工况 | 采用填筑含水率和填筑密度;当难以获得填筑含水率和填筑密度时,或进行初步稳定分析时,密度采用要求达到的密度,含水率采用击实曲线上要求密度对应的较大含水率 | 用于新建路堤 |
| | 取路基原状土 | 用于已建路堤 |
| 非正常工况Ⅰ | 同正常工况试样要求,但要预先饱和 | 用于降雨入渗影响范围内的填土 |
| 非正常工况Ⅱ | 同正常工况试样要求 | — |

**3.6.9**　路堤堤身稳定性、路堤和地基的整体稳定性宜采用简化 Bishop 法,稳定系数 $F_s$ 按式(3.6.9-1)计算,计算图示见图 3.6.9。当地基为软弱或软土地基时,稳定系数计算方法及稳定性应满足本规范第 7.7 节的要求。

$$F_s = \frac{\sum[c_i b_i + (W_i + Q_i)\tan\varphi_i]/m_{\alpha i}}{\sum(W_i + Q_i)\sin\alpha_i} \tag{3.6.9-1}$$

式中:$F_s$——路堤稳定系数;

$b_i$——第 $i$ 个土条宽度(m);

$\alpha_i$——第 $i$ 个土条底滑面的倾角(°);

$c_i$、$\varphi_i$——第 $i$ 个土条滑弧所在土层的黏聚力和内摩擦角,依滑弧所在位置,取对应土层的黏聚力(kPa)和内摩擦角(°);

$m_{\alpha i}$——系数,按式(3.6.9-2)计算,式中各符号的意义同前:

$$m_{\alpha i} = \cos\alpha_i + \frac{\sin\alpha_i\tan\varphi_i}{F_s} \tag{3.6.9-2}$$

$W_i$——第 $i$ 个土条重力(kN);

$Q_i$——第 $i$ 个土条垂直方向外力(kN)。

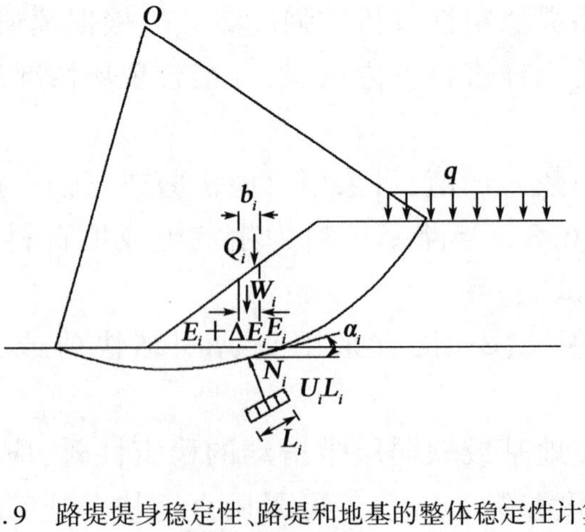


图 3.6.9　路堤堤身稳定性、路堤和地基的整体稳定性计算图示

**3.6.10** 路堤沿斜坡地基或软弱层带滑动的稳定性分析可采用不平衡推力法,稳定系数 $F_s$ 可按式(3.6.10-1)、式(3.6.10-2)计算,计算图示见图 3.6.10。

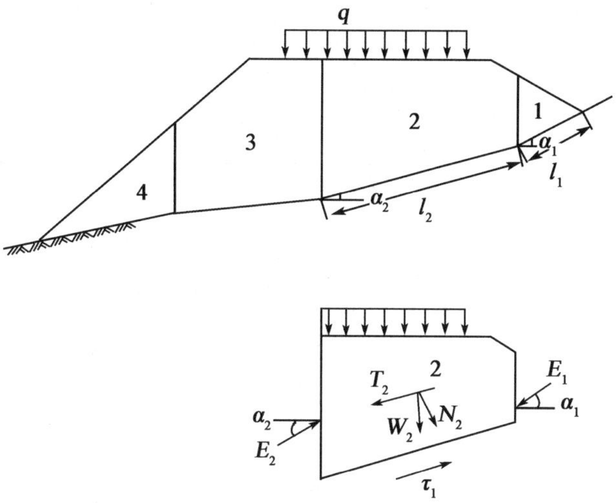


图 3.6.10 路堤沿斜坡地基或软弱层带滑动稳定性计算图示

$$E_i = W_{Qi}\sin\alpha_i - \frac{1}{F_s}[c_i l_i + W_{Qi}\cos\alpha_i\tan\varphi_i] + E_{i-1}\psi_{i-1} \quad (3.6.10\text{-}1)$$

$$\psi_{i-1} = \cos(\alpha_{i-1} - \alpha_i) - \frac{\tan\varphi_i}{F_s}\sin(\alpha_{i-1} - \alpha_i) \quad (3.6.10\text{-}2)$$

式中:$W_{Qi}$ ——第 $i$ 个土条的重力与外加竖向荷载之和(kN);

$\alpha_i$ ——第 $i$ 个土条底滑面的倾角(°);

$c_i$ 、$\varphi_i$ ——第 $i$ 个土条底的黏聚力(kPa)和内摩擦角(°);

$l_i$ ——第 $i$ 个土条底滑面的长度(m);

$\alpha_{i-1}$ ——第 $i-1$ 个土条底滑面的倾角(°);

$E_{i-1}$ ——第 $i-1$ 个土条传递给第 $i$ 个土条的下滑力(kN)。

用式(3.6.10-1)和式(3.6.10-2)逐条计算,直到第 $n$ 条的剩余推力为零,由此确定稳定系数 $F_s$。

**3.6.11** 各等级公路高路堤与陡坡路堤稳定系数不得小于表 3.6.11 所列稳定安全系数值。对非正常工况Ⅱ,路基稳定性分析方法及稳定安全系数应符合现行《公路工程抗震规范》(JTG B02)的规定。

**表 3.6.11 高路堤与陡坡路堤稳定安全系数**

| 分析内容 | 地基强度指标 | 分析工况 | 稳定安全系数 | |
|---|---|---|---|---|
| | | | 二级及二级以上公路 | 三、四级公路 |
| 路堤的堤身稳定性、路堤和地基的整体稳定性 | 采用直剪的固结快剪或三轴固结不排水剪指标 | 正常工况 | 1.45 | 1.35 |
| | | 非正常工况Ⅰ | 1.35 | 1.25 |
| | 采用快剪指标 | 正常工况 | 1.35 | 1.30 |
| | | 非正常工况Ⅰ | 1.25 | 1.15 |

续上表

| 分析内容 | 地基强度指标 | 分析工况 | 稳定安全系数 | |
|---|---|---|---|---|
| | | | 二级及二级以上公路 | 三、四级公路 |
| 路堤沿斜坡地基或软弱层滑动的稳定性 | — | 正常工况 | 1.30 | 1.25 |
| | | 非正常工况Ⅰ | 1.20 | 1.15 |

注:区域内唯一通道的三、四级公路重要路段,高路堤与陡坡路堤稳定安全系数可采用二级公路的标准。

**3.6.12**　路堤基底处理应符合本规范第3.3.6条的规定,当地基分布有软弱土层时,应按本规范第7.7节的规定,做好地基加固设计。当路基稳定系数小于表3.6.11稳定安全系数时,应采取改善基底条件、设置支挡结构物、加筋等加固措施,保证路基稳定。

**3.6.13**　应加强高路堤与陡坡路堤的沉降控制。必要时,可进行增强补压、铺设土工合成材料等综合措施,并宜预留一个雨季的沉降期,减少工后沉降。

**3.6.14**　高路堤与陡坡路堤应进行施工监测,监测设计应明确监测路段、监测项目、监测点的数量及位置、监测要求等,监测项目与内容可按附录F表F-2选定。监测周期应为公路建成营运后不少于一年。

## 3.7　深路堑

**3.7.1**　深路堑和不良地质地段挖方边坡,应按独立工点进行勘察设计。

**3.7.2**　深路堑工程勘探宜采用钻探、坑(井、槽)探与物探等相结合的综合方法,必要时可辅以硐探。边坡工程地质勘察应满足现行《公路工程地质勘察规范》(JTG C20)的要求,并应查明下列内容:

1　地形地貌特征。

2　岩土体类型、成因、性状、风化程度、完整程度、分层厚度。

3　岩土体天然和饱水状态下物理力学性质(如重度$\gamma$,强度参数$c$、$\varphi$等)。

4　主要结构面(特别是软弱结构面)特征、组合关系、力学属性、与临空面关系。

5　气象、水文和地质条件。

6　不良地质现象及范围、性质和分布规律。

7　坡顶邻近建筑物的荷载、结构、基础形式、埋深及稳定状态。

8　地表径流形态及其对边坡的影响。

**3.7.3**　边坡岩土体力学参数可按下列方法确定:

1　岩体和结构面抗剪强度指标宜根据现场原位试验确定。试验应符合现行《工程岩体试验方法标准》(GB/T 50266)的规定。当无条件进行试验时,可采用现行《工程岩体分级标准》(GB 50218)、表3.7.3-1和反分析等方法综合确定。

**表 3.7.3-1 结构面抗剪强度指标标准值**

| 结构面类型 | | 结构面结合程度 | 内摩擦角 $\varphi$(°) | 黏聚力 $c$(MPa) |
|---|---|---|---|---|
| 硬性结构面 | 1 | 结合好 | >35 | >0.13 |
| | 2 | 结合一般 | 35 ~ 27 | 0.13 ~ 0.09 |
| | 3 | 结合差 | 27 ~ 18 | 0.09 ~ 0.05 |
| 软弱结构面 | 4 | 结合很差 | 18 ~ 12 | 0.05 ~ 0.02 |
| | 5 | 结合极差(泥化层) | 根据地区经验确定 | |

注:1.表中数值已考虑结构面的时间效应。
2.极软岩、软岩取表中低值。
3.岩体结构面连通性差时,取表中的高值。
4.岩体结构面浸水时取表中的低值。

2 岩体结构面的结合程度可按表 3.7.3-2 确定。

**表 3.7.3-2 结构面的结合程度**

| 结合程度 | 结构面特征 |
|---|---|
| 结合好 | 张开度小于 1mm,胶结良好,无充填;张开度 1 ~ 3mm,硅质或铁质胶结 |
| 结合一般 | 张开度 1 ~ 3mm,钙质胶结;张开度大于 3mm,表面粗糙,钙质胶结 |
| 结合差 | 张开度 1 ~ 3mm,表面平直,无胶结;张开度大于 3mm,岩屑充填或岩屑夹泥质充填 |
| 结合很差、结合极差(泥化层) | 表面平直光滑,无胶结;泥质充填或泥夹岩屑充填,充填物厚度大于起伏差;分布连续的泥化夹层;未胶结的或强风化的小型断层破碎带 |

3 边坡岩体性能指标标准值可按地区经验确定。重要边坡应通过试验确定。

4 岩体内摩擦角可由岩块内摩擦角标准值按岩体裂隙发育程度与表 3.7.3-3 所列的折减系数的乘积确定。

**表 3.7.3-3 边坡岩体内摩擦角折减系数**

| 边坡岩体特性 | 内摩擦角的折减系数 | 边坡岩体特性 | 内摩擦角的折减系数 |
|---|---|---|---|
| 裂隙不发育 | 0.90 ~ 0.95 | 裂隙发育 | 0.80 ~ 0.85 |
| 裂隙较发育 | 0.85 ~ 0.90 | 碎裂结构 | 0.75 ~ 0.80 |

5 土体力学参数宜采用原位剪切试验、原状土样室内剪切试验及反算分析等方法综合确定。

6 土质边坡按水土合算原则计算时,地下水位以下的土宜采用三轴试验土的自重固结不排水抗剪强度指标;按水土分算原则计算时,地下水位以下的土宜采用土的有效抗剪强度指标。

**3.7.4** 边坡稳定性评价应遵循"以定性分析为基础、定量计算为手段"的原则。进行边坡稳定性计算时,应根据边坡工程地质条件或已经出现的变形破坏迹象,定性判断边坡可能的破坏形式和边坡稳定性状态。

**3.7.5** 边坡稳定性计算方法,应根据边坡类型和可能的破坏形式,按下列原则确定:

1 规模较大的碎裂结构岩质边坡和土质边坡宜采用简化 Bishop 法计算。

2 对可能产生直线形破坏的边坡宜采用平面滑动面解析法进行计算。

3 对可能产生折线形破坏的边坡宜采用不平衡推力法计算。

4 对结构复杂的岩质边坡,可配合采用赤平投影法和实体比例投影法分析及楔形滑动面法进行计算。

5 当边坡破坏机制复杂时,宜结合数值分析法进行分析。

**3.7.6** 边坡稳定性计算应考虑下列三种工况。对季节冻土边坡,尚应考虑冻融的影响。

1 正常工况:边坡处于天然状态下的工况。

2 非正常工况Ⅰ:边坡处于暴雨或连续降雨状态下的工况。

3 非正常工况Ⅱ:边坡处于地震等荷载作用状态下的工况。

**3.7.7** 各等级公路路堑边坡稳定系数不得小于表3.7.7所列稳定安全系数值。对非正常工况Ⅱ,路堑边坡稳定性分析方法及稳定安全系数应符合现行《公路工程抗震规范》(JTG B02)的规定。

**表3.7.7 路堑边坡稳定安全系数**

| 分析工况 | 路堑边坡稳定安全系数 | |
|---|---|---|
| | 高速公路、一级公路 | 二级及二级以下公路 |
| 正常工况 | 1.20~1.30 | 1.15~1.25 |
| 非正常工况Ⅰ | 1.10~1.20 | 1.05~1.15 |

注:1.路堑边坡地质条件复杂或破坏后危害严重时,稳定安全系数取大值;地质条件简单或破坏后危害较轻时,稳定安全系数可取小值。

2.路堑边坡破坏后的影响区域内有重要建筑物(桥梁、隧道、高压输电塔、油气管道等)、村庄和学校时,稳定安全系数取大值。

3.施工边坡的临时稳定安全系数不应小于1.05。

**3.7.8** 深路堑边坡宜采用折线式或台阶式边坡。台阶式边坡中部应设置边坡平台,边坡平台的宽度不宜小于2m。坚硬岩石边坡可不设平台,其边坡坡率可调查附近已建工程的人工边坡及自然边坡情况,根据边坡稳定性分析综合确定。

**3.7.9** 边坡防护设计应根据边坡地质和环境条件、边坡高度及公路等级,采取工程防护与植物防护的综合措施,稳定性差的边坡应设置综合支挡工程,并采用分层开挖、分层稳定和坡脚预加固技术。

**3.7.10** 应设置完善的边坡地表和地下排水系统,及时引排地表水和地下水。各种排水设施构造尺寸按本规范第4.2节、第4.3节确定。季节冻土边坡地下水丰富时,应对地下水排水口采取保温措施。

**3.7.11** 高速公路、一级公路深路堑及不良地质、特殊岩土地段挖方边坡应进行施工监测,监测设计应明确监测路段、监测项目、监测点的数量及位置、监测要求等,监测项目和内容可按附录F表F-1、表F-3选定。监测周期应为公路建成营运后不少于一年。

## 3.8 填石路堤

**3.8.1** 填石路堤设计应遵循下列原则:

1 硬质岩石、中硬岩石可用作路床、路堤填料;软质岩石可用作路堤填料,不得用于路床填料;膨胀性岩石、易溶性岩石和盐化岩石等不得用于路堤填筑。

2 填石路堤应做好断面设计、结构设计和排水设计,保证填石路堤有足够的强度和稳定性。

3 填石路堤施工前,应通过试验路段,确定填石路堤合适的填筑层厚、压实工艺以及质量控制标准。

**3.8.2** 填石料可根据石料饱和抗压强度指标按表3.8.2进行分类。

**表3.8.2 岩石分类表**

| 岩石类型 | 单轴饱和抗压强度(MPa) | 代表性岩石 |
|---|---|---|
| 硬质岩石 | ≥60 | 1.花岗岩、闪长岩、玄武岩等岩浆岩类;<br>2.硅质、铁质胶结的砾岩及砂岩、石灰岩、白云岩等沉积岩类;<br>3.片麻岩、石英岩、大理岩、板岩、片岩等变质岩类 |
| 中硬岩石 | 30~60 | |
| 软质岩石 | 5~30 | 1.凝灰岩等喷出岩类;<br>2.泥砾岩、泥质砂岩、泥质页岩、泥岩等沉积岩类;<br>3.云母片岩或千枚岩等变质岩类 |

**3.8.3** 不同强度的石料,应分别采用不同的填筑层厚和压实控制标准。填石路堤压实质量标准宜用孔隙率作为控制指标,并符合表3.8.3-1~表3.8.3-3的要求。施工压实质量可采用孔隙率与压实沉降差或施工参数联合控制。

**表3.8.3-1 硬质石料压实质量控制标准**

| 路基部位 | 路面底面以下深度(m) | 摊铺层厚(mm) | 最大粒径(mm) | 压实干密度($kg/m^3$) | 孔隙率(%) |
|---|---|---|---|---|---|
| 上路堤 | 0.80~1.50<br>(1.20~1.90) | ≤400 | 小于层厚2/3 | 由试验确定 | ≤23 |
| 下路堤 | >1.50<br>(>1.90) | ≤600 | 小于层厚2/3 | 由试验确定 | ≤25 |

注:“路面底面以下深度”栏,括号中数值分别为特重、极重交通的上路堤、下路堤的深度范围。

**表3.8.3-2 中硬石料压实质量控制标准**

| 路基部位 | 路面底面以下深度(m) | 摊铺层厚(mm) | 最大粒径(mm) | 压实干密度($kg/m^3$) | 孔隙率(%) |
|---|---|---|---|---|---|
| 上路堤 | 0.80~1.50<br>(1.20~1.90) | ≤400 | 小于层厚2/3 | 由试验确定 | ≤22 |
| 下路堤 | >1.50<br>(>1.90) | ≤500 | 小于层厚2/3 | 由试验确定 | ≤24 |

注:“路面底面以下深度”栏,括号中数值分别为特重、极重交通的上路堤、下路堤的深度范围。

**表 3.8.3-3　软质石料压实质量控制标准**

| 路基部位 | 路面底面以下深度(m) | 摊铺层厚(mm) | 最大粒径(mm) | 压实干密度(kg/m³) | 孔隙率(%) |
|---|---|---|---|---|---|
| 上路堤 | 0.80 ~1.50<br>(1.20 ~1.90) | ≤300 | 小于层厚 | 由试验确定 | ≤20 |
| 下路堤 | >1.50<br>(>1.90) | ≤400 | 小于层厚 | 由试验确定 | ≤22 |

注:"路面底面以下深度"栏,括号中数值分别为特重、极重交通的上路堤、下路堤的深度范围。

**3.8.4**　填石路堤顶部最后一层填石料的铺筑层厚不得大于 0.40m,最大粒径不得大于 150mm,其中小于 5mm 的细料含量不应小于 30%,且铺筑层表面应无明显孔隙、空洞。填石路堤上部采用其他材料填筑时,可视需要设置土工布作为隔离层。

**3.8.5**　填石路堤可采用与土质路堤相同的断面形式,边坡坡率不宜陡于表 3.8.5 的规定,边部可采用码砌,码砌厚度宜为 1 ~2m,码砌石块最小尺寸不应小于 300mm。边坡较高时,可在边坡中部设置宽度 1 ~3m 的平台。

**表 3.8.5　填石路堤边坡坡率**

| 填石料种类 | 边坡高度(m) | | | 边坡坡率 | |
|---|---|---|---|---|---|
| | 全部高度 | 上部高度 | 下部高度 | 上部高度 | 下部高度 |
| 硬质岩石 | 20 | 8 | 12 | 1:1.1 | 1:1.3 |
| 中硬岩石 | 20 | 8 | 12 | 1:1.3 | 1:1.5 |
| 软质岩石 | 20 | 8 | 12 | 1:1.5 | 1:1.75 |

**3.8.6**　风化岩石和软质岩石填筑路堤时,路床应采用硬质岩的碎石或其他符合要求的材料填筑,并应采取路堤边部包边封闭或加筋、底部设置排水垫层、顶部设置防渗层等措施,防止填石路堤产生湿化变形。

**3.8.7**　软弱地基上填石路堤,应与软土地基处理设计综合考虑。

## 3.9　轻质材料路堤

**3.9.1**　轻质材料可用作需减少路堤重度或土压力的路堤填料,其应用范围包括软土地基上路堤、桥涵与挡土墙构造物台(墙)背路堤、拓宽路堤、修复沉陷或失稳路堤等,但不宜用于洪水淹没地段。

**3.9.2**　轻质材料路堤设计,应根据使用目的、荷载等级、地形地质条件、环境条件及路基几何参数特点,通过技术经济综合论证,合理选择轻质材料类型、路基结构与断面形式,确定材料设计参数。

**3.9.3**　用作路堤填料的轻质材料设计应符合下列要求:

1　土工泡沫塑料(EPS 块)材料密度不宜小于 20kg/m³,10% 应变的抗压强度不宜小于 110kPa,抗弯强度不宜小于 150kPa,压缩模量不宜小于 3.5MPa,7d 体积吸水率不宜大于1.5%。桥头搭板下方等特殊部位土工泡沫塑料块体抗压强度不应小于250kPa。在有防火要求的建筑物附近,应采用阻燃型的土工泡沫塑料块体。

2 泡沫轻质土的施工最小湿重度不应小于5.0kN/m³,施工最大湿重度不宜大于11.0kN/m³,流值宜为170~190mm,且无侧限抗压强度应符合表3.9.3的规定。因工程需要或环境条件制约,需明确泡沫轻质土的抗冻性指标时,可通过试验确定。

**表3.9.3 用于路基的泡沫轻质土无侧限抗压强度指标**

| 路基部位 | | 无侧限抗压强度(MPa) | |
|---|---|---|---|
| | | 高速公路、一级公路 | 二级及二级以下公路 |
| 路床 | 轻、中等及重交通 | ≥0.8 | ≥0.6 |
| | 特重、极重交通 | ≥1.0 | |
| 上路堤、下路堤 | | ≥0.6 | ≥0.5 |
| 地基土置换 | | >0.4 | |

注:1.无侧限抗压强度为龄期28d、边长100mm的立方体抗压强度。

2.特重、极重交通高速公路及一级公路路床部位的泡沫轻质土配合比宜采用掺砂配合比,流值宜为150~170mm,且砂与水泥的质量比宜控制在0.5~2.0。

3 用于高速公路、一级公路路堤的粉煤灰烧失量宜小于20%。烧失量超过标准的粉煤灰应做对比试验,分析论证后采用。

**3.9.4** 轻质材料路堤设计应符合下列要求:

1 轻质材料路堤结构设计应采取有效的防护措施,轻质材料不得直接裸露。路基横断面可采用设置支挡结构的直立式路堤或包边护坡的斜坡式路堤,轻质材料填筑厚度应根据工后沉降计算确定。

2 轻质材料路堤与一般填土路堤之间应设置过渡段。过渡段应采用台阶式衔接,台阶高度宜为0.5~1.0m,坡比宜为1:1~1:2。

3 软土地区轻质材料路堤设计应进行路堤稳定性与地基沉降计算。新建路基工后沉降量应符合本规范第7.7节的有关规定,改扩建路基应符合本规范第6.4节的有关规定;路堤稳定性应符合本规范第3.6节、第7.7节的有关规定。

4 轻质材料填筑区位于地下水位以下,或受到洪水淹没时,应按式(3.9.4)进行抗浮稳定性验算。当抗浮稳定系数小于抗浮安全系数时,应采取调整轻质材料填筑区厚度、增加填土荷重或降低地下水位等措施。土工泡沫塑料路堤抗浮安全系数宜为1.1~1.5,泡沫轻质土路堤抗浮安全系数宜为1.05~1.15,最高地下水位或洪水位达到轻质材料填筑区的发生概率较低时,取小值。

$$F_{\mathrm{f}} = \frac{\sum \gamma_i h_i}{\gamma_{\mathrm{w}} h_{\mathrm{jw}}} \tag{3.9.4}$$

式中:$F_{\mathrm{f}}$——抗浮稳定系数;

$\gamma_i$——各层材料的重度(kN/m³);

$h_i$——各层材料的厚度(m);

$\gamma_w$——水的重度(kN/m³);

$h_{jw}$——路堤浸水的深度(m)。

**3.9.5** 土工泡沫塑料轻质材料路堤设计应符合下列要求:

1 根据汽车荷载和上覆路基路面荷载等作用影响,在土工泡沫塑料块体与路面之间、多层土工泡沫塑料块体之间每隔2~3m或4~6层,应设置浇筑钢筋混凝土板和防渗土工布,钢筋混凝土板厚度宜为0.10~0.15m。

2 土工泡沫塑料块体底部应设置砂砾垫层,厚度宜为0.2~0.3m。必要时可在砂砾垫层上下界面铺设透水土工布。

3 土工泡沫塑料路堤设计应进行材料抗压强度验算。验算时,路面及钢筋混凝土板保护层产生的自重和活载作用于土工泡沫塑料层面的应力(图3.9.5)可按式(3.9.5-1)计算,并应满足式(3.9.5-2)的要求。

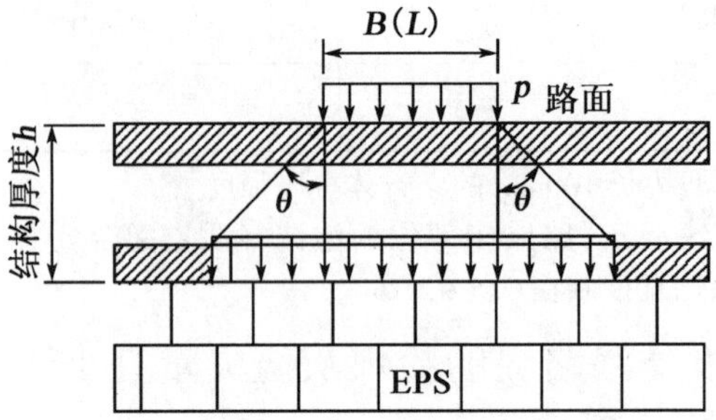


图3.9.5　分布应力的近似简化计算

$$\sigma_z = \frac{p(1+\delta)}{(B+2h\tan\theta)(L+2h\tan\theta)} + \gamma h \tag{3.9.5-1}$$

式中:$\sigma_z$——土工泡沫塑料块体上的应力值(kPa);

$p$——汽车轮载(汽车后轴重)(kN);

$\delta$——冲击系数;一般为0.3;

$h$——路面及钢筋混凝土板的厚度(m);

$B$、$L$——汽车后轮着地宽度及长度(m);

$\theta$——荷载分布角(°),混凝土路面取$\theta=45°$,沥青混凝土路面取$\theta=40°$;

$\gamma$——路面结构层及钢筋混凝土板的平均重度(kN/m³)。

$$\sigma_z \leqslant [\sigma_a] \tag{3.9.5-2}$$

式中:$[\sigma_a]$——土工泡沫塑料块体容许抗压强度(kPa),由室内无侧限压缩试验确定。

4 土工泡沫塑料路堤设计除应进行路堤整体稳定性计算之外,尚应按式(3.9.5-3)计算土工泡沫塑料块体之间的滑动稳定性和土工泡沫塑料路堤底板位置的滑动稳定性,滑动稳定安全系数不应小于1.5。

$$F_h = \frac{(W+P_V)\mu + cB}{P_H} \tag{3.9.5-3}$$

式中:$F_h$——土工泡沫塑料块体之间的滑动稳定系数;

$W$——土工泡沫塑料块体的自重(kN);

$P_V$——土压合力的垂直分量(kN);

$P_H$——土压合力的水平分量以及水平地震力(kN);

$\mu$——底板与基础间的摩擦系数;

$c$——底板与基础间的黏聚力(kPa);

$B$——底板宽度(m)。

**3.9.6** 泡沫轻质土路堤设计应符合下列要求:

1 泡沫轻质土路堤直立填筑高度不宜大于15m,最小填筑高度不宜小于1.0m。当地面横坡较大或用于路堤加宽时,填筑体底面宽度不宜小于2.0m。

2 泡沫轻质土路堤顶面宜设置镀锌铁丝网和土工膜,并应延伸至一般路堤侧不小于2.0m。泡沫轻质土高度大于1.0m时,宜在距其顶面0.5m处增设一层镀锌铁丝网。

3 直立式路堤高度小于3m时,坡面可采用水泥混凝土预制块防护;当高度大于3m时,应采用钢筋混凝土挡墙。

4 软土地段泡沫轻质土路堤,应沿路堤纵向设置变形缝,其间距宜为10~20m,缝宽宜为10~20mm,并填塞泡沫塑料板。

5 地下水位以下的泡沫轻质土仅用于控制沉降时,可不采取隔断地下水的防水措施;用于地下结构或地下管线减载时,宜采取隔断、疏通地下水的防、排水措施。

6 泡沫轻质土路堤设计计算时,不同的环境条件和工程条件下泡沫轻质土的相关性能指标取值应符合表3.9.6的要求。

**表3.9.6 设计计算时性能指标取值**

| 验算内容 | 验算用指标 | 验算指标取值 | |
|---|---|---|---|
| | | 地下水条件 | 指标取值 |
| 沉降验算时自重应力计算 | 轻质土重度 $R$(kN/m$^3$) | 地下水位以上 | 施工湿重度 $R_{fw}$ |
| | | 地下水位以下 | $R=(1.1\sim1.3)R_{fw}$ |
| 结构上覆荷载验算时自重应力计算 | 轻质土重度 $R$(kN/m$^3$) | 地下水位以上 | 施工湿重度 $R_{fw}$ |
| | | 地下水位以下 | $R=(1.1\sim1.3)R_{fw}$ |
| 抗浮验算时自重应力计算 | 轻质土重度 $R$(kN/m$^3$) | 地下水位以上或以下 | 施工湿重度 $R_{fw}$ |
| 路堤整体稳定性验算 | 轻质土黏聚力 $c$、内摩擦角 $\varphi$ | 地下水位以上 | 试验确定,无试验资料时,$c=120$kPa,$\varphi=6°$ |
| | | 地下水位以下 | 试验确定,无试验资料时,$c=100$kPa,$\varphi=4°$ |
| 抗滑动、抗倾覆稳定性验算 | 与碎石土、砂类土或基岩接触面摩擦系数 | 地下水位以上 | 0.6 |
| | | 地下水位以下 | 0.5 |
| | 与黏性土、强风化层接触面摩擦系数 | 地下水位以上 | 0.5 |
| | | 地下水位以下 | 0.4 |

7　地基沉降计算时,总沉降修正系数宜取1.0~1.1。当地基土承载力大于两倍的路堤荷载时,取小值。

8　泡沫轻质土路堤除应进行路堤整体稳定性计算之外,当路堤底面存在斜面或泡沫轻质土填筑区高宽比大于1且高度大于3m时,尚应按本规范第5.4.2条的有关规定进行抗滑动、抗倾覆稳定性验算。

9　用于地下结构或管线顶部减载换填时,泡沫轻质土自重和其他荷载的总和应小于地下结构或管线所能承受最大荷载的0.9倍。

**3.9.7**　粉煤灰路堤设计应符合下列要求:

1　粉煤灰路堤可全部采用粉煤灰或灰土分层间隔填筑,边坡和路肩应设置土质护坡;上路床范围应采用土质填筑,也可与路面结构层相结合,采用石灰土、二灰土等路面底基层材料作封顶层。

2　土质护坡时,应根据施工季节和降雨量,设置必要的排水渗沟,渗沟外围应设置反滤层。

3　粉煤灰路堤底部应离开地下水位或地表长期积水位0.5m以上,否则应设置隔离层。隔离层厚度不宜小于0.3m,隔离层横坡不宜小于3%。

4　粉煤灰路堤压实度标准应在表3.2.3、表3.3.4基础上通过试验确定。

5　高度大于5.0m的粉煤灰路堤,应验算路堤自身的稳定性,其抗滑安全系数应符合表3.6.11的规定。

## 3.10　工业废渣路堤

**3.10.1**　工业废渣用于路堤填筑时,必须符合国家现行环境保护的有关规定,严禁采用含有有害物质的工业废渣作为路堤填料。

**3.10.2**　高炉矿渣、钢渣、煤矸石等可用于路堤填筑的工业废渣,应符合下列要求:

1　高炉矿渣、钢渣应分解稳定,粒径符合规定要求,具有足够的强度。浸水膨胀率不应大于2.0%,压蒸粉化率不应大于5.0%,钢渣中金属铁含量不应大于2.0%,游离氧化钙含量应小于3.0%。应采用堆存一年以上的陈渣。

2　未经充分氧化与陈化、塑性指数大于10的煤矸石不宜直接用于填筑高速公路和一级公路路堤。性能较差的煤矸石应通过改良,并经试验论证后方可采用。

3　煤矸石中主要成分$SiO_2$、$Al_2O_3$和$Fe_2O_3$的总含量之和不应低于70%,烧失量不应大于20%。煤矸石中不宜含有杂质。

**3.10.3**　使用其他工业废渣填筑路堤时,应通过试验论证并经相关主管部门批准,方可使用。

**3.10.4**　工业废渣不应用于浸水地段,以及洪水浸淹部位。

### 3.11 路基取土与弃土

**3.11.1** 路基取土场、弃土场的设置,应根据各路段所需取土或弃方数量,结合路基排水、地形、土质、施工方法、节约土地、环境保护等要求,作出统一规划设计。

**3.11.2** 取土场设置应符合下列规定:

1 合理考虑取土场与路基之间的距离,避免取土影响路基边坡稳定。

2 桥头引道两侧不宜设置取土场。

3 兼作排水的取土场,应保证排水系统通畅,其深度不宜超过该地区地下水水位,并应与桥涵进口高程相衔接;其纵坡不应小于0.2%,平坦地段不应小于0.1%。

**3.11.3** 弃土场设置应符合下列规定:

1 合理设置弃土场,不得影响路基稳定及斜坡稳定。

2 沿河弃土时,应防止加剧下游路基与河岸的冲刷,避免弃土侵占河道,并视需要设置防护支挡工程。

**3.11.4** 弃土场应堆放规则,进行适当碾压。取土场和弃土场应采取必要的排水、防护支挡和绿化等工程措施,保证边坡稳定,避免水土流失。

## 4 路基排水

### 4.1 一般规定

**4.1.1** 公路路基防排水设计应根据公路沿线气象、水文、地形、地质以及桥涵和隧道设置情况,遵循总体规划、合理布局、防排疏结合、少占农田、保护环境的原则,设置完善、通畅的防排水系统,做好路基防排水与地基处理、路基防护等综合设计,并与路面、桥梁、涵洞、隧道等防排水系统相协调。

**4.1.2** 路界地表水不宜流入桥面、隧道及其排水系统。

**4.1.3** 低填、浅挖路基以及排水困难地段,应采取防、排、截相结合的综合措施,及时拦截有可能进入路界的地表水,排除路基内自由水,隔离地下水,保证路基处于干燥或中湿状态。

**4.1.4** 沿河路基防排水设计应根据河流水文特性、设计洪水位、流量以及河道地形地质条件,合理布设排水设施,做好排水设施出口处理,并与河道导流设施和调治构造物相协调,防止水流冲刷路基边坡及河岸。

**4.1.5** 各类排水设施的设计应满足使用功能要求,结构安全可靠,便于施工、检查和养护维修。排水设施所用材料的强度应不低于附录G表G-1的要求。

**4.1.6** 路基排水设施设计应与农田排灌系统相协调。

**4.1.7**　施工场地的临时性排水设施布设,宜与永久性排水设施相结合。

## 4.2　地表排水

**4.2.1**　路基地表排水设施设计降雨的重现期:高速公路、一级公路应采用15年,其他等级公路应采用10年。各类地表排水设施的断面尺寸应满足设计排水流量的要求,沟顶应高出沟内设计水面0.2m以上。

**4.2.2**　路基地表排水设施包括边沟、截水沟、排水沟、跌水与急流槽、蒸发池、油水分离池、排水泵站等,应结合地形和天然水系进行布设,并做好进出口的位置选择和处理,防止产生堵塞、溢流、渗漏、淤积、冲刷和冻结。

**4.2.3**　位于水环境敏感地段的路基地表排水设计,应采取必要措施,保护水环境。

**4.2.4**　边沟设计应符合下列要求:

1　边沟断面形式及尺寸应根据降雨强度、汇水面积、地形地质条件以及对路侧安全与环境景观的影响程度等确定。条件许可时,宜采用三角形或浅碟形边沟。

2　边沟沟底纵坡宜与路线纵坡一致,并不宜小于0.3%。困难情况下,可减小至0.1%。

3　当边沟冲刷强度超过表4.2.4所列的明沟最大允许流速时,应采取必要的防护加固措施。

**表4.2.4　明沟最大允许流速**

| 明沟类别 | 最大允许流速(m/s) | 明沟类别 | 最大允许流速(m/s) |
|---|---|---|---|
| 细粒土质砂 | 0.8 | 片碎石(卵砾石)加固 | 2.0 |
| 低液限粉土、低液限黏土 | 1.0 | 干砌片石 | 2.0 |
| 高液限黏土 | 1.2 | 浆砌片石 | 3.0 |
| 草皮护面 | 1.6 | 水泥混凝土 | 4.0 |

4　高速公路、一级公路挖方路段矩形边沟宜增设带泄水孔的钢筋混凝土盖板或增设路侧护栏,钢筋混凝土盖板的强度和厚度应满足承载汽车荷载的要求。

5　季节冻土地区,浅碟形边沟下的暗埋管(沟)应设置在最大路基冻深线之下,暗埋管(沟)出水口应采取保温防冻措施。

**4.2.5**　截水沟设计应符合下列要求:

1　截水沟应根据地形条件及汇水面积等进行设置。挖方路基的堑顶截水沟应设置在坡口5m以外,并宜结合地形进行布设。填方地段斜坡上方的路堤截水沟距路堤坡脚的距离,应不小于2m。

2　截水沟断面形式及尺寸应结合设置位置、排水量、地形及边坡情况确定,沟底纵坡不宜小于0.3%。

3　截水沟的水流应排至路界之外,不宜引入路堑边沟。

4　截水沟应进行防渗加固。

**4.2.6** 排水沟设计应符合下列要求:

1 将边沟、截水沟、取(弃)土场和路基附近低洼处汇集的水引向路基以外时,应设置排水沟。

2 排水沟断面形式应结合地形、地质条件确定,沟底纵坡不宜小于0.3%,与其他排水设施的连接应顺畅。易受水流冲刷的排水沟应视实际情况采取防护、加固措施。

**4.2.7** 水流通过坡度大于10%、水头高差大于1.0m的陡坡地段或特殊陡坎地段时,宜设置跌水或急流槽。跌水与急流槽设计应符合下列要求:

1 跌水和急流槽应采取加固措施。

2 急流槽底的纵坡应与地形相结合,进水口应予防护加固,出水口应采取消能措施,防止冲刷。

3 急流槽底应设置防滑平台或凸榫,防止基底滑动。

**4.2.8** 气候干旱区且路域范围排水困难地段,可利用沿线的取土坑或专门设置蒸发池汇集地表水。蒸发池设计应符合下列要求:

1 合理确定蒸发池边缘与路基之间的距离,避免影响路基稳定和路侧安全,并应不小于5m,湿陷性黄土地区不得小于湿陷半径。蒸发池设计水位应低于排水沟的沟底。

2 蒸发池的容量应以一个月内汇入池中的雨水能及时完成渗透与蒸发作为设计依据,经水力、水文计算后确定,并防止产生盐渍化或沼泽化。

3 蒸发池应根据具体情况采取适当的安全防护加固措施。

**4.2.9** 水环境敏感地段路基排水沟出口宜设置油水分离池,排泄的水质应满足现行《污水综合排放标准》(GB 8978)的有关规定。油水分离池设计应符合下列要求:

1 油水分离宜采用沉淀法处理。污水进入油水分离池前,应先通过格栅和沉砂池。

2 油水分离池的大小应根据所在路段排水沟汇入水量确定,并保证流入分离池的油水能有足够的时间分离或过滤净化。

**4.2.10** 下挖式通道排水设计应符合下列要求:

1 下挖式通道应设置独立、完善的排水系统,排除汇水区域的地表径流水和影响道路功能的地下水。排水设施的布设应与周围其他排水设施相协调。

2 地表排水径流量计算,设计重现期不宜小于5年。

3 下挖式通道宜采用自流排水方式。当条件受限制时,可按表4.2.10确定排水方式。

**表4.2.10 下挖式通道排水方式**

| 排水方式 | 适用条件 |
|---|---|
| 自流排水方式 | 可用于通道底面高于河渠底面常水位 |
| 泵站排水方式 | 可用于降雨量大、地下水位较高且通道底面低于河渠底面而无法自排的通道 |
| 渗井排水方式 | 可用于年降雨量小于600mm、地下水位低、含水层渗透性好且埋深不超过10m的通道排水。通道内水流进入渗井前,应经过油水分离池过滤处理,保护地下水质 |
| 蒸发池排水方式 | 可用于年降雨量小于400mm、蒸发强度大、地下水位低的通道排水 |

**4.2.11**　路基汇水无法自流排出时,可设置排水泵站。排水泵站包括集水池和泵房,其设计应符合下列要求:

1　集水池的容积应根据汇水量、水泵能力和水泵工作情况等因素确定。

2　水泵抽出的水应排至路界之外。

3　在下挖段的两端,应设置泄水口、排水沟等排水设施,拦截和引排上游方向的地表水。

4　排水泵站其他设计应符合现行《泵站设计规范》(GB 50265)的相关规定。

**4.2.12**　互通式立交区路基排水设计应符合下列要求:

1　互通式立交区路基排水设计应设置完善、通畅的排水系统。

2　互通式立交区路基排水方式与结构形式应根据互通式立交形式、汇水面积、地形地质、气候条件和环境景观等确定,并应做好匝道路基排水设施与主线路基排水设施的衔接。

**4.2.13**　中央分隔带防排水设计应符合下列要求:

1　中央分隔带表面采用铺面封闭时,分隔带铺面应采用两侧外倾的横坡,坡度宜与路面横坡度相同,铺面之下应设置防水层。

2　中央分隔带表面未采用铺面封闭时,中央分隔带内部应设置由防水层、纵向排水渗沟、集水槽和横向排水管等组成的综合防排水系统,渗沟宜设置在通信管构件之下。

3　凹型中央分隔带的表面宜设置成浅碟形,坡度宜为1∶4～1∶6,并应在中央分隔带设置由纵向边沟、集水井、横向排水管、边坡急流槽、消力池等组成的综合排水系统,其断面尺寸、设置间距应通过水力计算确定。

4　中央分隔带回填土与路面结构层之间应设置防水层。

## 4.3　地下排水

**4.3.1**　应进行工程地质和水文地质调查、勘探和测试,查明水文地质条件,获取有关水文地质参数。

**4.3.2**　地下水影响路基稳定或强度时,应根据地下水类型、含水层埋藏深度、地层的渗透性等条件及对环境的影响,采取拦截、引排、疏干、降低或隔离等措施,地下排水设施应与地表排水设施相协调。地下排水设施形式可按下列原则确定:

1　当地下水埋藏浅或无固定含水层时,可采用隔离层、排水垫层、暗沟、渗沟等。

2　当地下水埋藏较深或存在固定含水层时,可采用仰斜式排水孔、渗井、排水隧洞等。

**4.3.3**　排水垫层和隔离层设计应符合下列要求:

1　当黏质土地段地下水位埋深小于0.5m或粉质土地段地下水位埋深小于1.0m时,细粒土填筑的低路堤底部宜设置排水垫层和隔离层。

2　排水垫层厚度不应小于0.3m,垫层材料宜选用天然砂砾或中粗砂。采用复合防排水板作为隔离层时,可不设排水垫层。

3 隔离层可选用土工膜、复合土工膜、复合防排水板等土工合成材料,防渗材料的厚度、材质及类型应根据气候、地质条件确定,土工合成材料应符合现行《公路土工合成材料应用技术规范》(JTG/T D32)的规定。

**4.3.4** 暗沟、暗管设计应符合下列要求:

1 暗沟、暗管可用于排除泉水或集中的地下水流。

2 暗沟、暗管沟底的纵坡不宜小于1.0%,出水口处应加大纵坡,并应高出地表排水沟常水位0.2m以上。

3 暗沟可采用浆砌片石或水泥混凝土预制块砌筑,沟顶应设置混凝土或石盖板,盖板顶面上的填土厚度不应小于0.5m。暗沟断面尺寸应根据排水量及地形、地质条件确定。

**4.3.5** 渗沟设计应符合下列要求:

1 有地下水出露的挖方路基、斜坡路堤、路基填挖交界结合部以及地下水位埋深小于0.5m的低路堤等路段,应设置排水渗沟。

2 渗沟类型应根据地下水赋存条件、渗流量、使用部位及排水距离等,按表4.3.5确定,渗沟横断面尺寸应按地下水渗流量计算确定。

**表4.3.5 各类渗沟适用条件**

| 渗沟类型 | 适用条件 |
| --- | --- |
| 填石渗沟、无砂混凝土渗沟 | 可用于地下水流量不大、排水距离较短的地段 |
| 管式渗沟 | 可用于地下水流量较大、地下水位埋藏浅、地下排水距离较长的地段 |
| 洞式渗沟 | 可用于地下水流量大、埋藏深的路段 |

3 渗沟埋置深度应根据地下水位、需降低的水位高度及含水层介质的渗透系数等确定。截水渗沟的基底埋入隔水层内不宜小于0.5m。边坡渗沟、支撑渗沟的基底,宜设置在含水层以下较坚实的土层上。

4 填石式渗沟、无砂混凝土渗沟最小纵坡不宜小于1.0%,管式及洞式渗沟最小纵坡不宜小于0.5%。渗沟出水口应高出地表排水沟常水位0.2m以上。

5 边坡渗沟、支撑渗沟应垂直嵌入边坡坡体,根据边坡情况可按条带形、分岔形或拱形布设,间距宜为6~10m。

6 渗沟材料应采用洁净的砂砾、粗砂、碎石、片石,其中小于2.36mm细粒料含量不得大于5%。渗沟沟壁应设置透水土工织物或中粗砂反滤层,渗水管可选用带孔的HPPE管、PVC管、PE管、软式透水管、无砂混凝土管等。

**4.3.6** 仰斜式排水孔设计应符合下列要求:

1 仰斜式排水孔可用于引排边坡内的地下水。

2 仰斜式排水孔的仰角不宜小于6°,长度应伸至地下水富集部位或潜在滑动面,并宜根据边坡渗水情况成群分布。

3 仰斜式排水孔进水口及渗水管段应包裹透水土工布,防止堵塞渗水孔。

**4.3.7** 渗井设计应符合下列要求:

1　渗井可用于拦截、引排有固定含水层的深层地下水,以及排除下挖式通道的地表水。

2　用于拦截和引排地下水的渗井,宜成井群布设,并与排水隧洞等排水设施配合使用。渗井排列方向宜垂直于渗流方向,其深度宜穿过含水层,断面尺寸与间距应通过渗流计算确定。渗井内部宜采用洁净的砂砾、碎石等填充,井壁与填充料之间应设反滤层。

3　用于排除下挖式通道地表水的渗井,距离路堤坡脚不宜小于10m,渗井尺寸应根据下挖式通道的排水量通过水力计算确定。渗井宜采用钢筋混凝土管或波纹管,上部为集水井,下部为渗透井;渗透井应选用洁净的砂砾、片碎石等充填,其中小于2.36mm颗粒含量不得大于5%,井壁四周应设置反滤层。

**4.3.8**　排水隧洞设计应符合下列要求:

1　排水隧洞可用于截断和引排深层地下水,埋设深度应根据主要含水层的埋藏深度确定,并应埋入稳定地层内,顶部应在滑动面(带)以下不小于0.5m。

2　对滑动面以上的其他含水层,宜采用在渗水隧洞顶上设置渗井或渗管等将水引入洞内。渗水隧洞以下为承压含水层时,宜在洞底部设置渗水孔。

3　隧洞横断面尺寸应根据地下水涌水量计算确定,横断面净空高度不宜小于1.8m,净宽不宜小于1.0m。

4　隧洞平面轴线宜顺直,洞底纵坡不应小于0.5%,不同坡段可采用折线坡或设台阶跌水等形式连接。

5　隧洞结构设计应符合现行《公路隧道设计规范》(JTG D70)的有关规定。

**4.3.9**　检查井、疏通井设计应符合下列要求:

1　深而长的暗沟(管)、渗沟及渗水隧洞,在直线段每隔一定距离及平面转弯、纵坡变坡点等处,宜设置检查井、疏通井。

2　检查井内应设检查梯,井口应设井盖。检查井兼做渗井时,井壁应设置反滤层。

**4.3.10**　在水文地质条件复杂易产生冻害地段,渗沟的排水管应设置在路基冻结深度以下不小于0.25m处。在重冻区的渗沟、渗水隧洞的出口,应采取防冻措施。

# 5　路基防护与支挡

## 5.1　一般规定

**5.1.1**　应根据当地气候、水文、地形、地质条件及筑路材料分布情况,采取工程防护和植物防护相结合的综合措施,防治路基病害,保证路基稳定,并与周围环境景观相协调。

**5.1.2**　路基坡面防护工程应设置在稳定的边坡上。当土质和气候条件适宜时,宜采用植物防护;当植物防护的坡面有可能产生冲刷时,应设置浆砌片石或水泥混凝土骨架;对完整性较好、稳定的弱、微、未风化硬质岩石边坡,可不作防护。当路基稳定性不足时,应设置必要的支挡加固工程。

**5.1.3** 支挡结构设计时,应对拟加固的边坡和地基进行工程地质勘察,查明其工程地质、水文地质条件及其潜在腐蚀性,不良地质和特殊岩土的分布情况,以及支挡结构地基的承载力和锚固条件;合理确定岩土体的物理力学参数。

**5.1.4** 路基支挡结构设计应满足各种设计荷载组合下支挡结构的稳定性、坚固性和耐久性要求;结构类型选择及设置位置应满足安全可靠、经济合理、便于施工养护的要求;结构材料应符合耐久、耐腐蚀的要求。

**5.1.5** 防护支挡结构应与桥台、隧道洞门、既有支挡结构物协调配合,衔接平顺。

**5.1.6** 地下水较丰富的路段,应做好路基边坡防护与地下排水措施的综合设计。多雨地区砂质土和细粒土路堤,应采取坡面防护与坡面截排水的综合措施。

**5.1.7** 防护支挡结构所用材料的强度应不低于附录 G 表 G-2 的要求,其他材料应符合国家现行相关标准的规定。

**5.1.8** 路基施工过程中应采取边坡临时防护措施,边坡临时防护工程宜与永久防护工程相结合。

## 5.2 坡面防护

**5.2.1** 对受自然因素作用易产生破坏的边坡坡面,应根据气候条件、岩土性质、边坡高度、边坡坡率、水文地质条件、施工条件、环境保护、水土保持要求等因素,按表 5.2.1 经技术经济比较后选择适宜的防护措施。

**表 5.2.1 坡面防护工程类型及适用条件**

| 防护类型 | 亚类 | 适用条件 |
|---|---|---|
| 植物防护 | 植草或喷播植草 | 可用于坡率不陡于 1:1 的土质边坡防护。当边坡较高时,植草可与土工网、土工网垫结合防护 |
| | 铺草皮 | 可用于坡率不陡于 1:1 的土质边坡或全风化、强风化的岩石边坡防护 |
| | 种植灌木 | 可用于坡率不陡于 1:0.75 的土质、软质岩石和全风化岩石边坡防护 |
| | 喷混植生 | 可用于坡率不陡于 1:0.75 的砂性土、碎石土、粗粒土、巨粒土及风化岩石边坡防护,边坡高度不宜大于 10m |
| 骨架植物防护 | — | 可用于坡率不陡于 1:0.75 的土质和全风化、强风化的岩石边坡防护 |
| 工程防护 | 喷护 | 可用于坡率不陡于 1:0.5 的易风化但未遭强风化的岩石边坡防护,高速公路、一级公路和环境景观要求高的公路不宜采用 |
| | 挂网喷护 | 可用于坡率不陡于 1:0.5 的易风化、破碎的岩石边坡防护,高速公路、一级公路和环境景观要求高的公路不宜采用 |
| | 干砌片石护坡 | 可用于坡率不陡于 1:1.25 的土质边坡或岩石边坡防护 |
| | 浆砌片石护坡 | 可用于坡率不陡于 1:1 的易风化的岩石和土质边坡防护 |
| | 护面墙 | 可用于坡率不陡于 1:0.5 的土质和易风化剥落的岩石边坡防护 |

**5.2.2**　植物防护宜采用草灌乔结合,应选用当地优势群落,并应符合下列规定:

1　植草的最小土层厚度不应小于0.15m,灌木最小土层厚度不应小于0.30m。

2　喷混植生的厚度不宜小于0.10m,种植土、草纤维、缓释营养肥料、黏合剂、保水剂等混合材料配合比应通过试验确定。

**5.2.3**　骨架植物防护时,可采用拱形、人字形或方格形浆砌片石或水泥混凝土骨架,也可采用多边形水泥混凝土空心块,骨架内植草或喷播植草。多雨地区的骨架宜增设拦水带和排水槽。风化破碎的岩石挖方边坡,可在骨架中增设锚杆。

**5.2.4**　喷护和挂网喷护设计应符合下列要求:

1　喷护材料可采用砂浆或水泥混凝土,喷浆防护厚度不宜小于50mm,喷射混凝土防护厚度不宜小于80mm。

2　锚杆挂网喷浆或喷射混凝土的喷护厚度不应小于0.10m,且不应大于0.25m,钢筋保护层厚度不应小于20mm。

3　喷护坡面应设置泄水孔和伸缩缝。

4　应结合碎落台和边坡平台种植攀缘植物。

**5.2.5**　护坡设计应符合下列要求:

1　干砌片石护坡厚度不宜小于0.25m。

2　浆砌片石护坡厚度不宜小于0.25m,并应设置伸缩缝和泄水孔。

3　铺砌层下应设置砂砾或碎石垫层,厚度不宜小于0.10m。

**5.2.6**　护面墙的单级护坡高度不宜大于10m,并应设置伸缩缝和泄水孔。护面墙基础应设置在稳定的地基上,冰冻地区应埋置在路基冻结深度以下不小于0.25m。护面墙前趾应低于边沟铺砌的底面。

## 5.3　沿河路基防护

**5.3.1**　沿河路基受水流冲刷时,应根据河流特性、水流性质、河道地貌、地质等因素,结合路基位置,按表5.3.1经技术经济比较后,选用适宜的防护工程类型或采取导流或改移河道等措施。

**表5.3.1　冲刷防护工程类型及适用条件**

| 防护类型 | 适用条件 |
|---|---|
| 植物防护 | 可用于允许流速为1.2～1.8m/s、水流方向与公路路线近似平行、不受洪水主流冲刷的季节性水流冲刷地段防护。经常浸水或长期浸水的路堤边坡,不宜采用 |
| 砌石或混凝土护坡 | 可用于允许流速为2～8m/s的路堤边坡防护 |
| 土工织物软体沉排、土工膜袋 | 可用于允许流速为2～3m/s的沿河路基冲刷防护 |
| 石笼防护 | 可用于允许流速为4～5m/s的沿河路堤坡脚或河岸防护 |
| 浸水挡墙 | 可用于允许流速为5～8m/s的峡谷急流和水流冲刷严重的河段 |

续上表

| 防护类型 | | 适用条件 |
|---|---|---|
| 护坦防护 | | 可用于沿河路基挡土墙或护坡的局部冲刷深度过大、深基础施工不便的路段 |
| 抛石防护 | | 可用于经常浸水且水深较大的路基边坡或坡脚以及挡土墙、护坡的基础防护 |
| 排桩防护 | | 可用于局部冲刷深度过大的河湾或宽浅性河流的防护 |
| 导流 | 丁坝 | 可用于宽浅性河段,保护河岸或路基不受水流直接冲蚀而产生破坏 |
| | 顺坝 | 可用于河床断面较窄、基础地质条件较差的河岸或沿河路基防护,以调整流水曲度和改善流态 |

**5.3.2** 冲刷防护工程顶面高程,应为设计水位加上波浪侵袭、壅水高度及安全高度之和。基底应埋设在冲刷深度以下不小于1m或嵌入基岩内,寒冷地区应在冻结深度以下不小于1m。当冲刷深度较深、水下施工困难时,可采用桩基或适宜的平面防护。

**5.3.3** 冲刷防护工程应与上下游岸坡平顺衔接,端部嵌入岸壁足够的深度,防止恶化上下游的水文条件。

**5.3.4** 设置导流建筑物时,应根据河道地貌、地质、水流特性、河道演变规律和防护要求等设计导治线,并应避免农田、村庄、公路和下游路基的冲刷加剧。在山区河谷地段,不宜设置挑水导流建筑物。

**5.3.9** 改移河道设计应符合下列要求:

1 沿河路基受水流冲刷严重,或防护工程艰巨,以及路线在短距离内多次跨越弯曲河道时可改移河道。

2 主河槽改动频繁的变迁性河流或支流较多的河段不宜改移河道。

3 改河平面设计应顺应河势,因势利导,保证新河道水流不重归故道。改河起点和终点的位置应设在河流较稳定的河段,并与原河床顺接;在改河入口处宜加大纵坡并设置拦河坝或顺坝。新河槽断面应按设计洪水频率的流量设计。

## 5.4 挡土墙

**5.4.1** 挡土墙设计应根据路基横断面、地形、地质条件和地基承载能力,合理确定挡土墙位置、起讫点、长度和高度,并按表5.4.1进行技术经济比较后,选择适宜的挡土墙类型。

**表5.4.1 挡土墙类型及适用条件**

| 挡土墙类型 | 适用条件 |
|---|---|
| 重力式挡土墙 | 适用于一般地区、浸水地段和高烈度区的路堤和路堑等支挡工程。墙高不宜超过12m,干砌挡土墙的高度不宜超过6m |
| 半重力式挡土墙 | 适用于不宜采用重力式挡土墙的地下水位较高或较软弱的地基上。墙高不宜超过8m |
| 石笼式挡土墙 | 可用于地下水较多的土质、风化破碎岩石路段 |

续上表

| 挡土墙类型 | 适用条件 |
|---|---|
| 悬臂式挡土墙 | 宜在石料缺乏、地基承载力较低的填方路段采用。墙高不宜超过 5m |
| 扶壁式挡土墙 | 宜在石料缺乏、地基承载力较低的填方路段采用。墙高不宜超过 15m |
| 锚杆挡土墙 | 宜用于墙高较大的岩质路堑地段。可用作抗滑挡土墙。可采用肋柱式或板壁式单级墙或多级墙。每级墙高不宜大于 8m,多级墙的上、下级墙体之间应设置宽度不小于 2m 的平台 |
| 锚定板挡土墙 | 宜使用在缺少石料地区的路肩墙或路堤式挡土墙,但不应建筑于滑坡、坍塌、软土及膨胀土地区。可采用肋柱式或板壁式,墙高不宜超过 10m。肋柱式锚定板挡土墙可采用单级墙或双级墙,每级墙高不宜大于 6m,上、下级墙体之间应设置宽度不小于 2m 的平台。上下两级墙的肋柱宜交错布置 |
| 加筋土挡土墙 | 可分为有面板加筋土挡土墙和无面板土工格栅加筋土挡土墙。有面板加筋土挡土墙可用于一般地区的路肩式挡土墙、路堤式挡土墙,无面板土工格栅加筋土挡土墙可用于一般地区的路堤式挡土墙,但均不应修建在滑坡、水流冲刷、崩塌等不良地质地段;高速公路、一级公路墙高不宜大于 12m,二级及二级以下公路不宜大于 20m;当采用多级墙时,每级墙高不宜大于 10m,上、下级墙体之间应设置宽度不小于 2m 的平台 |
| 桩板式挡土墙 | 用于表土及强风化层较薄的均质岩石地基,挡土墙高度可较大,也可用于地震区的路堑或路堤支挡或滑坡等特殊地段的治理 |

**5.4.2**　挡土墙设计应采用以极限状态设计的分项系数法为主的设计方法,车辆荷载计算应采用附加荷载强度法。挡土墙设计应进行其承载能力极限状态计算和正常使用极限状态验算,以及挡土墙抗滑稳定、抗倾覆稳定和整体稳定性验算,并应符合附录 H 有关规定。

**5.4.3**　挡土墙宜采用明挖基础。基础的埋置深度应符合下列要求:

1　基础最小埋置深度不应小于 1.0m。风化层不厚的硬质岩石地基,基底应置于基岩未风化层以下。

2　受水流冲刷时,应按路基设计洪水频率计算冲刷深度,基底应置于局部冲刷线以下不小于 1.0m。

3　当冻结深度小于或等于 1.0m 时,基底应在冻结线以下不小于 0.25m,且最小埋置深度不小于 1.0m。冻结深度大于 1.0m 时,基础最小埋置深度不应小于 1.25m,并应对基底至冻结线以下 0.25m 深度范围的地基土采取措施,防止冻害。

4　路堑挡土墙基底在路肩以下不应小于 1.0m,并低于边沟砌体底面不小于 0.2m。

5　基础位于稳定斜坡地面上时,前趾埋入深度和距地表的水平距离应满足表 5.4.3 的规定。位于纵向斜坡上的挡土墙,当基底纵坡大于 5% 时,基底应设计为台阶式。

**表 5.4.3　斜坡地面基础埋置条件**

| 土层类别 | 墙趾最小埋入深度 $h$(m) | 距地表水平距离 $L$(m) |
|---|---|---|
| 硬质岩石 | 0.60 | 1.50 |
| 软质岩石 | 1.00 | 2.00 |
| 土层 | ≥1.00 | 2.50 |

**5.4.4** 挡土墙构造设计应符合下列要求:

1 应做好挡土墙与路基或其他构造物的衔接处理。挡土墙与路堤之间可采用锥坡连接,墙端应伸入路堤内不小于0.75m;路堑挡土墙端部应嵌入路堑坡体内,其嵌入原地层的深度,土质地层不应小于1.5m,风化软质岩层不应小于1.0m,微风化岩层不应小于0.5m。

2 墙身应设置倾向墙外且坡度不小于4%的排水孔,墙背应设置反滤层。排水孔的位置及数量应根据挡土墙墙背渗水情况合理布设,排水孔可采用管型材料,进水口应设置反滤层,并宜采用透水土工布。墙背反滤层宜采用透水性的砂砾、碎石,含泥量应小于5%,厚度不应小于0.50m。

3 具有整体式墙面的挡土墙应设置伸缩缝和沉降缝。沿墙长度方向在墙身断面变化处、与其他构造物相接处应设置伸缩缝,在地形、地基变化处应设置沉降缝。伸缩缝和沉降缝可合并设置。

4 路肩式挡土墙的顶面宽度不应侵占行车道及路缘带或硬路肩的路基宽度范围,其顶面应设置护栏。

**5.4.5** 重力、半重力式挡土墙设计应符合下列要求:

1 墙顶宽度,当墙身为混凝土浇筑时,不应小于0.40m;浆砌片石时,不应小于0.50m;干砌片石时,不应小于0.60m。

2 应根据墙趾处地形情况及经济比较,合理选择重力式挡土墙墙背坡度。

3 衡重式路肩挡土墙的衡重台与上墙背相交处应采取适当的加强措施,提高该处墙身截面的抗剪能力。

4 半重力式挡土墙应按弯曲抗拉强度和刚度计算要求,确定立壁与底板之间的转折点数。端部厚度不应小于0.40m,底板的前趾扩展长度不宜大于1.5m。

5 墙高小于10m的挡土墙可采用浆砌片石,墙高大于10m的挡土墙和浸水挡土墙宜采用片石混凝土。

**5.4.6** 石笼式挡土墙设计应符合下列要求:

1 石笼式挡土墙外形可采用外台阶、内台阶、宝塔式等。

2 石笼可采用重镀锌钢丝、镀锌铁丝、普通铁丝编织。永久工程应采用重镀锌钢丝;使用年限8~12年时,可采用镀锌铁丝;使用期限3~5年时,可采用普通铁丝石笼。

3 石笼内填充物应采用质地坚硬、不易崩解和水解的片石或块石,石料粒径宜为100~300mm,小于100mm的粒径不应超过15%,且不得用于石笼网格的外露面,空隙率不得超过30%。

4 石笼式挡土墙背应设置一层透水土工布,以防止淤堵。

**5.4.7** 悬臂、扶壁式挡土墙设计应符合下列要求:

1 立壁的顶宽不应小于0.20m,底板厚度不应小于0.30m。

2 挡土墙分段长度不宜超过20m。

3 扶壁式挡土墙每一分段宜设3个或3个以上的扶壁。

4 应采用钢筋混凝土浇筑,配置于墙中的主筋,直径不宜小于12mm。

**5.4.8**　锚杆挡土墙设计应符合下列要求：

1　肋柱式锚杆挡土墙的肋柱间距，宜为 2.0～3.0m。肋柱宜垂直布置或向填土一侧仰斜，但仰斜度不应大于 1∶0.05。

2　多级肋柱式锚杆挡土墙的平台，宜用厚度不小于 0.15m 的 C15 混凝土封闭，并设置向墙外倾斜 2% 的横坡度。

3　每级肋柱上的锚杆层数，可设计为双层或多层。锚杆可按弯矩相等或支点反力相等的原则布置，向下倾斜。每层锚杆与水平面的夹角宜为 15°～20°，锚杆层间距不小于 2.0m。

4　肋柱受力方向的前后侧面内应配置通长受力钢筋，钢筋直径不应小于 12mm。

5　挡土板宜采用等厚度板，板厚不得小于 0.30m。预制墙面板应预留锚杆的锚定孔。

**5.4.9**　锚定板挡土墙设计应符合下列要求：

1　肋柱式锚定板挡土墙的肋柱间距，宜为 1.5～2.5m，每级肋柱高度宜采用 3～5m。肋柱应采用垂直或向填土侧后仰布置，仰斜度宜为 1∶0.05，肋柱不得前倾布置。肋柱应预留圆形或椭圆形拉杆孔道，孔道直径或短轴长度应大于拉杆直径。

2　肋柱下端应设置混凝土基础，基础形式可采用条形、分离式或杯座式基础，基础厚度不宜小于 0.50m，襟边宽度不宜小于 0.10m。

3　肋柱受力方向的前后侧面内应配置通长受力钢筋，钢筋直径不应小于 12mm。

4　多级肋柱式锚定板挡土墙的平台，宜用厚度不小于 0.15m 的 C15 混凝土封闭，并设置向墙外倾斜 2% 的横坡。采用细粒土作填料时，路基顶面也宜设置封闭层。

5　板壁式锚定板挡土墙的每块墙面板至少连接一根拉杆，拉杆直径宜为22～32mm。

6　锚定板宜采用钢筋混凝土板，肋柱式锚定板面积不应小于 0.5$m^2$，无肋柱式锚定板面积不应小于 0.2$m^2$。锚定板需双向配筋。

7　拉杆、拉杆与肋柱及拉杆与锚定板连接处，应做好防锈处理。

**5.4.10**　有面板加筋土挡土墙设计应符合下列要求：

1　有面板加筋土挡土墙应按附录 H 的有关规定进行设计计算。

2　加筋土挡土墙墙面宜采用钢筋混凝土预制件，厚度不应小于 80mm。墙面的平面线形可采用直线、折线和曲线，相邻墙面间的内夹角不宜小于 70°。墙面应设置混凝土基础，其宽度不应小于 0.40m，厚度不应小于 0.20m，基础埋置深度不应小于 0.60m。基底不宜设置纵坡，可做成水平或结合地形做成台阶形。

3　拉筋材料宜采用土工格栅、复合土工带或钢筋混凝土板带。当采用土工格栅作拉筋时，尚应符合现行《公路土工合成材料应用技术规范》(JTG/T D32)的有关规定。

4　在满足抗拔稳定条件下，拉筋长度应符合下列规定：

1)墙高大于 3.0m 时，拉筋长度不应小于 0.8 倍墙高，且不小于 5m。当采用不等长的拉筋时，同长度拉筋的墙段高度不应小于 3.0m。相邻不等长拉筋的长度差不宜小于 1.0m；

2)墙高小于 3.0m 时，拉筋长度不应小于 3.0m，且应采用等长拉筋；

3)采用预制钢筋混凝土带时,每节长度不宜大于2.0m。

5 筋带与面板的连接应坚固可靠,并与筋带有相同的耐腐蚀性能。双面加筋土挡土墙的筋带应错开铺设,避免重叠。

6 加筋土挡土墙宜采用渗水性良好的中粗砂、砂砾或碎石填筑,填料与筋材直接接触部分不应含有尖锐棱角的块体,填料最大粒径不应大于100mm。

7 对危害加筋土挡土墙稳定的地表水或地下水,应设置完善的防排水设施。当加筋区填筑细粒土时,墙面板内侧应设置宽度不小于0.30m的反滤层。冰冻地区加筋体应采取防冻胀措施。

8 斜坡上的加筋体应设宽度不小于1.0m的护脚,加筋体面板基础埋置深度应从护脚顶面算起。

9 加筋土挡土墙顶面,宜设置混凝土或钢筋混凝土帽石。

10 多级加筋土挡土墙的平台顶部应设不小于2%的排水横坡,并用厚度不小于0.15m的C15混凝土板防护;当采用细粒填料时,上级墙的面板基础下应设置宽度不小于1.0m、厚度不小于0.50m的砂砾或灰土垫层,见图5.4.10。

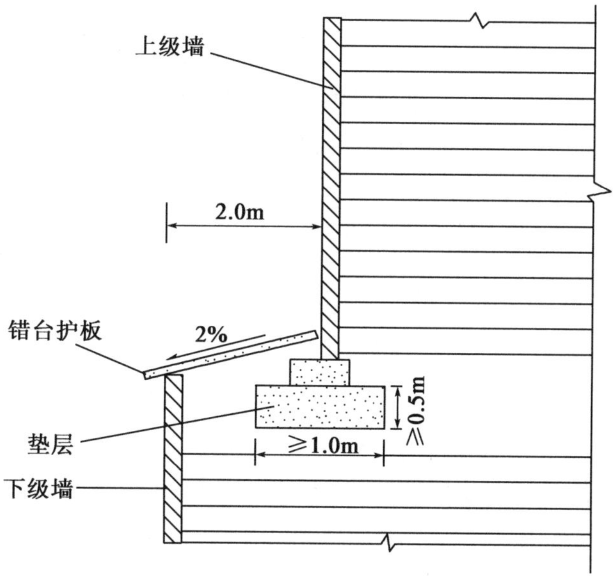


图5.4.10 平台与垫层横断面图

**5.4.11** 无面板加筋土挡土墙设计应符合下列要求:

1 加筋坡面与水平面夹角大于或等于70°的无面板加筋土挡土墙,应按附录H的有关规定进行设计计算;当加筋坡面与水平面夹角小于70°时,应按照现行《公路土工合成材料应用技术规范》(JTG/T D32)的有关规定进行设计计算。

2 无面板加筋土挡土墙高度大于10m时,应设置多级加筋挡土墙;当挡土墙基础受水流影响可能产生冲刷时,洪水位以下浸水墙体应采用重力式挡土墙。

3 土工格栅宜采用高密度聚乙烯(HDPE)土工格栅、聚酯(PET)焊接土工格栅。

4 土工格栅加筋层间距、筋材长度、加筋坡面坡率等应通过外部稳定性和内部稳定性计算确定。

5　加筋土挡土墙填料和排水设计应符合本规范第5.4.10条的有关规定。

6　当地基软弱、承载能力不足时,应对地基土进行换填处理,并设置砂砾、碎石垫层。

7　反包式土工格栅筋材应采用统一的水平回折反包长度,其长度应大于式(5.4.11)计算值,且不宜小于2m。坡面保护应采用抗老化的筋材。

$$L_0 = \frac{D\sigma_{hi}}{2(c + \gamma h_i \tan\delta)} \tag{5.4.11}$$

式中:$L_0$——计算拉筋层的水平回折包裹长度(m);

$D$——拉筋的上、下层间距(m);

$\sigma_{hi}$——水平土压应力(kPa);

$c$——拉筋与填料之间的黏聚力(kPa);

$\delta$——拉筋与填料之间的内摩擦角(°),填料为砂类土时取(0.5~0.8)$\varphi$;

$\gamma$——加筋体的填料重度($kN/m^3$);

$h_i$——墙顶(路肩挡土墙包括墙顶以上填土高度)距第$i$层墙面板中心的高度(m)。

**5.4.12**　桩板式挡土墙设计应符合下列要求:

1　桩板式挡土墙的锚固桩必须锚固在稳定的地基中,桩的悬臂长度不宜大于15m。

2　桩的构造可根据本规范第5.7节的相关规定执行。

3　挡土板与桩搭接,其搭接长度每端不得小于1倍板厚。当为圆形桩时,应在桩后设置搭接用的凸形平台。平台宽度应比搭接长度宽20~30mm。

4　挡土板外侧墙面的钢筋保护厚度应大于35mm,板内侧墙面保护厚度应大于50mm;桩的受力钢筋应沿桩长方向通长布置,直径不应小于12mm。桩的钢筋保护层净距不应小于50mm。

5　当采用拱形挡土板时,不宜仅用混凝土灌筑,而应沿径向和环向配置一定数量的构造钢筋,钢筋直径不宜小于10mm。

6　加锚杆的锚固桩应保证桩与锚杆的变形协调。

## 5.5　边坡锚固

**5.5.1**　边坡锚固设计应根据边坡稳定性分析资料,鉴别边坡的破坏模式,确定边坡不稳定程度及范围,对锚固方案的合理性、安全性进行技术经济论证。锚固形式应根据边坡岩土体类型、工程特征、锚承载力大小、锚材料和长度、施工工艺等条件确定。

**5.5.2**　预应力锚杆可用于土质、岩质边坡及地基加固,其锚固段应设置在稳定的岩层中,腐蚀性环境中不宜采用预应力锚杆。对软质岩、风化岩地层,宜采用压力分散型锚杆。

**5.5.3**　预应力锚固边坡稳定性评价应符合下列要求:

1　锚固边坡稳定性评价应符合本规范第3.7.4条的规定。

2　边坡锚固前后的稳定性计算方法应相对应。

3　对锚固边坡进行稳定性计算时,锚作用力可简化为作用于滑面上的一个集中力

(图5.5.3)。

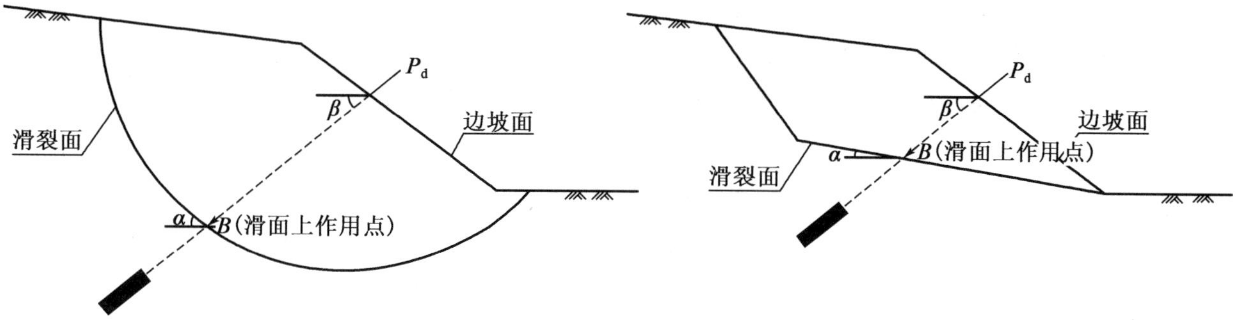


图5.5.3　锚作用力的简化

**5.5.4**　预应力锚杆锚固力设计时,应根据边坡稳定性分析确定的边坡下滑力,按式(5.5.4)计算锚固力。

$$P_d = \frac{E}{\sin(\alpha+\beta)\tan\varphi+\cos(\alpha+\beta)} \tag{5.5.4}$$

式中:$P_d$——锚杆设计锚固力(kN);

$E$——边坡下滑力(kN);

$\alpha$——锚杆与滑动面相交处滑动面倾角(°);

$\beta$——锚杆与水平面的夹角(°);

$\varphi$——滑动面内摩擦角(°)。

**5.5.5**　预应力锚杆体设计时,锚杆体截面积应按式(5.5.5)计算。锚杆预应力筋的张拉控制应力 $\sigma_{con}$ 应符合表5.5.5的规定。

$$A = \frac{K_1 P_d}{F_{ptk}} \tag{5.5.5}$$

式中:$A$——锚杆体截面积($m^2$);

$K_1$——预应力筋截面设计安全系数,按表5.5.6-4选取;

$F_{ptk}$——锚杆体材料抗拉强度标准值(kPa)。

**表5.5.5　预应力筋的张拉控制应力 $\sigma_{con}$**

| 锚 杆 类 型 | $\sigma_{con}$ | |
|---|---|---|
| | 钢　绞　线 | 预应力螺纹钢筋 |
| 永久 | $\leqslant 0.50F_{ptk}$ | $\leqslant 0.70F_{ptk}$ |
| 临时 | $\leqslant 0.65F_{ptk}$ | $\leqslant 0.80F_{ptk}$ |

**5.5.6**　预应力锚杆体长度设计应符合下列要求:

1　锚固体的承载能力由注浆体与锚孔壁的黏结强度、锚杆与注浆体的黏结强度及锚杆强度等三部分控制,设计时应取其小值。

2　预应力锚杆宜采用黏结型锚固体,地层与注浆体间黏结长度应按式(5.5.6-1)计算。

$$L_r = \frac{K_2 P_d}{\pi d f_{rb}} \tag{5.5.6-1}$$

式中：$L_r$——地层与注浆体间黏结长度(m)；

$K_2$——安全系数，按表 5.5.6-4 选取；

$d$——锚固段钻孔直径(m)；

$f_{rb}$——地层与注浆体间黏结强度设计值(kPa)，应通过试验确定，当不具备试验条件时可按表 5.5.6-1、表 5.5.6-2 选用。

**表 5.5.6-1　岩体与注浆体界面黏结强度设计值**

| 岩体类型 | 饱和单轴抗压强度 $R_c$(MPa) | 黏结强度 $f_{rb}$(kPa) |
|---|---|---|
| 极软岩 | $R_c<5$ | 150～250 |
| 软岩 | $5\leqslant R_c<15$ | 250～550 |
| 较软岩 | $15\leqslant R_c<30$ | 550～800 |
| 较硬岩 | $30\leqslant R_c<60$ | 800～1 200 |
| 坚硬岩 | $R_c\geqslant 60$ | 1 200～2 400 |

注：1.表中数据适用于注浆强度等级 M30。
2.表中数据仅适用于初步设计，施工时应通过试验验证。
3.岩体结构面发育时，取表中下限值。

**表 5.5.6-2　土体与锚固体黏结强度设计值**

| 土体类型 | 土的状态 | 黏结强度 $f_{rb}$(kPa) |
|---|---|---|
| 黏性土 | 坚硬 | 60～80 |
| | 硬塑 | 50～60 |
| | 软塑 | 30～50 |
| 砂土 | 松散 | 90～160 |
| | 稍密 | 160～220 |
| | 中密 | 220～270 |
| | 密实 | 270～350 |
| 碎石土 | 稍密 | 180～240 |
| | 中密 | 240～300 |
| | 密实 | 300～400 |

注：1.表中数据适用于注浆强度等级 M30。
2.表中数据仅适用于初步设计，施工时应通过试验验证。

3　注浆体与锚杆体间黏结长度应满足式(5.5.6-2)的要求。

$$L_g=\frac{K_2P_d}{n\pi d_g f_b}\qquad(5.5.6\text{-}2)$$

式中：$L_g$——注浆体与锚杆体间黏结长度(m)；

$d_g$——锚杆体材料直径(m)；

$f_b$——注浆体与锚杆体间黏结强度设计值(kPa)，应通过试验确定，当不具备试验条件时，可按表 5.5.6-3 选用；

$n$——锚杆体根数(根)。

**表 5.5.6-3 钢筋、钢绞线与砂浆之间的黏结强度设计值 $f_b$(MPa)**

| 锚 类 型 | 水泥浆或水泥砂浆强度等级 | |
|---|---|---|
| | M30 | M35 |
| 水泥砂浆与螺纹钢筋间 | 2.40 | 2.70 |
| 水泥砂浆与钢绞线、高强钢丝间 | 2.95 | 3.40 |

注:1.当采用 2 根钢筋点焊成束的做法时,黏结强度应乘以折减系数 0.85。
2.当采用 3 根钢筋点焊成束的做法时,黏结强度应乘以折减系数 0.7。

4 锚杆总长度由锚固段长度、自由段长度及外露段长度组成,各部分长度确定应满足下列要求:

1)在确定锚杆锚固段长度时,应分别对锚杆黏结长度 $L_r$ 和 $L_g$ 进行计算,实际锚固段长度应取 $L_r$ 和 $L_g$ 中的大值,且不应小于 3m,也不宜大于 10m;

2)锚杆自由段长度受稳定地层界面控制,在设计中应考虑自由段伸入滑动面或潜在滑动面的长度不小于 1.0m,且自由段长度不得小于 5.0m。

5 锚杆设计时安全系数的取值应符合表 5.5.6-4 的规定。

**表 5.5.6-4 预应力锚杆锚固体设计安全系数**

| 安全系数 | 公路等级 | 安全系数 | |
|---|---|---|---|
| | | 锚杆服务年限≤2 年(临时性锚杆) | 锚杆服务年限 >2 年(永久性锚杆) |
| $K_1$ | 高速公路、一级公路 | 1.8 | 2.0 |
| | 二级及二级以下公路 | 1.6 | 1.8 |
| $K_2$ | 高速公路、一级公路 | 1.8 ~ 2.0 | 2.0 ~ 2.2 |
| | 二级及二级以下公路 | 1.5 ~ 1.8 | 1.7 ~ 2.0 |

注:1.当二级及二级以下公路在锚固工程附近有重点保护对象时,可按高速公路安全系数取值。
2.土体或全风化岩中锚固体,$K_2$ 应取表中较高值。

**5.5.7** 预应力锚杆构造设计应符合下列要求:

1 预应力锚杆由锚固段、自由段和锚头构成,锚头由垫墩、钢垫板和锚具组成。

2 锚固段内的预应力筋每隔 1.5 ~ 2.0m 应设置隔离架。预应力筋的保护层厚度不应小于 20mm,临时性锚杆预应力筋的保护层厚度不应小于 10mm。

3 锚杆材料可根据锚固工程性质、锚固部位、工程规模选择高强度低松弛的钢绞线、预应力用螺纹钢筋。

**5.5.8** 锚杆的防腐等级和措施,应根据锚杆的设计使用年限和所处地层有无腐蚀性确定。锚杆的防腐设计应符合下列要求:

1 腐蚀环境中的永久性锚杆应采用Ⅰ级双层防腐保护构造,腐蚀环境中的临时性锚杆和非腐蚀环境中的永久性锚杆可采用Ⅱ级简单防腐保护构造。锚杆Ⅰ、Ⅱ级防腐构造应符合表 5.5.8 的要求。

**表 5.5.8　锚杆 Ⅰ、Ⅱ级防腐保护要求**

| 防腐保护等级 | 锚杆类型 | 预应力锚杆和锚具的防腐要求 | | |
| --- | --- | --- | --- | --- |
| | | 锚　头 | 自　由　段 | 锚　固　段 |
| Ⅰ | 拉力型、拉力分散型 | 采用过渡管,锚具用混凝土封闭或钢罩保护 | 采用注入油脂的护套,或无黏结钢绞线,或有外套保护管的无黏结钢绞线 | 采用注入水泥浆的波纹管 |
| | 压力型、压力分散型 | 采用过渡管,锚具用混凝土封闭或钢罩保护 | 采用无黏结钢绞线 | 采用无黏结钢绞线 |
| Ⅱ | 拉力型、拉力分散型 | 采用过渡管,锚具用混凝土封闭或钢罩保护 | 采用注入油脂的护套,或无黏结钢绞线 | 注浆 |

2　锚固段、自由段及锚头的防腐材料和构造,应在锚杆施工及使用期不发生损坏,且不影响锚杆的功能。

3　锚杆在张拉作业完成后,应及时对锚头的有关部件进行防腐保护;需调整预应力的锚杆的锚头宜装设钢质防护罩,其内应充满防腐油脂;不需调整拉力的锚杆的锚具、承压板及端头筋体可用混凝土防护,混凝土保护层厚不应小于 50mm。

**5.5.9**　非预应力的全长黏结型锚杆设计应符合下列规定:

1　杆体材料宜采用 HRB400 钢筋,杆体钢筋直径宜为 16 ~ 32mm。

2　钻孔直径不宜小于 42mm,且不宜大于 100mm。

3　杆体钢筋保护层厚度,采用水泥砂浆时不应小于 8mm,采用树脂时不应小于 4mm。

4　长度大于 4m 或杆体直径大于 32mm 的锚杆,应采取杆体居中的构造措施。

**5.5.10**　锚固边坡坡面结构形式应根据边坡工程地质、水文地质条件、岩土性质、边坡高度、施工方法,按表 5.5.10 的规定选用。

**表 5.5.10　坡面结构常用类型及适用条件**

| 结构形式 | 适用条件 | 备　注 |
| --- | --- | --- |
| 框架(格子)梁 | 风化较严重、地下水丰富、软质岩、土质边坡 | 多雨地区梁宜做成截流沟式 |
| 地梁 | 软硬岩体相间、土质边坡 | — |
| 单锚墩 | 硬质岩、块状或整体性好的岩体 | — |

**5.5.11**　锚固边坡坡面结构设计应符合下列要求:

1　框架梁、地梁与单锚墩截面可采用矩形或 T 形,截面宽度不得小于 0.30m;框架梁单元形状可采用矩形或菱形,矩形的梁单元尺寸不宜小于 3m × 3m,菱形的梁单元尺寸不宜小于 5m × 3m。

2　框架梁设计宜分单元进行,梁内弯矩、剪力应按框架梁或连续梁计算。地梁与单锚墩设计应按两地梁或两单锚墩中至中的距离计算作用荷载,地梁弯矩、剪力应根据梁上锚的根数,按简支梁或连续梁计算。梁结构应按现行《混凝土结构设计规范》(GB 50010)的有关规定进行计算,结构重要性系数为 1.0,永久荷载的分项系数为 1.35。

3 框架梁、地梁与单锚墩应采用钢筋混凝土,梁内主筋应分单元配置通长钢筋。单锚墩设计应根据锚力大小,满足岩体承载力要求,并配置适量的构造钢筋。

4 梁底嵌入坡面岩体内深度不宜小于0.20m。

## 5.6 土钉支护

**5.6.1** 土钉支护设计应遵循下列原则:

1 土钉支护可用于硬塑或坚硬的黏质土、胶结或弱胶结的粉土、砂土、砾石、软岩和风化破碎岩层等路堑边坡的临时支护和永久支护。在腐蚀性地层、膨胀土、软黏土、土质松散、地下水较发育及存在不利结构面的边坡,不宜采用土钉支护。

2 永久性土钉支护应根据坡体内地下水分布情况设置完善的排水设施。

3 永久性土钉支护的边坡坡面设计应有利于边坡植物生长,并与周围环境相协调。

4 土钉支护应采取动态设计和信息化施工,土钉支护边坡的水平位移不得超过边坡高度的0.3%。必要时,应对支护工程采取加固措施。

**5.6.2** 土钉结构和材料设计应符合下列要求:

1 土质边坡土钉支护总高度不宜大于10m,岩质边坡土钉支护总高度不宜大于18m。边坡较高时宜设多级土钉支护,每级坡高不宜大于10m。多级边坡的上下级之间应设置平台,平台宽度不宜小于2.0m。

2 土钉长度包括非锚固长度和有效锚固长度。非锚固长度应根据坡面与土钉潜在破裂面的实际距离确定,有效锚固长度由土钉内部稳定检算确定。土钉长度宜为边坡坡面高度的0.5 ~1.2倍。土钉间距宜为0.75 ~3m,与水平面夹角宜为5° ~25°。

3 永久性土钉应采用钻孔注浆钉,钻孔直径宜为70 ~100mm。钉材宜采用HRB400钢筋,钢筋直径宜为18 ~32mm,土钉钢筋应设定位支架。

4 环境腐蚀时可采取钢筋表面环氧涂层等处理措施,钉材保护层厚度不应小于30mm;必要时,可沿钉材钢筋全长加设聚乙烯或聚丙烯波纹套管。

5 钻孔注浆材料宜采用低收缩水泥浆或水泥砂浆,其强度不应低于20MPa。注浆应采用孔底返浆法,注浆压力宜为0.4 ~1.0MPa。

6 喷射混凝土层厚度和钢筋混凝土框架梁尺寸应通过受力计算确定。喷射混凝土层厚度不宜小于80mm。

7 土钉应与边坡坡面防护构件有效连接,连接方法应根据边坡坡面防护构件的受力大小以及支护结构的重要性确定,必要时可通过加载试验验证。

## 5.7 抗滑桩

**5.7.1** 抗滑桩设计应遵循下列原则:

1 抗滑桩可用于稳定边坡和滑坡、加固不稳定山体以及加固其他特殊路基。

2　抗滑桩宜选择在滑坡厚度较薄、推力较小、锚固段地基强度较高及有利于抗滑的位置设置,桩的平面布置、桩间距、桩长和截面尺寸等应综合考虑确定,保证滑坡体不越过桩顶或从桩底和桩间滑动,达到安全可靠、经济合理,并与周围景观相协调。

3　抗滑桩应采取动态设计和信息化施工。抗滑桩设计应根据桩基开挖过程中揭示的地质情况和边坡变形监测信息,及时核实地质勘察结论,校核和完善抗滑桩设计。必要时,应补充地质勘察。

**5.7.2**　土质滑坡的桩前悬臂段临空时,可在桩间设置挡土板。必要时,抗滑桩之间应用钢筋混凝土联系梁连接。

**5.7.3**　抗滑桩可与预应力锚索联合组成抗滑支挡结构,锚索的锚固段应置于稳定岩层内。设计时应保证施加预应力锚索的抗滑桩与预应力锚索的变形协调,不应使锚索在受剪状态工作。

**5.7.4**　抗滑桩构造和材料设计应符合下列要求:

1　抗滑桩截面形状宜采用矩形,桩的截面尺寸应根据滑坡推力大小、桩间距、锚固段地基强度等因素确定。

2　桩身采用水泥混凝土浇筑,宜采用 HRB400 钢筋。

3　抗滑桩井口应设置锁口,桩井位于土和风化破碎的岩层时宜设置护壁。

4　抗滑桩纵向受力钢筋直径不应小于 16mm。净距不宜小于 120mm,困难情况下可适当减少,但不得小于 80mm。当用束筋时,每束不宜多于 3 根。当配置单排钢筋有困难时,可设置 2 排或 3 排。受力钢筋混凝土保护层厚度不应小于 70mm。

5　纵向受力钢筋的截断点应按现行《公路钢筋混凝土及预应力混凝土桥涵设计规范》(JTG D62)的有关规定计算。

6　抗滑桩内不宜设置斜筋,可采用调整箍筋的直径、间距和桩身截面尺寸等措施,满足斜截面的抗剪强度。

7　箍筋宜采用封闭式,直径不宜小于 14mm,间距不应大于 0.40m。

8　抗滑桩的两侧和受压边,应配置纵向构造钢筋,其间距不应大于 0.3m,直径不宜小于 12mm。桩的受压边两侧,应配置架立钢筋,其直径不宜小于 16mm。当桩身较长时,纵向构造钢筋和架立筋的直径应加大。

9　预应力锚索抗滑桩的锚索外锚头及其各部分的承载力,应与锚索最大拉应力和张拉工艺相匹配。锚孔距桩顶距离,不应小于 0.5m。锚索构造应符合本规范第 5.5 节的规定。混凝土垫墩应保证传力均匀,与垫板结构相协调。垫墩与桩结合良好。混凝土局部受压承载力,应按现行《公路钢筋混凝土及预应力混凝土桥涵设计规范》(JTG D62)的有关规定进行验算。

# 6 路基拓宽改建

## 6.1 一般规定

**6.1.1** 公路路基拓宽改建设计前,应对既有路基和拓宽场地进行调查、勘探和测试,查明既有路基的填料性质、含水率、密度、压实度、强度,以及路基的稳定情况,分析评价新拼接路基或增建路基对既有路基沉降变形和边坡稳定的影响程度。

**6.1.2** 公路路基拓宽改建,应根据公路沿线的地形地貌和地质特点、既有路基现状及拓宽后的交通组成,综合比较确定既有路基的利用与拓宽拼接方案,采取合理的工程措施,保证拓宽改建路基的强度和稳定性。

**6.1.3** 公路路基拓宽改建,应合理利用既有路基强度,并根据既有路基的回弹模量、含水率和密实状态,综合确定既有路基的处理措施。

**6.1.4** 公路路基拓宽改建设计,应做好路基路面综合设计。拓宽部分的路基应与既有路基之间保持良好的衔接,并采取必要的工程措施减小新老路基之间的差异沉降,防止产生纵向裂缝。

## 6.2 既有路基状况调查评价

**6.2.1** 既有路基调查应采取资料收集、现场调查和勘探试验相结合的方法。路基拓宽改建设计前,应收集既有公路的地基及路基勘察设计、竣工图和养护等方面的资料。软土地区尚应收集既有公路的沉降监测资料。

**6.2.2** 现场调查应综合采用路况调查、无损检测和勘探试验等技术手段,判定既有路基及排水设施、防护与支挡结构的使用性能。现场调查应符合下列要求:

1 根据既有资料和路况调查结果,对既有路基进行分段测试与评价。

2 选择有代表性的路段,进行几何尺寸、动态弯沉、承载板等测试,确定路基回弹模量。各项测试应符合现行《公路路基路面现场测试规程》(JTG E60)的有关规定。

3 应选择代表性断面及病害路段,对路面结构层、路基及地基土进行勘探试验,勘探深度和取样试验应符合现行《公路工程地质勘察规范》(JTG C20)的有关规定。

4 应调查既有路基支挡工程基础形式、地基地质条件和使用状况,必要时应对支挡工程地基进行勘探试验。

**6.2.3** 应对既有填方路堤和挖方路段路床土进行物理力学性质试验,确定路基土的含水率、饱和度、压实度、平均稠度、回弹模量、*CBR* 值等。

**6.2.4** 既有路基的分析评价应包括下列内容:

1 根据调查、测量、试验和水文分析资料,确定既有路基高程能否满足本规范第

3.1.3条路基设计洪水频率规定。

2　确定既有路基填料能否满足路基土最小 *CBR* 值、路基压实度的要求。

3　确定路基的平衡湿度,分析评价路基相对高度的合理性。

4　分析评价路基边坡的稳定状态、各种防护排水设施的有效性及改进措施。

5　分析评价既有路基病害的类型、分布范围、规模、成因,以及既有路基病害整治工程设施的效果,并提出路基病害整治措施。

**6.2.5**　软土地区既有路基的分析评价应包括下列内容:

1　分析评价既有路基下各种地基处理路段的软土地基固结度、固结系数、压缩变形发展规律和抗剪强度增长规律,确定既有路基下各种地基处理路段的软土地基固结度和剩余沉降值(包括主固结和次固结)。

2　分析评价既有软土地基处理的效果,提出改进措施。

3　分析评价拓宽改建路基与既有路基之间的稳定性和差异沉降、对既有路基沉降和稳定影响程度。

**6.2.6**　膨胀土地区既有路基的分析评价应包括下列内容:

1　确定路基填料的膨胀特性及其埋深和厚度,分析评价路基是否符合本规范第 7.9 节的有关规定。

2　分析评价既有路基的稳定与变形状态、各种膨胀土处治措施的有效性及改进措施。

**6.2.7**　岩溶地区既有路基的分析评价应包括下列内容:

1　分析岩溶的特点和分布、溶洞顶板的安全厚度及溶洞距路基的距离是否满足本规范第 7.6 节的要求。

2　评价既有路基稳定与变形状态、各种岩溶处理措施的有效性及其改进措施。

3　判别拓宽改建路基对既有路基稳定的影响程度。

## 6.3　二级及二级以下公路路基拓宽改建

**6.3.1**　公路路基的拓宽改建应根据公路等级、技术标准,结合当地地形、地质、水文、填挖情况选择适宜的路基横断面形式。

**6.3.2**　拓宽改建公路路基高程应满足本规范第 3.1.3 条的要求。当路基填筑高度受限而不满足本规范第 3.3.2 条的要求时,应采取增设排水垫层或地下排水渗沟等措施处理。

**6.3.3**　拓宽路基的地基处理、路基基底处理、路基填料的最小强度和压实度等应满足改建后相应等级公路的技术要求。二级公路改建时,可根据需要进行增强补压。

**6.3.4**　路堤拓宽改建应符合下列要求:

1　拓宽改建路堤的填料,宜选用与既有路堤相同,且符合要求的填料或较既有路堤渗水性强的填料。当采用细粒土填筑时,应做好新老路基之间排水设计;必要时,可设置排水渗沟,排除路基内部积水。

2 拓宽既有路堤时,应在既有路堤坡面开挖台阶,台阶宽度不应小于1.0m;当加宽拼接宽度小于0.75m时,可采取超宽填筑或翻挖既有路堤等工程措施。

3 拓宽路堤边坡形式和坡度应按本规范第3.3节的规定选用。

**6.3.5** 挖方路基拓宽时,挖方边坡形式与坡度可按本规范第3.4节的规定或参照既有挖方路基稳定边坡确定。既有挖方边坡病害经多年整治已趋稳定的路段,改建时应减少拆除工程,不宜触动原边坡。

**6.3.6** 病害路基改建应根据病害类型、特征、成因及危害程度,结合当地气象、水文地质、工程地质等因素,采取相应的整治措施。

**6.3.7** 因抬高或降低路基、改移中线而引起既有构造物改动地段,当既有支挡建筑物使用良好时,宜保留。

**6.3.8** 经查明既有建筑物无明显损害且强度及稳定性满足改建要求时,应全部利用;当部分损坏或不满足改建要求时,可加固利用、改建或拆除重建。

**6.3.9** 加固利用的既有建筑物,新、旧混凝土或砌体应紧密连接,形成整体。

## 6.4 高速公路、一级公路路基拓宽改建

**6.4.1** 路基拓宽改建设计应符合本规范第6.3节的有关规定,做好地基处理、路基填料、边坡稳定、防护排水设施的综合设计,并与交通工程、路面排水系统设计相协调。

**6.4.2** 拓宽路基压实度应符合本规范第3.2.3条、第3.3.4条的规定。新老路基的拼接处理设计,除应符合本规范第6.3.4条的规定外,当路堤高度超过3m时,可在新老路基间横向铺设土工格栅,提高路基的整体性,减小不均匀沉降。

**6.4.3** 软土地基上路基拓宽设计应符合本规范第7.7节的有关规定,并满足下列要求:

1 路基拼接时,应控制新老路基之间的差异沉降,既有路基与拓宽路基的路拱横坡度的工后增大值不应大于0.5%。

2 地基处理措施的选取和设计,应综合考虑软土层厚度和埋深、既有地基的固结度和剩余沉降情况、路基高度和拼接形式等因素,控制拓宽路基的沉降并尽量减小对既有路基的影响。

3 浅层软土地基,可采用垫层和浅层处理措施减小拓宽路基的沉降。

4 深厚软土地基,可采用复合地基或轻质路堤等处理措施,不宜采用对既有路基产生严重影响的排水固结法或强夯法。对于鱼(水)塘、河流、水库等路段,需要排水清淤时,应采取防渗和隔水措施后方可降水。

5 新老路基分离设置,且距离小于20m时,可采用设置隔离措施或对新建路基地基予以处理,减小新建路基对既有路基的沉降影响。

**6.4.4** 水文不良地段的既有路基,应结合路基路面拓宽改建设计,增设排水垫层或地

下排水渗沟等。

**6.4.5**　路基拓宽改建设计应做好施工期交通组织设计。岩石挖方路段,应采用光面爆破或预裂爆破方法施工、并采取相关防护措施。

**6.4.6**　既有路基的利用应与路面利用和加铺设计相结合,并根据路基病害的产生原因和对拓宽结构的影响程度,采取下列针对性的处治措施:

1　当既有路基回弹模量不满足新建路基的要求,但既有路面未出现破损,且拓宽后通过加铺设计可满足路面设计要求时,宜充分利用既有路基。

2　当既有路基回弹模量不满足新建路基的要求,且路面出现严重破损时,可根据含水率、压实度和填料类型的分析评价,分别采取改善排水、补充碾压、换填处治等措施。

3　当条件受限不能翻挖既有路基时,可采取水泥碎石桩、水泥粉煤灰碎石桩、注浆等处理措施。

**6.4.7**　利用二级及二级以下公路拓宽改建为高速公路、一级公路时,在既有路基土的强度和压实度不能满足要求,且论证路面补强方案总体不可行的情况下,应对既有路基进行土质改良或挖除既有路基路面后重新填筑。

# 7　特殊路基

## 7.1　一般规定

**7.1.1**　路线通过特殊土(岩)、不良地质以及特殊气候和水文条件路段时,应采取综合地质勘察,查明特殊地质体的性质、成因类型、规模、稳定状况及发展趋势;特殊路基设计所需要的物理力学参数,应结合室内试验和原位测试资料经综合分析确定。

**7.1.2**　应做好工程地质选线工作,路线应绕避规模大、性质复杂、处理困难的不良地质和特殊土(岩)地段,并避免高填深挖路基。

**7.1.3**　特殊路基设计应考虑气候环境、水和地质等因素对路基长期性能的影响,对可能造成的路基病害,应遵循预防为主、防治结合的原则,通过综合技术经济比较,因地制宜,采取有效的工程处理措施,保证路基稳定。分期整治时,应保证在各种因素的变化过程中不降低路基的安全度。

## 7.2　滑坡地段路基

**7.2.1**　滑坡地段路基设计应遵循下列原则:

1　应查明滑坡地形地貌、地质条件、性质、成因类型、规模等,分析评价滑坡稳定状况、发展趋势和对公路工程的危害程度,采取有效措施,保证路基施工和运营安全。

2　对规模大、性质复杂、变形缓慢的滑坡,且路线难以绕避时,可采取总体规划、分期整治的方案。

3 滑坡防治应根据滑坡区工程地质条件、类型、规模、稳定性及对公路危害程度,以及公路的重要性和施工条件等,采取排水、减载、反压与支挡工程的综合治理措施。

4 高边坡、特殊岩土和存在不利结构面的边坡,应采取必要的预防措施,避免产生工程滑坡。

**7.2.2** 滑坡稳定性分析应采用工程地质类比法和力学计算相结合的方法,并应符合下列要求:

1 滑坡稳定性计算应考虑下列三种工况:

1)正常工况:边坡处于天然状态下的工况;

2)非正常工况Ⅰ:边坡处于暴雨或连续降雨状态下的工况;

3)非正常工况Ⅱ:边坡处于地震等荷载作用状态下的工况。

2 滑坡稳定系数不得小于表7.2.2所列稳定安全系数值。对非正常工况Ⅱ,路基稳定性分析方法及稳定安全系数应符合现行《公路工程抗震规范》(JTG B02)的规定。

**表7.2.2 滑坡稳定安全系数**

| 公路等级 | 滑坡稳定安全系数 | |
|---|---|---|
| | 正常工况 | 非正常工况Ⅰ |
| 高速公路、一级公路 | 1.20~1.30 | 1.10~1.20 |
| 二级公路 | 1.15~1.20 | 1.10~1.15 |
| 三、四级公路 | 1.10~1.15 | 1.05~1.10 |

注:1.滑坡地质条件复杂或危害程度严重时,稳定安全系数可取大值;地质条件简单或危害程度较轻时,稳定安全系数可取小值。
2.滑坡影响区域内有重要建筑物(桥梁、隧道、高压输电塔、油气管道等)、村庄和学校时,稳定安全系数可取大值。
3.水库区域公路滑坡防治,周期性库水位升降变化频繁、高水位与低水位间落差大时,稳定安全系数可取大值。
4.临时工程或抢险应急工程,滑坡防治工程设计按照正常工况考虑,稳定安全系数可取1.05。

3 滑坡稳定性分析应考虑的荷载:滑体重力、滑坡体上建筑物等产生的附加荷载、地下水产生的静水压力和动水压力、汽车荷载等永久荷载,以及地震作用力、作用在滑体上的施工临时荷载。

4 滑面岩土抗剪强度取值,宜根据室内试验资料、监测成果反分析、极限平衡反算值、工程地质类比和当地经验等综合分析确定。必要时,应进行现场试验。

5 滑坡剩余下滑力可采用传递系数法,按式(7.2.2-1)计算。条块作用力系如图7.2.2所示,当$T_i<0$时,应取$T_i=0$。当滑坡体最后一个条块的剩余下滑力小于或等于0时,滑坡稳定;当大于0时,滑坡不稳定。

$$T_i = F_s W_i \sin\alpha_i + \psi_i T_{i-1} - W_i \cos\alpha_i \tan\varphi_i - c_i L_i \tag{7.2.2-1}$$

$$\psi_i = \cos(\alpha_{i-1} - \alpha_i) - \sin(\alpha_{i-1} - \alpha_i)\tan\varphi_i \tag{7.2.2-2}$$

式中：$T_i$、$T_{i-1}$——第 $i$ 和第 $i-1$ 滑块剩余下滑力(kN/m)；

$F_s$——稳定安全系数；

$W_i$——第 $i$ 滑块的自重力(kN/m)；

$\alpha_i$、$\alpha_{i-1}$——第 $i$ 和第 $i-1$ 滑块对应滑面的倾角(°)；

$\psi_i$——传递系数；

$\varphi_i$——第 $i$ 滑块滑面内摩擦角(°)；

$c_i$——第 $i$ 滑块滑面岩土黏聚力(kN/m)；

$L_i$——第 $i$ 滑块滑面长度(m)。

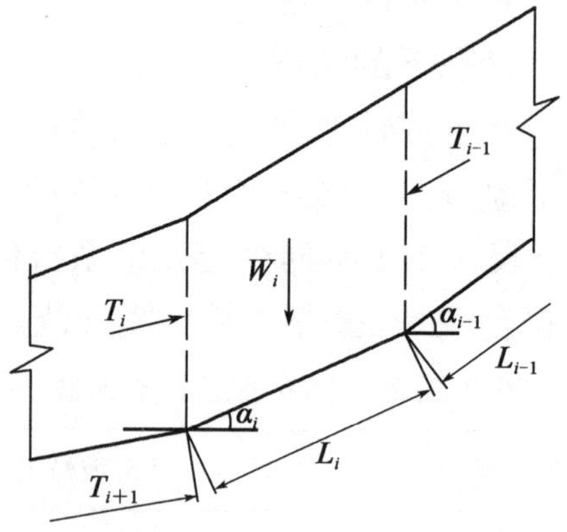


图 7.2.2　剩余下滑力计算图示

**7.2.3**　滑坡防治工程设计应根据各种防治措施的适用条件及其对所要防治滑坡的适用性,通过多方案的技术经济比较,因地制宜,合理确定滑坡防治工程方案。

**7.2.4**　滑坡排水工程设计应在确定滑坡防治总体方案的基础上,结合地形地质条件、地下水情况及降雨强度等,制订地表排水与地下排水相结合的排水设计方案,并应符合下列要求：

1　地表排水设计应在滑坡后缘的稳定地层上设置环形截水沟;滑坡范围较大时,宜在滑坡体范围内设置树枝状排水沟。地表裂缝地段的排水沟应采取防裂和防渗措施,并对整个滑坡范围的地表裂缝采用黏土或水泥浆进行封填。

2　地下排水设计应根据滑动面位置及形态、滑坡所在山坡流域水文地质条件及地下水动态特征,因地制宜,采用渗沟、暗沟、仰斜式排水孔或排水隧洞等排水设施。

3　截水渗沟平面布置应垂直地下水流的方向,并修建在滑坡范围 5m 以外的稳定土体上。渗沟的迎水面应设反滤层,背水面应设防渗隔离层。

4　排水沟、渗沟、暗沟、仰斜式排水孔和排水隧洞设计应符合本规范第 4 章的有关规定。

**7.2.5**　滑坡减载与反压处理设计应符合下列要求：

1　推移式滑坡或由错落转化的滑坡,宜采用滑坡后缘减载、前缘反压措施。

2　滑床具有上陡下缓形状,滑坡后缘及两侧的地层相对稳定,不致因减载开挖而引起滑坡向后缘和两侧发展时,宜采用减载措施。

3　滑坡前缘有较长的抗滑段,宜利用减载弃方反压;路基位于滑坡前缘时,宜采用路堤通过。在滑体或滑带土具有卸载鼓胀开裂的情况下,不应采用减载措施。

4　减载时,应考虑滑坡后部和两侧山体的稳定性,防止后缘产生新的滑动。

5　填土反压时,应防止堵塞滑坡前缘地下水渗出通道,并应考虑基底的稳定性。必要时,应进行地基处理。

**7.2.6**　抗滑挡土墙防治滑坡设计应符合下列要求:

1　抗滑挡土墙宜设置在滑坡前缘。必要时,可与排水、减载、锚固等措施联合使用。

2　抗滑挡土墙应根据滑坡剩余下滑力和库仑土压力两者之中的大值设计,其高度和基础埋深应防止滑体从墙顶滑出或从基底以下土层滑移的可能。

3　抗滑挡土墙结构设计应符合本规范第5.4节的有关规定。

4　抗滑挡土墙基础埋深较大、土体稳定性较差时,应采取临时支挡措施。其施工应分段进行,保证滑坡在施工期间的稳定和施工安全。

**7.2.7**　抗滑桩防治滑坡设计应符合下列要求:

1　抗滑桩的位置选择应符合本规范第5.7.1条第2款的要求。

2　抗滑桩宜以单排布置为主。当滑坡推力较大时,可对滑坡进行分段阻滑。弯矩过大时,应采用预应力锚杆抗滑桩。

3　抗滑桩桩长宜小于35m。对于滑带埋深大于25m的滑坡,应充分论证抗滑桩阻滑的可行性。

4　抗滑桩结构设计应符合本规范第5.7节的有关规定。

**7.2.8**　预应力锚杆锚固滑坡设计应符合下列要求:

1　预应力锚杆锚固段应置于滑面以下的稳定地层中。

2　预应力锚杆承压结构应根据滑坡体岩土性质和承载力确定,宜采用钢筋混凝土框架或地梁。其坡面应采取防止表土被雨水冲刷、局部溜塌的措施。

3　预应力锚杆设计应符合本规范第5.5节的有关规定。

**7.2.9**　坡体前缘受河水冲刷时,应采取冲刷防护措施。

## 7.3　崩塌地段路基

**7.3.1**　崩塌地段路基设计应遵循下列原则:

1　路线通过崩塌地段时,应调查崩塌地段地形、地貌、地质情况,查明危岩、崩坍的类型、范围、成因及对公路的危害程度,作出公路建成后崩塌发生或发展趋势的预测与稳定性评价,合理选择路线位置及综合防治措施。

2　路线应绕避可能发生大规模崩塌或大范围的危岩、落石地段。对中小型崩塌、危岩体,当绕避困难或不经济时,路基设计应避免高填、深挖并远离崩塌物堆积区,对崩塌危岩体可采取遮蔽、拦截、清除、加固等综合治理工程措施。

**7.3.2**　边坡或自然坡面岩体较为完整、表层风化易形成小块岩石呈零星坠落时,宜进行坡面防护。

**7.3.3**　规模较小的危岩崩塌体可采取清除、支挡、挂网锚喷等处理措施,也可采用柔性防护系统或设置拦石墙、落石槽等构造物。拦石墙与落石槽宜配合使用,设置位置可根据地形合理布置。拦石墙墙背应设缓冲层,并按公路挡土墙设计,墙背压力应考虑崩塌冲击荷载的影响。

**7.3.4**　对路基有危害的危岩体,应清除或采取支撑、预应力锚固等措施。在构造破碎带或构造节理发育的高陡山坡上不宜刷坡。

**7.3.5**　当崩坍体较大、发生频繁且距离路线较近而设拦截构造物有困难时,可采用明洞、棚洞等遮挡构造物。遮挡构造物应有足够的长度,洞顶应有缓冲层,并应考虑堆积石块荷载和冲击荷载的影响。

**7.3.6**　危岩落石拦截构造物的类型、结构尺寸、设置排数及位置,应根据落石的大小、数量、分布位置、冲击力和距路线的距离确定。

## 7.4　岩堆地段路基

**7.4.1**　岩堆地段路基设计应遵循下列原则:

1　路线通过岩堆地段时,应调查岩堆地段地形、地貌、地质情况,查明岩堆的物质组成、类型、分布范围、物质来源、成因,分析预测岩堆发生、发展趋势及对公路影响程度。

2　岩堆地段路基设计应根据岩堆分布范围、厚度、物质组成,以及岩堆下伏基床的斜坡形态及坡度、下伏岩土性质、地下水、地表水的活动情况等,评价岩堆稳定性,合理选择路线位置和路基形式。

3　路线应绕避面积大、堆积床坡度陡、补给来源丰富、稳定性差的大型岩堆。对中小型岩堆,路线绕避困难或不经济时,岩堆地段路基应采用低路堤或浅路堑,并采取稳定加固措施。

## 7.5　泥石流地段路基

**7.5.1**　泥石流地段路基设计应遵循下列原则:

1　路线通过泥石流地段时,应查明泥石流的分布范围、成因类型、规模、特征、活动规律、泛滥边界、冲淤情况、泥痕高度、堆积区物质组成及分布形态、流量等,分析预测泥石流发展趋势及对公路危害程度。

2　路线应绕避大型泥石流、泥石流群及淤积严重的泥石流沟,并远离泥石流堵河严重地段的河岸。当无法绕避中、小型泥石流时,应合理选择路线位置、路基断面形式及综合防治措施。

3　泥石流防治设计应根据泥石流形成条件、类型、流动特点及活动规律,做好总体规划,采取恢复植被、排导、拦截和坡面防护等综合治理措施。

**7.5.2**　跨越泥石流沟时,应选择在流通区或沟床稳定段设桥等构造物跨越,并绕避沟床纵坡由陡变缓的变坡处和平面上急弯部位。其设计应符合下列要求：

1 桥梁可用于跨越流通区的泥石流沟或者洪积扇区的稳定自然沟槽。设计时应结合地形、地质、沟床冲淤情况、河槽宽度,泥石流的泛滥边界、泥浪高度、流量、发展趋势等,采用合理的跨径、净空高度及结构形式。

2 隧道可用于路线穿过规模大、危害严重的大型或多条泥石流沟,隧道方案应与其他方案作技术、经济比较后确定。隧道洞身应设置在泥石流底部稳定的地层中,进出口应避开泥石流可能危害的范围。

3 泥石流地段不宜采用涵洞,在活跃的泥石流洪积扇上不得修筑涵洞。三、四级公路,当泥石流规模较小、固体物质含量低、不含较大石块,并有顺直的沟槽时,方可采用涵洞。

4 过水路面可用于穿过小型坡面泥石流沟的三、四级公路,路基横断面应采用全封闭式,可与桥梁、涵洞等联合使用。路基坡脚应设抑水墙。

## 7.6 岩溶地区路基

**7.6.1** 岩溶地区路基设计应遵循下列原则：

1 岩溶地区路基应采用遥感、物探、钻探及其他有效方法进行综合勘察,查明岩溶地貌形态、岩溶发育发展程度、溶洞围岩性质以及地表水、地下水活动等情况,分析地面致塌因素,综合评价场地稳定性。岩溶地段路堑开挖至路床顶面后,宜进行必要的补充勘察和评价。

2 路线应绕避大型、复杂的岩溶发育地区。绕避困难时,路基工程宜选择在岩溶发育范围小、易于处理的地段通过。

3 位于岩溶地段路基,应对路基稳定性及环境影响进行综合分析,确定岩溶对路基工程的危害程度,合理采取回填、跨越、注浆加固等处理措施。

4 岩溶水发育地段,路基修筑不应切断岩溶(地下、地表)水的径流通道,不得造成阻水、滞水或农田缺水。

5 采用注浆加固的地基,应采用物探配合钻孔取芯等综合方法进行注浆效果检测及评价。

## 7.7 软土地区路基

**7.7.1** 软土地区路基设计应遵循下列原则：

1 应调查收集沿线的地形、地貌、工程地质、水文地质、气象、地震等资料,按现行《公路工程地质勘察规范》(JTG C20)的有关规定,采用适宜的勘探方法进行综合勘探试验和现场原位测试,并进行统计与分析,合理确定软土物理力学性质指标。

2 软土地基上路堤稳定系数应符合表7.7.1-1的要求。当计算的稳定系数小于表7.7.1-1规定值时,应针对稳定性进行地基处理设计。

**表 7.7.1-1　稳定安全系数容许值**

| 指　　标 | 固结应力法 | | 改进总强度法 | | 简化 Bishop 法、Janbu 法 |
|---|---|---|---|---|---|
| | 不考虑固结 | 考虑固结 | 不考虑固结 | 考虑固结 | |
| 直接快剪指标 | 1.1 | 1.2 | — | — | — |
| 静力触探、十字板剪指标 | — | — | 1.2 | 1.3 | — |
| 三轴有效剪切指标 | — | — | — | — | 1.4 |

注:当需要考虑地震力时,表列稳定安全系数减少 0.1。

3　路基工后沉降应符合表 7.7.1-2 的要求。当不满足表 7.7.1-2 的要求时,应针对沉降进行处治设计。

**表 7.7.1-2　容许工后沉降(m)**

| 公 路 等 级 | 工 程 位 置 | | |
|---|---|---|---|
| | 桥台与路堤相邻处 | 涵洞、箱涵、通道处 | 一 般 路 段 |
| 高速公路、一级公路 | ≤0.10 | ≤0.20 | ≤0.30 |
| 作为干线公路的二级公路 | ≤0.20 | ≤0.30 | ≤0.50 |

**7.7.2**　地基沉降计算应符合下列要求:

1　对用于计算沉降的压缩层,其底面应在附加应力与有效自重应力之比不大于 0.15处。

2　行车荷载对沉降的影响,对于高路堤可忽略不计。

3　主固结沉降 $S_c$ 应采用分层总和法计算。

4　总沉降 $S$ 宜采用沉降系数 $m_s$ 与主固结沉降按式(7.7.2-1)计算:

$$S = m_s S_c \tag{7.7.2-1}$$

式中:$m_s$——沉降系数,与地基条件、荷载强度、加荷速率等因素有关;其范围值为 1.1 ~ 1.7,应根据现场沉降监测资料确定,也可按式(7.7.2-2)估算;

$$m_s = 0.123\gamma^{0.7}(\theta H^{0.2} + vH) + Y \tag{7.7.2-2}$$

$\theta$——地基处理类型系数, 地基用塑料排水板处理时取 0.95 ~ 1.1,用粉体搅拌桩处理时取 0.85;一般预压时取 0.90;

$H$——路堤中心高度(m);

$\gamma$——填料重度(kN/m³);

$v$——加载速率修正系数,加载速率在 20 ~ 70mm/d 之间时,取 0.025;采用分期加载,速率小于 20mm/d 时取 0.005;采用快速加载,速率大于 70mm/d 时取 0.05;

$Y$——地质因素修正系数,满足软土层不排水抗剪强度小于 25kPa、软土层的厚度大于 5m、硬壳层厚度小于 2.5m 三个条件时,$Y = 0$,其他情况下可取 $Y = -0.1$。

5　总沉降也可由瞬时沉降 $S_d$、主固结沉降 $S_c$ 及次固结沉降 $S_s$ 之和计算,即:

$$S = S_d + S_c + S_s \tag{7.7.2-3}$$

6 任意时刻地基的沉降量,考虑主固结随时间的变化过程,按下式计算:

$$S_t = (m_s - 1 + U_t)S_c \quad (7.7.2\text{-}4)$$

或

$$S_t = S_d + S_c U_t + S_s \quad (7.7.2\text{-}5)$$

式中:$U_t$——地基平均固结度,采用太沙基一维固结理论解计算;对砂井、塑料排水板等竖向排水体处理的地基,固结度按巴隆给出的太沙基—伦杜立克固结理论轴对称条件固结方程在等应变条件下的解计算。

**7.7.3** 地基稳定性计算应符合下列要求:

1 软土地基路堤的稳定验算可采用瑞典圆弧滑动法中的有效固结应力法或改进总强度法,有条件时也可采用简化 Bishop 法或 Janbu 法。

2 验算时应按施工期和营运期的荷载分别计算稳定系数。施工期的荷载只考虑路堤自重,营运期的荷载应包括路堤自重、路面的增重及行车荷载。

**7.7.4** 应按下列要求进行地基加固方案比选:

1 应根据软土厚度和性质、路堤高度、路基稳定与工后沉降控制标准、施工机具、材料、环境等条件及工期要求,进行技术经济比较,依据先简后繁、就地取材的原则,综合分析并确定软土地基加固处理方案。

2 对软土性质差、地基条件复杂或工期紧、填料缺乏或有特殊要求的软土地基,宜采用综合处理措施。

**7.7.7** 粒料桩处理地基设计应符合下列要求:

1 振冲粒料桩可用于加固十字板抗剪强度大于 15kPa 的地基土;沉管粒料桩可用于加固十字板抗剪强度大于 20kPa 的地基土。

2 粒料桩可采用砂、砂砾、碎石等材料,桩料不应使用单一尺寸的粒料,且桩料的含泥量不得超过 5%。

3 粒料桩的直径、桩长及间距应经稳定验算和沉降验算确定,相邻桩净距不应大于 4 倍桩径。

4 粒料桩复合地基的路堤整体抗剪稳定系数计算时,复合地基内滑动面上的抗剪强度可采用复合地基抗剪强度 $\tau_{ps}$,并按式(7.7.7-1)计算。

$$\tau_{ps} = \eta\tau_p + (1 - \eta)\tau_s \quad (7.7.7\text{-}1)$$

式中:$\eta$——桩土面积置换率;

$\tau_p$——桩体抗剪强度(kPa);

$\tau_s$——地基土抗剪强度(kPa)。

5 粒料桩桩长深度内地基的沉降 $S_z$ 应按式(7.7.7-2)计算。

$$S_z = \mu_s S \quad (7.7.7\text{-}2)$$

$$\mu_s = \frac{1}{1 + \eta(n - 1)} \quad (7.7.7\text{-}3)$$

式中：$\mu_s$——桩间土应力折减系数；

$n$——桩土应力比，宜经试验工程确定；无资料时，$n$ 可取 2～5；当桩底土质好，桩间土质差时取高值，否则取低值；

$S$——粒料桩桩长深度内原地基的沉降。

**7.7.8**　加固土桩处理地基设计应符合下列要求：

1　深层拌和法可用于加固十字板抗剪强度不小于 10kPa 的软土地基。采用粉喷桩法时，深度不宜超过 12m；采用浆喷法时，深度不宜超过 20m。

2　加固土桩的直径、桩长及间距应经稳定验算确定并应满足工后沉降的要求。相邻桩的净距不应大于 4 倍桩径。

3　加固土桩复合地基的路堤整体抗剪稳定系数计算时，复合地基内滑动面上的抗剪强度应采用复合地基抗剪强度 $\tau_{ps}$，并按式(7.7.7-1)计算。

4　加固土桩的抗剪强度以 90d 龄期的强度为标准强度，可按钻取试验路段的原状试件测得无侧限抗压强度 $q_u$ 的一半计算；也可按设计配合比由室内制备的加固土试件测得的 90d 无侧限抗压强度 $q_u$ 乘以折减系数 0.30 求得。

5　加固土桩复合地基的沉降量应按复合地基加固区的沉降量 $S_1$ 和加固区下卧层的沉降量 $S_2$ 两部分来计算。加固区的沉降量 $S_1$ 宜采用复合压缩模量法计算；下卧层的沉降量 $S_2$ 可按现行《建筑地基基础设计规范》(GB 50007)的有关规定计算。

6　复合压缩模量 $E_{ps}$ 应按式(7.7.8)计算：

$$E_{ps} = \eta E_p + (1 - \eta) E_s \tag{7.7.8}$$

式中：$E_p$——桩体压缩模量(MPa)；

$E_s$——土体压缩模量(MPa)。

**7.7.9**　水泥粉煤灰碎石桩(CFG 桩)处理地基设计应符合下列要求：

1　CFG 桩可用于加固十字板抗剪强度不小于 20kPa 的软土地基。

2　CFG 桩的粗集料可采用碎石或砾石，泵送混合料时砾石最大粒径不宜大于 25mm，碎石最大粒径不宜大于 20mm；振动沉管灌注混合料时粗集料最大粒径不宜大于 50mm。可掺入砂、石屑等细集料改善级配。水泥宜用 32.5 级普通硅酸盐水泥。粉煤灰宜采用Ⅱ级或Ⅲ级粉煤灰。

3　CFG 桩料的配合比应根据施工要求的坍落度和桩体的设计强度确定。桩体的设计强度应取 28d 无侧限抗压强度。

4　CFG 桩桩体强度宜为 5～20MPa，设计强度应满足路堤沉降与稳定的要求。用于结构物下的 CFG 桩，设计强度应满足承载力的要求。

5　CFG 桩直径、桩长及间距应根据设计对承载力和变形的要求、土质条件、设备能力等确定；桩端应设置在强度高的土层上，最大桩长不宜大于 30m，桩距宜取 4～5 倍桩径。

6　CFG 桩垫层厚度宜取 0.3～0.5m；当桩径大或桩距大时，垫层厚度宜取高值。垫层材料宜用中砂、粗砂、级配砂砾或碎石等，最大粒径不宜大于 30mm。

7 CFG 桩复合地基的沉降计算和路堤稳定验算应符合本规范第 7.7.7 条的有关规定。

**7.7.11** 刚性桩复合地基设计应符合下列要求:

1 刚性桩可用于深厚软土地基上荷载较大、变形要求较严格的高路堤段、桥头或通道与路堤衔接段,以及拓宽路堤段。

2 刚性桩桩顶宜设桩帽,并铺设柔性土工合成材料加筋体垫层。

3 刚性桩的平面布置可采用正方形或正三角形排列。刚性桩的直径、桩长、间距应经稳定、沉降验算后确定,桩间距不宜小于 5 倍桩径。

4 刚性桩桩帽可采用圆柱体、台体或倒锥台体,桩帽平面尺寸宜为 1.0 ~ 1.5m,厚度宜为 0.3 ~0.4m。

5 刚性桩处理地基的最终沉降量计算,可不考虑桩间土压缩变形对沉降的影响,应采用单向压缩分层总和法按式(7.7.11)计算。

$$S = \psi_{\mathrm{P}} \sum_{j=1}^{m} \sum_{i=1}^{n_j} \frac{\sigma_{j,i} \Delta h_{j,i}}{E_{\mathrm{s}j,i}} \qquad (7.7.11)$$

式中:$S$——桩基最终沉降(m);

$m$——桩端平面以下压缩层内土层分层的数目;

$E_{\mathrm{s}j,i}$——桩端平面下第 $j$ 层土第 $i$ 个分层在自重应力至自重应力加附加应力作用段的压缩模量(MPa);

$n_j$——桩端平面下第 $j$ 层土的计算分层数;

$\Delta h_{j,i}$——桩端平面下第 $j$ 层第 $i$ 分层的厚度(m);

$\sigma_{j,i}$——桩端平面下第 $j$ 层第 $i$ 分层的竖向附加应力(kPa),可按现行《建筑地基基础设计规范》(GB 50007)的附录 R 计算;

$\psi_{\mathrm{P}}$——桩基沉降计算经验系数,应根据当地的工程实测资料统计对比确定。

6 刚性桩处理地基的稳定性采用圆弧滑动面法验算,滑动面上的抗剪强度采用桩土复合抗剪强度,按式(7.7.7-1)计算。其中桩体抗剪强度可取 28d 无侧限抗压强度的 1/2。

**7.7.12** 软土地基上路堤横断面设计应考虑地基沉降、路堤顶面凹陷、顶宽和底宽收缩以及边坡变缓等因素。

**7.7.13** 沉降与稳定监测设计应符合下列要求:

1 软土地基填方较高的路堤和桥头路堤应进行沉降与稳定监测设计,其设计内容应包括监测路段与代表性监测断面、沉降与侧向位移监测点位置、监测仪选型与布设、监测方法、监测频率等。必要时,应进行软土地基深部位移监测。

2 路堤填土速率应满足下列要求:

1)填筑时间不应小于地基抗剪强度增长需要的固结时间;

2)路堤中心沉降每昼夜不得大于 10 ~15mm,边桩位移每昼夜不得大于 5mm。

**7.7.15** 路面铺筑必须待沉降稳定后进行。在等载条件下,推算的工后沉降量小于设计容许值,且连续两个月监测的沉降量每月不超过 5mm,方可卸载开挖路槽、开始路面铺筑。

## 7.8　红黏土与高液限土地区路基

**7.8.1**　红黏土与高液限土路基设计应遵循下列原则:

1　路线通过红黏土或高液限土地区,应查明红黏土或高液限土分布范围、成因类型、土体的结构层次特征、垂直分带及其湿度状态、土体中裂隙分布特征、地下水分布规律、物理力学性质及胀缩性等。

2　红黏土可根据液塑比与界限液塑比之间关系,以及复浸水特性,按表 7.8.1 进行分类。液塑比、界限液塑比可按式(7.8.1-1)、式(7.8.1-2)计算。

$$I_r = \frac{w_L}{w_P} \tag{7.8.1-1}$$

$$I'_r = 1.4 + 0.0066 w_L \tag{7.8.1-2}$$

式中:$I_r$——液塑比;

$I'_r$——界限液塑比;

$w_L$——液限(%);

$w_P$——塑限(%)。

**表 7.8.1　红黏土的分类**

| 类　别 | $I_r$ 与 $I'_r$ 关系 | 复浸水特性 |
|---|---|---|
| Ⅰ | $I_r \geq I'_r$ | 收缩后复浸水膨胀,能恢复到原位 |
| Ⅱ | $I_r < I'_r$ | 收缩后复浸水膨胀,不能恢复到原位 |

3　红黏土和高液限土具有膨胀性时,应按膨胀土路基进行设计。

4　红黏土与高液限土路基设计宜避免高路堤及深路堑。如不能避免,宜与桥隧方案进行综合比选确定。

5　红黏土与高液限土路基设计应充分考虑气候环境、水对路基性能的影响,做好路基结构防排水与湿度控制措施的设计,连续施工,及时封闭。

## 7.9　膨胀土地区路基

**7.9.1**　膨胀土地区路基设计应遵循下列原则:

1　应采取多种勘探手段,查明膨胀土分布范围、土体结构层次、矿物成分、成因类型、物理力学性质、胀缩特性及膨胀土活动区深度等,确定膨胀土膨胀潜势等级及其对公路工程危害程度。

2　路线设计应根据膨胀土的特性和公路等级的技术要求,综合考虑当地气候特点、地形地貌、地质、水文、筑路材料等条件,通过综合分析与路线方案比较,合理选用主要技术指标。

3 膨胀土地区路基应避免高路堤和深长路堑,宜采用低路堤或浅路堑。不能避免时,应与桥隧方案进行综合比选确定;以路基通过时,应采取措施保证路基稳定。

4 膨胀土用作路基填料时,应通过室内试验和技术经济比较确定膨胀土填筑路堤的处理方案,并确定最佳配合比及处治后的强度控制指标。

5 膨胀土地区路基设计应以防水、控湿、防风化为主,结合路面结构,采取有效措施,减少湿度的变化对膨胀土路基的影响,保证路基满足变形和强度的要求。膨胀土路基应连续施工,并及时封闭路床和坡面。

**7.9.2** 应根据地貌、土体颜色、土体结构、土质情况、自然地质现象和土的自由膨胀率等特征,进行膨胀土初步判定;以标准吸湿含水率为详判分级指标,当标准吸湿含水率大于2.5%时,应判定为膨胀土。膨胀土判别及膨胀潜势分级应符合现行《公路工程地质勘察规范》(JTG C20)的有关规定。

## 7.10 黄土地区路基

**7.10.1** 黄土地区路基设计应遵循下列原则:

1 应查明黄土分布范围、厚度及其变化规律,沿线黄土的成因类型和地层特征,路线所处的地貌单元及地面水、地下水等情况,各种不同地层黄土的物理、力学性质和湿陷性。

2 黄土塬墚地区,路基应避开有滑坡、崩塌、陷穴群、冲沟发育、地下水出露的塬墚边缘和斜坡地段。必须通过时,应有充分依据和切实可行的工程措施。

3 路线通过冲沟沟头时,应分析冲沟的成因及其发展趋势。当冲沟正在继续发展并危及路基稳定时,应采取排水及防护措施。

4 对路线附近的黄土陷穴,应调查其位置、形状、发展趋势。以及形成陷穴的水源和水量,评价陷穴对路基的危害程度。

5 位于湿陷性黄土地段的路基,宜设在湿陷等级轻微、湿陷土层较薄、排水条件较好的地段。

6 黄土地区路基排水设计应遵循拦截、分散的处理原则,设置防冲刷、防渗漏和有利于水土保持的综合排水设施及防护工程,并应防止农田水利设施与路基的相互干扰。

**7.10.2** 填方路基设计应符合下列要求:

1 黄土用作路堤填料时,其最小强度和路床顶面回弹模量应符合本规范第3.2节的规定。当不能满足要求时,应采取掺无机结合料等处治措施。

2 黄土路堤设计应根据公路等级、边坡高度和地基土的性质,结合稳定性验算确定路堤边坡形式及边坡坡度。当地基良好、路堤边坡高度不大于30m时,路堤的断面形式及边坡坡率可按表7.10.2选用。年平均降水量大于500mm的地区,边坡平台宜设截水沟,并作防渗加固处理。

**表 7.10.2　路堤断面形式及边坡坡率**

| 断面形式 | 路基以下边坡分段坡率 | | |
|---|---|---|---|
| | $0<H\leqslant10$m | $10\text{m}<H\leqslant20$m | $20\text{m}<H\leqslant30$m |
| 折线形 | 1:1.5 | 1:1.75 | 1:2.0 |
| 阶梯形 | 1:1.5 | 1:1.75 | 1:1.75 |

3　当路堤边坡高度大于 30m 时,应与桥梁方案进行技术经济比较。当采用路堤方案时,应按本规范第 3.6 节的规定进行独立工点设计。

4　边坡稳定检算宜采用圆弧法,其稳定系数应符合本规范第 3.6 节的规定。填土的抗剪强度指标值应按设计的压实度制备试样,采用快剪试验测定。

5　对高度大于 20m 的路堤,应按工后沉降量预留路基顶面加宽值;工后沉降量可按路堤高度的 0.7% ~1.5% 估算。

6　路堤高度大于 20m 时,可进行增强补压。

7　饱和黄土、地基承载力低的新黄土地基,可按本规范第 7.7 节的有关要求进行地基处理。

**7.10.3**　挖方路基设计应符合下列要求:

1　黄土路堑边坡形式,应根据黄土类别及其均匀性、边坡高度按表 7.10.3-1 确定。高速公路、一级公路黄土路堑边坡宜采用台阶形,边坡小平台宽度宜为 2.0 ~2.5m;边坡大平台宜设置在边坡中部,平台宽度应根据稳定计算确定,宜为 4 ~6m。年平均降水量大于 250mm 的地区,平台上应设排水沟,并应予以防护。

**表 7.10.3-1　路堑边坡形式及适用条件**

| 边坡形式 | 适用条件 |
|---|---|
| 直线形(一坡到顶) | (1)均质土层,$Q_4$、$Q_3$ 黄土边坡高度 $H\leqslant15$m,$Q_2$、$Q_1$ 黄土边坡高度 $H\leqslant20$m;<br>(2)非均质土层,边坡高度 $H\leqslant10$m |
| 折线形(上缓下陡) | 非均质土层,边坡高度 $H\leqslant15$m |
| 台阶形 | (1)均质土层,$Q_4$、$Q_3$ 黄土边坡高度 $15\text{m}<H\leqslant30$m,$Q_2$、$Q_1$ 黄土边坡高度 $20\text{m}<H\leqslant30$m;<br>(2)非均质土层,边坡高度 $15\text{m}<H\leqslant30$m |

2　挖方边坡高度不超过 30m 时,边坡坡率应根据黄土的地貌单元、时代成因、构造节理、地下水分布、降雨量、边坡高度、施工方法,并结合自然或人工稳定边坡坡率根据表 7.10.3-2确定。

**表 7.10.3-2　黄土地区路堑边坡坡度**

| 分区 | 分类 | | 边坡高度(m) | | | |
|---|---|---|---|---|---|---|
| | | | ≤6 | 6 ~12 | 12 ~20 | 20 ~30 |
| Ⅰ东南区 | 新黄土 $Q_3$、$Q_4$ | 坡积 | 1:0.5 | 1:0.5 ~1:0.75 | 1:0.75 ~1:1.0 | — |
| | | 洪积 | 1:0.2 ~1:0.3 | 1:0.3 ~1:0.5 | 1:0.5 ~1:0.75 | 1:0.75 ~1:1.0 |
| | 新黄土 $Q_3$ | | 1:0.3 ~1:0.5 | 1:0.4 ~1:0.6 | 1:0.6 ~1:0.75 | 1:0.75 ~1:1.0 |
| | 老黄土 $Q_2$ | | 1:0.1 ~1:0.3 | 1:0.2 ~1:0.4 | 1:0.3 ~1:0.5 | 1:0.5 ~1:0.75 |

续上表

| 分区 | 分类 | | 边坡高度(m) | | | |
|---|---|---|---|---|---|---|
| | | | ≤6 | 6~12 | 12~20 | 20~30 |
| Ⅱ中部区 | 新黄土 $Q_3$、$Q_4$ | 坡积 | 1:0.5 | 1:0.5~1:0.75 | 1:0.75~1:1.0 | — |
| | | 洪积、冲积 | 1:0.2~1:0.3 | 1:0.3~1:0.5 | 1:0.5~1:0.75 | 1:0.75~1:1.0 |
| | 新黄土 $Q_3$ | | 1:0.3~1:0.4 | 1:0.4~1:0.5 | 1:0.5~1:0.75 | 1:0.75~1:1.0 |
| | 老黄土 $Q_2$ | | 1:0.1~1:0.3 | 1:0.2~1:0.4 | 1:0.3~1:0.5 | 1:0.5~1:0.75 |
| | 红色黄土 $Q_1$ | | 1:0.1~1:0.2 | 1:0.2~1:0.3 | 1:0.3~1:0.4 | 1:0.4~1:0.6 |
| Ⅲ西部区 | 新黄土 $Q_3$、$Q_4$ | 坡积 | 1:0.5~1:0.75 | 1:0.75~1:1.0 | 1:1.0~1:1.25 | — |
| | | 洪积、冲积 | 1:0.2~1:0.4 | 1:0.4~1:0.6 | 1:0.6~1:0.75 | 1:0.75~1:1.0 |
| | 新黄土 $Q_3$ | | 1:0.4~1:0.5 | 1:0.5~1:0.75 | 1:0.75~1:1.0 | 1:1.0~1:1.25 |
| | 老黄土 $Q_2$ | | 1:0.1~1:0.3 | 1:0.2~1:0.4 | 1:0.3~1:0.5 | 1:0.5~1:0.75 |
| Ⅳ北部区 | 新黄土 $Q_3$、$Q_4$ | 坡积 | 1:0.5~1:0.75 | 1:0.75~1:1.0 | 1:1.0~1:1.25 | — |
| | | 洪积、冲积 | 1:0.2~1:0.4 | 1:0.4~1:0.6 | 1:0.6~1:0.75 | 1:0.75~1:1.0 |
| | 新黄土 $Q_3$ | | 1:0.3~1:0.5 | 1:0.5~1:0.6 | 1:0.6~1:0.75 | 1:0.75~1:1.0 |
| | 老黄土 $Q_2$ | | 1:0.1~1:0.3 | 1:0.2~1:0.4 | 1:0.3~1:0.5 | 1:0.5~1:0.75 |
| | 红色黄土 $Q_1$ | | 1:0.1~1:0.2 | 1:0.2~1:0.3 | 1:0.3~1:0.4 | 1:0.4~1:0.6 |

注:表内边坡值为设平台后的平均值,黄土分区见附录J。

3 黄土路堑边坡高度超过30m时,应与隧道方案进行比较。当采用路堑方案时,路堑高边坡应按本规范第3.7节的要求进行独立工点设计。

4 设有大平台的深路堑边坡,除应对路堑高边坡进行整体稳定性检算外,还应对大平台毗邻的上下分段边坡做局部稳定验算。

5 边坡防护类型应根据土质、降雨量、边坡高度、坡率等确定,路堑边坡宜采用骨架植物防护,稳定性差的边坡应设置必要的支挡工程,边坡防护工程设计应符合本规范第5章的要求。

6 地下水发育的挖方路段,应采取截、排地下水及防止地面水渗漏等措施,设置必要的防护工程。

**7.10.4** 湿陷性黄土地基设计应判别地基湿陷类型,计算地基湿陷量,确定地基湿陷等级,并应符合下列要求:

1 黄土地区场地湿陷类型应根据实测自重湿陷量或室内压缩试验累计的计算自重湿陷量判定。当实测或计算自重湿陷量不大于70mm时,应定为非自重湿陷性黄土场地;当实测或计算自重湿陷量大于70mm时,应定为自重湿陷性黄土场地。

2 湿陷性黄土场地自重湿陷量应按式(7.10.4-1)计算:

$$\Delta_{zs} = \beta_0 \sum_{i=1}^{n} \delta_{zsi} h_i \tag{7.10.4-1}$$

式中:$\Delta_{zs}$——湿陷性黄土场地自重湿陷量(mm);

$\delta_{zsi}$——第 $i$ 层土的自重湿陷系数;

$h_i$——第 $i$ 层土的厚度(mm);

$\beta_0$——因地区土质而异的修正系数;当缺乏实测资料时,陇西地区取1.50,陇东—陕北—晋西地区取1.20,关中地区取0.90,其他地区可取0.50。

3　湿陷性黄土的地基湿陷量应按式(7.10.4-2)计算:

$$\Delta_s = \sum_{i=1}^{n} \beta \delta_{si} h_i \tag{7.10.4-2}$$

式中:$\Delta_s$——地基的总湿陷量(mm);

$\delta_{si}$——第 $i$ 层土的湿陷系数;

$\beta$——考虑地基土受水浸湿可能性和侧向挤出等因素的修正系数;当缺乏实测资料时,基底下0~5m深度内取 $\beta = 1.5$,基底下5~10m深度内取 $\beta = 1.0$。

4　湿陷性黄土地基的湿陷等级,应根据地基各层累计的总湿陷量和计算自重湿陷量的大小等因素按表7.10.4确定。

**表7.10.4　湿陷性黄土地基的湿陷等级**

| 湿陷类型 | | 非自重湿陷性场地 | 自重湿陷性场地 | |
|---|---|---|---|---|
| 计算自重湿陷量 $\Delta_{zs}$(mm) | | $\Delta_{zs} \leqslant 70$ | $70 < \Delta_{zs} \leqslant 350$ | $\Delta_{zs} > 350$ |
| 总湿陷量 $\Delta_s$(mm) | $\Delta_s \leqslant 300$ | Ⅰ(轻微) | Ⅱ(中等) | — |
| | $300 < \Delta_s \leqslant 700$ | Ⅱ(中等) | Ⅱ(中等)或Ⅲ(严重) | Ⅲ(严重) |
| | $\Delta_s > 700$ | Ⅱ(中等) | Ⅲ(严重) | Ⅳ(很严重) |

注:当总湿陷量 $\Delta_s > 600$mm、计算自重湿陷量 $\Delta_{zs} > 300$mm时,可判为Ⅲ级,其他情况可判为Ⅱ级。

**7.10.5**　湿陷性黄土地基处理设计应符合下列要求:

1　高速公路、一级公路通过湿陷性黄土和压缩性较高的黄土地段时,可根据路堤高度、受水浸湿的可能性、湿陷后危害程度和修复的难易程度,按表7.10.5-1确定湿陷性黄土地基最小处理深度。

**表7.10.5-1　湿陷性黄土地基最小处理深度**

| 路堤高度 | 湿陷性等级与特征 | | | | | | | |
|---|---|---|---|---|---|---|---|---|
| | 经常流水(或浸湿可能性大) | | | | 季节性流水(或浸湿可能性小) | | | |
| | Ⅰ | Ⅱ | Ⅲ | Ⅳ | Ⅰ | Ⅱ | Ⅲ | Ⅳ |
| 高路堤(>4m) | 2~3 | 3~5 | 4~6 | 6 | 0.8~1 | 1~2 | 2~3 | 5 |
| 零填、挖方路基、低路堤(≤4m) | 0.8~1 | 1~1.5 | 1.5~2 | 3 | 0.5~1.0 | 0.8~1.2 | 1.2~2.0 | 2 |

注:1.与桥台相邻路基、高挡土墙路基(墙高大于6m),宜消除地基的全部湿陷量或穿透全部湿陷性土层。

2.挖方路基湿陷性黄土地基最小处理深度,从路床顶面起计算。

2　湿陷性黄土地基处理设计,应根据公路等级、湿陷等级、处理深度要求、施工条件、材料来源及对周围环境的影响等,按表7.10.5-2经技术经济比较后确定处理措施。

3 农田灌溉可能造成黄土地基湿陷时,可对路堤两侧坡脚外5~10m作表层加固防渗处理或设侧向防渗墙。

**表7.10.5-2 湿陷性黄土地基常用的处理措施**

| 处理措施 | 适用范围 | 有效加固深度(m) |
|---|---|---|
| 换填垫层法 | 地下水位以上,局部或整片处理 | 1~3m |
| 冲击碾压 | 饱和度 $S_r$≤60%的Ⅰ~Ⅱ级非自重、Ⅰ级自重湿陷性黄土 | 0.5~1m,最大1.5m |
| 表面重夯 | | 1~3m |
| 强夯法 | 地下水位以上,饱和度 $S_r$≤60%的湿陷性黄土 | 3~6m,最大8m |
| 挤密法(灰土、碎石挤密桩) | 地下水位以上,饱和度 $S_r$≤65%的湿陷性黄土 | 5~12m,最大15m |
| 桩基础 | 用于处理桥涵、挡土墙等构造物基础 | ≤30m |

4 湿陷性黄土地基的处理宽度,应符合下列规定:

1)挡土墙路段非自重湿陷性黄土场地,应至基础底面外侧不小于1m;对自重湿陷性黄土场地,应至基础底面外侧不小于2m;

2)路堤地段应至坡脚排水沟外侧不小于1m,路堑地段为路基的整个开挖面。

5 对危害路基稳定的黄土陷穴应进行处理。黄土陷穴的处理方法应根据陷穴埋深度及大小确定,可采取开挖回填夯实及灌砂、灌浆等处理措施,处理宽度视公路等级而定。对流向陷穴的地面水,应采取拦截引排措施;对堑顶的裂缝和积水洼地,应填平夯实。

## 7.11 盐渍土地区路基

**7.11.1** 盐渍土地区路基设计应遵循下列原则:

1 应调查收集沿线降水、蒸发、温度、地形地貌、工程地质、水文地质等资料,查明盐渍土的含盐类型、含盐程度及分布范围,评价盐渍土地基的承载力、盐胀性、溶陷性和表聚性。

2 路基位置应选择在地势较高、地下水位较低、排水条件好、土中含盐量低、地下水矿化度低、盐渍土分布范围小的地段,并应以路堤通过。

3 新建路基设计,应根据当地积盐条件、土质性状、地表水和地下水的现状,做好盐渍土地基处理、填料控制、路基结构、防排水措施的综合设计,保证路基强度与稳定性符合要求。

4 改建路基设计,应根据既有路基路面病害状况、路基填料的含盐类型及程度,以及水文地质条件,对既有路基的处理利用和重建方案进行技术经济比较,合理确定路基改建方案。

**7.11.2**　盐渍土可根据含盐性质和盐渍化程度按表 7.11.2-1、表 7.11.2-2 进行分类。

**表 7.11.2-1　盐渍土按含盐性质分类**

| 盐渍土名称 | 离子含量比值 | |
|---|---|---|
| | $Cl^-/SO_4^{2-}$ | $(CO_3^{2-}+HCO_3^-)/(Cl^-+SO_4^{2-})$ |
| 氯盐渍土 | >2 | — |
| 亚氯盐渍土 | 1~2 | — |
| 亚硫酸盐渍土 | 0.3~1.0 | — |
| 硫酸盐渍土 | < 0.3 | — |
| 碳酸盐渍土 | — | >0.3 |

注:离子含量以 1kg 土中离子的毫摩尔数计(mmol/kg)。

**表 7.11.2-2　盐渍土按盐渍化程度分类**

| 盐渍土类型 | 细粒土土层的平均含盐量(以质量百分数计) | | 粗粒土通过 1mm 筛孔土的平均含盐量(以质量百分数计) | |
|---|---|---|---|---|
| | 氯盐渍土及亚氯盐渍土 | 硫酸盐渍土及亚硫酸盐渍土 | 氯盐渍土及亚氯盐渍土 | 硫酸盐渍土及亚硫酸盐渍土 |
| 弱盐渍土 | 0.3~1.0 | 0.3~0.5 | 2.0~5.0 | 0.5~1.5 |
| 中盐渍土 | 1.0~5.0 | 0.5~2.0 | 5.0~8.0 | 1.5~3.0 |
| 强盐渍土 | 5.0~8.0 | 2.0~5.0 | 8.0~10.0 | 3.0~6.0 |
| 过盐渍土 | >8.0 | >5.0 | >10.0 | >6.0 |

注:离子含量以 100g 干土内的含盐总量计。

**7.11.3**　盐渍土地基应进行盐胀性和溶陷性评价,并应符合下列要求:

1　盐胀性应以地表以下 1.0m 范围土体的盐胀率为评价指标。当盐胀率的监测时间周期不足时,评价指标可采用硫酸钠含量。各级公路路基盐胀率或硫酸钠含量应符合表 7.11.3-1 的规定。

**表 7.11.3-1　盐渍土地基容许盐胀率**

| 公路等级 | 路基高度 $h$(m) | 盐胀率 $\eta$(%) | 硫酸钠含量 $Z$(%) |
|---|---|---|---|
| 高速公路、一级公路 | ≤2 | ≤1 | ≤0.5 |
| | >2 | ≤2 | ≤1.2 |
| 二级及二级以下公路 | ≤2 | ≤2 | ≤1.2 |
| | >2 | ≤4 | ≤2.0 |

2　地下水位埋深小于3.0m或存在经常性地表水浸湿的盐渍土路段,应按式(7.11.3)计算溶陷量,进行地基溶陷性评价。各级公路地基溶陷量应符合表7.11.3-2的规定。

$$\Delta S=\sum_{i}^{n}\delta_{i}h_{i} \tag{7.11.3}$$

式中:$\Delta S$——地基溶陷量(mm);

$\delta_i$——地基中第$i$层土的溶陷系数(%);

$h_i$——地基中第$i$层土厚度(mm);

$n$——溶陷影响深度的计算土层数。

**表7.11.3-2　盐渍土地基溶陷性指标**

| 公路等级 | 高速公路、一级公路 | 二级公路 | 三、四级公路 |
|---|---|---|---|
| 溶陷量$\Delta S$(mm) | <70 | <150 | <400 |

## 7.12　多年冻土地区路基

**7.12.1**　多年冻土地区路基设计应遵循下列原则:

1　路线通过多年冻土地区时,应查明沿线多年冻土的分布、类型、冻土层上限、年平均地温,岛状多年冻土区与季节冻土区的分界线、冻土下限,以及冻土沼泽、冰丘、冰锥、热融湖(塘)的范围、规模、发生原因及其发展趋势。多年冻土公路工程分类见附录K。

2　多年冻土地区路基宜采用路堤。冻土沼泽(沼泽化湿地)、热融湖(塘)地段宜采用路堤或桥梁,路堤高度应不低于沼泽暖季积水水位加波浪壅水高、毛细水上升高度、有害冻胀高度和0.5m的安全高度之和,且满足保温厚度的要求。

3　路基填料宜采用卵石土或碎石土、片块石,不得采用塑性指数大于12、液限大于32%的细粒土和富含腐殖质的土及冻土。保温护道填料,应就地取材,宜采用与路基本体相同填料,也可采用泥炭、草皮、塔头草或细粒土。

4　路基设计应根据冻土的类型及年平均地温,采用保护冻土、控制融化速率或允许融化的设计原则。

5　少冰冻土、多冰冻土地段的路基可按一般路基设计;富冰冻土、饱冰冻土、含土冰层、冰丘、冰锥、多年冻土沼泽、热融湖(塘)等地段的路基应进行特殊设计。

## 7.13　风沙地区路基

**7.13.1**　风沙地区路基设计应遵循下列原则:

1　路线通过风沙地区时,应调查、收集当地气象、地形地貌、工程和水文地质、风沙灾害、筑路和防护材料、生态环境等资料,确定当地沙漠类型和自然区划分区。

2　应根据沙漠类型、自然区划分区及风沙危害程度,合理选择路基的位置、横断面形式和路侧综合防沙体系。

3　应根据沿线地质、气候条件、筑路材料等情况,遵循因地制宜、就地取材、综合治理的原则,充分利用风积沙材料进行路基填筑和防沙设计。

4　干旱流动沙漠地区路基可不设置边沟等排水设施;对降雨较多或有浇灌要求的路段应考虑排水设计,宜设置宽浅形边沟和大孔径涵洞。

## 7.14　雪害地段路基

**7.14.1**　雪害地段路基设计,应调查收集下列资料,分析雪害成因,确定雪害类型及其危害程度,提出合理的处治方案和措施:

1　汇雪面积和风雪流行程中的地形地物、植被、气象要素等。

2　风吹雪地段冬季风力风向、风速梯度值及其频率和持续时间、风雪流的输雪量、积雪深度、积雪密度。

3　雪崩地段分布范围、裂点位置、发生频率等。必要时,应测绘汇雪面积地形图和雪崩运动路径的纵断面图。

**7.14.2**　路线宜绕避雪害地段,丘陵区应利用阳坡布线。无法绕避时,应从雪害较轻部位以最短距离通过,路线走向宜与风雪流的主导风向平行或交角不大于30°,并采取防护措施。

**7.14.3**　雪害防治设计应以防为主、防治结合,采取植物防治与工程治理相结合的防雪、稳雪、挡雪、导雪、排雪等综合措施。

## 7.15　涎流冰地段路基

**7.15.1**　涎流冰地段路基设计应遵循下列原则:

1　应调查当地地形、地质、气象,涎流冰的水源、类型及规模、危害情况及当地防治经验等,查明涎流冰形成时间、水源类型、流量、冻融周期和深度,确定涎流冰类型、规模大小、危害程度以及与路线方案的关系。

2　路基设计应遵循以防为主、防治结合的原则,采取综合处治措施,避免涎流冰危害公路运营安全。选用的各类设施的结构形式应便于养护和管理。

3　高寒山区涎流冰地段的路基宜设置在干燥的阳坡,并宜采用路堤或浅路堑。

4　河(沟)谷涎流冰地段,应提高路基高度,并设置跨径较大的桥涵,避免涎流冰溢上路面。

5　山坡涎流冰地段的路基应设置完善的排水系统,必要时可加宽、加深边沟,或设置挡冰墙(堤)、聚冰坑(沟)等设施。聚冰坑(沟)处应设置净空较高的涵洞排除融冰水。当山坡地下水量较大时,可设置渗沟、暗沟等地下排水设施。

6　路基工程应避免干扰原有的自然排水状况,不宜切割含水层。采取排、挡、截等防治措施时,应保证自然排水系统的畅通。

### 7.19 季节冻土地区路基

**7.19.1** 季节冻土地区路基设计应遵循下列原则:

1 应调查收集年平均气温、年平均地温、冻结指数、标准冻深、当地公路路基路面冻害情况及其防治经验,查明季节冻土层的分布特征、物理力学性质、地下水位、冻结水上升高度等,分析评价冻胀等级及对公路危害程度。

2 季节冻土地区的公路宜填不宜挖,路线宜布于山坡阳面。

3 应根据气候、地形地貌、地质状况、排水状况和路基填料等对路基路面冻害的影响,合理确定路基填筑高度,选用非冻胀性填料,做好路基路面综合设计。

## 附录A 路基土动态回弹模量标准试验方法

**A.0.1** 本试验方法适用于利用动三轴试验仪在规定的加载条件下测定路基土与粒料的动态回弹模量。

**A.0.2** 动三轴试验仪装置应符合下列规定:

1 三轴压力室应采用聚碳酸酯、丙烯酸或其他适宜的透明材料制成,宜采用空气作为测压流体。

2 加载装置应采用能够产生重复循环半正矢脉冲荷载的顶部加载式、闭路电液压或电气压试验机。施加荷载的频率为0.1~25Hz,且施加的最大轴向动应力水平应不小于150kPa。

3 数据测量及采集应采用计算机控制,能测量并记录试件在每个加载循环中所承受的荷载和产生的轴向变形。三轴室压力可采用压力表、压力计或压力传感器监测,量程不应小于200kPa,精确不应低于1.0kPa;轴向荷载传感器量程应不小于25kN,分辨力应不低于5N;位移传感器可采用LVDT或其他合适的设备,应具有良好的动态响应特性,量程应大于6mm,分辨力应不大于量程的1%。

# 附录 B　路基土动态回弹模量取值范围

表 B-1　标准状态下路基土回弹模量参考值

| 土　组 | 取 值 范 围 (MPa) |
|---|---|
| 砾(G) | 110 ~ 135 |
| 含细粒土砾(GF) | 100 ~ 130 |
| 粉土质砾(GM) | 100 ~ 125 |
| 黏土质砾(GC) | 95 ~ 120 |
| 砂(S) | 95 ~ 125 |
| 含细粒土砂(SF) | 80 ~ 115 |
| 粉土质砂(SM) | 65 ~ 95 |
| 黏土质砂(SC) | 60 ~ 90 |
| 低液限粉土(ML) | 50 ~ 90 |
| 低液限黏土(CL) | 50 ~ 85 |
| 高液限粉土(MH) | 30 ~ 70 |
| 高液限黏土(CH) | 20 ~ 50 |

注:1. 对砾和砂,$D_{60}$(通过率为 60% 时的颗粒粒径)大时,模量取高值,$D_{60}$小时,模量取低值。
2. 对其他含细粒的土组,小于 0.075mm 颗粒含量大和塑性指数高时,模量取低值,反之,模量取高值。
3. 同等条件下,轻、中等及重交通荷载时路基土回弹模量取较小值,特重、极重交通条件下取较大值。

表 B-2　标准状态下粒料回弹模量参考值

| 粒 料 类 型 | 取 值 范 围(MPa) |
|---|---|
| 级配碎石 | 180 ~ 400 |
| 未筛分碎石 | 180 ~ 220 |
| 级配砾石 | 150 ~ 300 |
| 天然砂砾 | 100 ~ 140 |

# 附录 C　路基平衡湿度预估方法

**C.0.1**　路基平衡湿度状况可依据路基的湿度来源分为潮湿、中湿、干燥等三类,并按下列条件判别路基湿度状态:

1　地下水或地表长期积水的水位高,路基工作区均处于地下水毛细润湿影响范围内,路基平衡湿度由地下水或地表长期积水的水位升降所控制,路基湿度状态可定为潮湿类路基。

2 地下水位很低,路基工作区处于地下水毛细润湿面之上,路基平衡湿度由气候因素所控制,路基湿度状态可定为干燥类路基。

3 中湿类路基的湿度兼受地下水和气候因素影响,路基工作区被地下水毛细润湿面分为上、下两部分,下部受地下水毛细润湿的影响,上部则受气候因素影响,如图 C.0.1 所示。

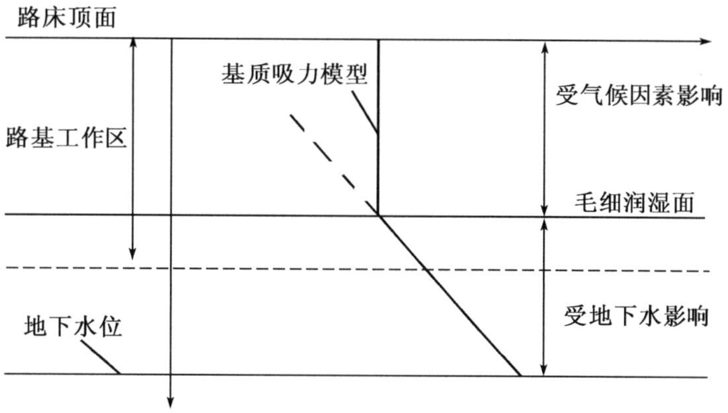


图 C.0.1 中湿类路基的湿度状况

**C.0.2** 潮湿类路基的平衡湿度可根据路基土组类别及地下水位高度,按表 C.0.2 确定距地下水位不同高度处的饱和度。

**表 C.0.2 各路基土组距地下水位不同高度处的饱和度(%)**

| 土组 | 计算点距地下水或地表长期积水水位的距离(m) | | | | | | |
|---|---|---|---|---|---|---|---|
| | 0.3 | 1.0 | 1.5 | 2.0 | 2.5 | 3.0 | 4.0 |
| 粉土质砾(GM) | 69~84 | 55~69 | 50~65 | 49~62 | 45~59 | 43~57 | — |
| 黏土质砾(GC) | 79~96 | 64~83 | 60~79 | 56~75 | 54~73 | 52~71 | — |
| 砂(S) | 95~80 | 70~50 | — | — | — | — | — |
| 粉土质砂(SM) | 79~93 | 64~77 | 60~72 | 56~68 | 54~66 | 52~64 | — |
| 黏土质砂(SC) | 90~99 | 77~87 | 72~83 | 68~80 | 66~78 | 64~76 | — |
| 低液限粉土(ML) | 94~100 | 80~90 | 76~86 | 83~73 | 71~81 | 69~80 | — |
| 低液限黏土(CL) | 93~100 | 80~93 | 76~90 | 73~88 | 70~86 | 68~85 | 66~83 |
| 高液限粉土(MH) | 100 | 90~95 | 86~92 | 83~90 | 81~89 | 80~87 | — |
| 高液限黏土(CH) | 100 | 93~97 | 90~93 | 88~91 | 86~90 | 85~89 | 83~87 |

注:1. 对于砂(SW、SP),$D_{60}$大时平衡湿度取低值,$D_{60}$小时平衡湿度取高值。
2. 对于其他含细粒的土组,通过 0.075mm 筛的颗粒含量大和塑性指数高时,取高值,反之,取低值。

**C.0.3** 干燥类路基的平衡湿度可根据路基所在自然区划的湿度指标 *TMI* 和土组类别确定,并应符合下列规定:

1 不同自然区划的 *TMI* 值可参照表 C.0.3-1 查取。

**表 C.0.3-1　不同自然区划的 *TMI* 值范围**

| 区　划 | 亚　区 | *TMI* 范围 | 区　划 | 亚　区 | *TMI* 范围 |
|---|---|---|---|---|---|
| Ⅰ | $\mathrm{I}_1$ | -5.0 ~ -8.1 | Ⅳ | $\mathrm{IV}_{6a}$ | 41.2 ~ 97.4 |
| | $\mathrm{I}_2$ | 0.5 ~ -9.7 | | $\mathrm{IV}_7$ | 16.0 ~ 69.3 |
| Ⅱ | $\mathrm{II}_1$ 黑龙江 | -0.1 ~ -8.1 | | $\mathrm{IV}_{7b}$ | -5.4 ~ -23.0 |
| | $\mathrm{II}_1$ 辽宁、吉林 | 8.7 ~ 35.1 | Ⅴ | $\mathrm{V}_1$ | -25.1 ~ 6.9 |
| | $\mathrm{II}_{1a}$ | -3.6 ~ -10.8 | | $\mathrm{V}_2$ | 0.9 ~ 30.1 |
| | $\mathrm{II}_2$ | -7.2 ~ -12.1 | | $\mathrm{V}_{2a}$ | 39.6 ~ 43.7 |
| | $\mathrm{II}_{2a}$ | -1.2 ~ -10.6 | | $\mathrm{V}_3$ | 12.0 ~ 88.3 |
| | $\mathrm{II}_3$ | -9.3 ~ -26.9 | | $\mathrm{V}_{3a}$ | -7.6 ~ 47.2 |
| | $\mathrm{II}_4$ | -10.7 ~ -22.6 | | $\mathrm{V}_4$ | -2.6 ~ 50.9 |
| | $\mathrm{II}_{4a}$ | -15.5 ~ 17.3 | | $\mathrm{V}_5$ | 39.8 ~ 100.6 |
| | $\mathrm{II}_{4b}$ | -7.9 ~ 9.9 | | $\mathrm{V}_{5a}$ | 24.4 ~ 39.2 |
| | $\mathrm{II}_5$ | -1.7 ~ -15.6 | | — | — |
| | $\mathrm{II}_{5a}$ | -1.0 ~ -15.6 | Ⅵ | $\mathrm{VI}_1$ | -15.3 ~ -46.3 |
| Ⅲ | $\mathrm{III}_1$ | -21.2 ~ -25.7 | | $\mathrm{VI}_{1a}$ | -40.5 ~ -47.2 |
| | $\mathrm{III}_{1a}$ | -12.6 ~ -29.1 | | $\mathrm{VI}_2$ | -39.5 ~ -59.2 |
| | $\mathrm{III}_2$ | -9.7 ~ -17.5 | | $\mathrm{VI}_3$ | -41.6 |
| | $\mathrm{III}_{2a}$ | -19.6 | | $\mathrm{VI}_4$ | -19.3 ~ -57.2 |
| | $\mathrm{III}_3$ | -19.1 ~ -26.1 | | $\mathrm{VI}_{4a}$ | -34.5 ~ -37.1 |
| | $\mathrm{III}_4$ | -10.8 ~ -24.1 | | $\mathrm{VI}_{4b}$ | -2.6 ~ -37.2 |
| Ⅳ | $\mathrm{IV}_1$ | 21.8 ~ 25.1 | Ⅶ | $\mathrm{VII}_1$ | -3.1 ~ -56.3 |
| | $\mathrm{IV}_{1a}$ | 23.2 | | $\mathrm{VII}_2$ | -49.4 ~ -58.1 |
| | $\mathrm{IV}_2$ | -6.0 ~ 34.8 | | $\mathrm{VII}_3$ | -22.5 ~ 82.8 |
| | $\mathrm{IV}_3$ | 34.3 ~ 40.4 | | $\mathrm{VII}_4$ | -5.1 ~ -5.7 |
| | $\mathrm{IV}_4$ | 32.0 ~ 67.9 | | $\mathrm{VII}_5$ | -20.3 ~ 91.4 |
| | $\mathrm{IV}_5$ | 45.2 ~ 89.3 | | $\mathrm{VII}_{6a}$ | -10.6 ~ -25.8 |
| | $\mathrm{IV}_6$ | 27.0 ~ 64.7 | | — | — |

2　按路基所在地区的 *TMI* 值和路基土组类别，根据表 C.0.3-2 插值查取该地区相应的路基饱和度。

**表 C.0.3-2　各路基土组在不同 *TMI* 值时的饱和度(%)**

| 土　组 | *TMI* | | | | | |
|---|---|---|---|---|---|---|
| | -50 | -30 | -10 | 10 | 30 | 50 |
| 砂(S) | 20 ~ 50 | 25 ~ 55 | 27 ~ 60 | 30 ~ 65 | 32 ~ 67 | 35 ~ 70 |
| 粉土质砂(SM) | 45 ~ 48 | 62 ~ 68 | 73 ~ 80 | 80 ~ 86 | 84 ~ 89 | 87 ~ 90 |
| 黏土质砂(SC) | | | | | | |

续上表

| 土组 | TMI | | | | | |
|---|---|---|---|---|---|---|
| | -50 | -30 | -10 | 10 | 30 | 50 |
| 低液限粉土(ML) | 41~46 | 59~64 | 75~77 | 84~86 | 91~92 | 92~93 |
| 低液限黏土(CL) | 39~41 | 57~64 | 75~76 | 86 | 91 | 92~94 |
| 高液限粉土(MH) | 41~42 | 61~62 | 76~79 | 85~88 | 90~92 | 92~95 |
| 高液限黏土(CH) | 39~51 | 58~69 | 85~74 | 86~92 | 91~95 | 94~97 |

注:1. 砂的饱和度取值与 $D_{60}$ 相关,$D_{60}$ 大时(接近 2mm)取低值,$D_{60}$ 小时(接近 0.25mm)取高值。
2. 粉土质砂、黏土质砂或细粒土的饱和度取值与细粒土含量和塑性指数相关,细粒土含量高、塑性指数大时取低值,反之取高值。

**C.0.4** 中湿类路基的平衡湿度可参照图 C.0.1,先分路基工作区上部和下部分别确定其平衡湿度,再以厚度加权平均计算路基的平衡湿度。地下水毛细润湿面以上的路基工作区上部,按路基土组类别和 *TMI* 值确定其平衡湿度;地下水毛细润湿面以下的路基工作区下部,则按路基土组类别和距地下水位的距离确定其平衡湿度。

# 附录 D 路基回弹模量湿度调整系数的取值范围

**D.0.1** 潮湿类路基的回弹模量湿度调整系数可按表 D.0.1 查取。

**表 D.0.1 潮湿类路基的回弹模量湿度调整系数**

| 土质类型 | 砂 | 细粒土质砂 | 粉质土 | 黏质土 |
|---|---|---|---|---|
| 路基工作区顶面 | 0.8~0.9 | 0.5~0.6 | 0.5~0.7 | 0.6~1.0 |
| 路基工作区底面 | 0.5~0.6 | 0.4~0.5 | 0.4~0.6 | 0.5~0.9 |

注:1. 砂的回弹模量调整系数,$D_{60}$ 大时取高值,$D_{60}$ 小时取低值。
2. 细粒土质砂的回弹模量调整系数,细粒含量大、塑性指数高时取低值,反之取高值。
3. 粉质土和黏质土的回弹模量调整系数,路基高度低时取低值,反之取高值。

**D.0.2** 干燥类路基的回弹模量湿度调整系数可按表 D.0.2 查取。

**表 D.0.2 干燥类路基的回弹模量湿度调整系数**

| 土组 | TMI | | | | | |
|---|---|---|---|---|---|---|
| | -50 | -30 | -10 | 10 | 30 | 50 |
| 砂(S) | 1.30~1.84 | 1.14~1.80 | 1.02~1.77 | 0.93~1.73 | 0.86~1.69 | 0.8~1.64 |
| 粉土质砂(SM)<br>黏土质砂(SC) | 1.59~1.65 | 1.10~1.26 | 0.83~0.97 | 0.73~0.83 | 0.70~0.76 | 0.70~0.76 |
| 低液限粉土(ML) | 1.35~1.55 | 1.01~1.23 | 0.76~0.96 | 0.58~0.77 | 0.51~0.65 | 0.42~0.62 |
| 低液限黏土(CL) | 1.22~1.71 | 0.73~1.52 | 0.57~1.24 | 0.51~1.02 | 0.49~0.88 | 0.48~0.81 |

注:1. 砂的回弹模量调整系数, $D_{60}$ 大时(接近 2mm)取低值,$D_{60}$ 小时(接近 0.25mm)取高值。
2. 粉土质砂、黏土质砂或细粒土的饱和度取值与细粒土含量和塑性指数相关,细粒土含量高、塑性指数大时取低值,反之取高值。

**D.0.3** 中湿类路基的回弹模量湿度调整系数,可按路基工作区内两类湿度来源的上部和下部分别确定其湿度调整系数,并以路基工作区上、下部的厚度加权计算路基总的回弹模量湿度调整系数。

# 附录F　路基监测内容与项目

**表F-1　路堑边坡或滑坡监测**

| 监测内容 | | 监测方法 | 监测目的 |
|---|---|---|---|
| 地表监测 | 水平位移监测 | 全站仪、光电测距仪 | 监测地表位移、变形发展情况 |
| | 垂直变形监测 | 水准仪 | |
| | 裂缝监测 | 标桩、直尺或裂缝计 | 监测裂缝发展情况 |
| 地下位移监测 | | 测斜仪 | 探测相对于稳定地层的地下岩体位移,证实和确定正在发生位移的构造特征,确定潜在滑动面深度,判断主滑方向,定量分析评价边(滑)坡的稳定状况,评判边(滑)坡加固工程效果 |
| 地下水位监测 | | 人工测量 | 监测地下水位变化与降雨关系,评判边坡排水措施的有效性 |
| 支挡结构变形、应力 | | 测斜仪、分层沉降仪,压力盒、钢筋应力计 | 支挡构造物岩土体的变形监测,支挡构造物与岩土体间接触压力监测 |

**表F-2　高路堤稳定和沉降监测**

| 监测项目 | 仪具名称 | 监测目的 |
|---|---|---|
| 地表水平位移量及隆起量 | 地表水平位移桩(边桩) | 用于稳定监控,确保路堤施工安全和稳定 |
| 地下土体分层水平位移量 | 地下水平位移计(测斜管) | 用于稳定监控与研究,掌握分层位移量,推定土体剪切破坏位置。必要时采用 |
| 路堤顶沉降量 | 地表型沉降计(沉降板或桩) | 用于工后沉降监控,预测工后沉降趋势,确定路面施工时间 |

**表 F-3 预应力锚固工程原位监测内容和项目**

| 锚杆监测阶段 | | 监测目的 | 监测项目 | 监测方法及要求 |
|---|---|---|---|---|
| 施工期 | 预应力锚杆 | 施工安全、施工质量 | 预应力 | 应做项目,包括锚杆张拉力和预应力损失。宜用反拉法,可用预埋仪器法 |
| | | | 锚头位移 | 应做项目,宜用位移监测常规方法 |
| | | | 岩土体深部位移 | 应做项目,可用测斜仪法 |
| | | | 锚杆长度 | 可做项目,宜用无损检测法 |
| | | | 灌浆饱满度 | 可做项目,宜用无损检测法 |
| 运营期 | 预应力锚杆 | 工作状况 | 预应力 | 应做项目,宜用反拉法,可用预埋仪器法 |
| | | | 锚头位移 | 宜做项目,宜用位移监测常规方法 |
| | | | 岩土体深部位移 | 可做项目,可用预埋仪器法 |

# 附录 G 排水、防护、支挡结构材料强度要求

**表 G-1 排水构造物材料强度要求**

| 材料类型 | 最低强度要求 | | 适用范围 |
|---|---|---|---|
| | 非冰冻区、轻冻区 | 中冻区、重冻区 | |
| 片石 | MU30 | MU30 | 沟底和沟壁铺砌 |
| 水泥砂浆 | M7.5 | M10 | 浆砌、抹面、勾缝 |
| 水泥混凝土 | C20 | C25 | 混凝土构件 |
| | C15 | C15 | 混凝土基础 |

注:轻冻区——冻结指数小于 800 的地区;
中冻区——冻结指数为 800 ~ 2 000 的地区;
重冻区——冻结指数大于 2 000 的地区。

**表 G-2 防护、支挡结构材料强度要求**

| 材料类型 | 最低强度等级 | | 适用范围 |
|---|---|---|---|
| | 非冰冻区、轻冻区 | 中冻区、重冻区 | |
| 片石 | MU30 | MU40 | 护坡、护面墙、挡土墙 |
| 水泥砂浆 | M7.5 | M10 | 护坡、护面墙、挡土墙 |
| | M10 | | 喷浆防护 |
| 水泥混凝土 | C15 | C20 | 喷射混凝土、挡土墙基础、抗滑桩锁口与护壁 |
| | C20 | C25 | 护坡、各类挡土墙、土钉面板 |
| | C30 | C30 | 抗滑桩、锚索垫墩、框架格子梁、地梁、单锚墩 |

# 附录 H　挡土墙设计计算

**H.0.1**　荷载应符合下列规定：

1　挡土墙设计计算应采用以极限状态设计的分项系数法为主的设计方法。

2　挡土墙构件承载能力极限状态设计可采用下列表达式：

$$\gamma_0 S \leqslant R \tag{H.0.1-1}$$

$$R = R\left(\frac{R_k}{\gamma_f}, \alpha_d\right) \tag{H.0.1-2}$$

式中：$\gamma_0$——结构重要性系数，按表 H.0.1-1 的规定采用；

$S$——作用(或荷载)效应的组合设计值；

$R(\cdot)$——挡土墙结构抗力函数；

$R_k$——抗力材料的强度标准值；

$\gamma_f$——结构材料、岩土性能的分项系数；

$\alpha_d$——结构或结构构件几何参数的设计值，当无可靠数据时，可采用几何参数标准值。

**表 H.0.1-1　结构重要性系数 $\gamma_0$**

| 墙高(m) | 公路等级 | |
|---|---|---|
| | 高速公路、一级公路 | 二级及二级以下公路 |
| ≤5.0 | 1.0 | 0.95 |
| >5.0 | 1.05 | 1.0 |

3　施加于挡土墙的作用(或荷载)，按性质可分为永久作用(或荷载)、可变作用(或荷载)、偶然作用(或荷载)，各类作用或荷载名称见表 H.0.1-2。

**表 H.0.1-2　荷 载 分 类**

| 作用(或荷载)分类 | 作用(或荷载)名称 |
|---|---|
| 永久作用(或荷载) | 挡土墙结构重力 |
| | 填土(包括基础襟边以上土)重力 |
| | 填土侧压力 |
| | 墙顶上的有效永久荷载 |
| | 墙顶与第二破裂面之间的有效荷载 |
| | 计算水位的浮力及静水压力 |
| | 预加力 |
| | 混凝土收缩及徐变 |
| | 基础变位影响力 |

续上表

| 作用(或荷载)分类 | | 作用(或荷载)名称 |
|---|---|---|
| 可变作用(或荷载) | 基本可变作用(或荷载) | 车辆荷载引起的土侧压力 |
| | | 人群荷载、人群荷载引起的土侧压力 |
| | 其他可变作用(或荷载) | 水位退落时的动水压力 |
| | | 流水压力 |
| | | 波浪压力 |
| | | 冻胀压力和冰压力 |
| | | 温度影响力 |
| | 施工荷载 | 与各类型挡土墙施工有关的临时荷载 |
| 偶然作用(或荷载) | | 地震作用力 |
| | | 滑坡、泥石流作用力 |
| | | 作用于墙顶护栏上的车辆碰撞力 |

4 荷载效应组合应符合下列规定:

1)作用在一般地区挡土墙上的力,可只计算永久作用(或荷载)和基本可变作用(或荷载);

2)浸水地区、地震动峰值加速度值为0.2$g$及以上的地区、产生冻胀力的地区等,尚应计算其他可变作用(或荷载)和偶然作用(或荷载);

3)作用(或荷载)组合可按表H.0.1-3确定。

**表H.0.1-3 常用作用(或荷载)组合**

| 组合 | 作用(或荷载)名称 |
|---|---|
| Ⅰ | 挡土墙结构重力、墙顶上的有效永久荷载、填土重力、填土侧压力及其他永久荷载组合 |
| Ⅱ | 组合Ⅰ与基本可变荷载相组合 |
| Ⅲ | 组合Ⅱ与其他可变荷载、偶然荷载相组合 |

注:1.洪水与地震力不同时考虑。
2.冻胀力、冰压力与流水压力或波浪压力不同时考虑。
3.车辆荷载与地震力不同时考虑。

5 挡土墙上受地震力作用时,应符合现行《公路工程抗震规范》(JTG B02)的有关规定。

6 具有明显滑动面的抗滑挡土墙荷载计算应符合本规范第5.7节、第7.2节的有关规定。泥石流地段的路基挡土墙,应符合本规范第7.5节的规定。

7 浸水挡土墙墙背为岩块和粗粒土时,可不计墙身两侧静水压力和墙背动水压力。

8 墙身所受浮力,应根据地基地层的浸水情况按下列原则确定:

1)砂类土、碎石类土和节理很发育的岩石地基,按计算水位的100%计算;

2)岩石地基按计算水位的50%计算。

9 作用在墙背上的主动土压力,可按库仑理论计算。应进行墙后填料的土质试验,确定填料的物理力学指标。当缺乏可靠试验数据时,填料内摩擦角 $\varphi$ 可按表 H.0.1-4 选用。

**表 H.0.1-4　填料内摩擦角或综合内摩擦角**

| 填料种类 | | 综合内摩擦角 $\varphi_0$(°) | 内摩擦角 $\varphi$(°) | 重度($kN/m^3$) |
|---|---|---|---|---|
| 黏性土 | 墙高 $H \leqslant 6m$ | 35～40 | — | 17～18 |
| | 墙高 $H > 6m$ | 30～35 | — | |
| 碎石、不易风化的块石 | | — | 45～50 | 18～19 |
| 大卵石、碎石类土、不易风化的岩石碎块 | | — | 40～45 | 18～19 |
| 小卵石、砾石、粗砂、石屑 | | — | 35～40 | 18～19 |
| 中砂、细砂、砂质土 | | — | 30～35 | 17～18 |

注:填料重度可根据实测资料作适当修正,计算水位以下的填料重度采用浮重度。

10　挡土墙前的被动土压力可不计算;当基础埋置较深且地层稳定、不受水流冲刷和扰动破坏时,可计入被动土压力,但应按表 H.0.1-5 的规定计入作用分项系数。

11　车辆荷载作用在挡土墙墙背填土上所引起的附加土体侧压力,可按式(H.0.1-3)换算成等代均布土层厚度计算:

$$h_0 = \frac{q}{\gamma} \tag{H.0.1-3}$$

式中:$h_0$——换算土层厚度(m);

$q$——车辆荷载附加荷载强度,墙高小于 2m,取 $20kN/m^2$;墙高大于 10m,取 $10kN/m^2$;墙高在 2～10m 之内时,附加荷载强度用直线内插法计算。作用于墙顶或墙后填土上的人群荷载强度规定为 $3kN/m^2$;作用于挡墙栏杆顶的水平推力采用 0.75kN/m,作用于栏杆扶手上的竖向力采用 1kN/m;

$\gamma$——墙背填土的重度($kN/m^3$)。

12　挡土墙按承载能力极限状态设计时,除另有规定外,常用作用(或荷载)分项系数可按表 H.0.1-5 的规定采用。

**表 H.0.1-5　承载能力极限状态作用(或荷载)分项系数**

| 情况 | 荷载增大对挡土墙结构起有利作用时 | | 荷载增大对挡土墙结构起不利作用时 | |
|---|---|---|---|---|
| 组合 | Ⅰ、Ⅱ | Ⅲ | Ⅰ、Ⅱ | Ⅲ |
| 垂直恒载 $\gamma_G$ | 0.90 | | 1.20 | |
| 恒载或车辆荷载、人群荷载的主动土压力 $\gamma_{Q1}$ | 1.00 | 0.95 | 1.40 | 1.30 |
| 被动土压力 $\gamma_{Q2}$ | 0.30 | | 0.50 | |
| 水浮力 $\gamma_{Q3}$ | 0.95 | | 1.10 | |
| 静水压力 $\gamma_{Q4}$ | 0.95 | | 1.05 | |
| 动水压力 $\gamma_{Q5}$ | 0.95 | | 1.20 | |

**H.0.2**　基础设计与稳定性计算应符合下列要求:

1　基底合力的偏心距 $e_0$ 可按下式计算：

$$e_0 = \frac{M_d}{N_d} \tag{H.0.2-1}$$

式中：$M_d$——作用于基底形心的弯矩组合设计值(MPa)；

$N_d$——作用于基底上的垂直力组合设计值(kN/m)。

2　挡土墙地基计算时，各类作用(或荷载)组合下，作用效应组合设计值计算式中的作用分项系数，除被动土压力分项系数 $\gamma_{Q2}=0.3$ 外，其余作用(或荷载)的分项系数规定均等于1。

3　基底压应力 $\sigma$ 应按式(H.0.2-2)计算，位于岩石地基上的挡土墙可按式(H.0.2-3)、式(H.0.2-4)计算。基底合力的偏心距 $e_0$，对土质地基不应大于 $B/6$；岩石地基不应大于 $B/4$。基底压应力不应大于基底的容许承载力$[\sigma_0]$；基底容许承载力值可按现行《公路桥涵地基与基础设计规范》(JTG D63)的规定采用，当为作用(或荷载)组合Ⅲ及施工荷载，且$[\sigma_0]>150\text{kPa}$ 时，可提高25%。

$$|e_0| \leqslant \frac{B}{6}\text{时}, \sigma_{1,2} = \frac{N_d}{A}\left(1 \pm \frac{6e_0}{B}\right) \tag{H.0.2-2}$$

$$e_0 > \frac{B}{6}\text{时}, \sigma_1 = \frac{2N_d}{3\alpha_1}, \sigma_2 = 0 \tag{H.0.2-3}$$

$$\alpha_1 = \frac{B}{2} - e_0 \tag{H.0.2-4}$$

式中：$\sigma_1$——挡土墙趾部的压应力(kPa)；

$\sigma_2$——挡土墙踵部的压应力(kPa)；

$B$——基底宽度(m)，倾斜基底为其斜宽；

$A$——基础底面每延米的面积，矩形基础为基础宽度 $B\times1$($m^2$)。

4　挡土墙的滑动稳定方程应满足式(H.0.2-5)的要求，抗滑稳定系数应按式(H.0.2-6)计算：

$$[1.1G+\gamma_{Q1}(E_y+E_x\tan\alpha_0)-\gamma_{Q2}E_p\tan\alpha_0]\mu+(1.1G+\gamma_{Q1}E_y)\tan\alpha_0-\gamma_{Q1}E_x+\gamma_{Q2}E_p>0 \tag{H.0.2-5}$$

$$K_c = \frac{[N+(E_x-E'_p)\tan\alpha_0]\mu+E'_p}{E_x-N\tan\alpha_0} \tag{H.0.2-6}$$

式中：$G$——作用于基底以上的重力(kN)，浸水挡土墙的浸水部分应计入浮力；

$E_y$——墙后主动土压力的竖向分量(kN)；

$E_x$——墙后主动土压力的水平分量(kN)；

$E_p$——墙前被动土压力的水平分量(kN)，当为浸水挡土墙时，$E_p=0$；

$E'_p$——墙前被动土压力水平分量的0.3倍(kN)；

$N$——作用于基底上合力的竖向分力(kN)，浸水挡土墙应计浸水部分的浮力；

$\alpha_0$——基底倾斜角(°)，基底为水平时，$\alpha_0=0$；

$\gamma_{Q1}$、$\gamma_{Q2}$——主动土压力分项系数、墙前被动土压力分项系数，可按表H.0.1-5的规定采用；

$\mu$——基底与地基间的摩擦系数,当缺乏可靠试验资料时,可按表 H.0.2-1 的规定采用。

**表 H.0.2-1　基底与基底土间的摩擦系数 $\mu$**

| 地基土的分类 | 摩擦系数 $\mu$ | 地基土的分类 | 摩擦系数 $\mu$ |
|---|---|---|---|
| 软塑黏土 | 0.25 | 碎石类土 | 0.50 |
| 硬塑黏土 | 0.30 | 软质岩石 | 0.40~0.60 |
| 砂类土、黏砂土、半干硬的黏土 | 0.30~0.40 | 硬质岩石 | 0.60~0.70 |
| 砂类土 | 0.40 | | |

5　挡土墙的倾覆稳定方程应满足式(H.0.2-7)的要求,抗倾覆稳定系数应按式(H.0.2-8)计算:

$$0.8GZ_G+\gamma_{Q1}(E_yZ_x-E_xZ_y)+\gamma_{Q2}E_pZ_p>0 \tag{H.0.2-7}$$

$$K_0=\frac{GZ_G+E_yZ_x+E'_pZ_p}{E_xZ_y} \tag{H.0.2-8}$$

式中:$Z_G$——墙身重力、基础重力、基础上填土的重力及作用于墙顶的其他荷载的竖向力合力重心到墙趾的距离(m);

$Z_x$——墙后主动土压力的竖向分量到墙趾的距离(m);

$Z_y$——墙后主动土压力的水平分量到墙趾的距离(m);

$Z_p$——墙前被动土压力的水平分量到墙趾的距离(m)。

6　在规定的墙高范围内,验算挡土墙的抗滑动和抗倾覆稳定时,稳定系数不应小于表 H.0.2-2 的规定。

**表 H.0.2-2　抗滑动和抗倾覆的稳定系数**

| 荷载情况 | 验算项目 | 稳定系数 |
|---|---|---|
| 荷载组合Ⅰ、Ⅱ | 抗滑动 $K_c$ | 1.3 |
| | 抗倾覆 $K_0$ | 1.5 |
| 荷载组合Ⅲ | 抗滑动 $K_c$ | 1.3 |
| | 抗倾覆 $K_0$ | 1.3 |
| 施工阶段验算 | 抗滑动 $K_c$ | 1.2 |
| | 抗倾覆 $K_0$ | 1.2 |

7　设置于不良土质地基、覆盖土层下为倾斜基岩地基及斜坡上的挡土墙,应对挡土墙地基及填土的整体稳定性进行验算,其稳定系数不应小于 1.25。

**H.0.3**　重力式、半重力式挡墙计算应符合下列要求:

1　重力式、半重力式挡墙的作用(或荷载)计算,应符合本规范第 H.0.1 条的规定。

2　重力式、半重力式挡墙应满足本规范第 H.0.2 条基础设计与稳定性计算的规定。

3　重力式挡土墙、半重力式挡土墙的墙身材料强度可按现行《公路圬工桥涵设计规范》(JTG D61)的规定采用。必要时应做墙身的剪应力检算。

4 重力式挡土墙按承载能力极限状态设计时,在某一类作用(或荷载)效应组合下,作用(或荷载)效应的组合设计值,可按式(H.0.3-1)计算。圬工构件或材料的抗力分项系数 $\gamma_f$,按表 H.0.3-1 采用。

$$S=\psi_{ZL}(\gamma_G\sum S_{Gik}+\sum\gamma_{Qi}S_{Qik}) \tag{H.0.3-1}$$

式中:$S$——作用(或荷载)效应的组合设计值;

$\gamma_G$、$\gamma_{Qi}$——作用(或荷载)的分项系数,按表 H.0.1-5 采用;

$S_{Gik}$——第 $i$ 个垂直恒载的标准值效应;

$S_{Qik}$——土侧压力、水浮力、静水压力、其他可变作用(或荷载)的标准值效应;

$\psi_{ZL}$——荷载效应组合系数,按表 H.0.3-2 采用。

**表 H.0.3-1 圬工构件或材料的抗力分项系数 $\gamma_f$**

| 圬工种类 | 受力情况 | |
|---|---|---|
| | 受压 | 受弯、剪、拉 |
| 石料 | 1.85 | 2.31 |
| 片石砌体、片石混凝土砌体 | 2.31 | 2.31 |
| 块石、粗料石、混凝土预制块、砖砌体 | 1.92 | 2.31 |
| 混凝土 | 1.54 | 2.31 |

**表 H.0.3-2 荷载效应组合系数 $\psi_{ZL}$ 值**

| 荷载组合 | $\psi_{ZL}$ | 荷载组合 | $\psi_{ZL}$ |
|---|---|---|---|
| Ⅰ、Ⅱ | 1.0 | 施工荷载 | 0.7 |
| Ⅲ | 0.8 | | |

5 挡土墙构件轴心或偏心受压时,正截面强度和稳定按式(H.0.3-2)、式(H.0.3-3)计算。偏心受压构件除验算弯曲平面内的纵向稳定外,尚应按轴心受压构件验算非弯曲平面内的稳定。

计算强度时

$$\gamma_0 N_d \leqslant \frac{\alpha_k A R_a}{\gamma_f} \tag{H.0.3-2}$$

计算稳定时

$$\gamma_0 N_d \leqslant \frac{\psi_k \alpha_k A R_a}{\gamma_f} \tag{H.0.3-3}$$

式中:$N_d$——验算截面上的轴向力组合设计值(kN);

$\gamma_0$——重要性系数,按第 H.0.1 条采用;

$\gamma_f$——圬工构件或材料的抗力分项系数,按表 H.0.3-1 取用;

$R_a$——材料抗压极限强度(kN);

$A$——挡土墙构件的计算截面面积($m^2$);

$\alpha_k$——轴向力偏心影响系数,按式(H.0.3-4)计算;

$$\alpha_k = \frac{1 - 256\left(\frac{e_0}{B}\right)^8}{1 + 12\left(\frac{e_0}{B}\right)^2} \tag{H.0.3-4}$$

$e_0$——轴向力的偏心距(m),按式(H.0.3-5)采用;挡土墙墙身或基础为圬工截面时,其轴向力的偏心距 $e_0$ 应符合表H.0.3-5的规定;

$$e_0 = \left|\frac{M_0}{N_0}\right| \tag{H.0.3-5}$$

$B$——挡土墙计算截面宽度(m);

$M_0$——在某一类作用(或荷载)组合下,作用(或荷载)对计算截面形心的总力矩(kN·m);

$N_0$——某一类作用(或荷载)组合下,作用于计算截面上的轴向力的合力(kN);

$\psi_k$——偏心受压构件在弯曲平面内的纵向弯曲系数,按式(H.0.3-6)采用;轴心受压构件的纵向弯曲系数,可采用表H.0.3-3的规定;

$$\psi_k = \frac{1}{1 + a_s\beta_s(\beta_s - 3)\left[1 + 16\left(\frac{e_0}{B}\right)^2\right]} \tag{H.0.3-6}$$

$$\beta_s = \frac{2H}{B} \tag{H.0.3-7}$$

$H$——墙高(m);

$a_s$——与材料有关的系数,按表H.0.3-4采用。

**表H.0.3-3　轴心受压构件纵向弯曲系数 $\psi_k$**

| 2H/B | 混凝土构件 | 砌体砂浆强度等级 | |
|---|---|---|---|
| | | M10、M7.5、M5 | M2.5 |
| ≤3 | 1.00 | 1.00 | 1.00 |
| 4 | 0.99 | 0.99 | 0.99 |
| 6 | 0.96 | 0.96 | 0.96 |
| 8 | 0.93 | 0.93 | 0.91 |
| 10 | 0.88 | 0.88 | 0.85 |
| 12 | 0.82 | 0.82 | 0.79 |
| 14 | 0.76 | 0.76 | 0.72 |
| 16 | 0.71 | 0.71 | 0.66 |
| 18 | 0.65 | 0.65 | 0.60 |
| 20 | 0.60 | 0.60 | 0.54 |
| 22 | 0.54 | 0.54 | 0.49 |
| 24 | 0.50 | 0.50 | 0.44 |
| 26 | 0.46 | 0.46 | 0.40 |
| 28 | 0.42 | 0.42 | 0.36 |
| 30 | 0.38 | 0.38 | 0.33 |

**表 H.0.3-4 $a_s$ 取值**

| 圬工名称 | 浆砌砌体采用以下砂浆强度等级 | | | 混凝土 |
|---|---|---|---|---|
| | M10、M7.5、M5 | M2.5 | M1 | |
| $a_s$ 值 | 0.002 | 0.0025 | 0.004 | 0.002 |

6 重力式挡土墙轴向力的偏心距 $e_0$ 应符合表 H.0.3-5 的规定。

**表 H.0.3-5 圬工结构轴向力合力的容许偏心距 $e_0$**

| 荷载组合 | 容许偏心距 |
|---|---|
| Ⅰ、Ⅱ | 0.25$B$ |
| Ⅲ | 0.3$B$ |
| 施工荷载 | 0.33$B$ |

注:$B$ 为沿力矩转动方向的矩形计算截面宽度。

7 混凝土截面在受拉一侧配有不小于截面面积 0.05% 的纵向钢筋时,表 H.0.3-5 中的容许规定值可增加 0.05$B$;当截面配筋率大于表 H.0.3-6 的规定时,按钢筋混凝土构件计算,偏心距不受限制。

**表 H.0.3-6 按钢筋混凝土构件计算的受拉钢筋最小配筋率(%)**

| 钢筋牌号(种类) | 钢筋最小配筋率 | |
|---|---|---|
| | 截面一侧钢筋 | 全截面钢筋 |
| Q235 钢筋(Ⅰ级) | 0.20 | 0.50 |
| HRB400 钢筋(Ⅱ、Ⅲ级) | 0.20 | 0.50 |

注:钢筋最小配筋率按构件的全截面计算。

**H.0.4** 悬臂式、扶壁式挡土墙钢筋混凝土构件的承载能力极限状态计算、正常使用极限状态验算及构造要求等,除应按本规范的规定执行外,其他未列内容应按现行《公路钢筋混凝土及预应力混凝土桥涵设计规范》(JTG D62)的有关规定执行。

1 悬臂、扶臂式挡土墙应满足本规范第 H.0.2 条基础设计与稳定性计算的规定。

2 挡墙作用(或荷载)的计算应满足本规范第 H.0.1 条的要求,计算挡土墙实际墙背和墙踵板的土压力时,可不计填料与板间的摩擦力。

3 计算挡土墙整体稳定和墙面板时,可不计墙前土的作用;计算墙趾板内力时,应计底板以上的填土重力。

4 悬臂式挡土墙各部分均应按悬臂梁计算,作用(或荷载)分项系数应按本规范第 H.0.1 条的规定采用,基底应力作为竖向荷载时,可采用竖向恒载的分项系数。

5 扶壁式挡土墙的前趾板可按悬臂梁计算,后踵板可按支承在扶壁上的连续板计算,不计立壁对底板的约束作用;扶壁可按悬臂的 T 形梁计算;顺路线方向立壁的弯矩,可按以扶壁为支点的连续梁计算。

6 作用于扶壁式挡土墙立壁上的作用(或荷载),可按沿墙高呈梯形分布[图 H.0.4a)],立壁竖向弯矩,沿墙高分布[图 H.0.4b)],竖向弯矩沿线路方向呈台阶形分布[图 H. 0. 4c)]。面板沿线路方向的弯矩,可按以扶壁为支点的连续梁计算。

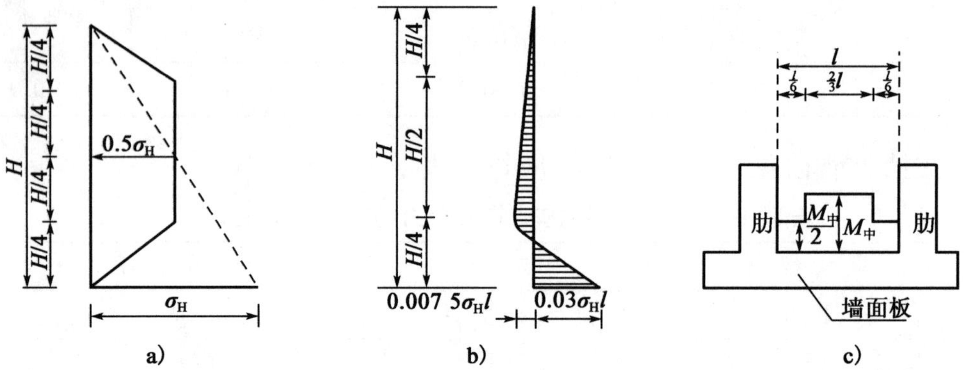


图 H. 0. 4　荷载及弯矩分布

$M_{中}$-板跨中弯矩;$H$-墙面板的高度;$\sigma_{H}$-墙面板底端内填料引起的法向土压力;$l$-扶壁之间的净距

# 七、公路路基施工技术规范
(JTG/T 3610—2019)

## 2 术语和符号

### 2.1 术语

**2.1.8** 土石路堤 earth-rock embankment

用石料含量占总质量 30% ~70% 的土石混合材料填筑的路堤。

**2.1.9** 深挖路堑 deep cutting

边坡高度超过 20m 的土质路堑或边坡高度超过 30m 的岩石路堑。

**2.1.28** 湿法试验 wet testing method

当土的含水率高于目标含水率时,将天然含水率状态下的土分成若干份,使其分别风干到不同的目标含水率,再进行相关试验的试验方法。

## 3 施工准备

### 3.1 一般规定

**3.1.1** 路基工程施工前应熟悉设计文件、领会设计意图。

**3.1.2** 应进行施工调查及现场核对,根据设计要求、合同条件及现场情况等编制施工组织设计。

**3.1.3** 路基开工前应建立健全质量、环境、职业健康安全管理体系,对各类施工人员进行岗位培训和技术、安全交底。

**3.1.4** 临时工程应满足正常施工需要,保证路基施工影响范围内原有道路、结构物的使用功能,保护农田水利设施等。临时工程宜与永久工程相结合。

### 3.4 地表处理

**3.4.1** 地基表层碾压处理压实度控制标准为:二级及二级以上公路一般土质应不小于 90%;三、四级公路应不小于 85%。低路堤应对地基表层土进行超挖、分层回填压实,其处理深度应不小于路床厚度。

**3.4.2**　原地面坑、洞、穴等,应在清除沉积物后,用合格填料分层回填、分层压实,压实度应符合本规范第 3.4.1 条的规定。对可能存在空洞隐患的,应结合具体情况采取相应的处置措施。

**3.4.3**　泉眼或露头地下水,应按设计要求采取有效导排措施,将地下水引离后方可填筑路堤。

**3.4.4**　地基为耕地、松散土质、水稻田、湖塘、软土、过湿土等时,应按设计要求进行处理,局部软弹的部分应采取有效的处理措施。

**3.4.5**　陡坡地段、填挖结合部、土石混合地段、高填方地段地基等应按设计要求进行处理。

**3.4.6**　地下水位较高时,应按设计要求进行处理。

**3.4.7**　特殊地段路基应先核对地勘资料,确定设计资料与实际的符合性、处理方法的适用性,必要时重新补勘地质、水文资料,根据结果重新确定处理方案。

## 3.5　试验路段

**3.5.1**　下列情况应进行试验路段施工:

1　二级及二级以上公路路堤;

2　填石路堤、土石路堤;

3　特殊填料路堤;

4　特殊路基;

5　拟采用新技术、新工艺、新材料、新设备的路基。

**条文说明**

3　特殊填料是指具有与一般土质不同工程特性的填料,如煤矸石、泡沫轻质土等。

**3.5.2**　试验路段应选择地质条件、路基断面形式等具有代表性的地段,长度宜不小于 200m。

**3.5.3**　试验路段施工总结宜包括下列内容:

1　填料试验、检测报告等;

2　压实工艺主要参数:机械组合、压实机械规格、松铺厚度、碾压遍数、碾压速度、最佳含水率及碾压时含水率范围等;

3　过程工艺控制方法;

4　质量控制标准;

5　施工组织方案及工艺的优化;

6　原始记录、过程记录;

7　对施工图的修改建议等;

8　安全保证措施;

9　环保措施。

**条文说明**

试验路段施工总结报告内容根据实际需要适当增减,但要全面、真实地反映试验情况,为后续施工提供依据。

# 4 一般路基

## 4.1 一般规定

**4.1.1** 路基填料应符合下列规定:

1 宜选用级配好的砾类土、砂类土等粗粒土作为填料。

2 含草皮、生活垃圾、树根、腐殖质的土严禁作为填料。

3 泥炭土、淤泥、冻土、强膨胀土、有机质土及易溶盐超过允许含量的土等,不得直接用于填筑路基;确需使用时,应采取技术措施进行处理,经检验满足要求后方可使用。

4 粉质土不宜直接用于填筑二级及二级以上公路的路床,不得直接用于填筑冰冻地区的路床及浸水部分的路堤。

**条文说明**

4 粉质土毛细作用明显,冻胀量大,其力学性能受含水率影响明显,因此不宜直接用于二级及二级以上公路的路床,也不得直接用于冰冻地区的路床和路堤浸水部分。

**4.1.2** 路基填料最小承载比和最大粒径应符合表4.1.2的规定。

**表4.1.2 路基填料最小承载比和最大粒径要求**

| 填料应用部位(路面底面以下深度)(m) | | | | 填料最小承载比 CBR(%) | | | 填料最大粒径(mm) |
|---|---|---|---|---|---|---|---|
| | | | | 高速、一级公路 | 二级公路 | 三、四级公路 | |
| 填方路基 | 上路床 | | 0~0.30 | 8 | 6 | 5 | 100 |
| | 下路床 | 轻、中及重交通 | 0.30~0.80 | 5 | 4 | 3 | 100 |
| | | 特重、极重交通 | 0.30~1.20 | | | | |
| | 上路堤 | 轻、中及重交通 | 0.8~1.5 | 4 | 3 | 3 | 150 |
| | | 特重、极重交通 | 1.2~1.9 | | | | |
| | 下路堤 | 轻、中及重交通 | >1.5 | 3 | 2 | 2 | 150 |
| | | 特重、极重交通 | >1.9 | | | | |
| 零填及挖方路基 | 上路床 | | 0~0.30 | 8 | 6 | 5 | 100 |
| | 下路床 | 轻、中及重交通 | 0.30~0.80 | 5 | 4 | 3 | 100 |
| | | 特重、极重交通 | 0.30~1.20 | | | | |

注:1. 表列承载比是根据路基不同填筑部位压实标准的要求,按现行《公路土工试验规程》(JTG E40)试验方法规定浸水96h确定的CBR。

2. 三、四级公路铺筑沥青混凝土和水泥混凝土路面时,应采用二级公路的规定。

3. 表中上、下路堤填料最大粒径150mm的规定不适用于填石路堤和土石路堤。

## 4.2 路床

**4.2.1** 路床填料应符合下列规定:

1 路床填料应符合表 4.1.2 的规定。

2 高速公路、一级公路路床填料宜采用砂砾、碎石等水稳性好的粗粒料,也可采用级配好的碎石土、砾石土等;粗粒料缺乏时,可采用无机结合料改良细粒土。

**4.2.2** 零填、挖方路段的路床施工应符合下列规定:

1 路床范围原状土符合要求的,可直接进行成形施工。

2 路床范围为过湿土时应进行换填处理,设计有规定时按设计厚度换填,设计未规定时按以下要求换填:高速公路、一级公路换填厚度宜为 0.8 ~1.2m,若过湿土的总厚度小于 1.5m,则宜全部换填;二级公路的换填厚度宜为 0.5 ~0.8m。

3 高速公路、一级公路路床范围为崩解性岩石或强风化软岩时应进行换填处理,设计有规定时按设计厚度换填,设计未规定时换填厚度宜为 0.3 ~0.5m。

**条文说明**

零填、挖方路段的路床为过湿土、崩解性岩石或强风化软岩时,路床的性能在外界环境的影响下将发生明显的衰减,对路面性能影响大,因此条文建议进行换填处理。换填厚度在 0.8m 时,其弯沉值不一定满足要求,有时需换填 1.2m 左右。软弱土层的厚度小于 1.5m 时,条文要求全部换填,这主要是因为这部分土层一般位于岩土结合面,含水率很高,强度很低,若换填不彻底,则可能以软弱夹层的形式存在,不利于路面结构层的应力分散。

**4.2.3** 路床填筑,每层最大压实厚度宜不大于 300mm,顶面最后一层压实厚度应不小于 100mm。

## 4.4 填土路堤

**4.4.3** 土质路基压实度应符合表 4.4.3 的规定。

**表 4.4.3 土质路基压实度标准**

| 填筑部位(路面底面以下深度)(m) | | | | 压实度(%) | | |
|---|---|---|---|---|---|---|
| | | | | 高速、一级公路 | 二级公路 | 三、四级公路 |
| 填方路基 | 上路床 | | 0 ~0.30 | ≥96 | ≥95 | ≥94 |
| | 下路床 | 轻、中及重交通 | 0.30 ~0.80 | ≥96 | ≥95 | ≥94 |
| | | 特重、极重交通 | 0.30 ~1.20 | | | — |
| | 上路堤 | 轻、中及重交通 | 0.8 ~1.5 | ≥94 | ≥94 | ≥93 |
| | | 特重、极重交通 | 1.2 ~1.9 | | | — |
| | 下路堤 | 轻、中及重交通 | >1.5 | ≥93 | ≥92 | ≥90 |
| | | 特重、极重交通 | >1.9 | | | |

续上表

| 填筑部位(路面底面以下深度)(m) | | | | 压实度(%) | | |
|---|---|---|---|---|---|---|
| | | | | 高速、一级公路 | 二级公路 | 三、四级公路 |
| 零填及挖方路基 | 上路床 | | 0~0.30 | ≥96 | ≥95 | ≥94 |
| | 下路床 | 轻、中及重交通 | 0.30~0.80 | ≥96 | ≥95 | — |
| | | 特重、极重交通 | 0.30~1.20 | | | |

注:1. 表列压实度以现行《公路土工试验规程》(JTG E40)重型击实试验法为准。
2. 三、四级公路铺筑水泥混凝土路面或沥青混凝土路面时,其压实度应采用二级公路的规定值。
3. 路堤采用特殊填料或处于特殊气候地区时,压实度标准在保证路基强度要求的前提下根据试验路段和当地工程经验确定。
4. 特殊干旱地区的压实度标准可降低2~3个百分点。

**4.4.4** 填土路堤施工过程质量控制应符合下列规定:

1 施工过程中,每一压实层均应进行压实度检测,检测频率为每1 000$m^2$不少于2点。压实度检测可采用灌砂法、环刀法等方法,检测应符合现行《公路路基路面现场测试规程》的有关规定。

2 施工过程中,每填筑2m宜检测路线中线和宽度。

**4.4.5** 路堤填筑至设计高程并整修完成后,其施工质量应符合表4.4.5的规定。

**表4.4.5 土质路堤、土石路堤施工质量标准**

| 项次 | 检查项目 | 规定值或允许偏差 | | | 检查方法和频率 |
|---|---|---|---|---|---|
| | | 高速、一级公路 | 二级公路 | 三、四级公路 | |
| 1 | 压实度 | 符合表4.4.3规定 | 符合表4.4.3规定 | 符合表4.4.3规定 | 密度法:每200m每压实层测2处 |
| 2 | 弯沉(0.01mm) | 满足设计要求 | 满足设计要求 | 满足设计要求 | — |
| 3 | 纵断高程(mm) | +10,-15 | +10,-20 | +10,-20 | 水准仪:每200m测2点 |
| 4 | 中线偏位(mm) | 50 | 100 | 100 | 全站仪:每200m测2点,弯道加HY、YH两点 |
| 5 | 宽度(mm) | ≥设计值 | ≥设计值 | ≥设计值 | 尺量:每200m测4处 |
| 6 | 平整度(mm) | ≤15 | ≤20 | ≤20 | 3m直尺:每200m测2处×5尺 |
| 7 | 横坡(%) | ±0.3 | ±0.5 | ±0.5 | 水准仪:每200m测2个断面 |
| 8 | 边坡坡度 | 满足设计要求 | 满足设计要求 | 满足设计要求 | 每200m测4点 |

## 4.8 台背与墙背填筑

**4.8.1** 填料宜采用透水性材料、轻质材料、无机结合料稳定材料等,崩解性岩石、膨胀土不得用于台背与墙背填筑。

**4.8.2**　台背与墙背填筑施工应符合下列规定：

1　二级及二级以上公路应按设计做好过渡段，过渡段路堤压实度应不小于 96%；二级以下公路的路堤与回填的联结部，应预留台阶。

2　台背和锥坡的回填宜同步进行。

3　台背与墙背 1.0m 范围内回填宜采用小型夯实机具压实。

4　分层压实厚度宜不大于 150mm，填料粒径宜小于 100mm，涵洞两侧回填填料粒径宜小于 50mm，压实度应不小于 96%。

5　部位狭窄时，可采用低强度等级混凝土、浆砌片石等材料回填。

6　涵洞两侧应对称分层回填压实。

7　回填部分的路床宜与路堤路床同步填筑。

8　台背与墙背回填，应在结构物强度达到设计强度的 75% 以上时进行。

**条文说明**

桥台、涵洞及挡土墙等结构物背部的回填作业面小，压实困难。该处路基是结构物完成后再填筑，加之是路基与结构物的刚柔结合部，易产生跳车等病害。因此，对此处路基的填料与施工工艺提出相关特殊要求。

## 4.15　取土与弃土

**4.15.1**　取土应符合下列规定：

1　取土应根据设计要求，结合路基排水和土地规划、环境保护、公路建设要求进行。

2　取土应不占或少占耕地，取土深度应结合地下水等因素综合考虑，原地面耕植土应先集中存放。

3　桥头两侧不宜设置取土场。

4　取土场与路基之间的距离，应满足路基边坡稳定的要求。

5　线外取土场与排水沟、鱼塘、水库等设施连接时，应采取防冲刷、防污染措施。

6　取土场周边坡度应满足稳定性要求。

7　对取土造成的裸露面，应采取整治或防护措施。

**4.15.2**　弃土应符合下列规定：

1　施工前应对设计提供的弃土方案进行现场核对，如有问题应及时反馈处理。

2　弃土宜集中堆放，并与周边环境相协调。

3　严禁在贴近桥梁墩台、涵洞口处弃土。

4　不得向水库、湖泊、岩溶漏斗及暗河口处弃土。

5　弃土宜分层填筑，分层压实，弃土场的边坡不得陡于 1:1.5，顶面宜设置不小于 2% 的排水坡。

6　弃土作为路基反压护道时，宜与路基同步填筑。

7　在地面横坡陡于 1:5 的路段，路堑顶部高侧不得设置弃土场。

8　弃土场应及时施作防护和排水工程，坡脚应按设计要求进行加固。

**条文说明**

4 岩溶地区的漏斗处和暗河口是地面水排泄孔道、地下水出水口通道,如被弃土堵塞,将造成地面水、地下水无法排走,危及路基稳定安全。

# 5 路基排水工程

## 5.1 一般规定

**5.1.1** 施工前,应对排水设计进行现场核对,如有问题应及时反馈处理。全线的沟渠、桥涵等应形成完整的排水系统。

**5.1.2** 临时排水设施宜与永久排水设施相结合。施工期间,应经常维护临时排水设施。

**5.1.3** 路堤段落设计有涵洞时,宜安排涵洞先行施工。地表水、地下水的临时和永久排水设施应及时完成。

**5.1.4** 路堤填筑期间,作业面应设2% ~4%的排水横坡,表面不得积水。边坡应采取临时排水措施。

**5.1.5** 路堑施工时应及时排除地表水。

**5.1.6** 边沟、排水沟、截水沟等地表排水设施迎水侧不得高出地表,局部有凹坑时应填平。

**5.1.7** 排水设施的混凝土、浆砌圬工施工应符合现行《公路桥涵施工技术规范》(JTG/T F50)的有关规定。

# 6 路基防护与支挡工程

## 6.1 一般规定

**6.1.1** 路基防护工程施工前,应对边坡进行修整,清除边坡上的危石及松土。修整后的坡面应大面平整、排水顺畅,与周围自然地形协调。

**6.1.2** 路基防护工程应与路基挖填方工程紧密、合理衔接,应开挖一级、防护一级。根据开挖坡面地质水文情况,应逐段核实路基防护设计方案。实际状况与设计出入大时,应及时反馈处理。

**6.1.3** 施工中应加强安全防护,严禁大爆破、大开挖。

**6.1.4** 各类防护工程应置于稳定的基础或坡体上。坡面防护层应与坡面密贴结合,不得留有空隙。

**6.1.5**　施工中应采取有效措施截排地表水和导排地下水。

**6.1.6**　石料、钢筋、钢绞线、水泥混凝土等材料质量应符合要求。

**6.1.7**　每处坡面防护应设置检修通道及必要的扶栏。

# 7　特殊路基

## 7.1　一般规定

**7.1.1**　特殊路基施工前应进行必要的基础试验,核对地质资料、设计处理范围、设计参数等,编制专项施工方案。

**7.1.2**　实际施工中如地质状况与设计不符或设计处置方案因故不能实施,应及时反馈处理。

**7.1.3**　特殊路基施工宜进行动态监控。

**7.1.4**　特殊路基施工除应符合本章规定外,尚应符合本规范第 4 章的有关规定。

## 7.6　软土地区路基

**7.6.12**　粒料桩施工应符合下列规定:

1　砂桩宜采用中、粗砂,粒径大于 0.5mm 颗粒含量宜占总质量的 50% 以上,含泥量应小于 3%,渗透系数应大于 $5 \times 10^{-2}$ mm/s;也可使用砂砾混合料,含泥量应小于 5%。

2　碎石桩宜采用级配好、不易风化的碎石或砾石,最大粒径宜不大于 50mm,含泥量应小于 5%。

3　施工前应进行成桩工艺和成桩挤密试验。

4　粒料桩可采用振冲置换法或振动沉管法,宜从中间向外围或间隔跳打。邻近结构物施工时,应沿背离结构物的方向施工。

5　粒料桩施工质量应符合表 7.6.12 的规定。

6　碎石桩密实度抽查频率应为 2%,用重Ⅱ型动力触探测试,贯入量 100mm 时,击数应大于 5 次。

**表 7.6.12　粒料桩施工质量标准**

| 项次 | 检 查 项 目 | 规定值或允许偏差 | 检查方法和频率 |
|---|---|---|---|
| 1 | 桩距(mm) | ±150 | 抽查桩数的 2% 且不少于 5 点 |
| 2 | 桩长(m) | ≥设计值 | 查施工记录 |

续上表

| 项次 | 检 查 项 目 | 规定值或允许偏差 | 检查方法和频率 |
|---|---|---|---|
| 3 | 桩径(mm) | ≥设计值 | 抽查2% |
| 4 | 粒料灌入率 | ≥设计值 | 查施工记录 |
| 5 | 地基承载力 | 满足设计要求 | 抽查桩数的0.1%且不少于3处 |

**条文说明**

制作桩体填料一般就地取材,碎石、卵石、砂砾、矿渣等都可使用,但易风化崩解材料一般不使用。各类填料含泥量均不得大于5%。对填料颗粒级配没有特别要求,填料最大粒径一般不大于63mm,粒径过大不仅容易卡孔,而且会使振冲器外壳强烈磨耗。

对砂桩质量要求严格或要求小直径管打大直径砂桩时,可采用双管冲击成桩法或单管振动重复压拔管成桩法。

施工质量检验,常用的方法有单桩荷载试验和动力触探试验。加固效果检验,常用的方法有单桩复合地基荷载试验和多桩复合地基大型荷载试验。

**7.6.13** 加固土桩施工应符合下列规定:

1 加固土桩的固化剂宜采用生石灰或水泥。生石灰应采用磨细Ⅰ级生石灰,应无杂质,最大粒径应小于2mm。水泥宜采用强度等级不低于32.5级的普通硅酸盐水泥。

2 加固土桩施工前应进行成桩试验,桩数宜不少于5根,且应满足下列要求:

1)应取得满足设计喷入量的各种技术参数,如钻进速度、提升速度、搅拌速度、喷气压力、单位时间喷入量等。

2)应确定能保证胶结料与加固软土拌和均匀性的工艺。

3)掌握下钻和提升的阻力情况,选择合理的技术措施。

4)根据地层、地质情况确定复喷范围。

3 施工中发现喷粉量或喷浆量不足,应整桩复打,复打的量应不小于设计用量。中断施工时,应及时记录深度,并在12h内进行复打,复打重叠长度应大于1m;超过12h,应采取补桩措施。

4 加固土桩施工质量应符合表7.6.13的规定。

**表7.6.13 加固土桩施工质量标准**

| 项次 | 检 查 项 目 | 规定值或允许偏差 | 检查方法和频率 |
|---|---|---|---|
| 1 | 桩距(mm) | ±100 | 尺量:抽查桩数的2%且不少于5点 |
| 2 | 桩径(mm) | ≥设计值 | 尺量:抽查桩数的2%且不少于5点 |
| 3 | 桩长(m) | ≥设计值 | 查施工记录 |
| 4 | 单桩每延米喷粉(浆)量 | ≥设计值 | 查施工记录 |
| 5 | 强度(MPa) | ≥设计值 | 取芯法:抽查桩数的0.5%且不少于3根 |
| 6 | 地基承载力 | 满足设计要求 | 抽查桩数的0.1%且不少于3处 |

**7.6.14**　水泥粉煤灰碎石桩施工应符合下列规定：

1　集料可采用碎石或砾石,泵送混合料时砾石最大粒径宜不大于 25mm,碎石最大粒径宜不大于 20mm;振动沉管灌注混合料时,集料最大粒径宜不大于 50mm。水泥宜选用 32.5 级普通硅酸盐水泥。粉煤灰宜选用Ⅱ、Ⅲ级粉煤灰。

2　施工前应进行成桩试验,成桩试验需要确定施工工艺、速度、投料数量和质量标准。

3　群桩施工,应合理设计打桩顺序、控制打桩速度,宜采用隔桩跳打的打桩顺序,相邻桩打桩间隔时间应不小于 7d。

4　水泥粉煤灰碎石桩施工质量应符合表 7.6.14 的规定。

**表 7.6.14　水泥粉煤灰碎石桩施工质量标准**

| 项次 | 检 查 项 目 | 规定值或允许偏差 | 检查方法和频率 |
|---|---|---|---|
| 1 | 桩距(mm) | ±100 | 尺量:抽查桩数的 2% 且不少于 5 点 |
| 2 | 桩径(mm) | ≥设计值 | 尺量:抽查桩数的 2% 且不少于 5 点 |
| 3 | 桩长(m) | ≥设计值 | 查施工记录 |
| 4 | 强度(MPa) | ≥设计值 | 取芯法:抽查桩数的 0.5% 且不少于 3 根 |
| 5 | 复合地基承载力 | ≥设计值 | 抽查桩数的 0.1% 且不少于 3 处 |

**7.6.15**　现浇混凝土大直径管桩施工应符合下列规定：

1　粗集料宜优先选用卵石。采用碎石时,宜适当增加含砂率。集料最大粒径宜不大于 63mm。混凝土坍落度宜为 80～100mm,在运输和灌注过程中无离析、泌水。

2　桩尖、桩帽混凝土强度等级宜不低于 C30。桩尖表面应平整、密实,桩尖内外面圆度偏差不得大于 1%,桩尖端头支承面应平整。

3　邻近有建筑物或构造物时,应采取有效的隔振措施。

4　群桩施工,应合理设计打桩顺序、控制打桩速度,防止影响邻桩成桩质量。

5　现浇混凝土大直径管桩施工质量应符合表 7.6.15 的规定。

**表 7.6.15　现浇混凝土大直径管桩施工质量标准**

| 项次 | 检 查 项 目 | 规定值或允许偏差 | 检查方法和频率 |
|---|---|---|---|
| 1 | 混凝土抗压强度(MPa) | 在合格标准内 | 每根桩 2 组,每台班至少 2 组 |
| 2 | 桩距(mm) | ±100 | 尺量:抽查桩数的 2% 且不少于 5 点 |
| 3 | 桩径(mm) | ≥设计值 | 尺量:抽查桩数的 2% |
| 4 | 桩长(m) | ≥设计值 | 查成孔记录 |
| 5 | 竖直度(%) | 1 | 查成孔记录 |
| 6 | 单桩承载力 | 满足设计要求 | 抽查桩数的 0.1% 且不少于 3 根 |
| 7 | 桩身完整性 | 无明显缺陷 | 低应变测试:抽查桩数的 10% |

**7.6.16**　预制管桩施工应符合下列规定：

1　管桩堆放场地应平整、坚实,应有排水措施,不得产生不均匀沉陷。

2　施工前检查成品桩,先张法薄壁预应力混凝土管桩应符合现行《先张法预应力混凝土管桩》(GB 13476)、《先张法预应力混凝土薄壁管桩》(JC 888)的规定。

3　预制管桩宜采用静压方式施工,也可采用锤击沉桩方式施工。

4　桩的打设次序宜由路基中心线向两侧打设,由结构物向路堤方向打设。

5　沉桩过程中应严格控制桩身的垂直度。

6　每根桩宜一次性连续沉至设计高程,沉桩过程中停歇时间不应过长。

7　中止沉桩宜采用贯入度控制。

8　桩帽钢筋笼应插入管桩内,连接混凝土应与桩帽混凝土一起灌注。

9　预制管桩施工质量应符合表 7.6.16 的规定。

**表 7.6.16　预制管桩施工质量标准**

| 项次 | 检 查 项 目 | 规定值或允许偏差 | 检查方法和频率 |
|---|---|---|---|
| 1 | 桩距(mm) | ±100 | 尺量:抽查桩数的 2% 且不少于 5 点 |
| 2 | 桩长(m) | ≥设计值 | 尺量:抽查桩数的 2% 且不少于 5 点 |
| 3 | 竖直度(%) | 1 | 抽查桩数的 2% |
| 4 | 单桩承载力 | 满足设计要求 | 抽查桩数的 0.1% 且不少于 3 根 |
| 5 | 桩帽高度(mm) | +20,-10 | 尺量:抽查桩数的 2% |
| 6 | 桩帽长度和宽度(mm) | +30,-20 | 尺量:抽查桩数的 2% |
| 7 | 桩帽位置(mm) | 50 | 尺量:抽查桩数的 2% |

**条文说明**

桩的打设过程中会产生挤土效应,尽量先进行软基处理的桩基打设,再进行结构物基础施工。如先进行了结构物基础施工,打设顺序由结构物处向路堤方向打设,尽量减少对结构物基础的影响。如路基周边有建筑物,打设顺序由建筑物一侧向另一侧方向打设。必要时可采取减震沟、减震孔等措施。

**7.6.18**　软土地区路堤施工应符合下列规定:

1　软土地区路堤施工应尽早安排,施工计划中应考虑地基所需固结时间。

2　填筑过程中,应严格控制填筑速率,并应进行动态观测。

3　施工期间,路堤中心线地面沉降速率 24h 应不大于 10~15mm,坡脚水平位移速率 24h 应不大于 5mm。应结合沉降和位移观测结果综合分析地基稳定性。填筑速率应以水平位移控制为主,超过标准应立即停止填筑。

4　桥台、涵洞、通道以及加固工程应在预压沉降完成后再进行施工。

5　应按设计要求的预压荷载、预压时间进行预压。堆载预压的填料宜采用上路床填料,并分层填筑压实。

6　在软土地基上直接填筑路堤,应符合下列规定:

1)水面以下部分应选择透水性好的填料,水面以上可用一般土或轻质材料填筑。

2)填筑路基的土宜从取土场取用。在两侧取土时,取土坑距路堤坡脚的距离应满足路堤稳定的要求。

3)反压护道宜与路堤同时填筑。分开填筑时,应在路堤达到临界高度前完成反压护道施工。

**条文说明**

1　软土固结时间越长,工后沉降量越小,对提高公路质量有很大帮助,故需尽早安排。

**7.6.19**　旧路加宽软基处理应符合下列规定:

1　软基路段路基加宽台阶应开挖一层、填筑一层,上层台阶应在下层填筑完成后再开挖,台阶开挖应满足台阶宽度和新老路基处理设计要求。

2　确定加宽软基处理施工工艺和方案时,应考虑软基处理时挤土、震动对老路堤或邻近构筑物的影响。

3　施工期间应对旧路开挖边坡进行覆盖,并设置必要的临时排水设施。

4　旧路加宽路段应同步进行拼宽路基和老路基的沉降观测,观测点宜布置在同一断面上。观测点设置宜为老路路中、老路路肩、拼宽部分中部、拼宽部分外侧。老路路中、老路路肩沉降观测点设置可采用在路表埋设观测点的方法,拼宽部分宜采用埋设沉降板的方法。

**7.6.20**　路堤施工沉降和稳定观测应符合下列规定:

1　二级及二级以上公路路堤施工,应进行沉降和稳定的动态观测,观测项目、内容和频率应满足设计要求。

2　应观测地表沉降与地表水平位移,土体深层水平位移可根据工程需要确定是否观测,观测要求应符合表 7.6.20 的规定。

**表 7.6.20　沉降和稳定动态观测**

| 观测项目 | 常用仪器 | 观测内容及目的 |
|---|---|---|
| 地表沉降量 | 沉降板 | 根据测定数据调整填土速率;预测沉降趋势,确定预压卸载时间和结构物及路面施工时间;提供施工期间沉降土方量的计算依据 |
| 地表水平位移量及隆起量 | 地表水平位移桩 | 监测地表水平位移及隆起,确保路堤施工的安全和稳定 |
| 土体深层水平位移 | 测斜仪 | 监测土体深层水平位移,推定土体剪切破坏的位置 |

3　观测仪器应在软土地基处理后埋设,并在观测到稳定的初始值后再进行路堤填筑。

4　地基条件差、地形变化大、差异变形大的部位应设置观测点。同一路段不同观测项目的测点宜布置在同一横断面上。

5　如地基稳定出现异常,应立即停止加载,分析原因并采取处理措施,待路堤恢复稳定后,方可继续填筑。

6　施工期间,应按设计要求进行沉降和稳定跟踪观测,观测频率应与路基(包括地基)变形速率相适应,变形大时应加密,反之亦然。填筑期每填一层应观测一次。两次填筑间隔时间长时,每 3 ~ 5d 观测一次。路堤填筑完成后,堆载预压期间第一个月宜每 3d

观测一次,第二、第三个月宜每7d观测一次,从第四个月起宜每15d观测一次,直至预压期结束。

7　各类观测点、基准点在观测期均应采取有效措施加以保护,并在标杆上涂设醒目的警示标志。

**条文说明**

1　软土地基上修筑公路路堤,最突出的问题是稳定和沉降。为掌握路堤在施工中的变形动态,施工期间需要进行动态观测。动态观测项目除设计有明确的要求外,一般视工程的重要性和地基的特殊性以及观测对施工的影响程度等来确定。高速公路、一级公路和二级公路设计车速高,路面平整性要求高,因此,施工过程中需要进行沉降和稳定观测,一方面保证路堤在施工中的安全和稳定,另一方面能正确预测工后沉降,使工后沉降控制在设计允许范围之内,同时也为路面的铺筑提供依据。

## 7.9　黄土地区路基

**7.9.1**　施工前应核对湿陷性黄土的分类区段、基底处理种类并进行确认与标识,编制专项施工方案。

**7.9.2**　路基边坡坡率应符合要求,坡面应顺适平整,防护及支挡工程施工应与路堤填筑和路堑开挖施工合理衔接。排水沟渠铺砌加固时,应对基底采用夯实或掺石灰夯实的方法进行处理,压实度应达到90%以上。

**7.9.3**　湿陷性黄土地基处理应符合下列规定:

1　基底为非自重湿陷性黄土地基时,地表处理应符合本规范第3.4节的相关规定。

2　湿陷性黄土地基处理前,应完成截水及临时排水设施,并应完成路堤基底的坑洞和陷穴回填。低洼积水地段或灌溉区的路堤两侧坡脚外5~10m范围内,应采用素土或石灰土填平并压实,并应高出原地表200mm以上,路基两侧不得积水。

3　地基处理方法均应进行试验段施工。基底处理场地附近有结构物时,场地边缘与结构物的最小水平安全距离应满足规定要求。冲击碾压或强夯处理段,地基土的压实度、压缩系数和湿陷系数应在施工结束7d后进行检测,强度检验应在15d后进行。

4　地基处理所用原材料应满足设计要求。石灰宜采用Ⅲ级及以上等级的消石灰;水泥宜选用32.5级以上的普通硅酸盐水泥;土料宜采用塑性指数为7~15的不含有机质的黏质土,土块粒径宜不大于15mm。

5　换填法处理湿陷性黄土地基时,宜采用石灰土垫层或水泥土垫层,也可采用素土垫层。石灰土垫层宜采用磨细生石灰粉,石灰剂量或水泥剂量应满足要求。垫层应分层摊铺碾压,每层厚度宜不大于300mm,压实度应符合所在部位的标准要求。

6　冲击碾压法处理湿陷性黄土地基时,冲压处理的施工长度应不小于100m;与结构物的安全距离不满足要求时宜开挖隔震沟;地基土的含水率应控制在最佳含水率±3%范围内;应采用排压法进行冲压;过程中应对地基的沉降值、压实度进行检测。

7　强夯法处理湿陷性黄土地基时,同一强夯能级宜采用重锤、低落距的方式进行;地基土的含水率宜控制在 8% ~24% 之间;宜分为主夯、副夯、满夯三遍实施,两遍夯击之间宜有一定的时间间歇;夯点的夯击次数应按试夯得到的夯击次数和夯沉量关系曲线确定;与结构物安全距离不满足要求时应开挖隔震沟。

8　挤密桩法处理湿陷性黄土地基,深度在 12m 之内时,宜采用沉管法成孔,超过 12m 时,可采用预钻孔法进行成孔;石灰土挤密桩不得采用生石灰;干拌水泥碎石挤密桩所用石屑粒径宜为 0 ~5mm,碎石粒径宜为 5 ~20mm,含泥量应不大于 5%;填料前应夯实孔底;成桩回填应分层投料分层夯击,填料的压实度宜不小于 93%;挤密桩完成后,应及时进行桩顶石灰土垫层的施工。

9　采用桩基础法进行湿陷性黄土地基处理时,桩顶的桩帽应采用水泥混凝土现场浇筑,桩顶进入桩帽的长度宜不小于 50mm;桩帽顶的加筋石灰土垫层应及时施工,土工格栅应采用绑扎连接,铺设时应拉紧并锚固,铺设后应及时用石灰土覆盖;过程中应对桩位偏差、桩体质量、桩帽质量、土工格栅的原材料及铺设质量、垫层的质量进行检验;有要求时应进行单桩承载力试验,预制桩应在成桩 15d 后进行,灌注桩应在成桩 28d 后进行。

**条文说明**

2　水是造成黄土湿陷的主要诱因,湿陷性黄土地区要特别注意防止水的渗入。

3　地基处理是湿陷性黄土地段的重要工作。常用的湿陷性黄土的处理方法有换填垫层法、冲击碾压法、强夯法、挤密桩法和桩基础法等。

7　强夯的停夯标准:在最后一击的夯沉量小于上一击的夯沉量的前提下,见表 7-1。

**表 7-1　强夯停夯标准**

| 单击夯击能(kN·m) | 最后两击的平均夯沉量(mm) |
|---|---|
| <2 000 | ≤50 |
| 2 000 ~4 000 | ≤100 |
| >4 000 | ≤200 |

9　桩基础的种类包括非挤土成桩、干作业非挤土成桩、泥浆护壁部分挤土成桩、灌注桩部分挤土成桩、预制桩挤土成桩、预制桩。

**7.9.4**　黄土陷穴处理应符合下列规定:

1　路堤坡脚线或路堑坡顶线之外,原地表高侧 80m 范围内、低侧 50m 范围内存在的黄土陷穴宜进行处理,对串珠状陷穴与路堑边坡出露陷穴应进行处理,对规定距离以外倾向路基的陷穴宜进行处理。

2　陷穴处理前,应对流向陷穴的地表水和地下水采取拦截引排措施。

3　采用灌砂法处理的陷穴,地表下 0.5m 范围内应采用 6% ~8% 的石灰土进行封填并压实。

4　对危及路基安全的黄土陷穴,应根据其埋藏深度和大小选用适当的方法进行处理。常用处理方法可参考表 7.9.4 选用。

5　处理后仍暴露在外的陷穴口,应采用石灰土等不透水材料进行防渗处理,防渗层厚度应不小于 500mm,穴口表面应高于周围地面。

表 7.9.4 陷穴处理方法

| 处理方法 | 回填夯实 | 明挖回填夯实 | 开挖导洞或竖井回填夯实 | 注浆或爆破回填 | 灌砂 |
|---|---|---|---|---|---|
| 适用条件 | 明陷穴 | 陷穴埋藏深度≤3m | 3m<陷穴埋藏深度≤6m | 陷穴埋藏深度>6m | 陷穴埋藏深度≤3m,直径≤2m,洞身较直 |

**条文说明**

黄土经水冲蚀形成的暗沟、暗洞、暗穴等统称陷穴,陷穴一般呈竖井状及串珠状。陷穴处理是黄土地区特有的工作。水是陷穴形成的主要因素,需彻底阻断来水。

**7.9.5** 黄土路堤填筑应符合下列规定:

1 黄土填料应符合表4.4.3的规定。当CBR值不满足要求时,可掺石灰进行改良。

2 黄土不得用于路基的浸水部位,老黄土不宜用作路床填料。

3 填挖结合处应清除表层土和松散土层,顶部宜开挖成高度不大于2m、宽度不小于2m的多层台阶,并应对台阶进行压实处理。

4 黄土碾压时的含水率宜控制在最佳含水率±2%范围内。

5 路床区换填非黄土填料时,应按本规范第4.4节的要求执行。

6 雨水导致的边坡冲沟应挖台阶夯实处理。

7 高路堤应采用冲击碾压或强夯方式进行补充压实。

**条文说明**

2 Q1和Q2老黄土的透水性差,大块土料不易粉碎,因此路床部分不宜采用。

3 黄土地区沟壑纵横,黄土又有很好的直立性,自然沟坎大多壁陡沟深,因此要求在填挖结合处顶部开挖台阶。

**7.9.6** 黄土路堑施工应符合下列规定:

1 施工前应对路堑顶两侧有危害的黄土陷穴进行处理,堑顶的裂缝和积水洼地应填平夯实,地表平坦或自然坡倾向路基时应在堑顶设置防渗截水沟或拦水埂。

2 接近路床高程时宜顺坡开挖。路床需要处理时,应在处理后进行成形层施工。

3 施工中应记录坡面的地层产状及地下水出露情况,存在不利于边坡稳定的状况或发现边坡有变形加剧迹象时,应及时反馈处理。

4 路基边沟宜在基底处理后、路床成形层施工前完成。

**7.9.7** 黄土填筑的高路堤、陡斜坡地段的路堤、湿陷性黄土地基上的路堤、深路堑段的边坡及坡顶宜进行沉降及位移监测。监测点的布置、观测频率及监测期应符合要求。有要求时应对深路堑边坡的深层进行变形监测。

# 8　冬期雨期路基施工

## 8.1　一般规定

**8.1.1**　冬期、雨期施工应根据季节特点和施工段的地质地形条件,制订合理的施工方案。

**8.1.2**　冬期、雨期施工应做好临时排水,并与永久排水设施衔接顺畅。

**8.1.3**　冬期、雨期施工应及时收集气象信息,避免灾害和事故发生。

**8.1.4**　冬期、雨期施工前应做好各项准备工作。

## 8.2　冬期施工

**8.2.1**　在季节性冻土地区,昼夜平均温度在 -3℃以下且连续 10d 以上,或者昼夜平均温度虽在 -3℃以上但冻土没有完全融化时,均应按冬期施工办理。

**8.2.2**　高速公路、一级公路的土质路堤和地质不良地区的公路路堤不宜进行冬期施工。土质路堤路床以下 1m 范围内,不得进行冬期施工。半填半挖地段、填挖交界处不得在冬期施工。

**条文说明**

填土低于 1m 的路堤和填挖交界处,常会有地下水的渗透,由于填土薄,填后易于冻结,解冻后土的强度、压实度都会降低,对路面影响大,因此不应冬期施工。

**8.2.3**　冬期路基施工应采取措施,及时排干雨雪水及路堑开挖时出现的地下水。

**8.2.4**　冬期施工路基基底处理应符合下列规定:

1　冻结前应完成表层清理,挖好台阶,并应采取保温措施防止冻结。

2　填筑前应将基底范围内的积雪和冰块清除干净。

3　对需要换填土地段或坑洼处需补土的基底,应选用适宜的填料回填,并及时整平压实。

4　基底处理后应立即采取保温措施防止冻结。

**8.2.5**　冬期填方路堤施工应符合下列规定:

1　路堤填料应选用未冻结的砂类土、碎石、卵石土、石渣等透水性好的材料,不得用含水率大的黏质土。

2　填筑路堤应按横断面全宽平填,每层松铺厚度应比正常施工减少 20% ~30% ,且松铺厚度不得超过 300mm。当天填土应当天完成碾压。

3　中途停止填筑时,应整平填层和边坡并进行覆盖防冻,恢复施工时应将表层冰雪清除,并补充压实。

4 当填筑高程距路床底面1m时,碾压密实后应停止填筑,在顶面覆盖防冻保温层,待冬期过后整理复压,再分层填至设计高程。

5 冬期过后应对填方路堤进行补充压实,压实度应符合表4.4.3的规定。

**条文说明**

冬期填筑路堤一般采用薄层、快填、快压、连续作业的施工方法,迅速填完每一层,争取使土不冻或少冻。

**8.2.6** 冬期挖方路基施工应符合下列规定:

1 挖方边坡不得一次挖到设计线,应预留一定厚度的覆盖层,待到正常施工季节后再修整到设计坡面。

2 路基挖至路床顶面以上1m时,完成临时排水沟后,应停止开挖,待冬期过后再施工。

**条文说明**

本条规定了开挖冻土路堑的要求,如边坡预留、路堑底部预留、排水等,目的是防止路基冻融时造成的不稳定。正常施工时再做这一部分,以保证施工质量。

冬期开挖路堑表层冻土的施工方法很多,如爆破冻土法、机械破冻法、人工破冻法等。施工时,不同地区根据不同冻土层厚、不同地质情况自行选用合适、有效的施工方法和施工工艺。

**8.2.7** 河滩地段冬期水位低,可开挖基坑修建防护工程,但应采取措施保证工程质量。

**8.2.8** 在融期来临前,应及时对全线边沟、排水沟进行清理、疏通。

## 8.3 雨期施工

**8.3.1** 路基排水应符合下列规定:

1 雨期施工应综合规划,合理设置现场防排水系统,及时引排地面水。

2 路堤填筑的每一层表面应设2% ~4%的排水横坡。

3 在已填路堤路肩处,应采取设置纵向临时挡水土埂、每隔一定距离设出水口和排水槽等措施,引排雨水至排水系统。

4 雨期路堑施工宜分层开挖,每挖一层均应设置纵横排水坡及临时排水沟,使水排放畅通。

**条文说明**

对雨期施工的地段,要进行详细的现场调查研究,编制实施性施工组织设计。重点解决防排水问题,要把临时排水和永久排水衔接好,把水引入沿线桥涵及排水沟渠,形成完整的排水系统,保证雨期施工场地不被淹没,不积水。

**8.3.2** 路基基底处理应符合下列规定:

1 应在雨期前将基底处理好,孔洞、坑洼处填平夯实,整平基底,并设纵横排水坡。

2 低洼地段,应在雨期前将原地面处理好,并将填筑作业面填筑到可能的最高积水位0.5m以上。

**8.3.3**　路堤施工应符合下列规定：

1　填料应选用透水性好的碎石土、卵石土、砂砾、石方碎渣和砂类土等。利用挖方土作填料,含水率符合要求时,应随挖随填,及时压实。含水率过大难以晾晒的土不得用作雨期施工填料。

2　每一填筑层表面应做成 2% ~4% 双向路拱横坡以利于排水,低洼地带或高出设计洪水位 0.5m 以下部位应选用透水性好、饱水强度高的填料分层填筑,并及时施作护坡、坡脚等防护工程。

3　雨期填筑路堤需借土时,取土坑的设置应满足路基稳定的要求。

4　路堤应分层填筑,并及时碾压。

# 八、公路排水设计规范
(JTG/T D33—2012)

## 1 总则

**1.0.3** 路界内排水设施应统筹规划,合理布局,与路界外排水系统和设施合理衔接。

**1.0.4** 公路排水设计应重视环境保护和水土保持,防止水体污染。

**1.0.5** 公路排水设计应在不断总结实践经验和科研成果的基础上,积极采用新技术、新材料和新工艺。

## 2 术语和符号

### 2.1 术语

**2.1.1** 公路排水系统 drainage system

由拦截、汇集、输送、排放公路用地范围内地表水和地下水的设施组成的系统。

**2.1.5** 渗沟 underdrains

在地面下或路基内设置,汇集、排除地下水或路基内水的沟状结构物。

**2.1.6** 渗井 percolation well

竖直设置于地下,汇集、排除地表水或地下水的竖井状结构物。可用透水材料填充。

**2.1.7** 暗沟 blind drain

设在地面以下或路基内,引导水流排出路界范围的沟状结构物。无渗水和汇水功能。

**2.1.9** 径流系数 coefficient of runoff

径流量占总降水量的百分率。

**2.1.10** 设计径流量 design rate of runoff

由设计降雨重现期和降雨历时的降雨引起的设计点径流量。

**2.1.11** 设计降雨重现期 design recurrence interval of rainfall

某一预期强度的降雨重复出现的平均周期。

# 3　总体要求

**3.0.1**　公路排水系统的设置应以保障结构稳定和行车安全为目的。系统中的路界地表、路面内部及路界地下排水设施间应互相衔接与协调,保证公路排水系统的有效性和耐久性。

**3.0.2**　公路排水设计应包括排水系统总体设计、水文调查与计算、排水设施结构形式和材料选择、水力计算等内容。

**3.0.3**　公路排水系统总体设计应在全面调查沿线水文、气象、地形、地质、环境敏感区等建设条件的基础上,根据公路功能、等级,确定排水设计原则,划分排水段落,分段确定路线和主要构造物排水方案和排水路线,完成排水系统布置图。

**3.0.4**　公路排水系统的总体设计应在公路总体设计中同步完成,工程条件简单、不进行总体设计的公路工程,宜单独对排水系统进行总体设计。

**3.0.5**　公路排水系统应与主体工程及自然环境相适应。设计中应注重各种排水设施的功能和相互之间的衔接,防、排结合,形成完善的排水系统。

**3.0.6**　公路排水设计应避免冲毁农田及水利设施。

**3.0.7**　穿越城镇的公路排水设施应与城镇现有或规划的排水系统相协调。

**3.0.8**　排水设施的结构应安全耐久、经济合理,便于施工、检查和养护维修。

**3.0.9**　施工临时性排水设施宜与永久性排水设施相结合。

**3.0.10**　冰冻区地面排水设施应耐冰冻、耐盐蚀;地下排水设施应置于当地最大冻深线以下,无法满足时,应采取保温措施。

**3.0.11**　公路路线设计应做好综合规划,降低下穿道路排水难度。路线设计高程低于临近水体时,应进行专门的防排水设计,保证安全。

**3.0.12**　桥面应设置完善的排水设施,应重视桥面防水层、黏结层的设置和材料选择。

**3.0.13**　隧道排水设计应采取防、排、截、堵相结合的综合措施,隧道内外应形成完整的排水系统。

**3.0.14**　多年冻土、膨胀土、黄土、盐渍土及滑坡等路段,应将排水系统作为处治措施的组成部分,进行综合设计。

**3.0.15**　公路经过水环境敏感路段时,应采取相应的路(桥)面等水收集、处理措施。

**3.0.16**　蒸发池与路基边沟外缘的距离不得小于5m,且应设置隔离网、踏步等安全防护设施。蒸发池的设计水位应低于排水沟沟底高程,池的容积应能满足及时完成渗透和蒸发的要求。多年冻土、黄土等对蒸发池设置有特殊要求的地区,应进行特殊设计。

**3.0.17**　路侧公路排水设施的形式选择应与安全设施设置紧密配合。路堑段排水边沟宜采用浅碟形或带盖板的边沟,采用敞开式深边沟时路侧应设置护栏。

**3.0.18**　公路排水设施不应兼做其他非公路排水用途。

# 4 路界地表排水

## 4.1 一般规定

**4.1.1** 路界地表排水可包括路(桥)面表面、中央分隔带、坡面和由公路毗邻地带或交叉道路流入路界内的表面水的排除。

**4.1.2** 路界地表排水应采取防、排、截相结合的综合措施,并应做好与桥涵、隧道等排水系统的衔接。路界地表水不宜流入桥面、隧道内。不宜利用隧道内部排水系统排除路界地表水。

**4.1.3** 路界地表排水设施的布设应充分利用地形和天然水系,做好进出口位置的选择和处理;避免出现堵塞、溢流、渗漏、淤积、冲刷等现象,危害路基、路面和毗邻地带。

**4.1.4** 路界地表排水设施的地基应密实稳定,结构形式应与地基条件相匹配。必要时,应采取有效措施防止地基变形引起的排水设施破坏。

**4.1.5** 路界地表排水设计应与坡面防护工程设计综合考虑。应采取有效措施防止坡面岩土由于冲刷导致失稳。

**4.1.6** 路界地表排水设施的设计流量及沟管、泄水口的泄水能力应按第9章确定,沟管与泄水口的断面形状、尺寸、间距应根据设计流量确定。

**4.1.7** 路界地表排水设施所用材料的强度应不低于附录A的要求。

## 4.5 坡面排水

**4.5.1** 挖方、低路堤及路界范围地面低于路界外侧地面的填方路段,应在挖方边坡或填方边坡坡脚外设置边沟汇集和排泄降落在坡面和路面上的表面水。

**4.5.2** 边沟横断面形式应根据排水需要以及对路侧安全与环境景观的协调等选定,可采用三角形、浅碟形、梯形或矩形等形式。高速公路、一级公路挖方路段的矩形边沟,在不设护栏的地段,应设置带泄水孔的钢筋混凝土盖板或钢筋加强的复合材料盖板。

**4.5.3** 边沟的纵坡坡度应结合路线纵坡、地形、土质、出水口位置等情况选定,宜与路线纵坡坡度一致,且不宜小于0.3%,困难情况下,不应小于0.1%。当路线纵坡坡度小于沟底最小不淤积纵坡坡度时,边沟宜采用沟底最小不淤积纵坡坡度,并缩短边沟出水口的间距。

**4.5.4** 边沟出水口的间距,应结合地形、地质条件以及桥涵和天然沟渠位置,经水力计算确定。梯形、矩形边沟不宜超过500m,多雨地区不宜超过300m;三角形和碟形边沟不宜超过200m。

**4.5.5** 挖方路段或斜坡路堤上方流入路界的地表径流量大时,应设置拦截地表径流的截水沟。深路堑或高路堤坡面径流量大时,可在边坡中部设置平台排水沟,减少坡面冲刷。

**4.5.6**　截水沟应结合地形和地质条件设置,宜布设在路堑坡顶 5m 或路堤坡脚 2m 以外,可采用梯形或矩形断面。截水沟长度超过 500m 时,宜在中间适宜位置处增设泄水口,通过急流槽(管)分流引排,泄水口间距以 200 ~ 500m 为宜。当截水沟或急流槽对行车产生视觉冲突或影响路域环境景观时,可利用地势或采用灌木遮蔽。

**4.5.7**　在路堤和路堑坡面或者坡面平台上向下竖向集中排水时,宜设置急流槽(管);边沟、截水沟、排水沟纵坡很大时,可设置急流槽(管)减小纵坡。急流槽(管)的进水口与沟渠泄水口之间宜采用喇叭口形式连接,并作铺砌处理,出水口处应设消能设施。急流槽底面宜设置防滑平台或凸榫。

**4.5.8**　陡坡或沟谷地段的排水沟,宜设置跌水等消能结构物,避免其出口下游的桥涵、自然水道或农田受到冲刷。

# 5　路面内部排水

## 5.1　一般规定

**5.1.1**　路面内部排水系统可由路面边缘排水系统、排水基层或排水垫层单独或组合构成。

**5.1.2**　遇有下列情况之一时,宜设置路面内部排水系统:

1　年降水量为 600mm 以上的湿润多雨地区,路床由渗透系数不大于 $10^{-4}$mm/s 的细粒土填筑的高速、一级或重要的二级公路。

2　路基两侧有滞水,可能渗入路面结构内。

3　重冰冻地区,路床为粉性土的潮湿路段。

4　现有公路路面改建或路基改善工程,需排除积滞在路面结构内的水。

**条文说明**

路面结构内的积滞水如不能迅速排除,会对路面产生不利影响。影响路面内自由水积滞及排除的条件包括降水、两侧滞水、路基冻融水和旧路面结构内的滞留水及路基土的透水性等。据此,对推荐设置路面内部排水系统的条件作出了规定。

**5.1.3**　路面内部排水设计应符合以下规定:

1　路面内部排水系统中各种排水设施的设计排泄量均应不小于路面表面水渗入量的 2 倍,下游排水设施的泄水能力应超过上游排水设施的泄水能力。

2　排水设施应能避免被渗流从路面结构、路基或路肩中带来的细颗粒堵塞。

3　系统的排水功能不应随时间很快降低。

**5.1.4**　路表面渗入路面结构的水量大,仅设置路面边缘排水系统难以迅速排除时,可在面层下设置排水基层。地下水丰富的低填和挖方路段的路基顶面应设置排水垫层。

**5.1.5**　行车道路面表面水渗入路面结构的量,可按路面类型分别由下列公式计算

确定:

水泥混凝土路面 $$Q_p = K_c\left(n_z + n_h\frac{B}{L_c}\right) \tag{5.1.5-1}$$

沥青路面 $$Q_p = K_a B \tag{5.1.5-2}$$

式中:$Q_p$——纵向每延米行车道路面表面水渗入量[$m^3/(d \cdot m)$];

$K_c$——每延米水泥混凝土路面接缝或裂缝的表面水设计渗入率[$m^3/(d \cdot m)$],可取为 $0.36m^3/(d \cdot m)$;

$K_a$——每平方米沥青路面的表面水设计渗入率[$m^3/(d \cdot m^2)$],可取为$0.15m^3/(d \cdot m^2)$;

$B$——单向坡度路面的宽度(m);

$L_c$——水泥混凝土路面的横缝间距(即板长)(m);

$n_z$——$B$ 范围内纵向接缝的条数(包括路面与路肩之间的接缝);对不设置中央分隔带的双向横坡路段,公路路脊处的接缝(全幅中间接缝)按 0.5 条计;对设置中央分隔带的非超高路段,路面与中央分隔带间的接缝按 1 条计;

$n_h$——$L_c$ 范围内横向接缝和裂缝的条数。

## 5.2 路面边缘排水系统

**5.2.1** 路面边缘排水系统应沿路面结构外侧边缘设置,宜由透水性填料集水沟、纵向排水管、横向出水管和过滤织物等组成,如图 5.2.1 所示。

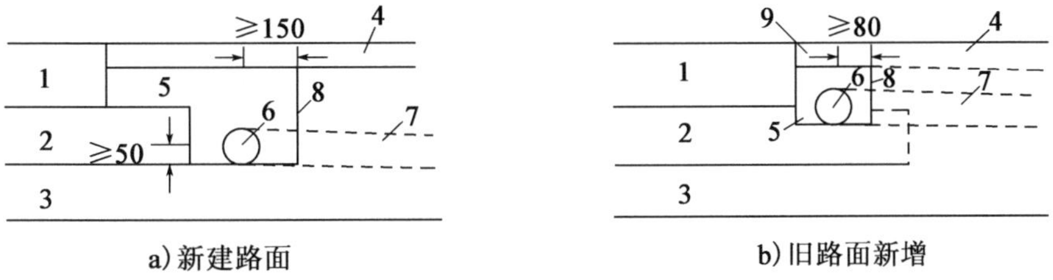


图 5.2.1 边缘排水系统示意图(尺寸单位:mm)

1-面层;2-基层;3-垫层;4-路肩面层;5-集水沟;6-排水管;7-出水管;8-反滤织物;9-回填路肩面层

**5.2.2** 集水沟的断面尺寸应根据透水材料的渗透系数和设计泄水能力需要确定。集水沟底面的最小宽度,对于新建路面,不宜小于 0.3m;对于旧路面新增边缘排水系统,应能保证排水管两侧各有至少 0.1m 宽的透水填料。透水填料底面和外侧应铺反滤织物。

**5.2.3** 透水性填料宜采用水泥处治开级配碎石,其空隙率宜为 15% ~20%。粗集料最大粒径不应大于 31.5mm,粒径 4.75mm 以下的细粒含量不应超过 16%,2.36mm 以下的细粒含量不应超过 6%。集料在通过率为 15% 时的粒径应为排水管槽口宽或孔口直径的 1.0 ~1.2 倍。水泥处治集料的配合比,应按透水性要求和施工要求通过试配确定,水泥同集料的比例可为 1:6 ~1:10,水灰比可为 0.35 ~0.47。

**条文说明**

由于集水沟宽度较小,集料压实困难,而集水沟又位于靠近路面边缘的路肩面层下,承受车轮荷载的概率较高,如采用松散集料,易引起变形,造成路肩的过早损坏,因此,推荐采用水泥处治材料,降低破坏发生的可能性。规定集料粒径的目的是避免带孔排水管被堵塞。

**5.2.4**　纵向带孔排水管管径应按设计流量根据水力计算确定,宜在 70 ~ 150mm 范围内选用。管材强度及埋设深度应保证不被车辆或施工机械压坏。新建路面时,排水管管底宜与基层底面齐平;旧路面新增边缘排水系统时,管中心应低于基层顶面。排水管的纵坡宜与路线纵坡相同,且不宜小于 0.3%。

**5.2.5**　纵向排水管宜选用聚氯乙烯(PVC)或聚乙烯(PE)塑料管,每延米排水管的开口总面积不宜小于 4 200mm$^2$。宜设 3 排槽口或孔口,沿管周边等间隔(120°)排列。设槽口时,槽口的宽度可为 1.3mm,长度可为 15mm;设孔口时,孔的直径可为 5mm。

**5.2.6**　横向出水管管径应不小于纵向排水管管径,其间距和安设位置应根据水力计算,并结合邻近地面高程和公路纵横断面情况确定,横向坡度不宜小于 5%。除了起端和终端外,中间段的出水管宜采用双管的布置方案;出水管与排水管之间应采用圆弧形承口管联结,圆弧半径不宜小于 300mm,如图 5.2.6 所示。埋设出水管应采用反开槽法,并用低透水材料回填。出水管的外露端头应采取用镀锌铁丝网或格栅罩住等措施;出水口的下方应采取铺设水泥混凝土防冲刷垫板或者对泄水道的坡面进行浆砌片石防护等措施,防止冲刷路基边坡。出水水流应引排至排水沟或涵洞内。

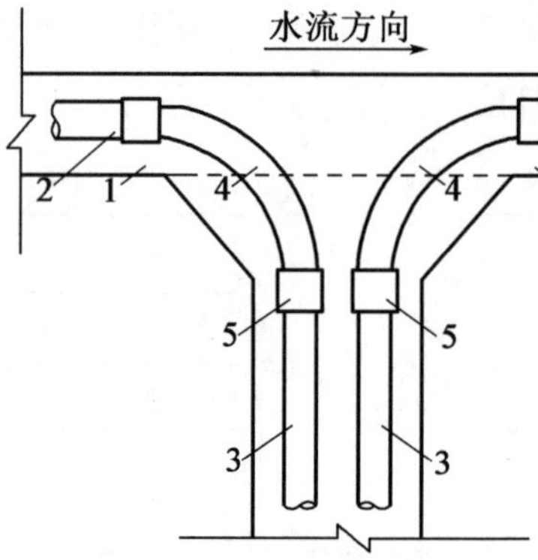


图 5.2.6　边缘排水系统出水管布置示意图

1-集水沟;2-排水管;3-出水管;4-半径不小于 300mm 的弯管;5-承口管

**条文说明**

排水管管径和出水管间距是影响系统泄水能力的两个主要变量,设计时二者应结合在一起考虑。同时,排水管和出水管的管径不宜过小,出水管的间距不宜过长,以免管内堵塞并便于疏通。因此,对管径和出水管间距作出规定。

## 5.3 排水基层

**5.3.1** 透水性排水基层应直接设置在面层下,排水基层下应设置不透水层阻截自由水的下渗。排水基层可采用横贯路基整个宽度的形式,也可采用在排水基层边缘设置边缘排水系统的形式。边缘排水系统的设置应符合5.2节的规定。

**5.3.2** 排水基层可采用水泥或沥青处治的不含或含少量粒径4.75mm以下细料的开级配碎石材料,也可采用未经结合料处治的开级配碎石材料,并应符合以下规定:

1 集料应选用洁净、坚硬的碎石,其压碎值不得大于28%。采用沥青处治时,最大公称粒径宜为16mm;采用水泥处治时,最大公称粒径宜为19mm;最大公称粒径不得超过层厚的2/3。粒径4.75mm以下细料的含量不得大于10%。混合集料级配应满足透水性要求,且渗透系数不得小于300m/d。

2 水泥处治碎石集料的水泥用量不得少于160kg/m$^3$,其7d浸水抗压强度不得低于3MPa。沥青处治碎石集料的沥青用量可为集料烘干质量的2.5%~4.5%。

3 渗透系数可采用常水头或变水头渗透试验测定。

4 水泥混凝土面层的排水基层,宜采用水泥处治开级配碎石。沥青混凝土路面的排水基层,宜采用沥青处治碎石。

**条文说明**

未经水泥或沥青处治的开级配碎石,在施工摊铺时易出现离析,在碾压时不易压实稳定,并且易在施工机械行驶下出现推移变形,因此,推荐采用经处治的开级配碎石作为排水基层。

**5.3.3** 排水基层厚度$H_b$应根据所需排放的水量和基层材料的渗透系数,通过式(5.3.3)计算确定,并满足最小厚度的要求。采用沥青处治碎石时,最小厚度不得小于60mm;采用水泥处治碎石时,最小厚度不得小于80mm;采用级配碎石时,最小厚度不得小于120mm。排水基层的宽度应根据面层施工需要确定,宜超出面层宽度300~900mm。

$$H_b \geqslant \frac{Q_{cb}}{k_b i_h} \tag{5.3.3}$$

式中:$Q_{cb}$——纵向每延米排水基层的泄水能力[m$^3$/(d·m)];

$k_b$——排水基层设计渗透系数(m/d);

$i_h$——基层横坡。

**5.3.4** 渗入水在路面结构内的最大渗流时间,冰冻地区不应超过1h,其他地区不应超过2h。渗入水在排水基层内的渗流时间可按式(5.3.4-1)计算确定:

$$T \approx 0.69\frac{n_e L_t}{k_b J_0} \tag{5.3.4-1}$$

其中

$$L_t = B\sqrt{1+\frac{i_z^2}{i_h^2}} \tag{5.3.4-2}$$

式中:$T$——渗流时间(h);

$n_e$——排水基层的有效空隙率；

$L_t$——渗流路径长(m)；

$k_b$——排水基层的渗透系数(m/s)；

$J_0$——路面合成坡度；

$i_z$——基层纵坡。

### 5.4　排水垫层

**5.4.1**　排水垫层宜采用横贯路基整个宽度的形式,也可采用结合边缘排水系统的形式,其厚度不宜小于 0.15m。路基为路堑或半路堑时,挖方坡脚处还应设置纵向集水沟和排水管,如图 5.4.1 所示。

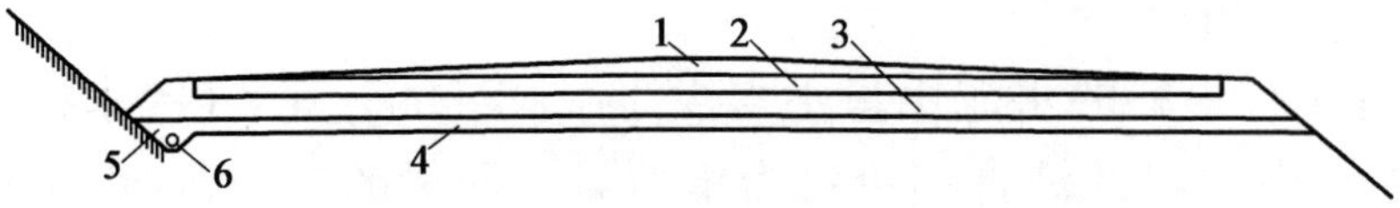


图 5.4.1　排水垫层排水系统示意图

1-面层;2-基层;3-垫层;4-排水垫层;5-集水沟;6-排水管

**5.4.2**　排水垫层宜选用开级配集料(砂或砂砾石),其级配应满足以下要求:

$$5d_{15} \leqslant D_{15} \leqslant 5d_{85}$$

$$D_{50} \leqslant 25d_{50}$$

$$D_{60}/D_{10} \leqslant 20$$

式中:$D_x$——开级配集料在通过率为 $x\%$ 时的粒径(mm);

$d_x$——路基土级配在通过率为 $x\%$ 时的粒径(mm)。

**条文说明**

排水垫层材料需要同时满足透水和反滤的要求,因此对级配要求较严格。根据反滤准则,并结合工程经验,提出了对排水垫层级配的要求。

# 6　路界地下排水

### 6.1　一般规定

**6.1.1**　当地下水影响路基稳定或强度时,应设置暗沟、渗沟、渗井、渗水隧道或仰斜式排水管等地下排水设施,拦截、引排含水层的地下水,降低地下水位或疏干坡体内地下水。

**6.1.2**　应通过工程地质和水文地质调查、勘察,查明地下水的类型、补给来源、活动规律及其他有关水文地质参数,勘察成果应满足路界地下排水设计的需要。对含水地层或地下水富集带宜进行专门的调查和勘测。

**6.1.3** 地下排水设施应具有足够强度,能承受来自包括排水设施及路基路面施工的施工荷载、路面结构静载、行车荷载及路基变形或周围环境影响等产生的作用。

**6.1.4** 地下排水设施应采取反滤措施,防止堵塞、失效。

**6.1.5** 应妥善处理地下排水设施出水口的排水通道,避免出现漫流或冲刷坡面。地下水可排放到路界地表排水系统中。地下排水设施出水口处水流应处于无压状态。

**6.1.6** 应采取措施防止路界及附近地表水下渗补给地下水。公路毗邻地带的地表土质疏松,或岩土有天然裂隙,或路基上方有积水洼地时,可采取对土质地面的裂缝用黏土填塞捣实,对岩石裂缝用水泥砂浆填塞,对松软土质地段铺植草皮和种植树木,对路堑边坡上方的洼地和水塘予以填平等措施,防止地表水下渗。

**6.1.7** 不得将地表水排放到地下排水设施内。

**6.1.8** 地下排水设施的设计渗流量应按第 9 章计算确定。

## 6.3 地下排水设施

**6.3.1** 应根据地下水类型、含水层埋藏深度、地层渗透性、地下水对环境的影响,并考虑与地表排水设施协调等,选用适宜的地下排水设施,并应符合以下规定:

1 有地下水出露的挖方路基、斜坡路堤、路基填挖交替地段,当地下水埋藏浅或无固定含水层时,宜采用渗沟。

2 赋存有地下水的坡面,当坡体土质潮湿、无集中的地下水流但危及路基安全时,宜设置边坡渗沟或支撑渗沟。

3 当地下水埋藏深或为固定含水层时,可采用渗水隧洞、渗井。渗井宜用于地下含水层较多,但路基水量不大,且渗沟难以布置的地段。

4 路基基底范围有泉水外涌时,宜设置暗沟(管)将水引排至路堤坡脚外或路堑边沟内。

5 当坡面有集中地下水时,可设置仰斜式排水孔。

**6.3.2** 渗沟类型应根据使用部位、渗流量等确定,横断面尺寸应根据第 9 章所述方法计算确定,并应符合以下规定:

1 渗沟的渗水部分应采用洁净的透水性粒料充填,粒料中粒径小于 2.36mm 的细粒料含量不得大于 5%,回填料外围应设置反滤层。渗沟位于路基范围外时,透水性回填料顶部应覆盖厚度不小于 0.15m 的不透水填料。

2 管式渗沟的排水管管径不宜小于 150mm,可选用带孔的 PVC、PP、PE 塑料管、软式透水管、无砂混凝土管或带孔的水泥混凝土管等材料。

3 填石渗沟、无砂混凝土渗沟最小纵坡不宜小于 1%,管式渗沟、洞式渗沟最小纵坡不宜小于 0.5%。

**6.3.9** 渗水隧洞的设计应符合以下规定:

1 隧洞的埋设深度应根据主要含水层的埋藏深度确定,并应设置在稳定地层内,顶部应在滑动面(带)以下不小于 0.5m。

2　对滑动面以上的其他含水层,宜采用在渗水隧洞顶上设置渗井或渗管等方法引入隧洞中。渗水隧洞以下存在承压含水层时,宜在洞底部设置渗水孔。

3　隧洞横断面净高不宜小于 1.8m,净宽不宜小于 1.0m。

4　隧洞平面轴线宜顺直,洞底纵坡应不小于 0.5%,不同纵坡段可采用设台阶跌水或折线坡等形式连接。

5　隧洞结构设计应符合现行《公路隧道设计规范》(JTG D70)有关规定。

**6.3.10**　暗沟(管)的尺寸应根据泉水流量计算确定。暗沟宜采用矩形断面,井壁和沟底、沟壁宜采用浆砌片石或水泥混凝土预制块砌筑,沟顶应设置混凝土或石盖板,盖板顶面上的填土厚度不应小于 0.5m。应采取有效措施防止暗沟淤塞。

**6.3.11**　仰斜式排水孔仰角不宜小于 6°,长度应伸至地下水富集部位或潜在滑动面,并宜根据边坡渗水情况成群分布。排水孔钻孔直径宜为 75 ~ 150mm,孔内应设置透水管。透水管直径宜为 50 ~ 100mm,可选用软式透水管或带孔的 PVC、PP、PE 塑料管等材料。透水管应外包土工布作为反滤层。

**6.3.12**　暗沟(管)、渗沟及渗水隧洞的平面转弯、纵坡变坡点等处及直线段每隔一定间距,应设置检查井。检查井的设置应符合以下规定:

1　渗沟检查井的设置间距不宜大于 30m,渗水隧洞检查井的设置间距不宜大于 100m。

2　兼起渗井作用的检查井的井壁外,应设置反滤层。

3　检查井直径应满足疏通的需要,且不宜小于 1m,井内应设检查梯,井口应设井盖,当深度大于 20m 时,应增设护栏等安全设备。检查梯应采取防腐蚀措施或采用耐腐蚀的复合材料。

**6.3.13**　黏质土地段地下水埋深小于 0.5m 或粉质土地段地下水埋深小于 1.0m 时,宜在低路堤底部设置隔离层。隔离层可采用土工膜、复合土工膜、复合防水板等土工合成材料或粒料类材料。当地下水丰富时,土工合成材料底部宜设置排水垫层,垫层材料宜选用天然砂砾或中粗砂。季节性冻土地区应采用砂砾隔离层。

# 7　公路构造物、下穿道路及沿线设施排水

## 7.1　桥面排水

**7.1.1**　桥面排水系统应与桥梁结构及桥下排水条件相适应,避免水流下渗对桥梁结构耐久性造成影响。大桥和特大桥的桥面排水系统尚应与桥面铺装设计相协调。

**7.1.2**　桥面应有足够的横向和纵向排水坡度。桥面横向排水坡度宜与路面横坡度一致,当设有人行道时,人行道应设置倾向行车道 0.5% ~ 1.5% 的横坡。当桥面纵坡小于

0.5%时,宜在桥面铺装较低侧边缘设置纵向渗沟排水系统。

## 7.2 桥(涵)台和支挡构造物排水

**7.2.1** 桥(涵)台台背和支挡构造物墙背宜采用透水性材料回填,严寒地区和浸水挡土墙应采用透水性材料回填。桥(涵)台和路肩挡土墙回填料表面应采取在回填区外设置拦截地表水流入的沟渠、回填料顶面夯实或铺设不透水层等措施防止地表水渗入。

**条文说明**

桥(涵)台和支挡构造物台背采用透水性回填料,可以疏干台后或墙后回填料中的水分,防止由于积水而使台身或墙身承受额外的静水压力、黏性土填料浸水后的膨胀压力或者严寒地区的冻胀压力。桥(涵)台和路肩挡土墙回填料表面采用防止地表水下渗措施,可以降低回填料内的含水率。

**7.2.2** 台背或墙背回填透水性材料时,应在台身或墙身设置泄水孔排水。回填料透水性不良、回填区渗水量大或有冻胀可能时,可选用下列排水措施:

1 在台背或墙背与回填料之间设置由透水性材料组成的连续排水层。排水层的厚度应不小于300mm,其顶部应采用300~500mm厚的黏土等不透水材料进行封闭。

2 沿台背或墙背铺设排水板等土工复合排水材料。以排除填土积水为主时,复合排水材料可满铺或以1~2m的间距沿台背或墙背布设;以排除地下渗水为主时,应通过有关流量计算确定排水材料的布设间距和数量。

3 沿台背或墙背的底部纵向设置内径100~150mm的软式透水干管,每隔2~3m竖向设置内径50~80mm的软式透水支管。

4 在填料内根据实际需要设置若干层水平向排水夹层。夹层厚度不应小于300mm。

## 7.3 隧道排水

**7.3.1** 隧道排水系统应与隧道主体工程和交通安全设施紧密结合,根据地质条件、地下水发育及补给情况,合理确定排水设施设置位置和各部位尺寸。应避免地下水过分排放对环境的影响。

**7.3.2** 隧道洞顶存在积水洼地时,宜设洞顶排水沟疏导引排,洼地宜填平,防止再次积水。对经过洞顶的天然沟槽或输水渠道、水工隧洞等排水设施,宜进行铺砌。对易发生积水下渗的废弃坑穴、钻孔等应填实封闭。

**7.3.3** 隧道衬砌防排水设施应符合以下规定:

1 采用复合式衬砌时,应在初期支护与二次衬砌之间设置防水板及无纺土工布,并设置系统盲管。

2 二次衬砌混凝土应满足抗渗要求,二次衬砌的施工缝、沉降缝和伸缩缝应采取防水措施。

3　在衬砌两侧边墙背后底部应设沿隧道的纵向排水盲管,沿衬砌背后环向应设置导水盲管,集中出水处应单独设置竖向盲管。

4　环向盲管、竖向盲管应与边墙底部的纵向排水盲管连通,纵向排水盲管应与横向导水管连通。

5　当隧道位于常水位以下,且不易排泄时,应采用抗水压衬砌结构。

6　无法检修的排水设施应考虑地下水中矿物质析出对排水能力的影响。

**7.3.4**　隧道内排水应符合以下规定:

1　隧道内路面两侧应设置路侧边沟,边沟纵坡宜与隧道纵坡一致。

2　路侧边沟可采用带泄水孔的盖板沟或缝隙式边沟,如图 7.3.4 a)、b)所示。

3　路侧边沟应设置沉沙池、滤水箅,沉沙池间距宜为 25 ~ 30m。边沟盖板可采用钢筋混凝土、铸铁或钢筋加强型复合材料,其强度及配筋量应根据计算确定。

4　检修道或人行道的道面宜设 0.5% ~ 1.5% 的横坡,必要时还可在墙脚与检修道交角处设宽 50mm、深 30mm 的纵向凹槽,排水槽细部如图 7.3.4 c)所示。

5　预制边沟拼接处应采取有效的防渗措施。

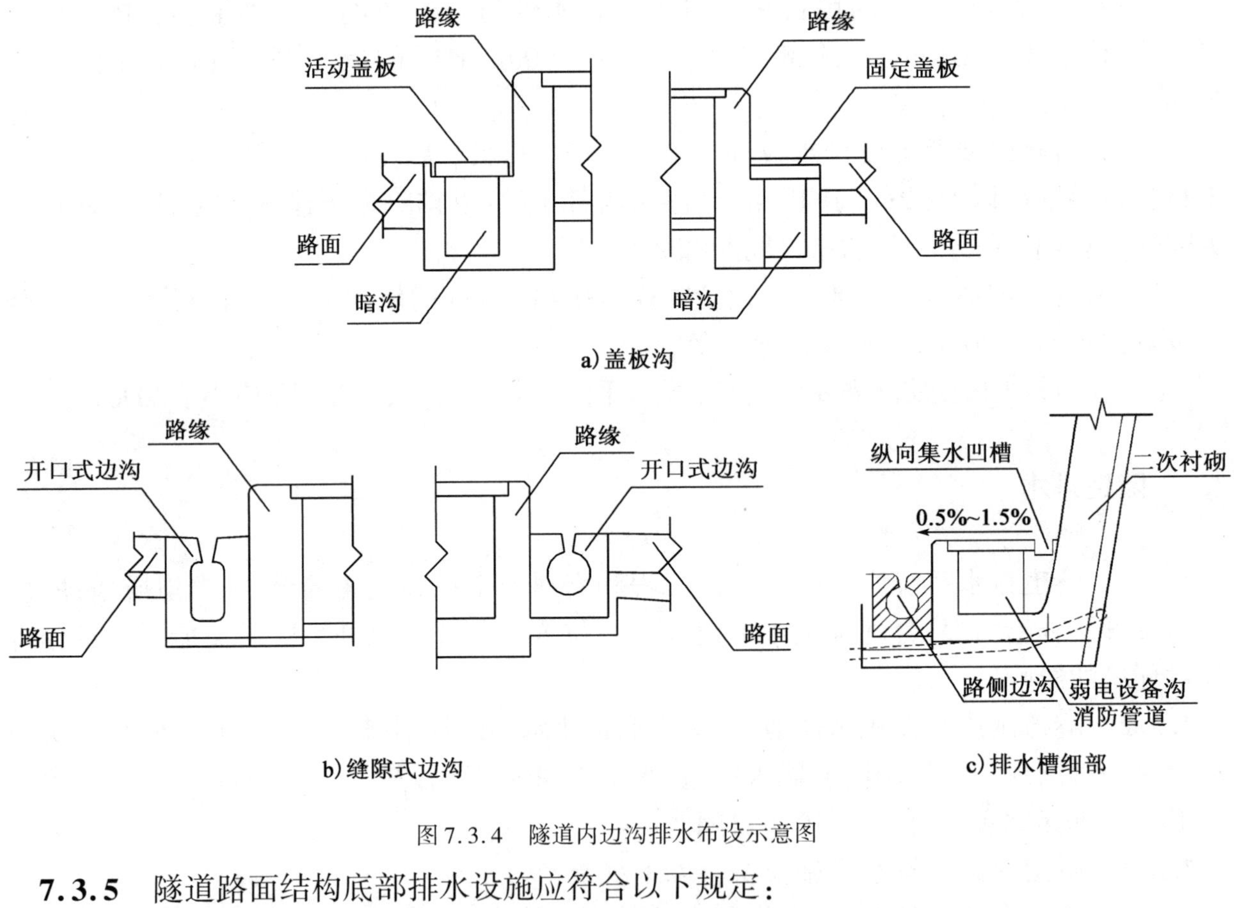


图 7.3.4　隧道内边沟排水布设示意图

**7.3.5**　隧道路面结构底部排水设施应符合以下规定:

1　路面结构底面应设不小于 1.5% 的横向排水坡度。

2　路面结构下宜设纵向中心水沟,当有仰拱时,石质围岩段中心水沟可设于仰拱之上,土质围岩段应设置于仰拱之下。地下水量不大的中、短隧道可不设中心水沟。

3　中心水沟的沟槽可采用梯形或矩形断面,排水管可采用钢筋混凝土管或玻璃钢管,如图7.3.5-1所示。断面尺寸应根据设计流量按第9章方法计算确定。

4　中心水沟纵向应设沉淀池,设置间距宜为50m。应根据需要设置检查井,设置间距不应小于250m。

5　路面结构下应设横向导水管连接中心水沟的排水管与衬砌墙背排水盲管;未设中心水沟时,横向导水管应一端与路侧边沟或者其下专门设置的路侧水沟(管)相接,另一端与衬砌墙背排水盲管连接。横向导水管的直径不宜小于100mm,横向坡度不应小于2%。

6　设有中心水沟的隧道,横向导水管的纵向间距宜为30~50m,如图7.3.5-2所示;未设隧底中心水沟时,横向导水管的纵向间距不宜小于10m。横向导水管与墙背排水盲管应采用三通连接。

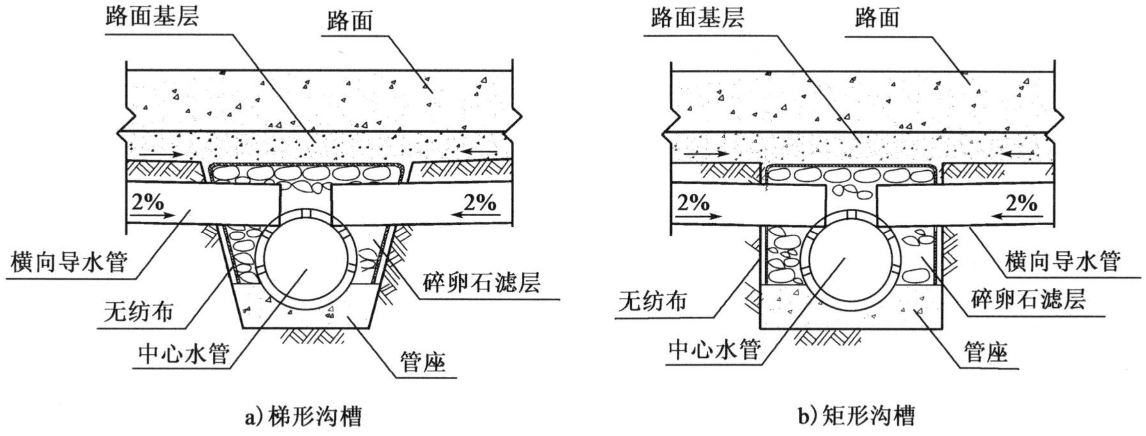


图7.3.5-1　中心水沟

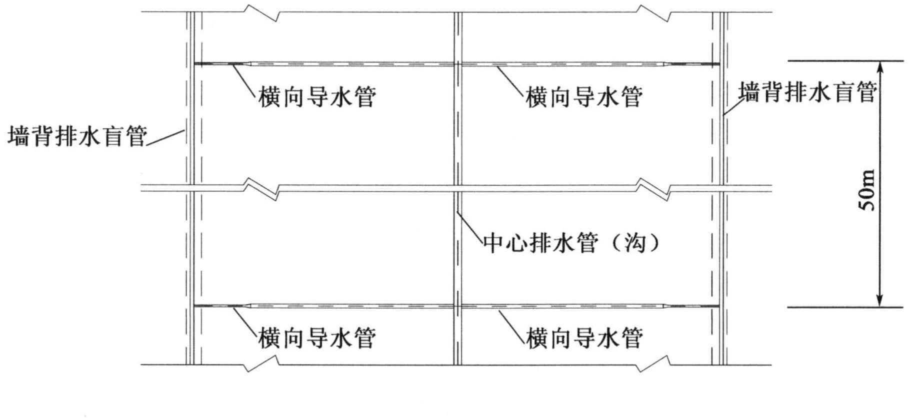


图7.3.5-2　横向导水管的纵向间距

**7.3.6**　洞口与明洞防排水应符合以下规定:

1　明洞回填层顶面洞门墙背外应设排水沟,排水沟宜采用矩形断面,尺寸宜不小于0.5m×0.5m;明洞槽边、仰坡外应设截水沟,截水沟应设置在开挖线3m以外,可采用矩形或梯形断面。排水沟、截水沟迎水一侧沟壁不宜高出坡面。

2　当洞口向外的路线为上坡时,宜沿路线方向反坡排水。当地形条件限制,反坡排水有困难时,应在洞口设置有流水箅的横向路面截水沟,阻止洞外路面水流入隧道内。必须通过隧道路侧边沟排水时,隧道内的路侧边沟应保证有足够的过水断面。

3　明洞顶部应设置必要的截水、排水系统;回填土表面宜铺设隔水层并与边坡搭接良好;靠山侧边墙底或边墙后宜设置纵向盲沟,将水引至边墙泄水孔排出;衬砌外缘应敷设外贴式防水层;明洞与隧道接头处的混凝土应进行防水处理。

**7.3.7**　当地下水发育且有长期补给来源时,除设置盲沟和中心水沟外,尚可增设辅助坑道或泄水洞等排水设施。

**7.3.8**　当地下水有侵蚀性时,应采用铺设抗侵蚀防水层等措施,避免地下水侵蚀隧道结构。易受地下水侵蚀部位宜采用相应的抗侵蚀混凝土。

# 9　水文与水力计算

## 9.2　沟和管的水力计算

**9.2.1**　沟和管的水力计算,应包括依据设计流量确定沟和管所需的断面尺寸,以及检查水流速度是否在允许范围内等内容。

**条文说明**

沟和管的设计,应使沟和管具有合理的断面形状和尺寸,既能满足排泄设计流量的需要,又不致引起冲刷和淤积。因此,要求沟和管的水力计算包括断面计算和流速检验两方面内容。

**9.2.2**　沟或管的泄水能力 $Q_c$ 可按式(9.2.2)计算。

$$Q_c = vA \tag{9.2.2}$$

式中:$v$——沟或管内的平均流速(m/s);

$A$——过水断面面积($m^2$),各种沟或管过水断面的面积计算可按附录B执行。

**9.2.3**　沟或管内的平均流速 $v$ 可按式(9.2.3)计算。

$$v = \frac{1}{n}R^{\frac{2}{3}}I^{\frac{1}{2}} \tag{9.2.3}$$

式中:$n$——沟壁或管壁的粗糙系数,可按表9.2.3查取;

$R$——水力半径(m),各种沟或管的水力半径计算式可参考附录B:

$$R = \frac{A}{\rho}$$

$\rho$——过水断面湿周(m);

$I$——水力坡度,无旁侧入流的明沟,水力坡度可采用沟的底坡;有旁侧入流的明沟,水力坡度可采用沟段的平均水面坡降。

**表 9.2.3 沟壁或管壁的粗糙系数 n**

| 沟或管类别 | $n$ | 沟或管类别 | $n$ |
|---|---|---|---|
| 塑料管(聚氯乙烯) | 0.010 | 土质明沟 | 0.022 |
| 石棉水泥管 | 0.012 | 带杂草土质明沟 | 0.027 |
| 水泥混凝土管 | 0.013 | 砂砾质明沟 | 0.025 |
| 陶土管 | 0.013 | 岩石质明沟 | 0.035 |
| 铸铁管 | 0.015 | 植草皮明沟(流速 0.6m/s) | 0.050 ~ 0.090 |
| 波纹管 | 0.027 | 植草皮明沟(流速 1.8m/s) | 0.035 ~ 0.050 |
| 沥青路面(光滑) | 0.013 | 浆砌片石明沟 | 0.025 |
| 沥青路面(粗糙) | 0.016 | 干砌片石明沟 | 0.032 |
| 水泥混凝土路面(镘抹面) | 0.014 | 水泥混凝土明沟(镘抹面) | 0.015 |
| 水泥混凝土路面(拉毛) | 0.016 | 水泥混凝土明沟(预制) | 0.012 |

**9.2.4** 浅沟可按以下要求计算其泄水能力:

1 单一横坡的浅三角形沟的泄水能力 $Q_c$ 可按式(9.2.4-1)计算。

$$Q_c = 0.377 \frac{1}{i_h n} h^{\frac{8}{3}} I^{\frac{1}{2}} \tag{9.2.4-1}$$

式中:$i_h$——沟或过水断面的横向坡度;

$h$——沟或过水断面的水深(m)。

2 复合横坡浅三角形沟的泄水能力可按式(9.2.4-1)计算泄水能力乘以系数 $\xi$ 求得,$\xi$ 由式(9.2.4-2)确定。计算示意如图 9.2.4 所示。

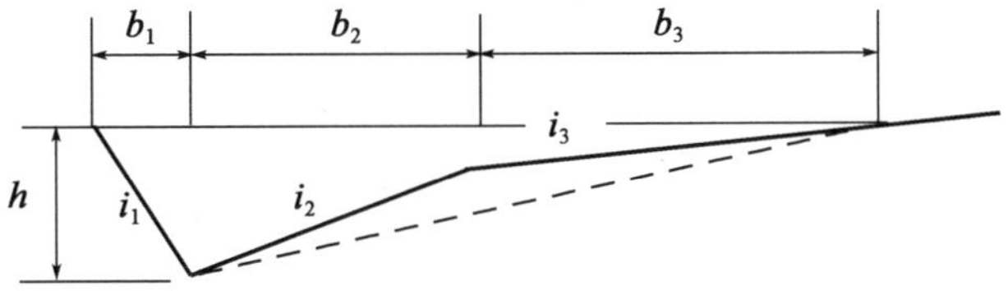


图 9.2.4 双向开口且有变坡浅三角形沟过水断面计算图

3 其他深宽比小于 1:6 的浅沟的泄水能力可取式(9.2.2)的计算泄水能力乘以 1.2。

$$\xi = \{1 - (1 - \gamma)[(1 + \alpha\beta)^{-1} - (1 + \beta)^{-1}]\}^{\frac{5}{3}} \tag{9.2.4-2}$$

式中:$\alpha$、$\beta$、$\gamma$——系数,其中 $\alpha = \frac{i_2}{i_3}$,$\beta = \frac{b_2}{b_3}$,$\gamma = \frac{b_1}{b_1 + b_2 + b_3}$。

**条文说明**

过水断面的水面宽度远大于水深,以及沟或过水断面的水深与沟的水面宽度之比小于 1:6 时,水力半径不能充分反映这种断面的特性。因此,需要对公式进行修正。

**9.2.5** 沟和管的允许流速应符合以下规定:

1 明沟的最小允许流速为 0.4m/s,暗沟和管的最小允许流速为 0.75m/s。

2 管的最大允许流速为:金属管 10m/s;非金属管 5m/s。

3 明沟的最大允许流速,可根据沟壁材料和水深修正系数确定。不同沟壁材料在水深为 0.4 ~ 1.0m 时的最大允许流速,可按表 9.2.5-1 取用;其他水深的最大允许流速,应乘以表 9.2.5-2 中相应的水深修正系数。

**表 9.2.5-1　明沟的最大允许流速(m/s)**

| 明沟类别 | 亚砂土 | 亚黏土 | 干砌片石 | 浆砌片石 | 黏土 | 草皮护面 | 水泥混凝土 |
|---|---|---|---|---|---|---|---|
| 允许最大流速 | 0.8 | 1.0 | 2.0 | 3.0 | 1.2 | 1.6 | 4.0 |

**表 9.2.5-2　最大允许流速的水深修正系数**

| 水深 $h$(m) | ≤0.4 | $0.4 < h \leq 1.0$ | $1.0 < h < 2.0$ | $h \geq 2.0$ |
|---|---|---|---|---|
| 修正系数 | 0.85 | 1.00 | 1.25 | 1.40 |

# 附录 A　各种排水构造物用圬工材料强度要求

**表 A　各种排水构造物的材料强度要求**

| 材 料 类 型 | 最低强度要求 | 使 用 场 合 |
|---|---|---|
| 砖 | MU10 | 检查井 |
| 片石 | MU30 | 沟底和沟壁铺砌 |
| 水泥砂浆 | M10(寒冷地区)或 M7.5(其他地区) | 浆砌、抹面 |
| 水泥混凝土 | C25(寒冷地区)或 C20(其他地区) | 混凝土构件 |
| | C15 | 混凝土基础 |

# 附录 B 各种沟管的水力半径和过水断面面积计算表

**表 B-1 沟管水力半径和过水断面面积计算公式**

| 断面形状 | 断 面 图 | 断面面积 $A$ | 水力半径 $R$ |
|---|---|---|---|
| 矩形 | 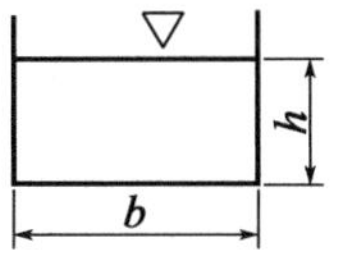 | $A=bh$ | $R=\dfrac{bh}{b+2h}$ |
| 三角形 | 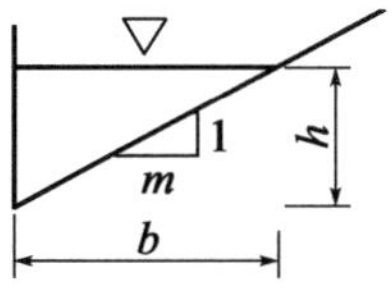 | $A=0.5bh$ | $R=\dfrac{0.5b}{1+\sqrt{1+m^2}}$ |
| 三角形 | 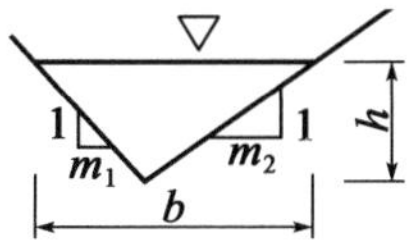 | $A=0.5bh$ | $R=\dfrac{0.5b}{\sqrt{1+m_1^2}+\sqrt{1+m_2^2}}$ |
| 梯形 | 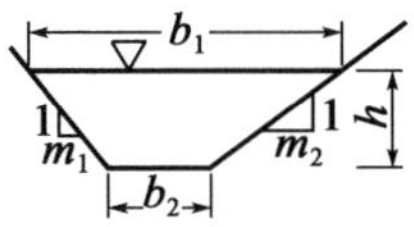 | $A=0.5(b_1+b_2)h$ | $R=\dfrac{0.5(b_1+b_2)h}{b_2+h(\sqrt{1+m_1^2}+\sqrt{1+m_2^2})}$ |
| 圆形 | 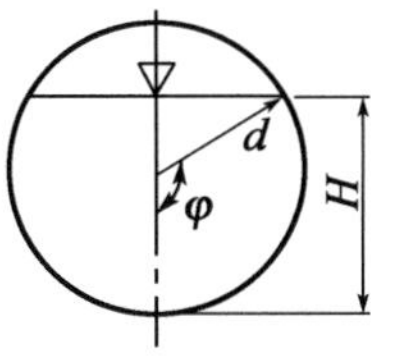充满度 $a=H/2d$<br>$\varphi=\arccos(1-2a)$<br>$\varphi$ 为弧度 | $A=d^2\left(\varphi-\dfrac{1}{2}\sin2\varphi\right)$ | $R=\dfrac{d}{2}\left(1-\dfrac{\sin2\varphi}{2\varphi}\right)$ |

**表 B-2　U 形排水沟水力半径和过水断面面积**

| 形　式 | 断　面　图 | 尺寸(m) | | | 断面面积 $A$ ($m^2$) | 水力半径 $R$ (m) |
|---|---|---|---|---|---|---|
| | | $b_1$ | $b_2$ | $h$ | | |
| U 形排水沟 | 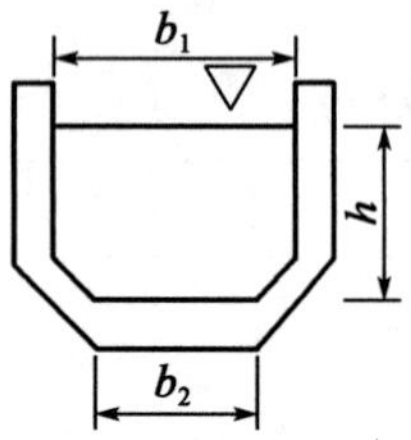 | 0.18 | 0.17 | 0.18 | 0.033 | 0.050 |
| | | 0.24 | 0.22 | 0.24 | 0.055 | 0.079 |
| | | 0.30 | 0.26 | 0.24 | 0.067 | 0.091 |
| | | 0.30 | 0.26 | 0.30 | 0.084 | 0.098 |
| | | 0.36 | 0.31 | 0.30 | 0.101 | 0.110 |
| | | 0.36 | 0.31 | 0.36 | 0.121 | 0.117 |
| | | 0.45 | 0.40 | 0.45 | 0.191 | 0.147 |
| | | 0.60 | 0.54 | 0.60 | 0.342 | 0.196 |

# 九、公路自然区划标准

(JTJ 003—86)

## 1 总则

**1.0.2** 区划的原则和方法

自然区划以自然气候因素的综合性和主导性相结合为原则,采用以地理相关分析为基础的主导标志法,从分析自然综合情况与公路工程的实际关系出发,选出具有分区意义的主导标志。在确定区界时,还需进行地理相关分析对区界进行修正,以求其同一区内有相似的公路工程自然环境。但综合性或主导性因素的原则,均应遵循地带性和非地带性理论。

**1.0.3** 区划的分级

为使自然区划便于在实践中应用,结合我国地理、气候特点,将全国的公路自然区划分为三个等级。

一级区划首先将全国划分为多年冻土、季节冻土和全年不冻三大地带,再根据水热平衡和地理位置,划分为冻土、湿润、干湿过渡、湿热、潮暖、干旱和高寒七个大区。二级区划是在一级区划基础上以潮湿系数为主进一步划分。三级区划是在二级区内划分更低一级的区域或类型单元。本标准仅规定一、二级区划,其具体划分详见"中华人民共和国公路自然区划图"。

## 2 一级区划

**2.0.1** 一级区划的主要依据与指标

以全国性的纬向地带性和构造区域性为依据,根据对公路工程具有控制作用的地理、气候因素来拟订。对纬向性的,特别是东部地区的界线,采用了气候指标;对非纬向性的,特别是在西部地区的界限,则较多地强调构造和地貌因素;中部个别地区则采用土质作指标。

**2.0.2** 一级区划的主要指标

根据我国地理、地貌、气候等因素,以均温等值线和三阶梯的两条等高线作为一级区划的标志。

一、全年均温 -2℃等值线。在一般情况下,地面大气温度达到 -2℃时,地面土开始冻结。因此,它大体上是区分多年冻土和季节冻土的界线。

二、一月份均温 0℃等值线,是区分季节冻土和全年不冻的界线。

三、我国地势的三级阶梯的两条等高线。

1. 1000m 等高线:走向北偏东,自大兴安岭,南下太行山、伏牛山、武当山、雪峰山、九万山、大明山至友谊关而达国境。

2. 3000m 等高线:走向自西向东,后折向南。西起帕米尔、沿昆仑山、阿尔金山、祁连山,南下西倾山、岷山、邛崃山、夹金山、大小相邻、锦屏山、雪山、云岭而达国境 。

由于三级阶梯的存在,通过地形的高度和阻隔,使其气候具有不同的特色,也成为划分一级区划的主要标志。

**2.0.3**　一级自然区

根据不同地理、气候、构造、地貌界线的交错和叠合,将我国分为七个一级自然区,即:Ⅰ、北部多年冻土区、Ⅱ、东部温润季冻区、Ⅲ、黄土高原干湿过渡区、Ⅳ、东南湿热区、Ⅴ、西南潮暖区、Ⅵ、西北干旱区、Ⅶ、青藏高寒区。

# 3　二、三级区划

**3.0.1**　二级区划的主导因素与标志

二级区划仍以气候和地形为主导因素,但具体标志与一级区划有显著差别。一级自然区有其共同标志,即:气候因素是潮湿系数 $K$ 值,地形因素是独立的地形单元。二级区的划分则需因区而异,将上述标志具体化或加以补充,其标志是以潮湿系数 $K$ 为主的一个标志体系。

潮湿系数 $K$ 值按全年的大小分为六个等级:

| | |
|---|---|
| 过湿区 | $K>2.00$ |
| 中湿区 | $2.00\geqslant K>1.50$ |
| 湿润区 | $1.50\geqslant K>1.00$ |
| 润干区 | $1.00\geqslant K>0.50$ |
| 中干区 | $0.50\geqslant K>0.25$ |
| 过干区 | $K<0.25$ |

有关潮湿系数 $K$ 值和蒸发力的计算公式规定如下:

$$K = R/Z \tag{3.0.1-1}$$

式中:$R$——年降水量(mm);

$Z$——年蒸发量(mm)。

年蒸发量 $Z$ 无法直接测定,只能用蒸发力(可能的蒸发量)$E_T$ 来代替 $Z$ 计算。蒸发力 $E_T$ 的计算,采用 $H \cdot L$ 彭曼公式(详细内容见附录二):

$$E_T = F \cdot E_0 \tag{3.0.1-2}$$

式中:$F$——季节系数;见附录二;

$E_0$——水面蒸发量(mm)。

**3.0.2** 二级自然区

根据二级区划的主导因素与标志,在全国七个一级自然区内又分为33个二级区和19个副区(亚区),共有52个二级自然区。它们的区界与名称如下(各二级区自然条件对公路工程的影响见附录三)。

Ⅰ北部多年冻土区中有:$Ⅰ_1$连续多年冻土区,$Ⅱ_2$岛状多年冻土区。

Ⅱ东部温润季冻区中有:$Ⅱ_1$东北东部山地润湿冻区,$Ⅱ_{1a}$三江平原副区,$Ⅱ_2$东北中部山前平原重冻区,$Ⅱ_{2a}$辽河平原冻融交替副区,$Ⅱ_3$东北西部润干冻区,$Ⅱ_4$海滦中冻区,$Ⅱ_{4a}$冀北山地副区,$Ⅱ_{4b}$旅大丘陵副区,$Ⅱ_5$鲁豫轻冻区,$Ⅱ_{5a}$山东丘陵副区。

Ⅲ 黄土高原干湿过渡区中有:$Ⅲ_1$山西山地、盆地中冻区,$Ⅲ_{1a}$雁北张宣副区,$Ⅲ_2$陕北典型黄土高原中冻区,$Ⅲ_{2a}$渝林副区,$Ⅲ_3$甘东黄土山地区,$Ⅲ_4$黄渭间山地、盆地轻冻区。

Ⅳ东南湿热区中有:$Ⅳ_1$长江下游平原润湿区,$Ⅳ_{1a}$盐城副区,$Ⅳ_2$江淮丘陵、山地润湿区,$Ⅳ_3$长江中游平原中湿区,$Ⅳ_4$浙闽沿海山地中湿区,$Ⅳ_5$江南丘陵过湿区,$Ⅳ_6$武夷南岭山地过湿区,$Ⅳ_{6a}$武夷副区,$Ⅳ_7$华南沿海台风区,$Ⅳ_{7a}$台湾山地副区 ,$Ⅳ_{7b}$海南岛西部润干副区,$Ⅳ_{7c}$南海诸岛副区。

Ⅴ西南潮暖区中有:$Ⅴ_1$秦巴山地润湿区,$Ⅴ_2$四川盆地中湿区,$Ⅴ_{2a}$雅安、乐山过湿副区,$Ⅴ_3$三西、贵州山地过湿区,$Ⅴ_{3a}$滇、南桂西润湿副区,$Ⅴ_4$川、滇、黔高原干湿交替区,$Ⅴ_5$滇西横断山地区,$Ⅴ_{5a}$大理副区。

Ⅵ西北干旱区中有:$Ⅵ_1$内蒙草原中干区,$Ⅵ_{1a}$河套副区,$Ⅵ_2$绿洲-荒漠区,$Ⅵ_3$阿尔泰山地冻土区, $Ⅵ_4$天山-界山山地区, $Ⅵ_{4a}$塔城副区, $Ⅵ_{4b}$伊黎河谷副区。

Ⅶ青藏高寒区中有:$Ⅶ_1$祁连-昆仑山地区,$Ⅶ_2$柴达木荒漠区,$Ⅶ_3$河源山原草甸区,$Ⅶ_4$羌塘高原冻土区,$Ⅶ_5$川藏高山峡谷区,$Ⅶ_6$藏南高山台地区,$Ⅶ_{6a}$拉萨副区。

**3.0.3** 三级区划的方法

三级区划是二级区划的进一步划分。三级区划的方法有两种,一种是按照地貌、水温和土质类型将二级区进一步划分为若干类型单位的类型区别;另一种是继水热、地理和地貌等为标志将二级区进一步划分为若干更低级区域的区域划分。各地可根据当地的具体情况选用。

# 十、公路水泥混凝土路面设计规范

（JTG D40—2011）

## 3　设计参数

**3.0.1**　各级公路水泥混凝土路面结构的设计安全等级及相应的设计基准期、目标可靠指标与目标可靠度,应符合表3.0.1的规定。二级及二级以下公路路面结构破坏可能产生很严重后果时,可提高一级安全等级。

**表3.0.1　可靠度设计标准**

| 公路等级 | 高速 | 一级 | 二级 | 三级 | 四级 |
|---|---|---|---|---|---|
| 安全等级 | 一级 | | 二级 | 三级 | |
| 设计基准期(a) | 30 | | 20 | 15 | 10 |
| 目标可靠度(%) | 95 | 90 | 85 | 80 | 70 |
| 目标可靠指标 | 1.64 | 1.28 | 1.04 | 0.84 | 0.52 |

**3.0.2**　各安全等级路面的材料性能和结构尺寸参数的变异水平可分为低、中和高三级,应按公路等级以及所采用的施工技术和所能达到的施工质量控制和管理水平,通过调研确定变异水平等级和相应的变异系数,高速公路、一级公路的变异水平等级宜为低级,二级公路的变异水平等级应不大于中级。确有困难时可按表3.0.2规定的主要设计参数变异系数范围选择相应的变异系数。

**表3.0.2　变异系数 $c_v$ 的范围**

| 变异水平等级 | 低 | 中 | 高 |
|---|---|---|---|
| 水泥混凝土弯拉强度 | $0.05 \leqslant c_v \leqslant 0.10$ | $0.10 < c_v \leqslant 0.15$ | $0.15 < c_v \leqslant 0.20$ |
| 基层顶面当量回弹模量 | $0.15 \leqslant c_v \leqslant 0.25$ | $0.25 < c_v \leqslant 0.35$ | $0.35 < c_v \leqslant 0.55$ |
| 水泥混凝土面层厚度 | $0.02 \leqslant c_v \leqslant 0.04$ | $0.04 < c_v \leqslant 0.06$ | $0.06 < c_v \leqslant 0.08$ |

**3.0.3**　水泥混凝土路面结构分析应采用弹性地基板理论。除粒料类基层外,其他各类基层与混凝土面层应按分离式双层板模型进行结构分析。粒料类基层及各类底基层和垫层,应与路基一起视作多层弹性地基,以地基顶面当量回弹模量表征。

**3.0.4**　水泥混凝土路面结构设计应以面层板在设计基准期内,在行车荷载和温度梯度综合作用下,不产生疲劳断裂作为设计标准;并以最重轴载和最大温度梯度综合作用下,不产生极限断裂作为验算标准。其极限状态设计表达式可分别采用式(3.0.4-1)和式(3.0.4-2)。

$$\gamma_r(\sigma_{pr} + \sigma_{tr}) \leqslant f_r \qquad (3.0.4\text{-}1)$$

$$\gamma_r(\sigma_{p,\max} + \sigma_{t,\max}) \leqslant f_r \tag{3.0.4-2}$$

上述式中:$\sigma_{pr}$——面层板在临界荷位处产生的行车荷载疲劳应力(MPa),计算方法见附录B;

$\sigma_{tr}$——面层板在临界荷位处产生的温度梯度疲劳应力(MPa),计算方法见附录B;

$\sigma_{p,\max}$——最重的轴载在临界荷位处产生的最大荷载应力(MPa),计算方法见附录B;

$\sigma_{t,\max}$——所在地区最大温度梯度在临界荷位处产生的最大温度翘曲应力(MPa),计算方法见附录B;

$\gamma_r$——可靠度系数,依据所选目标可靠度、变异水平等级及变异系数通过计算确定;

$f_r$——水泥混凝土弯拉强度标准值(MPa),按表3.0.8取值。

**3.0.5** 贫混凝土或碾压混凝土基层应以设计基准期内行车荷载不产生疲劳断裂作为设计标准。其极限状态设计表达式可采用式(3.0.5)。

$$\gamma_r\sigma_{bpr} \leqslant f_{br} \tag{3.0.5}$$

式中:$\sigma_{bpr}$——基层内产生的行车荷载疲劳应力(MPa),计算方法见附录B;

$f_{br}$——基层材料的弯拉强度标准值(MPa)。

**3.0.6** 按疲劳断裂设计标准进行结构分析时,以100kN单轴—双轮组荷载作为设计轴载,对极重交通荷载等级的水泥混凝土路面,宜选用货车中占主要份额特重车型的轴载作为设计轴载。各级轴载作用次数 $N_i$,可按式(3.0.6)换算为设计轴载的作用次数 $N_s$。

$$N_s = \sum_{i=1}^{n} N_i \left(\frac{P_i}{P_s}\right)^{16} \tag{3.0.6}$$

式中:$P_i$——第 $i$ 级轴载重(kN),联轴按每一根轴载单独计;

$P_s$——设计轴载重(kN);

$n$——各种轴型的轴载级位数;

$N_i$——$i$ 级轴载的作用次数;

$N_s$——设计轴载的作用次数。

**3.0.7** 水泥混凝土路面设计车道在设计基准期内所承受的设计轴载累计作用次数应按附录A进行调查和分析,按设计基准期内设计车道临界荷位处所承受的设计轴载累计作用次数分为5级,分级范围见表3.0.7。

**表3.0.7 交通荷载分级**

| 交通荷载等级 | 极重 | 特重 | 重 | 中等 | 轻 |
|---|---|---|---|---|---|
| 设计基准期内设计车道承受设计轴载(100kN)累计作用次数 $N_e$($10^4$) | $>1\times10^6$ | $1\times10^6$ ~ 2 000 | 2 000 ~ 100 | 100 ~ 3 | <3 |

**3.0.8**　水泥混凝土的设计强度应采用 28d 龄期的弯拉强度。各交通荷载等级要求的水泥混凝土弯拉强度标准值不得低于表 3.0.8 的规定。

**表 3.0.8　水泥混凝土弯拉强度标准值**

| 交通荷载等级 | 极重、特重、重 | 中等 | 轻 |
| --- | --- | --- | --- |
| 水泥混凝土的弯拉强度标准值(MPa) | ≥5.0 | 4.5 | 4.0 |
| 钢纤维混凝土的弯拉强度标准值(MPa) | ≥6.0 | 5.5 | 5.0 |

**3.0.9**　在季节性冰冻地区,路面结构层的总厚度不应小于表 3.0.9 规定的最小防冻厚度。

**表 3.0.9　水泥混凝土路面结构层最小防冻厚度(m)**

| 路基干湿类型 | 路基土类别 | 当地最大冰冻深度(m) | | | |
| --- | --- | --- | --- | --- | --- |
| | | 0.50～1.00 | 1.00～1.50 | 1.50～2.00 | >2.00 |
| 中湿路基 | 易冻胀土 | 0.30～0.50 | 0.40～0.60 | 0.50～0.70 | 0.60～0.95 |
| | 很易冻胀土 | 0.40～0.60 | 0.50～0.70 | 0.60～0.85 | 0.70～1.10 |
| 潮湿路基 | 易冻胀土 | 0.40～0.60 | 0.50～0.70 | 0.60～0.90 | 0.75～1.20 |
| | 很易冻胀土 | 0.45～0.70 | 0.55～0.80 | 0.70～1.00 | 0.80～1.30 |

注:1. 易冻胀土——细粒土质砾(GM、GC)、除极细粉土质砂外的细粒土质砂(SM、SC)、塑性指数小于 12 的黏质土(CL、CH)。

2. 很易冻胀土——粉质土(ML、MH)、极细粉土质砂(SM)、塑性指数在 12～22 之间的黏质土(CL)。

3. 冻深小或填方路段,或基、垫层采用隔温性能良好的材料,可采用低值;冻深大或挖方及地下水位高的路段,或基、垫层采用隔温性能稍差的材料,应采用高值。

4. 冻深小于 0.50m 的地区,可不考虑结构层防冻厚度。

**3.0.10**　水泥混凝土面层的最大温度梯度标准值 $T_g$,可按公路所在地的公路自然区划按表 3.0.10 选用。

**表 3.0.10　最大温度梯度标准值 $T_g$**

| 公路自然区划 | Ⅱ、Ⅴ | Ⅲ | Ⅳ、Ⅵ | Ⅶ |
| --- | --- | --- | --- | --- |
| 最大温度梯度(℃/m) | 83～88 | 90～95 | 86～92 | 93～98 |

注:海拔高时,取高值;湿度大时,取低值。

# 4　结构组合设计

## 4.1　一般规定

**4.1.1**　应依据公路等级、交通荷载、路基条件、当地温度和湿度状况以及使用性能要求,选择及组合与之相适应的水泥混凝土路面结构。

**4.1.2**　路面结构组合设计,应使各个结构层的力学特性及其组成材料性质满足相应的功能要求。

**4.1.3** 应充分考虑各相邻结构层的相互作用、层间结合条件和要求,以及结构组合的协调与平衡。

**4.1.4** 应充分考虑地表水的渗入和冲刷作用。采取封堵和疏排措施,减少地表水渗入,防止渗入水积滞在路面结构内。基层应选用抗冲刷能力强的材料。

## 4.2 路基

**4.2.1** 路基应稳定、密实、均质,对路面结构提供均匀的支承。

**4.2.2** 路床顶面的综合回弹模量值,轻交通荷载等级时不得低于40MPa,中等或重交通荷载等级时不得低于60MPa,特重或极重交通荷载等级时不得低于80MPa。

**4.2.3** 路基填料应满足以下要求:

1 高液限黏土及含有机质的细粒土不应用作高速公路和一级公路的路床填料或二级公路和二级以下公路的上路床填料。

2 高液限粉土、塑性指数大于16或膨胀率大于3%的低液限黏土不应用作高速公路和一级公路的上路床填料。

3 因条件限制必须采用上述土作填料时,应掺加水泥、粉煤灰或石灰等结合料进行改善。

**4.2.4** 路床顶面综合回弹模量值不满足4.2.2条要求时,应选用粗粒土或低剂量无机结合料稳定土作路床或上路床填料。当路基工作区底面接近或低于地下水位时,可采取更换填料、设置排水渗沟等措施。

**4.2.5** 季节性冰冻地区的中湿类、潮湿类和过湿类路基,当冰冻线深度达到路基的易冻胀土层时,在易冻胀土层上应设置防冻垫层或用不易冻胀土置换冰冻线深度范围内的易冻胀土。

**4.2.6** 水文地质条件不良的土质路堑,应采取地下排水措施。

**4.2.7** 对路堤下的软弱地基进行加固处治后,其工后沉降量应符合现行《公路路基设计规范》(JTG D30)的规定,并宜在路床顶部铺筑粒料层。

**4.2.8** 填挖交界或新老路基结合路段,应采取防止差异沉降的技术措施。

**4.2.9** 石质挖方或填石路床顶面应铺设整平层。整平层可采用碎石、低剂量水泥稳定粒料等材料,其厚度可根据路床顶面平整程度确定,最小厚度不小于100mm。

## 4.3 垫层

**4.3.1** 遇有以下情况时,应在基层或底基层下设置垫层:

1 季节性冰冻地区,路面结构厚度小于最小防冻厚度要求(表3.0.9)时,应设置防冻垫层,使路面结构厚度符合要求。

2 水文地质条件不良的土质路堑,路床土湿度较大时,宜设置排水垫层。

**4.3.2**　垫层应与路基同宽,厚度不得小于 150mm。

**4.3.3**　防冻垫层和排水垫层宜采用碎石、砂砾等颗粒材料。

## 4.4　基层和底基层

**4.4.1**　基层和底基层应具有足够的抗冲刷能力和适当的刚度。

**4.4.2**　基层和底基层的材料可依据交通荷载等级、结构层组合要求和材料供应条件,分别参照表 4.4.2-1 和表 4.4.2-2 选用。

**表 4.4.2-1　各交通荷载等级的基层材料类型**

| 交通荷载等级 | 基层材料类型 |
|---|---|
| 极重、特重 | 贫混凝土、碾压混凝土 |
| | 沥青混凝土 |
| 重 | 密级配沥青稳定碎石 |
| | 水泥稳定碎石 |
| 中等、轻 | 级配碎石 |
| | 水泥稳定碎石,石灰、粉煤灰稳定碎石 |

注:交通荷载分级见表 3.0.7。

**表 4.4.2-2　各交通荷载等级的底基层材料类型**

| 交通荷载等级 | 底基层材料类型 |
|---|---|
| 极重、特重、重 | 级配碎石,水泥稳定碎石,石灰、粉煤灰稳定碎石 |
| 中等、轻 | 未筛分碎石、级配砾石,或不设 |

注:交通荷载分级见表 3.0.7。

**4.4.3**　承受极重、特重或重交通荷载的路面,基层下应设置底基层;承受中等或轻交通荷载时,可不设底基层。当基层采用无机结合料稳定类材料,且上路床由细粒土组成时,应在基层下设置粒料类底基层。

**4.4.4**　基层采用无机结合料稳定类材料时,底基层宜选用小于 0.075mm 颗粒含量少于 7% 的粒料类材料。

**4.4.5**　贫混凝土或碾压混凝土基层上应铺设沥青混凝土夹层,层厚不宜小于 40mm。无机结合料稳定碎石基层上应设置封层,封层可采用单层沥青表面处治或适宜的膜层材料等。当采用单层沥青表面处治时,层厚不宜小于 6mm。

**4.4.6**　多雨地区,路基由低透水性细粒土组成的高速公路和一级公路或者承受极重或特重交通荷载的二级公路,宜设置由开级配沥青稳定碎石或开级配水泥稳定碎石组成的排水基层。排水基层下应设置由密级配粒料或水泥稳定碎石组成的不透水底基层。底基层顶面宜铺设沥青类封层或防水土工织物。

**4.4.7**　各种基层和底基层的结构层适宜压实厚度,应按所选集料的公称最大粒径和压实效果的要求而定。基层或底基层的设计层厚超出相应材料的适宜压实厚度范围时,宜分层铺设和压实。

**4.4.8**　贫混凝土或碾压混凝土基层的计算厚度应满足式(3.0.5)的要求。基层设计厚度应依据计算厚度按 10mm 向上取整。

**4.4.9**　开级配沥青稳定碎石或水泥稳定碎石排水基层的计算厚度应满足排除表面水设计渗入量的需要。排水基层的设计厚度宜依据计算厚度按 10mm 向上取整后再增加 20mm。

**4.4.10** 硬路肩采用混凝土面层时,基层的结构与厚度应与行车道相同。基层的宽度应比混凝土面层每侧宽出300mm(小型机具施工时)或650mm(滑模式摊铺机施工时)。

**4.4.11** 碾压混凝土基层应设置与混凝土面层相对应的接缝。贫混凝土基层弯拉强度大于1.5MPa时,应设置与面层相对应的横向缩缝;一次摊铺宽度大于7.5m时,应设置纵向缩缝。

## 4.5 面层

**4.5.1** 水泥混凝土面层应具有足够的强度和耐久性,表面应抗滑、耐磨、平整。

**4.5.2** 面层宜采用设接缝的普通水泥混凝土。当面层板的平面尺寸较大或形状不规则,路面结构下埋有地下设施,位于高填方、软土地基、填挖交界段等有可能产生不均匀沉降的路基段时,应采用接缝设置传力杆的钢筋混凝土面层。连续配筋混凝土、碾压混凝土和钢纤维混凝土等其他面层类型可依据适用条件选用。

**4.5.3** 普通水泥混凝土、钢筋混凝土、碾压混凝土和连续配筋混凝土面层的计算厚度,可依据交通荷载等级、公路等级和变异水平等级,按式(3.0.4-1)和式(3.0.4-2)确定。各种混凝土面层的设计厚度应依据计算厚度加6mm磨耗层后,按10mm向上取整。

**4.5.4** 钢纤维混凝土的钢纤维体积率宜为0.6% ~ 1.0%,面层厚度宜为普通混凝土面层厚度的0.75 ~0.65倍,按钢纤维掺量确定。特重或重交通荷载时,其最小厚度应为180mm;中等或轻交通荷载时,其最小厚度应为160mm。

**4.5.5** 复合式路面的沥青混凝土上面层的厚度不宜小于40mm。水泥混凝土下面层的计算厚度,应满足式(3.0.4-1)和式(3.0.4-2)的要求。水泥混凝土下面层与沥青混凝土上面层之间应设置黏层。

**4.5.6** 路面表面必须采用拉毛、拉槽、压槽或刻槽等方法筑做表面构造,在交工验收时构造深度应满足表4.5.6的要求。

**表4.5.6 各级公路水泥混凝土面层的表面构造深度(mm)要求**

| 公路等级 | 高速公路、一级公路 | 二、三、四级公路 |
|---|---|---|
| 一般路段 | 0.70 ~ 1.10 | 0.50 ~ 1.00 |
| 特殊路段 | 0.80 ~ 1.20 | 0.60 ~ 1.10 |

注:1. 特殊路段——对于高速和一级公路系指立交、平交或变速车道等处,对于其他等级公路系指急弯、陡坡、交叉口或集镇附近。

2. 在年降雨量600mm以下的地区,表列数值可适当降低。

**4.5.7** 混凝土预制块可采用矩形块或异形块。矩形块的长度宜为200 ~250mm,宽度宜为100 ~125mm,厚度宜为80 ~150mm。预制块下砂垫层的厚度宜为30 ~50mm。

## 4.6 路肩

**4.6.1** 路肩铺面结构应具有一定的承载能力,其结构层组合和材料选用应与行车道路面相协调,不应使渗入的路表水积滞在行车道路面结构内。

**4.6.2**　行车道混凝土面层宜宽出外侧车道边缘线 0.6m。

**4.6.3**　高速公路和一级公路以及承受极重、特重和重交通荷载等级的公路,路肩铺面应采用与行车道路面相同的结构层组合和组成材料类型。其他等级公路,路肩铺面的基层和底基层应采用与行车道路面结构相同的材料类型和厚度。

**4.6.4**　路肩面层可选用水泥混凝土或沥青类材料。路肩面层选用沥青类材料时,中等交通荷载以上等级公路,应采用热拌沥青混合料;低等级公路和轻交通荷载等级公路,可采用沥青表面处治。路肩基层为粒料类材料时,其细料(小于 0.075mm)含量不应超过 6%。

**4.6.5**　路肩混凝土面层与行车道面层应设置拉杆相连,二者的横向缩缝应连通。行车道面层为连续配筋混凝土时,路肩混凝土面层的横向缩缝间距应为 4.5m。

## 4.7　路面排水

**4.7.1**　行车道路面横坡坡度宜为 1% ~2%,路肩表面的横向坡度宜为 2% ~3%。

**4.7.2**　行车道路面结构设置排水基层或垫层时,应在排水基层或垫层外侧边缘设置纵向集水沟和带孔集水管,并间隔 50 ~ 100m 设置横向排水管。

**4.7.3**　排水基层的纵向边缘集水沟,当路肩采用沥青面层时,可设在路肩内侧边缘内;当路肩采用水泥混凝土面层时,可设在路肩下或路肩外侧边缘内。排水垫层的纵向边缘集水沟宜设在路床边缘。

**4.7.4**　带孔集水管的管径宜采用 100 ~ 150mm。集水沟的宽度宜采用 300mm。集水沟的深度应能保证集水管管顶低于排水层底面,并有足够厚度的回填料使集水管不被施工机械压裂。沟内回填料宜采用与排水基层或垫层相同的透水性材料,或不含细料的碎石或砾石粒料。横向排水管应不带孔,其管径与集水管相同。

**4.7.5**　集水沟和集水管的纵坡宜与路线纵坡相同,且不宜小于 0.3%。横向排水管的坡度不宜小于 5%。

**4.7.6**　横向排水管出口端应设端墙,端头宜用镀锌铁丝网或格栅罩住,出水口下方应铺设水泥混凝土防冲垫板或进行坡面防护。在横向排水管上方的路肩边缘处应设置标志标明出水口位置。

# 5　接缝设计

## 5.1　一般规定

**5.1.1**　普通水泥混凝土、钢筋混凝土、碾压混凝土和钢纤维混凝土面层板的平面布局宜采用矩形分块,其纵向和横向接缝应垂直相交,纵缝两侧的横缝不得相互错位。

**5.1.2** 纵向接缝的间距(即板宽)宜在3.0~4.5m范围内选用。

**5.1.3** 横向接缝的间距(即板长)应按面层类型和厚度选定:

1 普通水泥混凝土面层宜为4~6m,面层板的长宽比不宜超过1.35,平面面积不宜大于$25m^2$。

2 碾压混凝土或钢纤维混凝土面层宜为6~10m。

3 钢筋混凝土面层宜为6~15m,面层板的长宽比不宜超过2.5,平面面积不宜大于$45m^2$。

## 5.2 纵向接缝

**5.2.1** 纵向接缝的布设应视路面总宽度、行车道及硬路肩宽度以及施工铺筑宽度而定:

1 一次铺筑宽度小于路面宽度时,应设置纵向施工缝。纵向施工缝应采用设拉杆平缝形式,上部应锯切槽口,深度宜为30~40mm,宽度宜为3~8mm,槽内应灌塞填缝料。其构造如图5.2.1a)所示。

2 一次铺筑宽度大于4.5m时,应设置纵向缩缝。纵向缩缝应采用设拉杆假缝形式,锯切的槽口深度应大于施工缝的槽口深度。采用粒料基层时,槽口深度应为板厚的1/3;采用半刚性基层时,槽口深度应为板厚的2/5。其构造如图5.2.1b)所示。

3 碾压混凝土面层一次摊铺宽度大于7.5m时,应设置纵向缩缝,缩缝构造如图5.2.1b)所示;钢纤维混凝土面层在摊铺宽度小于7.5m时,可不设纵向缩缝。

4 行车道路面与混凝土硬路肩之间的纵向接缝必须设置拉杆。

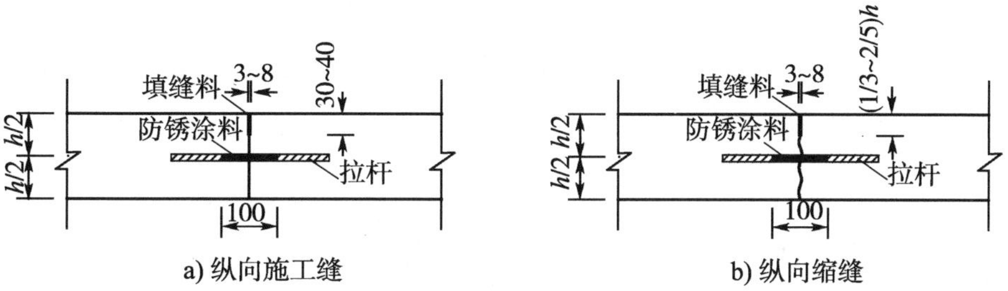


图5.2.1 纵缝构造(尺寸单位:mm)

**5.2.2** 纵缝应与路线中线平行。在路面等宽的路段内或路面变宽路段的等宽部分,纵缝的间距和形式应保持一致。路面变宽段的加宽部分与等宽部分之间,应以纵向施工缝隔开。加宽板在变宽段起终点处的宽度不应小于1m。

**5.2.3** 拉杆应采用螺纹钢筋,设在板厚中央,并应对拉杆中部100mm范围内进行防锈处理。拉杆的直径、长度和间距可参照表5.2.3选用。施工布设时,拉杆间距应根据横向接缝的实际位置予以调整,最外侧的拉杆距横向接缝的距离不得小于100mm。

**表 5.2.3　拉杆直径、长度和间距(mm)**

| 面层厚度(mm) | 到自由边或未设拉杆纵缝的距离(m) | | | | | |
|---|---|---|---|---|---|---|
| | 3.00 | 3.50 | 3.75 | 4.50 | 6.00 | 7.50 |
| 200 ~ 250 | 14 × 700 × 900 | 14 × 700 × 800 | 14 × 700 × 700 | 14 × 700 × 600 | 14 × 700 × 500 | 14 × 700 × 400 |
| ≥260 | 16 × 800 × 800 | 16 × 800 × 700 | 16 × 800 × 600 | 16 × 800 × 500 | 16 × 800 × 400 | 16 × 800 × 300 |

注:拉杆尺寸表示方法为直径 × 长度 × 间距。

**5.2.4**　连续配筋混凝土面层的纵缝拉杆可由板内横向钢筋延伸穿过接缝代替。

## 5.3　横向接缝

**5.3.1**　每日施工结束或因临时原因中断施工时,必须设置横向施工缝,其位置宜选在缩缝或胀缝处。设在缩缝处的施工缝,应采用加传力杆的平缝形式,其构造如图 5.3.1 所示;设在胀缝处的施工缝,其构造应与胀缝相同,如图 5.3.4 所示。

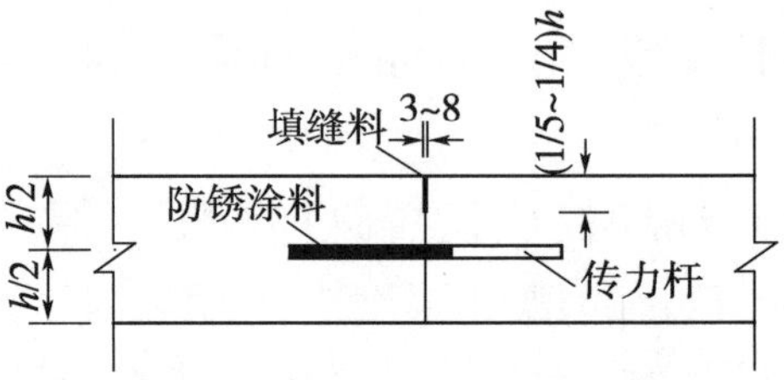


图 5.3.1　横向施工缝构造(尺寸单位:mm)

**5.3.2**　横向缩缝可等间距或变间距布置,应采用假缝形式。极重、特重和重交通荷载公路的横向缩缝,中等和轻交通荷载公路邻近胀缝或自由端部的 3 条横向缩缝,收费广场的横向缩缝,应采用设传力杆假缝形式,其构造如图 5.3.2a) 所示。其他情况可采用不设传力杆假缝形式,其构造如图 5.3.2b) 所示。传力杆的设置不应妨碍相邻混凝土板的自由伸缩,钢筋表面应作防锈处理。

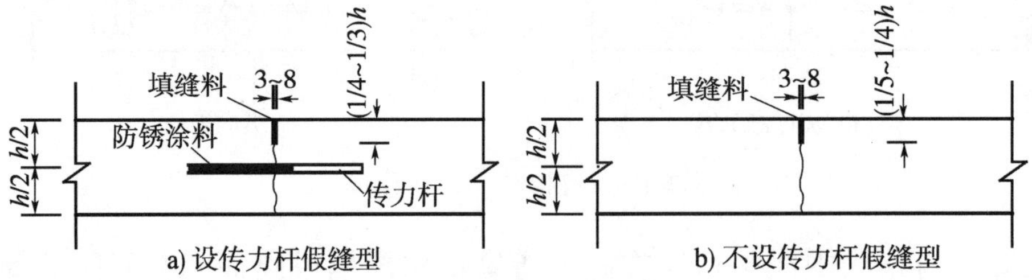


图 5.3.2　横向缩缝构造(尺寸单位:mm)

**5.3.3**　横向缩缝顶部应锯切槽口,设置传力杆时槽口深度宜为面层厚度的 1/4 ~ 1/3,不设置传力杆时槽口深度宜为面层厚度的 1/5 ~ 1/4。槽口宽度应根据施工条件、填缝料性能等因素而定,宽度宜为 3 ~ 8mm,槽内应填塞填缝料。二级及二级以下公路的槽口可一次锯切成型。高速和一级公路槽口宜二次锯切成型,在第一次锯切缝的上部宜增设宽 7 ~ 10mm 的浅槽口,槽口下部应设置背衬垫条,上部应用填缝料灌填,其构造如图 5.3.3 所示。

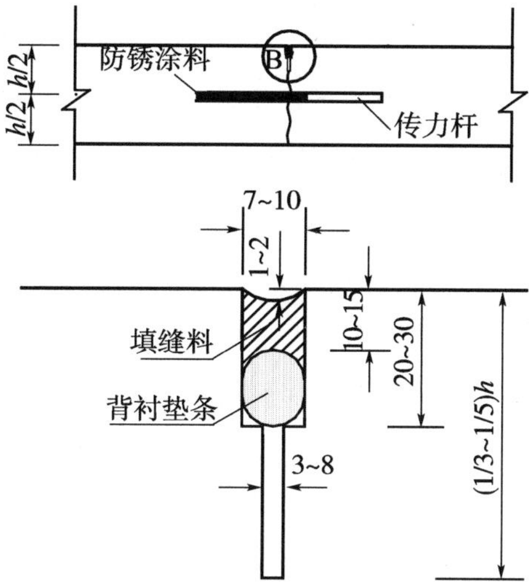


B点大样图

图5.3.3　二次锯切槽口构造(尺寸单位:mm)

**5.3.4**　在邻近桥梁或其他固定构造物处,或者与其他道路相交处,应设置横向胀缝。胀缝条数应根据膨胀量大小设置。胀缝宽宜为20~25mm,缝内应设置填缝板和可滑动的传力杆。胀缝的构造如图5.3.4所示。

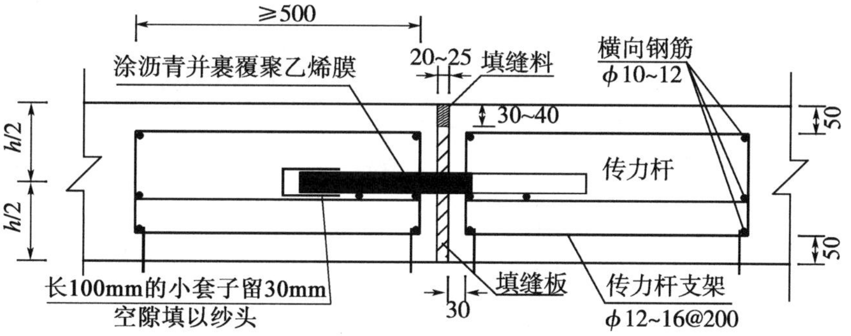


图5.3.4　胀缝构造(尺寸单位:mm)

**5.3.5**　传力杆应采用光圆钢筋。横向缩缝传力杆的尺寸、间距和要求与胀缝相同,可按表5.3.5选用。最外侧传力杆距纵向接缝或自由边的距离宜为150~250mm。

**表5.3.5　传力杆尺寸和间距**(mm)

| 面层厚度 | 传力杆直径 | 传力杆最小长度 | 传力杆最大间距 |
| --- | --- | --- | --- |
| 220 | 28 | 400 | 300 |
| 240 | 30 | 400 | 300 |
| 260 | 32 | 450 | 300 |
| 280 | 32~34 | 450 | 300 |
| ≥300 | 34~36 | 500 | 300 |

## 5.4　交叉口接缝布设

**5.4.1**　两条道路正交时,各条道路宜保持本身纵缝的连贯,而相交路段内各条道路的横缝位置应按相对道路的纵缝间距作相应变动,保证两条道路的纵横缝垂直相交,互不错位。两条道路斜交时,主要道路宜保持纵缝的连贯,而相交路段内的横缝位置应按次要道路的纵缝间距作相应变动,保证与次要道路的纵缝相连接。相交道路弯道加宽部分的接缝布置,应不出现或少出现错缝和锐角板;当出现错缝、锐角板时,宜加设防裂钢筋和角隅补强钢筋。

**5.4.2**　在次要道路弯道加宽段起终点断面处的横向接缝,应采用胀缝形式。膨胀量大时,应在直线段连续布置 2 ~ 3 条胀缝。

## 5.5　端部处理

**5.5.1**　混凝土路面与桥涵、通道及隧道等固定构造物相衔接的胀缝无法设置传力杆时,可在毗邻构造物的板端部内配置双层钢筋网;或在长度为 6 ~ 10 倍板厚的范围内逐渐将板厚增加 20% ,如图 5.5.1 所示。

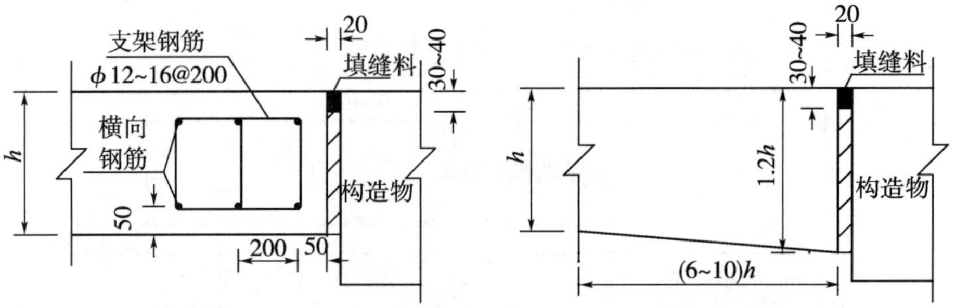


图 5.5.1　邻近构造物胀缝构造(尺寸单位:mm)

**5.5.2**　混凝土路面与桥梁相接应符合以下规定:

1　桥头设有搭板时,应在搭板与混凝土面层板之间设置长 6 ~ 10m 的钢筋混凝土面层过渡板。过渡板与搭板间的横缝采用设拉杆平缝形式,过渡板与混凝土面层板间的横缝采用设传力杆胀缝形式。膨胀量大时,应连续设置 2 ~ 3 条设传力杆胀缝。当桥梁为斜交时,钢筋混凝土板的锐角部分应采用钢筋网补强。

2　桥头未设搭板时,宜在混凝土面层与桥台之间设置长 10 ~ 15m 的钢筋混凝土面层板;或设置由混凝土预制块面层或沥青面层铺筑的过渡段,其长度应不小于 8m。

**5.5.3**　混凝土路面与沥青路面相接时,应设置不小于 3m 的过渡段。过渡段的路面应采用两种路面呈阶梯状叠合布置,其下面铺设的变厚度混凝土过渡板的厚度不得小于 200mm,如图 5.5.3 所示。过渡板顶面应设横向拉槽,沥青层与过渡板之间应黏结良好。过渡板与混凝土面层板相接处的接缝内宜设置直径 25mm、长 700mm、间距 400mm 的拉杆。混凝土面层毗邻该接缝的 1 ~ 2 条横向接缝应采用胀缝形式。

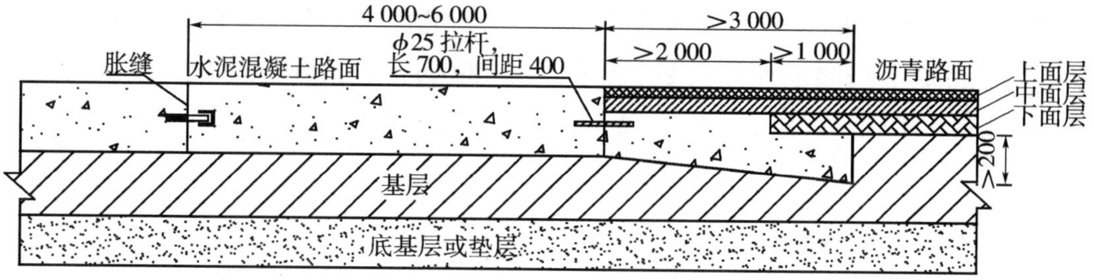


图 5.5.3 混凝土路面与沥青路面相接段的构造布置(尺寸单位:mm)

**5.5.4** 连续配筋混凝土面层与其他类型路面或构造物相连接的端部,应设置锚固结构。端部锚固结构可采用钢筋混凝土地梁或宽翼缘工字钢梁接缝等形式。

1 钢筋混凝土地梁依据路基土的强弱宜采用 3 ~ 5 个,梁宽 400 ~ 600mm,梁高 1 200 ~ 1 500mm,间距 5 000 ~ 6 000mm;地梁与连续配筋混凝土面层应连成整体。其构造如图 5.5.4-1 所示。

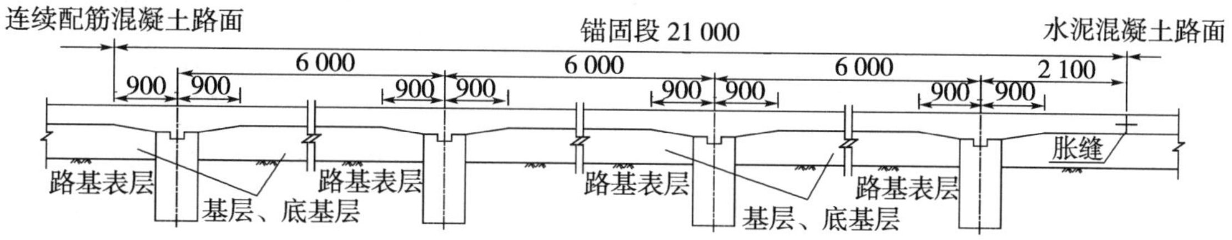


a) 锚固段的纵断面(地梁应贯穿路面全宽)

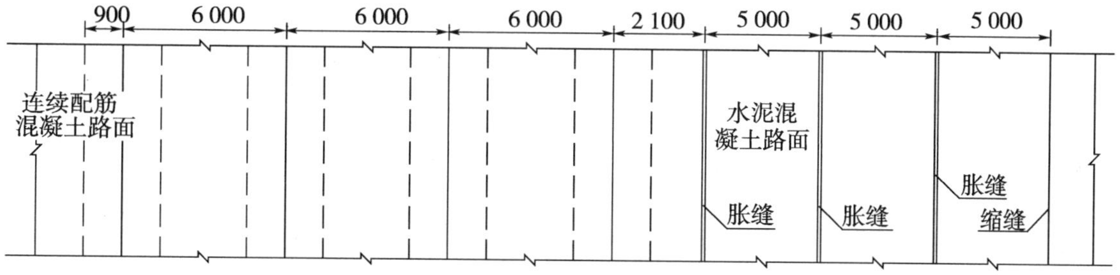


b) 锚固段与毗邻板的平面图

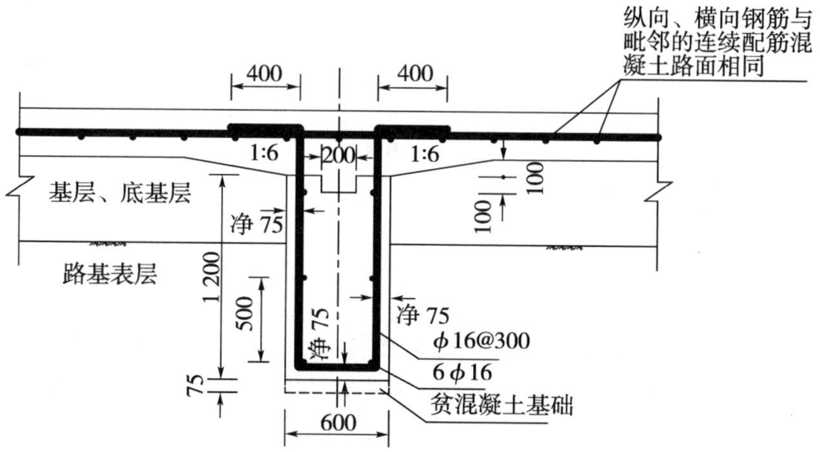


c) 地梁大样图

图 5.5.4-1 钢筋混凝土地梁锚固(尺寸单位:mm)

2　宽翼缘工字钢梁的底部应锚入钢筋混凝土枕梁内,工字钢梁的尺寸、锚入深度应依据连续配筋混凝土路面厚度选择,枕梁宜长 3 000mm、厚 200mm;钢梁腹板与连续配筋混凝土面层端部间应填入胀缝材料。其构造如图 5.5.4-2 所示。

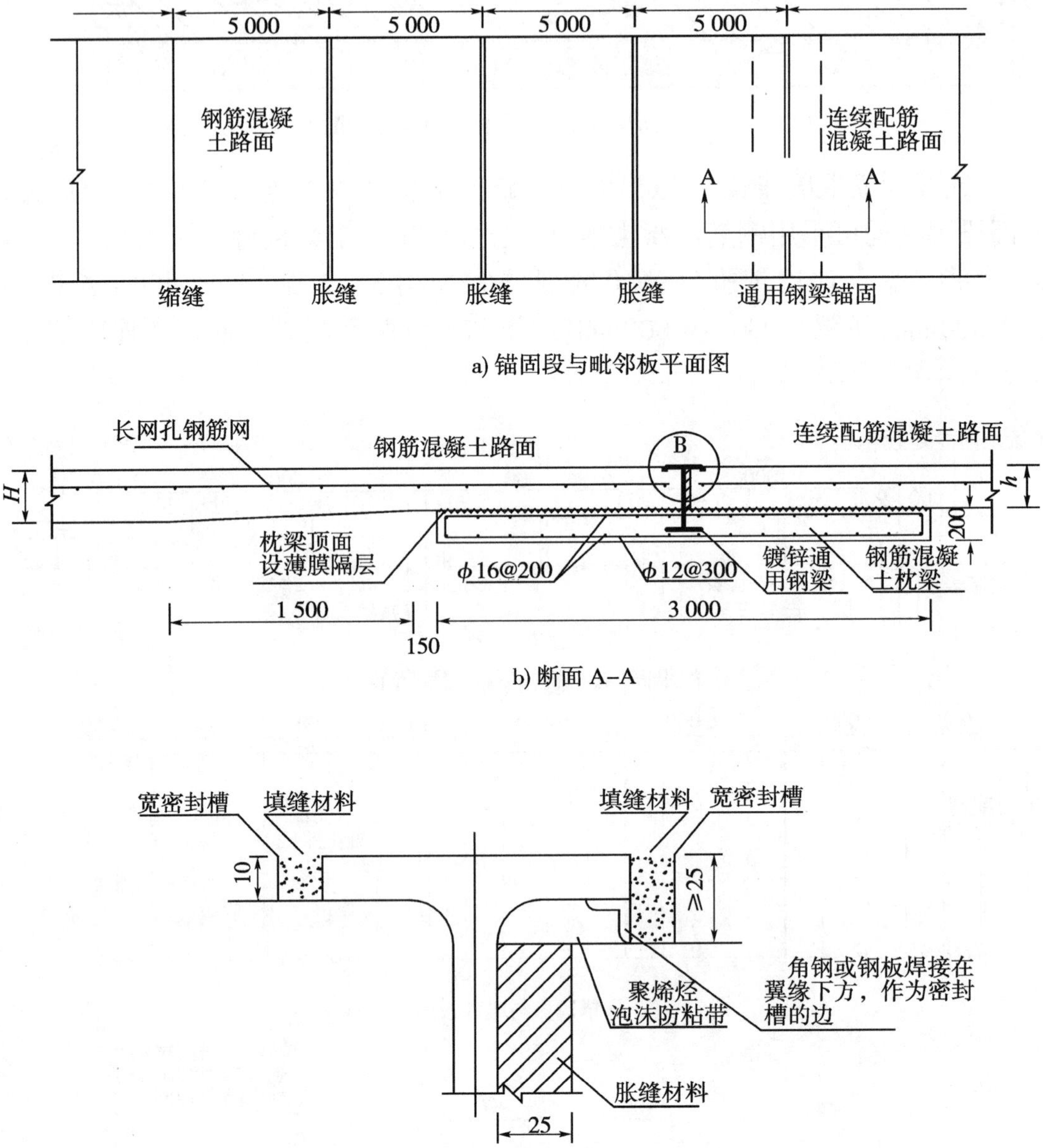


a) 锚固段与毗邻板平面图

b) 断面 A-A

c)B 大样图

图 5.5.4-2　宽翼缘工字钢梁锚固(尺寸单位:mm)

## 5.6　填缝材料

**5.6.1**　胀缝接缝板应选用能适应混凝土板膨胀收缩、施工时不易变形、复原率高和耐久性好的材料。高速公路和一级公路宜选用泡沫橡胶板、沥青纤维板;其他等级公路也可选用木材类或纤维类板。

**5.6.2**　填缝料应选用与混凝土接缝槽壁黏结力强、回弹性好、适应混凝土板收缩、不溶于水、不渗水、高温时不流淌、低温时不脆裂、耐老化、有一定抵抗砂石嵌入的能力、便于施工操作的材料。高速公路、一级公路宜选用硅酮类、聚氨酯类填缝料;二级及二级以下公路可选用聚氨酯类、橡胶沥青类或改性沥青类填缝料。

# 6 混凝土面层配筋设计

## 6.1 普通混凝土面层配筋

**6.1.1** 普通混凝土面层基础薄弱的自由边缘、接缝为未设传力杆的平缝、主线与匝道相接处或与其他类型路面相接处,可在面层边缘的下部配置钢筋。可选用2根直径为12~16mm的螺纹钢筋,置于面层底面之上1/4厚度处并不小于50mm,间距为100mm,钢筋两端向上弯起,如图6.1.1所示。

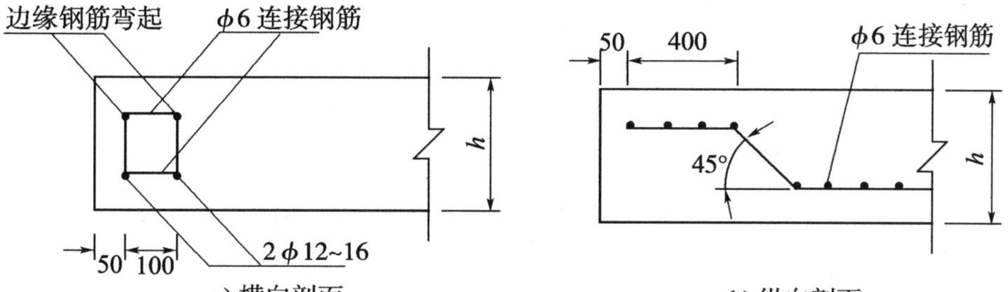


图6.1.1 边缘钢筋布置(尺寸单位:mm)

**6.1.2** 承受极重、特重或重交通的水泥混凝土面层的胀缝、施工缝和自由边的角隅以及承受极重交通的水泥混凝土面层缩缝的角隅,宜配置角隅钢筋。可选用2根直径为12~16mm的螺纹钢筋,置于面层上部,距顶面不小于50mm,距边缘为100mm,如图6.1.2所示。

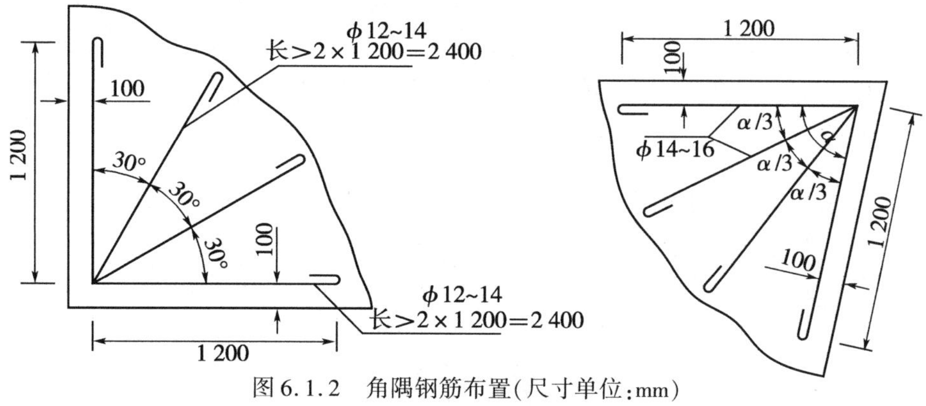


图6.1.2 角隅钢筋布置(尺寸单位:mm)

**6.1.3** 混凝土面层下有箱形构造物横向穿越,其顶面至混凝土面层底面的间距小于800mm时,在构造物顶宽及两侧各$1.5H+1.5$m且不小于4m的范围内,混凝土面层内应布设双层钢筋网,上下层钢筋网应分别设置在距面层顶面和底面1/4~1/3厚度处,如图6.1.3-1所示。构造物顶面至面层底面的距离在800~1 600mm时,应在上述长度范围内的混凝土面层中布设单层钢筋网。钢筋网应设在距顶面 1/4 ~ 1/3 厚度处,如图 6.1.3-2所示。钢筋直径宜为 12mm,纵向钢筋间距宜为 100mm,横向钢筋间距宜为 200mm。配筋混凝土面层与相邻混凝土面层之间应设置设传力杆的缩缝。

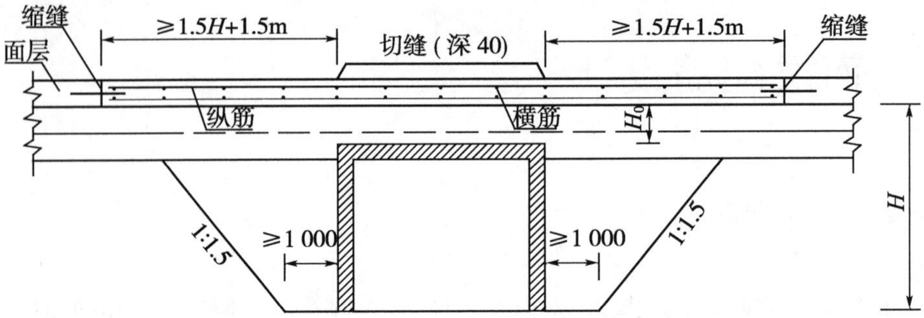


图 6.1.3-1　箱形构造物横穿公路处的面层配筋($H_0$ < 800mm)(尺寸单位:mm)

$H$-面层底面到构造物底面的距离;$H_0$-面层底面到构造物顶面的距离

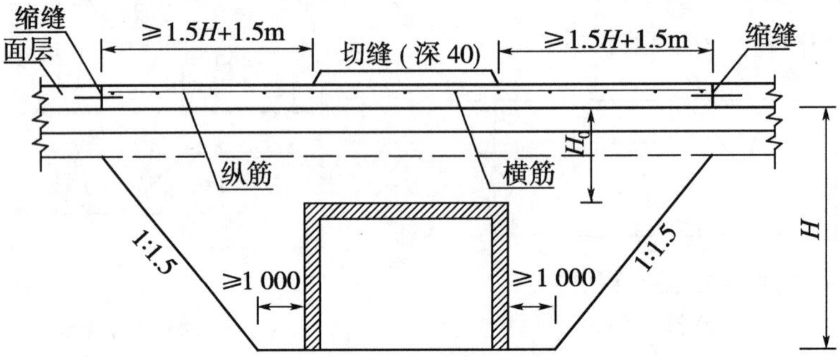


图 6.1.3-2　箱形构造物横穿公路处的面层配筋($H_0$ = 800 ~ 1 600mm)(尺寸单位:mm)

$H$-面层底面到构造物底面的距离;$H_0$-面层底面到构造物顶面的距离

**6.1.4**　混凝土面层下有圆形管状构造物横向穿越,其顶面至面层底面的距离小于 1 200mm时,在构造物两侧各 1.5$H$ + 1.5m,且不小于 4m 的范围内,混凝土面层内应布设单层钢筋网,钢筋网应设在距面层顶面 1/4 ~ 1/3 厚度处,如图 6.1.4 所示。钢筋尺寸和间距及传力杆接缝设置与 6.1.3 条相同。

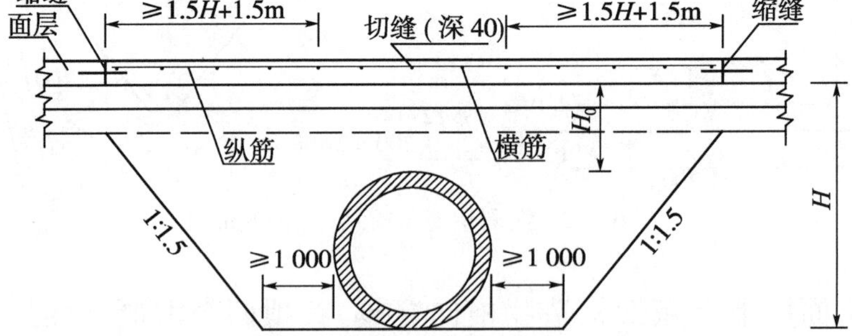


图 6.1.4　圆形管状构造物横穿公路处的面层配筋($H_0$ < 1 200mm)(尺寸单位:mm)

$H$-面层底面到构造物底面的距离;$H_0$-面层底面到构造物顶面的距离

## 6.2 钢筋混凝土面层配筋

**6.2.1** 钢筋混凝土面层的配筋量应按式(6.2.1)确定。

$$A_s = \frac{16L_s h\mu}{f_{sy}} \tag{6.2.1}$$

式中:$A_s$——每延米混凝土面层宽(或长)所需的钢筋面积($mm^2$);

$L_s$——计算纵向钢筋时,为横缝间距(m);计算横向钢筋时,为无拉杆的纵缝或自由边之间的距离(m);

$h$——面层厚度(mm);

$\mu$——面层与基层之间的摩阻系数,按附录表 E.0.3-3 选用;

$f_{sy}$——钢筋的屈服强度(MPa),按附录表 E.0.4 选用。

**6.2.2** 纵向和横向钢筋宜采用相同或相近的直径,直径差不应大于4mm。钢筋的最小直径和最大间距,应符合表6.2.2的规定。钢筋的最小间距宜为集料最大粒径的2倍。

**表6.2.2 钢筋最小直径和最大间距(mm)**

| 钢筋类型 | 最小直径 | 纵向钢筋最大间距 | 横向钢筋最大间距 |
|---|---|---|---|
| 光圆钢筋 | 8 | 150 | 300 |
| 螺纹钢筋 | 12 | 350 | 600 |

**6.2.3** 钢筋布置应符合下列要求:

1 纵向钢筋应设在面层顶面下1/3~1/2厚度范围内,在不影响施工的情况下宜设在接近面层顶面下1/3厚度处。

2 横向钢筋应位于纵向钢筋之下。

3 纵向钢筋的搭接长度宜大于35倍钢筋直径,搭接位置应错开,各搭接端连线与纵向钢筋的夹角应小于60°。

4 边缘钢筋至纵缝或自由边的距离宜为100~150mm。

## 6.3 连续配筋混凝土面层配筋

**6.3.1** 连续配筋混凝土面层的纵向配筋量应按下述要求确定:

1 纵向钢筋埋置深度处的裂缝缝隙平均宽度不大于0.5mm。

2 横向裂缝的平均间距不大于1.8m。

3 钢筋所承受的拉应力不超过其屈服强度。

4 满足上述要求所需的纵向配筋率,中等交通荷载等级宜为0.6%~0.7%,重交通荷载等级宜为0.7%~0.8%,特重交通荷载等级宜为0.8%~0.9%,极重交通荷载等级宜为0.9%~1.0%。冰冻地区路面的配筋率宜高于一般地区0.1%。所需配筋率的具体计算方法参见附录D。

5　连续配筋混凝土用于复合式面层的下面层时,其纵向配筋率可降低0.1%。

**6.3.2**　横向钢筋的用量应按6.2.1条计算确定,并应满足施工时固定和保持纵向钢筋位置的要求。

**6.3.3**　连续配筋混凝土面层的纵向和横向钢筋均应采用螺纹钢筋,直径宜为12～20mm。当钢筋可能受到较严重腐蚀时,宜在钢筋外涂环氧树脂等防腐材料。

**6.3.4**　钢筋布置应符合下列要求:

1　纵向钢筋距面层顶面不应小于90mm,最大深度不应大于1/2面层厚度,在不影响施工的情况下宜接近90mm。

2　纵向钢筋的间距不应大于250mm,不小于集料最大粒径的2.5倍。

3　纵向钢筋的焊接长度宜不小于10倍(单面焊)或5倍(双面焊)钢筋直径,焊接位置应错开,各焊接端连线与纵向钢筋的夹角应小于60°。

4　边缘钢筋至纵缝或自由边的距离宜为100～150mm。

5　横向钢筋应位于纵向钢筋之下;横向钢筋间距宜为300～600mm,直径大时取大值。

6　横向钢筋宜斜向设置,其与纵向钢筋的夹角可取60°。

**6.3.5**　相邻车道之间或车道与硬路肩之间的纵向接缝内,必须设置拉杆。该拉杆可用加长的横向钢筋代替。

# 7　材料组成与参数要求

## 7.1　一般规定

**7.1.1**　路面各结构层组成材料的原材料品质和技术指标要求,以及混合料组成设计方法,应符合现行《公路水泥混凝土路面施工技术规范》(JTG F30)、《公路路面基层施工技术规范》(JTJ 034)和《公路沥青路面施工技术规范》(JTG F40)中有关条款的规定。

**7.1.2**　路基和路面各结构层混合料的各项设计参数取值,应按有关试验规程的试验方法实测确定,其标准值按概率分布的85%分位值取用。受条件限制无法通过试验取得数值时,可参照经验数值范围,结合工程经验分析确定。

## 7.2　垫层材料

**7.2.1**　防冻垫层所采用的粒料(砂或砂砾)中,小于0.075mm的细粒含量不宜大于5%。

**7.2.2**　排水垫层的粒料级配应同时满足渗水和反滤的要求。

## 7.3 基层材料

**7.3.1** 贫混凝土集料公称最大粒径不宜大于31.5mm,水泥用量在不掺粉煤灰时不得少于170kg/m$^3$,28d弯拉强度标准值宜控制在2.0~2.5MPa范围内。碾压混凝土集料公称最大粒径不得大于26.5mm。

**7.3.2** 水泥稳定粒料、级配碎石或砾石的集料公称最大粒径宜为26.5mm或31.5mm。小于0.075mm的细粒含量不得大于5%,小于4.75mm的颗粒含量不宜大于50%,液限应小于28%,塑性指数应小于5。承受极重、特重和重交通时,水泥剂量宜为4%~6%;中等和轻交通时,水泥剂量宜为4%。

**7.3.3** 石灰粉煤灰稳定粒料的集料公称最大粒径宜为26.5mm。小于0.075mm的细粒含量不得大于7%;小于4.75mm的颗粒含量不宜大于50%。石灰与粉煤灰的配比宜为1:2~1:4;粒料与石灰粉煤灰的配比宜为85:15~80:20。

**7.3.4** 沥青混凝土基层宜采用集料公称最大粒径为19.0mm或26.5mm的混合料,沥青稳定碎石基层宜采用集料公称最大粒径为26.5mm或31.5mm的混合料,沥青混凝土夹层宜采用集料公称最大粒径为9.5mm或13.2mm的混合料。各种沥青混合料的沥青用量宜适当增大。

**7.3.5** 开级配水泥稳定碎石的集料公称最大粒径宜为26.5mm或31.5mm。小于0.075mm的细粒含量不得大于2%;小于2.36mm的颗粒含量不宜大于5%;小于4.75mm的颗粒含量不宜大于10%。水泥剂量宜为9.5%~11%。

**7.3.6** 开级配沥青稳定碎石的集料公称最大粒径宜为19.0mm或26.5mm。小于0.075mm的细粒含量不得大于2%;小于0.6mm的颗粒含量不宜大于5%;小于2.36mm的颗粒含量不宜大于15%;小于4.75mm的颗粒含量不宜大于20%。沥青标号应选用50A或70A,沥青用量宜为2.5%~3.5%。

## 7.4 面层材料

**7.4.1** 水泥混凝土集料公称最大粒径不应大于26.5mm。砂的细度模数不宜小于2.5;高速公路面层的用砂,其硅质砂或石英砂的含量不宜低于25%。水泥含量不得少于300kg/m$^3$(非冰冻地区)或320kg/m$^3$(冰冻地区)。冰冻地区的混凝土中必须掺加引气剂。

**7.4.2** 厚度大于300mm的普通混凝土面层可分上下两层连续铺筑。上层厚度应不小于总厚度的1/3,宜采用高强、耐磨的混凝土材料,集料公称最大粒径不宜大于19mm。

**7.4.3** 钢纤维混凝土集料公称最大粒径宜为钢纤维长度的1/2~2/3,并不宜大于16mm。钢纤维的抗拉强度标准值不宜小于600级(600~1 000MPa)。水泥用量不得少于360kg/m³(非冰冻地区)或380kg/m³(冰冻地区)。

**7.4.4**　碾压混凝土面层混凝土的集料公称最大粒径不宜大于19.0mm,水泥用量不得少于280kg/m³(非冰冻地区)或310kg/m³(冰冻地区)。

**7.4.5**　混凝土预制块的抗压强度不宜低于50MPa(非冰冻地区)或60MPa(冰冻地区)。砂垫层宜选用细度模数为2.3~3.0的天然砂,4.75mm筛孔的累计筛余量不应大于5%,含泥量不应大于5%。

## 7.5　材料设计参数

**7.5.1**　土和粒料的回弹模量应采用重复加载三轴压缩试验测定。土试件的尺寸应为直径100mm、高200mm(最大粒径不超过19mm),粒料试件的尺寸应为直径150mm、高300mm。

**7.5.2**　无机结合料稳定类材料的弹性模量应采用单轴压缩试验测定。试件尺寸应为直径100mm、高200mm或直径150mm、高300mm。水泥稳定类材料的试件龄期应采用90d,石灰粉煤灰稳定类材料的试件龄期应采用180d,测定前试件应浸水1d。

**7.5.3**　沥青混合料动态模量应采用周期加载单轴压缩试验测定。试件的尺寸应为直径100mm、高150mm。

**7.5.4**　按经验数值范围确定路基和路面各结构层的各项设计参数值时,可参照附录E取值。

1　依据土的类别选取路基的回弹模量值时,可参照附录E.0.1取值。按土类由表E.0.1-1查取回弹模量经验参考值,并按路床顶距地下水位的距离由表E.0.1-2查取路基的湿度调整系数,二者相乘后得到回弹模量值。

2　依据粒料类别选取粒料层的回弹模量时,可参照附录E.0.2,按材料类型由表E.0.2-1取值。

3　无机结合料稳定类基层或底基层的弹性模量,应采用考虑结构层收缩开裂后的有效模量,可参照附录E.0.2表E.0.2-2取值。

4　基层沥青混合料的动态模量值,可参照附录E.0.2表E.0.2-3取值。

**7.5.5**　混凝土配合比设计时的混合料试配弯拉强度的均值,应按式(7.5.5)确定。

$$f_m = \frac{f_r}{1-1.04c_v} + ts \tag{7.5.5}$$

式中:$f_m$——混凝土试配弯拉强度的均值(MPa);

$f_r$——混凝土弯拉强度标准值(MPa);

$c_v$——混凝土弯拉强度的变异系数,参照表3.0.2取用;

$s$——混凝土弯拉强度试验样本的标准差;

$t$——保证率系数,按样本数和判别概率参照表7.5.5确定。

**表7.5.5 保证率系数**

| 公路等级 | 判别概率 | 样本数 | | | |
|---|---|---|---|---|---|
| | | 6 | 9 | 15 | 20 |
| 高速公路 | 0.05 | 0.79 | 0.61 | 0.45 | 0.39 |
| 一级公路 | 0.10 | 0.59 | 0.46 | 0.35 | 0.30 |
| 二级公路 | 0.15 | 0.46 | 0.37 | 0.28 | 0.24 |
| 三、四级公路 | 0.20 | 0.37 | 0.29 | 0.22 | 0.19 |

# 8 加铺层结构设计

## 8.1 一般规定

**8.1.1** 在进行旧混凝土路面加铺层设计之前,应调查下列内容:

1 公路修建和养护技术资料:路面结构和材料组成、接缝构造及养护历史等。

2 路面损坏状况:损坏类型、轻重程度、范围及修补措施等。

3 路面结构强度:路表弯沉、接缝传荷能力、板底脱空状况、面层厚度和混凝土强度等。

4 已承受的交通荷载及预计的交通需求:交通量、轴载组成及增长率等。

5 环境条件:沿线气候条件、地下水位以及路基和路面的排水状况等。

6 桥隧净空:沿线跨线桥以及隧道的净空要求等。

**8.1.2** 地表或地下排水不良路段,应采取措施改善或增设地表或地下排水设施;旧混凝土路面结构排水不良路段,应增设路面边缘排水系统。

**8.1.3** 加铺层设计应包括施工期间维持通车的设计方案与交通安全组织管理等。

**8.1.4** 废旧路面材料应充分利用,减少对环境的不利影响。

## 8.2 路面损坏状况调查评定

**8.2.1** 旧混凝土路面的损坏状况应采用断板率和平均错台量两项指标评定。断板率的调查和计算可按现行《公路水泥混凝土路面养护技术规范》(JTJ 073.1)的规定进行。应采用错台仪量测接缝两侧板边的高程差,量测点的位置在错台严重车道的右侧边缘内300mm处,以调查路段内各条接缝高程差的平均值表示该路段的平均错台量。

**8.2.2** 路面损坏状况分为4个等级,各个等级的断板率和平均错台量的分级标准见

表 8.2.2。

**表 8.2.2　路面损坏状况分级标准**

| 等级 | 优良 | 中 | 次 | 差 |
|---|---|---|---|---|
| 断板率(%) | ≤5 | 5 ~ 10 | 10 ~ 20 | >20 |
| 平均错台量(mm) | ≤3 | 3 ~ 7 | 7 ~ 12 | >12 |

## 8.3　接缝传荷能力和板底脱空状况调查评定

**8.3.1**　旧混凝土面层板的接缝传荷能力和板底脱空状况应采用弯沉测试法调查评定,弯沉测试宜采用落锤式弯沉仪。

**8.3.2**　测定接缝传荷能力的试验荷载应采用设计轴载的一侧轮载,将荷载施加在邻近接缝的路面表面,实测接缝两侧边缘的弯沉值。应按式(8.3.2)计算接缝的传荷系数。

$$k_{\mathrm{j}} = \frac{w_{\mathrm{u}}}{w_l} \times 100 \tag{8.3.2}$$

式中:$k_{\mathrm{j}}$——接缝传荷系数(%);

$w_{\mathrm{u}}$——未受荷板接缝边缘处的弯沉值(0.01mm);

$w_l$——受荷板接缝边缘处的弯沉值(0.01mm)。

**8.3.3**　旧混凝土面层的接缝传荷能力分为 4 个等级,分级标准见表 8.3.3。

**表 8.3.3　接缝传荷能力分级标准**

| 等级 | 优良 | 中 | 次 | 差 |
|---|---|---|---|---|
| 接缝传荷系数 $k_{\mathrm{j}}$ | ≥80 | 60 ~ 80 | 40 ~ 60 | <40 |

**8.3.4**　板底脱空可根据面层板角隅处的多级荷载弯沉测试结果,并综合考虑唧泥和错台发展程度以及接缝传荷能力进行判别,也可采用雷达、声波检测仪器检测板底脱空状况。

## 8.4　旧混凝土路面结构参数调查

**8.4.1**　旧混凝土面层厚度的标准值可根据钻孔芯样的量测高度按式(8.4.1)计算确定。

$$h_{\mathrm{e}} = \bar{h}_{\mathrm{e}} - 1.04 s_{\mathrm{h}} \tag{8.4.1}$$

式中:$h_{\mathrm{e}}$——旧混凝土面层量测厚度的标准值(mm);

$\bar{h}_{\mathrm{e}}$——旧混凝土面层量测厚度的均值(mm);

$s_{\mathrm{h}}$——旧混凝土面层厚度量测值的标准差(mm)。

**8.4.2**　旧混凝土面层的弯拉强度标准值可采用钻孔芯样的劈裂试验测定结果按式(8.4.2-1)和式(8.4.2-2)计算确定。

$$f_{\mathrm{r}} = 1.87 f_{\mathrm{sp}}^{0.87} \tag{8.4.2-1}$$

$$f_{sp}=\overline{f}_{sp}-1.04s_{sp} \tag{8.4.2-2}$$

上述式中：$f_r$——旧混凝土面层的弯拉强度标准值(MPa)；

$f_{sp}$——旧混凝土面层的劈裂强度标准值(MPa)；

$\overline{f}_{sp}$——旧混凝土面层的劈裂强度测定值的均值(MPa)；

$s_{sp}$——旧混凝土面层的劈裂强度测定值的标准差(MPa)。

**8.4.3** 旧混凝土面层的弯拉弹性模量标准值可按式(8.4.3)计算确定。

$$E_c=\frac{10^4}{0.09+\frac{0.96}{f_r}} \tag{8.4.3}$$

式中：$E_c$——旧混凝土面层的弯拉弹性模量标准值(MPa)；

$f_r$——旧混凝土面层的弯拉强度标准值(MPa)。

**8.4.4** 旧混凝土路面基层顶面的当量回弹模量标准值，宜采用落锤式弯沉仪(设计荷载100kN、承载板半径150mm)量测板中荷载作用下的弯沉曲线，按式(8.4.4-1)和式(8.4.4-2)确定。

$$E_t=100e^{3.60+24.03w_0^{-0.057}-15.63\mathrm{SI}^{0.222}} \tag{8.4.4-1}$$

$$\mathrm{SI}=\frac{w_0+w_{300}+w_{600}+w_{900}}{w_0} \tag{8.4.4-2}$$

上述式中：$E_t$——基层顶面的当量回弹模量标准值(MPa)；

SI——路面结构的荷载扩散系数；

$w_0$——荷载中心处的弯沉值(μm)；

$w_{300}$、$w_{600}$、$w_{900}$——分别为距离荷载中心300mm、600mm和900mm处的弯沉值(μm)。

当采用落锤式弯沉仪的条件受限时，也可选择在清除断裂混凝土板后的基层顶面进行梁式弯沉测量，而后按附录B(式B.2.5)反算，或者根据基层钻芯的材料组成及性能情况依经验确定。

## 8.5 加铺方案选择

**8.5.1** 根据使用要求及旧混凝土路面的综合评定结果，可选用分离式或结合式水泥混凝土加铺及沥青混凝土加铺方案，并经技术经济比较后确定。

**8.5.2** 当旧混凝土路面的损坏状况和接缝传荷能力评定等级为优良，面层板的平面尺寸及接缝布置合理，路拱横坡符合要求时，可采用结合式混凝土加铺方案、分离式混凝土加铺方案或沥青混凝土加铺方案。

**8.5.3** 当旧混凝土路面的损坏状况和接缝传荷能力评定等级为中等以上时，或者新旧混凝土板的平面尺寸不同、接缝形式或位置不对应或路拱横坡不一致时，可采用分离式混凝土加铺方案或沥青混凝土加铺方案。

**8.5.4** 当旧混凝土路面的损坏状况和接缝传荷能力评定等级为次等以上时，可采用沥青混凝土加铺方案。

**8.5.5** 加铺时必须对旧水泥混凝土路面进行处治,应更换破碎板,修补和填封裂缝,压浆填封板底脱空,磨平错台,清除旧混凝土面层表面的松散碎屑、油迹或轮胎擦痕,剔除接缝中失效的填缝料和杂物,并重新封缝。

**8.5.6** 加铺时,对于检测有明显板底脱空的路段,应采用压浆材料填封板底脱空,浆体材料应具备流动性好、早期强度高、无离析、无泌水、无收缩等特性。

**8.5.7** 当旧水泥混凝土面层损坏状况严重时,宜选用打裂压稳方案或碎石化方案处治旧混凝土路面,根据公路等级和交通状况,将处治后的旧路面用做改建路面的基层或底基层。

**8.5.8** 打裂压稳改建方案,打裂后应使 75% 以上的旧混凝土板产生不规则开裂,相邻裂缝形成的块状面积为 0.4 ~ 0.6$m^2$;碎石化改建方案,破碎后应使 75% 以上的旧混凝土板破碎成最大尺寸小于 400mm 的颗粒。

## 8.6 沥青加铺层结构设计

**8.6.1** 沥青加铺层可设单层或双层沥青面层,至少有一层采用密级配沥青混合料,可根据需要设置调平层,在路面边缘宜设置内部排水系统。

**8.6.2** 沥青加铺层与原水泥混凝土面板之间宜洒布改性沥青,加强层间结合,避免层间滑移。

**8.6.3** 应根据气温、荷载、旧混凝土路面承载能力、接缝传荷能力等合理选用下述减缓反射裂缝的措施:

1　增加沥青加铺层的厚度。

2　在加铺层沥青混合料中掺加纤维及橡胶等改性剂。

3　在旧混凝土板顶面或加铺层内设置应力吸收层、聚酯玻纤布或者土工织物夹层。

4　沥青加铺层下层采用大粒径沥青碎石。

**8.6.4** 沥青加铺层厚度应兼顾混合料的公称最大粒径相匹配和减缓反射裂缝的要求确定。高速公路和一级公路的最小厚度宜为 100mm,其他等级公路的最小厚度宜为 80mm。

**8.6.5** 沥青加铺层下旧混凝土板的应力分析应按附录 C 进行。旧混凝土板的厚度、混凝土的弯拉强度和弹性模量标准值以及基层顶面当量回弹模量标准值,应采用旧混凝土路面的实测值,按 8.4 节规定的方法确定。旧混凝土板的应力应满足式(3.0.4)的要求。

**8.6.6** 沥青混合料的组成设计应按照现行《公路沥青路面施工技术规范》(JTG F40)进行。

## 8.7 分离式混凝土加铺层结构设计

**8.7.1** 在旧混凝土面层与加铺层之间应设置隔离层。隔离层材料宜选用沥青混凝土,厚度不宜小于40mm。

**8.7.2** 分离式混凝土加铺层的接缝形式和位置,应按新建混凝土面层的要求布置。

**8.7.3** 加铺层可采用普通混凝土、钢纤维混凝土、钢筋混凝土和连续配筋混凝土。普通混凝土、钢筋混凝土和连续配筋混凝土加铺层的厚度不宜小于180mm;钢纤维混凝土加铺层的厚度不宜小于140mm。

**8.7.4** 加铺层和旧混凝土面层应力分析,应按分离式双层板进行,计算方法见附录B.4和B.5。旧混凝土板的厚度、混凝土的弯拉强度和弹性模量标准值以及基层顶面当量回弹模量标准值,应采用旧混凝土路面的实测值,按8.4节的规定确定。加铺层混凝土的弯拉强度标准值应符合表3.0.8的要求。加铺层的设计厚度,应按加铺层和旧混凝土板的应力均满足式(3.0.4)的要求确定。

## 8.8 结合式混凝土加铺层结构设计

**8.8.1** 宜采用铣刨、喷射高压水或钢珠、酸蚀等方法,打毛清理旧混凝土面层表面,并在清理后的表面涂敷黏结剂,使加铺层与旧混凝土面层结合成整体。

**8.8.2** 结合式加铺层厚度不宜小于80mm。加铺层的接缝形式和位置应与旧混凝土面层的接缝完全对应和对齐,加铺层内可不设拉杆或传力杆。

**8.8.3** 加铺层和旧混凝土板的应力分析,应按结合式双层板进行,计算方法见附录B.6。旧混凝土板的厚度、混凝土的弯拉强度和弹性模量标准值以及基层顶面当量回弹模量标准值,应采用旧混凝土路面的实测值,按8.4节规定的方法确定。加铺层的设计厚度,应按旧混凝土板的应力满足式(3.0.4)的要求确定。

## 8.9 旧沥青路面加铺水泥混凝土路面结构设计

**8.9.1** 旧沥青路面可采用水泥混凝土加铺层。加铺层铺筑前应对较严重的车辙、拥包进行铣刨,对坑槽和网裂较严重的路段应进行结构补强。

**8.9.2** 在旧沥青面层与水泥混凝土加铺层之间应设置调平层。调平层材料可选用沥青混凝土等。

**8.9.3** 加铺层可采用普通混凝土、钢纤维混凝土、钢筋混凝土和连续配筋混凝土。普通混凝土、钢筋混凝土和连续配筋混凝土加铺层的厚度不宜小于180mm;钢纤维混凝土加铺层的厚度不宜小于140mm。

**8.9.4** 旧沥青路面顶面的当量回弹模量可按附录B式(B.2.5)计算确定,并按照新建水泥混凝土路面进行加铺层设计。

**8.9.5** 超薄水泥混凝土加铺层的厚度宜为80~130mm,面板平面尺寸宜为2.5m×1.0m,切缝深度宜为面层板厚的1/4~1/3,缝宽宜为3~5mm,无需封缝。

# 附录A　交通荷载分析

## A.1　交通调查与分析

**A.1.1**　可利用当地交通量观测站的观测和统计资料,或者通过实地设立站点进行交通量观测和统计,获取所设计公路的初期年平均日交通量(双向)及其车辆类型组成数据,剔除2轴4轮及以下的客、货运车辆交通量,得到包括大型客车交通量在内的初期年平均日货车交通量(双向)。

**A.1.2**　2轴6轮及以上车辆交通量的方向分配系数应根据实际调查确定,如确有困难可在0.5~0.6范围内选用。

**A.1.3**　可依据设计公路的车道数,按表A.1.3确定2轴6轮及以上车辆交通量的车道分配系数。

**表A.1.3　2轴6轮及以上车辆交通量的车道分配系数**

| 单向车道数 | | 1 | 2 | 3 | ≥4 |
|---|---|---|---|---|---|
| 车道分配系数 | 高速公路 | — | 0.70~0.85 | 0.45~0.60 | 0.40~0.50 |
| | 其他等级公路* | 1.00 | 0.50~0.75 | 0.50~0.75 | — |

注:* 交通受非机动车和行人影响较严重的取低限,反之取高限。

初期年平均日货车交通量(双向)乘以方向分配系数和车道分配系数,即为设计车道的年平均日货车交通量(ADTT)。

**A.1.4**　可依据公路等级、功能及所在地区的经济和交通运输发展情况,通过调查分析,预估设计基准期内的货车交通量增长趋势,确定设计基准期内货车交通量的年平均增长率。

## A.2　轴载调查与分析

**A.2.1**　可通过实地设立站点进行各类车辆的轴型调查和轴重测定,或者利用该地区或相似类型公路已有称重站的车型、轴型和轴重测定统计资料,获取设计公路的车辆类型、轴型和轴重组成数据,以及最重轴载和货车中占主要份额特重车型轴载。

**A.2.2**　各类车辆按轴型称重和统计时,可采用以轴型为基础的轴载当量换算系数法计算分析设计车道使用初期的设计轴载日作用次数。随机统计3 000辆2轴6轮及以上车辆中单轴、双联轴和三联轴等不同轴型出现的单轴次数,并分别称取其单轴轴重。可按单轴轴重级位统计整理后得到轴载谱,并按式(A.2.2-1)计算确定不同轴重级位的设计轴载当量换算系数。

$$k_{p,i}=\left(\frac{P_i}{P_s}\right)^{16} \tag{A.2.2-1}$$

式中:$k_{p,i}$——不同单轴轴重级位 $i$ 的设计轴载当量换算系数;

$P_i$——单轴级位 $i$ 的轴重(kN);

$P_s$——设计轴载的轴重(kN)。

依据单轴轴载谱和相应的设计轴载当量换算系数,可按式(A.2.2-2)计算得到设计车道使用初期的设计轴载日作用次数。

$$N_s=\text{ADTT}\frac{n}{3\ 000}\sum_i(k_{p,i}\times p_i) \tag{A.2.2-2}$$

式中:$N_s$——设计车道的设计轴载日作用次数[轴次/(车道·日)];

ADTT——设计车道的年平均日货车交通量[辆/(车道·日)];

$n$——随机调查 3 000 辆 2 轴 6 轮及以上车辆中出现的单轴总轴数;

$p_i$——单轴轴重级位 $i$ 的频率(以分数计)。

**A.2.3** 以车辆类型为基础进行各种轴型的轴载称重和统计时,可采用车辆当量轴载系数法计算分析设计车道使用初期的设计轴载日作用次数。

可将 2 轴 6 轮及以上车辆分为整车、半挂和多挂 3 大类,每类车再按轴数细分,分别按车型称重后得到单轴轴载谱。可由式(A.2.2-1)和式(A.2.3-1)计算得到各类车辆的设计轴载当量换算系数。

$$k_{p,k}=\sum_i k_{p,i}p_i \tag{A.2.3-1}$$

式中:$k_{p,k}$——$k$ 类车辆的设计轴载当量换算系数;

$p_i$——$k$ 类车辆单轴轴重级位 $i$ 的频率(以分数计)。

依据调查所得的车辆类型组成数据,可按式(A.2.3-2)计算确定设计车道使用初期的设计轴载日作用次数。

$$N_s=\text{ADTT}\times\sum_k(k_{p,k}\times p_k) \tag{A.2.3-2}$$

式中:$p_k$——$k$ 类车辆的组成比例(以分数计)。

**A.2.4** 设计基准期内水泥混凝土路面设计车道临界荷位处所承受的设计轴载累计作用次数,应按式(A.2.4)计算确定。

$$N_e=\frac{N_s\times[(1+g_r)^t-1]\times 365}{g_r}\times\eta \tag{A.2.4}$$

式中:$N_e$——设计基准期内设计车道所承受的设计轴载累计次数(轴次/车道);

$t$——设计基准期(a);

$g_r$——基准期内货车交通量的年平均增长率(以分数计);

$\eta$——临界荷位处的车辆轮迹横向分布系数,按表 A.2.4 选用。

**A.2.4　车辆轮迹横向分布系数**

| 公 路 等 级 | | 纵缝边缘处 |
|---|---|---|
| 高速公路、一级公路、收费站 | | 0.17～0.22 |
| 二级及二级以下公路 | 行车道宽＞7m | 0.34～0.39 |
| | 行车道宽≤7m | 0.54～0.62 |

注:车道、行车道较窄或者交通量较大时,取高值;反之,取低值。

# 附录 B　混凝土板应力分析及厚度计算

## B.1　力学模型

**B.1.1**　按基层和面层类型和组合的不同,路面结构分析可分别采用下述力学模型:

1　弹性地基单层板模型——适用于粒料基层上混凝土面层,旧沥青路面加铺混凝土面层;面层板底面以下部分按弹性地基处理。

2　弹性地基双层板模型——适用于无机结合料类基层或沥青类基层上混凝土面层,旧混凝土路面上加铺分离式混凝土面层;面层和基层或者新旧面层作为双层板,基层底面以下或者旧面层底面以下部分按弹性地基处理。

3　复合板模型——适用于两层不同性能材料组成的面层或基层复合板。旧混凝土路面上加铺结合式混凝土面层,两层不同性能材料组成的层间黏结的面层,作为弹性地基上的单层板或者弹性地基上双层板的上层板;无机结合料类基层或沥青类基层与无机结合料类底基层组成的基层,作为弹性地基上双层板的下层板。

**B.1.2**　混凝土面层板的临界荷位位于纵缝边缘中部。基层板的临界荷位与面层板相同。

## B.2　弹性地基单层板荷载应力

**B.2.1**　设计轴载在面层板临界荷位处产生的荷载疲劳应力应按式(B.2.1)确定。

$$\sigma_{pr}=k_r k_f k_c \sigma_{ps} \tag{B.2.1}$$

式中:$\sigma_{pr}$——设计轴载在面层板临界荷位处产生的荷载疲劳应力(MPa);

$\sigma_{ps}$——设计轴载在四边自由板临界荷位处产生的荷载应力(MPa),按 B.2.2 条确定;

$k_r$——考虑接缝传荷能力的应力折减系数,采用混凝土路肩时,$k_r=0.87\sim0.92$(路肩面层与路面面层等厚时取低值,减薄时取高值);采用柔性路肩或土路肩时,$k_r=1$;

$k_f$——考虑设计基准期内荷载应力累计疲劳作用的疲劳应力系数,按 B.2.3 条确定;

$k_c$——考虑计算理论与实际差异以及动载等因素影响的综合系数,按公路等级查表 B.2.1 确定。

**表 B.2.1 综合系数 $k_c$**

| 公路等级 | 高速公路 | 一级公路 | 二级公路 | 三、四级公路 |
|---|---|---|---|---|
| $k_c$ | 1.15 | 1.10 | 1.05 | 1.00 |

**B.2.2** 设计轴载在四边自由板临界荷位处产生的荷载应力 $\sigma_{ps}$ 应按式(B.2.2-1)计算。

$$\sigma_{ps}=1.47\times10^{-3}r^{0.70}h_c^{-2}P_s^{0.94} \tag{B.2.2-1}$$

$$r=1.21(D_c/E_t)^{1/3} \tag{B.2.2-2}$$

$$D_c=\frac{E_c h_c^3}{12(1-\nu_c^2)} \tag{B.2.2-3}$$

上述式中:$P_s$——设计轴载的单轴重(kN);

$h_c$、$E_c$、$\nu_c$——混凝土面层板的厚度(m)、弯拉弹性模量(MPa)和泊松比;

$r$——混凝土面层板的相对刚度半径(m),按式(B.2.2-2)计算;

$D_c$——混凝土面层板的截面弯曲刚度(MN·m),按式(B.2.2-3)计算;

$E_t$——板底地基当量回弹模量(MPa),新建公路按 B.2.4 条确定,旧柔性路面上加铺混凝土面层按 B.2.5 条确定。

**B.2.3** 设计基准期内的荷载疲劳应力系数 $k_f$ 应按式(B.2.3-1)计算。

$$k_f=N_e^{\lambda} \tag{B.2.3-1}$$

式中:$N_e$——设计基准期内设计轴载累计作用次数,按附录 A 式(A.2.4)计算;

$\lambda$——材料疲劳指数,普通混凝土、钢筋混凝土、连续配筋混凝土,$\lambda=0.057$;碾压混凝土和贫混凝土,$\lambda=0.065$;钢纤维混凝土,按式(B.2.3-2)计算;

$$\lambda=0.053-0.017\rho_f\frac{l_f}{d_f} \tag{B.2.3-2}$$

$\rho_f$——钢纤维的体积率(%);

$l_f$——钢纤维的长度(mm);

$d_f$——钢纤维的直径(mm)。

**B.2.4** 新建公路的板底地基当量回弹模量 $E_t$ 应按式(B.2.4-1)计算。

$$E_t=\left(\frac{E_x}{E_0}\right)^{\alpha}E_0 \tag{B.2.4-1}$$

$$\alpha=0.86+0.26\ln h_x \tag{B.2.4-2}$$

$$E_x=\sum_{i=1}^{n}(h_i^2E_i)/\sum_{i=1}^{n}h_i^2 \tag{B.2.4-3}$$

$$h_x=\sum_{i=1}^{n}h_i \tag{B.2.4-4}$$

上述式中：$E_0$——路床顶综合回弹模量(MPa)；

$\alpha$——与粒料层总厚度 $h_x$ 有关的回归系数，按式(B.2.4-2)计算；

$E_x$——粒料层的当量回弹模量(MPa)，按式(B.2.4-3)计算；

$h_x$——粒料层的总厚度(m)，按式(B.2.4-4)计算；

$n$——粒料层的层数；

$E_i$、$h_i$——第 $i$ 结构层的回弹模量(MPa)与厚度 (m)。

**B.2.5**　在旧沥青混凝土路面上铺筑水泥混凝土面层时，原沥青混凝土路面顶面的地基综合当量回弹模量 $E_t$ 可根据落锤式弯沉仪(荷载 50kN、承载板半径 150mm)的中心点弯沉的测定结果应按式(B.2.5-1)，或根据贝克曼梁(后轴重 100kN 的车辆)的弯沉测定结果，按式(B.2.5-2)计算确定。

$$E_t = 18\ 621/w_0 \tag{B.2.5-1}$$

$$E_t = 13\ 739 w_0^{-1.04} \tag{B.2.5-2}$$

$$w_0 = \overline{w} + 1.04 s_w \tag{B.2.5-3}$$

上述式中：$w_0$——路段代表弯沉值(0.01mm)，按式(B.2.5-3)计算；

$\overline{w}$——路段弯沉平均值(0.01mm)；

$s_w$——路段弯沉的标准差(0.01mm)。

**B.2.6**　最重轴载在面层板临界荷位处产生的最大荷载应力，应按式(B.2.6)计算。

$$\sigma_{p,\max} = k_r k_c \sigma_{pm} \tag{B.2.6}$$

式中：$\sigma_{p,\max}$——最重轴载 $P_m$ 在面层板临界荷位处产生的最大荷载应力(MPa)；

$\sigma_{pm}$——最重轴载 $P_m$ 在四边自由板临界荷位处产生的最大荷载应力(MPa)，按式(B.2.2-1)计算，式中的设计轴载 $P_s$ 改为最重轴载 $P_m$(以单轴计，kN)。

## B.3　弹性地基单层板温度应力

**B.3.1**　在面层板临界荷位处产生的温度疲劳应力应按式(B.3.1) 计算。

$$\sigma_{tr} = k_t \sigma_{t,\max} \tag{B.3.1}$$

式中：$\sigma_{tr}$——面层板临界荷位处的温度疲劳应力(MPa)；

$\sigma_{t,\max}$——最大温度梯度时面层板产生的最大温度应力(MPa)，按 B.3.2 条确定；

$k_t$——考虑温度应力累计疲劳作用的温度疲劳应力系数，按 B.3.4 条确定。

**B.3.2**　最大温度梯度时混凝土面层板最大温度应力 $\sigma_{t,\max}$ 应按式(B.3.2)计算。

$$\sigma_{t,\max} = \frac{\alpha_c E_c h_c T_g}{2} B_L \tag{B.3.2}$$

式中：$\alpha_c$——混凝土的线膨胀系数，根据粗集料的岩性按表 E.0.3-2 取用；

$T_g$——公路所在地 50 年一遇的最大温度梯度，查表 3.0.10 取用；

$B_L$——综合温度翘曲应力和内应力的温度应力系数，按 B.3.3 条确定。

**B.3.3** 综合温度翘曲应力和内应力的温度应力系数 $B_L$ 应按式(B.3.3-1)计算。

$$B_L = 1.77e^{-4.48h_c}C_L - 0.131(1 - C_L) \quad (B.3.3\text{-}1)$$

$$C_L = 1 - \frac{\sinh t\cos t + \cosh t\sin t}{\cos t\sin t + \sinh t\cosh t} \quad (B.3.3\text{-}2)$$

$$t = \frac{L}{3r} \quad (B.3.3\text{-}3)$$

上述式中:$C_L$——混凝土面层板的温度翘曲应力系数,按式(B.3.3-2)计算;

$L$——面层板的横缝间距,即板长(m);

$r$——面层板的相对刚度半径(m)。

**B.3.4** 温度疲劳应力系数 $k_t$ 应按式(B.3.4)计算。

$$k_t = \frac{f_r}{\sigma_{t,max}}\left[a_t\left(\frac{\sigma_{t,max}}{f_r}\right)^{b_t} - c_t\right] \quad (B.3.4)$$

式中:$a_t$、$b_t$ 和 $c_t$——回归系数,按所在地区的公路自然区划查表B.3.4确定。

**表B.3.4 回归系数 $a_t$、$b_t$ 和 $c_t$**

| 系 数 | 公路自然区划 | | | | | |
|---|---|---|---|---|---|---|
| | Ⅱ | Ⅲ | Ⅳ | Ⅴ | Ⅵ | Ⅶ |
| $a_t$ | 0.828 | 0.855 | 0.841 | 0.871 | 0.837 | 0.834 |
| $b_t$ | 1.323 | 1.355 | 1.323 | 1.287 | 1.382 | 1.270 |
| $c_t$ | 0.041 | 0.041 | 0.058 | 0.071 | 0.038 | 0.052 |

## B.4 弹性地基双层板荷载应力

**B.4.1** 面层板或上面层板的荷载疲劳应力 $\sigma_{pr}$ 应按式(B.2.1)计算。其中,荷载疲劳应力系数 $k_f$、应力折减系数 $k_r$ 和综合系数 $k_c$ 的确定方法,与单层板的相同;设计轴载 $P_s$ 在上层板临界荷位处产生的荷载应力 $\sigma_{ps}$ 应按式(B.4.1-1)确定。

$$\sigma_{ps} = \frac{1.45\times10^{-3}}{1 + D_b/D_c}r_g^{0.65}h_c^{-2}P_s^{0.94} \quad (B.4.1\text{-}1)$$

$$D_b = \frac{E_b h_b^3}{12(1-\nu_b^2)} \quad (B.4.1\text{-}2)$$

$$r_g = 1.21[(D_c + D_b)/E_t]^{1/3} \quad (B.4.1\text{-}3)$$

上述式中:$D_b$——下层板的截面弯曲刚度(MN·m),按式(B.4.1-2)计算;

$h_b$、$E_b$、$\nu_b$——下层板的厚度(m)、弯拉弹性模量(MPa)和泊松比;

$r_g$——双层板的总相对刚度半径(m),按式(B.4.1-3)计算;

$h_c$、$D_c$——上层板的厚度(m)和截面弯曲刚度(MN·m),按式(B.2.2-3)计算。

**B.4.2** 贫混凝土或碾压混凝土基层板或者下面层板的荷载疲劳应力,应按式(B.4.2-1)计算。其中,疲劳应力系数 $k_f$ 和综合系数 $k_c$ 的确定方法与单层板的确定方法相同;设计轴载 $P_s$ 在下层板临界荷位处产生的荷载应力应按式(B.4.2-2)计算。

$$\sigma_{bpr} = k_f k_c \sigma_{bps} \tag{B.4.2-1}$$

$$\sigma_{bps} = \frac{1.41 \times 10^{-3}}{1 + D_c / D_b} r_g^{0.68} h_b^{-2} P_s^{0.94} \tag{B.4.2-2}$$

上述式中:$\sigma_{bpr}$——下层板的荷载疲劳应力(MPa);

$\sigma_{bps}$——设计轴载 $P_s$ 在下层板临界荷位处产生的荷载应力(MPa)。

**B.4.3** 最重轴载在上层板临界荷位处产生的最大荷载应力应按式(B.2.6)计算。其中,应力折减系数 $k_r$ 和综合系数 $k_c$ 应按 B.2.1 条确定;最重轴载在四边自由板临界荷位处产生的最大荷载应力应按式(B.4.1-1)计算,式中的设计轴载 $P_s$ 改为最重轴载 $P_m$(以单轴计,kN)。

## B.5 弹性地基双层板温度应力

**B.5.1** 上层板的温度疲劳应力 $\sigma_{tr}$、最大温度翘曲应力 $\sigma_{t,max}$、综合温度翘曲应力和内应力作用的温度应力系数 $B_L$ 的计算式与单层板的相同,应分别按式(B.3.1)、式(B.3.2)、式(B.3.3-1)计算,式(B.3.3-1)中的温度翘曲应力系数 $C_L$ 应按 B.5.2 条确定。下层板的温度疲劳应力不需计算分析。

**B.5.2** 上层板的温度翘曲应力系数 $C_L$ 应按式(B.5.2-1)计算。

$$C_L = 1 - \left(\frac{1}{1+\xi}\right)\frac{\sinh t \cos t + \cosh t \sin t}{\cos t \sin t + \sinh t \cosh t} \tag{B.5.2-1}$$

$$t = \frac{L}{3r_g} \tag{B.5.2-2}$$

$$\xi = -\frac{(k_n r_g^4 - D_c) r_\beta^3}{(k_n r_\beta^4 - D_c) r_g^3} \tag{B.5.2-3}$$

$$r_\beta = \left[\frac{D_c D_b}{(D_c + D_b) k_n}\right]^{\frac{1}{4}} \tag{B.5.2-4}$$

$$k_n = \frac{1}{2}\left(\frac{h_c}{E_c} + \frac{h_b}{E_b}\right)^{-1} \tag{B.5.2-5}$$

上述式中:$\xi$——与双层板结构有关的参数,按式(B.5.2-3)计算;

$r_\beta$——层间接触状况参数(m),按式(B.5.2-4)计算;

$k_n$——面层与基层之间竖向接触刚度,上下层之间不设沥青混凝土夹层或隔离层时按式(B.5.2-5)计算,设沥青混凝土夹层或隔离层时,$k_n$ 取3 000 MPa/m。

## B.6 复合板应力

**B.6.1** 面层复合板的荷载疲劳应力和最大荷载应力计算,与单层板或上层板完全相同,只需用面层复合板的截面弯曲刚度 $\tilde{D}_c$ 和等效厚度 $\tilde{h}_c$ 替代单层板或上层板的弯曲刚

度 $D_c$ 和厚度 $h_c$ 即可,板相对刚度半径 $r$ 或 $r_g$ 应依据面层复合板弯曲刚度 $\tilde{D}_c$ 重新计算。面层复合板弯曲刚度 $\tilde{D}_c$ 应按式(B.6.1-1)计算,等效厚度 $\tilde{h}_c$ 应按(B.6.1-2)计算。

$$\tilde{D}_c=\frac{E_{c1}h_{c1}^3+E_{c2}h_{c2}^3}{12(1-\nu_{c2}^2)}+\frac{(h_{c1}+h_{c2})^2}{4(1-\nu_{c2}^2)}\left(\frac{1}{E_{c1}h_{c1}}+\frac{1}{E_{c2}h_{c2}}\right)^{-1} \tag{B.6.1-1}$$

$$\tilde{h}_c=2.42\sqrt{\frac{\tilde{D}_c}{E_{c2}d_x}} \tag{B.6.1-2}$$

$$d_x=\frac{1}{2}\left[h_{c2}+\frac{E_{c1}h_{c1}(h_{c1}+h_{c2})}{E_{c1}h_{c1}+E_{c2}h_{c2}}\right] \tag{B.6.1-3}$$

上述式中:$E_{c1}$、$h_{c1}$——面层复合板上层的弯拉弹性模量(MPa)和厚度(m);

$E_{c2}$、$\nu_{c2}$、$h_{c2}$——面层复合板下层的弯拉弹性模量(MPa)、泊松比和厚度(m);

$d_x$——面层复合板中性轴至下层底部的距离(m),按式(B.6.1-3)计算。

**B.6.2** 面层复合板的疲劳温度应力计算和疲劳温度应力系数与单层板相同。最大温度应力 $\sigma_{t,\max}$ 应按式(B.6.2-1)计算。

$$\sigma_{t,\max}=\frac{\alpha_c T_g E_{c2}(h_{c1}+h_{c2})}{2}B_L\zeta \tag{B.6.2-1}$$

$$\zeta=1.77-0.27\ln\left(\frac{h_{c1}E_{c1}}{h_{c2}E_{c2}}+18\frac{E_{c1}}{E_{c2}}-2\frac{h_{c1}}{h_{c2}}\right) \tag{B.6.2-2}$$

上述式中:$B_L$——面层复合板的温度应力系数,按式(B.3.3-1)计算,其中,面层板厚度 $h_c$ 取面层复合板的总厚度($h_{c1}+h_{c2}$),式(B.3.3-1)中温度翘曲应力系数 $C_L$,单层板时按式(B.3.3-2)计算,双层板时按 B.5.2 条确定;

$\zeta$——面层复合板的最大温度应力修正系数,按式(B.6.2-2)计算。

**B.6.3** 基层复合板的弯曲刚度应按(B.6.3-1)计算。以此弯曲刚度替代 B.4.1 条和 B.5.2条中的弯曲刚度,计算双层板的荷载应力和温度应力。

$$D_{b0}=D_{b1}+D_{b2} \tag{B.6.3-1}$$

$$\sigma_{bpr}=\frac{\tilde{\sigma}_{bpr}}{1+D_{b2}/D_{b1}} \tag{B.6.3-2}$$

上述式中:$D_{b0}$——基层复合板的弯曲刚度(MN·m);

$D_{b1}$、$D_{b2}$——基层和底基层的弯曲刚度(MN·m),分别按基层和底基层的厚度 $h_{b1}$ 和 $h_{b2}$ 以及弹性模量 $E_{b1}$ 和 $E_{b2}$,由式(B.4.1-2)计算得到;

$\tilde{\sigma}_{bpr}$——按式(B.4.2-2)计算得到的基层复合板的名义荷载应力,其中,以基层厚度 $h_{b1}$ 替代式中基层厚度 $h_b$,以复合板弯曲刚度 $D_{b0}$ 替代式中基层板弯曲刚度 $D_b$。

**B.6.4** 基层为贫混凝土或碾压混凝土时,复合板中基层的荷载疲劳应力 $\sigma_{bpr}$ 应按式(B.6.3-2)计算。其他类型基层不需进行荷载疲劳应力计算。

## B.7　混凝土板厚度计算流程

1　按第 4 章进行行车道路面结构的组合设计,初拟路面结构,包括路床、垫层、基层和面层的材料类型和厚度,并按第 4 章条文说明表 4-3 所列的水泥混凝土面层厚度建议范围,依据交通等级、公路等级和所选变异水平等级初选混凝土板厚度。

2　按照初拟路面结构的组合情况,选择相应的结构分析模型。

3　参照图 B.7 所示的混凝土路面板厚度计算流程,分别计算混凝土面层板(单层板或双层板的面层板)的最重轴载产生的最大荷载应力、设计轴载产生的荷载疲劳应力、最大温度梯度产生的最大温度应力及温度疲劳应力。

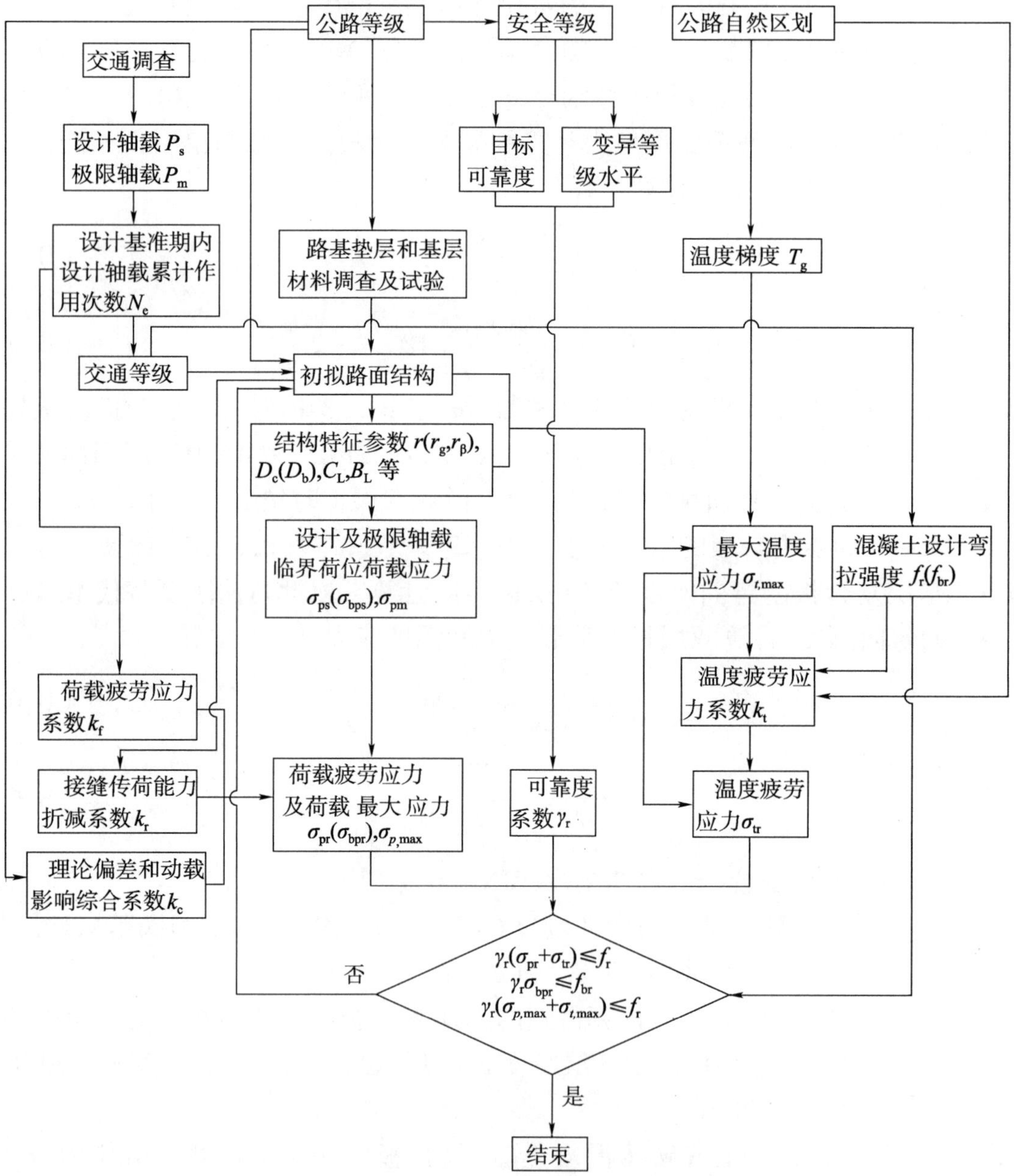


图 B.7　混凝土路面板厚度计算流程图

4　当荷载疲劳应力与温度疲劳应力之和与可靠度系数的乘积,小于且接近于混凝土弯拉强度标准值,同时,最大荷载应力与最大温度应力之和与可靠度系数的乘积,小于混凝土弯拉强度标准值,即满足式(3.0.4-1)和式(3.0.4-2)时,初选厚度可作为混凝土板的计算厚度。

5　贫混凝土或碾压混凝土基层或者双层板的下面层板,需计算其荷载疲劳应力,并检算荷载疲劳应力与可靠度系数的乘积是否小于其材料的弯拉强度标准值,即应满足式(3.0.5)。

6　若不能同时满足式(3.0.4)及式(3.0.5),则应改选混凝土面层板厚度或(和)调整基层类型或(和)厚度,重新计算,直到同时满足式(3.0.4)及式(3.0.5)。

7　计算厚度加6mm磨损厚度后,应按10mm向上取整,作为混凝土面层的设计厚度。

# 附录D　连续配筋混凝土面层纵向配筋计算

**D.0.1**　横向裂缝平均间距应按式(D.0.1-1)计算确定。

$$L_d = \frac{f_t - C\sigma_0\left(1 - \frac{2\zeta}{h_c}\right)}{\frac{\mu\gamma_c}{2} + \frac{\sigma_{cg}\rho}{c_1 d_s}} \tag{D.0.1-1}$$

$$\sigma_0 = \frac{E_c \varepsilon_{td}}{2(1 - \nu_c)} \tag{D.0.1-2}$$

$$\varepsilon_{td} = \alpha_c h_c \beta_h T_g + \varepsilon_\infty (0.245 e^{-5.3 k_1 h_c}) \tag{D.0.1-3}$$

$$\beta_h = 4.81 h_c^2 - 5.42 h_c + 1.96 \tag{D.0.1-4}$$

$$\varepsilon_\infty = a_1 (1.51 \times 10^{-4} w_0^{2.1} f_c^{-0.28} + 270) \times 10^{-6} \tag{D.0.1-5}$$

$$\sigma_{cg} = 0.234 f_c \tag{D.0.1-6}$$

$$c_1 = 0.577 - 9.50 \times 10^{-9} \frac{\ln\varepsilon_{t\zeta}}{\varepsilon_{t\zeta}^2} + 0.198 L_d \times (\ln L_d + 3.67) \tag{D.0.1-7}$$

$$\varepsilon_{t\zeta} = \alpha_c \Delta T_\zeta + \varepsilon_{sh} \tag{D.0.1-8}$$

$$\varepsilon_{sh} = \varepsilon_\infty (1 - \varphi_a^3) \tag{D.0.1-9}$$

上述式中:$L_d$——横向裂缝平均间距(m);

$f_t$——混凝土抗拉强度(MPa),可按表E.0.3-1选用;

$f_c$——混凝土抗压强度(MPa),可按表E.0.3-1选用;

$\zeta$——钢筋埋置深度(m);

$h_c$——混凝土面层厚度(m);

$\gamma_c$——混凝土重度(kN/m³),一般可取为24kN/m³;

$\mu$——混凝土面层与基层间的摩阻系数,可按表E.0.3-3选用;

$d_s$——纵向钢筋直径(m);

$\rho$——纵向钢筋配筋率,为钢筋横断面面积 $A_s$ 与混凝土横断面面积 $A_c$ 的比值;

$\sigma_0$——温度和湿度变形完全受约束时的翘曲应力,按式(D.0.1-2)计算;

$E_c$——混凝土弹性模量(MPa),可按表E.0.3-1选用;

$\nu_c$——混凝土泊松比,一般可取为0.15~0.18;

$\varepsilon_{td}$——无约束时混凝土面层顶面与底面间的最大当量应变差,按式(D.0.1-3)计算;

$\alpha_c$——混凝土线膨胀系数(1/℃),可按表E.0.3-2选用;

$T_g$——混凝土面层顶面与底面间的最大负温度梯度的绝对值(℃/m),可参照该地区最大正温度梯度(查表3.0.10)的1/4~1/3取用;

$\beta_h$——混凝土面层厚度不等于0.22m时的温度梯度厚度修正系数,按式(D.0.1-4)计算;

$\varepsilon_\infty$——无约束条件下混凝土的最大干缩应变,可近似按式(D.0.1-5)计算;

$a_1$——养生条件系数,水中或盖麻布养生时,$a_1=1.0$;采用养生剂养生时,$a_1=1.2$;

$w_0$——混凝土单位用水量(N/m³);

$k_1$——与气候区和最小空气湿度有关的系数,道路位于公路自然区划II、IV和V区,$k_1=0.4$;位于III、VI和VII区,$k_1=0.68$;

$C$——翘曲应力系数,按附录B式(B.3.3-2)计算,采用 $t=1.29/r$ 计算确定;

$r$——面层板的相对刚度半径(m);

$\sigma_{cg}$——混凝土与钢筋间的最大黏结应力,可近似按式(D.0.1-6)计算;

$c_1$——混凝土和钢筋之间的黏结—滑移系数,按式(D.0.1-7)计算,由于式中含有未知量 $L_d$,计算需采用迭代方式进行,先假设 $L_d=L_{ds}$,计算出 $c_1$ 和相应的 $L_d$,如果 $|L_d-L_{ds}|<0.005$,计算结束;否则,令 $L_{ds}=L_d$,重复计算,直到满足要求为止;

$\varepsilon_{t\zeta}$——钢筋埋置深度处的混凝土最大总应变,按式(D.0.1-8)计算;

$\Delta T_\zeta$——钢筋埋置深度处混凝土温度与硬化时温度的最大温差(℃),可近似取为路面施工月份日最高气温的月平均值与一年中最冷月份日最低气温的月平均值之差;

$\varepsilon_{sh}$——无约束条件下钢筋埋置深度处混凝土干缩应变,可近似按式(D.0.1-9)计算;

$\varphi_a$——年平均空气相对湿度(%)。

**D.0.2** 纵向钢筋埋置深度处的横向裂缝缝隙平均宽度应按式(D.0.2-1)计算确定。

$$b_j = 1\ 000L_d\left(\varepsilon_{sh} + \alpha_c \Delta T_\zeta - \frac{c_2 f_t}{E_c}\right) \quad (D.0.2\text{-}1)$$

$$c_2 = a + \frac{b}{17\ 000 f_c} + 6.45 \times 10^{-4} \frac{c}{L_d^2} \quad (D.0.2\text{-}2)$$

$$a = 0.761 + 1\ 770\varepsilon_{t\zeta} - 2 \times 10^6 \varepsilon_{t\zeta}^2 \quad (D.0.2\text{-}3)$$

$$b = 9 \times 10^8 \varepsilon_{t\zeta} + 149\ 000 \quad (D.0.2\text{-}4)$$

$$c = 3 \times 10^9 \varepsilon_{t\zeta}^2 - 5 \times 10^6 \varepsilon_{t\zeta} + 2\ 020 \quad (D.0.2\text{-}5)$$

上述式中:$b_j$——钢筋埋置深度处的横向裂缝缝隙平均宽度(mm);

$c_2$——与混凝土和钢筋之间的黏结—滑移特性有关的系数,按式(D.0.2-2)计算;

其他参数的含义与计算裂缝间距时相同。

**D.0.3** 纵向钢筋应力应按式(D.0.3)计算确定。

$$\sigma_s = 2f_t \frac{E_s}{E_c} - E_s[\Delta T_\zeta(\alpha_c - \alpha_s) + \varepsilon_{sh}] + \frac{0.234 f_c L_d}{d_s c_1} \quad (D.0.3)$$

式中:$\sigma_s$——裂缝处纵向钢筋应力(MPa);

$E_s$——钢筋弹性模量(MPa);

$\alpha_s$——钢筋的线膨胀系数(1/℃),通常 $\alpha_s = 9 \times 10^{-6}$/℃;

其他参数的含义与计算裂缝间距时相同。

**D.0.4** 纵向配筋率计算步骤。

1 初拟配筋率 $\rho$,应按式(D.0.1-1)计算横向裂缝平均间距 $L_d$。当 $L_d > 1.8$m 时,应增大配筋率,重复上述计算至符合要求。

2 应按式(D.0.2-1)计算裂缝缝隙平均宽度 $b_j$。当 $b_j \leq 0.5$mm 时,满足要求;否则应增大配筋率,重复上述计算至符合要求。

3 应按式(D.0.3)计算钢筋应力 $\sigma_s$。当 $\sigma_s$ 不大于钢筋屈服强度时,满足要求;否则应增大配筋率,重复上述计算至符合要求。

4 综合上述3项计算结果,最终确定配筋率,并进一步确定钢筋根数。在满足纵向钢筋间距要求的条件下,宜选用直径较小的钢筋。

# 附录E 材料设计参数经验参考值

**E.0.1** 路基回弹模量及湿度调整系数经验参考值见表E.0.1-1、表E.0.1-2。

**表 E.0.1-1　路基回弹模量经验参考值**

| 土　　组 | 取值范围(MPa) | 代表值(MPa) |
|---|---|---|
| 级配良好砾(GW) | 240～290 | 250 |
| 级配不良砾(GP) | 170～240 | 190 |
| 含细粒土砾(GF) | 120～240 | 180 |
| 粉土质砾(GM) | 160～270 | 220 |
| 黏土质砾(GC) | 120～190 | 150 |
| 级配良好砂(SW) | 120～190 | 150 |
| 级配不良砂(SP) | 100～160 | 130 |
| 含细粒土砂(SF) | 80～160 | 120 |
| 粉土质砂(SM) | 120～190 | 150 |
| 黏土质砂(SC) | 80～120 | 100 |
| 低液限粉土(ML) | 70～110 | 90 |
| 低液限黏土(CL) | 50～100 | 70 |
| 高液限粉土(MH) | 30～70 | 50 |
| 高液限黏土(CH) | 20～50 | 30 |

注:1. 对于砾和砂,$D_{60}$(通过率为 60% 时的颗粒粒径)大时,模量取高值;$D_{60}$小时,模量取低值。

2. 对于其他含细粒的土组,小于 0.075mm 颗粒含量大和塑性指数高时,模量取低值;反之,模量取高值。

**表 E.0.1-2　路基回弹模量湿度调整系数**

| 土　　组 | 路床顶距地下水位的距离(m) | | | | | |
|---|---|---|---|---|---|---|
| | 1.0 | 1.5 | 2.0 | 2.5 | 3.0 | 4.0 |
| 细粒质砾(GF)<br>土质砾(GM、GC) | 0.81～0.88 | 0.86～1.00 | 0.91～1.00 | 0.96～1.00 | — | — |
| 细粒质砂(SF)<br>土质砂(SM、SC) | 0.80～0.86 | 0.83～0.97 | 0.87～1.00 | 0.90～1.00 | 0.94～1.00 | — |
| 低液限粉土(ML) | 0.71～0.74 | 0.75～0.81 | 0.78～0.89 | 0.82～0.97 | 0.86～1.00 | 0.94～1.00 |
| 低液限黏土(CL) | 0.70～0.73 | 0.72～0.80 | 0.74～0.88 | 0.75～0.95 | 0.77～1.00 | 0.81～1.00 |
| 高液限粉土(MH)、<br>高液限黏土(CH) | 0.70～0.71 | 0.71～0.75 | 0.72～0.78 | 0.73～0.82 | 0.73～0.86 | 0.74～0.94 |

注:1. 小于 0.075mm 颗粒含量大和塑性指数高时,调整系数取低值;反之,调整系数取高值。

2. 当表中调整系数最大值为 1.00 时,调整系数取高值。

**E.0.2**　基层和底基层材料弹性(回弹)模量经验参考值见表 E.0.2-1～表 E.0.2-3。

**表 E.0.2-1　粒料类基层和底基层材料回弹模量经验参考值(MPa)**

| 材 料 类 型 | 取 值 范 围 | 代　表　值 |
|---|---|---|
| 级配碎石(基层) | 200～400 | 300 |
| 级配碎石(底基层) | 180～250 | 220 |

续上表

| 材料类型 | 取值范围 | 代表值 |
|---|---|---|
| 未筛分碎石 | 180 ~ 220 | 200 |
| 级配砾石(基层) | 150 ~ 300 | 250 |
| 级配砾石(底基层) | 150 ~ 220 | 190 |
| 天然砂砾 | 105 ~ 135 | 120 |

**表 E.0.2-2 无机结合料类基层和底基层材料弹性模量经验参考值(MPa)**

| 材料类型 | 7d浸水抗压强度 | 试件模量 | 收缩开裂后模量 | 疲劳破坏后模量 |
|---|---|---|---|---|
| 水泥稳定类 | 3.0 ~ 6.0 | 3 000 ~ 14 000 | 2 000 ~ 2 500 | 300 ~ 500 |
| | 1.5 ~ 3.0 | 2 000 ~ 10 000 | 1 000 ~ 2 000 | 200 ~ 400 |
| 石灰、粉煤灰稳定类 | ≥ 0.8 | 3 000 ~ 14 000 | 2 000 ~ 2 500 | 300 ~ 500 |
| | 0.5 ~ 0.8 | 2 000 ~ 10 000 | 1 000 ~ 2 000 | 200 ~ 400 |
| 石灰稳定类 | ≥ 0.8 | 2 000 ~ 4 000 | 800 ~ 2 000 | 100 ~ 300 |
| | 0.5 ~ 0.8 | 1 000 ~ 2 000 | 400 ~ 1 000 | 50 ~ 200 |
| 开级配水泥稳定碎石(CTPB) | ≥4.0 | 1 300 ~ 1 700 | | — |

**表 E.0.2-3 沥青结合料类基层材料动态模量经验参考值**

| 材料类型 | 条件 | 取值范围(MPa) |
|---|---|---|
| 沥青混凝土(AC-10) | 20℃,10Hz,90A、110A,空隙率7%,沥青用量6% | 4 700 ~ 5 600 |
| 沥青混凝土(AC-16) | | 4 500 ~ 5 400 |
| 沥青混凝土(AC-25) | | 4 000 ~ 5 000 |
| 密级配沥青碎石(ATB-25) | | 3 500 ~ 4 200 |
| 开级配沥青稳定碎石(ATPB) | 20℃,沥青用量2.5% ~3.5% | 600 ~ 800 |

**E.0.3** 水泥混凝土设计参数经验参考值见表 E.0.3-1 ~ 表 E.0.3-3。

**表 E.0.3-1 水泥混凝土强度和弹性模量经验参考值**

| | | | | | | | | | |
|---|---|---|---|---|---|---|---|---|---|
| 弯拉强度(MPa) | 1.5 | 2.0 | 2.5 | 3.0 | 3.5 | 4.0 | 4.5 | 5.0 | 5.5 |
| 抗压强度(MPa) | 7 | 11 | 15 | 20 | 25 | 30 | 36 | 42 | 49 |
| 抗拉强度(MPa) | 0.89 | 1.21 | 1.53 | 1.86 | 2.20 | 2.54 | 2.85 | 3.22 | 3.55 |
| 弹性模量(GPa) | 15 | 18 | 21 | 23 | 25 | 27 | 29 | 31 | 33 |

**表 E.0.3-2 水泥混凝土线膨胀系数经验参考值**

| 粗集料类型 | 石英岩 | 砂岩 | 砾石 | 花岗岩 | 玄武岩 | 石灰岩 |
|---|---|---|---|---|---|---|
| 水泥混凝土线膨胀系数($10^{-6}$/℃) | 12 | 12 | 11 | 10 | 9 | 7 |

**表 E.0.3-3 混凝土面层与基层间摩阻系数经验参考值**

| 基层材料 | 取值范围 | 代表值 |
|---|---|---|
| 级配碎石、级配砾石或碎砾石 | 0.5 ~ 4.0 | 2.5 |
| 沥青混凝土、沥青碎石 | 2.5 ~ 15 | 7.5 |

续上表

| 基层材料 | 取值范围 | 代表值 |
| --- | --- | --- |
| 无机结合料稳定粒料 | 3.5～13 | 8.9 |
| 贫混凝土、碾压混凝土 | 3.0～20 | 8.5 |

注:当基层不是沥青混合料,但基层与面层间设置沥青隔层时,摩阻系数按照沥青混合料基层时选取。

**E.0.4**　钢筋强度和弹性模量经验参考值见表 E.0.4。

**表 E.0.4　钢筋强度和弹性模量经验参考值**

| 钢筋种类 | 钢筋直径 $d$(mm) | 屈服强度 $f_{sy}$(MPa) | 弹性模量 $E_s$(MPa) |
| --- | --- | --- | --- |
| HPB235 | 6～22 | 235 | 210 000 |
| HPB300 | | 300 | |
| HRB335 | 6～50 | 335 | 200 000 |
| HRB400 | | 400 | |
| HRB500 | | 500 | |

# 十一、公路沥青路面设计规范
## (JTG D50—2017)

# 3 设计标准

**3.0.1** 路面结构的目标可靠度和目标可靠指标不应低于表3.0.1的规定。

**表3.0.1 目标可靠度和目标可靠指标**

| 公路等级 | 高速公路 | 一级公路 | 二级公路 | 三级公路 | 四级公路 |
|---|---|---|---|---|---|
| 目标可靠度(%) | 95 | 90 | 85 | 80 | 70 |
| 目标可靠指标$\beta$ | 1.65 | 1.28 | 1.04 | 0.84 | 0.52 |

**3.0.2** 新建沥青路面结构设计使用年限不应低于表3.0.2的规定,应根据公路等级、经济、交通荷载等级等因素综合确定。改建路面结构设计可根据工程实际情况选取适宜的设计使用年限。

**表3.0.2 路面结构设计使用年限(年)**

| 公 路 等 级 | 设计使用年限 | 公 路 等 级 | 设计使用年限 |
|---|---|---|---|
| 高速公路、一级公路 | 15 | 三级公路 | 10 |
| 二级公路 | 12 | 四级公路 | 8 |

**3.0.3** 路面设计应采用轴重为100kN的单轴—双轮组轴载作为设计轴载,计算参数按表3.0.3确定。应根据路面结构设计使用年限,按本规范附录A确定当量设计轴载累计作用次数。

**表3.0.3 设计轴载的参数**

| 设计轴载(kN) | 轮胎接地压强(MPa) | 单轮接地当量圆直径(mm) | 两轮中心距(mm) |
|---|---|---|---|
| 100 | 0.70 | 213.0 | 319.5 |

**3.0.4** 路面结构所承受的交通荷载应按表3.0.4进行分级。

**表3.0.4 设计交通荷载等级**

| 设计交通荷载等级 | 极重 | 特重 | 重 | 中等 | 轻 |
|---|---|---|---|---|---|
| 设计使用年限内设计车道累计大型客车和货车交通量($\times 10^6$,辆) | ≥50.0 | 50.0~19.0 | 19.0~8.0 | 8.0~4.0 | <4.0 |

注:大型客车和货车为本规范附录A中表A.1.2所列的2类~11类车。

**3.0.5**　沥青路面设计应控制沥青混合料层疲劳开裂损坏、无机结合料稳定层疲劳开裂损坏、沥青混合料层永久变形量、路基顶面竖向压应变,以及季节性冻土地区的路面低温开裂。

**3.0.6**　路面使用性能设计指标应满足下列要求:

1　按本规范附录B.1和附录B.2计算的沥青混合料层和无机结合料稳定层的疲劳开裂寿命,均不应小于按本规范附录A确定的设计使用年限内当量设计轴载累计作用次数。

2　按本规范附录B.3计算的沥青混合料层永久变形量不应大于表3.0.6-1所列容许永久变形量。

**表3.0.6-1　沥青混合料层容许永久变形量**(mm)

| 基层类型 | 沥青混合料层容许永久变形量 | |
|---|---|---|
| | 高速、一级公路 | 二级、三级公路 |
| 无机结合料稳定类基层、水泥混凝土基层和底基层为无机结合料稳定类的沥青混合料基层 | 15 | 20 |
| 其他基层 | 10 | 15 |

3　路基顶面竖向压应变不应大于按本规范附录B.4计算的容许值。

4　按本规范附录B.5计算的季节性冻土地区沥青面层低温开裂指数不宜大于表3.0.6-2所列数值。

**表3.0.6-2　低温开裂指数要求**

| 公路等级 | 高速、一级公路 | 二级公路 | 三级、四级公路 |
|---|---|---|---|
| 低温开裂指数 *CI*,不大于 | 3 | 5 | 7 |

注:低温开裂指数 *CI*——竣工验收时100m调查单元内横向裂缝条数,贯穿全幅的裂缝按1条计,未贯穿且长度超过一个车道宽度的裂缝按0.5条计,不超过一个车道宽度的裂缝不计入。

**3.0.7**　高速公路、一级公路以及山岭重丘区二级和三级公路的路面在交工验收时,其抗滑技术指标应满足表3.0.7的技术要求。

**表3.0.7　抗滑技术要求**

| 年平均降雨量(mm) | 交工检测指标值 | |
|---|---|---|
| | 横向力系数 $SFC_{60}$[a] | 构造深度 $TD$[b](mm) |
| >1 000 | ≥54 | ≥0.55 |
| 500~1 000 | ≥50 | ≥0.50 |
| 250~500 | ≥45 | ≥0.45 |

注:[a]横向力系数 $SFC_{60}$——用横向力系数测试车,在60km/h±1km/h车速下测定。

[b]构造深度 $TD$——用铺砂法测定。

# 4 结构组合设计

## 4.1 一般规定

**4.1.1** 路面结构组合设计应针对各种路面结构组合的力学特性、功能特性及其长期性能衰变规律和损坏特点,遵循路基路面综合设计的理念,保证路面结构的安全、耐久和全寿命周期经济合理。

**4.1.2** 路面结构可由面层、基层、底基层和必要的功能层组合而成。面层采用不同材料分层铺筑时,可分为表面层、中面层和下面层。

**4.1.3** 在设计使用年限内,路面应不发生由于疲劳导致的结构破坏,面层可进行表面功能修复。

**4.1.4** 沥青结合料类材料层间应设置黏层;在沥青结合料类材料层与其他材料层间应设置封层,宜设置透层。

**4.1.5** 应采取路面结构的防水、排水措施,阻止降水渗入路面结构层。

## 4.2 路面结构组合

**4.2.1** 应根据交通荷载等级和路基状况等因素,结合路面材料特性和结构特性,选择路面结构类型。

**4.2.2** 路面结构类型可按基层材料性质分为无机结合料稳定类基层沥青路面、粒料类基层沥青路面、沥青结合料类基层沥青路面和水泥混凝土基层沥青路面四类。

**4.2.3** 路面结构的选用宜符合下列规定:

1 无机结合料稳定类基层沥青路面适用于各种交通荷载等级。

2 粒料类基层沥青路面适用于重及以下交通荷载等级。

3 沥青结合料类基层沥青路面适用于各种交通荷载等级。

4 水泥混凝土基层沥青路面适用于重及以上交通荷载等级。

**4.2.4** 路基湿度状态为中湿或潮湿时,宜采用粒料类底基层或设置粒料类路基改善层。

**4.2.5** 多雨地区,无机结合料稳定类基层和水泥混凝土基层沥青路面应采取措施控制唧泥、脱空等水损坏。

**4.2.6** 当采用无机结合料稳定类基层时,可采取下列一种或多种措施减少基层收缩开裂和路面反射裂缝:

1 选用抗裂性好的无机结合料稳定类基层。

2 增加沥青混合料层厚度,或在无机结合料稳定类基层上设置沥青碎石层或级配碎石层。

3　在无机结合料稳定类基层上设置改性沥青应力吸收层或敷设土工合成材料。

## 4.3　路基

**4.3.1**　路基应稳定、密实和均匀,具有足够的承载能力。

**4.3.2**　多雨地区土质路堑和强风化岩石路段,应加强填挖交界处及路堑段的排水设计,改善路基水文状况。

**4.3.3**　岩石或填石路基顶面应设置整平层,厚度宜为 200 ~ 300mm。

**4.3.4**　新建公路路床应处于干燥或中湿状态,并应采取措施防止地表水或地下水的侵入。

## 4.4　基层和底基层

**4.4.1**　基层和底基层应具有足够的承载能力、抗疲劳开裂性能、足够的耐久性和水稳定性。沥青结合料类和粒料类基层尚应具有足够的抗永久变形能力。

**4.4.2**　基层和底基层的材料类型可参照表 4.4.2 选用。

**表 4.4.2　基层和底基层材料的适用交通荷载等级和层位**

| 类　　型 | 材 料 类 型 | 适用交通荷载等级和层位 |
|---|---|---|
| 无机结合料稳定类 | 水泥稳定级配碎石或砾石、<br>水泥粉煤灰稳定级配碎石或砾石、<br>石灰粉煤灰稳定级配碎石或砾石 | 各交通荷载等级的基层和底基层 |
| | 水泥稳定未筛分碎石或砾石、<br>石灰粉煤灰稳定未筛分碎石或砾石、<br>石灰稳定未筛分碎石或砾石 | 轻交通荷载等级的基层、<br>各交通荷载等级的底基层 |
| | 水泥稳定土、石灰稳定土、<br>石灰粉煤灰稳定土 | 轻交通荷载等级的基层、<br>各交通荷载等级的底基层 |
| 粒料类 | 级配碎石 | 重及重以下交通荷载等级的基层、<br>各交通荷载等级的底基层 |
| | 级配砾石、<br>未筛分碎石、天然砂砾、<br>填隙碎石 | 中等和轻交通荷载等级的基层、<br>各交通荷载等级的底基层 |
| 沥青结合料类 | 密级配沥青碎石、<br>半开级配沥青碎石、<br>开级配沥青碎石 | 极重、特重和重交通<br>荷载等级的基层 |
| | 沥青贯入碎石 | 重及重以下交通荷载等级的基层 |
| 水泥混凝土 | 水泥混凝土或贫混凝土 | 极重、特重交通荷载等级的基层 |

**4.4.3** 再生沥青混合料和再生无机结合料稳定材料可用于各交通荷载等级的基层和底基层,厂拌热再生沥青混合料宜用于极重、特重和重交通荷载等级的基层。

**4.4.4** 无机结合料稳定层与沥青结合料类材料层间可设置级配碎石、半开级配或开级配沥青碎石层。

**4.4.5** 不同材料基层和底基层厚度宜符合表4.4.5的规定。

**表4.4.5 基层和底基层厚度**

| 材料种类 | 集料公称最大粒径(mm) | 厚度(mm),不小于 |
|---|---|---|
| 密级配沥青碎石<br>半开级配沥青碎石<br>开级配沥青碎石 | 19.0 | 50 |
| | 26.5 | 80 |
| | 31.5 | 100 |
| | 37.5 | 120 |
| 沥青贯入碎石 | — | 40 |
| 贫混凝土 | 31.5 | 120 |
| 无机结合料稳定类 | 19.0、26.5、31.5、37.5 | 150 |
| | 53.0 | 180 |
| 级配碎石<br>级配砾石<br>未筛分碎石、天然砂砾 | 26.5、31.5、37.5 | 100 |
| | 53.0 | 120 |
| 填隙碎石 | 37.5 | 75 |
| | 53.0 | 100 |
| | 63.0 | 120 |

**4.4.6** 沥青路面的水泥混凝土基层应符合现行《公路水泥混凝土路面设计规范》(JTG D40)的有关规定。

## 4.5 面层

**4.5.1** 面层应具有平整、抗车辙、抗疲劳开裂、抗低温开裂和抗水损坏等性能,表面层混合料尚应具有抗滑和耐磨损性能,密级配沥青混合料表面层应具有低透水性能。

**4.5.2** 面层材料类型宜按表4.5.2选用。

**表4.5.2 面层材料的交通荷载等级和层位**

| 材料类型 | 适用交通荷载等级和层位 |
|---|---|
| 连续级配沥青混合料 | 各交通荷载等级的表面层、中面层和下面层 |
| 沥青玛蹄脂碎石混合料 | 极重、特重和重交通荷载等级的表面层、<br>对抗滑有特殊要求的表面层 |

续上表

| 材 料 类 型 | 适用交通荷载等级和层位 |
|---|---|
| 厂拌热再生沥青混合料 | 各交通荷载等级的表面层、中面层和下面层 |
| 上拌下贯沥青碎石 | 中等、轻交通荷载等级的面层 |
| 沥青表面处治 | 中等、轻交通荷载等级的表面层 |

**4.5.3**　对抗滑、排水或降噪有特殊要求的表面层可采用开级配沥青混合料,表面层下应设置防水层,防水层可采用改性乳化沥青或改性沥青等。

**4.5.4**　不同粒径沥青混合料的层厚应符合表 4.5.4 的规定。连续级配沥青混合料和沥青玛蹄脂碎石混合料的结构层厚度不宜小于集料公称最大粒径的 2.5 倍。开级配沥青混合料的结构层厚度不宜小于集料公称最大粒径的 2.0 倍。

**表 4.5.4　不同粒径沥青混合料层厚**

| 沥青混合料类型 | 以下集料公称最大粒径沥青混合料的层厚(mm),不小于 | | | | | |
|---|---|---|---|---|---|---|
| | 4.75 | 9.5 | 13.2 | 16.0 | 19.0 | 26.5 |
| 连续级配沥青混合料 | 15 | 25 | 35 | 40 | 50 | 75 |
| 沥青玛蹄脂碎石 | — | 30 | 40 | 50 | 60 | — |
| 开级配沥青混合料 | — | 20 | 25 | 30 | — | — |

**4.5.5**　沥青贯入碎石层的厚度宜为 40 ~ 80mm,乳化沥青贯入式路面的厚度不宜超过 50mm。上拌下贯式路面的拌和层厚度不宜小于 25mm。

**4.5.6**　沥青表面处治可分为单层、双层和三层。单层表面处治厚度宜为 10 ~ 15mm,双层表面处治厚度宜为 15 ~ 25mm,三层表面处治厚度宜为 25 ~ 30mm。

## 4.6　功能层

**4.6.1**　季节性冻土地区路面厚度不满足防冻要求时,应增设防冻层。防冻层宜采用粗砂、砂砾和碎石等粒料类材料。

**4.6.2**　地下水位高、排水不良的路段,有裂隙水、泉眼等水文条件不良岩石挖方路段,基层和底基层为非粒料类材料时,可在基层或底基层与路床间设置粒料层。粒料层应与路基边缘或与边沟下渗沟相连接,厚度不宜小于 150mm。

**4.6.3**　无机结合料稳定类或冷再生类材料结构层与沥青结合料类结构层之间应设置封层,封层可采用单层沥青表面处治或稀浆封层等。当设置改性沥青应力吸收层时,可不再设封层。

**4.6.4**　极重、特重和重交通荷载等级路面的黏层宜采用改性乳化沥青、道路石油沥青或改性沥青;中等和轻交通荷载等级路面的黏层可选用乳化沥青;水泥混凝土板与沥青面层间的黏层宜采用改性沥青。

**4.6.5** 单层表面处治封层的结合料可采用改性沥青、道路石油沥青或乳化沥青。改性沥青应力吸收层宜采用橡胶沥青。

**4.6.6** 粒料类基层和无机结合料稳定类基层顶面宜设置透层,透层沥青应具有良好的渗透性,可采用稀释沥青和乳化沥青等。

## 4.7 路肩

**4.7.1** 路肩结构组合和材料选用应与行车道路面相协调,不应影响路面结构中水的排出。

**4.7.2** 极重、特重和重交通荷载等级公路及冻土地区,硬路肩基层、底基层材料和厚度应与行车道路面相同。

**4.7.3** 三级和四级公路硬路肩可采用沥青结合料类材料或粒料。

## 4.8 路面排水

**4.8.1** 路面结构内部排水应与公路其他相关排水系统相衔接,并应符合现行《公路排水设计规范》(JTG/T D33)的有关规定。

**4.8.2** 采用开级配沥青混合料表面层,或设置粒料、开级配或半开级配混合料等排水层、防冻层时,可采用横贯整幅路基的形式,或设置边缘排水系统。

# 5 材料性质要求和设计参数

## 5.1 一般规定

**5.1.1** 路面材料应根据公路等级、交通荷载等级、气候条件、各结构层功能要求和当地材料特性等,在技术经济论证基础上进行设计并确定材料设计参数。

**5.1.2** 各结构层的原材料性质要求和混合料组成与性质要求,应符合现行《公路沥青路面施工技术规范》(JTG F40)和《公路路面基层施工技术细则》(JTG/T F20)的有关规定,并应结合工程特点和当地经验确定。

**5.1.3** 路面结构层材料设计参数的确定可分为下列三个水平:

1 水平一,通过室内试验实测确定。

2 水平二,利用已有经验关系式确定。

3 水平三,参照典型数值确定。

**5.1.4** 高速公路和一级公路的施工图设计阶段宜采用水平一,其他设计阶段可采用水平二或水平三;二级及二级以下公路可采用水平二或水平三。

## 5.2　路基

**5.2.1**　路基顶面回弹模量的确定应符合现行《公路路基设计规范》(JTG D30)的有关规定。

**5.2.2**　路基顶面回弹模量应符合表5.2.2的规定。不满足要求时,应采取改变填料、设置粒料类或无机结合料稳定类路基改善层,或采用石灰或水泥处理等措施提高路基顶面回弹模量。

**表5.2.2　路基顶面回弹模量(MPa)**

| 交通荷载等级 | 极重 | 特重 | 重 | 中等、轻 |
| --- | --- | --- | --- | --- |
| 回弹模量,不小于 | 70 | 60 | 50 | 40 |

## 5.3　粒料类材料

**5.3.1**　基层、底基层级配碎石的*CBR*值应符合表5.3.1的有关规定。

**表5.3.1　级配碎石*CBR*值**

| 结构层 | 公路等级 | 极重、特重交通 | 重交通 | 中等、轻交通 |
| --- | --- | --- | --- | --- |
| 基层 | 高速公路、一级公路 | ≥200 | ≥180 | ≥160 |
| | 二级及二级以下公路 | ≥160 | ≥140 | ≥120 |
| 底基层 | 高速公路、一级公路 | ≥120 | ≥100 | ≥80 |
| | 二级及二级以下公路 | ≥100 | ≥80 | ≥60 |

**5.3.2**　级配砾石或天然砂砾用于基层时,*CBR*值不应小于80。级配砾石或天然砂砾用于底基层时,对极重、特重和重交通荷载等级,*CBR*值不应小于80;对中等交通荷载等级,*CBR*值不应小于60;对轻交通荷载等级,*CBR*值不应小于40。

**5.3.3**　高速公路和一级公路基层粒料公称最大粒径不宜大于26.5mm;底基层采用级配碎石或级配砂砾时,公称最大粒径不宜大于31.5mm;底基层采用天然砂砾时,公称最大粒径不宜大于53.0mm。二级及二级以下公路的基层、底基层粒料公称最大粒径不宜大于53.0mm。

**5.3.4**　填隙碎石公称最大粒径宜为层厚的1/2～2/3。填隙碎石用于基层时,骨料公称最大粒径不应超过53.0mm;用于底基层时,骨料公称最大粒径不应超过63.0mm。

**5.3.5**　防冻层所用砂砾、碎石材料的最大粒径不应超过53.0mm。

**5.3.6**　级配碎石和级配砂砾中通过0.075mm筛孔的颗粒含量不宜大于5%,不满足要求时,可用天然砂替代部分细集料。

**5.3.7**　粒料层的回弹模量在结构验算时应采用粒料回弹模量乘以湿度调整系数后得到,湿度调整系数可在1.6～2.0范围内选取。粒料回弹模量应取用最佳含水率和与压实度要求相应的干密度条件下的试验值。压实度要求应符合现行《公路路面基层施工技术细则》(JTG/T F20)的有关规定。

**5.3.8** 最佳含水率和与压实度要求相应的干密度条件下的粒料回弹模量应按本规范第5.1.4条规定,依据相应的水平确定:

1 水平一,按本规范附录D采用重复加载三轴压缩试验测定,取回弹模量试验结果的均值。

2 水平三,按粒料类型和层位参照表5.3.8确定粒料回弹模量取值。

**表5.3.8 粒料回弹模量取值范围(MPa)**

| 材料类型和层位 | 最佳含水率和与压实度要求相应的干密度条件下 | 经湿度调整后 |
|---|---|---|
| 级配碎石基层 | 200~400 | 300~700 |
| 级配碎石底基层 | 180~250 | 190~440 |
| 级配砾石基层 | 150~300 | 250~600 |
| 级配砾石底基层 | 150~220 | 160~380 |
| 未筛分碎石层 | 180~220 | 200~400 |
| 天然砂砾层 | 105~135 | 130~240 |

注:材料性能好、级配好或压实度大时取高值,反之取低值。

## 5.4 无机结合料稳定类材料

**5.4.1** 无机结合料稳定类材料用于高速公路、一级公路基层时,公称最大粒径不宜大于31.5mm;用于高速公路和一级公路底基层或二级及二级以下公路基层时,公称最大粒径不宜大于37.5mm;用于二级及二级以下公路底基层时,公称最大粒径不宜大于53.0mm。

**5.4.2** 水泥稳定类材料水泥剂量宜为3.0%~6.0%。

**5.4.3** 贫混凝土集料公称最大粒径不宜大于31.5mm,水泥用量不得少于170kg/m$^3$,28d弯拉强度标准值宜控制在2.0~2.5MPa范围内。

**5.4.4** 无机结合料稳定类材料7d无侧限抗压强度代表值应符合表5.4.4的要求。

**表5.4.4 无机结合料稳定类材料7d无侧限抗压强度标准(代表值)(MPa)**

| 材料 | 结构层 | 公路等级 | 极重、特重交通 | 重交通 | 中等、轻交通 |
|---|---|---|---|---|---|
| 水泥稳定类 | 基层 | 高速公路、一级公路 | 5.0~7.0 | 4.0~6.0 | 3.0~5.0 |
| | | 二级及二级以下公路 | 4.0~6.0 | 3.0~5.0 | 2.0~4.0 |
| | 底基层 | 高速公路、一级公路 | 3.0~5.0 | 2.5~4.5 | 2.0~4.0 |
| | | 二级及二级以下公路 | 2.5~4.5 | 2.0~4.0 | 1.0~3.0 |

续上表

| 材　　料 | 结　构　层 | 公　路　等　级 | 极重、特重交通 | 重　交　通 | 中等、轻交通 |
|---|---|---|---|---|---|
| 水泥粉煤灰稳定类 | 基层 | 高速公路、一级公路 | 4.0~5.0 | 3.5~4.5 | 3.0~4.0 |
| | | 二级及二级以下公路 | 3.5~4.5 | 3.0~4.0 | 2.5~3.5 |
| | 底基层 | 高速公路、一级公路 | 2.5~3.5 | 2.0~3.0 | 1.5~2.5 |
| | | 二级及二级以下公路 | 2.0~3.0 | 1.5~2.5 | 1.0~2.0 |
| 石灰粉煤灰稳定类 | 基层 | 高速公路、一级公路 | ≥1.1 | ≥1.0 | ≥0.9 |
| | | 二级及二级以下公路 | ≥0.9 | ≥0.8 | ≥0.7 |
| | 底基层 | 高速公路、一级公路 | ≥0.8 | ≥0.7 | ≥0.6 |
| | | 二级及二级以下公路 | ≥0.7 | ≥0.6 | ≥0.5 |
| 石灰稳定类 | 基层 | 二级及二级以下公路 | — | — | ≥0.8[a] |
| | 底基层 | 高速公路、一级公路 | — | — | ≥0.8 |
| | | 二级及二级以下公路 | — | — | 0.5~0.7[b] |

注:[a]在低塑性土(塑性指数小于 7)地区,石灰稳定砂砾和碎石的 7d 龄期无侧限抗压强度应大于 0.5MPa(100g 平衡锥测液限)。

[b]低限用于塑性指数小于 7 的黏土,高限用于塑性指数大于或等于 7 的黏土。

**5.4.5**　无机结合料稳定类材料弯拉强度和弹性模量应按本规范第 5.1.4 条规定,依据相应的水平确定:

1　水平一,按本规范附录 E,采用中间段法单轴压缩试验测定。弯拉强度和弹性模量的测定应符合现行《公路工程无机结合料稳定材料试验规程》(JTG E51)中T 0851的有关规定。测试时水泥稳定类、水泥粉煤灰稳定类材料试件的龄期应为 90d,石灰稳定类、石灰粉煤灰稳定类材料试件的龄期应为 180d。弯拉强度和弹性模量应取用测试数据的平均值。

2　水平三,参照表 5.4.5 确定弯拉强度和弹性模量。

**表 5.4.5　无机结合料稳定类材料的弯拉强度和弹性模量取值范围(MPa)**

| 材　　料 | 弯 拉 强 度 | 弹 性 模 量 |
|---|---|---|
| 水泥稳定粒料、水泥粉煤灰稳定粒料、石灰粉煤灰稳定粒料 | 1.5~2.0 | 18 000~28 000 |
| | 0.9~1.5 | 14 000~20 000 |
| 水泥稳定土、水泥粉煤灰稳定土、石灰粉煤灰稳定土 | 0.6~1.0 | 5 000~7 000 |
| 石灰土 | 0.3~0.7 | 3 000~5 000 |

注:结合料用量高、材料性能好、级配好或压实度大时取高值,反之取低值。

**5.4.6**　结构验算时,无机结合料稳定类材料弹性模量应乘以结构层模量调整系数 0.5。

**5.4.7**　冻土地区高速公路和一级公路的石灰粉煤灰稳定类基层,应按现行《公路工程无机结合料稳定材料试验规程》(JTG E51)中 T 0858 的有关规定进行材料抗冻性能检验,其残留抗压强度比应符合表 5.4.7 的要求。

**表 5.4.7 石灰粉煤灰稳定类材料抗冻性能技术要求**

| 气候区 | 重冻区 | 中冻区 |
|---|---|---|
| 残留抗压强度比(%) | ≥70 | ≥65 |

## 5.5 沥青结合料类材料

**5.5.1** 沥青结合料应采用道路石油沥青或其加工产品,沥青类型应根据公路等级、气候条件、交通荷载等级、结构层位和施工条件等确定。

**5.5.2** 极重、特重和重交通荷载等级公路、气候条件严酷地区公路,以及连续长陡纵坡路段,中面层和表面层宜采取优化混合料级配、选用改性沥青或添加外掺剂等措施。

**5.5.3** 开级配沥青混合料表面层宜采用高黏沥青或橡胶沥青,并采用适量消石灰或水泥替代矿粉。

**5.5.4** 表面层沥青混合料公称最大粒径不宜大于 16.0mm,中面层和下面层沥青混合料公称最大粒径不宜小于 16.0mm,基层沥青碎石公称最大粒径不宜小于 26.5mm。

**5.5.5** 季节性冻土地区高速公路和一级公路表面层沥青低温性能宜满足下列指标要求:

1 分析连续 10 年年最低气温平均值,作为路面低温设计温度。路面低温设计温度提高 10℃的试验条件下,沥青弯曲梁流变试验蠕变劲度 $S_t$ 不宜大于 300MPa,且蠕变曲线斜率 $m$ 不宜大于 0.30。

2 当蠕变劲度 $S_t$ 在 300~600MPa 范围内,且蠕变曲线斜率 $m$ 大于 0.30 时,增加沥青直接拉伸试验,其断裂应变不宜小于 1%。

3 以上都不满足时,采用弯曲梁流变试验和直接拉伸试验确定沥青临界开裂温度,临界开裂温度不宜高于路面低温设计温度。

**5.5.6** 二级及二级以上公路公称最大粒径不大于 19.0mm 的沥青混合料,宜在温度为 -10℃、加载速率为 50mm/min 条件下进行小梁弯曲试验。沥青混合料的破坏应变宜符合表 5.5.6 的规定。

**表 5.5.6 沥青混合料低温弯曲试验破坏应变技术要求**

| 气候条件与技术指标 | 相应于下列气候分区所要求的破坏应变(με) | | | | | | | | | 试验方法 |
|---|---|---|---|---|---|---|---|---|---|---|
| 年极端最低气温(℃)及气候分区 | < -37.0 | | -37.0 ~ -21.5 | | | -21.5 ~ -9.0 | | > -9.0 | | |
| | 1. 冬严寒区 | | 2. 冬寒区 | | | 3. 冬冷区 | | 4. 冬温区 | | |
| | 1-1 | 2-1 | 1-2 | 2-2 | 3-2 | 1-3 | 2-3 | 1-4 | 2-4 | |
| 普通沥青混合料,不小于 | 2 600 | | 2 300 | | | 2 000 | | | | T 0715 |
| 改性沥青混合料,不小于 | 3 000 | | 2 800 | | | 2 500 | | | | |

注:气候分区的确定应符合现行《公路沥青路面施工技术规范》(JTG F40)的有关规定。

**5.5.7** 高速公路和一级公路沥青混合料应在规定的试验条件下进行车辙试验,并应符合表 5.5.7 的要求。二级公路可参照执行。

**表 5.5.7　沥青混合料车辙试验动稳定度技术要求**(次/mm)

| 气候条件与技术指标 | | 相应于以下气候分区所要求的动稳定度技术要求 | | | | | | | | | 试验方法 |
|---|---|---|---|---|---|---|---|---|---|---|---|
| 七月平均最高气温(℃)及气候分区 | | >30 | | | | 20~30 | | | | <20 | |
| | | 1. 夏炎热区 | | | | 2. 夏热区 | | | | 3. 夏凉区 | |
| | | 1-1 | 1-2 | 1-3 | 1-4 | 2-1 | 2-2 | 2-3 | 2-4 | 3-2 | |
| 普通沥青混合料,不小于 | | 800 | | 1 000 | | 600 | 800 | | | 600 | T 0719 |
| 改性沥青混合料,不小于 | | 2 800 | | 3 200 | | 2 000 | 2 400 | | | 1 800 | |
| SMA 混合料,不小于 | 普通沥青 | 1 500 | | | | | | | | | |
| | 改性沥青 | 3 000 | | | | | | | | | |
| OGFC 混合料,不小于 | | 1 500(中等、轻交通荷载等级)、3 000(重及以上交通荷载等级) | | | | | | | | | |

注:1. 气候分区的确定应符合现行《公路沥青路面施工技术规范》(JTG F40)的有关规定。
2. 当其他月份的平均最高气温高于七月时,可使用该月平均最高气温。
3. 在特殊情况下,对钢桥面铺装、重载车特别多或纵坡较大的长距离上坡路段、厂矿专用道路,可酌情提高动稳定度要求。
4. 对炎热地区或特重及以上交通荷载等级公路,可根据气候条件和交通状况适当提高试验温度或增加试验荷载。

**5.5.8** 宜采用本规范附录 F 规定的单轴贯入试验方法测定沥青混合料贯入强度。无机结合料稳定类基层沥青路面、底基层采用无机结合料稳定类材料的沥青结合料类基层沥青路面和水泥混凝土基层沥青路面的沥青混合料贯入强度,宜满足式(5.5.8-1)的要求。

$$R_{\tau s} \geqslant \left(\frac{0.31\lg N_{e5} - 0.68}{\lg[R_a] - 1.31\lg T_d - \lg\psi_s + 2.50}\right)^{1.86} \tag{5.5.8-1}$$

式中:$[R_a]$——沥青混合料层容许永久变形量(mm),根据公路等级,参照表3.0.6-1确定;

$N_{e5}$——设计使用年限内或通车至首次针对车辙维修的期限内,月平均气温大于0℃的月份,设计车道当量设计轴载累计作用次数,按本规范附录 A 计算;

$T_d$——设计气温(℃),为所在地区月平均气温大于0℃的各月份气温平均值;

$\psi_s$——路面结构系数,根据式(5.5.8-2)计算:

$$\psi_s = (0.52h_a^{-0.003} - 317.59h_b^{-1.32})E_b^{0.1} \tag{5.5.8-2}$$

$h_a$——沥青混合料层的厚度(mm);

$h_b$——无机结合料稳定层或水泥混凝土层的厚度(mm);

$E_b$——无机结合料稳定层或水泥混凝土层的模量(MPa);

$R_{\tau s}$——各沥青混合料层的综合贯入强度,根据式(5.5.8-3)确定:

$$R_{\tau s}=\sum_{i=1}^{n}w_{is}R_{\tau i} \tag{5.5.8-3}$$

$R_{\tau i}$——第 $i$ 层沥青混合料的贯入强度(MPa),根据本规范附录F所列方法试验确定,普通沥青混合料一般为0.4~0.7MPa,改性沥青混合料一般为0.7~1.2MPa;

$n$——沥青混合料层的层数;

$w_{is}$——第 $i$ 层沥青混合料的权重,为第 $i$ 层厚度中点剪应力与各层厚度中点剪应力之和的比值 $\left(w_{is}=\dfrac{\tau_i}{\sum_{i=1}^{n}\tau_i}\right)$。沥青混合料层为1层时,$w_1$ 取1.0;沥青混合料层2层时,自上而下,$w_1$ 可取0.48,$w_2$ 可取0.52;沥青混合料层为3层时,自上而下,$w_1$、$w_2$ 和 $w_3$ 可分别取0.35、0.42和0.23。

**5.5.9** 粒料类基层沥青路面和底基层采用粒料的沥青结合料类基层沥青路面,沥青混合料贯入强度宜满足式(5.5.9-1)的要求。

$$R_{\tau g}\geqslant\left(\frac{0.35\lg N_{e5}-1.16}{\lg[R_a]-1.62\lg T_d-\lg\psi_g+2.76}\right)^{1.38} \tag{5.5.9-1}$$

式中:$\psi_g$——路面结构系数,根据式(5.5.9-2)计算:

$$\psi_g=20.16h_a^{-0.642}+820\,916h_b^{-2.84} \tag{5.5.9-2}$$

$R_{\tau g}$——路面各层沥青混合料的综合贯入强度,根据式(5.5.9-3)确定:

$$R_{\tau g}=\sum_{i=1}^{n}w_{ig}R_{\tau i} \tag{5.5.9-3}$$

$w_{ig}$——第 $i$ 层沥青混合料的权重,为第 $i$ 层厚度中点的剪应力与各层厚度中点剪应力之和的比值 $\left(w_{ig}=\dfrac{\tau_i}{\sum_{i=1}^{n}\tau_i}\right)$。沥青混合料层为1层时,$w_1$ 取1.0;沥青混合料层2层时,自上而下,$w_1$ 可取0.44,$w_2$ 可取0.56;沥青混合料层为3层时,自上而下,$w_1$、$w_2$ 和 $w_3$ 可分别取0.27、0.36和0.37;

其他符号意义同式(5.5.8-1)~式(5.5.8-3)。

**5.5.10** 沥青混合料应测试浸水马歇尔试验残留稳定度和冻融劈裂试验残留强度比检验水稳定性。两项指标应符合表5.5.10的规定。水稳定性不满足要求时,可采取掺入消石灰、水泥或抗剥落剂,或更换集料等措施。

**表5.5.10 沥青混合料水稳定性技术要求**

| 沥青混合料类型 | | 相应于以下年降雨量(mm)的技术要求(%) | | 试验方法 |
|---|---|---|---|---|
| | | ≥500 | <500 | |
| 浸水马歇尔试验残留稳定度(%) | | | | |
| 普通沥青混合料,不小于 | | 80 | 75 | T 0709 |
| 改性沥青混合料,不小于 | | 85 | 80 | |
| SMA混合料,不小于 | 普通沥青 | 75 | | |
| | 改性沥青 | 80 | | |

续上表

| 沥青混合料类型 | | 相应于以下年降雨量(mm)的技术要求(%) | | 试验方法 |
|---|---|---|---|---|
| | | ≥500 | <500 | |
| 冻融劈裂试验的残留强度比(%) | | | | |
| 普通沥青混合料,不小于 | | 75 | 70 | T 0729 |
| 改性沥青混合料,不小于 | | 80 | 75 | |
| SMA 混合料,不小于 | 普通沥青 | 75 | | |
| | 改性沥青 | 80 | | |

**5.5.11**　沥青混合料动态压缩模量应按本规范第 5.1.4 条规定,依据相应的水平确定:

1　水平一,沥青混合料动态压缩模量的测定应符合现行《公路工程沥青及沥青混合料试验规程》(JTG E20)T 0738 的有关规定,取平均值,试验温度选用 20℃,面层沥青混合料加载频率采用 10Hz,基层沥青混合料加载频率采用 5Hz。

2　水平二,采用式(5.5.11)计算确定沥青混合料动态压缩模量,适用于采用道路石油沥青和常规级配的沥青混合料。

$$\lg E_a = 4.59 - 0.02f + 2.58G^* - 0.14P_a - 0.041V - 0.03VCA_{DRC} - 2.65 \times 1.1^{\lg f}G^* \cdot f^{-0.06} - 0.05 \times 1.52^{\lg f}VCA_{DRC} \cdot f^{-0.21} + 0.0031f \cdot P_a + 0.0024V \tag{5.5.11}$$

式中:$E_a$——沥青混合料动态压缩模量(MPa);

$f$——试验频率(Hz);

$G^*$——60℃、10rad/s 下沥青动态剪切复数模量(kPa);

$P_a$——沥青混合料的油石比(%);

$V$——压实沥青混合料的空隙率(%);

$VCA_{DRC}$——捣实状态下粗集料的松装间隙率(%)。

3　水平三,参照表 5.5.11 确定沥青混合料动态压缩模量。

**表 5.5.11　常用沥青混合料 20℃条件下动态压缩模量取值范围(MPa)**

| 沥青混合料类型 | 沥青种类 | | | |
|---|---|---|---|---|
| | 70 号道路石油沥青 | 90 号道路石油沥青 | 110 号道路石油沥青 | SBS 改性沥青 |
| SMA10、SMA13、SMA16 | — | — | — | 7 500 ~ 12 000 |
| AC10、AC13 | 8 000 ~ 12 000 | 7 500 ~ 11 500 | 7 000 ~ 10 500 | 8 500 ~ 12 500 |
| AC16、AC20、AC25 | 9 000 ~ 13 500 | 8 500 ~ 13 000 | 7 500 ~ 12 000 | 9 000 ~ 13 500 |
| ATB25 | 7 000 ~ 11 000 | — | — | — |

注:1. ATB25 为 5Hz 条件下动态压缩模量,其他沥青混合料为 10Hz 条件下动态压缩模量。

2. 沥青黏度大、级配好或空隙率小时取高值,反之取低值。

## 5.6 泊松比

**5.6.1** 各类材料的泊松比应按表 5.6.1 确定。

**表 5.6.1 泊 松 比 取 值**

| 材料类别 | 路基 | 粒料 | 无机结合料 | 密级配沥青混合料 | 开级配沥青混合料、半开级配沥青混合料 |
|---|---|---|---|---|---|
| 泊松比 | 0.40 | 0.35 | 0.25 | 0.25 | 0.40 |

# 6 路面结构验算

## 6.1 一般规定

**6.1.1** 路面结构力学指标计算应采用双圆均布垂直荷载作用下的弹性层状连续体系理论。

**6.1.2** 路面结构组合应先初拟方案,并按本规范附录 B 进行路面结构验算,再结合工程经验和经济分析选定路面结构方案。对于二级及二级以下公路,当交通荷载等级为中等、轻水平时,可依据所在地区经验结构合理选择路面设计方案。

## 6.2 设计指标

**6.2.1** 路面结构验算应根据路面结构组合,参照表 6.2.1 选择设计指标。

**表 6.2.1 不同结构组合路面的设计指标**

| 基层类型 | 底基层类型 | 设 计 指 标[a] |
|---|---|---|
| 无机结合料稳定类 | 粒料类 | 无机结合料稳定层层底拉应力、沥青混合料层永久变形量 |
| | 无机结合料稳定类 | |
| 沥青结合料类 | 粒料类 | 沥青混合料层层底拉应变、沥青混合料层永久变形量、路基顶面竖向压应变 |
| | 无机结合料稳定类 | 沥青混合料层永久变形量、无机结合料稳定层层底拉应力 |
| 粒料类[b] | 粒料类 | 沥青混合料层层底拉应变、沥青混合料层永久变形量、路基顶面竖向压应变 |
| | 无机结合料稳定类 | 沥青混合料层层底拉应变、沥青混合料层永久变形量、无机结合料稳定层层底拉应力 |
| 水泥混凝土[c] | — | 沥青混合料层永久变形量 |

注:[a]季节性冻土地区应增加沥青面层低温开裂验算和防冻厚度验算。

[b]在沥青混合料层与无机结合料稳定层间设置粒料层时,应验算沥青混合料层疲劳开裂寿命。

[c]水泥混凝土基层应按现行《公路水泥混凝土路面设计规范》(JTG D40)设计。

**6.2.2**　路面结构验算时,各设计指标应选用表 6.2.2 规定的竖向位置处的力学响应,并应按图 6.2.2 所示计算点位置,选取 $A$、$B$、$C$ 和 $D$ 四点位置计算的最大力学响应量。

**表 6.2.2　各设计指标对应的力学响应及其竖向位置**

| 设计指标 | 力学响应 | 竖向位置 |
|---|---|---|
| 沥青混合料层层底拉应变 | 沿行车方向的水平拉应变 | 沥青混合料层层底 |
| 无机结合料稳定层层底拉应力 | 沿行车方向的水平拉应力 | 无机结合料稳定层层底 |
| 沥青混合料层永久变形量 | 竖向压应力 | 沥青混合料层各分层顶面 |
| 路基顶面竖向压应变 | 竖向压应变 | 路基顶面 |

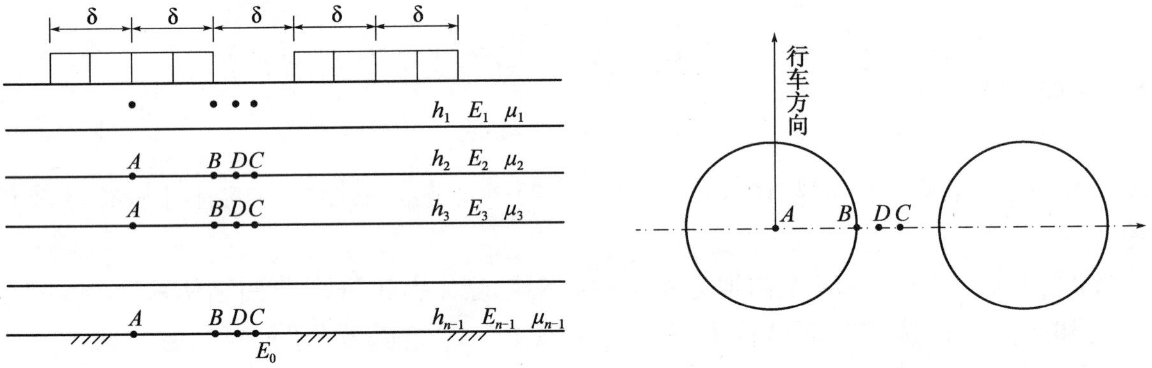


图 6.2.2　力学响应计算点位置图示

## 6.3　交通、材料和环境参数

**6.3.1**　各设计指标对应的当量设计轴载累计作用次数,应根据交通参数调查分析结果和设计使用年限,按本规范附录 A 的规定计算确定。

**6.3.2**　路面结构验算时结构层模量取值应符合下列规定:

1　沥青面层采用 20℃、10Hz 条件下的动态压缩模量,沥青类基层采用 20℃、5Hz 条件下的动态压缩模量。

2　无机结合料稳定层采用经调整系数修正后的弹性模量。

3　粒料层采用经湿度调整的回弹模量,路基采用平衡湿度状态下并考虑干湿与冻融循环作用后的顶面当量回弹模量。

**6.3.3**　沥青混合料层疲劳开裂寿命、无机结合料稳定层疲劳开裂寿命和路基顶面竖向压应变验算时,应根据所在地区的气温条件、路面结构类型和结构层厚度,按本规范附录 G 确定温度调整系数。沥青混合料层永久变形量验算时,应根据所在地区的气温条件,按本规范附录 G 选用相应的等效温度。

## 6.4 路面结构验算流程

**6.4.1** 路面结构验算应按图 6.4.1 所示的流程进行,包括下列主要内容:

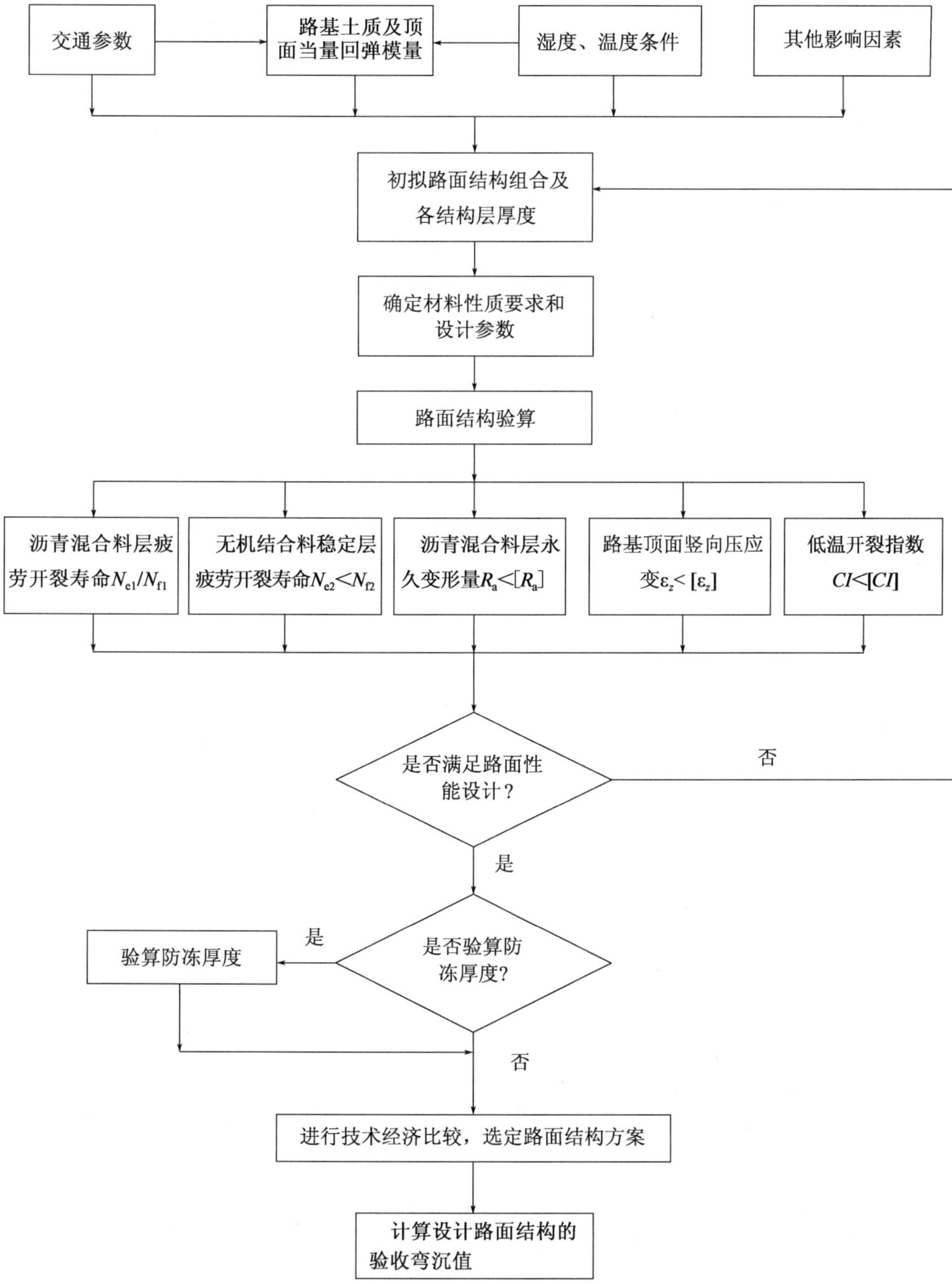


图 6.4.1 路面结构验算流程图

1　按本规范附录A调查分析交通参数;根据本规范第3.0.4条的规定,确定交通荷载等级。

2　根据路基土类、地下水位高度确定路基干湿类型和湿度状况,按本规范第5.2.2条要求,并结合现行《公路路基设计规范》(JTG D30)的有关规定确定路基顶面回弹模量及必要的路基改善措施。

3　根据设计要求,收集所在地区的常用路面结构组合和材料性质要求,分析影响路面结构设计的其他因素,初拟路面结构组合与厚度方案,选取设计指标。

4　按本规范第5章及第6.3.2条规定,确定各结构层模量等设计参数,并按本规范第5章规定检验粒料的*CBR*值,无机结合料稳定类材料的无侧限抗压强度,沥青低温性能要求,沥青混合料的低温破坏应变、动稳定度、贯入强度和水稳定性等。

5　按本规范附录G的规定,收集工程所在地区气温资料,确定各设计指标对应的温度调整系数或等效温度。

6　采用多层弹性体系理论程序计算各设计指标的力学响应量。

7　按本规范附录B的规定进行路面结构验算,验算结果应符合本规范第3.0.6条的规定,不符合时,调整路面结构方案重新验算,直至符合为止。

8　对通过结构验算的路面结构进行技术经济分析,选定路面结构方案。

9　按本规范附录B.7计算设计路面结构的验收弯沉值。

**6.4.2**　设计路面结构的路基顶面验收弯沉值和路表验收弯沉值的确定,应符合本规范附录B.7的有关规定。

# 7　改建设计

## 7.1　一般规定

**7.1.1**　本章适用于沥青路面结构补强设计。

**7.1.2**　改建设计应充分调查和分段评估既有路面状况,分析路面损坏原因,提出针对性改建对策,经技术经济分析后,结合工程经验确定适应预期交通荷载等级和使用性能要求的改建设计方案。

**7.1.3**　确定改建设计方案时,应充分利用既有路面结构性能,减少废弃材料,并积极、稳妥地再生利用既有路面材料。

**7.1.4**　应考虑施工期交通组织设计和临时安全设施设计。

**7.1.5**　改建设计应采用动态设计理念,工程实施阶段应逐段调查分析现场路况,动态调整改建方案。

## 7.2 既有路面调查与分析

**7.2.1** 既有路面调查与分析应包括下列主要内容:

1 收集既有路面及其排水设施的设计、施工及历史养护维修情况等技术资料。

2 调查分析交通量、轴载组成和增长率等交通荷载参数。

3 调查路面破损状况,包括路面病害类型、严重程度、范围和数量等。

4 采用落锤式动态弯沉仪或其他弯沉仪检测评价既有路面结构承载能力。

5 采用钻芯、探坑取样、路面雷达、切割等方式,调查分析既有路面厚度、层间结合及病害程度情况,并取样进行室内试验,测定试件模量、强度等,分析路面材料组成与退化情况。

6 对因路基问题导致路面损坏的路段,取样调查路基土质类型、含水率和 *CBR* 值等,分析路基稳定性和承载力等。

7 调查沿线气候条件、地下水位及路基路面排水状况。

8 调查沿线跨线桥、隧道净空要求及其他影响路面改建设计的因素。

**7.2.2** 既有路面损坏状况的评定应符合现行《公路技术状况评定标准》(JTG H20)和《公路养护技术规范》(JTG H10)的有关规定,可结合路面损坏特点采用路面横向裂缝间距、纵向裂缝率、网裂面积率和修补面积率等指标进行补充评价。

**7.2.3** 应根据既有路面调查结果综合分析病害原因,判断路面病害的层位、破坏程度、发展趋势及既有路面的可利用程度。

## 7.3 改建方案

**7.3.1** 应根据不同路段路面状况和损坏程度,对既有路面采取相应的处理方案。

**7.3.2** 既有路面处理可采用局部病害处治、整体性处理的方式或局部病害处治与整体性处理相结合的方式,并应符合下列规定:

1 既有路面破损不严重且结构性能较好的路段可参照现行《公路沥青路面养护技术规范》(JTJ 073.2)对局部病害处治后加铺。

2 既有路面破损严重或结构性能不足的路段,宜采用整体性处理方式。处理深度和范围应根据路面破损程度、层位和处理工艺确定。

**7.3.3** 改建方案应充分利用既有路面结构和材料,可视具体情况选择经局部病害处治后直接加铺一层或多层改建方案、将既有路面铣刨至某一结构层或将既有路面就地再生后再加铺一层或多层改建方案。

**7.3.4** 既有路面存在较多裂缝时,应采取减缓反射裂缝的措施。

**7.3.5** 既有路面出现因内部排水不良引起的水损坏时,应改善或重置路面防排水系统。加铺层与既有路面间应采取设置黏层或封层等层间结合措施。

**7.3.6** 加铺层材料组成和技术要求应符合本规范第 5 章的规定。再生材料技术要求应符合现行《公路沥青路面再生技术规范》(JTG F41)的有关规定。

## 7.4 改建路面结构验算

**7.4.1** 设计使用年限内预期的交通荷载参数应按本规范附录 A 进行调查和分析,并按本规范第 3.0.4 条确定交通荷载等级。

**7.4.2** 加铺层以及经处治后的既有路面结构在设计使用年限内的使用性能,应符合本规范第 3.0.6 条和第 3.0.7 条的规定。

**7.4.3** 既有路面破损不严重且结构性能较好,采用直接加铺方案或铣刨至某一结构层再加铺方案时,应同时对既有路面结构层和加铺层进行结构验算。加铺层的设计参数应按新建路面结构确定。既有路面结构层的设计参数应按下列要求确定:

1 将既有路面简化为由沥青结合料类材料层、无机结合料稳定层或粒料层和路基组成的三层体系,利用弯沉盆反演或芯样实测的方法确定各层结构模量。

2 既有路面无机结合料稳定层弯拉强度,宜根据现场取芯实测的无侧限抗压强度按式(7.4.3)计算,无条件时,可根据既有路面整体强度、基层和面层损坏状况,结合当地经验确定。

$$R_s = 0.21R_c \tag{7.4.3}$$

式中:$R_s$——无机结合料稳定类材料试件的弯拉强度(MPa);

$R_c$——无机结合料稳定类材料试件的无侧限抗压强度(MPa)。

**7.4.4** 既有路面破损严重或结构性能不足时,无论采用直接加铺方案还是采用铣刨至某一结构层再加铺方案,均应对加铺层进行结构验算。加铺面层的设计参数应按新建路面结构确定。既有路面或铣刨后留用的路面结构层不再进行结构验算,其顶面当量回弹模量应按式(7.4.4)计算。

$$E_d = \frac{176pr}{l_0} \tag{7.4.4}$$

式中:$E_d$——既有路面结构顶面当量回弹模量(MPa);

$p$——落锤式弯沉仪承载板施加荷载(MPa);

$r$——落锤式弯沉仪承载板半径(mm);

$l_0$——落锤式弯沉仪承载板中心点弯沉值(0.01mm)。

**7.4.5** 再生材料设计参数可按实测或工程经验确定。

**7.4.6** 改建路面结构验算应按图 7.4.6 所示的流程进行,包括下列主要内容:

1 按本规范附录 A 调查分析交通参数;按本规范第 3.0.4 条规定,确定交通荷载等级。

2 根据本规范第 7.2 节的规定,对既有路面技术状况进行调查和分析。

3 根据路况调查结果,对既有路面进行分段。按本规范第 7.3 节的规定,结合当地工程经验,分段初拟改建方案。

4 按本规范第 7.4.3 ~ 7.4.5 条规定,确定需验算的结构层和设计指标,确定既有路面和加铺层的材料模量等设计参数,并按本规范第 5 章规定检验加铺层粒料的 *CBR* 值,无机结合料稳定类材料的无侧限抗压强度,沥青低温性能要求,沥青混合料的低温破坏应变、动稳定度、贯入强度和水稳定性等。

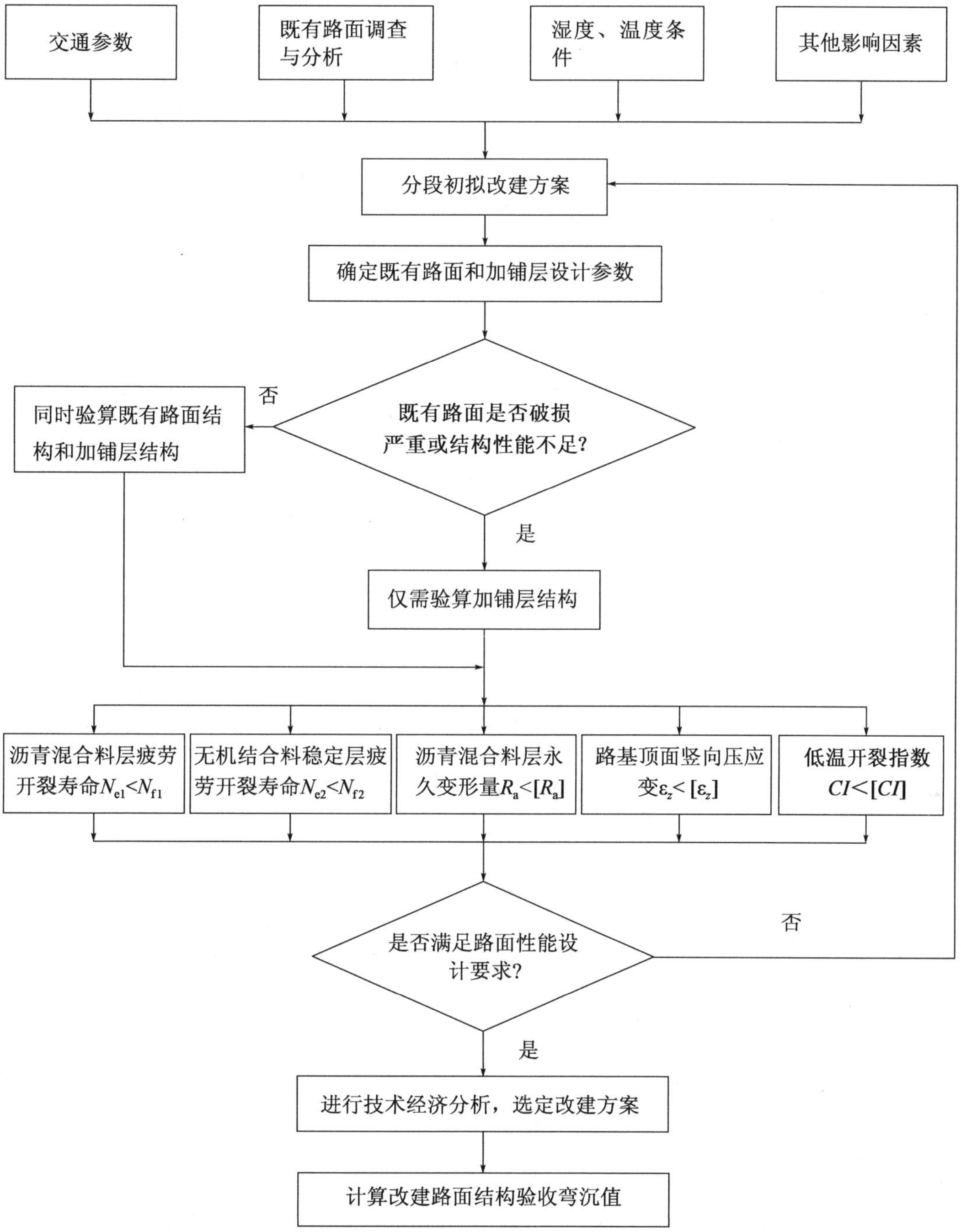


图 7.4.6　改建路面结构验算流程图

5　收集工程所在地区气温资料,按本规范附录 G 确定各设计指标相应的温度调整系数或等效温度。

6　采用多层弹性体系理论程序计算各设计指标的力学响应量。

7　按本规范附录 B 进行路面结构验算,验算结果应符合本规范第 3.0.6 条的规定,不符合时,调整路面改建方案重新验算,直至符合为止。

8　对通过结构验算的路面结构进行技术经济分析,选定路面改建方案。

9　按本规范附录 B.7 计算改建路面结构的路表验收弯沉值。

# 8　桥面铺装设计

## 8.1　一般规定

**8.1.1**　桥面铺装设计可包括桥面板处理、防排水、铺装结构层、路缘带和伸缩缝接触部位的填封设计等,设计时应综合考虑桥梁类型、公路等级、交通荷载等级和气候条件等因素。

**8.1.2**　桥面铺装层结构宜与公路主线路面结构相协调,钢桥面、大桥和特大桥的水泥混凝土桥面的沥青混合料铺装宜进行专项设计。

**8.1.3**　桥面防水体系应具有足够的耐久性。

## 8.2　水泥混凝土桥面铺装

**8.2.1**　水泥混凝土桥面板宜进行铣刨或抛丸打毛处理,处理后桥面板的构造深度宜为 0.4 ~0.8mm。

**8.2.2**　设置水泥混凝土调平层的桥面,调平层厚度不宜小于 80mm,且应按要求设置钢筋网。调平层混凝土强度等级应与梁体一致,并与桥面板结合紧密。

**8.2.3**　水泥混凝土桥面防水层材料应具有足够的黏结强度、防水能力、抗施工损伤能力和耐久性,可采用热沥青、涂膜等。

**8.2.4**　热沥青防水层宜采用橡胶沥青或 SBS 改性沥青,沥青膜厚度宜为 1.5 ~2.0mm,应撒布覆盖率为 60% ~70% 的单粒径碎石。

**8.2.5**　高速公路、一级公路水泥混凝土桥面沥青混合料铺装层厚度不宜小于 70mm,宜采用两层或两层以上的结构,沥青混合料铺装上层厚度不宜小于 30mm。二级及二级以下公路水泥混凝土桥面沥青混合料铺装层厚度不宜小于 50mm。

**8.2.6**　特大桥桥面铺装宜设置砂粒式沥青混合料层。砂粒式沥青混合料层应具有足够的高温稳定性、密水性和抗施工损伤性能,可选用改性沥青胶砂、浇筑式沥青混凝土等。

**8.2.7**　桥面沥青混合料铺装层应具有较小的空隙率,并具有良好的高温稳定性和抗滑性能,宜选用连续级配沥青混合料或沥青玛蹄脂碎石等。

**8.2.8**　路缘带、护栏和伸缩缝与沥青混合料铺装层的接触部位宜采用热沥青、贴缝条或封缝料进行封缝防水处理。

**8.2.9**　桥面铺装边缘带可在沥青混合料铺装下层设置纵向盲沟,宽度宜为 100 ~

200mm,可采用开级配沥青混合料或单粒径碎石填充。盲沟应与桥梁泄水孔相连。

## 8.3 钢桥面铺装

**8.3.1** 钢桥面应进行抛丸处理,除锈等级应不低于 Sa2.5 级,并应及时涂刷防锈层或黏结层。

**8.3.2** 钢桥面防水材料应与铺装层材料类型相匹配。

**8.3.3** 钢桥面铺装宜采用浇筑式沥青混凝土、环氧沥青混凝土、连续级配沥青混合料、沥青玛蹄脂碎石或多种混合料组合。

# 附录 A 交通荷载参数分析

## A.1 车型分类

**A.1.1** 车辆轴型应根据表 A.1.1 规定按轮组和轴组类型分为 7 类。

**表 A.1.1 轴型分类**

| 轴型编号 | 轴型说明 | 轴型编号 | 轴型说明 |
|---|---|---|---|
| 1 | 单轴(每侧单轮胎) | 5 | 双联轴(每侧双轮胎) |
| 2 | 单轴(每侧双轮胎) | 6 | 三联轴(每侧单轮胎) |
| 3 | 双联轴(每侧单轮胎) | 7 | 三联轴(每侧双轮胎) |
| 4 | 双联轴(每侧各一单轮胎、双轮胎) | | |

**A.1.2** 车辆类型应按表 A.1.2 所列轴型组合分为 11 类。

**表 A.1.2 车辆类型分类**

| 车型编号 | 说明 | 主要车型及图示 | | 其他车型 |
|---|---|---|---|---|
| 1类 | 2 轴 4 轮车辆 | 11 型车 | 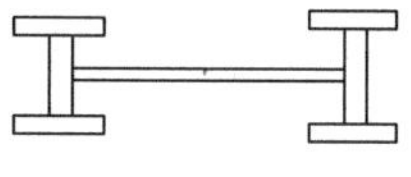 | |
| 2类 | 2 轴 6 轮及以上客车 | 12 型客车 | 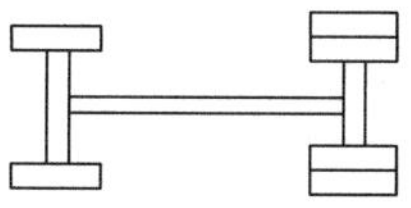 | 15 型客车 |
| 3类 | 2 轴 6 轮整体式货车 | 12 型货车 | 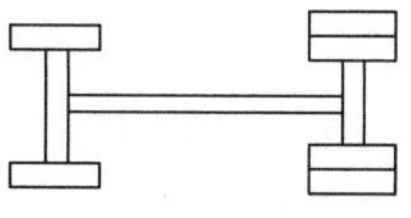 | |

续上表

| 车型编号 | 说　明 | 主要车型及图示 | | 其他车型 |
|---|---|---|---|---|
| 4类 | 3轴整体式货车<br>(非双前轴) | 15型 | 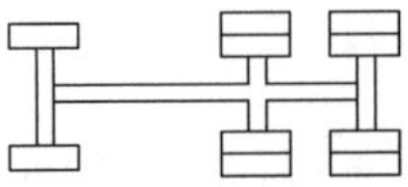 | |
| 5类 | 4轴及以上整体式货车<br>(非双前轴) | 17型 | 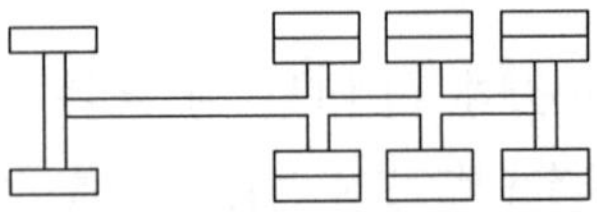 | |
| 6类 | 双前轴整体式货车 | 112型<br>115型 | 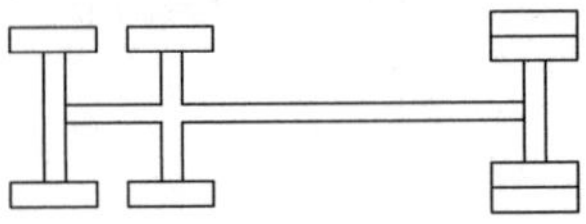 | 117型 |
| 7类 | 4轴及以下半挂货车<br>(非双前轴) | 125型 | 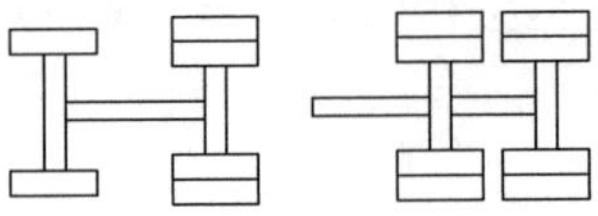 | 122型 |
| 8类 | 5轴半挂货车<br>(非双前轴) | 127型<br>155型 | 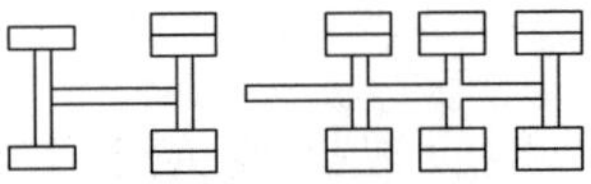 | |
| 9类 | 6轴及以上半挂货车<br>(非双前轴) | 157型 | 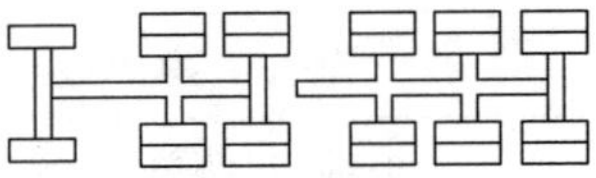 | |
| 10类 | 双前轴半挂式货车 | 1127型 | 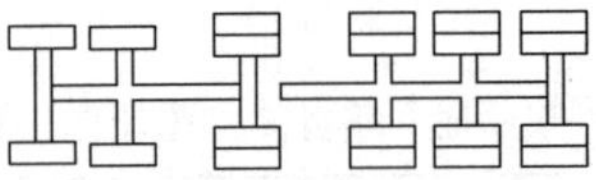 | 1122型<br>1125型<br>1155型<br>1157型 |
| 11类 | 全挂货车 | 1522型<br>1222型 | 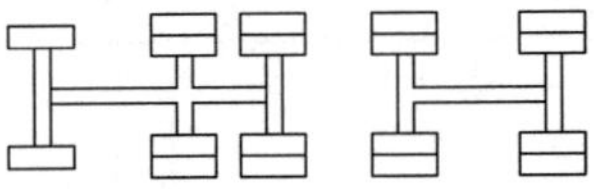 | |

## A.2　交通数据调查

**A.2.1**　交通数据调查应包括交通量及增长率、方向系数、车道系数、车辆类型组成、轴组组成和轴重等。

**A.2.2**　公路初期交通量和其他参数可参照可行性研究报告等有关交通量预测资料，结合当地交通观测站的观测和统计资料，或通过实地设立站点进行观测和统计。

**A.2.3**　交通量的年平均增长率可依据公路等级和功能以及地区经济和交通发展情况

等,通过调查分析确定。

**A.2.4** 方向系数宜根据不同方向上实测交通量数据确定,无实测数据时可在0.5~0.6范围内选取。

**A.2.5** 车道系数可按下列三个水平确定,改建设计应采用水平一,新建路面设计可采用水平二或水平三:

1 水平一,根据现场交通量观测资料统计设计方向不同车道上车辆的数量,确定车道系数。

2 水平二,采用当地的经验值。

3 水平三,采用表A.2.5推荐值。

**表A.2.5 车道系数**

| 单向车道数 | 1 | 2 | 3 | ≥4 |
|---|---|---|---|---|
| 高速公路 | — | 0.70~0.85 | 0.45~0.60 | 0.40~0.50 |
| 其他等级公路 | 1.00 | 0.50~0.75 | 0.50~0.75 | — |

注:交通受非机动车和行人影响严重时取低限,反之取高值。

**A.2.6** 车辆类型分布系数可按下列三个水平确定,改建设计应采用水平一,新建路面设计可采用水平二或水平三:

1 水平一,根据交通观测资料分析2类~11类车型所占的百分比,得到车辆类型分布系数。

2 水平二,根据交通历史数据或经验数据按表A.2.6-1确定公路TTC分类,采用该TTC分类车辆类型分布系数当地经验值。

3 水平三,根据交通历史数据或经验数据按表A.2.6-1确定公路TTC分类,采用表A.2.6-2规定车辆类型分布系数。

**表A.2.6-1 公路TTC分类标准(%)**

| TTC分类 | 整体式货车比例 | 半挂式货车比例 |
|---|---|---|
| TTC1 | <40 | >50 |
| TTC2 | <40 | <50 |
| TTC3 | 40~70 | >20 |
| TTC4 | 40~70 | <20 |
| TTC5 | >70 | — |

注:表中整体式货车为表A.1.2中3类~6类车,半挂式货车为表A.1.2中7类~10类车。

**表A.2.6-2 不同TTC分类车辆类型分布系数(%)**

| 车辆类型 | 2类 | 3类 | 4类 | 5类 | 6类 | 7类 | 8类 | 9类 | 10类 | 11类 |
|---|---|---|---|---|---|---|---|---|---|---|
| TTC1 | 6.4 | 15.3 | 1.4 | 0.0 | 11.9 | 3.1 | 16.3 | 20.4 | 25.2 | 0.0 |
| TTC2 | 22.0 | 23.3 | 2.7 | 0.0 | 8.3 | 7.5 | 17.1 | 8.5 | 10.6 | 0.0 |

续上表

| 车辆类型 | 2 类 | 3 类 | 4 类 | 5 类 | 6 类 | 7 类 | 8 类 | 9 类 | 10 类 | 11 类 |
|---|---|---|---|---|---|---|---|---|---|---|
| TTC3 | 17.8 | 33.1 | 3.4 | 0.0 | 12.5 | 4.4 | 9.1 | 10.6 | 8.5 | 0.7 |
| TTC4 | 28.9 | 43.9 | 5.5 | 0.0 | 9.4 | 2.0 | 4.6 | 3.4 | 2.3 | 0.1 |
| TTC5 | 9.9 | 42.3 | 14.8 | 0.0 | 22.7 | 2.0 | 2.3 | 3.2 | 2.5 | 0.2 |

## A.3　车辆当量设计轴载换算

**A.3.1**　各类车辆当量设计轴载换算系数可按下列三个水平确定,高速公路和一级公路的改建设计应采用水平一,其他情况可采用水平二或水平三:

1　水平一,采用称重设备连续采集设计车道上车辆类型、轴型组成和轴重数据,按下列步骤分析各类车辆当量换算系数:

1)分别统计 2 类～11 类车辆单轴单胎、单轴双胎、双联轴和三联轴的数量,除以各类车辆总量,按式(A.3.1-1)计算各类车辆中不同轴型平均轴数。

$$NAPT_{mi}=\frac{NA_{mi}}{NT_m} \tag{A.3.1-1}$$

式中:$NAPT_{mi}$——$m$ 类车辆中 $i$ 种轴型的平均轴数;

$NA_{mi}$——$m$ 类车辆中 $i$ 种轴型总数;

$NT_m$——$m$ 类车辆总数;

$i$——分别为单轴单胎、单轴双胎、双联轴和三联轴;

$m$——表 A.1.2 所列 2 类～11 类车。

2)按式(A.3.1-2)计算 2 类～11 类车辆不同轴型在不同轴重区间所占的百分比,得到不同轴型的轴重分布系数,即轴载谱。确定轴载谱时,单轴单胎、单轴双胎、双联轴和三联轴应分别间隔 2.5kN、4.5kN、9.0kN 和 13.5kN 划分轴重区间。

$$ALDF_{mij}=\frac{ND_{mij}}{NA_{mi}} \tag{A.3.1-2}$$

式中:$ALDF_{mij}$——$m$ 类车辆中 $i$ 种轴型在 $j$ 级轴重区间的轴重分布系数;

$ND_{mij}$——$m$ 类车辆中 $i$ 种轴型在 $j$ 级轴重区间的数量;

$NA_{mi}$——$m$ 类车辆中 $i$ 种轴型的数量;

其他符号意义同式(A.3.1-1)。

3)按式(A.3.1-3)计算 2 类～11 类车辆各种轴型在不同轴重区间的当量设计轴载换算系数,计算时取各轴重区间中点值作为该轴重区间代表轴重。按式(A.3.1-4)计算各类车辆当量设计轴载换算系数:

$$EALF_{mij}=c_1c_2\left(\frac{P_{mij}}{P_s}\right)^b \tag{A.3.1-3}$$

式中：$P_s$——设计轴载(kN)；

$P_{mij}$——$m$ 类车辆中 $i$ 种轴型在 $j$ 级轴重区间的单轴轴载(kN)，对双联轴和三联轴，为平均分配到每根单轴的轴载；

$b$——换算指数。分析沥青混合料层疲劳和沥青混合料层永久变形时，$b=4$；分析路基永久变形时，$b=5$；分析无机结合料稳定层疲劳时，$b=13$；

$c_1$——轴组系数，前后轴间距大于 3m 时，分别按单个轴计算；轴间距小于 3m 时，按表 A.3.1-1 取值；

$c_2$——轮组系数，双轮组为 1.0，单轮时取 4.5。

**表 A.3.1-1　轴组系数取值**

| 设计指标 | 轮—轴型 | $c_1$ 取值 |
|---|---|---|
| 沥青混合料层层底拉应变、沥青混合料层永久变形量 | 双联轴 | 2.1 |
| | 三联轴 | 3.2 |
| 路基顶面竖向压应变 | 双联轴 | 4.2 |
| | 三联轴 | 8.7 |
| 无机结合料稳定层层底拉应力 | 双联轴 | 2.6 |
| | 三联轴 | 3.8 |

$$EALF_m = \sum_i [NAPT_{mi} \sum_j (EALF_{mij} \times ALDF_{mij})] \qquad (A.3.1\text{-}4)$$

式中：$EALF_m$——$m$ 类车辆的当量设计轴载换算系数；

$NAPT_{mi}$——$m$ 类车辆中 $i$ 种轴型的平均轴数；

$ALDF_{mij}$——$m$ 类车辆中 $i$ 种轴型在 $j$ 级轴重区间的轴重分布系数；

$EALF_{mij}$——$m$ 类车辆中 $i$ 种轴型在 $j$ 级轴重区间当量设计轴载换算系数，根据式(A.3.1-3)计算确定。

2　水平二和水平三，按式(A.3.1-5)确定各类车辆的当量设计轴载换算系数。式(A.3.1-5)中非满载车和满载车的比例和当量设计轴载换算系数，水平二时取当地经验值，水平三时取表 A.3.1-2 和表 A.3.1-3 所列全国经验值。

$$EALF_m = EALF_{ml} \times PER_{ml} + EALF_{mh} \times PER_{mh} \qquad (A.3.1\text{-}5)$$

式中：$EALF_{ml}$——$m$ 类车辆中非满载车的当量设计轴载换算系数；

$EALF_{mh}$——$m$ 类车辆中满载车的当量设计轴载换算系数；

$PER_{ml}$——$m$ 类车辆中非满载车所占的百分比；

$PER_{mh}$——$m$ 类车辆中满载车所占的百分比。

**表 A.3.1-2　2 类～11 类车辆非满载车与满载车比例**

| 车　型 | 非满载比例 | 满载比例 |
|---|---|---|
| 2类 | 0.80～0.90 | 0.10～0.20 |
| 3类 | 0.85～0.95 | 0.05～0.15 |

续上表

| 车　　型 | 非满载比例 | 满 载 比 例 |
|---|---|---|
| 4 类 | 0. 60 ~ 0. 70 | 0. 30 ~ 0. 40 |
| 5 类 | 0. 70 ~ 0. 80 | 0. 20 ~ 0. 30 |
| 6 类 | 0. 50 ~ 0. 60 | 0. 40 ~ 0. 50 |
| 7 类 | 0. 65 ~ 0. 75 | 0. 25 ~ 0. 35 |
| 8 类 | 0. 40 ~ 0. 50 | 0. 50 ~ 0. 60 |
| 9 类 | 0. 55 ~ 0. 65 | 0. 35 ~ 0. 45 |
| 10 类 | 0. 50 ~ 0. 60 | 0. 40 ~ 0. 50 |
| 11 类 | 0. 60 ~ 0. 70 | 0. 30 ~ 0. 40 |

**表 A. 3. 1-3　2 类 ~ 11 类车辆当量设计轴载换算系数**

| 车　　型 | 沥青混合料层层底拉应变、沥青混合料层永久变形量 | | 无机结合料稳定层层底拉应力 | | 路基顶面竖向压应变 | |
|---|---|---|---|---|---|---|
| | 非满载车 | 满载车 | 非满载车 | 满载车 | 非满载车 | 满载车 |
| 2 类 | 0. 8 | 2. 8 | 0. 5 | 35. 5 | 0. 6 | 2. 9 |
| 3 类 | 0. 4 | 4. 1 | 1. 3 | 314. 2 | 0. 4 | 5. 6 |
| 4 类 | 0. 7 | 4. 2 | 0. 3 | 137. 6 | 0. 9 | 8. 8 |
| 5 类 | 0. 6 | 6. 3 | 0. 6 | 72. 9 | 0. 7 | 12. 4 |
| 6 类 | 1. 3 | 7. 9 | 10. 2 | 1505. 7 | 1. 6 | 17. 1 |
| 7 类 | 1. 4 | 6. 0 | 7. 8 | 553. 0 | 1. 9 | 11. 7 |
| 8 类 | 1. 4 | 6. 7 | 16. 4 | 713. 5 | 1. 8 | 12. 5 |
| 9 类 | 1. 5 | 5. 1 | 0. 7 | 204. 3 | 2. 8 | 12. 5 |
| 10 类 | 2. 4 | 7. 0 | 37. 8 | 426. 8 | 3. 7 | 13. 3 |
| 11 类 | 1. 5 | 12. 1 | 2. 5 | 985. 4 | 1. 6 | 20. 8 |

## A. 4　当量设计轴载累计作用次数

**A. 4. 1**　根据本规范第 A. 3 节确定的车辆当量设计轴载换算系数,按式(A. 4. 1)确定初始年设计车道日平均当量轴次 $N_1$。

$$N_1 = AADTT \times DDF \times LDF \times \sum_{m=2}^{11}(VCDF_m \times EALF_m) \tag{A. 4. 1}$$

式中:$AADTT$——2 轴 6 轮及以上车辆的双向年平均日交通量(辆/d);

$DDF$——方向系数,按本规范第 A. 2. 4 条的规定确定;

$LDF$——车道系数,按本规范第 A. 2. 5 条的规定确定;

$m$——车辆类型编号;

$VCDF_m$——$m$ 类车辆类型分布系数,按本规范第 A.2.6 条的规定确定;

$EALF_m$——$m$ 类车辆的当量设计轴载换算系数。

**A.4.2** 应根据初始年设计车道日平均当量轴次 $N_1$、设计使用年限等,按式(A.4.2)计算设计车道上的当量设计轴载累计作用次数 $N_e$。

$$N_e = \frac{[(1+\gamma)^t - 1] \times 365}{\gamma} N_1 \tag{A.4.2}$$

式中:$N_e$——设计使用年限内设计车道上的当量设计轴载累计作用次数(次);

$t$——设计使用年限(年);

$\gamma$——设计使用年限内交通量的年平均增长率;

$N_1$——初始年设计车道日平均当量轴次(次/d)。

# 附录 B 路面结构验算方法

## B.1 沥青混合料层疲劳开裂验算

**B.1.1** 沥青混合料层的疲劳开裂寿命应根据路面结构分析得到的沥青混合料层层底拉应变,按式(B.1.1-1)计算。

$$N_{f1} = 6.32 \times 10^{15.96-0.29\beta} k_a k_b k_{T1}^{-1} \left(\frac{1}{\varepsilon_a}\right)^{3.97} \left(\frac{1}{E_a}\right)^{1.58} (VFA)^{2.72} \tag{B.1.1-1}$$

式中:$N_{f1}$——沥青混合料层疲劳开裂寿命(轴次);

$\beta$——目标可靠指标,根据公路等级按表 3.0.1 取值;

$k_a$——季节性冻土地区调整系数,按表 B.1.1 采用内插法确定;

$k_b$——疲劳加载模式系数,按式(B.1.1-2)计算:

$$k_b = \left[\frac{1 + 0.3E_a^{0.43}(VFA)^{-0.85} e^{0.024h_a - 5.41}}{1 + e^{0.024h_a - 5.41}}\right]^{3.33} \tag{B.1.1-2}$$

$E_a$——沥青混合料 20℃时的动态压缩模量(MPa);

$VFA$——沥青混合料的沥青饱和度(%),根据混合料设计结果或按现行《公路沥青路面施工技术规范》(JTG F40)的有关规定确定;

$h_a$——沥青混合料层厚度(mm);

$k_{T1}$——温度调整系数,按本规范附录 G 确定;

$\varepsilon_a$——沥青混合料层层底拉应变($10^{-6}$);根据弹性层状体系理论,按本规范第 6.2.2 条的规定选取计算点,按式(B.1.1-3)计算:

$$\varepsilon_a = p\bar{\varepsilon_a} \tag{B.1.1-3}$$

$$\bar{\varepsilon_a} = f\left(\frac{h_1}{\delta},\frac{h_2}{\delta},\cdots,\frac{h_{n-1}}{\delta};\frac{E_2}{E_1},\frac{E_3}{E_2},\cdots,\frac{E_0}{E_{n-1}}\right)$$

$\bar{\varepsilon_a}$——理论拉应变系数；

$p,\delta$——标准轴载的轮胎接地压强(MPa)和当量圆半径(mm)；

$E_0$——路基顶面回弹模量(MPa)；

$h_1,h_2,\cdots,h_{n-1}$——各结构层厚度(mm)；

$E_1,E_2,\cdots,E_{n-1}$——各结构层模量(MPa)。

**表 B.1.1　季节性冻土地区调整系数 $k_a$**

| 冻　　区 | 重　冻　区 | 中　冻　区 | 轻　冻　区 | 其他地区 |
|---|---|---|---|---|
| 冻结指数 $F$(℃·d) | ≥2 000 | 2 000～800 | 800～50 | ≤50 |
| $k_a$ | 0.60～0.70 | 0.70～0.80 | 0.80～1.00 | 1.00 |

**B.1.2**　沥青混合料层的疲劳开裂寿命应大于设计使用年限内设计车道的当量设计轴载累计作用次数。否则,应调整路面结构方案,重新验算,直至满足要求。

## B.2　无机结合料稳定层疲劳开裂验算

**B.2.1**　无机结合料稳定层的疲劳开裂寿命应根据路面结构分析得到的各无机结合料稳定层层底拉应力,按式(B.2.1-1)计算。

$$N_{f2} = k_a k_{T2}^{-1} 10^{a-b\frac{\sigma_t}{R_s}+k_c-0.57\beta} \tag{B.2.1-1}$$

式中：$N_{f2}$——无机结合料稳定层的疲劳开裂寿命(轴次)；

$k_a$——季节性冻土地区调整系数,按表 B.1.1 确定；

$k_{T2}$——温度调整系数,根据本规范附录 G 确定；

$R_s$——无机结合料稳定类材料的弯拉强度(MPa)；

$a,b$——疲劳试验回归参数,按表 B.2.1-1 确定；

$k_c$——现场综合修正系数,按式(B.2.1-2)确定：

$$k_c = c_1 e^{c_2(h_a+h_b)} + c_3 \tag{B.2.1-2}$$

$c_1,c_2,c_3$——参数,按表 B.2.1-2 取值；

$h_a,h_b$——分别为沥青混合料层和计算点以上无机结合料稳定层厚度；

$\beta$——目标可靠指标,根据公路等级按表 3.0.1 取值；

$\sigma_t$——无机结合料稳定层的层底拉应力(MPa),根据弹性层状体系理论,按本规范

第6.2.2条的规定选取计算点,按式(B.2.1-3)计算:

$$\sigma_t = p\bar{\sigma}_t \tag{B.2.1-3}$$

$$\bar{\sigma}_t = f\left(\frac{h_1}{\delta},\frac{h_2}{\delta},\cdots,\frac{h_{n-1}}{\delta};\frac{E_2}{E_1},\frac{E_3}{E_2},\cdots,\frac{E_0}{E_{n-1}}\right)$$

$\bar{\sigma}_t$——理论拉应力系数;

其他符号意义同式(B.1.1-3)。

**表 B.2.1-1 无机结合料稳定层疲劳破坏模型参数**

| 材料类型 | $a$ | $b$ |
|---|---|---|
| 无机结合料稳定粒料 | 13.24 | 12.52 |
| 无机结合料稳定土 | 12.18 | 12.79 |

**表 B.2.1-2 现场综合修正系数 $k_c$ 相关参数**

| | 新建路面结构层或改建工程既有路面结构层 | | 改建工程加铺层 | |
|---|---|---|---|---|
| 材料类型 | 无机结合料稳定粒料 | 无机结合料稳定土 | 无机结合料稳定粒料 | 无机结合料稳定土 |
| $c_1$ | 14.0 | 35.0 | 18.5 | 21.0 |
| $c_2$ | -0.0076 | -0.0156 | -0.01 | -0.0125 |
| $c_3$ | -1.47 | -0.83 | -1.32 | -0.82 |

**B.2.2** 无机结合料稳定层的疲劳开裂寿命应大于设计使用年限内设计车道的当量设计轴载累计作用次数。否则,应调整路面结构组合或层厚,重新验算,直至满足要求。

## B.3 沥青混合料层永久变形量验算

**B.3.1** 应按下列要求对各沥青混合料层进行分层,分别计算各分层的永久变形量:

1 表面层,采用10~20mm为一分层。

2 第二层沥青混合料层,每一分层厚度应不大于25mm。

3 第三层沥青混合料层,每一分层厚度应不大于100mm。

4 第四层及其以下沥青混合料层,作为一个分层。

**B.3.2** 根据标准条件下的车辙试验,得到各层沥青混合料的车辙试验永久变形量,按式(B.3.2-1)计算各分层的永久变形量和沥青混合料层总的永久变形量。

$$R_a = \sum_{i=1}^{n} R_{ai} \tag{B.3.2-1}$$

$$R_{ai} = 2.31\times10^{-8} k_{Ri} T_{pef}^{2.93} p_i^{1.80} N_{e3}^{0.48} (h_i/h_0) R_{0i}$$

式中:$R_a$——沥青混合料层永久变形量(mm);

$R_{ai}$——第 $i$ 分层永久变形量(mm);

$n$——分层数；

$T_{pef}$——沥青混合料层永久变形等效温度(℃)，根据本规范附录 G 确定；

$N_{e3}$——设计使用年限内或通车至首次针对车辙维修的期限内，设计车道上当量设计轴载累计作用次数，按本规范附录 A 计算；

$h_i$——第 $i$ 分层厚度(mm)；

$h_0$——车辙试验试件的厚度(mm)；

$R_{0i}$——第 $i$ 分层沥青混合料在试验温度为 60℃，压强为 0.7MPa，加载次数为 2 520 次时，车辙试验永久变形量(mm)；

$k_{Ri}$——综合修正系数，按式(B.3.2-2)~式(B.3.2-4)计算；

$$k_{Ri} = (d_1 + d_2 \cdot z_i) \cdot 0.9731^{z_i} \tag{B.3.2-2}$$

$$d_1 = -1.35 \times 10^{-4} h_a^2 + 8.18 \times 10^{-2} h_a - 14.50 \tag{B.3.2-3}$$

$$d_2 = 8.78 \times 10^{-7} h_a^2 - 1.50 \times 10^{-3} h_a + 0.90 \tag{B.3.2-4}$$

$z_i$——沥青混合料层第 $i$ 分层深度(mm)，第一分层取为 15mm，其他分层为路表距分层中点的深度；

$h_a$——沥青混合料层厚度(mm)，$h_a$ 大于 200mm 时，取 200mm。

$p_i$——沥青混合料层第 $i$ 分层顶面竖向压应力(MPa)，根据弹性层状体系理论，按本规范第 6.2.2 条的规定选取计算点，按式(B.3.2-5)计算：

$$p_i = p\bar{p}_i \tag{B.3.2-5}$$

$$\bar{p}_i = f\left(\frac{h_1}{\delta}, \frac{h_2}{\delta}, \cdots, \frac{h_{n-1}}{\delta}; \frac{E_2}{E_1}, \frac{E_3}{E_2}, \cdots, \frac{E_0}{E_{n-1}}\right)$$

$\bar{p}_i$——理论压应力系数；

其他符号意义同式(B.1.1-3)。

**B.3.3**　验算所得的沥青混合料层永久变形量应满足表 3.0.6-1 的容许永久变形量要求。否则，应调整沥青混合料设计，直至满足要求。

**B.3.4**　满足沥青混合料层容许永久变形量要求的沥青混合料，尚应满足本规范第 5.5.7 条标准车辙试验的动稳定度要求，其永久变形量 $R_0$ 对应的稳定度可用作沥青混合料的质量要求和施工控制指标。标准车辙试验温度为 60℃，压强为 0.7MPa，试件厚度为 50mm，加载次数为 2 520 次时沥青混合料的动稳定度 $DS$，可根据永久变形量 $R_0$ 按式(B.3.4)计算。

$$DS = 9365 R_0^{-1.48} \tag{B.3.4}$$

式中：$DS$——沥青混合料动稳定度(次/mm)。

## B.4　路基顶面竖向压应变验算

**B.4.1**　路基顶面的容许竖向压应变应按式(B.4.1)计算确定。

$$[\varepsilon_z] = 1.25 \times 10^{4-0.1\beta}(k_{T3}N_{e4})^{-0.21} \tag{B.4.1}$$

式中:$[\varepsilon_z]$——路基顶面容许竖向压应变($10^{-6}$);

$\beta$——目标可靠指标,根据公路等级,按表 3.0.1 取值;

$N_{e4}$——设计使用年限内设计车道上的当量设计轴载累计作用次数,按本规范附录 A 计算;

$k_{T3}$——温度调整系数,按本规范附录 G 确定。

**B.4.2** 应按本规范第 6.2.2 条的规定选取计算点,根据弹性层状体系理论,按式(B.4.2)计算路基顶面竖向压应变。路基顶面竖向压应变应小于容许压应变值。否则,调整路面结构方案,重新验算,直至满足要求。

$$\varepsilon_z = p\,\overline{\varepsilon_z} \tag{B.4.2}$$

$$\overline{\varepsilon_z} = f\left(\frac{h_1}{\delta},\frac{h_2}{\delta},\cdots,\frac{h_{n-1}}{\delta};\frac{E_2}{E_1},\frac{E_3}{E_2},\cdots,\frac{E_0}{E_{n-1}}\right)$$

式中:$\overline{\varepsilon_z}$——理论竖向压应变系数;

其他符号意义同式(B.1.1-3)。

## B.5 沥青面层低温开裂指数验算

**B.5.1** 季节性冻土地区沥青面层,应按式(B.5.1)验算其低温开裂指数 $CI$。

$$CI = 1.95 \times 10^{-3}S_t\lg b - 0.075(T + 0.07h_a)\lg S_t + 0.15 \tag{B.5.1}$$

式中:$CI$——沥青面层低温开裂指数;

$T$——路面低温设计温度(℃),为连续 10 年年最低气温平均值;

$S_t$——在路面低温设计温度加 10℃ 试验温度条件下,表面层沥青弯曲梁流变试验加载 180s 时蠕变劲度(MPa);

$h_a$——沥青结合料类材料层厚度(mm);

$b$——路基类型参数,砂 $b=5$,粉质黏土 $b=3$,黏土 $b=2$。

**B.5.2** 沥青面层的低温开裂指数值,应满足表 3.0.6-2 的要求。否则,应改变所选用的沥青材料,直至满足要求。

## B.6 防冻厚度验算

**B.6.1** 季节性冻土地区路基为中湿或潮湿状态时,应按式(B.6.1)计算公路多年最大冻深。

$$Z_{max} = abcZ_d \tag{B.6.1}$$

式中:$Z_{max}$——公路多年最大冻深(mm);

$Z_d$——大地多年最大冻深(mm),根据调查资料确定;

$a$——大地冻深范围内路基、路面各层材料热物性系数,按表 B. 6. 1-1 确定;

$b$——路基湿度系数,按表 B. 6. 1-2 确定;

$c$——路基断面形式系数,根据表 B. 6. 1-3 按内插法确定。

**表 B. 6. 1-1　路基、路面材料热物性系数 *a***

| 路基材料 | 黏质土 | 粉质土 | 粉土质砂 | 细粒土质砂、黏土质砂 | 含细粒土质砾(砂) |
|---|---|---|---|---|---|
| 热物性系数 | 1. 05 | 1. 10 | 1. 20 | 1. 30 | 1. 35 |
| 路面材料 | 水泥混凝土 | 沥青结合料类 | 级配碎石 | 二灰或水泥稳定粒料 | 二灰土及水泥土 |
| 热物性系数 | 1. 40 | 1. 35 | 1. 45 | 1. 40 | 1. 35 |

**表 B. 6. 1-2　路基湿度系数 *b***

| 干湿类型 | 干燥 | 中湿 | 潮湿 |
|---|---|---|---|
| 湿度系数 | 1. 0 | 0. 95 | 0. 90 |

**表 B. 6. 1-3　路基断面形式系数 *c***

| 填挖形式和高(深)度 | 路基填土高度 | | | | | 路基挖方深度 | | | |
|---|---|---|---|---|---|---|---|---|---|
| | 零填 | <2m | 2 ~ 4m | 4 ~ 6m | >6m | <2m | 2 ~ 4m | 4 ~ 6m | >6m |
| 断面形式系数 | 1. 0 | 1. 02 | 1. 05 | 1. 08 | 1. 10 | 0. 98 | 0. 95 | 0. 92 | 0. 90 |

**B. 6. 2**　根据公路多年最大冻深,按表 B. 6. 2 的规定验算路面的防冻厚度。路面结构厚度小于表 B. 6. 2 规定的最小防冻厚度时,应增设防冻层,使其满足最小防冻厚度的要求。

**表 B. 6. 2　沥青路面结构最小防冻厚度(mm)**

| 路基土质 | 基层、底基层材料类型 | 对应于以下公路多年最大冻深 $Z_{max}$(mm)和路基干湿类型的最小防冻厚度 | | | | | | | |
|---|---|---|---|---|---|---|---|---|---|
| | | 中湿 | | | | 潮湿 | | | |
| | | 500 ~ 1 000 | 1 000 ~ 1 500 | 1 500 ~ 2 000 | >2 000 | 500 ~ 1 000 | 1 000 ~ 1 500 | 1 500 ~ 2 000 | >2 000 |
| 黏性土、细亚砂土 | 粒料类 | 400 ~ 450 | 450 ~ 500 | 500 ~ 600 | 600 ~ 700 | 450 ~ 550 | 550 ~ 600 | 600 ~ 700 | 700 ~ 800 |
| | 水泥或石灰稳定类、水泥混凝土 | 350 ~ 400 | 400 ~ 450 | 450 ~ 550 | 550 ~ 650 | 400 ~ 500 | 500 ~ 550 | 550 ~ 650 | 650 ~ 750 |
| | 水泥粉煤灰或石灰粉煤灰稳定类、沥青结合料类 | 300 ~ 350 | 350 ~ 400 | 400 ~ 500 | 500 ~ 550 | 350 ~ 450 | 450 ~ 500 | 500 ~ 550 | 550 ~ 700 |

续上表

| 路基土质 | 基层、底基层材料类型 | 对应于以下公路多年最大冻深 $Z_{max}$(mm)和路基干湿类型的最小防冻厚度 | | | | | | | |
|---|---|---|---|---|---|---|---|---|---|
| | | 中湿 | | | | 潮湿 | | | |
| | | 500~1 000 | 1 000~1 500 | 1 500~2 000 | >2 000 | 500~1 000 | 1 000~1 500 | 1 500~2 000 | >2 000 |
| 粉性土 | 粒料类 | 450~500 | 500~600 | 600~700 | 700~750 | 500~600 | 600~700 | 700~800 | 800~1000 |
| | 水泥或石灰稳定类、水泥混凝土 | 400~450 | 450~500 | 500~600 | 600~700 | 450~550 | 550~650 | 650~700 | 700~900 |
| | 水泥粉煤灰或石灰粉煤灰稳定类、沥青结合料类 | 300~400 | 400~450 | 450~500 | 500~650 | 400~500 | 500~600 | 600~650 | 650~800 |

注:1. 在《公路自然区划标准》(JTJ 003—86)中,对潮湿系数小于0.5的地区,Ⅱ、Ⅲ、Ⅳ等干旱地区的防冻厚度可比表中值减少15%~20%。
2. 对Ⅱ区砂性土路基防冻厚度应相应减少5%~10%。
3. 公路多年最大冻深大时,靠近上限取值,反之靠近下限取值。
4. 基层、底基层采用不同材料类型时,按厚度较大的材料类型确定。

## B.7 设计路面结构的验收弯沉值

**B.7.1** 路基顶面验收弯沉值 $l_g$,应按式(B.7.1)计算。

$$l_g = \frac{176pr}{E_0} \tag{B.7.1}$$

式中:$l_g$——路基顶面验收弯沉值(0.01mm);

$p$——落锤式弯沉仪承载板施加荷载(MPa);

$r$——落锤式弯沉仪承载板半径(mm);

$E_0$——平衡湿度状态下路基顶面回弹模量(MPa)。

**B.7.2** 宜采用落锤式弯沉仪进行路基验收,落锤式弯沉仪荷载为50kN,荷载盘半径应为150mm。路基顶面实测代表弯沉值 $l_0$ 应符合式(B.7.2-1)的要求。

$$l_0 \leqslant l_g \tag{B.7.2-1}$$

式中:$l_g$——路基顶面验收弯沉值(0.01mm);

$l_0$——路段内实测的路基顶面弯沉代表值(0.01mm),以1~3km为一评定路段,按式(B.7.2-2)计算:

$$l_0 = (\bar{l}_0 + \beta \cdot s)K_1 \tag{B.7.2-2}$$

$\bar{l}_0$——路段内实测路基顶面弯沉平均值(0.01mm);

$s$——路段内实测路基顶面弯沉标准差(0.01mm);

$\beta$——目标可靠指标,根据公路等级按表 3.0.1 取值;

$K_1$——路基顶面弯沉湿度影响系数,根据当地经验确定。

**B.7.3** 路表验收弯沉值 $l_a$,应根据设计路面结构,采用弹性层状体系理论按式(B.7.3)计算。路面结构层参数应与路面结构验算时相同。路基顶面回弹模量应采用平衡湿度状态下路基顶面回弹模量乘以模量调整系数 $k_l$。

$$l_a = p\bar{l}_a \tag{B.7.3}$$

$$\bar{l}_a = f\left(\frac{h_1}{\delta}, \frac{h_2}{\delta}, \cdots, \frac{h_{n-1}}{\delta}; \frac{E_2}{E_1}, \frac{E_3}{E_2}, \cdots, \frac{k_l E_0}{E_{n-1}}\right)$$

式中:$\bar{l}_a$——理论弯沉系数;

$k_l$——路基顶面回弹模量调整系数,无机结合料稳定类基层沥青路面和水泥混凝土基层沥青路面,取 0.5;粒料类基层沥青路面和沥青结合料类基层沥青路面,当采用无机结合料稳定底基层时,取 0.5,否则取 1.0;

$E_0$——平衡湿度状态下路基顶面回弹模量(MPa)。

其他符号意义同式(B.1.1-3)。

**B.7.4** 路面交(竣)工时应对路表弯沉值进行检测。落锤式弯沉仪中心点弯沉代表值应符合式(B.7.4-1)要求:

$$l_0 \leqslant l_a \tag{B.7.4-1}$$

式中:$l_a$——路表验收弯沉值(0.01mm);

$l_0$——路段内实测路表弯沉代表值(0.01mm),以 1 ~ 3km 为一个评定路段,按式(B.7.4-2)计算:

$$l_0 = (\bar{l}_0 + \beta \cdot s)K_1 K_3 \tag{B.7.4-2}$$

$\bar{l}_0$——路段内实测路表弯沉平均值(0.01mm);

$s$——路段内实测路表弯沉标准差(0.01mm);

$\beta$——目标可靠指标,根据公路等级按表 3.0.1 取值;

$K_1$——路表弯沉湿度影响系数,根据当地经验确定;

$K_3$——路表弯沉温度影响系数,按式(B.7.4-3)确定:

$$K_3 = e^{[9\times10^{-6}(\ln E_0 - 1)h_a + 4\times10^{-3}](20-T)} \tag{B.7.4-3}$$

$T$——弯沉测定时沥青结合料类材料层中点实测或预估温度(℃);

$h_a$——沥青结合料类材料层厚度(mm);

$E_0$——平衡湿度状态下路基顶面回弹模量(MPa)。

# 附录C　沥青路面结构方案

**C.0.1**　不同交通荷载等级时,沥青路面结构层厚度组合可参照表C.0.1-1～表C.0.1-6选用,也可根据当地工程经验确定。

**表C.0.1-1　无机结合料稳定类基层(粒料类底基层)路面厚度范围**(mm)

| 交通荷载等级 | 极重、特重 | 重 | 中等 | 轻 |
|---|---|---|---|---|
| 面层 | 250～150 | 250～150 | 200～100 | 150～20 |
| 基层(无机结合料稳定类) | 600～350 | 550～300 | 500～250 | 450～150 |
| 底基层(粒料类) | 200～150 | | | |

**表C.0.1-2　无机结合料稳定类基层(无机结合料稳定类底基层)路面厚度范围**(mm)

| 交通荷载等级 | 极重、特重 | 重 | 中等 | 轻 |
|---|---|---|---|---|
| 面层 | 250～120 | 250～100 | 200～100 | 150～20 |
| 基层(无机结合料稳定类) | 500～250 | 450～200 | 400～150 | 500～200 |
| 底基层(无机结合料稳定类) | 200～150 | | | — |

**表C.0.1-3　粒料类基层(粒料类底基层)路面厚度范围**(mm)

| 交通荷载等级 | 重 | 中等 | 轻 |
|---|---|---|---|
| 面层 | 350～200 | 300～150 | 200～100 |
| 基层(粒料类) | 450～350 | 400～300 | 350～250 |
| 底基层(粒料类) | 200～150 | | |

**表C.0.1-4　沥青结合料类基层(粒料底基层)路面厚度范围**(mm)

| 交通荷载等级 | 重 | 中等 | 轻 |
|---|---|---|---|
| 面层 | 150～120 | 120～100 | 80～40 |
| 基层(沥青结合料类) | 250～200 | 220～180 | 200～120 |
| 底基层(粒料类) | 400～300 | 400～300 | 350～250 |

**表C.0.1-5　沥青结合料类基层(无机结合料稳定类底基层)路面厚度范围**(mm)

| 交通荷载等级 | 极重、特重 | 重 | 中等 | 轻 |
|---|---|---|---|---|
| 面层 | 120～100 | 120～100 | 100～80 | 80～40 |
| 基层(沥青结合料类) | 180～120 | 150～100 | 150～100 | 100～80 |
| 底基层(无机结合料稳定类) | 600～300 | 600～300 | 550～250 | 450～200 |

**表 C.0.1-6　沥青结合料类基层(粒料 + 无机结合料底基层)路面厚度范围**(mm)

| 交通荷载等级 | 极重、特重 | 重 | 中等 | 轻 |
|---|---|---|---|---|
| 面层 | 120 ~ 100 | 120 ~ 100 | 100 ~ 80 | 80 ~ 40 |
| 基层(沥青结合料类) | 240 ~ 160 | 180 ~ 120 | 160 ~ 100 | 100 ~ 80 |
| 底基层(粒料类) | 200 ~ 150 | 200 ~ 150 | 200 ~ 150 | 200 ~ 150 |
| 底基层(无机结合料类) | 400 ~ 200 | 400 ~ 200 | 350 ~ 200 | 250 ~ 150 |

**C.0.2**　结构层厚度应根据交通荷载等级、路基承载能力等因素选择。交通荷载等级高、路基承载能力弱时宜取靠近高限的厚度或参照高一个交通荷载等级的路面厚度范围,反之可靠近低限取值或参照低一个交通荷载等级的路面厚度范围。

# 附录 D　粒料类材料回弹模量试验方法

## D.1　适用范围

**D.1.1**　本方法适用于采用动态三轴压缩试验测试粒料类材料的回弹模量。

**D.1.2**　成型试件可采用冲击压实、静载压实和振动压实等方法。

## D.2　仪器设备

**D.2.1**　动三轴试验仪根据传感器位置可分为外置式和内置式,如图 D.2.1 所示。

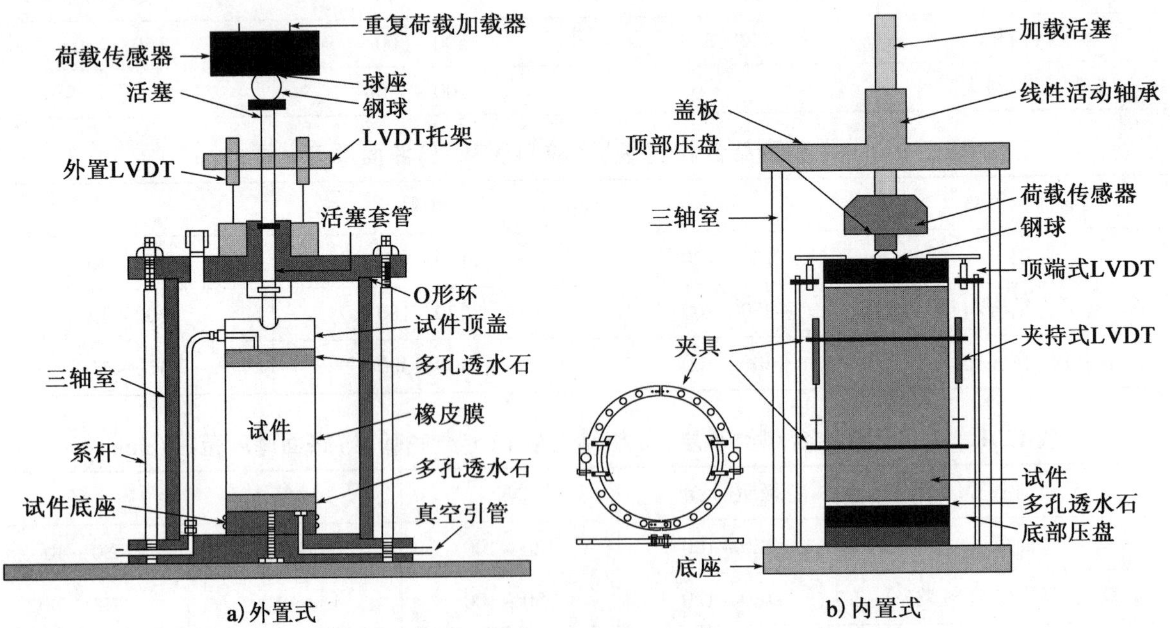


图 D.2.1　动三轴试验仪

**D. 2. 2** 三轴压力室应采用聚碳酸酯、丙烯酸或其他透明材料制成,侧压宜采用气压。

**D. 2. 3** 加载应为顶部加载式,宜采用闭路电液压或电气压装置,应能够产生图 D. 2. 3 所示的重复循环半正矢脉冲荷载,荷载波形应能实时显示。

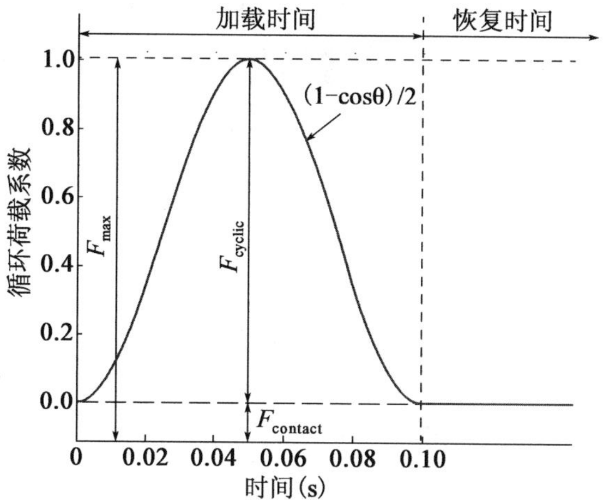


图 D. 2. 3 半正矢形加载波

**D. 2. 4** 轴向荷载测量应采用电子荷载传感器。加载能力和精度应满足表 D. 2. 4 的要求。

**表 D. 2. 4 荷载传感器加载能力和精度要求**

| 试件直径(mm) | 加载能力(kN) | 精度要求(N) |
|---|---|---|
| 100 | ≥9. 0 | ±18. 0 |
| 150 | ≥22. 0 | ±22. 0 |

**D. 2. 5** 轴向变形测量可采用光学变形测量仪、非接触式逼近传感器和线性可变差动传感器。各类传感器应满足下列要求:

1 光学变形测量仪应采用模拟数字输出信号,分辨率应不低于 0. 005mm,频率响应应不小于 200Hz,线性度应不大于 ±1%,位移量程应不小于 12. 7mm,可测量长度范围为 63. 5 ~ 127. 0mm。

2 非接触式逼近传感器和线性可变差动传感器应满足表 D. 2. 5 的要求。

**表 D. 2. 5 非接触式逼近传感器和线性可变差动传感器技术要求**

| 试件直径(mm) | 最小量程(mm) | 试件回弹位移*(mm) | 最小 AC 输出(mV) | 线性可变差动传感器最小灵敏度(mV/V) | 非接触式逼近传感器最小灵敏度(mV/V) |
|---|---|---|---|---|---|
| 150 | ±6. 0 | 0. 025 | 6 | 2. 1 | — |
| 100 | ±2. 5 | 0. 015 | 5 | 2. 8 | 5 |

注:* 指在 2 倍直径高度试件中部 1/2 部位所测得的最小回弹位移。当采用其他测量长度时,应对其进行修正。

**D.2.6**　数据采集系统应能自动处理数据,配备信号激励、调节和采集装置,测量精度不低于 ±0.02%,非线性度不大于 ±0.5%。

**D.2.7**　三轴室应采用承压能力不小于 210kPa、精度不低于 1.0kPa 的压力调整器控制,压力应采用常规压力表、压力计或压力传感器监测,精确至 1.0kPa。

**D.2.8**　其他工具应包括测径器、千分尺、标定至 0.5mm 的钢尺、0.25 ~ 0.79mm 厚的橡皮膜、橡皮 O 形环、带气室和调整器的真空源、张膜器、6.4mm 厚多孔透水石或多孔透水青铜垫盘、天平、湿量罐、数据记录表和报告表。

## D.3　试件准备

**D.3.1**　最大粒径大于 19mm 粒料类材料的试件尺寸为:直径 × 高度 = $\phi$150mm × 300mm,制备试件时应筛除粒径大于 26.5mm 的颗粒。最大粒径小于 19mm 粒料类材料的试件尺寸为:直径 × 高度 = $\phi$100mm × 200mm。

**D.3.2**　室内压实试件目标含水率应采用击实试验的最佳含水率,室内压实试件含水率与目标含水率偏差不应超过 ±0.5%。

**D.3.3**　室内压实试件应采用与现场压实度要求相应的干密度,缺少现场压实度时可采用击实试验最大干密度的 95%,室内压实密度与目标压实度偏差不应超过 ±1.0%。

## D.4　试验步骤

**D.4.1**　每组试验前,应对测试系统进行校准。

**D.4.2**　应按下列步骤和要求组装试件:

1　在试件下依次放置底部压盘和预先浸湿的多孔透水石。当透水石存在堵塞问题时,应在试件与透水石间放置预先浸湿的滤纸。

2　将试件置于透水石上,将橡皮膜置于张膜器上。对张膜器施加真空作用,在试件上套装橡皮膜,并依次加放预先浸湿的透水石和顶部压盘,然后取消真空作用并移去张膜器。

3　将橡皮膜折叠合拢,用橡皮 O 形环或其他压力密封措施将橡皮膜两端封于底部与顶部压盘。橡皮膜与试件和两端压盘间应保持紧密接触,不透气,可在端部压盘四周敷设真空油。

**D.4.3**　将组装好的试件置于三轴室基座上。通过气室媒体将试件底部的排水管与真空源连接,然后施加 35kPa 的真空荷载。当存在气泡时,应检查并消除引起泄漏的原因。对因橡皮膜有漏洞引起的泄漏,可采用在橡皮膜表面涂抹液态乳胶或套装第二个橡皮膜等方法来消除。泄漏现象被排除后,断开真空源,并仔细清洁用于密封的 O 形环和其所有接触面。

**D.4.4**　应按下列步骤和要求组装设备:

1　盖上三轴室顶板,插入加载活塞,使之与荷载传感器紧密连接,同时连接活塞杆和加载装置。用扳手均匀拧紧系杆,并在底座上栓牢三轴室。检查三轴室顶板,确保其在一水平面内,可用校核好的水平仪检查。

2 对固定不动的三轴室,将试件置于轴向重复加载装置下,用光滑的钢球连接加载装置和试件,当活塞与钢球接触紧密并有少量荷载作用于试件时,慢慢旋转钢球,对中试件,确保钢球与活塞同轴,并侧向移动试件以获得同轴荷载。

3 对可移动的三轴室,将其移至轴向重复加载装置下并准确定位,确保能对试件施加准确的轴心荷载。

4 安装轴向位移测量系统,并进行检验。

**D.4.5** 打开所有连接试件的排水管阀门,连通围压供给管和三轴室,对试件施加105.0kPa的预载围压。对试件至少施加1 000次、最大轴向应力为231.0kPa的半正矢脉冲荷载,加载时长为0.1s,恢复时长为0.9s。当试件垂直永久变形达到试件高度的5%时,应停止预载,分析试件变形过大原因,必要时应重新制备试件测试。当预载期间试件垂直永久变形再次达到5%时,应停止试验,并记录说明。

**D.4.6** 按表D.4.6的加载序列1,将最大轴向应力调整为14.0kPa,围压调整为20.0kPa。在相应的轴向循环应力水平下,对试件施加100次半正矢脉冲荷载,加载时间为0.1s,恢复时间为0.9s,记录最后5次循环的回弹变形平均值。完成加载序列1之后,按加载序列2至加载序列25依次改变应力水平进行以上测试,并记录每个加载序列最后5次循环的回弹变形平均值。试验过程中,当试件垂直永久变形达到试件高度的5%时,应停止试验并记录结果。

**表D.4.6 加 载 序 列**

| 加载序列号 | 围压应力 $\sigma_3$ (kPa) | 接触应力 $0.2\sigma_3$ (kPa) | 循环偏应力 $\sigma_d$ (kPa) | 最大轴向应力 $\sigma_{max}$ (kPa) | 荷载作用次数 |
|---|---|---|---|---|---|
| 0-预载 | 105 | 21 | 210 | 231 | 1000 |
| 1 | 20 | 4 | 10 | 14 | 100 |
| 2 | 20 | 4 | 20 | 24 | 100 |
| 3 | 20 | 4 | 40 | 44 | 100 |
| 4 | 20 | 4 | 60 | 64 | 100 |
| 5 | 20 | 4 | 80 | 84 | 100 |
| 6 | 40 | 8 | 20 | 28 | 100 |
| 7 | 40 | 8 | 40 | 48 | 100 |
| 8 | 40 | 8 | 80 | 88 | 100 |
| 9 | 40 | 8 | 120 | 128 | 100 |
| 10 | 40 | 8 | 160 | 168 | 100 |
| 11 | 70 | 14 | 35 | 49 | 100 |

续上表

| 加载序列号 | 围压应力 $\sigma_3$ (kPa) | 接触应力 $0.2\sigma_3$ (kPa) | 循环偏应力 $\sigma_d$ (kPa) | 最大轴向应力 $\sigma_{max}$ (kPa) | 荷载作用次数 |
|---|---|---|---|---|---|
| 12 | 70 | 14 | 70 | 84 | 100 |
| 13 | 70 | 14 | 140 | 154 | 100 |
| 14 | 70 | 14 | 210 | 224 | 100 |
| 15 | 70 | 14 | 280 | 294 | 100 |
| 16 | 105 | 21 | 50 | 71 | 100 |
| 17 | 105 | 21 | 105 | 126 | 100 |
| 18 | 105 | 21 | 210 | 231 | 100 |
| 19 | 105 | 21 | 315 | 336 | 100 |
| 20 | 105 | 21 | 420 | 441 | 100 |
| 21 | 140 | 28 | 70 | 98 | 100 |
| 22 | 140 | 28 | 140 | 168 | 100 |
| 23 | 140 | 28 | 280 | 308 | 100 |
| 24 | 140 | 28 | 420 | 448 | 100 |
| 25 | 140 | 28 | 560 | 588 | 100 |

**D.4.7**　测试完成后，将围压降为0，移出试件，去掉橡皮膜，测试试件含水率并记录。

## D.5　回弹模量计算

**D.5.1**　应按每个加载序列最后5次循环的回弹变形计算回弹模量，计算全部序列的均值。

**D.5.2**　应根据测试所得的相关数据和式(D.5.2)所示的回弹模量本构模型，采用非线性拟合技术，确定模型参数 $k_1$、$k_2$ 和 $k_3$。

$$M_R = k_1 p_a \left(\frac{\theta}{p_a}\right)^{k_2} \left(\frac{\tau_{oct}}{p_a} + 1\right)^{k_3} \tag{D.5.2}$$

式中：$M_R$——回弹模量(MPa)；

$\theta$——体应力(MPa)；

$$\theta = \sigma_1 + \sigma_2 + \sigma_3$$

$\sigma_1, \sigma_2, \sigma_3$——主应力(MPa)；

$\tau_{oct}$——八面体剪应力(MPa);

$$\tau_{oct} = \sqrt{(\sigma_1 - \sigma_2)^2 + (\sigma_1 - \sigma_3)^2 + (\sigma_2 - \sigma_3)^2}/3$$

$k_i$——回归常数,$k_1$、$k_2 \geqslant 0$,$k_3 \leqslant 0$;

$p_a$——参考气压(MPa)。

### D.6 试验报告

**D.6.1** 试验报告中应记录的试件信息数据包括:试件个数、尺寸、压实度和含水率,以及加载过程中永久变形量是否达到5%。

**D.6.2** 试验报告中应记录的试验数据包括:每加载序列的围压,名义最大轴向应力,最后5次循环的轴向荷载、轴向应力、轴向回弹变形和回弹模量及回弹模量标准差,本构模型回归参数 $k_1$、$k_2$ 和 $k_3$,标准估计误差与标准差之比,相关系数的平方。

## 附录G 温度调整系数和等效温度

### G.1 温度调整系数

**G.1.1** 路面结构沥青面层或基层(含底基层)由两层或两层以上不同材料结构层组成时,应按式(G.1.1-1)和式(G.1.1-2)分别换算成当量沥青面层和当量基层。对采用沥青结合料类基层的路面,将基层换算至当量沥青面层。超过2层时,重复利用式(G.1.1-1)和式(G.1.1-2)自上而下逐层换算,简化为由当量沥青面层、当量基层和路基构成的三层路面结构。

$$h_i^* = h_{i1} + h_{i2} \tag{G.1.1-1}$$

$$E_i^* = \frac{E_{i1}h_{i1}^3 + E_{i2}h_{i2}^3}{(h_{i1} + h_{i2})^3} + \frac{3}{h_{i1} + h_{i2}}\left(\frac{1}{E_{i1}h_{i1}} + \frac{1}{E_{i2}h_{i2}}\right)^{-1} \tag{G.1.1-2}$$

式中:$h_i^*$,$E_i^*$——当量层厚度(mm)和模量(MPa),下标 $i = a$ 为沥青面层,$i = b$ 为基层。

**G.1.2** 不同气温状况下基准路面结构的损坏,转换成标准温度(20℃)条件下基准路面结构的等效损坏,得到基准路面结构温度调整系数。部分地区各类路面结构设计指标的基准结构温度调整系数,可参照表G.1.2取用。其他地区的基准结构温度调整系数,可按气温条件相近地区的系数值取用,气温资料宜取连续10年的平均值。

**表 G.1.2　各地气温统计资料及相应的基准路面结构温度调整系数和等效温度**

| 地名 | 省(自治区、直辖市) | 最热月平均气温(℃) | 最冷月平均气温(℃) | 年平均气温(℃) | 温度调整系数 | | 基准等效温度(℃) |
|---|---|---|---|---|---|---|---|
| | | | | | 沥青混合料层层底拉应变、无机结合料稳定层层底拉应力 | 路基顶面竖向压应变 | |
| 北京 | 北京 | 26.9 | -2.7 | 13.1 | 1.23 | 1.09 | 20.1 |
| 济南 | 山东 | 28.0 | 0.2 | 15.1 | 1.32 | 1.17 | 21.8 |
| 日照 | 山东 | 26.0 | -2.0 | 12.7 | 1.21 | 1.06 | 19.4 |
| 太原 | 山西 | 23.9 | -5.2 | 10.5 | 1.12 | 0.98 | 17.3 |
| 大同 | 山西 | 22.5 | -10.4 | 7.5 | 1.01 | 0.89 | 15.0 |
| 侯马 | 山西 | 26.8 | -2.3 | 13.0 | 1.23 | 1.08 | 19.9 |
| 西安 | 陕西 | 27.5 | 0.1 | 14.3 | 1.28 | 1.13 | 20.9 |
| 延安 | 陕西 | 23.9 | -5.3 | 10.5 | 1.12 | 0.98 | 17.3 |
| 安康 | 陕西 | 27.3 | 3.7 | 15.9 | 1.35 | 1.19 | 21.7 |
| 上海 | 上海 | 28.0 | 4.7 | 16.7 | 1.38 | 1.23 | 22.5 |
| 天津 | 天津 | 26.9 | -3.4 | 12.8 | 1.22 | 1.08 | 20.0 |
| 重庆 | 重庆 | 28.3 | 7.8 | 18.4 | 1.46 | 1.31 | 23.6 |
| 台州 | 浙江 | 27.7 | 6.9 | 17.5 | 1.42 | 1.26 | 22.8 |
| 杭州 | 浙江 | 28.4 | 4.5 | 16.9 | 1.40 | 1.25 | 22.8 |
| 合肥 | 安徽 | 28.5 | 2.9 | 16.3 | 1.37 | 1.22 | 22.6 |
| 黄山 | 安徽 | 27.5 | 4.4 | 16.6 | 1.38 | 1.23 | 22.3 |
| 福州 | 福建 | 28.9 | 11.3 | 20.2 | 1.55 | 1.40 | 24.9 |
| 建瓯 | 福建 | 28.2 | 8.9 | 19.1 | 1.49 | 1.35 | 24.1 |
| 敦煌 | 甘肃 | 25.1 | -8.0 | 9.9 | 1.10 | 0.97 | 17.6 |
| 兰州 | 甘肃 | 22.9 | -4.7 | 10.5 | 1.12 | 0.98 | 17.0 |
| 酒泉 | 甘肃 | 22.2 | -9.1 | 7.8 | 1.02 | 0.90 | 15.0 |
| 广州 | 广东 | 28.7 | 14.0 | 22.4 | 1.66 | 1.52 | 26.5 |
| 汕头 | 广东 | 28.6 | 14.4 | 22.1 | 1.64 | 1.50 | 26.1 |
| 韶关 | 广东 | 28.5 | 10.3 | 20.4 | 1.56 | 1.42 | 25.2 |
| 河源 | 广东 | 28.4 | 13.1 | 21.9 | 1.63 | 1.49 | 26.1 |
| 连州 | 广东 | 27.6 | 11.0 | 20.3 | 1.55 | 1.40 | 24.8 |
| 南宁 | 广西 | 28.4 | 13.2 | 22.1 | 1.64 | 1.51 | 26.3 |
| 桂林 | 广西 | 28.0 | 8.1 | 19.1 | 1.49 | 1.35 | 24.2 |
| 贵阳 | 贵州 | 23.7 | 4.7 | 15.3 | 1.31 | 1.15 | 20.1 |
| 郑州 | 河南 | 27.4 | 0.6 | 14.7 | 1.30 | 1.15 | 21.2 |

续上表

| 地名 | 省(自治区、直辖市) | 最热月平均气温(℃) | 最冷月平均气温(℃) | 年平均气温(℃) | 温度调整系数 | | 基准等效温度(℃) |
|---|---|---|---|---|---|---|---|
| | | | | | 沥青混合料层层底拉应变、无机结合料稳定层层底拉应力 | 路基顶面竖向压应变 | |
| 南阳 | 河南 | 27.3 | 1.7 | 15.2 | 1.32 | 1.17 | 21.4 |
| 固始 | 河南 | 28.1 | 2.6 | 16.0 | 1.36 | 1.21 | 22.3 |
| 黑河 | 黑龙江 | 21.5 | -22.5 | 1.0 | 0.80 | 0.77 | 10.7 |
| 漠河 | 黑龙江 | 18.6 | -28.7 | -3.9 | 0.67 | 0.73 | 6.4 |
| 齐齐哈尔 | 黑龙江 | 23.0 | -19.7 | 3.5 | 0.88 | 0.81 | 13.0 |
| 沈阳 | 辽宁 | 24.9 | -11.2 | 8.6 | 1.06 | 0.94 | 16.9 |
| 大连 | 辽宁 | 24.8 | -3.2 | 11.6 | 1.16 | 1.02 | 18.2 |
| 朝阳 | 辽宁 | 25.4 | -8.7 | 9.8 | 1.10 | 0.97 | 17.7 |
| 二连浩特 | 内蒙古 | 24.0 | -17.7 | 4.8 | 0.92 | 0.84 | 14.2 |
| 东胜 | 内蒙古 | 21.7 | -10.1 | 6.9 | 0.98 | 0.87 | 14.2 |
| 额济纳旗 | 内蒙古 | 27.4 | -10.3 | 9.5 | 1.10 | 0.97 | 18.2 |
| 海拉尔 | 内蒙古 | 20.5 | -24.1 | 0.0 | 0.77 | 0.76 | 9.8 |
| 科右前旗 | 内蒙古 | 20.8 | -16.7 | 3.0 | 0.86 | 0.79 | 11.4 |
| 通辽 | 内蒙古 | 24.3 | -12.5 | 7.3 | 1.01 | 0.90 | 15.7 |
| 锡林浩特 | 内蒙古 | 21.5 | -18.5 | 3.3 | 0.87 | 0.80 | 12.2 |
| 石家庄 | 河北 | 26.9 | -2.4 | 13.3 | 1.24 | 1.10 | 20.3 |
| 承德 | 河北 | 24.4 | -9.1 | 9.1 | 1.07 | 0.95 | 16.8 |
| 邯郸 | 河北 | 26.9 | -2.3 | 13.5 | 1.25 | 1.10 | 20.5 |
| 武汉 | 湖北 | 28.9 | 4.2 | 17.2 | 1.41 | 1.27 | 23.3 |
| 宜昌 | 湖北 | 27.5 | 5.0 | 17.1 | 1.40 | 1.25 | 22.7 |
| 长沙 | 湖南 | 28.5 | 5.0 | 17.2 | 1.41 | 1.26 | 23.1 |
| 常宁 | 湖南 | 29.1 | 6.0 | 18.1 | 1.45 | 1.31 | 23.9 |
| 湘西 | 湖南 | 27.2 | 5.3 | 16.9 | 1.39 | 1.24 | 22.4 |
| 长春 | 吉林 | 23.6 | -14.5 | 6.3 | 0.97 | 0.87 | 14.9 |
| 延吉 | 吉林 | 22.2 | -13.1 | 5.9 | 0.95 | 0.86 | 13.9 |
| 南京 | 江苏 | 28.1 | 2.6 | 15.9 | 1.35 | 1.20 | 22.1 |
| 南通 | 江苏 | 26.8 | 3.6 | 15.5 | 1.33 | 1.17 | 21.2 |
| 南昌 | 江西 | 28.8 | 5.5 | 18.0 | 1.45 | 1.30 | 23.8 |
| 赣州 | 江西 | 29.1 | 8.3 | 19.6 | 1.52 | 1.38 | 25.0 |
| 银川 | 宁夏 | 23.8 | -7.5 | 9.5 | 1.08 | 0.95 | 16.8 |

续上表

| 地名 | 省(自治区、直辖市) | 最热月平均气温(℃) | 最冷月平均气温(℃) | 年平均气温(℃) | 温度调整系数 | | 基准等效温度(℃) |
|---|---|---|---|---|---|---|---|
| | | | | | 沥青混合料层层底拉应变、无机结合料稳定层层底拉应力 | 路基顶面竖向压应变 | |
| 固原 | 宁夏 | 19.6 | -7.9 | 6.9 | 0.97 | 0.86 | 13.2 |
| 西宁 | 青海 | 17.3 | -7.8 | 6.1 | 0.94 | 0.84 | 11.9 |
| 海北 | 青海 | 11.3 | -13.6 | 0.0 | 0.74 | 0.74 | 5.5 |
| 格尔木 | 青海 | 18.2 | -8.9 | 5.7 | 0.93 | 0.83 | 11.9 |
| 玉树 | 青海 | 12.9 | -8.0 | 3.5 | 0.85 | 0.78 | 8.2 |
| 果洛 | 青海 | 9.9 | -12.9 | -0.3 | 0.73 | 0.74 | 4.7 |
| 成都 | 四川 | 25.5 | 5.8 | 16.5 | 1.37 | 1.21 | 21.5 |
| 峨眉山 | 四川 | 11.7 | -5.8 | 3.4 | 0.84 | 0.77 | 7.4 |
| 甘孜州 | 四川 | 13.9 | -4.6 | 5.7 | 0.92 | 0.82 | 10.0 |
| 阿坝州 | 四川 | 11.0 | -10.0 | 1.7 | 0.79 | 0.75 | 6.4 |
| 泸州 | 四川 | 27.0 | 7.6 | 17.9 | 1.43 | 1.28 | 22.9 |
| 绵阳 | 四川 | 26.2 | 5.5 | 16.7 | 1.38 | 1.22 | 21.9 |
| 攀枝花 | 四川 | 26.4 | 12.8 | 20.8 | 1.57 | 1.42 | 24.6 |
| 拉萨 | 西藏 | 16.2 | -0.9 | 8.4 | 1.01 | 0.88 | 12.5 |
| 阿克苏 | 新疆 | 24.2 | -7.7 | 10.6 | 1.13 | 0.99 | 18.0 |
| 阿勒泰 | 新疆 | 22.0 | -15.4 | 5.0 | 0.92 | 0.84 | 13.4 |
| 哈密 | 新疆 | 26.3 | -10.0 | 10.1 | 1.12 | 0.99 | 18.5 |
| 和田 | 新疆 | 25.7 | -4.1 | 12.9 | 1.22 | 1.08 | 20.0 |
| 喀什 | 新疆 | 25.4 | -5.0 | 11.9 | 1.18 | 1.04 | 19.1 |
| 若羌 | 新疆 | 27.9 | -7.2 | 12.0 | 1.19 | 1.06 | 20.2 |
| 塔城 | 新疆 | 23.3 | -10.0 | 7.7 | 1.02 | 0.90 | 15.3 |
| 吐鲁番 | 新疆 | 32.3 | -6.4 | 15.0 | 1.34 | 1.21 | 24.1 |
| 乌鲁木齐 | 新疆 | 23.9 | -12.4 | 7.4 | 1.01 | 0.90 | 15.7 |
| 焉耆 | 新疆 | 23.4 | -11.0 | 8.9 | 1.06 | 0.94 | 16.8 |
| 伊宁 | 新疆 | 23.4 | -8.3 | 9.4 | 1.08 | 0.95 | 16.8 |
| 昆明 | 云南 | 20.3 | 8.9 | 15.6 | 1.30 | 1.13 | 18.7 |
| 腾冲 | 云南 | 19.9 | 8.5 | 15.4 | 1.29 | 1.12 | 18.5 |
| 蒙自 | 云南 | 23.2 | 12.7 | 18.8 | 1.46 | 1.29 | 21.9 |
| 丽江 | 云南 | 18.7 | 6.2 | 12.8 | 1.18 | 1.02 | 16.1 |
| 景洪 | 云南 | 26.3 | 17.2 | 22.7 | 1.66 | 1.51 | 25.6 |

续上表

| 地名 | 省(自治区、直辖市) | 最热月平均气温(℃) | 最冷月平均气温(℃) | 年平均气温(℃) | 温度调整系数 | | 基准等效温度(℃) |
|---|---|---|---|---|---|---|---|
| | | | | | 沥青混合料层层底拉应变、无机结合料稳定层层底拉应力 | 路基顶面竖向压应变 | |
| 海口 | 海南 | 28.9 | 18.4 | 24.6 | 1.77 | 1.65 | 27.9 |
| 三亚 | 海南 | 29.1 | 22.0 | 26.2 | 1.85 | 1.74 | 28.8 |
| 西沙 | 海南 | 29.3 | 23.6 | 27.0 | 1.89 | 1.79 | 29.3 |

**G.1.3** 路面结构的温度调整系数,应根据式(G.1.3-1)~式(G.1.3-15)计算。

$$k_{Ti} = A_h A_E \hat{k}_{Ti}^{1+B_h+B_E} \tag{G.1.3-1}$$

式中: $k_{Ti}$——温度调整系数;下标 $i=1$ 对应沥青混合料层疲劳开裂分析,$i=2$ 对应无机结合料稳定层疲劳开裂分析,$i=3$ 对应路基顶面竖向压应变分析;

$\hat{k}_{Ti}$——基准路面结构温度调整系数,按所在地查表 G.1.2 取用;

$A_h, B_h, A_E, B_E$——与面层、基层厚度和模量有关的函数,按式(G.1.3-2)~式(G.1.3-13)计算:

沥青混合料层疲劳开裂:

$$A_E = 0.76\lambda_E^{0.09} \tag{G.1.3-2}$$

$$A_h = 1.14\lambda_h^{0.17} \tag{G.1.3-3}$$

$$B_E = 0.14\ln(\lambda_E/20) \tag{G.1.3-4}$$

$$B_h = 0.23\ln(\lambda_h/0.45) \tag{G.1.3-5}$$

无机结合料稳定层疲劳开裂:

$$A_E = 0.10\lambda_E + 0.89 \tag{G.1.3-6}$$

$$A_h = 0.73\lambda_h + 0.67 \tag{G.1.3-7}$$

$$B_E = 0.15\ln(\lambda_E/1.14) \tag{G.1.3-8}$$

$$B_h = 0.44\ln(\lambda_h/0.45) \tag{G.1.3-9}$$

路基顶面竖向压应变:

$$A_E = 0.006\lambda_E + 0.89 \tag{G.1.3-10}$$

$$A_h = 0.67\lambda_h + 0.70 \tag{G.1.3-11}$$

$$B_E = 0.12\ln(\lambda_E/20) \tag{G.1.3-12}$$

$$B_h = 0.38\ln(\lambda_h/0.45) \tag{G.1.3-13}$$

$\lambda_E$——面层与基层当量模量之比,按式(G.1.3-14)计算:

$$\lambda_E = \frac{E_a^*}{E_b^*} \tag{G.1.3-14}$$

$\lambda_h$——面层与基层当量厚度之比,按式(G.1.3-15)计算。

$$\lambda_h = \frac{h_a^*}{h_b^*} \tag{G.1.3-15}$$

## G.2　等效温度

**G.2.1**　分析沥青混合料层永久变形量时,沥青混合料层的等效温度应按式(G.2.1)计算。

$$T_{pef} = T_\xi + 0.016h_a \tag{G.2.1}$$

式中:$T_{pef}$——沥青混合料层等效温度(℃);

$h_a$——沥青混合料层厚度(mm);

$T_\xi$——基准等效温度,按所在地查表 G.1.2 取用。

# 十二、排水沥青路面设计与施工技术规范
(JTG/T 3350-03—2020)

## 3 结构设计

### 3.1 一般规定

**3.1.1** 排水沥青路面结构的设计流程、厚度计算、结构验算及模量和强度等设计参数的确定应符合现行《公路沥青路面设计规范》(JTG D50)的规定。

**条文说明**

排水沥青路面与密级配沥青路面最大的不同在于其功能性,而在路面结构设计方面基本是相同的。日本的《排水性铺装技术指针(案)》(1996)规定,排水沥青路面的结构设计按照《沥青铺装纲要》所示的TA法进行。排水功能层的当量厚度系数取为1.0,即与通常的沥青路面结构具有同等的荷载扩散性及抗疲劳性。排水沥青混合料的15℃回弹模量为700~1 800MPa,20℃回弹模量为600~1 600MPa,加载频率10Hz条件下的20℃动态模量为6 000~9 000MPa。由于目前测试数据较少,建议按照规定试验方法通过实测确定。

**3.1.2** 对于新建与改建高速公路,排水沥青路面结构设计使用年限宜不低于15年,其间可进行一次排水功能层修复。排水沥青路面结构设计宜进行全寿命周期成本分析。

**条文说明**

《公路沥青路面设计规范》(JTG D50—2017)规定高速公路沥青路面设计使用年限不宜低于15年,美国、西欧发达国家规定的设计年限普遍在20年以上。近10年来,欧美发达国家加强了对长寿命沥青路面技术的研究,认为全寿命周期成本是最合理的,我国也在积极研究。随着科技的进步和发展,路面结构设计年限的要求需要提高。因此,本条建议排水沥青路面的结构设计使用年限宜适当提高至不低于15年。

《公路沥青路面设计规范》(JTG D50—2017)规定"在设计使用年限内,路面应不发生由于疲劳导致的结构破坏,面层可进行表面功能修复。"从工程实践来看,我国江苏盐通高速公路排水沥青路面已使用12年以上,广西南友高速公路排水沥青路面等也使用了10年以上,排水功能层和路面结构性能基本保持完好,预期的耐久性可以保证。因此,本规范规定排水沥青路面在结构设计使用年限内可进行一次排水功能层修复。设计文件不仅要进行全寿命周期成本分析比较,同时要对设计使用年限末的路面病害和性能进行预估,并提出大中修建议方案。

**3.1.3**　排水沥青路面可包括单层排水沥青路面和双层排水沥青路面。双层排水沥青路面宜用于对排水、降噪功能有较高要求的情况。

**3.1.4**　在冷接缝和其他易发生飞散病害的路段,应采取喷洒渗透性树脂等增强抗飞散能力的技术措施。

**条文说明**

易飞散的路段包括纵向坡度较大路段,互通或隧道、服务区出入口,道路交叉口位置等。

渗透性树脂(Pervious Resin)是具有一定流动性,喷洒或刮涂在排水沥青表面,渗入到空隙内并快速凝结的养护材料,起到增补沥青膜厚度、修复结合料裂缝和加强骨架-空隙结构强度的作用。日本采用渗透性树脂作为排水沥青路面的预防性养护材料,在我国渗透性树脂也用于排水沥青路面修筑过程中路面薄弱部位的补强。

## 3.2　结构组合

**3.2.1**　排水沥青路面结构层应包括沥青面层、基层、底基层等层次。面层宜由排水功能层、防水黏结层和下承层组成。下承层应密实防水,并具有较强的抗车辙性能。

**条文说明**

排水沥青路面结构层次与常规密级配沥青路面基本相同,不同之处在于表层为多空隙沥青混合料排水功能层,在排水功能层与下承层之间设置了防水黏结层,下承层指排水功能层以下的密级配沥青面层结构。另外,下承层具备较高的抗车辙能力,一般要求排水功能层接触的下承层沥青混合料动稳定度大于 3 000 次/mm,并具有较强的防水效果。

**3.2.2**　排水沥青路面采用半刚性基层时,宜采取减少基层横向裂缝的技术措施;排水沥青路面也可采用级配碎石等柔性基层。

**条文说明**

基层是主要的承重层,半刚性基层在我国高等级公路中得到了普遍应用,但其缺点是横向开裂及其反射裂缝,国内对于该问题采取了许多技术对策。《公路沥青路面设计规范》(JTG D50—2017)提出了减少横向开裂的部分技术措施,包括采用骨架密实型级配、控制原材料质量、减少水泥剂量、设置应力吸收层或采用级配碎石倒装结构等。此外,国内工程单位为了提高半刚性基层的抗裂性和整体性,还尝试了采用一次铺筑成型或二层连续施工半刚性基层的成型工艺。上述工程实践表明这些措施效果良好,因此也完全适用于排水沥青路面结构。国外认为半刚性基层的开裂、唧浆等内部缺陷病害和使用末期的疲劳松散等问题不利于路面的长期性能和维修改建。国外对使用柔性基层有着丰富的经验。我国曾经对这两种基层沥青路面结构进行了较多研究、比较和工程实践,而排水沥青路面对这两类基层都可以适用,也可以达到预期的设计年限。

**3.2.3**　单层排水沥青路面宜采用 PA-13 结构形式,厚度宜为 40 ~ 50mm。

**条文说明**

欧洲的排水沥青路面表面层(即排水功能层)厚度多为40~50mm;日本的规定类似,但工程实践中50mm厚度占绝大多数。美国开级配沥青磨耗层(OGFC)厚度一般为19~25mm,但20世纪90年代后期进行了改进,主要是学习了欧洲的技术路线,进行了增厚,厚度为30~40mm。我国高速公路沥青上面层的厚度通常为40mm,因此工程实践中的排水功能层厚度也多为40mm,结构形式以PA-13为主。PA-16的厚度推荐为40~50mm,PA-20为50~60mm。同时,排水沥青路面表面层厚度要根据排水能力和容水能力确定,即考虑空隙率、降雨历时、降雨强度、路面横坡和纵坡以及排水径流长度等因素。

**3.2.4** 双层排水沥青路面结构的排水功能层宜由较小粒径排水沥青混合料上层和较大粒径排水沥青混合料下层组成。上层与下层常用组合宜为PA-5/PA-13、PA-10/PA-16和PA-13/PA-20。

**3.2.5** 对于双层排水沥青路面,上层厚度宜为20~40mm,下层厚度宜为35~60mm。

**条文说明**

双层排水沥青路面主要参考了荷兰、比利时、丹麦和法国的研究和工程经验。国外双层排水沥青路面多采用双层摊铺机铺筑,也可以逐层施工,但层间黏结技术措施要适当增强。

## 3.3 防水黏结层

**3.3.1** 在排水沥青路面表面排水功能层和下承层之间应设置防水黏结层。

**条文说明**

设置防水黏结层的作用有以下两个方面:第一,增强排水功能层与下承层之间的黏结强度,因为排水沥青混合料与下承层表面的接触面积比减小,比密级配沥青混合料间接触面积减少15%~25%;第二,防止路表水渗透至中、下面层和基层而发生水损坏。美国早期OGFC曾发生过较多的下承层混合料水损坏的问题。此外,我国目前路面结构多为半刚性基层沥青路面,目前许多减少基层横向开裂的技术措施取得了良好的效果,再加上防水黏结层较好的延伸性,可以进一步防止和控制裂缝处的渗水问题。从应用防水黏结层的目的和实现的功能来看,其技术要求明显高于我国现行规范中有关黏层的技术规定。

**3.3.2** 新建公路防水黏结层可采用改性乳化沥青类材料或热洒改性沥青类材料。重载交通和旧路改造工程的防水黏结层宜采用热洒改性沥青类材料。

**条文说明**

日本的《排水性铺装技术指针(案)》(1996)中防水黏结层规定采用橡胶改性乳化沥青,即SBR改性乳化沥青,洒布量一般以0.4~0.6kg/m$^2$为标准。根据我国经验,新建公路防水黏结层一般采用SBS或SBR改性乳化沥青;对于重载交通和旧路改造工程的防水黏结层,采用橡胶改性沥青或SBS改性沥青,其技术性能更好,工程实践中表现出很好的防水黏结效果。

**3.3.3** 改性乳化沥青类防水黏结层洒布量宜控制在0.3~0.6kg/m$^2$(以纯沥青计)。防水黏结层材料洒布量要求较大时,可通过多次洒布满足要求。

**3.3.4** 热洒改性沥青类防水黏结层洒布量宜控制在1.5~1.8kg/m$^2$,并撒布一定数量的碎石或预裹覆沥青碎石。撒布碎石规格宜为 3 ~ 5mm 或 5 ~ 10mm,覆盖率宜大于 50%;也可使用预裹覆沥青碎石,预裹覆沥青用量宜为 0.2% ~0.6%。

### 3.4　旧路改造的排水沥青路面设计

**3.4.1**　旧路改造中采取排水沥青路面技术方案时,应开展旧路面病害调查、状况评估和原因分析,包括调查旧路面排水系统、路面裂缝和渗水性能,评估旧路面承载能力和材料的抗永久变形性能。

**条文说明**

旧路改造中,结构设计要充分考虑旧路面的各结构层损伤,并通过现场检测,分析承载能力是否满足后期运营要求。一般采用落锤式弯沉仪(FWD)检测和预估各层混合料模量,计算排水沥青路面罩面是否满足现行设计规范相关要求。另外,日本也采用旧路混合料芯样进行室内加速加载试验和动态蠕变试验等,检测和评价路面模量或预估旧路剩余使用寿命。目前,我国也开展了利用车辙试验仪进行连续加载试验的应用。考虑到设计阶段不可能进行旧路的全面调查和测试评价,对施工期间评价发现的整体强度不足路段要进行动态设计和调整,根据路面破损程度确定挖除深度、范围以及加铺补强层的结构与厚度。

**3.4.2**　应根据旧路面损坏类型和损坏程度进行处治方案的设计。对网裂、龟裂、中度裂缝、重度裂缝等病害,必须铣刨并清除干净,然后重新铺筑路面;对轻度裂缝,可进行灌缝。对于车辙病害严重的路面,宜采用铣刨旧路面的方式进行处理,应根据车辙深度决定铣刨深度;对于轻度车辙路面,可直接加铺排水沥青路面。

**3.4.3**　旧路改造中,排水沥青路面的结构组合应按本规范新建排水沥青路面相关规定进行设计。

**3.4.4**　对于旧路改造工程不中断交通的情况,应结合施工期间的交通组织疏导措施,开展排水沥青路面纵向冷接缝及表面处治等方案的设计。

**条文说明**

我国高速公路大中修和改建工程通常不能中断交通,应用排水沥青路面技术方案时有许多要注意的问题和优化调整的技术措施,如快速开放交通、施工次序优化、纵向冷接缝的处理、材料设计方案优化等。对于快速开放交通的情况,可以采用表面强化材料进行处治。

# 4　排水系统及附属设施设计

### 4.1　一般规定

**4.1.1**　排水沥青路面的路面排水系统应由排水功能层和边缘排水设施组成。

**条文说明**

排水沥青路面的路面排水系统与密级配沥青路面不同,在降雨条件下,雨水先进入排水功能层,再沿防水黏结层横向进入路侧边缘排水设施。为防止水在排水功能层中滞留,造成下承层水损害,要保证下承层的横坡平顺和防水黏结层的防水效果。

**4.1.2** 边缘排水形式可根据排水需要、路侧安全与景观协调、施工条件等因素选定,横断面尺寸宜根据工程经验或经水力水文计算确定,水文与水力计算可参考现行《公路排水设计规范》(JTG/T D33)的规定 。

**4.1.3** 在旧路改造中采用排水沥青路面结构时,应处理好与旧路排水系统的衔接,包括桥面铺装厚度、伸缩缝高度、泄水孔位置及孔口高程。

## 4.2 排水沥青路面边缘排水系统典型结构

**4.2.1** 排水沥青路面边缘排水系统可采用散排、明沟排水、暗沟排水和盲沟排水等形式。

**4.2.2** 明沟排水的断面可选用矩形、三角形、梯形、浅碟形、U 形、L 形等形式,常用断面典型结构如图 4.2.2 所示。

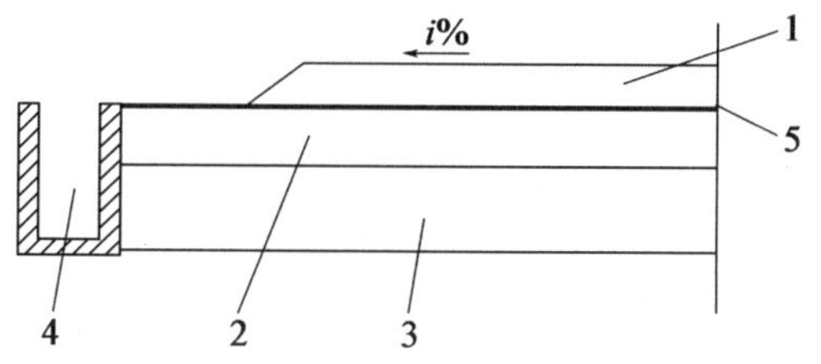


a)明沟排水的典型结构1(矩形)

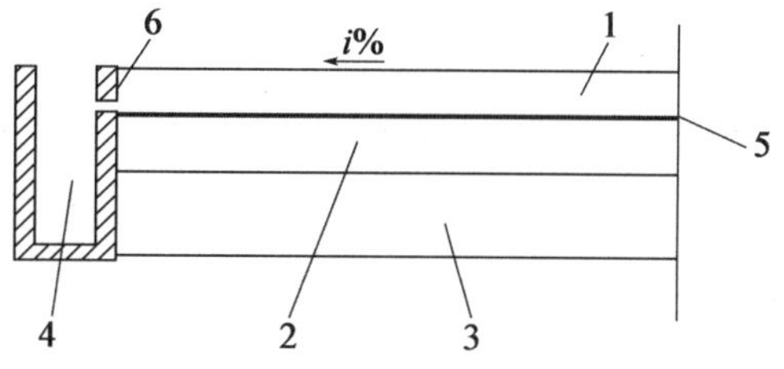


b)明沟排水的典型结构2(矩形)

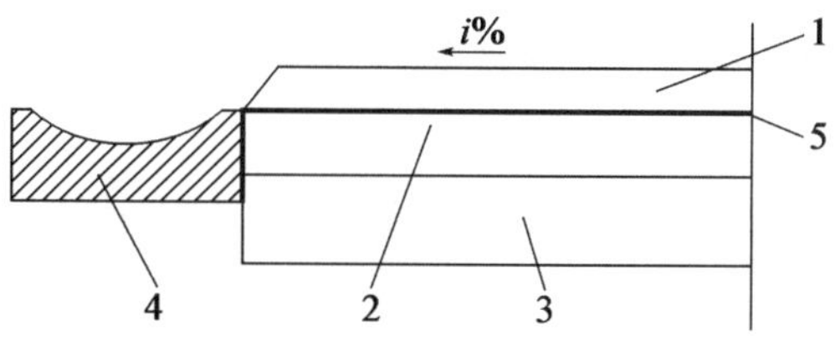


c)明沟排水的典型结构3(浅碟形)

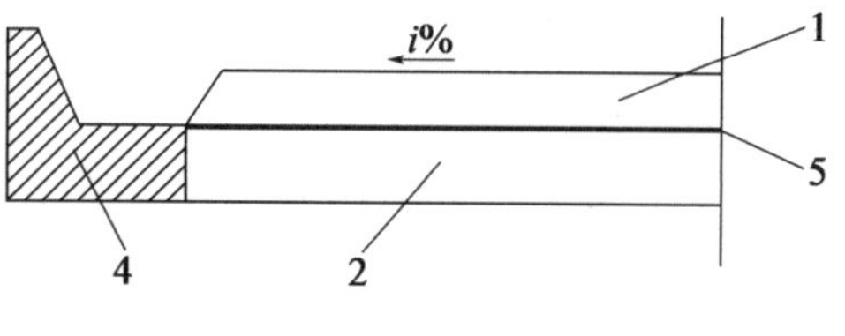


d)明沟排水的典型结构4(L形)

图 4.2.2　边缘排水系统明沟排水常用断面典型结构

1-排水功能层; 2-下承层; 3-基层; 4-排水沟; 5-防水黏结层;6-泄水孔

**4.2.3** 暗沟排水断面宜采用矩形,常用断面典型结构如图 4.2.3 所示。

**4.2.4** 暗沟透水盖板宜采用钢筋混凝土盖板,盖板厚度、配筋及混凝土材料强度指标应符合现行《公路钢筋混凝土及预应力混凝土桥涵设计规范》(JTG 3362)的规定。

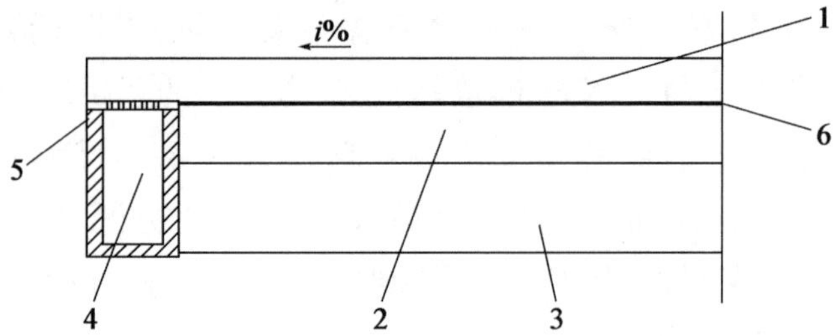


图 4.2.3　边缘排水系统暗沟排水常用断面典型结构

1-排水功能层;2-下承层;3-基层;4-排水沟;5-透水盖板; 6-防水黏结层

**4.2.5**　在降雨量较小地区可选用盲沟排水,采用盲沟排水的常用断面典型结构如图 4.2.5 所示。

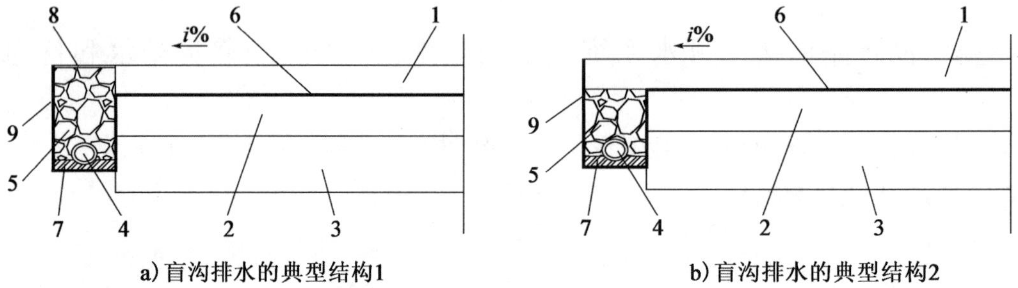


图 4.2.5　边缘排水系统盲沟排水常用断面典型结构

1-排水功能层;2-下承层;3-基层;4-透水导水管;5-碎石;6-防水黏结层;

7-水泥砂浆;8-沥青表面处治;9-防水土工布

**4.2.6**　导水管宜选用带孔聚氯乙烯(PVC)、聚乙烯(PE)塑料管或混凝土管等。盲沟排水结构中的碎石也可采用透水水泥混凝土等透水材料取代。

## 4.3　超高路段排水设计

**4.3.1**　超高路段的路面排水,宜在靠近中央分隔带路侧设置集水沟,每隔一定间距设置一处集水井,并通过横向排水管将水排出。

**4.3.2**　纵向集水沟可采用有盖板的预制整体式混凝土沟、缝隙式集水沟或浅碟形沟等形式。

**4.3.3**　集水井的形式、数量和间距应根据超高路段的外侧半幅路面汇水面积、流量及出水口的泄流能力确定,集水井的间距宜为 20 ~ 50m。

## 4.4　多车道、陡坡等大径流路面排水设计

**4.4.1**　多车道排水沥青路面的设计横坡可较双向四车道排水沥青路面横坡增大 0.5 个百分点。

**条文说明**

我国《公路工程技术标准》(JTG B01—2014)中,规定高速公路和一级公路车道数不少于双向四车道。在排水沥青路面排水设计时,多车道是指双向六车道以上(含六车道)的情况。

**4.4.2** 对于多车道路面和长陡坡路段等可能产生大径流的情况,应验算饱和入渗强度、临界水膜厚度及轮迹带水膜厚度。当轮迹带水膜厚度大于临界水膜厚度时,应通过适当增大排水路面横坡度、调整表面排水功能层厚度或采用双层排水路面结构等方式提高路面的排水能力。饱和入渗强度、临界水膜厚度及轮迹带水膜厚度,应分别按式(4.4.2-1)~式(4.4.2-3)进行计算:

$$W_{饱} = \frac{hC_{rw}\sqrt{i_z^2 + i_h^2}}{100L\sqrt{1 + \dfrac{i_z^2}{i_h^2}}} \tag{4.4.2-1}$$

$$h_{轮} = 1.358\,9\left[\frac{(100WL - kh\sqrt{i_z^2 + i_h^2})nl}{(i_z^2 + i_h^2)^{\frac{1}{4}}}\right]^{\frac{3}{5}} \tag{4.4.2-2}$$

$$h_{临} = 1\,000\left[\frac{G}{(\sqrt{2} - 1)\rho w v^2 r^{\frac{1}{2}}}\right]^2 \tag{4.4.2-3}$$

式中:$W_{饱}$——路面饱和入渗强度(mm/min);

$h_{轮}$——轮迹带水膜厚度(mm);

$h_{临}$——临界水膜厚度(mm);

$C_{rw}$——排水沥青混合料透水系数(cm/s);

$h$——排水面层(排水功能层)厚度(cm);

$i_z$——纵坡坡度(%);

$i_h$——横坡坡度(%);

$L$——单向路面宽度(m),对于高速公路为半幅路面宽度;

$W$——降雨强度(cm/s);

$k$——渗透系数,常数;

$l$——最外侧车行道右侧轮迹带距离路面左边缘距离(m);

$n$——粗糙系数,经验常数,可在 0.02 ~ 0.04 之间取值,排水沥青路面一般取 0.03;

$G$——车重(N);

$\rho$——水的密度($kg/m^3$);

$w$——车胎宽度(m);

$v$——车速(m/s);

$r$——轮胎半径(m)。

**条文说明**

当降雨强度大于路面表层饱和渗入强度时,会产生饱和径流,如路面产生饱和径流,按车道右侧轮迹带进行轮迹带水膜厚度估算。当轮迹带水膜厚度大于临界水膜厚度时,说明该路段在降雨强度较大的情况下,车辆在高速行驶时可能会产生"水漂"现象影响行车安全,在多车道、陡坡等可能产生大径流的情况下,对行车安全的影响更为严重。

在日本排水路面设计规范中,对于多车道或长陡坡等可能产生大径流的情况,为防止雨水沿纵向流动使路表面溢水和"水漂"现象发生,在排水表面功能层的下部,使用与表面功能层相同的排水沥青混合料,垂直于道路纵向或与道路纵向成一定角度设置横向排水沟,以提高路面排水能力,如图4-1所示。但此方法在我国尚无工程实例,需在试验研究基础上,经充分论证后采用。

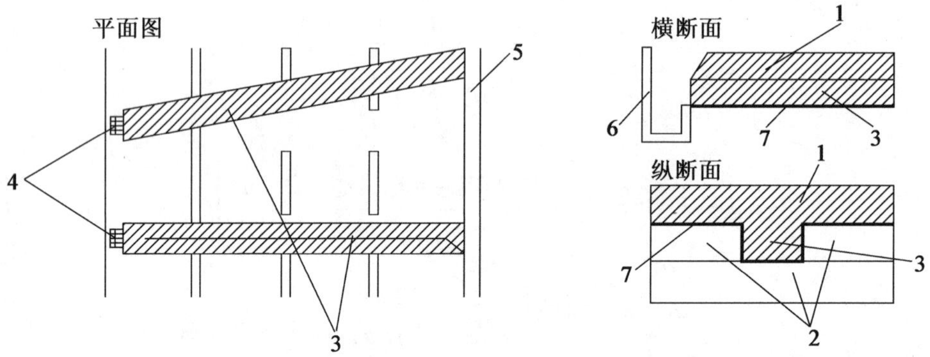


图4-1　多车道埋设横向排水设施示意图

1-排水功能层;2-下承层;3-横向排水沟;4-集水井;5-中央分隔带;6-排水设施;7-防水黏结层

## 4.5　桥面排水设计

**4.5.1**　桥面应设置边缘纵向排水侧沟,如图4.5.1所示。桥面位于超高段时,在内侧车道边缘处应设置纵向排水侧沟,最小宽度不宜小于10cm。

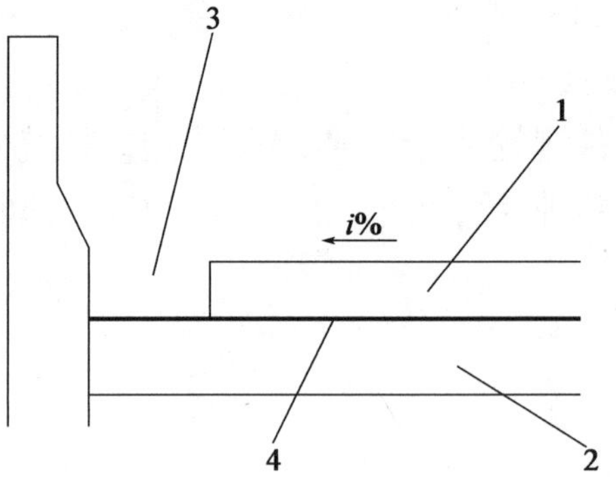


图4.5.1　桥面纵向排水侧沟典型结构

1-排水功能层;2-下承层或桥面;3-排水侧沟;4-防水黏结层

### 条文说明

为了提高桥面的排水能力,需要设置排水侧沟。桥面未设置完善的排水系统,降雨渗入后无法及时排除,会对行车安全造成影响,在季冻区还会产生冻害。因此,对桥面排水设计做出要求。在设置的排水侧沟内也可以添加碎石,保证桥面边缘的整体性。

**4.5.2** 桥面采用排水功能层时,桥面泄水孔孔口高程应与排水功能层下承层顶面高程一致。

## 4.6 排水沥青路面标线设计

**4.6.1** 排水沥青路面标线结构可分为点状透水标线、絮状透水标线和普通热熔标线。

**条文说明**

普通热熔标线不具备透水能力,雨天标线附近的排水沥青路面会产生阻水和壅水,导致路面的溅水和滑溜问题,还会使标线附近产生反光,不利于标线的可视性。透水标线通常在划标线范围内并不满铺标线材料,留有裸露的路面,水能够通过标线内部间隙流过,加强路面整体排水效果。根据透水标线施划在路面的外观形状,分为点状透水标线和絮状透水标线。

**4.6.2** 中央分隔带的车行道边缘线可采用热熔标线或者透水标线,可跨越同向车行道分界线宜采用絮状透水标线,禁止跨越同向车行道分界线和硬路肩的车行道边缘线宜采用点状透水标线。

**条文说明**

中央分隔带的车行道边缘线对雨水渗入排水路面的空隙影响较小,且对路面横向排水基本阻碍较小,因此该位置可以采用热熔标线或者透水标线。絮状标线耐磨耗性较强,在车轮摩擦下不容易发生材料脱落,用于车道间的虚线,能有效防止因车辆变换车道对标线的摩擦损坏。相比絮状标线,点状标线形状规整,分布均匀,视觉效果好,由于点状的凸起部位耐磨耗性低于絮状标线,因此用在禁止跨越的实线,受车轮荷载作用较少,且能够起到透水、振动提醒等作用。

**4.6.3** 透水标线的渗水系数应大于3 600mL/min,透水标线的逆反射亮度系数应符合现行《公路工程质量检验评定标准　第一册　土建工程》(JTG F80/1)的规定。

# 5 材料

## 5.1 一般规定

**5.1.1** 路面材料应在经过料源调查的基础上选择,宜就地取材;开采时应注意环境保护。

**5.1.2** 集料宕口应洁净,不含软弱夹层。集料加工宜采用反击破或锤破工艺。粗集料也可采用粒径大于60mm的砾石轧制。

**5.1.3**　排水沥青路面使用的各种材料运至现场后,必须取样进行质量检验,经评定合格方可使用,不得以供应商提供的检测报告或商检报告代替现场检测。

## 5.2　沥青

**5.2.1**　排水沥青路面应采用改性沥青,应符合排水沥青路面的抗飞散性、抗水损害性、高温稳定性、低温抗裂性和耐久性等要求。

**条文说明**

排水沥青混合料因具有较大的空隙率,与密级配沥青混合料相比较,易受日光、空气、水等的影响。因此要求采用的沥青对集料有耐久的握裹力、较高的黏着力、较强的抗剥落性,并且能以较厚的薄膜包覆集料,从而保证排水沥青混合料的抗飞散性、抗水损害性、高温稳定性、低温抗裂性、抗老化和抗疲劳性等要求。

**5.2.2**　高速公路排水沥青路面宜采用高黏度改性沥青,其他经过性能验证的沥青类型也可采用。高黏度改性沥青的质量应符合表 5.2.2 的技术要求。

**表 5.2.2　高黏度改性沥青技术要求**

| 指　　标 | 单位 | 技术要求 | 试验方法 |
|---|---|---|---|
| 针入度(25℃,100g,5s),不小于 | 0.1mm | 40 | T 0604 |
| 软化点($T_{R\&B}$),不小于 | ℃ | 80 | T 0606 |
| 延度(5℃,5cm/min),不小于 | cm | 30 | T 0605 |
| 溶解度,不小于 | % | 99 | T 0607 |
| 布氏黏度(170℃),不大于 | Pa·s | 3 | T 0625 |
| 动力黏度 (60℃),不小于[a] | Pa·s | 50 000 | T 0620 |
| 黏韧性(25℃),不小于 | N·m | 25 | T 0624 |
| 韧性(25℃),不小于 | N·m | 20 | T 0624 |
| 弹性恢复(25℃),不小于 | % | 95 | T 0662 |
| 储存稳定性离析[c],48h 软化点差,不大于 | ℃ | 2.5 | T 0661 |
| 闪点,不小于 | ℃ | 230 | T 0611 |
| 相对密度(25℃) | — | 实测记录 | T 0603 |
| RTFOT 后残留物[b] | | | |
| 质量变化,不大于 | % | ±1.0 | T 0609 |
| 残留针入度比(25℃),不小于 | % | 65 | T 0604 |
| 残留延度(5℃),不小于 | cm | 20 | T 0605 |

注:[a]极重、特重、重载交通应适当提高高黏度改性沥青动力黏度,宜为 200 000 Pa·s 以上。
[b]老化试验以 RTFOT 为标准,也可以由 TFOT 代替。
[c]本指标仅适用于成品高黏度改性沥青。

**条文说明**

(1) 国内外大量工程实践表明沥青胶结料的性能对排水沥青路面的质量和耐久性具有决定性的作用。美国早期的 OGFC 中多采用普通沥青,但路用性能较差,因此部分州曾一度禁止使用此种路面。在 1998 年美国国家沥青基础研究中心(NCAT)的调查中,发现使用改性沥青的 OGFC 表现出较好的路用性能。欧洲的排水沥青路面多采用改性沥青,并掺加纤维和抗剥落剂,路面性能总体较好。其中,荷兰采用了较多的 70 号基质沥青。近年来,美国学习欧洲的经验,在新一代的 OGFC 中推广使用改性沥青,亚利桑那等州也将橡胶沥青用作OGFC的胶结料,部分生产中添加了矿物纤维或木质素纤维,有效避免了混合料在运输过程中的离析。

日本在研究和应用排水沥青路面的过程中,充分借鉴了欧洲和美国的经验与教训,一开始就使用改性沥青,但由于不适应日本夏季高温环境和交通条件,早期使用普通改性沥青修筑的排水沥青路面施工不久就出现了石料飞散和严重的车辙变形。后来,经过大量研究和实践,研制了适应性更好的高黏度改性沥青,从而使得排水沥青路面在日本迅速得到推广应用。因此,在《排水性铺装技术指针(案)》(1996)中提到"从工程实际来看,出自排水沥青路面的耐久性和功能的持续性的考虑,高黏度改性沥青被较多地使用。"

20 世纪 80、90 年代,我国在上海、河北、黑龙江、广东、浙江等地修筑了一些小规模的排水沥青试验段,但均未获得成功。主要原因有:①当时没有性能优良的改性沥青可用;②我国公路交通重载车辆所占比例较大,并存在超载的车辆,对排水沥青路面的强度要求较高;③我国南方多雨地区气温高,持续时间长,气候条件也有不利影响。

2001 年,我国在排水沥青路面的研究和应用中开始采用高黏度改性沥青。2003 年,西安机场高速公路采用高黏度改性沥青修筑了一段排水沥青路面,取得了很好的工程效应。2005 年,在江苏盐通高速公路上修筑了 17km 长的排水沥青路面,采用了基质沥青 + 高黏度改性剂、SBS 改性沥青 + 高黏度改性剂两种改性方式。该路段经过 10 年的使用,表现出了良好的结构和功能耐久性,这也证明了高黏度改性沥青用于我国排水沥青路面的可行性和适用性。

我国现有工程经验表明,高黏度改性沥青可以提高排水沥青混合料的抗水损坏能力、抗车辙能力和抗飞散损坏,提高路面耐久性,适用于高温气候条件和重载交通条件。

(2)根据日本《排水性铺装技术指针(案)》(1996)和我国科研院所开展的试验,在高黏度改性沥青的黏韧性试验中,普遍存在着试样脱离拉头的问题。因此,黏韧性的大小有时未必能正确地反映高黏度改性沥青的特性,在做比较分析时,对这一问题需充分留意。试验方法的改善将是以后的一个课题,但目前只能采用现行的方法。

**5.2.3** 制备成品高黏度改性沥青时,应选择与改性剂配伍性良好的基质沥青,基质沥青宜采用 A 级 70 号沥青或 A 级 90 号沥青。采用直投法拌制排水沥青混合料时,可采用 A 级 70 号沥青、A 级 90 号沥青或 SBS 改性沥青Ⅰ-C 级、Ⅰ-D 级,同时应检验所用沥青与高黏度改性剂的配伍性。高黏度添加剂改性沥青的室内制备方法见本规范附录 A。

**5.2.4** 高黏度添加剂技术指标应满足表 5.2.4 的性能要求。若采用其他与表 5.2.4 中技术指标不同的高黏度添加剂,相应的高黏度改性沥青或高黏度改性沥青混合料应满足本规范质量技术要求规定。

表 5.2.4　高黏度添加剂性能指标

| 指　　标 | 单位 | 技 术 要 求 | 试验方法 |
|---|---|---|---|
| 外观 | — | 颗粒状,均匀、饱满 | JT/T 860.2 |
| 单粒颗粒质量,不大于 | g | 0.03 | JT/T 860.2 |
| 相对密度 | — | 0.90 ~ 1.00 | JT/T 860.2 |
| 熔融指数,不小于 | g/10min | 2.0 | JT/T 860.2 |
| 灰分,不大于 | % | 2 | JT/T 860.2 |

**条文说明**

本条文引自《沥青混合料改性添加剂　第 2 部分:高黏度添加剂》(JT/T 860.2—2013)。

## 5.3 粗集料

**5.3.1** 排水沥青混合料所用粗集料应均匀、洁净、干燥,宜选用高黏附性、高耐磨耗性、高耐破碎性的优质集料,高温不易变质,其质量应符合表 5.3.1 的技术要求。

表 5.3.1　排水沥青混合料用粗集料质量技术要求

| 试 验 项 目 | | 单位 | 技术要求 | | 试验方法 |
|---|---|---|---|---|---|
| 软石含量,不大于 | | % | 1.0 | | T 0320 |
| 坚固性,不大于 | | % | 8 | | T 0314 |
| 压碎值,不大于 | | % | 18 | | T 0316 |
| 高温压碎值[a],不大于 | | % | 23 | | T 0316 |
| 洛杉矶磨耗损失,不大于 | | % | 20 | | T 0323 |
| 磨光值,不小于 | | PSV | 潮湿区 | 41 | T 0321 |
| | | | 湿润区 | 39 | |
| 沥青黏附性,不小于 | | 级 | 5 | | T 0654 |
| 水洗法 <0.075mm 颗粒含量,不大于 | | % | 1 | | T 0310 |
| 表观相对密度,不小于 | | — | 2.70 | | T 0304 |
| 毛体积相对密度,不小于 | | — | 2.60 | | T 0304 |
| 吸水率[b],不大于 | | % | 2.0 | | T 0307 |
| 针片状颗粒含量 | 混合料,不大于 | % | 12 | | T 0312 |
| | 其中粒径大于 9.5mm,不大于 | % | 10 | | T 0312 |
| | 其中粒径小于 9.5mm,不大于 | % | 12 | | T 0312 |

注:[a]将装有试样的压碎值试验仪和压柱一起放入 190℃ ±2℃的烘箱内保温 2h 后,取出试样立即按《公路工程集料试验规程》(JTG E42—2005) 中 T 0316—2005 的标准进行试验,测试压碎值,所有试验操作应在 5min 内完成。

[b]多孔玄武岩的吸水率可放宽到 3.0。

**条文说明**

(1)排水沥青混合料的粗集料为点接触,若集料中软弱颗粒较多,在施工及车辆荷载作用下易造成集料破碎,使骨架结构受损,引发路面飞散破坏,形成排水沥青路面早期破坏。因此,软石含量技术指标由《公路沥青路面施工技术规范》(JTG F40—2004)中要求的不大于3%调整为不大于1%。

软弱颗粒检测注意不要将针片状颗粒承受面压头下方脱空,当脱空时,颗粒转动180°,使其受压面颗粒下方不处于脱空状态,防止因试验操作不当出现测试结果不准确现象。

(2)排水沥青混合料与密级配混合料、SMA混合料相比,粗集料使用量较多,故在本规范中提高了粗集料坚固性、压碎值、洛杉矶磨耗损失的技术要求,从而保证维持排水沥青路面的“骨架-空隙”结构。技术要求提高的范围依据为我国江苏、四川、陕西等省份的排水沥青路面工程经验。在特重载交通情况下,粗集料的压碎值建议适当提高。

(3)在排水沥青混合料拌制过程中,集料的加热温度为185~200℃,一些集料在高温条件下,矿物组成成分会发生变化,导致集料抗压碎性能降低。因此,要检验粗集料的高温压碎值指标。

(4)排水沥青路面由于多空隙结构特征,与密级配路面相比,具有较高的抗滑性能,因此,在本规范中将粗集料的磨光值技术要求适当降低,仍能够保证排水沥青路面的抗滑性能。参考《公路沥青路面施工技术规范》(JTG F40—2004)中的要求,将磨光值指标调整为潮湿区不小于41,湿润区不小于39。采用石灰岩作为排水沥青路面粗集料也将在以后的工程项目中考虑,并推荐将石灰岩用于双层排水路面的下层。

(5)根据国外标准和工程经验,玄武岩长期处在高温阳光照射下,其表面会出现斑点和裂纹,最终导致表层剥离。玄武岩作为排水沥青路面粗集料使用时,如发生表层剥离,则会引起沥青膜从集料脱离、脱落等现象,增大发生脱粒、飞散病害的概率。

德国集料标准中规定要对玄武岩进行光照剥离试验(Sonnenbrand)。该指标的检测参考欧洲标准EN-1367-3-2001。其方法是将玄武岩做成标准试块,放在蒸馏水中在规定的时间和温度内进行煮熬,玄武岩表面可能产生斑点和像头发丝样的裂纹。煮熬后玄武岩剥离部分不超过原试块重量的1%。同时要对玄武岩的碎石和石屑做强度检验。在使用玄武岩时,本规范建议进行光照剥离试验(Sonnenbrand)检测。

**5.3.2** 排水沥青路面用粗集料宜采用大型联合碎石机轧制成的碎石,形状接近立方体。

**条文说明**

大型联合碎石机建议不少于三级,要包括反击破和冲击破。

**5.3.3** 粗集料通过4.75mm筛孔的质量百分率应控制在10%以下。

**条文说明**

对于常用的排水沥青混合料PA-10、PA-13、PA-16,不采用粒径为3~5mm的集料,从而维持排水沥青路面的大空隙结构,因此对4.75mm筛孔通过率进行严格控制。

## 5.4 细集料

**5.4.1** 细集料应洁净、干燥、无风化、无杂质,其技术指标应符合表5.4.1的要求。

**表5.4.1 细集料技术要求**

| 试验项目 | 单位 | 技术要求 | 试验方法 |
|---|---|---|---|
| 表观相对密度,不小于 | — | 2.60 | T 0328 |
| 坚固性(>0.3mm部分),不大于 | % | 3 | T 0340 |
| 含泥量(<0.075mm含量),不大于* | % | 3 | T 0333 |
| 砂当量,不小于 | % | 60 | T 0334 |
| 亚甲蓝值,不大于* | g/kg | 1.5 | T 0349 |
| 棱角性(流动时间法),不小于 | s | 30 | T 0345 |

注:带有*的项目,为天然砂必须检测指标。

**条文说明**

(1)排水沥青路面细集料采用机制砂或天然砂。细集料要与沥青具有良好的黏结能力,酸性石料破碎的机制砂及与沥青黏结性能较差的天然砂禁止使用。

(2)石屑中易含有粉尘、淤泥、黏土等有害物,扁片含量比例大,强度低,施工性能差,因此,禁止使用石屑作为排水沥青路面的细集料。

(3)排水沥青路面空隙率较大,其细集料要求需要严格。对于细集料的母材或者破碎前的粗集料,要检测压碎值指标,合格后方可采用。

**5.4.2** 细集料加工过程中应吸尘或水洗,宜采用10~20mm规格的粗集料加工。

**5.4.3** 排水沥青路面细集料的级配组成应符合表5.4.3的要求。有条件时宜分成2~3档备料。

**表5.4.3 细集料级配范围**

| 公称粒径(mm) | 通过各个筛孔(mm)的质量百分率(%) | | | | | | |
|---|---|---|---|---|---|---|---|
| | 4.75 | 2.36 | 1.18 | 0.60 | 0.30 | 0.15 | 0.075 |
| 0~3 | 100 | 90~100 | 60~90 | 25~60 | 8~45 | 0~25 | 0~10 |

## 5.5 填料

**5.5.1** 填料应采用石灰岩磨细的矿粉,且必须保持干燥、洁净、无风化、无杂质,其技术指标及规格应满足表5.5.1的要求。不得采用回收粉或粉煤灰。

**表 5.5.1　矿粉技术要求**

| 试 验 项 目 | | 单位 | 技术要求 | 试验方法 |
|---|---|---|---|---|
| 表观相对密度,不大于 | | — | 2.60 | T 0352 |
| 含水率,不大于 | | % | 1 | T 0103 |
| 外观 | | — | 无团粒结块 | 观察 |
| 亲水系数,不小于 | | — | 0.8 | T 0353 |
| 塑性指数,不大于 | | % | 4.0 | T 0354 |
| 加热安定性 | | — | 无明显变化 | T 0355 |
| 粒度范围 | <0.60mm | % | 100 | T 0351 |
| | <0.30mm | % | 95 ~ 100 | |
| | <0.15mm | % | 90 ~ 100 | |
| | <0.075mm | % | 75 ~ 100 | |

注:试验检测矿粉时,实测塑性指数保留 1 位小数进行评价。

**5.5.2**　可使用消石灰或水泥替代部分矿粉以提高混合料抗剥落性,添加量不宜超过矿粉用量的 50%。

## 5.6　纤维稳定剂

**5.6.1**　重载交通情况下宜使用纤维作为增塑稳定剂材料,可采用聚合物纤维、玄武岩纤维等,其技术指标应分别符合表 5.6.1-1 和表 5.6.1-2 的要求。

**表 5.6.1-1　聚合物纤维技术要求**

| 试 验 项 目 | 单　　位 | 技 术 要 求 | 试 验 方 法 |
|---|---|---|---|
| 耐热性(210℃,2h) | — | 体积、颜色无明显变化 | JT/T 534 |
| 断裂强度,不小于 | MPa | 500 | GB/T 3916 |
| 断裂伸长率,不小于 | % | 15 | GB/T 3916 |
| 长度 | mm | 9 ± 1 | GB/T 14336 |
| 直径 | μm | 15 ± 5 | GB/T 10685 |

**表 5.6.1-2　玄武岩纤维技术要求**

| 试 验 项 目 | 单　　位 | 技 术 要 求 | 试 验 方 法 |
|---|---|---|---|
| 耐热性(210℃,2h) | — | 体积、颜色无明显变化 | JT/T 534 |
| 断裂强度,不小于 | MPa | 2 000 | GB/T 7690.3 |
| 断裂伸长率,不小于 | % | 3.1 | GB/T 7690.3 |
| 长度 | mm | 9 ± 1 | JT/T 776.1 |

**条文说明**

排水沥青路面使用纤维稳定剂主要起到吸附沥青增加沥青膜厚度的作用,同时实现加筋、增黏、增韧的效果,改善路面抗飞散性能,提高耐久性。沥青混合料常用的聚合物纤维包括聚酯纤维和聚丙烯腈纤维。聚合物纤维具有较高的断裂伸长率,利用大比表面积黏附沥青,经搅拌形成数量巨大的纤维单丝乱向分布,起到加筋的作用,但要注意高温稳定性。玄武岩纤维以玄武岩为原料,在高温下熔融提炼抽丝而成。与木质素纤维、聚合物纤维相比,玄武岩纤维具有较高的弹性模量和抗拉强度,较好的化学稳定性和热稳定性,但对沥青的吸附作用一般。

## 5.7 防水黏结层材料

**5.7.1** 改性乳化沥青防水黏结层材料应符合表 5.7.1 的技术要求。

**表 5.7.1 改性乳化沥青技术指标**

| 项目 | | 单位 | 技术要求 PCR[a] | 试验方法 |
|---|---|---|---|---|
| 破乳速度 | | — | 快裂或中裂 | T 0658 |
| 粒子电荷 | | — | 阳离子(+) | T 0653 |
| 筛上剩余量(1.18mm),不大于 | | % | 0.1 | T 0652 |
| 与矿料的黏附性,裹覆面积,不小于 | | — | 2/3 | T 0654 |
| 沥青标准黏度 $C_{25,3}$ | | s | 12~25 | T 0621 |
| 163℃蒸发残留物 | 含量,不小于 | % | 60 | T 0651 |
| | 针入度(25℃,100g,5s) | 0.1mm | 50~80 | T 0604 |
| | 软化点,不低于 | ℃ | 55 | T 0606 |
| | 延度(5℃,5cm/min),不小于 | cm | 25 | T 0605 |
| 储存稳定性 | 1d,不小于 | % | 1.0 | T 0656 |
| | 5d,不小于 | | 5.0 | |
| | 低温储存稳定性[b] | — | 无粗颗粒、无结块 | T 0656 |

注:[a]PCR 品种为喷洒工艺使用的乳化沥青品种。

[b]当改性乳化沥青需要在低温冰冻条件储存或使用时,需要检测本指标。

**5.7.2** 热洒改性沥青类防水黏结层可采用橡胶沥青、SBS 改性沥青Ⅰ-C 级及Ⅰ-D 级。橡胶沥青应符合表 5.7.2 的技术要求。SBS 改性沥青Ⅰ-C 级及Ⅰ-D 级的技术要求应符合现行《公路沥青路面施工技术规范》(JTG F40)的有关规定。

**表 5.7.2　防水黏结层橡胶沥青技术要求**

| 项　　目 | 单　　位 | 技 术 要 求 | 试 验 方 法 |
|---|---|---|---|
| 针入度(25℃,100g,5s),不小于 | 0.1mm | 25 | T 0604 |
| 软化点 $T_{R\&B}$,不低于 | ℃ | 60 | T 0606 |
| 布氏黏度(180℃) | Pa·s | 2.0~4.0 | T 0625 |
| 弹性恢复(25℃),不小于 | % | 70 | T 0662 |
| 延度(5℃),不小于 | cm | 5 | T 0605 |

### 5.8　双层排水沥青路面层间结合材料

**5.8.1**　双层排水沥青路面层间结合材料宜采用水性环氧改性乳化沥青等特种乳化沥青,用量宜为0.15~0.3kg/m$^2$(以纯沥青计)。

**条文说明**

为提高双层排水沥青路面上层、下层间的黏结强度,在不影响双层排水沥青路面排水性能的前提下,在排水沥青路面上层和下层间使用黏层材料。双层排水沥青路面上下两层均为骨架空隙型沥青混合料,两层混合料连接时接触面小。为了增加黏结,若采用常规黏结材料需提高洒布量,但洒布量过大会造成空隙堵塞,因此建议采用黏度较高的特种乳化沥青,在保证降低黏结材料对空隙影响的前提下提高层间黏结强度。

## 6　排水沥青混合料配合比设计

### 6.1　一般规定

**6.1.1**　排水沥青混合料配合比设计时应考虑排水功能和力学性能的平衡,设计空隙率应综合降雨情况、路线坡度以及抗飞散性能等因素确定。

**条文说明**

排水沥青混合料是一种骨架空隙结构的沥青混合料,如果要提高其排水功能,可能会降低其力学性能;反之,要提高其力学性能,势必会降低其空隙率,影响排水功能,因此在进行排水沥青混合料的配合比设计时,要同时考虑路面表面层的排水功能及力学性能平衡。由于各个地区的降雨情况不同,对排水沥青路面排水功能需要也不同,同样路线坡度尤其是横坡大小也会影响排水功能,再者抗飞散性能与空隙率大小有直接关系,故而在确定其设计空隙率时应综合降雨情况、路线坡度以及抗飞散性能等因素。

与普通沥青混合料配合比设计相比,排水沥青混合料的主要特征为空隙率大,粗集料含量高,以间断级配方式形成石-石嵌挤的“骨架-空隙”结构,采用以往通过马歇尔稳定度试验进行配合比设计的方法难以确定沥青用量。为此,排水沥青混合料配合比设计是以满足空隙率的要求为标准,同时保证混合料的抗飞散性能、高温稳定性和耐久性。有条件时建议调研已有工程的配合比设计和使用情况,并借鉴成功经验进行配合比设计。

**6.1.2**　排水沥青混合料配合比设计应包括目标配合比设计、生产配合比设计以及生产配合比验证三个阶段。

## 6.2　排水沥青混合料技术要求

**6.2.1**　排水沥青混合料应采用马歇尔试验配合比设计方法,沥青混合料技术要求应符合表 6.2.1 的规定。

**表 6.2.1　排水沥青混合料马歇尔试验配合比设计技术要求**

<table>
<tr><th>试验项目</th><th>单位</th><th colspan="2">技术要求</th><th>试验方法</th></tr>
<tr><td>马歇尔试件击实次数</td><td>次</td><td colspan="2">双面各击实 50 次</td><td>T 0702</td></tr>
<tr><td rowspan="2">空隙率[a]</td><td rowspan="2">%</td><td colspan="2">18 ~ 25</td><td>T 0708 体积法</td></tr>
<tr><td colspan="2">17 ~ 23</td><td>附录 B</td></tr>
<tr><td>稳定度,不小于</td><td>kN</td><td colspan="2">5.0</td><td>T 0709</td></tr>
<tr><td>残留稳定度,不小于</td><td>%</td><td colspan="2">85</td><td>T 0709</td></tr>
<tr><td>冻融劈裂残留强度比(TSR),不小于</td><td>%</td><td colspan="2">80</td><td>T 0729</td></tr>
<tr><td>谢伦堡沥青析漏试验的结合料损失,不大于</td><td>%</td><td colspan="2">0.8</td><td>T 0732</td></tr>
<tr><td>肯塔堡飞散试验的混合料损失,不大于</td><td>%</td><td colspan="2">15</td><td>T 0733</td></tr>
<tr><td>浸水肯塔堡飞散试验的混合料损失,不大于</td><td>%</td><td colspan="2">20</td><td>T 0733</td></tr>
<tr><td>车辙试验动稳定度,不小于</td><td>次/mm</td><td colspan="2">5 000</td><td>T 0719</td></tr>
<tr><td rowspan="2">低温弯曲试验破坏应变,不小于</td><td rowspan="2">με</td><td>冬寒区</td><td>冬冷区及冬温区</td><td rowspan="2">T 0715</td></tr>
<tr><td>2 800</td><td>2 500</td></tr>
<tr><td>透水系数(马歇尔试件),不小于</td><td>cm/s</td><td colspan="2">0.20</td><td>附录 C</td></tr>
<tr><td>渗水系数(车辙板),不小于</td><td>mL/min</td><td colspan="2">5 000</td><td>T 0730,附录 D</td></tr>
</table>

注:[a] 真空密封法空隙率常用值为 18% ~20%(体积法为 20% ~22%),寒冷地区适当降低。体积法检测结果离散性较大,有条件时宜采用真空密封法,条件不允许时也可采用体积法代替。

**条文说明**

(1)排水沥青混合料的设计一般采用马歇尔试件进行,考虑混合料的空隙和石-石嵌挤结构的实现,采用双面各击实 50 次。美国和澳大利亚等国也采用旋转压实仪,设计转数为 50 次。欧洲当前仍以马歇尔试件为主,但也有逐步采用旋转压实仪的趋势。我国目前排水沥青路面的相关研究和应用主要以马歇尔试验为基础,因此本规范也主要规定针对马歇尔试件的指标测试。

(2)《公路沥青路面施工技术规范》(JTG F40—2004)中的 OGFC 混合料技术要求中规定了析漏值为 0.3%,排水沥青路面在严格意义上与 OGFC 并非同一概念,根据日本经验以及西安机场高速公路、遂资高速公路、盐靖高速公路等工程实践,将该指标技术要求定为不大于0.8%。

(3)飞散及飞散引发的坑槽是排水沥青路面最容易出现的结构性破坏形式。欧洲研究表明,排水沥青路面发生飞散破坏的比重占所有病害类型的75%左右。这种病害的出现会严重影响路面的使用寿命、行车舒适度和安全性,且根据国外经验,一旦局部发生病害,后续的石料飞散会加快,呈现"多米诺效应"。

目前世界各国大多将混合料的飞散损失作为排水沥青路面最重要的性能指标,并通常以飞散损失率保证必要的结合料用量,该用量作为沥青结合料用量的下限。日本及欧美国家一般规定飞散损失率不大于20%(25℃)。我国《公路沥青路面施工技术规范》(JTG F40—2004)中也规定OGFC飞散损失指标要求为小于20%。从保证耐久性角度出发,结合我国现有排水沥青路面工程实践,排水沥青混合料飞散损失率基本都能够达到15%以下,即提高排水沥青路面飞散损失指标是可以实现的。因此,在本规范中规定排水沥青混合料的飞散损失率不大于15%,同时规定浸水肯塔堡飞散试验的混合料损失率不大于20%。

目前世界上大多数国家采用肯塔堡(Cantabro)试验评价排水沥青混合料的抗飞散能力。该试验是混合料内聚作用、抗冲击能力和粗集料嵌锁程度的间接评价方法。近年来,荷兰和丹麦等国提出以旋转表面磨耗试验(Rotating Surface Abrasion)代替肯塔堡试验的建议。该试验采用一个带胶轮的负载钢轮在排水沥青混合料试件板块上来回行走,直接模拟车轮振动、摩擦、扭转作用对排水沥青路面飞散、掉粒的影响。我国科研院所也进行了类似试验方法的研究和开发,包括采用湿轮磨耗的方法及平板磨光测试仪进行飞散损失的测量。由于这些方法尚处于研发阶段,本规范中仍采用肯塔堡试验作为排水沥青混合料飞散损失的评价方法。

(4)抗高温变形能力作为排水沥青混合料的设计指标,在欧美等国家并不常见。在我国和日本则普遍应用动稳定度为指标检测路面的高温稳定性。这是由于相比欧洲,我国和日本的气候和交通荷载条件更为苛刻,因此,需将高温稳定性作为排水沥青混合料重要的设计指标之一。

《公路沥青路面施工技术规范》(JTG F40—2004)规定:一般交通量路段OGFC混合料的动稳定度要求为大于1 500次/mm,重载交通量使用的OGFC混合料的动稳定度要求为大于3 000次/mm;改性沥青SMA动稳定度的要求为大于3 000次/mm。日本高速公路对日交通量大于15 000辆的重载交通路段沥青面层混合料的动稳定度要求为3 000~5 000次/mm。

由于排水沥青混合料用于路面表层,直接承受车辆荷载作用,排水沥青路面需具备足够的高温稳定性。排水沥青路面特有的骨架结构保证其良好的抗车辙性能。我国现有排水沥青混合料的动稳定度基本可以达到5 000次/mm以上。结合日本规范和我国高速公路排水沥青路面应用工程实践,为满足我国南方地区高温、重载的使用需求,将排水沥青混合料动稳定度的技术要求提升为不小于5 000次/mm。对于一般交通路段,排水沥青混合料动稳定度技术要求可以适当降低。

(5)《公路沥青路面施工技术规范》(JTG F40—2004)规定OGFC混合料渗水系数大于3 600mL/min。根据国内外工程经验,路面空隙率为20%左右时,排水沥青路面渗水系数可以达到6 000mL/min以上,且落入路面的泥土、杂质等容易随雨水通过路面空隙排出。如路面初始渗水系数较低,更容易造成空隙堵塞,并影响长期的排水功能。因此,基于我国现有工程检测和室内外试验结果,在本规范中将渗水试验技术要求规定为不小于5 000mL/min。

目前国内外常用的路面渗水仪依靠人工读数和计时,对于排水沥青路面这种渗水系数大、水位下降很快的情况,盛水量筒中的水在3s左右即可全部渗完,使得普通人工判读非常困难,容易造成测量误差。因此,建议采用自动电子渗水仪进行排水沥青路面渗水系数的测试。自动电子渗水仪基于液位传感器自动识别水位、自动计时,根据设计算法自动计算路面渗水系数,测量数据相对准确、客观。本规范附录D中规定了使用自动电子渗水仪测试排水沥青路面渗水系数的方法。

**6.2.2**　排水沥青混合料室内制作工艺应按规定的温度、步骤进行操作,拌和时间不少于3min,以保证混合料拌和均匀、所有矿料颗粒全部裹覆沥青结合料为宜。

**6.2.3**　排水沥青混合料的设计级配范围应符合表6.2.3的规定。

**表6.2.3　排水沥青混合料级配范围**

| 筛孔尺寸(mm) | 通过量(%) | | | | |
|---|---|---|---|---|---|
| | PA-05 | PA-10 | PA-13 | PA-16 | PA-20 |
| 26.5 | — | — | — | — | 100 |
| 19.0 | — | — | — | 100 | 95~100 |
| 16.0 | — | — | 100 | 90~100 | — |
| 13.2 | — | 100 | 90~100 | 60~90 | 64~84 |
| 9.5 | 100 | 80~100 | 40~71 | 40~60 | — |
| 4.75 | 15~50 | 8~28 | 10~30 | 10~26 | 10~31 |
| 2.36 | 8~30 | 5~15 | 9~20 | 9~20 | 10~20 |
| 1.18 | 5~12 | 5~12 | 7~17 | 7~17 | 7~17 |
| 0.60 | 4~10 | 4~10 | 6~14 | 6~14 | 6~14 |
| 0.30 | 4~8 | 4~9 | 5~12 | 5~11 | 5~11 |
| 0.15 | 4~7 | 4~8 | 4~9 | 4~9 | 4~9 |
| 0.075 | 3~6 | 3~6 | 3~6 | 3~5 | 3~5 |

**条文说明**

(1)在选择排水沥青混合料最大粒径时,若希望提高噪声降低效果,则最大粒径取较小值,这是因为在空隙率相同的情况下,集料最大粒径较小,可以降低由轮胎振动引起的噪声。

(2)公称最大粒径越小,集料的比表面积越大,沥青用量一般也较大。

## 6.3 目标配合比设计

**6.3.1** 排水沥青混合料目标配合比设计应符合下列规定:

1 首先应确定目标空隙率。

2 工程设计级配应符合表6.2.3规定的范围。

3 应在级配范围内试配3组不同关键筛孔通过率的矿料级配作为初选级配。

**条文说明**

根据我国工程经验,排水沥青混合料目标空隙率一般为20%左右(以真空密封法测定)。在冬寒区或大陡坡的情况下,排水沥青混合料的目标空隙率取为20%以下。另外,为取得更好的排水、降噪等效果,也有将目标空隙率取为20%以上的工程实例。

国内外实践经验表明,对于PA-13排水沥青混合料,主要通过调整和控制2.36mm筛孔的通过率获得预期的目标空隙率。通常以2.36mm筛孔通过率的级配中值,以及级配中值±3%作为三种初选级配。对于PA-05,主要调整和控制1.18mm筛孔的通过率;对于PA-16和PA-20,则主要调整和控制4.75mm筛孔的通过率。

**6.3.2** 配合比设计时,宜根据14μm沥青膜厚度和集料表面积预估沥青用量,其计算模型为:

$$\text{估算沥青用量} = \text{假定膜厚} \times \text{集料表面积} \tag{6.3.2-1}$$

$$\text{集料表面积} = (0.41a + 0.41b + 0.82c + 1.64d + 2.87e + 6.14f + 12.29g + 32.77h)/10^3 \tag{6.3.2-2}$$

式中:$a$、$b$、$c$、$d$、$e$、$f$、$g$、$h$——分别为19mm、4.75mm、2.36mm、1.18mm、0.6mm、0.3mm、0.15mm和0.075mm筛孔的通过率(%)。

**条文说明**

排水沥青路面通过增加集料表面沥青膜厚度提高多空隙结构的强度、抗飞散性、抗疲劳性、耐长期老化等性能。从保证混合料物理性能的角度考虑,将沥青薄膜厚度设定为许可范围内的最大值,并以此决定设计沥青用量。我国排水沥青路面工程实践一般采用12~14μm沥青膜厚度,过小则会影响排水沥青路面的抗飞散性能。估算方法参考日本的《排水性铺装技术指针(案)》(1996)和现行《公路沥青路面施工技术规范》(JTG F40)制定。

**6.3.3** 应按照初选配合比分别成型马歇尔试件,每组试件不少于4个,检验空隙率和马歇尔稳定度。空隙率和马歇尔稳定度应符合表6.2.1的技术要求。

**6.3.4** 应在混合料空隙率与目标空隙率的差值为±1%的范围内,优选1组接近目标空隙率的级配,按±0.5%、±1%变化沥青用量,分别进行析漏试验、飞散试验,将试验结果绘制成图,以飞散试验结果拐点为最小沥青用量($OAC_1$),以析漏试验拐点为最大沥青用量($OAC_2$),在 $OAC_1$ ~ $OAC_2$范围内,再参照马歇尔试验的结果,选择尽量高的沥青用量作为最佳沥青用量。

**条文说明**

(1)如不能达到目标空隙率,需变化 2.36mm 筛孔的通过率(对于 PA-05,需变化 1.18mm 筛孔的通过率;对于 PA-16 和 PA-20,需变化 4.75mm 筛孔的通过率),并有必要对粗集料等材料选择重新进行评价。

(2)根据日本规范和经验,排水沥青混合料析漏试验,一般情况下以沥青含量为 4.0% ~6.0%,按 0.5%的级差取 5 个量别的沥青用量进行试验,求出各自的析漏量。如果在 4.0% ~6.0%的范围内在析漏量曲线上的拐点不易判定,则在 4.0%以下及 6.0%以上任以 0.5%的级差追加试验点,直至拐点能确认为止。

(3)最佳沥青用量原则上为通过析漏试验所得的最大沥青用量。但当以该沥青用量制作试件能观察到沥青渗出现象时,则在由析漏试验求取的最大沥青用量与飞散试验求取的最小沥青用量之间择以适宜的用量作为最佳沥青含量,如图 6-1 所示。

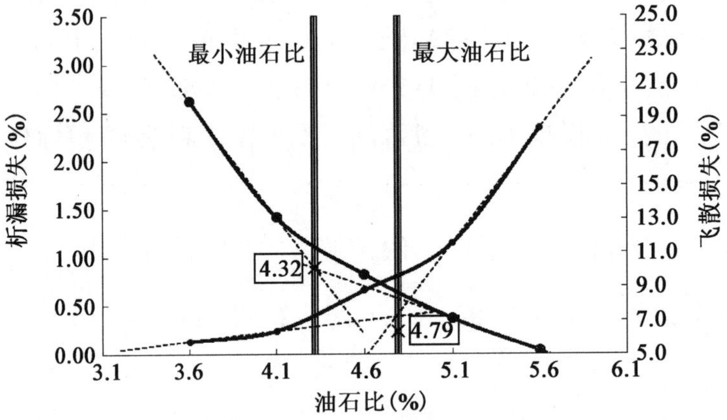


图 6-1　最佳沥青用量确定示意图

(4)混合料飞散试验原则上不用于最佳沥青用量的确定,主要是用于获得为保持混合料集料的稳定而需要的最小沥青用量。

**6.3.5**　应以确定的矿料级配和最佳沥青用量拌制沥青混合料,分别对表 6.2.1 中各技术指标进行试验验证,各项指标应符合表 6.2.1 的技术要求。不符合要求时,应调整沥青用量或级配,重新拌和沥青混合料进行试验,直至符合要求为止。

**6.3.6**　在各项指标均符合要求的情况下,应出具目标配合比设计报告。

## 6.4　生产配合比设计

**6.4.1**　应按目标配合比确定的各冷料仓供料比例上料,对二次筛分后的各热料仓取样进行筛分,根据热料仓筛分结果合成级配曲线,以冷料、热料供料大体均衡以及合成级配尽量接近目标配合比级配为原则,确定各热料仓最终的配合比。

**6.4.2**　应取目标配合比设计的最佳沥青用量、最佳沥青用量 ±0.3% 等三个沥青用量进行混合料室内拌制和拌和机试拌,并进行室内试验以及拌和机取样试验。混合料性能指标应符合表6.2.1的要求,混合料空隙率与目标配合比空隙率的差值不应超过±1%。

**6.4.3** 应根据试验结果,选择各项混合料指标满足要求、飞散指标较低的沥青用量为最佳沥青用量。确定热料仓的比例和生产配合比的最佳沥青用量后,应出具生产配合比的设计报告。

## 6.5 生产配合比验证

**6.5.1** 应按确定的生产配合比生产混合料铺筑试验段,试验段长度不宜小于300m。

**6.5.2** 应取现场拌和及摊铺的混合料进行性能试验,混合料性能指标应符合表6.2.1的要求,并验证生产配合比与目标配合比混合料性能的一致性。根据抽提、筛分试验结果分析拌和机对配合比控制的准确性。

**6.5.3** 对铺筑的试验段应进行有关施工指标的测试,检验排水沥青路面空隙率的均匀性。存在明显缺陷时,应找出原因,进行必要的工艺调整。

**条文说明**

施工指标的测试包括厚度、压实度、空隙率和渗水系数等。排水沥青路面空隙率的均匀性采用同一断面的渗水性能或者同一断面取芯的性能指标进行判定。

**6.5.4** 应根据试验段试验检测数据分析生产配合比的适用情况,进一步复核调整工艺参数、施工机械的操作方式以及施工缝的处理方式等。

**6.5.5** 试验段的质量检查频度应比正常施工时增加1倍。试铺结束后,施工单位应提交试验段总结报告。

# 十三、公路桥涵设计通用规范
(JTG D60—2015)

## 1　总则

**1.0.4**　公路桥涵主体结构和可更换部件的设计使用年限不应低于表 1.0.4 的规定。

**表 1.0.4　桥涵设计使用年限(年)**

| 公路等级 | 主体结构 | | | 可更换部件 | |
|---|---|---|---|---|---|
| | 特大桥<br>大桥 | 中桥 | 小桥<br>涵洞 | 斜拉索<br>吊索<br>系杆等 | 栏杆<br>伸缩装置<br>支座等 |
| 高速公路<br>一级公路 | 100 | 100 | 50 | 20 | 15 |
| 二级公路<br>三级公路 | 100 | 50 | 30 | | |
| 四级公路 | 100 | 50 | 30 | | |

**1.0.5**　特大、大、中、小桥及涵洞按单孔跨径或多孔跨径总长分类规定见表 1.0.5。

**表 1.0.5　桥梁涵洞分类**

| 桥涵分类 | 多孔跨径总长 $L$(m) | 单孔跨径 $L_K$(m) |
|---|---|---|
| 特大桥 | $L>1\,000$ | $L_K>150$ |
| 大桥 | $100\leqslant L\leqslant 1\,000$ | $40\leqslant L_K\leqslant 150$ |
| 中桥 | $30<L<100$ | $20\leqslant L_K<40$ |
| 小桥 | $8\leqslant L\leqslant 30$ | $5\leqslant L_K<20$ |
| 涵洞 | — | $L_K<5$ |

注:1. 单孔跨径系指标准跨径。
2. 梁式桥、板式桥的多孔跨径总长为多孔标准跨径的总长;拱式桥为两端桥台内起拱线间的距离;其他形式桥梁为桥面系行车道长度。
3. 管涵及箱涵不论管径或跨径大小、孔数多少,均称为涵洞。
4. 标准跨径:梁式桥、板式桥以两桥墩中线间距离或桥墩中线与台背前缘间距为准;拱式桥和涵洞以净跨径为准。

# 3 设计要求

## 3.1 一般规定

**3.1.2** 公路桥涵线形设计应符合下列规定：

1 中小桥涵线形设计应符合路线设计的总体要求。

2 特大、大桥线形设计应综合考虑路线总体走向、桥区地质、地形、安全通行、通航、已有建筑设施、环境敏感区等因素。

3 特大、大桥宜采用较高的平曲线指标，纵断面不宜设计成平坡或凹曲线。

**3.1.3** 公路桥涵结构应按承载能力极限状态和正常使用极限状态进行设计。

**3.1.4** 公路桥涵应根据不同种类的作用及其对桥涵的影响、桥涵所处的环境条件，考虑以下四种设计状况，进行极限状态设计：

1 持久状况应进行承载能力极限状态和正常使用极限状态设计。

2 短暂状况应作承载能力极限状态设计，可根据需要进行正常使用极限状态设计。

3 偶然状况应作承载能力极限状态设计。

4 地震状况应作承载能力极限状态设计。

## 3.2 桥涵布置

**3.2.1** 桥梁应根据公路功能、等级、通行能力及抗洪防灾要求，结合水文、地质、通航、环境等条件进行综合设计，并应符合下列规定：

1 特大、大桥桥位应选择河道顺直稳定、河床地质良好、河槽能通过大部分设计流量的河段。桥位应避开断层、岩溶、滑坡、泥石流等不良地质的河段，不宜选择在河汊、沙洲、古河道、急弯、汇合口、港口作业区及易形成流冰、流木阻塞的河段。

2 高速公路、一级公路上的桥梁宜设计为上、下行分离的独立桥梁。

**3.2.9** 公路桥涵的设计洪水频率应符合表3.2.9的规定，并应符合下列规定：

1 二级公路上的特大桥及三、四级公路上的大桥，在河床比降大、易于冲刷的情况下，宜提高一级洪水频率验算基础冲刷深度。

2 沿河纵向高架桥和桥头引道的设计洪水频率应符合现行《公路工程技术标准》(JTG B01)中路基设计洪水频率的有关规定。

3 对由多孔中小跨径桥梁组成的特大桥，其设计洪水频率可采用大桥标准。

4 三、四级公路，在交通容许有限度的中断时，可修建漫水桥和过水路面。漫水桥和过水路面的设计洪水频率，应根据容许阻断交通的时间长短和对上下游农田、城镇、村庄的影响以及泥沙淤塞桥孔、上游河床的淤高等因素确定。

**表 3.2.9　桥涵设计洪水频率**

| 公路等级 | 设计洪水频率 | | | | |
|---|---|---|---|---|---|
| | 特大桥 | 大桥 | 中桥 | 小桥 | 涵洞及小型排水构造物 |
| 高速公路 | 1/300 | 1/100 | 1/100 | 1/100 | 1/100 |
| 一级公路 | 1/300 | 1/100 | 1/100 | 1/100 | 1/100 |
| 二级公路 | 1/100 | 1/100 | 1/100 | 1/50 | 1/50 |
| 三级公路 | 1/100 | 1/50 | 1/50 | 1/25 | 1/25 |
| 四级公路 | 1/100 | 1/50 | 1/50 | 1/25 | 不作规定 |

## 3.4　桥涵净空

**3.4.3**　桥下净空应根据计算水位(设计水位计入壅水、浪高等)或最高流冰水位加安全高度确定,并应符合下列规定:

1　当河流有形成流冰阻塞的危险或有漂浮物通过时,应按实际调查的数据,在计算水位的基础上,结合当地具体情况酌留一定富余量,作为确定桥下净空的依据。对于有淤积的河流,桥下净空应适当增加。

2　通航或流放木筏的河流,桥下净空应符合通航标准或流放木筏的要求。有国防要求和其他特殊要求(如石油钻探船只)的航道,其通航标准应与有关部门具体研究确定。

3　在不通航或无流放木筏河流上及通航河流的不通航桥孔内,桥下净空不应小于表 3.4.3 的规定。

**表 3.4.3　非通航河流桥下最小净空**

| 桥梁的部位 | | 高出计算水位(m) | 高出最高流冰面(m) |
|---|---|---|---|
| 梁底 | 洪水期无大漂流物 | 0.50 | 0.75 |
| | 洪水期有大漂流物 | 1.50 | — |
| | 有泥石流 | 1.00 | — |
| 支承垫石顶面 | | 0.25 | 0.50 |
| 有铰拱拱脚 | | 0.25 | 0.25 |

4　无铰拱的拱脚允许被设计洪水淹没,但不宜超过拱圈高度的 2/3,且拱顶底面至计算水位的净高不得小于 1.0m。

5　在不通航和无流筏的水库区域内,梁底面或无铰拱拱顶底面离开水面的高度不应小于计算浪高的 0.75 倍加上 0.25m。

**3.4.5**　立体交叉跨线桥桥下净空应符合下列规定:

1　公路与公路立体交叉的跨线桥桥下净空及布孔除应符合本规范第 3.4.1 条桥涵

净空的规定外,尚应满足桥下公路的视距和前方信息识别的要求,其结构形式应与周围环境相协调。

2 铁路从公路上跨越通过时,其跨线桥桥下净空及布孔除应符合本规范第3.4.1条桥涵净空的规定外,尚应满足桥下公路的视距和前方信息识别的要求。

3 农村道路与公路立体交叉的跨线桥桥下净空为:

1)当农村道路从公路上面跨越时,跨线桥桥下净空应符合本规范第3.4.1条建筑限界的规定;

2)当农村道路从公路下面穿过时,其净空可根据当地通行的车辆和交叉情况而定,人行通道的净高应大于或等于2.2m,净宽应大于或等于4.0m;

3)畜力车及拖拉机通道的净高应大于或等于2.7m,净宽应大于或等于4.0m;

4)农用汽车通道的净高应大于或等于3.2m,净宽应根据交通量和通行农业机械的类型选用,且应大于或等于4.0m;

5)汽车通道的净高应大于或等于3.5m,净宽应大于或等于6.0m。

### 3.5 桥上线形及桥头引道

**3.5.1** 桥梁纵坡设计应符合下列规定:

1 桥上纵坡不宜大于4%,桥头引道纵坡不宜大于5%;桥头两端引道的线形应与桥梁的线形相匹配。

2 位于城镇混合交通繁忙处的桥梁,桥上纵坡及桥头引道纵坡均不得大于3%。

3 对易结冰、积雪的桥梁,桥上纵坡不宜大于3%。

**3.5.5** 高速公路、一级公路、二级公路和三级公路的桥头宜设置搭板,搭板设置应符合下列规定:

1 搭板长度不宜小于5m;桥台高度不小于5m时,搭板长度不宜小于8m。

2 搭板宽度宜与桥台侧墙内缘相齐,并用柔性材料隔离,最小宽度不应小于行车道宽度。

3 搭板厚度不宜小于0.25m;长度不小于6m的搭板,其厚度不宜小于0.30m。

## 4 作用

### 4.1 作用分类、代表值和作用组合

**4.1.1** 公路桥涵设计采用的作用分为永久作用、可变作用、偶然作用和地震作用四类,规定于表4.1.1。

**表 4.1.1　作用分类**

| 序　号 | 分　类 | 名　称 |
|---|---|---|
| 1 | 永久作用 | 结构重力(包括结构附加重力) |
| 2 | | 预加力 |
| 3 | | 土的重力 |
| 4 | | 土侧压力 |
| 5 | | 混凝土收缩、徐变作用 |
| 6 | | 水浮力 |
| 7 | | 基础变位作用 |
| 8 | 可变作用 | 汽车荷载 |
| 9 | | 汽车冲击力 |
| 10 | | 汽车离心力 |
| 11 | | 汽车引起的土侧压力 |
| 12 | | 汽车制动力 |
| 13 | | 人群荷载 |
| 14 | | 疲劳荷载 |
| 15 | | 风荷载 |
| 16 | | 流水压力 |
| 17 | | 冰压力 |
| 18 | | 波浪力 |
| 19 | | 温度(均匀温度和梯度温度)作用 |
| 20 | | 支座摩阻力 |
| 21 | 偶然作用 | 船舶的撞击作用 |
| 22 | | 漂流物的撞击作用 |
| 23 | | 汽车撞击作用 |
| 24 | 地震作用 | 地震作用 |

**4.1.2**　公路桥涵设计时,对不同的作用应按下列规定采用不同的代表值:

1　永久作用的代表值为其标准值。永久作用标准值可根据统计、计算,并结合工程经验综合分析确定。

2　可变作用的代表值包括标准值、组合值、频遇值和准永久值。组合值、频遇值和准永久值可通过可变作用的标准值分别乘以组合值系数 $\psi_c$、频遇值系数 $\psi_f$ 和准永久值系数 $\psi_q$ 来确定。

3　偶然作用取其设计值作为代表值,可根据历史记载、现场观测和试验,并结合工程经验综合分析确定,也可根据有关标准的专门规定确定。

4　地震作用的代表值为其标准值。地震作用的标准值应根据现行《公路工程抗震规范》(JTG B02)的规定确定。

**4.1.3** 作用的设计值应为作用的标准值或组合值乘以相应的作用分项系数。

**4.1.4** 公路桥涵结构设计应考虑结构上可能同时出现的作用,按承载能力极限状态、正常使用极限状态进行作用组合,均应按下列原则取其最不利组合效应进行设计:

1 只有在结构上可能同时出现的作用,才进行组合。当结构或结构构件需做不同受力方向的验算时,则应以不同方向的最不利的作用组合效应进行计算。

2 当可变作用的出现对结构或结构构件产生有利影响时,该作用不应参与组合。实际不可能同时出现的作用或同时参与组合概率很小的作用,按表4.1.4规定不考虑其参与组合。

**表4.1.4 可变作用不同时组合表**

| 作用名称 | 不与该作用同时参与组合的作用 |
|---|---|
| 汽车制动力 | 流水压力、冰压力、波浪力、支座摩阻力 |
| 流水压力 | 汽车制动力、冰压力、波浪力 |
| 波浪力 | 汽车制动力、流水压力、冰压力 |
| 冰压力 | 汽车制动力、流水压力、波浪力 |
| 支座摩阻力 | 汽车制动力 |

3 施工阶段的作用组合,应按计算需要及结构所处条件而定,结构上的施工人员和施工机具设备均应作为可变作用加以考虑。组合式桥梁,当把底梁作为施工支撑时,作用组合效应宜分两个阶段计算,底梁受荷为第一个阶段,组合梁受荷为第二个阶段。

4 多个偶然作用不同时参与组合。

5 地震作用不与偶然作用同时参与组合。

**4.1.5** 公路桥涵结构按承载能力极限状态设计时,对持久设计状况和短暂设计状况应采用作用的基本组合,对偶然设计状况应采用作用的偶然组合,对地震设计状况应采用作用的地震组合,并应符合下列规定:

1 基本组合:永久作用设计值与可变作用设计值相组合。

1)作用基本组合的效应设计值可按下式计算:

$$S_{ud}=\gamma_0 S(\sum_{i=1}^{m}\gamma_{G_i}G_{ik},\gamma_{L_1}\gamma_{Q_1}Q_{1k},\psi_c\sum_{j=2}^{n}\gamma_{Lj}\gamma_{Q_j}Q_{jk}) \tag{4.1.5-1}$$

或

$$S_{ud}=\gamma_0 S(\sum_{i=1}^{m}G_{id},Q_{1d},\sum_{j=2}^{n}Q_{jd}) \tag{4.1.5-2}$$

式中:$S_{ud}$——承载能力极限状态下作用基本组合的效应设计值;

$S(\ )$——作用组合的效应函数;

$\gamma_0$——结构重要性系数,按表4.1.5-1规定的结构设计安全等级采用,按持久状况和短暂状况承载能力极限状态设计时,公路桥涵结构设计安全等级应不低于表4.1.5-1的规定,对应于设计安全等级一级、二级和三级分别取1.1、1.0和0.9;

$\gamma_{G_i}$——第$i$个永久作用的分项系数,应按表4.1.5-2的规定采用;

$G_{ik}$、$G_{id}$——第$i$个永久作用的标准值和设计值;

$\gamma_{Q_1}$——汽车荷载(含汽车冲击力、离心力)的分项系数。采用车道荷载计算时取 $\gamma_{Q_1}=1.4$,采用车辆荷载计算时,其分项系数取 $\gamma_{Q_1}=1.8$。当某个可变作用在组合中其效应值超过汽车荷载效应时,则该作用取代汽车荷载,其分项系数取 $\gamma_{Q_1}=1.4$;对专为承受某作用而设置的结构或装置,设计时该作用的分项系数取 $\gamma_{Q_1}=1.4$;计算人行道板和人行道栏杆的局部荷载,其分项系数也取 $\gamma_{Q_1}=1.4$;

$Q_{1k}$、$Q_{1d}$——汽车荷载(含汽车冲击力、离心力)的标准值和设计值;

$\gamma_{Q_j}$——在作用组合中除汽车荷载(含汽车冲击力、离心力)、风荷载外的其他第 $j$ 个可变作用的分项系数,取 $\gamma_{Q_j}=1.4$,但风荷载的分项系数取 $\gamma_{Q_j}=1.1$;

$Q_{jk}$、$Q_{jd}$——在作用组合中除汽车荷载(含汽车冲击力、离心力)外的其他第 $j$ 个可变作用的标准值和设计值;

$\psi_c$——在作用组合中除汽车荷载(含汽车冲击力、离心力)外的其他可变作用的组合值系数,取 $\psi_c=0.75$;

$\psi_c Q_{jk}$——在作用组合中除汽车荷载(含汽车冲击力、离心力)外的第 $j$ 个可变作用的组合值;

$\gamma_{Lj}$——第 $j$ 个可变作用的结构设计使用年限荷载调整系数。公路桥涵结构的设计使用年限按现行《公路工程技术标准》(JTG B01)取值时,可变作用的设计使用年限荷载调整系数取 $\gamma_{Lj}=1.0$;否则,$\gamma_{Lj}$取值应按专题研究确定。

2)当作用与作用效应可按线性关系考虑时,作用基本组合的效应设计值 $S_{ud}$ 可通过作用效应代数相加计算。

3)设计弯桥时,当离心力与制动力同时参与组合时,制动力标准值或设计值按70%取用。

**表4.1.5-1　公路桥涵结构设计安全等级**

| 设计安全等级 | 破坏后果 | 适用对象 |
|---|---|---|
| 一级 | 很严重 | (1)各等级公路上的特大桥、大桥、中桥;<br>(2)高速公路、一级公路、二级公路、国防公路及城市附近交通繁忙公路上的小桥 |
| 二级 | 严重 | (1)三、四级公路上的小桥;<br>(2)高速公路、一级公路、二级公路、国防公路及城市附近交通繁忙公路上的涵洞 |
| 三级 | 不严重 | 三、四级公路上的涵洞 |

注:本表所列特大、大、中桥等系按本规范表1.0.5中的单孔跨径确定,对多跨不等跨桥梁,以其中最大跨径为准。

2　偶然组合:永久作用标准值与可变作用某种代表值、一种偶然作用设计值相组合;与偶然作用同时出现的可变作用,可根据观测资料和工程经验取用频遇值或准永久值。

**表 4.1.5-2　永久作用的分项系数**

<table>
<tr><th rowspan="2">序号</th><th rowspan="2" colspan="2">作 用 类 别</th><th colspan="2">永久作用分项系数</th></tr>
<tr><th>对结构的承载能力不利时</th><th>对结构的承载能力有利时</th></tr>
<tr><td rowspan="2">1</td><td colspan="2">混凝土和圬工结构重力<br>(包括结构附加重力)</td><td>1.2</td><td rowspan="2">1.0</td></tr>
<tr><td colspan="2">钢结构重力(包括结构附加重力)</td><td>1.1 或 1.2</td></tr>
<tr><td>2</td><td colspan="2">预加力</td><td>1.2</td><td>1.0</td></tr>
<tr><td>3</td><td colspan="2">土的重力</td><td>1.2</td><td>1.0</td></tr>
<tr><td>4</td><td colspan="2">混凝土的收缩及徐变作用</td><td>1.0</td><td>1.0</td></tr>
<tr><td>5</td><td colspan="2">土侧压力</td><td>1.4</td><td>1.0</td></tr>
<tr><td>6</td><td colspan="2">水的浮力</td><td>1.0</td><td>1.0</td></tr>
<tr><td rowspan="2">7</td><td rowspan="2">基础变位作用</td><td>混凝土和圬工结构</td><td>0.5</td><td>0.5</td></tr>
<tr><td>钢结构</td><td>1.0</td><td>1.0</td></tr>
</table>

注:本表序号 1 中,当钢桥采用钢桥面板时,永久作用分项系数取 1.1;当采用混凝土桥面板时,取 1.2。

1)作用偶然组合的效应设计值可按下式计算:

$$S_{ad}=S(\sum_{i=1}^{m}G_{ik},A_d,(\psi_{f1}\text{或}\psi_{q1})Q_{1k},\sum_{j=2}^{n}\psi_{qj}Q_{jk})\tag{4.1.5-3}$$

式中:　$S_{ad}$——承载能力极限状态下作用偶然组合的效应设计值;

$A_d$——偶然作用的设计值;

$\psi_{f1}$——汽车荷载(含汽车冲击力、离心力)的频遇值系数,取 $\psi_{f1}=0.7$;当某个可变作用在组合中其效应值超过汽车荷载效应时,则该作用取代汽车荷载,人群荷载 $\psi_f=1.0$,风荷载 $\psi_f=0.75$,温度梯度作用 $\psi_f=0.8$,其他作用 $\psi_f=1.0$;

$\psi_{f1}Q_{1k}$——汽车荷载的频遇值;

$\psi_{q1}$、$\psi_{qj}$——第 1 个和第 $j$ 个可变作用的准永久值系数,汽车荷载(含汽车冲击力、离心力)$\psi_q=0.4$,人群荷载 $\psi_q=0.4$,风荷载 $\psi_q=0.75$,温度梯度作用 $\psi_q=0.8$,其他作用 $\psi_q=1.0$;

$\psi_{q1}Q_{1k}$、$\psi_{qj}Q_{jk}$——第 1 个和第 $j$ 个可变作用的准永久值。

2)当作用与作用效应可按线性关系考虑时,作用偶然组合的效应设计值 $S_{ad}$ 可通过作用效应代数相加计算。

3　作用地震组合的效应设计值应按现行《公路工程抗震规范》(JTG B02)的有关规定计算。

**4.1.6**　公路桥涵结构按正常使用极限状态设计时,应根据不同的设计要求,采用作用

的频遇组合或准永久组合,并应符合下列规定:

1　频遇组合:永久作用标准值与汽车荷载频遇值、其他可变作用准永久值相组合。

1)作用频遇组合的效应设计值可按下式计算:

$$S_{fd} = S(\sum_{i=1}^{m} G_{ik}, \psi_{f1} Q_{1k}, \sum_{j=2}^{n} \psi_{qj} Q_{jk}) \qquad (4.1.6\text{-}1)$$

式中:$S_{fd}$——作用频遇组合的效应设计值;

$\psi_{f1}$——汽车荷载(不计汽车冲击力)频遇值系数,取 $\psi_{f1}=0.7$;当某个可变作用在组合中其效应值超过汽车荷载效应时,则该作用取代汽车荷载,人群荷载 $\psi_f=1.0$,风荷载 $\psi_f=0.75$,温度梯度作用 $\psi_f=0.8$,其他作用 $\psi_f=1.0$。

2)当作用与作用效应可按线性关系考虑时,作用频遇组合的效应设计值 $S_{fd}$ 可通过作用效应代数相加计算。

2　准永久组合:永久作用标准值与可变作用准永久值相组合。

1)作用准永久组合的效应设计值可按下式计算:

$$S_{qd} = S(\sum_{i=1}^{m} G_{ik}, \sum_{j=1}^{n} \psi_{qj} Q_{jk}) \qquad (4.1.6\text{-}2)$$

式中:$S_{qd}$——作用准永久组合的效应设计值;

$\psi_{qj}$——第 $j$ 个可变作用的准永久值系数,汽车荷载(不计汽车冲击力)$\psi_q=0.4$,人群荷载 $\psi_q=0.4$,风荷载 $\psi_q=0.75$,温度梯度作用 $\psi_q=0.8$,其他作用 $\psi_q=1.0$。

2)当作用与作用效应可按线性关系考虑时,作用准永久组合的效应设计值 $S_{qd}$ 可通过作用效应代数相加计算。

## 4.3　可变作用

**4.3.1**　公路桥涵设计时,汽车荷载的计算图式、荷载等级及其标准值、加载方法和纵横向折减等应符合下列规定:

1　汽车荷载分为公路—Ⅰ级和公路—Ⅱ级两个等级。

2　汽车荷载由车道荷载和车辆荷载组成。桥梁结构的整体计算采用车道荷载;桥梁结构的局部加载、涵洞、桥台和挡土墙土压力等的计算采用车辆荷载。车道荷载与车辆荷载的作用不得叠加。

3　各级公路桥涵设计的汽车荷载等级应符合表 4.3.1-1 的规定。

**表 4.3.1-1　各级公路桥涵的汽车荷载等级**

| 公路等级 | 高速公路 | 一级公路 | 二级公路 | 三级公路 | 四级公路 |
|---|---|---|---|---|---|
| 汽车荷载等级 | 公路—Ⅰ级 | 公路—Ⅰ级 | 公路—Ⅰ级 | 公路—Ⅱ级 | 公路—Ⅱ级 |

1)二级公路作为集散公路且交通量小、重型车辆少时,其桥涵的设计可采用公路—Ⅱ级汽车荷载。

2)对交通组成中重载交通比重较大的公路桥涵,宜采用与该公路交通组成相适应的汽车荷载模式进行结构整体和局部验算。

4　车道荷载的计算图示如图4.3.1-1所示。

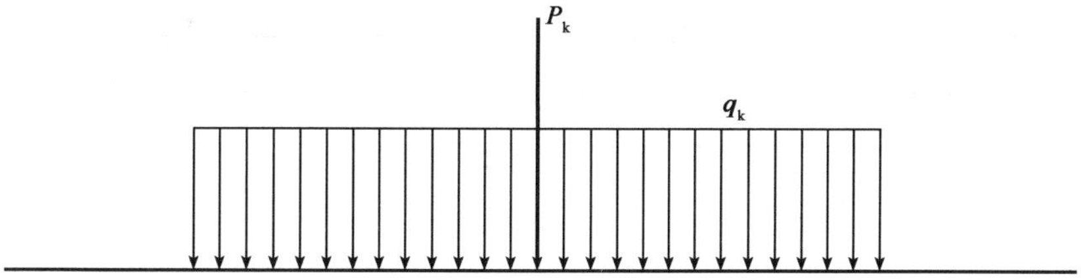


图4.3.1-1　车道荷载

1)公路—Ⅰ级车道荷载均布荷载标准值为 $q_k = 10.5\text{kN/m}$;集中荷载标准值 $P_k$ 取值见表4.3.1-2。计算剪力效应时,上述集中荷载标准值应乘以系数1.2。

**表4.3.1-2　集中荷载 $P_k$ 取值**

| 计算跨径 $L_0$(m) | $L_0 \leq 5$ | $5 < L_0 < 50$ | $L_0 \geq 50$ |
|---|---|---|---|
| $P_k$(kN) | 270 | $2(L_0 + 130)$ | 360 |

注:计算跨径 $L_0$,设支座的为相邻两支座中心间的水平距离;不设支座的为上、下部结构相交面中心间的水平距离。

2)公路—Ⅱ级车道荷载的均布荷载标准值 $q_k$ 和集中荷载标准值 $P_k$ 按公路—Ⅰ级车道荷载的0.75倍采用。

3)车道荷载的均布荷载标准值应满布于使结构产生最不利效应的同号影响线上;集中荷载标准值只作用于相应影响线中一个影响线峰值处。

5　车辆荷载的立面、平面尺寸如图4.3.1-2所示,主要技术指标规定见表4.3.1-3。公路—Ⅰ级和公路—Ⅱ级汽车荷载采用相同的车辆荷载标准值。

**表4.3.1-3　车辆荷载的主要技术指标**

| 项　　目 | 单位 | 技术指标 | 项　　目 | 单位 | 技术指标 |
|---|---|---|---|---|---|
| 车辆重力标准值 | kN | 550 | 轮距 | m | 1.8 |
| 前轴重力标准值 | kN | 30 | 前轮着地宽度及长度 | m | 0.3×0.2 |
| 中轴重力标准值 | kN | 2×120 | 中、后轮着地宽度及长度 | m | 0.6×0.2 |
| 后轴重力标准值 | kN | 2×140 | 车辆外形尺寸(长×宽) | m | 15×2.5 |
| 轴距 | m | 3+1.4+7+1.4 | — | — | — |

6　车道荷载横向分布系数应按图4.3.1-3所示布置车道荷载进行计算。

7　桥涵设计车道数应符合表4.3.1-4的规定。横桥向布置多车道汽车荷载时,应考虑汽车荷载的折减;布置一条车道汽车荷载时,应考虑汽车荷载的提高。横向车道布载系数应符合表4.3.1-5的规定。多车道布载的荷载效应不得小于两条车道布载的荷载效应。

8　大跨径桥梁上的汽车荷载应考虑纵向折减。当桥梁计算跨径大于150m时,应按表4.3.1-6规定的纵向折减系数进行折减。当为多跨连续结构时,整个结构应按最大的计算跨径考虑汽车荷载效应的纵向折减。

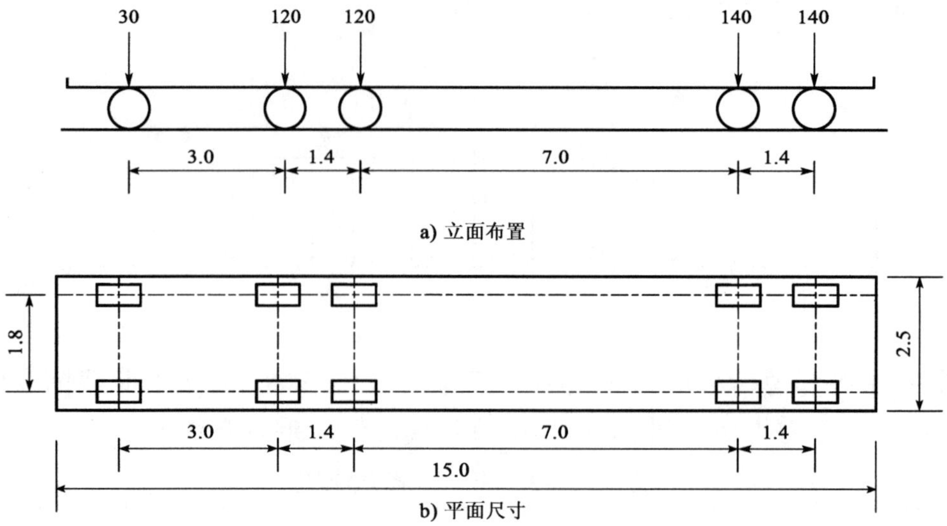


图 4.3.1-2　车辆荷载的立面、平面尺寸(尺寸单位:m;荷载单位:kN)

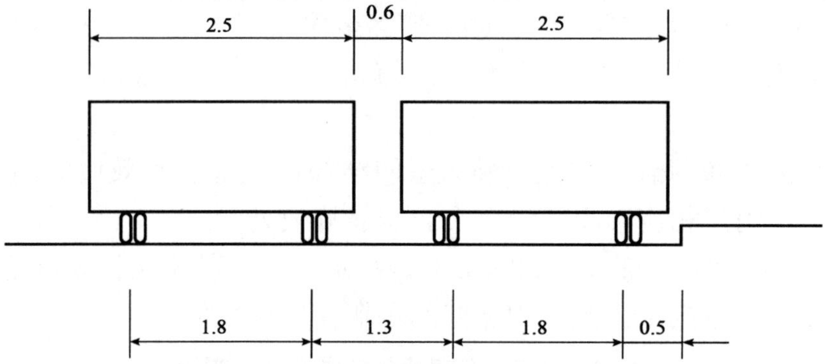


图 4.3.1-3　车辆荷载横向布置(尺寸单位:m)

**表 4.3.1-4　桥涵设计车道数**

| 桥面宽度 W(m) | | 桥涵设计车道数 |
|---|---|---|
| 车辆单向行驶时 | 车辆双向行驶时 | |
| $W<7.0$ | | 1 |
| $7.0\leq W<10.5$ | $6.0\leq W<14.0$ | 2 |
| $10.5\leq W<14.0$ | | 3 |
| $14.0\leq W<17.5$ | $14.0\leq W<21.0$ | 4 |
| $17.5\leq W<21.0$ | | 5 |
| $21.0\leq W<24.5$ | $21.0\leq W<28.0$ | 6 |
| $24.5\leq W<28.0$ | | 7 |
| $28.0\leq W<31.5$ | $28.0\leq W<35.0$ | 8 |

**表 4.3.1-5　横向车道布载系数**

| 横向布载车道数(条) | 1 | 2 | 3 | 4 | 5 | 6 | 7 | 8 |
|---|---|---|---|---|---|---|---|---|
| 横向车道布载系数 | 1.20 | 1.00 | 0.78 | 0.67 | 0.60 | 0.55 | 0.52 | 0.50 |

**表 4.3.1-6 纵向折减系数**

| 计算跨径 $L_0$(m) | 纵向折减系数 | 计算跨径 $L_0$(m) | 纵向折减系数 |
|---|---|---|---|
| $150 < L_0 < 400$ | 0.97 | $800 \leq L_0 < 1\,000$ | 0.94 |
| $400 \leq L_0 < 600$ | 0.96 | $L_0 \geq 1\,000$ | 0.93 |
| $600 \leq L_0 < 800$ | 0.95 | — | — |

**4.3.2** 汽车荷载冲击力应按下列规定计算:

1 钢桥、钢筋混凝土及预应力混凝土桥、圬工拱桥等上部构造和钢支座、板式橡胶支座、盆式橡胶支座及钢筋混凝土柱式墩台,应计算汽车的冲击作用。

2 填料厚度(包括路面厚度)大于或等于 0.5m 的拱桥、涵洞以及重力式墩台不计冲击力。

3 支座的冲击力,按相应的桥梁取用。

4 汽车荷载的冲击力标准值为汽车荷载标准值乘以冲击系数 $\mu$。

5 冲击系数 $\mu$ 可按下式计算:

$$
\begin{aligned}
&\text{当} f < 1.5\text{Hz 时}, && \mu = 0.05 \\
&\text{当} 1.5\text{Hz} \leq f \leq 14\text{Hz 时}, && \mu = 0.1767\ln f - 0.0157 \\
&\text{当} f > 14\text{Hz 时}, && \mu = 0.45
\end{aligned}
\tag{4.3.2}
$$

式中:$f$——结构基频(Hz)。

6 汽车荷载的局部加载及在 T 梁、箱梁悬臂板上的冲击系数采用 0.3。

**4.3.4** 汽车荷载引起的土压力采用车辆荷载加载,并可按下列规定计算:

1 汽车荷载在桥台或挡土墙后填土的破坏棱体上引起的土侧压力,可按下式换算成等代均布土层厚度 $h$(m)计算:

$$
h = \frac{\sum G}{B l_0 \gamma} \tag{4.3.4-1}
$$

式中:$\gamma$——土的重度(kN/m$^3$);

$\sum G$——布置在 $B \times l_0$ 面积内的车轮的总重力(kN);

$l_0$——桥台或挡土墙后填土的破坏棱体长度(m);

$B$——桥台横向全宽或挡土墙的计算长度(m)。

挡土墙的计算长度 $B$(m)可按下列公式计算,但不应超过挡土墙分段长度:

$$
B = 13 + H\tan 30° \tag{4.3.4-2}
$$

式中:$H$——挡土墙高度(m),对墙顶以上有填土的挡土墙,为 2 倍墙顶填土厚度加墙高。

当挡土墙分段长度小于 13m 时,$B$ 取分段长度,并应在该长度内按不利情况布置轮重。

2 计算涵洞顶上汽车荷载引起的竖向土压力时,车轮按其着地面积的边缘向下作 30°角分布。当几个车轮的压力扩散线相重叠时,扩散面积以最外边的扩散线为准。

**4.3.5** 汽车荷载制动力应按下列规定计算和分配:

1　汽车荷载制动力按同向行驶的汽车荷载(不计冲击力)计算,并应按表4.3.1-6的规定,以使桥梁墩台产生最不利纵向力的加载长度进行纵向折减。

1)一个设计车道上由汽车荷载产生的制动力标准值按本规范第4.3.1条规定的车道荷载标准值在加载长度上计算的总重力的10%计算,但公路—Ⅰ级汽车荷载的制动力标准值不得小于165kN,公路—Ⅱ级汽车荷载的制动力标准值不得小于90kN;

2)同向行驶双车道的汽车荷载制动力标准值应为一个设计车道制动力标准值的2倍,同向行驶三车道应为一个设计车道的2.34倍,同向行驶四车道应为一个设计车道的2.68倍。

2　制动力的着力点在桥面以上1.2m处,计算墩台时,可移至支座铰中心或支座底座面上。计算刚构桥、拱桥时,制动力的着力点可移至桥面上,但不应计因此而产生的竖向力和力矩。

3　设有板式橡胶支座的简支梁、连续桥面简支梁或连续梁排架式柔性墩台,应根据支座与墩台的抗推刚度的刚度集成情况分配和传递制动力。设有板式橡胶支座的简支梁刚性墩台,应按单跨两端的板式橡胶支座的抗推刚度分配制动力。

4　设有固定支座、活动支座(滚动或摆动支座、聚四氟乙烯板支座)的刚性墩台传递的制动力,按表4.3.5的规定采用。每个活动支座传递的制动力,其值不应大于其摩阻力;当大于摩阻力时,按摩阻力计算。

**表4.3.5　刚性墩台各种支座传递的制动力**

| 桥梁墩台及支座类型 | | 应计的制动力 | 符号说明 |
|---|---|---|---|
| 简支梁桥台 | 固定支座 | $T_1$ | $T_1$——加载长度为计算跨径时的制动力;<br>$T_2$——加载长度为相邻两跨计算跨径之和时的制动力;<br>$T_3$——加载长度为一联长度的制动力 |
| | 聚四氟乙烯板支座 | $0.30T_1$ | |
| | 滚动(或摆动)支座 | $0.25T_1$ | |
| 简支梁桥墩 | 两个固定支座 | $T_2$ | |
| | 一个固定支座,一个活动支座 | 注 | |
| | 两个四氟乙烯板支座 | $0.30T_2$ | |
| | 两个滚动(或摆动)支座 | $0.25T_2$ | |
| 连续梁桥墩 | 固定支座 | $T_3$ | |
| | 聚四氟乙烯板支座 | $0.30T_3$ | |
| | 滚动(或摆动)支座 | $0.25T_3$ | |

注:固定支座按 $T_4$ 计算,活动支座按 $0.30T_5$(聚四氟乙烯板支座)或 $0.25T_5$(滚动或摆动支座)计算,$T_4$ 和 $T_5$ 分别为与固定支座或活动支座相应的单跨跨径的制动力,桥墩承受的制动力为上述固定支座与活动支座传递的制动力之和。

**4.3.7**　疲劳荷载的计算模型应符合下列规定:

1　疲劳荷载计算模型Ⅰ采用等效的车道荷载,集中荷载为 $0.7P_k$,均布荷载为

$0.3q_k$。$P_k$ 和 $q_k$ 按本规范第 4.3.1 条的相关规定取值;应考虑多车道的影响,横向车道布载系数应按本规范第 4.3.1 条的相关规定计算。

2 疲劳荷载计算模型Ⅱ采用双车模型,两辆模型车轴距与轴重相同,其单车的轴重与轴距布置如图 4.3.7-1 所示。计算加载时,两模型车的中心距不得小于 40m。

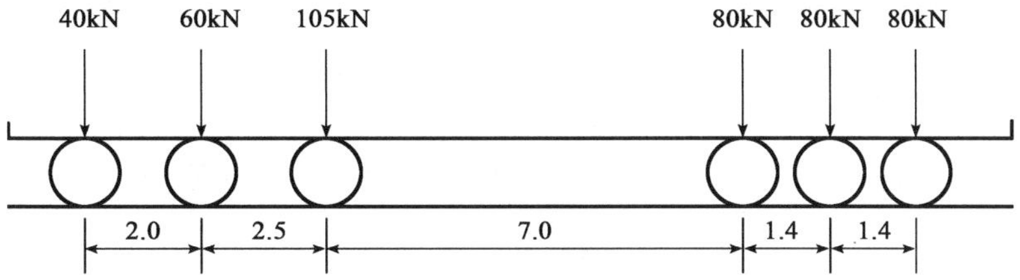


图 4.3.7-1 疲劳荷载计算模型Ⅱ(尺寸单位:m)

3 疲劳荷载计算模型Ⅲ采用单车模型,模型车轴载及分布规定如图 4.3.7-2 所示。

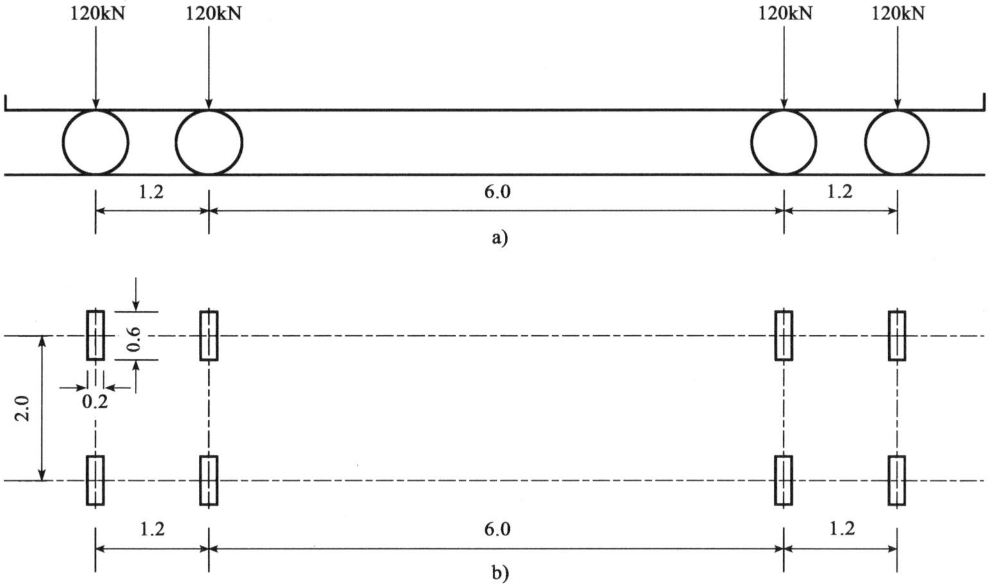


图 4.3.7-2 疲劳荷载计算模型Ⅲ(尺寸单位:m)

4 当构件和连接不满足疲劳荷载计算模型Ⅰ验算要求时,应按模型Ⅱ验算。

5 桥面系构件的疲劳验算应采用疲劳荷载计算模型Ⅲ。

**4.3.12** 计算温度作用时的材料线膨胀系数及作用标准值可按下列规定取用:

1 桥梁结构当要考虑温度作用时,应根据当地具体情况、结构物使用的材料和施工条件等因素计算由温度作用引起的结构效应。各种结构的线膨胀系数规定见表 4.3.12-1。

2 计算桥梁结构因均匀温度作用引起的外加变形或约束变形时,应从受到约束时的结构温度开始,考虑最高和最低有效温度的作用效应。当缺乏实际调查资料时,公路混凝土结构和钢结构的最高和最低有效温度标准值可按表 4.3.12-2 取用。

**表 4.3.12-1　线膨胀系数**

| 结构种类 | 线膨胀系数(1/℃) |
|---|---|
| 钢结构 | 0.000 012 |
| 混凝土和钢筋混凝土及预应力混凝土结构 | 0.000 010 |
| 混凝土预制块砌体 | 0.000 009 |
| 石砌体 | 0.000 008 |

**表 4.3.12-2　公路桥梁结构的有效温度标准值(℃)**

| 气候分区 | 钢桥面板钢桥 | | 混凝土桥面板钢桥 | | 混凝土、石桥 | |
|---|---|---|---|---|---|---|
| | 最高 | 最低 | 最高 | 最低 | 最高 | 最低 |
| 严寒地区 | 46 | -43 | 39 | -32 | 34 | -23 |
| 寒冷地区 | 46 | -21 | 39 | -15 | 34 | -10 |
| 温热地区 | 46 | -9(-3) | 39 | -6(-1) | 34 | -3(0) |

注:1. 全国气候分区见附录 A。
2. 表中括弧内数值适用于昆明、南宁、广州、福州地区。

3　计算桥梁结构由于竖向温度梯度引起的效应时,可采用图 4.3.12 所示的竖向温度梯度曲线,其桥面板表面的最高温度 $T_1$ 规定见表 4.3.12-3。

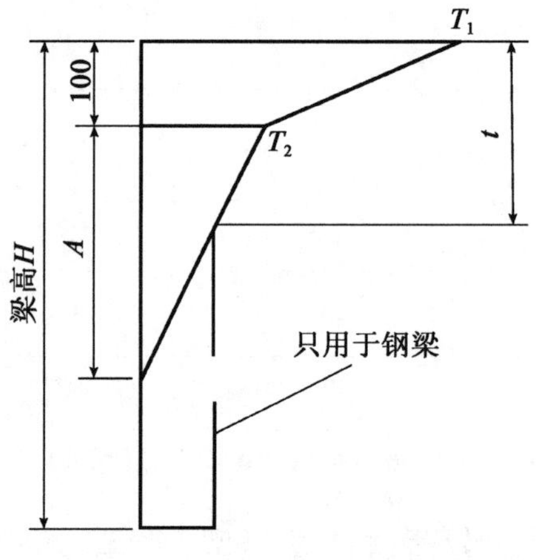


图 4.3.12　竖向梯度温度(尺寸单位:mm)

$A$-混凝土结构当梁高 $H$ 小于 400mm 时,$A = H - 100$(mm);梁高 $H$ 大于或等于 400mm 时,$A = 300$mm;带混凝土桥面板的钢结构 $A = 300$mm;$t$-混凝土桥面板的厚度(mm)

混凝土上部结构和带混凝土桥面板的钢结构的竖向日照反温差为正温差乘以 -0.5。

4　对无悬臂的宽幅箱梁,宜考虑横向温度梯度引起的效应。

5　计算圬工拱桥考虑徐变影响引起的温差作用效应时,计算的温差效应应乘以折减系数 0.7。

6　采用沥青混凝土铺装的混凝土桥面板桥梁必要时应考虑施工阶段沥青摊铺引起的温度影响。

**表 4.3.12-3　竖向日照正温差计算的温度基数**

| 结 构 类 型 | $T_1$(℃) | $T_2$(℃) |
|---|---|---|
| 水泥混凝土铺装 | 25 | 6.7 |
| 50mm 沥青混凝土铺装层 | 20 | 6.7 |
| 100mm 沥青混凝土铺装层 | 14 | 5.5 |

# 十四、公路钢筋混凝土及预应力混凝土桥涵设计规范

（JTG 3362—2018）

## 3　材料

### 3.1　混凝土

**3.1.2**　公路桥涵受力构件的混凝土强度等级应按下列规定采用：

1　钢筋混凝土构件不低于 C25；当采用强度标准值 400MPa 及以上钢筋时，不低于 C30。

2　预应力混凝土构件不低于 C40。

### 3.2　钢筋

**3.2.1**　公路桥涵混凝土结构的钢筋应按下列规定采用：

1　钢筋混凝土及预应力混凝土构件中的普通钢筋宜选用 HPB300、HRB400、HRB500、HRBF400 和 RRB400 钢筋，预应力混凝土构件中的箍筋应选用其中的带肋钢筋；按构造要求配置的钢筋网可采用冷轧带肋钢筋。

2　预应力混凝土构件中的预应力钢筋应选用钢绞线、钢丝；中、小型构件或竖、横向用预应力钢筋，可选用预应力螺纹钢筋。

## 4　结构设计基本规定

### 4.2　板的计算

**4.2.1**　四边支承的板，当长边长度与短边长度之比大于或等于 2 时，可按短边计算跨径的单向板计算；否则，应按双向板计算。

### 4.5　耐久性设计要求

**4.5.2**　公路桥涵混凝土结构及构件应根据其表面直接接触的环境按表 4.5.2 的规定确定所处环境类别。

**表 4.5.2　公路桥涵混凝土结构及构件所处环境类别划分**

| 环境类别 | 条　　件 |
| --- | --- |
| Ⅰ类-一般环境 | 仅受混凝土碳化影响的环境 |
| Ⅱ类-冻融环境 | 受反复冻融影响的环境 |
| Ⅲ类-近海或海洋氯化物环境 | 受海洋环境下氯盐影响的环境 |
| Ⅳ类-除冰盐等其他氯化物环境 | 受除冰盐等氯盐影响的环境 |
| Ⅴ类-盐结晶环境 | 受混凝土孔隙中硫酸盐结晶膨胀影响的环境 |
| Ⅵ类-化学腐蚀环境 | 受酸碱性较强的化学物质侵蚀的环境 |
| Ⅶ类-磨蚀环境 | 受风、水流或水中夹杂物的摩擦、切削、冲击等作用的环境 |

**4.5.3**　各类环境下混凝土强度等级最低要求应符合表 4.5.3 的规定。

**表 4.5.3　混凝土强度等级最低要求**

| 构件类别 | 梁、板、塔、拱圈、涵洞上部 | | 墩台身、涵洞下部 | | 承台、基础 | |
| --- | --- | --- | --- | --- | --- | --- |
| 设计使用年限(年) | 100 | 50、30 | 100 | 50、30 | 100 | 50、30 |
| Ⅰ类-一般环境 | C35 | C30 | C30 | C25 | C25 | C25 |
| Ⅱ类-冻融环境 | C40 | C35 | C35 | C30 | C30 | C25 |
| Ⅲ类-近海或海洋氯化物环境 | C40 | C35 | C35 | C30 | C30 | C25 |
| Ⅳ类-除冰盐等其他氯化物环境 | C40 | C35 | C35 | C30 | C30 | C25 |
| Ⅴ类-盐结晶环境 | C40 | C35 | C35 | C30 | C30 | C25 |
| Ⅵ类-化学腐蚀环境 | C40 | C35 | C35 | C30 | C30 | C25 |
| Ⅶ类-磨蚀环境 | C40 | C35 | C35 | C30 | C30 | C25 |

# 5　持久状况承载能力极限状态计算

## 5.1　一般规定

**5.1.2**　当采用内力的形式表达时,桥涵构件的承载能力极限状态计算应采用下列表达式:

$$\gamma_0 S \leq R \tag{5.1.2-1}$$

$$R = R(f_{\mathrm{d}}, a_{\mathrm{d}}) \tag{5.1.2-2}$$

式中:$\gamma_0$——桥涵结构重要性系数,按桥涵结构设计安全等级,一级、二级、三级分别取用 1.1、1.0、0.9,桥涵结构设计安全等级应符合《公路桥涵设计通用规范》

(JTG D60—2015)的规定;

$S$——作用组合(其中汽车荷载应计入冲击作用)的效应设计值,按《公路桥涵设计通用规范》(JTG D60—2015)的规定,对持久设计状况应按作用基本组合计算;

$R$——构件承载力设计值;

$R(\cdot)$——构件承载力函数;

$f_d$——材料强度设计值;

$a_d$——几何参数设计值,当无可靠数据时,可采用几何参数标准值 $a_k$,即设计文件规定值。

## 5.2 受弯构件

**5.2.1** 受弯构件的正截面相对界限受压区高度 $\xi_b$ 应按表 5.2.1 采用。

**表 5.2.1 相对界限受压区高度 $\xi_b$**

| 钢 筋 种 类 | 混凝土强度等级 | | | |
|---|---|---|---|---|
| | C50 及以下 | C55、C60 | C65、C70 | C75、C80 |
| HPB300 | 0.58 | 0.56 | 0.54 | — |
| HRB400、HRBF400、RRB400 | 0.53 | 0.51 | 0.49 | — |
| HRB500 | 0.49 | 0.47 | 0.46 | — |
| 钢绞线、钢丝 | 0.40 | 0.38 | 0.36 | 0.35 |
| 预应力螺纹钢筋 | 0.40 | 0.38 | 0.36 | — |

注:1. 截面受拉区内配置不同种类钢筋的受弯构件,其 $\xi_b$ 值应选用相应于各种钢筋的较小者。

2. $\xi_b = x_b/h_0$,$x_b$ 为纵向受拉钢筋和受压区混凝土同时达到各自强度设计值时的受压区矩形应力图高度。

## 5.3 受压构件

**5.3.1** 钢筋混凝土轴心受压构件,当配有箍筋(或螺旋筋,或在纵向钢筋上焊有横向钢筋)时(图 5.3.1),其正截面抗压承载力应符合下列规定:

$$\gamma_0 N_d \leq 0.9\varphi(f_{cd}A + f'_{sd}A'_s) \qquad (5.3.1)$$

式中:$N_d$——轴向力设计值;

$\varphi$——轴压构件稳定系数,按表 5.3.1 采用;

$A$——构件毛截面面积,当纵向钢筋配筋率大于 3% 时,$A$ 应改用 $A_n = A - A'_s$;

$A'_s$——全部纵向钢筋的截面面积。

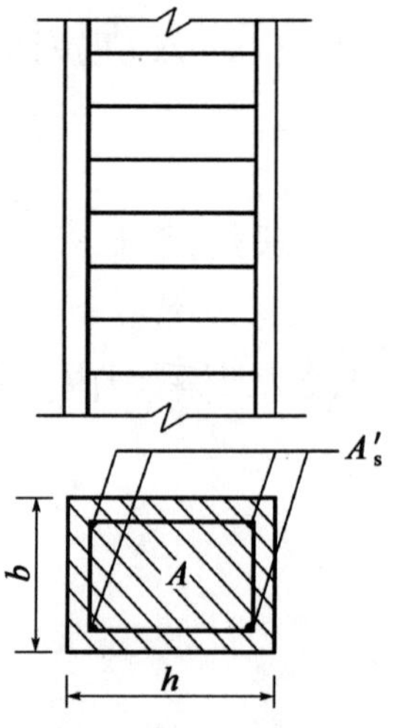


图 5.3.1 配有箍筋的钢筋混凝土轴心受压构件

**表 5.3.1　钢筋混凝土轴心受压构件的稳定系数**

| $l_0/b$ | ≤8 | 10 | 12 | 14 | 16 | 18 | 20 | 22 | 24 | 26 | 28 |
|---|---|---|---|---|---|---|---|---|---|---|---|
| $l_0/2r$ | ≤7 | 8.5 | 10.5 | 12 | 14 | 15.5 | 17 | 19 | 21 | 22.5 | 24 |
| $l_0/i$ | ≤28 | 35 | 42 | 48 | 55 | 62 | 69 | 76 | 83 | 90 | 97 |
| $\varphi$ | 1.0 | 0.98 | 0.95 | 0.92 | 0.87 | 0.81 | 0.75 | 0.70 | 0.65 | 0.60 | 0.56 |
| $l_0/b$ | 30 | 32 | 34 | 36 | 38 | 40 | 42 | 44 | 46 | 48 | 50 |
| $l_0/2r$ | 26 | 28 | 29.5 | 31 | 33 | 34.5 | 36.5 | 38 | 40 | 41.5 | 43 |
| $l_0/i$ | 104 | 111 | 118 | 125 | 132 | 139 | 146 | 153 | 160 | 167 | 174 |
| $\varphi$ | 0.52 | 0.48 | 0.44 | 0.40 | 0.36 | 0.32 | 0.29 | 0.26 | 0.23 | 0.21 | 0.19 |

注:表中 $l_0$ 为构件计算长度,按本规范附录 E 的规定取值;$b$ 为矩形截面的短边尺寸;$r$ 为圆形截面的半径;$i$ 为截面最小回转半径。

**5.3.3**　偏心受压构件应以相对界限受压区高度 $\xi_b$ 作为判别大小偏心受压的条件,$\xi_b$ 应按下列规定确定:

1　钢筋混凝土偏心受压构件,其 $\xi_b$ 值可按表 5.2.1 取用;

2　预应力混凝土偏心受压构件,其 $\xi_b$ 值按下列公式计算:

1) 对预应力螺纹钢筋

$$\xi_b = \frac{\beta}{1 + \frac{f_{pd} - \sigma_{p0}}{E_p \varepsilon_{cu}}} \tag{5.3.3-1}$$

2) 对钢丝和钢绞线

$$\xi_b = \frac{\beta}{1 + \frac{0.002}{\varepsilon_{cu}} + \frac{f_{pd} - \sigma_{p0}}{E_p \varepsilon_{cu}}} \tag{5.3.3-2}$$

式中:$\beta$——截面受压区矩形应力图高度与实际受压区高度的比值,按表 5.1.4 取用;

$\sigma_{p0}$——截面受拉区纵向预应力钢筋合力点处混凝土法向应力等于零时,预应力钢筋中的应力,按式(6.1.6-2)或式(6.1.6-5)计算;

$\varepsilon_{cu}$——截面非均匀受压时混凝土的极限压应变,当混凝土强度等级为 C50 及以下时,取 $\varepsilon_{cu}=0.0033$;当混凝土强度等级为 C80 时,取 $\varepsilon_{cu}=0.003$;中间强度等级用直线插入求得;

$f_{pd}$——纵向预应力钢筋的抗拉强度设计值;

$E_p$——预应力钢筋的弹性模量。

# 6　持久状况正常使用极限状态计算

## 6.1　一般规定

**6.1.1**　公路桥涵的持久状况设计应按正常使用极限状态的要求,采用作用频遇组合、作用准永久组合,或作用频遇组合并考虑作用长期效应的影响,对构件的抗裂、裂缝宽度和挠度进行验算,并使各项计算值不超过本规范规定的各相应限值。在上述各种组合中,汽车荷载不计冲击作用。

**6.1.2**　预应力混凝土构件可根据桥梁使用和所处环境的要求,进行下列构件设计:

1　全预应力混凝土构件。此类构件在作用频遇组合下控制的正截面受拉边缘不允许出现拉应力。

2　部分预应力混凝土构件。此类构件在作用频遇组合下控制的正截面受拉边缘可出现拉应力:当拉应力不超过规定限值时,为 A 类预应力混凝土构件;当拉应力超过规定限值时,为 B 类预应力混凝土构件。

## 6.2　钢筋预应力损失

**6.2.1**　在正常使用极限状态计算中,预应力混凝土构件应考虑由下列因素引起的预应力损失:

预应力钢筋与管道壁之间的摩擦　$\sigma_{l1}$

锚具变形、钢筋回缩和接缝压缩　$\sigma_{l2}$

预应力钢筋与台座之间的温差　$\sigma_{l3}$

混凝土的弹性压缩　$\sigma_{l4}$

预应力钢筋的应力松弛　$\sigma_{l5}$

混凝土的收缩和徐变　$\sigma_{l6}$

此外,尚应考虑预应力钢筋与锚圈口之间的摩擦、台座的弹性变形等因素引起的其他预应力损失。

预应力损失值宜根据实测数据确定;当无可靠实测数据时,可按本节的规定计算。

**6.2.8**　预应力混凝土构件各阶段的预应力损失值可按表 6.2.8 的规定进行组合。

表 6.2.8 各阶段预应力损失值的组合

<table>
<tr><td rowspan="2">预应力损失值的组合</td><td rowspan="2">先张法构件</td><td rowspan="2">后张法体内预应力混凝土构件</td><td colspan="2">后张法体内体外混合预应力混凝土构件</td></tr>
<tr><td>体内预应力钢筋</td><td>体外预应力钢筋</td></tr>
<tr><td>传力锚固时的损失（第一批）$\sigma_{l\text{I}}$</td><td>$\sigma_{l2}+\sigma_{l3}+\sigma_{l4}+0.5\sigma_{l5}$</td><td colspan="3">$\sigma_{l1}+\sigma_{l2}+\sigma_{l4}$</td></tr>
<tr><td>传力锚固后的损失（第二批）$\sigma_{l\text{II}}$</td><td>$0.5\sigma_{l5}+\sigma_{l6}$</td><td colspan="3">$\sigma_{l5}+\sigma_{l6}$</td></tr>
</table>

## 6.3 抗裂验算

**6.3.1** 预应力混凝土受弯构件应按下列规定进行正截面和斜截面抗裂验算：

1 正截面混凝土拉应力应符合下列要求：

1）全预应力混凝土构件

预制构件

$$\sigma_{st}-0.85\sigma_{pc}\leqslant 0 \quad (6.3.1\text{-}1)$$

分段浇筑或砂浆接缝的纵向分块构件

$$\sigma_{st}-0.80\sigma_{pc}\leqslant 0 \quad (6.3.1\text{-}2)$$

2）A 类预应力混凝土构件

$$\sigma_{st}-\sigma_{pc}\leqslant 0.7f_{tk} \quad (6.3.1\text{-}3)$$

$$\sigma_{lt}-\sigma_{pc}\leqslant 0 \quad (6.3.1\text{-}4)$$

3）B 类预应力混凝土受弯构件在结构自重作用下控制截面受拉边缘不得消压。

2 斜截面混凝土主拉应力 $\sigma_{tp}$ 应符合下列要求：

1）全预应力混凝土构件

预制构件

$$\sigma_{tp}\leqslant 0.6f_{tk} \quad (6.3.1\text{-}5)$$

现场浇筑(包括预制拼装)构件

$$\sigma_{tp}\leqslant 0.4f_{tk} \quad (6.3.1\text{-}6)$$

2）A 类和 B 类预应力混凝土构件

预制构件

$$\sigma_{tp}\leqslant 0.7f_{tk} \quad (6.3.1\text{-}7)$$

现场浇筑(包括预制拼装)构件

$$\sigma_{tp}\leqslant 0.5f_{tk} \quad (6.3.1\text{-}8)$$

式中：$\sigma_{st}$——在作用频遇组合下构件抗裂验算截面边缘混凝土的法向拉应力，按式(6.3.2-1)计算；

$\sigma_{lt}$——在作用准永久组合下构件抗裂验算截面边缘混凝土的法向拉应力，按

式(6.3.2-2)计算;

$\sigma_{pc}$——扣除全部预应力损失后的预加力在构件抗裂验算边缘产生的混凝土预压应力,按本规范第6.1.6条规定计算;

$\sigma_{tp}$——由作用频遇组合和预加力产生的混凝土主拉应力,按本规范第6.3.3条规定计算;

$f_{tk}$——混凝土的抗拉强度标准值,按表3.1.3采用。

## 6.4 裂缝宽度验算

**6.4.2** 各类环境中,钢筋混凝土和B类预应力混凝土构件的最大裂缝宽度计算值不应超过表6.4.2规定的限值。

**表6.4.2 最大裂缝宽度限值**

| 环境类别 | 最大裂缝宽度限值(mm) | |
|---|---|---|
| | 钢筋混凝土构件、采用预应力螺纹钢筋的B类预应力混凝土构件 | 采用钢丝或钢绞线的B类预应力混凝土构件 |
| Ⅰ类-一般环境 | 0.20 | 0.10 |
| Ⅱ类-冻融环境 | 0.20 | 0.10 |
| Ⅲ类-近海或海洋氯化物环境 | 0.15 | 0.10 |
| Ⅳ类-除冰盐等其他氯化物环境 | 0.15 | 0.10 |
| Ⅴ类-盐结晶环境 | 0.10 | 禁止使用 |
| Ⅵ类-化学腐蚀环境 | 0.15 | 0.10 |
| Ⅶ类-磨蚀环境 | 0.20 | 0.10 |

# 7 持久状况和短暂状况构件的应力计算

## 7.1 持久状况预应力混凝土构件应力计算

**7.1.1** 预应力混凝土受弯构件在进行持久状况设计时,应计算其使用阶段正截面的混凝土法向压应力、受拉区钢筋拉应力和斜截面的混凝土主压应力,并不得超过本节规定的限值。计算时作用取其标准值,汽车荷载应考虑冲击作用。

**7.1.5** 使用阶段预应力混凝土受弯构件正截面混凝土的压应力和预应力钢筋的拉应力,应符合下列规定:

1 受压区混凝土的最大压应力

$$\left.\begin{array}{ll}\text{未开裂构件} & \sigma_{kc}+\sigma_{pt} \\ \text{允许开裂构件} & \sigma_{cc}\end{array}\right\}\leqslant 0.50f_{ck} \quad (7.1.5\text{-}1)$$

2 受拉区预应力钢筋的最大拉应力

1) 体内预应力钢绞线、钢丝

$$\left.\begin{array}{ll}\text{未开裂构件} & \sigma_{pe}+\sigma_{p} \\ \text{允许开裂构件} & \sigma_{p0}+\sigma_{p}\end{array}\right\}\leqslant 0.65f_{pk} \quad (7.1.5\text{-}2)$$

2) 体外预应力钢绞线

$$\sigma_{pe,ex}\leqslant 0.60f_{pk} \quad (7.1.5\text{-}3)$$

3) 预应力螺纹钢筋

$$\left.\begin{array}{ll}\text{未开裂构件} & \sigma_{pe}+\sigma_{p} \\ \text{允许开裂构件} & \sigma_{p0}+\sigma_{p}\end{array}\right\}\leqslant 0.75f_{pk} \quad (7.1.5\text{-}4)$$

式中:$\sigma_{pe}$——全预应力混凝土和A类预应力混凝土受弯构件,受拉区预应力钢筋扣除全部预应力损失后的有效预应力;

$\sigma_{pt}$——由预加力产生的混凝土法向拉应力,先张法构件按式(6.1.6-1)计算,后张法构件按式(6.1.6-4)计算。

注:预应力混凝土受弯构件受拉区的普通钢筋,可不必验算。

**7.1.6** 预应力混凝土受弯构件由作用标准值和预加力产生的混凝土主压应力$\sigma_{cp}$和主拉应力$\sigma_{tp}$应按本规范第6.3.3条公式计算,但式(6.3.3-2)、式(6.3.3-5)中的$M_s$和$V_s$应分别以$M_k$、$V_k$代替。此处,$M_k$和$V_k$为按作用标准值进行组合计算的弯矩值和剪力值。

混凝土的主压应力应符合式(7.1.6-1)的规定:

$$\sigma_{cp}\leqslant 0.6f_{ck} \quad (7.1.6\text{-}1)$$

根据计算所得的混凝土主拉应力,按下列规定设置箍筋:

在$\sigma_{tp}\leqslant 0.5f_{tk}$区段,箍筋可仅按构造要求设置;

在$\sigma_{tp}>0.5f_{tk}$区段,箍筋的间距$s_v$可按式(7.1.6-2)计算:

$$s_v=\frac{f_{sk}A_{sv}}{\sigma_{tp}b} \quad (7.1.6\text{-}2)$$

式中:$f_{sk}$——箍筋的抗拉强度标准值;

$A_{sv}$——同一截面内箍筋的总截面面积;

$b$——矩形截面宽度、T形或I形截面的腹板宽度。

按本条计算的箍筋用量少于按斜截面抗剪承载力计算的箍筋用量时,箍筋采用后者。

# 8　构件计算的规定

## 8.1　组合式受弯构件

**8.1.2**　组合式受弯构件的作用效应应按下列两个阶段进行计算：

1　第一阶段：现浇混凝土层达到强度标准值前，作用应考虑预制构件自重、现浇混凝土层自重及施工时附加的其他作用。

2　第二阶段：现浇混凝土层达到强度标准值后，组合梁按整体计算，作用应计算组合构件自重、桥面系自重及使用阶段可变作用。

**8.1.3**　组合式受弯构件宜计算预制构件与现浇混凝土层间由混凝土龄期之差引起的混凝土收缩差效应。

## 8.8　桥梁伸缩装置

**8.8.2**　伸缩装置安装以后的伸缩量，可考虑下列因素进行计算：

1　由温度变化引起的伸缩量，按下列公式计算：

温度上升引起的梁体伸长量 $\Delta l_t^+$

$$\Delta l_t^+ = \alpha_c l(T_{max} - T_{set,l}) \quad (8.8.2\text{-}1)$$

温度下降引起的梁体缩短量 $\Delta l_t^-$

$$\Delta l_t^- = \alpha_c l(T_{set,u} - T_{min}) \quad (8.8.2\text{-}2)$$

式中：$T_{max}$、$T_{min}$——当地最高、最低有效气温值，按《公路桥涵设计通用规范》(JTG D60—2015)取用；

$T_{set,u}$、$T_{set,l}$——预设的安装温度范围的上限值和下限值；

$l$——计算一个伸缩装置伸缩量所采用的梁体长度，视桥梁长度分段及支座布置情况而定；

$\alpha_c$——梁体混凝土材料线膨胀系数，采用 $\alpha_c = 0.000\,01$。

2　由混凝土收缩引起的梁体缩短量 $\Delta l_s^-$，按式(8.8.2-3)计算：

$$\Delta l_s^- = \varepsilon_{cs}(t_u, t_0) l \quad (8.8.2\text{-}3)$$

式中：$\varepsilon_{cs}(t_u, t_0)$——伸缩装置安装完成时梁体混凝土龄期 $t_0$ 至收缩终了时混凝土龄期 $t_u$ 之间的混凝土收缩应变，可按本规范附录 C 计算。

3　由混凝土徐变引起的梁体缩短量 $\Delta l_c^-$ 按式(8.8.2-4)计算：

$$\Delta l_c^- = \frac{\sigma_{pc}}{E_c}\phi(t_u, t_0)\,l \tag{8.8.2-4}$$

式中：$\sigma_{pc}$——由预应力(扣除相应阶段预应力损失)引起的截面重心处的法向压应力,当计算的梁为简支梁时,可取跨中截面与1/4跨径截面的平均值;当梁体为连续梁或连续刚构时,可取若干有代表性截面的平均值;

$E_c$——梁体混凝土弹性模量,按表3.1.5采用;

$\phi(t_u, t_0)$——伸缩装置安装完成时梁体混凝土龄期 $t_0$ 至徐变终了时混凝土龄期 $t_u$ 之间的混凝土徐变系数,可按本规范附录C计算。

4 由制动力引起的板式橡胶支座剪切变形而导致的伸缩缝开口量 $\Delta l_b^-$ 或闭口量 $\Delta l_b^-$,其值可按 $\Delta l_b^-$ 或 $\Delta l_b^+ = F_k t_e / G_e A_g$ 计算,其中 $F_k$ 为分配给支座的汽车制动力标准值,$t_e$ 为支座橡胶层总厚度,$G_e$ 为支座橡胶剪变模量(按本规范第8.7.4条采用),$A_g$ 为支座平面毛面积。

5 应按照梁体的伸缩量选用伸缩装置的型号。

1) 伸缩装置在安装后的闭口量 $C^+$

$$C^+ = \beta(\Delta l_t^+ + \Delta l_b^+) \tag{8.8.2-5}$$

2) 伸缩装置在安装后的开口量 $C^-$

$$C^- = \beta(\Delta l_t^- + \Delta l_s^- + \Delta l_c^- + \Delta l_b^-) \tag{8.8.2-6}$$

3) 伸缩装置的伸缩量 $C$ 应满足:

$$C \geqslant C^+ + C^- \tag{8.8.2-7}$$

式中:$\beta$——伸缩装置伸缩量增大系数,可取 $\beta = 1.2 \sim 1.4$。

注:1. 对影响伸缩装置伸缩量的其他因素,如地震作用、风荷载、梁的挠度等,应视具体情况予以考虑。

2. 当施工安装温度在设计规定的安装温度范围以外时,伸缩装置应另行计算。

**8.8.3** 伸缩装置的安装宽度(或出厂宽度),可按本规范第8.8.2条计算得到的开口量 $C^-$ 和闭口量 $C^+$ 进行计算,其值可在 $[B_{min} + (C - C^-)]$ 与 $(B_{min} + C^+)$ 两者中或两者之间取用,其中 $C$ 为选用的伸缩装置的伸缩量,$B_{min}$ 为选用的伸缩装置的最小工作宽度。

# 9 构造规定

## 9.1 一般规定

**9.1.1** 普通钢筋和预应力钢筋的混凝土保护层厚度应满足下列要求:

1 普通钢筋保护层厚度取钢筋外缘至混凝土表面的距离,不应小于钢筋公称直径;当钢筋为束筋时,保护层厚度不应小于束筋的等代直径。

2 先张法构件中预应力钢筋的保护层厚度取钢筋外缘至混凝土表面的距离,不应小于钢筋公称直径;后张法构件中预应力钢筋的保护层厚度取预应力管道外缘至混凝土表面的距离,不应小于其管道直径的1/2。

3　最外侧钢筋的混凝土保护层厚度应不小于表 9.1.1 的规定值。

**表 9.1.1　混凝土保护层最小厚度 $c_{min}$(mm)**

| 构件类别 | 梁、板、塔、拱圈、涵洞上部 | | 墩台身、涵洞下部 | | 承台、基础 | |
|---|---|---|---|---|---|---|
| 设计使用年限(年) | 100 | 50、30 | 100 | 50、30 | 100 | 50、30 |
| Ⅰ类-一般环境 | 20 | 20 | 25 | 20 | 40 | 40 |
| Ⅱ类-冻融环境 | 30 | 25 | 35 | 30 | 45 | 40 |
| Ⅲ类-近海或海洋氯化物环境 | 35 | 30 | 45 | 40 | 65 | 60 |
| Ⅳ类-除冰盐等其他氯化物环境 | 30 | 25 | 35 | 30 | 45 | 40 |
| Ⅴ类-盐结晶环境 | 30 | 25 | 40 | 35 | 45 | 40 |
| Ⅵ类-化学腐蚀环境 | 35 | 30 | 40 | 35 | 60 | 55 |
| Ⅶ类-磨蚀环境 | 35 | 30 | 45 | 40 | 65 | 60 |

注:1. 表中数值是针对各环境类别的最低作用等级、按本规范第 4.5.3 条要求的最低混凝土强度等级,以及钢筋和混凝土无特殊防腐措施规定的。

2. 对工厂预制的混凝土构件,其保护层最小厚度可将表中相应数值减小 5mm,但不得小于 20mm。

3. 表中承台和基础的保护层最小厚度,是针对基坑底无垫层或侧面无模板的情况规定的;对于有垫层或有模板的情况,保护层最小厚度可将表中相应数值减少 20mm,但不得小于 30mm。

**9.1.2**　当纵向受力钢筋的混凝土保护层厚度大于 50mm 时,宜对保护层采取有效的构造措施。当在保护层内配置防裂、防剥落的钢筋网片时,钢筋直径不小于 6mm、间距不大于 100mm,钢筋网片的混凝土保护层厚度不宜小于 25mm。

**9.1.4**　当计算中充分利用钢筋的强度时,其最小锚固长度应符合表 9.1.4 的规定。

**表 9.1.4　钢筋最小锚固长度 $l_a$**

| 钢筋种类 | | HPB300 | | | | HRB400、HRBF400、RRB400 | | | HRB500 | | |
|---|---|---|---|---|---|---|---|---|---|---|---|
| 混凝土强度等级 | | C25 | C30 | C35 | ≥C40 | C30 | C35 | ≥C40 | C30 | C35 | ≥C40 |
| 受压钢筋(直端) | | 45$d$ | 40$d$ | 38$d$ | 35$d$ | 30$d$ | 28$d$ | 25$d$ | 35$d$ | 33$d$ | 30$d$ |
| 受拉钢筋 | 直端 | — | — | — | — | 35$d$ | 33$d$ | 30$d$ | 45$d$ | 43$d$ | 40$d$ |
| | 弯钩端 | 40$d$ | 35$d$ | 33$d$ | 30$d$ | 30$d$ | 28$d$ | 25$d$ | 35$d$ | 33$d$ | 30$d$ |

注:1. $d$ 为钢筋公称直径。

2. 对于受压束筋和等代直径 $d_e \leq 28$mm 的受拉束筋的锚固长度,应以等代直径按表值确定,束筋的各单根钢筋可在同一锚固终点截断;对于等代直径 $d_e > 28$mm 的受拉束筋,束筋内各单根钢筋,应自锚固起点开始,以表内规定的单根钢筋的锚固长度的 1.3 倍,呈阶梯形逐根延伸后截断,即自锚固起点开始,第一根延伸 1.3 倍单根钢筋的锚固长度,第二根延伸 2.6 倍单根钢筋的锚固长度,第三根延伸 3.9 倍单根钢筋的锚固长度。

3. 采用环氧树脂涂层钢筋时,受拉钢筋最小锚固长度应增加 25%。

4. 当混凝土在凝固过程中易受扰动时,锚固长度应增加 25%。

5. 当受拉钢筋末端采用弯钩时,锚固长度为包括弯钩在内的投影长度。

**9.1.12** 钢筋混凝土构件中纵向受力钢筋的最小配筋百分率应符合下列要求：

1 轴心受压构件、偏心受压构件全部纵向钢筋的配筋百分率不应小于0.5，当混凝土强度等级C50及以上时不应小于0.6；同时，一侧钢筋的配筋百分率不应小于0.2。当大偏心受拉构件的受压区配置按计算需要的受压钢筋时，其配筋百分率不应小于0.2。

2 受弯构件、偏心受拉构件及轴心受拉构件的一侧受拉钢筋的配筋百分率不应小于$45f_{td}/f_{sd}$，同时不应小于0.2。

3 轴心受压构件、偏心受压构件全部纵向钢筋的配筋百分率和一侧纵向钢筋(包括大偏心受拉构件受压钢筋)的配筋百分率应按构件的毛截面面积计算。轴心受拉构件及小偏心受拉构件一侧受拉钢筋的配筋百分率应按构件毛截面面积计算。受弯构件、大偏心受拉构件的一侧受拉钢筋的配筋百分率为$100A_s/(bh_0)$，其中$A_s$为受拉钢筋截面面积，$b$为腹板宽度(箱形截面梁为各腹板宽度之和)，$h_0$为有效高度。当钢筋沿构件截面周边布置时，“一侧的受压钢筋”或“一侧的受拉钢筋”系指受力方向两个对边中的一边布置的纵向钢筋。

**9.1.13** 预应力混凝土受弯构件最小配筋率应满足下列条件：

$$\frac{M_{ud}}{M_{cr}} \geqslant 1.0 \qquad (9.1.13)$$

式中：$M_{ud}$——受弯构件正截面抗弯承载力设计值，按本规范第5.2节有关公式的等号右式计算；

$M_{cr}$——受弯构件正截面开裂弯矩值，按式(6.5.2-7)计算。

部分预应力混凝土受弯构件中普通受拉钢筋的截面面积，不应小于$0.003bh_0$。

## 9.2 板

**9.2.4** 行车道板内应设置垂直于主钢筋的分布钢筋。分布钢筋设在主钢筋的内侧，其直径不应小于8mm，间距不应大于200mm，截面面积不宜小于板的截面面积的0.1%。在主钢筋的弯折处，应布置分布钢筋。人行道板内分布钢筋直径不应小于6mm，其间距不应大于200mm。

## 9.4 预应力混凝土上部结构

**9.4.1** 预应力混凝土梁当设置竖向预应力钢筋时，其纵向间距宜为500～1000mm。

预应力混凝土T形、I形截面梁和箱形截面梁腹板内应分别设置直径不小于10mm和12mm的箍筋，且应采用带肋钢筋，间距不宜大于200mm；自支座中心起长度不小于1倍梁高范围内，应采用闭合式箍筋，间距不应大于120mm。

在 T 形、I 形截面梁下部的马蹄内,应另设直径不小于 8mm 的闭合式箍筋,间距不应大于 200mm。

**9.4.9** 后张法预应力混凝土构件,其预应力钢筋管道的设置应符合下列规定:

1 直线管道的净距不应小于 40mm,且不宜小于管道直径的 0.6 倍;对于预埋的金属或塑料波纹管和铁皮管,在直线管道的竖直方向可将两管道叠置。

2 曲线形预应力钢筋管道在曲线平面内相邻管道间的最小净距应按本规范第 9.4.8 条第 1 款计算,其中 $P_d$ 和 $r$ 分别为相邻两管道曲线半径较大的一根预应力钢筋的张拉力设计值和曲线半径,$C_{in}$ 为相邻两曲线管道外缘在曲线平面内净距。当上述计算结果小于其相应直线管道外缘间净距时,应取用直线管道最小外缘间净距。

曲线形预应力钢筋管道在曲线平面外相邻外缘间的最小净距,应按本规范第 9.4.8 条第 2 款计算,其中 $C_{out}$ 为相邻两曲线管道外缘在曲线平面外净距。

3 管道内径的截面面积不应小于 2 倍预应力钢筋截面面积。

4 按计算需要设置预拱度时,预留管道也应同时起拱。

**9.4.10** 后张法预应力混凝土构件的曲线形预应力钢筋的曲线半径应符合下列规定:

1 钢丝束、钢绞线束的钢丝直径小于或等于 5mm 时,不宜小于 4m;钢丝直径大于 5mm 时,不宜小于 6m。

2 预应力螺纹钢筋的直径小于或等于 25mm 时,不宜小于 12m;直径大于 25mm 时,不宜小于 15m。

**9.4.17** 节段预制拼装的预应力混凝土结构,应满足下列构造要求:

1 预制节段端部应配置直径不小于 10mm 的钢筋网。

2 预制节段接缝间宜采用胶接缝或现浇湿接缝,胶接缝可采用环氧树脂黏结,现浇湿接缝可采用细石混凝土填充。环氧树脂接缝的涂层厚度应均匀,接缝应进行挤压直至环氧树脂胶体固化。细石混凝土接缝的缝宽不应小于 60mm,混凝土强度等级不应低于预制节段的混凝土强度等级。

3 预制节段接缝处应设置剪力键,剪力键宜按图 9.4.17-1 采用腹板剪力键、顶板剪力键、底板剪力键和加腋区剪力键。

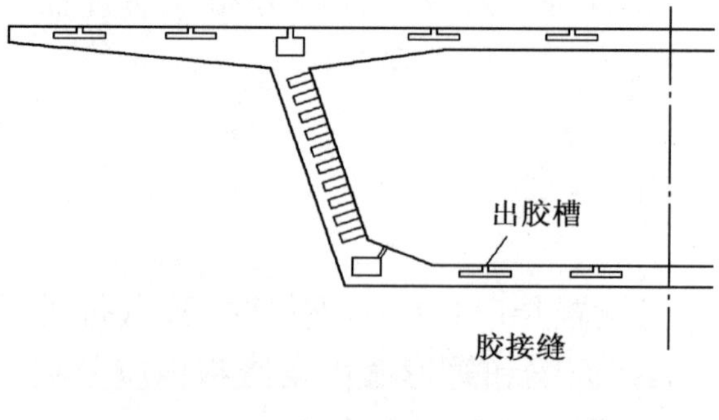


图 9.4.17-1　复合剪力键布置示意

复合剪力键的尺寸应满足下列规定(图 9. 4. 17-2):

1) 腹板剪力键的布置范围不宜小于梁高的 75%,剪力键横向宽度宜为腹板宽度的 75%。

2) 剪力键应采用梯形(倾角接近 45°)或圆角梯形截面;剪力键的高度应大于混凝土最大集料粒径的 2 倍,不应小于 35mm;剪力键的高度与其平均宽度比取为 1:2。

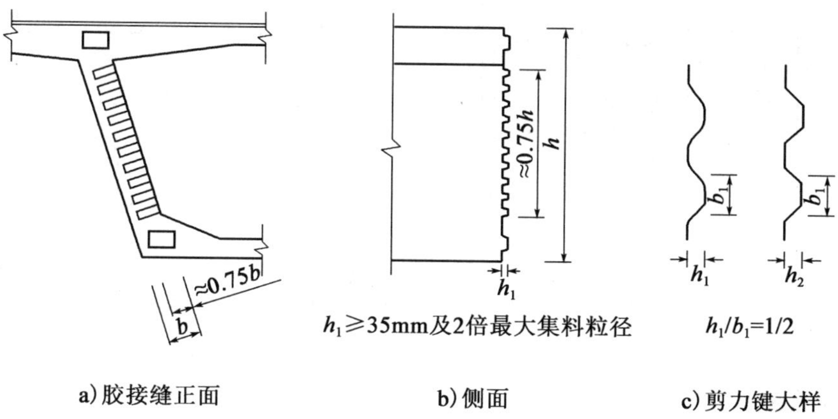


图 9. 4. 17-2　复合剪力键尺寸示意

## 9. 6　柱、墩台和桩基承台

**9. 6. 10**　桩基承台的构造要求除应符合《公路桥涵地基与基础设计规范》(JTG D63—2007)有关规定外,尚应符合下列要求:

1　桩基承台的厚度不宜小于桩直径的 1. 5 倍,且不小于 1. 5m。

2　当桩中距不大于 3 倍桩直径时,承台受力钢筋应均匀布置于全宽度内;当桩中距大于 3 倍桩直径时,受力钢筋应均匀布置于距桩中心 1. 5 倍桩直径范围内,在此范围以外应布置配筋率不小于 0. 1% 的构造钢筋。钢筋横向净距和层距应符合本规范第 9. 3. 3 条的规定,最小混凝土保护层厚度应符合本规范第 9. 1. 1 条的规定。

3　当承台仅有一个方向的受力钢筋时,在垂直于受力钢筋方向,应设置直径不小于 12mm,间距不大于 250mm 的构造钢筋。

4　承台底面内宜设一层钢筋网,底面内每一方向的钢筋用量宜为 1200 ~ 1500mm²/m,钢筋直径采用 12 ~ 16mm。

5　承台竖向联系钢筋,其直径不应小于 16mm。

6　承台的桩中距大于或等于桩直径的 3 倍时,宜在两桩之间,距桩中心各 1 倍桩直径的中间区段内设置吊筋(图 9. 6. 10),其直径不应小于 12mm,间距不应大于 200mm。

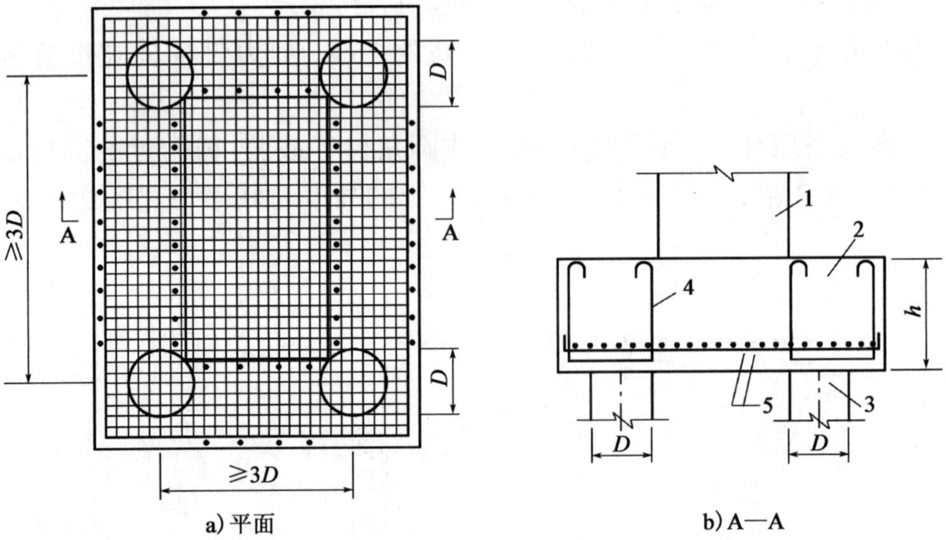


图 9.6.10　承台吊筋布置

1-墩台身;2-承台;3-桩;4-吊筋;5-主筋;*D*-桩直径

## 9.7　支座和伸缩装置

**9.7.1**　公路桥梁宜根据结构要求选用普通板式橡胶支座、四氟滑板式橡胶支座、盆式橡胶支座或球型支座。有特殊要求时,经专门研究论证后,可选用其他形式的支座。

**9.7.2**　橡胶支座应根据地区气温条件选用, -25 ~ +60℃地区可选用氯丁橡胶支座; -40 ~ +60℃地区可选用三元乙丙橡胶支座或天然橡胶支座。

## 9.8　涵洞、吊环和铰

**9.8.2**　预制构件的吊环应采用 HPB300 钢筋制作,严禁使用冷加工钢筋。每个吊环按两肢截面计算,在构件自重标准值作用下,吊环的拉应力不应大于 65MPa。当一个构件设有 4 个吊环时,设计时仅考虑 3 个吊环同时发挥作用。吊环埋入混凝土的深度不应小于 35 倍吊环直径,端部应做成 180°弯钩,且应与构件内钢筋焊接或绑扎。吊环内直径不应小于 3 倍钢筋直径,且不应小于 60mm。

# 十五、公路工程水文勘测设计规范
(JTG C30—2015)

## 1 总则

**1.0.1** 为规范公路工程水文勘测设计工作,制定本规范。

**1.0.2** 本规范适用于新建和改扩建公路工程水文勘测设计。

**1.0.3** 公路工程水文勘测设计内容包括路基和桥涵的水文调查和勘测,水文、水力分析和计算,以及桥涵布设、调治工程设置等。

**1.0.4** 水文调查和勘测应根据工程设计要求和所在区域条件,采用相应的方法,收集和调查的资料应鉴别其可靠性,勘测精度应符合相关规定。

**1.0.5** 水文、水力分析和计算成果,应作合理性论证。对水文条件复杂、通航等级较高及跨海的桥梁,可进行水文测验和专题论证。

**1.0.6** 桥涵布设必须满足排水、输沙及通航要求,应与路线排水系统、水利规划相配合,并适应农田排灌。

**1.0.7** 调治工程的设置,不应影响河道的原有功能及两岸河堤(岸)、村镇和农田的安全。

**1.0.8** 公路工程设计洪水频率应符合表1.0.8的规定。

**表1.0.8 设计洪水频率**

| 构造物名称 | 公路等级 | | | | |
|---|---|---|---|---|---|
| | 高速 | 一级 | 二级 | 三级 | 四级 |
| 特大桥 | 1/300 | 1/300 | 1/100 | 1/100 | 1/100 |
| 大、中桥 | 1/100 | 1/100 | 1/100 | 1/50 | 1/50 |
| 小桥 | 1/100 | 1/100 | 1/50 | 1/25 | 1/25 |
| 涵洞及小型排水构造物 | 1/100 | 1/100 | 1/50 | 1/25 | 不作规定 |
| 路基 | 1/100 | 1/100 | 1/50 | 1/25 | 按具体情况确定 |

注:1. 二级公路的特大桥以及三、四级公路的大桥,在河床比降大、易于冲刷的情况下,宜提高一级设计洪水频率验算基础冲刷深度。
2. 沿河纵向高架桥和桥头引道的设计洪水频率应符合本表路基设计洪水频率的规定。
3. 多孔中小跨径的特大桥可采用大桥的设计洪水频率。
4. 城市周边地区的公路路基设计洪水频率应结合城市防洪标准,考虑救灾通道、排洪和泄洪需求综合确定。

**1.0.9** 公路工程水文勘测设计除应符合本规范的规定外,尚应符合国家和行业现行有关标准的规定。

# 2　术语

**2.0.1**　设计洪水　design flood

工程正常使用条件下符合指定防洪设计标准的洪水。

**2.0.2**　设计洪水频率　design flood frequency

按有关技术标准规定作为设计依据的洪水统计意义上出现的频率。

**2.0.3**　设计流量　design flood discharge

与设计洪水相应的桥位断面洪峰流量。

**2.0.4**　设计水位　design flood surface elevation

与设计洪水相应的洪水水面高程。

**2.0.5**　涉河工程　structures in river affecting the bridge engineering

河流上对工程有影响的所有构造物。

**2.0.6**　壅水　backwater

水流受到压缩或潮水、干流水位顶托而导致的上游水位抬高现象。

**2.0.7**　水文断面　hydrologic cross-section

为进行水文观测和水文分析计算而选定的河流横断面。

**2.0.8**　基本河槽宽度　basic width of river channel

多年洪水过程作用下形成的河槽平均宽度,由河相关系确定。

**2.0.9**　造床流量　dominant discharge

对河流形成与变化起控制作用的流量。

**2.0.10**　水拱　the rising of local water surface in spate

洪水涨水时,横断面上主流水面的局部壅高。

**2.0.11**　糙率系数　roughness coefficient

反映河床对水流阻力作用大小的系数。

**2.0.12**　中泓线　midstream of channel

河流各横断面表面最大流速点的连线。

**2.0.13**　深泓线　thalweg

河流各横断面最大水深点的连线。

**2.0.14**　行近流速　approach flow velocity

邻近建筑物上游某一距离处的流速。

**2.0.15**　起动流速　threshold velocity

河床泥沙从静止开始运动的水流临界流速。

**2.0.16**　起冲流速　the approach velocity during initial scour of pier

桥墩迎水面两侧的泥沙,在绕流切应力作用下开始移动时,所对应的墩前行近流速。

**2.0.17** 一般冲刷 general scour

因桥孔压缩水流,导致桥下流速增大而引起的桥下河床冲刷。

**2.0.18** 局部冲刷 local scour

桥墩或桥台阻碍水流,导致其周围河床的冲刷。

**2.0.19** 桥下净空安全值 safe value of headroom under bridge superstructure

设计水位加各种可能发生的水位增高值后,或最高流冰水位以上预留的安全值。

**2.0.20** 波浪高度 wave height

水面波浪的波峰至波谷的垂直高度。

**2.0.21** 波浪爬高 wave run-up

波浪沿斜坡爬升的以静水面算起的垂直高度。

**2.0.22** 波浪壅高 wave set-up

波浪遇桥墩后发生变形,在墩柱迎水面产生的水面壅高。

**2.0.23** 河相关系 river hydraulic geometry

处于动力平衡状态的河流,河床形态特征与流域来水来沙条件和河床组成之间的定量因果关系。

**2.0.24** 流冰 drift-ice

浮于水面冰块或兼有少量冰花等随水流流动的现象。

**2.0.25** 潮流涨落最大流速 maximum velocity of flood and ebb

包括涨急流速和落急流速,分别对应涨潮过程和落潮过程中所出现的水流速度最大值。

# 4 桥位选择

## 4.1 一般规定

**4.1.1** 除控制性桥位外,桥位选择原则上应服从路线走向。在适当范围内,可根据河段的水文、地形、地质、地物等特征,路桥综合考虑,比选确定。

**4.1.2** 对水文、地质和技术复杂的特殊大桥的桥位,应在已定路线大方向的前提下,根据河流形态、水文、地质、通航要求、地面设施、施工条件以及与地方经济社会发展的关系等,在较大范围内作全面的技术、经济比较后确定。必要时应先期进行物探和钻探,保证桥梁建造的可实施性。

**4.1.3** 桥位选择在水文方面应符合下列规定:

1 桥位应选在河道顺直、稳定、较窄的河段上。

2 桥位选择应考虑河道的自然演变以及建桥后对天然河道的影响。

3　桥轴线宜与中、高洪水位时的流向正交。斜交时应在孔径及墩台基础设计中考虑其影响。

**4.1.4**　通航水域的桥位选择应符合下列规定:

1　桥位应选在航道稳定、顺直且具有足够通航水深的河段上,航道不稳定时,应考虑河道变迁的影响。

2　桥轴法线与通航主流的夹角不宜大于5°,大于5°时应增大通航孔的跨径。

3　桥位应避开既有水工设施、港口作业区和船舶锚地等。

**4.1.5**　对改扩建桥梁,既有桥梁位于港区、地形地物复杂处、航道弯道处或航道交织处,可另择桥位。拟建桥位与既有桥位之间的距离应考虑通航和防洪要求,且水中部分的桥墩宜相互对应。

## 4.2　各类河段上的桥位选择

**4.2.1**　水深、流急的山区峡谷河段,桥位宜选在可以一孔跨越处。

**4.2.2**　山区开阔河段,桥位应选在河槽稳定、水深较浅、流速较缓处。

**4.2.3**　山前变迁河段,桥位宜选在两岸与河槽相对比较稳定的束窄河段上;必须跨越扩散段时,应选在河槽摆动范围比较小的地段。桥轴线宜与洪水总趋势正交。

**4.2.4**　山前冲积漫流河段,桥位宜选在上游狭窄段或下游收缩河段上,不宜选在中游扩散段。

**4.2.5**　平原顺直、微弯河段,桥位宜选在河槽与河床走向一致,槽流量较大处,桥轴线宜与河岸线正交。

**4.2.6**　平原弯曲河段,桥位一般应选在主槽流向与河流总趋势一致的较长河段上;当河湾发展已逼近河床的基本岸边时,桥位宜选在河湾顶部的中间位置。

**4.2.7**　平原分汊河段,桥位宜选在深泓线分汊点以上;在江心洲稳定的分汊河段上,桥位亦可选在江心洲或洲尾两汊深泓线汇合点以下。

**4.2.8**　平原宽滩河段,桥位宜选在河滩地势较高、河槽居中、稳定、顺直和滩槽流量比较小的河段上。

**4.2.9**　平原游荡河段,桥位宜选在两岸有固定依托的较长束窄河段上,桥轴线宜与河岸正交。

**4.2.10**　倒灌河段,桥位跨越倒灌河段的支流时,桥位宜选在受大河壅水倒灌影响范围之外或受大河壅水倒灌影响较小处跨越。

**4.2.11**　潮汐河段,桥位不宜选在涌潮区段,应避开凹岸和滩岸消长多变地段,不宜紧邻挡潮闸。

**4.2.12**　冰凌河段,桥位宜选在河道顺直稳定、主槽较深、流冰顺畅的河段上,不宜选在浅滩、沙洲较多,河流分汊,水流不畅等容易发生冰塞、冰坝的河段。

## 4.3 特殊地区的桥位选择

**4.3.1** 水库地区的桥位选择应符合下列规定:

1 应考虑因修建水库而引起的河流状态的改变,以及可能产生的各种不利因素。

2 在水库蓄水影响区内时,桥位宜选在库面较窄、岸坡稳定、泥沙沉积较少的地段;在封冰地区,不应选在回水末端、容易形成冰坝的地段。

3 在水库下游,桥位宜选在下游集中冲刷影响范围以外。

**4.3.2** 泥石流地区的桥位选择应符合下列规定:

1 在泥石流发展强烈的形成区,应采取绕避方案。

2 不宜挖沟设桥,亦不宜改沟并桥。

3 路线必须通过泥石流流通区时,桥位应选在沟床稳定的流通区的直线段上,并宜与主流正交。不应选在沟床纵坡由陡变缓、断面突然收缩或扩散地段以及弯道的转折处。

4 路线通过泥石流堆积扇时,桥位应避开扇腰、扇顶部位,宜选在扇缘及其尾部,桥梁应沿等高线分散设置。如堆积扇濒临大河受到水流切割时,桥位应考虑切割的发展,留有一定的安全余地。

5 路线通过泥石流堆积扇群时,桥位宜选在各沟出山口处或横切各扇缘尾部。

**4.3.3** 平原低洼(河网)地区的桥位选择应符合下列规定:

1 桥位选择应注意与当地水利和航运规划相配合,不宜选在水闸、引水或分洪口门等水利工程附近。

2 桥位宜选在两岸地势较高处,不宜选在淤泥或土质特殊松软的地段。

3 桥位跨越灌溉渠网时,不宜破坏原有排灌系统。

**4.3.4** 岩溶地区桥位选择应符合下列规定:

1 桥位宜避开强岩溶地区,选择岩溶发育轻微的区域。必须在强岩溶地区设桥时,应选在岩层比较完整、洞穴顶板较厚处。

2 桥位应避开巨大洞室、大竖井和构造破碎带。无法绕避构造破碎带时,应使桥位垂直或以较小的斜交角通过。

3 桥位宜设在非可溶岩层地带上,不宜设在可溶岩层与非可溶岩层的接触带上。

4 路线跨越岩溶丘陵区的峰间谷地时,桥位不宜选在漏斗、落水溶洞、岩溶泉、地下通道以及地下河出露处。

5 岩溶塌陷区的桥位应选在工业与民用取水点所形成的地下水位下降漏斗范围以外,覆盖层较厚、土层稳固、洞穴和地下水位稳定处。

6 地下河范围内不宜设桥。

**4.3.5** 海湾地区的桥位选择应符合下列规定:

1 桥位宜选在有岛屿相连、过水断面较窄的地段。

2 桥位宜选在与两岸公路连接顺畅、桥轴线与海流流向正交的地段。

3　桥位宜选在海岸基本稳定,泥沙来源少、沿岸泥沙流弱的地段。不宜选在两股或多股泥沙流相汇的地段。

4　桥位选择宜避开船舶锚地。

# 5　水文调查与勘测

## 5.2　水文调查

**5.2.3**　洪水调查应符合下列规定:

1　应结合所收集的历史洪水资料,在河段两岸调查各次洪水发生的时间、洪痕位置、洪水来源、涨落过程、主流方向,调查有无漫流、分流及受人工建筑物的影响,确定洪水重现期。

2　应调查各次洪水发生时的雨情、灾情、汇水区内有无受人类活动影响及自然条件有无变化,并按大小排序确定其重现期。

3　洪水调查的河段宜选择两岸有较多洪痕点,水流顺直稳定,无回流、分洪及人工建筑物影响处,并宜靠近水文断面。

4　同一次洪水应调查 3 个以上较可靠的洪痕点,作出标志,记录洪痕指定人的姓名、职业、年龄和叙述内容。根据指定的洪痕标志物情况、指定人对洪水记忆程度,综合分析,可按照表 5.2.3 的规定判断洪痕点的可靠性。

**表 5.2.3　洪痕可靠程度评定标准**

| 评定因素 | 等级 | | |
|---|---|---|---|
| | 1 | 2 | 3 |
| | 可靠 | 较可靠 | 供参考 |
| 指认人的印象和旁证情况 | 亲眼所见,印象深刻,情况逼真,旁证确凿 | 亲眼所见,印象深刻,所述情况较逼真,旁证材料较少 | 听传说或印象不深刻,所述情况不够清楚具体,缺乏旁证 |
| 标志物和洪痕情况 | 标志物固定,洪痕位置具体或有明显的洪痕 | 标志物变化不大,洪痕位置较具体 | 标志物有较大变化,洪痕位置不具体 |
| 估计可靠误差范围(m) | 小于 0.2 | 0.2 ~ 0.5 | 0.5 ~ 1.0 |

注:评定时以表内 1、2 为主,3 项仅作参考,使用时应根据具体情况确定。

**5.2.4**　在洪水调查的同时,应调查枯水位、常水位,洪水期的水面横坡、水拱及波浪高度等。

**5.2.5**　冰凌调查宜包括下列内容:

1 调查历年封冻及开河时间、开河形势、最高和最低流冰水位。

2 调查冰塞和冰坝现象、历史上凌汛水害情况以及流冰对上、下游建筑物的影响。

**5.2.6** 涉河工程调查宜包括下列内容:

1 桥位河段上既有桥梁设计洪水标准、过河管缆的跨度、基础埋深、修建年代、水毁和防护等情况。

2 堤坝设计洪水标准、结构形式、基础埋置深度、施工质量、洪水检验情况。

3 上、下游水库位置、设计洪水标准、泄洪流量、控制汇水面积、回水范围及建库后上、下游河床冲淤变化。

4 取水口、泵站、码头、储木场、锚地等涉河工程的位置及其对公路工程的影响。

# 6 设计洪水分析与计算

## 6.1 一般规定

**6.1.1** 设计洪水应符合本规范第1.0.8条规定频率的年最大洪水流量及相应的流量过程线。当构造物以水位控制设计时,设计洪水位应符合本规范第1.0.8条规定频率的年最高洪水位。当以暴雨径流计算设计流量时,应符合本规范第1.0.8条规定频率的雨力或降雨量。

**6.1.2** 用于分析与计算的洪水资料,应审查其可靠性、一致性和系列代表性。

**6.1.3** 洪水分析与计算可根据资料情况及地区特点,采用多种方法,经分析论证后,选用合理的分析计算成果。

## 6.2 利用实测流量系列推算设计流量

**6.2.1** 实测流量资料的审查和选择应符合下列规定:

1 应选择同一洪水类型、符合独立随机条件的各年实测最大洪水流量。

2 各年实测最大洪水流量,当有人为影响或河道自然决口、改道等情况时,应按天然条件修正还原。

3 不同时期的实测最大洪水流量,当有站址、水准基面等基本要素改动时,应根据历次变动的相关关系进行修正。

4 实测洪水流量系列中为首的几项,应通过流域洪水分析、比较或实地调查考证,审查其可靠性。

5 计算洪水频率时,实测洪水流量系列不宜少于30年,且应有历史洪水调查和考证成果。

**6.2.2** 实测洪水流量系列的插补、延长和转换应符合下列规定:

1　当水文计算断面的汇水面积与水文站的汇水面积之差,小于水文站汇水面积的20%,且不大于1 000km²,汇水区的暴雨分布较均匀,区间无分洪、滞洪时,可按下式将水文站的实测最大洪水流量转换为水文计算断面的洪水流量:

$$Q_1 = \left(\frac{F_1}{F_2}\right)^{n_1} Q_2 \tag{6.2.2}$$

式中:$Q_1$、$F_1$——水文计算断面的洪水流量($m^3/s$)和汇水面积($km^2$);

$Q_2$、$F_2$——水文站的实测最大洪水流量($m^3/s$)和汇水面积($km^2$);

$n_1$——按地区经验值取用,一般大中河流 $n_1 = 0.5 \sim 0.7$,汇水面积小于 $100km^2$ 的较小河流 $n_1 \geqslant 0.7$。

2　当实测洪水位系列长于实测洪水流量系列,或缺测洪水流量年份而有实测洪水位资料时,宜建立实测水位与流量关系曲线,以此延长或插补洪水流量系列。

3　插补、延长年数不宜超过实测洪水流量的年数,并应结合气象和地理条件作合理性分析。

**6.2.3**　洪水流量的经验频率计算应符合下列规定:

1　对连续系列,可按下式估算:

$$P_m = \frac{m_i}{n+1} \times 100 \tag{6.2.3-1}$$

式中:$P_m$——实测洪水流量的经验频率(%);

$m_i$——按实测洪水流量系列递减次序排列的序位;

$n$——实测洪水流量系列项数。

2　对不连续系列可按下列方法之一估算:

1)调查期 $N$ 年中的特大洪水流量和实测洪水流量分别在各自系列中排位,实测洪水流量的经验频率可按式(6.2.3-1)估算,特大洪水流量的经验频率可按下式估算:

$$P_M = \frac{M}{N+1} \times 100 \tag{6.2.3-2}$$

式中:$P_M$——历史特大洪水流量或实测系列中的特大洪水流量经验频率(%);

$M$——历史特大洪水流量或实测系列中的特大洪水流量在调查期内的序位;

$N$——调查期年数。

2)将调查期 $N$ 年中的特大洪水流量和实测洪水流量组成一个不连续系列,特大洪水流量的经验频率可按式(6.2.3-2)估算,其余实测洪水流量经验频率可按下式估算:

$$P_m = \left[\frac{a}{N+1} + \left(1 - \frac{a}{N+1}\right)\frac{m_i - l}{n - l + 1}\right] \times 100 \tag{6.2.3-3}$$

式中:$P_m$——实测洪水流量经验频率(%);

$a$——特大洪水的项数;

$l$——实测洪水流量系列中按特大洪水流量处理的项数。

**6.2.4** 理论频率曲线宜采用皮尔逊Ⅲ型曲线,在特殊情况下经分析论证后,也可采用其他线型。

**6.2.5** 频率曲线统计参数计算可采用求矩适线法、三点适线法、绘线读点补矩法计算洪水流量系列的均值 $\overline{Q}$、偏差系数 $C_V$、偏态系数 $C_S$ 初算值。点绘理论频率曲线与实测流量经验频率点据相比较,吻合程度不理想时,可调整 $C_V$、$C_S$ 值,使两者基本吻合。

**6.2.6** 设计流量应根据调整后的频率曲线参数按下式推算:

$$Q_p = \overline{Q}(1 + \Phi_p C_V) \tag{6.2.6}$$

式中:$Q_p$——设计流量($m^3/s$);

$\Phi_p$——离均系数。

## 6.3 利用历史洪水位推算设计流量

**6.3.1** 历史洪水流量可按下列方法之一计算:

1 当调查的历史洪水位处于水面比降均一、河道顺直、河床断面较规整的稳定均匀流河段时,可按下列公式计算:

$$Q = A_c v_c + A_t v_t \tag{6.3.1-1}$$

$$v_c = \frac{1}{n_c} R_c^{\frac{2}{3}} I^{\frac{1}{2}} \tag{6.3.1-2}$$

$$v_t = \frac{1}{n_t} R_t^{\frac{2}{3}} I^{\frac{1}{2}} \tag{6.3.1-3}$$

式中:$Q$——历史洪水流量($m^3/s$);

$A_c$、$A_t$——河槽、河滩过水面积($m^2$);

$v_c$、$v_t$——河槽、河滩平均流速(m/s);

$n_c$、$n_t$——河槽、河滩糙率;

$R_c$、$R_t$——河槽、河滩水力半径(m),当宽深比大于10时,可用平均水深代替;

$I$——水面比降。

2 当调查的历史洪水位处于河床断面形状和面积相差较大的稳定非均匀流河段时,可按下列公式计算:

$$Q = \overline{K}\sqrt{\frac{\Delta H}{L - \left(\frac{1-\xi}{2g}\right)\left(\frac{\overline{K}^2}{A_1^2} - \frac{\overline{K}^2}{A_2^2}\right)}} \tag{6.3.1-4}$$

$$\Delta H = H_1 - H_2 \tag{6.3.1-5}$$

$$\overline{K} = \frac{1}{2}(K_1 + K_2) \tag{6.3.1-6}$$

$$K_1 = \frac{1}{n_{c1}} A_{c1} R_{c1}^{\frac{2}{3}} + \frac{1}{n_{t1}} A_{t1} R_{t1}^{\frac{2}{3}} \tag{6.3.1-7}$$

$$K_2 = \frac{1}{n_{c2}} A_{c2} R_{c2}^{\frac{2}{3}} + \frac{1}{n_{t2}} A_{t2} R_{t2}^{\frac{2}{3}} \tag{6.3.1-8}$$

式中：$H_1$、$H_2$——上、下游断面的水位(m)；

$\Delta H$——上、下游断面的水位差(m)；

$L$——上、下游两断面间距离(m)；

$A_1$、$A_2$——上、下游断面总过水面积($m^2$)；

$A_{c1}$、$A_{t1}$——上游断面河槽、河滩过水面积($m^2$)；

$A_{c2}$、$A_{t2}$——下游断面河槽、河滩过水面积($m^2$)；

$R_{c1}$、$R_{t1}$——上游断面河槽、河滩水力半径(m)；

$R_{c2}$、$R_{t2}$——下游断面河槽、河滩水力半径(m)；

$n_{c1}$、$n_{t1}$——上游断面河槽、河滩糙率；

$n_{c2}$、$n_{t2}$——下游断面河槽、河滩糙率；

$K_1$、$K_2$——上、下游断面输水系数($m^3/s$)；

$\overline{K}$——上、下游断面输水系数的平均值($m^3/s$)；

$g$——取用9.80($m/s^2$)；

$\xi$——局部水头损失系数。向下游收缩时，取 −0.1 ~0；向下游逐渐扩散时，取0.3 ~0.5；向下游突然扩散时，取0.5 ~1.0。

3 当调查的历史洪水位处于洪水水面线有明显曲折的稳定非均匀流河段时，可按下列公式试算水面线，推求历史洪水流量：

$$H_1 = H_2 + \frac{Q^2}{2}\left[\left(\frac{1}{K_1^2} + \frac{1}{K_2^2}\right)L - \frac{1-\xi}{g}\left(\frac{1}{A_1^2} - \frac{1}{A_2^2}\right)\right] \tag{6.3.1-9}$$

$$A_1 = A_{c1} + A_{t1} \tag{6.3.1-10}$$

$$A_2 = A_{c2} + A_{t2} \tag{6.3.1-11}$$

4 当调查的历史洪水位处于卡口，且河底无冲刷时，可按下式计算：

$$Q = A_2 \sqrt{\frac{2g(H_1 - H_2)}{\left(1 - \frac{A_2^2}{A_1^2}\right) + \frac{2gLA_2^2}{K_1K_2}}} \tag{6.3.1-12}$$

式中：$H_1$、$A_1$——卡口上游断面的水位(m)、过水面积($m^2$)；

$H_2$、$A_2$——卡口断面的水位(m)、过水面积($m^2$)；

$K_1$、$K_2$——卡口上游断面、卡口断面的输水系数($m^3/s$)。

**6.3.2** 历史洪水流量的经验频率，可根据当地老居民的记述或历史文献考证确定历史洪水流量的序位，按本规范式(6.2.3-2)计算。

**6.3.3** 设计流量应按下列规定推算：

1 利用历史洪水流量推算设计流量，历史洪水流量不宜少于两次，$C_V$、$C_S$ 值应符合地区分布规律,如出入较大,应分析原因,作适当调整。

2　当有多个历史洪水流量能在海森机率格纸上点绘出经验频率曲线时,可按本规范第6.2.5条和第6.2.6条的规定求算 $\overline{Q}$、$C_V$、$C_S$ 值及 $Q_p$ 值。

3　当各次历史洪水流量不能在海森机率格纸上定出经验频率曲线时,可按以下方法推算设计流量:

1)参照地区资料,选定 $C_V$、$C_S$ 值。

2)按以下公式计算平均流量:

$$\overline{Q}_{Ti} = \frac{Q_{Ti}}{1 + \Phi_T C_V} \tag{6.3.3-1}$$

$$\overline{Q} = \frac{\sum_{i=1}^{n} \overline{Q}_{Ti}}{n} \tag{6.3.3-2}$$

式中:$\overline{Q}_{Ti}$——按第 $i$ 次历史洪水流量计算的平均流量($m^3/s$);

$Q_{Ti}$——第 $i$ 次重现期为 $T$ 年的历史洪水流量($m^3/s$);

$\Phi_T$——重现期为 $T$ 年的离均系数;

$n$——历史洪水流量的年次数。

3)按本规范式(6.2.6)推算设计流量。

## 6.4　设计流量计算的其他方法

**6.4.1**　无资料地区,可按地区经验公式及水文参数求算设计流量。求算的设计流量应有历史洪水流量的验证。

**6.4.2**　汇水面积小于 $100km^2$ 的河流,可按推理公式计算,公式中的参数和指数,采用各地区编制的暴雨径流图表值。

**6.4.3**　小桥涵、路基工程及特殊地区的设计流量计算,尚应符合本规范第9~11章的规定。

## 6.5　设计水位

**6.5.1**　当桥位计算断面与水文断面间的河段顺直、断面规整、河底纵坡均一时,宜按本规范式(6.3.1-1),绘制水文断面的水位—流量关系曲线,按设计流量确定设计水位后,利用水面比降推算出桥位计算断面的设计水位。

**6.5.2**　当桥位计算断面和水文断面上、下游有卡口、人工建筑物或断面形状和面积相差较大,河底纵坡有明显曲折时,宜按本规范式(6.3.1-9),采用试算法求算设计流量时的水面线,推求设计水位。

**6.5.3**　特殊地区的设计水位,应按本规范第11章的规定计算。

### 6.6　设计洪水过程线

**6.6.1**　有流量观测资料时,可选用洪水较大、对桥梁设计不利的实测洪水过程线作为典型,按同倍比放大成设计洪水过程线。放大倍比可按下式计算:

$$k_g = \frac{Q_p}{Q} \tag{6.6.1}$$

式中:$k_g$——放大倍比;

$Q$——典型洪水的洪峰流量($m^3/s$);

$Q_p$——设计流量($m^3/s$)。

**6.6.2**　无流量观测资料时,可按各地水利部门的方法绘制。

# 7　桥孔设计

### 7.1　一般规定

**7.1.1**　桥孔设计必须保证设计洪水以内的各级洪水和泥沙安全通过,并满足通航、流冰及其他漂流物通过的要求。

**7.1.2**　桥孔布设应适应各类河段的特性及演变特点,避免河床产生不利变形,且做到经济合理。各类河段的特性及河床演变特点见本规范附录 A。

**7.1.3**　建桥后引起的桥前壅水高度、流势变化和河床变形,应在安全允许范围之内。

**7.1.4**　桥孔设计应考虑桥位上下游已建或拟建的水利工程、航道码头和管线等引起的河床演变对桥孔的影响。

**7.1.5**　桥位河段的天然河道不宜开挖或改移。需要开挖、改移河道时,应通过可靠的技术经济论证。

**7.1.6**　跨越河口、海湾及海岛之间的桥梁,必须保证在潮汐、海浪、风暴潮、海流及海底泥沙运动等各种海洋水文条件影响下,正常使用和满足通航的要求。

### 7.4　桥面设计高程

**7.4.1**　不通航河流的桥面设计高程应按下列规定计算:

1　按设计水位计算桥面最低高程时,应按下式计算:

$$H_{min} = H_S + \sum\Delta h + \Delta h_j + \Delta h_0 \tag{7.4.1-1}$$

式中:$H_{min}$——桥面最低高程(m);

$H_S$——设计水位(m);

$\Sigma\Delta h$——考虑壅水、浪高、波浪壅高、河湾超高、水拱、局部股流壅高(水拱与局部股流壅高只取其大者)、床面淤高、漂流物高度等诸因素的总和(m);

$\Delta h_j$——桥下净空安全值(m),应符合表7.4.1的规定;

$\Delta h_0$——桥梁上部构造建筑高度(m),应包括桥面铺装高度。

**表7.4.1 不通航河流桥下净空安全值 $\Delta h_j$**

| 桥梁部位 | 按设计水位计算的桥下净空安全值(m) | 按最高流冰水位计算的桥下净空安全值(m) |
|---|---|---|
| 梁底 | 0.50 | 0.75 |
| 支座垫石顶面 | 0.25 | 0.5 |
| 拱脚 | 0.25 | 0.25 |

注:1. 无铰拱的拱脚,可被洪水淹没,淹没高度不宜超过拱圈矢高的三分之二;拱顶底面至设计水位的净高不应小于1m。

2. 山区河流水位变化大,桥下净空安全值可适当加大。

2 按设计最高流冰水位计算桥面最低高程时,应按下式计算:

$$H_{min} = H_{SB} + \Delta h_j + \Delta h_0 \tag{7.4.1-2}$$

式中:$H_{SB}$——设计最高流冰水位(m),应考虑床面淤高。

3 桥面设计高程不应低于式(7.4.1-1)和式(7.4.1-2)的计算值。

**7.4.2** 通航河流的桥面设计高程除应满足不通航河流的要求外,尚应符合下式要求:

$$H_{min} = H_{tn} + H_M + \Delta h_0 \tag{7.4.2}$$

式中:$H_{tn}$——设计最高通航水位(m);

$H_M$——通航净空高度(m)。

# 8 墩台冲刷计算及基础埋深

## 8.1 一般规定

**8.1.1** 墩台冲刷应包括河床自然演变冲刷、一般冲刷和局部冲刷三部分;墩台冲刷计算应作为确定基础埋深的设计依据。

**8.1.2** 墩台冲刷的分析计算应根据地区特点、河段特性、水文与泥沙特征、河床地质等情况采用本规范相应的方法和公式,必要时可选用其他公式或利用实测、调查资料验证,分析论证后选用合理的计算成果。

**8.1.3** 水文、泥沙条件复杂或墩形系数难以确定的特殊桥梁,冲刷深度可通过水工模型试验确定。

**8.1.4** 改扩建工程的桥梁,墩台冲刷应考虑与既有桥梁在水流流向、流速以及冲刷等方面相互干扰的不利影响。

## 8.2　河床自然演变冲刷

**8.2.1**　可通过调查或利用各年河床断面、河段地形图、洪水、泥沙等资料,分析河床逐年自然下切程度,估算桥梁使用年限内河床自然下切的深度。也可按本规范附录 B 选用一维河床冲淤数学模型估算,并进行比较和核对。

**8.2.2**　河槽横向变动引起的自然演变冲刷,宜在桥位河段内选用对计算冲刷不利的断面作为计算断面。

**8.2.3**　弯道的凹岸河床最大自然下切后的最低高程 $Z_w$ 可按下列公式计算:

$$Z_w = Z_d - (1 + \xi)(Z_d - Z_b) \tag{8.2.3-1}$$

$$\xi = 2.07 - \lg\left(\frac{r_c}{B} - 2\right), 2 < \frac{r_c}{B} < 22 \tag{8.2.3-2}$$

式中:$Z_d$——设计水位(m);

$\xi$——弯道形状系数;

$Z_b$——设计流量下形成的平均河床高程(m);

$r_c$——弯顶处曲率半径(m);

$B$——天然河宽(m)。

**8.2.4**　既有涉河工程引起的河床变形,可通过已有分析资料、动床模型试验成果预测,或采用相应公式计算确定。

## 8.3　桥下一般冲刷计算

**8.3.1**　非黏性土河床的一般冲刷,应分河槽、河滩按下列公式计算:

1　河槽部分

1)64-2 简化式

$$h_p = 1.04\left(A_d \frac{Q_2}{Q_c}\right)^{0.90}\left[\frac{B_c}{(1-\lambda)\mu B_{cg}}\right]^{0.66} h_{cm} \tag{8.3.1-1}$$

$$Q_2 = \frac{Q_c}{Q_c + Q_{t1}} Q_p \tag{8.3.1-2}$$

$$A_d = \left(\frac{\sqrt{B_z}}{H_z}\right)^{0.15} \tag{8.3.1-3}$$

式中:$h_p$——桥下一般冲刷后的最大水深(m);

$Q_p$——设计流量($m^3/s$);

$Q_2$——桥下河槽部分通过的设计流量($m^3/s$),当河槽能扩宽至全桥时取用 $Q_p$;

$Q_c$——天然状态下河槽部分设计流量($m^3/s$);

$Q_{t1}$——天然状态下桥下河滩部分设计流量($m^3/s$);

$B_c$——天然状态下河槽宽度(m);

$B_{cg}$——桥长范围内河槽宽度(m),当河槽能扩宽至全桥时取用桥孔总长度;

$B_z$——造床流量下的河槽宽度(m),对复式河床可取平滩水位时河槽宽度;

$\lambda$——设计水位下,在 $B_{cg}$ 宽度范围内,桥墩阻水总面积与过水面积的比值;

$\mu$——桥墩水流侧向压缩系数,按表 8.3.1-1 确定;

$h_{cm}$——河槽最大水深(m);

$A_d$——单宽流量集中系数,山前变迁、游荡、宽滩河段当 $A_d > 1.8$ 时,$A_d$ 值可采用 1.8;

$H_z$——造床流量下的河槽平均水深(m),对复式河床可取平滩水位时河槽平均水深。

**表 8.3.1-1　桥墩水流侧向压缩系数 $\mu$ 值**

| 设计流速 $v_s$(m/s) | 单孔净跨径 $L_0$(m) | | | | | | | | |
|---|---|---|---|---|---|---|---|---|---|
| | ≤10 | 13 | 16 | 20 | 25 | 30 | 35 | 40 | 45 |
| <1 | 1.00 | 1.00 | 1.00 | 1.00 | 1.00 | 1.00 | 1.00 | 1.00 | 1.00 |
| 1.0 | 0.96 | 0.97 | 0.98 | 0.99 | 0.99 | 0.99 | 0.99 | 0.99 | 0.99 |
| 1.5 | 0.96 | 0.96 | 0.97 | 0.97 | 0.98 | 0.98 | 0.98 | 0.99 | 0.99 |
| 2.0 | 0.93 | 0.94 | 0.95 | 0.97 | 0.97 | 0.98 | 0.98 | 0.98 | 0.98 |
| 2.5 | 0.90 | 0.93 | 0.94 | 0.96 | 0.96 | 0.97 | 0.97 | 0.98 | 0.98 |
| 3.0 | 0.89 | 0.91 | 0.93 | 0.95 | 0.96 | 0.96 | 0.97 | 0.97 | 0.98 |
| 3.5 | 0.87 | 0.90 | 0.92 | 0.94 | 0.95 | 0.96 | 0.96 | 0.97 | 0.97 |
| ≥4.0 | 0.85 | 0.88 | 0.91 | 0.93 | 0.94 | 0.95 | 0.96 | 0.96 | 0.97 |

注:1. 系数 $\mu$ 是指墩台侧面因旋涡形成滞留区而减少过水面积的折减系数。

2. 当单孔净跨径 $L_0 > 45$m 时,可按 $\mu = 1 - 0.375\frac{v_s}{L_0}$ 计算。对不等跨的桥孔,可采用各孔 $\mu$ 值的平均值。单孔净跨径 $L_0 > 200$m 时,取 $\mu \approx 1.0$。

2)64-1 修正式

$$h_p = \left[\frac{A_d \dfrac{Q_2}{\mu B_{cj}}\left(\dfrac{h_{cm}}{h_{cq}}\right)^{\frac{5}{3}}}{E\bar{d}^{\frac{1}{6}}}\right]^{\frac{3}{5}} \tag{8.3.1-4}$$

式中:$B_{cj}$——河槽部分桥孔过水净宽(m),当桥下河槽能扩宽至全桥时,即为全桥桥孔过水净宽;

$h_{cq}$——桥下河槽平均水深(m);

$\bar{d}$——河槽泥沙平均粒径(mm);

$E$——与汛期含沙量有关的系数,可按表 8.3.1-2 选用。

**表 8.3.1-2　与汛期含沙量有关的系数 $E$ 值**

| 含沙量 $\rho$(kg/m³) | <1.0 | 1~10 | >10 |
|---|---|---|---|
| $E$ | 0.46 | 0.66 | 0.86 |

注:含沙量 $\rho$ 采用历年汛期月最大含沙量平均值。

3)可选用附录 B 一维河床冲淤数学模型,通过数值方法估计桥下一般冲刷。

2　河滩部分

$$h_p = \left[\frac{\frac{Q_1}{\mu B_{tj}}\left(\frac{h_{tm}}{h_{tq}}\right)^{\frac{5}{3}}}{v_{H1}}\right]^{\frac{5}{6}} \tag{8.3.1-5}$$

$$Q_1 = \frac{Q_{t1}}{Q_C + Q_{t1}} Q_p \tag{8.3.1-6}$$

式中:$Q_1$——桥下河滩部分通过的设计流量(m³/s);

$h_{tm}$——桥下河滩最大水深(m);

$h_{tq}$——桥下河滩平均水深(m);

$B_{tj}$——河滩部分桥孔净长(m);

$v_{H1}$——河滩水深 1m 时非黏性土不冲刷流速(m/s),可按表 8.3.1-3 选用。

**表 8.3.1-3　水深 1m 时非黏性土不冲刷流速**

| 河床泥沙 | | $\bar{d}$(mm) | $v_{H1}$(m/s) | 河床泥沙 | | $\bar{d}$(mm) | $v_{H1}$(m/s) |
|---|---|---|---|---|---|---|---|
| 沙 | 细 | 0.05~0.25 | 0.35~0.32 | 卵石 | 小 | 20~40 | 1.50~2.00 |
| | 中 | 0.25~0.50 | 0.32~0.40 | | 中 | 40~60 | 2.00~2.30 |
| | 粗 | 0.50~2.00 | 0.40~0.60 | | 大 | 60~200 | 2.30~3.60 |
| 圆砾 | 小 | 2.00~5.00 | 0.60~0.90 | 漂石 | 小 | 200~400 | 3.60~4.70 |
| | 中 | 5.00~10.00 | 0.90~1.20 | | 中 | 400~800 | 4.70~6.00 |
| | 大 | 10~20 | 1.20~1.50 | | 大 | >800 | >6.00 |

**8.3.2**　黏性土河床的一般冲刷,应分河槽、河滩按下列公式计算:

1　河槽部分

$$h_p = \left[\frac{A_d \frac{Q_2}{\mu B_{cj}}\left(\frac{h_{cm}}{h_{cq}}\right)^{\frac{5}{3}}}{0.33\left(\frac{1}{I_L}\right)}\right]^{\frac{5}{8}} \tag{8.3.2-1}$$

式中:$A_d$——单宽流量集中系数,取 1.0~1.2;

$I_L$——冲刷坑范围内黏性土液性指数,适用范围为 0.16~1.19。

2　河滩部分

$$h_p = \left[ \frac{A_d \frac{Q_1}{\mu B_{tj}} \left( \frac{h_{tm}}{h_{tq}} \right)^{\frac{5}{3}}}{0.33 \left( \frac{1}{I_L} \right)} \right]^{\frac{6}{7}} \tag{8.3.2-2}$$

**8.3.3**　一般冲刷后墩前行近流速宜按下列公式计算：

1　当采用本规范式(8.3.1-1)计算一般冲刷时：

$$v = \frac{A_d^{0.1}}{1.04} \left( \frac{Q_2}{Q_c} \right)^{0.1} \left[ \frac{B_c}{\mu(1-\lambda)B_{cg}} \right]^{0.34} \left( \frac{h_{cm}}{h_c} \right)^{\frac{2}{3}} v_c \tag{8.3.3-1}$$

式中：$v$——一般冲刷后墩前行近流速(m/s)；

$v_c$——河槽平均流速(m/s)；

$h_c$——河槽平均水深(m)。

2　当采用本规范式(8.3.1-4)计算一般冲刷时：

$$v = E\bar{d}^{\frac{1}{6}} h_p^{\frac{2}{3}} \tag{8.3.3-2}$$

3　当采用本规范式(8.3.1-5)计算一般冲刷时：

$$v = v_{H1} h_p^{\frac{1}{5}} \tag{8.3.3-3}$$

4　当采用本规范式(8.3.2-1)计算一般冲刷时：

$$v = \frac{0.33}{I_L} h_p^{\frac{3}{5}} \tag{8.3.3-4}$$

5　当采用本规范式(8.3.2-2)计算一般冲刷时：

$$v = \frac{0.33}{I_L} h_p^{\frac{1}{6}} \tag{8.3.3-5}$$

## 8.4　墩台局部冲刷计算

**8.4.1**　非黏性土河床桥墩局部冲刷，可按下列公式计算：

1　65-2 式

当 $v \leqslant v_0$ 时

$$h_b = K_\xi K_{\eta 2} B_1^{0.6} h_p^{0.15} \left( \frac{v - v_0'}{v_0} \right) \tag{8.4.1-1}$$

当 $v > v_0$ 时

$$h_b = K_\xi K_{\eta 2} B_1^{0.6} h_p^{0.15} \left( \frac{v - v_0'}{v_0} \right)^{n_2} \tag{8.4.1-2}$$

$$K_{\eta 2} = \frac{0.0023}{\bar{d}^{2.2}} + 0.375\bar{d}^{0.24} \tag{8.4.1-3}$$

$$v_0 = 0.28(\bar{d} + 0.7)^{0.5} \tag{8.4.1-4}$$

$$v_0' = 0.12(\bar{d} + 0.5)^{0.55} \tag{8.4.1-5}$$

$$n_2 = \left(\frac{v_0}{v}\right)^{0.23 + 0.19\lg\bar{d}} \tag{8.4.1-6}$$

式中：$h_b$——桥墩局部冲刷深度(m)；

$K_\xi$——墩形系数,可按本规范附录 C 选用;

$B_1$——桥墩计算宽度(m);

$\bar{d}$——河床泥沙平均粒径(mm);

$K_{\eta 2}$——河床颗粒影响系数;

$v$——一般冲刷后墩前行近流速(m/s),可按本规范第 8.3.3 条规定计算;

$v_0$——河床泥沙起动流速(m/s);

$v_0'$——墩前泥沙始冲流速(m/s);

$n_2$——指数。

2　65-1 修正式

当 $v \leqslant v_0$ 时

$$h_b = K_\xi K_{\eta 2} B_1^{0.6} (v - v_0') \tag{8.4.1-7}$$

当 $v > v_0$ 时

$$h_b = K_\xi K_{\eta 1} B_1^{0.6} (v - v_0') \left(\frac{v - v_0'}{v_0 - v_0'}\right)^{n_1} \tag{8.4.1-8}$$

$$v_0 = 0.0246\left(\frac{h_p}{\bar{d}}\right)^{0.14} \sqrt{332\bar{d} + \frac{10 + h_p}{\bar{d}^{0.72}}} \tag{8.4.1-9}$$

$$K_{\eta 1} = 0.8\left(\frac{1}{\bar{d}^{0.45}} + \frac{1}{\bar{d}^{0.15}}\right) \tag{8.4.1-10}$$

$$v_0' = 0.462\left(\frac{\bar{d}}{B_1}\right)^{0.06} v_0 \tag{8.4.1-11}$$

$$n_1 = \left(\frac{v_0}{v}\right)^{0.25\bar{d}^{0.19}} \tag{8.4.1-12}$$

式中：$K_{\eta 1}$——河床颗粒影响系数；

$n_1$——指数;

$\bar{d}$——河床泥沙平均粒径,适用范围为 0.1～500mm;

$h_p$——桥下一般冲刷后的最大水深,适用范围为 0.2～30m;

$v$——一般冲刷后墩前行近流速,适用范围为 0.1～6m/s;

$B_1$——桥墩计算宽度,适用范围为 0～11m。

**8.4.2**　黏性土河床桥墩局部冲刷,可按下列公式计算:

当 $\frac{h_p}{B_1} \geqslant 2.5$ 时

$$h_{b} = 0.83K_{\xi}B_{1}^{0.6}I_{L}^{1.25}v \tag{8.4.2-1}$$

当$\frac{h_p}{B_1}\geqslant 2.5$时

$$h_{b} = 0.55K_{\xi}B_{1}^{0.6}h_{p}^{0.1}I_{L}^{1.0}v \tag{8.4.2-2}$$

式中:$I_L$——冲刷坑范围内黏性土液性指数,适用范围为0.16~1.48。

**8.4.3** 桥台最大冲刷深度,应结合桥位河床特征、压缩程度等情况,分析、计算比较后确定。对于非黏性土河床桥台局部冲刷深度,可分河槽、河滩按下列公式分析计算:

1 桥台位于河槽时

当$\frac{h_p}{\bar{d}}\leqslant 500$时

$$h_{b} = 1.17k_{\varepsilon}k_{\alpha}h_{p}\left(\frac{l}{h_{p}}\right)^{0.6}\left(\frac{\bar{d}}{h_{p}}\right)^{-0.15}\left[\frac{(v-v_0')^2}{gh_{p}}\right]^{0.15} \tag{8.4.3-1}$$

当$\frac{h_p}{\bar{d}}>500$时

$$h_{b} = 1.17k_{\varepsilon}k_{\alpha}h_{p}\left(\frac{l}{h_{p}}\right)^{0.6}\left(\frac{\bar{d}}{h_{p}}\right)^{-0.10}\left[\frac{(v-v_0')^2}{gh_{p}}\right]^{0.15} \tag{8.4.3-2}$$

$$k_{\alpha} = \left(\frac{\alpha}{90}\right)^{0.2}, \alpha \leqslant 90° \tag{8.4.3-3}$$

式中:$h_b$——桥台局部冲刷深度(m);

$k_\varepsilon$——台形系数,可按表8.4.3选用;

$\alpha$——桥(台)轴线与水流夹角,桥轴线与水流垂直时,$\alpha=90°$;

$k_\alpha$——桥台与水流交角系数,$\alpha$适用范围为0°~90°时,按式(8.4.3-3)计算;

$l$——垂直于水流流向的桥台和路堤长度,或称桥台和路堤阻挡过流的宽度(m),适用范围为$\frac{l}{h_p}=0.16\sim 8.80$;

$h_p$——桥下河槽部分一般冲刷后水深(m);

$\bar{d}$——河槽泥沙平均粒径(m);

$v$——一般冲刷后台前行近流速(m/s),可按本规范第8.3.3条规定计算;

$v_0'$——台前泥沙始冲流速(m/s),可按本规范式(8.4.1-9)和式(8.4.1-11)计算;

$g$——取用9.80($m/s^2$)。

**表8.4.3 台形系数$k_\varepsilon$值**

| 桥台形式 | $k_\varepsilon$ | 桥台形式 | $k_\varepsilon$ |
|---|---|---|---|
| 埋置式直立桥台 | 0.39~0.42 | 埋置式肋板桥台 | 0.43~0.47 |
| 重力式U形桥台 | 0.92 | | |

2　桥台位于河滩时,局部冲刷深度可按式(8.4.3-1)~式(8.4.3-3)计算,但其中水、沙变量均取河滩上的相应值。

## 8.5　特殊情况的冲刷计算

**8.5.1**　对桥下由多层成分不同的土质组成的分层土河床,冲刷计算可采用逐层渐近法进行。

**8.5.2**　对岩石冲刷,可根据岩石类别按本规范附录D分析确定。

## 8.6　墩台基底最小埋置深度

**8.6.1**　在确定桥梁墩台基础埋置深度时,除应根据桥位河段具体情况,取河床自然演变冲刷、一般冲刷和局部冲刷的不利组合确定外,尚应符合现行《公路桥涵地基与基础设计规范》(JTG D63)的相关规定。

**8.6.2**　非岩石河床墩台基底埋深安全值,可按表8.6.2确定。

**表8.6.2　基底埋深安全值(m)**

| 总冲刷深度(m) | | 0 | 5 | 10 | 15 | 20 |
|---|---|---|---|---|---|---|
| 安全值 | 大桥、中桥、小桥(不铺砌) | 1.5 | 2.0 | 2.5 | 3.0 | 3.5 |
| | 特大桥 | 2.0 | 2.5 | 3.0 | 3.5 | 4.0 |

注:1. 总冲刷深度为自河床面算起的河床自然演变冲刷、一般冲刷与局部冲刷深度之和。
2. 表列数字为墩台基底埋入总冲刷深度以下的最小值。设计流量、水位和原始断面资料无十分把握或河床演变尚不能获得准确资料时,其值可适当加大。
3. 桥位上下游有已建桥梁或属旧桥改建时,应调查旧桥的特大洪水冲刷情况,新桥墩台基础埋置深度应在旧桥最大冲刷深度上酌加必要的安全值。

**8.6.3**　岩石河床墩台基底最小埋置深度,应考虑岩石的可能冲刷,根据岩石的坚硬程度,胶结物类别,风化程度,节理、裂隙、节理发育情况等,按本规范附录D分析确定。

**8.6.4**　位于河槽的桥台,当其最大冲刷深度小于桥墩总冲刷深度时,桥台基底的埋深应与桥墩基底高程相同;位于河滩的桥台,对河槽摆动的不稳定河流,桥台基底高程应与桥墩相同;对稳定河流,桥台基底高程可按桥台冲刷计算结果确定。

**8.6.5**　桥台锥坡基脚埋置深度应考虑冲刷的影响。当位于稳定、次稳定河段的河滩上时,基脚底面应在一般冲刷线以下至少0.50m;当桥台位于不稳定河流的河滩上时,基脚底面应在一般冲刷线以下至少1m。

# 附录 A 河段分类表

**表 A 河段分类**

<table>
<tr><th rowspan="2">河流类型</th><th rowspan="2">河段类型</th><th colspan="2">稳定程度</th><th colspan="4">河流特性及河床演变特点</th></tr>
<tr><th>序号</th><th>分类</th><th>形态特征</th><th>水文泥沙特征</th><th>河床演变特征</th><th>河段区别要点</th></tr>
<tr><td rowspan="2">山区河流</td><td>峡谷河段</td><td>Ⅰ</td><td rowspan="3">稳定</td><td rowspan="2">1. 在平面上多急弯卡口,宽窄相间,河床为 V 形或 U 形;<br>2. 河流纵断面多呈凸形,比降缓陡相连;<br>3. 峡谷河段,河床狭窄,河岸陡峭多石质,中、枯水河槽无明显区别;<br>4. 开阔河段,河面较宽,有边滩,有时也有不大的河漫滩和明显阶地,有的地方也会出现心滩和沙洲,比降较缓,河床泥沙较细</td><td rowspan="2">1. 河床比降陡,一般大于 0.2%;<br>2. 流速大,洪水时河槽平均流速可达到 5~8m/s;<br>3. 水位变幅大,个别达到 50m 左右;<br>4. 含沙量小,河床泥沙颗粒较大;由于流速大,搬运能力强,故洪水时河床上有卵石运动</td><td rowspan="2">1. 河流稳定,变形多为单向的切蚀作用,速度相当缓慢;<br>2. 峡谷河段的进口或窄口的上游,受壅水的影响,洪淤、枯冲;<br>3. 开阔河段有时有较厚的颗粒较细的沉积物,且多呈洪冲、枯淤变化;<br>4. 两岸对河流的约束和钳制作用大</td><td rowspan="2">1. 峡谷河段,河床窄深,床面岩石裸露或为大漂石覆盖,河床比降大,多急弯、卡口,断面呈 V 形或 U 形;<br>2. 开阔河段和顺直微弯河段,岸线整齐,河槽稳定,断面多呈 U 形,滩、槽分明,各级洪水流向基本一致</td></tr>
<tr><td>开阔河段</td><td>Ⅱ<br>Ⅲ</td></tr>
<tr><td rowspan="3">平原区河流</td><td>顺直微弯河段</td><td>Ⅱ<br>Ⅲ</td><td rowspan="3">1. 平原区河流,平面外形可分为顺直微弯型、分汊型、弯曲型、宽滩型和游荡型;<br>2. 河谷开阔,有时河槽高出地面,靠两侧堤防束水;<br>3. 河床横断面多呈宽浅矩形,通常横断面上滩槽分明,在河湾处横断面呈斜三角形,凹岸侧窄深,凸岸侧为宽且高的边滩,过渡段有浅滩、沙洲;</td><td rowspan="3">1. 河床比降平缓,一般小于 0.1%,有时不到 0.01%;<br>2. 流速小,洪水时河槽平均流速多为 2~4m/s;<br>3. 洪峰持续时间长,水位和流量变幅小于山区河流;<br>4. 河床泥沙颗粒较细;水流输送泥沙以悬移质为主,多为沙、粉沙和黏粒;但也有推移质;</td><td rowspan="3">1. 顺直微弯河段,中水河槽顺直微弯,边滩呈犬牙交错分布;洪水时边滩向下游平移,对岸深槽亦向下游平移;<br>2. 分汊河段,中高水河槽分汊,两汊可能有周期性交替变迁趋势;<br>3. 弯曲型河段,凹冲凸淤。自由弯曲型河段,由于周而复始的凹冲凸淤,随着凹岸侧冲刷下切和侵蚀,弯顶横移下行,凸岸侧成鬃岗地形并扭曲弯向下游;与此同时</td><td rowspan="3">1. 稳定和次稳定河段的区别,前者河槽岸线、河槽、洪水主流均基本稳定,变形缓慢;后者河湾发展下移,主流在河槽内摆动。<br>2. 分汊河段,两汊有交替变迁的趋势;宽滩河段泛滥宽度很宽,达几公里、十几公里,滩槽宽度比、流量比都较大,滩流速小,槽流速大</td></tr>
<tr><td>分汊河段</td><td>Ⅲ<br>Ⅳ</td><td rowspan="2">次稳定</td></tr>
<tr><td>弯曲河段</td><td>Ⅲ<br>Ⅳ</td></tr>
</table>

续上表

| 河流类型 | 河段类型 | 稳定程度 | | 河流特性及河床演变特点 | | | |
|---|---|---|---|---|---|---|---|
| | | 序号 | 分类 | 形态特征 | 水文泥沙特征 | 河床演变特征 | 河段区别要点 |
| 平原区河流 | 宽滩河段 | Ⅲ<br>Ⅳ | 次稳定 | 4. 枯水期河槽中露出多种形态的泥沙堆积体；<br>5. 由于平原区河流多河湾、浅滩连续分布，因此，河床纵断面亦深浅相间 | 5. $\frac{Q_t}{Q_p} > 0.4$ 或 $\frac{Q_t}{Q_c} > 0.67$ 者为宽滩河流 | 弯曲路径加长，阻力加大，颈口缩短，洪水时发生裁弯取直；<br>4. 宽滩蜿蜒型河段，河床演变与弯曲型河段类似；<br>5. 游荡型河段，河槽宽浅，沙洲众多，且变化迅速，主流、支汊变化无常 | |
| | 游荡河段 | Ⅳ<br>Ⅴ | 不稳定 | | | | |
| 山前区河流 | 山前变迁河段 | Ⅴ | 不稳定 | 1. 山前变迁河段，多出现在较开阔的地面坡度较平缓的山前平原地带，河段距山口较远，其下多是比较稳定的平原河流，水流多支汊，主流迁徙不定，河槽岸线不稳，洪水时主流有滚动可能；<br>2. 冲积漫流河段，距山口较近，河床坡度较陡；因为地势单调平坦，水流出山口后成喇叭形散开，流速、水深骤减，水流夹带大量泥沙落淤在山口坦坡上形成冲积扇 | 1. 河床比降介于山区和平原区之间，一般为 0.1% ~1%；但冲积漫流河段有时大于2% ~5%；<br>2. 流速介于山区与平原区之间，洪水时河槽平均流速可达到 3 ~5m/s；<br>3. 水流宽浅；水深变幅不大，既小于山区亦小于平原区；<br>4. 泥沙中等或较大；在干旱、半干旱地区，洪水时往往携带大量细颗粒泥沙(既有悬移质又有推移质)，是淤积的主要材料 | 1. 山前变迁型河段，泥沙与河床演变特点有类似平原游荡型河段之处，但其比降和泥沙颗粒皆大于平原游荡型河段；主要还是山前河流的特点，夺流改道之势更为凶猛迅速；<br>2. 冲积漫流河段，通常无固定河槽，夹带大量粗颗粒泥沙的水流淤此冲彼；加以坡陡、流急造成水沙混合体奔突冲击，有很大的破坏力。洪水后，河床支汊纵横，支离破碎，没有固定河漫滩，是最不稳定的河段；河床有可能淤高 | 1. 不稳定河段与次稳定河段的区别，前者主流在整个河床内摆动，幅度大，变化快，河床有可能扩宽；后者主流在河槽内摆动，幅度小；<br>2. 游荡性河段与山前变迁性河段的区别，前者土质颗粒细，冲刷深，回淤快，主流不仅在河床内摆动，甚至可能造成河道改道；后者颗粒粗，冲刷浅，由于河床淤高扩宽和主流摆动，造成主槽变迁，河岸傍切扩宽幅度小；<br>3. 冲积漫流河段地貌大致具有冲积扇体特征，床面逐年淤高，较游荡性河段明显，洪水股流按总趋势在高沟槽中通过 |
| | 冲积漫流河段 | Ⅵ | | | | | |

续上表

<table>
<tr><th rowspan="2">河流类型</th><th rowspan="2">河段类型</th><th colspan="2">稳定程度</th><th colspan="4">河流特性及河床演变特点</th></tr>
<tr><th>序号</th><th>分类</th><th>形态特征</th><th>水文泥沙特征</th><th>河床演变特征</th><th>河段区别要点</th></tr>
<tr><td rowspan="2">河口</td><td>三角港河口</td><td>V</td><td rowspan="2">不稳定</td><td rowspan="2">1. 三角港河口段为凹向大陆的海湾型河口段;<br>2. 三角洲河口段为凸出海岸伸向大海的冲积型河口;河口段沙洲林立,支汊纵横交错</td><td rowspan="2">比降一般小于0.01%,流速也小;由于受潮汐影响,流速呈周期性正负变化;泥沙颗粒极细,多为悬移质</td><td rowspan="2">河口除受波浪和海流作用外,河流下泄的部分泥沙(进入河口后),由于受潮流和径流的相互作用,常形成拦门沙,加之咸、淡水交汇造成泥沙颗粒的絮凝现象,促进了泥沙的淤积,洪水期山水占控制的河段,可能有河床冲刷。因此很多河口段河床的冲淤变化很明显</td><td rowspan="2"></td></tr>
<tr><td>三角洲河口</td><td>VI</td></tr>
</table>

注:1.表列河段为一般情况,如山区河段一般为稳定河段,但也有例外的情况。有的山区河流有次稳定的,甚至有不稳定的河段,遇到这类场合,应根据具体河段的实际情况,分析其稳定性,决定采用何种勘测设计方法。
2.表中序号表示河段的稳定程度,序号愈小,河段愈稳定;反之,愈不稳定。

# 附录C 墩形系数及墩宽计算

**表C 墩形系数及墩宽计算表**

<table>
<tr><th>编号</th><th>墩形示意图</th><th>墩形系数 $K_\xi$</th><th>桥墩计算宽度 $B_1$</th></tr>
<tr><td>1</td><td>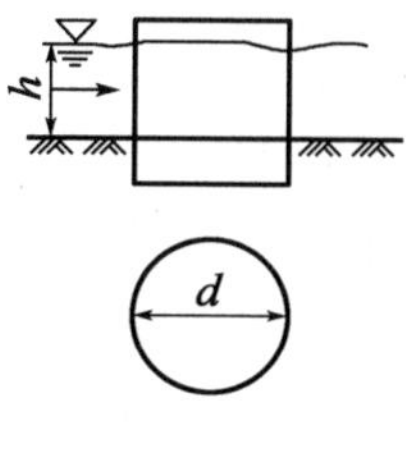
</td><td>1.00</td><td>$B_1 = d$</td></tr>
<tr><td>2</td><td>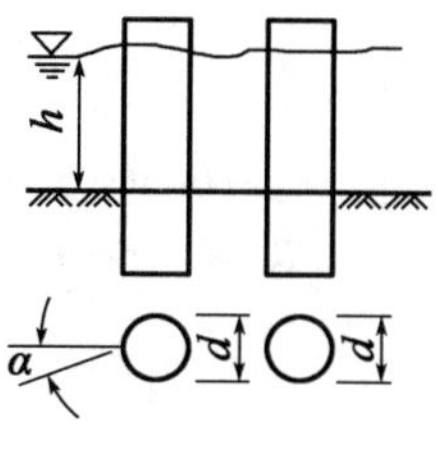
</td><td>不带联系梁:$K_\xi = 1.00$<br>带联系梁:<br><table><tr><td>α</td><td>0°</td><td>15°</td><td>30°</td><td>45°</td></tr><tr><td>$K_\xi$</td><td>1.00</td><td>1.05</td><td>1.10</td><td>1.15</td></tr></table></td><td>$B_1 = d$</td></tr>
</table>

续上表

<table>
<tr><th>编号</th><th>墩形示意图</th><th>墩形系数 $K_\xi$</th><th>桥墩计算宽度 $B_1$</th></tr>
<tr><td>3</td><td>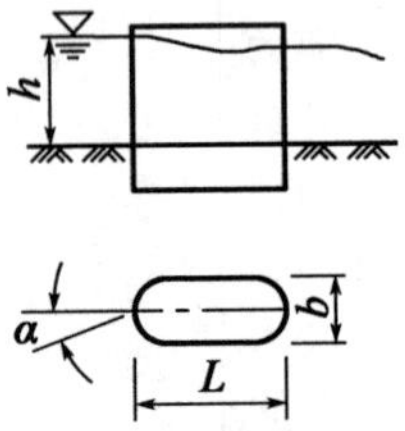
</td><td>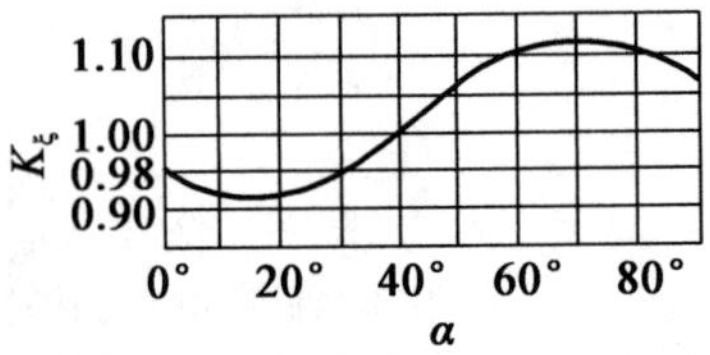
</td><td>$B_1=(L-b)\sin\alpha+b$</td></tr>
<tr><td>4</td><td>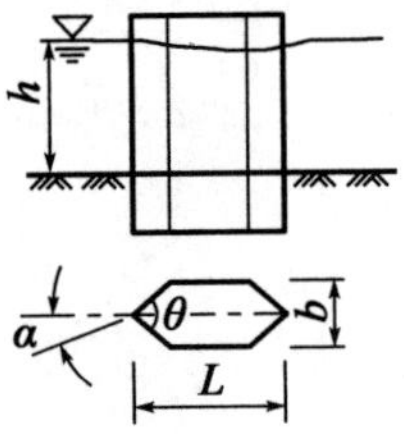
</td><td><table><tr><td rowspan="2">与水流正交时各种迎水角系数</td><td>$\theta$</td><td>45°</td><td>60°</td><td>75°</td><td>90°</td><td>120°</td></tr><tr><td>$K_\xi$</td><td>0.70</td><td>0.84</td><td>0.90</td><td>0.95</td><td>1.10</td></tr></table>
迎水角 $\theta=90°$ 与水流斜交时的系数 $K_\xi$
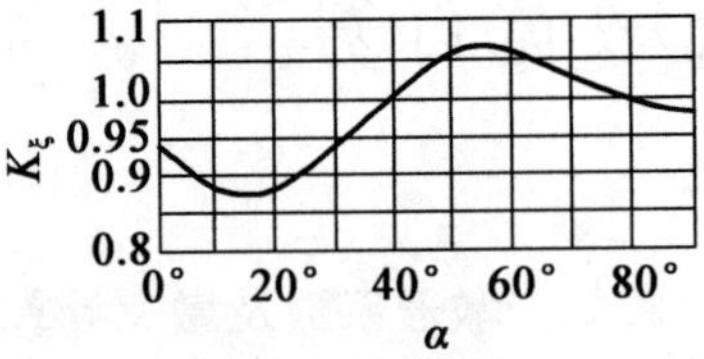
</td><td>$B_1=(L-b)\sin\alpha+b$<br>(为了简化可按圆端墩计算)</td></tr>
<tr><td>5</td><td>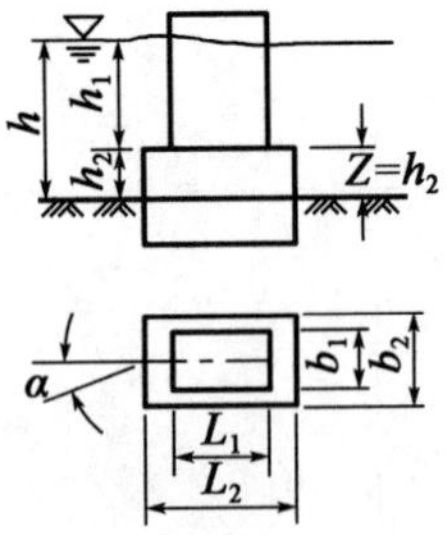
</td><td>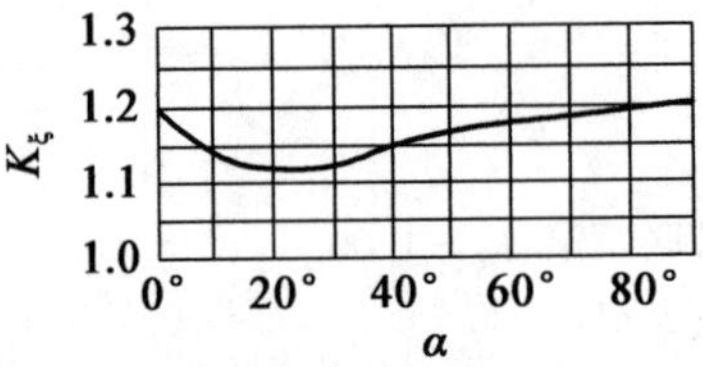
</td><td>与水流正交<br>$B_1=\dfrac{b_1h_1+b_2h_2}{h}$<br>与水流斜交<br>$B_1=\dfrac{B_1'h_1+B_2'h_2}{h}$<br>$B_1'=L_1\sin\alpha+b_1\cos\alpha$<br>$B_2'=L_2\sin\alpha+b_2\cos\alpha$</td></tr>
</table>

续上表

| 编号 | 墩形示意图 | 墩形系数 $K_\xi$ | 桥墩计算宽度 $B_1$ |
|---|---|---|---|
| 6 | 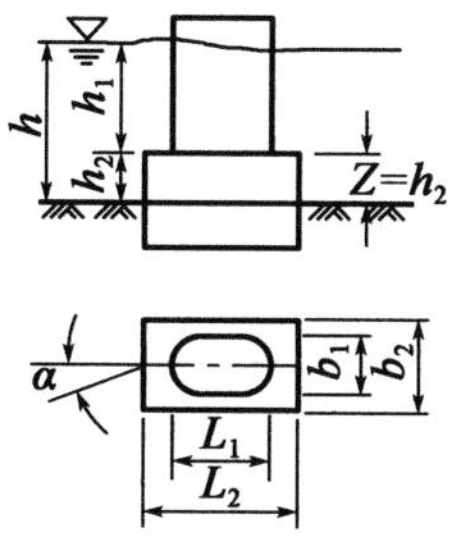 | $K_\xi=K_{\xi1}K_{\xi2}$<br>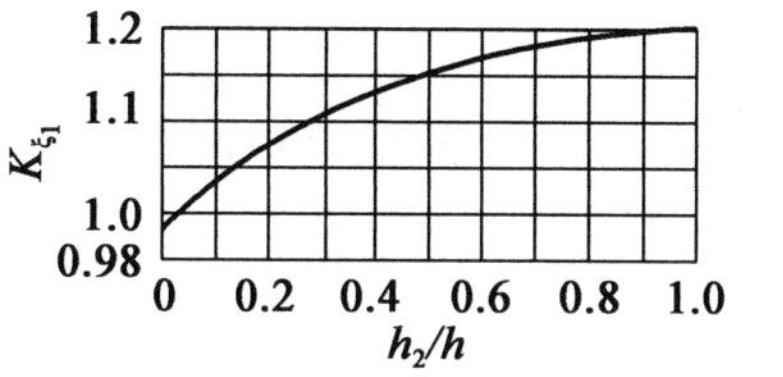<br>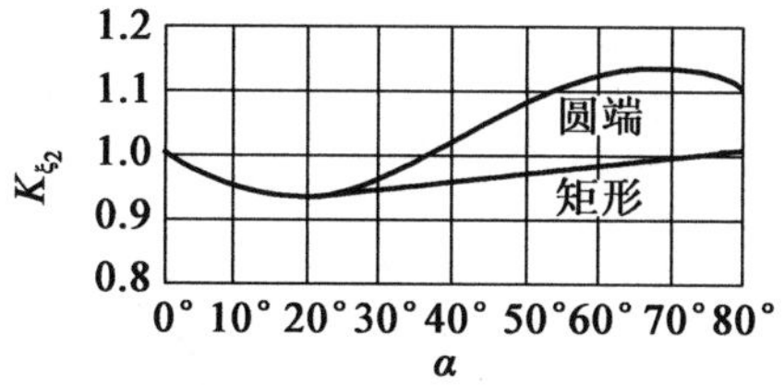<br>注:沉井与墩身的 $K_{\xi2}$ 相差较大时,根据 $h_1h_2$ 的大小,在两线间按比例定点取值 | 与水流正交时<br>$B_1=\frac{b_1h_1+b_2h_2}{h}$<br>与水流斜交时<br>$B_1=\frac{B_1'h_1+B_2'h_2}{h}$<br>$B_1'=(L_1-b_1)\sin\alpha+b_1$<br>$B_2'=L_1\sin\alpha+b_2\cos\alpha$ |
| 7 | 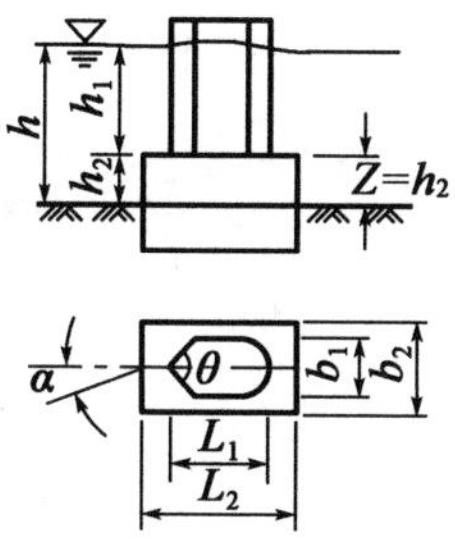 | 与水流正交时 $K_\xi=K_{\xi1}$<br>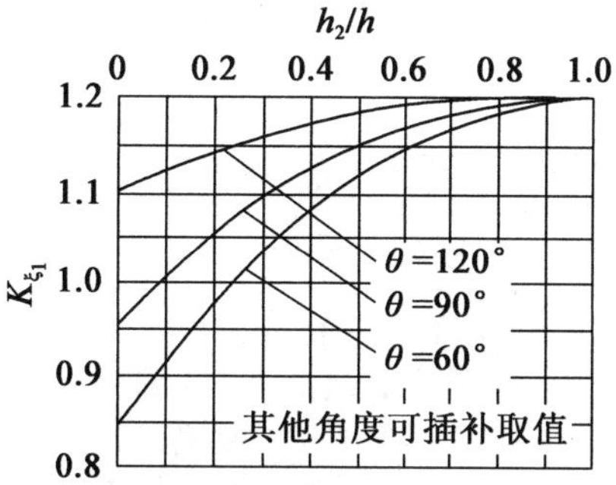<br>迎水角 $\theta=90°$ 与水流斜交时 $K_\xi=K_{\xi1}K_{\xi2}$<br>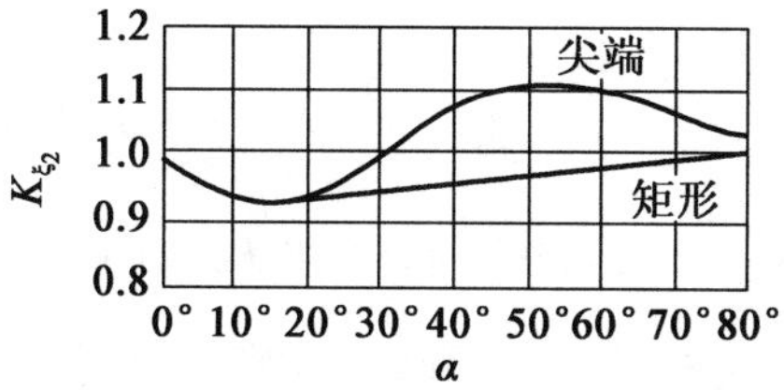<br>注:沉井与墩身的 $K_{\xi2}$ 相差较大时,根据 $h_1h_2$ 的大小,在两线间按比例定点取值 | 与水流正交时<br>$B_1=\frac{b_1h_1+b_2h_2}{h}$<br>与水流斜交时<br>$B_1=\frac{B_1'h_1+B_2'h_2}{h}$<br>$B_1'=(L_1-b_1)\sin\alpha+b_1$<br>$B_2'=L_2\sin\alpha+b_2\cos\alpha$ |

续上表

| 编号 | 墩形示意图 | 墩形系数 $K_\xi$ | 桥墩计算宽度 $B_1$ |
|---|---|---|---|
| 8 | 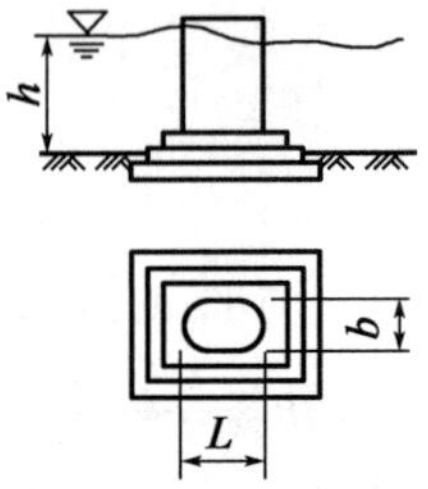 | 采用与水流正交时的墩形系数 | 与水流正交<br>$B_1=b$<br>与水流斜交<br>$B_1=(L-b)\sin\alpha+b$ |
| 9 | 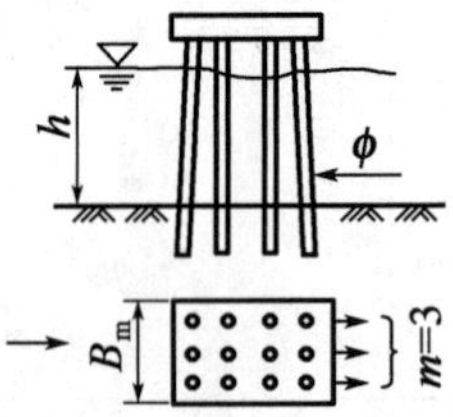 | $$K_\xi = K'_\xi K_{m\phi}$$<br>$K'_\xi$——单桩形状系数,按编号(1)、(2)、(3)、(5)墩形确定(如多为圆柱,$K'_\xi=1.0$ 可省略);<br>$K_{m\phi}$——桩群系数,$K_{m\phi}=1+5\left[\frac{(m-1)\phi}{B_m}\right]$;<br>$B_m$——桩群垂直水流方向的分布宽度;<br>$m$——桩的排数 | $B_1=\phi$ |
| 10 | 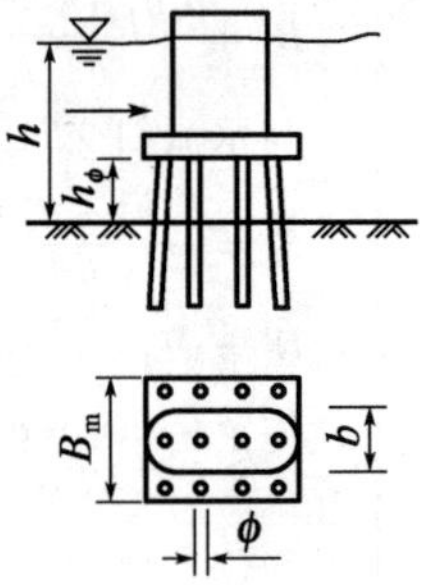 | 桩承台桥墩局部冲刷计算方法<br>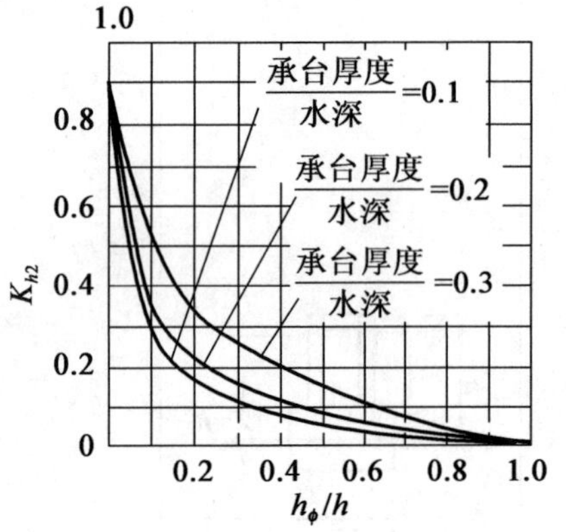<br>当承台底面低于一般冲刷线时,按上部实体计算;承台底面高于水面应按排架墩计算,承台底面相对高度在 $0\leq h_\phi/h\leq1.0$ 时,冲刷深度 $h_b$ 按下式计算:<br>$$h_b=(K'_\xi K_{m\phi}K_{h\phi}\phi^{0.6}+0.85K_{\xi1}K_{h2}B_1^{0.6})K_{\eta1}(v_0-v'_0)\times\left(\frac{v-v'_0}{v_0-v'_0}\right)^{n_1}$$<br>$K_{h\phi}$——淹没柱体折减系数,$K_{h\phi}=1.0-\frac{0.001}{(h_\phi/h+0.1)^3}$;<br>$K_{\xi1}B_1$——按承台底处于一般冲刷线计算;<br>$K_{h2}$——墩身承台减少系数;<br>$K_{\eta1}$、$v$、$v_0$、$v'_0$、$n_1$ 见 65-1 公式;<br>$K'_\xi$、$K_{m\phi}$ 见编号(9) | |

续上表

| 编号 | 墩形示意图 | 墩形系数 $K_\xi$ | 桥墩计算宽度 $B_1$ |
|---|---|---|---|
| 11 | 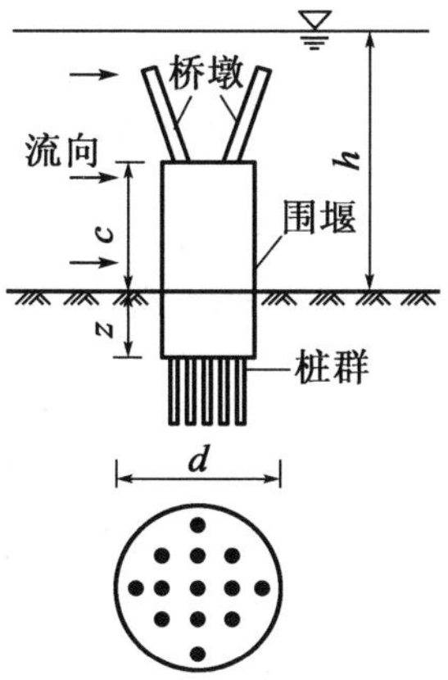 | 按下式计算局部冲刷深度 $h_b$：<br>$$h_b = k_{cd} h_{by}$$<br>$$k_{cd} = 0.2 + 0.4\left(\frac{c}{h}\right)^{0.3}\left[1 + \left(\frac{z}{h_{by}}\right)^{0.6}\right]$$<br>$k_{cd}$——大直径围堰群桩墩形系数；<br>$h_{by}$——按编号(1)墩形计算的局部冲刷深度。<br>适用范围：$0.2 \leqslant \frac{c}{h} \leqslant 1.0$，$0.2 \leqslant \frac{z}{h_{by}} \leqslant 1.0$ | $B_1 = d$ |
| 12 | 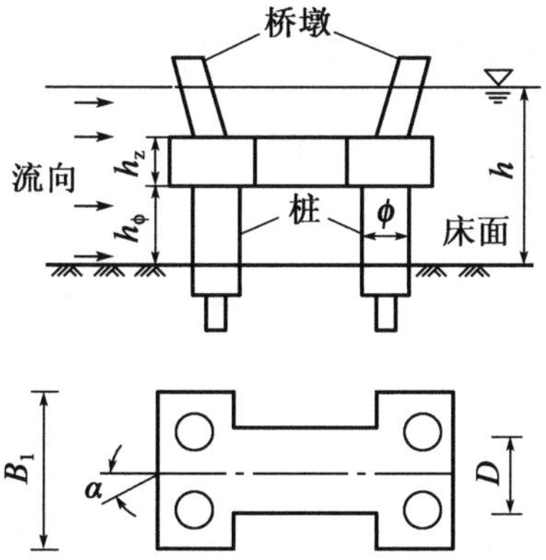 | 按下式计算局部冲刷深度 $h_b$：<br>$$h_b = k_a k_{zh} h_{by}$$<br>$$k_{zh} = 1.22 h_{by} k_{h_2}\left(1 + \frac{h_\phi}{h}\right) + 1.18\left(\frac{\phi}{B_1}\right)^{0.6}\frac{h_\phi}{h}$$<br>$$k_a = -0.57a^2 + 0.57a + 1$$<br>$h_{by}$——按编号(1)墩形的计算的局部冲刷深度；<br>$k_{zh}$——工字承台大直径基桩组合墩形系数；<br>$h_\phi$——桥轴法线与流向的夹角(以弧度计)。<br>适用范围：$D = 2\phi$<br>$0.2 < \frac{h_2}{h} < 0.5$，$0 < \frac{h_\phi}{h} < 1.0$<br>$\alpha = 0 \sim 0.785$ | $B_1$ |

# 附录 D　岩石地基桥墩冲刷及基底埋深

**表 D　岩石地基桥墩冲刷及基底埋深参考数据**

| 岩石特征 | | | | | | 调查资料 | | 建议埋入岩面深度(按施工枯水季平均水位至岩面的距离分级)(m) | | |
|---|---|---|---|---|---|---|---|---|---|---|
| 岩石类别 | | | 极限抗压强度(MPa) | 调查到有冲刷的桥渡岩石特征：岩石名称 | 调查到有冲刷的桥渡岩石特征：特征 | 桥梁座数 | 各桥的最大冲刷深度(m) | $h<2m$ | $h=2\sim10m$ | $h>10m$ |
| Ⅰ | 极软岩 | | <5 | 胶结不良的长石砂岩、炭质页岩等 | 成分以长石为主,石英凝灰碎屑、云母次之;以黏土及铁质胶结,胶结不良,用手可捏成散砂,淋滤现象明显,但岩质均匀,节理、裂隙不发育。其他岩石如风化严重,节理、裂隙发育,强度小于 5MPa,用镐、锹易挖动者 | 2 | 0.65~3.0 | 3~4 | 4~5 | 5~7 |
| Ⅱ | 软质岩 | $Ⅱ_1$(软岩) | 5~15 | 黏土岩、泥质页岩等 | 成分以黏土为主,方解石、绿泥石、云母次之;胶结成分以泥质为主,钙质铁质次之;干裂现象严重,易风化,处于水下岩石整体性好,不透水,暴露后易干裂成碎块,碎块较坚硬,但遇水后崩解成土状 | 10 | 0.4~2.0 | 2~3 | 3~4 | 4~5 |
| Ⅱ | 软质岩 | $Ⅱ_2$(较软岩) | 15~30 | 砂质页岩、砂页岩互层、砂岩砾岩等 | 砂页岩成分同上,夹砂颗粒;砂岩以石英为主,长石、云母次之,圆砾石砂粒黏土等组成。胶结物以泥质、钙质为主,砂质次之,层理、节理较明显,砂页岩在水陆交替处易干裂、崩解 | 9 | 0.4~1.25 | 1~2 | 2~3 | 3~4 |

续上表

<table>
<tr><td colspan="5">岩 石 特 征</td><td colspan="2">调 查 资 料</td><td colspan="3">建议埋入岩面深度<br>(按施工枯水季平均水位至岩面的距离分级)(m)</td></tr>
<tr><td colspan="2" rowspan="2">岩石类别</td><td rowspan="2">极限抗压强度(MPa)</td><td colspan="2">调查到有冲刷的桥渡岩石特征</td><td rowspan="2">桥梁座数</td><td rowspan="2">各桥的最大冲刷深度(m)</td><td rowspan="2">$h<2$m</td><td rowspan="2">$h=2\sim10$m</td><td rowspan="2">$h>10$m</td></tr>
<tr><td>岩石名称</td><td>特征</td></tr>
<tr><td>Ⅲ</td><td>硬质岩(较硬岩、坚硬岩)</td><td>>30</td><td>板岩、钙质砂岩、矽质岩、石灰岩、花岗岩、流纹岩、石英岩等</td><td>岩石坚硬,强度虽大于30MPa,但节理、裂隙、层理非常发育,应考虑冲刷,如岩体完整节理、裂隙、层理少,风化很微弱,可不考虑冲刷,但基底也宜埋入岩面0.2~0.5m</td><td>9</td><td>0.4~0.7</td><td>0.2~1.0</td><td>0.2~2.0</td><td>0.5~3.0</td></tr>
</table>

注:1. 在条件较好的情况下,可选用埋深数值的下限;在条件较差的情况下,可选用埋深数值的上限。情况特殊的桥,例如在水坝下游或流速特大等,可不受表列数值限制。
2. 表列调查最大冲刷值系参考桥中冲刷最深的桥墩,建议埋深值亦按此值推广使用。处于非主流部分及流速较小的桥墩,可按具体情况适当减少埋深。
3. 岩石栏内系调查到的岩石具体名称,使用时应以岩石强度作为选用表中数值的依据。
4. 表列埋深数值系由岩面算起包括风化层部分,已风化成松散砂粒或土状的除外。
5. 要考虑岩性随深度变化的因素,应以基底的岩石为准,并适当考虑基底以上岩石的可冲性质。
6. 表中建议埋深系指扩大基础或沉井的埋深,如用桩基可作为最大冲刷线的位置。
7. "岩石类别"和"极限抗压强度"栏内,带括号者均为现行相关规范岩石坚硬程度类别之规定。

# 十六、公路桥涵地基与基础设计规范

(JTG 3363—2019)

# 4　地基岩土分类、工程特性与地基承载力

## 4.1　地基岩土分类

**4.1.1**　公路桥涵地基岩土可分为岩石、碎石土、砂土、粉土、黏性土和特殊性岩土。

**4.1.2**　岩石的坚硬程度应按表 4.1.2 划分。当缺乏试验数据或不能进行该项试验时,可按本规范附录表 A.0.1-1 定性分级。

**表 4.1.2　岩石坚硬程度分级**

| 坚硬程度类别 | 坚硬岩 | 较硬岩 | 较软岩 | 软岩 | 极软岩 |
|---|---|---|---|---|---|
| 饱和单轴抗压强度标准值 $f_{rk}$(MPa) | $f_{rk}>60$ | $60\geqslant f_{rk}>30$ | $30\geqslant f_{rk}>15$ | $15\geqslant f_{rk}>5$ | $f_{rk}\leqslant 5$ |

**4.1.8**　碎石土为粒径大于 2mm 的颗粒含量超过总质量 50% 的土。碎石土可按表 4.1.8 分类。

**表 4.1.8　碎石土的分类**

| 土的名称 | 颗粒形状 | 粒组含量 |
|---|---|---|
| 漂石 | 圆形及亚圆形为主 | 粒径大于 200mm 的颗粒含量超过总质量 50% |
| 块石 | 棱角形为主 | |
| 卵石 | 圆形及亚圆形为主 | 粒径大于 20mm 的颗粒含量超过总质量 50% |
| 碎石 | 棱角形为主 | |
| 圆砾 | 圆形及亚圆形为主 | 粒径大于 2mm 的颗粒含量超过总质量 50% |
| 角砾 | 棱角形为主 | |

注:碎石土分类时根据粒组含量从大到小以最先符合者确定。

**4.1.10**　砂土为粒径大于 2mm 的颗粒含量不超过总质量 50% 且粒径大于 0.075mm 的颗粒超过总质量 50% 的土。砂土可按表 4.1.10 进行分类。

**表 4.1.10　砂土分类**

| 土的名称 | 粒组含量 |
|---|---|
| 砾砂 | 粒径大于 2mm 的颗粒含量占总质量 25% ~50% |
| 粗砂 | 粒径大于 0.5mm 的颗粒含量超过总质量 50% |
| 中砂 | 粒径大于 0.25mm 的颗粒含量超过总质量 50% |
| 细砂 | 粒径大于 0.075mm 的颗粒含量超过总质量 85% |
| 粉砂 | 粒径大于 0.075mm 的颗粒含量超过总质量 50% |

注:砂土分类时根据粒组含量从大到小以最先符合者确定。

**4.1.13** 黏性土为塑性指数 $I_P>10$ 且粒径大于 0.075mm 的颗粒含量不超过总质量 50% 的土。黏性土应根据塑性指数按表 4.1.13 进行分类。

**表 4.1.13 黏性土的分类**

| 塑性指数 $I_p$ | 土的名称 |
|---|---|
| $I_P>17$ | 黏土 |
| $10<I_P\leqslant 17$ | 粉质黏土 |

注:液限和塑限分别按 76g 锥试验确定。

**4.1.14** 黏性土的软硬状态可根据液性指数 $I_L$ 按表 4.1.14 划分。

**表 4.1.14 黏性土的软硬状态分类**

| 液性指数 $I_L$ | 状态 | 液性指数 $I_L$ | 状态 |
|---|---|---|---|
| $I_L\leqslant 0$ | 坚硬 | $0.75<I_L\leqslant 1$ | 软塑 |
| $0<I_L\leqslant 0.25$ | 硬塑 | $I_L>1$ | 流塑 |
| $0.25<I_L\leqslant 0.75$ | 可塑 | — | — |

**4.1.15** 黏性土可根据沉积年代按表 4.1.15 进行分类。

**表 4.1.15 黏性土的沉积年代分类**

| 沉积年代 | 土的分类 |
|---|---|
| 第四纪晚更新世($Q_3$)及以前 | 老黏性土 |
| 第四纪全新世($Q_4$) | 一般黏性土 |
| 第四纪全新世($Q_4$)以后 | 新近沉积黏性土 |

**4.1.16** 黏性土的压缩性可根据压缩系数 $a_{1\text{-}2}$ 按表 4.1.16 进行分类。

**表 4.1.16 黏性土的压缩性分类**

| 压缩系数 $a_{1\text{-}2}$($MPa^{-1}$) | 土的分类 |
|---|---|
| $a_{1\text{-}2}<0.1$ | 低压缩性土 |
| $0.1\leqslant a_{1\text{-}2}<0.5$ | 中压缩性土 |
| $a_{1\text{-}2}\geqslant 0.5$ | 高压缩性土 |

**4.1.17** 具有一些特殊成分、结构和性质的区域性地基土应定为特殊性土,如软土、膨胀土、湿陷性土、红黏土、冻土、盐渍土和填土等。

**4.1.24** 填土根据其组成和成因,可分为素填土、压实填土、杂填土、冲填土。素填土为由碎石土、砂土、粉土、黏性土等组成的填土;经过压实或夯实的素填土为压实填土;杂填土为含有建筑垃圾、工业废料、生活垃圾等杂物的填土;冲填土为由水力冲填泥沙形成的填土。

## 4.2　工程特性

**4.2.1**　岩土的工程特性可采用抗压强度、抗剪强度、压缩性、湿陷性、动力触探锤击数、静力触探探头阻力、载荷试验承载力、地基承载力、侧摩阻力、端阻力等特性指标描述。

**4.2.4**　土的压缩模量、压缩系数、变形模量等压缩性指标可采用室内压缩、原位浅层或深层平板载荷、旁压等试验确定。

## 4.3　地基承载力

**4.3.4**　修正后的地基承载力特征值 $f_a$ 可按式 (4.3.4)确定。当基础位于水中不透水地层上时,$f_a$ 可按平均常水位至一般冲刷线的水深按 10kPa/m 提高。

$$f_a = f_{a0} + k_1\gamma_1(b-2) + k_2\gamma_2(h-3) \tag{4.3.4}$$

式中:$f_a$——修正后的地基承载力特征值(kPa);

$b$——基础底面的最小边宽(m),当 $b<2$m 时,取 $b=2$m;当 $b>10$m 时,取 $b=10$m;

$h$——基底埋置深度(m),从自然地面起算,有水流冲刷时自一般冲刷线起算;当 $h<3$m 时,取 $h=3$m;当 $h/b>4$ 时,取 $h=4b$;

$k_1$、$k_2$——基底宽度、深度修正系数,根据基底持力层土的类别按表 4.3.4 确定;

$\gamma_1$——基底持力层土的天然重度($kN/m^3$),若持力层在水面以下且为透水者,应取浮重度;

$\gamma_2$——基底以上土层的加权平均重度($kN/m^3$),换算时若持力层在水面以下且不透水,则不论基底以上土的透水性质如何,均取饱和重度;当透水时,水中部分土层取浮重度。

**表 4.3.4　地基土承载力宽度、深度修正系数 $k_1$、$k_2$**

| 系数 | 黏性土 | | | | 粉土 | 砂土 | | | | | | | | 碎石土 | | | |
|---|---|---|---|---|---|---|---|---|---|---|---|---|---|---|---|---|---|
| | 老黏性土 | 一般黏性土 | | 新近沉积黏性土 | — | 粉砂 | | 细砂 | | 中砂 | | 砾砂、粗砂 | | 碎石、圆砾、角砾 | | 卵石 | |
| | | $I_L\geq0.5$ | $I_L<0.5$ | | — | 中密 | 密实 | 中密 | 密实 | 中密 | 密实 | 中密 | 密实 | 中密 | 密实 | 中密 | 密实 |
| $k_1$ | 0 | 0 | 0 | 0 | 0 | 1.0 | 1.2 | 1.5 | 2.0 | 2.0 | 3.0 | 3.0 | 4.0 | 3.0 | 4.0 | 3.0 | 4.0 |
| $k_2$ | 2.5 | 1.5 | 2.5 | 1.0 | 1.5 | 2.0 | 2.5 | 3.0 | 4.0 | 4.0 | 5.5 | 5.0 | 6.0 | 5.0 | 6.0 | 6.0 | 10.0 |

注:1. 对稍密和松散状态的砂、碎石土,$k_1$、$k_2$ 值可采用表列中密值的 50%。

2. 强风化和全风化的岩石,可参照所风化成的相应土类取值;其他状态下的岩石不修正。

# 5 浅基础

## 5.1 埋置深度

**5.1.1** 公路桥涵墩台基础基底的埋置深度应符合下列规定：

1 非岩石河床桥梁墩台基底埋深安全值不宜小于表5.1.1的规定。

**表5.1.1 基底埋深安全值(m)**

| 桥梁类别 | 总冲刷深度(m) | | | | |
|---|---|---|---|---|---|
| | 0 | 5 | 10 | 15 | 20 |
| 大桥、中桥、小桥(不铺砌) | 1.5 | 2.0 | 2.5 | 3.0 | 3.5 |
| 特大桥 | 2.0 | 2.5 | 3.0 | 3.5 | 4.0 |

注:1. 总冲刷深度为自河床面算起的河床自然演变冲刷、一般冲刷与局部冲刷深度之和。

2. 对设计流量、水位和原始断面资料无把握或不能获得河床演变准确资料时,表中数值宜适当加大。

3. 若桥位上下游有已建桥梁,应调查已建桥梁的特大洪水冲刷情况,新建桥梁墩台基础埋置深度不宜小于已建桥梁的冲刷深度且酌加必要的安全值。

4. 河床上有铺砌层时,基础底面宜设置在铺砌层顶面以下不小于1m。

2 岩石河床墩台基底最小埋置深度可参考现行《公路工程水文勘测设计规范》(JTG C30)的规定确定。

3 位于河槽的桥台,当其总冲刷深度小于桥墩总冲刷深度时,桥台基底高程应与桥墩相同。位于河滩的桥台,对不稳定河流,桥台基底高程应与桥墩相同;对稳定河流,桥台基底高程可按桥台冲刷计算结果确定。

4 对涵洞基础,在无冲刷处(岩石地基除外),应设在地面或河床底以下埋深不小于1m处;如有冲刷,基底埋深应在局部冲刷线以下不小于1m;河床上有铺砌层时,基础底面宜设置在铺砌层顶面以下不小于1m。

## 5.2 地基承载力及基底偏心距验算

**5.2.5** 桥涵墩台应验算作用于基底的合力偏心距,并应符合下列规定:

1 桥涵墩台基底的合力偏心距容许值$[e_0]$应符合表5.2.5的规定。

2 基底以上外力作用点对基底重心轴的偏心距$e_0$可按式(5.2.5-1)计算:

$$e_0 = \frac{M}{N} \leqslant [e_0] \tag{5.2.5-1}$$

式中:$M$——所有外力(竖向力、水平力)对基底截面重心轴的弯矩(kN·m);

$N$——作用于基底的竖向力(kN)。

**表5.2.5　墩台基底的合力偏心距容许值[$e_0$]**

| 作用情况 | 地基条件 | [$e_0$] | 备注 |
| --- | --- | --- | --- |
| 仅承受永久作用标准值组合 | 非岩石地基 | 桥墩,$0.1\rho$ | 拱桥、刚构桥墩台,其合力作用点应尽量保持在基底重心附近 |
| | | 桥台,$0.75\rho$ | |
| 承受作用标准值组合或偶然作用标准值组合 | 非岩石地基 | $\rho$ | 拱桥单向推力墩不受限制,但应符合本规范表5.4.3规定的抗倾覆稳定安全系数 |
| | 较破碎~极破碎岩石地基 | $1.2\rho$ | |
| | 完整、较完整岩石地基 | $1.5\rho$ | |

3　基底承受单向或双向偏心受压的截面核心半径$\rho$值可按下列公式计算:

$$\rho = \frac{e_0}{1 - \frac{p_{\min}A}{N}} \tag{5.2.5-2}$$

$$p_{\min} = \frac{N}{A} - \frac{M_x}{W_x} - \frac{M_y}{W_y} \tag{5.2.5-3}$$

式中:$p_{\min}$——基底最小压应力,当为负值时表示拉应力(kPa)。

## 5.4　稳定性验算

**5.4.2**　桥涵墩台基础的抗滑动稳定安全系数$k_c$应按下式计算:

$$k_c = \frac{\mu \sum P_i + \sum H_{iP}}{\sum H_{ia}} \tag{5.4.2}$$

式中:$k_c$——桥涵墩台基础的抗滑动稳定安全系数;

$\sum P_i$——竖向力总和(kN);

$\sum H_{iP}$——抗滑稳定水平力总和(kN);

$\sum H_{ia}$——滑动水平力总和(kN);

$\mu$——基础底面与地基土之间的摩擦系数,通过试验确定;当缺少实际资料时,可参照表5.4.2采用。

注:$\sum H_{iP}$和$\sum H_{ia}$分别为两个相对方向的各自水平力总和,绝对值较大者为滑动水平力$\sum H_{ia}$,另一为抗滑稳定力$\sum H_{iP}$。$\mu \sum P_i$为抗滑动稳定力。

**表5.4.2　基底摩擦系数**

| 地基土分类 | $\mu$ |
| --- | --- |
| 黏性土(流塑~坚硬)、粉土 | 0.25~0.35 |
| 砂土(粉砂~砾砂) | 0.30~0.40 |
| 碎石土(松散~密实) | 0.40~0.50 |
| 软岩(极软岩~较软岩) | 0.40~0.60 |
| 硬岩(较硬岩、坚硬岩) | 0.60、0.70 |

**5.4.3** 验算墩台抗倾覆和抗滑动稳定性时,稳定安全系数不应小于表5.4.3规定的限值。

**表5.4.3 抗倾覆和抗滑动稳定安全系数限值**

<table>
<tr><th colspan="2">作用组合</th><th>验算项目</th><th>稳定安全系数限值</th></tr>
<tr><td rowspan="4">使用阶段</td><td rowspan="2">仅计永久作用(不计混凝土收缩及徐变、浮力)和汽车、人群作用的标准值组合</td><td>抗倾覆</td><td>1.5</td></tr>
<tr><td>抗滑动</td><td>1.3</td></tr>
<tr><td rowspan="2">各种作用的标准值组合</td><td>抗倾覆</td><td>1.3</td></tr>
<tr><td>抗滑动</td><td>1.2</td></tr>
<tr><td colspan="2" rowspan="2">施工阶段作用的标准值组合</td><td>抗倾覆</td><td rowspan="2">1.2</td></tr>
<tr><td>抗滑动</td></tr>
</table>

# 6 桩基础

## 6.1 一般规定

**6.1.2** 桩基础可按下列规定分类:

1 按承载性状分为:

1)摩擦型桩,桩顶荷载主要由桩侧阻力承受,并考虑桩端阻力。

2)端承型桩,桩顶荷载主要由桩端阻力承受,并考虑桩侧阻力。

2 按成桩方法分为:

1)非挤土型桩,包括干作业法钻(挖)孔灌注桩、挤扩孔灌注桩、泥浆护壁法钻孔灌注桩、套管护壁法钻孔灌注桩等。

2)部分挤土型桩,包括预钻孔沉桩、敞口预应力混凝土管桩、敞口钢管桩、根式灌注桩等。

3)挤土型桩,即沉桩,包括通过锤击、静压、振动等方法沉入的预制桩、闭口预应力混凝土管桩和闭口钢管桩等。

## 6.2 构造

**6.2.1** 混凝土桩的尺寸宜满足下列构造要求:

1 钻孔桩设计直径不宜小于0.8m。

2 挖孔桩直径或最小边宽度不宜小于1.2m。

3 混凝土管桩直径可采用0.4~1.2m,管壁最小厚度不宜小于80mm。

**6.2.2**　混凝土桩应满足下列构造要求：

1　桩身混凝土强度等级不应低于 C25，当采用强度标准值 400MPa 及以上钢筋时不应低于 C30；管桩填芯混凝土强度等级不应低于 C20。

2　钢筋混凝土沉桩的桩身配筋应按运输、沉入和使用各阶段内力要求通长配筋。桩的两端和接桩区箍筋或螺旋筋的间距应加密，其值可取 40～50mm。

3　钻(挖)孔桩可按桩身内力大小分段配筋。当内力计算表明不需配筋时，应在桩顶 3～5m 内设构造钢筋。配筋应符合下列规定：

1)桩内主筋直径不应小于 16mm，每桩的主筋数量不应少于 8 根，其净距不应小于 80mm 且不应大于 350mm。

2)配筋较多时，可采用束筋，束筋的单根钢筋直径不应大于 36mm，束筋的单根钢筋根数，当其直径不大于 28mm 时不应多于 3 根，当其直径大于 28mm 时应为 2 根。

3)钢筋的保护层厚度应满足现行《公路钢筋混凝土及预应力混凝土桥涵设计规范》(JTG 3362)的规定。

4)闭合式箍筋或螺旋筋直径不应小于主筋直径的 1/4，且不应小于 8mm，其中距不应大于主筋直径的 15 倍，且不应大于 300mm。

5)钢筋笼骨架上每隔 2～2.5m 应设置直径 16～32mm 的加劲箍一道。

6)钢筋笼四周应设置凸出的定位混凝土块或采取其他可行的定位措施。

7)钢筋笼底部的主筋宜稍向内弯曲。

4　钢筋混凝土预制桩的分节长度应根据施工条件确定，并应尽量减少接头数量。接头强度不应低于桩身强度，接头法兰盘不应凸出于桩身之外，在沉桩时和使用过程中接头不应松动和开裂。

5　桩端嵌入非饱和状态强风化岩的预应力混凝土敞口管桩，应采取有效的桩端持力层防渗水软化措施。

**6.2.6**　桩的布置和中距应符合下列规定：

1　群桩的布置可采用对称形、梅花形或环形。

2　摩擦型桩的中距应符合下列规定：

1)锤击、静压沉桩，在桩端处的中距不应小于桩径(或边长)的 3 倍，对软土地基宜适当增大；振动沉入砂土内的桩，在桩端处的中距不应小于桩径(或边长)的 4 倍。桩在承台底面处的中距不应小于桩径(或边长)的 1.5 倍。

2)钻孔桩中距不应小于桩径的 2.5 倍。

3)挖孔桩中距可按钻孔桩采用。

3　支承或嵌固在基岩中的端承型钻(挖)孔桩的中距不宜小于桩径的 2 倍。

4　钻(挖)孔扩底灌注桩的中距不应小于 1.5 倍扩底直径和扩底直径加 1m 的较大者。

5　对边桩(或角桩)外侧与承台边缘的距离，桩直径(或边长)小于或等于 1m 时，不应小于 0.5 倍桩径(或边长)且不应小于 250mm；桩直径大于 1m 时，不应小于 0.3 倍桩径(或边长)且不应小于 500mm。

## 6.3 计算

**6.3.3** 对支承在土层中的钻(挖)孔灌注桩,其单桩轴向受压承载力特征值 $R_a$ 可按下列公式计算:

$$R_a = \frac{1}{2}u\sum_{i=1}^{n}q_{ik}l_i + A_p q_r \qquad (6.3.3\text{-}1)$$

$$q_r = m_0\lambda\left[f_{a0} + k_2\gamma_2(h-3)\right] \qquad (6.3.3\text{-}2)$$

式中:$R_a$——单桩轴向受压承载力特征值(kN),桩身自重与置换土重(当自重计入浮力时,置换土重也计入浮力)的差值计入作用效应;

$u$——桩身周长(m);

$A_p$——桩端截面面积($m^2$),对扩底桩,可取扩底截面面积;

$n$——土的层数;

$l_i$——承台底面或局部冲刷线以下各土层的厚度(m),扩孔部分及变截面以上 $2d$ 长度范围内不计;

$q_{ik}$——与 $l_i$ 对应的各土层与桩侧的摩阻力标准值(kPa),宜采用单桩摩阻力试验确定,当无试验条件时按表 6.3.3-1 选用,扩孔部分及变截面以上 $2d$ 长度范围内不计摩阻力;

$q_r$——修正后的桩端土承载力特征值(kPa),当持力层为砂土、碎石土时,若计算值超过下列值,宜按下列值采用:粉砂 1 000kPa;细砂 1 150kPa;中砂、粗砂、砾砂 1 450kPa;碎石土 2 750kPa;

$f_{a0}$——桩端土的承载力特征值(kPa),按本规范第 4.3.3 条确定;

$h$——桩端的埋置深度(m),对有冲刷的桩基,埋深由局部冲刷线起算;对无冲刷的桩基,埋深由天然地面线或实际开挖后的地面线起算;$h$ 的计算值不应大于 40m,大于 40m 时,取 40m;

$k_2$——承载力特征值的深度修正系数,根据桩端持力层土的类别按表 4.3.4 选用;

$\gamma_2$——桩端以上各土层的加权平均重度($kN/m^3$),当持力层在水位以下且不透水时,均应取饱和重度;当持力层透水时,水中部分土层应取浮重度;

$\lambda$——修正系数,按表 6.3.3-2 选用;

$m_0$——清底系数,按表 6.3.3-3 选用。

**表 6.3.3-1　钻孔桩桩侧土的摩阻力标准值 $q_{ik}$**

| 土　类 | 状　态 | $q_{ik}$(kPa) |
|---|---|---|
| 中密炉渣、粉煤灰 | | 40～60 |
| 黏性土 | 流塑 | 20～30 |
| | 软塑 | 30～50 |
| | 可塑、硬塑 | 50～80 |
| | 坚硬 | 80～120 |
| 粉土 | 中密 | 30～55 |
| | 密实 | 55～80 |
| 粉砂、细砂 | 中密 | 35～55 |
| | 密实 | 55～70 |
| 中砂 | 中密 | 45～60 |
| | 密实 | 60～80 |
| 粗砂、砾砂 | 中密 | 60～90 |
| | 密实 | 90～140 |
| 圆砾、角砾 | 中密 | 120～150 |
| | 密实 | 150～180 |
| 碎石、卵石 | 中密 | 160～220 |
| | 密实 | 220～400 |
| 漂石、块石 | — | 400～600 |

注：挖孔桩的摩阻力标准值可参照本表采用。

**表 6.3.3-2　修正系数 λ 值**

| 桩端土情况 | $l/d$ | | |
|---|---|---|---|
| | 4～20 | 20～25 | >25 |
| 透水性土 | 0.70 | 0.70～0.85 | 0.85 |
| 不透水性土 | 0.65 | 0.65～0.72 | 0.72 |

**表 6.3.3-3　清底系数 $m_0$**

| | |
|---|---|
| $t_0/d$ | 0.3～0.1 |
| $m_0$ | 0.7～1.0 |

注：1. $t_0$、$d$ 为桩端沉渣厚度和桩的直径。

2. $d \leq 1.5$m 时，$t_0 \leq 300$mm；$d > 1.5$m 时，$t_0 \leq 500$mm。同时满足条件 $0.1 < t_0/d < 0.3$。

# 十七、公路钢结构桥梁设计规范
(JTG D64—2015)

# 3 材料及设计指标

## 3.1 材料

**3.1.1** 应根据结构形式、受力状态、连接方法及所处环境条件,合理地选用材料。

**3.1.2** 钢材宜选用Q235钢、Q345钢、Q390钢和Q420钢,其质量应分别符合现行《碳素结构钢》(GB/T 700)和《低合金高强度结构钢》(GB/T 1591)的规定。其中,Q235钢中的沸腾钢不宜用于需要验算疲劳的,以及虽不需要验算疲劳但工作温度低于-20℃时的焊接结构;也不宜用于需要验算疲劳且工作温度等于或低于-20℃的非焊接结构。

# 4 结构分析

## 4.2 结构强度、稳定与变形计算

**4.2.3** 计算竖向挠度时,应按结构力学的方法并应采用不计冲击力的汽车车道荷载频遇值,频遇值系数为1.0。计算挠度值不应超过表4.2.3规定的限值。

**表4.2.3 竖向挠度限值**

| 桥梁结构形式 | 简支或连续桁架 | 简支或连续板梁 | 梁的悬臂端部 | 斜拉桥主梁 | 悬索桥加劲梁 |
|---|---|---|---|---|---|
| 限值 | $\frac{l}{500}$ | $\frac{l}{500}$ | $\frac{l_1}{300}$ | $\frac{l}{400}$ | $\frac{l}{250}$ |

注:1. 表中$l$为计算跨径,$l_1$为悬臂长度。
2. 当荷载作用于一个跨径内有可能引起该跨径正负挠度时,计算挠度应为正负挠度绝对值之和。
3. 挠度按毛截面计算。

# 5　构件设计

## 5.1　一般规定

**5.1.4**　构件容许最大长细比应符合表 5.1.4 的规定。

**表 5.1.4　构件容许最大长细比**

| 类　　别 | 杆　　件 | 长　细　比 |
|---|---|---|
| 主桁架 | 受压弦杆<br>受压或受压—拉腹杆 | 100 |
| | 仅受拉力的弦杆 | 130 |
| | 仅受拉力的腹杆 | 180 |
| 联结系构件 | 纵向联结系、支点处横向联结系和制动联结系的受压或受压—拉构件 | 130 |
| | 中间横向联结系的受压或受压—拉构件 | 150 |
| | 各种联结系的受拉构件 | 200 |

注:长细比按附录 A 计算。

## 5.5　抗疲劳设计

**5.5.2**　疲劳荷载应符合下列规定:

1　疲劳荷载计算模型Ⅰ采用等效的车道荷载,集中荷载为 $0.7P_k$,均布荷载为 $0.3q_k$。$P_k$ 和 $q_k$ 按公路—Ⅰ级车道荷载标准取值;应考虑多车道的影响,横向车道布载系数应按现行《公路桥涵设计通用规范》(JTG D60)的相关规定选用。

2　疲劳荷载计算模型Ⅱ采用双车模型,两辆模型车轴距与轴重相同,其单车的轴重与轴距布置如图 5.5.2-1 所示。加载时,两模型车的中心距不得小于 40m。

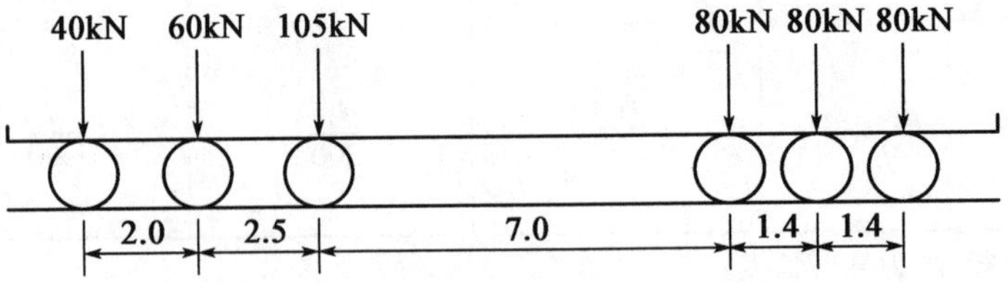


图 5.5.2-1　疲劳荷载计算模型Ⅱ(尺寸单位:m)

3　疲劳荷载计算模型Ⅲ采用单车模型,模型车轴载及分布规定如图 5.5.2-2 所示。

4　当构件和连接不满足疲劳荷载模型Ⅰ验算要求时,应按模型Ⅱ验算。

5　桥面系构件应采用疲劳荷载计算模型Ⅲ验算。

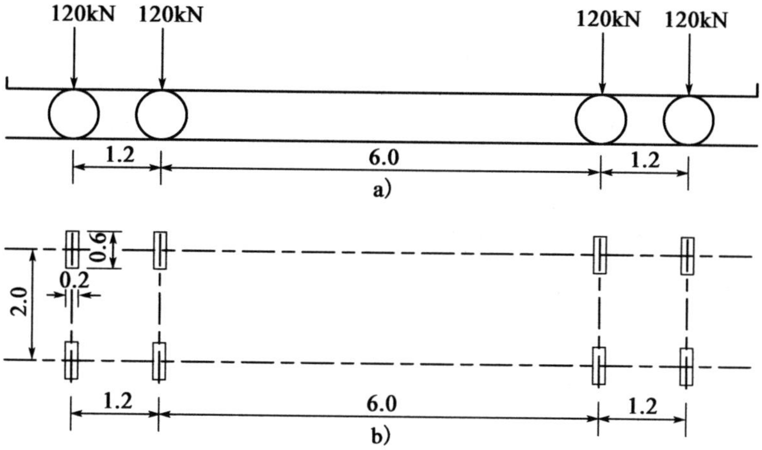


图 5.5.2-2 疲劳荷载模型Ⅲ(尺寸单位:m)

**5.5.4** 采用疲劳荷载计算模型Ⅰ时应按下列公式验算:

$$\gamma_{Ff}\Delta\sigma_{p} \leqslant \frac{k_{s}\Delta\sigma_{D}}{\gamma_{Mf}} \tag{5.5.4-1}$$

$$\gamma_{Ff}\Delta\tau_{p} \leqslant \frac{\Delta\tau_{L}}{\gamma_{Mf}} \tag{5.5.4-2}$$

$$\Delta\sigma_{p} = (1 + \Delta\phi)(\sigma_{pmax} - \sigma_{pmin}) \tag{5.5.4-3}$$

$$\Delta\tau_{p} = (1 + \Delta\phi)(\tau_{pmax} - \tau_{pmin}) \tag{5.5.4-4}$$

式中:$\gamma_{Ff}$——疲劳荷载分项系数,取 1.0;

$\gamma_{Mf}$——疲劳抗力分项系数,对重要构件取 1.35,对次要构件取 1.15;

$k_{s}$——尺寸效应折减系数,按附录 C 表 C.0.1 ~ 表 C.0.9 中给出的公式计算;未说明时,取 $k_{s}=1.0$;

$\Delta\sigma_{p}$、$\Delta\tau_{p}$——按疲劳荷载计算模型Ⅰ计算得到的正应力幅与剪应力幅(MPa);

$\Delta\phi$——放大系数,按本规范第 5.5.3 条的规定取值;

$\Delta\sigma_{D}$——正应力常幅疲劳极限(MPa),根据附录 C 中对应的细节类别按图 5.5.8-1 取用;

$\Delta\tau_{L}$——剪应力幅疲劳截止限(MPa),根据附录 C 按图 5.5.8-2 取用;

$\sigma_{pmax}$、$\sigma_{pmin}$——将疲劳荷载模型按最不利情况加载于影响线得出的最大和最小正应力(MPa);

$\tau_{pmax}$、$\tau_{pmin}$——将疲劳荷载模型按最不利情况加载于影响线得出的最大和最小剪应力(MPa)。

**5.5.5** 采用疲劳荷载计算模型Ⅱ时应按下列公式验算:

$$\gamma_{Ff}\Delta\sigma_{E2} \leqslant \frac{k_{s}\Delta\sigma_{C}}{\gamma_{Mf}} \tag{5.5.5-1}$$

$$\gamma_{Ff}\Delta\tau_{E2} \leqslant \frac{\Delta\tau_C}{\gamma_{Mf}} \tag{5.5.5-2}$$

$$\Delta\sigma_{E2} = (1 + \Delta\phi)\gamma(\sigma_{pmax} - \sigma_{pmin})$$
$$\Delta\tau_{E2} = (1 + \Delta\phi)\gamma(\tau_{pmax} - \tau_{pmin}) \tag{5.5.5-3}$$

式中：$\Delta\sigma_C$、$\Delta\tau_C$——疲劳细节类别(MPa)，为对应于 $2.0\times10^6$ 次常幅疲劳循环的疲劳应力强度；根据附录 C 和图 5.5.8-1、图 5.5.8-2 取用；

$\Delta\sigma_{E2}$、$\Delta\tau_{E2}$——按 $2.0\times10^6$ 次常幅疲劳循环换算得到的等效常值应力幅(MPa)；

$\gamma$——损伤等效系数，$\gamma = \gamma_1 \cdot \gamma_2 \cdot \gamma_3 \cdot \gamma_4$，且 $\gamma \leqslant \gamma_{max}$，其中 $\gamma_1$、$\gamma_2$、$\gamma_3$、$\gamma_4$、$\gamma_{max}$ 按附录 D 计算。

# 6　连接的构造和计算

## 6.1　一般规定

**6.1.1**　连接可采用焊接、螺栓连接和铆钉连接，并应符合下列规定：

1　板件间的连接应优先选用焊接，杆件或梁段之间的连接可选用焊接、螺栓连接或焊接与螺栓的混合连接。

2　螺栓连接可分为普通螺栓连接和高强度螺栓连接。对主要受力结构，应采用高强度螺栓摩擦型连接；对次要构件、结构构造性连接和临时连接，可采用普通螺栓连接。

3　必要时可采用铆钉连接。

## 6.2　焊接连接

**6.2.1**　焊接材料应与母材相适应。当不同强度的钢材连接时，可采用与较低强度钢材牌号相适应的焊接材料。

**6.2.2**　焊接接头的屈服强度、低温冲击功、延伸率不应低于母材的标准值。

**6.2.3**　设计中不得任意加大焊缝，宜避免焊缝立体交叉、重叠和过分集中。焊缝宜对称布置于杆件的轴线。

**6.2.4**　焊件厚度大于 20mm 的角接接头，应采用不易引起层状撕裂的焊接接头构造。

**6.2.8**　焊缝应根据结构的重要性、荷载特性、焊缝形式、工作环境以及应力状态等情况，按下列原则分别选用不同的质量等级：

1　在需要进行疲劳计算的构件中，凡对接焊缝均应焊透，其质量等级为：

1)作用力垂直于焊缝长度方向的横向对接焊缝或 T 形对接与角接组合焊缝，受拉时应为一级，受压时不应低于二级；

2)作用力平行于焊缝长度方向的纵向对接焊缝不应低于二级。

2　不需要验算疲劳的构件中,凡要求与母材等强的对接焊缝应予焊透,其质量等级当受拉时不应低于二级,受压时不宜低于二级。

3　对承受动力荷载且需要验算疲劳的结构,部分焊透的对接与角接的组合焊缝、搭接连接采用的角焊缝以及不要求焊透的T形接头采用的角焊缝,焊缝质量等级不应低于二级。

## 6.3　栓、钉连接

**6.3.3**　螺栓或铆钉应对称于构件的轴线布置。螺栓或铆钉的间距应符合表6.3.3的规定。

**表6.3.3　螺栓或铆钉的容许间距**

<table>
<tr><th rowspan="2">尺寸名称</th><th rowspan="2" colspan="2">方　　向</th><th rowspan="2">构件应力种类</th><th colspan="2">容 许 间 距</th></tr>
<tr><th>最大</th><th>最小</th></tr>
<tr><td rowspan="5">栓、钉中心间距</td><td colspan="2">沿对角线方向</td><td rowspan="3">拉力或压力</td><td>—</td><td rowspan="2">$3.5d_0$</td></tr>
<tr><td colspan="2">靠边行列</td><td>$7d_0$ 和 $16t$ 的较小者</td></tr>
<tr><td rowspan="3">中间行列</td><td>垂直内力方向</td><td>$24t$</td><td rowspan="3">$3d_0$</td></tr>
<tr><td rowspan="2">顺内力方向</td><td>拉力</td><td>$24t$</td></tr>
<tr><td>压力</td><td>$16t$</td></tr>
</table>

注:1. 表中符号 $d_0$ 为螺栓或铆钉的孔径,$t$ 为栓(或铆)合部分外层较薄钢板或型钢厚度。
2. 表中所列“靠边行列”系指沿板边一行的螺栓或铆钉线;对于角钢,距角钢背最近一行的螺栓或铆钉线也作为“靠边行列”。
3. 有角钢镶边的翼肢上交叉排列的螺栓或铆钉,其靠边行列最大中心间距可取 $14d_0$ 或 $32t$ 中的较小者。
4. 由两个角钢或两个槽钢中间夹以垫板或垫圈并用螺栓或铆钉连接组成的构件,顺内力方向的螺栓或铆钉之间的最大中心间距,对受压或受压—拉构件规定为 $40r$,不应大于160mm;对受拉构件规定为 $80r$,不应大于240mm。其中 $r$ 为一个角钢或槽钢平行于垫板或垫圈所在平面轴线的回转半径。

**6.3.8**　受力构件节点上连接的栓、钉数量和构造应符合下列规定:

1　受力构件在节点连接的螺栓(或铆钉)或接头一边的螺栓(或铆钉),最少数量:

1)一排螺栓时2个,一排铆钉时3个;

2)二排及二排以上螺栓(或铆钉)时,每排2个。

2　角钢在连接或接头处采用交叉布置的螺栓(或铆钉)时,第一个螺栓(或铆钉)应排在靠近边角钢背处。

3　螺栓(或铆钉)连接接头的栓(或钉)数量,对主桁架杆件或板梁翼缘宜按与被连接杆件等强度的要求进行计算;对联结系和次要受力构件可按实际内力计算,并假定纵向力在栓(钉)群上是平均分布的。

4　受压杆件的螺栓或铆钉接头,可采用端部磨光顶紧的措施来传递内力,此时接头处的螺栓(或铆钉)及连接板的截面积,可按被连接构件承载力的 50% 计算。在同一接头中,允许螺栓或铆钉与焊缝同时采用,不得按共同受力计算。

5　当出现以下情况时,轴向受力构件连接板上的栓(或钉)数量应予以增大:

1)构件的肢与节点板偏心连接,且这些肢在连接范围内无缀板相连或构件的肢仅有一面有拼接板时,其栓(或钉)总数应增大 10%;

2)对铆接构件截面的个别部分不用连接板直接连接,其连接铆钉数应予增加,隔一层板增加 10%,隔两层或两层板以上时增加 20%;

3)当隔着填板连接时,连接铆钉数应增加 10%;当填板在顺受力方向伸出连接范围之外有一排铆钉时,连接板上的铆钉可不予增加。

# 十八、公路桥梁抗风设计规范
(JTG/T 3360-01—2018)

## 1 总则

**1.0.3** 在设计使用年限内,桥梁结构及构件的抗风性能应满足下列要求:

1 在设计风作用水平或与其他作用效应组合下,应满足规定的强度、刚度及静力稳定性要求。

2 在设计风作用水平下,应满足规定的静风稳定性和气动稳定性要求。

3 在设计风作用水平或与其他作用效应组合下,应满足规定的耐久性、疲劳、行车及行人的安全性与舒适性要求。

**1.0.4** 应根据桥位风环境、桥型、跨径等因素选择合适的桥梁结构体系及构件气动外形,必要时应通过增设气动措施、附加阻尼措施改善或提高结构抗风性能。

## 3 基本要求

### 3.1 一般规定

**3.1.1** 桥梁的抗风设计应考虑风的静力作用与动力作用,并根据不同的抗风性能要求按承载能力极限状态和正常使用极限状态进行设计和检验。

**条文说明**

风对桥梁结构的作用效应一般分为静力效应、静风效应和动力效应。静力效应主要表现为结构产生的变形与内力以及静力失稳;静风效应主要表现为风引起的结构静风失稳,如静风扭转发散和静风横向失稳;动力效应包含抖振和涡激共振等有限振幅振动,以及颤振和驰振等气动失稳现象。表3-1给出了风对桥梁结构作用的效应分类。

**表3-1 风对桥梁结构作用的效应分类**

| 效应分类 | | 作用 |
|---|---|---|
| 静力效应 | 内力和变形 | 风荷载的静力作用或与其他荷载的组合静力作用 |
| | 静力失稳 | |

续上表

<table>
<tr><th colspan="3">效应分类</th><th>作　　用</th></tr>
<tr><td rowspan="2">静风效应</td><td colspan="2">静风扭转发散</td><td>风的静力扭矩作用</td></tr>
<tr><td colspan="2">静风横向失稳</td><td>风的静力阻力与扭矩共同作用</td></tr>
<tr><td rowspan="5">动力效应</td><td colspan="2">抖振</td><td>紊流风随机激励作用</td></tr>
<tr><td colspan="2">涡激共振</td><td>漩涡脱落频率与结构自振频率相近或相等时的涡激力作用</td></tr>
<tr><td colspan="2">驰振</td><td rowspan="2">结构振动自激力的气动负阻尼作用</td></tr>
<tr><td rowspan="2">颤振</td><td>扭转颤振</td></tr>
<tr><td>弯扭耦合颤振</td><td>结构振动自激力的气动阻尼及刚度作用</td></tr>
</table>

## 3.2　抗风设计目标及性能要求

**3.2.1**　桥梁抗风风险区域应根据基本风速大小按表 3.2.1 进行划分,风险区域可按本规范附录 A.1 全国桥梁抗风风险区划图选取。

**表 3.2.1　桥梁抗风风险区域划分标准**

| 风险区域 | 基本风速 $U_{10}$ |
|---|---|
| R1 | $U_{10} \geq 32.6$m/s |
| R2 | 24.5m/s $\leq U_{10} < 32.6$m/s |
| R3 | $U_{10} < 24.5$m/s |

**条文说明**

对全国 761 个气象台站的数据统计分析表明,所有气象台站的基本风速平均值为 29.1m/s。将桥梁所在地区根据基本风速的大小划分为三类风险区域,分别对应为 R1、R2 和 R3,三类等级所对应的风速范围的概率水平相接近,并考虑到气象意义上风力等级已被广泛接受,因此将三类等级与风力水平相衔接,其中 R1 为十二级或超过十二级大风,R2 介于十级风与十一级大风之间,R3 为不大于九级风。表 3-3 给出了气象上的风力等级及对应的风速范围。

**表 3-3　风力等级及对应的风速范围**

<table>
<tr><th rowspan="3">风力等级</th><th colspan="2">海面情况</th><th rowspan="3">海岸渔船征象</th><th rowspan="3">陆地地面物征象</th><th rowspan="3">风速范围(m/s)</th></tr>
<tr><th colspan="2">浪高(m)</th></tr>
<tr><th>一般</th><th>很高</th></tr>
<tr><td>0</td><td>—</td><td>—</td><td>静</td><td>静、烟直上</td><td>0 ~ 0.2</td></tr>
<tr><td>1</td><td>0.1</td><td>0.1</td><td>寻常渔船略觉摇晃</td><td>烟能表示风向,但风向标不能转动</td><td>0.3 ~ 1.5</td></tr>
</table>

续上表

| 风力等级 | 海面情况 浪高(m) | | 海岸渔船征象 | 陆地地面物征象 | 风速范围(m/s) |
|---|---|---|---|---|---|
| | 一般 | 很高 | | | |
| 2 | 0.2 | 0.3 | 渔船张帆时,可随风移行 2~3km/h | 人面感觉有风,树叶有微响,风向标能转动 | 1.6~3.3 |
| 3 | 0.6 | 1.0 | 渔船渐觉簸动,随风移行 5~6km/h | 树叶及微枝摇动不息,旌旗展开 | 3.4~5.4 |
| 4 | 1.0 | 1.5 | 渔船满帆时倾于一方 | 能吹起地面灰尘和纸张,树的小枝摇动 | 5.5~7.9 |
| 5 | 2.0 | 2.5 | 渔船缩帆(即帆收去的一部分) | 有叶的小树摇摆,内陆的水面有小波 | 8.0~10.7 |
| 6 | 3.0 | 4.0 | 渔船加倍缩帆,捕鱼须注意风险 | 大树枝摇动,电线呼呼有声,举伞困难 | 10.8~13.8 |
| 7 | 4.0 | 5.5 | 渔船停泊港中,在海中者下锚 | 全树摇动,迎风步行感觉不便 | 13.9~17.1 |
| 8 | 5.5 | 7.5 | 近港的渔船皆停留不出 | 微枝折毁,人向前行感觉阻力甚大 | 17.2~20.7 |
| 9 | 7.0 | 10.0 | 汽船航行困难 | 烟囱顶部及平瓦移动,小屋有损 | 20.8~24.4 |
| 10 | 9.0 | 12.5 | 汽船航行颇危险 | 陆上少见,见时可使树木拔起或将建筑物吹毁 | 24.5~28.4 |
| 11 | 11.5 | 16.0 | 汽船遇之极危险 | 陆上少见,有时必有重大损毁 | 28.5~32.6 |
| 12 | 14.0 | — | 海浪滔天 | 陆上罕见,其摧毁力极大 | >32.6 |

**3.2.2** 桥梁的抗风设计按 W1 风作用水平和 W2 风作用水平确定,对应风速取值及设计目标应满足表 3.2.2 的规定。

**表 3.2.2 桥梁抗风设计风作用水平及相应的设计目标**

| 风作用水平 | 设计风速取值 | 设 计 目 标 |
|---|---|---|
| W1 | ①重现期 10 年(即 10 年超越概率 65.1%)的设计风速;<br>②当按①确定的主梁上的风速值大于 25m/s 时,取 25m/s | ①与车辆等作用组合,应满足规定的强度、刚度、静力稳定性及耐久性要求;<br>②应满足规定的疲劳、行车及行人的安全性及舒适度要求;<br>③在 W1 风作用水平及以下风速范围不应发生影响正常使用的涡激共振 |
| W2 | ①重现期 100 年(100 年超越概率 63.2%)的设计风速 | ①应满足规定的强度、刚度及静力稳定性要求;<br>②应满足规定的静风稳定性和气动稳定性要求;<br>③在 W1 风作用水平及 W2 风作用水平风速范围内不应发生涡激共振 |

**条文说明**

W1 和 W2 两个风作用水平对应的风速分别为重现期 10 年(10 年超越概率 65.1%)与重现期 100 年(100 年超越概率 63.2%)对应的风速值。设计基准期内的超越概率与重现期的关系可以用式(3-1)表示。

$$P_T(t \leq t_L) = 1 - (1 - p)^{t_L} \quad (3\text{-}1)$$

式中：$P_T(t \leq t_L)$ ——设计基准期内的超越概率；

$t_L$——设计基准期(年)；

$p$——年超越概率，一般取 $1/t_L$。

W1 风作用水平体现了频遇荷载的概念，本规范取用了重现期 10 年(10 年超越概率 65.1%)作为 W1 风作用水平的风速取值依据，并另外规定以主梁高度处 25m/s 的风速作为与车辆荷载组合的风速限值。

# 4　风速参数

## 4.1　基本风速

**4.1.1**　当桥梁所在地区的气象台站具有足够的连续风观测数据时，宜采用当地气象台站 10min 平均年最大风速的概率分布模型，推算重现期 100 年(100 年超越概率 63.2%)的风速数学期望值作为基本风速 $U_{10}$。

## 4.2　设计基准风速

**4.2.1**　地表粗糙度系数 $\alpha_0$ 及地表粗糙高度 $z_0$ 可按表 4.2.1 的规定选取；当桥位周边粗糙度存在差异时，可按下列方法确定：

1　当所考虑范围内存在两种粗糙度相差较大的地表类别时，地表粗糙度系数可取两者的平均值。

2　当所考虑范围内存在两种相近地表类别时，可按地表粗糙度系数较小者取用；当桥梁上下游侧地表类别不同时，可按地表粗糙度系数较小一侧取值。

3　地表粗糙度系数影响范围可根据结构构件的最大高度 $h_a$ 与长度 $l_a$ 按图 4.2.1 选取。

**表 4.2.1　地 表 分 类**

| 地表类别 | 地 表 状 况 | 地表粗糙度系数 $\alpha_0$ | 地表粗糙高度 $z_0$ (m) |
|---|---|---|---|
| A | 海面、海岸、开阔水面、沙漠 | 0.12 | 0.01 |
| B | 田野、乡村、丛林、平坦开阔地及低层建筑物稀少地区 | 0.16 | 0.05 |
| C | 树木及低层建筑物等密集地区、中高层建筑物稀少地区、平缓的丘陵地 | 0.22 | 0.3 |
| D | 中高层建筑物密集地区、起伏较大的丘陵地 | 0.30 | 1.0 |

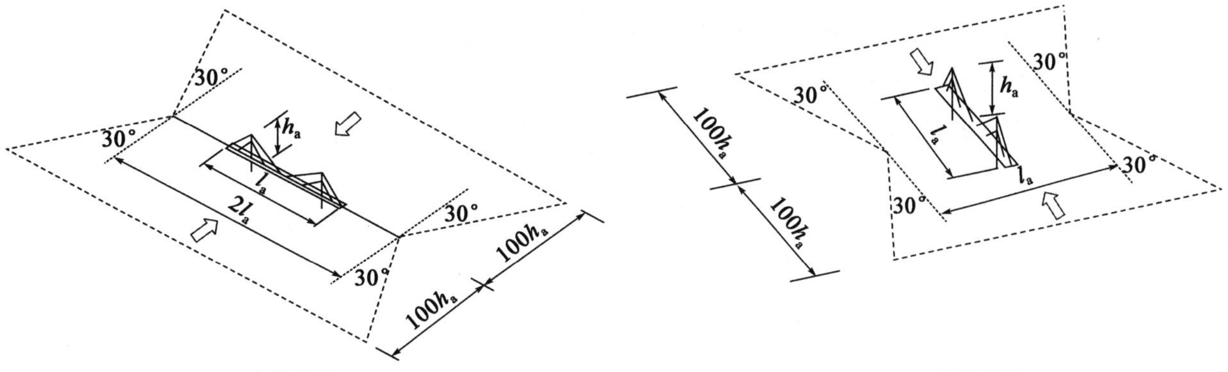


图 4.2.1　确定地表粗糙度系数的影响范围

## 条文说明

在大气边界层内,风速随离地高度逐渐增大。风速随高度增大的规律,主要取决于地表类别和温度垂直梯度。通常认为在离地面高度为 300 ~ 500m 时,风速不再受地表类别的影响,也即达到所谓"梯度风速",该高度称之为梯度风高度 $\delta_0$。本规范各类地表类别的地表粗糙度系数 $\alpha_0$ 分别取为 0.12、0.16、0.22 和 0.30,地表粗糙高度 $z_0$ 分别取为 0.01m、0.05m、0.3m 和 1.0m,梯度风高度 $\delta_0$ 分别取为 300m、350m、400m 和 450m。图 4-1 给出了不同地表类别下的风速剖面变化规律及相应的梯度风高度,当到达梯度风高度之后认为风速不变。

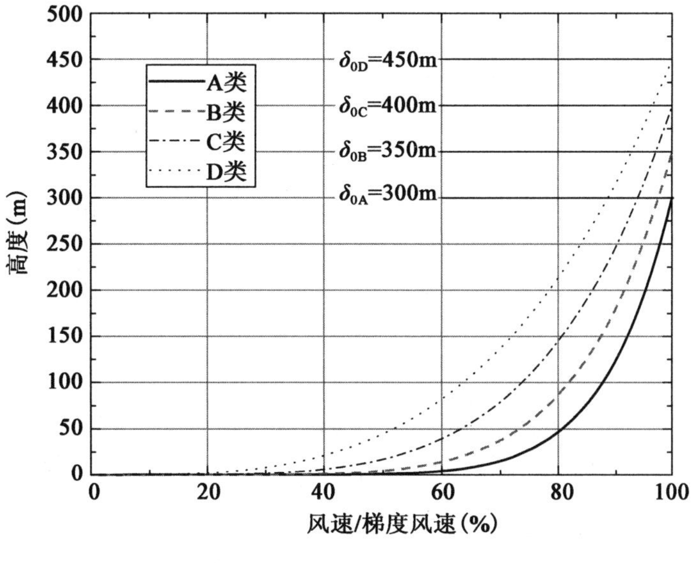


图 4-1　四种地表类别下风速沿高度分布曲线

**4.2.6**　桥梁或构件基准高度 $Z$ 处的设计基准风速可按式(4.2.6-1)、式(4.2.6-2)计算:

$$U_d = k_f \left(\frac{Z}{10}\right)^{\alpha_0} U_{s10} \tag{4.2.6-1}$$

或

$$U_d = k_f k_t k_h U_{10} \tag{4.2.6-2}$$

式中：$U_d$——桥梁或构件基准高度 $Z$ 处的设计基准风速(m/s)；

$\alpha_0$——桥址处的地表粗糙度系数，可按表 4.2.1 选取；

$k_f$——抗风风险系数，根据桥梁抗风风险区域按表 4.2.6-1 确定；

$k_t$——地形条件系数，对于平坦开阔地形取 1.0，对峡谷谷口、山口可取 1.2～1.5；对重要桥梁，可通过风洞试验或虚拟风洞试验获得，且不应小于 1.0；

$k_h$——地表类别转换及风速高度修正系数，可按照构件的参考高度由表 4.2.6-2 选取，也可按式(4.2.6-3)～式(4.2.6-6)确定；当计算确定的系数小于 1.0 或大于 1.77 时，应按表 4.2.6-2 选取。

**表 4.2.6-1　抗风风险系数 $k_f$**

| 风险区域 | R1 | R2 | R3 |
|---|---|---|---|
| 基本风速 $U_{10}$(m/s) | $U_{10}>32.6$ | $24.5<U_{10}\leq 32.6$ | $U_{10}\leq 24.5$ |
| 抗风风险系数 $k_f$ | 1.05 | 1.02 | 1.00 |

**表 4.2.6-2　地表类别转换及风速高度修正系数 $k_h$**

| 基准高度 Z (m) | 地表类别 | | | |
|---|---|---|---|---|
| | A | B | C | D |
| 5 | 1.08 | 1.00 | 0.86 | 0.79 |
| 10 | 1.17 | 1.00 | 0.86 | 0.79 |
| 15 | 1.23 | 1.07 | 0.86 | 0.79 |
| 20 | 1.28 | 1.12 | 0.92 | 0.79 |
| 30 | 1.34 | 1.19 | 1.00 | 0.85 |
| 40 | 1.39 | 1.25 | 1.06 | 0.85 |
| 50 | 1.42 | 1.29 | 1.12 | 0.91 |
| 60 | 1.46 | 1.33 | 1.16 | 0.96 |
| 70 | 1.48 | 1.36 | 1.20 | 1.01 |
| 80 | 1.51 | 1.40 | 1.24 | 1.05 |
| 90 | 1.53 | 1.42 | 1.27 | 1.09 |
| 100 | 1.55 | 1.45 | 1.30 | 1.13 |
| 150 | 1.62 | 1.54 | 1.42 | 1.27 |
| 200 | 1.68 | 1.62 | 1.52 | 1.39 |
| 250 | 1.73 | 1.67 | 1.59 | 1.48 |
| 300 | 1.77 | 1.72 | 1.66 | 1.57 |
| 350 | 1.77 | 1.77 | 1.71 | 1.64 |
| 400 | 1.77 | 1.77 | 1.77 | 1.71 |
| ≥450 | 1.77 | 1.77 | 1.77 | 1.77 |

$$k_{hA} = 1.174\left(\frac{Z}{10}\right)^{0.12} \tag{4.2.6-3}$$

$$k_{hB} = 1.0\left(\frac{Z}{10}\right)^{0.16} \tag{4.2.6-4}$$

$$k_{hC} = 0.785\left(\frac{Z}{10}\right)^{0.22} \tag{4.2.6-5}$$

$$k_{hD} = 0.564\left(\frac{Z}{10}\right)^{0.30} \tag{4.2.6-6}$$

**条文说明**

风速随高度的变化比较复杂,既受地表类别的影响,又受温度的影响。工程上普遍采用对数律公式或指数律公式来描述风速随高度变化的规律。本规范中采用了指数律来表示风速沿高度的分布。考虑到基本风速高的区域,一般都处于强风、台风多发地区,本规范提出了抗风风险系数,是基于风险区域划分确定的。R1、R2、R3 所对应的抗风风险系数相当于风速重现期分别为 150 年、120 年和 100 年的风速提高系数。

**4.2.9** 施工阶段的设计风速可按式(4.2.9)确定:

$$U_{sd} = k_{sf}U_d \tag{4.2.9}$$

式中:$U_{sd}$——施工阶段设计风速(m/s);

$k_{sf}$——施工期抗风风险系数,一般可由表 4.2.9 选用,也可根据桥梁具体情况和不同的抗风设计目标通过风险评估确定。

**表 4.2.9 施工期抗风风险系数 $k_{sf}$**

| 桥梁施工年限(年) | 风险区域 | | |
|---|---|---|---|
| | R1 | R2 | R3 |
| ≤3 | 0.88 | 0.84 | 0.78 |
| >3 | 0.92 | 0.88 | 0.84 |

**条文说明**

桥梁施工期间的抗风设计需要考虑所处的风险区域、施工周期、抗风设计目标,以及风险损失大小等因素。考虑到施工期间遭遇极值风速的概率不能与使用期等同,一般通过施工年限和不超过成桥设计风速的概率(如取 80%)综合确定。不超过的概率可表示为:

$$P = (1 - 1/R)^T \tag{4-3}$$

式中:$P$——不超过的概率;

$T$——施工年限(年);

$R$——重现期(年)。

施工期的抗风风险系数是根据表 4-3 与表 4-4 综合确定的。另外,结合风险评估、桥梁抗风关键状态的辨识、施工周期的合理安排,以及不同的抗风设计目标,采用风险管理方法合理确定施工期的桥梁抗风风险系数也是可取的。

**表4-3　风速重现期 *R* 与不超过的概率 *P* 和施工年限 *T* 的关系**

| 不超过的概率 $P$ | 施工年限 $T$ | | | | | |
|---|---|---|---|---|---|---|
| | 1年 | 2年 | 3年 | 5年 | 10年 | 20年 |
| 0.95 | 20.0 | 39.5 | 59.0 | 98.0 | 195 | 390 |
| 0.90 | 10.0 | 19.5 | 29.0 | 48.0 | 95.4 | 190 |
| 0.85 | 6.7 | 12.8 | 19.0 | 31.3 | 62.0 | 124 |
| 0.80 | 5.0 | 9.5 | 14.0 | 22.9 | 45.3 | 90.1 |
| 0.70 | 3.5 | 6.1 | 8.9 | 14.5 | 28.5 | 56.6 |
| 0.60 | 2.5 | 4.4 | 6.4 | 10.3 | 20.1 | 39.7 |
| 0.50 | 2.0 | 3.4 | 4.8 | 7.7 | 14.9 | 29.4 |

**表4-4　不同风速重现期的抗风风险系数参照表**

| 风速重现期(年) | 5 | 10 | 20 | 30 | 50 | 100 |
|---|---|---|---|---|---|---|
| $k_{sf}$ | 0.78 | 0.84 | 0.88 | 0.92 | 0.95 | 1 |

# 5　风荷载

## 5.3　主梁上的等效静阵风荷载

**5.3.1**　横桥向风作用下主梁单位长度上的顺风向等效静阵风荷载 $F_g$ 可按式(5.3.1)计算:

$$F_g = \frac{1}{2}\rho U_g^2 C_H D \tag{5.3.1}$$

式中:$F_g$——作用在主梁单位长度上的顺风向等效静阵风荷载(N/m);

$\rho$——空气密度($kg/m^3$),可取为1.25$kg/m^3$;

$U_g$——等效静阵风风速(m/s);

$C_H$——主梁横向力系数;

$D$——主梁特征高度(m)。

**条文说明**

作用在主梁单位长度上的静气动力按图5-4所示的体轴坐标系下三个方向的平均风荷载表达式:

气动横向力

$$F_H = \frac{1}{2}\rho U^2 C_H D \tag{5-18}$$

气动竖向力

$$F_V = \frac{1}{2}\rho U^2 C_V B \tag{5-19}$$

气动扭转力矩

$$M = \frac{1}{2}\rho U^2 C_M B^2 \tag{5-20}$$

式中:$B$——主梁的特征宽度(m);

$C_V$——主梁竖向力系数;

$C_M$——主梁扭转力系数。

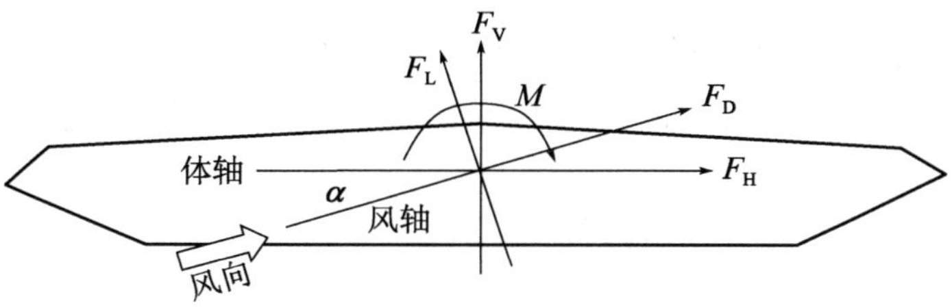


图5-4 风轴与体轴坐标系及其气动力方向

三个方向的平均风荷载也可以风轴的形式表达,一般用阻力系数 $C_D$、升力系数 $C_L$ 与扭转力系数 $C_M$ 来表达。体轴三个方向力的系数与风轴三个方向力的系数是可以相互转换的,其转换关系按式(5-21)、式(5-22)确定:

$$C_H = C_D\cos\alpha - \frac{B}{D}C_L\sin\alpha \tag{5-21}$$

$$C_V = \frac{D}{B}C_D\sin\alpha + C_L\cos\alpha \tag{5-22}$$

式中:$C_D$——主梁风轴上阻力系数;

$C_L$——主梁风轴上升力系数;

$\alpha$——风攻角(°)。

空气密度受到大气压与温度的影响,存在明显的变化。最典型的特征是高海拔地区的大气压低,空气稀薄,空气密度也相对较低;同时在大气压不变的情况下,温度越低空气密度则越高。空气密度与温度、大气压的关系见表5-5。

**表5-5 空气密度 $\rho$(kg/m³)与温度、大气压的关系**

| 温度(℃) | 0.7atm | 0.8atm | 0.9atm | 1atm | 1.1atm | 1.2atm |
|---|---|---|---|---|---|---|
| -30 | 1.017 | 1.162 | 1.307 | 1.453 | 1.598 | 1.743 |
| -25 | 0.996 | 1.139 | 1.281 | 1.423 | 1.566 | 1.708 |
| -20 | 0.977 | 1.116 | 1.256 | 1.395 | 1.535 | 1.674 |
| -15 | 0.958 | 1.095 | 1.231 | 1.368 | 1.505 | 1.642 |
| -10 | 0.939 | 1.074 | 1.208 | 1.342 | 1.476 | 1.611 |
| -5 | 0.922 | 1.054 | 1.185 | 1.317 | 1.449 | 1.581 |
| 0 | 0.905 | 1.034 | 1.164 | 1.293 | 1.422 | 1.552 |
| 5 | 0.889 | 1.016 | 1.143 | 1.270 | 1.397 | 1.524 |
| 10 | 0.873 | 0.998 | 1.123 | 1.247 | 1.372 | 1.497 |
| 15 | 0.858 | 0.981 | 1.103 | 1.226 | 1.348 | 1.471 |
| 20 | 0.843 | 0.964 | 1.084 | 1.205 | 1.325 | 1.446 |
| 25 | 0.829 | 0.948 | 1.066 | 1.185 | 1.303 | 1.421 |
| 30 | 0.816 | 0.932 | 1.049 | 1.165 | 1.282 | 1.398 |

注:atm 表示标准大气压,为101 325Pa。

## 5.6　施工阶段的风荷载

**5.6.1**　对悬臂施工中的大跨斜拉桥和连续刚构桥,宜对其最大双悬臂状态和最大单悬臂状态进行详细的横桥向与顺桥向的风荷载效应分析,必要时可通过风洞试验或虚拟风洞试验测定。

**5.6.2**　双悬臂施工的桥梁横桥向风荷载加载时,应考虑主梁上的对称加载工况与不对称加载工况,不对称工况加载时主梁风荷载一端宜取另一端的 0.5 倍,主梁荷载加载示意图如图 5.6.2 所示。

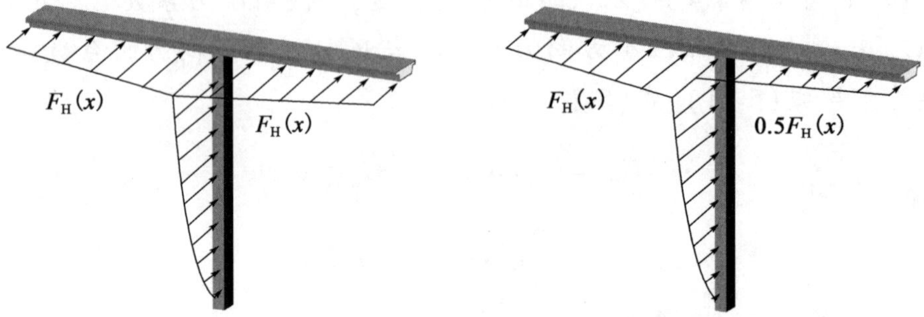


a)横桥向对称加载　　b)横桥向不对称加载

图 5.6.2　对称悬臂施工桥梁主梁横桥向荷载加载工况

# 9　风致振动控制

## 9.1　一般规定

**9.1.1**　当结构的抗风性能不满足承载能力极限状态或正常使用极限状态设计要求时,应通过优化构件气动外形、增设气动措施、附加阻尼装置、改变结构体系或刚度等措施予以满足。

**条文说明**

桥梁主梁的气动性能可以通过调整腹板倾角、风嘴形状以及改变基本断面等措施优化,也可以通过附加导流板、抑流板、中央稳定板等气动措施进行改善或提高。附加阻尼装置则是通过设置阻尼器的方式提高构件或结构体系的阻尼,以达到降低或抑制振动的目的。结构刚度可以通过改变结构体系进行调整,如塔梁连接方式、索面布置、支撑条件、悬索桥设置中央扣等。改变构件尺寸、材料等也可以在一定程度上提高结构刚度和结构阻尼比。

## 9.2　主梁

**9.2.1**　主梁断面的抗风性能可采用增设气动措施予以改善或提高。

**条文说明**

主梁常用的气动措施一般包括附加导流板、抑流板、风嘴、分流板、中央稳定板、气动翼板、断面开槽、气动格栅、风鳍板等,如图9-1所示。国内多座桥梁在抗风设计中通过采用气动措施提高了颤振稳定性,改善了涡激共振性能。润扬长江大桥悬索桥、北盘江大桥(镇胜高速公路)、矮寨大桥、四渡河大桥等采用中央稳定板提高了结构的颤振性能。采用抑流板、导流板、气动格栅等措施,可有效抑制桥梁的涡激共振。

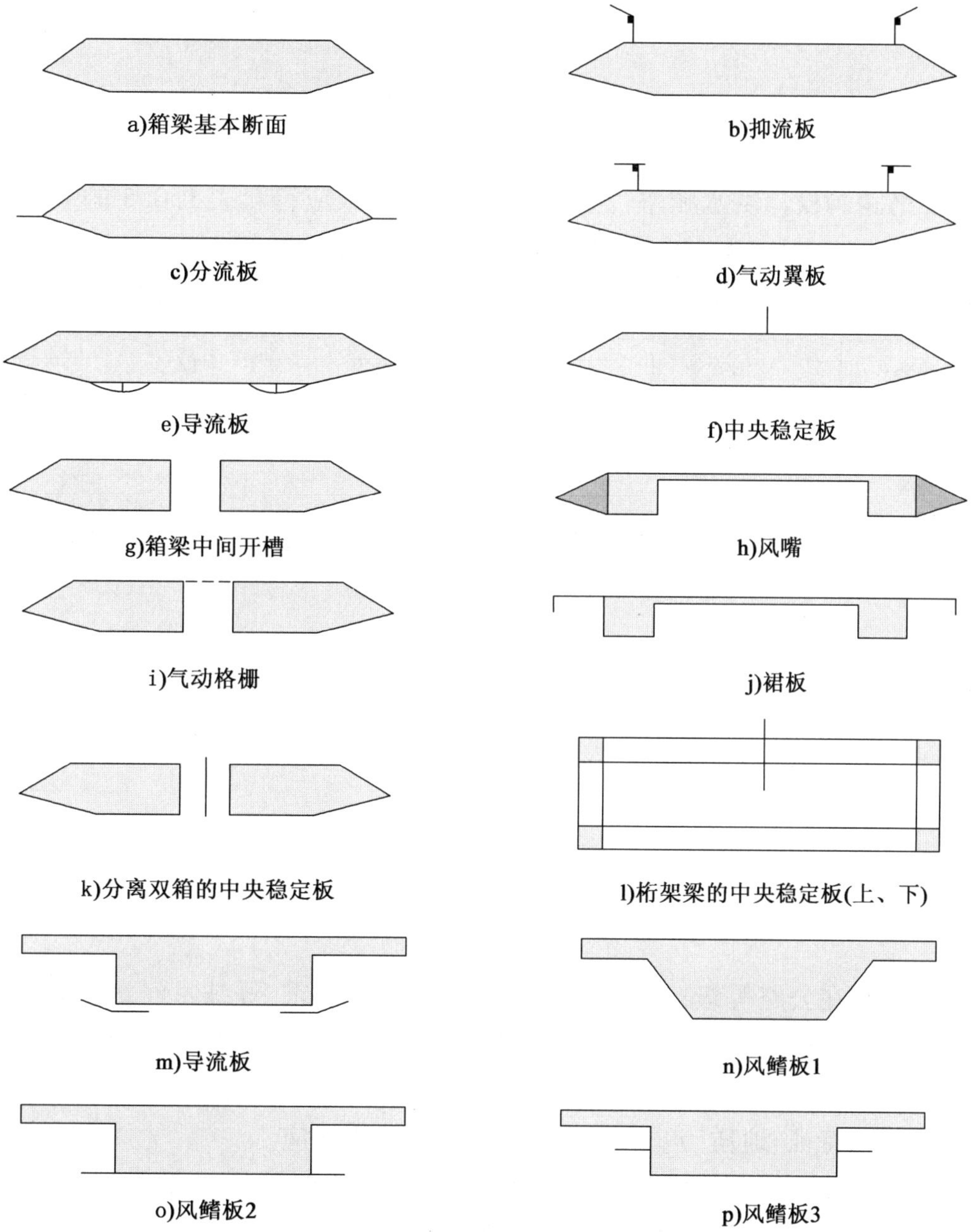


图9-1　主梁气动措施示例

# 十九、公路涵洞设计规范

(JTG/T 3365-02—2020)

## 1　总则

**1.0.5**　公路涵洞设计洪水频率、汽车荷载及安全等级应符合表 1.0.5 的规定。

**表 1.0.5　公路涵洞设计洪水频率、汽车荷载及安全等级**

| 公路等级 | 高速公路 | 一级公路 | 二级公路 | 三级公路 | 四级公路 |
|---|---|---|---|---|---|
| 设计洪水频率 | 1/100 | 1/100 | 1/50 | 1/25 | 不作规定 |
| 汽车荷载等级 | 公路—Ⅰ级 | 公路—Ⅰ级 | 公路—Ⅰ级 | 公路—Ⅱ级 | 公路—Ⅱ级 |
| 设计安全等级 | 二级 | | | 三级 | |

注:二级公路作为集散公路且交通量小、重型车辆少时,其涵洞设计可采用公路—Ⅱ级汽车荷载。

## 3　基本规定

### 3.2　涵洞选型

**3.2.1**　涵洞选型除应满足本规范第 1.0.3 条和第 1.0.4 条的规定外,尚应符合下列规定:

1　应根据所在公路等级、功能、性质和将来发展的需求,经技术经济比较后确定。

2　在农田排灌地区以及靠近村镇、城市、铁路及水利设施的涵洞,应充分征求各方意见协商确定。

3　应与河沟特征、地质、水文和填土高度等条件相适应。

4　在交通量较大或不能中断交通的既有道路上,当路基稳定无下沉情况时,宜结合地质、地形和运营条件,进行技术经济比较,可选择顶进涵。

5　在同一路段内的涵洞类型,应力求简化,便于标准化施工及养护。

**3.2.2**　各类涵洞宜采用标准化跨径并宜符合表 3.2.2 的规定。

**表 3.2.2　各类涵洞标准化跨径(m)**

| 构 造 形 式 | 标准化跨径 | 构 造 形 式 | 标准化跨径 |
|---|---|---|---|
| 钢筋混凝土管涵 | 0.75、1.00、1.25、1.50、2.00 | 石盖板涵 | 0.75、1.00、1.25 |

续上表

| 构造形式 | 标准化跨径 | 构造形式 | 标准化跨径 |
|---|---|---|---|
| 钢筋混凝土盖板涵 | 1.50、2.00、2.50、3.00、4.00、5.00 | 倒虹吸管涵 | 0.75、1.00、1.25、1.50 |
| 拱涵 | 1.50、2.00、2.50、3.00、4.00、5.00 | 波纹钢管(板)涵 | 1.50、2.00、2.50、3.00、4.00、5.00 |
| 钢筋混凝土箱涵 | 1.50、2.00、2.50、3.00、4.00、5.00 | | |

**3.2.5** 按水力性质不同的涵洞选型,宜符合表3.2.5的规定。

**表3.2.5 不同水力性质涵洞的适用性**

| 水力性质 | 适用性 |
|---|---|
| 无压力式 | 要求涵顶高出水面,涵前不允许壅水或壅水不高 |
| 半压力式 | 全涵净高相等,涵前允许一定的壅水高,且略高于进口净高 |
| 压力式 | 深沟高路堤,不危害上游农田、房屋的前提下,涵前允许较高壅水;当横穿路线的沟渠水面高程基本同于或略高于路基高程时可采用倒虹吸涵,一般只用于灌溉渠道,不宜用于排洪河沟 |

# 5 涵洞布设

## 5.1 一般规定

**5.1.1** 基本资料的收集应包括下列内容:

1 沿线地形图,以能获得汇水区流域面积、主河沟纵横坡度等资料为原则;

2 地质特征资料和区域地质图;

3 多年平均降雨量,与设计洪水频率相对应的24h降雨量及雨力等;

4 涵位附近上下游坝、闸、渠等水利设施的修建情况和水文资料;

5 地区性洪水计算方法、历史洪水资料、各河沟已有洪水计算成果;

6 现有排灌系统及规划方案图,各排灌渠的设计断面、流量、水位等;

7 对改扩建工程,还应收集有关既有涵洞测设、施工及竣工资料,了解涵洞的使用、养护、水毁等情况。

**5.1.2** 初步设计阶段涵洞的布设应通过外业布设和调查,基本确定涵洞的位置、结构类型及主要尺寸,除应符合现行《公路勘测规范》(JTG C10)、《公路工程地质勘察规范》(JTG C20)的规定外,尚应符合下列规定:

1　经现场勘测和调查确定涵洞的位置,对地形及水文条件复杂的涵洞、改沟工程、人工排灌渠道等应进行高程与断面测量。

2　征求当地群众和有关部门对拟建涵洞的意见。现场初步选定涵洞类型、洞口形式及防护工程类型。涵洞位于村庄附近时,应调查历史洪水位、常水位、沟床冲淤及漂浮物等情况。

3　调查涎流冰、泥石流及既有涵洞现状、结构类型、基础埋深、冲淤变化、运用情况等。

4　勾绘涵址汇水面积,进行必要的水文、水力计算。

5　采用调查、挖探、钻探相结合的方法了解涵址处地基承载力、地质构造和地下水情况及其对构造物的稳定性影响等。

6　对改扩建工程,还应查明原涵洞的位置、结构形式、荷载标准、跨径、高度、长度、基础形式及埋置深度、修建年代、损毁修复等情况及利用的程度。

**5.1.3**　施工图设计阶段涵洞布设应在初步设计资料的基础上,进行详细的调查、核实、补充或修正,确定涵洞的位置、孔数孔径、结构类型及各部尺寸,并应符合下列规定:

1　涵洞可绘制涵址平面示意图。对地形及水文条件复杂的涵洞,应绘制涵址地形图。增绘地面等高线,洪水泛滥线,涵洞及调治构造物位置,改沟位置,改扩建工程既有墩台,进、出口及铺砌的位置和高程等。

2　沿路线方向的涵址中线沟渠断面,当沟渠与路线正交时,即为沟渠的横断面。若沟形复杂,洞口不易布置时,可选择上、下游洞口附近补充断面。当路幅较宽、斜交角度较大时,尚应增加必要的垂直沟渠的横断面。

3　沟渠纵断面应示出沟渠纵坡、冲淤情况、涵址桩号、路基设计高程、历史洪水位和设计水位的水面线。对改扩建工程,尚应增加既有涵洞,进、出口铺砌加固等构造物的位置和高程等。

4　对存在不良地质的涵洞或移位、新增涵洞,其地基的地层岩性、地质构造及岩土承载力应进行补充地质勘探。

**条文说明**

3　沟渠纵断面多指涵址河沟纵断面,是用于涵址纵横向布置以及河道开挖、河床加固等设计的需要。

# 6　涵洞水文计算

## 6.1　一般规定

**6.1.3**　山区、丘陵区涵洞可按暴雨推理法、径流形成法或地区性经验公式计算设计流量。

**6.1.4** 平原区涵洞可用形态调查法,利用历史洪水位推算设计流量;也可利用地区性经验公式计算设计流量。

**6.1.5** 在同一河沟上、下游附近存在已建涵洞,且能调查到可靠的涵前洪水积水高度及相应的洪水频率时,可采用直接类比法推算设计流量。

# 9 结构设计

## 9.2 作用

**9.2.2** 土的重力及土压力宜按下列规定计算:

1 静土压力可按式(9.2.2-1)、式(9.2.2-2)计算:

$$e_j = \xi\gamma h \tag{9.2.2-1}$$

$$\xi = 1 - \sin\varphi \tag{9.2.2-2}$$

式中:$e_j$——任一高度 $h$ 处的静土压力强度(kPa);

$\xi$——压实土的静土压力系数;

$\gamma$——土的重度(kN/m$^3$);

$h$——计算截面至路面顶的高度(m);

$\varphi$——土的内摩擦角(°)。

2 主动土压力(图9.2.2)的标准值可按式(9.2.2-3)、式(9.2.2-4)计算:

1)当土层特性无变化且无汽车荷载时,作用在涵台、挡墙前后的主动土压力标准值可按式(9.2.2-3)、式(9.2.2-4)计算:

$$E = \frac{1}{2}B\mu\gamma H^2 \tag{9.2.2-3}$$

$$\mu = \frac{\cos^2(\varphi - \alpha)}{\cos^2\alpha\cos(\alpha + \delta)\left[1 + \sqrt{\dfrac{\sin(\varphi + \delta)\sin(\varphi - \beta)}{\cos(\alpha + \delta)\cos(\alpha - \beta)}}\right]^2} \tag{9.2.2-4}$$

式中:$E$——主动土压力标准值(kN);

$\mu$——系数;

$B$——涵台的计算宽度或挡土墙的计算长度(m);

$H$——计算土层高度(m);

$\beta$——填土表面与水平面的夹角(°),当计算涵台后或挡墙后主动土压力时,$\beta$ 按图9.2.2-a)取正值;当计算涵台前或挡墙前主动土压力时,$\beta$ 按图9.2.2-b)取负值;

$\alpha$——涵台或挡土墙背与竖直面的夹角(°),俯墙背如图9.2.2所示时为正值,反之为负值;

$\delta$——涵台背或挡墙背与填土间的摩擦角(°),可取 $\delta=\varphi/2$。

主动土压力的着力点自计算土层底面算起,$C=H/3$。

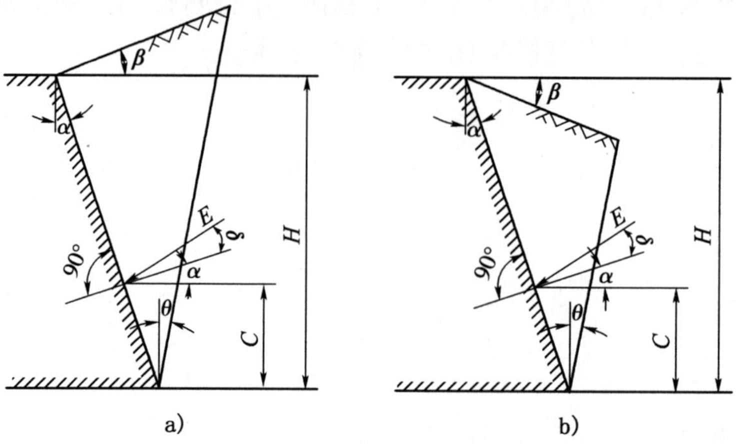


图 9.2.2　主动土压力图

2）当土层特性无变化但有汽车荷载作用时,作用在涵台、翼墙或端墙后的主动土压力标准值在 $\beta=0°$时可按式(9.2.2-5)、式(9.2.2-6)计算:

$$E=\frac{1}{2}B\mu\gamma H(H+2h_0) \tag{9.2.2-5}$$

$$h_0=\frac{\sum G}{Bl_0\gamma} \tag{9.2.2-6}$$

式中:$h_0$——汽车荷载的等代均布土层厚度(m);

$\gamma$——土的重度($kN/m^3$);

$\sum G$——布置在 $B\times l_0$ 面积内的车轮的总重力(kN);

$l_0$——涵台或挡墙后填土的破坏棱体长度(m);

$B$——涵台横向全宽或挡墙的计算长度(m)。

主动土压力的着力点自计算土层底面算起,$C=\frac{H}{3}\times\frac{H+3h_0}{H+2h_0}$。

3）当 $\beta=0°$时,破坏棱体破裂面与竖直线间夹角 $\theta$ 的正切值可按式(9.2.2-7)计算:

$$\tan\theta=-\tan\omega+\sqrt{(\cot\varphi+\tan\omega)(\tan\omega-\tan\alpha)} \tag{9.2.2-7}$$

$$\omega=\alpha+\delta+\varphi \tag{9.2.2-8}$$

3　填土的重力对涵洞的竖向和水平压力强度标准值,可按式(9.2.2-9)、式(9.2.2-10)计算:

竖向压力强度:

$$q_V=K\gamma H \tag{9.2.2-9}$$

水平压力强度:

$$q_H=e_j=\xi\gamma h \tag{9.2.2-10}$$

式中:$K$——竖向土压力系数,见表 9.2.2,经久压实的路堤采用 1.0;

$\gamma$——土的重度($kN/m^3$);

$H$——路面至涵洞顶的填土高度（m）；

$\xi$——压实土的静土压力系数；

$h$——路面或填土顶面至涵洞计算截面处的填土高度（m）。

**表 9.2.2　竖向土压力系数 $K$**

<table>
<tr><th rowspan="2">涵洞形式</th><th rowspan="2">坡度<br>α(°)</th><th colspan="3">$0 < B_g/D \leq 3$</th><th colspan="3">$3 < B_g/D \leq 10$</th><th colspan="3">$B_g/D > 10$ 或 $\alpha = 0°$</th></tr>
<tr><th>$0.1 \leq H/D < 1$</th><th>$1 \leq H/D < 10$</th><th>$H/D \geq 10$</th><th>$0.1 \leq H/D < 1$</th><th>$1 \leq H/D < 10$</th><th>$H/D \geq 10$</th><th>$0.1 \leq H/D < 1$</th><th>$1 \leq H/D < 10$</th><th>$H/D \geq 10$</th></tr>
<tr><td rowspan="3">圆管涵<br>或拱涵</td><td>30</td><td>1.25</td><td>1.30</td><td>1.15</td><td>1.40</td><td>1.45</td><td>1.30</td><td rowspan="3">1.65</td><td rowspan="3">1.80</td><td rowspan="3">1.45</td></tr>
<tr><td>60</td><td>1.10</td><td>1.15</td><td>1.05</td><td>1.30</td><td>1.35</td><td>1.15</td></tr>
<tr><td>90</td><td colspan="3">1.04</td><td>1.20</td><td>1.25</td><td>1.05</td></tr>
<tr><td rowspan="3">盖板涵<br>或箱涵</td><td>30</td><td>1.10</td><td>1.15</td><td>1.04</td><td>1.25</td><td>1.30</td><td>1.15</td><td rowspan="3">1.50</td><td rowspan="3">1.60</td><td rowspan="3">1.30</td></tr>
<tr><td>60</td><td colspan="3" rowspan="2">1.04</td><td>1.15</td><td>1.20</td><td>1.04</td></tr>
<tr><td>90</td><td>1.10</td><td>1.15</td><td>1.04</td></tr>
</table>

注：1. $D$ 为涵洞的外形宽度（m），对边墙背为倾斜的涵洞，系指墙底面的外形宽度；对圆管涵系指外直径。$B_g$ 为沟谷宽度（m）。$\alpha$ 为沟谷横向坡度（°）。$H$ 为涵顶填土高度（m）。

2. 表中系数 $K$ 不适用于采用波纹钢等材料的柔性涵洞。

**条文说明**

涵洞工程一般属于路基工程的一部分，在施工过程中无论采用何种工法，涵洞两侧的路基填土均要求对称填筑施工，这就使得涵洞的工作条件与一般桥台以及重力式挡土墙有明显的不同。基于箱涵、管涵自身的整体性、板涵地板（地梁）的支撑作用及两侧填土高度基本一致，两侧土压力将产生不同于桥台与一般挡土墙结构的自平衡效应，在这种效应的影响下，涵洞自身将难以产生与土侧压力方向一致且足以使土体达到主动状态的极限位移（除了刚度较小的钢管涵外，涵洞自身的变形也较小）；更有甚者，在涵洞顶部填土压力作用下，涵洞两侧（箱涵、管涵、拱涵）的位移有时反而会与土侧压力方向相反。这就导致在外荷载作用下（包括填土荷载、汽车荷载等）涵洞两侧填土土侧压力分布形态将难以达到主动状态，而实际上，此种状况下的土压力分布形态更接近于静止土压力状态。

在《铁路桥涵设计规范》（TB 10002—2017）第 4.2.3 条关于涵洞所受水平土压力计算的条文说明中，虽然指出“刚性涵洞的水平土压力采用主动土压力”，但同时也认为“涵洞的工作条件与一般重力式挡墙却又不同”，“采用‘静止土压力’较为合理”，并列举了几处涵洞的实测资料。“根据这些资料进行分析，考虑到涵洞两侧的填土可能受到向上的摩阻力的作用会减弱涵洞所受的侧向压力，同时在试验资料尚不充分的情况下，对以往标准设计的经验应适当考虑，因而在采用‘静止土压力’时选用较小值”。最终建议“水平土压力系数，填土采用 0.25 或 0.35”。

事实上，这一条文说明源自 1974 年铁道部颁布的《铁路工程技术规范　第二篇　桥涵》第三章“设计荷载”，其列举的实测资料是 20 世纪 60 年代末，解放军工程兵某部和铁道部第三设计院做的现场试验(以拱涵为主)。该条文及相应说明历经 1985 年 8 月第 4 版、1996 年 5 月第 5 版、1999 年 10 月第 6 版、2005 年 6 月第 7 版,直至 2017 年最新版的四十多年间几乎没有任何改动。

1　原细则第 9.2.2 条第 1 款中公式 $E=\frac{1}{2}\xi\gamma H^2$ 只适用于三角形分布静止土压力计算,并不具有一般性,而涵洞埋在地面以下,其土压力分布多呈梯形分布而非三角形分布,且根据已有公式 $e=\xi\gamma h$ 及土压力分布形态完全可以计算得出土压力的大小,因此在此次修订中将其删除。同时将 $e$ 改为 $e_j$,与现行《公路桥涵设计通用规范》(JTG D60—2015)第 4.2.3 条保持一致。个别参数释义结合涵洞实际情况作了调整。

由于静止土压力要大于主动土压力,基于静止土压力应用的广泛性及荷载组合的最不利原则,本次修订删去原细则第 1 款中"在计算抗倾覆和滑动稳定时,涵洞墩、台、挡墙前侧地面以下不受冲刷部分的土侧压力可按静土压力计算"这一补充说明。

2　主动土压力的计算可应用在不能产生自平衡效应的涵身(涵台)或挡墙类(涵洞翼墙)结构物上。事实上,该条源自《公路桥涵设计通用规范》(JTG D60—2004)第 4.2.3 条第 2 款,《公路桥涵设计通用规范》(JTG D60—2015)修订时也未作改变。该条主要是针对公路路基挡土墙及桥台所受土压力的计算,未充分考虑涵洞结构物各自受力的特殊性,因此本次修订结合涵洞特点保留原计算公式,但对个别参数释义做了调整。

将原细则中式(9.2.3)(用以计算车辆荷载的等代均布土层厚度)提前放置,并结合涵洞实际情况对个别参数释义做了调整。

3　涵顶垂直土压力系数 $K$ 是涵洞结构设计计算的重要参数之一,此次修订作了较大的修改,具体说明如下:

(1)原细则表 9.2.2 源自 1974 年铁道部颁布的《铁路工程技术规范　第二篇　桥涵》第三章"设计荷载",表中垂直土压力系数 $K$ 仅考虑了涵洞凸出地面大小 $H/D$ 的影响,未考虑其他诸如涵洞类型、地基强度、地形条件及施工工艺等因素的影响。本次修订综合考虑多种因素,对涵顶垂直土压力系数 $K$ 的取值进行了全面修正。

(2)修正后的表 9.2.2 中系数 $K$ 的取值是结合我国 13 个省(自治区、直辖市)16 条高速公路具有代表性的高填方涵洞实体工程的调研成果与 40 余座高填方涵洞的现场试验成果、室内离心模型试验成果及数值仿真分析成果综合得出的。该系数 $K$ 取值综合考虑了涵顶填土高度、涵洞类型、涵洞跨度、地基强度、地形条件及施工工艺等多方面因素的影响,更符合涵顶受力的实际情况。

(3)根据大量实测及试验资料表明,涵顶垂直土压力分布规律与涵洞结构形式密切相关,其中圆管涵与拱涵、盖板涵与箱涵涵顶垂直土压力受力特性相似,因此表 9.2.2 中 $K$ 的取值分为圆管涵或拱涵、盖板涵或箱涵两类。

(4)涵洞与地形条件的位置关系如图 9-1 所示,其中:$B_1$、$B_2$ 为涵洞左右两侧沟谷宽度,$\alpha_1$、$\alpha_2$ 为涵洞左右两侧沟谷坡度,$D$ 为涵洞的外形宽度,$H$ 为涵顶填土高度。当涵洞处于非对称地形条件时,$K$ 以单侧坡最不利情况取值。

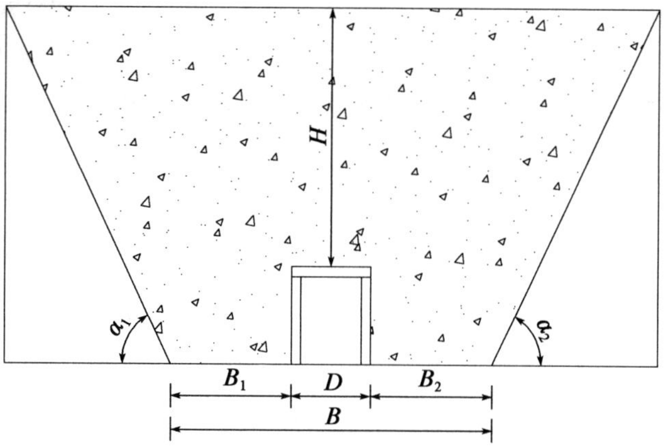


图 9-1　地形条件示意图

(5)“经久压实路堤取 1.0”所对应的工况主要指的是用顶推施工工艺穿越已有旧路堤的涵洞工程。旧路基经过多年碾压其沉降已经基本稳定,若采用顶推施工工艺使涵洞穿越旧有路基,则认为涵顶所受竖向力就是涵洞顶面以上土柱的重力。

(6)将填土重力所引起的对涵洞的水平压力强度计算公式由主动土压力状态修订为静止土压力状态。

# 二十、公路隧道设计规范 第一册 土建工程

(JTG 3370.1—2018)

## 1 总则

**1.0.1** 为规范和指导公路隧道设计,制定本规范。

**1.0.2** 本规范适用于以钻爆法为主要开挖手段的各等级新建和改扩建公路隧道。

**1.0.3** 隧道设计应满足公路功能,遵循“安全、耐久、经济、节能、环保”的基本原则。

**1.0.4** 公路隧道可按其长度划分为四类,划分标准应符合表 1.0.4 的规定。

**表 1.0.4 公路隧道按长度分类**

| 分类 | 特长隧道 | 长隧道 | 中隧道 | 短隧道 |
|---|---|---|---|---|
| 长度(m) | $L>3\,000$ | $3\,000\geqslant L>1\,000$ | $1\,000\geqslant L>500$ | $L\leqslant500$ |

注:隧道长度系指两端洞口衬砌端面与隧道轴线在路面顶交点间的距离。

**1.0.5** 隧道主体结构应按永久性建筑设计,具有规定的强度、稳定性和耐久性,满足使用年限要求,方便养护和维修作业。

**1.0.6** 隧道主体结构、路面、防排水等土建工程与通风、照明、交通监控、供配电、消防等运营设施应进行综合设计。

**1.0.7** 隧道土建工程设计应贯彻动态设计与信息化施工的思想,制订地质观察、预报和监控量测的总体方案,为动态设计提供依据,及时调整支护参数和施工方法。

**1.0.8** 隧道设计应节约用地,尽可能保护原有植被,妥善处理弃渣和污水。

**1.0.9** 隧道设计应贯彻国家有关技术经济政策,积极稳妥地采用新技术、新材料、新设备、新工艺。

**1.0.10** 公路隧道设计除应符合本规范的规定外,尚应符合国家和行业现行有关标准的规定。

## 2 术语和符号

### 2.1 术语

**2.1.1** 公路隧道 highway tunnel

供汽车及非机动车和行人通行的地下通道,一般分为汽车专用隧道和汽车、非机动车

与行人共同通行的隧道。

**2.1.2** 山岭隧道　mountain tunnel

贯穿山体的隧道。

**2.1.3** 钻爆法隧道　drill blast tunnel

用人工或机械钻孔、装药,采用控制爆破方式开挖的隧道。

**2.1.4** 明洞　open-cut tunnel

用明挖法修建的隧道。

**2.1.5** 棚洞　hangar tunnel

建于公路上的棚式建筑物。

**2.1.6** 建筑限界　construction clearance

为保证公路隧道内车辆行驶、人员通行所要求的限定空间。

**2.1.7** 净空断面　tunnel cross-section

隧道衬砌内轮廓与路面、侧沟所围成的断面区域。

**2.1.8** 紧急停车带　emergency parking strip

隧道内供故障车辆、巡检车辆等临时停车的区域。

**2.1.9** 横通道　cross channel

连接两隧道或洞室间或隧道连接地面的、近水平的横向联络通道。

**2.1.10** 竖井　vertical shaft

为改善运营通风或施工条件,垂直设置的通道。

**2.1.11** 斜井　inclined shaft

为改善运营通风或施工条件,以一定倾斜角度设置的斜向通道。

**2.1.12** 小净距隧道　neighborhood tunnel

并行的两隧道间净距较小、两洞结构彼此产生有害影响的隧道。

**2.1.13** 连拱隧道　multi-arch tunnel

并行的两拱形隧道之间无中夹岩柱、隧道的人工结构连接在一起的隧道。

**2.1.14** 分岔隧道　branching-out tunnel

由双向行驶的大跨隧道或连拱隧道,经小净距逐渐过渡到分离式双洞的隧道。

**2.1.15** 围岩分级　surrounding rock classification

根据岩体完整程度和岩石强度等指标,按稳定性对围岩进行的分级。

**2.1.16** 岩体基本质量指标　rock basic quality index

以围岩的岩石坚硬程度及完整程度为基本参数确定的岩体质量指标。

**2.1.17** 岩体修正质量指标　rock modified quality index

根据地下水、主要软弱结构面及初始应力状态等因素,对岩体基本质量指标进行修正后的岩体质量指标。

**2.1.18** 荷载　load

作用于结构物而使结构产生应力的力。

**2.1.19** 松散压力　loosening pressure

因围岩松动而作用在衬砌结构上的压力。

**2.1.20**　变形压力　deformed pressure

因围岩变形作用于衬砌结构上的压力。

**2.1.21**　围岩压力　surrounding rock pressure

因围岩变形和松动等作用于衬砌结构上的压力,是变形压力和松散压力的统称。

**2.1.22**　偏压　unsymmetrical pressure

作用于隧道衬砌结构上的不对称荷载。

**2.1.23**　洞门　portal

为支挡和防护隧道洞口仰坡岩土而设置的结构物。

**2.1.24**　端墙式洞门　end-wall tunnel portal

为支挡隧道洞口仰坡土压力而设置的挡墙结构物。

**2.1.25**　明洞式洞门　open-cut tunnel portal

为隧道洞口仰坡而设置的坡面护坡并使隧道衬砌结构适当外延的结构物。

**2.1.26**　衬砌　lining

支护隧道围岩的结构体。

**2.1.27**　仰拱　invert

设置在隧道底部的反向拱形衬砌结构。

**2.1.28**　喷锚衬砌　shotcrete and rockbohs lining

喷射混凝土、锚杆、钢筋网和钢架等单独或组合使用的隧道围岩支护结构。

**2.1.29**　整体式衬砌　monolithic lining

隧道开挖后用模注混凝土或砌体修建的隧道衬砌结构。

**2.1.30**　复合式衬砌　composite lining

由喷锚衬砌、防水层和模注混凝土衬砌构成的复合衬砌结构。

**2.1.31**　超前导坑　advancing drift

在隧道开挖断面内超前掌子面开挖的小断面坑道。

**2.1.32**　超前地质预报　advanced geological forecast

采用物探、钻探等手段,对隧道开挖面前方的地质条件进行探测、分析与评价的活动。

**2.1.33**　隧道施工监控量测　monitoring measurement

通过使用各种量测仪器和工具,在隧道内或地表,对围岩、地层的变形和支护结构的受力与变形进行观察、量测、分析与评价的活动。

**2.1.34**　高地应力　high ground stress

在隧道开挖后,在地层原始应力作用下,使硬质围岩地层产生岩爆、岩层剥离,使软质围岩地层发生大变形、开挖净空显著变小的地应力场。

# 3　隧道调查及围岩分级

## 3.1　一般规定

**3.1.1**　应根据隧道不同设计阶段的任务、目的和要求,针对公路等级、隧道特点和规模,确定搜集调查资料的内容和范围,进行收集、调查、测绘、勘探和试验。调查资料应齐全、准确,满足设计要求。

**3.1.2**　调查应分施工前调查和施工中调查两个阶段。施工前调查的内容、范围、精度等应符合相应设计阶段的要求;施工中调查应及时进行,核实和预测施工中遇到的地质问题,为修改设计、调整施工提供依据。

**3.1.3**　应根据隧址区地形、地质条件,并综合考虑调查阶段、方法、范围等,编制相应的调查计划。在调查过程中,发现实际情况与预计情况不符时,应及时修正调查计划。

**3.1.4**　围岩分级应采用定性分析和定量计算相结合的综合方法。

## 3.5　工程环境调查

**3.5.1**　应对隧址区及邻近地区相关地表水系、地下水露头、涌泉、温泉、沼泽、湖泊、植被、矿产资源以及动植物生态等自然环境状况进行调查。

**3.5.2**　应对场区内土地使用情况、农田、水利设施、建筑物、地下管线情况等进行调查。对场区内公园、保护林、文化遗址、纪念建筑等重要地物应调查其现状,并应评估隧道建设可能造成的影响。

**3.5.3**　应对生产生活用水、交通状况、施工和运营噪声、振动、污水废气排放等对生态环境的影响进行调查;应对施工和运营中地下水流失可能造成地表沉降、塌陷、地面建筑物破坏、居民生产生活用水枯竭等环境问题的影响程度进行调查和预测。

**3.5.4**　施工条件调查应包括下列内容:

1　交通条件、施工便道、施工场地、拆迁、弃渣场地、供水、供电和通信条件等;

2　建筑材料的来源、品质、数量等;

3　其他可能影响施工的因素。

## 3.6　围岩分级

**3.6.1**　隧道围岩级别的综合评判宜采用下列两步分级:

1　根据岩石的坚硬程度和岩体完整程度两个基本因素的定性特征和定量的岩体基本质量指标 $BQ$,进行初步分级。

2　在岩体基本质量分级基础上,考虑修正因素的影响,修正岩体基本质量指标值,得出基本质量指标修正值[BQ],再结合岩体的定性特征进行综合评判,确定围岩的详细分级。

**3.6.4**　可根据调查、勘探、试验等资料,隧道岩质围岩定性特征、岩体基本质量指标 BQ 或岩体修正质量指标[BQ]、土质围岩中的土体类型、密实状态等定性特征,按表 3.6.4 确定围岩级别,并应符合下列规定:

1　围岩分级中岩石坚硬程度、岩体完整程度两个基本因素的定性划分,可按本规范第 A.0.5 条和第 A.0.6 条确定。

2　围岩岩体主要特征定性划分与根据 BQ 或[BQ]值确定的级别不一致时,应重新审查定性特征和定量指标计算参数的可靠性,并对它们重新观察、测试。

3　在工可和初勘阶段,可采用定性或工程类比方法进行围岩级别划分。

**表 3.6.4　公路隧道围岩级别划分**

| 围岩级别 | 围岩岩体或土体主要定性特征 | 岩体基本质量指标 BQ 或岩体修正质量指标[BQ] |
|---|---|---|
| Ⅰ | 坚硬岩,岩体完整 | >550 |
| Ⅱ | 坚硬岩,岩体较完整;<br>较坚硬岩,岩体完整 | 550~451 |
| Ⅲ | 坚硬岩,岩体较破碎;<br>较坚硬岩,岩体较完整;<br>较软层,岩体完整,整体状或巨厚层状结构 | 450~351 |
| Ⅳ | 坚硬岩,岩体破碎;<br>较坚硬岩,岩体较破碎~破碎;<br>较软岩,岩体较完整~较破碎;<br>软岩,岩体完整~较完整 | 350~251 |
|  | 土体:1. 压密或成岩作用的黏性土及砂性土;<br>2. 黄土($Q_1$、$Q_2$);<br>3. 一般钙质、铁质胶结的碎石土、卵石土、大块石土 |  |
| Ⅴ | 较软岩,岩体破碎;<br>软岩,岩体较破碎~破碎;<br>全部极软岩和全部极破碎岩 | ≤250 |
|  | 一般第四系的半干硬至硬塑的黏性土及稍湿至潮湿的碎石土,卵石土、圆砾、角砾土及黄土($Q_3$、$Q_4$)。非黏性土呈松散结构,黏性土及黄土呈松软结构 |  |
| Ⅵ | 软塑状黏性土及潮湿、饱和粉细砂层、软土等 |  |

注:本表不适用于特殊条件的围岩分级,如膨胀性围岩、多年冻土等。

**3.6.6**　各级围岩的自稳能力,可根据围岩变形量测和理论计算分析评定,或按表 3.6.6判定。

**表 3.6.6　隧道各级围岩自稳能力判断**

| 围岩级别 | 自稳能力 |
|---|---|
| Ⅰ | 跨度≤20m,可长期稳定,偶有掉块,无塌方 |
| Ⅱ | 跨度 10~20m,可基本稳定,局部可发生掉块或小塌方;<br>跨度<10m,可长期稳定,偶有掉块 |
| Ⅲ | 跨度 10~20m,可稳定数日至 1 月,可发生小~中塌方;<br>跨度 5~10m,可稳定数月,可发生局部块体位移及小~中塌方;<br>跨度<5m,可基本稳定 |
| Ⅳ | 跨度>5m,一般无自稳能力,数日至数月内可发生松动变形、小塌方,进而发展为中~大塌方;埋深小时,以拱部松动破坏为主;埋深大时,有明显塑性流动变形和挤压破坏;<br>跨度≤5m,可稳定数日至 1 月 |
| Ⅴ | 无自稳能力,跨度 5m 或更小时,可稳定数日 |
| Ⅵ | 无自稳能力 |

注:1. 小塌方:塌方高度<3m,或塌方体积<30$m^3$。
2. 中塌方:塌方高度 3~6m,或塌方体积 30~100$m^3$。
3. 大塌方:塌方高度>6m,或塌方体积>100$m^3$。

# 4　总体设计

## 4.1　一般规定

**4.1.1**　隧道设计应满足公路规划、公路功能、土地资源、生态环境、可持续发展的要求,平纵线形、建筑限界、净空断面、通风、照明和交通监控等设施应与公路等级相适应。

**4.1.2**　隧道设计应符合安全实用、质量可靠、经济合理、技术先进的要求。

**4.1.3**　隧道总体设计应遵循下列原则:

1　隧道位置应满足公路功能和发展的需要,符合路线总体要求。

2　在地形、地貌、地质、气象、社会和人文环境等调查的基础上,综合比选隧道各轴线方案的走向、平纵线形、洞口位置、洞外接线条件等,提出推荐方案。

3　根据公路等级和设计速度确定建筑限界,在满足隧道功能和结构受力要求的前提下,确定经济合理的隧道内轮廓。

4　隧道洞内外平、纵线形应协调顺畅,满足行车安全和舒适要求。

5　根据隧道长度、平面布置、交通量及其组成、环境保护和安全运营要求等,选择合理的通风方式,确定通风、照明、交通监控、防灾救援等设施的设置规模。

6　应结合公路等级、隧道长度、施工方法、工期和运营要求,对隧道内外防排水系统、辅助通道、弃渣处理、交通工程设施、管理设施、环境保护等进行综合设计。

7　应考虑隧道与相邻既有建筑物和规划建筑物的相互影响。

8　隧道总体设计应考虑节能降耗、方便维修和养护。

## 4.2　隧道位置选择

**4.2.1**　隧道位置应选择在稳定的地层中,避免穿越工程地质和水文地质极为复杂以及严重不良地质地段。必须通过时,应采取切实可靠的工程技术措施。

**4.2.2**　穿越山岭的长、特长隧道,应在较大范围地质测绘和综合地质勘探的基础上,拟订不同的越岭高程及其相应的展线方案,结合两端路线接线条件及施工、运营条件等因素,进行全面技术经济比较后,确定路线走向和隧道平面位置。

**4.2.3**　路线沿河傍山地段以隧道通过时,应对长隧道方案与短隧道群或桥隧群方案、高边坡与棚洞方案进行技术经济比较。

**4.2.4**　隧道洞口位置不宜设在滑坡、崩坍、岩堆、危岩落石、泥石流等不良地质地段,以及排水困难的沟谷低洼处和不稳定的悬崖陡壁下。

**4.2.5**　濒临水库、沿河、沿溪的隧道,其洞口路肩设计高程应高出计算洪水位(含浪高和壅水高)不小于 0.5m。长期浸泡造成岸坡坍塌对隧道稳定有不利影响时,应采取相应的工程措施。

**4.2.6**　隧道设计洪水位频率标准可按表 4.2.6 取值;当观测洪水位高于频率标准洪水位值时,应按观测洪水位设计。

**表 4.2.6　隧道设计水位的洪水频率标准**

| 隧道类别 | 公路等级 | | | |
|---|---|---|---|---|
| | 高速公路、一级公路 | 二级公路 | 三级公路 | 四级公路 |
| 特长隧道 | 1/100 | 1/100 | 1/50 | 1/50 |
| 长隧道 | 1/100 | 1/50 | 1/50 | 1/25 |
| 中、短隧道 | 1/100 | 1/50 | 1/25 | 1/25 |

## 4.3　隧道线形设计

**4.3.1**　应根据地质、地形、路线走向、通风等因素确定隧道平面线形。设曲线时,不宜采用设超高和加宽的圆曲线。隧道不设超高的圆曲线最小半径应符合表 4.3.1 的规定。隧道平面线形需采用设超高的圆曲线时,其超高值不宜大于 4.0%。当设计速度为 20km/h 时,圆曲线半径不宜小于 250m。隧道内每条车道的视距均应符合现行《公路路线设计规范》(JTG D20)的视距要求。

**表 4.3.1　隧道不设超高的圆曲线最小半径(m)**

| 路　拱 | 设计速度(km/h) | | | | | |
|---|---|---|---|---|---|---|
| | 120 | 100 | 80 | 60 | 40 | 30 |
| ≤2.0% | 5 500 | 4 000 | 2 500 | 1 500 | 600 | 350 |
| >2.0% | 7 500 | 5 250 | 3 350 | 1 900 | 800 | 450 |

**4.3.2**　高速公路、一级公路隧道应设计为上、下行分向行驶的双洞隧道,双洞隧道宜按分离式隧道布置。下列情况可按其他形式布置:

1　洞口地形狭窄、桥隧相连、连续隧道群、周边建筑物限制或为减少洞外占地的短隧道、中隧道,可按小净距隧道布置。

2　洞口地形狭窄、周边建筑物限制展线特别困难的短隧道,可按连拱隧道布置。

3　桥隧相连、洞口地形狭窄或有特殊要求的长隧道、特长隧道的洞口局部地段,可按分岔隧道布置。

**4.3.3**　分离式隧道间的净距,宜按两洞结构彼此不产生有害影响的原则,并应结合隧道洞口接线、围岩地质条件、断面形状和尺寸、结构设计、施工方法、工期要求等因素综合确定。两洞间净距宜取 0.8 ~2.0 倍开挖宽度,围岩条件总体较好时取较小值,围岩条件总体较差时取较大值。两洞跨度不同时,以较大跨度控制。

**4.3.4**　隧道纵坡形式,宜采用单向坡,地下水发育的长隧道、特长隧道可采用双向坡。隧道内竖曲线最小半径和最小长度应符合表 4.3.4 的规定。

**表 4.3.4　竖曲线最小半径和最小长度(m)**

| 设计速度(km/h) | 120 | 100 | 80 | 60 | 40 | 30 | 20 |
|---|---|---|---|---|---|---|---|
| 凸形竖曲线最小半径 | 17 000 | 10 000 | 4 500 | 2 000 | 700 | 400 | 200 |
| 凹形竖曲线最小半径 | 6 000 | 4 500 | 3 000 | 1 500 | 700 | 400 | 200 |
| 竖曲线最小长度 | 100 | 85 | 70 | 50 | 35 | 25 | 20 |

**4.3.5**　隧道内纵断面线形应考虑行车安全、运营通风规模、施工作业和排水要求确定,最小纵坡不应小于0.3%,最大纵坡不应大于3%;短于100m 的隧道可不受此限制。高速公路、一级公路的中、短隧道,受地形等条件限制时,经技术经济论证、交通安全评价后,隧道最大纵坡可适当加大,但不宜大于4%。

**4.3.6**　隧道洞外连接线线形应与隧道线形相协调,隧道洞口内外侧各 3s 设计速度行程长度范围的平、纵线形应一致。特殊困难地段,经技术经济比较论证后,洞口内外平曲线可以采用缓和曲线,但应加强线形诱导设施。

**4.3.7**　间隔 100m 以内的连续隧道,宜整体考虑其平、纵线形技术指标。

## 4.4　隧道横断面设计

**4.4.1**　各级公路隧道建筑限界如图 4.4.1 所示,在建筑限界内不得有任何土建工程部件侵入。各级公路两车道隧道建筑限界宽度应不小于表 4.4.1 的基本宽度,并应符合下列规定:

1　建筑限界高度:高速公路、一级公路、二级公路取 5.0m;三、四级公路取 4.5m。

2　设检修道或人行道时,检修道或人行道宜包含余宽;不设置检修道或人行道时,应设不小于 0.25m 的余宽。

3　隧道路面横坡:隧道为单向交通时,应设置为单面坡;隧道为双向交通时,可设置为双面坡;横坡坡率可采用 1.5% ~2.0%,宜与洞外路面横坡坡率一致。

4　路面采用单面坡时,建筑限界底边线与路面重合;采用双面坡时,建筑限界底边线应水平置于路面最高处。

5　单车道四级公路的隧道应按双车道四级公路标准修建。

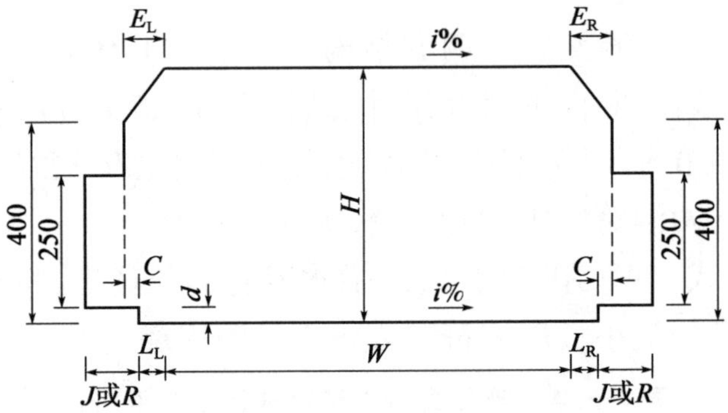


图 4.4.1　公路隧道建筑限界(尺寸单位:cm)

$H$-建筑限界高度;$W$-行车道宽度;$L_L$-左侧侧向宽度;$L_R$-右侧侧向宽度;$C$-余宽;$J$-检修道宽度;$R$-人行道宽度;$d$-检修道或人行道的高度;$E_L$-建筑限界左顶角宽度,包含余宽 C;$E_R$-建筑限界右顶角宽度,包含余宽 $C$。

注:当 $L_L \leq 1m$ 时,$E_L = L_L$;当 $L_L > 1m$ 时,$E_L = 1m$。

当 $L_R \leq 1m$ 时,$E_R = L_R$;当 $L_R > 1m$ 时,$E_R = 1m$。

**表 4.4.1　两车道公路隧道建筑限界横断面组成及基本宽度(m)**

| 公路等级 | 设计速度(km/h) | 车道宽度 $W$ | 侧向宽度 | | 余宽 $C$ | 检修道宽度 $J$ 或人行道宽度 $R$ | | 建筑限界基本宽度 |
|---|---|---|---|---|---|---|---|---|
| | | | 左侧 $L_L$ | 右侧 $L_R$ | | 左侧 | 右侧 | |
| 高速公路<br>一级公路 | 120 | 3.75×2 | 0.75 | 1.25 | 0.50 | 1.00 | 1.00 | 11.50 |
| | 100 | 3.75×2 | 0.75 | 1.00 | 0.25 | 0.75 | 0.75 | 10.75 |
| | 80 | 3.75×2 | 0.50 | 0.75 | 0.25 | 0.75 | 0.75 | 10.25 |
| | 60 | 3.50×2 | 0.50 | 0.75 | 0.25 | 0.75 | 0.75 | 9.75 |

续上表

| 公路等级 | 设计速度(km/h) | 车道宽度 W | 侧向宽度 | | 余宽 C | 检修道宽度 J 或人行道宽度 R | | 建筑限界基本宽度 |
|---|---|---|---|---|---|---|---|---|
| | | | 左侧 $L_L$ | 右侧 $L_R$ | | 左侧 | 右侧 | |
| 二级公路 | 80 | 3.75×2 | 0.75 | 0.75 | 0.25 | 1.00 | 1.00 | 11.00 |
| | 60 | 3.50×2 | 0.50 | 0.50 | 0.25 | 1.00 | 1.00 | 10.00 |
| 三级公路 | 40 | 3.50×2 | 0.25 | 0.25 | 0.25 | 0.75 | 0.75 | 9.00 |
| | 30 | 3.25×2 | 0.25 | 0.25 | 0.25 | 0.75 | 0.75 | 8.50 |
| 四级公路 | 20 | 3.00×2 | 0.50 | 0.50 | 0.25 | | | 7.50 |

注:三车道、四车道隧道除增加车道数外,其他宽度同表4.4.1;增加车道的宽度不应小于3.5m。

**4.4.2**　高速公路、一级公路隧道应在两侧设置检修道,二级、三级公路隧道应在两侧设置人行道并兼作检修道,检修道或人行道宽度应符合表4.4.1的规定;连拱隧道行车方向左侧、四级公路隧道可不设检修道或人行道,但应保留不小于0.25m的余宽;设计速度大于100km/h时,余宽应不小于0.5m。检修道或人行道的高度可按250~800mm取值,并应综合考虑下列因素:

1　检修人员或行人步行时的安全。

2　满足其下放置电缆、给水管等的空间尺寸要求,以及电缆沟排水空间要求。

3　紧急情况时,驾乘人员拿取消防设备方便。

**4.4.3**　隧道内轮廓净空断面应符合下列要求:

1　满足隧道建筑限界所需空间,并预留不小于50mm的富余量。

2　满足洞内装饰所需空间。

3　满足通风、照明、消防、监控、指示标志等交通工程及附属设施所需空间。

4　断面形状有利于围岩稳定、结构受力。

5　隧道内轮廓断面形状及尺寸可参照附录B拟定。

**4.4.4**　隧道内路侧边沟应结合检修道、侧向宽度、余宽等,布置于车道两侧。

**4.4.5**　特长隧道、长隧道内不设硬路肩或硬路肩宽度小于2.5m时,单洞两车道隧道应设紧急停车带,单洞三车道隧道宜设紧急停车带,单洞四车道隧道可不设紧急停车带。

**4.4.6**　紧急停车带设置应符合下列规定:

1　紧急停车带宽度为向行车方向右侧加宽不小于3.0m,且紧急停车带宽度与右侧侧向宽度($L_R$)之和不应小于3.5m。

2　紧急停车带长度不宜小于50m,其中有效长度不应小于40m。

3　紧急停车带横坡可取0~1.0%。

4　单向行车隧道紧急停车带设置间距不宜大于750m,并不应大于1 000m。

5　双向行车隧道紧急停车带应两侧交错设置,同一侧间距宜采用800~1 200mm,并不应大于1 500m。

紧急停车带建筑限界的构成如图4.4.6所示,具体尺寸按本规范第4.4.1条和第 4.4.2 条规定执行。

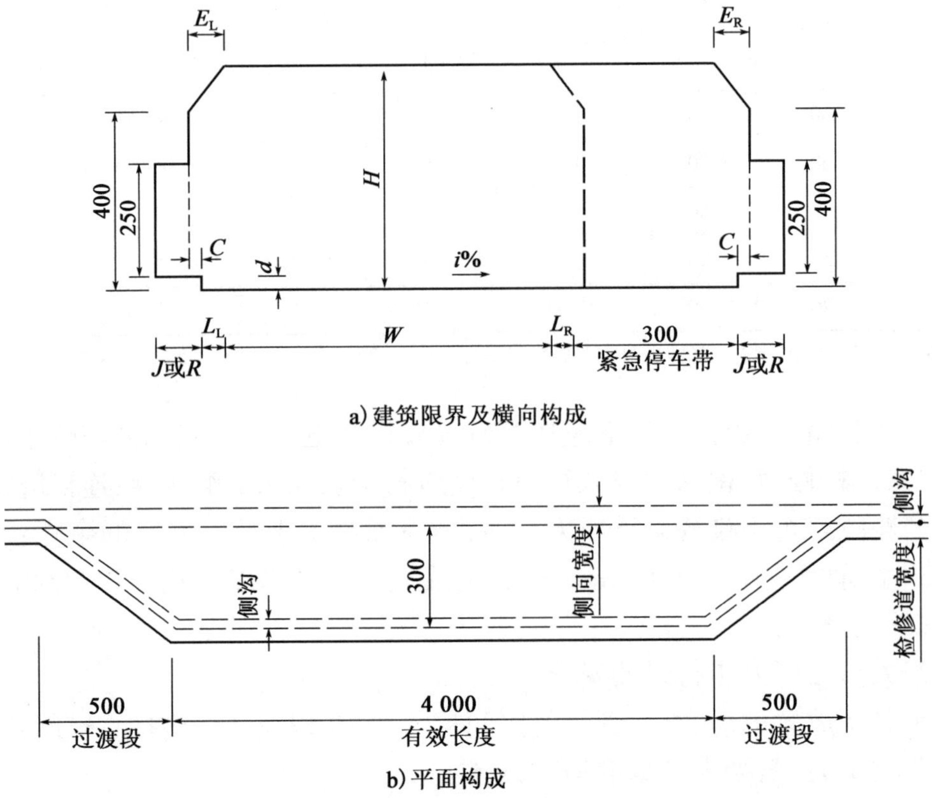


图 4.4.6　紧急停车带的建筑限界、宽度和长度(尺寸单位:m)

**4.4.7**　不设检修道、人行道的隧道,应在隧道两侧交错布置行人避车洞。行人避车洞同一侧间距不宜大于 500m,宽不应小于 1.5m、高不应小于 2.2m、深不应小于 0.75m。

**4.4.8**　四车道高速公路上的短隧道,独立设置的明洞或棚洞,城市出入口的中、短隧道,宜与路基同宽。

**4.4.9**　洞口外相接路段应设置距洞口不小于 3s 设计速度行程长度且不小于 50m 的过渡段,保持横断面的顺适过渡。

## 4.5　横通道及平行通道

**4.5.1**　上、下行公路隧道之间应设横通道,并应符合下列规定:

1　人行横通道限界宽度不得小于 2.0m,限界高度不得小于 2.5m;车行横通道限界宽度不得小于 4.5m,限界高度应与主洞限界高度一致。横通道断面建筑限界规定如图 4.5.1 所示。

2　人行横通道设置间距宜为 250m,并不应大于 350m。

3　车行横通道设置间距宜为 750m,并不应大于 1 000m;中、短隧道可不设。

4　车行横通道路缘高度 $d$ 宜与隧道行车方向左侧检修道高度一致。

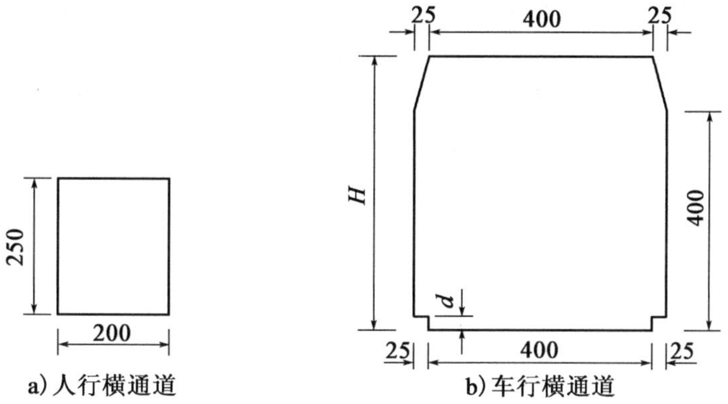


图4.5.1　横通道的断面建筑限界(尺寸单位:cm)

**4.5.2**　单洞双向行车的特长隧道宜设置平行通道。平行通道设置时应符合下列规定:

1　宜靠近主隧道沿主隧道轴线通长设置;当条件受限时,可局部设置。

2　断面不应小于人行横通道断面。

3　与主隧道之间应设人行横通道,间距宜采用250～500m。

4　排水底面高程宜低于主隧道排水底面高程0.2～0.6m。

**4.5.3**　地形条件允许时,可增设连接地面的横通道。

**4.5.4**　长、特长双洞隧道,应在洞外适当位置设置联络道。

## 4.6　监控量测与超前地质预报

**4.6.1**　隧道设计应根据地质条件、施工方法、支护形式及周边环境等因素,提出隧道施工过程中监控量测和超前地质预报方案。

**4.6.2**　隧道施工监控量测和超前地质预报方案应包括目的、内容、要求和获取的信息。

**4.6.3**　在隧道施工过程中,应根据隧道监控量测和超前地质预报的相关信息,对施工开挖方法、支护参数进行及时调整,实行动态设计和信息化施工。

## 4.7　施工计划

**4.7.1**　隧道设计应制订施工计划。施工计划主要应包括工期、施工方法、工区划分、临时设施、施工便道、弃渣场、污水处理和监控量测方案、超前地质预报的要求等。施工计划制订应遵循下列原则:

1　应根据隧道长度、布置、断面、工期、地质条件和自然环境条件等,确定合理的施工方法和施工进度。

2　工区划分应考虑隧道纵坡、工程地质与水文地质条件、渣场和便道修建条件以及土石方平衡等综合因素。

3　应结合工程地质与水文地质、施工方法、施工以及运营通风方式等,对设置辅助通道的目的、作用、必要性进行技术经济论证。

4　根据隧道的建设规模、地质条件等,应对主要施工机械设备、配套设施的技术指标提出要求。

5　临时设施应根据工程规模、洞口条件,遵循满足施工需要、减少周边干扰和破坏、便于恢复利用的原则进行布置。

# 5　建筑材料

## 5.1　一般规定

**5.1.3**　建筑材料的选用应符合下列规定:

1　应符合结构强度和耐久性要求,同时满足抗冻、抗渗和抗侵蚀的需要。

2　当有侵蚀性水作用时,所用混凝土和水泥砂浆均应采用具有抗侵蚀性能的水泥和集料配制,其抗侵蚀性能的要求视水的侵蚀特征确定。

3　最冷月平均气温低于 -15℃的地区及受冻害影响的隧道,混凝土强度等级应适当提高。

**5.1.4**　混凝土和砌体所用的材料除应符合国家有关标准的规定外,尚应符合下列规定:

1　不应使用碱活性集料配制混凝土。

2　钢筋混凝土结构的混凝土强度等级不应低于 C25;预应力混凝土结构的混凝土强度等级不应低于 C30。

3　钢筋混凝土构件中,钢筋的技术条件应符合现行《钢筋混凝土用钢　第 1 部分:热轧光圆钢筋》(GB 1499.1)、《钢筋混凝土用钢　第 2 部分:热轧带肋钢筋》(GB 1499.2)的规定。

4　片石强度等级不应低于 MU40,块石强度等级不应低于 MU60,条石、料石强度等级不应低于 MU80,不应采用有裂缝和易风化的石料。

5　片石混凝土内片石掺量不得超过总体积的 30%。

6　混凝土砌块强度等级不应低于 MU20。

**5.1.5**　喷锚支护采用材料除应符合本规范第 5.1.1 ~ 5.1.4 条的有关规定外,尚应符合下列规定:

1　喷射混凝土应优先采用硅酸盐水泥或普通硅酸盐水泥,也可采用矿渣硅酸盐水泥。

2　粗集料应采用坚硬耐久的碎石或卵石,不得使用碱活性材料;喷射混凝土中的石子粒径不宜大于 16mm,喷射钢纤维混凝土中的石子粒径不宜大于 10mm;集料级配宜采用连续级配,细集料应采用坚硬耐久的中砂或粗砂,细度模数宜大于 2.5,砂的含水率宜控制在 5% ~7%。

3　砂浆锚杆杆体材料宜采用 HRB400、HRB500 热轧带肋钢筋。

4　中空锚杆材料宜采用 Q345 结构用无缝钢管,杆体断后伸长率 $A$ 不应小于 16%,

并应符合现行《结构用无缝钢管》(GB/T 8162)的规定。

5 组合中空锚杆杆体材料应符合本条第3、4款规定。

6 锚杆垫板材料宜采用Q235热轧钢板。

7 钢筋网材料可采用HPB300热轧光圆钢筋。

**5.1.6** 混凝土和喷射混凝土中可根据需要掺加添加剂,其性能应满足下列要求:

1 对混凝土的强度及其与围岩的黏结力基本无影响,对混凝土和钢材无腐蚀作用。

2 对混凝土的凝结时间影响不大(除速凝剂和缓凝剂外)。

3 不易吸湿,易于保存;不污染环境。

**5.1.7** 喷射钢纤维混凝土中的钢纤维宜采用普通碳素钢制成,并满足下列要求:

1 宜用等效直径为0.3~0.5mm的方形或圆形断面。

2 长度宜为20~25mm,长度直径比宜为40~60。

3 抗拉强度不得小于380MPa,且不得有油渍和明显的锈蚀。

**5.1.11** 注浆材料应满足下列要求:

1 浆液应无毒无臭,不污染环境。

2 浆液黏度低,流动性好,可注性强,凝结时间可按要求控制。

3 浆液固化体稳定性好,能满足注浆工程的使用寿命要求。

4 浆液应对注浆设备、管路及混凝土结构物无腐蚀性,易于清洗。

**5.1.12** 防水卷材宜采用乙烯-醋酸乙烯共聚物(EVA)、乙烯-醋酸乙烯与沥青共聚物(ECB)、聚乙烯(PE)或其他性能相似的材料,也可选用预铺反粘类防水卷材或立体防排水板等新型防水材料。卷材及其胶黏剂应具有良好的耐水性、耐久性、耐刺穿性、耐腐蚀性和耐菌性。

## 5.2 材料性能

**5.2.1** 常用建筑材料的重度应按表5.2.1的规定采用。

**表5.2.1 建筑材料标准重度或计算重度(kN/m³)**

| 材料名称 | 混凝土 | 片石混凝土 | 钢筋混凝土(配筋率在3%以内) | 喷射混凝土 | 钢材 | 浆砌片石 | 浆砌块石 | 浆砌粗料石 |
|---|---|---|---|---|---|---|---|---|
| 重度 | 23 | 23 | 25 | 22 | 78.5 | 22 | 23 | 25 |

**5.2.5** 混凝土弹性模量应按表5.2.5的规定采用,混凝土剪切模量可按表列数值乘以0.43采用,泊松比可采用0.2。

**表5.2.5 混凝土弹性模量(GPa)**

| 混凝土强度等级 | C15 | C20 | C25 | C30 | C35 | C40 | C45 | C50 |
|---|---|---|---|---|---|---|---|---|
| 弹性模量 $E_c$ | 22 | 25.5 | 28 | 30 | 31.5 | 32.5 | 33.5 | 34.5 |

**5.2.6**　喷射混凝土强度设计值应按表 5.2.6-1 的规定采用;喷射混凝土弹性模量应按表 5.2.6-2 的规定采用。

**表 5.2.6-1　喷射混凝土强度设计值(MPa)**

| 强度种类 | 喷射混凝土强度等级 | | | | |
|---|---|---|---|---|---|
| | C20 | C25 | C30 | C35 | C40 |
| 轴心抗压 | 9.6 | 11.9 | 14.3 | 16.7 | 19.1 |
| 弯曲抗压 | 11.0 | 13.5 | 16.5 | — | — |
| 抗拉 | 1.1 | 1.27 | 1.43 | 1.57 | 1.71 |

注:1. 喷射混凝土的强度指采用喷射大板切割法,制作成边长为 10cm 的立方体试块,在标准条件下养护 28d,用标准试验方法所得的极限抗压强度乘以系数 0.95。

2. 黏结力可采用劈裂法或在喷层上直接拉拔测定。

**表 5.2.6-2　喷射混凝土弹性模量(GPa)**

| 喷射混凝土强度等级 | C20 | C25 | C30 | C35 | C40 |
|---|---|---|---|---|---|
| 弹性模量 | 23 | 26 | 28 | 30 | 31.5 |

**5.2.7**　C20 喷混凝土极限强度可采用:轴心抗压 15MPa;弯曲抗压 18MPa;抗拉 1.3MPa。喷射混凝土与围岩的黏结强度可采用:Ⅰ、Ⅱ级围岩,不应低于 0.8MPa;Ⅲ级围岩,不应低于 0.5MPa。

**5.2.8**　喷射混凝土 1d 龄期的抗压强度不应低于 5MPa。钢纤维喷射混凝土的设计强度等级不应低于 C25,抗拉强度不应低于 2MPa,抗弯强度不应低于 6MPa。

**5.2.11**　钢筋屈服强度标准值、极限强度标准值、抗拉或抗压强度标准值可按表 5.2.11的规定采用。

**表 5.2.11　钢筋屈服强度标准值、极限强度标准值、抗拉或抗压强度标准值(MPa)**

| 钢筋牌号 | HPB300<br>($d$=6~22mm) | HRB400<br>($d$=6~50mm) | HRB500<br>($d$=6~50mm) |
|---|---|---|---|
| 屈服强度标准值 $f_{yk}$ | 300 | 400 | 500 |
| 极限强度标准值 $f_{stk}$ | 420 | 540 | 630 |
| 抗拉或抗压强度标准值 $R_g$ | 300 | 400 | 500 |

注:表中 $d$ 为钢筋直径。

**5.2.12**　石材极限强度应按表 5.2.12 的规定采用。

**表 5.2.12　石材极限强度(MPa)**

| 强度种类 | 强度等级 | | | | | |
|---|---|---|---|---|---|---|
| | MU100 | MU80 | MU60 | MU50 | MU40 | MU30 |
| 轴心抗压 | 72.0 | 57.6 | 43.2 | 36.0 | 28.8 | 21.6 |
| 弯曲抗拉 | 6.0 | 4.8 | 3.6 | 3.0 | 2.4 | 1.8 |

**5.2.13** 石砌体和混凝土块砌体轴心及偏心受压容许应力应按表5.2.13的规定采用。

**表5.2.13 石砌体和混凝土块砌体轴心及偏心受压容许应力(MPa)**

| 砌体种类 | 石料和混凝土块强度等级 | 水泥砂浆强度等级 | | |
|---|---|---|---|---|
| | | M20 | M10 | M7.5 |
| 片石砌体 | MU100 | 3.0 | 2.2 | 1.9 |
| | MU80 | 2.7 | 2.0 | 1.7 |
| | MU60 | 2.3 | 1.85 | 1.5 |
| | MU50 | 2.1 | 1.6 | 1.3 |
| 块石砌体 | MU100 | 5.6 | 4.9 | — |
| | MU80 | 4.7 | 4.1 | — |
| | MU60 | 3.8 | 3.2 | — |
| | MU50 | 3.3 | 2.8 | — |
| 粗料石砌体 | MU100 | 7.1 | 5.0 | — |
| | MU80 | 6.0 | 4.8 | — |
| | MU60 | 4.9 | 4.1 | — |
| | MU40 | 3.7 | 3.4 | — |
| 混凝土块砌体 | MU30 | 5.6 | 4.7 | — |
| | MU20 | 4.4 | 3.6 | — |

注:1. 介于表列石料或水泥砂浆强度等级之间的其他砌体的受压容许应力可用内插法确定。
2. 混凝土块高度 $h$ 超过20cm时,混凝土块砌体的容许应力应以表中数值乘以下列提高系数 $c$:$h \leq 40$cm时,$c=0.6+0.02h$;$h>40$cm时,$c=1.2+0.005h$。当 $c$ 大于1.7时,取1.7。
3. 如有特殊需要必须用细料石及半细料石砌体时,受压容许应力可按粗料石砌体的受压容许应力分别乘以提高系数1.43及1.14,但提高后的受压容许应力不应大于水泥砂浆抗压极限强度的一半。

**5.2.14** 砂浆砌体抗压强度设计值应按下列规定采用:

1 混凝土预制块砂浆砌体抗压强度设计值应按表5.2.14-1的规定采用。

2 块石砂浆砌体抗压强度设计值应按表5.2.14-2的规定采用。

3 片石砂浆砌体抗压强度设计值应按表5.2.14-3的规定采用。

**表5.2.14-1 混凝土预制块砂浆砌体抗压强度设计值(MPa)**

| 混凝土强度等级 | 砂浆强度等级 | | | |
|---|---|---|---|---|
| | M20 | M15 | M10 | M7.5 |
| C40 | 8.10 | 6.92 | 5.74 | 5.15 |
| C30 | 7.01 | 5.99 | 4.96 | 4.46 |
| C20 | 5.73 | 4.89 | 4.06 | 3.64 |
| C15 | 4.96 | 4.24 | 3.51 | 3.15 |

**表 5.2.14-2　块石砂浆砌体抗压强度设计值(MPa)**

| 石材强度等级 | 砂浆强度等级 | | | |
|---|---|---|---|---|
| | M20 | M15 | M10 | M7.5 |
| MU100 | 8.54 | 7.29 | 6.04 | 5.43 |
| MU80 | 7.64 | 6.52 | 5.41 | 4.85 |
| MU60 | 6.61 | 5.65 | 4.68 | 4.20 |
| MU50 | 6.04 | 5.16 | 4.28 | 3.84 |
| MU40 | 5.40 | 4.61 | 3.83 | 3.43 |

注:对各类石砌体,应按表中数值分别乘以下列系数:细料石砌体为 1.5;半细料石砌体为 1.3;粗料石砌体为 1.2;干砌勾缝石砌体为 0.8。

**表 5.2.14-3　片石砌体抗压强度设计值(MPa)**

| 石材强度等级 | 砂浆强度等级 | | | |
|---|---|---|---|---|
| | M20 | M15 | M10 | M7.5 |
| MU100 | 2.0 | 1.71 | 1.41 | 1.27 |
| MU80 | 1.79 | 1.53 | 1.26 | 1.14 |
| MU60 | 1.55 | 1.32 | 1.09 | 0.98 |
| MU50 | 1.41 | 1.21 | 1.00 | 0.90 |
| MU40 | 1.26 | 1.08 | 0.89 | 0.80 |

**5.2.15**　砌体极限强度应按表 5.2.15 的规定采用。

**表 5.2.15　砌体极限强度(MPa)**

| 砂浆强度等级 | 抗压强度 $R_a$ | | | | 抗剪强度 $R_j$ |
|---|---|---|---|---|---|
| | 片石 | 块石 | 粗料石 | 混凝土块砌体 | |
| M7.5 | 3.0 | — | — | — | 0.35 |
| M10 | 3.5 | 5.5 | 8.0 | 5.5 | 0.40 |
| M15 | 4.0 | 6.0 | 9.0 | 6.0 | 0.50 |

注:混凝土砌块高度 $h$ 超过 20cm 时,表中混凝土块砌体的抗压极限强度应乘以下列提高系数 $c$:$h \leq 40$cm 时,$c = 0.6 + 0.02h$;$h > 40$cm 时,$c = 1.2 + 0.005h$。当 $c$ 大于 1.7 时,取 1.7。

**5.2.16**　砌体的抗压弹性模量采用 10 ~ 15GPa。砌体的抗剪弹性模量宜采用抗压弹性模量的 0.4 倍。

## 5.3 防排水材料性能

**5.3.1** 防水卷材技术指标可按表5.3.1-1、表5.3.1-2的规定采用。

**表5.3.1-1 常用防水卷材技术指标**

| 项目 | | 单位 | 指标 | |
|---|---|---|---|---|
| | | | 聚乙烯(PE) | 乙烯-醋酸乙烯共聚物(EVA) |
| 断裂拉伸强度≥ | | MPa | 18 | 18 |
| 扯断伸长率≥ | | % | 600 | 650 |
| 撕裂强度≥ | | kN/m | 95 | 100 |
| 不透水性(0.3MPa,24h) | | | 无渗漏 | 无渗漏 |
| 低温弯折性≤ | | | -35℃,无裂缝 | -35℃,无裂缝 |
| 加热伸缩量 | 延伸≤ | mm | 2 | 2 |
| | 收缩≤ | mm | 6 | 6 |
| 热空气老化(80℃,168h) | 断裂拉伸强度≥ | MPa | 15 | 16 |
| | 扯断伸长率≥ | % | 550 | 600 |
| 耐碱性[$Ca(OH)_2$饱和溶液,168h] | 断裂拉伸强度≥ | MPa | 16 | 17 |
| | 扯断伸长率≥ | % | 550 | 600 |
| 人工候化 | 断裂拉伸强度保持率≥ | % | 80 | 80 |
| | 扯断伸长率保持率≥ | % | 70 | 70 |
| 刺破强度≥ | | N | 300 | 300 |

**表5.3.1-2 预铺反粘类防水卷材技术指标**

| 项目 | | 单位 | 指标 | |
|---|---|---|---|---|
| | | | P类 | PY类 |
| 可溶物含量≥ | | $g/m^2$ | — | 2 900 |
| 拉力≥ | | N/50mm | 500 | 800 |
| 膜断裂伸长率≥ | | % | 400 | — |
| 最大拉力时伸长率≥ | | % | — | 40 |
| 钉杆撕裂强度≥ | | N | 400 | 200 |
| 冲击性能 | | | 直径(10±0.1)mm,无渗漏 | |
| 静态荷载 | | | 200kN,无渗漏 | |
| 耐热性 | | | 70℃,2h无位移、流淌、滴落 | |
| 热老化(70℃,168h) | 拉力保持率≥ | % | 90 | |
| | 伸长率保持率≥ | % | 80 | |

续上表

| 项　目 | | 单位 | 指　标 | |
|---|---|---|---|---|
| | | | P 类 | PY 类 |
| 低温弯折性 | | | -25℃,无裂纹 | — |
| 低温柔性 | | | — | -25℃,无裂纹 |
| 渗油性≤ | | 张数 | — | 2 |
| 防窜水性 | | | 0.6MPa,不窜水 | |
| 与后浇混凝土剥离强度 | 无处理≥ | N/mm | 2.0 | |
| | 水泥粉污染表面≥ | | 1.5 | |
| | 泥沙污染表面≥ | | 1.5 | |
| | 紫外线老化≥ | | 1.5 | |
| | 热老化≥ | | 1.5 | |
| 与后浇混凝土浸水后剥离强度≥ | | N/mm | 1.5 | |

注:P 类产品高分子主体材料厚度不小于 0.7mm,卷材全厚度不小于 1.2mm。PY 类厚度不得小于 4mm。

**5.3.2**　隧道内用无纺织土工织物技术指标可按表 5.3.2 的规定采用。

**表 5.3.2　隧道内用无纺织土工织物技术指标**

| 项　目 | | 单　位 | 指　标 | | | 备　注 |
|---|---|---|---|---|---|---|
| 单位面积质量 | | $g/m^2$ | 300 | 400 | 500 | 偏差为 ±5% |
| 断裂强度 | 纵、横向 | kN/m | ≥15 | ≥20 | ≥25 | |
| 断裂延伸率 | 纵、横向 | % | ≥40 | | | |
| CBR 顶破强力 | | kN | ≥2.9 | ≥3.9 | ≥5.3 | |
| 撕破强力 | 纵、横向 | kN | ≥0.42 | ≥0.56 | ≥0.70 | |
| 等效孔径 $O_{90}(O_{95})$ | | mm | 0.05 ~ 0.2 | | | |
| 垂直渗透系数 | | cm/s | $K\times(10^{-1}\sim10^{-3})$ | | | $K=1.0\sim9.9$ |
| 厚度 | | mm | ≥2.2 | ≥2.8 | ≥3.4 | |

**5.3.3**　隧道内用橡胶止水带技术指标可按表 5.3.3 的规定采用。

**表 5.3.3　隧道内用橡胶止水带技术指标**

| 项　目 | | 单　位 | 指　标 |
|---|---|---|---|
| 硬度 | | 邵尔 A 度 | 60 ±5 |
| 拉伸强度≥ | | MPa | 10 |
| 扯断伸长率≥ | | % | 380 |
| 压缩永久变形≤ | 70℃,24h | % | 30 |
| | 23℃,168h | % | 20 |

续上表

| 项　目 | | | 单　位 | 指　标 |
|---|---|---|---|---|
| 撕裂强度≥ | | | kN/m | 30 |
| 脆性温度≤ | | | ℃ | -45 |
| 热空气老化 | 70℃,168h | 硬度变化≤ | 邵尔 A 度 | 6 |
| | | 拉伸强度≥ | MPa | 9 |
| | | 扯断伸长率≥ | % | 320 |
| 耐碱性 | 氢氧化钙饱和溶液 23℃,168h | 硬度变化≤ | 邵尔 A 度 | 6 |
| | | 拉伸强度≥ | MPa | 9 |
| | | 扯断伸长率≥ | % | 320 |
| 臭氧老化 $50\times10^{-8}$:20%,40℃,48h | | | | 无龟裂 |
| 橡胶与金属黏合 | | | | 橡胶破坏 |

**5.3.4**　橡胶止水带的外观质量、尺寸偏差和物理性能应符合现行《高分子防水材料　第2部分:止水带》(GB 18173.2)的规定。

**5.3.5**　排水盲管性能应符合现行《软式透水管》(JC 937)及《埋地用聚乙烯(PE)结构壁管道系统　第1部分:聚乙烯双壁波纹管材》(GB/T 19472.1)的有关规定。

# 6　荷载

## 6.1　一般规定

**6.1.1**　隧道结构上的荷载应按表 6.1.1 的规定分类。

**表 6.1.1　隧道结构上的荷载分类**

| 编　号 | 荷 载 分 类 | 荷 载 名 称 |
|---|---|---|
| 1 | 永久荷载 | 围岩压力 |
| 2 | | 土压力 |
| 3 | | 结构自重 |
| 4 | | 结构附加恒载 |
| 5 | | 混凝土收缩和徐变的影响力 |
| 6 | | 水压力 |

续上表

| 编　号 | 荷 载 分 类 | | 荷 载 名 称 |
|---|---|---|---|
| 7 | 可变荷载 | 基本可变荷载 | 公路车辆荷载、人群荷载 |
| 8 | | | 立交公路车辆荷载及其所产生的冲击力、土压力 |
| 9 | | | 立交铁路列车活载及其所产生的冲击力、土压力 |
| 10 | | | 立交渡槽流水压力 |
| 11 | | 其他可变荷载 | 温度变化的影响力 |
| 12 | | | 冻胀力 |
| 13 | | | 施工荷载 |
| 14 | 偶然荷载 | | 落石冲击力 |
| 15 | | | 地震力 |

注:编号 1 ~ 10 为主要荷载;编号 11、12、14 为附加荷载;编号 13、15 为特殊荷载。

**6.1.2**　应根据隧道所处的地形、地质条件、埋置深度、支护条件、施工方法、相邻隧道间距等因素确定围岩压力,可按释放荷载或松散荷载计算。在施工和实地量测中发现与实际不符时,应及时修正。

**6.1.3**　在隧道结构上可能同时出现的荷载,应按满足承载能力和正常使用要求分别进行组合,并按最不利组合进行设计。

**6.1.4**　明洞荷载组合时应符合下列规定:

1　计算明洞顶回填土压力,有落石危害需验算冲击力时,可只计洞顶实际填土重力和落石冲击力的影响,不计塌方堆积土石重力。

2　明洞上方与公路立交时,应考虑公路车辆荷载。公路车辆荷载计算应按现行《公路工程技术标准》(JTG B01)的有关规定执行。

3　明洞上方与铁路立交时,应考虑列车活载。列车活载应按铁路标准活载的有关规定计算。

**6.1.5**　本规范所列之外的特殊荷载,在荷载计算与组合时应进行特殊处理。

## 6.2　永久荷载

**6.2.1**　隧道结构自重可按结构设计尺寸及材料标准重度计算,结构附加恒载应按实际情况计算。

**6.2.2**　深埋隧道松散荷载垂直均布压力及水平均布压力,在不产生显著偏压及膨胀力的围岩条件下,可按下列公式计算:

1　垂直均布压力可按式(6.2.2-1)和式(6.2.2-2)计算确定:

$$q = \gamma h \tag{6.2.2-1}$$

$$h = 0.45 \times 2^{S-1} \omega \tag{6.2.2-2}$$

式中:$q$——垂直均布压力($kN/m^2$);

$\gamma$——围岩重度($kN/m^3$);

$h$——围岩压力计算高度(m);

$S$——围岩级别,按 1、2、3、4、5、6 整数取值;

$\omega$——宽度影响系数,按式(6.2.2-3)计算:

$$\omega = 1 + i(B - 5) \tag{6.2.2-3}$$

$B$——隧道宽度(m);

$i$——隧道宽度每增减 1m 时的围岩压力增减率,以 $B = 5$m 的围岩垂直均布压力为准,按表 6.2.2-1 取值。

**表 6.2.2-1 围岩压力增减率 $i$ 取值表**

| 隧道宽度 $B$(m) | $B<5$ | $5\leqslant B<14$ | $14\leqslant B<25$ | |
|---|---|---|---|---|
| 围岩压力增减率 $i$ | 0.2 | 0.1 | 考虑施工过程分导洞开挖 | 0.07 |
| | | | 上下台阶法或一次性开挖 | 0.12 |

2 有围岩 $BQ$ 或[$BQ$]值时,式(6.2.2-2)中 $S$ 可用[$S$]代替。[$S$]可按式(6.2.2-4)或式(6.2.2-5)计算:

$$[S] = S + \frac{\dfrac{[BQ]_{上} + [BQ]_{下}}{2} - [BQ]}{[BQ]_{上} - [BQ]_{下}} \tag{6.2.2-4}$$

或

$$[S] = S + \frac{\dfrac{BQ_{上} + BQ_{下}}{2} - BQ}{BQ_{上} - BQ_{下}} \tag{6.2.2-5}$$

式中:[$S$]——围岩级别修正值(精确至小数点后一位),当 $BQ$ 或[$BQ$]值大于 800 时,取 800;

$BQ_{上}$、$[BQ]_{上}$——分别为该围岩级别的岩体基本质量指标 $BQ$ 和岩体修正质量指标[$BQ$]的上限值,按表 6.2.2-2 取值;

$BQ_{下}$、$[BQ]_{下}$——分别为该围岩级别的岩体基本质量指标 $BQ$ 和岩体修正质量指标[$BQ$]的下限值,按表 6.2.2-2 取值。

**表 6.2.2-2 岩体基本质量指标 $BQ$ 和岩体修正质量指标[$BQ$]的上、下限值**

| 围岩级别 | Ⅰ | Ⅱ | Ⅲ | Ⅳ | Ⅴ |
|---|---|---|---|---|---|
| $BQ_{上}$、$[BQ]_{上}$ | 800 | 550 | 450 | 350 | 250 |
| $BQ_{下}$、$[BQ]_{下}$ | 550 | 450 | 350 | 250 | 0 |

3 围岩水平均布压力可按表 6.2.2-3 的规定确定。

**表 6.2.2-3 围岩水平均布压力**

| 围岩级别 | Ⅰ、Ⅱ | Ⅲ | Ⅳ | Ⅴ | Ⅵ |
|---|---|---|---|---|---|
| 水平均布压力 $e$ | 0 | $<0.15q$ | $(0.15\sim0.3)q$ | $(0.3\sim0.5)q$ | $(0.5\sim1.0)q$ |

**6.2.3**　浅埋隧道围岩压力可按本规范附录 D 确定。

# 7　洞口及洞门

## 7.1　一般规定

**7.1.1**　隧道洞口设计应遵循“早进洞、晚出洞”的原则,洞口不得大挖大刷。

**7.1.2**　洞口位置应根据地形、地质条件、洞外相关工程及施工条件,结合环境保护、运营要求,通过经济、技术比较确定。

**7.1.3**　应结合洞口地形、洞口防护和路基排水,设置排水系统。

**7.1.4**　洞门结构应能防止洞口边仰坡的碎落、滚石、坍塌物等掉落路面。

**7.1.5**　易产生积雪的洞口,宜考虑防止积雪危害的措施。

**7.1.6**　洞口及洞门设计宜考虑便于检查和维护的条件。

**7.1.7**　洞口及洞门设计应与周边自然环境相协调。

## 7.2　洞口工程

**7.2.1**　洞口位置确定应符合下列规定:

1　应设于山体稳定、地质条件较好的位置。

2　隧道轴线宜与地形等高线呈大角度相交。

3　跨沟或沿沟进洞时,应考虑水文情况,结合防护工程、防排水工程,综合分析确定。

4　缓坡地段进洞时,应结合隧道进洞条件、洞外路堑设置条件、边仰坡防护、排水、施工和占用耕地等因素,综合分析确定。

**7.2.2**　洞口设计应符合下列规定:

1　减少洞口边坡及仰坡开挖,避免形成高边坡、高仰坡,最大限度地减少对原地面的扰动。

2　洞口边坡、仰坡根据情况采取放坡、喷锚、设置支挡结构物、接长明洞等措施进行防护,宜采用绿化护坡。

3　受暴雨、洪水、泥石流影响时,应设置防洪设施。

4　位于陡崖下的洞口,应清除危石,不宜切削山坡,宜接长明洞。

5　附近地面建筑及地下埋设物与洞口相互影响时,应采取防范措施。

## 7.3　洞门工程

**7.3.1**　洞门形式应根据洞口地形、地质条件及周边环境条件确定。

**7.3.2**　洞门宜与隧道轴线正交。

**7.3.3**　端墙式洞门设计应符合下列规定：

1　洞门端墙和翼墙应具有抵抗来自仰坡、边坡土压力的能力，应按挡土墙结构进行设计。洞门墙墙身最小厚度不应小于0.5m，翼墙墙身厚度不应小于0.3m。

2　洞顶仰坡与洞顶回填顶面的交线至洞门端墙墙背的水平距离不宜小于1.5m；洞顶排水沟沟底至拱顶衬砌外缘的最小厚度不应小于1.0m；洞门端墙墙顶应高出墙背回填面0.5m。

3　洞门端墙应根据需要设置伸缩缝、沉降缝和泄水孔。

4　洞门端墙基础应置于稳固地基上，并埋入地面下一定深度。嵌入岩石地基的深度不应小于0.2m；埋入土质地基的深度不应小于1.0m。基底埋置深度应大于靠墙设置的各种沟、槽底的埋置深度。地基为冻胀土层时，基底高程应在最大冻结深度以下不小于0.25m。

5　地基承载能力不足时，应进行加固处理。

6　洞门结构设计应满足抗震要求。

**7.3.4**　明洞式洞门设计应符合下列规定：

1　洞口段衬砌应采用钢筋混凝土结构。

2　洞口段衬砌应伸出原山坡坡面或设计回填坡面不小于500mm。

3　洞口段衬砌端面可呈直削、削竹、倒削竹或喇叭形。

4　采用削竹式洞门时，削竹面仰斜坡率应陡于或等于原山坡坡率或设计回填坡面坡率。

5　设计回填坡面宜按自然山坡坡度回填。采用土石回填时，坡率不宜陡于1:1，表面宜植草覆盖。

# 8　衬砌结构设计

## 8.1　一般规定

**8.1.1**　公路隧道应设置衬砌，根据隧道围岩级别、施工条件和使用要求选择采用喷锚衬砌、整体式衬砌、复合式衬砌。高速公路、一级公路、二级公路的隧道应采用复合式衬砌；三级及三级以下公路的隧道洞口段、Ⅳ～Ⅵ级围岩洞身段应采用复合式衬砌或整体式衬砌，Ⅰ～Ⅲ级围岩洞身段可采用喷锚衬砌。

**8.1.2**　隧道衬砌设计应综合考虑围岩地质条件、断面形状、支护结构、施工条件等，充分利用围岩的自承能力。衬砌应有足够的强度、稳定性和耐久性，保证隧道长期使用安全。

**8.1.3**　衬砌结构类型、支护参数，应根据使用要求、围岩级别、工程地质和水文地质条件、隧道埋置深度、结构受力特点,并结合周边工程环境、支护手段、施工方法,通过工程类比和结构计算综合分析确定。在施工阶段,尚应根据现场监控量测结果调整支护参数,实行动态设计,必要时可通过试验分析确定。

**8.1.4**　隧道衬砌设计应符合下列规定:

1　衬砌断面宜采用曲边墙拱形断面。

2　围岩较差、侧压力较大、地下水丰富的地段可设仰拱,仰拱曲率半径应根据地质条件、地下水、隧道断面形状、隧道宽度等条件确定。路面与仰拱之间可采用混凝土或片石混凝土填充。隧底围岩较好、边墙基底承载力和稳定性满足要求时,可不设仰拱。

3　洞口段应设加强衬砌,加强衬砌段长度应根据地形、地质和环境条件确定,两车道隧道不应小于 10m,三车道隧道不应小于 15m。

4　围岩较差地段衬砌应向围岩较好地段延伸 5～10m。

5　偏压衬砌段应向一般衬砌段延伸,延伸长度应根据偏压情况确定,不宜小于 10m。

6　净宽大于 3.0m 的横通道与主洞的交叉段,主洞与横通道衬砌均应加强。加强段衬砌应向各交叉洞延伸,主洞延伸长度不应小于 5.0m,横通道延伸长度不应小于 3.0m。延伸长度范围内不宜设变形缝。

## 8.2　喷锚衬砌

**8.2.1**　喷射混凝土的强度等级不应低于 C20,厚度不应小于 50mm。

**8.2.2**　喷射混凝土钢筋网设计应符合下列规定:

1　钢筋网钢筋直径不应小于 6mm,不宜大于 12mm。

2　钢筋网网格应按矩形布置,钢筋间距宜为 150～300mm。

3　钢筋网钢筋的搭接长度不应小于 $30d$($d$ 为钢筋直径)。

4　钢筋网喷射混凝土保护层厚度不应小于 20mm;当采用双层钢筋网时,两层钢筋网之间的间隔距离不宜小于 80mm。

5　单层钢筋网喷射混凝土厚度不应小于 80mm,双层钢筋网喷射混凝土厚度不应小于 150mm。

6　钢筋网可配合锚杆或临时短锚杆使用,钢筋网宜与锚杆或其他固定装置连接牢固。

**8.2.3**　在围岩变形大、自稳性差的软弱围岩、膨胀性围岩地段,可采用纤维喷射混凝土支护,纤维喷射混凝土设计应符合下列规定:

1　纤维喷射混凝土强度等级不应低于 C25。

2　钢纤维喷射混凝土中钢纤维掺量宜为干混合料质量的 1.5%～4%。

3　合成纤维喷射混凝土中纤维掺量应根据试验确定。

4　防水要求较高时,可采用强度等级高于 C30 的高性能喷射混凝土。

**8.2.4**　锚杆支护设计应根据隧道围岩条件、断面尺寸、作用、施工条件等选择锚杆种类和参数,并符合下列规定:

1　用作永久支护的锚杆应为全长黏结型锚杆,端头锚固型锚杆作为永久支护时必须在孔内注满砂浆或树脂,砂浆或树脂的强度等级不应小于 M20。

2　自稳时间短的围岩,宜采用全黏结树脂锚杆或早强水泥砂浆锚杆。

3　软岩、变形较大的围岩地段,可采用预应力锚杆。预应力锚杆的预加力不应小于100kPa。预应力锚杆的锚固端必须锚固在稳定岩层内。

4　岩体破碎、成孔困难的围岩,宜采用自进式锚杆。

5　锚杆直径宜采用 20～28mm。

6　锚杆露头应设垫板,垫板尺寸不应小于 150mm(长)×150mm(宽)×8mm(厚)。

**8.2.5**　系统锚杆设计应符合下列规定:

1　锚杆宜沿隧道周边径向布置。当结构面或岩层层面明显时,锚杆宜与岩体主结构面或岩层层面成大角度布置。

2　锚杆宜按梅花形排列,如图 8.2.5 所示。

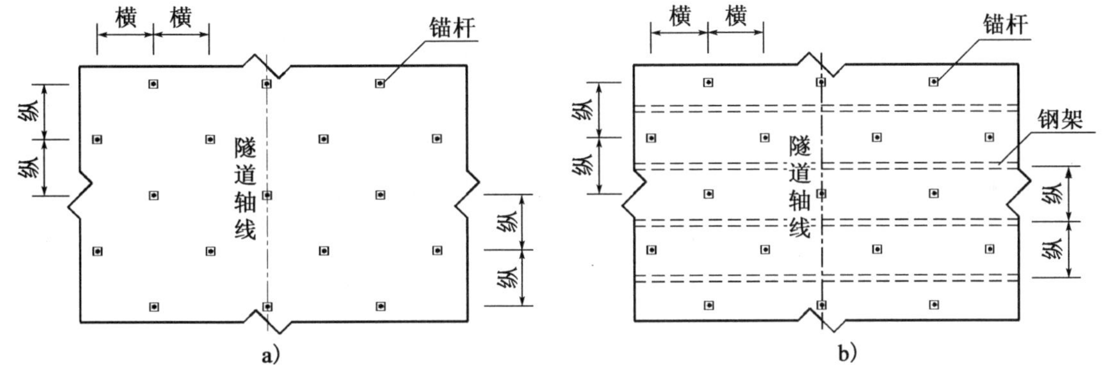


图 8.2.5　系统锚杆布置方式

3　系统锚杆长度和间距应根据围岩条件、隧道宽度,通过计算或工程类比确定。

4　锚杆间距不宜大于锚杆长度的 1/2 且不宜大于 1.5m,锚杆间距较小时,可采用长短锚杆交错布置。

5　两车道隧道系统锚杆长度不宜小于 2.0m,三车道隧道系统锚杆长度不宜小于 2.5m。

6　土质围岩不设系统锚杆时,应采用其他支护方式加强。

**8.2.6**　局部不稳定的岩块宜设置局部锚杆,可采用全长黏结型锚杆、端头锚固型锚杆、预应力锚杆,锚固端应置于稳定岩体内,锚杆参数可通过工程类比或计算确定。

**8.2.7**　在围岩条件较差地段、洞口段、浅埋段或地面沉降有严格限制地段,可在喷射混凝土层内增设钢架。钢架设计应符合下列规定:

1　钢架支护应有足够的刚度和强度,能够承受隧道施工期间可能出现的荷载。

2　宜选用格栅钢架支护。

3　钢架间距宜为 0.5～1.2m。

4　连续使用钢架的数量不应少于 3 榀。

5　相邻钢架之间应设横向连接,采用钢筋作横向连接时,钢筋直径不宜小于 20mm,

间距不应大于 1m,并在钢架内缘、外缘交错布置。

6　钢架应分节段制作,节段之间应采用钢板连接。

7　钢架与围岩之间的混凝土保护层厚度不应小于 40mm;临空一侧的混凝土保护层厚度不应小于 20mm。当采用喷锚单层衬砌时,临空一侧的混凝土保护层厚度不应小于 40mm。

8　钢架形状和尺寸应根据开挖断面确定,受力变形后不得侵入设计净空或二次衬砌。

**8.2.8**　格栅钢架设计应符合下列规定:

1　主筋应采用 HRB400 钢筋,腹筋可采用 HRB400 或 HPB300 钢筋。

2　主钢筋直径宜选用 18 ~ 25mm,腹筋直径宜选用 10 ~ 20mm。

3　截面尺寸通过工程类比或计算确定,截面高度可采用 120 ~ 220mm。

4　连接钢板平面宜与钢架轴线垂直,格栅钢架主钢筋与连接钢板焊接应增加 U 形钢筋帮焊。

**8.2.9**　型钢钢架节段两端的连接钢板平面应与钢架轴线垂直。

**8.2.10**　在设置超前支护的地段,应设钢架作为超前支护的尾端支点,钢架截面高度不宜小于 160mm。

**8.2.11**　喷锚衬砌支护参数可通过工程类比或数值计算确定,并结合现场监控量测调整。采用工程类比法时,可按本规范附录 P 中表 P.0.3 选用。

## 8.3　整体式衬砌

**8.3.1**　整体式衬砌截面可设计为等截面或变截面。设置仰拱时,仰拱厚度不应小于边墙厚度。

**8.3.2**　采用整体式衬砌出现下列情况时,宜采用钢筋混凝土结构:

1　存在明显偏压的地段;

2　净宽大于 3m 的横通道、通风道、避难洞室等与主隧道交叉的地段;

3　Ⅴ级围岩地段;

4　单洞四车道隧道;

5　地震动峰值加速度大于 0.20$g$ 的地区洞口段。

**8.3.3**　整体式衬砌采用钢筋混凝结构时,应符合下列规定:

1　混凝土强度等级不应低于 C30。

2　结构厚度不宜小于 300mm。

3　受力主筋的间距不宜小于 100mm。

**8.3.4**　整体式衬砌应设置变形缝,并应符合下列规定:

1　明洞衬砌与洞内衬砌交界处、不设明洞的洞口段衬砌,在距洞口 5 ~ 12m 的隧道内应设沉降缝。

2　地质条件明显变化处、不同衬砌类型交界处,宜设置沉降缝。

3　在连续软弱围岩中,每30~100m宜设一道沉降缝。

4　严寒与酷热温差变化大地区,特别是最冷月平均气温低于-15℃的寒冷地区,距洞口100~200m范围的衬砌段应根据情况设置伸缩缝。

5　沉降缝、伸缩缝缝宽不应小于20mm,缝内可填塞沥青木板或沥青麻丝。伸缩缝、沉降缝宜垂直于隧道轴线竖向设置。拱、墙、仰拱的沉降缝、伸缩缝应设在同一断面位置。

6　沉降缝、伸缩缝可兼作施工缝。在需设沉降缝或伸缩缝地段,应结合施工缝进行设置。

**8.3.5**　不设仰拱的整体式衬砌,衬砌边墙基础应符合下列规定:

1　应置于稳固的地基之上,基底承载力满足设计要求。

2　基础底面不应高于电缆沟的设计开挖底面。路侧边沟开挖底面低于基础底面时,边沟开挖边界距边墙基础的距离应大于500mm。

3　在洞门墙厚度范围内,边墙基础应加深到与洞门墙基础底相同的高程。

4　边墙底截面宜适当扩大。

## 8.4　复合式衬砌

**8.4.1**　复合式衬砌设计应符合下列规定:

1　初期支护应按永久支护结构设计,宜采用喷射混凝土、锚杆、钢筋网和钢架等支护单独或组合使用,并应符合本规范第8.2节的规定。

2　二次衬砌应采用模筑混凝土或模筑钢筋混凝土衬砌结构,并应符合本规范第8.3节的规定。

3　在确定开挖断面时,除应满足隧道净空和结构尺寸外,尚应考虑围岩及初期支护的变形,预留适当的变形量。预留变形量大小应根据围岩级别、断面大小、埋置深度、施工方法和支护情况等,通过计算分析确定或采用工程类比法预测,预测值可参照表8.4.1的规定选用。预留变形量还应根据现场监控量测结果进行调整。

**表8.4.1　预留变形量(mm)**

| 围岩级别 | 两车道隧道 | 三车道隧道 | 围岩级别 | 两车道隧道 | 三车道隧道 |
|---|---|---|---|---|---|
| Ⅰ | — | — | Ⅳ | 50~80 | 60~120 |
| Ⅱ | — | 10~30 | Ⅴ | 80~120 | 100~150 |
| Ⅲ | 20~50 | 30~80 | Ⅵ | 现场量测确定 | |

注:1. 围岩软弱、破碎取大值;围岩完整取小值。
2. 四车道隧道应通过工程类比和计算分析确定。

**8.4.2**　复合式衬砌,可采用工程类比法进行设计,必要时,可通过理论分析进行验算。两车道隧道、三车道隧道支护参数可按附录P中表P.0.1、表P.0.2选用。四车道隧道应通过工程类比和计算分析确定。在施工过程中应根据超前地质预报及现场围岩监控量测信息对设计支护参数进行必要的调整。

**8.4.3**　围岩地质条件较差或隧道跨度较大、需要采用分部开挖施工时,应进行开挖方法设计,明确各部开挖顺序、临时支护措施和临时支护参数。

**8.4.4**　对于软弱流变围岩、膨胀性围岩、高地应力条件下的特殊围岩,隧道支护参数可通过现场试验确定,应考虑围岩变形压力继续增长的作用。

## 8.5　明洞衬砌

**8.5.1**　下列情况宜采用明洞衬砌:

1　洞顶覆盖层薄,不宜大开挖修建路堑且难于用暗挖法修建隧道的地段。

2　路基或隧道洞口受塌方、岩堆、落石、泥石流等不良地质危害。

3　修建路堑会危及附近重要建(构)筑物安全的地段。

4　公路、铁路、沟渠和其他人工构造物在隧道上方通过,不宜采用暗挖施工或立交桥跨越的地段。

5　为减少洞口开挖、保护洞口自然景观,需延伸隧道长度的地段。

**8.5.2**　选择明洞结构类型,应根据地形、地质、施工条件,考虑结构安全、经济实用、美观等因素分析确定,并应符合下列规定:

1　洞顶回填土层较厚或一次塌方量大、落石较多时,宜采用拱形明洞。

2　明洞需要克服来自仰坡方向滑坡推力时,宜采用拱形结构。

3　高度受到限制的地段,可采用矩形框架明洞。

**8.5.3**　明洞衬砌设计应符合下列规定:

1　明洞应采用钢筋混凝土结构。

2　半路堑拱形明洞应考虑偏压,拱形明洞外侧边墙宜适当加厚。地形条件允许时,可采用反压回填或设置反压墙。

3　当拱形明洞侧压力较大或地基承载力不足时,应设仰拱。

4　当明洞作为整治滑坡的措施时,应按支挡工程设计,并采取综合治理措施。

5　在地质条件有明显变化的地段,应设置沉降缝;气温变化较大地区,可根据明洞长度设置伸缩缝。

6　防落石危害的明洞,应验算落石冲击荷载下明洞结构的安全性。

**8.5.4**　明洞基础设计应符合下列规定:

1　不设仰拱的明洞基础应符合本规范第 8.3.5 条的规定。

2　当基岩裸露或埋置较浅时,基础可设置于基岩上;当基础位于软弱地基上时,可采用仰拱、整体式钢筋混凝土底板,也可采用桩基、扩大基础、基础加深和地基加固处理等措施。

3　明洞基础应有一定的嵌岩深度和护基宽度。当地基为斜坡地形时,地基可开挖成台阶。在有冻害地区,基底埋置深度应不小于最大冻结深度以下 250mm。

4　当地基外侧受水流冲刷影响时,应采取加固和防护措施。

5　在横向斜坡地形，明洞外侧基础埋置深度超过路面以下3.0m时，宜在路面以下设置钢筋混凝土横向水平拉杆，并锚固于内侧基础或岩体中。

**8.5.5**　明洞洞顶回填、拱背处理应根据明洞设置目的、作用，以及地形条件、边仰坡病害确定，并应符合下列规定：

1　边仰坡有严重的危石、崩坍威胁时，应予清除或进行加固处理。为防护一般的落石、崩坍危害，明洞拱背回填土厚度不宜小于1.2m，填土表面应设置一定的排水坡度。

2　采用明洞式洞门时，明洞拱背可部分裸露，裸露部分宜设厚度不小于20mm的砂浆层或装饰层。

3　立交明洞上的填土厚度应结合公路、铁路、沟渠及其他人工构造物的高程、自然环境、美化要求和结构设计等综合研究确定；对拱形明洞，必要时可设护拱。

4　明洞顶设置过水渠、过泥石流渡槽及其他构造物时，设计应考虑其影响。一般过水沟渠或普通排水沟沟底距洞顶外缘不应小于1.0m。当为排泄山沟洪水、泥石流等渡槽时，渡槽沟底距洞顶外缘不宜小于1.5m。

**8.5.6**　明洞边墙背后回填应根据明洞类型、地质条件、设计要求和施工方法确定，并符合下列规定：

1　考虑边墙地层弹性抗力时，边墙背后应用混凝土、浆砌片石或干砌片石回填。

2　明洞边墙按回填土计算土压力时，边墙背后回填料的内摩擦角不应低于原地层计算摩擦角或设计回填料的计算摩擦角。

# 9　结构计算

## 9.1　一般规定

**9.1.1**　隧道结构应按破损阶段法验算构件截面的强度。结构抗裂有要求时，对混凝土构件应进行抗裂验算，对钢筋混凝土构件应验算其裂缝宽度。

**9.1.2**　本章适用于静力问题的分析。

## 9.2　衬砌计算

**9.2.1**　深埋隧道中的整体式衬砌、浅埋隧道中的整体式或复合式衬砌的二次衬砌及明洞衬砌等宜采用荷载结构法计算。深埋隧道中复合式衬砌的二次衬砌也可采用荷载结构法计算。

**9.2.4**　按破损阶段验算构件截面的强度时，应根据不同的荷载组合，分别采用不同的安全系数，并不应小于表9.2.4-1和表9.2.4-2所示的数值。验算施工阶段的强度时，安全系数可采用表9.2.4-1和表9.2.4-2“永久荷载+基本可变荷载+其他可变荷载”栏内的数值乘以折减系数0.9。

### 9.4　洞门计算

**9.4.1**　采用端墙式洞门时,洞门端墙、翼墙可视作挡土墙,按极限状态验算其强度,并应验算绕墙趾倾覆及沿基底滑动的稳定性。验算时应符合表9.4.1的规定,并应符合现行《公路路基设计规范》(JTG D30)、《公路圬工桥涵设计规范》(JTG D61)、《公路桥涵地基与基础设计规范》(JTG D63)的有关规定。对高洞门墙,应计算控制截面的拉应力。

**表9.4.1　洞门墙主要验算规定**

| | |
|---|---|
| 墙身截面荷载效应值 $S_d$ | ≤结构抗力效应值 $R_d$(按极限状态计算) |
| 墙身截面偏心距 $e$ | ≤0.3倍截面厚度 |
| 基底应力 $\sigma$ | ≤地基容许承载力 |
| 基底偏心距 $e$ | 岩石地基≤$B/5$~$B/4$;土质地基≤$B/6$($B$为墙底厚度) |
| 滑动稳定安全系数 $K_c$ | ≥1.3 |
| 倾覆稳定安全系数 $K_0$ | ≥1.6 |

# 10　防水与排水

### 10.1　一般规定

**10.1.1**　隧道防排水设计应遵循“防、排、截、堵相结合,因地制宜,综合治理”的原则,妥善处理地表水、地下水,洞内外防排水系统应完整通畅。

**10.1.2**　高速公路、一级公路、二级公路隧道防排水应满足下列要求:

1　拱部、边墙、设备箱洞不渗水,路面无湿渍。

2　有冻害地段的隧道衬砌背后不积水、排水沟不冻结。

3　车行横通道、人行横通道等服务通道拱部不滴水,边墙不淌水。

**10.1.3**　三级公路、四级公路隧道防排水应满足下列要求:

1　拱部不滴水,边墙不淌水,设备箱洞不渗水,路面不积水、不淌水。

2　有冻害地段的隧道衬砌背后不积水、排水沟不冻结。

**10.1.4**　采取的隧道防排水措施,应注意保护自然环境。当隧道内渗漏水可能引起地表水减少,影响居民生产、生活用水时,应对围岩采取堵水措施。

## 10.2　防水

**10.2.1**　地表水可能渗入隧道时,宜采取防治措施,废弃的坑穴、钻孔等应填实封闭。

**10.2.2**　隧道采用复合式衬砌时,应在初期支护与二次衬砌之间设置防水层。防水层宜采用防水板与无纺布的组合,并应符合下列规定:

1　防水板宜采用易于焊接的防水卷材,厚度不应小于1.0mm,接缝搭接长度不应小于100mm。

2　无纺布密度不应小于300g/m$^2$。

3　无纺布不宜与防水板黏合使用。

**10.2.3**　隧道模筑混凝土衬砌应满足抗渗要求,混凝土的抗渗等级不宜小于P8。

**10.2.4**　隧道模筑混凝土衬砌施工缝、沉降缝、伸缩缝应采取可靠的防水措施。

**10.2.5**　存在侵蚀性地下水时,应针对侵蚀类型采用抗腐蚀性、抗侵蚀性防排水材料,可适当提高混凝土防水等级。

**10.2.6**　围岩渗水、涌水较大的地段,可采取向围岩内注浆堵水措施。

**10.2.7**　隧道预留洞室的防水构成宜与正洞防水一致。

## 10.3　排水

**10.3.1**　隧道洞内宜按地下水与运营清洗污水、消防污水分离排放的原则设置纵向排水系统。

**10.3.2**　隧道内排水应符合下列规定:

1　路面两侧应设路侧边沟。

2　路侧边沟排水坡度宜与隧道纵坡一致。

3　路侧边沟宜采用矩形断面。路侧边沟为暗沟时,应按25~30m间距设滤水箅和沉沙池。

4　当隧道内不设中心水沟时,衬砌背后的地下水可引入路侧边沟,路侧边沟沟底低于路面结构层底不宜小于50mm。

5　应采取措施防止电缆沟积水。

**10.3.3**　路面结构层以下设中心水沟时,应符合下列规定:

1　中心水沟宜与路侧边沟分开设置。

2　中心水沟可设在隧道中央,也可设在隧道两侧,位置、数量和深度应根据隧道长度、路面宽度、仰拱形式、冻结深度等确定。

3　中心水沟断面宜采用矩形,断面尺寸应根据隧道长度、纵坡、地下水涌水量确定。

4　中心水沟宜按50~200m间距设沉沙池,并根据需要设检查井。检查井位置、构造应便于清理和检查,检查井间距不宜大于200m。

5　检测井井盖可被路面面层覆盖。

**10.3.4**　路面结构底排水应符合下列规定:

1　路面垫层或仰拱填充层顶面应设不小于1.5%的横向排水坡度,在设有中心水沟的地段,应向中心水沟倾斜。

2　在隧底有渗水的地段,宜沿隧道纵向每隔3～8m设横向透水盲管,横向透水盲管宜设在垫层或仰拱填充施工缝位置或隧底冒水位置。

3　不设中心水沟的隧道,横向透水盲沟排水坡度宜与路面横坡一致,并应与较低一侧路侧边沟连通,连通口不应低于路侧边沟沟底。

4　设有中心水沟的隧道,横向透水盲沟排水坡度不应小于1.5%,并应向中心水沟倾斜,与中心水沟连通。

5　横向透水盲管宜采用透水性较好的渗水管,直径不应小于50mm。

**10.3.5**　隧道衬砌排水设计应符合下列规定:

1　二次衬砌边墙背后底部应设纵向排水盲管,其排水坡度应与隧道纵坡一致,管径不应小于100mm,纵向排水盲管设置位置不得侵占二次衬砌空间。

2　防水层与初期支护间应设环向排水盲管,其间距不宜大于10m,水量较大的地段应加密,围岩有集中水渗出时可单独加设竖向排水盲管直接引排。环向排水盲管、竖向排水盲管应与纵向排水盲管连通,直径不应小于50mm。

3　横向导水管应在衬砌边墙脚穿过二次衬砌与纵向排水盲管连通,设有中心水沟的隧道应连接至中心水沟,不设中心水沟的隧道应连接至路侧边沟。横向导水管直径不宜小于80mm,排水坡度不宜小于1%,沿隧道纵向间距不宜大于10m,水量较大的地段应加密。

**10.3.6**　地下水发育、含水层明显,又有长期充分补给来源、堵水效果不明显、地下水对隧道存在安全隐患时,可利用辅助坑道、平行导坑排水或设置泄水洞等截、排水设施。

**10.3.7**　预测涌水量较大的隧道,应加大洞内中心水沟、路侧边沟的排水断面。

## 10.4　洞口及明洞防排水

**10.4.1**　隧道、辅助坑道的洞口及明洞边坡、仰坡开挖线3～5m以外应根据实际情况和需要设置截水沟。截水沟的布置应避免影响边、仰坡景观效果。

**10.4.2**　隧道洞口出洞方向的路堑为上坡时,可在洞口外路基两侧设置反向排水边沟或采取引排措施,洞外水不应流入隧道。

**10.4.3**　明洞防排水设计应符合下列规定:

1　明洞衬砌外缘应敷设外贴式防水层。

2　明洞与暗洞连接处防水层接头应密封搭接。

3　回填土顶面宜铺设黏土隔水层,并与边仰坡夯实连接,黏土隔水层以上宜设厚度不小于20cm的耕植土。

4　明洞回填顶面应根据情况设排水沟。

5　明洞式洞门的明洞拱背裸露时,应在拱背设防水砂浆层或贴瓷砖。

6　靠山侧边墙底或边墙后宜设置纵向和竖向盲沟,将水引至边墙泄水孔排出。

### 10.5　寒冷地区隧道防排水

**10.5.1**　寒冷地区隧道防排水除应符合本规范第10.3节、第10.4节规定外,尚应符合下列规定:

1　地下水可能产生冻结的地段,宜设中心水沟。中心水沟沟底应位于冻结深度以下。

2　中心水沟不能满足排水和防冻要求时,可设防寒泄水洞。防寒泄水洞应置于隧道路面以下3～5m。防寒泄水洞拱部和边墙应设泄水通道。

3　连接洞内中心水沟、防寒泄水洞的洞口路基引出段应采用暗沟。暗沟应埋置于冻结深度以下,并在暗沟转角处设检查井。暗沟出口应设碎石防寒出水口。

4　隧道衬砌混凝土抗渗等级可适当提高。

**10.5.2**　衬砌背后纵向盲沟、横向导水管应具有防冻能力。

# 11　特殊形式隧道

### 11.1　一般规定

**11.1.1**　由于地形地质条件限制、隧道周边构造物影响及路线总体设计需要,隧道可采用小净距隧道、连拱隧道、分岔隧道、棚洞等特殊形式。

**11.1.2**　应综合考虑地质、地形、结构安全、施工条件、环境保护等因素,合理确定隧道布置形式。

### 11.2　小净距隧道

**11.2.1**　在洞口地形狭窄、路线布设困难或为减少洞口占地的短隧道、中隧道或长隧道、特长隧道洞口局部地段,可采用小净距隧道。

**11.2.2**　小净距隧道设计应符合下列要求:

1　应采用复合式衬砌结构,支护参数应根据工程类比、施工方法、计算分析综合确定,并根据现场监控量测结果进行调整。

2　应根据围岩地质条件和两洞净距,对施工顺序、开挖方法、临时支护措施等提出要求,并根据中夹岩的稳定性提出中夹岩的保护或加固措施。

3　两隧道净距在0.8倍开挖跨度以内时,小净距隧道段长度宜控制在1 000m以内。

## 11.3　连拱隧道

**11.3.1**　在地形狭窄或布线困难的特殊地段可采用连拱隧道。

**11.3.2**　连拱隧道设计应符合下列规定:

1　连拱隧道中墙结构宜采用复合式中墙。

2　应采用复合式衬砌结构,支护参数应根据工程类比、施工方法、计算分析综合确定,并根据现场监控量测结果进行调整。

3　二次衬砌应采用钢筋混凝土结构。

4　应根据围岩地质条件,以及施工中多种不利工况下的结构受力和围岩稳定性分析,对施工顺序、开挖方法、临时支护措施等提出具体要求。

5　连拱隧道有偏压时,支护参数、施工方法、施工工序的确定应考虑偏压影响。

6　采用整体式中墙时,中墙顶两侧纵向施工缝应高于中墙顶纵向排水管的布设位置,并采取相应的止水措施。中墙内应预埋竖向排水管。竖向排水管直径不应小于100mm,纵向间距不宜大于10m。

7　采用复合式中墙的连拱隧道,施工中导洞轴线宜偏离中隔墙中线设置。

8　应根据结构需要设置变形缝,两侧主洞结构变形缝和中墙结构变形缝应设置在同一断面位置。

9　应采取有效措施,防止施工中主洞拱部水平推力对中墙结构产生不利影响。

10　连拱段长度不宜大于500m。

## 11.4　分岔隧道

**11.4.1**　在洞口地形狭窄或有特殊要求,或洞外路线左右幅分离布置特别困难的长隧道或特长隧道洞口局部地段,可采用分岔隧道。Ⅴ、Ⅵ级围岩中不宜采用分岔隧道。

**11.4.2**　分岔隧道设计应符合下列规定:

1　分岔隧道洞口段路线中线平面线形宜采用曲线。洞口段路线中线采用直线时,左右洞平面线形可采用满足运营安全要求的小偏角“S”形曲线逐渐分离,并满足隧道洞门前后3s设计速度行程范围内的线形一致的要求。左右洞采用较小偏角“S”形曲线分离时,设计纵坡一般情况下不宜大于2%,特殊情况下不宜大于2.5%。

2　分岔段的长度、分岔段内结构变化位置应根据围岩地质条件、左右洞线间距和施工方法等综合确定。分岔段长度不宜大于600m。

3　分岔隧道应采用复合式衬砌结构,支护参数可通过工程类比或计算分析确定。

4　应根据围岩地质条件,对施工顺序、开挖方法、临时支护措施等提出具体要求,并应进行施工中多种不利工况下的结构受力和围岩稳定性分析。

5　分岔隧道中的连拱衬砌段、小净距衬砌段起始段10～15m范围,结构应适当加强,宜按降低一级围岩级别进行隧道结构设计。

6　分岔隧道洞口浅埋地段,双向行车大跨隧道段和部分连拱隧道段可采用明洞结构。

7　结构形式变化处应设置变形缝。

8　衬砌结构形式变化处应设挡头墙,挡头墙应根据地质条件结合防水进行设计。

**11.4.3**　分岔隧道左右洞均采用全纵向通风方式时,洞门形式应考虑左右洞口送排风窜流影响,根据情况采取下列措施:

1　洞口为大跨隧道时,应在大跨隧道内和洞口延伸段一定长度设中央分隔墙。

2　洞口为连拱隧道时,宜将左右洞洞门错开设置或采取隔离措施。

3　洞口为小净距隧道且洞口送排风有窜流影响时,可将左右洞洞门错开设置或采取隔离措施。

4　调整洞口进出风方式。

## 11.5　棚洞

**11.5.1**　在沿河傍山、陡峻路段及边仰坡较高的隧道斜交洞口段,可设置棚洞。

**11.5.2**　根据地形条件、地质条件、气候条件、防护和环境要求,棚洞结构可分别采用拱形棚洞、半拱形棚洞、矩形棚洞。

**11.5.3**　棚洞建筑限界应满足隧道建筑限界的基本要求。与隧道洞口连接的棚洞,建筑限界应与隧道建筑限界相同;高速公路上的独立棚洞,建筑限界宽度宜与路基建筑限界宽度相同。棚洞内轮廓形状和尺寸应根据地形条件、设置目的和结构形式拟定。

**11.5.4**　作用在棚洞结构上的荷载应考虑边坡与棚洞的相互作用,回填荷载、堆积荷载应按永久荷载考虑。

**11.5.5**　应根据棚洞形式、受力条件、约束条件,对棚洞整体稳定性进行分析,对主要结构构件进行截面强度验算和裂缝验算。

**11.5.6**　棚洞结构设计应符合下列规定:

1　棚洞结构应采用钢筋混凝土结构。

2　拱形及半拱形棚洞主体结构应采用整体式结构。

3　矩形棚洞应采用整体框架结构或简支结构。

4　应根据地质情况和结构形式设沉降缝,棚洞长度大于40m时宜设伸缩缝。

**11.5.7**　棚洞基础设计应符合下列规定:

1　棚洞基础应置于稳固的地基上。当基础位于软弱地基上时,可采取整体式钢筋混凝土底板、桩基、扩大基础、基础加深等措施。

2　棚洞基底高程低于边沟沟底开挖高程应不小于200mm;在有冻害地区,基底埋置深度不应小于冰结线以下250mm。

3　当地基外侧受水流冲刷影响时,应采取加固和防护措施。

4　在横向斜坡地形,棚洞外侧基础埋置深度超过路面以下3m时,宜在路面以下设置钢筋混凝土横向水平拉杆,并锚固于内侧基础或岩体中;棚洞外侧为立柱时,可加设纵梁与相邻立柱连接。

**11.5.8**　棚洞靠山侧和顶部结构外表面应设防水层,施工缝、沉降缝、变形缝应进行防水设计。

**11.5.9**　靠山一侧结构背面应设排水盲沟,在靠山一侧墙脚应按 5 ~ 10m 间距设泄水孔。

# 12　辅助通道

## 12.1　一般规定

**12.1.1**　为满足运营通风、防灾救援或增开工作面、改善施工通风与排水条件等需要,可设置辅助通道。

**12.1.2**　辅助通道选址应综合考虑地形、地质条件及施工和运营的需要,宜避免在岩溶发育和地下水丰富地段设置。

**12.1.3**　应根据隧道长度、地形、地质、水文等条件,结合通风、防灾救援、排水、弃渣、工期和环境保护等要求,通过技术经济比较确定辅助通道形式、长度和数量。

**12.1.4**　运营辅助通道净空断面应根据地质条件、使用功能和施工条件确定。当运营辅助通道兼作施工辅助通道时,应满足施工辅助通道对净空断面的最低要求。

**12.1.5**　运营辅助通道应按永久建筑物设计,宜采用复合式衬砌,也可采用喷锚衬砌,且应有完善的防排水设施。

**12.1.6**　施工辅助通道净空断面应根据地质条件、施工机械设备、服务主隧道的施工长度、施工通风及工作环境等要求确定。

**12.1.7**　施工辅助通道应根据围岩地质条件,采用合适的衬砌结构,应满足施工期间围岩稳定和衬砌结构安全的要求。隧道主体工程竣工后不予利用的施工辅助通道,应采取下列处理措施:

1　对运营期间可能出现坍塌围岩段,应进行加固或回填处理,回填时应设置排水通道。对没有回填的地段,应能保证通道围岩和衬砌的长期稳定,并应留有养护维修人员可到达的通道。

2　施工辅助通道与主洞交叉口、洞口应设防止其他人员进出的安全门。

**12.1.8**　连接洞外的辅助通道洞(井)口位置选择、场地布置及弃渣处理应符合环境保护要求,少占耕地,防止弃渣堵塞河道、沟渠、道路,并应减少对农田、水利设施和生活用水影响。洞(井)口应有防止地表水流入洞内和防止洪水危害的措施。

**12.1.9**　斜井与竖井防排水宜按“堵排结合”的原则进行设计。

## 12.2　竖井

**12.2.1**　竖井位置应结合地面地形、地质条件确定,宜布置在隧道两侧。

**12.2.2**　井口场地应满足提升系统布设和竖井建筑物的布置,利于空气的排放和出渣。

**12.2.3**　断面形状和尺寸应满足使用功能要求,并应考虑施工设备和施工作业所需要的空间,宜采用圆形断面。

**12.2.4**　竖井衬砌结构形式应根据围岩级别和使用要求确定,宜采用复合式衬砌,支护参数可根据工程类比法确定或按本规范附录 P 中表 P.0.7 选用;竖井衬砌可不设防水层。

**12.2.5**　井口应设混凝土或钢筋混凝土锁口圈,锁口圈底部宜采用钢筋混凝土扩大基础,并与锁口圈连成整体。

**12.2.6**　与井底联络通道连接处衬砌应采用复合式衬砌或整体式衬砌。

**12.2.7**　井口锁口圈下连接部位、地质较差的井身段及马头门上方模注混凝土衬砌宜设壁座,其形式、间距可根据地质条件确定。

**12.2.8**　应设安全防护设施和检查步梯或爬梯,施工阶段井筒内应设安全步梯。

## 12.3　斜井

**12.3.1**　斜井布置和长度应结合使用功能、地形条件、地质条件、提升方式、洞口场地等综合确定,并应符合下列规定:

1　有轨运输段宜采用直线,直线段长度不宜大于 1 200m。

2　无轨运输长度不宜大于 2 000m。

3　井口位置应满足提升系统布设和建筑物的布置,利于空气的排放和出渣。

**12.3.2**　斜井断面形状和尺寸应满足使用功能要求,宜采用马蹄形断面。施工期间应满足施工设备和施工作业所需要的空间,并应符合下列规定:

1　断面内一侧应设宽度不小于 0.75m 的人行道,另一侧应设宽度不小于 0.25m 的间隙。

2　轨道运输时,两条轨道中心线之间的距离不应小于 0.7m;有摘挂钩作业的车场,两列列车车体的最突出部分之间的间隙不应小于 0.2m。

**12.3.3**　运输提升方式应根据提升量、斜井长度及井口地形选择,各种提升方式的斜井倾角应符合下列规定:

1　有轨箕斗提升时,不宜大于 35°。

2　轨道矿车提升时,不宜大于 25°。

3　胶带输送机提升时,不宜大于 15°。

4　无轨运输时,不宜大于 7°。

**12.3.4**　应根据使用功能确定斜井井底与主隧道之间的距离;斜井与隧道中线连接处的平面交角不宜小于 40°。

**12.3.5**　井口和井底变坡点应设置竖曲线,竖曲线半径宜采用 12 ~ 20m。采用有轨运输时,各运输段的井身纵坡宜一致。

**12.3.6**　采用有轨提升时,应设置避车洞;倾角大于 15°时,应设置休息平台;采用无轨运输时,应根据需要设置错车道。

**12.3.7**　衬砌结构形式应根据使用要求确定,支护参数可根据工程类比法确定或按本规范附录 P 中表 P.0.8 选用;用作运营通风时,内壁表面应平整。

**12.3.8**　井口段、地质不良地段、井底与水平横通道的连接段,宜采用复合式衬砌或整体式衬砌。

**12.3.9**　采用整体式衬砌或复合式衬砌时应根据连续衬砌长度设变形缝,变形缝应竖向设置。

**12.3.10**　倾角大于 30°的斜井,衬砌基础宜做成台阶状或设置基座。

**12.3.11**　倾角在 15°以上的斜井,采用轨道运输时,必须采取相应的安全措施,必须在适当位置设挡车设备,应有轨道防滑措施。

## 12.4　平行通道与横通道

**12.4.1**　根据隧道施工和运营需要可设平行通道与横通道。

**12.4.2**　单洞隧道平行通道宜设在地下水补给源一侧;双洞隧道平行通道应根据两洞间距和地形条件确定。

**12.4.3**　平行通道与隧道的净距应根据地质条件、施工方法、运营、疏散救援等因素确定。对单洞隧道,规划可能将平行通道扩建为交通隧道时,净距确定应有利于通道扩建。

**12.4.4**　平行通道纵坡宜与主洞纵坡一致,坑底高程宜低于隧道底面高程 0.2 ~ 0.6m。平行通道排水应与主洞隧道排水统一设计。

**12.4.5**　平行通道应根据功能需要确定净空断面,并应根据运输方式设置错车道。

**12.4.6**　沿河、傍山或隧道一侧有沟谷、低洼地形可利用时,可设主洞与洞外直接连接的横通道。横通道通向地面为上坡时,应有可靠的截水和抽、排水措施。

**12.4.7**　横通道洞门设置、洞口段结构设计应符合本规范第 7 章、第 8 章的相关规定。

**12.4.8**　横通道的位置宜避免穿越断层、破碎带等不良地质地段,不应顺断层、破碎带布设。

**12.4.9**　平行通道与横通道衬砌参数可根据工程类比确定或按本规范附录 P 中表 P.0.8 选用。

## 12.5　风道及地下机房

**12.5.1**　风道设置应满足下列要求:

1　风道宜采用整体式衬砌或复合式衬砌,内壁面应平整。

2　风道在弯曲、变径、分岔等断面变化处宜采用连续变断面曲线连接;当采用不同断面突变连接时,应设过渡墙。

3　风道隔板宜采用混凝土结构,与衬砌应整体连接。

**12.5.2**　风道衬砌参数可采用工程类比和使用要求确定,也可参照本规范附录 P 中 P.0.8 选用。

**12.5.3** 地下风机房设计应满足下列要求:

1 在满足围岩和衬砌结构稳定的条件下宜靠近隧道布置。

2 应满足设备布置、吊装、搬运和工作通道所需空间。

3 设有吊装行车时,洞室纵坡宜采用平坡。

4 风机分期安装时,应预留空间。

**12.5.4** 地下风机房衬砌结构可采用喷锚衬砌、复合式衬砌;衬砌参数可根据地下风机房规模,采用工程类比或计算确定。当有吊装设备时,应采用复合式衬砌,二次衬砌应能承受设备吊装荷载。设备安装有特殊要求时,应做特殊设计。

**12.5.5** 风道、地下风机房防排水应满足使用要求,边沟排水坡度不应小于0.3%。

## 12.6 交叉口

**12.6.1** 施工和运营所使用的横通道与主洞交叉口,横通道与斜井、平行导坑等的交叉口,风道与主洞交叉口等,宜避开地质不良区段。

**12.6.2** 交叉口段衬砌结构宜采用整体式衬砌或复合式衬砌,应根据需要设沉降缝。

# 13 辅助工程措施

## 13.1 一般规定

**13.1.1** 隧道通过浅埋段、严重偏压段、自稳性差的软弱地层、断层破碎带以及大面积淋水或涌水地段时,可采取下列辅助工程措施:

1 超前管棚、超前小导管、超前锚杆、超前钻孔注浆、超前水平旋喷桩、超前玻璃纤维锚杆、地表砂浆锚杆、地表注浆、锁脚锚杆、小导管径向注浆、临时支撑等围岩稳定措施。

2 超前围岩预注浆堵水、围岩径向注浆堵水、超前钻孔排水、泄水洞排水、井点降水等涌水处理措施。

**13.1.2** 应根据地形、地质条件、隧道断面大小、埋置深度、施工方法,采用相应的辅助工程措施。采取的工程措施应有效、可靠、耐久、经济,符合现场实际。

## 13.2 围岩稳定措施

**13.2.1** 在地质较差的隧道洞口段、地面沉降有较高控制要求的浅埋段及塌方段、围岩破碎段、土质地层等,可采用超前管棚支护。超前管棚设计应符合下列规定:

1　应沿隧道开挖轮廓线100～200mm外布设,应有一定外插角,倾角大小应能保证管棚钢管不侵入隧道开挖轮廓线内。

2　钢管环向间距宜为350～500mm。

3　一次支护长度宜为10～45m,两次管棚支护间、管棚与其他超前支护间应有不小于3.0m的水平搭接长度。

4　钢管宜选用热轧无缝钢管,外径宜为80～180mm,钢管分节段采用"V"形对焊或丝扣连接,钢管节段长度宜为1.6～4.0m。钢管每一连接头与相邻钢管接头应错开不小于500mm的距离。

5　钢管内应插入钢筋笼或钢筋束,并应注满强度等级不低于M20的水泥砂浆。

6　钢管管壁可钻注浆孔,注浆孔孔径宜为6～10mm,间距宜为200～300mm,呈梅花形布置。

7　尾端应支承在套拱上。套拱应为整体式钢筋混凝土结构或钢架结构,套拱内应预埋钢管导向管,套拱基础应能保证套拱稳定。

**13.2.2**　在隧道开挖后掌子面不能自稳地段、拱部易出现剥落或局部坍塌的地段;塌方段、浅埋段、地质较差的洞口段,可采用超前小导管支护。超前小导管设计应符合下列规定:

1　宜采用直径为42～50mm的无缝钢管,长度宜为3.0～5.0m。

2　管壁应钻注浆孔,孔径宜为6～8mm,间距宜为150～250mm,呈梅花形布置,尾端应有不小于500mm长不钻孔。

3　环向设置间距宜为300～400mm,外插角宜为5°～12°,纵向水平搭接长度不应小于1.0m。

4　尾端应支承在钢架上。

5　应通过导管向围岩体注浆。

**13.2.3**　在无地下水的软弱地层、薄层水平层状岩层、开挖数小时内拱顶围岩可能剥落或局部坍塌的地段,可采用超前锚杆。超前锚杆设计应符合下列规定:

1　宜采用普通砂浆锚杆,直径宜为22～28mm。围岩破碎不易成孔的地段可采用自进式锚杆,自进式锚杆直径可取28～76mm。

2　长度宜为3.0～5.0m,采用自进式锚杆时长度宜为5.0～10.0m。

3　环向间距宜为300～400mm,外插角宜为5°～15°,纵向水平搭接长度不应小于1.0m。

4　尾端应支承在钢架上。

5　砂浆宜采用早强砂浆,其强度等级不应低于M20。

6　自进式锚杆应注水泥浆,其强度等级不应低于M20。

**13.2.4**　在软弱围岩及断层破碎带、堆积土地层,隧道开挖可能引起掌子面突泥、流坍地段,可采用超前钻孔注浆对隧道周边围岩或开挖掌子面进行加固。超前钻孔注浆设计应符合下列规定:

1　应根据地质条件及地下水情况,确定加固范围,选用注浆材料。

2　应根据加固范围、浆液材料、扩散半径以及工程要求等条件布置注浆孔,应使各注浆孔浆液扩散范围相互重叠。

3　注浆范围宜控制在开挖轮廓线外 3.0m 以内。

4　注浆钻孔孔径应不小于 75mm，注浆压力应根据现场试验确定。

5　一次注浆加固段纵向长度可取 30 ~ 50m。

**13.2.5**　在含水率大的淤泥质黏土、黏性土、粉土、砂性土地段，可采用超前水平旋喷桩。超前水平旋喷桩设计应符合下列规定：

1　根据需要可采用周边加固或全断面加固。

2　旋喷桩直径：单管法宜为 0.3 ~ 1.0m；二重管法宜为 0.6 ~ 1.4m；三重管法宜为 0.7 ~ 2.0m。

3　周边加固时，旋喷桩孔外倾角宜为 3° ~ 10°，环向间距应以相邻孔浆液能互相搭接形成拱形结构为原则。

4　一次施作长度宜为 10 ~ 20m，每一循环搭接长度应不小于 2.0m。

5　当需要增加旋喷桩的抗拉、抗弯强度时，可在旋喷桩内插入型钢、钢筋笼、钢筋束或钢管。

**13.2.6**　在软弱地层采用大断面或全断面开挖、浅埋地段严格控制地面沉降的隧道，可采用超前玻璃纤维锚杆对掌子面前方进行加固。超前玻璃纤维锚杆设计应符合下列规定：

1　已采用超前管棚或超前小导管支护时，加固范围宜在掌子面范围内。

2　在掌子面区域，锚杆间距宜为 1.0 ~ 3.0m；在隧道周边围岩区域，锚杆间距宜为 300 ~ 600mm；可根据围岩稳定性进行调整。

3　加固纵向长度宜为 10 ~ 30m，每一循环搭接长度应不小于 6.0m。

4　全螺纹实心锚杆直径宜为 18 ~ 32mm；全螺纹中空锚杆直径宜为 18 ~ 60mm。

5　地质条件较差时宜选用中空注浆锚杆，注浆材料采用水泥浆或水泥砂浆。

6　应做好掌子面排水，并监测掌子面纵向挤出位移。

**13.2.7**　在稳定性差的浅埋段、洞口地段，可采用地表砂浆锚杆加固地层。地表砂浆锚杆设计应符合下列规定：

1　宜垂直设置，根据地形及主结构面具体情况也可倾斜设置。

2　宜采用直径为 16 ~ 22mm 的螺纹钢筋，由单根或多根钢筋并焊组成，间距宜为 1.0 ~ 1.5m，呈梅花形布置。

3　锚孔直径应大于杆体直径 30mm，充填砂浆强度不应低于 M20。

4　沿隧道纵向加固范围应超出不良地质地段 5 ~ 10m，横向加固宽度宜按计算破裂面确定或 1 ~ 2 倍开挖宽度控制。

5　锚杆不宜侵入隧道开挖范围。

6　应在锚固砂浆达到设计强度的 70% 以上后，进行下方隧道的开挖。

**13.2.8**　在地层松散、围岩稳定性较差、掌子面自稳能力弱、开挖过程中可能引起塌方的浅埋段或洞口地段，可采用地表注浆加固地层。地表注浆设计应符合下列规定：

1　注浆孔应竖向设置。

2　注浆孔直径不宜小于 110mm。

3　注浆孔深应低于隧道开挖底 1.0m 以下。

4　沿隧道纵向加固范围应超出不良地质地段 5～10m，加固宽度可取 1.5～2.0 倍隧道宽度。

5　孔间距宜为单孔浆液扩散半径的 1.4～1.7 倍，可按梅花形或矩形排列布孔。

6　注浆压力可按现场试验确定。

**13.2.9**　在设有钢架支护的地段，宜设锁脚锚杆(管)。锁脚锚杆(管)设计应符合下列规定：

1　应设在钢架底端或钢架接头位置，2 根锁脚锚杆为一组，并应与钢架焊接。

2　2 根锁脚锚杆(管)合力方向应与初期支护轴线方向成 15°～30°的夹角。

3　锁脚锚杆宜采用 $\phi22$～$\phi32$mm 螺纹钢，锁脚锚管宜采用 $\phi42$～$\phi54$mm、壁厚不小于 3.0mm 的无缝钢管，锁脚锚杆(管)长度宜为 2.5～4.0m。

4　锚孔及锁脚锚管内应注满砂浆，砂浆强度等级应与普通砂浆锚杆相同。

**13.2.10**　隧道围岩破碎、岩体层间接合较差的地段，可采用小导管径向注浆加固围岩。小导管长度不宜小于 3.5m、间距宜为 1.0～2.5m。

**13.2.11**　隧道施工变形较大、施工工序转换较复杂或紧急抢险时，可设置施工临时封闭和临时支撑措施。采用的临时封闭和临时支撑措施应方法有效、方便施工、利于后期拆除。

## 13.3　涌水处理措施

**13.3.1**　隧道涌水处理宜遵循“以堵为主、排堵结合、注重环保”的设计原则。应根据地质地形条件、隧道结构形式、断面大小和环保要求等，选择涌水处理措施。

**13.3.2**　地下水丰富且排水时挟带泥沙引起前方围岩失稳的破碎带、风化带，可能存在涌水突泥隐患的地段或排水后对隧道周边地下水和地表水影响较大的地段，可采用超前围岩预注浆堵水。超前围岩预注浆堵水设计应符合下列规定：

1　应根据工程与水文地质条件等因素，超前围岩预注浆可选用超前全断面帷幕注浆、超前周边预注浆、超前局部预注浆等措施。

2　帷幕注浆、周边注浆的注浆圈厚度宜为隧道开挖线以外 3～6m，一次注浆段长度可按 10～30m 控制。

3　注浆孔底中心间距宜为 1.5～3.0m，或取浆液扩散半径的 1.5～1.7 倍。

4　浆液扩散半径宜根据地层孔隙、裂隙及连通性、注浆压力、浆液种类等在现场试验确定，或按工程类比法选定，并应在施工中不断修正。

**13.3.3**　围岩自稳性较好，但地下水丰富，地下排放对隧道周边地下水和地表水影响较大的地段，隧道开挖后对围岩暴露的股状水、裂隙水、大面积淋水可采用围岩径向注浆堵水。围岩径向注浆堵水设计应符合下列规定：

1　根据围岩地质条件、涌水形态、涌水规模和防排水要求等因素，可选用全断面径向注浆、局部径向注浆和补充注浆等措施。

2　注浆圈厚度不宜超过开挖轮廓线以外6.0m,也不宜小于2.0m。

**13.3.4**　开挖前方有高压地下水或有充分补给源的涌水,排放地下水对围岩稳定、周边水环境影响较小的地段,可采用超前钻孔排水。超前钻孔排水设计应符合下列规定:

1　孔径不应小于76mm,每断面钻孔数不应少于3个。

2　深度不宜小于10m。

3　孔底位置超前掌子面距离小于1~2个开挖循环进尺且仍需继续超前钻孔排水时,应实施下一循环超前钻孔排水。

4　孔口应设置防突涌水保护装置。

**13.3.5**　对地下水丰富、出水季节性强、洞内排水能力不足而又无法封堵的隧道,可采用泄水洞排水。泄水洞排水设计应符合下列规定:

1　可布置在隧道两侧,也可布置在隧道下方;沿隧道纵向有多段出水地层时,宜与正洞平行或接近平行布置;有地下暗河或明显集中出水点的隧道,地形条件允许时,可横向布置;泄水洞布置不得危及隧道围岩和结构稳定。

2　纵坡应能保证自流排水,最小纵坡不宜小于0.5%。

3　出水口位置不应对下游地区造成危害。

4　底高程应低于正洞底高程。

**13.3.6**　在地下水位高于隧道开挖底高程3.0m以上、补给源明确的砂质土、碎石土及亚黏土地层的浅埋隧道,施工期间可采用井点降水。井点降水设计应符合下列规定:

1　应根据地层渗透系数、降水范围及地下水量等因素确定井点位置、深度和数量。

2　应在地表沿隧道两侧布置井点降水钻孔,地下水补给来源一侧可多布。

3　降水后水位线应低于隧底开挖线0.5~1.0m。

# 14　特殊地质地段设计

## 14.1　一般规定

**14.1.1**　当隧道通过膨胀性围岩、岩溶、采空区、流沙、瓦斯及有害气体、黄土、高地应力区、多年冻土等特殊地质地段时,应根据具体情况,采用相应辅助工程措施,保证结构物安全和施工安全。

**14.1.2**　穿越特殊地质地段的隧道,除应进行特殊设计外,在施工中还应对地下水位变化进行观测,对围岩变形和支护衬砌结构变形或受力进行监测。当设计与实际情况不符时,应及时修正设计。

## 14.2　膨胀性围岩

**14.2.1**　断面形状宜采用圆形或接近圆形的断面。

**14.2.2**　支护结构应按“先柔后刚、先让后顶、分层支护”的设计思想进行设计。

**14.2.3**　在膨胀变形相对较大的地段,可采用双层初期支护,也可在初期支护内采用可缩式钢架,锚杆宜加长、加密,长短结合。

**14.2.4**　隧道开挖预留变形量应根据围岩膨胀变形量确定,应较普通围岩地段大。钢架的加工尺寸应随开挖断面的增加而加大,贴近开挖轮廓。

**14.2.5**　应采用复合式衬砌,二次衬砌宜采用钢筋混凝土结构,初期支护、二次衬砌均应设仰拱。

**14.2.6**　应采取截、排水措施,减少围岩遇水膨胀变形。

## 14.3　岩溶

**14.3.1**　根据岩溶与隧道的位置关系,可采取跨越、加固溶洞、回填溶洞、引排截流岩溶水、清除或加固充填物、封堵地表陷坑、疏排地表水等综合治理措施。

**14.3.2**　隧道穿越规模较大的空溶洞或暗河通道时,可采取跨越方式通过。

**14.3.3**　当隧道拱顶以上有较大空溶洞时,根据溶洞洞壁稳定程度,可采取喷锚等措施对溶腔壁进行加固;衬砌拱背应进行回填或设护拱。当隧道两侧有空腔时,可采取加厚衬砌边墙、设混凝土或浆砌片石反压墙等措施。

**14.3.4**　对隧道底部有充填的溶洞,应根据溶洞充填物的特征以及溶洞与隧道的位置关系,采取桩基、注浆、换填、跨越等措施进行处理。

**14.3.5**　应根据实际情况对岩溶水采取截、引、排等处理措施,并应保护、疏通、恢复岩溶原有排水通道。

## 14.4　采空区

**14.4.1**　应根据采空区所处的围岩条件,采空区的类型、规模、稳定性及其与隧道的相互关系,分析相互影响,选择适宜的隧道支护结构和工程措施。

**14.4.2**　隧道穿越采空区,可采取跨越、围岩加固、采空区支护结构加固、采空区封闭回填、疏排积水等措施;对穿越有害气体的采空区,应参照有害气体处置要求处理。

**14.4.3**　采空区影响范围内的隧道衬砌结构宜加强,对存在有害气体的采空区,隧道衬砌应有封闭气体的能力。

**14.4.4**　对隧道压覆或穿越的未开采区,应提出禁采范围。

## 14.5　流沙

**14.5.1**　穿越流沙地层的隧道,应根据流沙特性、规模,贯入度、相对密度、粒径分布、塑性指数、地层承载力、滞水层分布、地下水压力和透水系数等因素,选择适宜的隧道支护结构和工程措施。

**14.5.2**　穿越流沙地层隧道设计应符合下列规定:

1　应加强地层排水,宜将地下水位降至隧道底以下 0.5m。

2　应有出现流沙溢出时的封堵措施。

3　对流沙溢出口附近围岩应进行加固。

4　流沙地层围岩应采用超前加固措施。

5　初期支护钢架宜封闭成环,分部开挖时应设置临时底梁或临时仰拱。

6　流沙地层控制拱顶沉降可采用木垛支撑或钢桁架支撑作为临时竖向支撑。

7　二次衬砌应采用钢筋混凝土结构。

## 14.6　瓦斯及有害气体

**14.6.1**　隧道通过含瓦斯及有害气体地层的地段,应根据气体含量、涌出量和气压,采取抽排、隔离、封闭与加固措施,进行超前探测、施工通风、气体检查等设计。

**14.6.2**　隧道衬砌应采用带仰拱的复合式封闭结构,并提高二次模筑混凝土衬砌的抗渗性能,复合式封闭结构应向不含瓦斯及有害气体地段延伸,延伸距离不应小于 20m。

**14.6.3**　二次模筑混凝土衬砌的施工缝应进行气密性处理,其封闭瓦斯性能不应低于混凝土衬砌。采用双层模筑混凝土衬砌时,两层衬砌施工缝应错开设置,错开距离不应小于 2.0m。

**14.6.4**　含瓦斯地层的喷射混凝土厚度不应小于 150mm,二次模筑混凝土衬砌厚度不应小于 400mm。

**14.6.5**　预埋件及预留洞室设置不应降低衬砌结构的防渗能力。

**14.6.6**　对其他有害气体,需结合具体气体情况,宜参照瓦斯隧道封、堵的原则和通风要求进行设计。

## 14.7　黄土

**14.7.1**　黄土隧道应根据黄土类型和物理力学性能、黄土天然含水率、隧道断面大小和施工方法等确定衬砌结构。

**14.7.2**　黄土隧道宜采用曲墙带仰拱的复合式衬砌结构。不设系统锚杆时,应加强钢架支护,并增设锁脚锚杆。二次衬砌宜采用钢筋混凝土结构。

**14.7.3**　地基承载力不足时,可采取设置锁脚锚杆(管)、增大拱脚截面、设钢管桩等防止衬砌结构整体下沉的措施。

**14.7.4**　应回填、铺砌对隧道有影响的地表冲沟、陷穴、裂缝,并应设置地表水引排设施。

**14.7.5**　位于地下水位线以下的隧道应根据黄土性质、地下水的发育特征,采取降、排、堵相结合的综合治水措施。

**14.7.6**　湿陷性黄土地基可采取灰土换填、挤密桩、旋喷桩、树根桩、钢管桩等加固措施。

**14.7.7**　黄土隧道洞口设计应符合下列规定:

1　洞口边、仰坡坡脚以及可能被冲刷基础位置,应进行铺砌。边、仰坡交界处应采用圆弧连接。

2　湿陷性黄土地基,应根据黄土物理力学性质和洞门结构形式,采取换填或挤密桩等加固措施;非湿陷性黄土地基承载力不足时,可采取换填、扩大基础等措施。

## 14.8　高地应力区

**14.8.1**　高地应力区隧道设计应符合下列规定:

1　隧道轴线与最大主应力方向水平投影夹角宜小于30°。

2　隧道衬砌断面应采用近似圆形断面。

**14.8.2**　高地应力区隧道应结合地应力大小、水文地质及围岩条件,按照硬质岩段可能发生岩爆、软质岩段可能发生大变形进行分级,针对不同的等级选择相应的开挖方式与防治措施。岩爆及大变形分级可按表14.8.2-1、表14.8.2-2确定。

**表14.8.2-1　岩爆分级表**

| 岩爆分级 | 名称 | 判据 |
|---|---|---|
| Ⅰ | 轻微岩爆 | $0.3 \leqslant \sigma_{\theta max}/R_b < 0.5$ |
| Ⅱ | 中等岩爆 | $0.5 \leqslant \sigma_{\theta max}/R_b < 0.7$ |
| Ⅲ | 强烈岩爆 | $0.7 \leqslant \sigma_{\theta max}/R_b < 0.9$ |
| Ⅳ | 剧烈岩爆 | $0.9 \leqslant \sigma_{\theta max}/R_b$ |

注:$\sigma_{\theta max}$为洞壁最大切向应力;$R_b$为岩石单轴抗压强度。

**表14.8.2-2　大变形分级表**

| 大变形分级 | 名称 | 判据(%) |
|---|---|---|
| Ⅰ级 | 轻微大变形 | $2 \leqslant U_a/a < 3$ |
| Ⅱ级 | 中等大变形 | $3 \leqslant U_a/a < 5$ |
| Ⅲ级 | 强烈大变形 | $5 \leqslant U_a/a$ |

注:$U_a$为变形量;$a$为隧道宽度。

**14.8.3**　岩爆处置应遵循“以防为主、防治结合”的原则,对可能发生岩爆段应进行监测、预报,应根据岩爆分级采取下列措施:

1　轻微岩爆和中等岩爆段的初期支护可采用钢筋网喷混凝土或纤维喷混凝土、系统锚杆、超前锚杆等联合处置措施。

2　中等岩爆段,可对掌子面及附近围岩喷洒水或对围岩及前方掌子面打设注水孔注水,可增设格栅钢架。

3　强烈岩爆段,可对掌子面及附近围岩喷洒水或对围岩打设注水孔注水、在掌子面上打应力释放孔,可采取钢筋网喷混凝土或纤维喷混凝土、系统锚杆、多排超前锚杆、加强钢架支护等综合治理措施。

4　剧烈岩爆段,应采用可屈服的支护系统,并应采取超前应力解除、高压注水等降低地应力量级的措施。

**14.8.4**　大变形防治应遵循“加固围岩、预留变形、先柔后刚、先放后抗、分次支护、及早封闭、底部加强”的综合整治原则,应根据大变形不同情况采取下列措施:

1　轻微大变形段,可采取长短锚杆组合、钢筋网喷混凝土或纤维喷混凝土、设置钢架、加强二次衬砌等措施。

2　中等大变形段,可采取长锚杆、钢筋网喷混凝土或纤维喷混凝土、可缩式钢架、二次衬砌采用钢筋混凝土等措施。

3　强烈大变形段,可采取预加固地层、分部开挖、长锚杆、钢筋网喷混凝土或纤维喷混凝土、喷混凝土层留纵缝、可缩式钢架、增设缓冲层、二次衬砌采用钢筋混凝土等措施。

4　中等、强烈大变形段,可根据变形情况,采用两次或多次喷锚支护、增加锚索、加大预留变形量等措施。

## 14.9　多年冻土

**14.9.1**　多年冻土区隧道布设应符合下列规定:

1　隧道宜选择在地下水位低、围岩干燥、冻融对围岩影响小的地段。

2　洞口位置宜避开冰锥、冰丘、多年冻土沼泽等地段。

3　应避免顺地下冰层布置隧道。

**14.9.2**　隧道洞门基础应置于冻胀性或融沉性地层线以下1.0m;洞门墙背有厚层地下冰时,应进行换填处理。

**14.9.3**　洞口边仰坡应根据冻土状态确定坡率,应对开挖坡面采取保温隔热措施。

**14.9.4**　多年冻土区隧道应采用曲墙带仰拱的复合式衬砌。结合冻土性质及冻胀危害分析,隧道净空断面可适当增大,预留结构补强空间或采用双层模筑混凝土衬砌。

**14.9.5**　模筑混凝土衬砌宜采用低温、早强、耐冻混凝土,应满足抗渗、抗冻和耐久性要求,外加剂不应对钢筋产生腐蚀,混凝土抗渗等级不宜低于P10。

# 15　隧道路基与路面

## 15.1　一般规定

**15.1.1**　隧道路基应为稳定、密实、匀质路基,为路面结构提供均匀的支承。

**15.1.2**　隧道路面应具有足够的强度、平整、耐久、抗滑、耐磨等性能。

**15.1.3**　隧道路面结构应根据交通量、设计速度、平纵线形指标、当地环境条件、材料供应情况、全寿命周期费用分析等因素,进行经济、技术比较后确定。

**15.1.4**　隧道路面结构下应设排水系统。

## 15.2　隧道路基

**15.2.1**　设仰拱的隧道,仰拱填充层可为路基层,其填充材料和填充要求应符合本规范第5章、第8章的相关规定。

**15.2.2**　不设仰拱的隧道,路基应为稳定的石质地基。

## 15.3　隧道路面

**15.3.1**　高速公路、一级公路隧道宜采用沥青混合料上面层与混凝土下面层组成的复合式路面。其他等级公路隧道可采用复合式路面或水泥混凝土路面。

**15.3.2**　应根据隧道结构和地质条件确定隧道路面结构。不设仰拱的隧道路面应设置基层和面层,可根据需要增设整平层;设仰拱的隧道可只设基层和面层。

**15.3.3**　路面基层设计应符合下列规定:

1　不设仰拱的隧道路面基层应置于坚实的地基上。

2　基层宜采用素混凝土,厚度宜为150~200mm,抗压强度等级不应低于C20或弯拉强度不应低于1.8MPa,且应设置与混凝土面层相对应的横向缩缝。

3　一次摊铺宽度大于7.5m时,应设纵向缩缝。

4　增设整平层时,整平层平均厚度不宜小于150mm。

**15.3.4**　隧道采用水泥混凝土路面面层时应符合下列规定:

1　二、三、四级公路宜采用设接缝的水泥混凝土面层。水泥混凝土面层厚度:三、四级公路宜为200~220mm,二级公路宜为220~240mm;混凝土强度等级:三、四级公路宜为C35~C40,抗折强度宜为4.0~4.5MPa;二级公路不宜小于C40,抗折强度宜为4.5~5.0MPa。

2　高速公路、一级公路应采用连续配筋混凝土面层或钢纤维混凝土面层。水泥混凝土面层厚度宜为 240 ~ 260mm，混凝土强度等级宜为 C40 ~ C50，抗折强度不宜小于 5.0MPa。

3　面层厚度、接缝构造与布设间距、钢纤维混凝土钢纤维掺量、面层特殊部位的配筋均应符合现行《公路水泥混凝土路面设计规范》(JTG D40)的有关规定；洞口段应设胀缝；衬砌结构变化处应结合衬砌变形缝统一设置横向接缝。

4　各级水泥混凝土路面结构可靠度设计标准、材料性能和结构参数及变异水平、设计方法、标准轴载、材料组成和性质参数均应符合现行《公路水泥混凝土路面设计规范》(JTG D40)的有关规定。高速公路、一级公路隧道水泥混凝土路面粗、细集料的级别均宜采用Ⅰ级。

5　路面表面构造深度在交工验收时应满足现行《公路水泥混凝土路面设计规范》(JTG D40)对特殊路段的有关规定，对不利条件下的路面构造深度应取大值。表面构造应具有耐磨损性能，当采用刻槽时，宜采用纵向刻槽，高速公路、一级公路、进洞口段及坡度较大的隧道宜同时采用纵向和横向刻槽。当采用复合式路面时，作为下面层的水泥混凝土表面构造可不受本款要求限制。

6　混凝土路面加铺层应根据使用要求及旧混凝土路面状况，经技术经济比较后选用水泥混凝土加铺结构或沥青混凝土加铺结构；加铺层结构设计应符合现行《公路水泥混凝土路面设计规范》(JTG D40)、《公路沥青路面设计规范》(JTG D50)的有关规定。

**15.3.5**　连续配筋混凝土面层配筋宜符合下列规定：

1　宜采用直径为 8 ~ 12mm 的冷轧带肋钢筋焊接网，也可采用直径为 12 ~ 20mm 的纵向和横向冷轧带肋钢筋。配筋可按式(15.3.5)确定，且最小配筋率不宜小于 0.15%。

$$A_s = \frac{16L_s h\mu}{f_{sy}} \tag{15.3.5}$$

式中：$A_s$——每延米混凝土面层宽(或长)所需的钢筋面积($mm^2$)；

$L_s$——纵向钢筋时，为横缝间距(m)；横向钢筋时，为无拉杆的纵缝或自由边之间的距离(m)；

$h$——面层厚度(mm)；

$\mu$——面层与基层之间的摩阻系数，可取 1.8；

$f_{sy}$——钢筋的屈服强度或强度标准值(MPa)。

2　纵向和横向钢筋设在面层上部时，均应采用单层布置，纵向钢筋的净保护层厚度不应小于 50mm，横向钢筋应位于纵向钢筋以下。

3　纵向和横向钢筋宜采用相同或相近的直径，直径差不应大于 4mm。纵向钢筋的间距不应大于 200mm，横向钢筋的间距不应大于 800mm，且不应小于 100mm 或集料最大粒径的 2.5 倍。边缘钢筋至纵缝或自由边的距离宜为 100 ~ 150mm。

4　纵向钢筋的焊接长度不宜小于 10 倍(单面焊)或 5 倍(双面焊)钢筋直径，相邻钢筋焊接位置应错开，各焊接端连线与纵向钢筋的夹角应小于 60°。

**15.3.6**　复合式路面沥青混凝土面层应符合下列规定:

1　沥青混凝土面层应具有与水泥混凝土面板黏结牢固、防水渗入、抗滑耐磨以及抗开裂、抗车辙、抗剥离的良好性能,相关性能要求应符合现行《公路沥青路面设计规范》(JTG D50)的有关规定。

2　沥青混凝土面层宜采用双层式,厚度宜为 80 ~ 100mm。

3　沥青面层的混合料类型宜与洞外路段相同,特长隧道可采用温拌沥青混合料,各种外加剂的掺入应不影响混合料的路用性能。

4　沥青面层与混凝土面板间应设置黏结层,黏结层宜采用改性乳化沥青或热喷 SBS 改性沥青 + 预拌沥青碎石。

5　隧道结构变形缝、非连续配筋且无拉杆的水泥混凝土面层接缝和胀缝处,以及存在后期不均匀沉降的软弱地层的隧道段,应在水泥混凝土面板相应位置采取设置加筋土工材料或应力吸收层等减缓反射裂缝的措施。

**15.3.7**　沥青上面层在调平层上铺装时,混凝土调平层厚度不宜小于 80mm,并应设钢筋网;纤维混凝土调平层厚度不宜小于 60mm;调平层混凝土强度应与下层钢筋混凝土结构路面板一致,并应结合紧密。

**15.3.8**　洞内采用水泥混凝土路面而洞外采用沥青路面时,应设置与洞外路段保持一致的洞内过渡段,并应符合下列规定:

1　高速公路和一级公路的中隧道、长隧道和特长隧道,洞内进口过渡段长度不应小于隧道照明入口段、过渡段合计长度,且不应小于 300m,洞内出口过渡段长度不应小于 3s 设计速度行程长度。

2　高速公路和一级公路短隧道及二、三、四级公路隧道,洞内进、出口路面过渡段长度不应小于 3s 设计速度行程长度,且不应小于 50m。

**15.3.9**　隧道不同路面结构衔接应符合下列规定:

1　桥隧相接或与固定构造物相衔接的胀缝无法设置传力杆时,可在距接缝 10 ~ 15m 长的水泥混凝土路面结构内配置双层钢筋网。

2　隧道内水泥混凝土路面面层与沥青路面面层衔接时,沥青路面面层一侧应设不少于 3m 长的过渡段。过渡段的路面采用两种路面呈阶梯状叠合布置,其下面变厚水泥混凝土过渡板厚度不应小于 200mm。过渡板与水泥混凝土面层相接处的接缝内宜设直径 25mm、长 700mm、间距 400mm 的拉杆。

# 16　抗震设计

## 16.1　抗震设防分类和设防标准

**16.1.1**　根据公路等级、隧道重要性以及修复(抢通)的难易程度将山岭公路隧道抗震设防分为 B、C、D 三类,见表 16.1.1。

**表 16.1.1　各公路隧道抗震设防类别适用范围**

| 抗震设防类别 | 适用范围 |
|---|---|
| B | 1. 高速公路、一级公路隧道;<br>2. 三车道、四车道隧道;<br>3. 连拱隧道;<br>4. 复杂地质条件的地下风机房洞室群 |
| C | 1. 单洞两车道的二级、三级公路隧道;<br>2. 通风斜井、竖井及风道、平行通道 |
| D | 1. 四级公路隧道;<br>2. 附属洞室 |

**16.1.2**　各抗震设防类别隧道的抗震设防目标应符合表 16.1.2 的规定。

**表 16.1.2　各抗震设防类别隧道的抗震设防目标**

| 抗震设防类别 | 设防目标 | |
|---|---|---|
| | E1 地震作用 | E2 地震作用 |
| B | 地震后衬砌结构应力低于弹性极限,处于弹性状态;结构无破坏,结构物功能保持震前状态(性能要求 1) | 地震后衬砌结构应力超过弹性极限,但在屈服强度以内,结构处于弹性向弹塑性过渡状态;结构局部轻微损伤,不需维修或简单加固后可继续使用(性能要求 2) |
| C | 地震后衬砌结构应力低于弹性极限,处于弹性状态;结构无破坏,结构物功能保持震前状态(性能要求 1) | 地震后衬砌结构应力超过屈服强度,未达到结构最大承载力,结构处于弹塑性状态、未失稳;结构产生损伤破坏,但不应出现局部或整体坍塌,通过修复和加固可以恢复结构物功能(性能要求 3) |
| D | 地震后衬砌结构应力低于弹性极限,处于弹性状态;结构无破坏,结构物功能保持震前状态(性能要求 1) | — |

**16.1.3**　B、C 类隧道宜进行 E1 和 E2 地震作用下的抗震分析和抗震验算,D 类隧道可只进行 E1 地震作用下的抗震分析和抗震验算,并应满足抗震措施要求。基本地震动峰值加速度 0.05$g$ 和 0.10$g$ 地区的 B 类、C 类和 D 类隧道,可只进行抗震措施设计。

**16.1.4**　各类隧道抗震措施的设防标准,应符合下列规定:

1　B 类隧道应按高于本地区地震动峰值加速度一级的要求加强其抗震措施。

2　C 类隧道应按本地区地震动参数确定其抗震措施和地震作用。

3　D 类隧道允许比本地区地震动参数的要求适当降低其抗震措施,但地震动峰值加速度等于 0.05$g$ 时不应降低。

## 16.2　地震作用

**16.2.1**　未进行专门工程场地地震安全性评价的公路隧道,抗震设计要考虑的地震作用,应采用所在地区设防地震动相应的设计基本地震参数以及抗震重要性系数 $C_i$ 来表征。

**16.2.2**　隧址区设计基本地震动参数应根据现行《中国地震动参数区划图》(GB 18306)规定的地震动参数确定。地震动峰值加速度分区对应的各分区地震动峰值加速度范围,以及对应的地震烈度应符合表 16.2.2 的规定。

**表 16.2.2　地震动峰值加速度分区与各分区地震动峰值加速度范围及地震烈度之间对应关系**

| 地震动峰值加速度 $A(g)$ | 0.05 | 0.10 | 0.15 | 0.20 | 0.30 | 0.40 |
|---|---|---|---|---|---|---|
| 抗震设防地震动分档 $(g)$ | [0.04,0.09) | [0.09,0.14) | [0.14,0.19) | [0.19,0.28) | [0.28,0.38) | [0.38,0.75) |
| 抗震设防烈度 | Ⅵ | Ⅶ | | Ⅷ | | Ⅸ |

**16.2.3**　各类隧道的抗震重要性系数 $C_i$,应符合表 16.2.3 的规定。

**表 16.2.3　各类隧道的抗震重要性系数 $C_i$**

| 抗震设防类别 | E1 地震作用 | E2 地震作用 |
|---|---|---|
| B | 0.43 | 1.3 |
| C | 0.34 | 1.0 |
| D | 0.26 | — |

**16.2.4**　位于地震动峰值加速度 0.40$g$ 地区的特长隧道,应按照有关规定,进行专门的工程场地地震安全性评价,确定地震作用。开展工程场地地震安全性评价的隧道,其各级地震作用相应的地震动峰值加速度值不应低于根据本规范表 16.2.3 抗震重要性系数所确定的地震动峰值加速度值。

## 16.4　抗震措施

**16.4.1**　隧道宜设置于抗震有利地段,不宜设在岩堆、滑坡体、泥石流沟、崩塌、围岩落石等不良地质及排水困难的沟谷低洼处或不稳定的悬崖陡壁下。

**16.4.2**　隧道洞口位置的选择应结合洞口段的地形和地质条件确定,并应采取措施控制洞口仰坡和边坡的开挖高度,防止发生崩塌和滑坡等震害。

**16.4.3**　在抗震设防烈度较高的地区,洞口边仰坡较陡时,宜采用明洞式洞门,并采取防止落石撞击的措施。

**16.4.4**　明洞衬砌应采用钢筋混凝土结构,并沿隧道纵向设置防震缝。

**16.4.5**　设计基本地震动峰值加速度大于或等于 0.20$g$ 的地区,隧道洞门端墙与衬砌环框间、端墙与洞口挡土墙或翼墙间的施工接缝处,应采取加设短钢筋或设置榫头等抗震连接措施。

**16.4.6**　隧道洞口段、浅埋偏压段、深埋软弱围岩段和断层破碎带等地段的结构,其抗震加强长度应根据地形、地质条件确定。抗震设防段两端应向围岩质量较好的地段延伸,两车道及其以下隧道宜延伸 5 ~ 10m,三车道隧道及其以上隧道宜延伸 10 ~ 20m。

**16.4.7**　抗震设防地段衬砌结构构造应符合下列规定:

1　软弱围岩段的隧道衬砌应采用带仰拱的曲墙式衬砌。

2　明暗洞交界处、软硬岩交界处及断层破碎带,宜结合沉降缝、伸缩缝综合设置防震缝。

3　通道交叉口部及未经注浆加固处理的断层破碎带区段采用复合式支护结构时,二次衬砌应采用钢筋混凝土结构。

4　当隧道穿越活动断层时,衬砌断面宜根据断层最大位错量评估值进行隧道断面尺寸的超挖设计。断层设防段宜设置防震缝。

# 17　改扩建设计

## 17.1　一般规定

**17.1.1**　为改善隧道通行条件、增加通行能力,或提高公路等级和标准,利用既有隧道或既有隧道线位时,可对既有隧道进行改建、扩建或增建。受地形地质条件限制的局部路段,经评估论证,可维持原隧道通行。

**17.1.2**　进行隧道改扩建时,除应按本规范第 3 章进行必要的调查外,尚应对既有隧道的设计、施工、维修养护及运营情况等应进行调查。

## 17.2　隧道改扩建方案设计

**17.2.1**　隧道改扩建设计应结合路线总体设计、隧道接线条件、工程地质、既有隧道现状、交通组织、建设条件进行经济技术比较,充分利用既有隧道,合理确定改扩建形式和技术标准。

**17.2.2**　增建和扩建隧道的线形及横断面设计应满足现行《公路工程技术标准》(JTG B01)和本规范第 4 章的相关规定。

**17.2.3**　既有双洞四车道隧道扩建成六车道隧道时,宜采用原位扩建。

**17.2.4**　既有双洞四车道隧道扩建为八车道隧道时,可采用原位扩建或利用原有隧道再增建隧道方案。

**17.2.5**　既有双洞四车道连拱隧道扩建为双洞六车道隧道时,宜保留既有连拱隧道,改为同向分行,新增一个单洞三车道隧道。

**17.2.6**　既有双洞四车道连拱隧道扩建为双洞八车道隧道时,可保留既有连拱隧道,新增一个四车道隧道或两个两车道隧道,也可采用改连拱隧道为单洞四车道隧道,新增一个单洞四车道隧道。

**17.2.7**　同向采用两个隧道分行时,应设置必要的交通安全设施。

**17.2.8**　单洞双向行驶两车道隧道扩建为双洞四车道隧道时,宜利用既有隧道,增建一个两车道隧道。

**17.2.9**　改扩建后对不再作为通车使用的既有隧道,宜用作维修、养护服务通道和应急疏散救援通道。疏散救援通道应能保证隧道结构的长期稳定。

**17.2.10**　隧道扩建宜在并行新建隧道施工完成后进行。新建隧道施工时应减小对既有隧道结构的影响,必要时应对既有隧道结构采取临时保护或加固措施。

**17.2.11**　隧道改扩建设计应包含施工方案设计和交通组织设计,宜采用不中断交通的施工方案。

## 17.3　隧道扩建

**17.3.1**　既有隧道扩建应符合下列要求:

1　隧道线位应与既有隧道保持一致,扩建隧道净空应尽可能利用既有隧道净空。

2　隧道路面设计高程宜与既有隧道保持一致。

3　既有隧道内的紧急停车带、车行横通道、人行横通道的位置、间距及尺寸应尽可能利用。

**17.3.2**　扩建隧道结构设计应包括对既有隧道结构的拆除方案设计和临时支护设计,扩建隧道应进行扩建施工多种工况下的结构受力状态和围岩稳定性计算,衬砌结构和构造应符合本规范其他章节的相关规定。

**17.3.3**　隧道扩建围岩压力计算应符合下列规定:

1　既有隧道施工时对围岩扰动不大,施工期间未发生大变形、塌方等,且经过一定时间运营后,围岩无明显变异的段落,可参照新建隧道计算围岩压力。

2　既有隧道施工中发生过塌方的段落,应根据塌方高度及塌方横向范围,确定围岩级别和围岩压力。

**17.3.4**　既有隧道扩建宜采用单侧扩挖方式,扩挖范围宜包括既有隧道全部开挖范围。

**17.3.5**　扩建隧道对临近隧道产生明显爆破震动和对围岩稳定、结构内力产生不良影响时,应采取可靠的技术措施降低影响。

## 17.4　隧道改建

**17.4.1**　改建前,应对既有隧道的现状进行全面调查、检测,分析评价既有隧道的健康状况。

**17.4.2**　隧道改建应符合下列规定:

1　隧道改建应按现行《公路工程技术标准》(JTG B01)执行;当技术和经济条件限制时,可采用原有技术标准。

2　既有隧道土建结构在能保证通行能力和营运安全的前提下,应尽可能利用,不宜改变既有结构和衬砌背后的排水系统。

3　改建后,隧道设计行车速度与隧道前后路段设计行车速度差不应大于20km/h。

**17.4.3**　既有隧道新增紧急停车带时,应采用局部扩挖的方式。

**17.4.4**　隧道改建同时又有并行增建隧道时,隧道改建宜在增建隧道施工完成后实施。

## 17.5　增建隧道

**17.5.1**　增建隧道结构设计应符合新建隧道的相关规定。

**17.5.2**　增建隧道布置应减少对既有隧道的影响。

**17.5.3**　增建隧道与既有隧道为小净距时,应按小净距隧道考虑围岩压力。

**17.5.4**　增建隧道与既有隧道间设置横通道时,增建隧道设计高程应满足横通道纵坡设计要求;横通道开洞位置应避开既有隧道衬砌结构变形缝和施工缝,避开距离不宜小于2m。

**17.5.5**　应根据既有隧道运营要求、结构现状、与既有隧道净距、围岩级别等因素,考虑增建隧道爆破施工对相邻既有隧道结构的影响。

# 18　洞内预留预埋及构造物

## 18.1　一般规定

**18.1.1**　应根据隧道交通工程与设施的要求进行洞内预留、预埋及构造物设计,预留、预埋及构造物设计应与相关专业进行协调。

**18.1.2**　预留洞室和预埋件应能保证隧道结构的稳定和结构强度,不得损害隧道衬砌结构的支护能力。

## 18.2　预留预埋

**18.2.1**　预留洞室尺寸拟定应能满足设备放置空间和维护操作空间要求。

**18.2.2**　预留洞室应避开衬砌结构变形缝和施工缝布置,避开距离不宜小于 1.5m。

**18.2.3**　预留洞室应做好防水设计,预留洞室内应不渗不漏。

**18.2.4**　隧道内各类设施的悬挂及安装预埋件应根据其承重和耐久性要求,进行强度和防腐设计,并应符合下列规定:

1　隧道内预埋件设计使用年限,应与结构设计使用年限一致。

2　有承重要求的预埋件,应满足使用承载力要求。

3　吊挂风机预埋件的强度应能承受不小于风机重量 15 倍的荷载。

**18.2.5**　预埋在衬砌内的各种管线,应置于衬砌截面的中部,管壁距衬砌内外侧边缘不应小于 100mm。

**18.2.6**　在有强电敷设的隧道,应根据电专业要求预埋接地扁钢,预埋接地要求可由电专业具体设计。

## 18.3　电缆沟

**18.3.1**　应根据机电工程和消防工程需要设置电缆沟,电缆沟宜布置在两侧检修道下。

**18.3.2**　电缆沟尺寸应根据隧道内电缆、消防管布置需求拟定断面形式和尺寸,应考虑便于电缆、消防管的敷设和维护。

**18.3.3**　电缆沟盖板应能承受人行荷载;盖板应按一定距离设开启吊钩或开启孔或开启缝,盖板顶面应与路缘石顶面平齐。

**18.3.4**　电缆沟外侧壁应采用钢筋混凝土结构,应能确保受车辆撞击后,管内设施不被损坏。

**18.3.5**　电缆沟应满足自流排水要求。

# 附录 D　浅埋隧道围岩压力计算方法

**D.0.1**　浅埋和深埋隧道的分界可按荷载等效高度值,并结合地质条件、施工方法等因素综合判定。按荷载等效高度的判定可按式(D.0.1-1)、式(D.0.1-2)计算:

$$H_{p} = (2 \sim 2.5)h_{q} \tag{D.0.1-1}$$

$$h_{q} = \frac{q}{\gamma} \tag{D.0.1-2}$$

式中：$H_p$——浅埋隧道分界深度(m)；

$h_q$——荷载等效高度(m)；

$q$——用式(6.2.3)算出的深埋隧道垂直均布压力(kN/m²)；

$\gamma$——围岩重度(kN/m³)。

在钻爆法或浅埋暗挖法施工的条件下，Ⅳ～Ⅵ级围岩取：

$$H_p = 2.5h_q \tag{D.0.1-3}$$

Ⅰ～Ⅲ级围岩取：

$$H_p = 2h_q \tag{D.0.1-4}$$

**D.0.2**　浅埋隧道围岩压力可按下列两种情况分别计算：

1　埋深 $H$ 小于或等于等效荷载高度 $h_q$ 时，垂直压力视为均布：

$$q = \gamma \cdot H \tag{D.0.2-1}$$

式中：$q$——垂直均布压力(kN/m²)；

$\gamma$——隧道上覆围岩重度(kN/m³)；

$H$——隧道埋深，指隧道顶至地面的距离(m)。

侧向压力 $e$ 按均布考虑时，其值为：

$$e = \gamma\left(H + \frac{1}{2}H_t\right)\tan^2\left(45 - \frac{\varphi_c}{2}\right) \tag{D.0.2-2}$$

式中：$e$——侧向均布压力(kN/m²)；

$H_t$——隧道高度(m)；

$\varphi_c$——围岩计算摩擦角(°)，其值见表A.0.7-1和表A.0.7-2。

2　埋深大于 $h_q$、小于或等于 $H_p$ 时，为便于计算，假定岩土体中形成的破裂面是一条与水平成 $\beta$ 角的斜直线，如图D.0.2-1所示。$EFHG$ 岩土体下沉，带动两侧三棱岩土体(如图中 $FDB$ 和 $ECA$)下沉，整个岩土体 $ABDC$ 下沉时，又要受到未扰动岩土体的阻力；斜直线 $AC$ 或 $BD$ 是假定的破裂面，分析时考虑黏聚力 $c$，并采用了计算摩擦角 $\varphi_c$；另一滑面 $FH$ 或 $EG$ 则并非破裂面，因此，滑面阻力要小于破裂面 $AC$、$BD$ 的阻力，若该滑面的摩擦角为 $\theta$，则 $\theta$ 值应小于 $\varphi_c$ 值。无实测资料时，$\theta$ 可按表D.0.2采用。

**表D.0.2　各级围岩的 $\theta$ 值**

| 围岩级别 | Ⅰ、Ⅱ、Ⅲ | Ⅳ | Ⅴ | Ⅵ |
|---|---|---|---|---|
| $\theta$ 值 | $0.9\varphi_c$ | $(0.7 \sim 0.9)\varphi_c$ | $(0.5 \sim 0.7)\varphi_c$ | $(0.3 \sim 0.5)\varphi_c$ |

由图D.0.2-1可见，隧道上覆岩体 $EFHG$ 的重力为 $W$，两侧三棱岩体 $FDB$ 或 $ECA$ 的重力为 $W_1$，未扰动岩体对整个滑动土体的阻力为 $F$，当 $EFHG$ 下沉，两侧受到的阻力 $T$ 或 $T'$，作用于 $HG$ 面上的垂直压力总值 $Q_{浅}$ 为：

$$Q_{浅} = W - 2T' = W - 2T\sin\theta \tag{D.0.2-3}$$

三棱体自重为：

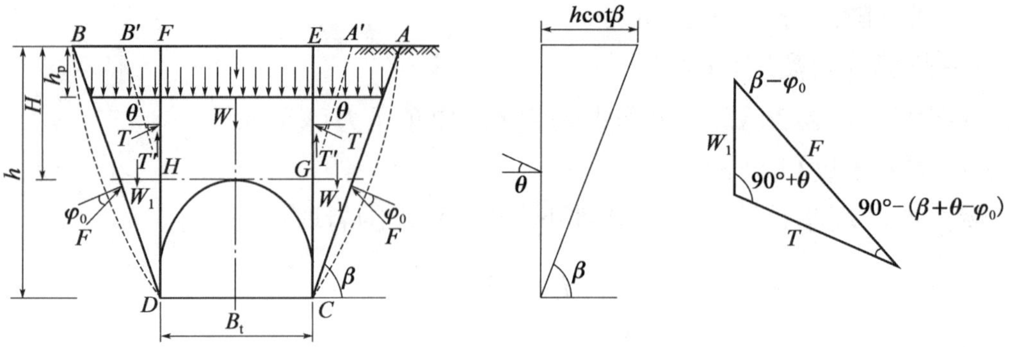


图 D. 0. 2-1　浅埋隧道围岩压力示意图

$$W_1 = \frac{1}{2}\gamma h \frac{h}{\tan\beta} \quad (D. 0. 2\text{-}4)$$

式中:$h$——隧道底部到地面的距离(m);

$\beta$——破裂面与水平面的夹角(°)。

由图据正弦定理可得:

$$T = \frac{\sin(\beta - \varphi_c)}{\sin[90° - (\beta - \varphi_c + \theta)]}W_1 \quad (D. 0. 2\text{-}5)$$

将式(D. 0. 2-4)代入可得:

$$T = \frac{1}{2}\gamma h^2 \frac{\gamma}{\cos\theta} \quad (D. 0. 2\text{-}6)$$

$$\lambda = \frac{\tan\beta - \tan\varphi_c}{\tan\beta[1 + \tan\beta(\tan\varphi_c - \tan\theta) + \tan\varphi_c \tan\theta]} \quad (D. 0. 2\text{-}7)$$

$$\tan\beta = \tan\varphi_c + \sqrt{\frac{(\tan^2\varphi_c + 1)\tan\varphi_c}{\tan\varphi_c - \tan\theta}} \quad (D. 0. 2\text{-}8)$$

式中:$\lambda$——侧压力系数。

其他符号意义同前。

至此,极限最大阻力 $T$ 值可求得。得到 $T$ 值后,带入式(D. 0. 2-3)可求得作用在 $HG$ 面上的总垂直压力 $Q_{浅}$:

$$Q_{浅} = W - 2T\sin\theta = W - \gamma h^2 \lambda \tan\theta \quad (D. 0. 2\text{-}9)$$

由于 $GC$、$HD$ 与 $EG$、$EF$ 相比往往较小,而且衬砌与岩土体之间的摩擦角也不同,前面分析时均按 $\theta$ 计,当中间岩土块下滑时,由 $FH$ 及 $EG$ 面传递,考虑压力稍大些对设计的结构也偏于安全,因此,摩阻力不计隧道部分而只计洞顶部分,即在计算中用 $H$ 代替 $h$,式(D. 0. 2-9)为:

$$Q_{浅} = W - \gamma H^2 \lambda \tan\theta$$

由于 $W = B_t H\gamma$,故:

$$Q_{浅} = \gamma H(B_t - H\lambda\tan\theta) \quad (D. 0. 2\text{-}10)$$

式中:$B_t$——隧道宽度(m)。

换算为作用在支护结构上的均布荷载见图 D. 0. 2-2,即:

$$q_{浅} = \frac{Q_{浅}}{B_t} = \gamma H\left(1 - \frac{H}{B_t}\lambda\tan\theta\right) \qquad (D.0.2\text{-}11)$$

式中：$q_{浅}$——作用在支护结构上的均布荷载($kN/m^2$)。

其他符号意义同前。

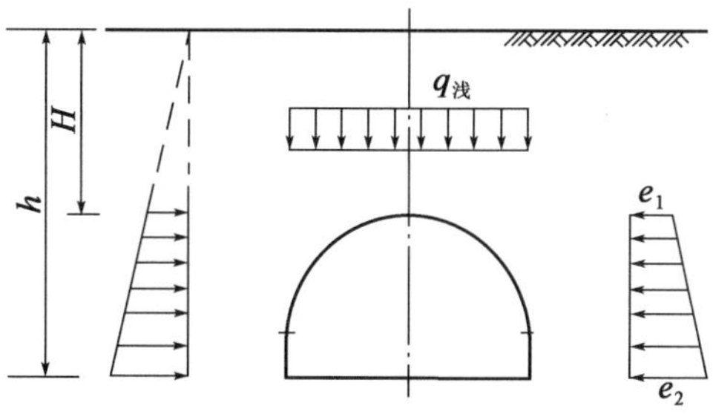


图 D.0.2-2　均布荷载示意图

作用在支护结构两侧的水平侧压力为：

$$\left.\begin{aligned} e_1 &= \gamma H\lambda \\ e_2 &= \gamma h\lambda \end{aligned}\right\} \qquad (D.0.2\text{-}12)$$

侧压力视均布压力时，为：

$$e = \frac{1}{2}(e_1 + e_2) \qquad (D.0.2\text{-}13)$$

# 附录 P　隧道支护参数表

**P.0.1**　两车道隧道复合式衬砌设计参数可按表 P.0.1 取值。

**表 P.0.1　两车道隧道复合式衬砌设计参数**

| 围岩级别 | 初期支护 | | | | | | | | 二次衬砌厚度(cm) | |
|---|---|---|---|---|---|---|---|---|---|---|
| | 喷射混凝土厚度(cm) | | 锚杆(m) | | | 钢筋网间距(cm) | 钢架 | | 拱、墙混凝土 | 仰拱混凝土 |
| | 拱、墙 | 仰拱 | 位置 | 长度 | 间距 | | 间距(m) | 截面高(cm) | | |
| Ⅰ | 5 | — | 局部 | 2.0~3.0 | — | — | — | — | 30~35 | — |
| Ⅱ | 5~8 | — | 局部 | 2.0~3.0 | — | — | — | — | 30~35 | — |
| Ⅲ | 8~12 | — | 拱、墙 | 2.0~3.0 | 1.0~1.2 | 局部 @25×25 | — | — | 30~35 | — |

续上表

| 围岩级别 | 初期支护 | | | | | | | | 二次衬砌厚度(cm) | |
|---|---|---|---|---|---|---|---|---|---|---|
| | 喷射混凝土厚度(cm) | | 锚杆(m) | | | 钢筋网间距(cm) | 钢架 | | 拱、墙混凝土 | 仰拱混凝土 |
| | 拱、墙 | 仰拱 | 位置 | 长度 | 间距 | | 间距(m) | 截面高(cm) | | |
| Ⅳ | 12~20 | — | 拱、墙 | 2.5~3.0 | 0.8~1.2 | 拱、墙 @25×25 | 拱、墙 0.8~1.2 | 0或 14~16 | 35~40 | 0或 35~40 |
| Ⅴ | 18~28 | — | 拱、墙 | 3.0~3.5 | 0.6~1.0 | 拱、墙 @20×20 | 拱、墙、仰拱 0.6~1.0 | 14~22 | 35~50 钢筋混凝土 | 0或35~50钢筋混凝土 |
| Ⅵ | 通过试验或计算确定 | | | | | | | | | |

注:1. 有地下水时可取大值,无地下水时可取小值。
2. 采用钢架时,宜选用格栅钢架。
3. 喷射混凝土厚度小于18cm时,可不设钢架。
4. "0或..."表示可以不设;要设时,应满足最小厚度要求。

**P.0.2** 三车道隧道复合式衬砌设计参数可按表P.0.2取值。

**表P.0.2 三车道隧道复合式衬砌的设计参数**

| 围岩级别 | 初期支护 | | | | | | | | 二次衬砌厚度(cm) | |
|---|---|---|---|---|---|---|---|---|---|---|
| | 喷射混凝土厚度(cm) | | 锚杆(m) | | | 钢筋网间距(cm) | 钢架 | | 拱、墙混凝土 | 仰拱混凝土 |
| | 拱、墙 | 仰拱 | 位置 | 长度 | 间距 | | 间距(m) | 截面高(cm) | | |
| Ⅰ | 5~8 | — | 局部 | 2.5~3.5 | — | — | — | — | 35~40 | — |
| Ⅱ | 8~12 | — | 局部 | 2.5~3.5 | | | — | — | 35~40 | — |
| Ⅲ | 12~20 | — | 拱、墙 | 2.5~3.5 | 1.0~1.2 | 拱、墙 @25×25 | 拱、墙 1.0~1.2 | 0或 14~16 | 35~45 | — |
| Ⅳ | 16~24 | — | 拱、墙 | 3.0~3.5 | 0.8~1.2 | 拱、墙 @20×20 | 拱、墙 0.8~1.2 | 16~20 | 40~50 ■ | 0或 40~50 |
| Ⅴ | 20~30 | — | 拱、墙 | 3.5~4.0 | 0.5~1.0 | 拱、墙 @20×20 | 拱、墙、仰拱 0.5~1.0 | 18~22 | 50~60 钢筋混凝土 | 0或50~60钢筋混凝土 |
| Ⅵ | 通过试验或计算确定 | | | | | | | | | |

注:1. 有地下水时可取大值,无地下水时可取小值。
2. 采用钢架时,宜选用格栅钢架。
3. 喷射混凝土厚度小于18cm时,可不设钢架。
4. "0或..."表示可以不设;要设时,应满足最小厚度要求。
5. "■"可采用钢筋混凝土。

# 二十一、公路隧道设计规范　第二册　交通工程与附属设施
# (JTG D70/2—2014)

## 1　总则

**1.0.1**　为统一公路隧道交通工程与附属设施设计技术标准,确定其建设规模,保障公路隧道运营安全,保证服务水平,指导工程建设,制定本规范。

**1.0.2**　本规范适用于各等级公路的新建和改建山岭隧道。

**1.0.3**　公路隧道交通工程与附属设施设计内容应包括交通安全设施、通风设施、照明设施、交通监控设施、紧急呼叫设施、火灾探测报警设施、消防设施与通道、供配电设施、中央控制管理系统、接地与防雷设施、线缆及相关设施的设计。

**1.0.4**　公路隧道交通工程与附属设施设计应与隧道土建工程设计、所处路段的交通工程及沿线设施设计相协调。

**1.0.5**　公路隧道交通工程与附属设施设计应贯彻国家的技术经济政策,做到安全实用、质量可靠、经济合理、节能环保、技术先进。

**1.0.6**　公路隧道交通工程与附属设施设计应积极而慎重地采用新理论、新技术、新材料、新设备。

**1.0.7**　公路隧道交通工程与附属设施设计除应符合本规范的规定外,尚应符合国家和行业现行有关标准的规定。

## 3　公路隧道交通工程与附属设施配置等级

**3.0.1**　公路隧道交通工程与附属设施设计应符合下列规定:

1　交通安全设施、桥架、支架、线槽应按远期设计年限预测交通量进行设计。

2　通风设施、照明设施应根据预测交通量统筹设计,可分期实施。

3　交通监控设施、紧急呼叫设施、火灾探测报警设施、中央控制管理系统的设计年度取值不应低于隧道计划通车年后第5年。

4　消防灭火设施设计年度取值不应低于隧道计划通车年后第10年。

5　通道应根据隧道土建设计情况进行配置。

6　供配电设施应与其他用电设施的配置状况相适应,且应预留适当负荷容量。

7　接地与防雷设施、线缆应与其他设施的配置状况相适应。

8　应按远期设计年限预测交通量设计各类设施的预留预埋设施。

**3.0.2**　公路隧道交通工程与附属设施的配置等级应根据隧道单洞长度和设计年度预测隧道单洞年平均日交通量两个因素,按图 3.0.2 划分为 A+、A、B、C、D 五级。

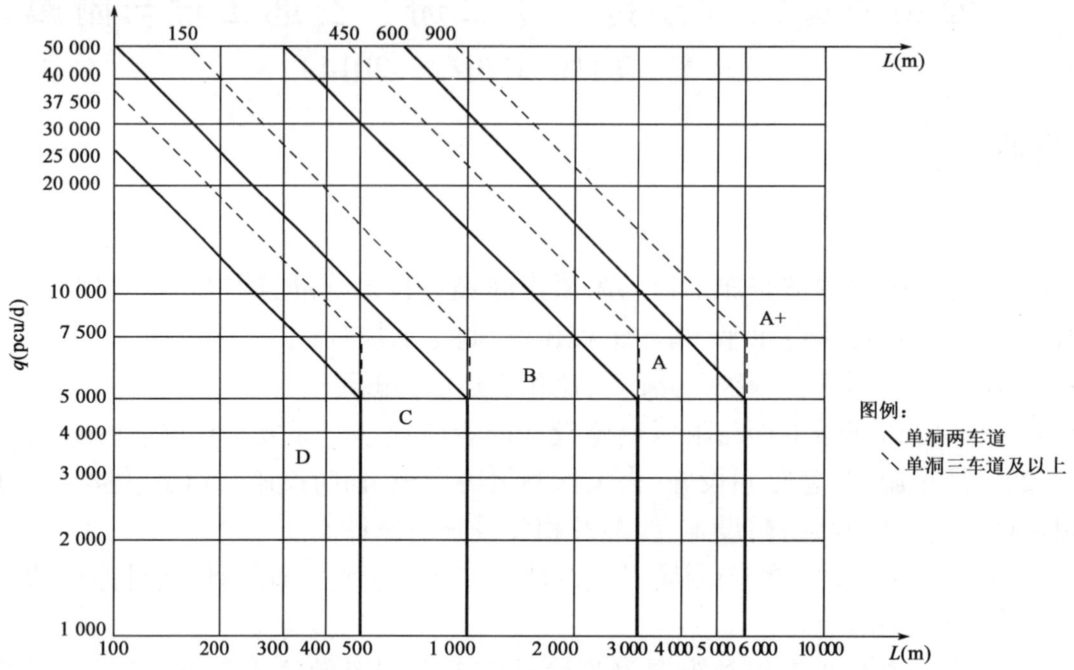


图 3.0.2　隧道交通工程与附属设施分级图

$q$-隧道单洞年平均日交通量(折合小客车);$L$-隧道单洞长度

**3.0.3**　公路隧道交通工程与附属设施配置等级标准应满足表 3.0.3-1 ~ 表 3.0.3-3 的要求。

**表 3.0.3-1　高速公路隧道交通工程与附属设施配置表**

| 设施名称 | | 各类设施分级 | | | | |
|---|---|---|---|---|---|---|
| | | A+ | A | B | C | D |
| 交通安全设施 | | 按第 4 章规定设置 | | | | |
| 通风设施 | 风机 | 按第 5 章规定设置 | | | | |
| | 能见度检测器 | ★ | ★ | ■ | ▲ | — |
| | CO 检测器 | ★ | ★ | ■ | ▲ | — |
| | $NO_2$ 检测器 | ■ | ■ | ■ | ▲ | — |
| | 风速风向检测器 | ★ | ★ | ★ | ▲ | — |
| 照明设施 | 灯具 | 按第 6 章规定设置 | | | | |
| | 亮度检测器 | ★ | ★ | ★ | ■ | — |
| 交通监控设施 | 车辆检测器 | ★ | ★ | ■ | ▲ | — |
| | 视频事件检测器 | ★ | ★ | ■ | ▲ | — |
| | 摄像机 | ● | ● | ★ | ■ | — |
| | 可变信息标志 | ★ | ★ | ▲ | ▲ | — |
| | 可变限速标志 | ★ | ★ | ■ | ▲ | — |
| | 交通信号灯 | ★ | ★ | ★ | ■ | — |
| | 车道指示器 | ● | ● | ★ | ★ | ▲ |
| | 交通区域控制单元 | ★ | ★ | ▲ | ▲ | — |

续上表

| 设施名称 | | 各类设施分级 | | | | |
|---|---|---|---|---|---|---|
| | | A+ | A | B | C | D |
| 紧急呼叫设施 | 紧急电话 | ★ | ★ | ★ | ▲ | — |
| | 隧道广播 | ★ | ★ | ★ | ▲ | — |
| 火灾探测报警设施 | 火灾探测器 | ● | ● | ★ | ▲ | — |
| | 手动报警按钮 | ● | ● | ● | ▲ | — |
| | 火灾声光警报器 | 按第9章规定设置 | | | | |
| 消防设施与通道 | 灭火器 | ● | ● | ● | ● | ● |
| | 消火栓 | ● | ● | ■ | — | — |
| | 固定式水成膜泡沫灭火装置 | ● | ● | ■ | — | — |
| | 通道 | 按第10章规定设置 | | | | |
| 中央控制管理设施 | 计算机设备 | ★ | ★ | ★ | ▲ | — |
| | 显示设备 | ★ | ★ | ★ | ▲ | — |
| | 控制台 | ★ | ★ | ★ | ▲ | — |
| 供配电设施 | | 根据以上用电设施配置情况设置 | | | | |
| 接地与防雷设施 | | 根据以上用电设施配置情况设置 | | | | |
| 线缆及相关设施 | | 根据以上各类设施配置情况设置 | | | | |

注:1. “●”:必须设;“★”:应设;“■”:宜设;“▲”:可设;“—”:不作要求。

2. 采用机械通风的隧道,应按表中所列要求设置能见度检测器、CO 检测器、$NO_2$ 检测器、风速风向检测器;不采用机械通风的隧道则不作要求。

3. 长度小于500m 的高速公路隧道,可不设消火栓系统及固定式水成膜泡沫灭火装置。

**表3.0.3-2　一级公路隧道交通工程设施配置表**

| 设施名称 | | 各类设施分级 | | | | |
|---|---|---|---|---|---|---|
| | | A+ | A | B | C | D |
| 交通安全设施 | | 按第4章规定设置 | | | | |
| 通风设施 | 风机 | 按第5章规定设置 | | | | |
| | 能见度检测器 | ★ | ★ | ▲ | — | — |
| | CO 检测器 | ★ | ★ | ▲ | — | — |
| | $NO_2$ 检测器 | ■ | ■ | ▲ | — | — |
| | 风速风向检测器 | ★ | ★ | ▲ | — | — |
| 照明设施 | 灯具 | 按第6章规定设置 | | | | |
| | 亮度检测器 | ★ | ★ | ▲ | — | — |
| 交通监控设施 | 车辆检测器 | ★ | ■ | ▲ | — | — |
| | 视频事件检测器 | ★ | ★ | ▲ | — | — |
| | 摄像机 | ● | ● | ★ | ■ | — |

续上表

| 设施名称 | | A+ | A | B | C | D |
|---|---|---|---|---|---|---|
| | | 各类设施分级 | | | | |
| 交通监控设施 | 可变信息标志 | ★ | ★ | ▲ | — | — |
| | 可变限速标志 | ★ | ★ | ▲ | — | — |
| | 交通信号灯 | ★ | ★ | ■ | ▲ | — |
| | 车道指示器 | ● | ★ | ■ | ▲ | — |
| | 交通区域控制单元 | ★ | ★ | ▲ | ▲ | — |
| 紧急呼叫设施 | 紧急电话 | ★ | ★ | ▲ | — | — |
| | 隧道广播 | ★ | ★ | ▲ | — | — |
| 火灾探测报警设施 | 火灾探测器 | ★ | ★ | ■ | — | — |
| | 手动报警按钮 | ● | ● | ■ | — | — |
| | 火灾声光警报器 | 按第 9 章规定设置 | | | | |
| 消防设施与通道 | 灭火器 | ● | ● | ● | ● | ● |
| | 消火栓 | ● | ● | ■ | — | — |
| | 固定式水成膜泡沫灭火装置 | ● | ● | ■ | — | — |
| | 通道 | 按第 10 章规定设置 | | | | |
| 中央控制管理设施 | 计算机设备 | ★ | ★ | ▲ | — | — |
| | 显示设备 | ★ | ★ | ▲ | — | — |
| | 控制台 | ★ | ★ | ▲ | — | — |
| 供配电设施 | | 根据以上用电设施配置情况设置 | | | | |
| 接地与防雷设施 | | 根据以上用电设施配置情况设置 | | | | |
| 线缆及相关设施 | | 根据以上各类设施配置情况设置 | | | | |

注:1.“●”:必须设;“★”:应设;“■”:宜设;“▲”:可设;“—”:不作要求。
2. 采用机械通风的隧道,应按表中所列要求设置能见度检测器、CO 检测器、$NO_2$ 检测器、风速风向检测器;不采用机械通风的隧道则不作要求。
3. 长度小于 800m 的一级公路隧道,可不设消火栓系统及固定式水成膜泡沫灭火装置。

**表 3.0.3-3　二级及二级以下公路隧道交通工程设施配置表**

| 设施名称 | | A+ | A | B | C | D |
|---|---|---|---|---|---|---|
| | | 各类设施分级 | | | | |
| 交通安全设施 | | 按第 4 章规定设置 | | | | |
| 通风设施 | 风机 | 按第 5 章规定设置 | | | | |
| | 能见度检测器 | ★ | ■ | ▲ | — | — |
| | CO 检测器 | ★ | ▲ | — | — | — |
| | $NO_2$ 检测器 | ■ | ■ | ▲ | — | — |
| | 风速风向检测器 | ■ | ▲ | — | — | — |

续上表

| 设施名称 | | 各类设施分级 | | | | |
|---|---|---|---|---|---|---|
| | | A+ | A | B | C | D |
| 照明设施 | 灯具 | 按第6章规定设置 | | | | |
| | 亮度检测器 | ■ | ▲ | — | — | — |
| 交通监控设施 | 车辆检测器 | ■ | ■ | ▲ | — | — |
| | 视频事件检测器 | ■ | ■ | ■ | — | — |
| | 摄像机 | ★ | ★ | ■ | ▲ | — |
| | 可变信息标志 | ▲ | ▲ | ▲ | — | — |
| | 可变限速标志 | ▲ | ▲ | ▲ | — | — |
| | 交通信号灯 | ★ | ★ | ▲ | — | — |
| | 车道指示器 | ★ | ★ | ▲ | — | — |
| | 交通区域控制单元 | ■ | ■ | ▲ | — | — |
| 紧急呼叫设施 | 紧急电话 | ★ | ■ | ▲ | — | — |
| | 有线广播 | ■ | ▲ | ▲ | — | — |
| 火灾探测报警设施 | 火灾探测器 | ★ | ■ | ▲ | — | — |
| | 手动报警按钮 | ★ | ■ | ▲ | — | — |
| | 火灾声光警报器 | 按第9章规定设置 | | | | |
| 消防设施与通道 | 灭火器 | ● | ● | ● | ● | ● |
| | 消火栓 | ● | ● | ■ | — | — |
| | 固定式水成膜泡沫灭火装置 | ● | ● | ■ | — | — |
| | 通道 | 按第10章规定设置 | | | | |
| 中央控制管理设施 | 计算机设备 | ■ | ■ | ▲ | — | — |
| | 显示设备 | ■ | ■ | ▲ | — | — |
| | 控制台 | ■ | ■ | ▲ | — | — |
| 供配电设施 | | 根据以上用电设施配置情况设置 | | | | |
| 接地与防雷设施 | | 根据以上用电设施配置情况设置 | | | | |
| 线缆及相关设施 | | 根据以上各类设施配置情况设置 | | | | |

注:1."●":必须设;"★":应设;"■":宜设;"▲":可设;"—":不作要求。

2. 单洞单向通行时,监控设施、火灾探测与报警设施可降一级配置。

3. 采用机械通风的隧道,应按表中所列要求设置能见度检测器、CO检测器、$NO_2$检测器、风速风向检测器;不采用机械通风的隧道则不作要求。

4. 长度小于1 000m的二级及二级以下公路隧道,可不设消火栓系统及固定式水成膜泡沫灭火装置。

# 4　交通安全设施

## 4.1　一般规定

**4.1.1**　隧道交通安全设施的设计内容应包括交通标志、标线、轮廓标的设计。

**4.1.2**　交通安全设施设计应简洁明晰、视认性好,应能规范、诱导、指示车辆在隧道区域内安全行驶。

**4.1.3**　未设置照明的隧道应加强设置视线诱导设施。

**4.1.4**　交通安全设施设计应符合现行《道路交通标志和标线》(GB 5768)、《公路交通安全设施设计规范》(JTG D81)和《公路交通标志和标线设置规范》(JTG D82)的有关规定。

## 4.2　标志

**4.2.1**　隧道信息标志的设计应符合下列规定:

1　长度大于 500m 的隧道,宜设置隧道信息标志,版面样式与内容应符合本规范附录 A 的有关规定。

2　隧道信息标志宜设置在隧道入口前 30 ~ 250m 处。

**4.2.2**　隧道开车灯标志的设计应符合下列规定:

1　公路隧道应设置隧道开车灯标志。

2　隧道开车灯标志宜设置在隧道入口前 30 ~ 250m 处。

3　设置有隧道信息标志的,隧道开车灯标志与隧道信息标志宜合并设置。

**4.2.3**　隧道限高标志、限宽标志的设计应符合下列规定:

1　公路隧道可根据路网总体交通组织情况,设置隧道限高标志及限宽标志。

2　限高标志及限宽标志宜设置在隧道洞口联络通道前 50 ~ 150m 处;无联络通道时,宜设置在隧道入口前 150m 左右。

**4.2.4**　限速标志的设计应符合下列规定:

1　公路隧道宜设置限速标志,限速值可根据隧道行车条件及路网总体交通组织情况确定。

2　限速标志宜设置在隧道入口前 100 ~ 200m 处,可与隧道限高标志同处设置。

**4.2.5**　紧急电话指示标志的设计应符合下列规定:

1　设有紧急电话设施的公路隧道内应设置紧急电话指示标志。

2　紧急电话指示标志应设置于紧急电话上方,底部与检修道高差宜为 2.5m。

3　标志版面尺寸宜为 25cm × 40cm,可根据隧道设计净空调整。

4　洞内紧急电话指示标志宜采用电光标志,照明方式宜为内部照明,双面显示。

**4.2.6**　消防设备指示标志的设计应符合下列规定:

1　公路隧道内应设置消防设备指示标志,版面样式与内容应符合本规范附录 A 的有关规定。

2　消防设备指示标志应设置于消防设备箱上方,底部与检修道高差宜为 2.5m。

3　标志版面尺寸宜为 25cm×40cm,可根据隧道设计净空调整。

4　消防设备指示标志宜采用电光标志,照明方式宜为内部照明,双面显示。

**4.2.7**　人行横通道指示标志的设计应符合下列规定:

1　设有人行横通道的公路隧道应设置人行横通道指示标志,版面样式与内容应符合本规范附录 A 的有关规定。

2　人行横通道指示标志应设置于人行横通道顶部,底部与检修道高差宜为 2.5m。

3　标志版面尺寸宜为 50cm×80cm,可根据隧道设计净空调整。

4　人行横通道指示标志宜采用电光标志,照明方式宜为内部照明,双面显示。

**4.2.8**　车行横通道指示标志的设计应符合下列规定:

1　设有车行横通道的公路隧道应设置车行横通道指示标志,版面样式与内容应符合本规范附录 A 的有关规定。

2　车行横通道指示标志应设置于车行横通道洞口右侧处,底部与检修道高差不应小于 2.5m。

3　标志版面尺寸宜为 50cm×80cm,可根据隧道设计净空调整。

4　车行横通道指示标志宜采用电光标志,照明方式宜为内部照明,双面显示。

**4.2.9**　疏散指示标志的设计应符合下列规定:

1　长度大于 500m 的公路隧道内应设置疏散指示标志,版面样式与内容应符合本规范附录 A 的有关规定。

2　疏散指示标志应设置于隧道两侧墙上,底部与检修道高差不应大于 1.3m,间距不应大于 50m。

3　标志版面尺寸宜为 75cm×25cm,可根据隧道设计净空调整。

4　疏散指示标志宜采用电光标志,照明方式宜为内部照明,单面显示。

**4.2.10**　隧道出口距离预告标志的设计应符合下列规定:

1　特长隧道内应设置隧道出口距离预告标志,版面样式与内容应符合本规范附录 A 的有关规定。

2　隧道出口距离预告标志宜设置在隧道紧急停车带迎车方向端部壁上,底部与路面边缘高差宜为 1.5m。

3　隧道出口距离预告标志宜采用反光标志。

**4.2.11**　紧急停车带标志的设计应符合下列规定:

1　设有紧急停车带的公路隧道内应设置紧急停车带标志。

2　紧急停车带标志应设置于紧急停车带入口前 5m 左右,底部与路面边缘高差不应小于 2.5m。

3　标志版面尺寸宜为 50cm × 80cm,可根据隧道设计净空调整。

4　紧急停车带标志宜采用电光标志,照明方式宜为内部照明,双面显示。

**4.2.12**　紧急停车带位置提示标志的设计应符合下列规定:

1　公路隧道内紧急停车带处应设置紧急停车带位置提示标志,版面样式与内容应符合本规范附录 A 的有关规定。

2　紧急停车带位置提示标志宜设置在紧急停车带侧壁上,标志底部与检修道高差宜为 1.0m。

3　紧急停车带位置提示标志宜采用反光标志。

**4.2.13**　公告信息标志的设计应符合下列规定:

1　公路隧道内宜设置公告信息标志。

2　公告信息标志宜设置在隧道紧急停车带侧壁中部,标志竖向中心点与检修道高差宜为 1.7m。

3　公告信息标志可采用电光标志或反光标志。

**4.2.14**　指路标志的设计应符合下列规定:

1　当隧道出口与前方的高速公路出口之间的距离较短时,可在隧道内设置指路标志。

2　隧道内指路标志可设置在隧道紧急停车带迎车面的端部或隧道顶部。

3　隧道内指路标志宜采用反光标志。

**4.2.15**　线形诱导标的设计应符合下列规定:

1　平曲线半径小于一般最小半径的曲线隧道,应设置线形诱导标。

2　线形诱导标应设于隧道侧壁,设置间距可为 1/3 停车视距,并应保证驾驶员在曲线范围内能同时看到不少于 3 块线形诱导标。诱导标底部与路面边缘高差应为 1.2 ~ 1.5m。

**4.2.16**　电光标志应满足以下技术要求:

1　电光标志防护等级不应低于 IP65。

2　疏散指示标志的表面最小亮度不应小于 $5cd/m^2$,最大亮度不应大于 $300cd/m^2$,白色、绿色本身最大亮度与最小亮度比值不应大于 10;白色与相邻绿色交界两边对应点的亮度比不应小于 5 且不应大于 15。

3　除疏散指示标志外的电光标志,其白色部分最小亮度不应小于 $150cd/m^2$,最大亮度不应大于 $300cd/m^2$,亮度均匀度不应小于 70%。

## 4.3　标线

**4.3.1**　标线的设计应符合下列规定:

1　隧道内的车行道边缘线、车行道分界线可采用振荡标线。

2　单洞双向交通隧道的车行道分界线宜采用振荡标线。

3　隧道内禁止跨越同向车行道分界线,在入口端应向洞外延伸 150m,在出口端应向洞外延伸100m。

4　设置交通信号灯的隧道,入口前应设置停止线。

5　洞口联络通道应进行渠化。

6　标线涂料宜采用热熔型反光涂料。

**4.3.2**　突起路标的设计应符合下列规定:

1　隧道的车行道分界线上宜设置突起路标。

2　隧道的车行道边缘线上可设置突起路标。

**4.3.3**　立面标记的设计应符合下列规定:

1　宜在隧道洞门、洞内紧急停车带的迎车面端部设置立面标记。

2　立面标记应从检修道顶面开始,涂至2.5m高度。

### 4.4　轮廓标

**4.4.1**　隧道内应设置双向轮廓标。

**4.4.2**　轮廓标应同时设置于隧道侧壁和检修道边缘。

**4.4.3**　轮廓标的设置间距宜为6~15m,宜与突起路标设置于相同横断面。设置在隧道侧壁上的轮廓标,安装中心位置与路面边缘高差宜为70cm。

**4.4.4**　在隧道进、出口段200~300m范围内,可设置主动发光型轮廓标。

## 5　通风设施

### 5.1　一般规定

**5.1.1**　公路隧道通风应主要对烟尘、一氧化碳和空气中的异味进行稀释。

**5.1.2**　公路隧道通风设计时应根据公路等级、隧道长度、设计速度、设计交通量、车道数、平纵线形、地形地质、隧道海拔高程、隧址区域自然条件等因素,进行技术经济综合分析,确定合理的通风方案。

**5.1.3**　公路隧道通风设计应分别针对正常交通工况和火灾、交通阻滞等异常交通工况进行系统设计,并应提出相应的通风设施运行方案。

### 5.2　通风标准

**5.2.1**　CO设计浓度应满足下列要求:

1　正常交通时,CO设计浓度可按表5.2.1取值。

**表 5.2.1　CO 设计浓度 $\delta_{CO}$**

| 隧道长度(m) | ≤1 000 | >3 000 |
|---|---|---|
| $\delta_{CO}$($cm^3/m^3$) | 150 | 100 |

注:隧道长度为 1 000m < $L$≤3 000m 时,可按线性内插法取值。

2　交通阻滞时,阻滞段的平均 CO 设计浓度可取 150$cm^3/m^3$,同时经历时间不宜超过 20min。长度大于 1 000m 的隧道,阻滞段宜按每车道长度为 1 000m 计算;长度不大于 1 000m 的隧道可不考虑交通阻滞。

3　人车混合通行的隧道,洞内 CO 设计浓度不应大于 70$cm^3/m^3$。

**5.2.2**　隧道内烟尘设计浓度应满足下列要求:

1　采用显色指数 33≤Ra≤60、相关色温 2 000 ~ 3 000K 的钠光源时,烟尘设计浓度 $K$ 应按表 5.2.2-1 取值。

**表 5.2.2-1　烟尘设计浓度 $K$**

| 设计速度 $v_t$(km/h) | ≥90 | 60≤$v_t$<90 | 50≤$v_t$<60 | 30<$v_t$<50 | 10≤$v_t$≤30 |
|---|---|---|---|---|---|
| 烟尘设计浓度 $K$($m^{-1}$) | 0.006 5 | 0.007 0 | 0.007 5 | 0.009 0 | 0.012 0 |

2　采用显色指数 Ra≥65、相关色温 3 300 ~ 6 000K 的荧光灯、LED 灯等光源时,烟尘设计浓度 $K$ 应按表 5.2.2-2 取值。

**表 5.2.2-2　烟尘设计浓度 $K$**

| 设计速度 $v_t$(km/h) | ≥90 | 60≤$v_t$<90 | 50≤$v_t$<60 | 30<$v_t$<50 | 10≤$v_t$≤30 |
|---|---|---|---|---|---|
| 烟尘设计浓度 $K$($m^{-1}$) | 0.005 0 | 0.006 5 | 0.007 0 | 0.007 5 | 0.012 0 |

**5.2.3**　隧道空间最小换气频率不应低于 3 次/h。

## 5.3　设计风速

**5.3.1**　单向交通隧道的设计风速不宜大于 10m/s,特殊情况不应大于 12m/s;双向交通隧道的设计风速不应大于 8m/s;行人与车辆混合通行的隧道设计风速不应大于 7m/s。

**5.3.2**　公路隧道通风系统的排风口设计风速不宜大于 8m/s;排烟口设计风速不宜大于 10m/s;纵向式通风的顶部送风口设计风速宜取 25 ~ 30m/s,送风方向应与隧道轴向一致。

**5.3.3**　排烟道内的设计风速不宜大于 15m/s。

## 5.4　排烟

**5.4.1**　公路隧道排烟设计应符合下列规定:

1　长度 $L$>1 000m 的高速公路和一级公路隧道,长度 $L$>2 000m 的二、三、四级公路隧道应设置机械排烟系统。

2　隧道排烟宜按一座隧道全线同一时间内发生 1 次火灾设计。

3　隧道火灾排烟系统宜与日常运营通风系统合用。

**5.4.2**　公路隧道火灾最大热释放率应按表 5.4.2 取值。

**表 5.4.2　隧道火灾最大热释放率取值(MW)**

| 通行方式 | 隧道长度 $L$ | 公路等级 | | |
|---|---|---|---|---|
| | | 高速公路 | 一级公路 | 二级、三级、四级公路 |
| 单向交通 | $L>5\,000$m | 30 | 30 | — |
| | $1\,000\text{m}<L\leqslant 5\,000$m | 20 | 20 | — |
| 双向交通 | $L>2\,000$m | — | — | 20 |

注:运煤专用通道、客车专用通道等特殊隧道火灾最大热释放率取值宜根据实际条件具体确定。

**5.4.3**　采用纵向排烟的公路隧道,排烟风速宜按表 5.4.3 所列火灾临界风速取值。

**表 5.4.3　火灾临界风速**

| 火灾规模(MW) | 20 | 30 |
|---|---|---|
| 火灾临界风速(m/s) | 2.0~3.0 | 3.0~4.0 |

**5.4.4**　采用纵向排烟的单洞双向交通隧道,排烟设计的火灾烟雾最大行程在隧道内不宜大于 3 000m;采用纵向排烟的单向交通隧道,排烟设计的火灾烟雾最大行程在隧道内不宜大于 5 000m。

**5.4.5**　采用排烟道集中排烟的公路隧道,排烟设计应符合下列规定:

1　隧道内纵向设计风速不宜大于 2.0m/s。

2　排烟分区可按隧道长度划分,且每个排烟分区的长度不应大于 1 000m。

**5.4.6**　横通道可不设置专用排烟设施。

**5.4.7**　单向交通隧道火点下游的横通道防火门应保持关闭状态。

**5.4.8**　隧道专用疏散通道、隧道附属建筑等排烟设计应满足相关规范的要求。

## 5.5　风机

**5.5.1**　射流风机应具消声装置;电机防护等级不应低于 IP55,绝缘等级不应低于 F 级。

**5.5.2**　支撑射流风机的结构承载能力应不小于风机实际静荷载的 15 倍,风机安装前应做支撑结构的载荷试验。

**5.5.3**　火灾排烟轴流风机的电机防护等级不应低于 IP55,绝缘等级不应低于 F 级;其他轴流风机的绝缘等级不应低于 H 级。

**5.5.4**　轴流风机宜并联设置,且风机型号和性能参数应相同。

**5.5.5**　隧道排烟风机在 250℃ 环境条件下连续正常运行时间不应小于 60min;排烟风机消声器应在 250℃ 的烟气中保持性能稳定。

## 5.6　通风控制

**5.6.1**　设置机械运营通风系统的隧道,应设置运营通风控制设施,并应根据通风方式、工况要求,合理确定通风控制方案。

**5.6.2**　通风环境检测设施设置的数量不宜低于表 5.6.2 的要求。

**表 5.6.2　通风环境检测设施配置数量表**(每一个通风分段)

| 通风方式 | CO 检测器(套) | 能见度检测器(套) | 风速风向检测器(套) | $NO_2$ 检测器(套) |
|---|---|---|---|---|
| 纵向通风 | 1 | 2 | 1 | 2 |
| 全横向通风 | 1 | 1 | 1 | 1 |
| 半横向通风 | 1 | 2 | 1 | 1 |

**5.6.3**　通风环境检测设施的设置位置应按下列原则确定:

1　能见度、CO、$NO_2$检测器宜设置在隧道侧壁。

2　采用全射流方式时,通风环境检测设施宜设置在两组风机的纵向中间部位。

3　风速风向检测器的设置位置离洞口的距离不应小于隧道断面当量直径的 10 倍。

**5.6.4**　通风环境检测设施应能满足洞内外长期工作的需要。测量范围和精度不应低于表 5.6.4 的技术要求。

**表 5.6.4　通风环境检测设施技术要求**

| 设　备 | 测 量 范 围 | 最大允许误差 |
|---|---|---|
| 能见度检测器 | 25 ~ 1 000m | ±10% 示值 |
| CO 检测器 | 0 ~ 250$cm^3/m^3$ | ±2$cm^3/m^3$ |
| 风速风向检测器 | 0 ~ 30m/s | ±0.2m/s |
| $NO_2$ 检测器 | 0 ~ 10$cm^3/m^3$ | ±5% 示值 |

**5.6.5**　采用机械通风的隧道风机均应具备手动控制功能。

**5.6.6**　自动控制可采用下列三种控制方法之一或组合:

1　检测隧道内的能见度、$NO_2$ 浓度、CO 浓度和风速风向,控制风机运转。

2　根据检测的交通量数据,实时了解隧道内交通量、行车速度、车辆构成等,通过交通流状况分析并计算出车辆排放量,控制风机运转。

3　按时间区间预先编制程序控制风机运转。

**5.6.7**　通风控制应满足下列要求:

1　电机不应频繁启闭造成喘振。

2　风机控制周期不宜小于 10min。

3　应首先启动累计运行时间最短的风机。

4　每台风机应间隔启动,启动时间间隔不宜小于 30s。

**5.6.8**　通风区域控制单元应具有环境数据检测处理、控制风机运转、运转状态检测、记录、故障自诊断功能。

# 6　照明设施

## 6.1　一般规定

**6.1.1**　公路隧道照明设施的设计应包含入口段照明、过渡段照明、中间段照明、出口段照明、紧急停车带和横通道照明、应急照明和洞外引道照明、照明控制的设计。

**6.1.2**　公路隧道照明设计应满足路面平均亮度、路面亮度总均匀度、路面中线亮度纵向均匀度、闪烁和诱导性要求。

**6.1.3**　公路隧道入口段、过渡段、出口段照明应由基本照明和加强照明组成;基本照明应与中间段照明一致。

**6.1.4**　各等级公路隧道照明设置条件应符合下列要求:

1　长度 $L>200m$ 的高速公路隧道、一级公路隧道应设置照明。

2　长度 $100m<L\leq 200m$ 的高速公路光学长隧道、一级公路光学长隧道应设置照明。

3　长度 $L>1\,000m$ 的二级公路隧道应设置照明;长度 $500m<L\leq 1\,000m$ 的二级公路隧道宜设置照明;三级、四级公路隧道应根据实际情况确定。

4　有人行需求的隧道,应根据隧道长度和环境条件设置满足行人通行需求的照明设施。

**6.1.5**　公路隧道照明设计应根据交通量变化、洞外亮度变化、季节更替等多种工况制订调光及运营管理方案。

## 6.8　照明控制

**6.8.1**　照明控制应具备手动控制功能,宜采用自动控制为主、手动控制为辅的控制方式。

**6.8.2**　横通道、紧急停车带的照明控制应符合下列规定:

1　车行横通道和紧急停车带的照明宜具备远程控制和现场手动控制功能。

2　人行横通道照明应具备感应控制装置或与门联动控制的装置。

3　车行横通道照明应与横通道门实现联动。

**6.8.3**　亮度检测器的设置应符合下列规定:

1　洞外亮度检测器宜设置在离洞口一个停车视距位置处,高度宜为2.5m,检测器探头方向应指向洞口中心。

2　洞内亮度检测器宜设置在洞内离洞门一倍隧道净高的侧壁上,检测器探头方向应指向行车前进方向且离检测器一个停车视距位置路面中心处,检测器安装高度宜为2.5m。

**6.8.4**　亮度检测器应能满足洞内外长期工作条件,且应符合下列规定:

1　亮度检测器探头镜头立体视角应为20°。

2　洞外型亮度检测器测量范围应为1～7 000cd/$m^2$,最大允许误差应为±5%示值;洞内型亮度检测器测量范围应为1～500cd/$m^2$,最大允许误差应为±5%示值。

3　亮度检测器的防护等级不应低于IP65。

4　洞外型检测器宜配备带雨刷的防护罩。

**6.8.5**　照明区域控制单元应满足下列技术要求:

1　应采用模块化结构,具有良好的扩展性。

2　应具有现场照明工况手动控制和编程控制功能。

3　当设置了亮度检测器时,照明区域控制单元还应具备亮度数据采集处理的功能。

4　应具有故障自诊断功能。

# 7　交通监控设施

## 7.1　一般规定

**7.1.1**　交通监控设施设计内容应包括交通监测设施、交通控制及诱导设施的设计。

**7.1.2**　交通监控设施应使管理者能及时掌握交通信息,有效地管理交通。

## 7.2　交通监测设施

**7.2.1**　交通监测设施应具备检测隧道内交通信息、车辆运行状况,监视隧道交通运营状态的功能。

**7.2.2**　应根据控制管理对数据采集的要求、制订交通控制方案的需要,确定车辆检测器设置位置和数量。在隧道出入口处设置时,应满足下列要求:

1　在隧道入口前设置车辆检测器时,宜设置在联络通道前200～300m处;无联络通道时,宜设置在隧道入口前200～300m处。

2　在隧道出口后设置车辆检测器时,宜设置在出口后200～300m处。

**7.2.3**　车辆检测器应具有下列功能:

1　检测每一车道的交通量和速度等基本交通参数。

2　能检测出行车方向。

3　能检测出二轮摩托车及以上的所有类型的机动车,拖挂车检测为一辆车。

**7.2.4**　视频事件检测器的设计应符合下列规定:

1　视频事件检测器宜设置在洞口、紧急停车带、横通道等区域。

2　视频事件检测器应能检测下列事件:停车、交通堵塞、车辆行驶速度低于允许最低行驶速度、行人、车辆逆行、火灾、车辆掉物、车辆抛物。

**7.2.5**　摄像机的设置应符合下列规定：

1　摄像机应设置于隧道内、隧道外及隧道附属管理建筑处。

2　摄像机宜设置于隧道内紧急停车带、车行横通道、人行横通道处。

3　隧道外摄像机应设在距隧道口 100 ~ 400m 处,应能清楚地监视洞口区域的全貌和交通状况。

4　隧道内摄像机直线段设置间距不应大于 150m,曲线段设置间距可根据实际情况适当减小,应能全程连续监视隧道内车辆运行情况和报警救援设施使用状况。

**7.2.6**　摄像机应满足下列技术要求：

1　隧道外摄像机应为配有光圈自动调节、变焦镜头、云台、全天候防护罩的低照度 CCD 彩色遥控摄像机。

2　未设置隧道外引导照明的隧道,隧道外摄像机宜配置夜间补偿辅助光源。

3　隧道内摄像机应为配置有自动光圈、定焦距和防护罩的低照度摄像机,应具有彩色/黑白、昼/夜自动转换功能。

4　设置于隧道洞口变电所、洞内变电所、地下风机房的摄像机应具有目标移动报警功能。

5　隧道内紧急停车带、车行横通道、人行横通道处摄像机宜有遥控功能。

**7.2.7**　视频监视控制设备应设置在中央控制室内。视频监视控制设备应符合下列规定：

1　监视器分辨率应高于摄像机。

2　录像设备应具有手动或自动控制功能,可进行长延时录像。

3　应具有计算机接口,并能受中央管理计算机的控制。

4　应具有对视频信号进行多路分配的功能。

5　应能对现场视频信息进行一对一或一对多方式显示。

6　应能对多路视频信号进行选择显示。

7　应能根据隧道监控系统接收或监测到的紧急电话、火灾报警和交通异常信号等,自动对显示方式进行切换或将报警区域的相关视频信号优先切换至监视器。

## 7.3　交通控制及诱导设施

**7.3.1**　交通控制及诱导设施应具备收集和处理交通信息,并传送给中央控制室计算机,同时接收中央控制室计算机传来的有关信息或指令,进行控制与诱导的功能。

**7.3.2**　交通信号灯的设计应符合下列规定：

1　交通信号灯应设置在隧道入口联络通道前 20 ~ 50m 处,信号灯应由红、黄、绿和左转箭头组成。

2　隧道入口无联络通道时,交通信号灯应设置在距隧道入口一个停车视距处,且信号灯应为红、黄、绿三色信号灯。当后一隧道入口与前一隧道出口间距小于 500m 时,两隧道间可不设交通信号灯。

3　交通信号灯应显示清晰,有效显示直径不应小于 300mm,动态视认距离不应小于 200m。

**7.3.3**　车道指示器的设计应符合下列规定:

1　车道指示器应设置在隧道内各车行道中心线的上方。

2　车道指示器宜设置在隧道入、出口以及车行横通道等处。

3　隧道内直线段车道指示器设置间距不应大于 500m,曲线段根据具体情况可缩短设置间距。

**7.3.4**　车道指示器应满足下列技术要求:

1　一般位置的车道指示器应由红叉、绿箭两色灯组成。

2　车行横通道处的车道指示器应由红叉、绿箭两色灯和绿色左向箭头灯组成。

3　车道指示器应具有双面显示功能,显示图案应清晰,动态视认距离不应小于 200m。

4　方形车道指示器有效显示尺寸不应小于 350mm × 350mm,圆形车道指示器有效显示直径不应小于 300mm。

**7.3.5**　可变信息标志的设计应符合下列规定:

1　可变信息标志应设置在隧道入口联络通道前 200 ~ 300m 处。

2　隧道入口无联络通道时,可变信息标志宜设置在隧道入口前 200 ~ 300m 处。

3　可变信息标志可在特长、长隧道内设置,并宜设置在车行横通道前 10 ~ 30m 处。

**7.3.6**　可变信息标志应满足下列技术要求:

1　隧道内版面亮度不应小于 3 500cd/$m^2$,隧道外版面亮度不应小于 8 000cd/$m^2$。

2　版面亮度应能根据环境照度自动调节,应无眩光现象,动态视认距离不应小于 200m。

3　应具有故障自检功能。

**7.3.7**　可变限速标志的设计应符合下列规定:

1　可变限速标志宜设置在隧道入口前 50 ~ 100m 处。

2　可变限速标志可在特长、长隧道内设置,也可由洞内可变信息标志显示相应限速值代替。

**7.3.8**　可变限速标志应满足下列技术要求:

1　隧道内版面亮度不应小于 3 500cd/$m^2$,隧道外版面亮度不应小于 8 000cd/$m^2$。

2　版面亮度应能根据环境照度自动调节,应无眩光现象,动态视认距离不应小于 200m。

3　应具有故障自检功能。

**7.3.9**　交通区域控制单元的设计应符合下列规定:

1　应根据处理信息量和隧道监控模式确定交通区域控制单元规模及处理控制能力。

2　交通区域控制单元设置间距应按可靠、经济的原则确定。

3　交通区域控制单元宜设置在隧道两端洞口、横通道内、紧急停车带端部或隧道侧壁的预留洞室内。

4　隧道内的各交通区域控制单元,宜通过光纤构成光纤自愈控制环网。

**7.3.10** 交通区域控制单元应具有下列功能:

1 收集区段内各设备的检测信息,对检测信息进行分析处理和存储,并将信息上传至中央控制室计算机系统。

2 接收中央控制室计算机系统的信息或指令,对下端执行设备进行控制。

3 在中央控制室计算机或通信线路发生故障时,应能按预设程序对现场设备实施控制。

# 9 火灾探测报警设施

## 9.1 一般规定

**9.1.1** 火灾探测报警设施设计内容应包括报警区域和探测区域的划分、火灾探测器、手动报警按钮、火灾报警控制器、火灾声光警报器的设计等。

**9.1.2** 火灾探测报警设施设计应注重火灾检测的灵敏性、准确性、实时性、可靠性。

**9.1.3** 隧道内设置的火灾探测报警设备的防护等级不应低于 IP65。

## 9.2 报警区域和探测区域的划分

**9.2.1** 隧道报警区域应根据排烟系统或灭火系统的联动需要确定,长度宜为 50 ~ 100m。

**9.2.2** 隧道运营管理附属建筑报警区域应按现行《火灾自动报警系统设计规范》(GB 50116)确定。

**9.2.3** 点型火焰探测器、图像型火灾探测器的探测区域的长度不应大于报警区域长度;线型感温火灾探测器的探测区域长度宜按探测器保护区的长度确定。

**9.2.4** 平行通道、隧道运营管理附属建筑应分别单独划分探测区域。

## 9.3 火灾探测器

**9.3.1** 火灾探测器应能自动检测隧道、平行通道、隧道运营管理附属建筑等的火灾,探测范围应覆盖所有报警区域,无探测盲区。

**9.3.2** 隧道运营管理附属建筑、平行通道等处的火灾探测器应按照现行《火灾自动报警系统设计规范》(GB 50116)设置。

**9.3.3** 隧道内宜选用点型火焰探测器、线型感温火灾探测器、图像型火灾探测器或其组合。

**9.3.4** 点型火焰探测器设置应满足下列要求:

1　单洞车行道少于四车道时,探测器宜单侧设置;单洞车行道为四车道时,探测器应双侧交错设置。

2　探测器宜从隧道洞口顶部以内 10m 处开始设置;应设置在隧道侧壁,底部距检修道高差宜为 2.5 ~3.5m。

**9.3.5**　线型感温火灾探测器设置应满足下列要求:

1　每根线型感温火灾探测器火灾探测保护车道的数量不宜超过 2 条。

2　探测器宜从隧道洞口顶部以内 10m 处开始沿隧道连续设置;应设置在车道顶部,距隧道顶棚距离宜为 0.15 ~0.20m。

**9.3.6**　图像型火灾探测器设置应满足下列要求:

1　单洞车行道少于四车道时,探测器宜单侧设置,并设置在隧道侧壁,底部距路面高差不应小于 4.5m。

2　单洞车行道为四车道时,探测器宜设置在隧道中线上方,底部距路面高差不应小于 5.2m。

3　探测器宜从隧道洞口顶部以内 10m 处开始设置。

**9.3.7**　火灾探测器设备应为符合国家有关准入制度的产品,并满足下列技术要求:

1　应具有灵敏度调整功能。

2　线型感温火灾探测器应具有差、定温报警功能。

3　火灾探测器响应时间不应大于 60s。

## 9.4　手动报警按钮

**9.4.1**　隧道内手动报警按钮设置间距不应大于 50m,宜与消火栓等灭火设施同址设置,按钮距检修道高差应为 1.3 ~1.5m。

**9.4.2**　隧道运营管理附属建筑的手动报警按钮应按现行《火灾自动报警系统设计规范》(GB 50116)设置。

## 9.5　火灾报警控制器

**9.5.1**　火灾报警控制器应能接收、显示、记录和传递火灾报警等信息,并有控制自动消防装置的功能。

**9.5.2**　火灾报警控制器设置应符合下列规定:

1　室内的火灾报警控制器应设置在管理人员易于操作、视认方便的位置;安装在墙上时,控制器与门轴的距离不应小于 1m,正面操作空间宽度不应小于 1.2m。

2　落地式安装的火灾报警控制器,正面操作空间宽度不应小于 1.2m,设备侧面及后面的维修空间宽度均不应小于 1m。

3　设置在隧道内的火灾报警控制器应设有可靠的保护措施和明显标志。

**9.5.3**　火灾报警控制器每一总线回路连接设备的地址码总数宜留有一定的余量,且不宜超过200点。

### 9.6　火灾声光警报器

**9.6.1**　设置火灾探测器且未设置有线广播的隧道应设置火灾声光警报器;同时设置火灾探测器和有线广播的隧道宜设置火灾声光警报器。

**9.6.2**　火灾声光警报器应设置于隧道中央控制室、隧道入口前方100~150m处、隧道内各报警区域,设置高度不宜小于2.5m。

**9.6.3**　环境噪声大于60dB的场所设置火灾声光警报器时,其声光警报器的声压级应比背景噪声至少高15dB,其他技术指标应符合现行《火灾声和/或光警报器》(GB 26851)的规定。

### 9.7　系统供电与通信要求

**9.7.1**　火灾探测报警系统应设有交流电源和蓄电池备用电源。

**9.7.2**　火灾探测报警系统主电源不应设置剩余电流动作保护和过负荷保护装置。

**9.7.3**　蓄电池备用电源宜采用专用蓄电池或集中设置的蓄电池,其电池维持供电时间不应小于3h。采用集中设置的蓄电池时,火灾报警控制器应采用单独的供电回路,并应保证在系统处于最大负载状态下不影响火灾报警控制器的正常工作。

**9.7.4**　火灾探测报警系统的隧道现场信息传输网络应采用独立传输网络;路段全线火灾探测报警系统的信息传输网络可利用公路专用通信网络。

## 10　消防设施与通道

### 10.1　一般规定

**10.1.1**　消防设施与通道的设计内容应包括消防灭火设施与通道的设计。

**10.1.2**　消防设施与通道设计应遵循下列原则:

1　以人员逃生为主,车辆疏散、财产保全、灭火为辅。

2　以自救为主,外部救援为辅。

### 10.2　消防灭火设施

**10.2.1**　消防灭火设施设计内容应包括灭火器、消火栓、固定式水成膜泡沫灭火装置、隧道消防给水设施及其他设施等。

**10.2.2**　灭火器设计应符合下列规定:

1　公路隧道内灭火器宜选用磷酸铵盐干粉手提式灭火器,灭火剂充装量不应小于5kg且不应大于8kg。

2　单洞双车道公路隧道应在隧道一侧设置灭火器,单洞三车道公路隧道宜在隧道两侧交错设置灭火器,单洞四车道公路隧道应在隧道两侧交错设置灭火器。灭火器单侧设置间距不应大于50m。

3　灭火器应成组设置在灭火器箱内,每组所设灭火器具数宜为2~3具。灭火器箱门上应注明“灭火器”字样。

**10.2.3**　消火栓设计应符合下列规定:

1　消火栓应成组安装在消防箱内,消防箱宜固定安装在隧道沿行车方向的右侧壁消防洞室内,单洞双向通行隧道可按单侧布设。

2　单洞双车道公路隧道消火栓间距不应大于50m,单洞三车道、四车道公路隧道消火栓间距不应大于40m。

3　消火栓应采用统一型号规格,隧道内宜选用减压稳压型消火栓。消火栓栓口直径应为65mm,水枪喷嘴口径不应小于19mm,水带长度不应超过30m。

4　消火栓栓口离地面或操作基面高度宜为1.1m,其出水方向宜与设置消火栓的墙面成90°角,栓口与消防箱内边缘的距离不应影响消防水带的连接。

5　消火栓的水枪充实水柱长度不应小于10m。

6　消火栓栓口处的出水压力大于0.5MPa时,应设置减压设施。

7　当消火栓系统压力由消防水泵直供时,每个消火栓处应设置直接启动消防水泵的按钮。

8　消防箱门上应注明“消火栓”字样。

**10.2.4**　固定式水成膜泡沫灭火装置设计应符合下列规定:

1　固定式水成膜泡沫灭火装置宜选用环保型3%型水成膜泡沫液,泡沫罐宜选用不锈钢材质罐体,容积宜为30L。

2　固定式水成膜泡沫灭火装置中的消防卷盘应选用长25m、口径19mm的胶管;泡沫枪应为带开关的吸气型泡沫枪,口径宜为9mm。

3　固定式水成膜泡沫灭火装置的泡沫混合液流量不应小于30L/min,连续供给时间不应小于20min,射程不应小于6m。

4　固定式水成膜泡沫灭火装置宜与消火栓一同安装于消防洞室内。

5　固定式水成膜泡沫灭火装置阀门应有明显启闭标志。

6　泡沫罐上醒目位置应注明泡沫液的有效使用期限。

7　固定式水成膜泡沫灭火装置箱门上应注明“泡沫消火栓”字样。

**10.2.5**　隧道消防用水可采用市政自来水、地下水或地表水。当采用地表水时,应有保证枯水期时消防用水的措施。

**10.2.6**　隧道消防用水量应按发生一次火灾的灭火用水量确定,且不应小于表10.2.6的规定值。

**表 10.2.6　隧道消防用水量**

| 隧道长度 $L_{en}$(m) | 隧道内消火栓一次灭火用水量(L/s) | 同时使用水枪数量(支) | 火灾延续时间(h) | 用水量($m^3$) |
|---|---|---|---|---|
| $L_{en}$ < 1 000 | 15 | 3 | 2 | 108 |
| 1 000 ≤ $L_{en}$ < 3 000 | 20 | 4 | 3 | 216 |
| $L_{en}$ ≥ 3 000 | 20 | 4 | 4 | 288 |

注:每支水枪最小流量为5L/s。

**10.2.7**　隧道消防给水方式设计应满足下列要求:

1　隧道消防给水宜采用高位消防水池供水的常高压供水系统;当无条件设置高位水池时,可采用稳高压供水系统。

2　供给隧道消防用水的消防水泵应采用自灌式引水,并在吸水管上设置检修阀门。

3　消防水池的补水时间不宜超过48h。

4　消防水池的容积除应能容纳隧道内一次消防用水量外,尚应能容纳隧道内冲洗所需的调节容量。

5　消防水池应有一次消防用水不被其他用途占用的措施。

6　消防水池应设水位遥测装置。

**10.2.8**　消防给水管道设计应满足下列要求:

1　消防给水管道宜采用内外壁热镀锌钢管、无缝钢管或内外涂塑钢管,并宜采用沟槽式连接或丝扣、法兰连接。

2　双洞隧道的消防给水应采用环状供水管网。

3　隧道内消防给水管道应设检修阀。当管径大于或等于100mm时,宜采用软密封闸阀。

4　设有固定水成膜泡沫灭火装置的隧道,在给水管道引入隧道前,宜设置管道过滤装置。

5　应设置管道伸缩器及自动排气阀等管道附属设施。

6　消防给水管道穿越路面时,应有保护措施。

7　寒冷地区的消防给水管道及消防水池应采取防冻保温措施。

8　沿海地区公路隧道消防给水管道应具有防盐雾腐蚀措施。

**10.2.9**　设有消防给水设施的隧道,在洞口附近应设置室外消火栓和消防水泵接合器,其数量应根据隧道消防用水量计算确定。每个室外消火栓、水泵接合器流量均应按10~15L/s计算。

**10.2.10**　设有通风竖井的隧道,在联络风道口处宜设置能对火灾时产生的热空气进行降温的设施,地下机房内应设置室内消火栓系统。

**10.2.11**　在隧道管理用房内应设置消防器材储藏间,并应配置备用灭火器材。

## 10.3　通道

**10.3.1**　通道设计内容应包括人行横通道、车行横通道、平行通道、直接通向地面的横通道、地下建筑的进出口通道的设计。

**10.3.2**　双洞分离的公路隧道,双洞之间应根据现行《公路隧道设计规范》(JTG D70)的规定设置人行横通道、车行横通道。

**10.3.3**　单洞双向通行的特长公路隧道,宜设置平行通道、人行横通道、车行横通道等设施,有条件时可设置直接通向地面的横通道,并应符合现行《公路隧道设计规范》(JTG D70)的规定。

**10.3.4**　隧道内设置地下通风房、变配电所及其他管理用房等地下建筑时,地下建筑与隧道之间应有至少两个进出口通道。进出口通道净空尺寸不应低于人行横通道或车行横通道尺寸要求,并应满足设备运送要求。

**10.3.5**　人行横通道设计应符合下列规定:

1　人行横通道应有良好的防排水措施,道面应防滑。

2　人行横通道纵坡大于 20% 时,宜设置踏步台阶,边墙两侧宜设扶手,扶手高度宜为 0.9m。

3　人行横通道的两端应设防火门。

**10.3.6**　车行横通道设计应符合下列规定:

1　车行横通道的纵坡不宜大于 5%,最大纵坡不应大于 10%。

2　车行横通道应设防火卷帘,防火卷帘应具备现场和远程控制开闭功能。

**10.3.7**　防火门正常情况应关闭,开启方向应为疏散方向,应能在门两侧开启,且应具有自动关闭功能。

**10.3.8**　防火门各项性能除应符合现行《防火门》(GB 12955)的规定外,尚应满足下列要求:

1　应采用钢质 A 类隔热防火门。

2　隧道长度小于 3 000m 时,防火门耐火隔热性、耐火完整性不应小于 2.0h;隧道长度不小于 3 000m 时,耐火隔热性、耐火完整性不应小于 3.0h。

**10.3.9**　防火卷帘应采用钢质防火、防烟卷帘,其各项性能除应符合现行《防火卷帘》(GB 14102)的规定外,尚应满足下列要求:

1　卷帘材料及零部件应环保、耐腐蚀。

2　隧道长度小于 3 000m 时,耐火极限不应小于 2.0h;隧道长度不小于 3 000m 时,耐火极限不应小于 3.0h。

# 11　供配电设施

## 11.1　一般规定

**11.1.1**　供配电设施设计内容应包括供电设施和配电设施的设计。

**11.1.2**　供配电设施设计应遵循下列原则：

1　系统构成应简单明确,电能损失小,便于管理和维护。

2　应根据工程特点、规模和发展规划,做到近远期结合。

3　应采用符合国家现行有关标准的先进、环保、可靠的电气产品。

**11.1.3**　供配电设施设计应采用下列节能措施：

1　应选用低能耗电气设备。

2　应合理设置配电级数,减少电能损失,配变电点宜靠近负荷中心。

3　应合理补偿无功功率,功率因数应达到90%以上。

4　应合理选择配电变压器的负载率,负载率宜取70%～85%。

5　应合理选择线缆截面,降低电能线路损失。

6　宜使三相负荷平衡。

7　技术经济比较可行时,宜选用太阳能、风能等新能源。

## 11.2　供电设施

**11.2.1**　隧道电力负荷应根据供电可靠性和中断供电对人身生命、生产安全造成的危害及对经济影响的程度确定负荷等级。公路隧道重要电力负荷的分级应符合表11.2.1的规定。

**表11.2.1　隧道重要电力负荷分级**

| 序　号 | 电力负荷名称 | 负荷等级 |
|---|---|---|
| 1 | 应急照明设施 | 一级[a] |
| | 电光标志 | |
| | 交通监控设施 | |
| | 通风及照明控制设施 | |
| | 紧急呼叫设施 | |
| | 火灾检测与报警设施 | |
| | 中央控制设施 | |
| 2 | 消防水泵[b] | 一级 |
| | 排烟风机 | |
| 3 | 非应急的照明设施 | 二级 |
| | 通风风机[c] | |
| | 消防补水水泵[d] | |
| 4 | 其余隧道电力负荷 | 三级 |

注：[a]该一级负荷为特别重要负荷。

[b]指为消防管道维持正常水压的加压水泵。

[c]指除作为一级负荷以外的其他通风风机。

[d]指为高、低位水池补水的给水泵。

**11.2.2**　隧道供电设计应符合下列规定：

1　隧道一级负荷应由双重电源供电。一级负荷容量不大时，应优先从邻近的电力系统取得第二低压电源，也可采用应急发电机组作为备用电源。

2　对于隧道一级负荷中特别重要负荷，应设置不间断电源装置(UPS)或应急电源装置(EPS)作为应急电源，并不得将其他负荷接入应急供电系统。

3　隧道二级负荷的供电系统宜由两回路电源线路供电。

4　两回路电源线路供电的隧道，宜采用同级电压供电。当一路电源中断供电时，另一路电源应能满足全部一级和二级负荷的供电要求。

5　除一级负荷中的特别重要负荷外，不应按一个电源系统检修或发生故障的同时，另一电源也发生故障进行设计。

**11.2.3**　隧道电压选择和电能质量应满足下列要求：

1　隧道最高一级的配电电压宜采用 10kV，低压配电电压应采用 0.4kV。

2　10kV 系统配电级数不宜多于两级。

3　应正确选择变压器的变压比和电压分接头。

**11.2.4**　应根据隧道的长度、负荷等级、负荷大小、负荷分布、地形地貌等情况，以全寿命周期内综合费用最低为原则，确定隧道配变电所的规模、形式及设置位置。

**11.2.5**　配电变压器设计应符合下列规定：

1　宜选用低损耗、低噪声、接线组别为 D，yn11 的环保节能型变压器。经技术经济比较合理时，可选用非晶合金等节能型变压器。

2　长期工作负载率不宜大于 85%。

3　隧道的动力和照明共用变压器对照明质量及光源寿命有不利影响时，可设照明专用变压器。

4　变压器低压侧电压为 0.4kV 时，单台变压器容量不宜大于 1 250kVA，户外箱式变电站变压器单台容量不宜大于 800kVA。

**11.2.6**　柴油发电机组设计应符合下列规定：

1　宜选用高速柴油发电机组和无刷励磁交流同步发电机，并配备自动电压调整装置。选用的机组应装设快速自启动装置和电源自动切换装置，启动时间不应大于 30s。

2　柴油发电机组应与市电连锁，不得与其并列运行。市电恢复时，机组应自动退出工作，并延时停机。

## 11.3　配电设施

**11.3.1**　隧道内配电箱、柜的防护等级应达到 IP55。

**11.3.2**　隧道低压配电系统设计应符合下列规定：

1　隧道各类电力负荷应根据性质、功能的不同，各自设置单独的配电回路。

2　接地方式宜采用 TN-S 系统。

3　由隧道配变电所至隧道内配电箱、柜或分配箱，宜采用树干式或放射式与树干式相结合的混合式配电。当用电负荷容量较大或用电负荷较重要时,宜采用放射式配电。

4　隧道内宜设置供维修和养护作业用的配电回路,回路末端应设置漏电保护装置。

5　隧道内用电设备端子处电压偏差允许值(以额定电压的百分数表示)宜按 ±5% 验算。距隧道变配电所较远的电动机,当端电压低于额定值的 95% 时仍能保证电动机温升符合有关规定,且堵转转矩、最小及最大转矩均能满足传动要求时,电动机的端电压可低于额定值的 95%,但不得低于额定值的 90%。

## 11.4　应急电源

**11.4.1**　不间断电源装置(UPS)设计应符合下列规定:

1　当隧道用电负荷不允许中断供电或允许中断供电时间为毫秒级时,应采用在线式 UPS 供电,UPS 维持供电时间不应小于 30min。

2　对计算机供电时,UPS 的额定输出功率不应小于计算机各设备额定功率总和的 1.2 倍;对其他用电设备供电时,其额定输出功率不应小于最大计算负荷的 1.3 倍。

3　UPS 应具有手动、自动旁路装置。

4　UPS 应具有对电池组进行测量及显示的功能。

**11.4.2**　应急电源装置(EPS)设计应符合下列规定:

1　隧道应急照明宜采用 EPS 供电,EPS 维持供电时间不应小于 30min。

2　EPS 的额定输出功率不应小于应急照明额定功率总和的 1.3 倍。

3　EPS 用于照明电源装置时,切换时间不应大于 0.2s。

4　EPS 应具有对电池组进行测量及显示的功能。

## 11.5　电力监控系统

**11.5.1**　设置中央控制管理设施的公路隧道宜设置电力监控系统。

**11.5.2**　隧道电力监控系统应能满足公路隧道电气设备和线路的继电保护及电气测量要求,应具备电气设备的监视、测量、保护、控制、管理功能。

**11.5.3**　隧道电力监控系统宜采用分层分布式系统结构。

**11.5.4**　隧道电力监控系统继电保护和自动装置设计应符合现行《电力装置的继电保护和自动装置设计规范》(GB/T 50062)的规定,其保护装置可按表 11.5.4 配置。

**表 11.5.4　隧道电力监控系统保护装置配置**

| 名　称 | | 保护装置配置 |
|---|---|---|
| 10kV 配电线路 | | 电流速断、过电流、低电压 |
| 10/0.4kV 配电变压器 | 干式变压器 | 电流速断、过电流、过负荷、温度、零序过流、单相接地 |
| | 油浸式变压器 | 电流速断、过电流、过负荷、温度、瓦斯 |
| 低压配电线路 | | 短路、过负荷、电流速断 |

**11.5.5**　双电源自动投入装置应符合下列规定：

1　应能保证在工作电源或设备断开后才投入备用电源或设备。

2　工作电源或设备上的电压消失时,自动投入装置应延时动作。

3　自动投入装置应保证只动作一次。

4　当备用电源或设备投入到故障上时,自动投入装置应使其保护加速动作。

5　备用电源自动投入装置中,可设置工作电源的电流闭锁回路。

### 11.6　配变电所及发电机房

**11.6.1**　所有室内、外装置的安全净距应符合相关规范的要求。

**11.6.2**　可燃油油浸电力变压器室的耐火等级应为一级。非燃或难燃介质的电力变压器室、电压为10kV的配电装置室和电容器室的耐火等级不应低于二级。低压配电装置室和电容器室的耐火等级不应低于三级。

**11.6.3**　配变电所应配置防火门。隧道地面配变电所室内门应为乙级防火门。隧道内配变电所的门应为甲级防火门。

**11.6.4**　电压为10kV的配电室和电容器室,宜装设不能开启的自然采光窗,窗台距室外地坪不宜低于1.8m。

**11.6.5**　配变电所应设置防止雨、雪和小动物进入屋内的设施。

**11.6.6**　长度大于7m的配电装置室应设两个出口,出口宜布置在配电室的两端。当配变电所采用双层布置时,位于楼上的配电装置室应至少设一个通向室外平台或通道的出口。

**11.6.7**　位于严寒地区的配变电所,可根据需要设置采暖装置。设置采暖装置时,应有防渗漏措施。

**11.6.8**　位于炎热地区的配变电所,屋面应有隔热措施,室内宜采取通风、除湿和空调降温措施。

**11.6.9**　位于高潮湿环境的配变电所,墙体应无渗漏、无结露,室内应有防排水措施及除湿措施。

**11.6.10**　柴油发电机房宜设置发电机间、储油间、备品备件储藏间,并应设置移动式或固定式灭火设施。

## 12　中央控制管理系统

### 12.1　一般规定

**12.1.1**　中央控制管理系统设计主要内容应包括管理体制、系统功能与控制方式、中央控制室设施及软件的设计。

**12.1.2**　中央控制管理系统设计应以保障公路隧道管理服务水平为原则。

## 12.2　管理体制

**12.2.1**　公路隧道的管理体制应与所在路段的管理体制相适应。

**12.2.2**　隧道管理机构的功能、设置位置、设施配置、人员配置,应根据隧道规模、交通量、隧道集中程度、隧道所处位置、管理人员生活附属设施及运营管理成本等因素进行设计。

## 12.3　系统功能与控制方式

**12.3.1**　中央控制管理系统应具有下列功能:

1　接收各类设施送来的各种信息,包括数据信息、视频信息及语音信息。

2　对各类设施送来的各种信息进行综合处理,并协调各类设施的控制。

3　以自动或手动方式执行预置在计算机内的控制方案。

4　以数据、图形、图像等方式显示隧道内外的交通情况及设备的运行情况。

5　自动地完成数据备份、文档存储。

6　方便地进行查询、统计和形成报表。

7　定时检测各设备的工作状态。

8　与所属公路其他管理系统进行信息交换。

**12.3.2**　系统控制方式可采用多级控制方式或集中控制方式。

## 12.4　中央控制室设施

**12.4.1**　交通监控计算机应具有下列功能:

1　采集和处理交通基本信息,包括交通量、车速、占有率等。

2　采集交通监控设施的工作状态信息及控制反馈信息。

3　向可变信息标志、可变限速标志、中央控制室显示设备发送显示信息。

4　向交通控制与诱导设施发送控制与诱导信息。

**12.4.2**　通风及照明控制计算机应具有下列功能:

1　采集和处理隧道内外环境信息,包括 CO 浓度、$NO_2$ 浓度、能见度、风速风向、光亮度等,以及有关设备的状态信息。

2　采集通风及照明控制设施的状态信息。

3　根据需要向中央控制室显示设备发送显示信息。

4　向通风及照明控制单元发送控制信息。

**12.4.3**　紧急呼叫计算机应具有下列功能:

1　采集紧急电话设施的呼叫信息和状态信息、隧道广播设施的状态信息。

2　通过隧道广播设施发布语音信息。

3　根据需要向中央控制室显示设备发送设施状态和报警地址、时间信息。

**12.4.4**　火灾报警及消防控制计算机应具有下列功能:

1　采集和处理火灾报警设施提供的数据信息。

2　采集火灾报警及消防设施的状态信息并发送控制信息。

3　根据需要向中央控制室显示设备发送设施状态和报警地址、时间信息。

**12.4.5**　电力监控计算机应具有下列功能:

1　实时采集供配电设施基本工作信息及设施状态信息。

2　向供配电设施发送控制信息。

3　根据需要向中央控制室显示设备发送被监控供配电设施的电气参数和运行状态信息。

**12.4.6**　视频事件检测计算机应具有下列功能:

1　采集视频事件检测器的检测数据及状态数据。

2　根据需要向中央控制室显示设备提供设施状态和报警地址、时间信息,并能对报警的优先级进行分级。

3　与其他管理计算机进行通信,共同完成异常事件和交通控制措施的联动运行。

**12.4.7**　图形计算机应具有下列功能:

1　实时轮流显示各路视频图像。

2　将各系统采集和分析所得数据以图形和数字相结合的方式实时、动态地显示在显示设备上。

3　进行放大、缩小、移动等图形操作。

4　显示各监控设施位置及其状态、异常报警信息,切换各视频图像。

**12.4.8**　服务器宜采用专用服务器,应具有网络管理、数据信息存储功能等。

**12.4.9**　管理计算机应具有下列功能:

1　网络管理。

2　日常维护管理、记录。

3　根据需要提出隧道交通控制诱导方案,供管理人员参考和选择。

4　其他计算机有故障时,应能代替工作。

**12.4.10**　信息显示设备应具有下列功能:

1　接收各系统数据信息、视频信息等。

2　显示隧道各系统总体布局、运行信息、报警信息、设备状态等。

**12.4.11**　中央控制室计算机、计算机外设及网络设备应满足下列技术要求:

1　计算机设备的 CPU、主频、内存、硬盘技术指标应满足系统技术要求。

2　计算机外设应根据系统和用户需求合理配置。

3　计算机网络设备应根据系统要求合理配置。

**12.4.12**　中央控制室设施的布设应遵循下列原则:

1　应协调、合理，并满足人员操作、安全、设备散热、安装和维护的要求。

2　应以人为本，适合人的生理和心理特点。

3　综合控制台正面与墙的净距不应小于1.2m，侧面与墙或其他设备的净距在主要通道不应小于1.5m，在次要通道不应小于0.8m。

4　监视器或监视器墙的观看距离不应小于3m，监视器背面和侧面与墙的净距不应小于1m。

## 12.5　中央控制管理软件

**12.5.1**　系统软件应按下列原则选择：

1　应综合考虑其功能、性能、可靠性、安全性、可扩展性、系统管理能力、成功应用案例、维护、服务和费用等因素。

2　应与所采用的硬件平台相适应。

**12.5.2**　应用软件设计应符合下列规定：

1　应与管理要求相适应，应具有信息采集功能、数据处理功能、控制方案执行功能、信息显示功能、统计查询和报表生成功能、数据档案存储功能、设备监测功能等。

2　宜采用模块化结构。

3　应有容错功能、分级保密功能和安全措施。

4　应易于操作、维护。

**12.5.3**　原始数据保存时间不应少于1年，统计数据保存时间不应少于1年，视频数据保存时间不应少于30d。

# 二十二、公路瓦斯隧道设计与施工技术规范

(JTG/T 3374—2020)

## 1　总则

**1.0.2**　本规范适用于以钻爆法开挖为主的新建与改扩建公路瓦斯隧道。

**条文说明**

掘进机(TBM、盾构机)开挖的隧道、沉管隧道涉及的施工电气设备及作业机械防爆问题较复杂,有待进一步深入研究,因此本规范规定适用于以钻爆法开挖为主的隧道。

**1.0.3**　公路瓦斯隧道建设应贯彻安全第一、预防为主、综合治理的方针,遵循以人为本、安全经济的原则,采取安全技术措施。

## 2　术语

**2.0.1**　瓦斯　gas

在地层中赋存或逸出的烷烃类气体,其成分以甲烷($CH_4$)为主。根据其生成、赋存条件将其分为煤层瓦斯、非煤瓦斯两类。

**2.0.2**　瓦斯地层　rock stratum with gas

含有瓦斯的地层。瓦斯地层可分为煤系瓦斯地层(简称“煤系地层”)和非煤系瓦斯地层(简称“非煤系地层”),非煤系地层中的瓦斯包括天然气(油田气、气田气、泥火山气、生物生成气等)和邻近煤系地层渗透至非煤系地层的瓦斯。

**2.0.4**　瓦斯隧道　tunnel with gas

在隧道勘察或施工过程中,隧道内存在瓦斯,该隧道应定为瓦斯隧道。

**2.0.7**　瓦斯工区　work area with gas

隧道施工区段内任一处有瓦斯,则洞口至开挖掌子面的施工区段为瓦斯工区。

## 3　基本规定

### 3.1　总体要求

**3.1.5**　瓦斯隧道施工应全程检测瓦斯,瓦斯工区应连续通风。

**条文说明**

瓦斯隧道通风、瓦斯检测与监测是控制瓦斯风险的关键措施,全程检测瓦斯的“检测”是广义定义,从手段上看包含了人工检测和自动监测,瓦斯检测与监测手段、要求和连续通风技术规定见本规范第7章。

**3.1.6** 瓦斯工区电气、瓦斯检测与监测、通风及作业机械等设备应按通过的最高瓦斯工区类别的要求配置。

**条文说明**

瓦斯隧道施工工区中瓦斯工区与非瓦斯工区是动态调整变化的,为避免施工设备频繁调整影响施工安全、增加施工管理难度和工程费用,故提出本规定。

## 3.2 瓦斯隧道分类

**3.2.1** 瓦斯隧道分为微瓦斯、低瓦斯、高瓦斯和煤(岩)与瓦斯突出四类;瓦斯隧道工区分为非瓦斯工区、微瓦斯工区、低瓦斯工区、高瓦斯工区、煤(岩)与瓦斯突出工区五类;瓦斯隧道类别应按瓦斯地层或瓦斯工区的最高类别确定。

**3.2.2** 微—高瓦斯地层或瓦斯工区类别的判定指标为隧道内绝对瓦斯涌出量,应符合表3.2.2的规定。

**表3.2.2 瓦斯地层或瓦斯工区绝对瓦斯涌出量判定指标**

| 瓦斯地层或瓦斯工区类别 | 绝对瓦斯涌出量 $Q_{CH_4}$ ($m^3$/min) |
|---|---|
| 非瓦斯 | 0 |
| 微瓦斯 | $0 < Q_{CH_4} < 1.0$ |
| 低瓦斯 | $1.0 \leq Q_{CH_4} < 3.0$ |
| 高瓦斯 | $3.0 \leq Q_{CH_4}$ |

**条文说明**

根据微瓦斯工区风速不小于0.15m/s、隧道内回风流瓦斯浓度不大于0.25%的规定,经测算确定低、微瓦斯工区分界指标值为1.0$m^3$/min;根据低瓦斯工区风速不小于0.25m/s、隧道内回风流瓦斯浓度不大于0.5%的规定,经测算确定低、高瓦斯工区分界指标值为3.0$m^3$/min。

# 5 设计

## 5.1 一般规定

**5.1.1** 瓦斯地层段衬砌结构防护等级应按表5.1.1确定。

**表 5.1.1　瓦斯地层段衬砌结构防护等级**

| 衬砌结构防护等级 | 瓦斯压力 $p$(MPa) | 瓦斯地层类别 |
|---|---|---|
| 一 | ≥0.74 | 煤(岩)与瓦斯突出 |
| 二 | $0.20 \leq p < 0.74$ | 高瓦斯 |
| 三 | <0.20 | 低瓦斯 |

注:当瓦斯压力与瓦斯地层类别不一致时,应取较高者。

**条文说明**

地层中的瓦斯主要通过瓦斯压力与隧道内大气压压差渗透进入隧道,当地层中的瓦斯压力大于 0.74MPa 时,瓦斯压力大,有瓦斯突出危险,需采取最严密的防瓦斯结构措施。

# 7　施工通风、瓦斯检测与监测

## 7.1　一般规定

**7.1.4**　微瓦斯工区隧道洞内通风风速不应小于 0.15m/s,低瓦斯工区隧道洞内通风风速不应小于 0.25m/s,高瓦斯工区和煤(岩)与瓦斯突出工区隧道洞内通风风速不应小于 0.5m/s。

**条文说明**

本条主要参照《煤矿安全规程》(2016 年版)第一百三十六条的规定,并综合考虑瓦斯工区类别的判定指标依据、公路瓦斯隧道特点而规定的最低要求。通风风速通常是指隧道内回风流的断面平均风速。

**7.1.5**　瓦斯易积聚处应实施局部通风,风速应不小于 1.0m/s。

**条文说明**

隧道施工过程中在二次衬砌浇筑工作面、拱部塌方区域等位置容易形成瓦斯积聚,现场通常采用局部通风机、气动风机、空气引射器等设备进行局部通风,吹散积聚的瓦斯,避免形成瓦斯停留区域。

## 7.2　施工通风

**7.2.2**　高瓦斯工区和煤(岩)与瓦斯突出工区通风长度大于 1 500m 时宜采用巷道式通风。

**条文说明**

由于高瓦斯工区和煤(岩)与瓦斯突出工区的瓦斯逸出量较大,对通风的要求高,如果隧道通风长度大于 1 500m,采用压入式通风方案难以保证通风效果,对风机和风管的性能要求高,因此建议采用巷道式通风。考虑到高速公路隧道通常按双洞分离式隧道布设,单洞公路特长隧道通常布设逃生救援通道,因此采用巷道式通风对工程费用影响有限。

**7.2.3** 按绝对瓦斯涌出量计算需风量,风量应能将高瓦斯工区、低瓦斯工区内各处瓦斯浓度稀释到0.5%以下,将微瓦斯工区内各处瓦斯浓度稀释到0.25%以下。

**7.2.6** 微瓦斯工区、低瓦斯工区日常通风检查每天应不少于1次,高瓦斯工区和煤(岩)与瓦斯突出工区每班应不少于1次,检查包括下列内容:

1 作业面风速是否满足最小风速的规定;

2 风速、风量是否能满足工区内各作业点稀释瓦斯的要求;

3 瓦斯易积聚处采取的防止瓦斯积聚措施是否有效;

4 风管安装是否规范,通风设施是否正常工作。

**条文说明**

瓦斯隧道施工期间应保证通风满足相关要求,考虑到公路隧道洞内作业工序相对较多,因此有必要提出本条规定,保障施工安全。

## 7.3 瓦斯检测与监测

**7.3.1** 高瓦斯工区和煤(岩)与瓦斯突出工区应采用自动监测系统与人工检测相结合的方式,自动监测的探头宜采用双探头;低瓦斯工区宜采用自动监测系统与人工检测相结合的方式;微瓦斯工区可只采用人工检测的方式。

**条文说明**

本条主要结合不同瓦斯工区类别的要求及国内铁路和公路瓦斯隧道施工调研成果而制定。

**7.3.5** 人工瓦斯检测应包括下列地点:

1 隧道内掌子面、仰拱及二次衬砌等作业面。

2 爆破地点附近20m内风流中。

3 拱顶、脚手架顶、台车顶、塌腔区、断面变化处、联络通道及预留洞室等风流不易到达、瓦斯易发生积聚处。

4 过煤层、断层破碎带、裂隙带及瓦斯异常涌出点。

5 局部通风机、电机、变压器、电气开关附近、电缆接头等隧道内可能产生火源的地点。

**7.3.6** 人工瓦斯检测频率应符合下列规定:

1 微瓦斯工区不应少于1次/4h,低瓦斯工区、高瓦斯工区不应少于1次/2h。

2 高瓦斯工区和煤(岩)与瓦斯突出工区的开挖工作面及瓦斯涌出量较大、变化异常区域,应提高瓦斯浓度检测频率。

3 瓦斯浓度低于0.5%时,应每0.5~1h检测一次;高于0.5%时,应随时检测。

4 瓦斯工区内进行钻孔作业、塌腔及采空区处治和焊接动火、切割时,应随时检测瓦斯。

**7.3.9** 隧道内瓦斯浓度限值及超限处理措施应符合表7.3.9的规定。

**表 7.3.9　隧道内瓦斯浓度限值及超限处理措施**

| 序号 | 工　　区 | 地　　点 | 限值 | 超限处理措施 |
|---|---|---|---|---|
| 1 | 微瓦斯工区 | 任意处 | 0.25% | 查明原因,加强通风监测 |
| 2 | 低瓦斯工区 | 任意处 | 0.5% | 超限 20m 范围内立即停工,查明原因,加强通风监测 |
| 3 | 高瓦斯工区和煤(岩)与瓦斯突出工区 | 瓦斯易积聚处 | 1.0% | 超限附近 20m 停工,断电,撤出人员,进行处理,加强通风 |
| 4 | | 开挖工作面风流中 | 1.0% | 停止钻孔,超限处停工,撤出人员,切断电源,查明原因,加强通风等 |
| 5 | | 回风巷或工作面回风流中 | 1.0% | 停工,撤出人员,进行处理 |
| 6 | | 放炮地点附近 20m 风流中 | 1.0% | 严禁装药放炮 |
| 7 | | 煤层放炮后工作面风流中 | 1.0% | 继续通风,不得进入 |
| 8 | | 局扇及电气开关 10m 范围内 | 0.5% | 停机,通风,进行处理 |
| 9 | | 电动机及开关附近 20m 范围内 | 1.0% | 停止运转,撤出人员,切断电源,进行处理 |

**7.3.11**　停工封闭的瓦斯隧道复工前必须制定安全专项技术措施,进行全面的瓦斯浓度检测。应重点检测瓦斯易积聚且风流不易到达的地方,排除积聚的瓦斯。当工区瓦斯浓度降到 0.5% 以下时方可恢复作业。

**条文说明**

国内发生过因恢复瓦斯隧道施工时管理不严,在未检测瓦斯浓度和采取通风排出积聚瓦斯的情况下,盲目进洞且操作不当而引发瓦斯爆炸,造成重大人员伤亡的事故,因此,要充分重视封闭停工的瓦斯隧道恢复施工的管理。

# 11　施工安全

## 11.1　一般规定

**11.1.3**　瓦斯隧道施工前应制定施工通风、瓦斯检测、施工人员管理等制度,编制应急预案,并进行演练。

**条文说明**

参照《煤矿安全规程》(2016 年版)第十二条、第十七条,煤矿必须编制年度灾害预防和处理计划,煤矿企业必须建立应急救援组织,健全规章制度,编制应急救援预案的规定,并结合公路瓦斯隧道特点制定,应急预案内容及原则通常参照现行《生产经营单位生产安全事故应急预案编制导则》(GB/T 29639)进行编制。

## 11.6 施工人员管理

**11.6.1** 瓦斯隧道应建立门禁管理系统,宜建立人员定位管理系统和通信联络系统。进洞人员严禁穿化纤衣服,严禁携带烟草及点火物品、手机、钥匙等违禁物品。洞内作业人员应配备防爆型对讲机,并在洞内作业区、洞外调度室、值班室等地方建立通信联络系统。

**条文说明**

参照《煤矿安全规程》(2016年版)第十三条规定。

**11.6.2** 进入煤(岩)与瓦斯突出工区的作业人员必须随身携带隔绝式自救器。

**11.6.3** 瓦斯隧道各道工序、各种作业施工前,必须对作业人员进行安全技术交底和培训。

# 二十三、公路隧道施工技术规范

(JTG/T 3660—2020)

## 1　总则

**1.0.2**　本规范适用于以钻爆法为主要开挖手段的隧道施工。

**1.0.5**　隧道施工必须遵守国家的劳动保护法律法规。施工条件应符合职业健康要求。应采取烟尘、有害气体、噪声、高温、低温、低氧、辐射等防护措施。

**1.0.6**　隧道施工必须遵守国家关于生态保护、环境保护、水资源保护的法律法规,采取防止噪声、粉尘、废水等污染环境的措施。

## 3　基本规定

**3.0.2**　隧道施工地质工作应符合下列规定:

1　应分析和解读勘察设计阶段地质资料。

2　应进行跟踪地质调查,对揭露的围岩地质条件进行描述和分析。

3　超前地质预报应纳入施工工序管理。

4　应复核确认围岩级别。

**3.0.3**　隧道宜采用机械化配套施工。

**条文说明**

随着国民经济和国家发展的需要,隧道施工标准要求也在提高,以人工为主的粗放型公路隧道施工模式,已不能满足公路建设的需要。随着我国制造业的发展进步,隧道施工机械化设备的国产化率正在提高,隧道机械化施工设备成本逐渐下降。机械化施工与人工施工成本差距正在缩小。同时,隧道施工中的一些质量问题,需要借助机械手段来克服,以控制施工质量,提高工程品质。隧道施工机械化是施工技术发展的要求,对于提升我国公路隧道施工水平意义深远。

**3.0.6**　监控量测、超前地质预报、安全质量监测等隧道施工信息应及时收集、处理、反馈。

**3.0.7**　隧道施工过程中,应及时、准确填写施工记录,进行隧道施工技术总结。

**3.0.11**　隧道按跨度可分为四类,见表 3.0.11。

**表 3.0.11　隧道按跨度分类**

| 按跨度分类 | 开挖宽度 $B$(m) | 说　　明 |
|---|---|---|
| 小跨度隧道 | $B<9$ | 平行导洞<br>服务隧道<br>车行横洞、人行横洞、风道及施工通道 |

续上表

| 按跨度分类 | 开挖宽度 $B$(m) | 说　明 |
|---|---|---|
| 一般跨度隧道 | $9 \leq B < 14$ | 单洞双车道隧道 |
| 中等跨度隧道 | $14 \leq B < 18$ | 单洞三车道隧道<br>单洞双车道 + 紧急停车带隧道 |
| 大跨度隧道 | $B \geq 18$ | 单洞四车道隧道、单洞三车道 + 紧急停车带隧道、其他跨度大于 18m 的隧道 |

**条文说明**

开挖跨度分类结合公路隧道特点划分:

小跨度隧道,指小于双车道隧道开挖跨度以下的隧道,如平行导洞、服务隧道、施工通道、车行横洞、人行横洞、风道等。作为交通隧道,一般不允许"单车道"出现,只是个别立交匝道隧道才出现单车道 + 紧急车道的情况。

一般跨度隧道,指单洞双车道隧道,是我国公路隧道大量采用的断面跨度。

中等跨度隧道,一般指单洞三车道隧道。近几年,单洞三车道隧道发展较快,技术成熟,适应大型机械化作业。特别是靠近城市的高速公路和一级公路隧道,多采用三车道隧道,三车道隧道建设有加快发展的趋势,大力修建单洞三车隧道逐步成为"常态",划为中等开挖跨度隧道。《公路工程技术标准》(JTG B01—2014)第 8.0.3 条第 5 款规定"四车道高速公路上的短隧道与城市出入口的中、短隧道宜与路基同宽",单洞双车道 + 紧急停车带的隧道宽度接近单洞三车道宽度,视为中等跨度隧道。

大跨度隧道,指单洞四车道隧道及以上开挖跨度隧道。四车道隧道开挖跨度大、围岩稳定性变差,施工难度很大,且经济性较差,实际采用较少。

《公路工程技术标准》(JTG B01—2014)第 8.0.3 条给出了隧道按长度的分类,见表 3-1。

**表 3-1　隧 道 分 类**

| 隧道分类 | 特长隧道 | 长隧道 | 中隧道 | 短隧道 |
|---|---|---|---|---|
| 隧道长度 $L$(m) | $L > 3\,000$ | $1\,000 < L \leq 3\,000$ | $500 < L \leq 1\,000$ | $L \leq 500$ |

# 6　洞口、明洞与浅埋段工程

## 6.1　洞口工程

**6.1.3**　隧道洞口开挖前,应结合设计文件,遵循"早进晚出"的原则,复核确认明暗分界位置的合理性,控制边仰坡开挖高度。

## 6.2　明洞工程

**6.2.4**　明洞回填施工应遵循对称均衡原则,并应符合下列规定:

1　明洞拱背回填应在外模拆除、防水层和排水盲管施工完成后进行。人工回填时,拱圈混凝土强度应不小于设计强度的 75%。机械回填时,拱圈混凝土强度应不小于设计强度。

2　明洞两侧回填水平宽度小于 1.2m 的范围应采用浆砌片石或同级混凝土回填。

3　回填料不宜采用膨胀岩土。

4　顶面 0.2m 可用耕植土回填。

5　明洞土石回填应对称分层夯实,分层厚度不宜大于 0.3m,两侧回填高差不应大于 0.5m。回填到拱顶以上 1.0m 后,方可采用机械碾压。回填土压实度应符合设计规定。

6　单侧设有反压墙的明洞回填应在反压墙施工完成后进行。

7　回填时不得倾填作业。

8　明洞回填时,应采取防止损伤防水层的措施。

9　洞门顶排水沟砌筑在填土上时,应在夯实后砌筑。

**条文说明**

2　明洞两侧回填水平宽度小于 1.2m 的范围应采用浆砌片石或同级混凝土回填,是为了保证隧道两侧能提供足够的抗力。

3　采用膨胀岩土回填对明洞结构有不利影响,本条规定是为了限制回填料采用膨胀岩土。当周围没有非膨胀岩土可以利用,甚至洞渣也存在膨胀性,拱部回填采用这些土石时,需要采取措施,并经论证确认所采用的措施可以消除膨胀岩土对明洞衬砌、洞顶排水的不利影响。所以本款的程度用词采用了“不宜”。

4　顶面 0.2m 用耕植土回填便于植被恢复,防止回填层顶面干裂。

5　回填土不密实,可能发生不均匀沉降造成回填土开裂、渗水。

## 6.3　浅埋段工程

**6.3.1**　浅埋段的开挖施工应遵循“管超前、严注浆、短开挖、强支护、早封闭、勤量测、速反馈、控沉陷”的原则。

**条文说明**

《公路隧道设计规范　第一册　土建工程》(JTG D3370.1—2018)第 D.0.1 条规定:“浅埋和深埋隧道的分界可按荷载等效高度值,并结合地质条件、施工方法等因素综合判定。按荷载等效高度的判定可按式(D.0.1-1)、式(D.0.1-2)计算:

$$H_p = (2 \sim 2.5)h_q \tag{D.0.1-1}$$

$$h_q = \frac{q}{\gamma} \tag{D.0.1-2}$$

式中：$H_p$——浅埋隧道分界深度(m)；

$h_q$——荷载等效高度(m)；

$q$——用式(6.2.2-1)算出的深埋隧道垂直均布压力(kN/m²)；

$\gamma$——围岩重度(kN/m³)。

在钻爆法或浅埋暗挖法施工的条件下，Ⅳ～Ⅵ级围岩取：

$$H_p = 2.5h_q \quad (D.0.1\text{-}3)$$

Ⅰ～Ⅲ级围岩取：

$$H_p = 2h_q \quad (D.0.1\text{-}4)$$

《公路隧道设计规范　第一册　土建工程》(JTG D3370.1—2018)第6.2.2条规定：“深埋隧道松散荷载垂直均布压力及水平均布压力，在不产生显著偏压及膨胀力的围岩条件下，可按下列公式计算：

1　垂直均布压力可按式(6.2.2-1)和式(6.2.2-2)计算确定：

$$q = \gamma h \quad (6.2.2\text{-}1)$$

$$h = 0.45 \times 2^{S-1}\omega \quad (6.2.2\text{-}2)$$

式中：$q$——垂直均布压力(kN/m²)；

$\gamma$——围岩重度(kN/m³)；

$h$——围岩压力计算高度(m)；

$S$——围岩级别，按1、2、3、4、5、6整数取值；

$\omega$——宽度影响系数，按式(6.2.2-3)计算：

$$\omega = 1 + i(B - 5) \quad (6.2.2\text{-}3)$$

$B$——隧道宽度(m)；

$i$——$B$每增减1m时的围岩压力增减率，以$B = 5$m的围岩垂直均布压力为准，按表6.2.2-1取值。”

**表6.2.2-1　围岩压力增减率取值表**

| 隧道宽度 $B$(m) | $B<5$ | $5\leq B<14$ | $5\leq B<14$ | |
|---|---|---|---|---|
| 围岩压力增减率 $i$ | 0.2 | 0.1 | 考虑施工过程分导洞开挖 | 0.07 |
| | | | 上下台阶法或一次性开挖 | 0.12 |

# 7　洞身开挖

## 7.2　开挖方法

**7.2.1**　应根据地质条件、隧道开挖断面和围岩稳定情况选择开挖方法。不同围岩条件和开挖断面适宜的开挖方法见表7.2.1。

**表7.2.1　不同围岩条件和开挖断面适宜的开挖方法**

| 序号 | 开挖方法 | | 围岩级别 | |
|---|---|---|---|---|
| | | | 双车道隧道 | 三车道隧道 |
| 1 | 全断面法 | | Ⅰ~Ⅲ | Ⅰ~Ⅱ |
| 2 | 台阶法 | 长台阶法 | Ⅲ~Ⅳ | Ⅱ~Ⅲ |
| | | 短台阶法 | Ⅳ~Ⅴ | Ⅲ~Ⅳ |
| | | 超短台阶法 | Ⅴ | Ⅳ |
| 3 | 分部开挖法 | 环形开挖留核心土法 | Ⅴ~Ⅵ | Ⅲ~Ⅳ |
| | | 中隔壁法 | Ⅴ~Ⅵ | Ⅳ~Ⅴ |
| | | 交叉中隔壁法 | Ⅴ~Ⅵ | Ⅳ~Ⅵ |
| | | 双侧壁导坑法 | — | Ⅴ~Ⅵ |

**条文说明**

通常,长台阶法的台阶长度为50m以上,短台阶法的台阶长度为5~50m,超短台阶法的台阶长度为3~5m。超短台阶法也称微台阶法。

**7.2.2**　全断面法施工应符合下列规定:

1　宜采用机械化作业,各种机械设备应合理配套。

2　应控制一次同时起爆的单段最大爆破药量。

3　应根据掌子面围岩稳定情况、爆破振动、钻孔和出渣效率、超挖控制等确定循环进尺:Ⅲ级围岩宜控制在3m左右;Ⅰ、Ⅱ级围岩,使用气腿式凿岩机时可控制在4m左右,使用凿岩台车时可根据围岩稳定情况适当调整。采用特殊设计的其他情况,每循环进尺应符合设计规定。

**条文说明**

全断面法施工工序示意如图7-1所示。

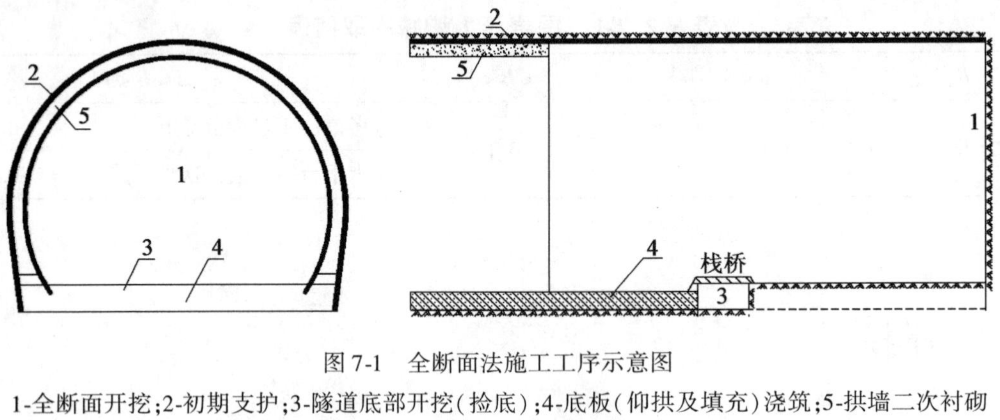


图7-1　全断面法施工工序示意图

1-全断面开挖;2-初期支护;3-隧道底部开挖(捡底);4-底板(仰拱及填充)浇筑;5-拱墙二次衬砌

全断面法作业空间较大,工序少、干扰小,有利于大型机械配套作业和提高施工速度,便于施工组织和管理。要求各种设备合理配套是为了提高效率和设备利用率。

爆破振动和爆破药量正相关。延时爆破是把一个爆破工作面分成多个区段分开起爆,这样一次爆破的爆破药量远远小于工作面的总爆破药量,从而极大地减弱了爆破振动。所以控制爆破振动首先要控制各个区段的爆破药量,特别是各个区段中装药量最多区段的装药量,即“单段最大爆破药量”,也就是俗称的“最大单响爆破药量”。

**7.2.3** 台阶法施工应符合下列规定:

1 台阶数量和台阶高度应综合考虑隧道断面高度、机械设备及围岩稳定性等因素确定。台阶开挖高度宜为2.5~3.5m。可采用二台阶法或者三台阶法,台阶数量不宜多于三个。

2 上台阶开挖每循环进尺,Ⅲ级围岩宜不大于3m,Ⅳ级围岩宜不大于2榀钢架间距,Ⅴ级围岩宜不大于1榀钢架间距。Ⅳ、Ⅴ级围岩下台阶每循环进尺宜不大于2榀钢架间距。下台阶单侧拉槽长度宜不超过15m。

3 下台阶左、右侧开挖宜前后错开3~5m,同一榀钢架两侧不得同时悬空。

4 下部施工应减少对上部围岩、支护的干扰和破坏。

5 下台阶应在上台阶喷射混凝土强度达到设计强度的70%以后开挖。

**条文说明**

两台阶法施工工序示意如图7-2所示。

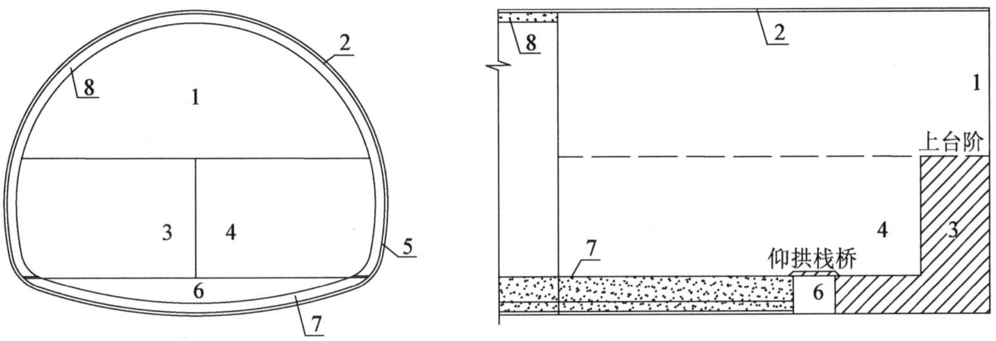


图7-2 两台阶法施工工序示意图

1-上台阶开挖;2-上台阶初期支护;3、4-下台阶错开开挖;5-下台阶初期支护;6-底部开挖(捡底);7-仰拱及填充(底板);8-二次衬砌

台阶法因其灵活多变、适用性强等优点,已成为大断面隧道施工的主流施工方法。实际施工中视围岩条件和机械设备情况可派生出各种台阶法。

采用台阶法时,台阶数量、台阶长度要适当。确定台阶的长度主要考虑两个因素:一是初期支护形成闭合断面的时间要求,稳定性愈差的围岩要求闭合时间愈短;二是上半断面施工时开挖、支护、出渣机械设备所需的作业空间。

采用长台阶法时,上下部可配属同类较大型机械平行作业,当机械不足时也可交替作业;当遇短隧道时,可将上部断面全部挖通后,再挖下半断面。该法施工干扰较少,可进行单工序作业,但是需要控制拱脚下沉。

短台阶法或超短台阶法两种方法可缩短仰拱封闭时间,改善初期支护受力条件,但施工干扰较大,支护不及时可能造成围岩失稳。软弱围岩必要时需要采用辅助开挖措施稳定开挖面,以保证施工安全。

扩大拱脚、加强锁脚锚杆、加设临时仰拱等措施有利于控制拱脚下沉。

**7.2.8** 仰拱部位开挖应符合下列规定：

1 应控制仰拱到掌子面的距离。必要时,仰拱应紧跟掌子面。

2 仰拱开挖时,应采取交通安全措施。

3 仰拱开挖长度:土和软岩应不大于3m,硬岩应不大于5m。开挖后应及时施作仰拱初期支护、二次衬砌及填充。

4 应做好排水设施,清除底面积水和松渣,严禁松渣回填。

# 10 小净距隧道及连拱隧道

## 10.2 连拱隧道

**10.2.1** 连拱隧道开挖时应考虑其埋深浅、跨度大、地质条件复杂、受偏压和雨季地表水影响大的特点,制订专项施工方案。

**条文说明**

无论是直中墙还是曲中墙的连拱隧道,目前的开挖方法主要分为两大类:一类是以按两个独立单洞考虑的开挖法;另一类则是先挖导洞再修建中墙的开挖法,目前国内绝大多数连拱隧道的设计与施工都是按先挖导洞再修建中墙考虑的连拱结构。在具体的工程应用中,开挖的实际步骤有多有少、开挖的先后顺序不一,开挖方法可分成:“中导洞-双侧壁三导洞开挖法”“中导洞-正洞台阶开挖法”“先左洞后右洞开挖法”等类型。

# 16 不良地质和特殊性岩土地段施工

## 16.1 一般规定

**16.1.1** 不良地质和特殊性岩土地段隧道施工前应编制专项施工方案,专项施工方案应包括:应急预案、地质预报方案、监控量测方案。施工过程中实际与设计不符时,应及时调整。

**条文说明**

不良地质是指对工程可能造成危害的地质作用或现象。这些不良地质包括:滑坡、崩塌体、岩溶、采空区、大变形、岩爆、瓦斯、断层、富水软弱破碎带、流沙、冻融循环土、盐渍岩土等。

特殊性岩土是指在特定的地理环境或人为条件下形成的具有特殊物理力学性质和工程特征、特殊物质组成或者具有特殊构造的岩土。包括:堆积层、黄土、膨胀岩土、砂层、冻土等。

**16.1.2** 应结合应急预案,提前做好技术、物资、机械的储备和应急演练。

**16.1.3** 应加强监控量测工作,及时反馈量测结果,进行动态设计和动态施工。

**条文说明**

在不良地质和特殊性岩土隧道中施工,观察、量测、测试工作格外重要,隧道在发生大的塌方前,总是有一定先兆的,表现在围岩的变形上,就是突然增大,或者是应力的突然变化,而这些变化能通过量测掌握,量测的结果与施工技术措施之间又存在着内在的联系。因此,量测信息要快速反馈,实现动态管理。

# 17 改扩建

## 17.1 一般规定

**17.1.1** 隧道改扩建工程施工前,应根据设计文件,隧道改建、扩建、增建隧道施工特点,结合现场实际情况,编制施工方案。

**条文说明**

隧道改扩建工程包括改建、扩建和增建。

改建:对既有隧道进行衬砌结构加固、路幅调整、路面翻修、排水沟改造、电缆沟改造、增设横洞,以及局部提高技术指标和安全性能,改善服务功能等。

扩建:对既有隧道断面进行扩挖,增大断面净空,需拆除既有衬砌重新施作。

增建:与既有隧道并行新建隧道。

**17.1.2** 隧道改扩建工程施工前,应对既有隧道的设计、施工、养护、维修和运营情况,以及工程影响范围内其他建(构)筑物和设施的现状等进行调查、核实。

**条文说明**

隧道改扩建工程施工前,对既有隧道及其周边的核查是为了解和掌握现场情况和施工条件。核查内容包括:既有隧道的设计图,施工阶段的相关地质资料,施工情况,设计变更,隧道洞口,隧道排水设施及排水能力,隧道结构检测、维修、加固历史资料,结构现状和隧道运营状况,既有隧道和改扩建工程影响范围内的建(构)筑物、管线、居民等。

**17.1.3** 隧道改扩建工程施工时,应采取措施减小施工对既有建(构)筑物和设施的影响,必要时应采取保护、加固、改移措施。

**条文说明**

隧道改扩建施工,对既有隧道及其附属设施、周边建(构)筑物和设施有影响时,需采取措施以减小对其不利影响。包括:对既有结构和设施的拆除、改移、保护、加固和临时支撑。拆除方法不当、盲目拆除、临时支护不及时、爆破振速过大等均可能造成施工安全事故、交通堵塞,对围岩造成二次过度扰动,影响结构稳定,所以必要时还需要采取保护和加固措施。

**17.1.4** 隧道改扩建施工,应对工程影响范围内的既有隧道及其他建(构)筑物制订监测计划。

**条文说明**

隧道改扩建施工时,原位改建或扩建时会影响既有隧道,增建时会影响邻近的既有隧道,对其全程实施监测,是动态设计和施工的要求,也是确保改扩建施工和后期运营安全的重要保证。

# 二十四、公路立体交叉设计细则
(JTG/T D21—2014)

## 3 功能与分类

### 3.1 一般规定

**3.1.1** 公路立体交叉应通过建立空间立体交叉形态,为交叉公路的直行交通提供连续流的运行条件。当公路立体交叉具有交通转换功能时,应通过设置匝道为交叉公路之间的交通转换提供运行条件。

**3.1.2** 公路立体交叉的采用和类型选择,应根据节点在路网系统中的地位和功能确定,并应综合考虑交叉公路的等级、功能和接入控制要求等因素。

### 3.2 分类

**3.2.1** 公路立体交叉可分为分离式立体交叉和互通式立体交叉。

**3.2.2** 互通式立体交叉可分为一般互通式立体交叉和枢纽互通式立体交叉两种基本类型,并可根据交叉岔数、交叉形状、交叉方式和方向连通程度等按下列规定分类:

1 按交叉岔数可分为三岔交叉、四岔交叉和多岔交叉互通式立体交叉。

2 按互通式立体交叉的形状可分为喇叭形、苜蓿叶形、菱形、环形、涡轮形、T 形、Y 形和叶形互通式立体交叉等。

3 按交通流线的交叉方式,可分为完全立体交叉型和平面交叉型互通式立体交叉。

4 按方向连通程度可分为完全互通型和不完全互通型互通式立体交叉。

**条文说明**

1 当交叉岔数超过四岔时,均称为多岔交叉。

3 完全立体交叉型即所有交通流线之间的交叉均为立体交叉;平面交叉型则在部分交通流线之间存在平面交叉。

4 完全互通型即所有交通流方向均被连通。不完全互通型则尚有部分交通流方向未被连通,即缺省部分交通流线。交通流线数目与交叉岔数之间具有如下关系:

$$N = n(n-1) \tag{3-1}$$

式中:$N$——交通流线数目;

$n$——交叉岔数。

## 3.3　功能与类型选择

**3.3.1**　各级公路节点应按下列规定选用立体交叉：

1　高速公路：应完全限制接入，所有节点应采用立体交叉，入口和出口匝道的接入间距和数量应受到严格控制。

2　一级公路：应部分限制接入。当具干线功能时，与一级公路相交的节点应采用立体交叉；与二级公路相交的节点宜采用立体交叉；与二级以下公路相交的节点应根据接入控制要求确定是否采用立体交叉。当具集散功能时，与具集散功能的一级公路相交的节点宜采用立体交叉；与一级以下公路相交的节点应根据接入控制和设计通行能力要求等确定是否采用立体交叉。

3　二级公路：根据接入控制要求、设计通行能力、现场条件和综合效益等，与二级及二级以下公路相交的个别节点可采用立体交叉。

**条文说明**

接入控制即对不同等级和功能的公路提出相应的接入方式、间距和数量要求，是保证公路功能的重要措施。而公路立体交叉又是接入控制的重要手段，故公路等级、功能和接入控制要求等是采用立体交叉的重要依据。

**3.3.2**　一般互通式立体交叉应为地方交通提供接入和交通转换功能。枢纽互通式立体交叉应满足交叉公路直行及转换交通连续、快速通行的需要。

**3.3.3**　互通式立体交叉类型的选择应符合下列规定：

1　被交叉公路为双车道公路或具集散功能的一级公路的互通式立体交叉，宜采用一般互通式立体交叉。

2　高速公路之间、高速公路与具干线功能的一级公路之间或具干线功能的一级公路之间相交叉的互通式立体交叉，宜采用枢纽互通式立体交叉。

3　设置匝道收费站的互通式立体交叉可按一般互通式立体交叉设计。

4　一般互通式立体交叉可采用平面交叉型。

5　枢纽互通式立体交叉宜采用完全立体交叉型。

6　当个别方向无交通转换需求，或虽存在少量交通转换需求但完全连通特别困难时，可采用不完全互通型，未连通方向的交通转换功能应通过路网交通组织由邻近节点承担，并应与完全互通型综合比较论证后确定。

**条文说明**

6　国内外研究成果及应用实践表明，由于社会发展的动态性，要准确预测交通量十分困难，故不完全互通型在满足使用功能方面往往存在较大风险，而一旦需要增补匝道时，其修建难度和投入成本比一次性建成更大。因此，本款规定不完全互通型的采用应经综合比较论证后确定。

**3.3.4**　当节点存在交通转换需求，但由于间距控制或现场条件限制等原因采用分离式立体交叉时,其转弯交通应通过路网交通组织由邻近节点承担,并应与互通式立体交叉或互通式立体交叉分期修建方案比较论证后确定。

# 4 控制要素

## 4.5 交通量与服务水平

**4.5.1** 在工程可行性研究阶段,公路立体交叉方案设计可采用年平均日交通量。年平均日交通量应采用主线交通量预测年限或立体交叉建成通车后第20年的预测交通量。

**4.5.2** 在设计阶段,公路立体交叉设计应采用设计小时交通量,并应符合下列规定:

1 设计小时交通量宜采用年第30位小时交通量,也可根据立体交叉功能和当地小时交通量的变化特征采用20~40位小时之间最为经济合理时位的小时交通量。设计小时交通量应按式(4.5.2)换算:

$$DDHV = AADT \cdot K \cdot D \tag{4.5.2}$$

式中:$DDHV$——设计小时交通量(pcu/h);

$AADT$——年平均日交通量(pcu/d);

$K$——设计小时交通量系数,根据交叉公路功能、交通量、地区气候和地形等条件确定;

$D$——方向不均匀系数,根据当地交通量观测资料确定,当资料缺乏时,可在50%~60%范围内选取。

2 互通式立体交叉设计应提供节点交通量分布图,明确各方向和各路段的设计小时交通量。

**条文说明**

本细则所涉及交通量均指单位时间内的当量小客车数量。

**4.5.3** 公路立体交叉范围内的交叉公路、匝道、分流区、合流区、交织区和集散道的服务水平分为六级。交叉公路设计服务水平应按相应公路功能及等级选取;匝道、分流区、合流区、交织区和集散道的设计服务水平可比主线低一级,但不应低于四级。

**4.5.4** 当设计服务水平采用四级时,匝道基本路段单车道和双车道的设计通行能力可由表4.5.4取值。

**表4.5.4 匝道基本路段的设计通行能力**

| 匝道设计速度(km/h) | | 80 | 70 | 60 | 50 | 40 | 35 | 30 |
|---|---|---|---|---|---|---|---|---|
| 设计通行能力(pcu/h) | 单车道 | 1 500 | 1 400 | 1 300 | 1 200 | 1 000 | 900 | 800 |
| | 双车道 | 2 900 | 2 600 | 2 300 | 2 000 | 1 700 | 1 500 | 1 300 |

# 5　总体设计

## 5.4　间距控制

**5.4.1**　高速公路互通式立体交叉的平均间距应符合下列规定：

1　大城市或大型工业区附近,平均间距宜为 5 ~ 10km。

2　其他地区,平均间距宜为 15 ~ 25km。

**条文说明**

互通式立体交叉平均间距的控制是保证高速公路营运功能及合理控制建设规模的措施之一。平均间距根据国内大量统计资料、多元线性回归模型分析及熵模型原理推算等确定。其影响参数包括主线直接影响区内的人口数、GDP、公路客运量、公路货运量、交通量和主线长度等。

**5.4.2**　高速公路相邻互通式立体交叉的间距不宜大于表 5.4.2 的规定值。受沿线路网密度和交通源的分布等影响,当间距超过该规定值时,应在相邻互通式立体交叉之间加设 U 形转弯设施,且 U 形转弯设施与相邻互通式立体交叉的最大间距应符合表 5.4.2 的规定值。

**表 5.4.2　高速公路相邻互通式立体交叉的最大间距**

| 地 区 类 别 | | 最大间距(km) |
|---|---|---|
| 一般地区 | | 30 |
| 特殊地区 | 大城市或大型工业园区附近 | 20 |
| | 荒漠戈壁和草原地区 | 40 |

**5.4.3**　互通式立体交叉之间、互通式立体交叉与其他设施之间的距离不宜小于表 5.4.3的规定值。

**表 5.4.3　互通式立体交叉及其他设施的最小间距**

| 相邻设施种类 | 最小间距(km) |
|---|---|
| 一般互通式立体交叉与枢纽互通式立体交叉之间 | 4.5 |
| 一般互通式立体交叉之间 | 4.0 |
| 互通式立体交叉与服务区、停车区、U 形转弯设施之间 | |

**5.4.4**　受路网结构或其他特殊情况限制,当互通式立体交叉之间、互通式立体交叉与其他设施之间的距离不能满足本细则第 5.4.3 条的规定时,经论证间距可适当减小,但应符合下列规定：

1　当相邻互通式立体交叉或其他设施分别独立设置时,相互之间的净距不应小于表 5.4.4的规定值(图 5.4.4)。

**表 5.4.4　互通式立体交叉及其他设施的最小净距**

| 主线设计速度(km/h) | | 120 | 100 | 80 | 60 |
|---|---|---|---|---|---|
| 互通式立体交叉之间最小净距(m) | 主线单向双车道 | 800 | 700 | 650 | 600 |
| | 主线单向 3 车道 | 1 000 | 900 | 800 | 700 |
| | 主线单向 4 车道 | 1 200 | 1 100 | 1 000 | 900 |
| 互通式立体交叉与服务区、停车区之间最小净距(m) | 主线单向双车道 | 700 | 650 | 600 | 600 |
| | 主线单向 3 车道 | 900 | 850 | 800 | 700 |
| | 主线单向 4 车道 | 1 100 | 1 000 | 900 | 800 |

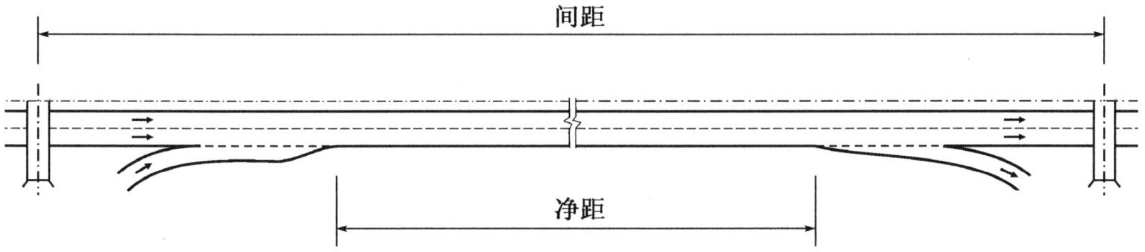


图 5.4.4　相邻互通式立体交叉的净距示意图

2　当相邻互通式立体交叉的净距小于表 5.4.4 的规定值,且经多方案比选论证两者必须设置时,应根据其距离大小,利用辅助车道、集散道或匝道连接形成复合式互通式立体交叉。

3　应提前设置完善的下游互通式立体交叉或其他设施的出口预告等指路标志。

**条文说明**

(1)本细则第 5.4.3 条规定的最小间距,为满足相邻入、出口之间设置完整标志和维持交通流稳定所需要的最小间距,也是要求普遍遵守的规定。因此第 5.4.4 条规定,仅在受路网结构或其他特殊情况限制时间距才可适当减小,并应经论证后确定。

(2)最小净距是独立互通式立体交叉的最小控制标准,指相邻入、出口之间主线基本路段的最小长度。最小净距根据车辆驶离主线全过程所需要的距离确定,该过程包括驾驶人认读标志、行动决策、寻找间隙、变换车道和出口确认等,所需要的距离与运行速度和变换车道的数目等有关。

(3)随着净距的减小,出入交通流对主线直行交通流的干扰越来越大,当净距小于车辆驶离主线全过程所需要的距离时,难免造成交通流紊乱或形成安全隐患。因此本条第 2 款规定,当相邻互通式立体交叉的间距小于最小净距的要求,且经多方案比选论证两者必须设置时,应将两者合并形成复合式互通式立体交叉。

(4)当距离不能满足本细则第 5.4.3 条的规定时,一般情况下仅能设置部分指路标志,故本条第 3 款规定应提前设置完善的出口预告等指路标志。

## 5.5　主线线形条件

**5.5.1**　互通式立体交叉范围内,设有变速车道路段的主线圆曲线半径不应小于

表5.5.1的规定值。

表5.5.1　变速车道路段的主线圆曲线最小半径

| 主线设计速度(km/h) | | 120 | 100 | 80 | 60 |
|---|---|---|---|---|---|
| 圆曲线最小半径(m) | 一般值 | 2 000 | 1 500 | 1100 | 500 |
| | 极限值 | 1 500 | 1 000 | 700 | 350 |

**条文说明**

(1)主线圆曲线最小半径的控制,实质为控制弯道外侧变速车道连接部的横坡差,以提高车辆运行的安全性。因此,主线圆曲线最小半径的控制主要针对设有变速车道的路段。

(2)确定主线圆曲线最小半径的主要依据为:当设计速度大于或等于80km/h时,一般值按超高不大于3%取值,极限值按超高不大于4%取值;当设计速度小于80km/h时,一般值按超高不大于4%取值,极限值按超高不大于5%取值。

**5.5.2**　互通式立体交叉范围内,减速车道下坡路段和加速车道上坡路段的主线纵坡不应大于表5.5.2的规定值。

表5.5.2　减速车道下坡路段和加速车道上坡路段的主线最大纵坡

| 主线设计速度(km/h) | | 120 | 100 | 80 | 60 |
|---|---|---|---|---|---|
| 最大纵坡(%) | 一般值 | 2.0 | 2.0 | 3.0 | 4.5(4.0) |
| | 最大值 | 2.0 | 3.0 | 4.0(3.5) | 5.0(4.5) |

注:当互通式立体交叉位于主线连续长大下坡路段底部时,减速车道下坡路段取表中括号内的值。

**条文说明**

主线最大纵坡的控制,主要为流出主线的车辆提供平稳减速的运行条件,对于流入主线的车辆则有利于平稳加速和安全合流。因此,主线最大纵坡的控制主要针对没有减速车道的下坡路段和加速车道上坡路段。

**5.5.3**　互通式立体交叉范围内,主线竖曲线半径不应小于表5.5.3的规定值(图5.5.3)。

表5.5.3　互通式立体交叉范围内主线竖曲线最小半径

| 主线设计速度(km/h) | | | 120 | 100 | 80 | 60 |
|---|---|---|---|---|---|---|
| 竖曲线最小半径(m) | 凸形 | 一般值 | 45 000 | 25 000 | 12 000 | 6 000 |
| | | 极限值 | 23 000<br>(29 000) | 15 000<br>(17 000) | 6 000<br>(8 000) | 3 000<br>(4 000) |
| | 凹形 | 一般值 | 16 000 | 12 000 | 8 000 | 4 000 |
| | | 极限值 | 12 000 | 8 000 | 4 000 | 2 000 |

注:在分流鼻端前识别视距控制路段,主线凸形竖曲线最小半径取表中括号内的值。

**条文说明**

在互通式立体交叉范围内,由于运行条件复杂且变化频繁需有比其他路段更大的视距,主线竖曲线最小半径的控制,即基于保证足够视距的考虑。确定竖曲线最小半径的主要依据如下:

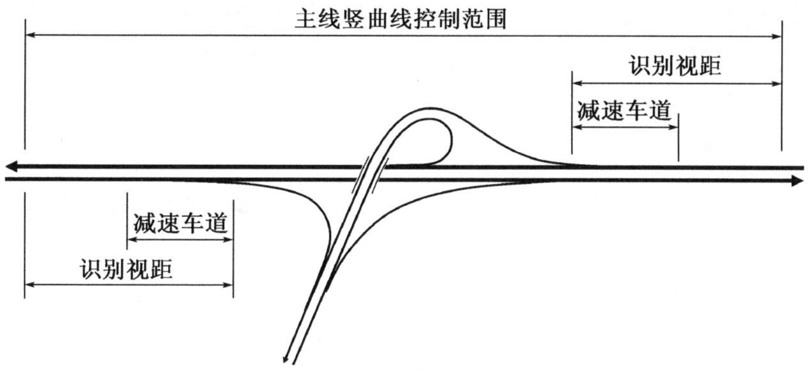


图 5.5.3 主线竖曲线半径控制范围示意图

(1)凸形竖曲线最小半径一般值按2倍停车视距计算确定,极限值按1.5倍停车视距计算确定,物高取值为0.1m。

(2)分流鼻端前识别视距范围内的凸形竖曲线最小半径按识别视距计算确定,识别视距取停车视距的1.25倍,物高取值为0。

(3)凹形竖曲线最小半径一般值按基本路段凹形竖曲线一般值的4倍确定,极限值按基本路段的2~3倍确定。

**5.5.4** 当为枢纽互通式立体交叉或匝道与被交叉公路的交叉采用互通式立体交叉时,互通式立体交叉范围内的被交叉公路线形指标应符合本细则第5.5.1~5.5.3条的有关规定。

## 5.6 出口形式

**5.6.1** 高速公路宜采用相对一致的出口形式。有条件时,分流端部宜统一设置于交叉点之前,并宜采用单一的出口方式(图5.6.1)。

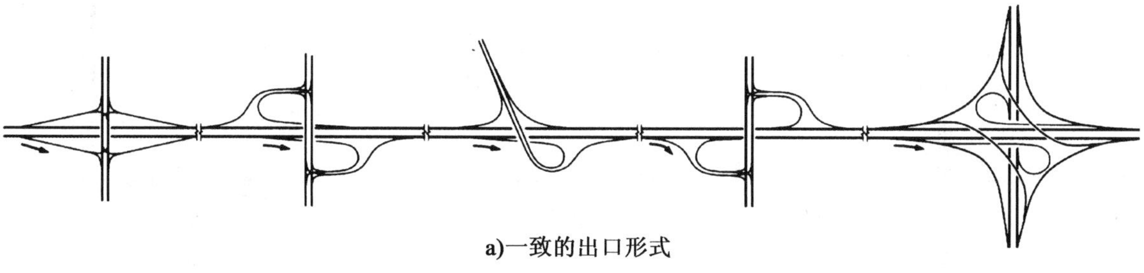

a)一致的出口形式

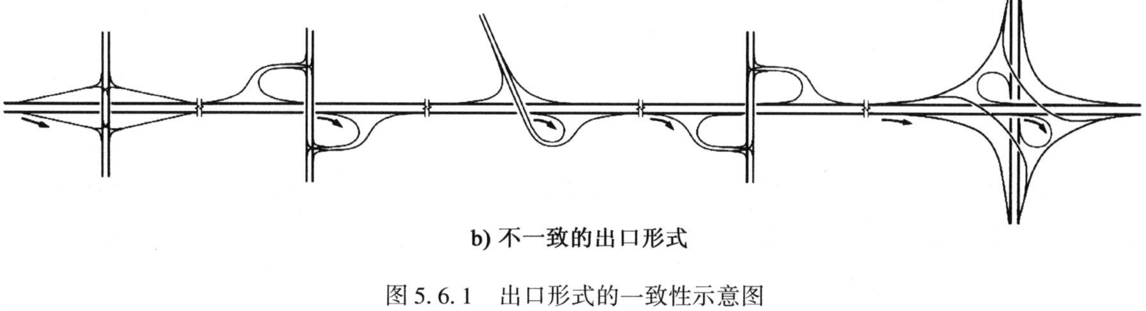

b) 不一致的出口形式

图 5.6.1 出口形式的一致性示意图

**5.6.2**　当分流交通量主次分明时,次交通流应采用一致的分流方向。次交通流宜统一于主交通流的右侧分流,不应采用左、右侧交替分流的方式(图 5.6.2)。

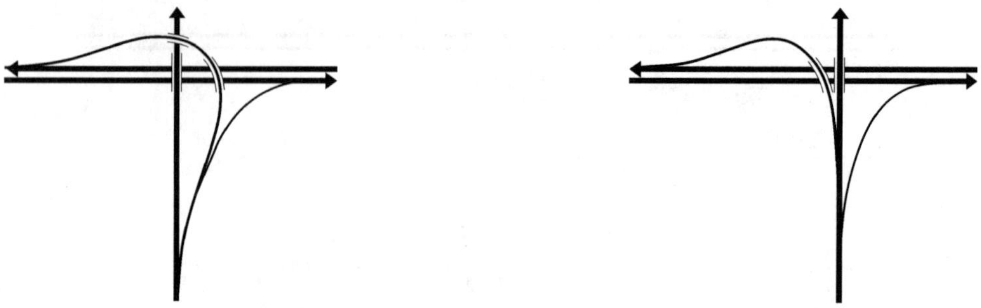

a)一致的分流方向　　b)不一致的分流方向

图 5.6.2　分流方向的一致性示意图

## 5.7　车道连续

**5.7.1**　互通式立体交叉应保证主交通流方向基本车道的连续性。根据主交通流的分布,交叉形态及车道布置应符合下列规定:

1　当直行交通为主交通流时,应保持原有的交叉形态[图 5.7.1a)]。

2　当主交通流在交叉象限内转弯,且其交通流线为同一高速公路的延续时,该转弯交通流线宜按主线设计,原直行交通流线宜按匝道设计[图 5.7.1b)、图 5.7.1c)]。

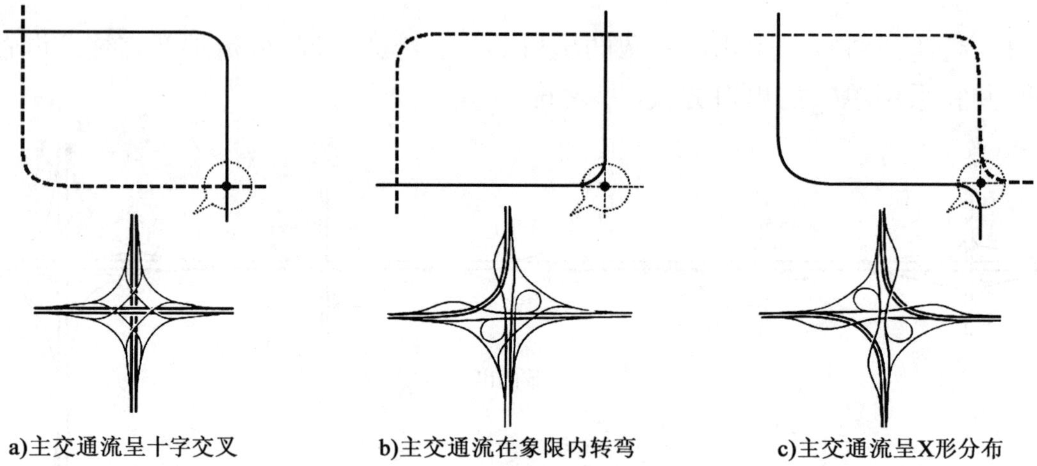

a)主交通流呈十字交叉　　b)主交通流在象限内转弯　　c)主交通流呈X形分布

图 5.7.1　主交通流方向车道的连续性示意图

**条文说明**

当主交通流在交叉象限内转弯时,主交通流线如果仍按原交叉形态设计为匝道,则与驾驶人期望相悖,容易导致驾驶人判断失误或主交通流线局部路段通行能力不足等,故本条第 2 款规定此种交通流线宜按主线设计。

**5.7.2** 当两条高速公路形成错位交叉的互通式立体交叉时，共用路段的车道布置应符合下列规定：

1 当共用路段长度大于3km时，共用路段可按整体式横断面设计(图5.7.2-1)，共用路段的基本车道数应根据该路段的设计小时交通量确定，且相对于相邻路段所增加的基本车道数不应超过一条。

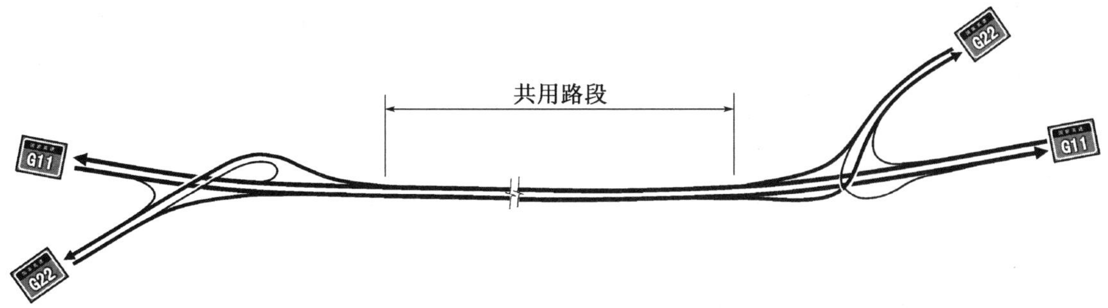


图5.7.2-1 共用路段长度大于3km时的设计示例

2 当共用路段长度小于或等于3km，或共用路段需增加的基本车道数超过一条时，两条高速公路的直行车道应分开设置，并应保持各自直行车道的连续性(图5.7.2-2)。

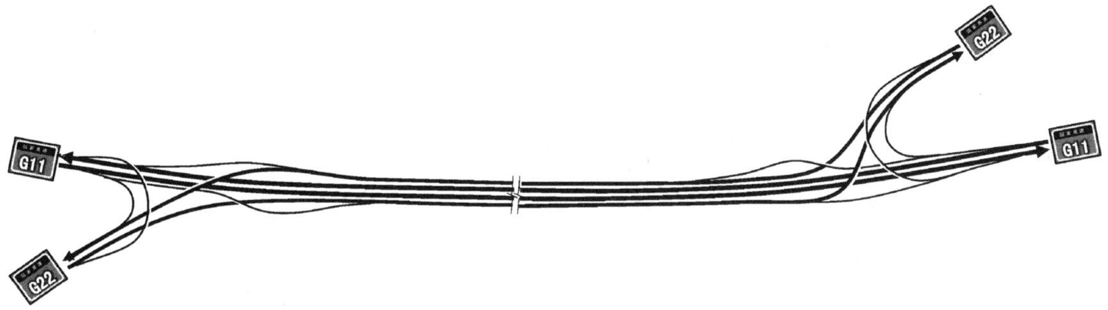


a)方案一

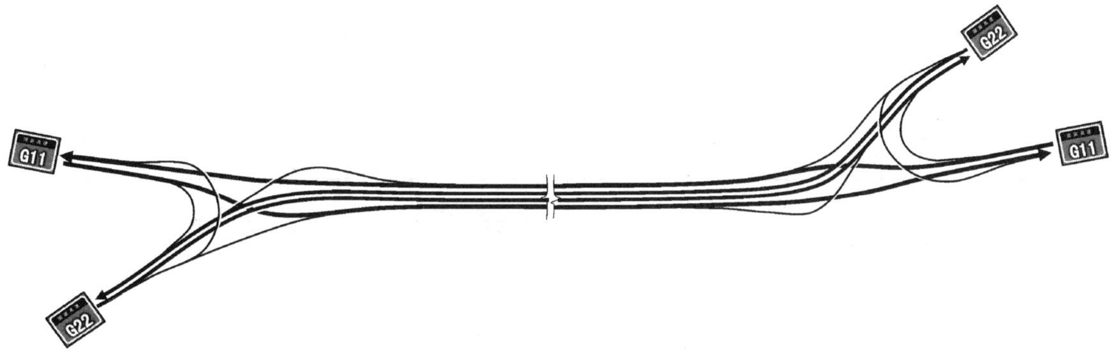


b)方案二

图5.7.2-2 共用路段长度小于或等于3km时的设计示例

**条文说明**

(1)当两条高速公路因错位交叉形成共用路段时，如果共用路段过短，高速公路直行交通流之间将出现交织，并将影响通行能力和运行安全，因此本条对共用路段的最小长度予以规定。

(2)确定共用路段最小长度所考虑的主要因素,包括基本车道连续、能形成独立的分、合流区而不致出现交织现象,以及能满足变速车道的布置和指路标志的设置需要等。

## 5.8　车道平衡

**5.8.1**　分、合流连接部应保持车道平衡,分、合流前后的车道数应连续或变化最小,主线每次增减的车道数不应超过一条。

**5.8.2**　在合流连接部,合流后与合流前车道数之间的关系应符合式(5.8.2-1)或式(5.8.2-2)的规定(图5.8.2)。

$$N_C = N_F + N_E - 1 \quad (5.8.2\text{-}1)$$

$$N_C = N_F + N_E \quad (5.8.2\text{-}2)$$

式中:$N_C$——合流后的主线车道数;

$N_F$——合流前的主线车道数;

$N_E$——匝道车道数。

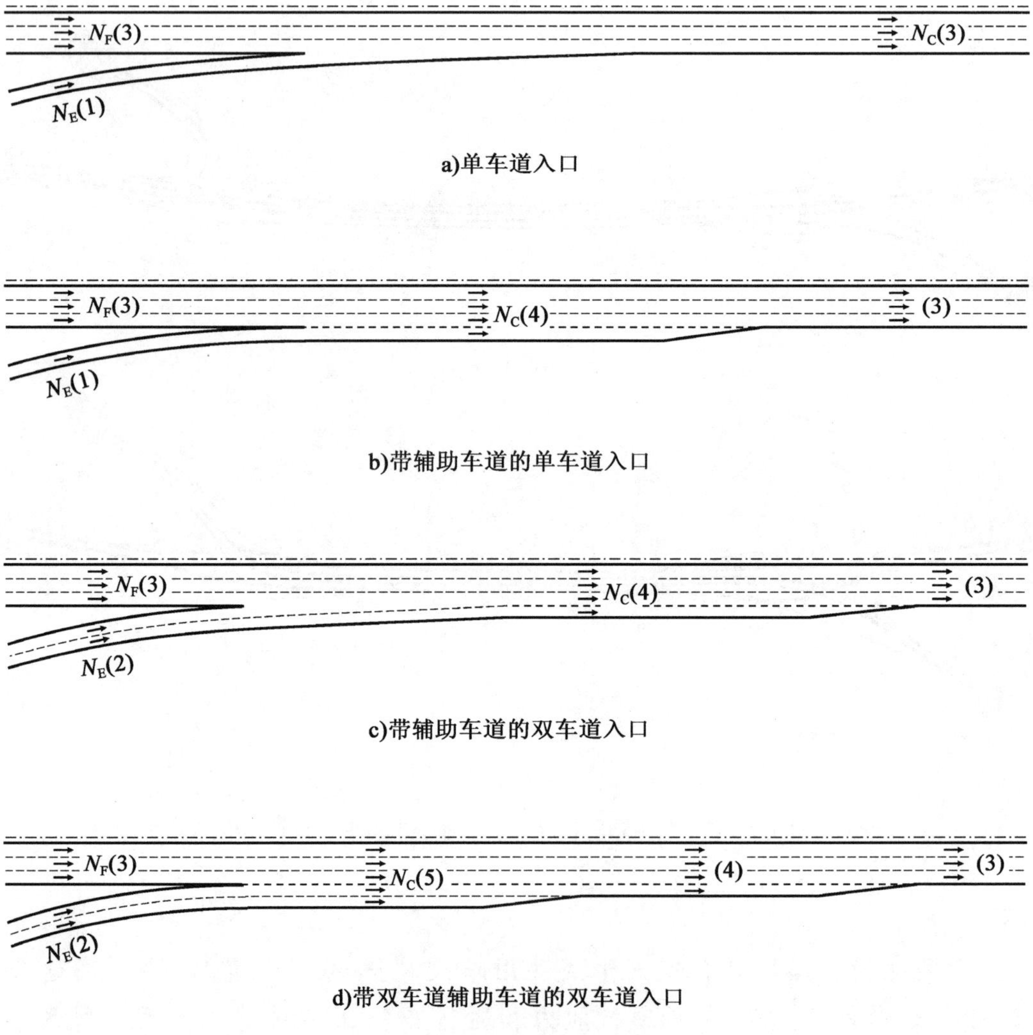


a)单车道入口

b)带辅助车道的单车道入口

c)带辅助车道的双车道入口

d)带双车道辅助车道的双车道入口

图5.8.2　合流连接部的车道平衡

**5.8.3** 在分流连接部,分流前与分流后车道数之间的关系应符合式(5.8.3)的规定(图5.8.3)。

a)单车道出口

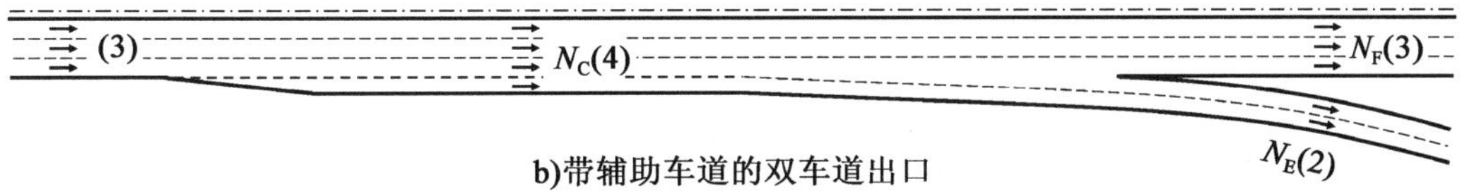


b)带辅助车道的双车道出口

图5.8.3 分流连接部的车道平衡

$$N_C = N_F + N_E - 1 \tag{5.8.3}$$

式中:$N_C$——分流前的主线车道数;

$N_F$——分流后的主线车道数;

$N_E$——匝道车道数。

# 6 互通式立体交叉形式

## 6.4 一般互通式立体交叉

**6.4.1** 当三岔交叉至少有一条左转弯匝道的交通量小于单车道匝道设计通行能力时,可选用三岔喇叭形。交叉类型的选用应符合下列规定:

1 当左转弯出口匝道交通量大于单车道匝道设计通行能力时,应选用A型[图6.4.1a)]。

2 当左转弯入口匝道交通量大于单车道匝道设计通行能力时,宜选用B型[图6.4.1b)]。

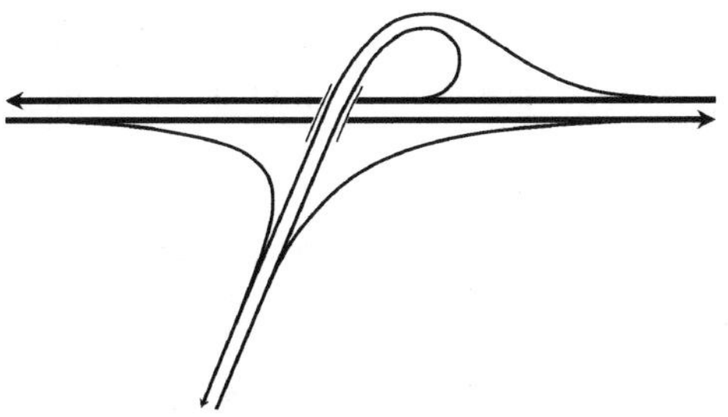

a)A型

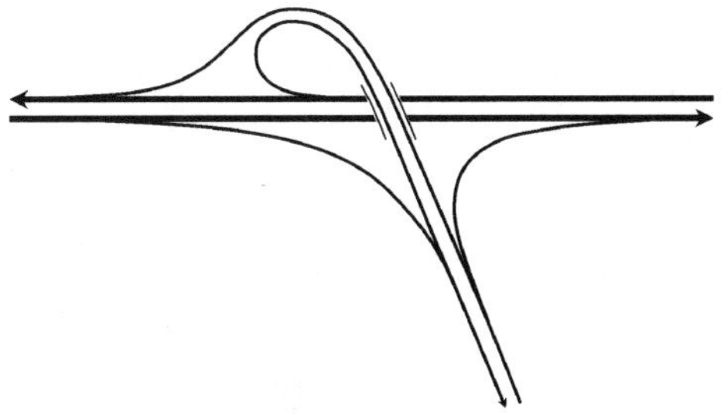

b)B型

图6.4.1 三岔喇叭形互通式立体交叉

3　当左转弯交通量均小于单车道匝道设计通行能力时,宜选用 A 型。

4　当左转弯交通量均小于单车道匝道设计通行能力,且左转弯入口匝道交通量相对较大或受现场条件的限制时,可选用 B 型。

**6.4.2**　当三岔交叉左转弯交通量均小于单车道匝道设计通行能力,或被交叉公路远期将延伸形成四岔交叉且规划为苜蓿叶形时,可采用叶形(图 6.4.2)。

**6.4.3**　当三岔交叉各左转弯交通量大小相当,且主线侧用地受限时,可采用梨形(图 6.4.3)。

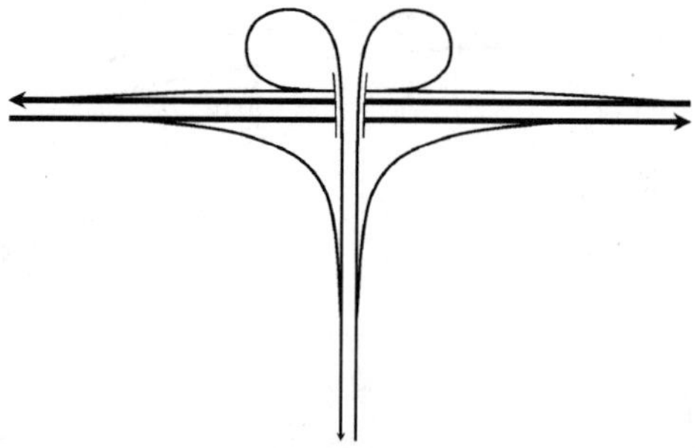

图 6.4.2　叶形互通式立体交叉

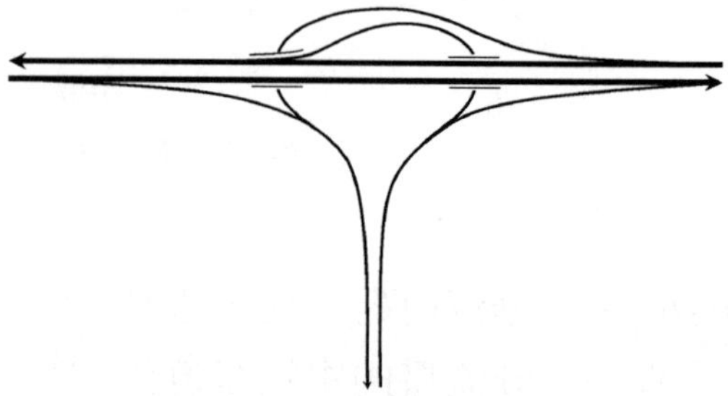

图 6.4.3　梨形互通式立体交叉

**6.4.4**　当四岔交叉集中设置匝道收费站时,可选用四岔喇叭形。交叉形式的选用宜符合下列规定:

1　当被交叉公路侧采用平面交叉满足设计通行能力要求时,可选用四岔单喇叭形[图 6.4.4a)]。

2　当被交叉公路侧采用平面交叉不能满足设计通行能力要求时,可根据现场条件选用双喇叭形[图 6.4.4b)]或喇叭 + T 形[图 6.4.4c)]等。

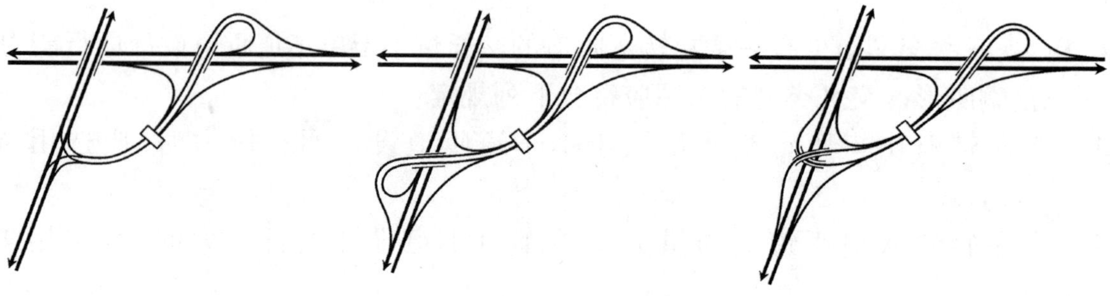

a)单喇叭形　b)双喇叭形　c)喇叭＋T形

图 6.4.4　四岔喇叭形互通式立体交叉

**6.4.5**　当部分象限用地受限时,四岔交叉可选用部分苜蓿叶形。交叉类型的选用应符合下列规定:

1　当各匝道交通量大小相当或出口匝道交通量相对较大时,宜选用 A 型[图 6.4.5a)]。

2　当受现场条件限制或入口匝道交通量相对较大时,可选用 B 型[图 6.4.5b)]。

3　当被交叉公路单侧因受现场条件限制设置匝道困难时,可选用 AB 型[图 6.4.5c)]。

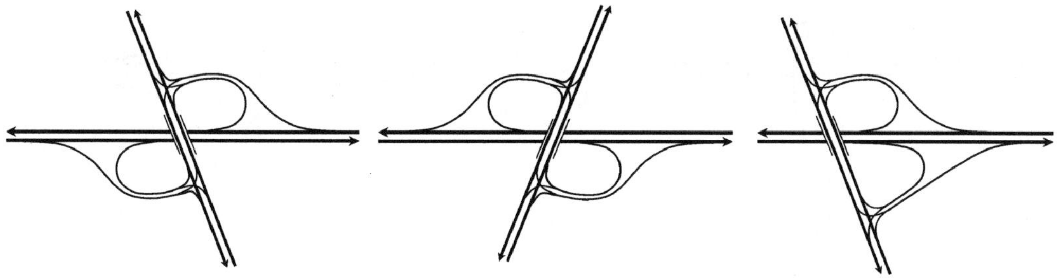

a)A型　　b)B型　　c)AB型

图 6.4.5　部分苜蓿叶形互通式立体交叉

4　交叉类型的选用应同时考虑平面交叉的交通量分布和设计通行能力要求等因素。

## 6.5　枢纽互通式立体交叉

**6.5.1**　当三个方向交通量大小相当的两条高速公路呈三岔交叉时,宜采用左转弯匝道均为直连式的三岔 Y 形(图 6.5.1)。各匝道可按高速公路的延续路段设计。

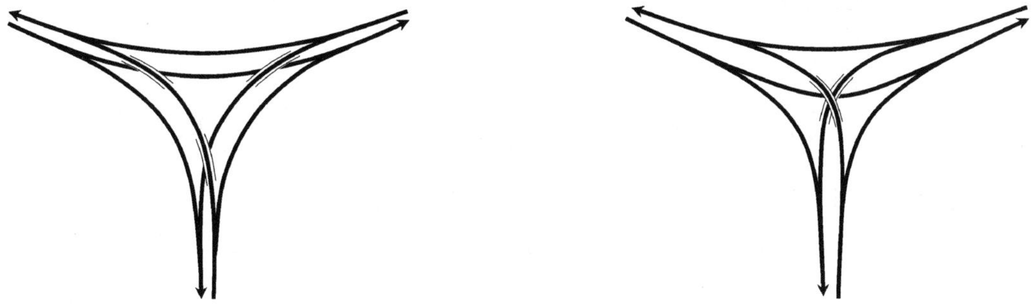

a)交点分散　　b)交点集中

图 6.5.1　三岔 Y 形互通式立体交叉

**6.5.2**　当主次分明的两条高速公路呈三岔交叉时,可根据各转弯交通量大小,按本细则第 6.3 节的有关规定分别选用不同的匝道形式,构成不同形式的三岔 T 形(图 6.5.2)。

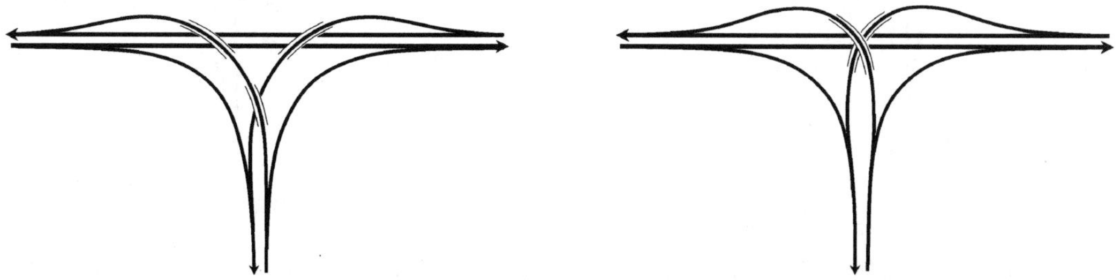

a)内交叉　　b)交点集中

图　6.5.2

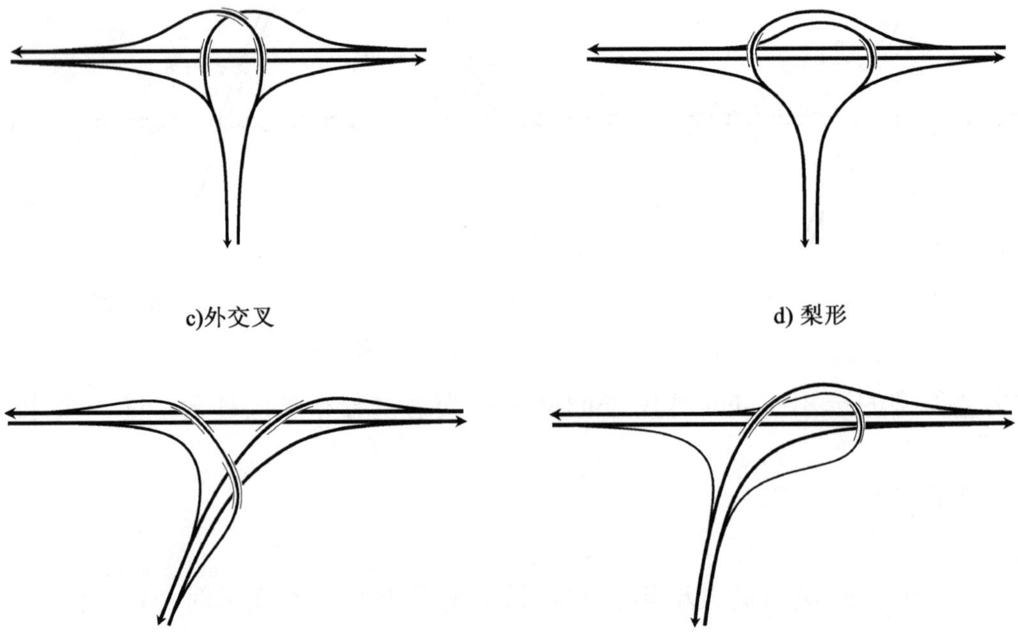

c)外交叉　　d) 梨形

e)左转弯匝道右出右进式　　f)左转弯匝道迂回型

图 6.5.2　三岔 T 形互通式立体交叉

**6.5.3**　当四岔交叉各转弯交通量均大于或等于 1 500pcu/h 时,宜采用左转弯匝道均为内转弯半直连式的直连式互通式立体交叉(图 6.5.3)。

**6.5.4**　当四岔交叉各左转弯交通量大小相当,且小于 1 500pcu/h 时,可采用左转弯匝道均为外转弯半直连式的涡轮形(图 6.5.4)。

图 6.5.3　直连式互通式立体交叉

图 6.5.4　涡轮形互通式立体交叉

**6.5.5**　当四岔交叉各转弯交通量均小于单车道设计通行能力时,可采用 4 条左转弯匝道均为环形的完全苜蓿叶形(图 6.5.5)。当交叉公路为高速公路或具干线功能的一级公路,或交织交通量大于 600pcu/h 时,应设置集散道将两环形匝道之间的交织区与交叉公路直行车道相隔离。

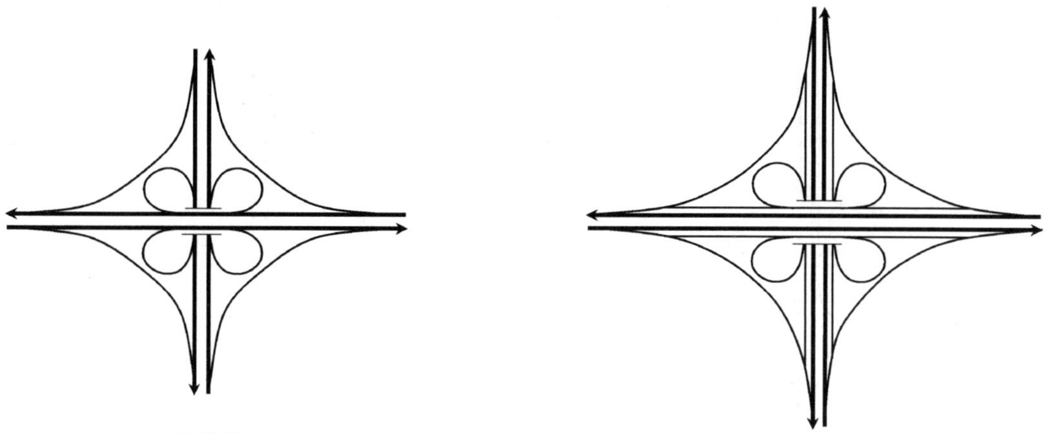

a)无集散道　　b)带集散道

图 6.5.5　完全苜蓿叶形互通式立体交叉

**6.5.6**　当四岔交叉各转弯交通量相差较大时,可根据各转弯交通量大小,按本细则第 6.3 节的有关规定分别选用不同的匝道形式,构成不同形式的变形苜蓿叶形(图 6.5.6)。

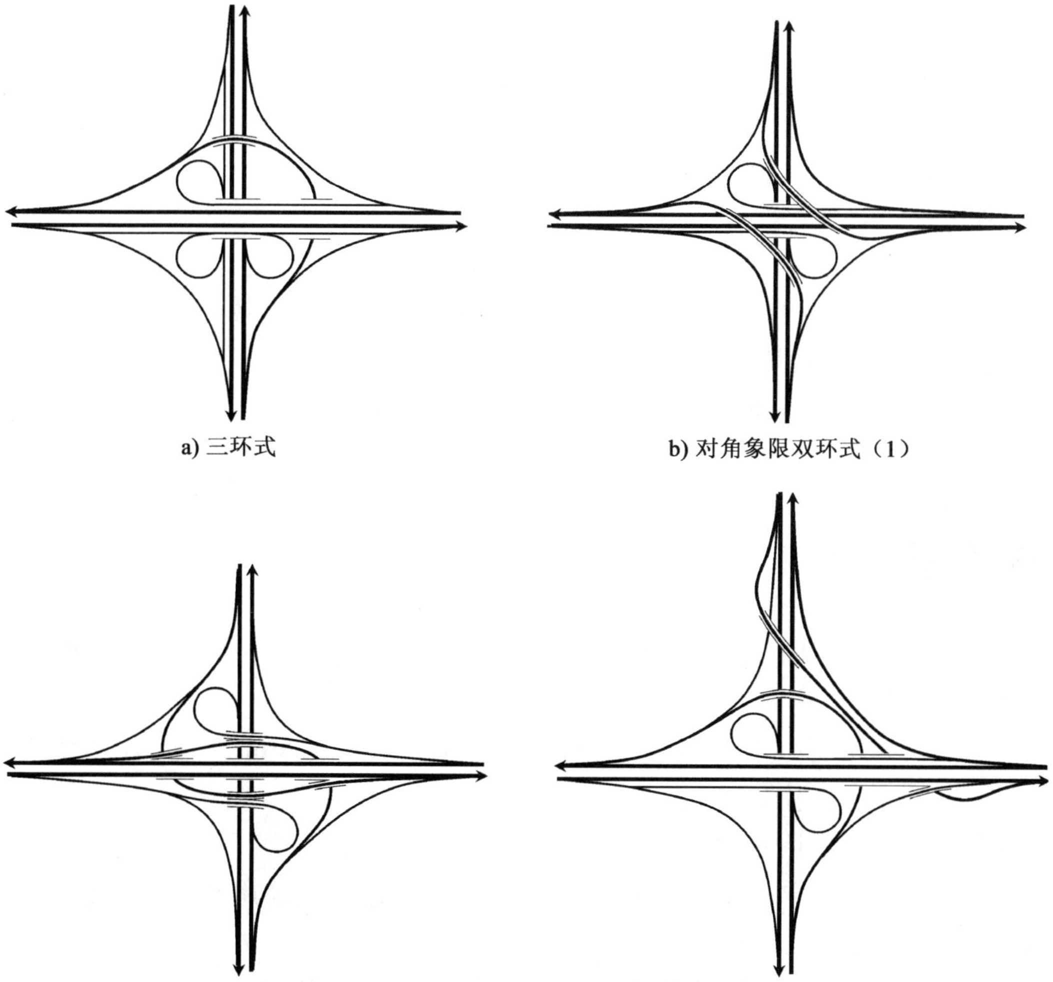

a) 三环式　　b) 对角象限双环式（1）

c)对角象限双环式（2）　　d)对角象限双环式（3）

图　6.5.6

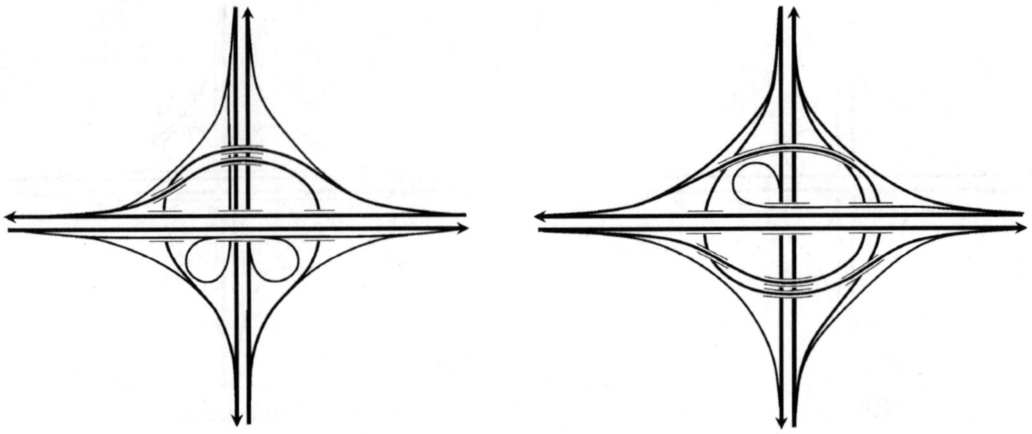

e)对称双环式　　　　f) 单环式

图 6.5.6　变形苜蓿叶形互通式立体交叉

# 7　匝道横断面

## 7.1　一般规定

**7.1.1**　匝道横断面的组成应满足车辆运行、管理、养护及应急救援等需要,并应考虑互通式立体交叉类型及环境影响等因素。

**7.1.2**　匝道车道数及横断面类型应根据匝道设计小时交通量、交通组成、设计速度、服务水平及超车需要等确定。

## 7.2　横断面组成与类型

**7.2.1**　匝道横断面应由车道、路缘带、硬路肩和土路肩等组成,各组成部分的宽度应符合下列规定:

1　当匝道设计速度小于 70km/h 时,车道宽度应采用 3.50m;当匝道设计速度大于或等于 70km/h 时,应采用 3.75m。

2　路缘带宽度应采用 0.50m。

3　设紧急停车带的单向双车道匝道,左侧硬路肩宽度宜采用 0.75m;其余匝道应采用 1.00m。

4　当设紧急停车带时,右侧硬路肩宽度宜采用 3.00m,条件受限时可适当减小,但单向单车道和单向双车道匝道不应小于 1.50m,对向分隔式双车道匝道不应小于 2.00m;当不设紧急停车带时,可采用 1.00m。

5　土路肩宽度宜采用0.75m;当条件受限时,可采用0.50m。

6　中央分隔带宽度不应小于1.00m。

**条文说明**

3　设紧急停车带的单向双车道匝道实际已类似于高速公路和一级公路的分离式断面,参照设计速度小于100km/h的高速公路分离式断面,本细则将设紧急停车带的单向双车道匝道的左侧硬路肩宽度由1.00m调整为0.75m。

4　国内调研和现场测试结果表明,2.50m宽的右侧硬路肩难以满足应急需要,因此,采用双车道断面按单车道划线的情况在国内已不鲜见。综合各相关因素,本细则将供紧急停车用的右侧硬路肩宽度调整为3.00m。

**7.2.2**　匝道横断面基本类型的划分应符合下列规定:

1　Ⅰ型——单向单车道匝道[图7.2.2a)]。

2　Ⅱ型——无紧急停车带的单向双车道匝道,可用作对向非分隔双车道匝道[图7.2.2b)]。

3　Ⅲ型——有紧急停车带的单向双车道匝道[图7.2.2c)]。

4　Ⅳ型——对向分隔式双车道匝道[图7.2.2d)]。

5　当匝道按高速公路延续路段设计时,应采用高速公路分离式断面。

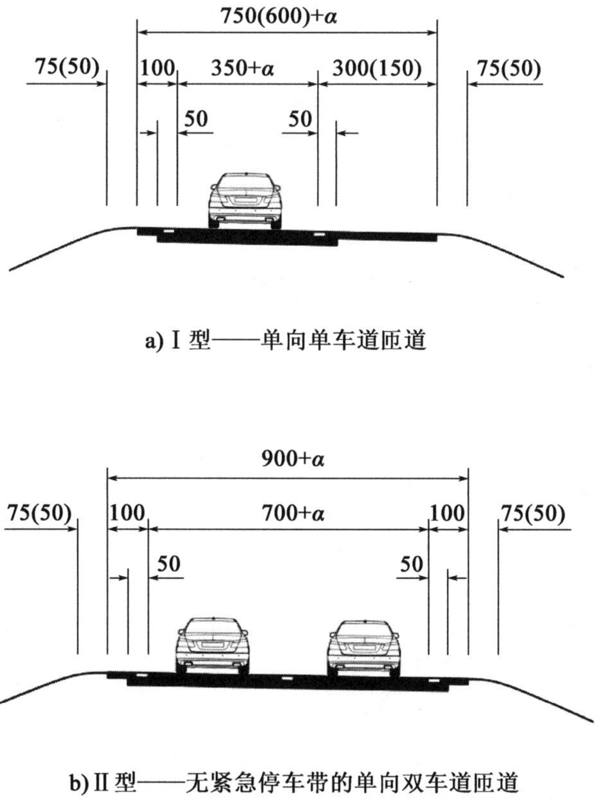


a) Ⅰ型——单向单车道匝道

b) Ⅱ型——无紧急停车带的单向双车道匝道

图　7.2.2

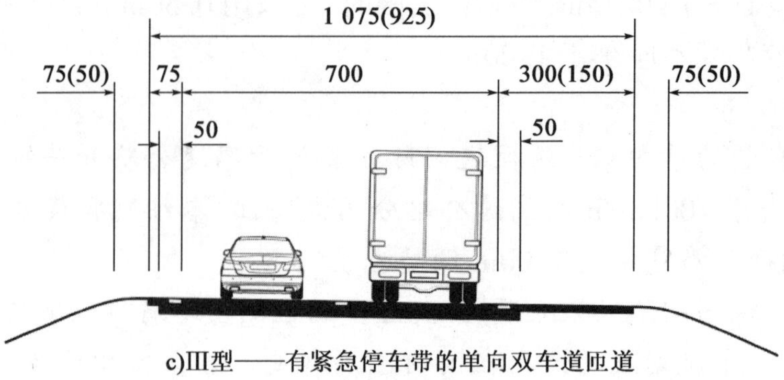


c)Ⅲ型——有紧急停车带的单向双车道匝道

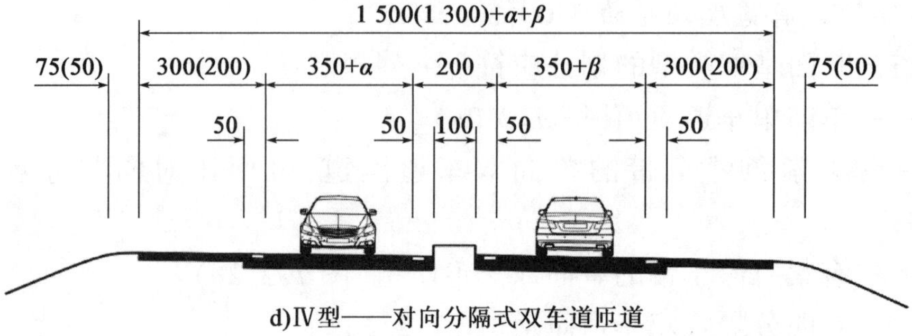


d)Ⅳ型——对向分隔式双车道匝道

图 7.2.2　匝道横断面的基本类型(尺寸单位:cm)

注:α、β 为圆曲线路段加宽值。

## 7.3　横断面类型的选用

**7.3.1**　单向匝道横断面类型和变速车道的车道数选择应符合下列规定:

1　匝道横断面类型和变速车道的车道数宜根据匝道设计速度、设计小时交通量和匝道长度由表 7.3.1 选取。

**表 7.3.1　单向匝道横断面类型和变速车道的车道数选择条件**

| 匝道设计速度(km/h) | 80 | 70 | 60 | 50 | 40 | 35 | 30 | 匝道长度(m) | 匝道横断面类型 | 变速车道的车道数 |
|---|---|---|---|---|---|---|---|---|---|---|
| 匝道设计小时交通量 *DDHV*(pcu/h) | *DDHV* <400 | *DDHV* <400 | *DDHV* <400 | *DDHV* <400 | *DDHV* <400 | *DDHV* <400 | *DDHV* <400 | ≤500 | Ⅰ | 单车道 |
| | | | | | | | | >500 | Ⅱ | 单车道 |
| | 400≤ *DDHV* <1 500 | 400≤ *DDHV* <1 400 | 400≤ *DDHV* <1 300 | 400≤ *DDHV* <1 200 | 400≤ *DDHV* <1 100 | 400≤ *DDHV* <900 | 400≤ *DDHV* <800 | ≤350 | Ⅰ | 单车道 |
| | | | | | | | | >350 | Ⅱ | 单车道 |
| | 1 500≤ *DDHV* <1 800 | 1 400≤ *DDHV* <1 700 | 1 300≤ *DDHV* <1 600 | 1 200≤ *DDHV* <1 500 | 1 000≤ *DDHV* <1 400 | 900≤ *DDHV* <1 350 | 800≤ *DDHV* <1 300 | 不限 | Ⅱ | 双车道 |
| | 1 800≤ *DDHV* ≤2 900 | 1 700≤ *DDHV* ≤2 600 | 1 600≤ *DDHV* ≤2 300 | 1 500≤ *DDHV* ≤2 000 | 1 400≤ *DDHV* ≤1 700 | 1 350≤ *DDHV* ≤1 500 | — | 不限 | Ⅲ | 双车道 |

注:匝道长度指分、合流鼻端之间的长度。

2 当匝道设计小时交通量小于单车道设计通行能力,但匝道采用双车道时,变速车道宜取单车道。

3 当匝道设计小时交通量大于或等于单车道设计通行能力时,变速车道应取双车道。

4 当减速车道上游或加速车道下游的主线设计小时交通量接近主线设计通行能力时,应对分、合流区通行能力进行验算,当不能满足设计通行能力要求时,宜增加变速车道长度或车道数,必要时,可调整匝道横断面类型。

**条文说明**

(1)在同一服务水平下,不同的运行速度有不同的设计通行能力,故规定匝道车道数根据匝道设计速度和设计小时交通量等选取。

(2)匝道车道数同时根据匝道长度选取,主要基于超车之需和保证通行能力等方面的考虑。在单车道匝道上,大型车的慢速影响将导致全路段运行速度的下降,进而导致通行能力的下降。匝道越长,这种影响越大。因此,即使交通量未超过单车道的设计通行能力,但在匝道达到一定长度时,增加一个车道供超车之用是必要的。

(3)双车道匝道采用Ⅲ型还是Ⅱ型的临界交通量的确定依据为:当有事故车占用一个车道时,如果剩下的一个车道不能达到低一级的设计服务水平,则采用Ⅲ型匝道,反之采用Ⅱ型匝道。

**7.3.2** 对向匝道横断面类型的选用应符合下列规定:

1 对向匝道各单向车道数及横断面类型宜符合表7.3.1的有关规定。

2 当对向双车道匝道连接多车道公路时,宜采用Ⅳ型。

3 当对向双车道匝道连接双车道公路时,可采用Ⅱ型。

**7.3.3** 当连接被交叉公路的匝道按连接线设计时,可根据交通量大小及其组成采用相应等级公路的横断面类型。

# 8 匝道平纵面线形

## 8.4 出口匝道

**8.4.1** 在分流鼻端处,出口匝道平曲线的曲率半径不宜小于表8.4.1的规定值。

**表8.4.1 分流鼻端处出口匝道平曲线的最小曲率半径**

| 主线设计速度(km/h) | | 120 | 100 | 80 | 60 |
|---|---|---|---|---|---|
| 匝道最小曲率半径(m) | 一般值 | 350 | 300 | 250 | 200 |
| | 极限值 | 300 | 250 | 200 | 150 |

**条文说明**

表中匝道最小曲率半径按本细则表4.3.3规定的鼻端通过速度计算确定,最小曲率半径的一般值和极限值分别对应于鼻端通过速度的一般值和极限值。

**8.4.2**　从分流鼻端至匝道控制曲线起点路段,出口匝道应按运行速度过渡段设计(图8.4.2-1)。运行速度过渡段上任一点的平曲线曲率半径不宜小于由图8.4.2-2查取的曲率半径值,当线形设置困难时,可按低一级主线设计速度取值。

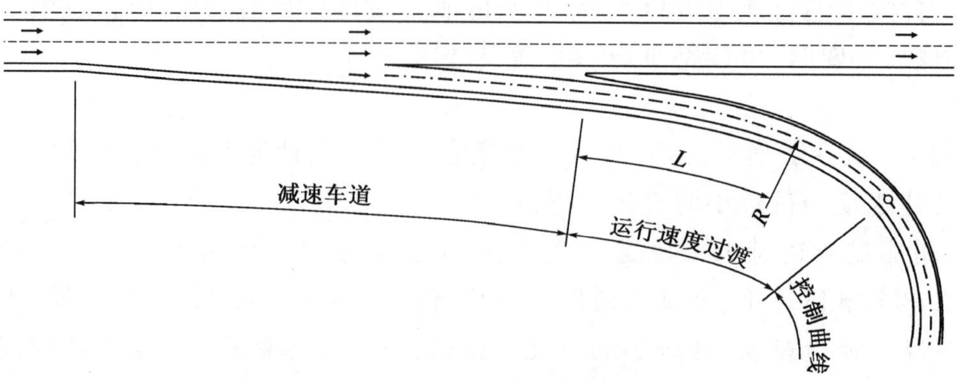


图8.4.2-1　出口匝道运行速度过渡段示意图

**条文说明**

(1)控制曲线即线形指标按基本路段设计速度控制的曲线。由于分流鼻端至控制曲线之间尚存在较大的运行速度差,故规定该路段应按运行速度过渡段设计。

(2)运行速度过渡段上任一点最小曲率半径的控制,是为了使过渡段上运行速度的变化控制在一个合理的减速度范围内,使运行速度的过渡连续、平稳。

(3)图8.4.2-2曲线关系式的建立,考虑了运行速度、路面横坡和减速度等由分流鼻端到控制曲线的逐渐变化,其中分流鼻端运行速度由本细则表4.3.3取值。

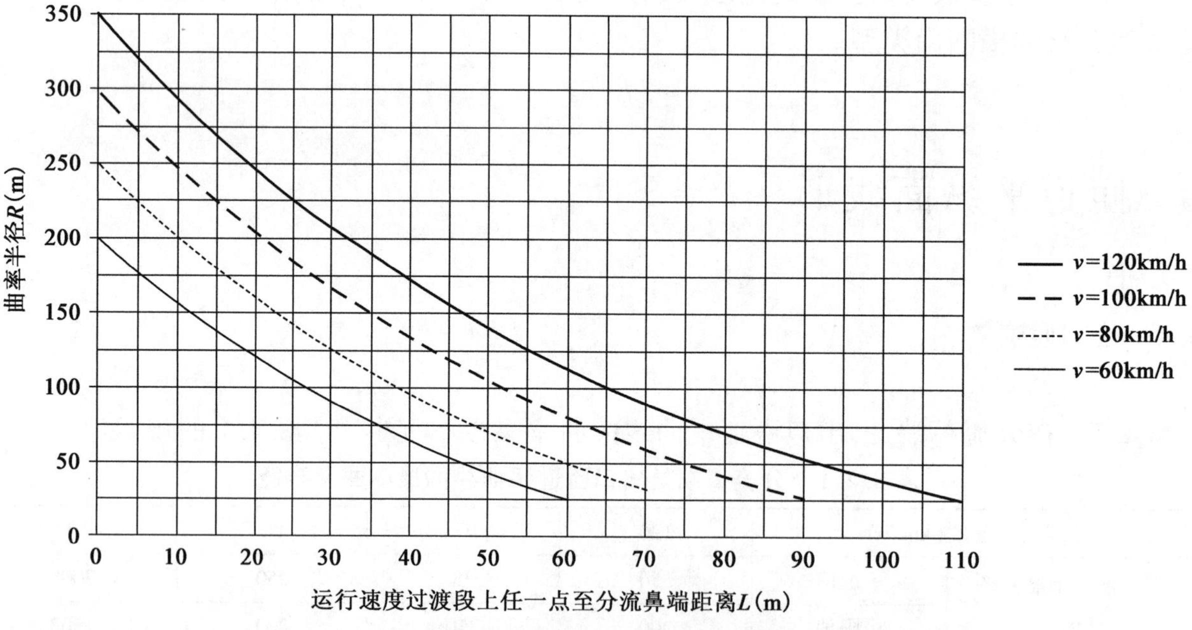


图8.4.2-2　运行速度过渡段上任一点的平曲线最小曲率半径

注:$v$为主线设计速度;$L$和$R$符号意义见图8.4.2-1。

(4)低一级主线设计速度的鼻端通过速度相当于鼻端通过速度最小值,故本条规定当线形设置困难时可按低一级主线设计速度取值。

# 10 连接部

## 10.2 变速车道

**10.2.1** 匝道与主线之间的连接部应设置变速车道。变速车道的组成应包括渐变段、变速段和鼻端等,当车道不平衡时,应设置辅助车道(图 10.2.1)。

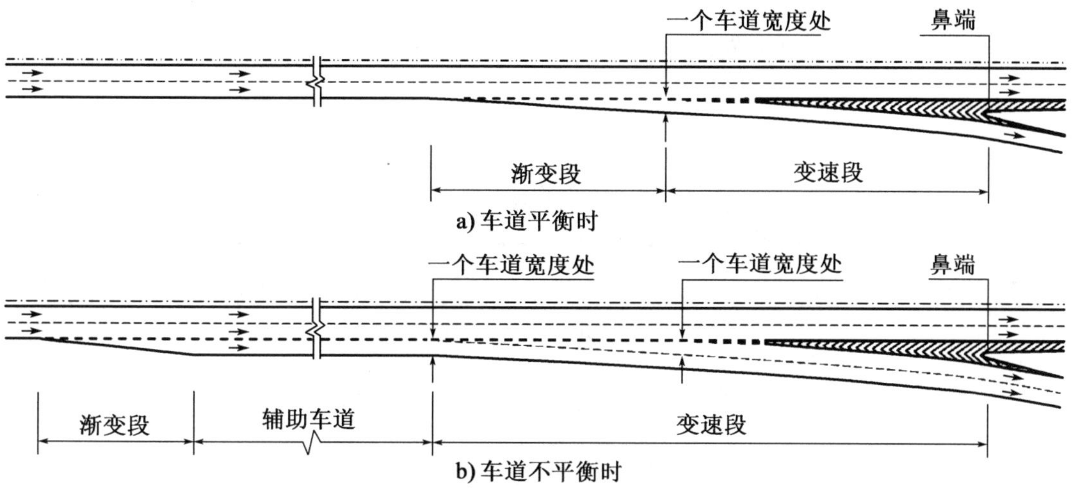


图 10.2.1 变速车道的组成示意图

**条文说明**

图 10.2.1 所示一个车道宽度处为变速车道在渐变过程中达到一个车道宽度的位置,也是分流点或合流点的几何特征点。根据国际通行方法,该点为控制变速车道几何设计的控制点之一。

**10.2.2** 变速车道横断面各组成部分的宽度应符合下列规定(图 10.2.2):

1 变速车道的车道宽度宜采用匝道车道宽度。

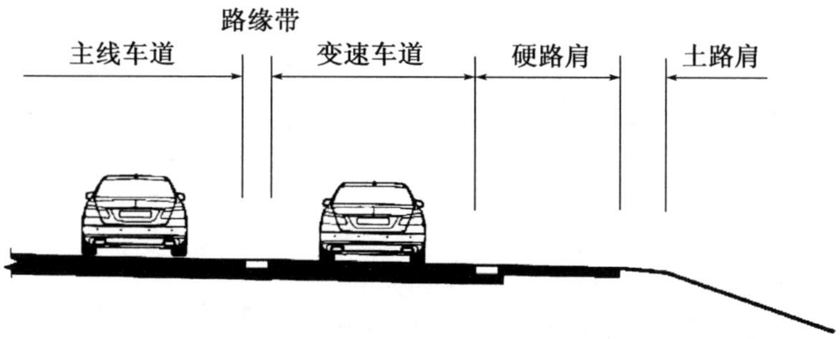


图 10.2.2 变速车道一个车道宽度处的横断面示意图

2 变速车道与主线直行车道之间宜设置路缘带,宽度可采用 0.50m。

3 右侧硬路肩宽度宜采用主线与匝道硬路肩中较宽者的宽度。当条件受限时,右侧硬路肩宽度可适当减窄,但不应小于 1. 50m。

**10. 2. 3**　减速车道的形式应根据主线几何条件和车道平衡要求等确定,并应符合下列规定:

1　减速车道宜采用直接式[图 10. 2. 3 a)、图 10. 2. 3 b)]。

2　当主线圆曲线半径小于或等于本细则表 5. 5. 1 规定的一般最小值,且设置直接式困难时,曲线外侧的减速车道可采用平行式[图 10. 2. 3 c)、图 10. 2. 3 d)]。

3　当出口匝道为环形时,减速车道宜采用平行式。

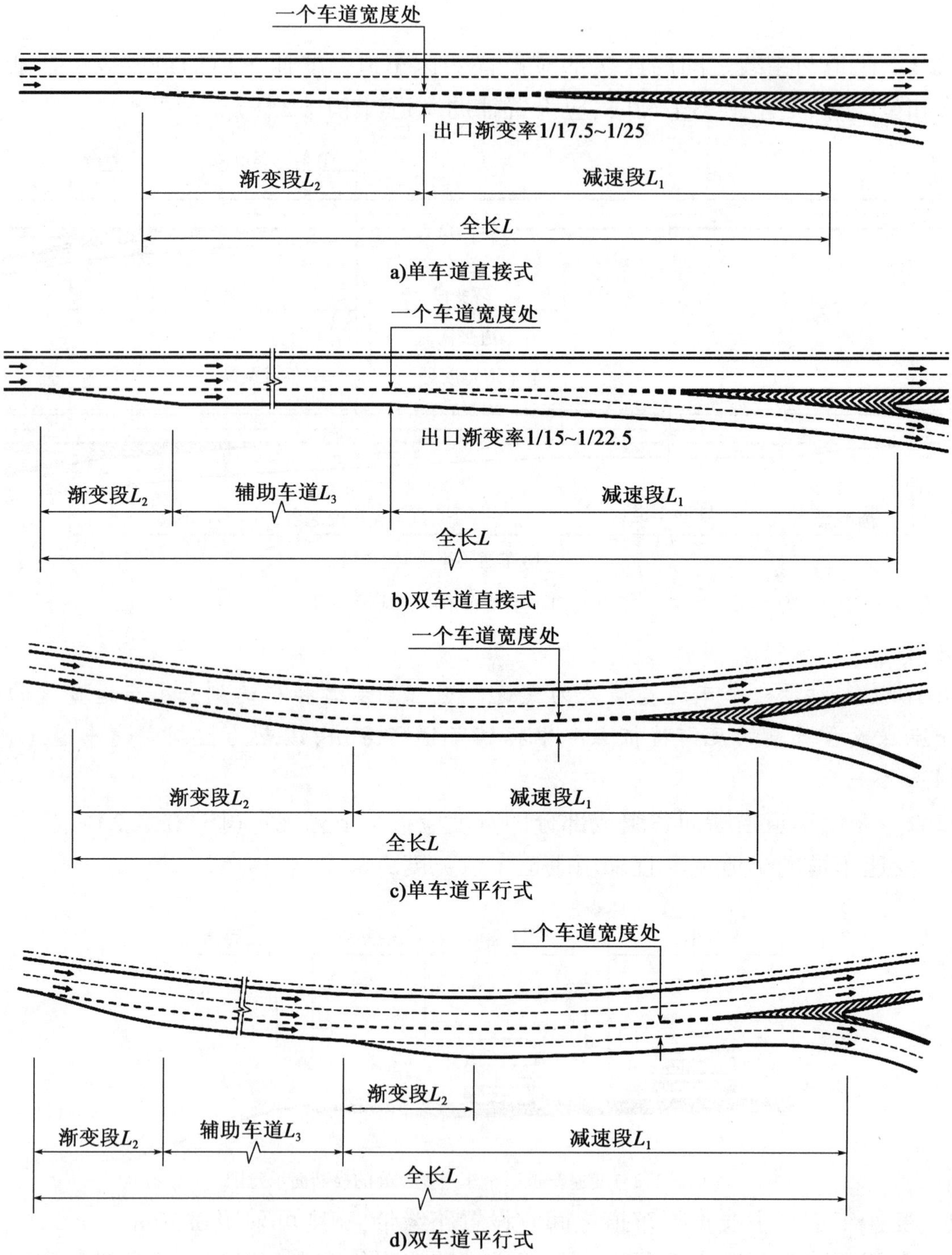


图 10. 2. 3　减速车道的形式

**10.2.4** 加速车道的形式应根据几何条件、交通量大小和车道平衡要求等确定，并应符合下列规定：

1 单车道加速车道宜采用平行式［图 10.2.4a)］。

2 当流入和直行交通量小，且加速车道全长利用率较小时，单车道加速车道可采用直接式［图 10.2.4b)］。

3 双车道加速车道宜采用直接式［图 10.2.4c)］。

4 当主线圆曲线半径小于或等于本细则表 5.5.1 规定的一般最小值，且设置直接式困难时，曲线外侧双车道加速车道可采用平行式［图 10.2.4d)］。

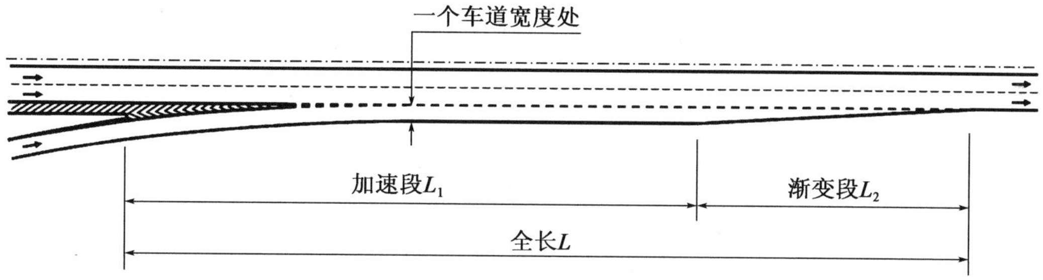


a)单车道平行式

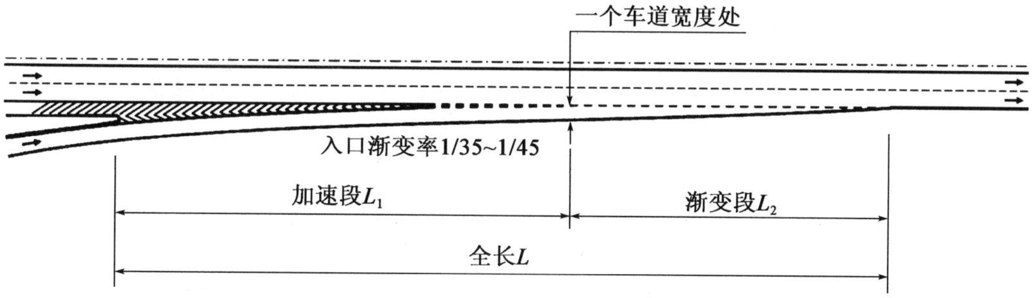


b)单车道直接式

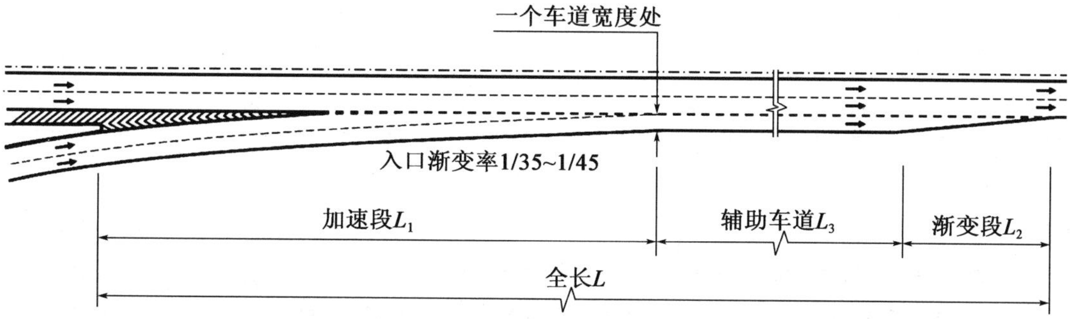


c)双车道直接式

图 10.2.4

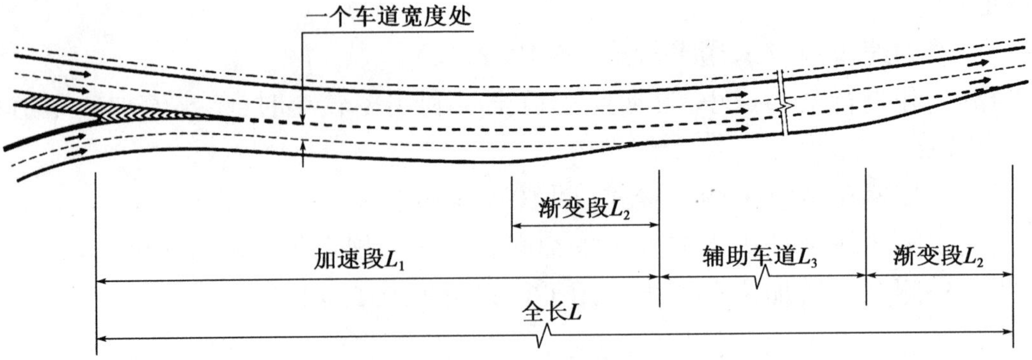


d)双车道平行式

图 10. 2. 4　加速车道的形式

## 10. 5　连续分、合流

**10. 5. 1**　匝道上相邻分流鼻端之间的距离(图 10. 5. 1)不应小于表 10. 5. 1 的规定值。

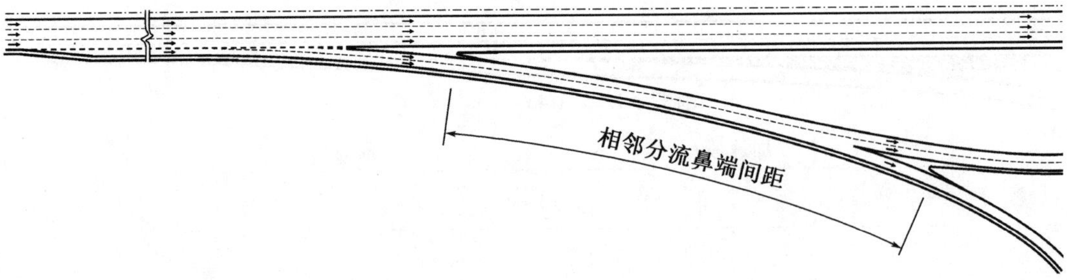


图 10. 5. 1　匝道上相邻分流鼻端间距示意图

**表 10. 5. 1　匝道上相邻分流鼻端最小间距**

| 主线设计速度(km/h) | 120 | 100 | 80 | 60 |
|---|---|---|---|---|
| 相邻分流鼻端最小间距(m) | 240 | 210 | 190 | 170 |

**条文说明**

匝道上相邻分流鼻端的最小间距为驾驶人认读标志、反应决策和车辆侧移等过程所需要的最小距离,再加上第二个分流端部斑马线三角区的长度。车辆运行过程所需要的距离与分流鼻端的通过速度有关,而通过速度又与主线设计速度有关,故相邻分流鼻端的最小间距按主线设计速度控制。

**10.5.2** 匝道上相邻合流鼻端之间的距离(图10.5.2)不应小于表10.5.2的规定值。

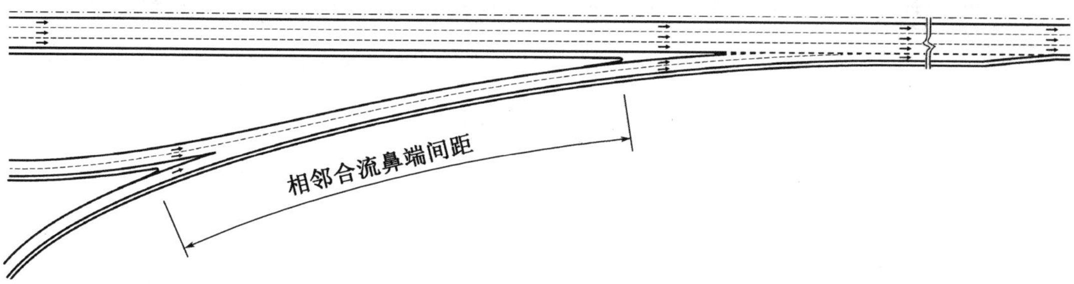


图10.5.2 匝道上相邻合流鼻端间距示意图

**表10.5.2 匝道上相邻合流鼻端最小间距**

| 匝道设计速度(km/h) | 80 | 70 | 60 | 50 | 40 | 35 | 30 |
|---|---|---|---|---|---|---|---|
| 相邻合流鼻端最小间距(m) | 210 | 180 | 160 | 140 | 120 | 110 | 100 |

**条文说明**

匝道上相邻合流鼻端的最小间距,包括连接部渐变段最小长度和第一个合流端部斑马线三角区的最小长度等。该距离与匝道设计速度有关,故相邻合流鼻端的最小间距按匝道设计速度控制。

## 10.6 辅助车道

**10.6.1** 主线侧合分流连接部的辅助车道宽度宜采用与主线直行车道相同的宽度,与主线直行车道间可不设路缘带。辅助车道右侧硬路肩宽度宜与主线基本路段的右侧硬路肩相同,当条件受限时,可适当减窄,但宽度不应小于1.5m。

**10.6.2** 主线侧合分流连接部的辅助车道设计应符合下列规定:

1 当入口匝道为单车道、出口匝道为双车道时,入口匝道应以平行式与主线相接;出口匝道宜以直接式与主线相接,其渐变率应符合双车道减速车道的有关规定。辅助车道宜由分流点开始渐变结束,渐变率不应大于1/40[图10.6.2a)]。

2 当入口匝道为双车道、出口匝道为单车道时,入口匝道宜以直接式与主线相接,其渐变率应符合本细则第10.2.5条的有关规定;出口匝道应以平行式与主线相接。辅助车道宜由分流鼻端开始渐变结束,渐变率不应大于1/40[图10.6.2b)]。

3 当入口匝道为双车道,且合流前匝道交通量接近设计通行能力时,辅助车道应由分流鼻端向下游延伸一段距离后再渐变结束,延伸长度不应小于150m,渐变率不应大于1/40[图10.6.2c)]。

4 当入口和出口匝道均为单车道时,入口和出口匝道均应以平行式与主线相接。辅助车道宜由分流鼻端开始渐变结束,渐变率不应大于1/40[图10.6.2d)]。

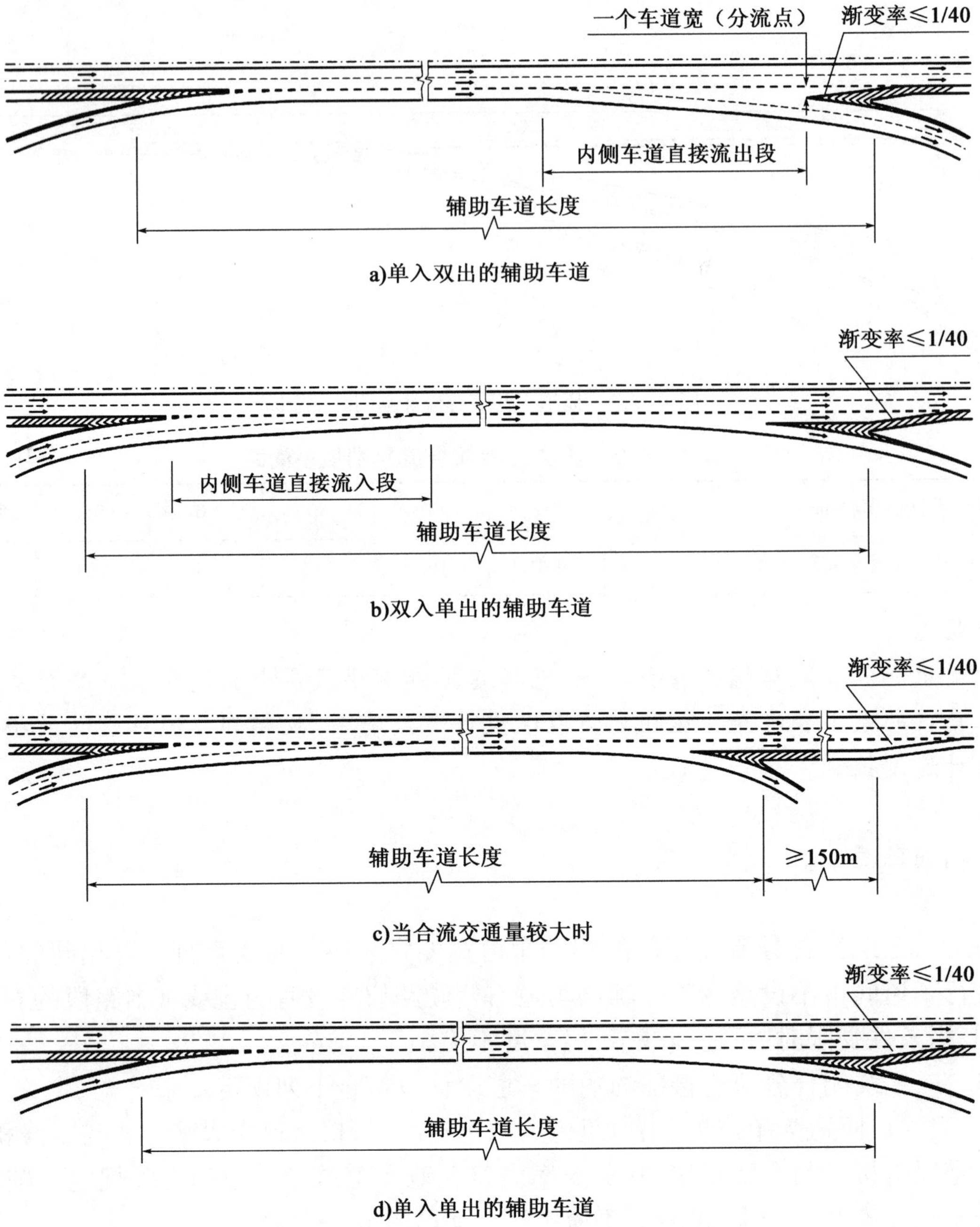


图 10.6.2　主线侧合分流连接部辅助车道的设置示意图

## 10.7　集散道

**10.7.1**　互通式立体交叉集散道线形设计可采用匝道设计速度及相关技术指标。

**10.7.2**　互通式立体交叉集散道连接部(图 10.7.2)设计应符合下列规定:

1　集散道与主线的连接部应按变速车道设计,匝道与集散道连接部宜按匝道相互分、合流设计。

2　当集散道上有连续分、合流端部时,相邻鼻端之间的距离应符合本细则第10.5.1和10.5.2条的有关规定。

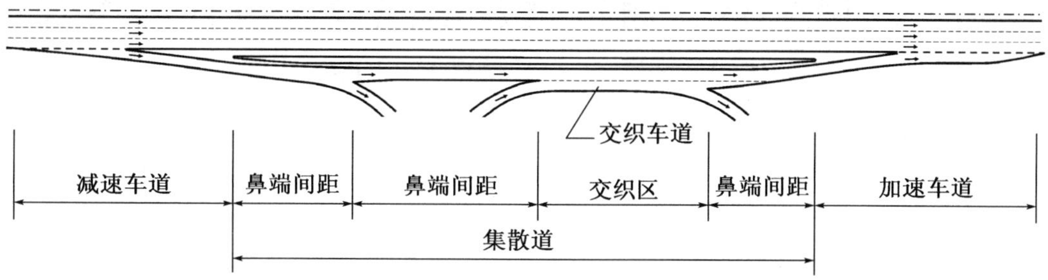


图10.7.2　集散道及连接部示意图

**10.7.3**　集散道横断面(图10.7.3)设计应符合下列规定:

1　互通式立体交叉集散道车道数及横断面类型的选择宜按本细则第7章的有关规定执行。

2　集散道与主线之间应设置分隔带,分隔带宽度不宜小于2.0m。

3　主线在设有集散道路段应维持原有硬路肩的宽度。

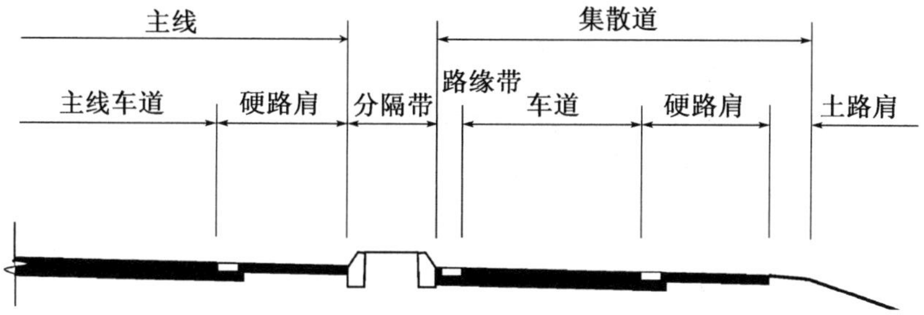


图10.7.3　集散道横断面示意图

**条文说明**

集散道分隔带在分流鼻端的圆弧直径按1.2m、集散道侧的偏置加宽值按0.6m计,则分隔带最小宽度为1.8m,故本条第2款规定集散道分隔带宽度不宜小于2.0m。

# 二十五、高速公路交通工程及沿线设施设计通用规范

(JTG D80—2006)

## 5　交通安全设施

### 5.1　一般规定

**5.1.1**　高速公路的交通安全设施等级应为 A 级。

(1)A 级交通安全设施应为用路者提供系统和完善的指示、指路、警告、禁令等信息,保障行驶安全、舒适。

(2)A 级交通安全设施应配置:标志、标线、视线诱导标、隔离栅、防护网、防眩板、护栏、防撞设施等。

(3)位于风、雪、沙、坠石等危及公路安全的路段,应设置防风栅、防雪(沙)栅、防落网、积雪标杆等交通安全设施。

(4)特殊情况下可设置紧急出口、避险车道等交通安全设施。

**5.1.2**　交通安全设施的各类设备使用年限应不小于表 5.1.2 的规定。

**表 5.1.2　交通安全设施各类设备使用年限**

| 项　目 | 使用年限(年) | 项　目 | 使用年限(年) |
|---|---|---|---|
| 标志 | 7 | 混凝土护栏 | 20 |
| 标线 | 3 | 防眩板 | 5 |
| 波形梁护栏 | 15 | 防护网 | 5 |
| 缆索护栏 | 15 | | |

**5.1.3**　八车道及其以上高速公路,应根据交通量、交通组成、交通条件在中间带侧增设出口预告标志、警告标志;或设置门架或路面标示等指示、指路标志等交通安全设施。

**5.1.4**　路侧安全距离不足或车辆偏离驶出边缘车道,会危及驾乘者及其车辆安全或第三方安全时,应在路侧或中间带设置护栏。

**5.1.5**　高速公路改(扩)建工程不中断交通施工时,应根据实际情况做出交通组织设计,设置临时交通安全设施。

### 5.2　标志

**5.2.1**　标志设置

(1)公路标志版面内容应能准确、醒目地向用路者提供警告、禁令、指示、指路、安全等信息。

(2)标志的设置应根据高速公路的线形、互通式立体交叉、桥梁、隧道、服务设施等的位置,自然环境,交通状况,用路者需求等因素综合确定,其数量应相对均衡,避免信息过载或疏漏。

(3)指路标志应结合路网、行政区划、城镇地名等告知用路者当前所在地理位置,并预知将要到达目的地的行驶方向和路径;在高速公路周边一定范围的公路上应设置高速公路入口指示标志。

(4)标志的任何部位不得侵入公路建筑限界。

**5.2.2** 标志版面

(1)标志版面形状应符合表5.2.2-1规定。

**表5.2.2-1 标志版面形状**

| 版面形状 | 适用范围 |
|---|---|
| 矩形(含正方形) | 指路标志、旅游区标志、辅助标志、指示标志(部分)、施工标志 |
| 正等边三角形 | 警告标志 |
| 圆形 | 禁令标志、指示标志 |
| 倒等边三角形 | 减速让行标志 |
| 菱形 | 分、合流诱导标志 |
| 八角形 | 停车让行标志 |

(2)标志版面尺寸应符合表5.2.2-2规定。

**表5.2.2-2 标志版面尺寸**

| 设计速度(km/h) | | 120 | 100 | 80 |
|---|---|---|---|---|
| 警告标志 | 三角形边长(cm) | 130 | 130 | 110 |
| 禁令标志 | 圆形标志外径(cm) | 120 | 120 | 100 |
| 指示标志 | 圆形标志外径(cm) | 120 | 120 | 100 |
| | 正方形边长(cm×cm) | 120 | 120 | 100 |
| | 长方形边长(cm×cm) | 190×140 | 190×140 | 160×120 |
| 指路标志 | 汉字高度 $h$(cm) | 60~70 | 60~70 | 50~60 |
| | 拼音字、拉丁字、少数民族文字高 | 大写(1/2)$h$;小写(1/3)$h$ | | |
| | 阿拉伯数字高 | 字高 $h$;字宽 0.6$h$ | | |

注:指路标志版面尺寸根据字数、文字高度及其间隔等计算确定。

(3)标志版面的颜色应符合表5.2.2-3规定。

**表5.2.2-3 标志版面颜色**

| 颜色 | 含义 | 适用范围 |
|---|---|---|
| 红色 | 停止或禁止 | 各类禁令标志 |
| 黄色 | 警告 | 警告标志 |
| 绿色 | 允许行驶、方向指导 | 指路标志 |
| 蓝色 | 为用路者提供服务指引、行驶信息 | 指示标志 |
| 黑色 | 交通控制 | 警告标志、禁令标志、辅助标志 |
| 白色 | 交通控制 | 禁令标志、指示标志、指路标志、旅游区标志、施工标志、辅助标志 |
| 棕色 | 为旅游区提供指引 | 旅游区标志 |

**5.2.3**　标志支撑方式

标志支撑方式根据标志所提供信息的重要程度、板面尺寸、公路交通量及其组成、车道数、设计风速、路侧基础条件等可采用柱式、悬臂式、门架式或附着式。

**5.2.4**　标志结构设计

(1)结构设计应按标志支撑方式、板面尺寸分类归并,对其上部结构、立柱、横梁、连接等进行设计,并分别验算其强度、变形和稳定性。

(2)设计风速采用标志所在地区离平坦空旷地面 10m 高,重现期为 30 年一遇 10min 的计算平均最大风速。

缺乏风速观测资料时,可按《全国基本风压分布图》及全国各气象台站的基本风速和基本风压值的有关数据,并经实地调查核实后采用。

(3)标志基础应进行基底稳定性、倾覆性和滑动性等验算。

## 5.3　标线

**5.3.1**　标线设置

(1)公路标线应设置反光标线,能清晰地识别与辨认,并符合白天、雨天、夜间视认性规定的要求。

(2)设置"路面文字标记"处,其被覆盖部分的摩擦系数不应低于所在地段路面的摩擦系数。

(3)突起路标与反光标线配合使用时,其反射器颜色应与标线一致。

(4)标线的设置应同标志内容相互配合,相辅相成。

**5.3.2**　行车道边缘线、车道分界线宽度应符合表 5.3.2 规定。

**表 5.3.2　行车道边缘线、车道分界线宽度**

| 设计速度(km/h) | 行车道边缘线(cm) | 车道分界线(cm) |
|---|---|---|
| 120、100 | 20 | 15 |
| 80 | 20 或 15 | 15 |

**5.3.3**　路面标记尺寸与重复设置次数应符合表 5.3.3 规定。

**表 5.3.3　路面标记尺寸与重复设置次数**

| 项　目 | 字高(cm) | | | 字宽(cm) | 间隔(cm) | |
|---|---|---|---|---|---|---|
| | 120km/h | 100km/h | 80km/h | | 横向 | 纵向 |
| 汉字 | 900 | | 600 | 150 | — | 700 |
| 阿拉伯数字 | 700 | | | 120 | 60 | — |
| 重复设置次数 | ≥3 | | | | | |

**5.3.4**　导向箭头尺寸与重复设置次数应符合表 5.3.4 规定。

**表 5.3.4 导向箭头尺寸与重复设置次数**

| 设计速度(km/h) | 120、100 | 80 |
|---|---|---|
| 导向箭头(cm) | 900 | 600 |
| 重复设置次数 | ≥3 | ≥3 |

**5.3.5** 上跨高速公路跨线桥中墩的端面,或紧邻路基的桥台、隧道洞口侧墙的端面,或收费岛、安全岛的端面等处,应设置黄黑相间的立面标记。

**5.3.6** 标线采用的材料其耐磨性、抗滑性应符合规定要求,且无毒害、无污染。

## 5.4 视线诱导标

**5.4.1** 高速公路主线、出入口、匝道以及线形变化较大的路段,应视需要设置轮廓标、分流或合流诱导标、线形诱导标等视线诱导标。

**5.4.2** 高速公路主线应连续设置轮廓标,轮廓标的设置间距最大为50m。

主线为曲线的路段或匝道处,轮廓标的间距不应大于表5.4.2规定。

**表 5.4.2 曲线路段、匝道处轮廓标间距**

| 圆曲线半径(m) | <90 | 90~≤180 | 180~≤275 | 275~≤375 | 375~≤1 000 | 1 000~<2 000 | ≥2 000 |
|---|---|---|---|---|---|---|---|
| 间距(m) | 8 | 12 | 16 | 24 | 32 | 40 | 48 |

主线路基宽度变化处以及傍山、临河等路段,轮廓标应适当加密。

**5.4.3** 互通式立体交叉、服务区、停车区、公共汽车停靠站等的出入口应设置分流或汇流诱导标。

**5.4.4** 主线线形变化较大路段、匝道等处,应设置引导驾驶者行驶方向的线形诱导标。线形诱导标每处设置数量不应少于三块。

## 5.5 隔离栅

**5.5.1** 高速公路沿线两侧应连续设置隔离栅。

桥梁、隧道等人工构造物处,或挡土墙高度大于1.5m,或两侧有天然屏障的地段,可不设置隔离栅,但隔离栅与人工构造物或天然屏障相连接处应予以封闭。

**5.5.2** 隔离栅高度可根据公路两侧地形及其周边具体情况等因素确定,以1.50~1.80m为宜。

**5.5.3** 隔离栅应以风力影响为主进行稳定性验算,并考虑人、牲畜等对隔离栅的破坏因素。

**5.5.4** 隔离栅可选用焊接网、编织网、钢板网、刺铁丝网等。

在靠近城镇的路段宜采用焊接网、编织网等。

采用刺铁丝网隔离栅时,宜结合当地情况配合常青灌木或荆棘植物以构成绿篱。

**5.5.5** 采用金属类隔离栅时,应进行防腐处理。

## 5.6 防护网

**5.6.1** 上跨高速公路的桥梁两侧和人行天桥两侧应设置防护网。

**5.6.2** 桥梁防护网高度可根据桥梁两侧及其周边具体情况等因素确定,以 1.80 ~ 2.10m为宜。

**5.6.3** 桥梁防护网应以风力影响为主进行稳定性验算,并考虑人对防护网的破坏因素。

**5.6.4** 桥梁金属防护网应做防雷接地设计,其接地电阻应小于 10Ω。

**5.6.5** 在可能落石的挖方路段,应设置防护网。

## 5.7 防眩板

**5.7.1** 防眩板设置条件

(1)夜间交通量大或大型车比例较高的直线较长的路段,或中间带宽度等于或小于 2m 的路段应设置防眩板。

(2)中间带宽度等于或大于 12m,或上下行车道中心线高差大于 2m,或路段有连续照明时,可不设置防眩板。

(3)设置防眩板的路段,应验算其停车视距,不满足停车视距规定的路段必须采取相应的技术措施。

(4)凹形竖曲线底部设置防眩板时,应适当增加防眩板的高度。

**5.7.2** 防眩板结构设计应符合表 5.7.2 规定。

**表 5.7.2　防眩板结构设计参数**

| 设 计 要 素 | 直 线 路 段 | 平、纵线形组合路段 |
|---|---|---|
| 遮光角(°) | 8 | 8 ~ 15 |
| 防眩高度(cm) | 160 ~ 170 | 120 ~ 180 |
| 板宽(cm) | 8 ~ 25 | |
| 间距(cm) | 50 ~ 100 | |

**5.7.3** 条件适宜时,可采用植物防眩,其设置条件可参照防眩板的相关规定。

## 5.8 护栏

**5.8.1** 护栏防撞等级分为五级,各级主要技术指标应符合表 5.8.1 规定。

**表 5.8.1 护栏防撞等级**

| 防撞等级 | 代号 | | 碰撞条件 | | | 性能评价 | |
|---|---|---|---|---|---|---|---|
| | 路侧护栏 | 中央分隔带护栏 | 碰撞速度(km/h) | 车辆质量(t) | 碰撞角度(°) | 加速度(g) | 碰撞能量(kJ) |
| 1 | B | | 100 | 1.5 | 20 | ≤20 | 70 |
| | | | 40 | 10 | | | |
| 2 | A | Am | 100 | 1.5 | 20 | ≤20 | 160 |
| | | | 60 | 10 | | | |
| 3 | SB | SBm | 100 | 1.5 | 20 | ≤20 | 280 |
| | | | 80 | 10 | | | |
| 4 | SA | SAm | 100 | 1.5 | 20 | ≤20 | 400 |
| | | | 80 | 14 | | | |
| 5 | SS | | 100 | 1.5 | 20 | ≤20 | 520 |
| | | | 80 | 18 | | | |

注:碰撞能量大于520kJ时,其护栏应按特殊防撞等级设计。

**5.8.2** 高速公路在提供足够宽路侧安全区的路段可不设置护栏。

高速公路需设置护栏时,可采用刚性或半刚性或柔性护栏,并根据路侧情况采用不同的防撞等级。

**5.8.3** 高速公路路侧护栏的防撞等级应符合表5.8.3的规定。

**表 5.8.3 路侧护栏防撞等级**

| 路侧情况 | 一般路段、匝道 | 临河、傍山地段;桥头引道或隧道洞口连接线路段 | 地形陡峭、高挡墙的路段;车辆越出路外可能发生严重事故的路段 | 车辆越出路外可能发生严重二次事故的路段 |
|---|---|---|---|---|
| 防撞等级 | 2级(A) | 3级(SB) | 4级(SA) | 5级(SS) |

**5.8.4** 高速公路路侧设置护栏时,护栏起、讫点端头应作安全性处理。

两段路侧护栏之间相距较近时,宜将两段连接而连续设置。

**5.8.5** 高速公路中央分隔带护栏的防撞等级应符合表5.8.5的规定。

**表 5.8.5 中央分隔带护栏**

| 中间带情况 | 一般路段 | 车辆越过中央分隔带可能发生严重事故的路段 | 车辆越过中央分隔带可能发生严重二次事故的路段 |
|---|---|---|---|
| 防撞等级 | 2级(Am) | 3级(SBm) | 4级(SAm) |

**5.8.6** 高速公路整体式断面的中间带必须连续设置护栏。

高速公路整体式断面中间带宽度大于或等于12m时,可不设中央分隔带护栏。

**5.8.7** 高速公路的中央分隔带开口处,应设置活动护栏;中央分隔带开口处的护栏端头应作安全性处理。

**5.8.8** 高速公路桥涵护栏的防撞等级应符合表5.8.8的规定。

**表 5.8.8　桥涵护栏**

| 桥涵设置位置 | 小桥、涵洞、通道 | 中桥 | 大桥、特大桥;车辆越出桥外可能发生严重事故的地段 | 跨越深沟狭谷的特殊桥梁;车辆越出桥外可能发生严重二次事故的地段 |
|---|---|---|---|---|
| 防撞等级 | 2 级(A) | 3 级(SB) | 4 级(SA) | 5 级(SS) |

**5.8.9**　高速公路的小桥、涵洞、通道应设置与路基段形式相同的护栏。

**5.8.10**　桥梁护栏与路基护栏相衔接处为不同防撞等级、或不同结构形式时,应设置过渡段,使护栏的刚度逐渐过渡,并形成为一个整体。

## 5.9　防撞垫

**5.9.1**　高速公路主线分流端、匝道出口的护栏端头应设置防撞垫。

**5.9.2**　上跨高速公路跨线桥中墩的端部、中央分隔带开口处端头等,宜设置防撞垫。

## 5.10　特殊交通安全设施

**5.10.1**　高速公路可在适当位置设置供急救、消防、管理等特定车辆在紧急状况下使用的紧急出口,为失控车辆提供避险的车道等特殊交通安全设施。

**5.10.2**　紧急出口

(1)相邻两互通式立体交叉的间距大于 30km 时,宜根据路网设置一处以上紧急出口或 U 形转弯设施。

(2)紧急出口应设在与医院、消防、急救联系便捷处。

(3)紧急出口可与服务区、停车区相结合设置。

**5.10.3**　避险车道

连续长陡下坡路段宜结合地形设置避险车道。

# 6　服务设施

## 6.1　一般规定

**6.1.1**　高速公路的服务设施等级应为 A 级。

(1)A 级服务设施应为连续行驶的用路者提供解除疲劳、紧张,以及满足生理要求的场所,或为汽车加油,或对车辆作必要检查、维修等需求,以确保行驶安全、舒适。

(2)A 级服务设施应每间隔一定距离,在适当位置设置服务区、停车区、公共汽车停靠站。

**6.1.2** 服务区、停车区的建设规模应根据公路设计交通量、交通组成、自然环境、用地条件等因素确定。

停车场、餐饮等的建筑面积可按预测的第10年交通量设计;交通量大、或大型客车多、或靠近旅游景点等处,可按实际情况确定。但用地及其预留、预埋等相关工程应按预测的第20年交通量设计。

**6.1.3** 服务区、停车区的位置应结合路网规划,相邻高速公路服务设施所提供的服务项目、内容,以及沿线人文景观等条件确定。

**6.1.4** 公共汽车停靠站可根据沿线城镇分布、出行需求,并结合服务区或互通式立体交叉设置。

## 6.2 服务区

**6.2.1** 服务区应设置停车场、公共厕所、加油站、车辆维修、餐饮与小卖部等配套设施。

**6.2.2** 服务区的平均间距不宜大于50km;最大间距不宜大于60km。

**6.2.3** 服务区的建筑规模,应根据交通量、交通组成、沿线城镇布局、用地条件等因素确定。其用地、建筑面积不宜超过表6.2.3规定。

**表6.2.3 服务区用地和建筑面积**

| 服务设施 | 用地面积($hm^2$/处) | 建筑面积($m^2$/处) |
|---|---|---|
| 服务区 | 4.000 0 ~ 5.333 3 | 5 500 ~6 500 |

注:1. 服务区用地面积不含服务区出入口加减速车道、贯穿车道以及填(挖)方边坡、边沟等的用地。
2. 四车道高速公路采用下限值,六车道高速公路采用上限值。
3. 八车道高速公路服务区用地和建筑面积可根据交通量、交通组成等经论证后确定,但分别不宜超过8.000 0$hm^2$/处和8 000$m^2$/处。
4. 当停车区与服务区共建时,其用地和建筑面积为服务区与停车区规定值之和。

**6.2.4** 服务区的布设宜采用分离式,可对称布设或非对称布设。地形条件适宜时,亦可采用集中式或其他形式。

**6.2.5** 服务区内各类设施应按功能分区布置,将为人服务的设施和为车服务的设施以及服务区内的附属设施分开设置。

**6.2.6** 服务区广场应结合服务主楼、停车场、公共厕所、加油站、维修站等的布设,作交通流线设计。其中人流、车流的路线应明确、简捷、安全。

**6.2.7** 服务区的停车场的车位数与停车方式,应根据交通量、交通组成设计,应方便停放、进出自如,且充分利用场地。

**6.2.8** 服务区附属设施的房屋建筑,应根据功能分区、交通流线、停车方式确定其平面布置。服务主楼宜布置在景观、朝向较好的位置,且结合自然环境进行景观设计。

**6.2.9** 服务区的生活废水等应进行污水处理和综合治理。

### 6.3　停车区

**6.3.1**　停车区应设置停车场、公共厕所、长凳,只给用路者提供最低限度的服务。

**6.3.2**　停车区可在服务区之间布设一处或多处,其平均间距不宜大于15km;最大间距不宜大于25km。

**6.3.3**　停车区的布设宜采用分离式,但无须对称布置。

**6.3.4**　停车区的建筑规模,应根据交通量、交通组成、公路用地条件等因素确定,其用地、建筑面积不宜超过表6.3.4规定。

**表6.3.4　停车区用地和建筑面积**

| 服务设施 | 用地面积($hm^2$/处) | 公共厕所面积($m^2$/处) |
| --- | --- | --- |
| 停车区 | 1.000 0~1.200 0 | 60~110 |

注:1. 停车区用地面积不含停车区出入口加减速车道以及填(挖)方边坡、边沟等的用地。

2. 四车道高速公路宜采用下限值,六、八车道高速公路可采用上限值。

**6.3.5**　停车区宜结合沿线自然环境、工程条件等布置。有条件时宜结合周围环境、地形条件等,设置在便于眺望大型人工构造物、自然风景的地点,或适合休息的位置。

### 6.4　公共汽车停靠站

**6.4.1**　公共汽车停靠站的布置可根据公路沿线城镇布局、城镇人口、公共交通状况与客流量、自然与地形条件等确定。

**6.4.2**　公共汽车停靠站宜与服务区、互通式立体交叉合并设置。

独立设置的公共汽车停靠站,应结合主线平、纵面设计,确保公共汽车出、入公共汽车停靠站的运行安全,并必须采取相应措施严格保证乘客上、下及等候时的安全。

**6.4.3**　上、下行线的公共汽车停靠站,应易于识别,相互间的联络必须利用人行通道或设置专用联络通道。公共汽车停靠站必须设置防止乘客等进入高速公路的设施,以确保车辆、人员的安全。

## 7　管理设施

### 7.1　一般规定

**7.1.1**　高速公路的管理设施等级应为A级。

(1)A级管理设施应为用路者提供清晰、完整、明了、准确的公路信息;为公路管理者提供科学、先进的技术手段,保障高速公路运行的安全、舒适与高效。

(2)A 级管理设施应设置管理、监控、收费、通信、配电、照明和养护等设施。

**7.1.2** 管理设施应适应我国高速公路建设的特点,并充分考虑省(市、自治区)内,或区域联网统一管理的规划要求,确定符合项目所在地区特点的联网管理模式。

**7.1.3** 管理机构应根据主体工程总体设计,确定交通工程及沿线设施总体设计及其管理机构的部门、人员定编等,以保证日常管理工作的正常运行,并随交通量增长情况逐步完善。

管理机构的设置涉及国家有关政策、法规、项目所在地区经济发展以及建设单位管理模式、编制等多种因素,其设计应在充分调查研究的基础上,拟定本项目的管理机构方案,采用现代化管理技术与手段,使高速公路充分发挥其整体功能与经济效益。

**7.1.4** 斜拉桥、悬索桥等特殊大桥设置结构监测,或隧道设置监控系统时,应具备主线控制的基本功能和手段,并纳入主线监控系统实行系统集成。

**7.1.5** 供配电设施应设置电力监控,并纳入主线监控系统实行系统集成。

## 7.2 管理机构

**7.2.1** 省(市、自治区)管理机构宜设置管理中心、管理分中心、管理站、养护工区等。

(1)管理中心:宜设置收费中心、监控中心、通信中心,负责全省(市、自治区) 高速公路的管理与养护,收集监控、收费、运行信息并反馈决策信息,应具备从行政、技术和信息等方面对全省(市、自治区)路网和任一路段进行实时监视、调度、管理和控制的能力。

(2)管理分中心:宜设置收费分中心、监控分中心、通信分中心,负责所辖区域或路段的管理工作,应具备收集、分析所辖区域或路段管理各部门有关资料与数据,随时掌握公路状况和交通情况,实现对公路运行和信息的监视和控制的能力。

(3)管理站:根据行政区划或路段长度、构造物特性以及管理需要,宜设置路段监控站、通信站、收费站、隧道管理站、特大桥管理站,负责所辖范围内交通安全、收费、监控、通信等设备的业务管理和保养维护,应具备收集、分析、整理公路运行和信息,并按时逐级上报的能力。

(4)养护工区:负责所辖路段的保养与维护,应具备收集、分析所辖路段公路各设施的相关资料、数据,掌握公路运用状况,并按时逐级上报的能力。

**7.2.2** 管理机构的设置

(1)管理中心宜设在省(市、自治区)会城市,每省一处。

(2)管理分中心、管理站、养护工区,宜靠近所辖路段或区域设置。

(3)收费站应设在主线或匝道收费广场的一侧。

## 7.3 监控系统

**7.3.1** 一般规定

(1)监控系统应具备信息采集、信息处理与决策、信息发布与控制功能,且同高速公路路网、当地路政管理、交通管理、养护、急救等部门建立紧密联系,以实时掌握交通流运行状态,增进交通安全,提高服务质量和运行效率。

(2)A 级管理设施的监控系统分类,规定如表 7.3.1-1。

**表 7.3.1-1　监控系统分类**

| 分类 | A2 | | A1 | |
|---|---|---|---|---|
| | A22 系统配置 | A21 系统配置 | A12 系统配置 | A11 系统配置 |
| 适用范围 | 四、六车道高速公路服务水平一、二级的路段 | 四、六车道高速公路服务水平达到二级下限的路段 | 八车道高速公路服务水平一、二级的路段。<br>四、六车道高速公路特大桥、特长隧道等特殊区段 | 八车道高速公路服务水平达到二级下限的路段。<br>六车道高速公路服务水平低于二级的路段 |

(3)监控系统的各项设备的设计交通量应符合表 7.3.1-2 规定。

**表 7.3.1-2　监控系统各项设备的设计交通量**

| 设 备 名 称 | 设计交通量 |
|---|---|
| 监控系统机电设备及其外场设备基础 | 预测的第 5 年交通量 |
| 管道及桥梁、隧道等构造物区段的外场设备基础 | 预测的第 20 年交通量 |

(4)监控系统应对可能发生的特殊交通安全或紧急事件拟定能及时采集、迅速决策处理并发布控制指令、实施救助的应急处理方案与措施。

**7.3.2**　监控管理机构应由监控中心(或区域监控中心)、监控分中心、监控站组成。

## 7.4　收费系统

**7.4.1**　一般规定

(1)收费系统设计应服从公路路网规划, 缩短收费服务时间,提高收费服务水平。

(2)收费系统各项设备的设计交通量应符合表 7.4.1 规定。

**表 7.4.1　收费系统各项设备的设计交通量**

| 设 备 名 称 | 设计交通量 |
|---|---|
| 收费系统机电设备 | 预测的第 5 年交通量 |
| 收费岛、收费广场、收费车道、路面、地下通道、天棚 | 预测的第 15 年交通量 |
| 收费广场用地、站房房屋、站房区用地、相关土方工程 | 预测的第 20 年交通量 |

(3)收费服务时间

①封闭式收费:入口 6 ~ 8s;出口 14 ~ 20s。

②开放式或混合式收费: 12 ~ 14s。

③省(市、自治区)界联合收费站:宜采用 20 ~ 26s。

(4)收费服务水平采用平均等待车辆数 1 辆。当条件受限制时,可采用 3 辆。

(5)收费车道数应根据交通量、收费服务时间、收费服务水平确定,出口、入口收费车道均不应少于 2 条。规划拟建不停车收费系统时,应预留不停车收费车道。

**7.4.2** 收费管理机构应由省(市、自治区)收费中心(或区域收费中心)、收费分中心、收费站组成。

## 7.5 通信系统

**7.5.1** 一般规定

(1)通信系统应根据高速公路通信网络规划,统一技术标准,统一进网要求,保证已建和在建高速公路通信系统的互联互通。

(2)通信系统应为用路者与管理者提供语音、数据、图像信息交互服务宽带网络平台。

(3)通信系统应以光纤通信为主,有条件的地区可配合采用移动通信。

(4)通信系统设计应符合交通工程及沿线设施总体设计,并配合监控系统、收费系统等制订相应的设计方案。

(5)通信网设计应充分考虑现行通信应用技术水平、通信技术的发展趋势,采用先进、可靠、开放的通信网络技术。

(6)通信系统设计应符合国家标准、行业标准,以及国际电信联盟等标准化组织制定的相关专业标准。

**7.5.2** 通信系统管理机构应由通信中心、通信分中心、通信站组成。

**7.5.3** 高速公路通信网由传送网、业务网、支撑网组成。

(1)传送网应按省、各条高速公路网络分割模式设计,分割网络可分为干线网与接入网。

(2)业务网应由电话交换网、数据通信网、图像传输网、会议电视网、紧急报警系统、路侧广播系统、移动通信系统等组成。

(3)支撑网应由数字同步网、公共信令网、网络管理网组成。

# 二十六、公路交通安全设施设计规范

(JTG D81—2017)

## 6　护栏和栏杆

### 6.1　一般规定

**6.1.1**　公路路侧或中央分隔带应通过保障合理的净区宽度来降低车辆驶出路外或驶入对向车行道事故的严重程度。净区宽度计算方法应符合本规范附录 A 的规定。计算净区宽度得不到满足时,应按护栏设置原则进行安全处理。

**6.1.2**　护栏设计应体现宽容设计、适度防护的理念。

**6.1.3**　护栏标准段、护栏过渡段、中央分隔带开口护栏、防撞端头及防撞垫的防护等级及性能,应满足现行《公路护栏安全性能评价标准》(JTG B05-01)的规定。需要采用其他防护等级或碰撞条件时,应进行特殊设计,并经实车碰撞试验。

**6.1.4**　护栏的任何部分不得侵入公路建筑限界。

**6.1.5**　路侧护栏宜位于公路土路肩内。应根据路侧护栏和缓冲设施需要的宽度加宽路基或采取其他措施。

**6.1.6**　中央分隔带护栏应与中央分隔带内的构造物、地下管线相协调。

**6.1.7**　路侧、中央分隔带内土基压实度不能满足护栏设置条件时(一般不宜小于90%),或路侧护栏立柱外侧土路肩保护层宽度小于规定宽度时,应采取加强措施。

### 6.2　路基护栏

**6.2.1**　公路实际净区宽度与计算净区宽度不同时,应在交通安全综合分析的基础上,根据本节的规定,按照驶出路外或驶入对向车行道事故的风险确定是否设置护栏。

**6.2.2**　驶出路外或驶入对向车行道事故的风险应综合考虑驶出路外或驶入对向车行道的可能性以及事故严重程度等因素,并符合下列规定:

1　驶出路外或驶入对向车行道的可能性应根据所在路段的路线线形、交通量、交通组成以及环境条件等因素确定。

2　事故严重程度和运行速度、路侧条件有关,可分成低、中、高三个等级。

**6.2.3**　路侧计算净区宽度范围内有高速铁路、高速公路、高压输电线塔、危险品储藏仓库等设施时,事故严重程度等级为高,必须设置护栏。

**6.2.4**　路侧计算净区宽度范围内有下列情况时,事故严重程度等级为中,应设置护栏:

1　二级及二级以上公路边坡坡度和路堤高度在图 6.2.4 的 Ⅰ 区、Ⅱ 区阴影范围之内

的路段,三级、四级公路路侧有深度30m以上的悬崖、深谷、深沟等的路段;

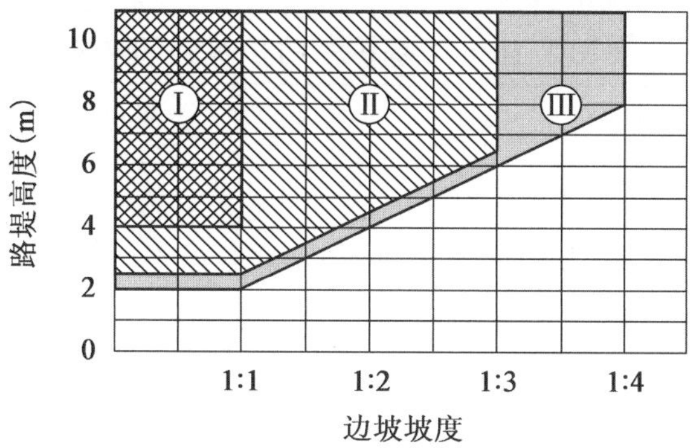


图6.2.4 边坡坡度、路堤高度与设置护栏的关系

2 有江、河、湖、海、沼泽等水深1.5m以上水域的路段;

3 有Ⅰ级铁路、一级公路等;

4 高速公路、一级公路路外设有车辆不能安全越过的照明灯、摄像机、交通标志、声屏障、上跨桥梁的桥墩或桥台、隧道入口处的检修道或洞门等设施的路段。

**6.2.5** 路侧计算净区宽度范围内有下列情况时,事故严重程度等级为低,宜设置护栏:

1 二级及二级以上公路边坡坡度和路堤高度在图6.2.4的Ⅲ区阴影范围之内的路段,三级、四级公路边坡坡度和路堤高度在图6.2.4的Ⅰ区阴影范围之内的路段;

2 二级及二级以上公路路侧边沟无盖板、车辆无法安全越过的挖方路段;

3 高出路面或开挖的边坡坡面有30cm以上的混凝土砌体或大孤石等障碍物;

4 出口匝道的三角地带有障碍物。

**6.2.6** 高速公路和作为干线的一级公路,整体式断面中间带宽度小于或等于12m,或者12m宽度范围内有障碍物时,必须设置中央分隔带护栏。中央分隔带事故严重程度可根据下列条件确定:

1 中央分隔带宽度小于2.5m且采用整体式护栏形式时,事故严重程度等级为高。

2 符合下列条件时,事故严重程度等级为中:

1) 对双向6车道高速公路,或未设置左侧硬路肩的双向8车道及以上高速公路,中央分隔带宽度小于2.5m并采用分设式护栏形式,同时中央分隔带内设有车辆不能安全穿越的障碍物的路段。

2) 对双向6车道及以上一级公路,中央分隔带宽度小于2.5m并采用分设式护栏形式,同时中央分隔带内设有车辆不能安全穿越的障碍物的路段。

3 不符合本条第1、2款规定的条件时,事故严重程度为低。

**6.2.7** 作为集散的一级公路,整体式断面中间带应设置保障行车安全的隔离设施。根据交通安全综合分析结果,可考虑是否设置中央分隔带护栏,事故严重程度等级可参考本规范第6.2.6条的规定选取。

**6.2.8** 高速公路和一级公路采用分离式断面时,行车方向左侧应按路侧护栏设置。

**6.2.9** 一级公路平面交叉两端设置中央分隔带护栏和绿化设施时,不得影响通视三角区停车视距。

**6.2.10** 设置路基护栏的防护等级应符合表 6.2.10 的规定。

**表 6.2.10　路基护栏防护等级的选取**

<table>
<tr><th rowspan="2">公 路 等 级</th><th rowspan="2">设计速度<br>(km/h)</th><th colspan="3">事故严重程度等级</th></tr>
<tr><th>低</th><th>中</th><th>高</th></tr>
<tr><td rowspan="3">高速公路</td><td rowspan="2">120</td><td rowspan="4">三(A、Am)级</td><td rowspan="4">四(SB、SBm)级</td><td rowspan="2">六(SS、SSm)级</td></tr>
<tr></tr>
<tr><td rowspan="2">100、80</td><td rowspan="2">五(SA、SAm)级</td></tr>
<tr><td rowspan="3">一级公路</td></tr>
<tr><td rowspan="2">60</td><td rowspan="4">二(B、Bm)级</td><td rowspan="2">三(A、Am)级</td><td rowspan="4">四(SB、SBm)级</td></tr>
<tr></tr>
<tr><td rowspan="2">二级公路</td><td rowspan="2">80、60</td><td rowspan="2">三(A)级</td></tr>
<tr></tr>
<tr><td rowspan="4">三级公路、<br>四级公路</td><td rowspan="2">40</td><td rowspan="4">一(C)级</td><td rowspan="2">二(B)级</td><td rowspan="2">三(A)级</td></tr>
<tr></tr>
<tr><td rowspan="2">30、20</td><td rowspan="2">一(C)级</td><td rowspan="2">二(B)级</td></tr>
<tr></tr>
</table>

注:括号内为护栏防护等级的代码。

**6.2.11** 存在下列情况时,导致事故发生可能性增加或后果更严重的路段,宜在表 6.2.10的防护等级上提高 1 个等级:

1 二级及二级以上公路纵坡等于或接近于现行《公路工程技术标准》(JTG B01)规定的最大纵坡值的下坡路段;二级及二级以上公路圆曲线半径等于或接近于现行《公路工程技术标准》(JTG B01)规定的最小半径的路段外侧。

2 设计交通量中,总质量大于或等于 25t 的车辆自然数所占比例大于 20% 时。

**6.2.12** 年平均日设计交通量(*AADT*)小于 2 000 辆小客车且设计速度小于或等于 60km/h 的公路,宜进行交通安全及经济综合分析,确定是否设置护栏及护栏的防护等级。需要设置护栏时,其防护等级可在表 6.2.10 的基础上降低 1 个等级,但最小不得低于一(C)级。

**6.2.13** 迎交通流的护栏端头应按下列方法进行外展或设置缓冲设施:

1 外展至土路肩宽度范围外;具备条件时,宜外展至计算净区宽度外。

2 位于填挖交界时,应外展并埋入挖方路段不构成障碍物的土体内。

3 无法外展时,高速公路、一级公路及作为干线的二级公路应按本规范第 6.5.1 条和第 6.5.2 条的规定设置防撞端头,或在护栏端头前设置防撞垫;作为集散的二级公路及三级、四级公路宜采用地锚式端头,并进行警示提醒或设置立面标记。

4 作为干线的二级公路,宜考虑车辆碰撞对向车行道护栏下游端头的可能性。

**6.2.14** 不同防护等级或不同结构形式的护栏之间连接时,应进行过渡段设计。护栏过渡段的防护等级应不低于所连接护栏中较低的防护等级。

**6.2.15** 高速公路、一级公路及作为干线的二级公路的隧道出入口等位置,护栏应进行过渡段设计;作为集散的二级公路及三级、四级公路的隧道出入口等位置,护栏宜进行过渡段设计。

**6.2.16** 选择护栏形式时,应首先考虑护栏受碰撞后的变形量。路侧或中央分隔带护栏面距其防护的障碍物的距离,应大于护栏最大横向动态位移外延值($W$)或车辆最大动态外倾当量值($VI_n$)。

**6.2.17** 护栏最大横向动态位移外延值($W$)或车辆最大动态外倾当量值($VI_n$)的选择应根据防护车型和障碍物来确定。当防护的障碍物低于护栏高度时,宜选择护栏最大横向动态位移外延值($W$);当防护的障碍物高于护栏高度、公路主要行驶车型为大型车辆时,应选择车辆最大动态外倾当量值($VI_n$)。

**6.2.18** 大型车辆所占比例较大的路段,除位于冬季风雪较大的地区外,中央分隔带护栏宜使用混凝土护栏。

**6.2.19** 冬季风雪较大的地区,宜选择少阻雪的护栏形式。

**6.2.20** 护栏形式选择还应考虑护栏材料的通用性、护栏的成本和养护方便性、沿线的环境等因素。

**6.2.21** 护栏最小结构长度应根据下列因素确定:

1 发挥护栏整体作用的最小结构长度应符合表6.2.21的规定,或根据护栏产品使用说明书确定。

2 护栏最小防护长度应根据车辆驶出路外的轨迹和计算净区宽度内障碍物的位置、宽度确定。

3 护栏最小结构长度应同时满足以上两个要求。

4 相邻两段护栏的间距小于护栏最小结构长度时宜连续设置。

5 通过过渡段连接的两种形式护栏的长度之和不应小于两种形式护栏的最小结构长度的大值。

**表6.2.21 护栏最小结构长度**

| 公路等级 | 护栏类型 | 最小长度(m) |
|---|---|---|
| 高速公路、<br>一级公路 | 波形梁护栏 | 70 |
| | 混凝土护栏 | 36 |
| | 缆索护栏 | 300 |
| 二级公路 | 波形梁护栏 | 48 |
| | 混凝土护栏 | 24 |
| | 缆索护栏 | 120 |
| 三级公路、<br>四级公路 | 波形梁护栏 | 28 |
| | 混凝土护栏 | 12 |
| | 缆索护栏 | 120 |

## 6.3 桥梁护栏和栏杆

**6.3.1** 桥梁护栏和栏杆设置应遵循下列原则:

1 各等级公路桥梁必须设置路侧护栏。

2 高速公路、作为次要干线的一级公路桥梁必须设置中央分隔带护栏,作为主要集散的一级公路桥梁应设置中央分隔带护栏。

3　设计速度小于或等于60km/h的公路桥梁设置人行道(自行车道)时,可通过路缘石将人行道(自行车道)和车行道进行分离;设计速度大于60km/h的公路桥梁设置人行道(自行车道)时,应通过桥梁护栏将人行道(自行车道)与车行道进行隔离。

**6.3.2**　根据车辆驶出桥外或进入对向车行道可能造成的事故严重程度等级,应按表6.3.2的规定选取桥梁护栏的防护等级,并应符合下列规定:

1　二级及二级以上公路小桥、通道、明涵的护栏防护等级宜与相邻的路基护栏相同。

2　公路桥梁采用整体式上部结构时,中央分隔带护栏的防护等级可按路基中央分隔带护栏的条件来确定。

3　因桥梁线形、桥梁高度、交通量、车辆构成、运行速度或其他不利现场条件等因素易造成更严重碰撞后果的路段,经综合论证,可在表6.3.2的基础上提高1个或以上等级。其中,跨越大型饮用水水源一级保护区和高速铁路的桥梁以及特大悬索桥、斜拉桥等缆索承重桥梁,防护等级宜采用八(HA)级。

**表6.3.2　桥梁护栏防护等级的选取**

| 公路等级 | 设计速度(km/h) | 车辆驶出桥外或进入对向车行道的事故严重程度等级 | |
|---|---|---|---|
| | | 高:跨越公路、铁路或饮用水水源一级保护区等路段的桥梁 | 中:其他桥梁 |
| 高速公路 | 120 | 六(SS、SSm)级 | 五(SA、SAm)级 |
| 高速公路、一级公路 | 100、80 | 五(SA、SAm)级 | 四(SB、SBm)级 |
| 一级公路 | 60 | 四(SB、SBm)级 | 三(A、Am)级 |
| 二级公路 | 80、60 | 四(SB)级 | 三(A)级 |
| 三级公路 | 40、30 | 三(A)级 | 二(B)级 |
| 四级公路 | 20 | | |

注:括号内为护栏防护等级的代码。

**6.3.3**　选择桥梁护栏形式时应考虑下列因素:

1　所选取的护栏形式在强度上必须能有效吸收设计碰撞能量,阻挡小于设计碰撞能量的车辆越出桥外或进入对向车行道并使其正确改变行驶方向。

2　桥梁护栏受碰撞后,其最大动态位移外延值($W$)或大中型车辆的最大动态外倾当量值($VI_n$)不应超过护栏迎撞面与被防护的障碍物之间的距离。桥梁通行的车辆以小客车为主时,可选取小客车的最大动态位移外延值($W$)为变形控制指标;桥梁外侧有高于护栏的障碍物时,应选取各试验车辆最大动态外倾当量值($VI_n$)中的最大值为变形控制指标;桥梁外侧有低于或等于护栏高度的障碍物时,应选取各试验车辆最大动态位移外延值($W$)中的最大值为变形控制指标。

3　环境和景观要求包括:

1)钢结构桥梁宜采用金属梁柱式护栏。

2)对景观有特殊要求的桥梁宜选用金属梁柱式护栏或组合式护栏。

3)积雪严重地区的桥梁宜采用金属梁柱式护栏或组合式护栏。

4）二级及二级以上公路小桥、通道、明涵的护栏形式宜与相邻的路基护栏相同。

4 需要减小桥梁自重、减轻车辆碰撞荷载对桥面板的影响时，宜采用金属梁柱式护栏。

5 除考虑护栏的初期建设成本外，还应考虑投入使用后的养护成本，包括常规养护、事故养护、材料储备和养护方便性等。

**6.3.4** 桥梁护栏的构造应符合下列规定：

1 金属梁柱式护栏的构造应满足下列规定：

1）护栏迎撞面应顺适、光滑、连续，无锋利的边角，金属立柱与护栏横梁之间应满足防止车辆绊阻的宽度要求。

2）车辆与护栏的位置关系如图6.3.4-1。各防护等级护栏的高度应满足下列规定：

①所有横梁横向承载力距桥面的加权平均高度$\overline{Y}$不应小于表6.3.4-1的规定值，$\overline{Y}$的计算方法如式（6.3.4）。

$$\overline{Y}=\frac{\sum(R_iY_i)}{\overline{R}} \tag{6.3.4}$$

式中：$R_i$——第$i$根横梁的横向承载力（kN）；

$Y_i$——第$i$根横梁距桥面板的高度（m）。

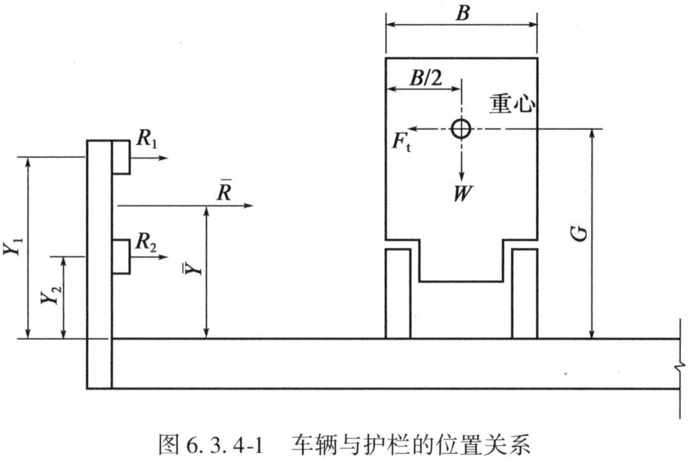


图6.3.4-1 车辆与护栏的位置关系

注：$\overline{Y}$和$Y_i$的计算基线为：护栏迎撞面与桥面板平面的相交线。

如该处有路缘石，则应为护栏迎撞面与路缘石顶面的相交线。

**表6.3.4-1 金属梁柱式护栏横梁横向承载力距桥面的加权平均高度$\overline{Y}$**

| 防护等级 | 最小高度（cm） |
|---|---|
| 二（B） | 60 |
| 三（A） | 60 |
| 四（SB） | 70 |
| 五（SA） | 80 |
| 六（SS） | 90 |
| 七（HB） | 100 |
| 八（HA） | 110 |

②四(SB)级及以下防护等级的金属梁柱式护栏总高度不应小于 1.00m;五(SA)级金属梁柱式护栏总高度不应小于 1.25m;六(SS)级及以上防护等级的金属梁柱式护栏高度不应小于 1.5m。

3) 护栏构件的截面厚度应根据计算确定,并不小于表 6.3.4-2 规定的最小值。

**表 6.3.4-2　金属制护栏的截面最小厚度值**

| 材　料 | 截面形式 | 最小厚度值(mm) | | | |
|---|---|---|---|---|---|
| | | 主要纵向有效构件 | 纵向非有效构件和次要纵向有效构件 | 辅助板、杆和网 | 抱箍、辅助构件 |
| 钢 | 空心截面 | 3 | 3 | 3 | 3 |
| | 其他截面 | 4 | 3 | 3 | 3 |
| 铝合金 | 所有截面 | 3 | 1.2 | 3 | 1.2 |
| 不锈钢 | 所有截面 | 2 | 1.0 | 2 | 0.5 |

4) 横梁的拼接设计应满足下列要求:

①拼接套管长度应大于或等于横梁宽度的 2 倍,并不应小于 30cm,如图 6.3.4-2。

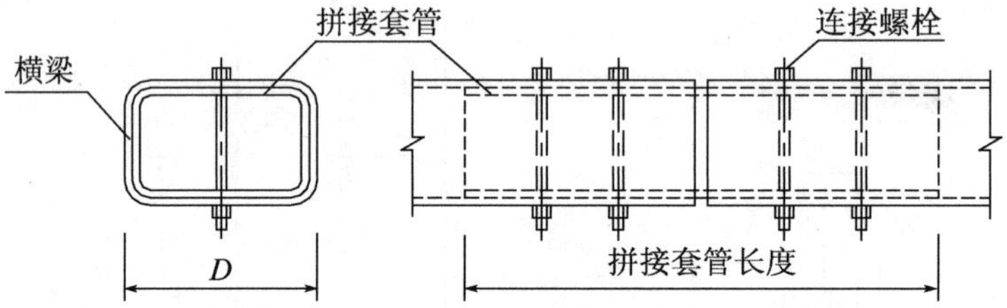


图 6.3.4-2　横梁的拼接

注:$D$ 为横梁宽度。

②拼接套管的抗弯截面模量不应低于横梁的抗弯截面模量,连接螺栓应满足横梁极限弯曲状态下的抗剪强度要求。

③护栏迎撞面在横梁的拼接处可有凸出或凹入,其凸出或凹入量不得超过横梁的截面厚度或 1cm。

5) 高速公路、一级公路的桥梁不宜设置路缘石。为减少护栏受到撞击而对桥面板产生的影响需要设置路缘石时,其高度宜控制在 5 ~ 10cm 之间。路缘石内侧宜与横梁迎撞面保持在同一平面内,或位于立柱和横梁迎撞面之间的适当位置。

6) 带有路缘石的人行道(自行车道)只能用于设计速度小于或等于 60km/h 且防护等级为二(B)级的桥梁,路缘石高度宜为 15cm,不应超过 20cm。路基路缘石与桥梁路缘石高度不一致时,应在其高差的 20 倍及以上的距离内进行过渡。设计速度大于 60km/h 的桥梁,人行道(自行车道)与车行道之间应设置桥梁护栏。

2　混凝土护栏和组合式护栏的构造应符合下列规定:

1) 混凝土护栏未经试验验证,不得随意改变护栏迎撞面的截面形状和连接方式,但其背面可根据实际情况采用合适的形状。

2) 各防护等级混凝土护栏的高度不应小于表 6.3.4-3 的规定值。

**表 6.3.4-3 混凝土护栏的高度**

| 防护等级 | 高度 (cm) |
|---|---|
| 二(B) | 70 |
| 三(A) | 81 |
| 四(SB) | 90 |
| 五(SA) | 100 |
| 六(SS) | 110 |
| 七(HB) | 120 |
| 八(HA) | 130 |

注:混凝土护栏高度的基线为内侧与路面的相交线。

各等级组合式护栏的总高度可在上述高度基础上增加 10cm。

3) 护栏迎撞面混凝土的钢筋保护层厚度不得小于 4.5cm。

4) 护栏的断面配筋量根据计算确定,并应满足现行《公路钢筋混凝土及预应力混凝土桥涵设计规范》(JTG D62)中对最小配筋率的规定。

3 桥梁护栏应按下列规定随桥梁主体结构设置伸缩缝:

1) 金属梁柱式护栏

①当伸缩缝处的纵向设计总位移小于或等于 5cm 时,伸缩缝应能传递横梁 60% 的抗拉强度和全部设计最大弯矩;伸缩缝处连接套管的长度应大于或等于横梁宽度的 3 倍。

②当伸缩缝处的纵向设计位移大于 5cm 时,伸缩缝应能传递横梁的全部设计最大弯矩;伸缩缝两侧应设置端部立柱,其中心间距不应大于 2.0m;伸缩缝处连接套管的长度应大于或等于横梁宽度的 3 倍。

③当伸缩缝处发生竖向、横向复杂位移时,桥梁护栏在伸缩缝处可不连续,但应在伸缩缝两端设置端部立柱,其中心间距不应大于 2.0m,两横梁端头的间隙不得大于伸缩缝设计位移量加 2.5cm。横梁端头不得对碰撞车辆构成危险。

2) 混凝土护栏

在桥面伸缩缝处应断开,其间隙不应大于桥面伸缩缝的设计位移量。在桥梁伸缩缝处的混凝土护栏上要预留桥梁伸缩缝安装孔,孔的大小根据伸缩缝的尺寸和弯起高度来确定。

3) 组合式护栏

混凝土部分应符合混凝土护栏中有关伸缩缝设置的规定,金属结构部分应符合金属梁柱式护栏中有关伸缩缝设置的规定。

4 桥梁护栏根据需要可设置承受碰撞受力构件以外的辅助构件。所有辅助构件应与桥梁护栏受力构件牢固连接,并不得侵入公路建筑限界以内。

5 金属构件的密封和排水应符合下列规定:

1) 空心断面构件应设置排水孔或在所有的拼缝处完全密封。

2) 镀锌孔、排水孔的直径不应大于空心截面周长的 1/12,镀锌前构件排水孔的孔径不应小于 8mm(非镀锌构件不应小于 6mm),并不大于 15mm,其间距应大于 70cm。镀锌孔、排水孔的位置应布设恰当。

**6.3.5**　位于桥梁人行道的栏杆构造应符合下列规定:

1　从人行道顶面起,人行道栏杆的最小高度应为 110cm。

2　栏杆构件间的最大净间距不得大于 14cm,且不宜采用横线条栏杆。采用金属网状栏杆时,网状开口不应大于 5cm。

3　栏杆结构设计必须安全可靠,栏杆底座应设置锚筋。其受力条件应满足现行《公路桥涵设计通用规范》(JTG D60)的规定。

4　人行道栏杆构件之间的连接应采用能有效避免人员伤害且不易拆卸的方式。

5　兼具桥梁护栏与人行道栏杆功能的组合式护栏应同时满足人行道栏杆和桥梁护栏的构造要求。

**6.3.6**　位于桥梁自行车道的栏杆构造应符合下列规定:

1　从自行车道顶面起,自行车栏杆的最小高度应为 140cm。

2　自行车道栏杆的间距、构件连接、基础固定和组合护栏等应满足本规范第 6.3.5 条的规定。

3　根据需要,可在距自行车道顶面 110cm 处附着具有一定宽度的摩擦梁,以避免不同高度自行车把的绊阻。

**6.3.7**　桥梁护栏与桥面板应进行可靠连接。

**6.3.8**　当桥梁护栏与路基护栏的结构形式不同时,应进行过渡段设计。相邻路基未设置护栏时,桥梁护栏应进行端部处理。

**6.3.9**　高速公路、一级公路及作为干线的二级公路的桥梁与隧道衔接处,桥梁护栏应进行过渡段设计;作为集散的二级公路及三级、四级公路的桥梁与隧道衔接处,桥梁护栏宜进行过渡段设计。

## 6.4　中央分隔带开口护栏

**6.4.1**　中央分隔带开口护栏设置应遵循下列原则:

1　高速公路的中央分隔带开口必须设置中央分隔带开口护栏。

2　作为次要干线的一级公路在禁止车辆掉头的中央分隔带开口处可设置中央分隔带开口护栏。

3　中央分隔带开口护栏宜设置在中央分隔带开口处的公路中心线位置,设置长度应能有效封闭中央分隔带开口。

4　中央分隔带开口护栏的高度应与中央分隔带护栏的高度协调一致。

5　中央分隔带开口护栏上部应设置轮廓标或反射体,颜色和设置高度宜与中央分隔带保持一致。

6　位于有防眩要求路段的中央分隔带开口护栏上宜设置防眩设施。

**6.4.2**　中央分隔带开口护栏防护等级宜与相邻路段保持一致。线形良好路段经论证可低于相邻路段 1 ~2 个等级,但高速公路中央分隔带开口护栏不得低于三(Am)级。

**6.4.3**　选取中央分隔带开口护栏形式时,应符合下列规定:

1 应有效地阻止非紧急车辆在中央分隔带开口处的通行。

2 中央分隔带开口护栏应方便开启与关闭、具有可移动性,宜在10min内开启10m及以上的长度。

3 应与相邻中央分隔带护栏能合理过渡。

4 中央分隔带开口处活动护栏的两固定端安装应牢固,连接部分应具有防盗功能。

## 6.5 缓冲设施

**6.5.1** 缓冲设施设置应遵循下列原则:

1 未进行安全处理的位于公路计算净区宽度内的路侧护栏,其上游端部应设置防撞垫或防撞端头。

2 高速公路的互通式立体交叉主线分流端、匝道分流端等应设置可导向防撞垫,隧道入口段洞口等位置未进行安全处理时宜设置可导向防撞垫。

3 孤立的上跨高速公路跨线桥中墩端部宜设置可导向防撞垫。

4 收费站导流岛端部可采用非导向防撞垫。

5 高速公路路侧计算净区宽度范围内有特殊形式的危险障碍物,不能采用其他方式进行有效安全防护时,应设置可导向防撞垫或非导向防撞垫。

6 防撞垫的平面布设应与公路线形相一致,设置于主线分流端、匝道出口或收费站导流岛前端时,防撞垫的轴线宜与防撞垫两侧公路路线交角的中心线相重叠,并与所在位置的其他公路交通设施相协调。

**6.5.2** 防撞端头、防撞垫的防护等级如表6.5.2所示,应根据公路的设计速度选取。因运行速度、交通量等因素易造成更严重碰撞后果的路段,应结合实际防护需求提高防撞端头、防撞垫的防护等级。

**表6.5.2 护栏防撞端头和防撞垫防护等级适用条件**

| 设计速度(km/h) | 设计防护速度(km/h) | 防护等级 |
|---|---|---|
| 120 | 100 | 三(TS)级 |
| 100 | 80 | 二(TA)级 |
| 80 | 60 | 一(TB)级 |

注:1. 括号内为护栏端头防护等级的代码。

2. 设计速度为60km/h的公路上游端头可根据实际情况确定是否设置防撞端头。

# 7 视线诱导设施

## 7.1 一般规定

**7.1.1** 视线诱导设施应能对驾驶人进行有效视线诱导。

**7.1.2**　应加强公路视线诱导设施的设置。

**7.1.3**　不同视线诱导设施之间应协调设置。

**7.1.4**　视线诱导设施不得侵入公路建筑限界以内。

**7.1.5**　视线诱导设施的结构形式和材料应尽可能降低对误驶撞上的车辆和人员的伤害。

## 7.2　设置原则

**7.2.1**　轮廓标的设置应符合下列规定：

1　高速公路、一级公路的主线及其互通式立体交叉、服务区、停车区等处的进出匝道和连接道及避险车道应全线连续设置轮廓标，中央分隔带开口路段应连续设置轮廓标。二级及二级以下公路的视距不良路段、设计速度大于或等于 60km/h 的路段、车道数或车行道宽度有变化的路段及连续急弯陡坡路段宜设置轮廓标，其他路段视需要可设置轮廓标。

2　隧道侧壁应设置双向轮廓标。隧道内设有高出路面的检修道时，在检修道顶部靠近车行道方向的端部或检修道侧壁应增设轮廓标。

3　轮廓标应在公路前进方向左、右侧对称设置。高速公路、一级公路，按行车方向配置白色反射体的轮廓标应安装于公路右侧，配置黄色反射体的轮廓标应安装于中央分隔带。二级及二级以下公路，按行车方向配置的左右两侧的轮廓标均为白色。避险车道轮廓标颜色为红色。隧道路段、二级及二级以下公路，轮廓标宜设置为双面反光形式。

4　直线路段轮廓标设置间距不应超过 50m，曲线路段轮廓标设置间距不应大于表 7.2.1 的规定。公路路基宽度、车道数量有变化的路段及竖曲线路段，可适当加密轮廓标的间隔。

**表 7.2.1　曲线路段轮廓标的设置间距**

| 曲线半径(m) | ≤89 | 90 ~ 179 | 180 ~ 274 | 275 ~ 374 | 375 ~ 999 | 1 000 ~ 1 999 | ≥2 000 |
|---|---|---|---|---|---|---|---|
| 设置间距(m) | 8 | 12 | 16 | 24 | 32 | 40 | 48 |

5　设置于隧道检修道上的轮廓标应保持同一高度，设置于其他位置的轮廓标反射器中心高度宜为 60 ~ 75cm。有特殊需要时，经论证可采用其他高度。

6　在设置轮廓标的基础上，可辅助设置其他形式的轮廓显示设施，如在护栏立柱上粘贴反光膜等。

7　安装轮廓标时，反射体应面向交通流，其表面法线应与公路中心线成 0° ~ 25°的角度。

8　在线形条件复杂的路段应设置反光性能较高、反射体尺寸较大的轮廓标。

**7.2.2**　合流提示类标志的设置应满足本规范第 4 章和现行《公路交通标志和标线设置规范》(JTG D82)的有关规定。

**7.2.3** 线形诱导标的设置应满足本规范第4章和现行《公路交通标志和标线设置规范》(JTG D82)的有关规定。

**7.2.4** 隧道轮廓带的设置应符合下列规定:

1 特长隧道、长隧道可每隔500m设置一处隧道轮廓带。视距不良等特殊路段宜适当加密。

2 无照明的二级及二级以下公路隧道可视需要设置隧道轮廓带。

3 紧急停车带前适当位置宜设置隧道轮廓带。

4 隧道轮廓带的颜色宜采用白色,宽度宜为15~20cm。

5 隧道轮廓带应避免产生眩光。

**7.2.5** 三级、四级公路达不到护栏设置标准但存在一定危险因素的路段,宜设置示警桩、示警墩等设施,示警桩、示警墩的颜色应为黄黑相间。

**7.2.6** 未设置相应指路标志或警告标志的公路沿线较小平面交叉两侧应设置道口标柱,道口标柱的颜色应为红白相间。

# 8 隔离栅

## 8.1 一般规定

**8.1.1** 隔离栅应能有效阻止行人、动物误入需要控制出入的公路。

**8.1.2** 隔离栅应根据地形进行设置,隔离栅的高度不宜低于1.5m;在动物身高不超过50cm等人烟稀少的荒漠地区,经分析论证后隔离栅高度可降低10~20cm。靠近城镇区域的隔离栅高度不宜低于1.8m。

**8.1.3** 隔离栅的材料和结构形式应适应当地的气候和环境特点。

## 8.2 设置原则

**8.2.1** 除符合下列条件之一的路段外,高速公路、需要控制出入的一级公路沿线两侧必须连续设置隔离栅,其他公路可根据需要设置:

1 路侧有水面宽度超过6m且深度超过1.5m的水渠、池塘、湖泊等天然屏障的路段;

2 高度大于1.5m的路肩挡土墙或砌石等陡坎的填方路段;

3 桥梁、隧道等构造物,除桥头、洞口需与路基隔离栅连接以外的路段;

4 挖方高度超过20m且坡度大于70°的路段。

**8.2.2** 隔离栅遇桥梁、通道、车行和人行涵洞时,应在桥头锥坡或端墙处进行围封。

**8.2.3** 隔离栅遇跨径小于2m的涵洞时可直接跨越,跨越处应进行围封。

**8. 2. 4**　隔离栅的中心线可沿公路用地范围界限以内 20 ~ 50cm 处设置。

**8. 2. 5**　在进出高速公路、需要控制出入的一级公路的适当位置可设置便于开启的隔离栅活动门。

**8. 2. 6**　高速公路、需要控制出入的一级公路在行人、动物无法误入分离式路基内侧中间区域时,可仅在分离式路基外侧设置隔离栅;在行人、动物可误入分离式路基内侧中间区域的条件下,应在分离式路基内侧需要的位置设置隔离栅。分离式路基段遇桥梁、通道、车行和人行涵洞时,应按本规范第 8. 2. 2 条的规定处理。

**8. 2. 7**　隔离栅的网孔尺寸可根据公路沿线动物的体型进行选择,最小网孔不宜小于 50mm × 50mm。

**8. 2. 8**　隔离栅的结构设计应考虑风荷载作用下自身的强度和刚度。

# 9　防落网

## 9. 1　一般规定

**9. 1. 1**　防落网应能阻止公路上的落物进入饮用水保护区、铁路、高速公路、需要控制出入的一级公路等建筑限界以内,或阻止挖方路段落石进入公路建筑限界以内。

**9. 1. 2**　防落物网距桥面的高度不宜低于 1. 8m。

**9. 1. 3**　防落石网应根据公路边坡的地形、落石规模、频率、冲击能力和灾害后果等因素进行设置,其结构应能承受设计边坡落石的冲击力作用。

## 9. 2　设置原则

**9. 2. 1**　防落物网设置应符合下列要求:

1　上跨饮用水水源保护区、铁路、高速公路、需要控制出入的一级公路的车行或人行构造物两侧均应设置防落物网。

2　公路跨越通航河流、交通量较大的其他公路时,应设置防落物网。

3　需要设置防落物网的桥梁采用分离式结构时,应在桥梁内侧设置防落物网。

4　防落物网应进行防腐和防雷接地处理,防雷接地的电阻应小于 10Ω。

5　防落物网的设置范围为下穿铁路、公路等被保护区的宽度(当上跨构造物与公路斜交时,应取斜交宽度)并各向路外延长 10 ~ 20m,其中上跨铁路的防落物网的设置范围还应符合相关规定。

**9. 2. 2**　防落石网设置应符合下列要求:

1　根据路堑边坡的地质条件和土体、岩石的稳定性,在高速公路或一级公路建筑限界内有可能落石,经落石安全性评价对公路行车安全产生影响的路段,应对可能产生落石的危岩进行处理或设置防落石网,二级及二级以下公路有可能落石并影响交通安全的路段,可根据需要设置防落石网。

2 防落石网应充分考虑地形条件、地质条件、危岩分布范围、落石运动途径及与公路工程的相互关系等因素后加以设置。防落石网宜设置在缓坡平台或紧邻公路的坡脚宽缓场地附近,通过数值计算确定落石的冲击动能、弹跳高度和运动速度,并选取满足防护强度和高度要求的防落石网。

# 10 防眩设施

## 10.1 一般规定

**10.1.1** 防眩设施应按部分遮光原理设计,直线路段遮光角不小于8°,平、竖曲线路段遮光角为8°~15°,计算防眩设施的眩光距离采用120m。

**10.1.2** 防眩设施的设置不得影响公路的停车视距。

**10.1.3** 防眩设施设置应经济合理、因地制宜。

## 10.2 设置原则

**10.2.1** 高速公路、一级公路中央分隔带宽度小于9m且符合下列条件之一者,宜设置防眩设施:

1 夜间交通量较大,且设计交通量中,大型货车和大型客车自然交通量之和所占比例大于或等于15%的路段;

2 设置超高的圆曲线路段;

3 凹形竖曲线半径等于或接近于现行《公路工程技术标准》(JTG B01)规定的最小半径值的路段;

4 公路路基横断面为分离式断面,上下车行道高差小于或等于2m时;

5 与相邻公路、铁路或交叉公路、铁路有严重眩光影响的路段;

6 连拱隧道进出口附近。

**10.2.2** 非控制出入的一级公路平面交叉、中央分隔带开口两侧各100m(设计速度80km/h)或60m(设计速度60km/h)范围内可逐渐降低防眩设施的高度,由正常高度逐步过渡到开口处的0高度,否则不应设置防眩设施。穿村镇路段不宜设置防眩设施。

**10.2.3** 公路沿线有连续照明设施的路段,可不设置防眩设施。

**10.2.4** 在干旱地区,中央分隔带宽度小于3m的路段不宜采用植树防眩。

**10.2.5** 防眩设施连续设置时应符合下列规定:

1 应避免在两段防眩设施中间留有短距离不设置防眩设施的间隙。

2　各结构段应相互独立,每一结构段的长度不宜大于 12m。

3　结构形式、设置高度、设置位置发生变化时应设置渐变过渡段,过渡段长度以 50m 为宜。

# 11　避险车道

## 11.1　一般规定

**11.1.1**　避险车道应设置交通标志、标线、轮廓标等交通安全设施。

**11.1.2**　高速公路避险车道宜设置照明、监控等管理设施,其他等级公路根据需要可设置照明、监控等管理设施。各等级公路的避险车道应在适当位置设置救援电话告示标志。

**11.1.3**　避险车道应设置完备的排水系统。

## 11.2　设置原则

**11.2.1**　在连续下坡路段,应根据车辆组成、坡度、坡长、平曲线等公路线形和交通特征以及交通事故等因素,在货车因长时间连续制动而制动失效风险高的路段结合路侧环境确定是否设置避险车道以及具体设置位置。

**11.2.2**　避险车道宜设置在连续下坡路段右侧视距良好、车辆不能安全转弯的主线平曲线之前或路侧人口稠密区之前的路段。避险车道宜沿较小半径的平曲线路段的切线方向,如设置在直线或大半径曲线路段时,避险车道与主线的夹角宜小于 5°。

**11.2.3**　避险车道入口之前宜采用不小于表 11.2.3 规定的识别视距。条件受限制时,识别视距应大于 1.25 倍的主线停车视距。

**表 11.2.3　避险车道入口的识别视距**

| 制动床入口设计速度(km/h) | 120 | 100 | 80 | 60 |
|---|---|---|---|---|
| 识别视距(m) | 350 ~ 460 | 290 ~ 380 | 230 ~ 300 | 170 ~ 240 |

**11.2.4**　避险车道的设置位置及形式宜结合地形、线形条件确定,设置位置处宜避开桥梁,并应避开隧道。

**11.2.5**　避险车道制动床的宽度宜为 4 ~ 6m。高速公路宜设置救援车道,救援车道的宽度宜为 5.5m,救援车道与制动床间应设置具有反光性能的隔离设施。

**11.2.6**　避险车道制动床的长度应根据车辆驶入速度、避险车道纵坡及坡床材料综合确定。

**11.2.7**　避险车道制动床材料宜采用具有较高滚动阻力系数、陷落度较好、不易板结和被雨水冲刷的卵(砾)石材料,材料粒径以 2 ~4cm 为宜。

**11.2.8** 避险车道制动床末端应增设防撞桶、废轮胎等缓冲装置或设施。

**11.2.9** 在避险车道长度不能满足要求时,经论证可在制动床中段以后适当位置设置阻拦索或消能设施,阻拦索或消能设施的安全性应经过实车试验验证。阻拦索或消能设施宜进行防盗处理。

# 二十七、公路限速标志设计规范

(JTG/T 3381-02—2020)

## 1　总则

**1.0.1**　为规范公路限速标志的设计,合理控制公路车辆行驶速度,制定本规范。

**1.0.2**　本规范适用于新建和改扩建公路限速标志设计,以及在役公路限速标志设计或调整优化。

**1.0.3**　公路限速标志设计应从公路使用者的角度出发,兼顾交通安全与运行效率。

**1.0.4**　公路限速标志设计应综合考虑公路项目的功能定位、技术指标、运行特征、路侧干扰、沿线环境和社会需求等因素。

**1.0.5**　公路限速标志宜与其他交通安全设施、管理设施和土建工程改造等互相协调、配合使用。

**1.0.6**　公路限速标志设计除应符合本规范的规定外,尚应符合国家和行业现行有关标准的规定。

## 3　基本规定

**3.0.1**　公路限速标志设计应包括限速路段划分、限速值论证、限速方式选择、限速标志及相关设施设计等内容。

**3.0.2**　公路限速标志设计流程应包括设计目标确定、资料收集与现场调查、交通工程论证及方案设计、限速标志及相关设施设计、实施效果评价等。公路限速标志设计流程如图 3.0.2 所示。

**3.0.3**　公路限速标志设计应结合项目特点,以保障交通安全、提高运行效率、发挥公路功能为设计目标,在役公路可结合限速标志的实施效果评价结果提出针对性设计目标。

**3.0.4**　公路限速标志设计应做好内业资料收集和外业现场调查工作。

**3.0.5**　公路限速标志设计在进行交通工程论证及方案设计时,应符合下列规定:

1　限速路段的划分应体现公路功能定位、技术指标、沿线环境和路侧干扰等条件的变化,特殊限速路段所占里程不得过长。

2　应根据公路的功能定位、运行特征、路侧干扰和沿线环境等因素合理选取论证方法。

3　限速值的确定应考虑前后限速路段的衔接,并应符合相关法律法规的规定。学校区域、作业区限速值的选取还应符合相关国家和行业标准的规定。

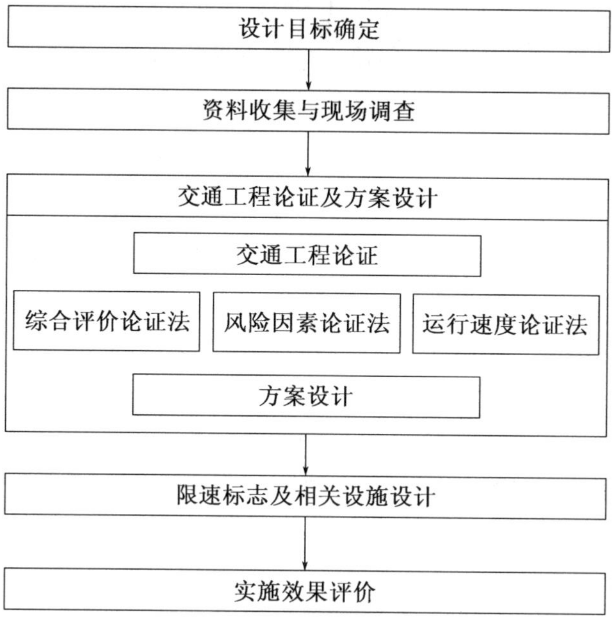


图 3.0.2　公路限速标志设计流程

4　公路限速方式选择时,条件基本相同的路段宜采用相同的限速方式;特殊限速路段符合设置条件时,可设置可变限速标志或建议速度标志。

5　方案设计时,应以交通工程论证结果为依据,提出全线双向限速路段的分布、限速值和限速方式。

**3.0.6**　公路限速标志及相关设施设计应遵循主动引导优先、被动防护兼顾的原则。

**3.0.7**　公路限速标志及相关设施实施后,应对其实施效果进行评价,并及时调整优化。

# 5　交通工程论证及方案设计

## 5.1　一般规定

**5.1.1**　交通工程论证应包括下列内容:

1　限速路段划分;

2　论证方法选取;

3　限速值论证;

4　限速路段和限速值调整;

5　限速方式选择。

**5.1.2**　交通工程论证时,应协调处理标志限速与法定限速、设计速度、运行速度之间的关系。

**5.1.3**　公路限速标志方案设计,应符合下列规定:

1　以交通工程论证结果为依据,提出全线双向一般限速路段的分布、基本限速值和限速方式;特殊限速路段的分布、特定限速值和限速方式。

2　未列入特殊限速路段的技术指标受限路段,应提出改善方案。

## 5.2　限速路段划分

**5.2.1**　限速路段宜按图 5.2.1 所示划分为一般限速路段和特殊限速路段。

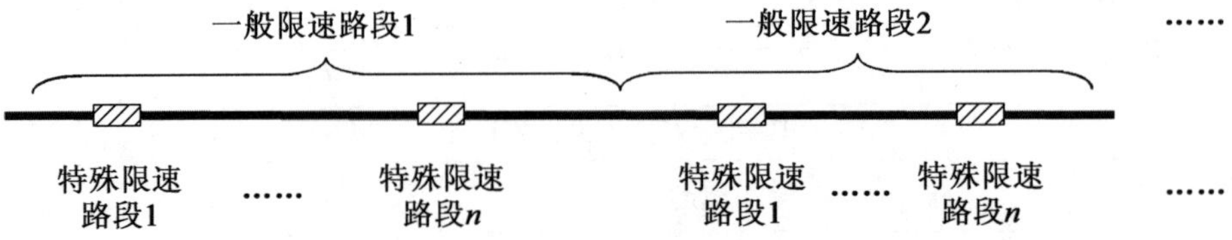


图 5.2.1　一般限速路段和特殊限速路段关系图

**5.2.2**　根据功能定位、技术指标、路侧干扰和沿线环境等发生显著变化的趋势,可将一个公路项目划分为一个或多个一般限速路段。一般限速路段的分界点应设置在下列位置:

1　公路功能定位发生变化,如公路由干线功能改变为集散功能等;

2　公路技术指标发生变化,如公路设计速度发生变化等;

3　公路路侧干扰情况发生变化,如公路由郊区公路转变为城市道路等;

4　公路沿线环境发生明显改变,如公路由平原微丘区改变为山岭重丘区等。

**5.2.3**　一般限速路段内,受公路技术指标、运行特征、路侧干扰、沿线环境等条件的制约,因客观因素无法通过工程改造彻底消除安全风险的下列局部路段,可根据交通工程论证结果设置特殊限速路段:

1　公路技术指标受限路段,如:

1)公路平、纵几何线形指标低于现行《公路工程技术标准》(JTG B01)和相关技术标准规定的一般值要求的急弯、陡坡和连续长、陡下坡等路段;

2)特长隧道、隧道群、跨江跨海特大桥、山区高墩特大桥等长大结构物路段;

3)互通式立体交叉出口匝道路段;

4)无信号控制铁路道口路段。

2　运行特征受限路段,如:

1)大型车所占比例明显变高的路段;

2)与车辆行驶速度关系显著的事故易发路段。

3　路侧干扰受限路段,如:

1)公路穿越学校区域、穿越村镇、作业区等路段。

4　沿线环境受限路段,如:

1)野生动物迁徙横穿路段;

2)雾、雨、雪、风、沙尘、冰雹等特殊天气影响路段。

## 5.3 论证方法选取

**5.3.1** 交通工程论证方法可包括综合评价论证法、风险因素论证法和运行速度论证法等。

**5.3.2** 除特殊情况外,交通工程论证方法宜采用综合评价论证法。

**5.3.3** 路侧条件复杂、横向干扰较多、混合交通严重且交通安全设施不完备的在役普通公路,可采用风险因素论证法。

**5.3.4** 路侧条件良好、横向干扰少、几何线形指标显著优于现行《公路工程技术标准》(JTG B01)和相关技术标准规定的一般值要求、服务水平为一级或二级的在役高速公路和作为干线的一级公路、二级公路,可采用运行速度论证法。

**5.3.5** 同一条公路的不同限速路段,可根据需要采用不同论证方法。

## 5.4 综合评价论证法

**5.4.1** 公路项目可按表5.4.1的规定选取一般限速路段的核查设计标准。核查设计标准有多个可选项时,可按由低到高的顺序选取,其中高速公路、作为干线的一级公路可以原设计速度提高一个设计等级(20km/h),50%以上路段满足时,可作为核查设计标准。根据核查设计标准,结合公路的运行特征、路侧干扰和沿线环境情况,可确定初定基本限速值。

**表5.4.1 初定基本限速值与核查设计标准关系一览表**

| 设计速度(km/h) | 核查设计标准(km/h) | 初定基本限速值(km/h) |
|---|---|---|
| 20 | 20 | 20,30,40 |
| 30 | 30 | 30,40,50 |
| 40 | 40 | 40,50,60 |
| 60 | 60 | 60,70,80 |
| 80 | 80 | 80,90,100 |
| | 100 | 100,110 |
| | 120 | 120 |
| 100 | 100 | 100,110 |
| | 120 | 120 |
| 120 | 120 | 120 |

**5.4.2** 根据初定基本限速值所对应的核查设计标准,应依据现行《公路工程技术标准》(JTG B01)和相关技术标准的有关规定,对直接影响运行安全性的下列技术指标进行核查,明确受限情况:

1　根据设计圆曲线半径和超高计算横向力系数 $\mu$,核查评价行车的安全性和舒适性。

2　根据平均纵坡和坡长,核查是否存在连续长、陡下坡路段;核查竖曲线半径和长度。

3　分车型进行停车视距核查,对平面、纵断面及平纵组合路段通视范围内存在的障碍物对行车安全的影响进行核查。

4　对隧道位置、长度、与相邻隧道及其他设施的间距进行核查,核查视距,平、纵、横几何线形技术指标和隧道通风、照明设计条件。

5　核查是否存在相邻互通式立体交叉与隧道等其他设施净距过近影响交通运行的情况;对互通式立体交叉、服务区、停车区匝道出入口线形、视距、加减速车道长度等进行核查。

6　核查平面交叉通视三角区的通视情况,以及采取的交通管理措施情况。

7　核查交通工程及沿线设施的设置情况,重点对交通标志字高、警告标志距危险点的距离、交通标志反光等级、护栏防护等级等与车辆运行速度有关的设计参数进行核查。

**5.4.3**　对技术指标满足现行《公路工程技术标准》(JTG B01)和相关技术标准对应于核查设计标准规定的路段,应按下列规定计算或实测运行速度,并进行运行速度分析与确定基本限速值:

1　对新建和改扩建公路,运行速度可采用理论运行速度,也可调查类似条件的在役公路运行速度作为参考;对在役公路,运行速度宜采用实测运行速度。实测准确度难以保证时,可以理论运行速度作为参考值。

2　理论运行速度值可采用现行《公路项目安全性评价规范》(JTG B05)规定的方法进行计算,其中初始运行速度值采用核查设计标准值;实测运行速度可按本规范第 4.3.4 条规定的方法采集。

3　运行速度与初定基本限速值之间的差值不大于 20km/h 时,可采用初定限速值作为基本限速值;运行速度与初定基本限速值之间的差值大于 20km/h 时,可按表 5.4.1的规定对核查设计标准提高一个设计等级,作为新的核查设计标准再次进行技术指标核查。

4　一级公路、二级公路交通环境复杂、横向干扰明显时,基本限速值不宜高于设计速度值,可根据实际情况,采用低于设计速度的基本限速值。设计速度值低于法定限速值的三级、四级公路,基本限速值可采用法定限速值,并不宜高出设计速度值 20km/h。

**5.4.4**　对技术指标满足现行《公路工程技术标准》(JTG B01)和相关技术标准对应于核查设计标准规定,但属于事故易发路段、特殊天气影响路段或路侧安全隐患路段,可按特殊限速路段处理;对技术指标不满足现行《公路工程技术标准》(JTG B01)和相关技术标准对应于核查设计标准规定的受限路段,应结合运行速度和交通事故等运行特征进行综合分析,确定是否作为特殊限速路段。符合下列条件之一时,宜将该路段划为特殊限速路段,否则可按一般限速路段处理:

1　新建和改扩建公路项目路段理论运行速度值低于初定基本限速值 20km/h 以上时;

2　在役公路项目路段实测运行速度值低于初定基本限速值 20km/h 以上时;

3　在役公路项目路段是事故易发路段、特殊天气影响路段或路侧安全隐患路段。

**5.4.5**　事故易发路段、特殊天气影响路段、路侧安全隐患路段可采用下列方法确定或判别:

1　在役公路项目可采用公安交通管理部门提供的建成通车以来或近 3 年的交通事

故统计数据,在剔除无证驾驶、酒驾、毒驾、超载及其他危险驾驶行为或车辆不安全状态等明显与公路技术状况无关的事故后,确定交通事故易发路段。

2 核查全线是否有受雾、雨、雪、风、沙尘、冰雹等特殊天气因素影响的路段,并根据公路的运行特征(运行速度、交通事故)以及技术指标,分析评价其行车安全风险,论证是否需要作为特殊天气影响路段。

3 根据公路横断面形式、路侧环境、障碍物以及发生事故的频次和严重程度,应重点对临水、临崖,连续长、陡下坡末端等路段护栏及其他防护设施能否满足核查设计标准的防护需求进行核查。对不能满足防护需求的路段,应进行防护设施工程改造和优化;条件困难时,可作为路侧安全隐患路段。

**5.4.6** 新建和改扩建公路技术指标受限路段宜通过技术指标的调整,在役公路可通过采取工程改造措施,将特殊限速路段改造成为一般限速路段。经综合技术经济论证不具备条件时,应按下列原则确定特定限速值:

1 公路平、纵几何线形指标低于现行《公路工程技术标准》(JTG B01)和相关技术标准规定的一般值要求的急弯、陡坡和连续长、陡下坡等路段,特定限速值不宜超过设计速度值。

2 连续长、陡下坡路段还应综合考虑交通量、交通组成(货车比例)、车辆载重等运行特征和公路技术指标等因素确定特定限速值。

3 跨江跨海大桥、山区高墩特大桥等应根据横风环境设置不高于设计速度的特定限速值。

4 照明设施满足设计要求同时可完整看到进出口的通视隧道,特定限速值宜与相邻一般限速路段一致;其他隧道、隧道群特定限速值应根据几何线形、照明和通风设施的设计情况确定,其中特长隧道特定限速值不宜高于设计速度值。

5 互通式立体交叉出口匝道特定限速值的确定应采用与主线类似的方法。当匝道长度较短、几何线形指标受设计速度控制时,特定限速值可采用设计速度值。当匝道几何线形为平、纵面极限指标或接近极限的指标组合而成时,根据交通事故、匝道车辆运行状态调查,可采用低于匝道设计速度的特定限速值。

6 公路附近有学校,学生经常穿行的路段,应根据学校区域机动车、非机动车隔离设施或信号灯的设置情况、视距条件、沿线环境以及学校与公路的相对位置等因素确定特定限速值:

1)作为干线的公路通过学校区域,特定限速值宜为30~40km/h,并不应超过50km/h。当作为干线的公路隔离设施、人行横道和交通控制设施较为完备时,可采用高值;情况复杂、秩序混乱情况下,可采用低值。根据实际情况,经综合论证,可考虑分时段限速方式。

2)其他公路通过学校区域,特定限速值不宜超过30km/h。

7 公路穿越村镇或城镇化路段,应根据沿线环境、车辆与行人混合交通状况、平面交叉数量以及交通工程设施状况确定特定限速值:

1)特定限速值在相邻一般限速路段基本限速值基础上宜折减10~20km/h,可小于或等于设计速度值。

2)混合交通比较严重、行人横穿频繁或存在其他横向干扰时,特定限速值宜小于或等于30km/h,不应超过50km/h。

8　公路平面交叉密集的路段,特定限速值应参照公路穿越村镇或城镇化路段确定。

9　公路施工作业区应根据公路技术等级、作业区位置和类型、施工车辆及人员出入情况、停车视距等因素确定特定限速值。特定限速值不应大于表5.4.6的规定值。

**表5.4.6　作业区特定限速值**

| 设计速度(km/h) | 特定限速值(km/h) | 设计速度(km/h) | 特定限速值(km/h) |
|---|---|---|---|
| 120 | 80 | 60 | 40 |
| 100 | 70 | 40、30 | 30 |
| 80 | 60 | 20 | 20 |

10　无信号控制的铁路道口特定限速值不得超过30km/h。

11　事故易发路段特定限速值宜采用设计速度值;与车辆行驶速度相关的交通事故较多时,特定限速值不宜高于设计速度;经论证需整改的事故易发路段,根据公路实际情况,可采用低于设计速度的特定限速值。

12　特殊天气影响路段应经综合研究确定特定限速值,并可通过可变限速标志发布。遇有雾、雨、雪、风、沙尘、冰雹等特殊天气条件时,公路特定限速值宜采用法定限速值。不具备设置可变限速标志的条件时,可设置限速标志加辅助标志的特殊天气限速标志。

13　路侧安全隐患路段可结合限速路段的整体划分暂时按特定限速路段处理,特定限速值可采用设计速度值,待条件具备后进行工程改造和优化。

**5.4.7**　根据论证分析结果确定的限速路段和限速值,还应综合考虑交通安全、运行效率以及管理需求,按本规范第5.7节的规定对限速路段和限速值进行调整修正,确定最终限速路段和限速值。

## 5.5　风险因素论证法

**5.5.1**　一级公路应双向分别进行数据采集、标准化和风险分值计算,二、三、四级公路应按整幅进行数据采集、数据标准化和风险分值计算。除本规范第4.3节规定的资料收集和现场调查内容外,还应收集包含从公路中心线辐射公路两侧不小于170°范围的公路场景图像、对应的里程桩号、地理坐标等信息,其中地理坐标应同步标注与公路里程桩号的匹配关系。

**5.5.2**　论证单元的划分,可按100m为标准均分,也可根据公路的几何线形、路侧干扰和沿线环境等因素的同质性进行划分,论证单元长度不宜超过1km。

**5.5.3**　对划分的论证单元,应按本规范附录A的规定进行数据标准化,将公路和交通指标及对应属性分类和量化,得到风险因素标准化数据。

**5.5.4**　应计算各论证单元的风险分值,并确定现状风险等级。应利用标准化处理后的数据,将论证单元的公路风险分值(HR)按图5.5.4所示的风险因素分析模型进行计算后,根据表5.5.4所示的风险分级标准确定风险等级。

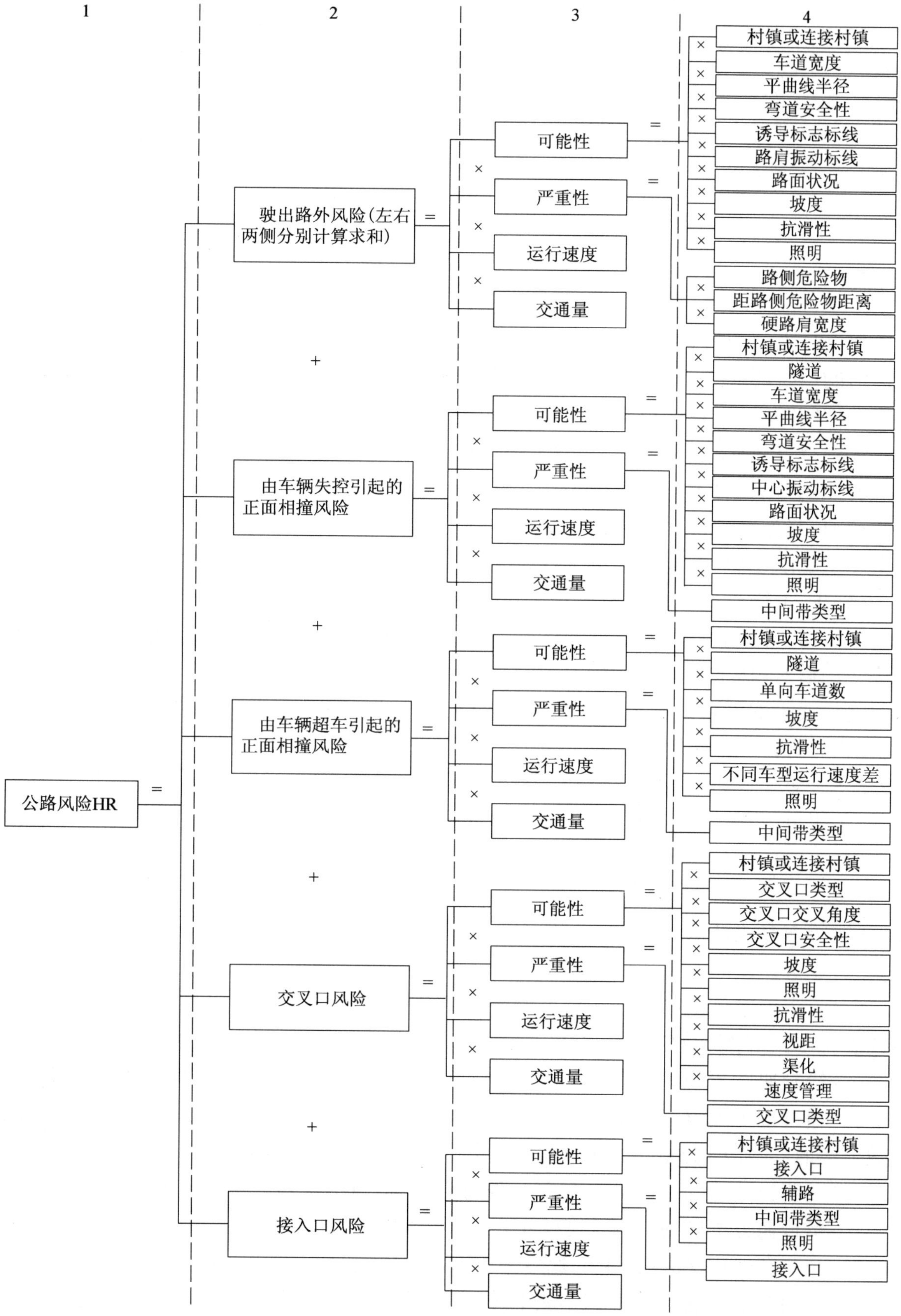


图 5.5.4　公路风险因素分析模型

**表 5.5.4　公路风险分级标准**

| 风 险 等 级 | 风 险 状 况 | 公路风险指标范围 |
|---|---|---|
| Ⅴ级 | 高 | HR≥23 |
| Ⅳ级 | 较高 | 23 > HR≥13 |
| Ⅲ级 | 中 | 13 > HR≥5 |
| Ⅱ级 | 较低 | 5 > HR≥3 |
| Ⅰ级 | 低 | HR < 3 |

**5.5.5**　根据设计速度、限速现状、运行速度和现状风险因素分析结果等,可按 10km/h 的倍数进行限速值的调整,综合确定新的限速方案,其中Ⅳ、Ⅴ级高风险路段应重点关注。限速值的调整还应结合交通事故情况,对于事故率显著高于区域内同类公路基础设施和交通条件的路段,不宜提高限速值。

**5.5.6**　对新的限速方案下的公路,应再次进行风险因素分析,分析总体Ⅳ、Ⅴ级高风险路段的比例情况:对于新的限速值高于现状限速值的,如果比例小于 30% 可考虑继续提高限速值,并重新进行分析论证,直到Ⅳ、Ⅴ级高风险路段接近等于 30%;对于新的限速值低于现状限速值的,如果比例大于或等于 30% 可考虑继续降低限速值,并重新进行论证,直到Ⅳ、Ⅴ级高风险路段接近等于 30%。

**5.5.7**　针对新的限速方案下的Ⅳ、Ⅴ级高风险路段,应进行安全改善措施分析,并估计措施实施后对风险的降低情况;风险级别不能降低到Ⅲ级及以下的,作为特殊限速路段降低限速值或采取安全改善措施。交通事故率明显高于同类公路基础设施和交通条件路段的,也应作为特殊限速路段,降低限速值或采取安全改善措施。

**5.5.8**　交互式的限速值调整和完善后,还应综合考虑交通安全、运行效率以及管理需求,按本规范第 5.7 节的规定对限速路段和限速值进行调整修正,确定最终限速路段和限速值。

## 5.6　运行速度论证法

**5.6.1**　应按本规范第 4.3.4 条的有关规定对运行速度进行采集。每一调查地点的运行速度和步距应按下列规定计算:

1　绘制速度累积频率曲线,累积频率为 85% 所对应的速度为运行速度。

2　通过调查地点的观测车辆中,以 5km/h 的速度级差分组,连续 3 个速度分组的车辆数最多时,对应的 15km/h 速度范围为步距,速度最高值为 15km/h 步距上限。

**5.6.2**　调查地点的速度分布具有下列特点时,运行速度可作为初定基本限速值:

1　运行速度等于或接近于 15km/h 步距上限;

2　观测车辆中,60% 以上的速度在 15km/h 步距内。

**5.6.3**　调查地点的速度分布不具有本规范第 5.6.2 条规定的特点时,应查找原因,如采集数据是否有问题,驾驶人对公路环境的感知是否和公路环境一致等。采取相关措施加以解决后,再进行速度分布的分析。

**5.6.4** 根据初定基本限速值,宜对直接影响运行安全性的技术指标进行核查,能满足现行《公路工程技术标准》(JTG B01)和相关技术标准规定时,除事故易发路段、特殊天气影响路段或路侧安全隐患路段可按特殊限速路段处理外,其他路段可作为一般限速路段,初定基本限速值可作为基本限速值。

**5.6.5** 初定基本限速值无法满足现行《公路工程技术标准》(JTG B01)和相关技术标准规定的路段,如同时属于事故易发路段、特殊天气影响路段或路侧安全隐患路段时,该路段宜按特殊限速路段处理,否则可按一般限速路段处理。

**5.6.6** 特殊限速路段可根据下列规定确定特定限速值:

1 事故易发路段的特定限速值不宜高于设计速度值。

2 受雾、雨、雪、风、沙尘、冰雹等特殊天气影响路段,特殊天气状态下的特定限速值不宜高于设计速度值。

3 穿村镇路段和跨江跨海大桥、特长隧道、山区高墩特大桥等公路长大结构物路段,特定限速值不宜高于设计速度值。

**5.6.7** 根据论证分析结果确定的限速路段和限速值,还应综合考虑交通安全、运行效率以及管理需求,按本规范第5.7节的规定对限速路段和限速值进行调整修正,确定最终限速路段和限速值。

## 5.7 限速路段和限速值调整

**5.7.1** 一般限速路段的长度应符合本规范第5.2.2条的规定,或不宜小于0.25h设计速度行程长度。

**5.7.2** 特殊限速路段的长度不宜小于表5.7.2的规定。当相邻特殊限速路段间距小于或等于表5.7.2的规定时,宜合并。

**表5.7.2 特殊限速路段最小长度**

| 特定限速值(km/h) | 20 | 30 | 40 | 50 | 60 | 70 | 80 | 90 | ≥100 |
|---|---|---|---|---|---|---|---|---|---|
| 特殊限速路段最小长度(km) | 0.2 | 0.3[a] | 0.4[a] | 0.5 | 0.6 | 0.7 | 0.8[b] | 0.9[b] | 2.0 |

注:[a]学校区域特殊限速路段最小长度采用0.2km。
[b]高速公路特殊限速路段最小长度采用2.0km。

**5.7.3** 一般限速路段内的特殊限速路段总长度不宜大于一般限速路段总长度的15%~20%,否则宜采取下列措施:

1 对一般限速路段的划分进行调整;

2 对基本限速值进行调整;

3 采取工程措施,对公路行车条件进行改善。

**5.7.4** 对影响限速路段合理划分的特殊限速路段,应综合分析行车安全风险,论证用工程改造和其他安全改善措施代替设置特殊限速路段的可行性。

**5.7.5** 高速公路限速值不得超过120km/h。

**5.7.6**　限速值应为 10km/h 的整数倍。

**5.7.7**　相邻两个限速路段的限速值之差不应大于 20km/h。

**5.7.8**　公路互通式立体交叉主线、减速车道和出口匝道所设置的限速标志,相互之间限速值之差不宜大于 30km/h。

## 5.8　限速方式选择

**5.8.1**　限速方式选择时,应考虑公路技术等级、车道数、几何线形等技术指标和交通量、交通组成、运行速度等运行特征。

**5.8.2**　条件基本相同的限速路段宜采用相同的限速方式,其中特殊限速路段限速方式宜与其特征相符;学校区域、作业区可根据实际需求采用分时段限速方式;符合设置条件时,可设置可变限速标志或建议速度标志。

**5.8.3**　高速公路、一级公路限速方式应符合下列规定:

1　交通组成较单一的双向四车道高速公路、一级公路一般限速路段,宜采用单一限速方式,否则宜采用分车型限速方式,根据需要可设置大型车靠右标志;特殊限速路段可根据实际需要,采用单一限速方式或分车道与分车型组合限速等方式。

2　交通组成较单一的双向六车道高速公路、一级公路一般限速路段,宜采用单一限速方式,否则可在交通组成及交通流平衡分析的基础上,采用分车型限速或分车道与分车型组合限速等方式;特殊限速路段可根据实际需要,采用分车道与分车型组合限速方式。

3　双向八车道及以上高速公路、一级公路,宜采用分车道限速方式,或根据实际需要,采用分车道与分车型组合限速方式。

**5.8.4**　二、三、四级公路限速方式宜采用单一限速方式;设置慢车道的二级公路可采用分车道或分车型限速方式。

## 5.9　方案设计

**5.9.1**　应以交通工程论证结果为依据,通过文字、图表等形式说明全线双向一般限速路段、特殊限速路段的划分情况和对应的限速值、限速方式。

**5.9.2**　对技术指标不满足现行《公路工程技术标准》(JTG B01)和相关技术标准对应于核查设计标准规定,但经综合分析仍作为一般限速路段的路段,宜通过交通标志和标线等设施提醒驾驶人注意行车安全。

**5.9.3**　对采取工程改造和其他安全改善措施后可处理为一般限速路段的特殊限速路段,应提出具体改造和其他安全措施改善方案;无法处理为一般限速路段的特殊限速路段,宜提出公路限速标志与其他交通标志、交通标线(含彩色防滑标线)、减速丘等相关设施互相协调、配合使用的方案。

# 6 限速标志及相关设施设计

## 6.3 限速标志设置

**6.3.1** 高速公路和作为干线的一级公路应在主线入口加速车道渐变段终点后500m左右适当位置设置限速标志。

**6.3.2** 作为集散的一级公路限速标志的设置宜符合下列要求：

1 设置互通式立体交叉时,宜在主线入口加速车道渐变段终点后500m左右适当位置设置限速标志。

2 与作为干线的二级公路相交构成的平面交叉,宜在一级公路入口后100~200m的适当位置,或公路编号标志和地点距离标志之间的适当位置设置限速标志。示例见本规范附录C.0.1。

3 与作为集散的二级公路或三级公路相交构成的平面交叉,可在一级公路入口后100~200m的适当位置,或公路编号标志和地点距离标志之间的适当位置设置限速标志。示例见本规范附录C.0.2。

**6.3.3** 二、三、四级公路限速标志设置宜符合下列规定：

1 作为干线的二级公路与二级及以上公路相交构成的平面交叉,该公路入口后适当位置宜设置限速标志;与三级、四级公路相交构成的平面交叉,二级公路入口后适当位置可根据需要设置限速标志。示例见本规范附录C.0.3。

2 作为集散公路的二级、三级和四级公路,可根据需要在平面交叉入口后适当位置设置限速标志。

**6.3.4** 隧道限速标志宜设置在隧道入口前100~200m处,可根据需要与隧道限高标志合并设置。

**6.3.5** 特大桥限速标志宜设置在桥头前0~200m处。

**6.3.6** 学校区域限速标志宜设置在距学校区域起点前100~150m处。

**6.3.7** 高速公路、一级公路和作为干线的二级公路限速路段较长,在间隔0.25h设计速度行程长度无限速标志时,限速标志宜重复设置;其他公路可在间隔0.25h设计速度行程长度无限速标志时,根据限速标志的设置条件确定是否需要重复设置。

**6.3.8** 分级限速标志设置困难时,宜设置用于提醒车辆驾驶人前方有危险的警告标志,或行车安全提醒的告示标志。

**6.3.9** 限速标志的支撑形式应符合下列规定：

1 双车道公路宜设置柱式限速标志。

2 四、六车道公路采用单一限速或分车型限速方式时,宜设置柱式限速标志,根据需要可在中央分隔带同时设置;当交通量较大、大型车辆较多或存在其他因素影响柱式限速标志的视认性时,宜设置悬臂式或门架式限速标志。

3　八车道公路及采用分车道限速、分车道与分车型组合限速方式的六车道公路应设置门架式限速标志。

## 6.4　可变限速标志设置

**6.4.1**　限速路段符合下列条件之一时,可设置可变限速标志:

1　易受雾、雨、雪、风、沙尘、冰雹等特殊天气影响的路段;

2　夜间视距不良的路段;

3　容易发生特殊交通事件的路段。

**6.4.2**　当限速值固定的限速标志与可变限速标志显示信息不一致时,应以可变限速标志显示的限速值为准。

**6.4.3**　限速值固定的限速标志与可变限速标志不应设置在同一位置或间距较近。

**6.4.4**　可变限速标志显示的数字形式及颜色,应符合本规范和现行《道路交通标志和标线　第 2 部分:道路交通标志》(GB 5768.2)的规定。

## 6.5　建议速度标志设置

**6.5.1**　受限于公路几何线形条件、运行速度小于所在一般限速路段基本限速值,且长度较短、对其他车辆和行人不造成安全影响的路段,可设置建议速度标志。建议速度标志宜与其他警告标志联合使用或附加辅助标志,并应符合下列规定:

1　符合设置急弯路、反向弯路和连续弯路的警告标志设置条件时,可与警告标志联合设置,并设置于警告标志的下方。

2　纵坡坡度大于或等于 6% 的下坡路段前适当位置,可配合陡坡标志或连续下坡标志设置建议速度标志。

3　路面或桥面净宽缩减为 6m 以下的窄路、窄桥路段前适当位置,可配合窄路或窄桥标志设置建议速度标志。

4　路面颠簸路段、桥头跳车较严重的路段或减速丘前适当位置,可配合警告标志设置建议速度标志。

**6.5.2**　建议速度值应为 10km/h 的整数倍,应在交通工程论证的基础上确定。建议速度值不应超过设计速度值,并应小于所在一般限速路段的基本限速值。

**6.5.3**　连续弯路设置建议速度标志时,应在第一个曲线起点前设置连续弯路警告标志和建议速度标志,建议速度标志中显示最小圆曲线的建议速度。当连续弯路长度超过 1km 时,最小圆曲线前应单独设置建议速度标志。

**6.5.4**　设置建议速度标志的路段内不应设置限速标志。

# 二十八、公路环境保护设计规范

(JTG B04—2010)

## 1 总则

**1.0.1** 为确定公路工程建设项目环境保护设计原则和标准,提高公路环境保护设计质量和水平,促进可持续发展,制定本规范。

**1.0.2** 本规范结合我国多年来公路环境保护设计实践经验,依据现行《中华人民共和国环境保护法》、《中华人民共和国公路法》、《公路工程技术标准》(JTG B01)等有关法规标准制定。

**1.0.3** 本规范适用于新建、改(扩)建公路工程设计。高速公路、一级公路、二级公路和有特殊要求的公路工程项目必须进行环境保护设计,其他等级的公路可参照执行。

**1.0.4** 公路设计应树立全面、协调、可持续的科学发展观,体现安全、环保、舒适、和谐的设计理念。执行环境保护工程必须与主体工程同时设计、同时施工、同时投入使用的制度,遵守预防为主、保护优先、防治结合、综合治理的原则,实施各阶段的环境保护工作。

**1.0.5** 公路工程项目设计的各个阶段均应重视环境保护设计。在可行性研究阶段,应进行环境影响分析评价;在初步设计阶段,应落实环境影响评价文件提出的环境保护措施和水土保持方案;在施工图设计阶段,应根据初步设计审定意见做出环境保护工程设计。

**1.0.6** 环境保护设施应根据交通量增长情况,按照统一规划、分期实施的原则做好总体设计。各种环境保护设施应因地制宜,做到技术可行、经济合理。

**1.0.7** 高速公路、一级公路和二级公路的改(扩)建工程,应对原有工程的环境保护设施及改(扩)建过程中可能引发的环境问题进行分析评价,并提出相应对策。

**1.0.8** 公路环境保护投资应包括绿化和景观工程投资、噪声污染治理工程投资、污水处理工程投资、环境空气污染治理工程投资、水土保持工程投资及其他工程投资等。

**1.0.9** 公路工程建设项目环境保护设计除应符合本规范外,尚应符合国家现行有关标准的规定。

## 2 术语

**2.0.1** 施工期生活污水 sewage in construction

施工营地及施工管理区产生的生活污水。

**2.0.2** 声屏障的噪声插入损失　insertion loss of noise barrier

声屏障建造前后同一接收点的噪声级之差。

**2.0.3** 公路环境污染防治　contaminated prevention in highway environment

防治公路施工期、运营期的噪声、废气、污水、固体废弃物等对公路沿线环境污染的对策与措施。

**2.0.4** 公路建设水土保持　water and soil conservation in highway construction

在公路施工期的公路主体工程区域、取弃土场、临时工程等范围内预防和治理水土流失的综合性技术措施。

**2.0.5** 环境敏感点　sensitive area of environment

也称环境敏感区,包括需特殊保护地区、生态敏感与脆弱区和社会关注区等。

# 3　总体设计

## 3.1　一般规定

**3.1.1** 公路工程环境保护总体设计应结合工程项目自然环境、社会环境、交通需求、地区经济发展等工程建设条件,以保护沿线自然环境、维护生态平衡、防治水土流失、降低环境污染为宗旨,以环境敏感点为主,点、线、面相结合,确定环境保护总体设计原则和工程方案。

**3.1.2** 公路建设项目除工程方案因素比选外,还应对该地区相关环境敏感点进行深入调查,充分研究工程与环境的相互影响,论证不同公路路线方案给沿线环境带来的不同影响。

**3.1.3** 公路环境保护总体设计方案应根据环境质量标准、技术指标,结合项目沿线的自然环境、社会环境、生态环境等条件制订;公路环境保护总体设计应突出环境协调、技术先进、经济合理;环境保护设施应安全适用,便于养护。

**3.1.4** 公路环境保护总体设计应符合下列要求:

1　公路选线应结合地形条件,与自然环境融为一体;

2　公路构造物应结合区域环境进行设计,与周围环境相协调;

3　路线平、纵、横组合得当,线形均衡、行车安全,为用户提供良好的行车环境;

4　公路主体及沿线设施用地规模适当,保护土地资源,有利于社会环境协调发展;

5　防护措施合理、有效,防治水土流失,减少地质灾害对工程的影响;

6　落实环境影响评价文件中提出的各项措施,对施工与运营期可能产生的声、气、水等各种污染进行综合治理。

**3.1.5** 根据预测交通量和不同的保护对象而拟分期修建的环境保护设施,应按总体规划确定的各项技术指标制订分期修建方案。

## 3.2 设计要点

**3.2.1** 公路环境保护总体设计应着重分析以下影响因素:

1 路线及其相邻路网交通量增减变化所带来的噪声和废气的影响;

2 公路工程对沿线自然环境和农田水利设施的影响,公路施工和临时工程对水土保持的影响;

3 深路堑和高路堤对自然环境、边坡稳定和水土保持的影响;

4 在治理工程地质病害、开挖隧道等工程时,水文地质情况改变后对周围生态环境产生的影响;

5 桥梁墩台压缩河床对河道冲刷的影响;

6 公路工程对生态环境分割所带来的影响,包括湿地保护、地表径流、动物迁徙等;

7 路线布设与城镇规划、行政区划的相互配合及其影响;

8 公路对不可移动文物和风景区的影响;

9 路线与环境敏感点的距离及其影响。

**3.2.2** 公路应结合地形、地物条件,针对路线所处区域的不同环境特征和不同的环境保护对象,进行相应的技术方案比选。

1 在平原地区,公路环境保护设计的重点在于:

1)降低路基高度,保护土地资源;合理设置通道,减少公路对当地居民出行及景观的影响;

2)减少取土、弃土方式对土地利用方式、土壤耕作条件和农田水利排灌系统的影响;

3)减少路面汇水对养殖业水体的影响。

2 在地形条件复杂的山区,公路环境保护设计的重点在于:

1)重视桥隧方案的选用,减少高路堤和深路堑对自然景观、植被及地质条件的影响;

2)减少公路对珍稀动植物的影响;

3)重视路基开挖、取弃土对水土保持的影响;

4)严禁大爆破作业及乱挖、乱弃,预防诱发地质灾害;

5)注意路基开挖对受国家保护的不可移动文物等的影响;

6)注意隧道工程对当地原有水资源的影响。

3 绕城公路或接城市出入口公路环境保护设计的重点在于:

1)公路与城市规划的协调;

2)减少拆迁工程数量;

3)方便当地居民的出行;

4)选择、利用、创造、改善环境景观;

5)采取综合措施,降低交通噪声、废气、废水等对环境的污染。

**3.2.3** 公路线形设计应注重安全、环保、社会等因素,科学确定技术标准,合理运用技术指标,注重下列要点:

1　公路自身线形的协调、公路线形与结构物的协调及公路线形与环境的协调,公路平、纵线形组合满足汽车速度协调性的要求;

2　合理控制互通式立交规模,减少工程量和占地,合理运用互通式立交匝道指标,满足车流顺畅运行的要求。

**3.2.4**　路基路面设计应结合工程地质条件,因地制宜,就地取材,综合考虑下列因素:

1　合理选择路基高度,有条件时宜采用低路堤和浅路堑方案,路基边坡顺应自然;

2　重视路基及取弃土场范围内的表土保护与利用;

3　充分利用现有料场,新设料场应考虑其位置、开采方式、数量等对坡面植被、河水流向和水土保持等的影响;

4　弃方应集中堆弃,重视弃方的位置、数量等对自然环境的影响;

5　路基路面综合排水工程设施应自成体系,不得与当地排灌系统相互干扰;

6　路基防护形式应根据当地的自然条件合理选用,有条件时宜采用植物防护;水土流失严重或边坡稳定条件较差时,宜采用工程防护与植物防护相结合的方法,并重视表面植被防护。

**3.2.5**　公路交叉环境保护设计应根据公路网规划和相交公路状况,针对自然地形、地质条件以及社会环境等特点,结合公路交叉主体工程,综合考虑确定方案,并符合下列规定:

1　互通式立交设计应在满足公路交叉使用功能的同时,考虑交叉形式、布局的美观;立交区综合排水系统应与路线综合排水系统统一考虑;

2　互通式立交的匝道边坡宜放缓,设土质边沟或不设边沟,贴近自然,充分与环境协调;

3　互通式立交主线桥和匝道桥应进行上跨与下穿的方案比选;上跨主线结构物的跨径应合理布置,主线两侧宜设置边孔;合理确定桥上纵坡及桥头路基高度;

4　分离式立交桥的结构形式应考虑行车视距和视觉效果,与周围环境相协调。

**3.2.6**　桥隧环境保护设计应结合地质、水文、气象、地震等情况,考虑施工和运营环境进行多方案论证,并符合下列要求:

1　桥隧位置的选择应综合考虑接线设计,与周围山川、沟谷等自然景观协调;桥梁的导流设施应自然平顺;隧道洞口总体布置应贴近自然,洞门不宜过分进行人工化修饰;

2　隧址应避开或保护储水结构层和蓄水层,保护地下水径流和地表植被。

**3.2.7**　服务设施、管理设施的位置、规模应充分考虑人性化,结合自然景观合理确定。其设计应符合下列要求:

1　服务设施、管理设施的位置应避让饮用水源二级以上保护区;

2　服务区、停车区应合理布设,充分考虑驾乘人员的需求;

3　对生活污水、废弃物等应进行综合治理;

4　污染防治措施应进行多方案比选;

5　拟分期实施的防污染设施应综合论证并注意近期和远期有机结合;

6　结合区域路网、地形、景观和地域文化等环境进行景观设计。

## 3.3 设计内容

**3.3.1** 公路工程可行性研究应重视环境影响分析和地质灾害危险性分析工作。其设计内容如下：

1 通过广泛调查公路沿线的人口结构、经济发展、公共卫生、文化和基础设施、土地和矿产资源、旅游和文物古迹资源等社会环境状况，进行社会环境影响分析；

2 通过全面调查公路沿线野生动植物的种类、保护级别、分布概况、生长习性及演替规律等生态环境和水土保持状况，结合公路工程实际进行生态环境影响分析；

3 依据分段调查公路沿线的城镇、风景旅游区和名胜古迹及有关的环境敏感点分布状况，结合当地地形、地貌特点和既有工业污染源的排放特性进行环境空气影响分析；

4 通过重点调查公路沿线的学校、城乡居民聚居区和医院、疗养院及有关的环境敏感点分布状况，结合公路施工和运营等实际情况进行环境噪声影响分析；

5 通过深入调查公路沿线各种不良工程地质分布状况，结合公路工程涉及范围进行地质灾害危险性评价，编制水土保持方案。

**3.3.2** 公路工程初步设计应将环境保护要素作为方案比选论证的重要因素，落实环境影响评价文件和水土保持方案中提出的环境保护和水土保持的各项要求，合理确定路线方案。其设计内容如下：

1 依据公路沿线环境敏感点的位置、影响因素和影响范围，选择相应的保护措施和方案；

2 结合当地自然环境，因地制宜地进行公路绿化和景观设计；

3 根据声环境敏感点的性质进行噪声污染防治设计；

4 针对环境影响评价文件提出的环境保护措施和水土保持方案进行环境与公路工程的协调性论证，并落实减少或避免环境侵害的实施方案；

5 根据公路沿线设施的规模及排放标准提出经济合理的污水处理设计方案。

**3.3.3** 公路工程施工图设计应根据初步设计的审定方案进行环境保护的工程设计，把保护沿线自然环境、维护生态平衡、防治水土流失作为重要因素，在各专业设计中予以考虑和体现。其设计内容如下：

1 根据初步设计提出的环境保护措施和方案，按照公路沿线环境敏感点的特性，进行环境保护设施的施工图设计；

2 完成公路绿化和景观图设计，包括互通式立交和服务区等重点工点的施工图设计；

3 根据声环境敏感点的性质进行声屏障的施工图设计；

4 按照初步设计提出的环境保护措施和水土保持方案进行环境与公路工程的施工图设计；

5 根据初步设计方案进行污水处理施工图设计。

# 4　社会环境保护

## 4.1　一般规定

**4.1.1**　公路选线应体现以人为本,路线方案应征求沿线公众和地方政府意见,并结合当地城乡发展规划、国土规划等规划性文件,通过统筹规划、合理选线,促进沿线经济发展,满足沿线人员便利、安全、舒适出行的需求,实现对沿线社会环境的积极保护。

**4.1.2**　公路设计应调查、收集公路沿线行政区划、土地利用、基础设施、历史文化遗迹、生态与自然保护区、人文景观等社会环境现状,通过综合分析、论证提出社会环境保护目标及保护方案。

**4.1.3**　公路设计应了解当地的矿产资源分布和开采情况,尽量绕避露天采矿区;无法绕避时,应与矿产资源开采区保持一定的距离;未经国务院授权的部门批准,不得压覆重要矿床。

# 5　生态环境保护

## 5.1　一般规定

**5.1.1**　公路设计应调查公路沿线区域生态环境特征,分析研究当地野生动、植物习性及生长演替规律;对湿地、沙漠、戈壁、高寒等生态敏感与脆弱地区,应论证确定生态环境保护原则。

**5.1.2**　当公路对生态环境中的保护对象产生影响时,应结合受保护对象的特性提出保护方案,将不利影响减少到最低程度。

# 6　环境污染防治

## 6.1　一般规定

**6.1.1**　公路建设项目应主要防治下列环境污染:

1　公路交通噪声、施工作业噪声对声环境的污染;

2 公路搅拌站（场）的烟尘和施工扬尘、沿线设施内锅炉排污对环境空气的污染；

3 公路沿线设施内的生活污水、施工废水和工程废渣等对水环境的污染；

4 施工中的废弃物对景观环境的污染。

**6.1.2** 公路环境污染防治应主要针对以下环境敏感点：

1 声环境敏感点：学校、医院、疗养院、城乡居民聚居区和有特殊要求的地区；

2 环境空气敏感点：学校、医院、疗养院、城乡居民聚居区和有特殊要求的地区；

3 水环境敏感点：饮用水源保护区和有特殊要求的水体。

**6.1.3** 公路环境污染防治设计应符合以下规定：

1 以国家或地方污染物排放标准为设计依据；

2 依据环境影响评价文件确定的防治目标，提出技术经济合理的治理方案；

3 优先考虑调整线位，或利用地形、公路结构物减缓环境影响。

**6.1.4** 特殊环境问题的环境保护设计应符合以下规定：

1 公路到对交通振动、电磁辐射有特殊要求的环境敏感点以及危险化学品生产装置和储存设施等的距离，应符合国家现行的有关规定；

2 公路经过具有放射性污染源的区域时，环境保护设计应符合国家现行的有关规定。

# 7 绿化设计

## 7.1 一般规定

**7.1.1** 公路工程应根据自然环境、用地条件，结合水土保持和景观要求，因地制宜进行绿化设计。

**7.1.2** 公路工程应利用绿化缓解因修建公路给沿线带来的影响，有条件时应结合防护工程进行绿化设计，保护自然环境，改善景观。

**7.1.3** 公路绿化设计应根据车速与视点不断移动的特点，考虑动态视觉与心理效果，做到尽量与周围景观、自然环境相协调。

1 公路绿化应结合地形、地区的特点，尽量改善环境，协调景观，并注重服务区、管理区、隧道洞口的绿化设计；

2 以保护自然环境为目的的绿化设计，应充分结合地区特性、沿线条件进行；

3 公路绿化不得遮挡交通标志。

**7.1.4** 公路绿化常用物种应根据气候、土壤、防治污染的要求等立地条件和功能要求进行选择。其要求如下：

1 具有较强的抗污染和净化空气的功能；

2 具有苗期生长快、根系发达、能迅速稳定边坡的能力；

3　易繁殖、移植和管理,抗病虫害能力强;

4　能与附近的植被和景观协调;

5　应充分考虑植物的季相景观效果;

6　尽量采用乡土物种。

# 8　水土保持

## 8.1　一般规定

**8.1.1**　公路建设项目水土保持应贯彻“水土保持工程与公路主体工程相结合,主体工程与附属工程、临时工程并重,预防为主,综合治理,标本兼治,防治结合”的原则。

**8.1.2**　水土保持设施应合理布设,因地制宜,注重实效。

**8.1.3**　公路建设项目水土保持应兼顾施工期和运营期,突出施工期,注重近期与远期相结合。

**8.1.4**　应重视公路工程取、弃土场的绿化和复垦,弃土场应先挡后弃。

# 9　景观设计

## 9.1　一般规定

**9.1.1**　公路景观总体设计应考虑公路景观的动态视觉效果。

**9.1.2**　公路景观设计应综合考虑路线、构造物、排水防护工程、绿化、沿线设施等各项景观要素,协调路内景观与路外景观,使公路景观与沿线自然、人文景观和谐统一。

**9.1.3**　根据工程及沿线区域环境特征或行政区划等,可将公路划分为若干景观设计路段。

1　在各景观设计路段中,可选择典型构造物和沿线有特色的景物作为设计重点;公路景观设计应点、线、面兼顾,整体统一,使公路与沿线环境景观相协调;

2　各景观设计路段应充分结合工程和自然景观,特殊构造物宜具有一定的风格,且与地域景观协调一致。

**9.1.4**　公路上的各种人工构造物的造型与色彩,应考虑景观效果和使用者的视觉感受。

**9.1.5**　有条件时,可利用各种人工构造物和绿化改善公路景观。

# 二十九、公路项目安全性评价规范
(JTG B05—2015)

## 1 总则

**1.0.1** 为规范公路项目安全性评价,制定本规范。

**1.0.2** 本规范适用于实施公路项目安全性评价的高速公路、一级公路、二级公路和三级公路。

**1.0.3** 本规范适用于公路项目的工程可行性研究阶段、初步设计阶段、施工图设计阶段、交工阶段和后评价。

**1.0.4** 安全性评价代表车型应采用《公路工程技术标准》(JTG B01—2014)规定的设计车辆,并应考虑公路项目的实际交通组成情况。

**1.0.5** 公路项目安全性评价除应符合本规范的规定外,尚应符合国家和行业现行有关标准的规定。

## 2 术语

**2.0.1** 公路项目安全性评价 highway safety audit

从公路使用者的角度,按一定的评价程序,采用定性和定量的方法,对公路交通安全进行的全面、系统的分析与评价。在公路交通行业也称为公路安全性评价、交通安全评价、行车安全评价,或简称为安全性评价、安全评价、安全评估。

**2.0.2** 运行速度协调性 consistency of operating speed

评价线形设计一致性的指标,采用相邻路段运行速度差值,以及同一路段运行速度与设计速度差值进行评价。

**2.0.3** 安全检查清单 safety audit checklist

根据事故预防原理、设计标准以及公路安全工程经验等编制的安全检查表。

# 3　工程可行性研究阶段

## 3.1　一般规定

**3.1.1**　本阶段评价重点应为走廊带及工程方案对交通安全、社会和环境的影响。

**3.1.2**　新建公路应针对同深度比选的走廊带方案进行评价。

**3.1.3**　改扩建公路应分析既有公路交通安全特点,评价改扩建方案对交通安全的影响。

## 3.2　评价方法

**3.2.1**　本阶段宜采用经验分析法或安全检查清单进行评价。

**3.2.2**　改扩建公路对既有公路进行交通安全特点分析时,应符合本规范第 7.3 节和第 7.4节的有关规定。

## 3.3　评价内容

**3.3.1**　工程方案评价应符合下列规定:

1　应根据地形条件、交通组成等,评价工程建设对交通安全的影响。改扩建公路应评价改扩建后对交通安全的影响。

2　应根据预测交通量,评价路线起讫点与其他公路的连接方式、交通组织等对交通安全的影响。

3　应评价急弯陡坡、连续上坡、连续长陡下坡,路侧有悬崖、深谷、深沟、江河湖泊等危险路段对交通安全的影响。

4　应评价特大桥、特长隧道等大型构造物的选址、规模和安全运营需求等对交通安全的影响。

5　应根据路网条件、出入交通量及沿线城镇布局等,评价互通式立体交叉选址、形式,相邻互通式立体交叉之间,互通式立体交叉与隧道等大型构造物以及管理、服务设施之间关系等对交通安全的影响。

6　应根据地形条件、主线技术指标、相交公路状况、预测交通量等,评价平面交叉的选址、形式、交通组织及交叉口间距等对交通安全的影响。

7　应评价与项目交叉或临近的铁路、油气管道、高压输电线路等对交通安全的影响。

8　应根据穿越村镇、居民区、牧区、林区等情况,评价路侧干扰等对交通安全的影响。

9　改扩建公路在施工期间不中断交通或将主线交通量分流到相关道路时,应评价改扩建方案交通组织及采取的相应安全措施。

**3.3.2**　应根据降雨、冰冻、积雪、雾、侧风等自然气象条件,评价气象条件对交通安全的影响。

**3.3.3** 应评价在发生自然灾害或严重交通事故而造成交通中断时,路线方案与相关路网配合进行应急救援和紧急疏散的能力。

**3.3.4** 应根据动物活动区及动物迁徙路线,评价设置隔离栅或动物通道的必要性。

# 4 初步设计阶段

## 4.1 一般规定

**4.1.1** 本阶段评价重点应为路线方案及其技术指标的运用情况、结构物布设的合理性、交通工程及沿线设施建设规模的合理性等。

**4.1.2** 应进行总体评价、比选方案评价和设计要素评价。比选方案评价应针对各同深度比选方案进行,设计要素评价应针对推荐方案进行。

**4.1.3** 依据本规范对公路项目进行初步设计阶段安全性评价,《公路项目安全性评价报告》格式应符合本规范附录 A 的有关规定。

## 4.2 评价方法

**4.2.1** 比选方案评价宜采用经验分析法或安全检查清单等方法。

**4.2.2** 设计要素评价可采用运行速度协调性分析等方法。

## 4.5 设计要素评价

**4.5.1** 设计速度 80km/h 及以下的公路应进行运行速度协调性评价。运行速度协调性评价应符合下列规定:

1 运行速度协调性评价应包括相邻路段运行速度协调性评价和同一路段运行速度与设计速度协调性评价。

2 运行速度应按本规范附录 B 提供的方法进行预测,并应根据项目所在地区特点对计算模型进行参数标定。条件不具备时,相关参数可按本规范附录 B 取值。

3 相邻路段运行速度协调性采用相邻路段运行速度差值的绝对值 $|\Delta v_{85}|$ 及运行速度梯度的绝对值 $|\Delta I_v|$ 进行评价。相邻路段运行速度协调性评价标准应符合表 4.5.1的规定。

**表 4.5.1 相邻路段运行速度协调性评价标准**

| 相邻路段运行速度协调性 | 评 价 标 准 | 对策与建议 |
|---|---|---|
| 高速公路、一级公路 | | |
| 好 | $\|\Delta v_{85}\| < 10$km/h 且 $\|\Delta I_v\| \leq 10$km/(h·m) | |
| 较好 | 10km/h $\leq \|\Delta v_{85}\| < 20$km/h 且 $\|\Delta I_v\| \leq 10$km/(h·m) | 相邻路段为减速时,宜对相邻路段平纵面设计进行优化,或采取安全改善措施 |

续上表

| 相邻路段运行速度协调性 | 评价标准 | 对策与建议 |
|---|---|---|
| 不良 | $\|\Delta v_{85}\| \geqslant 20$km/h 或<br>$\|\Delta I_v\| > 10$km/(h·m) | 相邻路段为减速时,应调整相邻路段平纵面设计;当调整困难时,应采取安全改善措施 |
| 二级公路、三级公路 | | |
| 好 | $\|\Delta v_{85}\| < 20$km/h 且 $\|\Delta I_v\| \leqslant 15$km/(h·m) | |
| 不良 | $\|\Delta v_{85}\| \geqslant 20$km/h 或 $\|\Delta I_v\| > 15$km/(h·m) | 相邻路段为减速时,应调整相邻路段平纵面设计,或采取安全改善措施 |

4 运行速度与设计速度协调性采用同一路段运行速度与设计速度的差值进行评价。当差值大于20km/h时,应根据运行速度对该路段的相关技术指标进行评价。

5 改扩建公路应对新建路段与利用的既有路段整体考虑评价运行速度协调性。

**4.5.2** 路线评价应符合下列规定:

1 公路平面评价应符合下列规定:

1)应根据运行速度,对采用接近最小半径的圆曲线进行评价。

2)宜结合运行速度、视觉条件等,对回旋线参数及长度、曲线间直线长度、平曲线长度进行评价。

3)应对回头曲线前后线形的连续性和均衡性、回头曲线间距等进行评价。

4)宜对卵形曲线、复合曲线等特殊曲线进行评价。

2 视距评价应符合下列规定:

1)高速公路、一级公路应对停车视距进行评价;二级公路、三级公路应对停车视距、会车视距和超车视距进行评价。

2)高速公路、一级公路以及大型车比例较高的二级公路、三级公路,尚应采用货车的停车视距对相关路段进行评价。

3)宜采用运行速度对停车视距、会车视距、超车视距进行评价。

3 公路纵断面评价应符合下列规定:

1)应对连续上坡、连续下坡进行评价。

2)宜根据运行速度对采用接近最小半径或最小长度的竖曲线进行评价。

4 公路横断面评价应符合下列规定:

1)当横断面宽度、车道数等发生变化时,应对横断面过渡渐变段的设置位置、长度进行评价。

2)对连续上坡路段,应根据预测交通量及交通组成、服务水平、运行速度等对爬坡车道设置的必要性和设置位置进行评价。

3)对连续长陡下坡路段,应根据预测交通量及交通组成、地形条件、服务设施的分布情况等,对避险车道设置的必要性、设置位置和数量进行评价。

4)高速公路和一级公路右侧硬路肩宽度小于2.5m时,应对设置紧急停车带的有效长度、宽度、间距及其出入口过渡段进行评价。

5)非机动车和行人交通需求大的路段,宜对其路侧干扰情况、非机动车道和人行道设置情况进行评价。

6)非机动车、行人密集的公路和城市出入口的公路,宜评价混合交通对交通安全的影响。

5　改扩建公路尚应对主线分、合流的位置及其车道数平衡进行评价。

**4.5.6**　互通式立体交叉评价应符合下列规定:

1　应根据交叉公路地形、主线及被交道路平面和纵面线形指标,以及转向交通量等因素,对互通式立体交叉选址及形式进行评价。

2　应对互通式立体交叉之间的间距及互通式立体交叉与服务区、隧道、主线收费站等之间的间距进行评价。

3　应根据相交公路等级、转向交通量、地形条件、收费方式等,对互通式立体交叉出、入口形式进行评价。

4　当主线运行速度与设计速度差值大于20km/h时,应按运行速度对互通式立体交叉的视距、相邻出入口间距和加减速车道长度等进行评价。

5　可根据互通式立体交叉规模、交通量等,对通行能力和服务水平等进行评价。

6　改扩建公路的互通式立体交叉评价尚应符合下列规定:

1)拟新增互通式立体交叉时,应对新增互通式立体交叉与其他设施或构造物的间距进行评价。

2)改扩建互通式立体交叉时,应根据预测交通量、交通事故调查情况等,对改扩建方案进行评价。

**4.5.7**　平面交叉评价应符合下列规定:

1　应根据地形、主线平面和纵面线形、路网布局及交叉公路状况等,对平面交叉位置及间距进行评价。间距较小的平面交叉尚应对合并设置的可行性进行评价。

2　应根据转向交通量大小、交叉公路等级、交通管理方式以及相邻道路的分布情况等,对平面交叉的形式进行评价。

3　应按运行速度对采取的速度控制和交通管理措施进行评价。

4　应结合交通管理方式和运行速度,对平面交叉通视三角区的通视情况进行评价。

# 5　施工图设计阶段

## 5.1　一般规定

**5.1.1**　本阶段评价重点应为交通工程及沿线设施的设置情况等。

**5.1.2**　应进行总体评价和设计要素评价。

**5.1.3**　改扩建公路尚应评价施工期间的交通组织设计对交通安全的影响。

**5.1.4**　对采用一阶段施工图设计的公路项目或初步设计阶段未进行安全性评价的公路项目,设计要素评价应按本规范第 4.5 节的有关规定执行,并符合本章有关规定。

**5.1.5**　依据本规范对公路项目进行施工图设计阶段安全性评价,《公路项目安全性评价报告》格式应符合本规范附录 A 的有关规定。

## 5.2　评价方法

**5.2.1**　本阶段宜采用运行速度协调性分析、安全检查清单等评价方法。

**5.2.2**　对复杂项目、复杂路段,可采用驾驶模拟方法对线形设计协调性、交通安全设施等进行评价。

## 5.4　设计要素评价

**5.4.1**　路线评价应符合下列规定:

1　超高设计评价应符合下列规定:

1)在圆曲线半径不变的前提下,应按运行速度对采用的超高值进行评价。

2)应根据公路等级、区域气候条件以及交通组成等因素,对采用的最大超高值进行评价。

3)大型车比例较高的公路,应考虑不同车型间的速度差,以及大坡度下坡对超高值的影响,对采用的超高值进行评价。

2　设置圆曲线加宽时,应根据交通组成对加宽值和加宽形式进行评价。

3　应根据气候条件、地形条件和交通组成,采用运行速度对公路合成坡度进行评价。

4　对设计有爬坡车道的路段,应对爬坡车道的长度、宽度、紧急停车带的位置和数量,以及相关标志、标线等内容进行评价。

5　对设计有避险车道的路段,应对其设置位置、数量和间距进行评价,并对避险车道的引道、平面线形、纵面线形、横断面宽度、长度和坡度、制动坡床材料、排水、端部处理以及交通安全设施和管理设施等进行评价。

6　改扩建公路评价尚应符合下列规定:

1)对利用既有公路,但行驶方向发生改变的路段,应根据实际的线形指标,分析利用原超高值的合理性,并对采取的安全措施进行评价。

2)采用单侧拼宽时,应对车道转换带位置、长度及其交通工程设施等进行评价。

**5.4.5**　互通式立体交叉评价应符合下列规定:

1　应评价出口匝道分流鼻端至匝道控制曲线起点路段的长度,及其平曲线半径对交通安全的影响。

2　应对匝道运行速度协调性进行评价。相邻路段运行速度差值的绝对值或匝道控制曲线处运行速度预测值与匝道设计速度之差大于 20km/h 时,协调性不良。

3　视距评价应符合下列规定:

1)宜根据运行速度对匝道基本路段的视距进行评价。

2)应根据运行速度,对分流鼻端、合流鼻端的通视情况进行评价。

4 匝道出、入口评价应符合下列规定:

1)应根据运行速度,对主线的相邻出口或入口之间、匝道的相邻出口或入口之间、主线的出口至前方相邻入口之间的距离进行评价。

2)应根据主线运行速度以及匝道车道数、主线纵坡,对加(减)速车道长度进行评价。

5 宜对改扩建公路的匝道运行速度协调性进行评价。

**5.4.6** 平面交叉评价应符合下列规定:

1 宜对平面交叉设置的变速车道和转弯附加车道进行评价。

1)变速车道宜按运行速度、交叉角度等,对其长度、宽度、纵坡,以及渐变段的宽度、长度等几何设计指标进行评价。

2)宜根据平面交叉交通管理方式,按运行速度对左转弯附加车道长度和右转弯车道半径进行评价。

2 宜根据公路等级及交通量等,对渠化设计中各方向车道数的合理性进行评价。

3 宜对平面交叉采用的交通管理方式进行评价。

# 6 交工阶段

## 6.1 一般规定

**6.1.1** 本阶段评价重点应为通车前交通工程及沿线设施的设置情况。

**6.1.2** 本阶段安全性评价应在工程质量验收合格的前提下,进行总体评价和公路安全状况评价。

**6.1.3** 依据本规范对公路项目交工阶段进行安全性评价,《公路项目安全性评价报告》格式应符合本规范附录A的有关规定。

## 6.2 评价方法

**6.2.1** 公路安全状况评价应进行公路现场踏勘和实地驾驶,宜采用安全检查清单等方法进行评价。

## 6.4 公路安全状况评价

**6.4.1** 路线评价应符合下列规定:

1 应根据实地驾驶状况,对路线平、纵线形的连续性和协调性以及横断面过渡的顺畅性进行评价。

2　应根据实地驾驶状况,对公路平面、纵断面视距进行评价。

**6.4.5**　互通式立体交叉评价应符合下列规定:

1　应根据实地驾驶状况,对分、合流鼻端的通视情况,以及加(减)速车道长度、匝道的速度协调性进行评价。

2　应根据实地驾驶状况,对互通式立体交叉出口标志信息进行评价。

**6.4.6**　平面交叉评价应符合下列规定:

1　应根据实地驾驶状况,对通视三角区的通视情况进行评价。

2　应对交通管理方式及交通组织措施进行评价。

3　应对与行人和非机动车相关的标志、标线等交通安全设施进行评价。

# 7　后评价

## 7.1　一般规定

**7.1.1**　本章条文适用于公路建设项目后评价中的交通安全评价,也适用于通车后公路安全状况发生较大变化,或竣工验收、大中修、改扩建时的安全性评价。

**7.1.2**　评价重点应为公路设施、交通量及交通组成、路网环境、路侧环境等的现状对公路交通安全的影响。

**7.1.3**　应进行总体评价和公路安全状况评价。

**7.1.4**　总体评价应在调研和资料收集的基础上,进行交通事故分析;公路安全状况评价应进行公路现场调查、速度观测与评价,提出安全改进建议和对策。

**7.1.5**　依据本规范对公路项目进行后评价,《公路项目安全性评价报告》格式应符合本规范附录 A 的有关规定。

## 7.2　评价方法

**7.2.1**　总体评价宜采用交通事故统计分析、问卷调查等方法。

**7.2.2**　公路安全状况评价宜采用安全检查清单、断面速度现场观测等方法。

## 7.4　公路安全状况评价

**7.4.1**　应进行公路安全状况现场调查。现场调查应符合下列规定:

1　应沿公路双方向进行连续摄像或拍照,对公路状况进行记录。

2　应重点调查事故频发路段。

3　事故频发路段或拟进行速度控制的路段应进行断面速度现场观测。

4　一级公路、二级公路、三级公路,应对行人和非机动车等路侧干扰情况进行调查。

**7.4.2**　路线评价应符合下列规定:

1　应根据现场观测数据确定代表车型的运行速度,评价运行速度与设计速度协调性。

2　应根据实地驾驶状况对平、纵面线形的连续性和视距进行评价。

3　二级公路、三级公路,应根据实际的交通组成对小半径圆曲线路段的加宽值进行评价。

**7.4.6**　互通式立体交叉评价应符合下列规定:

1　应对互通式立体交叉之间,以及互通式立体交叉与服务区、停车区、隧道等的间距进行评价。

2　应根据实地驾驶状况和运行速度,对分、合流鼻端的通视情况进行评价。

3　应根据实地驾驶状况和运行速度,评价出口匝道分流鼻端至匝道控制曲线起点路段的长度和速度过渡对交通安全的影响。

4　应对车道数平衡,以及变速车道、辅助车道、交织区长度进行评价。

5　应根据实地驾驶状况,对互通式立体交叉出口标志信息进行评价。

**7.4.7**　平面交叉评价应符合下列规定:

1　应通过现场观测,评价平面交叉的位置、形式、交叉角度、间距等对交通安全的影响。

2　应结合运行速度,对通视三角区的通视情况进行检查和评价。

3　应对交通渠化设施,以及与行人和非机动车相关的标志、标线等交通安全设施进行评价。

4　宜根据相交公路等级、直行和转弯车辆比例、历史交通事故情况等,对转弯车道和附加车道进行评价。

5　宜根据平面交叉转向交通量和现场条件,对采用的交通管理方式及交通组织措施进行评价。

# 附录 B　运行速度计算方法

## B.1　一般规定

**B.1.1**　初步设计阶段和施工图设计阶段公路运行速度预测所采用的代表车型应符合表 B.1.1 的规定。

**表 B.1.1　运行速度代表车型**

| 车　型 | 高速公路、一级公路 | 二级公路、三级公路 |
|---|---|---|
| 小型车 | 轴距≤7m 且比功率 > 15kW/t | 轴距≤3.5m |
| 大型车 | 轴距 > 7m 或比功率≤15kW/t | 轴距 > 3.5m |

## B.2　高速公路运行速度

**B.2.1**　分析单元划分宜符合下列规定：

1　宜将公路划分为平直路段、平曲线路段、纵坡路段、弯坡组合路段、隧道路段和互通式立体交叉路段等分析单元。

2　平直路段、纵坡路段、弯坡组合路段划分宜符合表 B.2.1 的规定。

**表 B.2.1　分析单元划分原则**

| 车　型 | 纵　断　面 | 平　面 | |
|---|---|---|---|
| | | 圆曲线半径 > 1 000m | 圆曲线半径≤1 000m |
| 小型车或大型车 | 坡度 < 3% | 长度 > 200m 平直路段<br>长度≤200m 短平直路段 | 平曲线路段 |
| | 坡度≥3% | 纵坡路段 | 弯坡组合路段 |

3　隧道路段宜为驶入隧道洞口前 200m 至驶出隧道洞口后 100m。

4　互通式立体交叉区主线路段宜为减速车道渐变段起点至加速车道渐变段终点，匝道路段宜为匝道与主线连接点到匝道终点。

**B.2.2**　小型车或大型车的初始运行速度 $v_0$、期望速度 $v_e$、最低运行速度 $v_{min}$ 和加速度 $a$ 宜符合下列规定：

1　初始运行速度 $v_0$ 宜根据设计速度按表 B.2.2-1 确定。

**表 B.2.2-1　初始运行速度(km/h)**

| 设计速度 | | 120 | 100 | 80 | 60 |
|---|---|---|---|---|---|
| 初始运行速度 $v_0$ | 小型车 | 120 | 100 | 80 | 60 |
| | 大型车 | 80 | 75 | 65 | 50 |

2　期望速度 $v_e$ 宜按表 B.2.2-2 确定。

**表 B.2.2-2　期望速度(km/h)**

| 设计速度 | | 100 或 120 | 80 | 60 |
|---|---|---|---|---|
| 期望速度 $v_e$ | 小型车 | 120 | 110 | 90 |
| | 大型车 | 80 | 80 | 75 |

3　推荐加速度 $a$ 宜按表 B.2.2-3 确定。

**表 B.2.2-3　推荐加速度($m/s^2$)**

| 车　型 | $a_{min}$ | $a_{max}$ |
|---|---|---|
| 小型车 | 0.15 | 0.50 |
| 大型车 | 0.20 | 0.25 |

4 小型车最低运行速度不宜低于50km/h,大型车最低运行速度不宜低于30km/h。

**B.2.3** 平直路段运行速度预测宜符合下列规定:

1 当分段后的平直路段长度大于200m时,平直路段终点的运行速度模型宜按式(B.2.3-1)确定。

$$v_{out} = 3.6\sqrt{\left(\frac{v_{in}}{3.6}\right)^2 + 2as} \qquad (B.2.3\text{-}1)$$

式中:$v_{out}$——平直路段终点速度(km/h);

$v_{in}$——平直路段起点速度(km/h);

$s$——平直路段长度(m);

$a$——车辆加速度(m/s²),按式(B.2.3-2)计算:

$$a = a_{min} + (a_{max} - a_{min})\left(1 - \frac{v_{in}}{v_e}\right) \qquad (B.2.3\text{-}2)$$

$a_{max}$——最大加速度(m/s²);

$a_{min}$——最小加速度(m/s²);

$v_e$——期望速度(km/h)。

2 当分段后的平直路段长度不大于200m时,宜视为短平直路段。该路段起终点的运行速度保持不变。

**B.2.4** 平曲线路段运行速度预测宜符合下列规定:

1 宜确定平曲线连接形式,其形式分为入口直线—曲线、入口曲线—曲线、出口曲线—直线、出口曲线—曲线。

2 宜从曲中点分段,分别对曲中点和曲线出口的运行速度进行预测。

3 曲中点和曲线出口运行速度宜按表B.2.4中模型预测。

**表B.2.4 平曲线路段运行速度预测模型**

| 平曲线连接形式 | 车型 | 预测模型 |
|---|---|---|
| 入口直线—曲线 | 小型车 | $v_{middle} = -24.212 + 0.834v_{in} + 5.729\ln R_{now}$ |
| | 大型车 | $v_{middle} = -9.432 + 0.963v_{in} + 1.522\ln R_{now}$ |
| 入口曲线—曲线 | 小型车 | $v_{middle} = 1.277 + 0.942v_{in} + 6.19\ln R_{now} - 5.959\ln R_{back}$ |
| | 大型车 | $v_{middle} = -24.472 + 0.990v_{in} + 3.629\ln R_{now}$ |
| 出口曲线—直线 | 小型车 | $v_{out} = 11.946 + 0.908v_{middle}$ |
| | 大型车 | $v_{out} = 5.217 + 0.926v_{middle}$ |
| 出口曲线—曲线 | 小型车 | $v_{out} = -11.299 + 0.936v_{middle} - 2.060\ln R_{now} + 5.203\ln R_{front}$ |
| | 大型车 | $v_{out} = 5.899 + 0.925v_{middle} - 1.005\ln R_{now} + 0.329\ln R_{front}$ |

注:1. $v_{middle}$为曲中点运行速度(km/h)。
2. $v_{out}$为曲线出口运行速度(km/h)。
3. $R_{front}$为即将驶入的曲线半径(m)。
4. $R_{now}$为所在曲线半径(m)。
5. $R_{back}$为驶入所在曲线前的曲线半径(m)。

**B.2.5** 纵坡路段终点的运行速度宜按表B.2.5模型折算。

**表 B.2.5　纵坡路段运行速度折算模型**

| 纵坡 | | 运行速度调整值 | |
|---|---|---|---|
| | | 小型车 | 大型车 |
| 上坡 | 坡度≥3%且≤4% | 每 1 000m 降低 5km/h,直至最低运行速度 | 每 1 000m 降低 10km/h,直至最低运行速度 |
| | 坡度>4% | 每 1 000m 降低 8km/h,直至最低运行速度 | 每 1 000m 降低 20km/h,直至最低运行速度 |
| 下坡 | 坡度≥3%且≤4% | 每 500m 增加 10km/h,直至期望速度 | 每 500m 增加 7.5km/h,直至期望速度 |
| | 坡度>4% | 每 500m 增加 20km/h,直至期望速度 | 每 500m 增加 15km/h,直至期望速度 |

**B.2.6**　弯坡组合路段运行速度预测宜符合下列规定:

1　宜根据前后线形衔接方式确定弯坡组合形式,其形式分为入口直线—曲线、入口曲线—曲线、出口曲线—直线、出口曲线—曲线。

2　宜从圆曲线曲中点分段,分别对曲中点和曲线出口的运行速度进行预测。

3　曲中点和曲线出口运行速度宜按表 B.2.6 中模型预测。

**表 B.2.6　弯坡组合路段运行速度预测模型**

| 弯坡组合形式 | 车型 | 预测模型 |
|---|---|---|
| 入口直线—曲线 | 小型车 | $v_{middle}=-31.67+0.547v_{in}+11.71\ln R_{now}-0.176I_{now1}$ |
| | 大型车 | $v_{middle}=1.782+0.859v_{in}-0.51I_{now1}+1.196\ln R_{now}$ |
| 入口曲线—曲线 | 小型车 | $v_{middle}=0.750+0.802v_{in}+2.717\ln R_{now}-0.281I_{now1}$ |
| | 大型车 | $v_{middle}=1.798+0.248\ln R_{now}+0.977v_{in}-0.133I_{now1}+0.23\ln R_{back}$ |
| 出口曲线—直线 | 小型车 | $v_{out}=27.294+0.720v_{middle}-1.444I_{now2}$ |
| | 大型车 | $v_{out}=13.490+0.797v_{middle}-0.6971I_{now2}$ |
| 出口曲线—曲线 | 小型车 | $v_{out}=1.819+0.839v_{middle}+1.427\ln R_{now}+0.782\ln R_{front}-0.48I_{now2}$ |
| | 大型车 | $v_{out}=26.837+0.109\ln R_{front}-3.039\ln R_{now}-0.594I_{now2}+0.830v_{middle}$ |

注:1. 表中 $R\in[250,1\,000]$,且 $I\in[3\%,6\%]$。

2. $v_{in}$、$v_{middle}$、$v_{out}$ 为曲线入口运行速度、曲中点运行速度、曲线出口运行速度(km/h)。

3. $R_{back}$、$R_{now}$、$R_{front}$ 为驶入所在曲线前的曲线半径、所在曲线半径、即将驶入的曲线半径(m)。

4. $I_{now1}$、$I_{now2}$ 为曲线前后两段的不同坡度(%),上坡为正、下坡为负。将带正负号但不带百分号的坡度值代入公式,如上坡“4%”代入数值“4”,下坡“-4%”代入数值“-4”。

5. 若前半段或后半段含有两个不同纵坡值,则取纵坡坡度加权平均值代入公式。

**B.2.7**　隧道路段运行速度宜按表 B.2.7 中模型预测。

**表 B.2.7　隧道路段运行速度预测模型**

| 车型 | 特征点 | 预测模型 |
|---|---|---|
| 小型车 | 隧道洞口 | $v_1=0.99v_{in}-11.07$ |
| | 隧道内 | $v_2=0.81v_{in}+8.22$ |
| | 驶出隧道洞口后 100m | $v_3=0.74v_{in}+16.43$ |
| 大型车 | 隧道洞口 | $v_1=0.98v_{in}-6.56$ |
| | 隧道内 | $v_2=0.85v_{in}+3.89$ |
| | 驶出隧道洞口后 100m | $v_3=0.45v_{in}+42.61$ |

注:表中 $v_{in}$ 为距离驶入隧道洞口 200m 衔接路段单元的速度(km/h)。除短隧道按照短平直路段计算外,其他隧道均按上述模型计算。相邻隧道出口与入口间距小于 200m 的隧道群,可视为同一个隧道路段。

**B. 2. 8** 互通式立体交叉区运行速度预测宜符合下列规定:

1 主线路段运行速度宜在不考虑划分互通式立体交叉分析单元之前的运行速度预测基础上,按表 B. 2. 8 进行折减。

**表 B. 2. 8 互通式立体交叉主线路段运行速度折减值**

| 车型 | 小型车 | 大型车 |
|---|---|---|
| 最大折减值(km/h) | -8 | -5 |

2 匝道路段运行速度宜根据项目所在地区类似公路项目观测确定,或按本规范第 B. 4. 5 条 ~ 第 B. 4. 8 条的有关规定执行。匝道路段的初始运行速度宜采用分流鼻端通过速度。

## B. 3 一级公路运行速度

**B. 3. 1** 作为干线公路的一级公路运行速度预测宜符合下列规定:

1 无平面交叉口、无路侧干扰、类似全部控制出入的路段,运行速度预测可按本规范第 B. 2 节高速公路的有关规定执行。

2 有平面交叉口、有路侧干扰、部分控制出入的路段,宜观测项目所在地区类似公路受到平面交叉口的影响,对运行速度预测结果进行修正,或按本规范第 B. 3. 2 条的规定确定。

**B. 3. 2** 作为集散公路的一级公路运行速度预测宜符合下列规定:

1 按本规范第 B. 2 节高速公路的有关规定预测分析单元的运行速度。

2 宜根据路侧干扰和平面交叉口密度情况,并按本规范第 B. 3. 3 条和第 B. 3. 4 条的规定,对分析单元运行速度进行修正。

**B. 3. 3** 宜根据路侧干扰情况对分析单元运行速度进行修正,并应符合下列规定:

1 路侧干扰应分析行人、非机动车、摩托车、农用车等交通流对主线小型车和大型车的干扰。

2 宜用路侧冲突等级来量化路侧冲突的严重程度,并按表 B. 3. 3-1 确定路侧冲突等级对运行速度的影响。宜根据分析单元的路侧冲突等级,乘以表 B. 3. 3-1 中相应的影响系数对运行速度进行修正。

**表 B. 3. 3-1 路侧干扰等级对运行速度的影响系数表**

| 路侧冲突等级 | 影 响 系 数 | 路侧冲突等级 | 影 响 系 数 |
|---|---|---|---|
| 0 | 1. 00 | 2 | 0. 82 |
| 1 | 0. 91 | 3 | 0. 73 |

3 路侧冲突等级宜按表 B. 3. 3-2 对应的路侧冲突因素加权值 *FRIC* 确定。

**表 B. 3. 3-2 路侧冲突等级分级表**

| 路侧冲突等级 | *FRIC* | 公路两侧用地性质通常情况说明 |
|---|---|---|
| 0 | $0 < FRIC \leq 50$ | 两侧为农田或山体峡谷等 |
| 1 | $50 < FRIC \leq 100$ | 有稀落的农舍,少量行人出入等 |

续上表

| 路侧冲突等级 | FRIC | 公路两侧用地性质通常情况说明 |
|---|---|---|
| 2 | 100 < FRIC≤150 | 有少量行人、车辆出入,有加油站、小店铺等 |
| 3 | FRIC≥150 | 路侧街道化严重,存在居民区、商业中心等,出入行人和车辆较多等 |

4　路侧冲突因素加权值 *FRIC* 表示单位时间内观测断面发生的路侧冲突加权值。路侧冲突因素加权值 *FRIC* 可按式(B. 3. 3)确定。

$$FRIC = 0.129bic + 0.164psv + 0.185tra + 0.148ped + 0.171smv + 0202mot \tag{B. 3. 3}$$

式中:*bic*——自行车数量(辆/h);

*psv*——路侧停车数量(辆/h);

*tra*——慢行车辆(拖拉机等农用车辆)数量(辆/h);

*ped*——行人数量(人/h);

*smv*——电动自行车数量(辆/h);

*mot*——摩托车数量(辆/h)。

**B. 3. 4**　宜根据当量化平面交叉口密度情况对分析单元运行速度进行修正,并宜符合下列规定:

1　宜按表 B. 3. 4-1 确定当量化平面交叉口密度对运行速度的影响。宜根据分析单元的当量化平面交叉口密度,乘以表 B. 3. 4-1 中相应的影响系数对运行速度进行修正。

**表 B. 3. 4-1　当量化平面交叉口密度对运行速度的影响系数表**

| 当量化平面交叉口密度 $d$ (个/km) | 影响系数 | | |
|---|---|---|---|
| | $v_{85} \geq 100$km/h | $80 \leq v_{85} < 100$km/h | $60 \leq v_{85} < 80$km/h |
| $0 < d \leq 1.0$ | 0. 99 | 0. 99 | 1. 00 |
| $1.0 < d \leq 2.5$ | 0. 98 | 0. 98 | 0. 99 |
| $2.5 < d \leq 5.0$ | 0. 95 | 0. 96 | 0. 97 |
| $d > 5.0$ | 0. 90 | 0. 92 | 0. 94 |

2　当量化平面交叉口密度为分析单元内当量化平面交叉口个数之和除以分析单元长度。

3　当量化平面交叉口个数宜根据进入平面交叉口的支路机动车交通量,按表 B. 3. 4-2进行折算。

**表 B. 3. 4-2　平面交叉口折算系数**

| 支路机动车交通量 *vol*(veh/h) | 平面交叉口折算系数 |
|---|---|
| *vol*≤30 | 0. 5 |
| 30 < *vol*≤70 | 1. 0 |
| 70 < *vol*≤150 | 2. 0 |
| *vol* > 150 | 3. 0 |

## B.4 二级公路、三级公路运行速度

**B.4.1** 设计速度40km/h及以上的二级公路、三级公路、互通式立体交叉匝道路段运行速度预测宜符合本节的有关规定。当设计速度小于40km/h时,宜根据项目所在地区类似公路建立模型或对本节运行速度预测模型进行修正。

**B.4.2** 分析单元划分宜符合下列规定:

1 宜将公路划分为平直路段、平曲线路段、纵坡路段、弯坡组合路段、隧道路段等分析单元。

2 平直路段、平曲线路段、纵坡路段、弯坡组合路段划分宜符合表B.4.2的规定。

3 隧道路段宜为驶入隧道洞口前200m至驶出隧道洞口后100m。

**表B.4.2 分析单元划分原则**

| 车型 | 纵断面 | 平面 | |
|---|---|---|---|
| | | 圆曲线半径>600m | 圆曲线半径≤600m |
| 小型车或大型车 | 坡度<3% | 长度>100m平直路段;<br>长度≤100m短平直路段 | 平曲线路段 |
| | 坡度≥3% | 纵坡路段 | 弯坡组合路段 |

**B.4.3** 分析单元运行速度预测宜符合下列规定:

1 平直路段、平曲线路段、纵坡路段、弯坡组合路段的运行速度宜按本规范第B.4.5条~第B.4.8条相应的模型进行预测。

2 平直路段、平曲线路段、纵坡路段、弯坡组合路段分析单元的运行速度尚宜根据路侧净区宽度、平面交叉口密度、路侧干扰情况,按本规范第B.4.9条~第B.4.11条进行修正。

3 隧道路段的运行速度宜根据项目所在地区类似公路实际观测结果确定,或按公路项目的设计速度计算。

**B.4.4** 小型车或大型车的初始运行速度 $v_0$、期望速度 $v_e$、最低运行速度 $v_{min}$ 和加速度 $a$ 宜符合下列规定:

1 初始运行速度 $v_0$ 宜按表B.4.4-1确定。

**表B.4.4-1 初始运行速度(km/h)**

| 设计速度 | | 80 | 60 | 40 |
|---|---|---|---|---|
| 初始运行速度 $v_0$ | 小型车 | 80 | 60 | 40 |
| | 大型车 | 60 | 40 | 30 |

2 期望速度 $v_e$ 宜按表B.4.4-2确定。

**表 B.4.4-2 期 望 速 度(km/h)**

| 设计速度 | | 80 | 60 | 40 |
|---|---|---|---|---|
| 期望速度 $v_e$ | 小型车 | 105 | 85 | 65 |
| | 大型车 | 75 | 70 | 50 |

3 推荐加速度 $a$ 宜按表 B.4.4-3 确定。

**表 B.4.4-3 推荐加速度($m/s^2$)**

| 车 型 | $a_{min}$ | $a_{max}$ |
|---|---|---|
| 小型车 | 0.15 | 0.50 |
| 大型车 | 0.20 | 0.25 |

4 小型车最低运行速度 $v_{min}$ 不宜低于 30km/h,大型车最低运行速度 $v_{min}$ 不宜低于 15km/h。

**B.4.5** 平直路段运行速度预测宜符合本规范第 B.2.3 条的有关规定。

**B.4.6** 平曲线路段的运行速度预测宜符合下列规定:

1 宜从曲中点分段,分别对曲中点和曲线出口的运行速度进行预测。

2 曲中点和曲线出口运行速度宜按表 B.4.6 中模型预测。

**表 B.4.6 平曲线路段运行速度预测模型**

| 特 征 点 | 车 型 | 预 测 模 型 |
|---|---|---|
| 曲中点 | 小型车 | $v_{middle} = -244.123 + 0.6v_{in} + 40\ln(R_{now} + 500)$ |
| | 大型车 | $v_{middle} = -80.179 + 0.7v_{in} + 15\ln(R_{now} + 250)$ |
| 曲线出口 | 小型车 | $v_{out} = -183.092 + 0.7v_{middle} + 30\ln(R_{front} + 500)$ |
| | 大型车 | $v_{out} = -53.453 + 0.8v_{middle} + 10\ln(R_{front} + 250)$ |

注:1. $v_{in}$ 为曲线入口运行速度(km/h);$v_{middle}$ 为曲中点运行速度(km/h);$v_{out}$ 为曲线出口运行速度(km/h)。

2. $R_{now}$ 为所在曲线半径(m);$R_{front}$ 为即将驶入的曲线半径(m),当前方为直线时,取 $R_{front}=600$m。

3. 小型车若 $R_{front} > 5R_{now}$,则按 $R_{front} = 5R_{now}$ 取值;大型车若 $R_{front} > 4R_{now}$,则按 $R_{front} = 4R_{now}$ 取值。

**B.4.7** 纵坡路段终点的运行速度宜按表 B.4.7 中模型预测。

**表 B.4.7 纵坡路段运行速度折算模型**

| 纵 坡 | | 运行速度调整值 | |
|---|---|---|---|
| | | 小型车 | 大型车 |
| 上坡 | 坡度≥3%且≤4% | 每 1 000m 降低 5km/h,直至最低运行速度 | 每 1 000m 降低 10km/h,直至最低运行速度 |
| | 坡度 >4% | 每 1 000m 降低 8km/h,直至最低运行速度 | 每 1 000m 降低 20km/h,直至最低运行速度 |
| 下坡 | 坡度≥3%且≤4% | 每 500m 增加 10km/h,直至期望速度 | 每 500m 增加 7.5km/h,直至期望速度 |
| | 坡度 >4% | 每 500m 增加 20km/h,直至期望速度 | 每 500m 增加 15km/h,直至期望速度 |

**B.4.8** 弯坡组合路段运行速度预测宜符合下列规定:

1 宜从圆曲线的曲中点分开,分别对弯坡组合路段曲中点和曲线出口运行速度进行预测。

2　宜根据前后线形衔接方式确定弯坡组合形式,其形式分为弯坡前半段上坡、弯坡前半段下坡、弯坡后半段上坡、弯坡后半段下坡。

3　弯坡组合路段曲中点和曲线出口运行速度宜按表 B.4.8 中模型预测。

**表 B.4.8　弯坡组合路段运行速度预测模型**

| 弯坡组合形式 | | 车型 | 预测模型 |
|---|---|---|---|
| 曲中点 | 前半段上坡 | 小型车 | $v_{middle}=-244.123+0.6v_{in}+40\ln(R_{now}+500)-\frac{(600-R_{now})(i_1-3)}{600}-0.324i_2$ |
| | | 大型车 | $v_{middle}=-80.179+0.7v_{in}+15\ln(R_{now}+250)-\frac{1.2(600-R_{now})(i_1-2)}{600}-0.106i_2$ |
| | 前半段下坡 | 小型车 | $v_{middle}=-244.123+0.6v_{in}+40\ln(R_{now}+500)-\frac{0.6R_{now}(i_1+3)}{600}-0.324i_2$ |
| | | 大型车 | $v_{middle}=-80.179+0.7v_{in}+15\ln(R_{now}+250)-\frac{0.8R_{now}(i_1+2)}{600}-0.106i_2$ |
| 曲线出口 | 后半段上坡 | 小型车 | $v_{out}=-183.092+0.7v_{middle}+30\ln(R_{front}+500)-\frac{1.2(600-R_{now})(i_2-3)}{600}-0.324i_3$ |
| | | 大型车 | $v_{out}=-53.453+0.8v_{middle}+10\ln(R_{front}+250)-\frac{1.5(600-R_{now})(i_2-2)}{600}-0.106i_3$ |
| | 后半段下坡 | 小型车 | $v_{out}=-183.092+0.7v_{middle}+30\ln(R_{front}+500)-\frac{0.8R_{now}(i_2+3)}{600}-0.324i_3$ |
| | | 大型车 | $v_{out}=-53.453+0.8v_{middle}+10\ln(R_{front}+250)-\frac{R_{now}(i_2+2)}{600}-0.106i_3$ |

注:1. $v_{in}$为曲线入口的运行速度(km/h);$v_{middle}$为曲中点运行速度(km/h);$v_{out}$为曲线出口运行速度(km/h)。

2. $R_{now}$为所在曲线半径(m);$R_{front}$为即将驶入的曲线半径(m),当前方为直线时,取 $R_{front}=600$m。

3. 小型车若 $R_{front}>5R_{now}$,则按 $R_{front}=5R_{now}$取值;大型车若 $R_{front}>4R_{now}$,则按 $R_{front}=4R_{now}$取值。

4. $i_1$ 为弯坡组合中点前纵坡(%);$i_2$ 为弯坡组合中点后纵坡(%);$i_3$ 为弯坡组合前方的纵坡(%)。坡度上坡为正,下坡为负。将带正负号但不带百分号的坡度值代入公式,如上坡“4%”代入数值 4,下坡“-4%”代入数值“-4”。

5. 若 $v_{middle}$、$v_{out}$计算结果小于最低运行速度,则按最低运行速度取值;若大于期望速度,则按期望速度取值。

6. 若前半段或后半段含有两个不同纵坡值,则取纵坡坡度加权平均值代入公式。

**B.4.9**　宜按表 B.4.9 确定路侧净区宽度对运行速度的影响。宜根据分析单元的路侧净区宽度,乘以表 B.4.9 中相应的影响系数,对运行速度结果进行修正。

**表 B.4.9　路侧净区宽度对运行速度的影响系数表**

| 路侧净区宽度(m) | 0.5 | 0.75 | 1.00 | 1.25 | 1.5 | 1.75 | 2 | 2.5 |
|---|---|---|---|---|---|---|---|---|
| 影响系数 | 0.88 | 0.93 | 0.97 | 1.00 | 1.02 | 1.04 | 1.06 | 1.09 |
| 路侧净区宽度(m) | 3 | 4 | 5 | 6 | 7 | 8 | 9 | |
| 影响系数 | 1.11 | 1.15 | 1.17 | 1.20 | 1.22 | 1.23 | 1.25 | |

**B. 4. 10**　宜按表 B. 4. 10 确定平面交叉口密度对运行速度的影响。平面交叉口密度为分析单元内平面交叉口数量之和除以分析单元长度。宜根据平面交叉口密度,乘以表 B. 4. 10中相应的影响系数,对运行速度结果进行修正。

**表 B. 4. 10　平面交叉口密度对运行速度的影响系数表**

| 平面交叉口密度(个/km) | 影响系数 | | | | |
|---|---|---|---|---|---|
| | 90km/h | 80km/h | 70km/h | 60km/h | 50km/h |
| 5.0 | 0.89 | 0.92 | 0.94 | 0.96 | 0.97 |
| 2.5 | 0.93 | 0.94 | 0.96 | 0.97 | 0.98 |
| 2.0 | 0.94 | 0.94 | 0.96 | 0.98 | 0.98 |
| 1.0 | 0.97 | 0.97 | 0.98 | 0.99 | 0.99 |
| 0.5 | 0.98 | 0.99 | 0.99 | 0.99 | 0.99 |
| 0.3 | 0.99 | 1.00 | 1.00 | 1.00 | 1.00 |

**B. 4. 11**　宜根据路侧干扰物数量和路侧干扰横向间距,按图 B. 4. 11-1 ~ 图 B. 4. 11-3 确定影响系数,对运行速度结果进行修正。

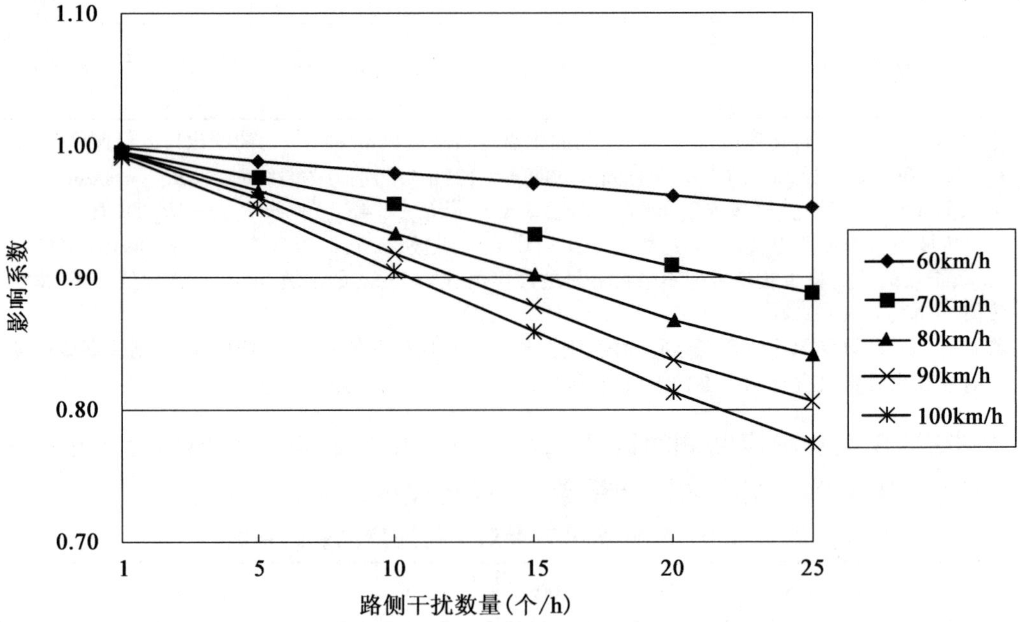


图 B. 4. 11-1　路侧干扰对运行速度的影响曲线($W$ = 1.5m)

注:1. 路侧干扰横向间距 $W$ = (硬路肩 + 土路肩)/2 + 1.0(m),取 0.5 的倍数。

2. 进入路侧干扰区段的运行速度 $v_{in}$ < 60km/h 或者 $W$ > 2.5m 时,可以认为不受路侧干扰的影响。

3. 路侧干扰物数量 = 行人数量 + 自行车数量/3 + 摩托车数量/12 + 路侧停车数量 × 1.25(个/h)。

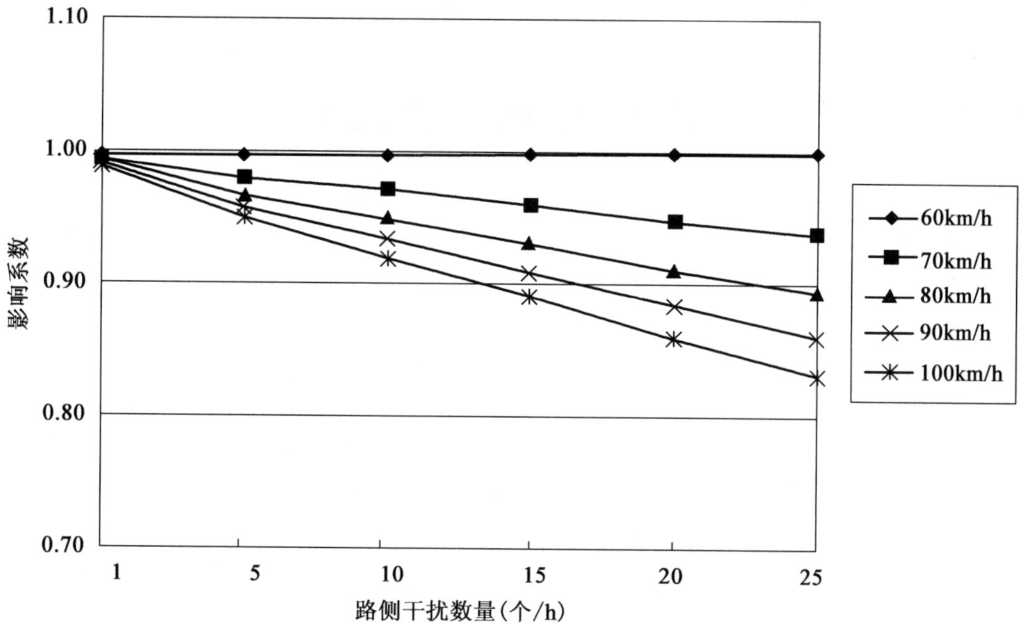


图 B. 4. 11-2　路侧干扰对运行速度的影响曲线( $W=2.0\mathrm{m}$ )

注:同图 B. 4. 11-1。

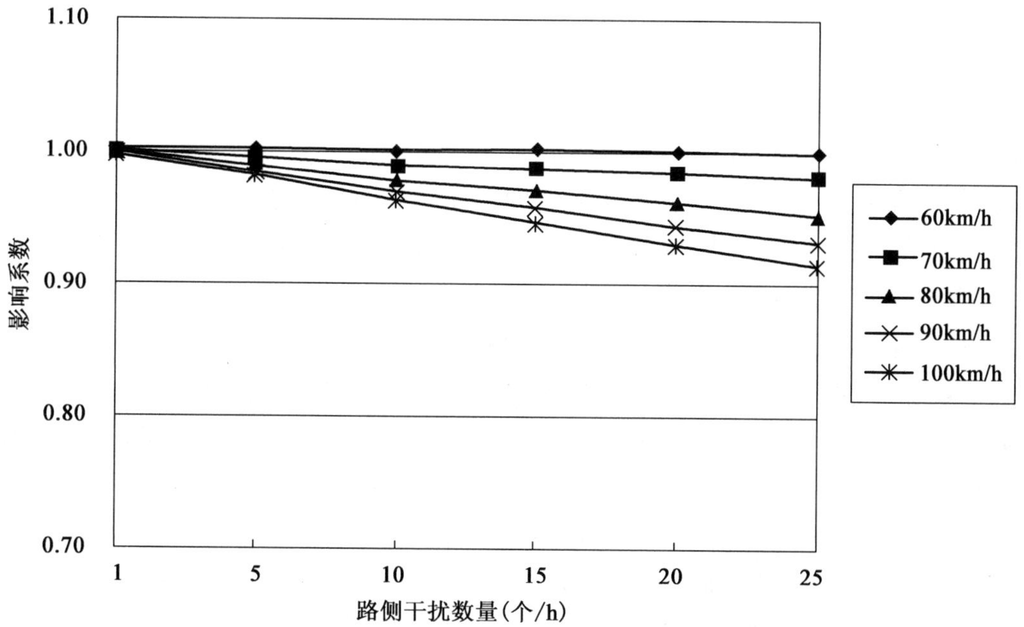


图 B. 4. 11-3　路侧干扰对运行速度的影响曲线( $W=2.5\mathrm{m}$ )

注:同图 B. 4. 11-1。

# 三十、公路勘测规范

(JTG C10—2007)

## 1　总则

**1.0.1**　为统一公路勘测的技术要求,提高公路勘测水平和质量,制定本规范。

**1.0.2**　本规范适用于各等级公路项目设计阶段的勘测。

**1.0.3**　各设计阶段当进行同等深度方案比较时,应进行同等深度勘测。

**1.0.4**　公路勘测当采用新技术和新方法时,应满足本规范规定的精度要求。

**1.0.5**　本规范以中误差作为衡量测量精度的指标,以 2 倍中误差为极限误差。

**1.0.6**　各种勘测仪器必须按计量规定进行检定。

**1.0.7**　公路勘测除应遵守本规范的规定外,还应符合国家现行有关标准、规范的规定。

## 2　术语

**2.0.1**　公路勘测　highway reconnaissance

采用测量、调查等手段,采集、搜集路线所经地区的社会现状、经济发展、人文景观、地形、地质、气象等资料,进行必要的计算、绘制图表,以取得满足公路设计需要的空间数据、信息,并根据要求提供相应勘测成果的活动。

**2.0.2**　独立坐标系　independent coordinate system

任意选定原点和坐标轴,其投影面为固定基准面的平面直角坐标系。独立坐标系是相对于国家统一坐标系而言的,以测区中某一经度线作为中央子午线,以测区某一高程面作为投影面而建立的平面直角坐标系。用该坐标系建立的控制网可与国家坐标系进行换算。

**2.0.3**　假定坐标系　assumed coordinate system

任意假定原点、坐标轴方向,长度不经过投影变形改正的平面直角坐标系。一般是假定一个点的坐标(不要使测区出现负值坐标)及一条边的方位角,在测量平面上直接计算的平面直角坐标系。

**2.0.4**　检测　check survey

采用某种测量手段对平面、高程控制测量点进行测量,以检查原控制测量网的精度或确认原控制测量桩是否被移动的活动。

**2.0.5**　复测　repeating survey

采用与原测量同精度的测量方法对原有平面、高程控制测量网进行测量,并重新平差计算提供新的测量成果的活动。

**2.0.6** 首级控制网 first control survey network

为建立路线控制网而施测的覆盖全路线的高等级控制测量网。

**2.0.7** 路线控制网 control survey network of highways

为满足公路路线测量而建立的控制测量网。

**2.0.8** 工点控制网 control survey network of structural buildings

为满足桥、隧、交叉以及其他工点设计需要而建立的控制测量网。

**2.0.9** 地形图修测 modifying survey of relief map

修改原地形图中地形、地物已发生变化部分的测量活动。

**2.0.10** 补测 supplement survey

由于原地形图的测绘范围不够或控制点被损坏等进行的补充测量活动。

**2.0.11** 正射影像地形图 orthophotomap

将航摄影像或遥感图像的微小面积作为纠正单元,通过纠正单元对像片倾斜和地形起伏引起的像点位移进行纠正并绘有等高线的影像图。

**2.0.12** 控制测量桩 stakes for control measure

GPS 点、三角点、导线点、水准点等控制点桩。

**2.0.13** 路线控制桩 stakes for control line

路线起终点桩、公里桩、曲线要素桩、交点桩、转点桩、断链桩等。

**2.0.14** 标志桩 stakes for center line and indication

路线中桩和指示桩。

# 3 测量标志与测量记录

## 3.1 测量标志

**3.1.1** 测量标志要求

1 控制测量桩

1)控制测量桩应采用混凝土桩,尺寸规格应符合附录 A 的规定。有特殊要求的控制测量桩,其尺寸规格、形状等应专门设计。

2)各级控制测量桩必须设有中心标志,中心标志应牢固。平面控制测量桩的中心标志的刻画应细小、清晰,高程控制测量桩的中心标志顶端应圆滑。

3)不同的控制测量桩共用时,必须满足各自的埋设和作业要求,标志规格以其中较高者为准。

2 路线控制桩

1)路线控制桩应采用木质桩,断面不应小于 5cm × 5cm,长度不应小于 30cm。

2)路线控制桩应钉设小钉表示其中心位置。

3)当路线控制桩作为控制测量桩使用时,应进行护桩,并应设置指示标志。

3　标志桩应采用木质或竹质桩,断面不应小于 5cm×1.5cm,长度不应小于 30cm。

**3.1.2**　桩志埋设

1　控制测量桩应埋设在基础稳定、易于长期保存的地点,埋设时应使其具有足够的稳定性。

2　路线控制桩、标志桩应具有一定的稳定性。

**3.1.3**　桩志书写

1　控制测量桩应在其表面标注点名(号)。

2　路线控制桩、标志桩应标明桩号、中心位置。

3　控制测量桩、路线控制桩和标志桩应按起、终点方向顺序连续编号,中线桩宜按 0~9循环编号。

4　分离式路基测量,其左、右侧路线桩号前应冠以左、右线代号,并应以前进方向右侧路线为全程连续计算桩号。

5　有比较方案时,桩号前应冠以比较线代号。

6　公路测量符号宜采用汉语拼音字母,有特殊要求时可采用英文字母。

## 3.2　测量记录

**3.2.1**　桩标记录

1　控制测量桩应填写点之记,并应在现场填绘。

2　当路线控制桩作为控制测量桩使用时,应填写固定桩志表。

**3.2.2**　勘测记录

1　公路勘测的各种记录,应采用专用记录簿。记录簿必须编排页码,严禁撕页。采用电子设备记录时,打印输出的内容应具有可查性。

2　测量数据记录不得涂改、擦改和转抄。当记录发生错误时,应按下述条款进行处理:

1)角度记录中的分位、距离和水准记录中的分米位的读记错误可以更改,但不得连环更改。

2)角度记录中的秒位、距离和水准记录中的厘米及厘米以下位数不得涂改,必须重测。

3)允许改正的内容应用斜线整齐画去错误的记录,在其上方重新记录正确的数值,并应在备注栏注明原因。

3　原始数据和记事项目应现场记录,记录项目应齐全。

4　各种记录簿应编制目录,并应由测量、复核及主管人员签署。

# 4 控制测量

## 4.1 平面控制测量

**4.1.1** 一般规定

1 平面控制测量应采用 GPS 测量、导线测量、三角测量或三边测量方法进行。

2 各等级平面控制测量,其最弱点点位中误差不得大于 ±5cm,最弱相邻点相对点位中误差不得大于 ±3cm,最弱相邻点边长相对中误差不得大于表 4.1.1-1 的规定。

**表 4.1.1-1 平面控制测量精度要求**

| 测量等级 | 最弱相邻点边长相对中误差 | 测量等级 | 最弱相邻点边长相对中误差 |
|---|---|---|---|
| 二等 | 1/100 000 | 一级 | 1/20 000 |
| 三等 | 1/70 000 | 二级 | 1/10 000 |
| 四等 | 1/35 000 | | |

3 各级公路和桥梁、隧道平面控制测量的等级不得低于表 4.1.1-2 的规定。

**表 4.1.1-2 平面控制测量等级选用**

| 高架桥、路线控制测量 | 多跨桥梁总长 $L$(m) | 单跨桥梁 $L_K$(m) | 隧道贯通长度 $L_G$(m) | 测量等级 |
|---|---|---|---|---|
| — | $L \geq 3\ 000$ | $L_K \geq 500$ | $L_G \geq 6\ 000$ | 二等 |
| — | $2\ 000 \leq L < 3\ 000$ | $300 \leq L_K < 500$ | $3\ 000 \leq L_G < 6\ 000$ | 三等 |
| 高架桥 | $1\ 000 \leq L < 2\ 000$ | $150 \leq L_K < 300$ | $1\ 000 \leq L_G < 3\ 000$ | 四等 |
| 高速、一级公路 | $L < 1\ 000$ | $L_K < 150$ | $L_G < 1\ 000$ | 一级 |
| 二、三、四级公路 | — | — | — | 二级 |

4 选择路线平面控制测量坐标系时,应使测区内投影长度变形值不大于 2.5cm/km;大型构造物平面控制测量坐标系,其投影长度变形值不应大于 1cm/km。投影分带位置不应选择在大型构造物处。

5 角度、长度和坐标的数字取位应符合表 4.1.1-3 的规定。

**表 4.1.1-3 角度、长度和坐标的数字取位要求**

| 测量等级 | 角度(″) | 长度(m) | 坐标(m) |
|---|---|---|---|
| 二等 | 0.01 | 0.000 1 | 0.000 1 |
| 三、四等 | 0.1 | 0.001 | 0.001 |
| 一、二级 | 1 | 0.001 | 0.001 |

**4.1.2** 平面控制点布设要求

1 平面控制点相邻点间平均边长应参照表 4.1.2 执行。四等及以上平面控制网中相邻点之间的距离不得小于 500m,一、二级平面控制网中相邻点之间的距离在平原、微丘区不得小于 200m,重丘、山岭区不得小于 100m,最大距离不应大于平均边长的 2 倍。

**表 4.1.2　相邻点间平均边长参照值**

| 测量等级 | 平均边长(km) | 测量等级 | 平均边长(km) |
|---|---|---|---|
| 二等 | 3.0 | 一级 | 0.5 |
| 三等 | 2.0 | 二级 | 0.3 |
| 四等 | 1.0 | | |

2　路线平面控制点距路线中心线的距离应大于 50m,宜小于 300m,每一点至少应有一相邻点通视。特大型构造物每一端应埋设 2 个以上平面控制点。

**4.1.3**　平面控制测量技术要求

1　GPS 基线测量的中误差应小于按式(4.1.3)计算的标准差,各等级控制测量固定误差 $a$、比例误差系数 $b$ 的取值应符合表 4.1.3-1 的规定。计算 GPS 测量大地高差的精度时,$a$、$b$ 可放宽至 2 倍。

$$\sigma = \pm \sqrt{a^2 + (b \cdot d)^2} \tag{4.1.3}$$

式中:$\sigma$——标准差(mm);

$a$——固定误差(mm);

$b$——比例误差系数(mm/km);

$d$——基线长度(km)。

**表 4.1.3-1　GPS 测量的主要技术要求**

| 测量等级 | 固定误差 $a$(mm) | 比例误差系数 $b$(mm/km) |
|---|---|---|
| 二等 | ≤5 | ≤1 |
| 三等 | ≤5 | ≤2 |
| 四等 | ≤5 | ≤3 |
| 一级 | ≤10 | ≤3 |
| 二级 | ≤10 | ≤5 |

2　导线测量的主要技术要求应符合表 4.1.3-2 的规定。

**表 4.1.3-2　导线测量的主要技术要求**

| 测量等级 | 附(闭)合导线长度(km) | 边　数 | 每边测距中误差(mm) | 单位权中误差(″) | 导线全长相对闭合差 | 方位角闭合差(″) |
|---|---|---|---|---|---|---|
| 三等 | ≤18 | ≤9 | ≤ ±14 | ≤ ±1.8 | ≤1/52 000 | $\leq 3.6\sqrt{n}$ |
| 四等 | ≤12 | ≤12 | ≤ ±10 | ≤ ±2.5 | ≤1/35 000 | $\leq 5\sqrt{n}$ |
| 一级 | ≤6 | ≤12 | ≤ ±14 | ≤ ±5.0 | ≤1/17 000 | $\leq 10\sqrt{n}$ |
| 二级 | ≤3.6 | ≤12 | ≤ ±11 | ≤ ±8.0 | ≤1/11 000 | $\leq 16\sqrt{n}$ |

注:1. 表中 $n$ 为测站数。

2. 以测角中误差为单位权中误差。

3. 导线网节点间的长度不得大于表中长度的 0.7 倍。

3　三角测量的主要技术要求应符合表 4.1.3-3 的规定。

**表 4.1.3-3　三角测量的主要技术要求**

| 测量等级 | 测角中误差 (″) | 起始边边长相对中误差 | 三角形闭合差 (″) | 测回数 | | |
|---|---|---|---|---|---|---|
| | | | | $DJ_1$ | $DJ_2$ | $DJ_6$ |
| 二等 | ≤ ±1.0 | ≤1/250 000 | ≤3.5 | ≥12 | — | — |
| 三等 | ≤ ±1.8 | ≤1/150 000 | ≤7.0 | ≥6 | ≥9 | — |
| 四等 | ≤ ±2.5 | ≤1/100 000 | ≤9.0 | ≥4 | ≥6 | — |
| 一级 | ≤ ±5.0 | ≤1/40 000 | ≤15.0 | — | ≥3 | ≥4 |
| 二级 | ≤ ±10.0 | ≤1/20 000 | ≤30.0 | — | ≥1 | ≥3 |

4　三边测量的主要技术要求应符合表 4.1.3-4 的规定。

**表 4.1.3-4　三边测量的主要技术要求**

| 测量等级 | 测距中误差(mm) | 测距相对中误差 |
|---|---|---|
| 二等 | ≤ ±9.0 | ≤1/330 000 |
| 三等 | ≤ ±14.0 | ≤1/140 000 |
| 四等 | ≤ ±10.0 | ≤1/100 000 |
| 一级 | ≤ ±14.0 | ≤1/35 000 |
| 二级 | ≤ ±11.0 | ≤1/25 000 |

## 4.2　高程控制测量

**4.2.1**　一般规定

1　高程控制测量应采用水准测量或三角高程测量的方法进行。

2　同一个公路项目应采用同一个高程系统,并应与相邻项目高程系统相衔接。

3　各等级公路高程控制网最弱点高程中误差不得大于 ±25mm;用于跨越水域和深谷的大桥、特大桥的高程控制网最弱点高程中误差不得大于 ±10mm;每公里观测高差中误差和附合(环线)水准路线长度应小于表 4.2.1-1 的规定。当附合(环线)水准路线长度超过规定时,可采用双摆站的方法进行测量,其长度不得大于表 4.2.1-1 中水准路线长度的 2 倍。

**表 4.2.1-1　高程控制测量的技术要求**

| 测量等级 | 每公里高差中数中误差(mm) | | 附合或环线水准路线长度(km) | |
|---|---|---|---|---|
| | 偶然中误差 $M_\Delta$ | 全中误差 $M_W$ | 路线、隧道 | 桥梁 |
| 二等 | ±1 | ±2 | 600 | 100 |
| 三等 | ±3 | ±6 | 60 | 10 |
| 四等 | ±5 | ±10 | 25 | 4 |
| 五等 | ±8 | ±16 | 10 | 1.6 |

注:控制网节点间的长度不应大于表中长度的 0.7 倍。

4　各级公路及构造物的高程控制测量等级不得低于表 4.2.1-2 规定。

**表 4.2.1-2　高程控制测量等级选用**

| 高架桥、路线控制测量 | 多跨桥梁总长 $L$(m) | 单跨桥梁 $L_K$(m) | 隧道贯通长度 $L_G$(m) | 测量等级 |
|---|---|---|---|---|
| — | $L \geq 3\ 000$ | $L_K \geq 500$ | $L_G \geq 6\ 000$ | 二等 |
| — | $1\ 000 \leq L < 3\ 000$ | $150 \leq L_K < 500$ | $3\ 000 \leq L_G < 6\ 000$ | 三等 |
| 高架桥,高速、一级公路 | $L < 1\ 000$ | $L_K < 150$ | $L_G < 3\ 000$ | 四等 |
| 二、三、四级公路 | — | — | — | 五等 |

5　高程测量数字取位应符合表 4.2.1-3 的规定。

**表 4.2.1-3　高程测量数字取位要求**

| 测量等级 | 各测站高差(mm) | 往返测距离总和(km) | 往返测距离中数(km) | 往返测高差总和(mm) | 往返测高差中数(mm) | 高程(mm) |
|---|---|---|---|---|---|---|
| 各等 | 0.1 | 0.1 | 0.1 | 0.1 | 1 | 1 |

**4.2.2**　高程控制点布设要求

1　路线高程控制点相邻点间的距离以 1～1.5km 为宜,特大型构造物每一端应埋设 2 个(含 2 个)以上高程控制点。

2　高程控制点距路线中心线的距离应大于 50m,宜小于 300m。

**4.2.3**　高程控制测量的主要技术要求

1　水准测量的主要技术要求应符合表 4.2.3-1 的规定。

**表 4.2.3-1　水准测量的主要技术要求**

| 测量等级 | 往返较差、附合或环线闭合差(mm) | | 检测已测测段高差之差(mm) |
|---|---|---|---|
| | 平原、微丘 | 重丘、山岭 | |
| 二等 | $\leq 4\sqrt{l}$ | $\leq 4\sqrt{l}$ | $\leq 6\sqrt{L_i}$ |
| 三等 | $\leq 12\sqrt{l}$ | $\leq 3.5\sqrt{n}$ 或 $\leq 15\sqrt{l}$ | $\leq 20\sqrt{L_i}$ |
| 四等 | $\leq 20\sqrt{l}$ | $\leq 6.0\sqrt{n}$ 或 $\leq 25\sqrt{l}$ | $\leq 30\sqrt{L_i}$ |
| 五等 | $\leq 30\sqrt{l}$ | $\leq 45\sqrt{l}$ | $\leq 40\sqrt{L_i}$ |

注:计算往返较差时,$l$ 为水准点间的路线长度(km);计算附合或环线闭合差时,$l$ 为附合或环线的路线长度(km);$n$ 为测站数。$L_i$ 为检测测段长度(km),小于 1km 时按 1km 计算。

2　光电测距三角高程测量的主要技术要求应符合表 4.2.3-2 的规定。

**表 4.2.3-2　光电测距三角高程测量的主要技术要求**

| 测量等级 | 测回内同向观测高差较差(mm) | 同向测回间高差较差(mm) | 对向观测高差较差(mm) | 附合或环线闭合差(mm) |
|---|---|---|---|---|
| 四等 | $\leq 8\sqrt{D}$ | $\leq 10\sqrt{D}$ | $\leq 40\sqrt{D}$ | $\leq 20\sqrt{\sum D}$ |
| 五等 | $\leq 8\sqrt{D}$ | $\leq 15\sqrt{D}$ | $\leq 60\sqrt{D}$ | $\leq 30\sqrt{\sum D}$ |

注:$D$ 为测距边长度,以 km 计。

# 5 地形图测绘

## 5.1 一般规定

**5.1.1** 测图比例尺应根据设计阶段、工程性质及地形、地貌等因素按表 5.1.1 选用。

**表 5.1.1 地形图比例尺的选用**

| 设计阶段或工程性质 | 比例尺 | 设计阶段或工程性质 | 比例尺 |
|---|---|---|---|
| 工程可行性研究 | 1 : 10 000 | 施工图设计 | 1 : 1 000、1 : 2 000、1 : 5 000 |
| 初步设计、技术设计 | 1 : 2 000、1 : 5 000 | 重要工点 | 1 : 500 |

**5.1.2** 地形图的基本等高距应符合表 5.1.2 的规定。

**表 5.1.2 地形图基本等高距**

| 地形类别 | 不同比例尺的基本等高距（m） | | | |
|---|---|---|---|---|
| | 1 : 500 | 1 : 1 000 | 1 : 2 000 | 1 : 5 000 |
| 平原 | 0.5 | 0.5 | 1.0 | 1.0 |
| 微丘 | 0.5 | 1.0 | 1.0 | 2.0 |
| 重丘 | 1.0 | 1.0 | 2.0 | 5.0 |
| 山岭 | 1.0 | 2.0 | 2.0 | 5.0 |

**5.1.3** 地形图的图式应采用国家测绘局制定的现行地形图图式。对图式中没有规定符号的地物、地貌，应制定补充规定，并应在技术报告中注明。

**5.1.4** 地形图的精度应符合表 5.1.4-1 和表 5.1.4-2 的规定。

**表 5.1.4-1 图上地物点的点位中误差**

| 重要地物(mm) | 一般地物(mm) | 水下地物(mm) | | |
|---|---|---|---|---|
| | | 1 : 500 | 1 : 1 000 | 1 : 2 000 |
| ≤ ±0.6 | ≤ ±0.8 | ≤ ±2.0 | ≤ ±1.2 | ≤ ±1.0 |

**表 5.1.4-2 等高线插值的高程中误差**

| 地形类别 | 平原 | 微丘 | 重丘 | 山岭 | 水下 |
|---|---|---|---|---|---|
| 高程中误差 | ≤(1/3)$H_d$ | ≤(1/2)$H_d$ | ≤(2/3)$H_d$ | ≤$H_d$ | ≤1.2$H_d$ |

注：1. 高程注记点的精度按表中 0.7 倍执行。
2. $H_d$ 为基本等高距。

**5.1.5** 公路地形图的注记符号宜以路线前进方向的左侧正方向为上。

**5.1.6** 公路地形图分幅，宜采用正方形或矩形分幅，图幅应按顺序编号。

**5.1.7** 每幅图应测出图廓外 5mm，图幅的接边误差不应超过表 5.1.4-1 和表 5.1.4-2

规定值的 $2\sqrt{2}$ 倍,超过规定值时,应进行实地测量检查。

# 6　航空摄影测量

## 6.1　航空摄影

**6.1.1**　公路航空摄影应结合路线沿线的地形起伏情况和成图精度要求,合理选择镜头焦距。航摄比例尺应根据表 6.1.1 选用,对地形图精度要求高的工程宜选择较大值。

**表 6.1.1　航摄比例尺**

| 成图比例尺 | 航摄比例尺 | 成图比例尺 | 航摄比例尺 |
|---|---|---|---|
| 1 : 500 | 1 : 2 000 ~ 1 : 3 000 | 1 : 2 000 | 1 : 8 000 ~ 1 : 12 000 |
| 1 : 1 000 | 1 : 4 000 ~ 1 : 6 000 | 1 : 5 000 | 1 : 20 000 ~ 1 : 30 000 |

**6.1.2**　航摄范围横向每侧应覆盖成图区域以外一个航带 20% 以上的宽度,纵向各向外延伸 2 ~ 3 条摄影基线。进行航带设计时,宜采用 1 : 50 000 地形图。

**6.1.3**　飞行质量应符合下列要求:

1　像片重叠度应符合表 6.1.3-1 的规定。

**表 6.1.3-1　像片重叠度**

| 方　　向 | 个别最小值(%) | 一般值(%) | 个别最大值(%) |
|---|---|---|---|
| 同一航带航向重叠 | 56 | 60 ~ 65 | 75 |
| 相邻航带旁向重叠 | 15 | 30 ~ 35 | — |

2　像片倾角应小于 2°,个别最大可为 4°。

3　旋偏角应符合表 6.1.3-2 的规定。

**表 6.1.3-2　旋　偏　角**

| 航摄比例尺($M$) | 一般值(°) | 个别最大值(°) |
|---|---|---|
| $M \leqslant 1/8\ 000$ | ≤6 | ≤8 |
| $1/8\ 000 < M \leqslant 1/4\ 000$ | ≤8 | ≤10 |
| $1/4\ 000 \leqslant M$ | ≤10 | ≤12 |

注:同一摄影分区内,达到或接近最大旋偏角的像片不得连续超过 3 片。

4　同一航带上相邻像片的航高差应小于 20m,同一航带上最大航高与最小航高之差应小于 30m。

5　航线的弯曲度应小于 3%。

6　航迹线偏移应小于像幅的 10%。

7　沿路线走廊的纵向覆盖,航带两端应各超出分区范围 1 条基线以上。

8 漏洞补摄时,应根据原设计要求及时进行,宜采用与原摄影相同类型的航摄仪,纵向覆盖应超出漏洞外1条基线以上。

**6.1.4** 摄影质量应符合下列要求:

1 应根据路线所经地域的地理纬度、气候条件以及太阳高度角对地形、地物照射产生的阴影影响,选择航摄季节和航摄时间,最大限度地减少阴影的影响。

2 底片的灰雾密度应小于0.2;底片最大密度应在1.4~1.8之间,极个别的可为2.0,底片最小密度至少应比灰雾密度大0.2;底片的密度差宜为1.0左右;最大密度差应小于1.4,最小密度差应大于0.6。

3 飞机地速产生的最大像点位移在底片上应小于0.06mm。

4 底片上的框标及其他各类注记标志应清晰、齐全、完整,底片不得有划痕、斑痕、折伤、脱胶等缺陷。

# 7 数字地面模型

## 7.1 一般规定

**7.1.1** 公路数字地面模型应能满足任意点或断面的地面高程插值计算,等高线生成,距离、坡度、面积、体积的量算以及路线平面图、地形透视图的制图等要求。

**7.1.2** 基础数据的精度应符合以下要求:

1 以摄影测量为数据源生成的DTM,其高程插值相对于邻近高程控制点的高程中误差应满足表7.1.2-1的规定。

**表7.1.2-1 摄影测量数据的DTM高程插值精度**

| 采集数据的比例尺 | 地形类别 | 中误差(m) | 采集数据的比例尺 | 地形类别 | 中误差(m) |
|---|---|---|---|---|---|
| 1:500 | 平原 | ≤±0.2 | 1:2 000 | 平原 | ≤±0.3 |
| | 微丘 | ≤±0.4 | | 微丘 | ≤±0.5 |
| | 重丘 | ≤±0.5 | | 重丘 | ≤±1.1 |
| | 山岭 | ≤±0.7 | | 山岭 | ≤±1.6 |
| 1:1 000 | 平原 | ≤±0.25 | 1:5 000 | 平原 | ≤±0.4 |
| | 微丘 | ≤±0.45 | | 微丘 | ≤±0.9 |
| | 重丘 | ≤±0.7 | | 重丘 | ≤±2.6 |
| | 山岭 | ≤±1.3 | | 山岭 | ≤±4.0 |

2 以地形图数字化为数据源生成的DTM,其高程插值相对于原地形图的高程误差不得超过原图等高距的1/2。

3 以野外实测数据生成的DTM,其高程插值相对于最近高程控制点的高程中误差应满足表7.1.2-2的规定。

**表 7.1.2-2　野外实测数据的 DTM 高程插值精度**

| 地形类别 | 中误差(m) | 地形类别 | 中误差(m) |
|---|---|---|---|
| 平原 | ≤ ±0.2 | 重丘 | ≤ ±0.5 |
| 微丘 | ≤ ±0.4 | 山岭 | ≤ ±0.7 |

**7.1.3**　各分区 DTM 接边时,不应出现漏洞、重叠,其起始、结尾坐标数据应吻合,接边误差不得大于高程插值中误差的 2 倍。满足精度要求范围内的接边误差应在编辑时予以修正。

# 8　初测

## 8.1　准备工作

**8.1.1**　应根据初测需要,搜集与项目相关的技术、经济、社会、自然条件以及测绘等资料。

**8.1.2**　应根据批复的工程可行性研究初步拟定的路线起终点、中间控制点及路线基本走向,在地形图、数字地面模型或航测像片上进行研究,拟定勘测方案。

**8.1.3**　应根据初步确定的勘测方案编写工作大纲和技术设计书。

## 8.2　现场踏勘

**8.2.1**　应根据准备阶段确定的初拟勘测方案,对工程现场进行踏勘。

**8.2.2**　现场踏勘过程中,应根据项目特点及自然、地理、社会环境调整并确定勘测方法与勘测方案。

## 8.3　控制测量

**8.3.1**　各级公路的平面与高程控制测量等级选定、精度指标应按第 4 章规定执行。

**8.3.2**　应根据公路等级、路线所在地区的地形和作业条件、拟投入的仪器设备、高级控制点的数量和分布位置等,确定测量控制网的布网方式和作业方式。

**8.3.3**　二级及二级以上公路必须进行平面与高程控制测量;三、四级公路宜进行平面控制测量,应进行高程控制测量。

## 8.4　地形图测绘

**8.4.1**　各等级公路均应根据需要进行地形图测绘。地形图比例尺、等高距的选择、精度要求应按第5章规定执行。测图方式应根据所在地区的地形、地物和植被覆盖情况、公路等级及所具备的经济、技术条件等因素综合确定。

**8.4.2** 地形图测绘范围应根据公路等级、地形条件及设计需要合理确定,应能满足方案比选及构造物布置的需要。

### 8.5 路线勘测与调查

**8.5.1** 路线定线时,应充分了解并掌握沿线规划以及地形、地貌、地质、水文、气候、地下埋藏、地面建筑设施等情况。

**8.5.2** 纸上定线时,应首先将具有特殊要求的位置和设施标注于地形图上。一般位置的平面和高程可从图上判读,对需要特殊控制的地段应进行实地放桩,根据需要进行纵、横断面测量,绘制纵、横断面图。越岭路线需进行纵坡控制的地段,应在地形图上进行放坡,并将放坡点标示于图上。

**8.5.3** 现场定线一般只适用于三、四级公路的线路选取。现场定线前应在地形图上确定控制点、绕避点,选择路线通过的最佳位置。选设的交点和转点应进行护桩并按照二级平面控制测量的要求测定角度和长度。越岭路线或受纵坡控制的路段,应进行放坡试线。

**8.5.4** 应根据专业调查的需要进行中桩放样,并对初步确定的人工构造物的位置、交角、类型及尺寸进行现场核查。

## 9 定测

### 9.1 准备工作

**9.1.1** 应搜集工程可行性研究、初设阶段勘测、设计的有关资料以及审查、批复意见。

**9.1.2** 应根据任务的内容、规模和仪器设备情况,拟定勘测方案。

**9.1.3** 应对初步设计所搜集的资料进行现场核查。

**9.1.4** 应对沿线地形、地貌及地物的变化情况进行核查。

**9.1.5** 应对初测阶段施测的路线平面、高程控制测量进行全面检查,当检测成果与初测成果的较差符合限差要求,并且控制点分布可以满足设计要求时,应采用原成果,否则应对整个控制网进行复测或重测,并应重新进行平差计算。

### 9.2 路线中线敷设

**9.2.1** 路线中线敷设位置的要求如下:

1　路线中桩间距不应大于表 9.2.1 的规定。

**表 9.2.1　中 桩 间 距**

| 直　线(m) | | 曲　线(m) | | | |
|---|---|---|---|---|---|
| 平原、微丘 | 重丘、山岭 | 不设超高的曲线 | $R>60$ | $30<R<60$ | $R<30$ |
| 50 | 25 | 25 | 20 | 10 | 5 |

注:表中 $R$ 为平曲线半径(m)。

2　在各类特殊地点应设加桩,加桩的位置和数量必须满足路线、构造物、沿线设施等专业勘测调查的需要。

**9.2.2**　中桩平面桩位精度应符合表 9.2.2 的规定。

**表 9.2.2　中桩平面桩位精度**

| 公 路 等 级 | 中桩位置中误差(cm) | | 桩位检测之差(cm) | |
|---|---|---|---|---|
| | 平原、微丘 | 重丘、山岭 | 平原、微丘 | 重丘、山岭 |
| 高速公路,一、二级公路 | ≤ ±5 | ≤ ±10 | ≤10 | ≤20 |
| 三级及以下公路 | ≤ ±10 | ≤ ±15 | ≤20 | ≤30 |

**9.2.3**　设置测站时,应对所使用的测站元素进行检查,当转移测站后,后一站放样前应对前一测站所放桩位重放 1 ~2 个桩点进行检查。

## 9.3　中桩高程测量

**9.3.1**　中桩高程测量应起闭于路线高程控制点上,高程测至桩志处的地面,其测量误差应符合表 9.3.1 的规定。中桩高程应取位至厘米。

**表 9.3.1　中桩高程测量精度**

| 公 路 等 级 | 闭合差(mm) | 两次测量之差(cm) |
|---|---|---|
| 高速公路,一、二级公路 | $\leq 30\sqrt{L}$ | ≤5 |
| 三级及三级以下公路 | $\leq 50\sqrt{L}$ | ≤10 |

注:$L$ 为高程测量的路线长度(km)。

**9.3.2**　沿线需要特殊控制的建筑物、管线、铁路轨顶等,应按规定测出其高程,其 2 次测量之差不应超过 2cm。

## 9.4　横断面测量

**9.4.1**　横断面测量的宽度应满足路基及排水设计、附属物设置等需要。

**9.4.2**　横断面方向应与路线中线切线垂直,横断面中的距离、高差的读数应取位至 0.1m,检测互差限差应符合表 9.4.2 的规定。

**表 9.4.2　横断面检测互差限差**

| 公 路 等 级 | 距　　离(m) | 高　　差(m) |
| --- | --- | --- |
| 高速公路,一、二级公路 | $\leq L/100+0.1$ | $\leq h/100+L/200+0.1$ |
| 三级及以下公路 | $\leq L/50+0.1$ | $\leq h/50+L/100+0.1$ |

注:1. $L$ 为测点至中桩的水平距离(m)。

2. $h$ 为测点至中桩的高差(m)。

# 三十一、公路工程地质勘察规范
(JTG C20—2011)

## 1　总则

**1.0.1**　为贯彻执行国家有关技术经济政策,做到技术先进、经济合理,确保工程质量,制定本规范。

**1.0.2**　本规范适用于各级新建、改建公路的工程地质勘察。

**1.0.3**　公路工程地质勘察必须根据公路基本建设程序各阶段要求的深度开展工作,结合现场地形地质条件、工程结构设置以及不同勘察手段的特性等,统筹考虑、综合确定勘察方法及勘察工作量。

**1.0.4**　公路工程地质勘察应按工程地质调绘、勘探测试、地质资料综合分析及报告编制的程序开展工作,正确反映工程建设场地的工程地质条件,为公路工程建设提供资料完整、评价正确的工程地质勘察报告。

**1.0.5**　公路工程地质勘察必须重视每一环节的技术质量,建立完善的质量保证体系和质量追溯责任制度。

**1.0.6**　公路工程地质勘察应积极采用成熟可靠的新技术、新方法。

**1.0.7**　公路工程地质勘察除应符合本规范的规定外,尚应符合国家现行有关标准的规定。

## 2　术语和符号

### 2.1　术语

**2.1.1**　工程地质条件　engineering geological condition

与工程建设有关的各种地质条件的综合,包括地形地貌、地层岩性、地质构造、水文地质与不良地质等条件。

**2.1.2**　工程地质勘察　engineering geological investigation

为满足工程设计、施工、特殊性岩土和不良地质处治的需要,采用各种勘察技术、方法,对建筑场地的工程地质条件进行综合调查、研究、分析、评价以及编制工程地质勘察报告的全过程。

**2.1.3**　工程地质调绘　engineering geological mapping

通过现场观察、量测和描述,对工程建设场地的工程地质条件进行调查研究,并将有关的地质要素以图例、符号表示在地形图上的勘察方法。

**2.1.4** 工程地质勘探 engineering geological exploration

为查明工程地质条件而进行的钻探、物探和坑(槽、硐)探等工作的总称。

**2.1.5** 勘探点 exploration point

各类钻孔、简易勘探(洛阳铲、麻花钻)孔、挖(坑、槽、井、硐)探点和工程物探点的统称。

**2.1.6** 原位测试 In-situ test

为研究岩土体的工程特性,在现场原地层中进行的有关岩土体物理力学指标的各种测试方法的总称。

**2.1.7** 动力触探试验(DPT) dynamic penetration test

用一定质量的击锤,以一定的自由落距将一定规格的探头击入土层,根据探头沉入土层一定深度所需的锤击数来判断土层性状和评价其承载力的原位测试方法。动力触探试验可分为圆锥动力触探试验和标准贯入试验两大类。

**2.1.8** 工程地质图 engineering geological map

为反映工程场地的工程地质条件,评价、预测工程地质问题而编制的专门性图件。

**2.1.9** 综合工程地质图 comprehensive engineering geological map

反映勘察区工程地质条件、公路路线及各类人工构筑物的位置和类型、勘探点布置情况以及工程地质分区的综合性工程地质图件。

**2.1.10** 不良地质 unfavorable geological condition

由各种地质作用或人类活动造成的岩溶、滑坡、危岩、崩塌、岩堆、泥石流、积雪、雪崩、风沙、采空区、水库坍岸和地震液化等对工程可能造成危害的地质现象的总称。

**2.1.11** 特殊性岩土 special rock and soil

具有特殊的物质成分、结构和工程特性的岩土的统称,包括黄土、冻土、膨胀性岩土、盐渍土、软土、花岗岩残积土、填土和红黏土等。

**2.1.12** 结构面 structural plane

岩体内分割岩石的各种地质界面的统称。

**2.1.13** 结构体 structural block

岩体内被结构面切割而成的块体或岩块。

**2.1.14** 地基容许承载力 foundation allowable bearing capacity

在确保地基不产生剪切破坏而失稳,同时又保证建筑物的沉降量不超过容许值的条件下,地基单位面积上所能承受的最大压力。

**2.1.15** 地基承载力基本容许值 foundation bearing capacity basic allowable value

基础短边宽度不大于2.0m,埋置深度不大于3.0m时的地基容许承载力。

**2.1.16** 持力层 bearing stratum

直接承受基础荷载的地层。

**2.1.17** 抗震设防烈度 seismic fortification intensity

按国家规定的权限批准作为一个地区抗震设防依据的地震烈度。

**2.1.18**　水文地质条件　hydrogeological condition

地下水埋藏、分布、补给、排泄、径流以及水质和水量及其形成的地质条件的总称。

**2.1.19**　新构造运动　Neotectonic movement

晚第三纪以来至现代所出现的构造运动。

**2.1.20**　全新活动断裂　Holocene epoch active fault

在一万年内有过地震活动,或近期正在活动,在今后百年内可能继续活动的断裂。

# 3　公路工程地质勘察的技术要求

## 3.1　一般规定

**3.1.1**　公路工程地质勘察可分为预可行性研究阶段工程地质勘察(简称预可勘察)、工程可行性研究阶段工程地质勘察(简称工可勘察)、初步设计阶段工程地质勘察(简称初步勘察)和施工图设计阶段工程地质勘察(简称详细勘察)四个阶段。

**3.1.2**　公路工程地质勘察勘探点、测试点和观测点的布置应工程目的明确,具有代表性,能判明重要的地质界线和查明工程地质状况,其密度、深度应根据勘察阶段、成图比例、露头情况和工程结构特点等确定。

**3.1.3**　工程地质条件可分为复杂、较复杂和简单三种,其划分应符合下列规定:

1　符合下列条件之一者,为工程地质条件复杂:

1)地形地貌复杂;

2)岩土种类多,性质变化大,基岩面起伏变化剧烈;

3)特殊性岩土和不良地质强烈发育;

4)抗震危险地段;

5)地下水对工程有显著影响,水文地质条件复杂。

2　符合下列条件之一者,为工程地质条件较复杂:

1)地形地貌较复杂;

2)岩土种类较多,性质变化较大,基岩面起伏变化较大;

3)特殊性岩土和不良地质较发育;

4)抗震不利地段;

5)地下水对工程有影响,水文地质条件较复杂。

3　符合下列条件之一者,为工程地质条件简单:

1)地形地貌简单;

2)岩土种类单一,性质变化不大,基岩面平缓;

3)特殊性岩土和不良地质不发育;

4)抗震有利地段;

5)地下水对工程无影响,水文地质条件简单。

4　符合上述两个及以上条件者,宜按最不利条件确定工程地质条件复杂程度。

**3.1.4**　对地质条件复杂或有特殊要求的工程,应进行专项研究。

## 3.2　岩石的分类

**3.2.1**　岩石坚硬程度应按表 3.2.1 划分。

**表 3.2.1　岩石坚硬程度划分**

| 岩石单轴饱和抗压强度 $R_c$(MPa) | >60 | 60~30 | 30~15 | 15~5 | <5 |
|---|---|---|---|---|---|
| 坚硬程度 | 坚硬岩 | 较坚硬岩 | 较软岩 | 软岩 | 极软岩 |

**3.2.2**　岩体完整程度应按表 3.2.2 划分。

**表 3.2.2　岩体完整程度划分**

<table>
<tr><th rowspan="2">名称</th><th colspan="2">结构面发育程度</th><th rowspan="2">主要结构面结合程度</th><th rowspan="2">主要结构面类型</th><th rowspan="2">相应结构类型</th></tr>
<tr><th>组数</th><th>平均间距(m)</th></tr>
<tr><td>完整</td><td>1~2</td><td>>1.0</td><td>好或一般</td><td>节理、裂隙、层面</td><td>整体状或巨厚层状结构</td></tr>
<tr><td rowspan="2">较完整</td><td>1~2</td><td>>1.0</td><td>差</td><td rowspan="2">节理、裂隙、层面</td><td>块状或厚层状结构</td></tr>
<tr><td>2~3</td><td>1.0~0.4</td><td>好或一般</td><td>块状结构</td></tr>
<tr><td rowspan="3">较破碎</td><td>2~3</td><td>1.0~0.4</td><td>差</td><td rowspan="3">节理、裂隙、层面、小断层</td><td>裂隙块状或中厚层状结构</td></tr>
<tr><td rowspan="2">>3</td><td rowspan="2">0.4~0.2</td><td>好</td><td>镶嵌破碎结构</td></tr>
<tr><td>一般</td><td>中、薄层状结构</td></tr>
<tr><td rowspan="2">破碎</td><td rowspan="2">>3</td><td>0.4~0.2</td><td>差</td><td rowspan="2">各种类型结构面</td><td>裂隙块状结构</td></tr>
<tr><td><0.2</td><td>一般或差</td><td>碎裂状结构</td></tr>
<tr><td>极破碎</td><td>无序</td><td></td><td>很差</td><td></td><td>散体状结构</td></tr>
</table>

注:平均间距指主要结构面(1~2 组)间距的平均值,所谓主要结构面是指岩体内相对发育,即张开度较大、充填物较差、成组性较好的结构面。

## 3.4　勘察大纲

**3.4.1**　在开展地质勘察之前,应编制项目地质勘察大纲。

**3.4.2**　项目勘察大纲应包括以下内容:

1　项目概况:包括任务依据、建设规模和标准、路线走向、工程结构设置、已做过的地质工作;

2　地质勘察执行的技术标准;

3　自然地理和工程地质概况:包括公路沿线的地形地貌、气象水文、地震、地层岩性、地质构造、水文地质条件、不良地质和特殊性岩土的分布与发育情况,以及可能影响线位或工程结构设置的重大或关键性地质问题等;

4　勘察实施方案:包括勘察内容、勘察方法和精度、勘探点布置原则及主要工作量,以及针对重大或关键性地质问题采取的勘察对策、措施和专题研究等;

5　组织机构、人员组成、设备配置、计划进度、质量管理、安全和环保措施;

6　提交的成果资料;

7　其他需要说明的问题。

**3.4.3**　当现场地质条件、工程结构设置、勘察要求等发生变化时,勘察大纲应根据变化情况进行调整。

## 3.5　工程地质调绘

**3.5.1**　工程地质调绘应与路线及沿线工程结构设置相结合,为路线方案比选、工程场地选址以及勘探、测试工作量的拟定等提供依据。

**3.5.2**　工程地质调绘应充分收集、分析勘察区既有的各种地质资料,结合必要的遥感解译及勘探手段进行。对控制路线方案或影响工程结构设置的地质界线,应采用追索法、穿越法进行工程地质调绘。

**3.5.3**　工程地质调绘应包括以下主要内容:

1　地形地貌的成因、类型、分布、规模、形态特征等;

2　地层的成因、年代、层序、厚度、岩性和岩石的风化程度等;

3　地质构造的类型、产状、规模、分布范围等;

4　地下水的类型、埋深、赋存、补给、排泄和径流条件,以及水系、井、泉的分布位置、高程和动态特征等;

5　特殊性岩土的类型、分布范围及工程地质性质等;

6　不良地质的类型、分布范围、规模、形成条件、发生与发展的规律等;

7　既有工程的使用情况等。

**3.5.4**　工程地质调绘底图的比例尺不应小于工程地质图成图的比例尺。

**3.5.5**　工程地质调绘采用的地层单位应与公路基本建设程序各阶段的工作内容、深度和成图比例尺相适应,按表 3.5.5 选用。

**表 3.5.5　地层单位划分表**

| 勘察阶段 | 预可勘察 | 工可勘察 | 初步勘察 | 详细勘察 |
|---|---|---|---|---|
| 地层单位 | 群、组 | 群、组 | 组、岩性段 | 组、岩性段 |

**3.5.6**　工程地质调绘应沿路线及其两侧的带状范围进行,调绘宽度应满足工程方案比选及工程地质分析评价的要求。

**3.5.7**　工程地质调绘点在图上的密度每 100mm × 100mm 不得少于 4 个。

**3.5.8**　工程地质调绘点应布置在地貌单元的边界、地层接触线、断层、地下水出露点、特殊性岩土及不良地质体的界线、具有代表性的节理和岩层露头及大桥、特大桥、长隧道、特长隧道、高填深挖路段等部位。

**3.5.9** 工程地质图上的地质界线与实际地质界线的误差在图上的距离不应大于3mm。对控制路线位置、工程设计方案、工程结构设置的不良地质和特殊性岩土地段,地质点和地质界线应采用仪器测绘。

**3.5.10** 图上宽度大于2mm的地质现象应予以调绘。对公路工程有影响的滑坡、崩塌、断层、软弱夹层等地质现象,在图上的宽度不足2mm时,宜采用扩大比例尺表示,并标注其实际数据。

**3.5.11** 需判明环境水、土的腐蚀性以及岩土的性质时,应采集样品进行分析。

**3.5.12** 工程地质调绘应提交文字说明、工程地质平面图、综合地层柱状图、工程地质断面图、照片以及相关调查图表等。

## 3.6 工程地质勘探

**3.6.1** 工程地质勘探应在工程地质调绘的基础上进行。采用的勘探方法及勘探工作量应根据现场地形地质条件、工程结构设置、勘探的目的和要求等综合确定。

**3.6.2** 应采用全站仪、GPS等工程测量仪器布设工程地质勘探点,并应符合下列规定:

1 勘探点位置定位误差:陆地不应大于0.1m;水中不宜大于0.5m;当水深流急,固定钻船困难时,不应大于1.0m,并应在套管固定后核测孔位。

2 勘探点地面孔口高程误差:陆地不应大于0.01m;水中不应大于0.1m;钻孔中地层分层误差不宜大于0.1m。受潮汐影响的桥位,孔口高程测量应进行实际孔深换算。

3 勘探完成后,应复测勘探点的平面位置及高程。勘探点的位置应以坐标和里程桩号表示,并做好测量记录。

**3.6.3** 挖探应符合下列规定:

1 探坑(井)、探槽的深度不宜超过地下水位,竖井和平硐的深度、长度和断面尺寸等应根据工程地质勘探的目的和要求确定。

2 探坑(井)、探槽和硐探提供的成果资料应包括文字描述、断面图、展示图和代表性部位的照片等。

**3.6.4** 钻探应符合下列规定:

1 钻机类型、钻探工艺和取样方法应根据现场地形地质条件和勘探的目的确定,并详细记录、认真分析钻探资料和岩芯情况。

2 钻孔深度应根据构筑物的类型、规模以及水文地质和工程地质评价的需要确定。

3 钻探应根据地层条件、取芯和取样要求,严格控制钻进的回次长度,钻进回次长度不得大于岩芯管长度。

4 岩芯采取率在完整的岩层中不宜小于90%,在强风化岩层中不宜小于65%,黏性土层中不宜小于85%,砂类土层中不宜小于65%,破碎岩层、碎石土层不宜小于50%,断层破碎带等重点研究孔段宜提高岩芯采取率,并不得遗漏对工程有重要影响的软弱夹层和滑动面等。

5　岩芯应按采集的先后在现场按从上到下、从左到右顺序排列。每回次钻进采集的岩芯应填写岩芯卡片,标明工点名称、钻孔编号、岩芯采集的深度,岩芯采取率、钻进回次编号和必要的地质描述,并留存全孔岩芯彩色照片。

6　高边坡、特大桥、特长隧道、地质情况复杂的工点以及不良地质路段,宜选择代表性钻孔采集的岩芯装箱保存。

7　钻孔孔径除应满足岩土试验对取样的要求外,尚应结合原位测试、水文地质试验、地应力测量等要求确定。

8　钻探现场记录应按钻进回次及时填写,详细描述地层、地下水、岩芯采取率和钻进过程中的异常情况等。

9　采取的岩石、土、水样应具有代表性,原状样品在运输和保管过程中应采取措施,保持密封、不得扰动。

10　用作长期观测的钻孔应做好维护,对交通、环境、安全有影响的钻孔应按相关规定进行封孔作业。

11　钻探应提供现场原始记录、钻孔柱状图和照片等。

**3.6.5**　物探应符合下列规定:

1　采用物探方法时,应具备下列条件:

1)被探测的地质体与周围介质之间具有明显的物性差异。

2)被探测的地质体具有一定的规模和埋藏深度,具备相应的施工和观测条件。

3)干扰背景不影响有效信号的观测和识别。

4)不利的地形、地物不致影响正常的推断、解释。

2　采用的物探方法和技术参数应结合现场地形、地球物理条件和勘探的目的,在方法试验的基础上确定。

3　物探成果的解释应与其他勘探资料相互对比,综合分析,并有钻探加以印证。

4　物探应提供现场原始记录、物探解释图、照片等。

## 3.7　原位测试

**3.7.1**　原位测试方法可根据勘察目的、岩土条件及测试方法的适用性等按表 3.7.1 选用。

**表 3.7.1　原位测试常用方法适用范围一览表**

| 测试方法 | 适用的岩土类别 | | | | | | | 取得的岩土参数 | | | | |
|---|---|---|---|---|---|---|---|---|---|---|---|---|
| | 岩石 | 碎石土 | 砂土 | 粉土 | 黏性土 | 软土 | 填土 | 剖面分层 | 物理状态 | 强度参数 | 承载力 | 液化判别 |
| 载荷板试验(PLT) | △ | ○ | ○ | ○ | ○ | ○ | ○ | | | △ | ○ | |
| 现场直剪试验(FDST) | ○ | ○ | ◇ | △ | △ | ◇ | ◇ | | | ○ | | |

续上表

| 测试方法 | 适用的岩土类别 | | | | | | | 取得的岩土参数 | | | | |
|---|---|---|---|---|---|---|---|---|---|---|---|---|
| | 岩石 | 碎石土 | 砂土 | 粉土 | 黏性土 | 软土 | 填土 | 剖面分层 | 物理状态 | 强度参数 | 承载力 | 液化判别 |
| 十字板剪切试验(VST) | | | | △ | △ | ○ | | | | ○ | △ | |
| 标准贯入试验(SPT) | | | ○ | △ | △ | ◇ | ◇ | △ | △ | | △ | ○ |
| 动力触探(DPT) | | ○ | ○ | △ | △ | ◇ | △ | △ | ◇ | | △ | |
| 静力触探(CPT) | | | △ | ○ | ○ | ○ | △ | ○ | △ | △ | △ | ○ |
| 旁压试验 | | | ○ | △ | △ | △ | △ | | | △ | △ | |
| 扁铲侧胀试验 | | | △ | △ | △ | ○ | | △ | △ | △ | △ | |
| 地应力测试 | △ | | | | | | | | | | | |

注:○-很适用;△-适用;◇-较适用。

**3.7.2** 原位测试应结合地区经验在综合分析的基础上提供岩土参数。

**3.7.3** 原位测试应提供现场原始记录、原位测试曲线图表、照片等。

## 3.10 报告编制

**3.10.1** 工程地质勘察报告的编制应充分利用勘察取得的各项地质资料,在综合分析的基础上进行,所依据的原始资料在使用前均应进行整理、检查、分析,确认无误。

**3.10.2** 工程地质勘察报告应资料完整,内容详实准确、重点突出,有明确的工程针对性,所作的结论应依据充分、建议合理。

**3.10.3** 公路工程地质勘察报告包括总报告和工点报告,总报告和工点报告均应由文字说明和图表部分组成。

**3.10.4** 总报告文字说明应包括下列内容:

1 前言:任务依据、目的与任务、工程概况、执行的技术标准、勘察方法及勘察工作量布置情况、勘察工作过程等;

2 自然地理概况:项目所处的地理位置、气象、水文和交通条件等;

3 工程地质条件:地形地貌、地层岩性、地质构造、岩土的类型、性质和物理力学参数、新构造运动、水文地质条件、地震与地震动参数、不良地质和特殊性岩土的发育情况、建筑材料等;

4 工程地质评价与建议:包括公路沿线水文地质及工程地质条件评价、工程建设场地的稳定性和适宜性评价、不良地质与特殊性岩土及其对公路工程的危害和影响程度评价、环境水或土的腐蚀性评价、岩土物理力学性质及其设计参数评价、工程地质结论与建议等。

**3.10.5**　总报告图表应包括路线综合工程地质平面图、路线综合工程地质纵断面图、不良地质和特殊性岩土一览表等。

**3.10.6**　对于路基、桥梁、涵洞、隧道、路线交叉、料场、沿线设施等独立勘察对象,应编制工点报告。

**3.10.7**　工点报告文字说明应对第 3.10.4 条第 1 ~ 3 款的内容进行简要叙述,并针对工点工程地质条件、存在的工程地质问题与建议等进行说明。

**3.10.8**　工点报告图表编制应符合本规范有关章节的规定。

**3.10.9**　工点报告应按工程结构的类型进行归类,综合考虑其建设规模和里程桩号等按序编排、分册装订。

# 4　可行性研究阶段工程地质勘察

## 4.1　预可勘察

**4.1.1**　预可勘察应了解公路建设项目所处区域的工程地质条件及存在的工程地质问题,为编制预可行性研究报告提供工程地质资料。

**4.1.2**　预可勘察应充分收集区域地质、地震、气象、水文、采矿、灾害防治与评估等资料,采用资料分析、遥感工程地质解译、现场踏勘调查等方法,对各路线走廊带或通道的工程地质条件进行研究,完成下列各项工作内容:

1　了解各路线走廊带或通道的地形地貌、地层岩性、地质构造、水文地质条件、地震动参数、不良地质和特殊性岩土的类型、分布范围、发育规律。

2　了解当地建筑材料的分布状况和采购运输条件。

3　评估各路线走廊带或通道的工程地质条件及主要工程地质问题。

4　编制预可行性研究阶段工程地质勘察报告。

**4.1.3**　遥感解译及踏勘调查应沿拟定的路线及其两侧的带状范围进行,工程地质调查的比例尺为 1∶50 000 ~ 1∶100 000,调查宽度应满足路线走廊及通道方案比选的需要。

**4.1.4**　跨江、海独立公路工程建设项目应进行工程地质勘探,并符合下列要求:

1　应通过资料分析、遥感工程地质解译、现场踏勘调查等明确勘探的重点及问题。

2　应沿拟定的通道布设纵向物探断面,数量不宜少于 2 条。当存在可能影响工程方案的区域性活动断裂等重大地质问题时,应根据实际情况增加物探断面的数量。

3　区域性断裂异常点、桥梁深水基础、水下隧道,应进行钻探,取样和测试应符合第 5 章的规定。

**4.1.5**　预可勘察报告应提供下列资料:

1　文字说明:应对拟建工程项目的工程地质条件、存在的工程地质问题及筑路材料的分布状况和运输条件等进行说明,对各路线走廊带或通道的工程地质条件进行评估,对下一阶段的工程地质勘察工作提出意见和建议。

2 图表资料:1∶50 000 ~ 1∶100 000 路线工程地质平面图及附图、附表、照片等;跨江、跨海的桥隧工程,应编制工程地质断面图。

## 4.2 工可勘察

**4.2.1** 工可勘察应初步查明公路沿线的工程地质条件和对公路建设规模有影响的工程地质问题,为编制工程可行性研究报告提供工程地质资料。

**4.2.2** 工可勘察应以资料收集和工程地质调绘为主,辅以必要的勘探手段,对项目建设各工程方案的工程地质条件进行研究,完成下列各项工作内容:

1 了解各路线走廊或通道的地形地貌、地层岩性、地质构造、水文地质条件、地震动参数、不良地质和特殊性岩土的类型、分布及发育规律。

2 初步查明沿线水库、矿区的分布情况及其与路线的关系。

3 初步查明控制路线及工程方案的不良地质和特殊性岩土的类型、性质、分布范围及发育规律。

4 初步查明技术复杂大桥桥位的地层岩性、地质构造、河床及岸坡的稳定性、不良地质和特殊性岩土的类型、性质、分布范围及发育规律。

5 初步查明长隧道及特长隧道隧址的地层岩性、地质构造、水文地质条件、隧道围岩分级、进出口地带斜坡的稳定性、不良地质和特殊性岩土的类型、性质、分布范围及发育规律。

6 对控制路线方案的越岭地段、区域性断裂通过的峡谷、区域性储水构造,初步查明其地层岩性、地质构造、水文地质条件及潜在不良地质的类型、规模、发育条件。

7 初步查明筑路材料的分布、开采、运输条件以及工程用水的水质、水源情况。

8 评价各路线走廊或通道的工程地质条件,分析存在的工程地质问题。

9 编制工程可行性研究阶段工程地质勘察报告。

**4.2.3** 工程地质调绘应符合下列规定:

1 应对区域地质、水文地质以及当地采矿资料等进行复核,区域地层界线、断层线、不良地质和特殊性岩土发育地带、地下水排泄区等应进行实地踏勘,并做好复核记录。

2 工程地质调绘的比例尺为1∶10 000 ~ 1∶50 000,范围应包括各路线走廊或通道所处的带状区域。

**4.2.4** 遇有下列情况,当通过资料收集、工程地质调绘不能初步查明其工程地质条件时,应进行工程地质勘探:

1 控制路线及工程方案的不良地质和特殊性岩土路段;

2 特大桥、特长隧道、地质条件复杂的大桥及长隧道等控制性工程;

3 控制路线方案的越岭路段、区域性断裂通过的峡谷、区域性储水构造;

4 跨江、海独立公路工程建设项目。

**4.2.5** 工可勘察报告应提供下列资料:

1　文字说明:应对公路沿线的地形地貌、地层岩性、地质构造、水文地质条件、新构造运动、地震动参数等基本地质条件进行说明;对不良地质和特殊性岩土应阐明其类型、性质、分布范围、发育规律及其对公路工程的影响和避开的可能性;路线通过区域性储水构造或地下水排泄区,应对路线方案有重大影响的水文地质及工程地质问题进行充分论证、评价;特大桥及大桥、特长隧道及长隧道等控制性工程,应结合工程方案的论证、比选,对工程地质条件进行说明、评价,提供工程方案论证、比选所需的岩土参数。

2　图表资料:1∶10 000 ~ 1∶50 000 路线工程地质平面图;1∶10 000 ~ 1∶50 000 路线工程地质纵断面图;1∶2 000 ~ 1∶10 000 重要工点工程地质平面图;1∶2 000 ~ 1∶10 000 重要工点工程地质断面图;附图、附表和照片等。

# 5　初步勘察

## 5.1　一般规定

**5.1.1**　初步勘察应基本查明公路沿线及各类构筑物建设场地的工程地质条件,为工程方案比选及初步设计文件编制提供工程地质资料。

**5.1.2**　初步勘察应与路线和各类构筑物的方案设计相结合,根据现场地形地质条件,采用遥感解译、工程地质调绘、钻探、物探、原位测试等手段相结合的综合勘察方法,对路线及各类构筑物工程建设场地的工程地质条件进行勘察。

**5.1.3**　初步勘察应对工程项目建设可能诱发的地质灾害和环境工程地质问题进行分析、预测,评估其对公路工程和环境的影响。

## 5.2　路线

**5.2.1**　路线初勘应以工程地质调绘为主,勘探测试为辅,基本查明下列内容:

1　地形地貌、地层岩性、地质构造、水文地质条件;

2　不良地质和特殊性岩土的成因、类型、性质和分布范围;

3　区域性断裂、活动性断层、区域性储水构造、水库及河流等地表水体、可供开采和利用的矿体的发育情况;

4　斜坡或挖方路段的地质结构,有无控制边坡稳定的外倾结构面,工程项目实施有无诱发或加剧不良地质的可能性;

5　陡坡路堤、高填路段的地质结构,有无影响基底稳定的软弱地层;

6　大桥及特大桥、长隧道及特长隧道等控制性工程通过地段的工程地质条件和主要工程地质问题。

**5.2.2**　工程地质调绘应符合下列规定:

1　二级及以上公路,应进行路线工程地质调绘。三级及以下公路,当工程地质条件简单时,可仅作路线工程地质调查;当工程地质条件复杂或较复杂时,宜进行路线工程地质调绘。

2 路线工程地质调绘的比例尺为1:2 000~1:10 000,视地质条件的复杂程度选用。

3 路线工程地质调绘应沿路线及其两侧的带状范围进行,调绘宽度沿路线左右两侧的距离各不宜小于200m。

4 对有比较价值的工程方案应进行同深度工程地质调绘。

**5.2.3** 工程地质勘探、测试应符合下列规定:

1 隐伏于覆盖层下的地层接触线、断层、软土等对填图质量或工程设置有影响的地质界线、地质体,应辅以钻探、挖探、物探等予以探明。

2 特殊性岩土应选取代表性试样测试其工程地质性质。

**5.2.4** 路线初勘应提供下列资料:

1 文字说明:应对各路线方案的水文地质及工程地质条件进行说明,并进行分析、评价,结合工程方案的论证、比选提出工程地质意见和建议。

2 图表资料:1:2 000~1:10 000路线工程地质平面图;1:2 000~1:10 000路线工程地质纵断面图;勘探、测试资料;附图、附表和工程照片等。

## 5.3 一般路基

**5.3.1** 一般路基初勘应根据现场地形地质条件,结合路线填挖设计,划分工程地质区段,分段基本查明下列内容:

1 地形地貌的成因、类型、分布、形态特征和地表植被情况;

2 地层岩性、地质构造、岩石的风化程度、边坡的岩体类型和结构类型;

3 层理、节理、断裂、软弱夹层等结构面的产状、规模、倾向路基的情况;

4 覆盖层的厚度、土质类型、密实度、含水状态和物理力学性质;

5 不良地质和特殊性岩土的分布范围、性质;

6 地下水和地表水发育情况及腐蚀性。

**5.3.2** 一般路基工程地质调绘可与路线工程地质调绘一并进行;工程地质条件较复杂或复杂,填挖变化较大的路段,应进行补充工程地质调绘,工程地质调绘的比例尺宜为1:2 000。

**5.3.3** 工程地质勘探、测试应符合下列规定:

1 勘探测试点的数量:工程地质条件简单时,每公里不得少于2个,做代表性勘探;工程地质条件较复杂或复杂时,应增加勘探测试点数量。

2 勘探深度不小于2.0m,可选择挖探、螺纹钻进行勘探。当深部地质情况需进一步探明时,可采用静力触探、钻探、物探等进行综合勘探。

3 勘探应分层取样。粉土、黏性土应取原状样,取样间距1.0m;砂土、碎石土取扰动样,取样间距1.0m,可通过野外鉴定或原位测试判明其密实度。

4 地下水发育时,应量测地下水的初见水位和稳定水位。

5 室内测试项目可按表5.3.3选用。

表 5.3.3　一般路基室内测试项目表

| 测试项目＼岩土类别 | | 粉土、黏性土 | 砂　　土 | 碎　石　土 |
|---|---|---|---|---|
| 颗粒分析 | | (+) | + | + |
| 天然含水率 $w$(%) | | + | (+) | (+) |
| 密度 $\rho$($g/cm^3$) | | (+) | (+) | (+) |
| 塑限 $w_P$(%) | | + | | |
| 液限 $w_L$(%) | | + | | |
| 压缩系数 $a$($MPa^{-1}$) | | (+) | | |
| 剪切试验 | 黏聚力 $c$(kPa) | (+) | (+) | (+) |
| | 内摩擦角 $\varphi$(°) | | | |

注:“+”-必做项目;“(+)”-选做项目。

6　特殊性岩土应选取代表性试样测试其工程地质性质。

**5.3.4**　一般路基初勘应提供下列资料:

1　一般路基可列表分段说明工程地质条件。当列表不能说明工程地质条件时,应编写文字说明和图表。

2　文字说明:应分段说明填、挖路段的工程地质条件。基底有软弱层发育的填方路段,应评价路堤产生过量沉降、不均匀沉降及剪切滑移的可能性。挖方路段有外倾结构面时,应评价边坡产生滑动的可能性。

3　图表资料:1:2 000 工程地质平面图;1:2 000 工程地质纵断面图;1:100～1:400 工程地质横断面图;1:50～1:200 挖探(钻探)柱状图;岩土物理力学指标汇总表;水质分析资料;物探解释成果资料;附图、附表和照片等。

## 5.11　桥梁

**5.11.1**　桥梁初勘应根据现场地形地质条件,结合拟定的桥型、桥跨、基础形式和桥梁的建设规模等确定勘察方案,基本查明下列内容:

1　地貌的成因、类型、形态特征、河流及沟谷岸坡的稳定状况和地震动参数;

2　褶皱的类型、规模、形态特征、产状及其与桥位的关系;

3　断裂的类型、分布、规模、产状、活动性,破碎带宽度、物质组成及胶结程度;

4　覆盖层的厚度、土质类型、分布范围、地层结构、密实度和含水状态;

5　基岩的埋深、起伏形态,地层及其岩性组合,岩石的风化程度及节理发育程度;

6　地基岩土的物理力学性质及承载力;

7　特殊性岩土和不良地质的类型、分布及性质;

8　地下水的类型、分布、水质和环境水的腐蚀性;

9　水下地形的起伏形态、冲刷和淤积情况以及河床的稳定性;

10　深基坑开挖对周围环境可能产生的不利影响;

11　桥梁通过气田、煤层、采空区时,有害气体对工程建设的影响。

**5.11.2**　根据地质条件选择桥位应符合下列原则:

1　桥位应选择在河道顺直、岸坡稳定、地质构造简单、基底地质条件良好的地段。

2　桥位应避开区域性断裂及活动性断裂。无法避开时,应垂直断裂构造线走向,以最短的距离通过。

3　桥位应避开岩溶、滑坡、泥石流等不良地质及软土、膨胀性岩土等特殊性岩土发育的地带。

**5.11.3**　工程地质调绘应符合下列规定:

1　跨江、海大桥及特大桥应进行1∶10 000区域工程地质调绘,调绘的范围应包括桥轴线、引线及两侧各不小于1 000m的带状区域。存在可能影响桥位或工程方案比选的隐伏活动性断裂及岩溶、泥石流等不良地质时,应根据实际情况确定调绘范围,并辅以必要的物探等手段探明。

2　工程地质条件较复杂或复杂的桥位应进行1∶2 000工程地质调绘,调绘的宽度沿路线两侧各不宜小于100m。当桥位附近存在岩溶、泥石流、滑坡、危岩、崩塌等可能危及桥梁安全的不良地质时,应根据实际情况确定调绘范围。

3　工程地质条件简单的桥位,可对路线工程地质调绘资料进行复核,不进行专项1∶2 000工程地质调绘。

**5.11.4**　工程地质勘探、测试应符合下列规定:

1　桥梁初勘应以钻探、原位测试为主,遇有下列情况时,应结合物探、挖探等进行综合勘探:

1)桥位有隐伏的断裂、岩溶、土洞、采空区、沼气层等不良地质发育;

2)基岩面或桩端持力层起伏变化较大,用钻探资料难以判明;

3)水下地形的起伏与变化情况需探明;

4)控制斜坡稳定的卸荷裂隙、软弱夹层等结构面用钻探难以探明。

2　勘探测试点的布置应符合下列规定:

1)勘探测试点应结合桥梁的墩台位置和地貌地质单元沿桥梁轴线或在其两侧交错布置,数量和深度应控制地层、断裂等重要的地质界线和说明桥位工程地质条件。

2)特大桥、大桥和中桥的钻孔数量可按表5.11.4-1确定。小桥的钻孔数量每座不宜少于1个;深水、大跨桥梁基础及锚碇基础,其钻孔数量应根据实际地质情况及基础工程方案确定。

**表5.11.4-1　桥位钻孔数量表**

| 桥梁类型 | 工程地质条件简单 | 工程地质条件较复杂或复杂 |
|---|---|---|
| 中　桥 | 2～3 | 3～4 |
| 大　桥 | 3～5 | 5～7 |
| 特大桥 | ≥5 | ≥7 |

3)基础施工有可能诱发滑坡等地质灾害的边坡,应结合桥梁墩台布置和边坡稳定性分析进行勘探。

4)当桥位基岩裸露,岩体完整,岩质新鲜,无不良地质发育时,可通过工程地质调绘基本查明工程地质条件。

3　勘探深度应符合下列规定:

1)基础置于覆盖层内时,勘探深度应至持力层或桩端以下不小于 3m;在此深度内遇有软弱地层发育时,应穿过软弱地层至坚硬土层内不小于 1.0m。

2)覆盖层较薄,下伏基岩风化层不厚时,对于较坚硬岩或坚硬岩,钻孔钻入微风化基岩内不宜少于 3m;极软岩、软岩或较软岩,钻入未风化基岩内不宜少于 5m。

3)覆盖层较薄,下伏基岩风化层较厚时,对于较坚硬岩或坚硬岩,钻孔钻入中风化基岩内不宜少于 3m;极软岩、软岩或较软岩,钻入微风化基岩内不宜少于 5m。

4)地层变化复杂的桥位,应布置加深控制性钻孔,探明桥位地质情况。

5)深水、大跨桥梁基础和锚碇基础勘探,钻孔深度应按设计要求专门研究后确定。

4　钻探应采取岩、土、水试样,并符合下列规定:

1)在粉土、黏性土地层中,每 1.0 ~ 1.5m 应取原状样 1 个;土层厚度大于或等于5.0m 时,可每 2.0m 取原状样 1 个;遇土层变化时,应立即取样。

2)在砂土和碎石土地层中,应分层采取扰动样,取样间距一般为 1.0 ~ 3.0m;遇土层变化时,应立即取样。取样后应立即做动力触探试验。

3)在基岩地层中,应根据岩石的风化等级,分层采取代表性岩样。

4)当需要进行冲刷计算时,应在河床一定深度内取样做颗粒分析试验。

5)遇有地下水时,应进行水位观测和记录,量测初见水位和稳定水位,并采取水样做水质分析。

5　应根据地基岩土类型、性质和桥梁的基础形式选择岩土试验项目和原位测试方法,并符合下列规定:

1)砂土应做标准贯入试验,碎石土应做重型动力触探试验。

2)有成熟经验的地区,可采用静力触探、旁压试验、扁铲侧胀试验等方法评价地基岩土的工程地质性质。

3)室内测试项目可按表 5.11.4-2 选用。

**表 5.11.4-2　桥梁工程室内测试项目表**

| 测试项目 \ 岩土类型与基础类型 | 粉土、黏性土 | | 砂土、碎石土 | | 岩　石 | |
|---|---|---|---|---|---|---|
| | 桩基 | 扩大基础 | 桩基 | 扩大基础 | 桩基 | 扩大基础 |
| 颗粒分析 | + | + | + | + | | |
| 天然含水率 $w$(%) | + | + | (+) | (+) | | |
| 密度 $\rho$($g/cm^3$) | + | + | (+) | (+) | | |
| 塑限 $w_P$(%) | + | + | | | | |
| 液限 $w_L$(%) | + | + | | | | |
| 有机质含量(%) | (+) | (+) | (+) | (+) | | |
| 酸碱度 pH | (+) | (+) | (+) | (+) | | |
| 压缩系数 $a$($MPa^{-1}$) | (+) | + | | | | |

续上表

| 测试项目 \ 岩土类型与基础类型 | | 粉土、黏性土 | | 砂土、碎石土 | | 岩　石 | |
|---|---|---|---|---|---|---|---|
| | | 桩基 | 扩大基础 | 桩基 | 扩大基础 | 桩基 | 扩大基础 |
| 渗透系数 $k$(cm/s) | | | (+) | (+) | (+) | | |
| 剪切试验 | 黏聚力 $c$(kPa) | (+) | + | (+) | (+) | | |
| | 内摩擦角 $\varphi$(°) | | | | | | |
| 抗压强度 $R$(MPa) | | | | | | + | + |

注:1. “+”-必做项目;“(+)”-选做项目。

2. 黏土质岩做天然湿度单轴抗压强度试验,其他岩石做单轴饱和抗压强度试验。

4)钻探取芯、取样困难的钻孔,可采用孔内电视、物探综合测井等方法探明孔内地质情况。

5)遇有害气体时,应取样测试。

6)悬索桥、斜拉桥的锚碇基础,地下水发育时,应进行抽水试验。

6　勘探断面上的地形、地质调绘点、原位测试点、钻孔等应实测。

## 5.13　隧道

**5.13.1**　隧道初勘应根据现场地形地质条件,结合隧道的建设规模、标准和方案比选,确定勘察的范围、内容和重点,并应基本查明以下内容:

1　地形地貌、地层岩性、水文地质条件、地震动参数;

2　褶皱的类型、规模、形态特征;

3　断裂的类型、规模、产状,破碎带宽度、物质组成、胶结程度、活动性;

4　隧道围岩岩体的完整性、风化程度、围岩等级;

5　隧道进出口地带的地质结构、自然稳定状况、隧道施工诱发滑坡等地质灾害的可能性;

6　隧道浅埋段覆盖层的厚度、岩体的风化程度、含水状态及稳定性;

7　水库、河流、煤层、采空区、气田、含盐地层、膨胀性地层、有害矿体及富含放射性物质的地层的发育情况;

8　不良地质和特殊性岩土的类型、分布、性质;

9　深埋隧道及构造应力集中地段的地温、围岩产生岩爆或大变形的可能性;

10　岩溶、断裂、地表水体发育地段产生突水、突泥及塌方冒顶的可能性;

11　傍山隧道存在偏压的可能性及其危害;

12　洞门基底的地质条件、地基岩土的物理力学性质和承载力;

13　地下水的类型、分布、水质、涌水量;

14　平行导洞、斜井、竖井等辅助坑道的工程地质条件。

**5.13.2**　当两个或两个以上的隧道工程方案需进行同深度比选时,应进行同深度勘察。

**5.13.3**　根据地质条件选择隧道的位置应符合下列规定:

1　隧道应选择在地层稳定、构造简单、地下水不发育、进出口条件有利的位置,隧道轴线宜与岩层、区域构造线的走向垂直。

2　隧道应避免沿褶皱轴部,平行于区域性大断裂,以及在断裂交汇部位通过。

3　隧道应避开高应力区,无法避开时洞轴线宜平行最大主应力方向。

4　隧道应避免通过岩溶发育区、地下水富集区和地层松软地带。

5　隧道洞口应避开滑坡、崩塌、岩堆、危岩、泥石流等不良地质,以及排水困难的沟谷低洼地带。

6　傍山隧道,洞轴线宜向山体一侧内移,避开外侧构造复杂、岩体卸荷开裂、风化严重,以及堆积层和不良地质地段。

**5.13.4**　工程地质及水文地质调绘应符合下列规定:

1　工程地质调绘应沿拟定的隧道轴线及其两侧各不小于200m的带状区域进行,调绘比例尺为1:2 000。

2　当两个及以上特长隧道、长隧道方案进行比选时,应进行隧址区域工程地质调绘,调绘比例尺为1:10 000~1:50 000。

3　特长隧道及长隧道应结合隧道涌水量分析评价进行专项区域水文地质调绘,调绘比例尺为1:10 000~1:50 000。

4　工程地质调绘及水文地质调绘采用的地层单位宜结合水文地质及工程地质评价的需要划分至岩性段。

5　有岩石露头时,应进行节理调查统计。节理调查统计点应靠近洞轴线,在隧道洞身及进出口地段选择代表性位置布设,同一围岩分段的节理调查统计点数量不宜少于2个。

**5.13.5**　工程地质勘探应符合下列规定:

1　隧道勘探应以钻探为主,结合必要的物探、挖探等手段进行综合勘探。钻孔宜沿隧道中心线,并在洞壁外侧不小于5m的下列位置布置:

1)地层分界线、断层、物探异常点、储水构造或地下水发育地段;

2)高应力区围岩可能产生岩爆或大变形的地段;

3)膨胀性岩土、岩盐等特殊性岩土分布地段;

4)岩溶、采空区、隧道浅埋段及可能产生突泥、突水部位;

5)煤系地层、含放射性物质的地层;

6)覆盖层发育或地质条件复杂的隧道进出口。

2　勘探深度应至路线设计高程以下不小于5m。遇采空区、岩溶、地下暗河等不良地质时,勘探深度应至稳定底板以下不小于8m。

3　洞身段钻孔,在设计高程以上3~5倍的洞径范围内应采取岩、土试样,同一地层中,岩、土试样的数量不宜少于6组;进出口段钻孔,应分层采取岩、土试样。

4　遇有地下水时,应进行水位观测和记录,量测初见水位和稳定水位,判明含水层位置、厚度和地下水的类型、流量等。

5　在钻探过程中,遇到有害气体、放射性矿床时,应做好详细记录,探明其位置、厚度,采集试样进行测试分析。

6　对岩性单一、露头清楚、地质构造简单的短隧道,可通过调绘查明隧址工程地质条件。

**5.13.6** 工程地质及水文地质测试应符合下列规定:

1 地下水发育时,应进行抽(注)水试验,分层获取各含水层水文地质参数并评价其富水性和涌水量。水文地质条件复杂时,应进行地下水动态观测。

2 在孔底或路线设计高程以上3~5倍的洞径范围内应进行孔内波速测试,采取岩石试样做岩块波速测试,获取围岩岩体的完整性指标。

3 当岩芯采集困难或采用钻探难以判明孔内的地质情况时,宜在方法试验的基础上选择物探方法,进行孔内综合物探测井。

4 深埋隧道及高应力区隧道应进行地应力测试。隧道的地应力测试应结合地貌地质单元选择在代表性钻孔中进行,地应力测试宜采用水压致裂法。

5 有害气体、放射性矿体等应按相关规定进行测试、分析。

6 高寒地区应进行地温测试,提供隧道洞门和排水设计所需的地温资料。

7 室内测试项目可按表5.13.6选用。

**表5.13.6 隧道工程室内测试项目表**

| 测试项目＼地层 | | 土体 | 岩体 |
|---|---|---|---|
| 颗粒分析 | | (+) | |
| 天然含水率 $w$(%) | | + | |
| 密度 $\rho$(g/cm$^3$) | | + | + |
| 塑限 $w_P$(%) | | + | |
| 液限 $w_L$(%) | | + | |
| 压缩系数 $a$(MPa$^{-1}$) | | (+) | |
| 剪切试验 | 黏聚力 $c$(kPa) | (+) | (+) |
| | 内摩擦角 $\varphi$(°) | | |
| 自由膨胀率 $F_s$(%) | | (+) | (+) |
| 孔内波速 $v_P$(km/s) | | | + |
| 岩石单轴饱和抗压强度 $R_c$(MPa) | | | + |
| 矿物成分分析 | | (+) | (+) |

注:"+"-必做项目;"(+)"-选做项目。

8 采取地表水和地下水样,做水质分析,评价水的腐蚀性。

# 6 详细勘察

## 6.1 一般规定

**6.1.1** 详细勘察应查明公路沿线及各类构筑物建设场地的工程地质条件,为施工图设计提供工程地质资料。

**6.1.2**　详细勘察应充分利用初勘取得的各项地质资料,采用以钻探、测试为主,调绘、物探、简易勘探等手段为辅的综合勘察方法,对路线及各类构筑物建设场地的工程地质条件进行勘察。

## 6.2　路线

**6.2.1**　路线详勘应查明公路沿线的工程地质条件,为确定路线和构筑物的位置提供地质资料。

**6.2.2**　路线详勘应查明第 5.2.1 条的有关内容。

**6.2.3**　路线详勘应对初勘资料进行复核。当路线偏离初步设计线位较远或地质条件需进一步查明时,应进行补充工程地质调绘,补充工程地质调绘的比例尺为 1∶2 000。

**6.2.4**　勘探、测试应符合第 5.2.3 条的规定。

**6.2.5**　路线详勘应提供下列资料:

1　文字说明:应对路线上的水文地质及工程地质条件进行说明,并对其进行分析、评价。

2　图表资料:1∶2 000 ~ 1∶10 000 路线工程地质平面图;1∶2 000 ~ 1∶10 000 路线工程地质纵断面图;勘探、测试资料;附图、附表和工程照片等。

## 6.3　一般路基

**6.3.1**　一般路基详勘应在确定的路线上查明各填方、挖方路段的工程地质条件,其内容应符合第 5.3.1 条的规定。

**6.3.2**　应对初勘调绘资料进行复核。当路线偏离初步设计线位或地质条件需进一步查明时,应进行补充工程地质调绘,补充工程地质调绘的比例尺为 1∶2 000。

**6.3.3**　勘探测试点宜沿确定的路线中线布置,每段填、挖路基勘探测试点的数量不宜少于 1 个,做代表性勘探;地质条件变化大时,应增加勘探测试点数量。勘探深度、取样、测试等应符合第 5.3.3 条的规定。

## 6.11　桥梁

**6.11.1**　桥梁详勘应根据现场地形地质条件和桥型、桥跨、基础形式制订勘察方案,查明桥位工程地质条件,其内容应符合第 5.11.1 条的规定。

**6.11.2**　应对初勘工程地质调绘资料进行复核。当桥位偏离初步设计桥位或地质条件需进一步查明时,应进行补充工程地质调绘,补充工程地质调绘的比例尺为 1∶2 000。

**6.11.3**　工程地质勘探应符合下列要求:

1　桥梁墩、台的勘探钻孔应根据地质条件按图 6.11.3 在基础的周边或中心布置。当有特殊性岩土、不良地质或基础设计施工需进一步探明地质情况时,可在轮廓线外围布孔,或与原位测试、物探结合进行综合勘探。

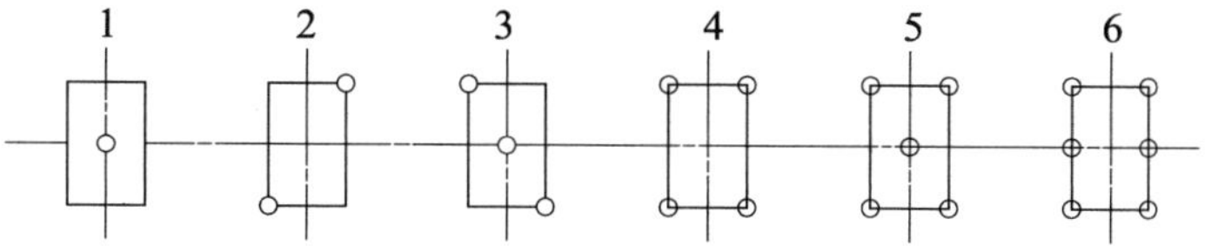


a) 方形布置

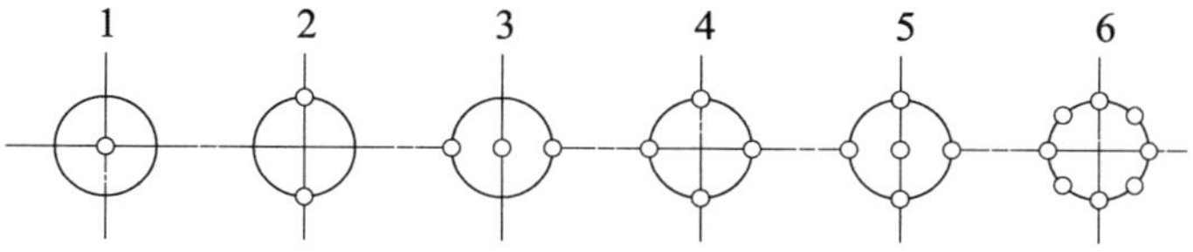


b) 圆形布置

图 6.11.3　勘探钻孔布置图

2　工程地质条件简单的桥位,每个墩(台)宜布置 1 个钻孔;工程地质条件较复杂的桥位,每个墩台的钻孔数量不得少于 1 个。遇有断裂带、软弱夹层等不良地质或工程地质条件复杂时,应结合现场地质条件及基础工程设计要求确定每个墩台的钻孔数量。

3　沉井基础或采用钢围堰施工的基础,当基岩面起伏变化较大或遇涌砂、大漂石、树干、老桥基等情况时,应在基础周围加密钻孔,确定基岩顶面、沉井或钢围堰埋置深度。

4　悬索桥及斜拉桥的桥塔、锚碇基础、高墩基础,其勘探钻孔宜按图 6.11.3 中的 4、5、6 布置,或按设计要求研究后布置。

5　桥梁墩台位于沟谷岸坡或陡坡地段时,宜采用井下电视、硐探等探明控制斜坡稳定的结构面。

6　钻孔深度应根据基础类型和地基的地质条件确定,并符合下列要求:

1)天然地基或浅基础:钻孔钻入持力层以下的深度不得小于 3m。

2)桩基、沉井、锚碇基础:钻孔钻入持力层以下的深度不得小于 5m。持力层下有软弱地层分布时,钻孔深度应加深。

**6.11.4**　取样、测试应符合第 5.11.4 条的规定。

## 6.13　隧道

**6.13.1**　隧道详勘应根据现场地形地质条件和隧道类型、规模制订勘察方案,查明隧址的水文地质及工程地质条件,其内容应符合第 5.13.1 条的规定。

**6.13.2**　隧道详勘应对初勘工程地质调绘资料进行核实。当隧道偏离初步设计位置或地质条件需进一步查明时,应进行补充工程地质调绘,补充工程地质调绘的比例尺为1:2 000。

**6.13.3**　勘探测试点应在初步勘察的基础上,根据现场地形地质条件,及水文地质、工程地质评价的要求进行加密。勘探、取样、测试应符合第 5.13.5、5.13.6 条的规定。

**6.13.4**　隧道围岩分级应按第 5.13.7 ~ 5.13.9 条确定,地下水涌水量分析评价应符合第 5.13.10 条的规定。

# 9　改建公路工程地质勘察

## 9.1　一般规定

**9.1.1**　改建公路工程地质勘察应在已建项目工程地质勘察资料的基础上,查明公路沿线及各类构筑物建设场地的工程地质条件。

**9.1.2**　改建公路工程地质勘察应符合下列规定:

1　应充分收集和研究已建项目的勘察、设计、施工和运营期的各项资料,结合路线及沿线各类构筑物的设计,采用工程地质调绘、钻探、物探、原位测试等手段进行综合勘察。

2　改建项目的工程地质勘察应收集以下资料:

1) 公路沿线的地形地貌、地层岩性、地质构造、水文地质条件;

2) 各类构筑物建筑场地的岩土类别、地层结构和岩土的物理力学性质;

3) 不良地质的类型、规模、分布、诱因、发展趋势及对工程的影响;

4) 特殊岩土的分布范围、厚度、性质及其对公路工程的不良影响;

5) 地下水的类型、埋深、水质、水量及其动态变化情况;

6) 各类构筑物建筑场地的地震动参数或地震烈度;

7) 对各类构筑物建设场地的工程地质评价,提出的工程地质建议;

8) 沿线筑路材料的类别,料场位置、储量及开采条件。

3　工程地质勘察报告应充分利用勘察取得的各项基础资料,在综合分析的基础上结合沿线各类构筑物的工程设计进行编制,并满足改建工程设计要求。

4　改建工程构筑物勘察应符合本规范新建项目构筑物勘察的规定。

5　不良地质和特殊性岩土的勘察应符合本规范新建项目不良地质和特殊性岩土的规定。

6　改线段偏离已建工程,应按新建项目进行工程地质勘察。

## 9.2　路基

**9.2.1**　应查明以下内容:

1　已建工程路基的填土类别、断面特征、稳定状况、岩石和土层的分界线、类别及其工程分级。

2　加宽路基时,应查明加宽一侧的工程地质条件,包括地貌特征、山坡和河岸的稳定状况、水流影响、岩土性质、地下水情况等。

3　加高路基时,应调查借土来源及其数量和工程性质。

4 路基坡脚需防护时,应调查防护工程的地质情况。

5 深挖路基后可能出现的不良地质现象,应予以判明,并提出处理措施。

6 路基有受水流冲刷的可能时,应调查汇水面积、径流情况,并提出截流、导流等排水措施以及边坡防护方案。

7 在需开挖视距台处,应调查其土质类别及边坡稳定情况等。

8 应查明刷坡清方、增设坡面防护、放缓边坡、绿化加固等地段的工程地质条件。

**9.2.2** 改建公路各类路基病害地段的工程地质勘察应进行下列调查:

1 调查沿线路基病害的类型与规模,以及病害的发生原因及发展情况。

2 调查病害地段路线所处的地貌特征、工程地质条件与病害的关系。

3 调查原有防护工程的位置、结构类型、各部尺寸及防治效果,确定是否利用、加固或进行改建设计。

4 调查地下水的水位、地面水的滞留时间,查明导致翻浆的水源。

5 调查当地相关工程治理病害的经验。

## 9.3 桥梁

**9.3.1** 应查明以下内容:

1 原有人工构筑物的工程地质条件。

2 原有人工构筑物有无因地质问题造成变形破坏的现象,并分析研究其原因,提出工程地质建议。

3 改建人工构筑物地基基础的工程地质条件,地基基底的岩土物理力学性质以及冻胀、冲刷等不良地质情况。

## 9.4 隧道

**9.4.1** 应查明以下内容:

1 原有隧道工程的水文地质和工程地质条件。

2 原有隧道工程的运营情况及有无因地质问题造成变形破坏的现象,并分析研究其原因,提出工程地质建议。

## 9.5 路线交叉

**9.5.1** 应符合本规范新建路线交叉工程地质勘察的规定。

## 9.6 沿线设施工程

**9.6.1** 应符合本规范新建沿线设施工程地质勘察的规定。

## 9.7 沿线筑路材料料场

**9.7.1** 应查明以下内容:

1 对沿线既有材料料场进行复查与补充。

2 当沿线筑路材料缺乏时,应进行远运材料产地的调查。

# 三十二、公路工程物探规程
(JTG/T 3222—2020)

## 1 总则

**1.0.1** 为统一公路工程物探技术要求,保证公路工程物探质量,制定本规程。

**1.0.2** 本规程适用于公路工程的物探工作。

**1.0.3** 物探工作应根据公路工程建设各阶段的勘探目的与任务要求,遵循技术可行、适宜有效、经济合理的原则确定探测方法和工作量。

**1.0.4** 公路工程物探应贯彻执行国家有关技术经济政策,积极慎重地采用新方法、新技术。

**1.0.5** 公路工程物探工作应注重安全生产、环境保护。

**1.0.6** 公路工程物探工作除应符合本规程的规定外,尚应符合国家和行业现行有关标准的规定。

## 3 基本规定

### 3.1 一般规定

**3.1.1** 使用物探应具备下列条件:

1 被探测对象与周围介质应存在一定的物性差异,并应具有一定的规模。

2 干扰不影响有效信号的识别,探测对象的异常特征应能从背景中分辨。

3 工作场地应具有相应的施测条件。

**3.1.2** 物探仪器设备应满足性能稳定、结构合理、构件牢固、防潮、抗震和绝缘性能良好的要求,并应定期检验和保养。

**3.1.3** 物探原始记录应内容全面、可靠翔实,标注清楚,签署齐全,不得缺页、涂改和重抄,电子记录应与班报记录对应并及时汇编、整理、备份。

**3.1.4** 物探测区、测线的控制基点应与已知的测量基点联测,测量精度应符合现行《公路勘测规范》(JTG C10)的二级控制测量的有关要求。

**3.1.5** 测区、测网布置应符合下列规定:

1 测区范围应根据探测目的、任务要求、方法特点确定,保证异常的完整,并具有足够的背景。

2 测网密度应根据探测对象的规模确定,确保最小探测对象有异常显示。

3　测线宜避开地形、地物及其他干扰的影响,并宜与勘探线一致或平行。

4　测线、测点应统一编号,并设立明显的标志。

# 4　物探应用

## 4.1　一般规定

**4.1.1**　物探应根据勘探目的、任务要求、现场地形地质条件,结合工程的类型、基础形式、结构特点和勘察阶段确定探测方案。

**4.1.2**　物探方法应依据勘探目的、适用条件、工作条件综合分析,参照本规程附录B选择,必要时通过方法有效性试验确定。

**4.1.3**　物探应在分析利用已有地质调绘、物探、钻探、原位测试等资料的基础上进行。发现异常时应现场核查,并与已知资料对比分析,必要时通过钻探等手段验证。

**4.1.4**　测试物性参数的样品应有代表性,测试方法和测试数量应满足物探资料解释、工程场地评价和工程设计的需要。

## 4.2　路基工程物探

**4.2.1**　路基工程物探应结合路基的工程类型、填挖高度、岩土性质等确定探测方案,可探测下列内容:

1　覆盖层厚度、土石分界和岩体风化层厚度;

2　滑坡、岩溶、采空区等不良地质的分布及规模;

3　软土、多年冻土、红黏土、花岗岩残积土等特殊性岩土的分布及厚度;

4　路基边坡的软弱夹层、裂隙带的位置及规模。

**4.2.2**　物探用于路基初勘应符合下列规定:

1　物探应在1:2 000工程地质调绘的基础上进行。

2　一般路基应沿中线布置测线,地质条件复杂的路段宜增加横测线。

3　高路堤、陡坡路堤、深路堑应沿勘探断面布置测线,地形、岩性沿路线变化较大时宜增加纵测线。

4　特殊路基应结合不良地质与特殊性岩土的类型、规模及发育规律布置测线,每段路基不应少于一纵一横2条,测线长度应根据路基工程地质评价的需要确定。

**4.2.3**　物探用于路基详勘应符合下列规定:

1　物探应在分析利用初勘资料的基础上,根据路基工程地质勘察的要求,探测岩溶、采空区、软弱夹层等不良地质与特殊性岩土的分布,结合钻探进行综合勘探。

2　测线应平行路线中线或勘探断面布置,地质条件复杂路段宜布置测网。

3　在地表采用物探探测软弱夹层、裂隙带效果不明显时,应在钻孔中选用电测井、超声波成像测井、电视测井等方法进行探测。

**4.2.4**　探测的范围和深度应根据路基工程地质评价的需要确定。

## 4.3　桥梁工程物探

**4.3.1**　桥梁工程物探应结合桥梁的基础形式、钻孔布设等确定探测方案,可探测下列内容:

1　覆盖层的厚度、基岩面的起伏及埋深;

2　断层的位置、宽度及产状;

3　岩溶、土洞、采空区等不良地质的位置、规模及展布特征;

4　控制斜坡稳定的软弱夹层、裂隙等结构面的位置及特性;

5　水下地形、地层、风化槽和障碍物的位置等;

6　测试场地岩土剪切波速度和卓越周期等参数。

**4.3.2**　物探用于桥梁工程可行性研究应符合下列规定:

1　物探应配合桥址区工程地质调绘,对隐伏岩性接触带、断裂构造及不良地质进行探测。

2　特大桥、地质条件复杂的大桥等控制性工程应沿轴线布置测线,数量不应少于1条;探测区域性断裂时,应增加垂直断裂走向的测线,数量不应少于2条。

3　跨江、跨海独立桥梁工程应综合考虑水域的宽度和深度、水流的方向和速度等因素选用物探方法和布置测线,测线数量不宜少于2条。

**4.3.3**　物探用于桥梁初勘应符合下列规定:

1　物探应在桥址区1:2 000工程地质调绘基础上进行,指导钻孔布设。

2　测线应沿轴线或垂直探测对象布置,发现异常时宜增加横测线。受地形影响或场地条件限制、沿桥梁轴线布线困难时,可在钻孔之间或桥台位置布置横测线或测深点,加密勘探点。

3　探测岩溶、采空区等不良地质分布时宜布置测网。

**4.3.4**　物探用于桥梁详勘应符合下列规定:

1　物探应在分析利用初勘资料的基础上,根据桥梁工程地质勘察和基础设计的要求,探测桥位地质异常体的分布范围,测试场地岩土物理参数。

2　地面物探测线、测网应结合桥墩、桥台的位置合理布置。

3　必要时,可利用钻孔进行孔中或孔间探测,方法可选用孔中物探、孔间电磁波透射法或孔间地震波透射法。

**4.3.5**　探测范围及深度应根据桥梁工程地质评价的需要确定。

**4.3.6**　场地剪切波速测试的钻孔数量应符合现行《公路桥梁抗震设计规范》(JTG 2231-01)的有关规定。

**4.3.7**　场地的卓越周期和微振动幅值测试应符合本规程第7.9节的有关规定。

## 4.4　隧道工程物探

**4.4.1**　隧道工程物探应结合隧道埋深确定探测方案,可探测下列内容:

1　隧道进出口段及浅埋段覆盖层厚度;

2　隧道岩性分布、岩体风化程度及岩体的完整程度;

3　断层、破碎带的位置、规模及产状;

4　岩溶、采空区等不良地质与特殊性岩土的分布及埋深;

5　隧道岩土体富水层位及富水段;

6　越江、越海隧道的第四系地层、基岩面起伏、地下障碍物及沉船的位置等;

7　测定弹性波速、土壤电阻率、大地电导率等工程设计参数。

**4.4.2**　物探用于隧道可行性研究应符合下列规定:

1　物探应根据隧道选址及方案研究的需要,在隧址区大面积地质调绘基础上进行,其成果可补充工程地质调绘。

2　特长隧道、地质条件复杂的长隧道等控制性工程宜沿隧道中线布置测线;越江、越海独立工程的隧道不宜少于 2 条。遇有区域性断裂时宜适当增加测线。

**4.4.3**　物探用于隧道初勘应符合下列规定:

1　物探应在隧道 1∶2 000 工程地质调绘的基础上进行,其成果可补充工程地质调绘、指导钻孔布设。

2　工程地质条件复杂的越岭深埋隧道宜进行综合物探。

3　隧道洞身段应沿轴线布置纵测线;洞口段应布置横测线,每个洞口段横测线数量不宜少于 3 条。地质条件复杂时,可根据具体条件增加测线。

4　隧道钻孔宜进行声波测井,测试段长度应自孔底至隧道洞底高程以上不小于 3 倍洞径。

5　钻探过程遇有放射性岩体时,应采用放射性测井确定其埋深、厚度及强度。

6　地质条件复杂的深孔宜采用地球物理综合测井。

**4.4.4**　物探用于隧道详勘应符合下列规定:

1　物探应分析利用初勘资料,并根据隧道详细工程地质勘察的要求,对隧道地质异常段进行加密。

2　当详勘线位偏离初勘线位需要采用物探时,应按本规程第 4.4.3 条的有关规定重新布置测线。

3　当需进一步探测岩溶、采空区等异常范围时,应根据隧道工程地质评价的需要加密测线、测点或布置测网,有条件时可进行孔中物探。

4　钻孔应按本规程第 4.4.3 条的有关要求进行测井。

5　疑难地段可采用电磁波透射法或地震波透射法探查钻孔之间地质情况。

**4.4.5**　探测深度应至隧道洞底以下稳定地层内。遇有岩溶、采空区或洞底软弱地层发育时,探测深度应满足隧道工程地质评价的需要。

## 4.5 不良地质与特殊性岩土物探

**4.5.1** 物探用于滑坡勘探应符合下列规定:

1 可用于探测滑坡厚度、地下水分布及监测滑坡变形。

2 探测滑坡厚度可选用折射波法、反射波法、瑞利面波法、高密度电法、电测深法、地质雷达法等;探测滑坡地下水分布可选用电剖面法、激发极化法、充电法、瞬变电磁法等;监测滑坡变形情况可选用井斜测量和井径测量。

3 大型、巨型滑坡应根据滑坡的规模布置测线或测网;中、小型滑坡可沿主滑断面布置测线。测线宜延伸至滑坡周界以外稳定地层中。

4 探测深度应至滑床以下的稳定地层中。

**4.5.2** 物探用于岩溶勘探应符合下列规定:

1 可用于探测岩溶的分布、埋深、规模及充填情况。

2 地表探测岩溶可选用反射波法、电剖面法、高密度电法、电测深法、可控源音频大地电磁法、天然场源音频大地电磁法等;基岩裸露或接地不良时,可选用地质雷达法、反射波法、瞬变电磁法等。

3 水域探测岩溶可选用水域地震波法、电测深法、瞬变电磁法等。

4 探测钻孔周围及钻孔之间的岩溶分布,可选用地球物理测井、电磁波透射法、地震波透射法等。

5 追踪与地下水有关岩溶发育带时,可选用充电法、电剖面法、井温测量、放射性测井等。

6 区分岩溶与炭质岩层引起的异常,可选用自然电位法、激发极化法等。

7 测线布置应符合下列规定:

1)岩溶初勘应沿路线中线布置测线,异常段布置横测线。当岩溶强至极强发育时,宜沿路线左、中、右平行布置纵测线,数量不应少于3条。追踪岩溶发育带时,还应垂直岩溶发育带走向布置一定数量的测线。

2)岩溶详勘应针对需查明的岩溶异常路段,结合工程类型、基础形式和位置布置测网,测线数量不宜少于3条,间距5~30m。疑难地段宜利用钻孔进行孔中物探,探测钻孔周围或钻孔之间的岩溶分布情况。

8 探测的范围和深度应根据岩溶工程地质勘探的要求确定,并应满足工程地质评价的需要。

**4.5.3** 物探用于采空区勘探应符合下列规定:

1 可用于探测采空区的分布范围及规模。

2 探测方法应结合采空区的埋深、规模确定,可选用高密度电法、电测深法、瞬变电磁法、天然场源音频大地电磁法、反射波法、地面磁法、伽马测量法、氡气测量法等;有钻孔时,可选用电测井、声波测井、超声成像测井、电视测井、电磁波透射法、地震波透射法。

3 测线应沿路线走向或垂直采空区走向布置;测线间距应根据采空区的埋深、规模及各勘察阶段的任务要求,并通过现场试验确定;测区应满足采空区工程地质评价的要求。

4　疑难地段宜利用钻孔进行物探,探测钻孔周围及钻孔之间地质情况。

5　探测深度应至最大开采深度以下。

**4.5.4**　物探用于断层勘探应符合下列规定:

1　可用于探测断层的位置、埋深、产状及破碎带的宽度和含水情况。

2　路基、桥梁等浅埋工程场地,探测断层宜选用高密度电法、电测深法、电剖面法、折射波法、反射波法、瑞利面波法、伽马测量法、氡气测量法等;深埋隧道等工程场地,探测断层宜选用瞬变电磁法、可控源音频大地电磁法、天然场源音频大地电磁法等;孔内探测断层宜选用电测井、声波测井等。

3　水域探测断层可选用水域地震波法、水域磁法等。

4　测线应垂直断层走向布置,测线数量不宜少于 2 条,点距应小于预估断层破碎带宽度的 1/2。

5　探测深度应根据工程地质评价的需要确定。

**4.5.5**　物探用于岩堆、泥石流勘探应符合下列规定:

1　可用于探测岩堆、泥石流堆积体的厚度。

2　物探方法宜选用折射波法、反射波法、瑞利面波法、电测深法、高密度电法等。

3　测线宜通过堆积体的中心,沿堆积体轴向和垂直轴向布置十字剖面。堆积体规模较大时,可适当增加辅助测线。

4　探测深度应至堆积体以下稳定地层中。

**4.5.6**　物探用于多年冻土勘探应符合下列规定:

1　可用于探测多年冻土的分布范围和上限、下限。

2　物探方法可选用地质雷达法、电测深法、高密度电法、折射波法、反射波法、天然场源音频大地电磁法等,单一方法不能达到探测目的时应采用综合物探。

3　测线宜沿路线中线布置,连续冻土段每 500m 布置 1 条横测线,岛状冻土段视冻土的规模布置横测线,每一冻土段不宜少于 1 条横测线。

4　探测深度应大于多年冻土的下限。

**4.5.7**　物探用于软土勘探应符合下列规定:

1　可用于探测软土的分布范围及厚度。

2　物探方法可选用折射波法、反射波法、瑞利面波法、电测深法、高密度电法等,详细分层时可选用电测井、地震波速测井。

3　测线宜沿中线布置,软土厚度变化较大时应增加纵测线或横测线。

**4.5.8**　物探用于覆盖层勘探应符合下列规定:

1　可用于探测覆盖层的厚度及分层,探测基岩面的起伏形态。

2　物探方法可选用折射波法、反射波法、瑞利面波法、水声法、水域地震波法、电测深法、高密度电法等,详细分层时可选用电测井、地震波速测井等。

3　测线宜沿中线布置,厚度变化较大时可适当布置横测线。

4 地震区划的高烈度地区,应按抗震设计要求实测场地土的剪切波速度,划分场地土的类别。

**4.5.9** 物探用于风化层勘探应符合下列规定:

1 可用于探测风化层的分布、厚度及风化程度。

2 物探方法可选用折射波法、反射波法、瑞利面波法、电测深法或高密度电法、水域地震波法,孔内探测可选用声波测井、地震波速测井等。

3 测线应根据勘探目的和工程地质评价需要布置。

4 岩体风化程度评价应实测岩体、岩块波速,计算岩体风化系数和完整性系数,划分风化层厚度。

**4.5.10** 物探用于软弱夹层探测应符合下列规定:

1 可用于探测软弱夹层的位置及厚度。

2 地表探测可选用电测深法、高密度电法、地质雷达法、反射波法和瑞利面波法。

3 孔中探测可选用电测井、声波测井、地震波速测井、超声波成像测井和电视测井等。钻孔应避免使用套管。

## 4.6 隧道超前地质预报

**4.6.1** 物探可用于探测隧道及导洞、斜井等辅助工程的掌子面前方一定距离内的岩性分界、断层破碎带、溶洞、采空区、富水带等地质异常。

**4.6.2** 被探测对象应具备下列条件:

1 被探测对象应位于隧道掌子面前方,且沿隧道轴线的长度和横向宽度相对于探测距离足够大,可被分辨。

2 使用反射波法和地质雷达法探测断层、岩性等界面时,被探测界面的倾角应大于35°,与隧道轴线的夹角应大于45°。

**4.6.3** 物探方法选择应符合下列规定:

1 应适应隧道的场地条件和施工环境。

2 应具有定向探测功能,能够判译异常体的位置。

3 长距离探测宜采用反射波法,短距离探测宜采用地质雷达法。

4 对可能发生大面积坍塌、突水、涌泥等施工地质灾害的隧道,应采用多参数配合及长、短距离探测相结合的方法。

**4.6.4** 反射波法每次探测距离宜按100m控制,不宜超过150m,前后两次探测的重叠段长度不应小于10m;地质雷达法每次探测距离不宜大于30m,前后两次探测的重叠段长度不应小于5m。

**4.6.5** 观测系统应符合下列规定:

1 反射波法应根据施测的场地条件,确定检波器和炮点在隧道左、右边墙的位置,检波器与炮点宜在同一平面和高度上;受场地条件限制时,可依据地震波的传播理论设计观测系统。

2　地质雷达法宜采用连续观测方式;不具备连续观测条件时,可采用点测方式,点距不应大于0.1m。

**4.6.6**　反射波法数据采集应符合下列规定:

1　观测方式应采用单炮激发、多道接收方式。

2　震源应采用孔内爆炸激震。

3　波形记录应无溢出,初至清晰、无明显延迟和高频振荡。

4　检波器与隧道围岩应紧密接触、耦合良好。

5　记录中坏道数不应大于总道数的20%,且不应出现连续坏道。

6　应采取措施压制声波干扰。

**4.6.7**　地质雷达法数据采集应符合下列规定:

1　数据采集应采用屏蔽天线,地质雷达天线应根据探测距离合理选择,天线的中心频率不宜高于100MHz。

2　测线应沿掌子面布置,数量不宜少于4条,可采用两横两竖或一横三竖的排列。

3　观测前应移除掌子面附近的金属物,关闭所有用电设备,避免电磁干扰。

4　波形记录应清晰,能够识别有效的电磁波信号。

5　重点异常段应重复观测,重复性较差时应查明原因后重新观测。

**4.6.8**　资料解释应符合下列规定:

1　反射波法资料解释宜采用下列方法:

1)根据反射波组同相轴的层位及连续特征,判断掌子面前方地层岩性、构造界面的分布和不良地质体的位置。

2)根据反射波的旅行时间确定反射界面与掌子面之间的距离,并计算反射界面与隧道轴线之间的夹角。

2　地质雷达法宜采用下列方法:

1)在剖面图上标出反射层位和反射波组,根据反射波形特征、能量强度及初始相位等特征确定地质异常体的性质,追踪反射层位并圈定异常的形态。

2)根据反射波的传播时间,计算异常体与掌子面的距离。

3　物探成果利用应结合隧道地层岩性、物性特征、施工情况及现场干扰情况进行综合分析。

**4.6.9**　对于可能发生施工地质灾害的重要物探异常段,应采用超前地质钻探等直接手段进行查证。

## 4.7　工程质量无损检测

**4.7.1**　物探可用于路基路面、注浆效果、隧道衬砌、基桩等工程质量无损检测。

**4.7.2**　工程质量无损检测应符合现行《公路工程质量检验评定标准　第一册　土建工程》(JTG F80/1)的有关规定。

**4.7.3**　工程质量无损检测除应符合本规程第3.1.1条的有关规定外,被检测对象尚应具有相应的测试条件。

**4.7.4** 工程质量无损检测的物探仪器应符合下列规定：

1 应与被检测对象的结构相匹配，能满足检测项目的需要。

2 应符合本规程相应仪器设备的技术指标。

3 应按规定进行检定和标定，并应限定在检定有效期内使用。

**4.7.5** 工程质量无损检测应按检测项目要求，结合被检测对象的类型、物质组成和结构特点选用检测方法，并应确定相应的验证方法。

**4.7.6** 物探用于路基路面质量无损检测应符合下列规定：

1 可用于检测路基路面厚度和基底病害。

2 检测宜采用地质雷达与取芯验证相结合的方法，取芯验证钻孔的布置应有代表性，异常位置应重点查证。

3 采用地质雷达法检测路基路面厚度时，宜采用 500MHz ~ 2GHz 的高频天线；检测基底病害应采用中心频率较低天线，并通过现场试验确定天线的类型。

4 路基路面检测成果资料宜包括下列内容：

1) 各种检测统计、分析、成果图表；

2) 路基路面厚度与设计值的误差，超过允许误差的位置、规模；

3) 回填不密实区或空洞位置分布图；

4) 基底病害的类型、位置及分布图；

5) 路基、路面质量检测报告。

**4.7.7** 物探用于注浆效果检测应符合下列规定：

1 注浆效果检测应采用物探和取芯验证相结合的方法，物探可选用地质雷达法、高密度电法和瑞利面波法，重点地段可选用声波测井、地震波透射法、电磁波透射法。取芯验证钻孔不应少于注浆孔数的 3%。

2 检测时应在同一点注浆前和注浆全部结束待其凝结后分别测量，两次测量的仪器参数设置、观测装置、测点位置及资料处理方法应一致。

3 检测区不应小于注浆范围，检测深度应大于浆液扩散的深度。

4 采用地质雷达法检测时，应在注浆区域布置测网，其中线距宜为 1 ~ 2m，点距不宜大于 0.1m。应通过对比注浆前后地质雷达法剖面异常规模的变化，评价注浆区域空洞的填充效果。

5 采用高密度电法检测时，应在注浆区域平行路线布置测网，其中线距宜为 2 ~ 4m，点距不宜大于 1m。应通过对比注浆前后电阻率数值和异常规模及强度的变化，评价注浆区域空洞的填充效果和注浆加固的改进情况。

6 采用瑞利面波法检测时，应以注浆点作为检测点，道间距不宜大于 1m，偏移距应通过试验确定。检测点应均匀分布，兼顾重点注浆部位和注浆异常部位，数量不应少于总注浆点数的 30%。应通过对比注浆前后面波速度的提高、面波频散曲线特征点的变化和面波速度等值线剖面图上异常强度和位置的变化情况，评价注浆区域空洞的填充效果和注浆加固的改进情况。

7　检测数据分析宜采用下列方法：

1)直接对比分析法：对注浆前后的检测数据对比分析，评价注浆加固的改进情况；

2)达标分析法：对注浆后的检测数据与标准值比较分析，评价注浆加固效果。

8　注浆效果检测成果资料宜包括下列内容：

1)各种检测成果图、统计分析图表；

2)注浆低强度区、渗漏区和空洞位置分布图；

3)检测质量分析、注浆效果评价图表；

4)注浆效果检测报告。

**4.7.8**　物探用于隧道衬砌质量无损检测应符合下列规定：

1　当隧道衬砌为无钢筋或钢筋较稀疏的钢筋混凝土时，可采用地质雷达法检测混凝土的厚度、空洞、内部缺陷等情况。

2　当隧道衬砌为钢筋较密集的钢筋混凝土时，可采用声波测试检测混凝土厚度、空洞、内部缺陷等情况。

3　检测隧道衬砌混凝土的厚度、空洞、内部缺陷时，宜每10m布置1个断面。

4　检测过程中发现的厚度变化以及空洞、内部缺陷等部位应加密测线、测点，并进行取芯验证。

5　隧道衬砌质量检测成果资料宜包括下列内容：

1)衬砌厚度与设计厚度的对比和评价表；

2)反映空洞、缺陷的分布、位置和规模的图表；

3)隧道衬砌质量评价表；

4)隧道衬砌质量检测报告。

**4.7.9**　物探用于基桩质量无损检测时，应符合现行《公路工程基桩检测技术规程》(JTG/T 3512)的规定。

# 5　直流电法勘探

## 5.1　一般规定

**5.1.1**　直流电法适用于探测相邻介质之间导电性或电化学性质存在差异的地质体的分布和规模。根据工作条件可选用电测深法、电剖面法、高密度电法、自然电位法、充电法、激发极化法等。

**5.1.2**　仪器主要技术指标应符合下列规定：

1　输入阻抗大于20MΩ；

2　对50Hz工频抑制大于40dB；

3　电压通道电平不低于5V；

4 电压分辨率不低于0.01mV;

5 电流分辨率不低于0.1mA;

6 最大电压不小于450V;

7 最大电流不小于3A;

8 极化率分辨率不低于0.01%;

9 可在-10~+50℃条件下正常工作。

**5.1.3** 同一工点使用两台及两台以上仪器接收时,应进行仪器一致性测量。一致性测量允许均方相对误差为±2%。

**5.1.4** 施测前应检查所有供电和测量导线绝缘性能,其中供电线对地绝缘电阻应大于2MΩ/km,测量线对地绝缘电阻应大于5MΩ/km。

**5.1.5** 试验工作应符合下列规定:

1 试验方案应根据任务要求,结合测区地质条件、物性条件确定。

2 试验点宜布置在钻孔旁或已知地段。

3 试验应包括下列内容:

1)仪器一致性测量;

2)选择观测装置;

3)选择工作参数;

4)确定最大供电极距及最大供电功率;

5)测量测区内的噪声电平;

6)方法有效性评价。

**5.1.6** 导线敷设应符合下列规定:

1 除高密度电法外,其他方法的测量导线与供电导线应分别敷设,并保持一定距离。

2 敷设的导线应远离高压线;难以避开时,宜垂直通过高压线。

3 导线通过地表水体时宜架空;通过道路时,应埋设或穿孔通过。

**5.1.7** 电极布设应符合下列规定:

1 供电电极深度应小于供电极距 $AB$ 的1/20,相邻电极间隔应大于入地深度的2倍。

2 供电电极和测量电极均应布置在相应的点位上,并且接地良好、稳固。

**5.1.8** 供电电极的接地电阻宜小于1kΩ,测量电极的接地电阻宜小于10kΩ。电极接地电阻过大时,应采取浇水、加深电极或增加电极数量等措施。

**5.1.9** 漏电检查应符合下列规定:

1 供电导线、测量导线和电源应分别进行漏电检查。

2 电测深法遇下列情况时应进行漏电检查:

1)$AO$ 不大于500m的起始和最后一个测点;

2)$AO$ 大于500m的所有测点。

3 电剖面法遇下列情况时应进行漏电检查:

1)每条测线的起点和终点;

2)潮湿地区每隔 10 个测点,干燥地区每隔 20 测点;

3)畸变点或异常点。

4　漏电电流不应超过观测电流值的 ±1%,否则应检查处理,直至满足要求。

**5.1.10**　重复观测应符合下列规定:

1　电测深法遇有下列情况之一者,应进行重复观测:

1)当 $AO$ 不大于 500m 时,每隔 3 ~ 5 个测点重复观测;

2)当 $AO$ 大于 500m 时,所有测点重复观测;

3)电测深曲线的拐点和畸变点。

2　电剖面法遇有下列情况之一者,应进行重复观测:

1)每隔 10 个测点;

2)一次电位差 $\Delta V$ 突变点;

3)剖面曲线的异常点、畸变点。

3　激发极化法遇有下列情况之一者,应进行重复观测:

1)二次场电位差 $\Delta V_2$ 小于 0.3mV;

2)存在明显干扰的测点;

3)二次场衰减不正常。

4　自然电位法和充电法遇有下列情况之一者,应进行重复观测:

1)每隔 10 个测点;

2)电位极值点、梯度零点及曲线上的突变点、可疑点。

5　两次观测允许相对误差为 5%,重复观测合格后,取其算术平均值作为该测点的观测记录值。

**5.1.11**　电性参数测试应符合下列规定:

1　岩土体电阻率参数测试可采用标本法或露头法,也可通过电测深曲线法求取。

2　测试标本应加工成规则的圆柱形状,两端表面打磨平整;露头法应采用对称四极装置,观测装置应布置在同一岩性中部 1/3 范围内。

3　同一岩性测试参数的数量不应少于 6 个;不具备测试条件时,可依据电测深曲线反演求取。

4　工程场地土壤电阻率、大地电导率等参数测试应采用电测深法,测点密度和测量深度应满足参数使用专业的需要。

# 6　电磁法勘探

## 6.1　一般规定

**6.1.1**　电磁法适用于探测相邻介质之间电性存在差异的地质体的分布、埋深及规模。

根据工作条件可选用地质雷达法、瞬变电磁法、可控源音频大地电磁法、天然场源音频大地电磁法、电磁波透射法等。

**6.1.2** 电磁法仪器应按说明书的要求进行校验和标定。

**6.1.3** 同一工点采用两台或两台以上的仪器接收时,应进行仪器一致性测量。地质雷达仪器一致性测量的波形应一致,其他仪器一致性测量允许均方相对误差应为观测精度的1/2。

**6.1.4** 电磁法的导线布设宜避开工厂、矿山、通信基站、电气铁路、变电站、广播电台、高压电力线 、地下金属管线等电磁干扰源,无法避开时宜垂直通过。

# 7 地震波勘探与测试

## 7.1 一般规定

**7.1.1** 地震波勘探与测试适用于探测与相邻介质之间波速或波阻抗存在差异的地质体的分布和埋深,进行工程质量无损检测,测试岩土体弹性参数。根据工作条件可选用折射波法、反射波法、地震波透射法、瑞利面波法、水域地震波法、水声法、声波测试、地脉动测试等。

**7.1.2** 仪器主要技术指标应符合下列规定:

1 地震仪:

1)接收道具有良好的一致性。

2)模/数转换精度不小于16位。

3)最小采样间隔不大于0.1ms。

4)增益动态范围不小于96dB。

5)通频带范围0.5~4 000Hz。

6)输入阻抗不小于5kΩ。

2 触发装置:

1)触发信号延迟时间不大于0.5ms。

2)起跳尖锐,振幅足以触发仪器内计时电路。

3 检波器:

1)固有频率允许偏差为±10%。

2)振幅允许偏差为±10%。

3)相位允许偏差为±0.5ms。

4)失真度不大于0.2%。

5)绝缘电阻不小于10MΩ。

4 电缆:

1)无破损、短路、串道、断道等故障。

2)大线电缆道间绝缘电阻不小于10MΩ,对地绝缘电阻不小于20MΩ。

**7.1.3**　震源选择应符合下列规定:

1　震源选择应根据勘探目的、作业环境和施测条件,并通过试验确定。可选用爆炸震源、锤击震源、落重震源、电火花震源、空气枪和可控震源等。

2　震源激发的地震波主频应满足分辨率的要求。

3　震源激发的能量应可控,并应满足探测深度的要求。

**7.1.4**　爆炸作业必须严格执行现行《爆破安全规程》(GB 6722)、《地震勘探爆炸安全规程》(GB 12950)及《岩土工程勘察安全标准》(GB 50585)的有关规定,并符合下列规定:

1　计时必须采用绕在药包外面的计时回路。

2　使用万用电表检查计时线的通断状况时,检查地点与药包的距离必须大于5m。

3　雷管质量检查时必须符合下列规定:

1)必须使用专用电表。

2)测试点与雷管的安全距离严禁小于5m。

3)检测电流强度必须小于50mA,接通时间必须小于2s。

4)检测后雷管脚线必须短路。

4　起爆必须使用检验合格的爆炸机,严禁使用代用设备。

5　爆炸机的钥匙必须由埋药人员携带,接到起爆信号前严禁将钥匙插入爆炸机。

6　爆炸站必须设在通视良好的安全地点,警戒范围严禁小于安全距离。

7　严禁高压线下设爆炸点。高压线附近进行爆炸作业时必须满足安全距离的要求,且使用抗杂电干扰雷管。

8　雷雨、雷电或大雾天气严禁进行爆炸作业。

9　遇到拒爆时,首先必须将爆炸线拆离爆炸机,并将其短路10min以后再检查原因进行处理。拒爆药包可用另放一小包炸药的方法将其引爆,严禁将原药包挖出处理。

10　多次使用同一爆炸点时,每次埋置药包前应清除松土。

11　坑中爆炸时应清除爆炸点处的石块、杂草等,并用土或细砂填实。

12　水中爆炸时药包应有防水措施,沉放深度不应小于1m。

13　拟定的爆炸点位置不具备安置条件时,允许沿垂直测线方向移动,移动距离不得大于道间距的1/5,并应准确记录爆炸点的位置和深度。

14　同一工点严禁使用两套或两套以上的爆炸线和计时线。

**7.1.5**　锤击和落重震源作业应符合下列规定:

1　锤击板应安置在较密实的土层上,与地面接触良好,避免反弹造成二次触发。

2　采用叩板时,木板的长轴应垂直测线,且长轴的中点应对应在测线上或测线延长线上。

3　锤击开关应牢固捆绑在大锤手柄的锤头一端。

**7.1.6**　地震波勘探的检波器安置应符合下列规定:

1 检波器应安置牢固,并清除检波器周围的杂草;风力过大时应采用掩埋等措施,安置条件宜一致。

2 在水田、沼泽、浅滩安置时,应使用加长尾锥,并应检查检波器的防水性。

3 检波器在水泥混凝土路面或沥青路面安置时,应将检波器牢固粘于地面,保证检波器与地面接触良好。

4 安置检波器困难时,可在垂直排列方向上左右移动,移动距离不大于1/5道间距。

5 接收横波时应保证检波器水平安置,灵敏轴应垂直测线方向,且取向应一致。

6 水中接收时,应将检波器沉放水面1m以下。

**7.1.7** 检波器的频率选择宜符合下列规定:

1 折射波法宜选用固有频率为10~40Hz的垂直检波器。

2 纵波反射法宜选用固有频率为60~100Hz的垂直检波器。

3 横波反射法宜选用固有频率为40~60Hz的水平检波器。

4 瑞利面波法宜选用固有频率为1~10Hz的垂直检波器。

**7.1.8** 波形记录质量评价应符合下列规定:

1 同时满足下列条件时应评定为合格记录:

1)波形清晰、连续,干扰不影响有效波的识别和波形的对比;

2)震相明显且可连续追踪;

3)班报记录清楚、内容全面、完整。

2 存在下列缺陷之一者应评定为不合格记录:

1)坏道数大于排列道数的10%,或坏道为连续两道及两道以上;

2)干扰强烈,影响有效波识别、同相轴追踪或旅行时间读取;

3)数据文件的编号或主要工作参数与班报表记录不符。

**7.1.9** 地震波勘探应按地层岩性单元实测波速参数,测试点应有代表性,测量方法应符合下列规定:

1 测定岩样波速应采用声波法。

2 洞室、钻孔或基岩露头测定岩土体波速应采用直达波法。

3 地表测定覆盖层下基岩波速应采用折射波法。

# 8 磁法勘探

## 8.1 一般规定

**8.1.1** 磁法勘探适用于探测相邻介质之间磁性存在差异的地质体或铁磁性物体的分布及规模。根据作业条件可选用地面磁法或水域磁法。

**8.1.2**　磁力仪主要技术指标应符合下列规定：

1　测量范围 20 000 ~ 100 000nT。

2　分辨率不低于 0.1nT。

3　日变观测仪器与测点观测仪器匹配。

4　水域磁法观测仪器宜具有自动测量和 GPS 实时定位功能。

**8.1.3**　仪器的校验、一致性测量应符合下列规定：

1　校验点数应大于 50 个。

2　校验点有一部分应位于较强异常区。

3　同一工点使用多台仪器进行观测时，应进行仪器的一致性测量，允许均方误差为 ±2nT。

**8.1.4**　基点设置应符合下列规定：

1　总基点设于正常磁场上，附近无磁性干扰，在半径 2.0m、高差 0.5m 范围内磁场变化小于 1nT。

2　分基点设于平稳磁场上，附近无引起磁性变化的干扰源或电磁干扰信号，使用方便。

**8.1.5**　基点联测应符合下列规定：

1　使用性能稳定、精度较高的仪器，联测仪器的分辨率不应低于观测仪器。

2　基点联测应选择日变和温度变化较小的时间段观测，缩短闭合时间，严格操作。

3　应采用闭合观测方法，并对观测结果进行平差。观测回次不应少于 2 次，每次测量取值数量不宜少于 100 个。

**8.1.6**　日变观测应符合下列规定：

1　日变站应安置在避风、安静、温差小、不受阳光直射、无磁性干扰的地方。

2　日变站的控制半径宜小于 50km；地电条件复杂时，应通过试验确定。

3　日变观测磁力仪的精度不应低于外业观测磁力仪的精度。

4　日变观测应与外业观测达到秒级同步，日变测量时间间隔宜为 5 ~ 30s。

5　日变观测应始于外业观测之前，止于外业观测结束之后。

**8.1.7**　日变校正应符合下列规定：

1　应采用日变观测磁力仪与外业观测磁力仪对接校正或采用计算机软件校正。

2　日变校正应使用总基点的地磁正常场值作为起算点，不得改变。

**8.1.8**　试验工作应包括下列内容：

1　选择代表性地段查明测区磁场特征，包括强度、范围、梯度变化等，以确定磁参量及测网密度的选择是否合理。

2　查明重要干扰因素的大小和特征，分析消除或分辨干扰的可能性，确定信噪比。

3　在同一地段分别采用探头高度为 0.5m、1.0m、2.0m、3.0m 进行观测，分析表层磁性不均匀的影响，以选择探头高度。

**8.1.9**　测线布置应符合下列规定：

1　测线应垂直探测对象走向布置，线距应小于探测对象走向长度的 1/2。

2 点距应保证最小探测对象在测线上至少连续3个测点有异常反应。

3 精测剖面的点距应保证观测曲线异常清晰和特征点明显。

**8.1.10** 岩石标本磁参数测定应符合下列规定:

1 标本应在新鲜岩体上采集,并现场编号,记录采样的地点。

2 同一岩性标本数量不应少于30个,参数统计采用几何平均值。

3 测量标本的体积误差应小于$5cm^3$。

4 磁参数的测定灵敏度不应低于$10^{-5}$SI。

5 磁化率大于0.01SI时,应做退磁校正。

# 9 放射性勘探

## 9.1 一般规定

**9.1.1** 放射性勘探适用于探测采空区或放射性岩体的分布范围,查找隐伏断裂构造的位置和地下水源等。根据地质条件和工作条件可选用伽马测量法或氡气测量法。

**9.1.2** 放射性勘探除应符合本规程第3.1.1条的规定外,尚应具有下列条件:

1 覆盖层无潜水层等"屏蔽"层。

2 表层均匀、无大范围的扰动土。

**9.1.3** 试验工作宜在已知地段上开展不同比例尺的测量,与已知地质情况对比,确定测网密度。

**9.1.4** 测线布置应符合下列规定:

1 测线应沿路线走向或垂直探测对象走向布置。探测隐伏断裂构造时,测线数量不宜少于3条。

2 探测采空区和放射性岩体的平面分布范围时应布置测网,测网密度应通过试验确定。

**9.1.5** 放射性勘探的质量检查除应符合本规程第3.2.6条的有关规定外,尚应对异常区作重点检查,检查曲线与原始曲线的形态应相似,异常位置应一致。

**9.1.6** 放射源的使用、保存、运输应符合下列规定:

1 放射源的使用、保存、运输以及放射性观测应符合现行《电离辐射防护与辐射源安全基本标准》(GB 18871)和《环境地表γ辐射剂量率测定规范》(GB/T 14583)的有关规定。

2 放射性同位素保存场所应有并悬挂《放射性同位素工作许可证》《放射性同位素安全许可证》和《放射性同位素工作登记证》。

3 放射源在领取、送还途中应有专人负责,以防丢失。

4 放射源使用完后,应保存在专用保险柜中,做到账物相符,经保管员检查合格后入库保存。

# 10　地球物理测井

## 10.1　一般规定

**10.1.1**　地球物理测井适用于探测孔壁及钻孔周围的地质情况,测量井温、井径、井斜,测试岩土体物性参数等。

**10.1.2**　地球物理测井应根据具体的任务、目的和要求,结合钻孔测试条件确定适宜的方法,可选择电测井、地震波速测井、声波测井、超声波成像测井、放射性测井、电视测井和井温测量、井径测量、井斜测量等。

**10.1.3**　实施测井的钻孔应符合下列规定:

1　钻孔周围应具有测井仪器设备安置的条件。

2　钻孔深度应大于要求测试深度 5m,且孔底沉渣不得大于 2m。

3　钻孔内易坍塌、掉块等不安全井段应有可靠的保护措施。

4　电测井、地震波速测井、声波测井、超声波成像测井、井温测量的钻孔或孔段宜有井液,无井液时应采用贴壁装置,确保与井壁紧密接触。

5　电测井、超声波成像测井、电视测井、井径测量的钻孔或孔段应无套管。

**10.1.4**　仪器主要技术指标应符合下列规定:

1　电测井仪器应符合本规程第 5.1.2 条的规定。

2　地震波速测井仪器设备应符合本规程第 7.1.2 条的规定。

3　声波测井、超声波成像测井仪器应符合下列规定:

1)最小采样间隔不大于 0.1μs。

2)声时测量误差不大于 0.1μs。

3)声幅测量误差不大于 3%。

4)频响范围 10~500kHz。

5)发射电压范围 100~1 000V。

6)发射脉宽范围 1~500μs。

4　放射性测井仪器应符合本规程第 9.2.1 条的规定。

5　井温测量分辨率应不低于 0.1℃,热惯性应不大于 3s。

6　井径仪器测量误差应不大于 5mm。

7　井斜仪器顶角测量误差应不大于 0.5°,方位角测量误差应不大于 4°。

**10.1.5**　地面仪器对地、绞车集流环对地以及电源对地的绝缘电阻应大于 10MΩ;电缆芯对地、电极之间、井下仪器线路与外壳之间的绝缘电阻应大于 2MΩ。

**10.1.6**　测井设备安置应符合下列规定:

1 绞车与滑轮应保持通视并固定,下井电缆应位于钻孔中心。

2 传动装置的深度累计误差应小于0.5%。

3 下井前应检查测井设备及电缆、电极系、传感器等附属设备的绝缘性能,并进行漏电检测。

**10.1.7** 工作程序应符合下列规定:

1 测井前应收集钻孔编录资料,了解钻孔地层结构、岩体完整程度、套管深度及孔壁情况。

2 应通过现场试验选择观测装置和工作参数。

3 电视测井测试前应清洗钻孔。

4 下井前应对井下设备的密封性和电缆的绝缘性进行检查,以防漏电,并宜利用与下井仪器的直径和长度相当的重锤进行探孔。

5 井液电阻率测量、井温测量及钻孔电视应自上而下观测,其他测井方法宜在电缆提升过程中观测。

**10.1.8** 质量检查应在离场前复测和检查观测,检查点应布置在异常位置或重要井段,检查工作量不应少于测井工作量的10%。检查观测的数据、曲线应与原始观测基本一致,并满足相应方法的要求。

**10.1.9** 原始资料有下列情况之一者,应重新观测:

1 在测量井段连续漏掉两个以上深度记号。

2 连续测量时,测井曲线数据有5%以上的漏记、断记或畸变。

3 测井过程的升降速度不满足相应方法的要求或记录曲线不合格。

4 数据观测质量不满足要求。

**10.1.10** 测井资料整理与解释应符合下列规定:

1 根据曲线特征点及标志层的位置结合钻探资料对测井曲线进行平差处理。

2 采用同一深度坐标将钻孔柱状图和各种测井曲线依次并列绘制在同一张图上,进行综合分析。

3 利用测井曲线统计各地质层的物性参数。

4 与钻孔资料进行分析对比,对各种参数的测井曲线进行综合地质解释。

**10.1.11** 测井的图表宜包括下列内容:

1 测井曲线图或孔壁展开图像;

2 各参数统计分析表;

3 与测井方法相对应的各种解释曲线、图表。

# 三十三、公路工程建设项目概算预算编制办法

(JTG 3830—2018)

# 1　总则

**1.0.2**　本办法适用于编制新建、改(扩)建的公路工程建设项目设计概算和施工图预算。

**1.0.3**　设计概算是初步设计文件和技术设计文件的重要组成部分。经批准后的概算应是建设项目投资的最高限额。

**1.0.4**　施工图预算是施工图设计文件的重要组成部分。施工图预算应控制在批准的设计概算范围之内。

**1.0.6**　公路工程建设项目的设计概算或施工图预算造价文件分多段编制时,应统一编制原则,将分段造价汇总成项目总造价。总造价与前一阶段总造价应做对比分析,以利于造价控制。需单独反映造价的联络线、支线以及规模较大的辅道、连接线工程,应单独编制造价文件,并汇总至项目总造价。

# 2　概算预算编制方法

## 2.1　基本规定

**2.1.1**　编制概算、预算时应根据现行《公路工程概算定额》(JTG/T 3831)、《公路工程预算定额》(JTG/T 3832)规定的人工、材料与设备、机械台班消耗量和按本办法规定的概算、预算编制时工程所在地的人工费工日单价、材料预算单价和施工机械台班单价计算出工程项目的工、料、机费用,并按本办法的规定计算各项费用。

## 2.2　编制依据

**2.2.1**　设计概算编制依据应包含下列内容:

1　国家发布的有关法律、法规等。

2　本办法及配套定额。

3　工程所在地省级交通运输主管部门发布的补充规定和定额等。

4　可行性研究报告的批(核)准文件(修正概算时为初步设计批复文件)等有关资料。

5 初步设计(或技术设计)图纸等设计文件、工程施工方案(含施工组织设计)。

6 工程所在地的人工、材料与设备、施工机械价格等。

7 有关合同、协议等。

8 其他有关资料。

**2.2.2** 施工图预算编制依据应包括下列内容:

1 国家发布的有关法律、法规等。

2 本办法及配套定额。

3 工程所在地省级交通运输主管部门发布的补充规定和定额等。

4 批准的初步设计文件(或技术设计文件,若有)等有关资料。

5 施工图设计图纸等设计文件、工程施工方案(含施工组织设计)。

6 工程所在地的人工、材料与设备、施工机械价格等。

7 有关合同、协议等。

8 其他有关资料。

## 2.3 文件组成

**2.3.1** 概算、预算文件应由封面、扉页、目录、编制说明及全部计算表格组成。

**2.3.5** 概算、预算文件可按不同的需要分为甲、乙组文件,并应符合下列规定:

1 甲组文件为各项费用计算表,乙组文件为建筑安装工程费各项基础数据计算表。甲、乙组文件应按《公路工程基本建设项目设计文件编制办法》中关于设计文件报送份数的要求,随设计文件一并报送,并同时提交可计算的造价电子数据文件和新工艺单价分析的详细资料。

2 乙组文件中的“分项工程概(预)算表”可只提交电子版,或按需要提交纸质版。

3 概算、预算应按一个建设项目[如一条路线或一座独立大(中)桥、隧道]进行编制。当一个建设项目需要分段或分部编制时,应根据需要分别编制,但必须汇总编制“总概(预)算汇总表”。

## 2.5 费用组成

**2.5.1** 概算、预算的费用组成如图2.5.1所示。

- 概(预)算总金额
  - 建筑安装工程费
    - 直接费
      - 人工费
      - 材料费
      - 施工机械使用费
    - 设备购置费
    - 措施费
      - 冬季施工增加费
      - 雨季施工增加费
      - 夜间施工增加费
      - 特殊地区施工增加费
        - 高原地区施工增加费
        - 风沙地区施工增加费
        - 沿海地区施工增加费
      - 行车干扰施工增加费
      - 施工辅助费
      - 工地转移费
    - 企业管理费
      - 基本费用
      - 主副食运费补贴
      - 职工探亲路费
      - 职工取暖补贴
      - 财务费用
    - 规费
      - 养老保险费
      - 失业保险费
      - 医疗保险费
      - 工伤保险费
      - 住房公积金
    - 利润
    - 税金
    - 专项费用
      - 施工场地建设费
      - 安全生产费
  - 土地使用及拆迁补偿费
  - 工程建设其他费
    - 建设项目管理费
      - 建设单位(业主)管理费
      - 建设项目信息化费
      - 工程监理费
      - 设计文件审查费
      - 竣(交)工验收试验检测费
    - 研究试验费
    - 建设项目前期工作费
    - 专项评价(估)费
    - 联合试运转费
    - 生产准备费
      - 工器具购置费
      - 办公和生活用家具购置费
      - 生产人员培训费
      - 应急保通设备购置费
    - 工程保通管理费
    - 工程保险费
    - 其他相关费用
  - 预备费
    - 基本预备费
    - 价差预备费
  - 建设期贷款利息

图 2.5.1　概算、预算费用的组成

# 3 概算预算费用标准和计算方法

## 3.1 建筑安装工程费

**3.1.1** 建筑安装工程费包括直接费、设备购置费、措施费、企业管理费、规费、利润、税金和专项费用。建筑安装工程费除专项费用外,其他均按“价税分离”计价规则计算,即各项费用均以不含增值税可抵扣进项税额的价格(费率)进行计算,具体要素价格适用增值税税率执行财税部门的相关规定。定额建筑安装工程费包括定额直接费、定额设备购置费的40%、措施费、企业管理费、规费、利润、税金和专项费用,定额直接费包括定额人工费、定额材料费、定额施工机械使用费。

**3.1.2** 直接费指施工过程中耗费的构成工程实体和有助于工程形成的各项费用,包括人工费、材料费、施工机械使用费。

1 人工费指列入概算、预算定额的直接从事建筑安装工程施工的生产工人开支的各项费用。

人工费以概算、预算定额人工工日数乘以综合工日单价计算。

2 材料费指施工过程中耗用的构成工程实体的原材料、辅助材料、构配件、零件、半成品或成品算,按工程所在地的材料价格计算的费用。

材料预算价格由材料原价、运杂费、场外运输损耗、采购及保管费组成。

3 施工机械使用费指列入概算、预算定额的工程机械和工程仪器仪表台班数量,按相应的施工机械台班费用定额计算的费用等。

**3.1.3** 设备购置费指为满足公路初期运营、管理需要购置的构成固定资产标准的设备和虽低于固定资产标准但属于设计明确列入设备清单的设备的费用,包括渡口设备,隧道照明、消防、通风的动力设备,公路收费、监控、通信、路网运行监测、供配电及照明设备等。

设备购置费包括设备原价、运杂费、运输保险费、采购及保管费,各种税费按编制期有关部门规定计算。

**3.1.6** 措施费包括冬季施工增加费、雨季施工增加费、夜间施工增加费、特殊地区施工增加费、行车干扰施工增加费、施工辅助费、工地转移费。

1 冬季施工增加费指按照公路工程施工及验收规范所规定的冬季施工要求,为保证工程质量和安全生产所需采取的防寒保温设施、工效降低和机械作业效率降低以及技术操作过程的改变等所增加的有关费用。

冬季施工增加费以各类工程的定额人工费和定额施工机械使用费之和为基数,按工程所在地的气温区选用相应的费率计算。

2 雨季施工增加费指雨季期间施工为保证工程质量和安全生产所需采取的防雨、排水、防潮和防护措施、工效降低和机械作业率降低以及技术操作过程的改变等,所需增加的有关费用。

雨季施工增加费以各类工程的定额人工费和定额施工机械使用费之和为基数,按工程所在地的雨量区、雨季期选用相应的费率计算。

3　夜间施工增加费指根据设计、施工技术规范和合理的施工组织要求,必须在夜间施工或必须昼夜连续施工而发生的夜班补助费、夜间施工降效、施工照明设备摊销及照明用电等费用。夜间施工增加费以夜间施工工程项目的定额人工费与定额施工机械使用费之和为基数,按相应的费率计算。

4　特殊地区施工增加费包括高原地区施工增加费、风沙地区施工增加费和沿海地区施工增加费三项。

高原地区施工增加费以各类工程的定额人工费与定额施工机械使用费之和为基数,按相应的费率计算。

风沙地区施工增加费以各类工程的定额人工费和定额施工机械使用费之和为基数,根据工程所在地的风沙区划及类别,按相应的费率计算。

沿海地区施工增加费以各类工程的定额人工费和定额施工机械使用费之和为基数,按相应的费率计算。

5　行车干扰施工增加费指由于边施工边维持通车,受行车干扰的影响,致使人工、机械效率降低而增加的费用。该费用以受行车影响部分的工程项目的定额人工费和定额施工机械使用费之和为基数,按相应的费率计算。

6　施工辅助费包括生产工具用具使用费、检验试验费和工程定位复测、工程点交、场地清理等费用。施工辅助费以各类工程的定额直接费为基数,按相应的费率计算。

7　工地转移费指施工企业迁至新工地的搬迁费用。

工地转移费以各类工程的定额人工费和定额施工机械使用费之和为基数,按相应的费率计算。

**3.1.7**　企业管理费由基本费用、主副食运费补贴、职工探亲路费、职工取暖补贴和财务费用五项组成。

均以各类工程的定额直接费为基数,按规定的费率计算。

**3.1.8**　规费指按法律、法规、规章、规程规定施工企业必须缴纳的费用。

规费包含:养老保险费、失业保险费、医疗保险费(含生育保险费)、工伤保险费、住房公积金。

各项规费以各类工程的人工费之和为基数,按国家或工程所在地法律、法规、规章、规程规定的标准计算。

**3.1.9**　利润指施工企业完成所承包工程获得的盈利,按定额直接费及措施费、企业管理费之和的 7.42% 计算。

**3.1.10**　税金指国家税法规定应计入建筑安装工程造价的增值税销项税额。

$$\text{税金} = (\text{直接费} + \text{设备购置费} + \text{措施费} + \text{企业管理费} + \text{规费} + \text{利润}) \times \text{建筑业增值税税率} \tag{3.1.10}$$

**3.1.11** 专项费用包括施工场地建设费和安全生产费。

施工场地建设费以定额建筑安装工程费扣除专项费为基数,按相应的费率以累进法计算。

安全生产费按建筑安装工程费(不含安全生产费本身)为基数,按规定的费率计算。

## 3.2 土地使用及拆迁补偿费

**3.2.1** 土地使用及拆迁补偿费包含永久占地费、临时占地费、拆迁补偿费、水土保持补偿费、其他费用。

**3.2.2** 永久占地费包括土地补偿费、征用耕地安置补助费、耕地开垦费、森林植被恢复费、失地农民养老保险费。

**3.2.3** 临时占地费包括临时征地使用费、复耕费。

**3.2.4** 拆迁补偿费指被征用或占用土地地上、地下的房屋及附属构筑物,公用设施、文物等的拆除、发掘及迁建补偿费,拆迁管理费等。

**3.2.7** 土地使用及拆迁补偿费计算方法如下:

1 土地使用及拆迁补偿费应根据设计文件确定的建设工程用地和临时用地面积及其附着物的情况,以及实际发生的费用项目,按国家有关规定及工程所在地的省(自治区、直辖市)颁布的有关规定和标准计算。

2 森林植被恢复费应根据审批单位批准的建设工程占用林地的类型及面积,按国家有关规定及工程所在地的省(自治区、直辖市)颁布的有关规定和标准计算。

3 当与原有的电力电信设施、管线、水利工程、铁路及铁路设施互相干扰时,应与有关部门联系,商定合理的解决方案和补偿金额,也可由这些部门按规定编制费用以确定补偿金额。

4 水土保持补偿费按各省(自治区、直辖市)制定的水土保持补偿费收费标准进行计算。

## 3.3 工程建设其他费

**3.3.1** 工程建设其他费包括建设项目管理费、研究试验费、前期工作费、专项评价(估)费、联合试运转费、生产准备费、工程保通管理费、工程保险费、其他相关费用。

**3.3.2** 建设项目管理费包括建设单位(业主)管理费、建设项目信息化费、工程监理费、设计文件审查费、竣(交)工验收试验检测费。其中建设单位(业主)管理费、建设项目信息化费和工程监理费均为实施建设项目管理的费用,可根据建设单位(业主)、施工、监理单位所实际承担的工作内容和工作量统筹使用。

除竣(交)工验收试验检测费按规定的费用标准计算外,其他均以以定额建筑安装工程费为基数,按规定的费率以累进方法计算。

**3.3.3** 研究试验费指按项目特点和有关规定,在建设过程中必须进行的研究和试验所需的费用,以及支付科技成果、专利、先进技术的一次性技术转让费。

研究试验费不包括:

1)应由前期工作费(为建设项目提供或验证设计数据、资料等专题研究)开支的项目。

2)应由科技三项费用(即新产品试制费、中间试验费和重要科学研究补助费)开支的项目。

3)应由施工辅助费开支的施工企业对建筑材料、构件和建筑物进行一般鉴定、检查所发生的费用及技术革新研究试验费。

**3.3.4**　建设项目前期工作费指委托勘察设计单位、咨询单位对建设项目进行可行性研究、工程勘察设计,以及设计、监理、施工招标文件及招标标底或造价控制值文件编制时,按规定应支付的费用。

建设项目前期工作费包括:

1)编制项目建议书(或预可行性研究报告)、可行性研究报告、投资估算,以及相应的勘察、设计等所需的费用。

2)通过风洞试验、地震动参数、索塔足尺模型试验、桥墩局部冲刷试验、桩基承载力试验等为建设项目提供或验证设计数据所需的专题研究费用。

3)初步设计和施工图设计的勘察费、设计费、概(预)算编制及调整概算编制费用等。

4)设计、监理、施工招标及招标标底(或造价控制值或清单预算)文件编制费等。

**3.3.5**　专项评价(估)费指依据国家法律、法规规定进行评价(评估)、咨询,按规定应支付的费用。包括环境影响评价费、水土保持评估费、地震安全性评价费、地质灾害危险性评价费、压覆重要矿床评估费、文物勘察费、通航论证费、行洪论证(评估)费、使用林地可行性研究报告编制费、用地预审报告编制费、项目风险评估费、节能评估费和社会风险评估费、放射性影响评估费、规划选址意见书编制费等费用。

**3.3.6**　联合试运转费指建设项目的机电工程,按照有关规定标准,需要进行整套设备带负荷联合试运转所需的全部费用,不包括应由设备安装工程费中开支的调试费用。

**3.3.7**　生产准备费指为保证新建、改扩建项目交付使用后满足正常的运行、管理发生的工器具购置、办公和生活用家具购置、生产人员培训、应急保通设备购置等费用。

1　工器具购置费指建设项目交付使用后为满足初期正常运营必须购置的第一套不构成固定资产的设备、仪器、仪表、工卡模具、器具、工作台(框、架、柜)等的费用,不包括构成固定资产的设备、工器具和备品、备件,及已列入设备费中的专用工具和备品、备件。

2　办公和生活用家具购置费指新建、改扩建工程项目,为保证初期正常生产、使用和管理所购置的办公和生活用家具、用具的费用,包括行政、生产部门的办公室、会议室、资料档案室、阅览室、宿舍及生活福利设施等的家具、用具。

3　生产人员培训费指为保证生产的正常运行,在工程交工验收交付使用前对运营部门生产人员和管理人员进行培训所需的费用,包括培训人员的工资、工资性津贴、职工福利费、差旅交通费、劳动保护费、培训及教学实习费等。

4 应急保通设备购置费指新建、改扩建工程项目,为满足初期正常营运,购置保障抢修保通、应急处置,且构成固定资产的设备所需的费用。

**3.3.8** 工程保通管理费指新建或改扩建工程需边施工边维持通车或通航的建设项目,为保证公(铁)路运营安全、船舶航行安全及施工安全而进行交通(公路、航道、铁路)管制、交通(铁路)与船舶疏导所需的和媒体、公告等宣传费用及协管人员经费等。工程保通管理费应按设计需要进行列支。

**3.3.9** 工程保险费指在合同执行期内,施工企业按合同条款要求办理保险的费用,包括建筑工程一切险和第三方责任险。

1 建筑工程一切险是为永久工程、临时工程和设备及已运至施工工地用于永久工程的材料和设备所投的保险。

2 第三者责任险是对因实施合同工程而造成的财产(本工程除外)损失或损害,或人员(业主和承包人雇员除外)的死亡或伤残所负责进行的保险。

## 3.4 预备费

**3.4.1** 预备费由基本预备费和价差预备费两部分组成。

**3.4.2** 基本预备费系指在初步设计和概算、施工图设计和施工图预算中难以预料的工程费用。

2 基本预备费以建筑安装工程费、土地使用及拆迁补偿费、工程建设其他费之和为基数,按下列费率计算:

1)设计概算按5%计列。

2)修正概算按4%计列。

3)施工图预算按3%计列。

**3.4.3** 价差预备费系指设计文件编制年至工程交工年期间,建筑安装工程费用的人工费、材料费、设备费、施工机械使用费、措施费、企业管理费等由于政策、价格变化可能发生上浮而预留的费用,及外资贷款汇率变动部分的费用。

## 3.5 建设期贷款利息

**3.5.1** 建设期贷款利息系指工程项目使用的贷款部分在建设期内应计取的贷款利息,包括各种金融机构贷款、建设债券和外汇贷款等利息。

# 三十四、公路工程基本建设项目设计文件编制办法

(交公路发〔2007〕358 号)

## 2　设计阶段

**2.0.1**　公路工程基本建设项目一般采用两阶段设计,即初步设计和施工图设计。对于技术简单、方案明确的小型建设项目,可采用一阶段设计,即一阶段施工图设计;技术复杂、基础资料缺乏和不足的建设项目或建设项目中的特大桥、长隧道、大型地质灾害治理等,必要时采用三阶段设计,即初步设计、技术设计和施工图设计。

高速公路、一级公路必须采用两阶段设计。

**2.0.2**　初步设计应根据批复的可行性研究报告、测设合同和初测、初勘资料编制。

一阶段施工图设计应根据批复的可行性研究报告、测设合同和定测、详勘资料编制。

两阶段设计时,施工图设计应根据批复的初步设计、测设合同和定测、详勘(含补充定测、详勘)资料编制。

三阶段设计时,技术设计应根据批复的初步设计、测设合同和定测、详勘资料编制;施工图设计应根据批复的技术设计、测设合同和补充定测、补充详勘资料编制。

**2.0.3**　采用一阶段设计的建设项目,编制施工图预算。

采用两阶段设计的建设项目,初步设计编制设计概算;施工图设计编制施工图预算。

采用三阶段设计的建设项目,初步设计编制设计概算;技术设计编制修正概算;施工图设计编制施工图预算。

## 3　初步设计

### 3.1　目的与要求

**3.1.1**　初步设计阶段的目的是基本确定设计方案。必须根据批复的可行性研究报告、测设合同的要求,拟定修建原则,选定设计方案、拟定施工方案,计算工程数量及主要材料数量,编制设计概算,提供文字说明及图表资料。经审查批复后的初步设计文件,则为订购主要材料、机具、设备,安排重大科研试验项目,联系征用土地、拆迁,进行施工准备,编制施工图设计文件和控制建设项目投资等的依据。

采用三阶段设计时,经审查批复的初步设计为编制技术设计文件的依据。

**3.1.2** 初步设计在选定方案时,应对路线的走向、控制点和方案进行现场核查,征求沿线地方政府、建设单位及规划、土地、环保等相关部门的意见,基本落实路线布设方案。对建设条件复杂地段的路线、路基、路面、特大桥、大桥、特长及长隧道、互通式立体交叉、服务设施,一般应选择两个或两个以上的方案进行同深度、同精度的测设工作和方案比选,提出推荐方案。

**3.1.3** 初步设计应:

1 选定路线设计方案,基本确定路线位置。

2 基本查明沿线地质、水文、气候、地震、矿产、文物等情况。

3 基本查明沿线筑路材料的质量、储量、供应量及运输条件,并进行原材料、混合料的试验。

4 基本确定路基标准横断面和高填深挖路基、特殊路基的设计方案及沿线路基取土、弃土方案。

5 基本确定排水系统与支挡、防护工程的方案、位置、长度、结构形式和尺寸。

6 基本确定路面设计方案、路面结构类型及主要尺寸。

7 基本确定特大、大、中桥桥位,设计方案、结构类型及主要尺寸。

8 基本确定小桥、涵洞等的位置、结构类型及主要尺寸。

9 基本确定隧道位置、设计方案、结构类型及主要尺寸。

10 基本确定路线交叉的位置、形式、结构类型及主要尺寸。

11 基本确定交通工程及沿线设施各项工程的位置、形式、类型及主要尺寸。

12 基本确定改(扩)建工程施工期间的交通组织方案。

13 基本确定环境保护措施与景观设计方案。

14 基本确定改路改渠等其他工程的位置、结构形式及主要尺寸。

15 基本确定占用土地、拆迁建筑物及管线等设施的数量。

16 提出需要试验、研究的项目。

17 初步拟定施工方案及工期安排。

18 论证确定分期修建的工程实施方案。

19 计算各项工程数量。

20 计算人工及主要材料、机具、设备的数量。

21 编制设计概算。

## 3.2 组成与内容

**3.2.1** 初步设计文件由下列十二篇和附件组成。

第一篇 总体设计

第二篇 路线

第三篇 路基、路面

第四篇 桥梁、涵洞

第五篇　隧道
第六篇　路线交叉
第七篇　交通工程及沿线设施
第八篇　环境保护与景观设计
第九篇　其他工程
第十篇　筑路材料
第十一篇　施工方案
第十二篇　设计概算
附件　基础资料

# 4　技术设计

## 4.1　目的与要求

**4.1.1**　技术设计阶段应根据初步设计批复意见、测设合同的要求,对重大、复杂的技术问题通过科学试验、专题研究,加深勘探调查及分析比较,解决初步设计中未解决的问题,落实技术方案,计算工程数量,提出修正的施工方案,修正设计概算,批准后则为编制施工图设计的依据。

**4.1.2**　技术设计应根据初步设计批复意见、测设合同和需要解决的技术问题,满足下列有关要求:

1　对初步设计所定方案详加研究,进一步补充和修改。

2　补充必要的地质、水文、气候、地震和地质钻探资料,以及土工、材料、结构或模型试验成果。

3　提出科学试验成果、专题报告。

4　提出修正的施工方案。

5　编制修正概算。

## 4.2　组成与内容

**4.2.1**　公路工程建设项目技术设计文件,应根据技术设计的目的与要求以及工程需要解决的技术问题,参照第3.2.1条、第3.3.1条和第5.2.1条有关规定编制。

**4.2.2**　对于公路工程建设项目中的特大桥、互通式立体交叉、隧道、交通工程及沿线设施的技术设计文件,除按第4.2.1条的规定编制外,还必须对整个建设项目的总体设计情况予以补充说明,对总概算加以修正。

# 5 施工图设计

## 5.1 目的与要求

**5.1.1** 两阶段(或三阶段)施工图设计阶段应根据初步设计(或技术设计)批复意见、测设合同,进一步对所审定的修建原则、设计方案、技术决定加以具体和深化,最终确定各项工程数量,提出文字说明和适应施工需要的图表资料以及施工组织计划,并编制施工图预算。

**5.1.2** 一阶段施工图设计应根据可行性研究报告批复意见、测设合同的要求,拟定修建原则,确定设计方案和工程数量,提出文字说明和图表资料以及施工组织计划,编制施工图预算,满足审批的要求,适应施工的需要。

**5.1.3** 施工图设计应:

1 确定路线具体位置。

2 确定路基标准横断面和高填深挖路基、特殊路基横断面,绘制路基超高、加宽设计图;计算土石方数量并进行调配;确定路基取土、弃土的位置,绘制取土坑、弃土场设计图。

3 确定路基路面排水系统和支挡、防护工程的结构类型及尺寸,绘制相应布置图和结构设计图。

4 确定高填深挖、陡坡路堤及特殊路基设计的结构形式及尺寸,并绘制设计图。

5 确定各路段的路面结构类型、路面混合料类型,并绘制路面结构图。

6 确定特大、大、中桥的位置、孔数及孔径、结构类型及各部尺寸,绘制结构设计图。

7 确定小桥、涵洞、漫水桥及过水路面等的位置、孔数及孔径、结构类型及各部尺寸,绘制布置图。特殊设计的,应绘制特殊设计详图。

8 确定隧道及其附属设施的形式及尺寸,绘制布置图和设计详图。

9 确定路线交叉形式、结构类型及各部尺寸,绘制布置图和设计详图。

10 确定交通工程及沿线设施的各项工程的位置、类型及各部尺寸,绘制布置图和设计详图。

11 确定改(扩)建工程施工期间的交通组织设计详图。

12 确定环境保护与景观工程的位置、类型及数量,绘制布置图和设计详图。

13 确定改路、改渠(河)等其他工程的位置、结构形式及尺寸,绘制相应的布置图和设计详图。

14 落实沿线筑路材料的质量、储藏量、供应量及运距,绘制筑路材料运输示意图。

15 确定征用土地、拆迁建筑物及电力、通信等的数量。

16 计算各项工程数量。

17 提出施工组织计划。

18　提出人工数量及主要材料、机具、设备的规格及数量。

19　编制施工图预算。

## 5.2　组成与内容

**5.2.1**　施工图设计文件由下列十二篇和附件组成。

第一篇　总体设计

第二篇　路线

第三篇　路基、路面

第四篇　桥梁、涵洞

第五篇　隧道

第六篇　路线交叉

第七篇　交通工程及沿线设施

第八篇　环境保护与景观设计

第九篇　其他工程

第十篇　筑路材料

第十一篇　施工组织计划

第十二篇　施工图预算

附件　基础资料

一阶段施工图设计文件的组成和内容与两阶段(或三阶段)施工图设计文件基本相同,但总说明及分篇说明应参照本办法第 3.2.1 条有关初步设计说明书的内容编写并补充必要的比较方案图表资料。报送审批的设计文件可不报结构设计图和设计详图。

# 现行公路工程行业标准一览表

（2021年6月）

| 序号 | 板块 | 模块 | 现行编号 | 名　称 | 定价(元) |
|---|---|---|---|---|---|
| 1 | 总体 | | JTG 1001—2017 | 公路工程标准体系 | 20.00 |
| 2 | | | JTG A02—2013 | 公路工程行业标准制修订管理导则 | 15.00 |
| 3 | | | JTG A04—2013 | 公路工程标准编写导则 | 20.00 |
| 4 | 通用 | 基础 | JTG B01—2014 | 公路工程技术标准(活页夹版,11814) | 98.00 |
| | | | | 公路工程技术标准(平装版,11829) | 68.00 |
| 5 | | | JTG 2111—2019 | 小交通量农村公路工程技术标准(15327) | 50.00 |
| 6 | | | JTJ 002—87 | 公路工程名词术语(0346) | 22.00 |
| 7 | | | JTJ 003—86 | 公路自然区划标准(0348) | 16.00 |
| 8 | | | 建标〔2011〕124号 | 公路工程项目建设用地指标(09402) | 36.00 |
| 9 | | | JTG 2120—2020 | 公路工程结构可靠性设计统一标准(16532) | 50.00 |
| 10 | | | JTG F80/1—2017 | 公路工程质量检验评定标准　第一册　土建工程(14472) | 90.00 |
| 11 | | | JTG 2182—2020 | 公路工程质量检验评定标准　第二册　机电工程(16987) | 60.00 |
| 12 | | 安全 | JTG B05—2015 | 公路项目安全性评价规范(12806) | 45.00 |
| 13 | | | JTG B05-01—2013 | 公路护栏安全性能评价标准(10992) | 30.00 |
| 14 | | | JTG B02—2013 | 公路工程抗震规范(11120) | 45.00 |
| 15 | | | JTG/T 2231-01—2020 | 公路桥梁抗震设计规范(16483) | 80.00 |
| 16 | | | JTG/T 2231-02—2021 | 公路桥梁抗震性能评价细则(16433) | 40.00 |
| 17 | | | JTG 2232—2019 | 公路隧道抗震设计规范(16131) | 60.00 |
| 18 | | | JTG F90—2015 | 公路工程施工安全技术规范(12138) | 68.00 |
| 19 | | 绿色 | JTG B03—2006 | 公路建设项目环境影响评价规范(13373) | 40.00 |
| 20 | | | JTG B04—2010 | 公路环境保护设计规范(08473) | 28.00 |
| 21 | | | JTG/T 2340—2020 | 公路工程节能规范(16115) | 30.00 |
| 22 | | 智慧 | JTG/T 2420—2021 | 公路工程信息模型应用统一标准(17181) | 50.00 |
| 23 | | | JTG/T 2421—2021 | 公路工程设计信息模型应用标准(17179) | 80.00 |
| 24 | | | JTG/T 2422—2021 | 公路工程施工信息模型应用标准(17180) | 70.00 |
| 25 | 建设 | 勘测 | JTG C10—2007 | 公路勘测规范(06570) | 40.00 |
| 26 | | | JTG/T C10—2007 | 公路勘测细则(06572) | 42.00 |
| 27 | | | JTG C20—2011 | 公路工程地质勘察规范(09507) | 65.00 |
| 28 | | | JTG/T C21-01—2005 | 公路工程地质遥感勘察规程(0839) | 17.00 |
| 29 | | | JTG/T C21-02—2014 | 公路工程卫星图像测绘技术规程(11540) | 25.00 |
| 30 | | | JTG/T 3222—2020 | 公路工程物探规程(16831) | 60.00 |
| 31 | | | JTG 3223—2021 | 公路工程地质原位测试规程(17325) | 100.00 |
| 32 | | | JTG C30—2015 | 公路工程水文勘测设计规范(12063) | 70.00 |
| 33 | | 设计 | JTG/T 3310—2019 | 公路工程混凝土结构耐久性设计规范(15635) | 50.00 |
| 34 | | | JTG D20—2017 | 公路路线设计规范(14301) | 80.00 |
| 35 | | | JTG/T D21—2014 | 公路立体交叉设计细则(11761) | 60.00 |
| 36 | | | JTG D30—2015 | 公路路基设计规范(12147) | 98.00 |
| 37 | | | JTG/T D31—2008 | 沙漠地区公路设计与施工指南(1206) | 32.00 |
| 38 | | | JTG/T D31-02—2013 | 公路软土地基路堤设计与施工技术细则(10449) | 40.00 |
| 39 | | | JTG/T D31-03—2011 | 采空区公路设计与施工技术细则(09181) | 40.00 |
| 40 | | | JTG/T D31-04—2012 | 多年冻土地区公路设计与施工技术细则(10260) | 40.00 |
| 41 | | | JTG/T D31-05—2017 | 黄土地区公路路基设计与施工技术细则(13994) | 50.00 |
| 42 | | | JTG/T D31-06—2017 | 季节性冻土地区公路设计与施工技术规范(13981) | 45.00 |
| 43 | | | JTG/T D32—2012 | 公路土工合成材料应用技术规范(09908) | 50.00 |
| 44 | | | JTG/T D33—2012 | 公路排水设计规范(10337) | 40.00 |
| 45 | | | JTG/T 3334—2018 | 公路滑坡防治设计规范(15178) | 55.00 |
| 46 | | | JTG D40—2011 | 公路水泥混凝土路面设计规范(09463) | 40.00 |
| 47 | | | JTG D50—2017 | 公路沥青路面设计规范(13760) | 50.00 |
| 48 | | | JTG/T 3350-03—2020 | 排水沥青路面设计与施工技术规范(16651) | 50.00 |
| 49 | | | JTG D60—2015 | 公路桥涵设计通用规范(12506) | 40.00 |
| 50 | | | JTG/T 3360-01—2018 | 公路桥梁抗风设计规范(15231) | 75.00 |
| 51 | | | JTG/T 3360-02—2020 | 公路桥梁抗撞设计规范(16435) | 40.00 |
| 52 | | | JTG/T 3360-03—2018 | 公路桥梁景观设计规范(14540) | 40.00 |
| 53 | | | JTG D61—2005 | 公路圬工桥涵设计规范(13355) | 30.00 |
| 54 | | | JTG 3362—2018 | 公路钢筋混凝土及预应力混凝土桥涵设计规范(14951) | 90.00 |
| 55 | | | JTG 3363—2019 | 公路桥涵地基与基础设计规范(16223) | 90.00 |
| 56 | | | JTG D64—2015 | 公路钢结构桥梁设计规范(12507) | 80.00 |
| 57 | | | JTG/T D64-01—2015 | 公路钢混组合桥梁设计与施工规范(12682) | 45.00 |
| 58 | | | JTG/T 3364-02—2019 | 公路钢桥面铺装设计与施工技术规范(15637) | 50.00 |
| 59 | | | JTG/T 3365-01—2020 | 公路斜拉桥设计规范(16365) | 50.00 |
| 60 | | | JTG/T 3365-02—2020 | 公路涵洞设计规范(16583) | 50.00 |
| 61 | | | JTG/T D65-05—2015 | 公路悬索桥设计规范(12674) | 55.00 |
| 62 | | | JTG/T D65-06—2015 | 公路钢管混凝土拱桥设计规范(12514) | 40.00 |
| 63 | | | JTG 3370.1—2018 | 公路隧道设计规范　第一册　土建工程(14639) | 110.00 |
| 64 | | | JTG D70/2—2014 | 公路隧道设计规范　第二册　交通工程与附属设施(11543) | 50.00 |

| 序号 | 板块 | 模块 | 现行编号 | 名　称 | 定价(元) |
|---|---|---|---|---|---|
| 65 | 建设 | 设计 | JTG/T D70—2010 | 公路隧道设计细则(08478) | 66.00 |
| 66 | | | JTG/T D70/2-01—2014 | 公路隧道照明设计细则(11541) | 35.00 |
| 67 | | | JTG/T D70/2-02—2014 | 公路隧道通风设计细则(11546) | 70.00 |
| 68 | | | JTG/T 3374—2020 | 公路瓦斯隧道设计与施工技术规范(16141) | 60.00 |
| 69 | | | JTG D80—2006 | 高速公路交通工程及沿线设施设计通用规范(0998) | 25.00 |
| 70 | | | JTG D81—2017 | 公路交通安全设施设计规范(14395) | 60.00 |
| 71 | | | JTG/T D81—2017 | 公路交通安全设施设计细则(14396) | 90.00 |
| 72 | | | JTG/T 3381-02—2020 | 公路限速标志设计规范(16696) | 40.00 |
| 73 | | | JTG D82—2009 | 公路交通标志和标线设置规范(07947) | 116.00 |
| 74 | | | JTG/T 3383-01—2020 | 公路通信及电力管道设计规范(16686) | 40.00 |
| 75 | | | JTG/T L11—2014 | 高速公路改扩建设计细则(11998) | 45.00 |
| 76 | | | JTG/T L80—2014 | 高速公路改扩建交通工程与沿线设施设计细则(11999) | 30.00 |
| 77 | | 试验 | JTG E20—2011 | 公路工程沥青及沥青混合料试验规程(09468) | 106.00 |
| 78 | | | JTG 3420—2020 | 公路工程水泥及水泥混凝土试验规程(16989) | 100.00 |
| 79 | | | JTG 3430—2020 | 公路土工试验规程(16828) | 120.00 |
| 80 | | | JTG E41—2005 | 公路工程岩石试验规程(13351) | 30.00 |
| 81 | | | JTG E42—2005 | 公路工程集料试验规程(13353) | 50.00 |
| 82 | | | JTG E50—2005 | 公路工程土工合成材料试验规程(13398) | 40.00 |
| 83 | | | JTG E51—2009 | 公路工程无机结合料稳定材料试验规程(08046) | 60.00 |
| 84 | | | JTG 3450—2020 | 公路路基路面现场测试规程(15830) | 90.00 |
| 85 | | 检测 | JTG/T 3512—2020 | 公路工程基桩检测技术规程(16482) | 60.00 |
| 86 | | 施工 | JTG/T 3610—2019 | 公路路基施工技术规范(15769) | 80.00 |
| 87 | | | JTG/T F20—2015 | 公路路面基层施工技术细则(12367) | 45.00 |
| 88 | | | JTG/T F30—2014 | 公路水泥混凝土路面施工技术细则(11244) | 60.00 |
| 89 | | | JTG F40—2004 | 公路沥青路面施工技术规范(05328) | 50.00 |
| 90 | | | JTG/T 3650—2020 | 公路桥涵施工技术规范(16434) | 125.00 |
| 91 | | | JTG/T 3650-02—2019 | 特大跨径公路桥梁施工测量规范(15634) | 80.00 |
| 92 | | | JTG/T 3660—2020 | 公路隧道施工技术规范(16488) | 100.00 |
| 93 | | | JTG/T 3671—2021 | 公路交通安全设施施工技术规范(17000) | 50.00 |
| 94 | | | JTG/T F72—2011 | 公路隧道交通工程与附属设施施工技术规范(09509) | 35.00 |
| 95 | | 监理 | JTG G10—2016 | 公路工程施工监理规范(13275) | 40.00 |
| 96 | | 造价 | JTG 3810—2017 | 公路工程建设项目造价文件编制导则(14473) | 50.00 |
| 97 | | | JTG/T 3811—2020 | 公路工程施工定额测定与编制规程(16083) | 60.00 |
| 98 | | | JTG/T 3812—2020 | 公路工程建设项目造价数据标准(16836) | 100.00 |
| 99 | | | JTG 3820—2018 | 公路工程建设项目投资估算编制办法(14362) | 60.00 |
| 100 | | | JTG/T 3821—2018 | 公路工程估算指标(14363) | 120.00 |
| 101 | | | JTG 3830—2018 | 公路工程建设项目概算预算编制办法(14364) | 60.00 |
| 102 | | | JTG/T 3831—2018 | 公路工程概算定额(14365) | 270.00 |
| 103 | | | JTG/T 3832—2018 | 公路工程预算定额(14366) | 300.00 |
| 104 | | | JTG/T 3833—2018 | 公路工程机械台班费用定额(14367) | 50.00 |
| 105 | 养护 | 综合 | JTG H10—2009 | 公路养护技术规范(08071) | 60.00 |
| 106 | | | JTG H11—2004 | 公路桥涵养护规范(05025) | 40.00 |
| 107 | | | JTG H12—2015 | 公路隧道养护技术规范(12062) | 60.00 |
| 108 | | | JTJ 073.1—2001 | 公路水泥混凝土路面养护技术规范(13658) | 20.00 |
| 109 | | | JTG 5142—2019 | 公路沥青路面养护技术规范(15612) | 60.00 |
| 110 | | | JTG 5150—2020 | 公路路基养护技术规范(16596) | 40.00 |
| 111 | | | JTG/T 5190—2019 | 农村公路养护技术规范(15430) | 30.00 |
| 112 | | 检测评价 | JTG 5210—2018 | 公路技术状况评定标准(15202) | 40.00 |
| 113 | | | JTG/T E61—2014 | 公路路面技术状况自动化检测规程(11830) | 25.00 |
| 114 | | | JTG/T H21—2011 | 公路桥梁技术状况评定标准(09324) | 46.00 |
| 115 | | | JTG/T J21—2011 | 公路桥梁承载能力检测评定规程(09480) | 20.00 |
| 116 | | | JTG/T J21-01—2015 | 公路桥梁荷载试验规程(12751) | 40.00 |
| 117 | | | JTG 5220—2020 | 公路养护工程质量检验评定标准 第一册 土建工程(16795) | 80.00 |
| 118 | | 养护设计 | JTG 5421—2018 | 公路沥青路面养护设计规范(15201) | 40.00 |
| 119 | | | JTG/T J22—2008 | 公路桥梁加固设计规范(07380) | 52.00 |
| 120 | | | JTG/T 5440—2018 | 公路隧道加固技术规范(15402) | 70.00 |
| 121 | | 养护施工 | JTG/T F31—2014 | 公路水泥混凝土路面再生利用技术细则(11360) | 30.00 |
| 122 | | | JTG/T 5521—2019 | 公路沥青路面再生技术规范(15839) | 60.00 |
| 123 | | | JTG/T J23—2008 | 公路桥梁加固施工技术规范(07378) | 40.00 |
| 124 | | | JTG H30—2015 | 公路养护安全作业规程(12234) | 90.00 |
| 125 | | 造价 | JTG 5610—2020 | 公路养护预算编制导则(16733) | 50.00 |
| 126 | | | JTG/T M72-01—2017 | 公路隧道养护工程预算定额(14189) | 60.00 |
| 127 | | | JTG/T 5612—2020 | 公路桥梁养护工程预算定额(16855) | 50.00 |
| 128 | | | JTG/T 5640—2020 | 农村公路养护预算编制办法(16302) | 70.00 |
| 129 | 运营 | 收费服务 | JTG/T 6303.1—2017 | 收费公路移动支付技术规范　第一册　停车移动支付(14380) | 20.00 |
| 130 | | | JTG B10-01—2014 | 公路电子不停车收费联网运营和服务规范(11566) | 30.00 |

注:JTG——公路工程行业标准体系;JTG/T——公路工程行业推荐性标准体系。

销售电话:010-85285659(北京);业务咨询电话:010-85285922,85285930。